CB063964

A revolução do altruísmo

A publicação desta obra teve a contribuição inestimável da Sra. Andrea da Motta Chamma.

Matthieu Ricard

A revolução do altruísmo

Tradução
Inês Polegato

Revisão técnica
Lucia Benfatti
Martha Gouveia da Cruz
Tamara Barile

Palas Athena

Título original: *Plaidoyer pour l'altruisme – La force de la bienveillance*
© NiL Editions, Paris, 2013
Copyright © 2015 Palas Athena Editora

Grafia segundo o Acordo Ortográfico da Língua Portuguesa de 1990,
que entrou em vigor no Brasil em 2009.

Coordenação editorial: Lia Diskin
Capa e projeto gráfico: Vera Rosenthal
Produção e diagramação: Tony Rodrigues
Preparação e revisão de texto: Lucia Benfatti, Martha Gouveia da Cruz e Tamara Barile
Revisão das provas: Helena Kobayashi, Cristina Cunha Canto e Regina Schreiner
Atualização bibliográfica: George Barcat e Fernando Stanziani
Revisão final: Rejane Moura

Dados Internacionais de Catalogação na Publicação (CIP)
(Câmara Brasileira do Livro, SP, Brasil)

Ricard, Matthieu
 A revolução do altruísmo / Matthieu Ricard ; tradução Inês Polegato ; revisão técnica Lucia Benfatti, Martha Gouveia da Cruz, Tamara Barile. – São Paulo : Palas Athena, 2015.

Título original: *Plaidoyer pour l`altruisme la force de la bienveillance*.
ISBN: 978-85-60804-26-9

1. Altruísmo 2. Altruísmo – Meditação 3. Compaixão (Ética) I. Benfatti, Lucia. II. Cruz, Martha Gouveia da. III. Barile, Tamara. IV. Título.

15-03374   CDD-177.7

Índices para catálogo sistemático:
1. Altruísmo : Ética das relações sociais 177.7

4ª edição, julho de 2022

Todos os direitos reservados e protegidos pela Lei 9.610 de 19 de fevereiro de 1998.
É proibida a reprodução total ou parcial, por quaisquer meios,
sem a autorização prévia, por escrito, da Editora.

Direitos de edição para o Brasil: Palas Athena Editora
Alameda Lorena, 355 • 01424-001 • São Paulo, SP • Brasil
Fone (11) 3050-6188
www.palasathena.org.br - editora@palasathena.org.br
@associacaopalasathena

A meus mestres espirituais, Sua Santidade o Dalai Lama, Kangyur Rinpoche e Dilgo Kyentse Rinpoche, e todos aqueles que me abriram os olhos sobre a compaixão.

A minha mãe, Yahne Le Toumelin, e a minha irmã Ève, que me ensinaram o altruísmo através do seu exemplo.

A Cristophe e Pauline André, cúmplices no altruísmo.

A meus amigos e mentores científicos, graças aos quais este livro ganhou credibilidade: Daniel Batson, Richard Davidson, Paul Ekman, Tania Singer, Antoine Lutz, Paul Gilbert, Richard Lauard e todos que esclareceram muitas questões.

A minha fiel editora, Nicole Lattès e toda sua equipe por seu apoio durante esse longo trabalho.

A todos que contribuíram tanto para melhorar este livro, Christian Bruyat, Marie Healing, Carisse Busquet e Françoise Delivet.

A meus amigos, colaboradores e benfeitores da associação Karuna-Shechen que colocam em ação a compaixão através de suas contribuições a mais de uma centena de projetos humanitários.

A Raphaëlle Demandre, que jamais deixa de aproveitar a oportunidade para ajudar aqueles que necessitam.

Por fim, e principalmente, a todos os seres que são a razão de ser do altruísmo.

"Nada é mais poderoso do que uma ideia cujo tempo chegou."
Victor Hugo

Prefácio à edição brasileira

Matthieu Ricard tem o dom das aproximações – coloca em um mesmo cenário as teorias e pressupostos que orientaram a visão ocidental de mundo nos três últimos séculos e as recentes pesquisas científicas realizadas em laboratórios de universidades e instituições de diversos continentes. Poder observar esse cenário, onde ficam evidentes as contradições e dissonâncias, permite-nos compreender melhor a mudança de modelo de interpretação da realidade que está em curso a partir da década de 1950.

Mas ele vai além – o rigor científico aprendido durante sua formação acadêmica em biologia molecular no Instituto Pasteur, na França, consegue dialogar com sua própria experiência na condição de monge budista, possibilitando uma ampliação de horizontes, tanto para a ciência quanto para a espiritualidade.

Essa habilidade de transitar por diferentes paisagens cognitivas e traduzi-las em linguagem clara e mobilizadora, fazem dos livros de Matthieu Ricard um verdadeiro GPS para transitar em tempos como os nossos – acidentados, interditados, paradoxais, mas igualmente fascinantes.

A Palas Athena Editora já publicou, em 2007, seu aclamado livro *Felicidade – a prática do bem-estar*, resgatando um tema que havia sido abandonado pelos filósofos e psicólogos contemporâneos. Agora temos a grande satisfação de oferecer ao público brasileiro *A revolução do altruísmo*, que reúne as pesquisas mais inovadoras no campo da etologia, biologia, psicologia, neurociência, economia e meio ambiente, aliando-as a uma reflexão ousada e propositiva: o altruísmo está presente também no mundo animal, não é uma aspiração utópica da nossa espécie, mas um componente constitutivo da Vida que promove vantagens evolutivas e cria enormes benefícios para o indivíduo, as sociedades e o planeta.

A publicação desta obra em português é fruto evidente da fecundidade do altruísmo: sincero reconhecimento a Andrea da Motta Chamma pela sensibilidade visionária em apoiar este empreendimento; a Inês Polegato (tradutora) pelo profissionalismo e engajamento; às revisoras técnicas Martha Gouveia da Cruz e Tamara Barile, que enriqueceram a todos nós com suas sugestões sempre criteriosas. Admiração pela paciência de Tony Rodrigues (produção e diagramação) que gentilmente acolhia as alterações e acréscimos a cada nova prova "final" que nos encaminhava.

Gratidão renovada a Vera Rosenthal, voluntária histórica da Palas Athena, que nos oferece há anos o seu talento e competência realizando o projeto gráfico e a criação das capas das nossas publicações. Agradecimentos especiais a Lucia Benfatti que, abnegadamente, dedicou quatro meses integrais do seu tempo e entusiasmo para cotejar o texto e pesquisar termos técnicos adotados para a língua portuguesa.

Também em caráter voluntário, esta obra recebeu os préstimos de Rejane Moura, Helena Kobayashi, Cristina Cunha Canto e Regina Schreiner, que acompanharam os trabalhos das revisoras técnicas, e ainda de George Barcat e Fernando Stanziani, responsáveis pela atualização bibliográfica. Finalmente, destacamos o auxílio das pesquisas e esclarecimentos conceituais oferecidos por Basilio Pawlowicz, Tônia Van Acker e Neusa Maria Valério. A todos, agradecimentos profundos e sinceros.

Além de um enorme aprendizado, foi uma honra para mim ter contado com o apoio amoroso e incondicional desta equipe ao longo do trabalho. Trabalho esse inspirado nas páginas deste livro que, sem dúvida, já é uma referência para as transformações promissoras deste século 21.

Lia Diskin
Cofundadora da Associação Palas Athena

SUMÁRIO

Introdução 29
   A força do exemplo 31
   Os desafios da atualidade 32
   A necessidade do altruísmo 34

PARTE I – O QUE SIGNIFICA ALTRUÍSMO

1. A natureza do altruísmo 39
   Algumas definições 39
   O ato em si não define o altruísmo 40
   É a motivação que dá cores a nossos atos 41
   Dar toda importância ao valor do outro 42
   O altruísmo não exige "sacrifício" 42
   Manter-se atento e prudente diante das necessidades do outro 44
   Estados mentais momentâneos e disposições duradouras 44

2. Expansão do altruísmo 46
   Amor altruísta, compaixão e empatia 46
   A importância da lucidez 48
   Alegrar-se com a felicidade do outro e cultivar a imparcialidade 48
   Superar o medo 49
   Estender a compreensão das necessidades do outro 50
   Do altruísmo biológico ao altruísmo expandido 50
   Aspectos emocionais e cognitivos do altruísmo e da compaixão 52
   O amor e a compaixão fundamentados no discernimento 52
   O altruísmo não é recompensa nem julgamento moral 55
   A possibilidade de acabar com os sofrimentos dos seres reforça o altruísmo 55

3. O que é a empatia?..58
Entrar em ressonância com o outro..59
Ressonâncias convergentes e divergentes...................................59
Empatia e simpatia...60
É preciso sentir o que o outro sente para manifestar altruísmo?...60
Colocar-se no lugar do outro..61
As diversas formas de empatia: o ponto de vista das ciências humanas...63
Piedade e compaixão..67
O ponto de vista das neurociências: contágio emocional, empatia e compaixão...67
Os benefícios da empatia..69
Que estado mental conduz ao altruísmo?...................................70

4. Da empatia à compaixão em um laboratório de neurociências........71
Somente a empatia fatiga, não a compaixão..............................72
O ponto de vista do meditante..73
Impregnar a empatia de compaixão...77

5. O amor, emoção suprema...79
A biologia do amor..81
Quando dois cérebros se afinam..82
A oxitocina e as interações sociais...83
Acalmar e abrir-se aos outros: o papel do nervo vago................85
Cultivar o amor no cotidiano..85
Amor e altruísmo: emoção passageira e disposição duradoura...86

6. A realização de um duplo bem – o nosso e o do outro.....................88
Um ato é egoísta quando se recebe um benefício?....................89
Todos perdem ou todos são vitoriosos..90
O altruísmo é intrinsecamente ligado ao nosso bem-estar?......92

Parte II – Existe o verdadeiro altruísmo?

7. O altruísmo interessado e a reciprocidade generalizada..............95
O altruísmo interessado e a realização do bem comum............95
A reciprocidade a longo prazo...96
Em direção a uma reciprocidade generalizada?..........................99

8. O altruísmo desinteressado..100
O desinteresse avaliado em laboratório....................................101

A explicação mais simples 101
Desfazer-se do cinismo 103

9. A banalidade do bem 104
A onipresença do voluntariado 104
O surgimento das ONGs 106
Os mitos do pânico, das reações egoístas e da resignação impotente 107

10. O heroísmo altruísta 111
Heroísmo e altruísmo 112
A história de Lucille 114

11. O altruísmo incondicional 117
A história de Irene 118
Unidos no altruísmo 121
Uma visão de mundo: "Pertencemos todos à mesma família" 123

12. Para além dos simulacros, o altruísmo verdadeiro: uma investigação experimental 126
O altruísmo no teste da investigação experimental 127
Estudar o altruísmo no cotidiano 129
Ajudar para aliviar nossa própria aflição 130
A experimentação em laboratório 131
Ajudar para evitar uma sanção: o sentimento de culpa 133
Ajudar para evitar a reprovação dos outros 135
A expectativa calculada por uma contrapartida 136
Ajudar na esperança de uma recompensa: o teste experimental 137

13. Argumentos filosóficos contra o egoísmo universal 140
A teoria do egoísmo universal se evade a qualquer refutação oferecida pelos fatos .. 141
Fazemos o bem aos outros porque isso nos faz bem? 142
Você não tinha escolha? 144
Desejar o seu próprio bem é incompatível com o altruísmo? 144
Agir segundo nossa vontade e desejos torna todas as nossas ações egoístas? 145
Se o altruísmo não existisse, o mesmo ocorreria com qualquer sentimento para com os outros 146
O egoísmo universal é incompatível com a existência da moral 146
Escapar do pessimismo e optar pelo altruísmo 147
A benevolência é mais natural que o ódio? 147
Nutrir o potencial de bondade presente em cada criatura 148

Parte III – O surgimento do altruísmo

14. O altruísmo nas teorias da evolução 151
    Um ponto de vista revolucionário sobre a evolução dos seres vivos:
    Charles Darwin 151
    Do aparecimento da vida ao surgimento da cooperação e do altruísmo 152
    Cooperação *versus* competição 154
    O altruísmo é compatível com a "luta pela vida"? 156
    De que altruísmo estamos falando? 157
    Favorecer aqueles que carregam nossos genes 158
    A odisseia de George Price 160
    A reciprocidade dos comportamentos benéficos 160
    Genes egoístas? 161
    Um retorno às origens 163
    A noção de "grupo" do ponto de vista da evolução 165
    O altruísmo pode se propagar? 166

15. O amor maternal, fundamento do altruísmo expandido? 168
    "Mães" em grande número 169
    E os pais em tudo isso? 171
    A faculdade da empatia está em risco de diminuir entre os humanos? 171

16. A evolução das culturas 173
    Ensinar, acumular, imitar, evoluir 173
    Mais rápido que os genes 174
    Pastores desconfiados e camponeses serenos 175
    As diferenças culturais não são de ordem genética 175
    Os mecanismos da evolução das culturas 176
    Rumo a uma cultura mais altruísta 177

17. Os comportamentos altruístas entre os animais 178
    Sem negar a violência 179
    Os comportamentos benevolentes 180
    A ajuda mútua 181
    A amizade 182
    A alegria dos reencontros, a tristeza das separações 182
    A empatia focada dos grandes macacos 183
    A gratidão 184
    As múltiplas facetas da empatia dos elefantes 184

  Comportamentos altruístas dos golfinhos e outros cetáceos 185
  A ajuda mútua entre animais de diferentes espécies 186
  O consolo 187
  A expressão do luto 187
  O fenômeno da adoção 188
  A transmissão das culturas sociais 189
  Saber o que os outros pensam, ou a "teoria da mente" 189
  Um golfinho astuto 191
  Um bonobo que tenta fazer um pássaro voar 191
  É preciso ser capaz de ter ideia de si mesmo para ter ideia do outro? 192
  Até onde vai a prova? 192
  Antropomorfismo ou antropocentrismo? 195

18. O altruísmo na criança 198
  Do nascimento à idade de doze meses 199
  Os bebês preferem as pessoas amáveis 199
  De um a dois anos 199
  Dos dois aos cinco anos 200
  Uma série de experiências reveladoras 200
  Encorajamentos e recompensas são inúteis 201
  Elogios e críticas 202
  A tendência de ajudar os outros é inata 202
  Quando as normas sociais moderam o altruísmo espontâneo 203
  Senso moral e julgamentos morais 203
  Após a idade dos cinco anos 204
  Surgimento e regressão da agressividade no decorrer da infância 205
  Uma tomada de consciência da interdependência de todas as coisas 206
  Afirmação autoritária do poder, retirada da afeição e "indução" 206
  Arrependimento e culpa 208
  Quatro atitudes essenciais 208
  Proporcionar à criança a oportunidade de ser útil aos outros 209
  As consequências dramáticas da privação de afeto 209
  Adolescência 210
  Amar, facilitar e apoiar 211

19. Os comportamentos pró-sociais 212
  Estamos em geral dispostos a ajudar os outros? 212
  O efeito espectador 213

Os determinantes da coragem cívica 214
Cidades e campos 214
Individualistas e coletivistas 215
Homens e mulheres 216
Humores e circunstâncias 216
Os valores pessoais 217
Os efeitos da empatia 218
A empatia facilita as negociações difíceis 218
Efeito dos comportamentos pró-sociais sobre o bem-estar 219

PARTE IV – CULTIVAR O ALTRUÍSMO

20. Podemos mudar? 223
A plasticidade neuronal 225
A importância dos fatores epigenéticos 227
Seres diferentes 228
Devolver novamente à transformação individual seus títulos de nobreza 229

21. O treinamento da mente: o que dizem as ciências cognitivas 230
Os efeitos da meditação a longo prazo 230
Meditantes no laboratório 231
Doze anos de experimentação 232
A atenção pode ser aperfeiçoada 233
Efeitos do amor altruísta e da compaixão 234
Meditação na *presença aberta* 235
A estrutura do cérebro é modificada pela meditação 236
Conectividade cerebral 236
A detecção das expressões faciais estaria associada ao nosso
grau de empatia 237
Altruísmo e controle das emoções 237
Os benefícios de um treinamento a curto prazo nos comportamentos
pró-sociais 238
Efeitos da meditação na saúde mental 238
Efeitos da meditação sobre a benevolência no vínculo social 239
Atenuação dos aspectos desagradáveis da dor física 239
A meditação pode desacelerar o envelhecimento das células 240
Aplicações práticas das pesquisas 241

22. Como cultivar o altruísmo: meditações sobre o amor altruísta, a compaixão, o regozijo e a imparcialidade 242
    Preparar-se para a meditação 243
    Uma postura física apropriada 243
    Motivação 243
    Estabilizar nossa mente 243
    Meditação sobre o amor altruísta 244
    Primeiro dirigir nossa meditação a um ser querido 245
    Expandir nossa meditação 245
    A compaixão 245
    O regozijo, a celebração e a gratidão 246
    A imparcialidade 247
    Como combinar as quatro meditações 247
    Trocar a sua felicidade pelo sofrimento dos outros 248

Parte V – As forças contrárias

23. O egocentrismo e a cristalização do ego 253
    A formação do "eu" e a cristalização do ego 253
    As diversas facetas de nossa identidade 254
    À procura do ego 255
    Os frágeis semblantes da identidade 256
    Do "eu" ao "meu" 257
    Que fazer com o "ego"? 257
    A força benevolente do não ego 258
    Reduzir os preconceitos entre grupos 259
    A experiência da Caverna dos Ladrões 260
    Resolução de conflitos 261

24. A expansão do individualismo e do narcisismo 262
    As duas facetas do individualismo 262
    A verdadeira liberdade 263
    As derivas do individualismo 265
    O espelho deformante do narcisismo: todos estariam acima da média 266
    A personalidade narcísica em oposição ao altruísmo 266
    A queda de Narciso 267
    A mania de grandeza 268

A epidemia de narcisismo 268
A autoadoração 271
Boa e má autoestima 272
As janelas do narcisismo 273
O reino da criança-rei 273
A solidão da hiperconectividade 274
Deus não criou você para ser como todo mundo 275
As virtudes da humildade 276

25. Os campeões do egoísmo 278
O fenômeno Ayn Rand 279
Reduzir o papel do governo ao minimamente necessário 281
Os erros morais e intelectuais de Ayn Rand 282
Freud e seus sucessores 283
O altruísmo seria uma compensação doentia de nosso desejo de prejudicar ... 285
A exacerbação do egoísmo 286
"Liberar" as emoções ou "liberar-se" das emoções? 288
A psicanálise tem valor científico? 288
Uma generalização abusiva 292
Os sucessores de Freud continuaram a evoluir na esfera
do egocentrismo 292

26. Ter por si próprio ódio ou compaixão 294
Podemos verdadeiramente nos odiar? 294
O sentimento de não ter valor algum 295
A violência dirigida contra si mesmo 296
Estabelecer uma relação calorosa consigo mesmo 297
Compreender que fazemos parte da humanidade 298
O exercício da plena atenção 299
Autoestima e benevolência para consigo mesmo 299
Compaixão por si próprio, compaixão pelo outro 300

27. As carências de empatia 302
O *burnout*: esgotamento emocional 302
Recuperar a compaixão na prática da medicina 303
Os fatores que contribuem para o *burnout* 305
O esgotamento emocional ligado a um ambiente desfavorável ... 306
Homens e mulheres frente ao *burnout* 307
A compaixão pode ser patológica? 307

Narcisismo e transtornos da personalidade associados à falta de empatia 308
Cabeça cheia, coração vazio: o caso dos psicopatas 309
Psicopatia induzida pelo exercício da violência 312
Os psicopatas engravatados 312
O cérebro dos psicopatas 313
Tratamento dos psicopatas 314
Recuperar a empatia, amplificar a benevolência 315

28. Na origem da violência: a desvalorização do outro 318

A falta de empatia 318
O ódio e a animosidade 319
A sede de vingança 319
O ponto de vista do terapeuta 320
Violência e narcisismo 323
O ego ameaçado 323
A imprudência dos megalomaníacos 324
Os mecanismos da violência 324
A ficção do mal absoluto 326
O prazer de fazer o mal 326
O hábito dessensibiliza 327
Violência – a via fácil 328
O respeito à autoridade 328
A falsa prisão de Stanford, ou o poder das situações 330
A violência nascida da sede por riquezas e poder 332
O dogmatismo ideológico: fazer o mal em nome do bem 333
Existe um "instinto de violência"? 333
O esclarecimento das neurociências sobre a violência 335
Culturas da violência 336
A influência das mídias 336
O caso dos videogames 339
Os videogames benéficos 341
As imagens violentas exacerbam o sentimento de insegurança 342
Temperatura, barulho e armas 342
Mulheres e crianças, primeiras vítimas da violência 344
A violência moral 345
Como reduzir a violência 346
A coragem da não violência 348

29. A repugnância natural em matar 349
Evitar atirar no outro 349
O medo de morrer traumatiza menos que a obrigação de matar 350
Criar uma distância 350
Rituais de evitação 353
Quem mata? 353
Sufocar a empatia por meio do condicionamento 354
Aprender a matar antes dos vinte anos 355
Somente vítimas 356
Que lições podemos extrair disso? 356
O ponto de vista das religiões 357

30. A desumanização do outro: massacres e genocídios 360
A desindividualização dos atores e das vítimas 361
A desumanização do outro 362
A repugnância 364
O casamento do medo e do ódio, ou a demonização do outro 364
A dessensibilização 365
A compartimentalização moral 366
Dissonância cognitiva e racionalização 367
A coesão do grupo 368
Autoridade e situações 368
O caso do 101º Batalhão 369
A implantação de um sistema 371
Muito além das condições humanas 372
Uma engrenagem fatal 374
A força moral: recusar-se a compactuar com o opressor 376
A não intervenção diante da intensificação gradual do genocídio .. 377
A conscientização da realidade de um genocídio 378
Os sistemas totalitários 379
A responsabilidade de proteger 380

31. A guerra sempre existiu? 381
Somos descendentes de macacos assassinos? 382
Uma vida social mais pacífica 382
De quem descendemos? 383
A violência entre os homens pré-históricos 383
A guerra sempre existiu? 385

Os primeiros sinais de guerra 386
A violência das sociedades primitivas 388
Joguem lanças, mas cuidado para não ferir ninguém! 390
Nem anjos nem demônios: recolocar a violência em perspectiva 391

32. O declínio da violência 393
O declínio da violência individual 393
O declínio da violência institucionalizada 395
A recusa da violência: uma evolução das culturas 397
O declínio das guerras e dos conflitos 399
O século XX foi o mais sangrento da história? 400
Atos de terrorismo 404
Os fatores responsáveis pelo declínio da violência 404
A existência de um Estado estável 405
A expansão da democracia 406
Interdependência e trocas comerciais 407
As missões de paz e a adesão às organizações internacionais 408
A guerra já não suscita mais a admiração 409
A ascensão do respeito aos direitos do homem, da mulher, das crianças
e dos animais 410
O declínio da intolerância religiosa 411
A marginalização da violência 412
A educação e a leitura, catalizadores da empatia 412
A influência crescente das mulheres 413
Vale mais restaurar a paz e curar as feridas do que vingar as ofensas ... 414
Os desafios que ainda devem ser superados 415
A idade da razão 416

33. A instrumentalização dos animais: uma aberração moral 417
A extensão dos sofrimentos que infligimos aos animais 418
A rentabilidade antes de tudo 419
A hipocrisia dos "cuidados" 421
Uma realidade oculta 421
Um empreendimento global 423
Todos os dias, o ano inteiro... 424
Matar humanamente? 426

34. Um efeito rebote: consequências da criação de animais e da alimentação com carne sobre a pobreza, o meio ambiente e a saúde 429

    A carne dos países ricos custa caro aos países pobres 429

    O impacto nas reservas de água doce 431

    Pecuária e mudança climática 432

    Dejetos dos animais 433

    Os efeitos da pesca 434

    Consumo de carne e saúde humana 434

    As boas notícias 435

35. O egoísmo institucionalizado 437

    Os mercadores da dúvida 438

    100 milhões de mortos no século XX: a história do tabaco 439

    Quais as soluções? 442

    A negação do aquecimento climático 444

    A ciência maltratada 445

    A indústria farmacêutica: um desafio para a saúde pública 447

    Uma distorção da pesquisa científica 447

    As empresas farmacêuticas não têm nenhuma transparência 448

    As agências reguladoras não cumprem seu dever 451

    O custo da pesquisa é amplamente inferior ao das despesas publicitárias 452

    Os propagandistas farmacêuticos influenciam indevidamente os médicos 453

    Muitas pesquisas servem somente para produzir um avatar do que já existe 454

    Graves falhas éticas em relação às "cobaias" humanas 456

    As soluções possíveis 456

    Monsanto, arquétipo caricatural do egoísmo institucionalizado 458

    Uma cidade envenenada 458

    Os PCB (Bifenilpoliclorados) se alastram por todo o mundo 459

    Proteger os negócios, não dizer nada 460

    Uma pesada condenação logo esquecida 461

    O agente laranja 461

    O Roundup 462

    Os OGM (Organismos Geneticamente Modificados) 462

    Monsanto se reconverte 464

    A expansão dos OGM em todos os continentes 465

    Algumas vitórias 466

Parte VI – Construir uma sociedade mais altruísta

36. As virtudes da cooperação 471
    As vantagens da cooperação 472
    Cooperação na empresa, concorrência entre as empresas 473
    O movimento das cooperativas 474
    A confiança recíproca resolve o problema dos bens comuns 474
    Cooperação e "punição altruísta" 477
    Melhor que a punição: a recompensa e a apreciação 480
    As condições favoráveis à cooperação 483

37. Uma educação iluminada 484
    A neutralidade não leva a nenhum lugar 485
    Uma revolução tranquila 486
    Um êxito espetacular 487
    Uma educação do coração e da mente 489
    A aprendizagem cooperativa 490
    Os benefícios da monitoria 492
    A iniciativa das escolas respeitosas dos direitos 492
    A filosofia com crianças de oito anos 493
    A sala de aula quebra-cabeça 493
    O Barefoot College (Colégio dos Pés Descalços), a escola dos pastores,
    e o Parlamento Infantil 494
    A empatia dos professores 495
    Um bebê na sala de aula 497
    Retorno à natureza 498
    A educação positiva 499

38. Combater as desigualdades 500
    As desigualdades econômicas aumentam em quase todo o mundo 501
    A exceção sul-americana 504
    O preço das desigualdades 505
    Como reduzir as desigualdades 507

39. Rumo a uma economia altruísta 510
    Homo economicus, racional, calculador e egoísta 511
    Os desvios do livre mercado 514
    Grades de proteção para o bem de todos 518

O início do fim das bonificações exorbitantes: os suíços mostram o caminho ... 520
Unir a voz da solicitude à da razão ... 521
Ampliar a reciprocidade ... 525
Rumo a uma economia positiva e solidária ... 528
A expansão do comércio justo ... 530
Os fundos éticos ... 532
Os bancos cooperativos ... 533
Criar uma bolsa de valores da economia positiva ... 534
Ajuda ao desenvolvimento ... 535
Retribuir à sociedade: a filantropia no nível planetário ... 535
O surgimento de uma solidariedade de massa ... 537
A expansão da gratuidade do acesso ao saber ... 538
A inovação a serviço do bem comum ... 540

40. A simplicidade voluntária e feliz ... 542
O que se pode esperar do consumismo? ... 543
Consumo e altruísmo ... 544
Alugar e consertar em vez de comprar ... 546
O dinheiro não traz felicidade... exceto se o doarmos ... 547
Simplificar, simplificar, simplificar ... 548
Um apelo à simplicidade ... 550

41. O altruísmo em relação às gerações futuras ... 551
O Holoceno: um período excepcional para a prosperidade humana ... 551
Só temos a ganhar preservando essa situação favorável ... 552
Os limites planetários em que a humanidade pode continuar
a prosperar ... 558
O futuro não dói... por enquanto ... 562
A extensão do desafio ... 563
Uma violação desmesurada dos direitos humanos? ... 564
Os seres futuros já possuem direitos? ... 565
Como reagem nossos contemporâneos? ... 566
Pegada ecológica ... 567
A necessidade de colaboração íntima entre a ciência e os governos ... 568
Alimentar 9 bilhões de seres humanos ... 570
A injustiça das mudanças ambientais ... 571
Um exemplo edificante de interdependência ... 574
O pessimismo leva a uma perda de tempo: existem soluções ... 575

A indispensável alternativa aos hidrocarbonetos 577
Uma transição total para as energias renováveis 578
Fornecer energia aos países pobres 578
Uma administração racional dos recursos hídricos 579
Alimentação para todos sem destruir a biosfera: uma revolução
realmente verde 580
Revitalizar os solos 581
Instaurar uma economia circular com a reciclagem de todos
os metais raros 583
Uma rede inteligente de compartilhamento das energias renováveis ... 583
Alguns sinais encorajadores 584
As cidades verdes dão o exemplo 585
Passar à ação e não mais buscar desculpas para não fazer nada 586
Uma questão de bom senso 588

42. Uma harmonia sustentável 589
Nem crescimento nem retração: uma prosperidade equilibrada 589
As fraquezas do modelo econômico atual 591
Rumo a novos critérios de prosperidade 593
Três indicadores essenciais: prosperidade equilibrada,
satisfação de vida, qualidade do meio ambiente 595
Uma contabilidade nacional que reconhece o valor do capital natural e
do capital humano 597
Uma ecologia do bem-estar 600
Mutualidade: integrar o capital econômico, o capital social
e o capital natural dentro da empresa 601

43. Engajamento local, responsabilidade global 603
Que governo para o mundo? 604
Transformar-se para transformar o mundo 605
Engajamento comunitário: a revolução das ONGs 606
Atribuir maior importância à sociedade civil 607
Integrar a compreensão da interdependência 609
A globalização tanto para o melhor como para o pior 609
Universalidade dos direitos, responsabilidade de cada um 611
Uma democracia informada e uma meritocracia responsável 611
Em direção a uma federação mundial? 614

Conclusão – Ousar o altruísmo 615
Notas 619
Fontes das figuras 697
Bibliografia 701
Agradecimentos 713
Karuna-Shechen – Compaixão em ação 717

Introdução

Sou pouco inclinado a falar de mim e prefiro passar a palavra aos grandes pensadores que inspiraram minha existência. No entanto, contar algumas etapas de minha evolução pessoal poderá ajudá-los a compreender como foi redigir este livro e defender as ideias nele presentes.

Após ter crescido no Ocidente fui à Índia pela primeira vez em 1967, aos vinte anos, a fim de encontrar grandes mestres do budismo tibetano, dentre os quais Kangyur Rinpoche, que se tornaria meu principal guia espiritual. No mesmo ano iniciei uma tese em genética celular sob orientação de François Jacob, no Instituto Pasteur. Devo a esses anos de formação científica ter aprendido a apreciar a importância do rigor e da honestidade intelectual.

Terminada minha tese em 1972 decidi estabelecer-me em Darjeeling, junto a meu mestre. No decorrer de vários anos que se seguiram a esse encontro, seja na Índia, no Butão, no Nepal e no Tibete, levei uma vida simples. Recebia apenas uma carta por mês, não tinha rádio nem jornal e quase nada sabia do que se passava no mundo. Estudava com meus mestres espirituais, Kangyur Rinpoche e depois, após sua morte em 1975, com Dilgo Khyentse Rinpoche. Passei desta forma alguns anos em retiro contemplativo em um monastério. Também consagrei-me o melhor que pude às atividades dos monastérios aos quais estava ligado: Ogyen Kunzang Chöling em Darjeeling e Shechen no Nepal, sempre trabalhando na preservação da herança cultural e espiritual do Tibete. Graças aos ensinamentos que recebi de meus mestres, tornei-me cônscio dos benefícios inestimáveis do altruísmo.

Em 1997 recebi uma mensagem da França com a proposta de um diálogo com meu pai, o filósofo Jean-François Revel. A publicação do livro *O monge e o filósofo*, oriundo das entrevistas que ocorreram no Nepal, marcou o fim de uma vida tranquila e anônima, e em contrapartida ofereceu-me novas oportunidades.

Ao final de vinte e cinco anos de imersão no estudo e na prática budista, distante da cena ocidental, encontrei-me novamente confrontado com ideias contemporâneas. Reconciliei-me com o mundo científico dialogando com o astrofísico Trinh Xuan Thuan (*O infinito na palma da mão*, 2000). Também participei dos encontros no Mind and Life Institute, uma organização instaurada sob a égide do Dalai Lama e fundada pelo neurocientista Francisco Varela, que tem por objetivo facilitar a interação entre a ciência e o budismo. Em 2000 comecei a participar ativamente dos programas de pesquisa em neurociências, tendo como foco a análise dos efeitos, a curto e a longo prazo, do treinamento da mente pela meditação.

Minha experiência constitui-se portanto da confluência de duas grandes vertentes, a da sabedoria budista do Oriente e a das ciências ocidentais.

Em meu retorno do Oriente meu olhar havia mudado, e o mundo também. Estava então habituado a viver em meio a uma cultura e entre pessoas cuja prioridade era tornarem-se seres humanos melhores, transformando a maneira de ser e de pensar. As preocupações ordinárias do ganho e da perda, do prazer e do descontentamento, do elogio e da crítica, da celebridade e do anonimato eram consideradas pueris e fontes de desilusão. Acima de tudo o amor altruísta e a compaixão constituíam as virtudes cardeais de toda vida humana e se encontravam no coração do caminho espiritual. Fui e sempre sou particularmente inspirado pela visão budista segundo a qual todo ser humano possui em si um potencial inalterável de bondade e de plenitude.

O mundo ocidental com o qual me defrontei, um mundo em que o individualismo é apreciado como uma força e uma virtude, a ponto de geralmente transformar-se em egoísmo e em narcisismo, era muito mais desconcertante.

Indagando-me sobre as origens culturais e filosóficas desta diferença, lembrei-me de Plauto ao afirmar que "o homem é o lobo do homem"[1], afirmação retomada e expandida por Thomas Hobbes ao referir-se à "guerra de todos os homens contra todos os homens"[2]; de Nietzsche ao afirmar que o altruísmo é um gesto dos fracos, e finalmente de Freud que assegura ter "descoberto muito pouco 'bem' nos homens"[3]. Pensei que se tratasse no entanto de apenas algumas mentes pessimistas; avaliei mal o impacto de suas ideias.

Preocupado em compreender melhor este fenômeno, constatava até que ponto a suposição de que todos os nossos atos, palavras e pensamentos são motivados pelo egoísmo influenciou há muito tempo a psicologia ocidental, as teorias da evolução e da economia, até adquirir a força de um dogma cuja validade apenas pôde ser contestada recentemente. O mais surpreendente refere-se à persistência de grandes mentes em querer revelar a todo custo uma motivação egoísta na origem de cada ato humano.

Observando a sociedade ocidental fui forçado a admitir que os "sábios" já não eram mais modelos, mas que haviam sido substituídos pelas pessoas célebres, ricas ou poderosas. A importância desmesurada concedida ao consumo e ao gosto pelo supérfluo, assim como o reinado do dinheiro, levaram-me a pensar que muitos de nossos contemporâneos haviam esquecido o objetivo da existência – alcançar um sentimento de plenitude – e perdiam-se nos meios.

Por outro lado este mundo parecia preso a uma curiosa contradição, já que as pesquisas de popularidade posicionavam Gandhi, Martin Luther King Jr., Nelson Mandela e Madre Teresa nos primeiros lugares. Por anos o padre Pierre foi, segundo essas pesquisas, o francês mais popular. Este paradoxo começou a ficar um pouco mais claro quando tomei conhecimento de uma pesquisa realizada junto a centenas de norte-americanos: "Quem você mais admira, o Dalai Lama ou Tom Cruise?" A esta questão, 80% responderam: "o Dalai Lama". Mais adiante outra questão: "Se você pudesse escolher, qual dos dois você gostaria de ser?" "Tom Cruise", declararam

70% dos entrevistados. Isto demonstra que reconhecer os verdadeiros valores humanos não nos impede de sermos seduzidos pelo engodo da riqueza, do poder e da celebridade e de preferir a perspectiva de uma vida glamorosa à ideia de um esforço de transformação espiritual.

Na realidade cotidiana, a despeito do expressivo número de violências que aflige o mundo, nossa existência é mais frequentemente tecida por atos de cooperação, de amizade, de afeto e de cuidado dedicado ao outro. A natureza não é apenas "unhas e dentes cobertos de sangue", tal como lamentava o filósofo Alfred Tennyson.[4] Por outro lado, ao contrário das ideias concebidas e da impressão que as mídias nos passam, todos os estudos bem embasados, sintetizados numa obra recente de Steven Pinker, professor em Harvard, demonstram que a violência, em todas suas formas, não cessou de diminuir no decurso dos últimos séculos.[5]

E ainda, em contato com meus amigos da área científica, fui tranquilizado ao constatar que durante os últimos trinta anos a visão deformada da natureza humana havia sido corrigida por um número crescente de pesquisadores, demonstrando que a hipótese do egoísmo universal estava sendo desmentida pela investigação científica.[6]

Daniel Batson, especificamente, foi o primeiro psicólogo que procurou comprovar, por meio de protocolos científicos rigorosos, que o altruísmo verdadeiro existe e não se reduz a uma forma de egoísmo dissimulado.

A força do exemplo

Quando era menino geralmente ouvia dizerem que a bondade era a qualidade mais admirável no ser humano. Constantemente minha mãe a demonstrava através de seus atos, e ao meu redor inúmeras pessoas que eu respeitava me incitavam a ter um bom coração. Suas palavras e ações eram uma fonte de inspiração e abriam-me um campo de possibilidades que nutriam minhas esperanças. Fui educado em um ambiente laico e ninguém inculcou-me dogmas sobre o altruísmo ou a caridade. Aprendi muito mais apenas pela força do exemplo.

Desde 1989 tenho a honra de servir de intérprete francês ao Dalai Lama, que tem por hábito dizer "Minha religião é a bondade" e cuja quintessência do ensinamento é: "Todo ser, mesmo hostil, teme como eu o sofrimento e busca a felicidade. Esta reflexão leva a nos sentir profundamente mobilizados pela felicidade do outro, amigo ou inimigo. É a base da compaixão autêntica. Buscar a felicidade permanecendo indiferente aos outros é um erro trágico". O Dalai Lama encarna este ensinamento em seu cotidiano. Diante de cada pessoa, visitante ou alguém com quem cruza no aeroporto, ele é sempre total e imediatamente presente, com um olhar transbordante de uma bondade que penetra seu coração para ali abrir-se num sorriso, antes de ir-se discretamente.

Há alguns anos, quando me preparava para partir em retiro nas montanhas do Nepal, solicitei ao Dalai Lama alguns conselhos e ele me respondeu: "No início medite sobre a compaixão, no meio medite sobre a compaixão, no fim medite sobre a compaixão".

Todo praticante deve primeiro transformar a si mesmo antes de poder colocar-se eficazmente a serviço dos outros. Portanto o Dalai Lama insiste sobre a necessidade de fazer uma ponte entre a via contemplativa e a vida ativa. Se a compaixão sem sabedoria é cega, a compaixão sem ação é hipócrita. É sob sua inspiração e a de meus outros mestres espirituais que desde 1999 consagro meus recursos e grande parte de meu tempo às atividades da Karuna-Shechen*. Trata-se de uma associação humanitária composta por um grupo de voluntários devotados e por generosos benfeitores que constroem e financiam escolas, clínicas, *hospices*** no Tibete, no Nepal e na Índia. Karuna-Shechen concretizou mais de cento e vinte projetos.

Os desafios da atualidade

Somos defrontados em nossa época por inúmeros desafios. Uma de nossas maiores dificuldades consiste em conciliar os imperativos da economia, da busca pela felicidade e pelo respeito ao meio ambiente. Esses imperativos correspondem a três escalas de tempo: a curto, a médio e a longo prazo, às quais se sobrepõem três tipos de interesses – os nossos, os de nossos próximos e os de todos os seres.

A economia e as finanças evoluem em um ritmo sempre muito rápido. Os mercados de ações disparam e desabam de um dia para outro. Os novos métodos de transações de altíssima velocidade, concebidos pelas equipes de determinados bancos e utilizados pelos especuladores, permitem efetuar 400 milhões de transações por segundo. O ciclo de vida dos produtos torna-se extremamente curto. Nenhum investidor predispõe-se a colocar seu dinheiro nos títulos do Tesouro reembolsáveis ao final de cinquenta anos! Os que vivem na abundância de facilidades torcem o nariz ao pensar em reduzir seu padrão de vida para o bem dos mais desprovidos e o das gerações vindouras, enquanto aqueles que vivem na necessidade aspiram legitimamente à prosperidade, mas também a entrar em uma sociedade de consumo que estimula a aquisição do supérfluo.

A satisfação com a vida é medida em termos de um projeto de vida, de uma carreira, de uma família e de uma geração. Ela se mede também pela qualidade de cada instante que passa, pelas alegrias e sofrimentos que colorem nossa existência, de nossas relações com os outros; ela é avaliada além disso pela natureza das condições exteriores e pela maneira como nossa mente traduz essas condições em bem-estar ou mal-estar.

Até recentemente a evolução do meio ambiente era medida em termos de eras geológicas, biológicas e climáticas de dezenas de milênios, exceto quando da ocorrência

---

* Ver www.karuna-shechen.org.
** Designação comum na Idade Média para entidade criada por monges com o propósito de acolher viajantes cansados e doentes. Na Grã-Bretanha e nos Estados Unidos de hoje, nome de serviço de atendimento concebido por Cicely Saunders e dirigido por enfermeiros para dar conforto, assistir e sedar pacientes terminais, ou aqueles para os quais a medicina não tem senão recursos paliativos. Esse serviço, feito em locais especialmente destinados a esse fim ou na própria casa do paciente, garante assistência também a familiares e amigos. [N. do E.]

de catástrofes planetárias devida ao impacto de asteroides gigantescos ou de erupções vulcânicas. Em nossos dias, o ritmo das mudanças não cessa de acelerar em virtude das violentas desordens ecológicas provocadas pelas atividades humanas. Em particular as mudanças velozes produzidas a partir de 1950 definiram uma nova era para nosso planeta: a do Antropoceno (literalmente "a era dos humanos"). É a primeira era na história do mundo em que as atividades humanas modificam profundamente (e no momento degradam) o conjunto inteiro do sistema que mantém a vida na Terra.

Para grande parte de nós a noção de "simplicidade" evoca uma privação, um estreitamento de nossas possibilidades e um empobrecimento da existência. Todavia a experiência demonstra que a simplicidade voluntária não implica absolutamente em diminuição do bem-estar, mas traz ao contrário uma qualidade de vida melhor. É mais agradável passar uma tarde com seus filhos ou entre amigos, em casa, num parque ou na natureza, ou passá-la percorrendo lojas? É mais prazeroso desfrutar do contentamento de uma mente satisfeita ou constantemente querer mais – um carro mais caro, roupas de marca ou uma casa luxuosa?

O psicólogo americano Tim Kasser e seus pares da universidade de Rochester enfatizaram o custo elevado dos valores materialistas.[7] Graças a estudos que se estenderam por vinte anos eles demonstraram que, dentro de uma amostragem representativa da população, os indivíduos que concentram sua existência na riqueza, imagem, status social e outros valores materialistas incentivados pela sociedade de consumo estão menos satisfeitos com sua vida. Centrados sobre si mesmos, preferem a competição que a cooperação, contribuem menos com o interesse geral e se preocupam pouco com as questões ecológicas. Suas relações sociais são frouxas e, embora contem com um grande número de relações, possuem menos amigos verdadeiros. Manifestam menos empatia e compaixão em relação aos que sofrem e tendem a explorar os outros segundo seus interesses. Paradoxalmente têm uma saúde mais precária do que o restante da população. Seu consumismo imoderado está estreitamente ligado a um egocentrismo excessivo.

Além disso os países ricos, que tiram maior proveito da exploração dos recursos naturais, não querem reduzir seu padrão de vida. Contudo são eles os principais responsáveis pelas mudanças climáticas e outros flagelos (crescimento das doenças sensíveis a mudanças climáticas, tal como a malária que se propaga por novas regiões ou nas altitudes mais elevadas quando a temperatura mínima aumenta), afetando as populações mais pobres, aquelas precisamente cuja contribuição a essas turbulentas desordens é a mais insignificante. Um afegão produz duas mil e quinhentas vezes menos CO_2 que um habitante do Catar, e mil vezes menos que um americano. O magnata americano Stephen Forbes declarou em um canal de televisão conservador (Fox News) acerca da elevação do nível dos oceanos: "Modificar nossos comportamentos porque algo vai acontecer em cem anos é, eu diria, profundamente bizarro".[8] Não é, na realidade, tal declaração que é absurda? O empresário do maior sindicato de carne dos Estados Unidos é ainda mais declaradamente cínico: "O que conta", diz ele, "é que nós vendemos nossa carne. O que ocorrerá em cinquenta anos não é problema nosso".[9]

Ora, tudo isso nos diz respeito, abrange nossas crianças, nossos próximos e descendentes, assim como todos os seres, humanos e animais, agora e no futuro. Concentrar nossos esforços unicamente sobre nós mesmos e familiares, e a curto prazo, é uma das manifestações lastimáveis de egocentrismo.

O individualismo, em seu bom aspecto, pode favorecer o espírito de iniciativa, a criatividade e a libertação de normas e de dogmas arcaicos e coercivos, mas pode também degenerar-se rapidamente em egoísmo irresponsável e em narcisismo galopante, em detrimento do bem-estar de todos. O egoísmo está no coração da maioria dos problemas com os quais nos defrontamos hoje: o fosso crescente entre ricos e pobres, a atitude do "cada um por si" que não para de aumentar, e a indiferença em relação às gerações futuras.

A necessidade do altruísmo

Precisamos de um fio de Ariadne que nos permita encontrar nosso caminho neste labirinto de preocupações tão graves e complexas. O altruísmo é esse fio que nos possibilita religar naturalmente as três escalas de tempo – curto, médio e longo prazo – harmonizando suas exigências.

O altruísmo é frequentemente apresentado como um valor moral supremo, tanto nas sociedades religiosas quanto laicas. Todavia não terá lugar num mundo regido inteiramente pela competição e o individualismo. Alguns até se rebelam contra os "ditames do altruísmo" – percebido como uma exigência de sacrifício – defendendo as virtudes do egoísmo.

Ora, no mundo contemporâneo o altruísmo é mais do que nunca uma necessidade, até mesmo uma urgência. É também uma manifestação natural da bondade humana, a qual todos nós temos em potencial, a despeito das motivações múltiplas, frequentemente egoístas, que permeiam e às vezes dominam nossas mentes.

Quais são de fato os benefícios do altruísmo em relação aos problemas maiores que descrevemos? Tomemos alguns exemplos. Se cada um cultivasse mais o altruísmo, isto é, se tivéssemos maior consideração pelo bem-estar do outro, os investidores não se entregariam a especulações selvagens com as economias dos pequenos poupadores que lhes deram sua confiança, com o objetivo de receber os exorbitantes dividendos no final do ano. Os investidores não admitiriam especular sobre os recursos alimentares, as sementes, a água e outros recursos vitais à sobrevivência das populações mais desprovidas.

Se tivessem maior consideração pela qualidade de vida daqueles que os cercam, os que detêm o poder e outros atores sociais zelariam pela melhoria das condições de trabalho, pela vida familiar e social, e por outros aspectos da existência. Seriam levados a se questionar sobre o abismo que se amplia cada vez mais entre os desprovidos e aqueles que representam 1% da população, mas que detêm 25% das riquezas (dados referentes à situação nos Estados Unidos). Enfim, poderiam ampliar a visão sobre o destino da sociedade da qual tiram proveito e sobre a qual construíram suas fortunas.

Se mostrarmos maior consideração pelos outros agiremos todos para trazer soluções à injustiça, à discriminação e à indigência. Seremos levados a reconsiderar a maneira como tratamos as espécies animais, ao reduzi-las apenas a instrumentos de nossa dominação cega que as converte em produtos de consumo.

Em outras palavras, se dermos provas de maior consideração pelas gerações futuras, não sacrificaremos cegamente o mundo com nossos interesses efêmeros, deixando àqueles que virão depois de nós um planeta poluído e empobrecido. Ao contrário, faremos um esforço para promover uma economia solidária que ceda lugar à confiança recíproca e valorize os interesses do outro. Poderíamos considerar a possibilidade de uma economia diferente, defendida em nossos dias por um bom número de economistas modernos*, uma economia baseada em três pilares da prosperidade verdadeira: a natureza, da qual devemos preservar a integridade, as atividades humanas que devem florescer, e os recursos financeiros que garantam a nossa sobrevivência e as nossas necessidades materiais razoáveis.**

A maioria dos economistas clássicos vêm fundamentando há muito tempo suas teorias sobre a hipótese de que os seres humanos perseguem exclusivamente interesses egocêntricos. Esta hipótese é falsa, porém é o fundamento dos sistemas econômicos contemporâneos constituídos no princípio do livre comércio, sobre o qual Adam Smith teoriza em *A riqueza das nações*. Esses mesmos economistas defrontaram-se com o impasse sobre a necessidade de cada indivíduo zelar pelo bem do outro, a fim de que a sociedade funcione harmoniosamente, necessidade portanto claramente formulada pelo próprio Adam Smith na *Teoria dos sentimentos morais*.

Deixando de lado também a ênfase de Darwin sobre a importância da cooperação no mundo dos seres vivos, algumas teorias contemporâneas da evolução consideram que o altruísmo só faz sentido na proporção do grau de parentesco biológico que nos conecta àqueles que partilham dos nossos genes. Veremos como os novos avanços na teoria da evolução permitem considerar a possibilidade de um altruísmo expandido que transcende os elos de proximidade familiares e tribais, e destaca o fato de que os seres humanos são essencialmente "supercooperadores".***

Contrariamente ao que a avalanche de notícias chocantes que aparecem muitas vezes nas mídias nos levam a pensar, inúmeros estudos demonstram que quando ocorre uma catástrofe natural ou algo dramático, a ajuda mútua é muito mais a regra do que cada um por si, a partilha que a pilhagem, a calma que o pânico, a dedicação que a indiferença, e a coragem que a covardia.[10]

---

* Em especial Joseph Stiglitz, Dennis Snower, Richard Layard e Ernst Fehr, assim como os atores do movimento denominado FIB ("Felicidade Interna Bruta"), promulgado pelo Butão e agora seriamente tratado pelo Brasil, Japão e outros países.
** Os três pilares correspondem ao conceito de "mutualidade" desenvolvido pelo economista Bruno Roche.
*** Notadamente devido aos trabalhos de David Sloan Wilson, Elliott Sober, E. O. Wilson e Martin Nowak.

Além do mais, a experiência de milhares de anos de práticas contemplativas atesta que a transformação individual é possível. Esta experiência milenar é agora corroborada pelas pesquisas em neurociências que mostram que toda forma de treinamento – aprendizagem da leitura ou de um instrumento musical, por exemplo – induz uma reestruturação do cérebro, tanto no âmbito funcional quanto estrutural. O mesmo ocorre quando se treina para desenvolver o amor altruísta e a compaixão.

Os trabalhos recentes de teóricos da evolução* enfatizam a importância da evolução das culturas, mais lenta que as mudanças individuais, mas muito mais rápida que as mudanças genéticas. Essa evolução é acumulativa e transmitida ao longo das gerações pela educação e a imitação.

Isso não é tudo. Na verdade, as culturas e os indivíduos não cessam de se influenciar mutuamente. Os indivíduos que crescem no seio de uma nova cultura são diferentes, porque seus novos hábitos transformam seus cérebros por meio da neuroplasticidade, e a expressão de seus genes por meio da epigenética. Esses indivíduos contribuirão para a evolução de sua cultura e suas instituições, e assim por diante, de modo que este processo se repete a cada geração.

Para recapitular, o altruísmo parece ser um fator determinante da qualidade de nossa existência presente e futura, e não deve ser relegado à categoria de pensamento utópico nobre mantido por alguns ingênuos de bom coração. É preciso discernimento para reconhecê-lo e audácia para dizê-lo.

Mas o que é o altruísmo? Será que existe o verdadeiro altruísmo? Como aparece? É possível tornar-se mais altruísta e, se sim, como? Quais são os obstáculos a superar? Como construir uma sociedade mais altruísta e um mundo melhor? Estas são as principais questões que tentaremos aprofundar nesta obra.

---

* Especialmente os de Robert Boyd e Peter J. Richerson. Ver Richerson, P. J. e Boyd, R. *Not by Genes Alone* (2005).

Parte I
O que significa altruísmo

Viver é ser útil aos outros.
Sêneca

1. A natureza do altruísmo

Algumas definições

O ALTRUÍSMO SERIA "A PREOCUPAÇÃO DESINTERESSADA COM O BEM DO OUTRO", ISTO é, uma *motivação*, um estado de espírito momentâneo, como define o dicionário Larousse, ou seria uma *disposição para interessar-se e dedicar-se ao próximo*, de acordo com o dicionário Robert, indicando assim um traço de caráter mais duradouro? As definições são múltiplas, e às vezes há contradições. Para demonstrar que o altruísmo verdadeiro existe e incentivar sua expansão na sociedade é indispensável elucidar o significado deste termo.

A palavra "altruísmo", derivada do latim *alter*, "outro", foi utilizada pela primeira vez no século XIX por Auguste Comte, um dos pais da sociologia e fundador do positivismo. O altruísmo, segundo Comte, supõe "a eliminação dos desejos egoístas e do egocentrismo, assim como a realização de uma vida dedicada ao bem do outro".[1]

O filósofo americano Thomas Nagel define o altruísmo como "uma inclinação para agir considerando interesses de outras pessoas e ausência de segundas intenções".[2] Significa uma determinação racional para agir oriunda da "influência direta que exerce o interesse de uma pessoa sobre as ações de uma outra, pelo simples fato de que o interesse da primeira constitui a motivação do ato da segunda".[3]

Outros pensadores, confiantes no potencial de benevolência presente no ser humano, vão mais longe e, como o filósofo americano Stephen Post, definem o amor altruísta como um "prazer desinteressado produzido pelo bem-estar do outro, associado aos atos – cuidados e serviços – exigidos para este fim. Um amor ilimitado expande essa benevolência a todos os seres sem exceção, e de maneira duradoura".[4] O *ágape* do cristianismo é um amor incondicional para com outros seres humanos, e o amor altruísta e a compaixão budista, *maitri** e *karuna***, estende-se a todos os seres sencientes, humanos e não humanos.

Alguns autores enfatizam a passagem à prática, enquanto outros consideram que é a motivação que define o altruísmo e qualifica nossos comportamentos. O psicólogo Daniel Batson, que dedicou sua carreira ao estudo do altruísmo, afirma que "o altruísmo é uma motivação cuja finalidade última é aumentar o bem-estar do outro".[5] Ele distingue claramente o altruísmo como finalidade última (meu objetivo é explicitamente fazer o bem ao outro), e como meio (faço o bem ao outro em virtude de realizar meu próprio bem). A seus olhos, para que uma motivação seja altruísta, o bem do outro deve constituir uma *finalidade em si*.***

---

* Do sânscrito, "bondade".
** Do sânscrito, "compaixão".
*** Batson concorda neste ponto com Immanuel Kant, que afirma "Aja sempre de modo a tratar a humanidade [...] como um fim e jamais como simples meio", *Fundamentos da metafísica dos costumes* (1785).

> Dentre outras modalidades do altruísmo, a *bondade* corresponde a uma maneira de ser que se traduz espontaneamente em atos, assim que as circunstâncias o permitam; a *benevolência*, originada do latim *benevole*, "querer o bem do outro", é uma disposição favorável para com o outro, acompanhada de uma vontade de passar à ação. A *solicitude* consiste em se preocupar duradoura e atentamente com a sorte do outro: dada uma situação, zela-se para atender suas necessidades, com o objetivo de favorecer o bem-estar e solucionar seus sofrimentos. A *devoção* consiste em colocar-se com abnegação a serviço de pessoas ou de uma causa benéfica à sociedade. A *gentileza* é uma forma de atenção carinhosa que se manifesta na maneira como nos comportamos perante o outro. A *fraternidade* (e a *solidariedade feminina*, para empregar a expressão de Jacques Attali) provém do sentimento de pertencer à grande família humana, em que cada representante é percebido como irmão ou irmã, cujo destino nos importa; a fraternidade evoca também noções de harmonia, de coesão e de união. A *altruidade* é definida pelo biólogo Philippe Kourilsky como "o compromisso deliberado em agir pela liberdade dos outros"[6]. O sentimento de *solidariedade* com um grupo mais ou menos extenso de pessoas nasce quando há necessidade de se defrontar com uma série de desafios e de obstáculos em comum. Por extensão, este sentimento pode ocorrer na relação com os mais desprovidos dentre nós, ou com aqueles que são afetados por uma catástrofe; é a comunidade de destino que nos une.

O ato em si não define o altruísmo

Em sua obra intitulada *The Heart of Altruism* [O coração do altruísmo], Kristen Monroe, professora de ciências políticas e filosofia da Universidade de Irvine, na Califórnia, propõe reservar o termo "altruísmo" a atos realizados para o bem do outro, mediante um risco e sem esperar retorno. Segundo a autora, as boas intenções são indispensáveis ao altruísmo, mas não bastam. É necessário agir e o ato deve ter um objetivo preciso: contribuir para o bem-estar do outro.[7]

No entanto, Monroe reconhece que os motivos do ato contam mais que suas consequências.[8] Parece-nos portanto preferível não restringir o uso do termo *altruísmo* a comportamentos externos, visto que não permitem, por si próprios, conhecer com certeza a motivação que os inspirou. Da mesma forma que o surgimento de *consequências indesejáveis e imprevistas* que não questionam a natureza altruísta de um ato destinado ao bem do outro, o *entrave da passagem ao ato*, independente da vontade daquele que quer agir, não diminui em nada o caráter altruísta de sua motivação.

Além disso, para Monroe um ato não pode ser considerado altruísta se não comportar um risco e não possuir algum "custo", real ou potencial, para aquele que o realiza. Um indivíduo altruísta estará certamente pronto a correr riscos para concretizar o bem do outro, mas o simples fato de arriscar-se por alguém não é necessário nem suficiente para qualificar um comportamento de altruísta. Podemos imaginar que um indivíduo enfrente o perigo para ajudar alguém com a ideia de ganhar sua confiança e tirar vantagens pessoais suficientemente importantes para justificar os perigos incorridos. Por outro lado, algumas pessoas aceitam correr riscos por razões puramente egoístas, por exemplo, para ir em busca da glória ao realizar uma façanha perigosa. E opostamente, um comportamento pode ser sinceramente devotado ao bem do outro, sem por isso comportar riscos significativos. Aquele que movido pela benevolência doa parte de sua fortuna ou passa anos em uma instituição beneficente ajudando pessoas em dificuldade não corre necessariamente um risco; no entanto seu comportamento merece, segundo nosso ponto de vista, ser qualificado de altruísta.

É a motivação que dá cores a nossos atos

Nossas motivações, quaisquer que sejam, benévolas, malévolas ou neutras, dão cores a nossos atos, tal como um tecido dá cor ao pedaço de cristal sob o qual se encontra. A aparência de nossos atos por si só não permite distinguir um comportamento altruísta de um comportamento egoísta, uma mentira destinada a fazer o bem, de uma outra proferida para prejudicar. Se uma mãe empurra bruscamente seu filho em direção à calçada para evitar que seja atropelado, seu ato é violento apenas na aparência. Se alguém aborda você com um grande sorriso e o cobre de elogios com o único fim de fraudá-lo, sua conduta pode parecer benevolente, mas suas intenções são manifestamente egoístas.

Em sua obra *Altruism in Humans* [O altruísmo em ser humano], Daniel Batson propõe uma série de critérios para qualificar as motivações altruístas.[9]

O altruísmo exige uma motivação: um reflexo instintivo ou um comportamento automático podem ser qualificados de altruísta ou egoísta, quaisquer que sejam as consequências, benéficas ou nocivas.

Às vezes realizamos o bem do outro por razões que não são altruístas nem egoístas, especialmente no sentido do dever ou por senso de justiça.

A diferença entre altruísmo e egoísmo consiste na *qualidade* de nossa motivação e não na *intensidade* que determina sua natureza altruísta.

Diversas motivações, altruístas e egoístas, coexistem em nossa mente, e podem ser neutralizadas quando consideramos simultaneamente nossos interesses e os do outro.

A passagem ao ato depende das circunstâncias e não qualifica a natureza altruísta ou egoísta de nossas motivações.

O altruísmo não requer um sacrifício pessoal: ele pode até mesmo gerar benefícios pessoais na medida em que esses últimos não constituem a finalidade última de nossos comportamentos, mas que são apenas consequências secundárias.

Na essência, o altruísmo reside na motivação que anima um comportamento. Pode ser considerado autêntico desde que o desejo do bem do outro constitui nossa preocupação principal, mesmo que esta preocupação ainda não tenha se concretizado em atos.

Por outro lado, o egoísta, não contente de estar centrado sobre si mesmo, considera os outros como instrumentos a serviço de seus interesses. Não hesita em negligenciar, até mesmo sacrificar o bem do outro quando isto lhe parecer útil para chegar a seus fins.

Considerando nossa capacidade limitada para controlar os fatos externos e nossa ignorância da extensão que irão adquirir a longo prazo, também não podemos qualificar um ato de altruísta ou egoísta com base na simples constatação de suas consequências imediatas. Dar droga ou um copo de álcool a alguém que está em período de desintoxicação, sob o pretexto de que sofre com os sintomas da abstinência, irá propiciar sem dúvida um alívio momentâneo, porém esse gesto não lhe fará nenhum bem a longo prazo.

Por outro lado, em qualquer circunstância, é possível examinar atenta e honestamente nossa motivação e determinar se é egoísta ou altruísta. O elemento essencial portanto, é a intenção que sustenta nossos atos. A escolha dos métodos revela conhecimentos adquiridos, perspicácia e capacidade para agir.

Dar toda importância ao valor do outro

Atribuir mais valor ao outro e sentir-se envolvido por sua situação são dois componentes essenciais do altruísmo. Quando esta atitude prevalece em nós, ela se manifesta sob a forma da benevolência em relação àqueles que penetram no campo de nossa atenção e se traduz pela disponibilidade e a vontade de ocupar-se com o bem-estar deles.

Quando constatamos que o outro tem uma necessidade ou um desejo particular cuja satisfação lhe permita evitar o sofrimento ou sentir bem-estar, a empatia nos faz, antes de tudo, sentir espontaneamente essa necessidade. Além disso, a preocupação com o outro gera a vontade de ajudá-lo. E de forma inversa, se concedermos pouco valor ao outro, ele nos será indiferente: deixaremos de levar em conta suas necessidades; talvez nem as notemos.[10]

O altruísmo não exige "sacrifício"

O fato de sentir alegria em fazer o bem a outro, ou de extrair além disso os benefícios para si mesmo, não torna em si um ato egoísta. O altruísmo autêntico não exige que soframos ao auxiliar os outros e não perde sua autenticidade se vier acompanhado de um sentimento de profunda satisfação. Assim também a própria noção de sacrifício é muito relativa: o que parece ser um sacrifício para alguns é sentido como realização por outros, tal como ilustra a história a seguir.

Sanjit "Bunker" Roy, com quem nossa associação humanitária Karuna-Shechen colabora, conta que aos vinte anos, filho de boa família, educado em um dos mais prestigiados colégios da Índia, estava destinado a uma bela carreira. Sua mãe já o via médico, engenheiro ou funcionário do Banco Mundial. Nesse ano, 1965, uma fome terrível assolou a província de Bihar, uma das mais pobres da Índia. Bunker, inspirado por Jai Prakash Narayan, amigo de Gandhi e grande figura moral indiana, decidiu ir ver *in loco*, juntamente com amigos de sua idade, o que acontecia nos vilarejos mais afetados. Voltando semanas mais tarde, transformado, declara a sua mãe que queria viver em um vilarejo. Após momentos de silêncio, consternada, sua mãe lhe pergunta: "E o que você vai fazer num vilarejo?" Bunker responde: "Trabalhar como operário não qualificado para abrir poços". Conta Bunker: "Minha mãe quase entrou em coma". Os demais membros da família tentaram acalmá-la dizendo: "Não se preocupe, como todos os adolescentes, ele está em crise de idealismo. Dê-lhe algumas semanas e ele voltará desiludido".

Porém, Bunker não volta e permanece quarenta anos nos vilarejos. Durante seis anos, usa a britadeira para abrir trezentos poços nos campos do Rajastão. Sua mãe não lhe dirige a palavra por anos. Quando ele se muda para o vilarejo de Tilonia, as autoridades locais também não o compreendem:

— Você é procurado pela polícia?
— Não.
— Foi reprovado nos exames? Ou não conseguiu um cargo de funcionário público?
— Também não.

Alguém de seu nível social e dotado de semelhante nível de educação não estaria em seu lugar num pobre vilarejo.

Bunker percebeu que poderia fazer mais do que cavar buracos. Constata que os homens com estudos saíam para viver nas cidades e não contribuíam em nada para ajudar nos vilarejos. "Os homens são inúteis", conta ele com malícia. Mais apropriado seria então educar as mulheres e particularmente as jovens avós, de 35 a 50 anos, que dispunham de maior tempo que as mães de família. Embora fossem analfabetas, era possível capacitá-las como "engenheiras solares", competentes na fabricação de painéis solares. Além do mais, havia pouco risco que deixassem suas comunidades rurais.

Bunker foi ignorado por muito tempo, criticado pelas autoridades locais e organizações internacionais, inclusive o Banco Mundial. Mas perseverou e capacitou centenas de avós analfabetas, possibilitando a eletrificação solar para aproximadamente mil comunidades rurais na Índia e em outros países. Sua ação é agora apoiada pelo governo indiano e outras organizações, além de ser reconhecida no mundo inteiro. Ele também criou programas destinados a utilizar o *know-how* ancestral dos camponeses, em especial a maneira de coletar a água da chuva para alimentar cisternas com capacidade suficiente para suprir as necessidades anuais das populações rurais. Antes, as mulheres eram forçadas a várias horas de caminhada cotidiana para carregar pesados recipientes de água, geralmente poluída. No Rajastão, Bunker fundou o Barefoot College ("Colégio dos Pés Descalços"), no qual nem mesmo os professores possuem algum diploma, mas compartilham suas experiências fundamentadas em anos de prática. Todos vivem com simplicidade, no estilo das comunidades de Gandhi, e ninguém recebe mais que 100 euros por mês.

Ele, é claro, reconciliou-se com sua família que agora se orgulha dele. Assim, durante muitos anos, o que parecia a seus próximos um sacrifício desmedido, constitui-se para ele um sucesso que o enche de entusiasmo e satisfação. Em vez de desencorajá-lo, as dificuldades encontradas no caminho estimularam sua inteligência, compaixão e faculdades criativas. Agora, após quarenta anos, Bunker desenvolveu muitos projetos notáveis em 27 países. Ademais, todo seu ser irradia a felicidade por uma vida de pleno êxito.

Para ensinar a população rural de maneira estimulante, Bunker e seus colaboradores organizam apresentações com grandes bonecos de papel machê. Acenando aos que o desconsideravam, os bonecos são fabricados com relatórios reciclados do Banco Mundial. Bunker cita Gandhi: "Primeiro eles o ignoram, depois riem de você, depois o combatem, e então você ganha".

Manter-se atento e prudente diante das necessidades do outro

De acordo com o filósofo Alexandre Jollien: "A primeira qualidade do amor altruísta é estar atento às necessidades do outro. O altruísmo nasce das necessidades do outro e se junta a elas".[11] E referindo-se ao sábio indiano Swami Prajnanpad, Alexandre acrescenta: "O altruísmo é a arte da precisão. Não consiste em dar desmesuradamente, mas sim em estar próximo do outro e de suas necessidades. Quando Swami Prajnanpad afirma que 'o amor é cálculo', refere-se a um cálculo de precisão que possibilita estar perfeitamente adaptado à realidade e às necessidades do outro. Frequentemente imaginamos o bem e o estampamos no outro dizendo: 'Esse é seu bem', e o impomos ao outro. Amar o outro não significa amar um alter ego. É preciso deixar o outro ser outro e despojar-se de tudo aquilo que poderia projetar sobre ele, despojar-se de si para ir em direção ao outro, na escuta e na benevolência."

Meu pai, Jean-François Revel, ficou estarrecido quando lhe disse que iria deixar minha carreira científica para viver no Himalaia, junto a um mestre espiritual. Ele teve a bondade de respeitar minha escolha e permaneceu em silêncio. Tempos depois, após a publicação do livro *O monge e o filósofo*, explicou que "aos vinte e seis anos, Matthieu já era adulto e cabia a ele decidir como viver sua vida".

No mundo do auxílio humanitário, não é raro que as organizações bem-intencionadas decidam a maneira de "fazer o bem" a determinadas populações, sem procurar saber dos desejos e necessidades reais dos potenciais beneficiários. A defasagem entre os programas de ajuda e as aspirações das populações locais é às vezes considerável.

Estados mentais momentâneos e disposições duradouras

Para Daniel Batson, o altruísmo não é tanto uma maneira de ser, mas uma força motivadora orientada a um objetivo, força essa que desaparece quando o objetivo é alcançado. Batson considera assim o altruísmo como um estado mental momentâneo ligado à percepção de uma necessidade específica de outra pessoa, em vez de uma disposição duradoura. Ele prefere falar de altruísmo do que de altruístas, uma vez que, a todo momento, uma pessoa pode abrigar nela uma mescla de motivações altruístas em relação a algumas pessoas e egoístas para com outras. O interesse pessoal pode também entrar em competitividade com o interesse de outro e gerar um conflito interior.

Todavia, parece-nos legítimo falar também de disposições altruístas ou egoístas de acordo com os estados mentais que predominam habitualmente numa pessoa, sendo concebíveis todos os graus entre o altruísmo incondicional e o egoísmo restrito. O filósofo escocês Francis Hutcheson dizia que o altruísmo não era "um movimento acidental de compaixão, de afeto natural ou de reconhecimento, mas uma humanidade constante, ou o desejo do bem público de todos aqueles que nossa confiança pode abranger, desejo que nos incita uniformemente a todos os atos de generosidade, e leva a nos mantermos informados corretamente quanto à maneira mais eficaz de servir aos interesses da humanidade".[12] Por outro lado, o historiador americano Philip Hallie estima que "a bondade não é uma doutrina ou um princípio: é uma maneira de viver".[13]

Esta disposição interior duradoura vem acompanhada de uma visão de mundo particular. Segundo Kristen Monroe, "os altruístas têm simplesmente uma maneira diferente de ver as coisas. Onde vemos um estranho, eles veem um ser humano, um de seus semelhantes... É esta perspectiva que constitui o cerne do altruísmo".[14]

Os psicólogos Jean-François Deschamps e Rémi Finkelstein também mostraram a existência de uma relação entre o altruísmo considerado como *valor pessoal* e os comportamentos pró-sociais, sobretudo o voluntariado.[15]

Além disso, nossas reações espontâneas perante circunstâncias imprevistas refletem nossas disposições profundas e nosso nível de preparação interior. A maioria dentre nós estenderá a mão a alguém que acaba de cair na água. Um psicopata ou uma pessoa dominada pelo ódio talvez olhará o desafortunado se afogar sem mexer um dedo, quem sabe com uma satisfação sádica.

Fundamentalmente, à medida que impregna nossa mente, o altruísmo é expresso de modo instantâneo quando somos confrontados com as necessidades do outro. Como afirmava o filósofo americano Charles Taylor: "A ética não se refere somente ao que é bom fazer, mas ao que é bom ser".[16] Esta visão permite situar o altruísmo em uma perspectiva mais ampla e levar em consideração a possibilidade de *cultivá-lo* como *maneira de ser*.

2. Expansão do altruísmo

> *O altruísmo é como círculos na água quando se joga uma pedra.*
> *Os círculos começam pequeninos, depois aumentam até*
> *abraçar a superfície inteira do oceano.*
> Alexandre Jollien[1]

PARA A MAIORIA DE NÓS, É NATURAL MOSTRAR-SE SINCERAMENTE BENEVOLENTE EM relação a um ente querido ou a uma pessoa bem-intencionada a nosso respeito. Mas parece, *a priori*, mais difícil estender a benevolência a muitos indivíduos e mais particularmente a quem nos trata mal. No entanto, temos a capacidade, por meio do raciocínio e por um treinamento mental, de incluí-los na esfera do altruísmo, compreendendo que a benevolência e a compaixão não são simplesmente "recompensas" atribuídas em função de bons comportamentos, mas que têm por objetivo essencial favorecer a felicidade dos seres e buscar uma solução para seus sofrimentos. Evocarei em particular os métodos propostos pelo budismo para esta finalidade. Desta forma meu objetivo não é incentivar o leitor a adotar esta via espiritual, mas destacar o valor universal de alguns pontos originados na filosofia e na prática do budismo. Essas qualidades fazem parte do que o Dalai Lama chama de *promoção dos valores humanos* ou *ética secular*, uma ética que não se opõe por princípio às religiões, mas não depende de nenhuma delas.[2]

O altruísmo e a compaixão têm por vocação estender-se o mais amplamente possível. É preciso compreender que nosso bem e o do mundo não podem estar fundamentados na indiferença à felicidade do outro e na recusa em ver os sofrimentos ao nosso redor.[3]

Amor altruísta, compaixão e empatia

O budismo define o *amor altruísta* como "o desejo que todos os seres encontrem a felicidade e as causas da felicidade". Por "felicidade" o budismo não entende apenas um estado passageiro de bem-estar ou uma sensação agradável, mas uma maneira de ser alicerçada em uma série de qualidades que incluem o altruísmo, a liberdade interior, a força da alma, assim como uma clara visão da realidade.[4] Por "causas da felicidade", o budismo não se refere apenas às causas imediatas do bem-estar, mas às suas raízes profundas, isto é, à busca da sabedoria e mais justa compreensão da realidade.

Esse desejo altruísta vem acompanhado de uma constante disponibilidade em relação ao outro aliada à determinação de fazer tudo que está em nosso poder a fim de ajudar cada ser em particular a alcançar uma autêntica felicidade. O budismo vai ao encontro de Aristóteles neste aspecto, para quem "amar bem" consiste em "querer para alguém o que se acredita ser o bem" e "ser capaz de proporcioná-lo na medida que podemos".[5]

Não se trata de uma posição dogmática decretando que "o sofrimento é o Mal", mas de levar em consideração o desejo de cada ser de esquivar-se do sofrimento. Uma atitude puramente normativa, cujo objetivo seria dar um fim ao sofrimento enquanto entidade abstrata, comportaria o risco de estarmos menos atentos aos próprios seres e seus sofrimentos específicos. Eis porque o Dalai Lama nos aconselha: "Para sentir uma compaixão e uma benevolência verdadeiras para com o outro devemos escolher uma pessoa real como objeto de meditação e aumentar nossa compaixão e nosso amor benevolente em relação a essa pessoa, antes de estendê-los a outros. Trabalhamos com uma pessoa de cada vez; caso contrário, nossa compaixão corre o risco de diluir-se em um sentimento muitíssimo generalizado e nossa meditação perderá concentração e força".[6] Além disso a história já nos mostrou que quando se define o bem e o mal de modo dogmático todos os desvios são possíveis, desde a Inquisição até as ditaduras totalitárias. Como meu pai, Jean-François Revel, afirma frequentemente: "Os regimes totalitários proclamam: 'Sabemos como torná-los felizes. Basta que sigam nossas diretrizes. Todavia, se não concordarem, lamentamos ter que eliminá-los'".[7]

O amor altruísta caracteriza-se por uma benevolência incondicional para com a *totalidade dos seres,* suscetível de exprimir-se a todo instante em favor de *cada ser em particular*. Ela impregna o espírito e se expressa de maneira apropriada de acordo com as circunstâncias, para atender às necessidades de todos.

A compaixão é a forma que adquire o amor altruísta quando confrontado aos sofrimentos alheios. O budismo a define como "o desejo de que todos os seres sejam liberados do sofrimento e de suas causas" ou, como enfatiza poeticamente o monge budista Bhante Henepola Gunaratana: "O degelo do coração ao pensar o sofrimento do outro"[8]. Essa aspiração deve ser seguida da mobilização de todos os meios possíveis para trazer alívio a seus tormentos.

Aqui ainda, as "causas do sofrimento" incluem não somente as causas dos sofrimentos imediatos e visíveis, mas também as causas profundas do sofrimento, a *ignorância* em primeiro lugar. Por ignorância entende-se uma compreensão errônea da realidade que nos leva a cultivar estados mentais perturbadores, tais como o ódio e o desejo compulsivo, e a agir sob sua influência. Este tipo de ignorância leva-nos a perpetuar o ciclo do sofrimento e a dar as costas ao bem-estar duradouro.

Portanto o amor benevolente e a compaixão são as duas facetas do altruísmo. É seu objeto que os distingue: o amor benevolente deseja que todos os seres sintam a felicidade, enquanto a compaixão visa a erradicação dos sofrimentos. O amor e a compaixão devem perdurar enquanto houver seres e sofrimentos.

Definimos aqui a *empatia* como a capacidade de entrar em *ressonância afetiva* com os sentimentos do outro, e de *conscientização de sua situação*. A empatia nos alerta em particular quanto à natureza e à intensidade dos sofrimentos sentidos pelo outro. Poderíamos dizer que ela *catalisa a transformação do amor altruísta em compaixão*.

A importância da lucidez

O altruísmo *deve ser iluminado pela lucidez e sabedoria*. Não se trata de consentir indistintamente com todos os desejos e caprichos dos outros. O amor verdadeiro consiste em associar uma benevolência sem limites ao discernimento sem falhas. Definido desse modo, o amor deve considerar todos os pormenores de cada situação e perguntar-se: "Quais serão os benefícios e os inconvenientes a curto e a longo prazo do que vou fazer? Meu ato irá afetar um pequeno ou grande número de indivíduos?" Transcendendo qualquer parcialidade, o amor altruísta deve considerar lucidamente a melhor maneira de realizar o bem para os outros. A imparcialidade exige não favorecer alguém simplesmente pelo fato de sentir mais simpatia por uma pessoa do que por outra que também se encontra em necessidade, talvez muito maior.

Alegrar-se com a felicidade do outro e cultivar a imparcialidade

Ao amor altruísta e à compaixão, o budismo acrescenta a *alegria diante da felicidade e as qualidades do outro*, assim como a *imparcialidade*.

O *regozijo* consiste em sentir no fundo do coração uma alegria sincera diante das realizações e das qualidades do outro; para com aqueles que trabalham para o bem do outro e cujos projetos benevolentes são coroados de sucesso; aqueles que realizaram suas aspirações às custas de esforços perseverantes, e também daqueles que possuem múltiplos talentos. Esta alegria e apreciação vêm acompanhadas do desejo que seu bem-estar e qualidades não declinem, porém que se perpetuem e aumentem. A faculdade de congratular-se com as qualidades do outro serve igualmente como antídoto à comparação social, à inveja e ao ciúme, que refletem uma incapacidade para se alegrar com a felicidade do outro. Ela constitui também um remédio contra uma visão sombria e desesperada do mundo e da humanidade.

A *imparcialidade* é um componente essencial do altruísmo, visto que o desejo de que os seres encontrem a felicidade e sejam liberados de seus sofrimentos não deve depender nem de nossos apegos pessoais nem da maneira como os outros nos tratam ou se comportam diante de nós. A imparcialidade adota o olhar de um médico bondoso e devotado que se alegra quando os outros estão com saúde e se preocupa com a cura de todos os doentes, quaisquer que sejam.

O altruísmo pode de fato ser influenciado pelo sentimentalismo e induzir atitudes parciais. Se durante uma viagem a um país pobre encontro um grupo de crianças e uma delas me é mais simpática que as outras, o fato de lhe conceder um tratamento especial provém de uma intenção afável, porém revela-se igualmente uma falta de equidade e perspicácia. Pode ser que outras crianças presentes precisassem mais do meu auxílio.

Da mesma forma, se nos preocupamos com a sorte de alguns animais simplesmente porque são "graciosos" e permanecemos indiferentes ao sofrimento daqueles que nos parecem repugnantes, trata-se de uma falsa ideia de altruísmo, induzida por preconceitos e preferências afetivas. Daí a relevância da noção de imparcialidade. No budismo o altruísmo deve se estender a todos os seres sensíveis, qualquer que seja seu aspecto, comportamento e grau de proximidade de nós.

Tal qual o sol que brilha igualmente para os "bons" e os "maus", sobre uma paisagem magnífica e um monte de lixo, a imparcialidade se estende a todos os seres sem distinção. Quando a compaixão assim concebida recai sobre uma pessoa má, não consiste em tolerar, muito menos em incentivar pela inação sua atitude perversa e seus atos perniciosos, mas em considerar essa pessoa como gravemente doente ou demente, e desejar que ela se liberte de sua ignorância e hostilidade. Ou seja, não se trata de contemplar os atos prejudiciais com equanimidade, até mesmo indiferença, e sim compreender que é possível erradicar suas causas tal como se pode eliminar as causas de uma doença.

O caráter universal do altruísmo expandido não se constitui de um sentimento vago e abstrato, desconectado dos seres e do real. Não nos impede de avaliar com lucidez o contexto e as circunstâncias. Em vez de diluir-se na multidão e na diversidade dos seres, o altruísmo expandido é reforçado pelo número e variedade de suas necessidades particulares. Aplica-se espontaneamente e de maneira pragmática a cada ser que se apresenta no campo de nossa atenção.

Além disso, ele não exige a obtenção de um sucesso imediato. Ninguém pode esperar que os seres humanos deixem de sofrer de um dia para o outro, como por milagre. A intensidade do esforço deve portanto corresponder à magnitude da coragem. O que impele Shantideva, mestre budista indiano do século VII, a dizer:

> *Enquanto perdurar o espaço,*
> *e enquanto houver seres,*
> *possa eu nele também permanecer*
> *para dissipar o sofrimento do mundo!*

Superar o medo

Um dos aspectos importantes do amor altruísta é a coragem. Um altruísta verdadeiro está sempre pronto a ir sem hesitação e sem temor em direção aos outros. O sentimento de insegurança e o medo são os maiores obstáculos para o altruísmo. Quando somos afetados por qualquer contrariedade, repulsa, crítica ou insulto, sentimo-nos debilitados e pensamos sobretudo em nos proteger. O sentimento de insegurança incita a nos fecharmos em nós mesmos e manter distância em relação ao outro. Para nos tornarmos mais altruístas, precisamos desenvolver uma força interior que confere o sentimento de dispor dos recursos internos, permitindo-nos enfrentar as circunstâncias impermanentes da existência. Munidos dessa confiança estamos prontos para nos abrir aos outros e manifestarmos o altruísmo. Por isso fala-se no budismo da "compaixão corajosa". Gandhi também dizia: "O amor nada teme, nem a ninguém. Ele corta o medo pela raiz".

Estender a compreensão das necessidades do outro

Quanto mais somos tocados pela sorte daquele que está em dificuldade, mais a motivação de aliviá-lo é reforçada. Porém é necessário identificar clara e corretamente as necessidades do outro e compreender o que se faz necessário, a fim de suprir seus diferentes níveis de bem-estar.* No budismo, a *necessidade última* de todo ser vivo é de estar livre de todas as formas de sofrimento, inclusive as que não são imediatamente visíveis e que provêm da ignorância. Reconhecer que essa necessidade é compartilhada por todos os seres permite estender o altruísmo tanto aos amigos quanto aos inimigos, aos familiares e aos desconhecidos, aos seres humanos e a todos os seres vivos. No caso de um inimigo, por exemplo, a necessidade que se leva em conta não é certamente a realização de suas intenções malévolas, mas a necessidade de eliminar as causas que as geraram.

Do altruísmo biológico ao altruísmo expandido

O Dalai Lama distingue dois tipos de amor altruísta: o primeiro manifesta-se espontaneamente pelas disposições biológicas herdadas da evolução. Reflete nosso instinto de cuidados em relação a nossos filhos, aos próximos e de modo geral àqueles que nos tratam com benevolência.

Este *altruísmo natural* e inato não necessita de qualquer treinamento. Sua forma mais expressiva é o amor parental. Entretanto ele é limitado e parcial, pois depende geralmente de nossos laços de parentesco ou da maneira com a qual percebemos favorável ou desfavoravelmente os outros, assim como o modo como nos tratam.

A solicitude para com uma criança, um idoso ou um doente nasce sempre de nossa percepção de suas vulnerabilidades e necessidades de proteção. Temos certamente a faculdade de nos comover com a situação de outras crianças além das nossas e de outras pessoas que nos são próximas, mas o altruísmo natural não se estende facilmente aos desconhecidos e menos ainda a nossos inimigos. Também é inconstante, visto que pode desaparecer quando um amigo ou um parente, até então bem solícito conosco, muda de atitude e nos trata de repente com indiferença e de forma hostil.

---

* Para Daniel Batson, a *solicitude empática* é uma emoção orientada para o outro, gerada pela percepção que o outro se encontra em necessidade e em harmonia com essa percepção. Ver Batson, C. D. (2011). *Altruism in Humans*, Oxford Univ. Press, p. 11.

O *altruísmo expandido,* ao contrário, é imparcial. Para a maioria das pessoas, não é espontâneo e precisa ser cultivado. "A simpatia, embora adquirida como instinto, se fortalece tanto pela prática como pelo hábito",[9] afirma Darwin. Qualquer que seja nosso ponto de partida, todos nós temos a possibilidade de cultivar o altruísmo e transcender os limites que o confinam ao círculo de nossos próximos.

O altruísmo instintivo adquirido no transcorrer de nossa evolução, em particular o da mãe pelo filho, pode servir de base ao altruísmo mais estendido, mesmo que não tenha sido essa a sua função inicial. Essa concepção tem sido defendida por vários psicólogos, tais como William McDougall, Daniel Batson e Paul Ekman, e sustentada por alguns filósofos, dentre eles Elliot Sober e o especialista em evolução David Slon Wilson[10].

Essa extensão constitui-se de duas etapas principais: de um lado, *percebemos as necessidades* de um número maior de seres, particularmente daqueles que até então considerávamos estranhos ou inimigos; de outro, *damos valor* a todos os seres sensíveis de modo mais amplo, ultrapassando o círculo de nossos próximos, o grupo social, étnico, religioso, de mesma nacionalidade, e que se estende para além da espécie humana.[11]

É interessante observar que Darwin não só focou essa expansão, como também a julgava necessária: "A simpatia, para as causas que já assinalamos, tende sempre a tornar-se maior e mais universal. Não podemos restringir nossa simpatia, mesmo admitindo que fizemos da razão inflexível uma lei, sem trazer prejuízo à parte mais nobre de nossa natureza".[12]

Era também o ideal expresso por Einstein em uma carta escrita em 1950:

> O ser humano é uma parte do todo que chamamos "Universo", uma parte limitada pelo tempo e espaço. Ele faz a experiência de si próprio, de seus pensamentos e sentimentos como acontecimentos separados do resto; é uma espécie de ilusão ótica de sua consciência. Essa ilusão é uma forma de prisão para nós, pois nos restringe a nossos desejos pessoais e nos obriga a reservar nossa afeição para algumas pessoas mais próximas. Nossa tarefa deveria consistir em nos libertar dessa prisão, ampliando nosso círculo de compaixão de maneira a incluir todas as criaturas vivas e toda a natureza em sua beleza.[13]

Este esforço começa pela seguinte conscientização: se eu atentar para o mais profundo de meu ser, eu não gostaria de sofrer. Não acordo pela manhã pensando: "Desejo sofrer durante o dia todo e, se possível, toda minha vida". Quando reconheço essa aspiração em mim mesmo, o que acontece se me projetar mentalmente na consciência de outro ser? Tal como eu talvez ele esteja sob influência de todo tipo de aflição e em grande confusão mental, mas como eu, se fosse possível, não optaria também por não sofrer? Ele compartilha de meu desejo de escapar do sofrimento e esse desejo é digno de respeito.

Infelizmente existem pessoas que, por não terem sido beneficiadas por condições que lhes permitissem se desenvolver, acabam prejudicando a si próprias voluntariamente, automutilando-se ou cometendo atos desesperados, inclusive o suicídio.[14] A falta de amor, de sentido, de autoconfiança e a ausência de direção clara em suas vidas pesam tanto que isso as conduz às vezes à autodestruição. Esses atos extremos são um grito de desespero, um pedido de socorro, uma maneira de expressar-se daqueles que não sabem como encontrar a felicidade, ou estejam impedidos pela brutalidade das condições externas.

Aspectos emocionais e cognitivos do altruísmo e da compaixão

Emocionar-se com o sofrimento do outro, sofrer por ele estar sofrendo, ficar alegre quando ele está alegre, e triste quando está aflito, demonstram ressonância emocional.

Por outro lado, distinguir as causas imediatas ou duradouras, superficiais ou profundas dos sofrimentos do outro e ter a determinação de solucioná-los são exemplos de conhecimento e compaixão "cognitiva". Esta última está ligada à compreensão das causas do sofrimento. Com isso, sua dimensão é mais ampla e seus efeitos maiores. Esses dois aspectos do altruísmo, emocional e cognitivo, são complementares e não constituem duas atitudes mentais separadas e estanques. Em algumas pessoas, num primeiro momento, o altruísmo ganha a forma de uma experiência emocional mais ou menos forte, suscetível de transformar-se em seguida em altruísmo cognitivo no momento em que a pessoa começa a analisar as causas do sofrimento. No entanto, o altruísmo permanece restrito se for limitado unicamente ao componente emocional.

Na verdade, segundo o budismo, *a causa fundamental do sofrimento é a ignorância*, esta confusão mental que deforma a realidade e produz uma plêiade de manifestações mentais perturbadoras, estendendo-se do ódio ao desejo compulsivo, passando pelo ciúme e a arrogância. Se levarmos em conta exclusivamente as causas secundárias do sofrimento, isto é, as manifestações visíveis, não se conseguirá solucioná-las plenamente. Se um navio sofre uma avaria, não é suficiente tirar a água dos porões com grandes reforços de equipe. É indispensável consertar a fenda por onde a água entra.

O amor e a compaixão fundamentados no discernimento

Para expandir o altruísmo é necessário tomar consciência dos diversos níveis de sofrimento. Quando o Buda falava de "identificar o sofrimento", não se referia aos sofrimentos evidentes dos quais somos geralmente testemunhas ou vítimas: as doenças, as guerras, a fome, a injustiça ou a perda de um ente querido. Os sofrimentos que nos afetam diretamente (os de nosso próximo, os nossos), e indiretamente (pela mídia ou experiências vividas), aqueles decorrentes das injustiças socioeconômicas, discriminações e guerras, são manifestos aos olhos de todos. São as causas subjacentes do sofrimento que o Buda quis destacar, causas que podem não se manifestar de imediato na forma de experiências dolorosas, mas que não deixam de ser uma fonte constante de sofrimentos.

Na verdade inúmeros sofrimentos têm suas raízes no ódio, na avidez, no egoísmo, no orgulho, na inveja e em outros estados mentais que o budismo agrupa e chama de "toxinas mentais", pois envenenam literalmente nossa existência e a dos outros. Segundo o Buda a origem dessas perturbações mentais é a ignorância. Esta não diz respeito à simples falta de informação, mas a uma visão distorcida da realidade e à incompreensão das causas primeiras do sofrimento. Como explica o mestre tibetano contemporâneo Chogyam Trungpa: "Quando falamos de ignorância não se trata de total estupidez. Em um certo sentido a ignorância é muito inteligente, porém consiste numa inteligência de mão única: responde exclusivamente às próprias projeções em vez de ver simplesmente o que é".[15]

A ignorância está relacionada ao desconhecimento da realidade, isto é, da natureza das coisas livre das criações mentais que lhe impomos. Essas criações geram um fosso entre o modo como as coisas aparecem a nossos olhos e sua verdadeira natureza: tomamos como permanente o que é efêmero, e como felicidade o que é mais frequentemente fonte de sofrimento – a sede por riquezas, poder, fama e prazeres passageiros.

Percebemos o mundo exterior como uma série de entidades autônomas às quais atribuímos características que lhes parecem próprias. As coisas aparecem como intrinsecamente "agradáveis" ou "desagradáveis" e dividimos rigidamente as pessoas entre "boas" ou "más", "amigas" ou "inimigas", como se fossem características inerentes a essas pessoas. O "eu" ou o ego que as percebe também nos parece real e concreto. Esse equívoco gera poderosos reflexos de apego e de aversão e, enquanto nossa mente permanecer obscurecida por essa falta de discernimento estará sob influência do ódio, do apego, da avidez, da inveja ou da arrogância, e o sofrimento estará sempre prestes a surgir.

Se nos referirmos à definição de altruísmo dada por Daniel Batson como sendo um estado mental ligado à percepção de uma necessidade particular do outro, a necessidade derradeira enunciada pelo budismo consiste em dissipar essa visão equivocada da realidade. Não se trata de modo algum de impor uma visão dogmática particular do que ela seja, mas de fornecer os conhecimentos necessários para poder, graças a uma investigação rigorosa, preencher o fosso que separa a percepção das coisas de sua natureza verdadeira. Essa atitude consiste por exemplo em não tomar como permanente o que é de natureza mutável; não perceber entidades independentes quando de fato são relações interdependentes, e não imaginar um "eu" unitário, autônomo e constante quando apenas é um fluxo de experiências incessantemente mutáveis e dependentes de causas incontáveis. O Buda sempre repetia: "Não aceitem meus ensinamentos por simples respeito a mim, os examinem como se comprova o ouro friccionando-o, martelando-o e fundindo-o no crisol". Assim, ele nos oferece simplesmente um mapa ou um diário de bordo que permite caminhar pelas trilhas de alguém que já passou pelo caminho que almejamos percorrer.

Desse ponto de vista o conhecimento, ou a sabedoria, é a justa compreensão da realidade, isto é, o fato de que todos os fenômenos resultam da reunião de um número ilimitado de causas e de condições em constante mutação. Tal como um arco-íris que se forma no momento em que o sol brilha sobre uma cortina de chuva e se dissipa assim que uma dessas condições desaparece, os fenômenos existem de maneira essencialmente interdependente e não possuem existência autônoma e permanente.

Esse conhecimento não satisfaz unicamente uma curiosidade intelectual, seu objetivo é essencialmente terapêutico. Compreender a interdependência possibilita sobretudo destruir o muro ilusório que nossa mente erigiu entre o eu e o outro. Isso coloca em evidência os fundamentos equivocados do orgulho, da inveja e da malevolência. Dado que os seres são interdependentes, sua felicidade e seu sofrimento nos concernem intimamente. Querer construir sua felicidade sobre o sofrimento de outro é não somente imoral, mas irrealista. O amor e a compaixão universais são consequências diretas de uma justa compreensão da interdependência.

Portanto não é suficiente sentir emocionalmente os estados de alma do outro para nutrir uma atitude altruísta. Pelo contrário, é indispensável estar cônscio de seu desejo de fugir ao sofrimento, de conceder-lhe valor e estar intimamente envolvido na realização de suas aspirações profundas. Quanto mais o amor altruísta e a compaixão forem do tipo cognitivo, quanto mais derem amplitude ao altruísmo, menos serão afetados pelas perturbações emocionais, tal como a aflição gerada pela percepção do sofrimento do outro. Em vez de gerar benevolência, essa percepção da dor pode incitar a se voltar sobre si próprio, ou ainda favorecer a emergência de um sentimentalismo que corre o risco de desviar o altruísmo para o favoritismo.

Adotar a atitude do médico

O altruísmo expandido não depende do modo como se comportam aqueles aos quais ele se dirige, pois se situa em um nível mais fundamental. Ele se manifesta quando temos plena consciência do fato de que os seres se comportam de maneira nociva porque estão sob a influência da ignorância e dos venenos mentais gerados por ela. Assim, ficamos aptos a ultrapassar nossas reações instintivas diante dos comportamentos malévolos, visto que compreendemos que não diferem em nada dos de um doente mental ao agredir quem está ao seu redor: nosso comportamento assemelha-se ao do médico. Se o paciente que sofre de problemas mentais agride o médico que o examina, este não irá revidar, mas ao contrário, irá dispensar-lhe cuidados.

À primeira vista, pode parecer incongruente tratar um inimigo com benevolência: "Ele me deseja o mal, porque haveria eu de desejar-lhe o bem?" A resposta do budismo é simples: "Porque ele também não quer sofrer, porque está sob influência da ignorância". Frente ao malfeitor o altruísmo verdadeiro consiste em querer que este tenha consciência de sua transgressão e pare de prejudicar seus semelhantes. Esta reação que se opõe ao desejo de vingar-se, de punir ao infligir outro sofrimento, não é uma prova de fraqueza, mas de sabedoria.

A compaixão não exclui fazer tudo o que for possível para impedir o outro de prejudicar novamente. Ela não impede o uso de todos os meios disponíveis para pôr fim aos crimes de um ditador sanguinário, por exemplo, mas vem acompanhada necessariamente do desejo de que o ódio e a crueldade desapareçam de sua mente. Na falta de qualquer outra solução, a compaixão não proibirá o recurso da força, desde que ela não seja inspirada pelo ódio, mas sim pela necessidade de evitar maiores sofrimentos.

O altruísmo não consiste também em minimizar ou tolerar os danos dos outros, mas em buscar soluções ao sofrimento em todas suas formas. O objetivo é romper o ciclo do ódio em vez de aplicar a pena de talião. Se seguíssemos "olho por olho, dente por dente", dizia Gandhi, "o mundo seria em breve cego e desdentado". Mais sutilmente, Shantideva assinalou: "Quantos malfeitores matarei? Existem em todo lugar e nunca conseguirei dar cabo deles. Mas se exterminar o ódio, eliminarei todos os meus inimigos".[16]

"Por mais horrível que seja a vida de um homem, a primeira coisa é tentar compreendê-lo",[17] afirma o filósofo americano Alfie Kohn. Asbjorn Rachlew, delegado de polícia que supervisionou o interrogatório de Anders Breivik, o fanático autor dos crimes em série recentemente cometidos na Noruega, disse: "Não esmurramos a mesa como se vê no cinema, devemos deixar a pessoa falar o máximo possível e praticar a 'escuta ativa', para depois perguntar-lhe: como você explica o que fez?"[18] Se quisermos evitar o ressurgimento do mal é essencial compreender primeiramente por que e como pôde acontecer.

O altruísmo não é recompensa nem julgamento moral

A prática do amor altruísta e da compaixão não tem por finalidade recompensar uma boa conduta, e sua ausência não é uma sanção para punir comportamentos repreensíveis. O altruísmo e a compaixão não são baseados em julgamentos morais, embora certamente não excluam esses julgamentos. De acordo com André Comte-Sponville: "Precisamos da moral na falta do amor". A compaixão em particular visa eliminar todos os sofrimentos individuais, quaisquer que sejam, onde quer que estejam e quaisquer que sejam as causas. Considerados deste modo, o altruísmo e a compaixão podem ser imparciais e ilimitados.

A possibilidade de acabar com os sofrimentos dos seres reforça o altruísmo

"Cansamo-nos da piedade quando a piedade é inútil",[19] afirmava Camus. A piedade impotente e distante transforma-se em *compaixão*, isto é, o desejo intenso de liberar o outro de seus sofrimentos, quando tomamos consciência da *possibilidade* de eliminar os sofrimentos e reconhecemos os meios para concretizar esse objetivo. Essas diversas etapas correspondem às *Quatro Nobres Verdades* expressas pelo Buda em seu primeiro ensinamento, no Parque das Gazelas, em Sarnath, próximo a Benares. A primeira é a *verdade do sofrimento* que deve ser reconhecido pelo que ele é, em todas suas formas, visíveis e sutis. A segunda é a verdade das *causas do sofrimento*, a ignorância que leva à malevolência, à avidez e a muitos outros estados mentais perturbadores. Esses venenos mentais advêm de causas que podem ser eliminadas – portanto a terceira verdade, a *cessação do sofrimento,* é possível. A quarta verdade é a do *caminho* que transforma essa possibilidade em realidade. Este caminho é o processo que implementa todos os métodos que permitem eliminar as causas fundamentais do sofrimento.

A ignorância, que nada mais é do que um equívoco, sempre é passível de ser eliminada. Confundir na penumbra uma corda com uma cobra gera medo, mas assim que a corda é iluminada e que se reconhece sua natureza verdadeira, o medo perde sua razão de ser. Portanto a ignorância é um fenômeno adventício que não afeta a natureza última das coisas: ela simplesmente escapa à nossa compreensão. Esta é a razão do conhecimento ser libertador. Como pode-se ler no *Ornamento dos sutras*: "a libertação é o esgotamento do erro".

Se o sofrimento fosse uma fatalidade ligada à condição humana, preocupar-se continuamente seria apenas avolumar de maneira inútil nossos tormentos. Como disse o Dalai Lama em tom espirituoso: "Se não há remédio para o sofrimento, pense nisso o menos possível, vá à praia e beba uma boa cerveja". Por outro lado, se as causas de nossos sofrimentos podem ser eliminadas, seria lamentável ignorar essa possibilidade. Como escreveu no século XVIII o sétimo Dalai Lama:

> *Se existe um meio de liberar-se do sofrimento,*
> *É apropriado utilizar cada instante para obtê-lo.*
> *Somente os insensatos desejam aumentar o sofrimento.*
> *Não seria triste ingerir veneno conscientemente?*[20]

Do ponto de vista budista o *nirvana* não é uma "extinção", mas o estado de um ser singular para atingir o Despertar e liberar-se assim da ignorância e do sofrimento. Não significa que o sofrimento deixará de existir como fenômeno universal no que o budismo chama de *samsara*, ou mundo condicionado pela dor, mas que cada ser possui individualmente a possibilidade de se emancipar. A conscientização dessa possibilidade confere à compaixão uma outra dimensão que a diferencia da piedade impotente. Durante uma sessão de ensinamentos em Paris, no ano de 2003, o Dalai Lama propôs o seguinte exemplo:

> Imagine que da cabine de um pequeno avião de turismo voando a baixa altitude, você percebe um náufrago que nada no meio do Oceano Pacífico, sendo impossível para você socorrê-lo ou alertar alguém. Se você pensar: "Que tristeza!", sua piedade é caracterizada por um sentimento de impotência.
> Se por outro lado você descobrir uma ilha ainda não enxergada pelo náufrago por causa da bruma, e que ele poderá alcançar se nadar na direção certa, sua piedade se transformará em compaixão: consciente da possibilidade de sobrevivência do desafortunado, você desejará do fundo do coração que ele veja a ilha tão próxima, e você tentará por todos os meios dar-lhe uma indicação.

O altruísmo autêntico baseia-se, assim, na compreensão das causas do sofrimento e na convicção de que cada um tem o potencial necessário para se liberar. Como se apoia muito mais no discernimento do que nas emoções, não se manifesta no sábio com as emoções intensas que acompanham habitualmente a expressão da empatia afetiva. O altruísmo, além disso, apresenta a característica de ser desprovido de apegos egocentrados, baseados em conceitos de sujeito e objeto considerados como entidades autônomas. Enfim, o altruísmo se aplica à totalidade dos seres.

Dessa forma, no caminho do budismo, o amor altruísta e a compaixão conduzem à inquebrantável determinação de atingir o Despertar (a compreensão da realidade última associada à liberação da ignorância e das aflições mentais) para o bem dos seres. Esta resolução corajosa, chamada *bodhicitta*, possui dois objetivos: o Despertar e o bem dos seres. Libera-se da ignorância para tornar-se capaz de liberar os demais das causas do sofrimento.

Essa visão das coisas também leva a considerar a possibilidade de *cultivar* o altruísmo. De fato, temos a capacidade de nos familiarizar com novas maneiras de pensar e com qualidades presentes em nós em estado embrionário, mas que desenvolveremos graças a um treinamento. Contemplar os benefícios do altruísmo nos encoraja a nos engajar nesse processo. Além do mais, a melhor compreensão dos mecanismos desse treinamento permite-nos perceber toda a dimensão do nosso potencial de mudança.

3. O que é a empatia?

Empatia é um termo cada vez mais empregado, tanto pelos cientistas como na linguagem corrente. Ele abrange de fato diversos estados mentais distintos que nos esforçaremos para esclarecer. A palavra "empatia" é uma tradução de *Einfühlung,* do alemão, que remete à capacidade de "sentir o outro por dentro" e foi utilizada pela primeira vez pelo psicólogo alemão Robert Vischer, em 1873, para designar a projeção mental de si mesmo em um objeto exterior – uma casa, uma velha árvore nodosa ou uma colina varrida pelos ventos – ao qual nos associamos subjetivamente.* Em seguida o filósofo Theodor Lipps estendeu essa noção para descrever o sentimento de um artista que se projeta pela sua imaginação não somente em um objeto inanimado, como também na experiência vivenciada por outra pessoa. Ele propôs o seguinte exemplo para ilustrar o significado desse vocábulo: participamos intensamente da progressão de um acrobata em equilíbrio sobre a corda bamba. Não podemos evitar de *entrar* em seu corpo e dar mentalmente cada passo com ele.[1] Além do mais, agregamos a isso sensações de inquietude e vertigem das quais o acrobata está felizmente isento.

A empatia pode ser desencadeada por uma *percepção afetiva* do sentimento do outro ou pela *imaginação cognitiva* de sua experiência. Em ambos os casos a pessoa distingue claramente entre seu sentimento e o do outro, diferentemente do *contágio emocional,* durante o qual essa distinção é mais embaçada.[2]

A empatia afetiva ocorre espontaneamente quando entramos em ressonância com a situação e os sentimentos de outra pessoa, com as emoções que se manifestam por suas expressões faciais, seu olhar, o tom de voz e seu comportamento.

A dimensão cognitiva da empatia nasce ao evocar mentalmente uma experiência vivida por outro, seja imaginando o que *ele* sente e a maneira como sua experiência o afeta, seja imaginando o que *nós* sentiríamos em seu lugar.

A empatia pode levar a uma motivação altruísta, mas pode também, no confronto com os sofrimentos do outro, gerar sentimentos de angústia e de evitação que incitam a voltar-se para si mesmo ou a desviar-se dos sofrimentos que testemunha.

Os significados atribuídos por alguns pensadores e diferentes pesquisadores à palavra "empatia" são múltiplos, e dessa forma podem levar facilmente à confusão, o que também ocorre com outros conceitos próximos tais como simpatia e compaixão. Entretanto as pesquisas científicas realizadas durante os anos 1970-1980, especialmente pelos psicólogos Daniel Batson, Jack Dovidio e Nancy Eisenberg, assim como

---

* O termo inglês *empathy* foi empregado pela primeira vez no início do século XX, para traduzir *Einfühlung,* pelo psicólogo Edward Titchener.

mais recentemente pelos neurocientistas Jean Decety e Tania Singer, permitiram identificar melhor as nuances deste conceito e examinar sua relação com o altruísmo.

Entrar em ressonância com o outro

A empatia afetiva consiste em entrar em ressonância com os sentimentos do outro, a alegria ou o sofrimento. Inevitavelmente nossas próprias emoções e projeções mentais se misturam à representação dos sentimentos do outro, às vezes a ponto de não podermos distinguir uns dos outros.

De acordo com o psicólogo Paul Ekman – eminente especialista das emoções – esta tomada de consciência empática desenvolve-se em duas etapas: começamos por reconhecer o que o outro sente, em seguida entramos em ressonância com seus sentimentos.[3] Como demonstra Darwin em seu tratado intitulado *A expressão das emoções no homem e nos animais*, a evolução nos equipou com a capacidade de ler as emoções do outro pelas expressões de seu rosto, segundo o tom de sua voz e sua postura física.[4] Todavia esse processo é deformado por nossas próprias emoções e preconceitos que agem como filtros. Assim, Darwin levou algum tempo antes de militar apaixonadamente pela abolição da escravidão. Foi necessário que ficasse profundamente perturbado pela maneira como eram tratados os escravos que ele conheceu durante os vários anos de navegação no Beagle. Segundo as teorias da sua época, os Brancos e os Negros tinham origens diferentes; estes últimos ocupavam um nível intermediário entre o homem e o animal, e eram tratados dessa maneira. Foi somente depois de ter sido confrontado com o destino dos escravos e sentir seus sofrimentos profundamente em si mesmo que Darwin tornou-se um ardente defensor da abolição da escravatura.

Ressonâncias convergentes e divergentes

Ekman distingue dois tipos de ressonância afetiva. A primeira é a ressonância *convergente*: sofro quando você sofre, sinto raiva quando vejo você com raiva. Se por exemplo sua esposa volta para casa sofrendo e raivosa porque o chefe a tratou mal, você fica indignado e diz enraivecido: "Como ele pôde tratá-la dessa forma!"

Na ressonância *divergente*, em vez de sentir a mesma emoção que sua esposa e deixar-se dominar pela raiva, você recua, e manifestando sua solicitude, diz: "Eu realmente sinto muito que você teve que lidar com esse bruto. O que posso fazer por você? Gostaria de uma xícara de chá ou prefere que façamos uma caminhada?" Sua reação acompanha as emoções de sua esposa, mas numa tonalidade emocional diferente. O recuo permite ajudá-la, desarmando os sentimentos de raiva e de amargura dela. Nos dois casos as pessoas apreciam que se preocupem assim com os seus sentimentos.

Ao contrário, se você não entrar facilmente em ressonância com os sentimentos de sua esposa, dirá algo do gênero: "Você está mal? Ah! e eu, então? Você vai ter que aguentar", o que dificilmente trará conforto.

Empatia e simpatia

Em francês, na linguagem corrente, a palavra "simpatia" manteve seu significado etimológico oriundo do grego *sumpatheia*, "afinidade natural"*. Sentir simpatia por alguém significa que existe certa afinidade, que há consonância com seus sentimentos e a consideramos com benevolência. A simpatia abre-nos ao outro e ameniza as barreiras que nos separam dele. Quando se diz a alguém: "Você conta com minha simpatia", isso indica que compreendemos as dificuldades pelas quais está passando e consideramos legítimas suas aspirações para superá-las, ou ainda que tem nosso apoio.

Mas Darwin, assim como alguns psicólogos, entre eles Nancy Eisenberg,[5] uma pioneira no estudo do altruísmo, definem mais precisamente a simpatia como a solicitude ou a compaixão por uma outra pessoa, sentimento que nos leva a desejar que seja feliz ou que sua sorte melhore.

Segundo Nancy Eisenberg começamos a sentir uma ressonância emocional geralmente associada a uma ressonância cognitiva, que nos impele a considerar a situação e o ponto de vista do outro. A lembrança de nossas próprias experiências passadas se junta a esses sentimentos para desencadear uma mobilização interna. Todos esses processos acarretam uma reação diante do destino do outro. Essa reação dependerá em especial da intensidade de nossas emoções e da maneira como as controlamos. Uma reação de aversão ou de repúdio pode também ocorrer.

Conforme o caso, as reações levarão à simpatia e aos comportamentos pró-sociais altruístas, ou à aflição egocentrada, que se traduzirá seja por um comportamento evasivo, seja por uma reação pró-social egoísta que nos leva a querer ajudar antes de tudo para amenizar nossa ansiedade.

O primatologista Frans de Waal, por sua vez, considera a simpatia como uma forma ativa da empatia: "A empatia é o processo pelo qual reunimos informações a respeito do outro. A simpatia, ao contrário, reflete o fato de estar envolvido pelo outro e pelo desejo de melhorar sua situação".[6] Tentaremos esclarecer as relações entre a empatia e o altruísmo para elucidar todas essas definições.

É preciso sentir o que o outro sente para manifestar altruísmo?

Entrar em ressonância afetiva com o outro pode certamente auxiliar a desencadear uma atitude altruísta, mas não é indispensável que eu sinta o que o outro sente. Imagine que estou sentado no avião ao lado de uma pessoa que tem pavor de viagens aéreas e visivelmente está paralisada num mal-estar inexprimível. O tempo está bom, o piloto é competente e apesar de sentir-me perfeitamente à vontade, isso não me impede de sentir e manifestar uma solicitude sincera e tentar tranquilizar ao máximo essa pessoa com minha presença calma e calorosa. De minha parte, não sentindo nenhuma ansiedade, não me perturbo *com o que* ela sente, mas sinto

---
* É interessante notar que o termo grego *sumpatheia* significa também "interdependência mútua".

preocupação *por ela* e com o que ela sente. É exatamente essa calma que me permite proporcionar a ela esse acompanhamento seguro.

Da mesma forma, se eu souber que a pessoa à minha frente está gravemente doente, mesmo que ela não saiba ou ainda não esteja sofrendo fisicamente, tenho um forte sentimento de amor e compaixão. Neste caso não se trata de sentir o que ela sente, visto que ela ainda não está sofrendo.

Portanto, imaginar o que o outro sente entrando em ressonância afetiva com ele pode despertar em mim uma compaixão mais intensa e uma solicitude empática mais ativa, porque terei claramente me conscientizado de suas necessidades através de minha experiência pessoal. É essa capacidade de sentir o que o outro sente que falta àqueles a quem o destino dos outros é indiferente, sobretudo aos psicopatas.

Colocar-se no lugar do outro

Imaginar-se no lugar do outro, perguntar-se quais são suas esperanças e seus temores, e considerar a situação do ponto de vista dele – se estamos dispostos a esse esforço – são poderosos meios de experimentar a empatia. Para estar envolvido com o destino do outro é essencial considerar atentamente sua situação, adotar seu ponto de vista e tomar consciência daquilo que sentiria se estivesse nessa situação. Como observava Jean-Jacques Rousseau: "O rico tem pouca compaixão pelo pobre, pois não consegue imaginar-se pobre".

Na verdade é preciso dar um rosto ao sofrimento do outro, pois ele não é uma entidade abstrata, um objeto ou um indivíduo distante fundamentalmente separado de mim. Ouvimos falar às vezes de situações trágicas que nos parecem tão distantes, desencarnadas. Vemos imagens, rostos, olhares, ouvimos vozes, e tudo muda. Mais do que os apelos das organizações humanitárias, os rostos emaciados e os corpos esqueléticos das crianças de Biafra, divulgados por essas organizações e pela mídia do mundo todo, fizeram mais para mobilizar as nações e incitá-las a trazer soluções para a trágica fome que se deu entre 1968 e 1970.[*] Quando percebemos o sofrimento do outro de maneira palpável, não há mais dúvida: passa espontaneamente a ter valor e nos sentimos envolvidos por seu destino.

Um professor primário dos Estados Unidos relatou que durante os primeiros anos da epidemia da Aids, quando a doença era considerada uma vergonha, a maioria dos jovens de sua sala demonstrou uma atitude extremamente negativa em relação aos aidéticos. Alguns chegavam a ponto de afirmar que "mereciam morrer"; outros se esquivavam dizendo: "Não quero saber dessas pessoas". Porém quando o professor exibiu um documentário sobre a Aids, que dava um rosto ao sofrimento de pessoas agonizando, a maioria dos alunos ficou comovida e alguns com lágrimas nos olhos.[7]

Muitos soldados relataram que, ao encontrar nos bolsos ou nos pertences do adversário morto seus documentos e fotos de família, visualizavam repentinamente

---

[*] Atualmente, a abundância e a repetição regular de tais imagens nas mídias acabaram por corroer a reação empática e geraram resignação apática junto à opinião pública. Ver Boltanski, L. (2007*). La souffrance à distance*, Gallimard, Folio.

a vida desse homem e compreendiam que ele era seu semelhante. Em seu romance intitulado *Nada de novo no front*, inspirado em sua própria experiência, Erich Maria Remarque descreve os sentimentos de um jovem soldado alemão que acaba de matar um inimigo, a quem se dirige:

> Mas antes você era apenas um pensamento, uma dessas abstrações que povoam meu cérebro e que exigem uma decisão... Foi essa abstração que apunhalei. Mas agora, pela primeira vez, vejo que é um ser humano como eu.
> Pensei nas suas granadas, na sua baioneta e no seu fuzil. Agora, vejo sua mulher, seu rosto e o que temos em comum. Perdoe-me, companheiro. Só vemos as coisas tarde demais. Por que não nos repetem sempre que vocês são também uns pobres--diabos como nós, que suas mães se inquietam como as nossas e que temos o mesmo medo da morte e morremos do mesmo modo, sentindo a mesma dor?... Perdoe--me companheiro, como é que você pôde ser meu inimigo?[8]

O filósofo americano Charlie Dunbar Broad constata que "Grande parte da crueldade que as pessoas aplaudem ou toleram é unicamente porque essas pessoas são demasiado estúpidas para imaginarem-se na posição de vítimas, ou porque se abstêm deliberadamente de fazê-lo".[9]

Será que é preciso refletir longamente para imaginar o suplício de uma mulher adúltera linchada pedra após pedra; ou os sentimentos de um condenado à morte, culpado ou inocente, no momento de sua execução; ou ainda o desespero de uma mãe que vê seu filho morrer? Devemos esperar o sofrimento do outro impor-se a nós com tal intensidade que não consigamos mais ignorá-lo? Não seria essa mesma cegueira que leva ao assassinato e à guerra? Segundo Kafka, "A guerra é uma falta de imaginação monstruosa".

Na minha infância vivi vários anos com uma de minhas avós que, para a criança que eu era, tinha tudo de uma avó que "mima". Durante as férias na Bretanha esta gentil vovó passava as tardes pescando de vara no cais do porto de Croisic, junto com um grupo de velhas senhoras vestidas a caráter, com touca de renda branca na cabeça. Nunca imaginei que todas essas charmosas senhoras pudessem dedicar-se a outra coisa além de uma atividade perfeitamente louvável. Como minha avó poderia querer o mal de quem quer que seja? Os peixinhos saltitantes que ela tirava da água pareciam brinquedos cintilantes na luz. Claro, havia um momento doído quando os peixinhos sufocavam na cesta de vime e seus olhos iam ficando vidrados, mas nesses momentos eu desviava rapidamente o olhar, preferindo observar a boia flutuando na superfície, e esperar que ela afundasse novamente, sinal de uma nova fisgada. Obviamente, jamais imaginei por um só instante estar na pele do peixe!

Alguns anos mais tarde, com treze anos, uma amiga me perguntou à queima roupa: "O que? Você pesca!" Seu tom de espanto e reprovação foram suficientemente eloquentes.

"Você pesca?" De repente a cena me apareceu em toda sua realidade: o peixe retirado de seu elemento vital por um gancho de ferro que lhe transpassa a boca, "afogando-se" no ar como nós dentro d'água. Para atrair o peixe ao anzol, eu havia também transpassado uma minhoca viva para servir de isca, sacrificando assim uma vida para sacrificar mais facilmente uma outra.

Portanto essa gentil vovó não mimava todo mundo. Nem ela nem eu tínhamos nos dado ao trabalho de nos colocarmos no lugar do outro. Como pude durante tanto tempo desviar meu pensamento desses sofrimentos? Com o coração apertado, renunciei imediatamente à pesca que era para mim um lazer desastroso, e alguns anos depois tornei-me vegetariano para o resto de minha vida.

Sei que essas preocupações com peixinhos podem parecer excessivas ou irrelevantes em comparação aos dramas que devastam a vida de tantos seres humanos no mundo todo, porém parece-me importante compreender que a verdadeira compaixão não deve ter barreiras. Se nos faltar compaixão em relação a certos sofrimentos e a certos seres, corremos o risco de não ter compaixão por todos os sofrimentos e todos os seres. Somos espontaneamente mais propensos a sentir simpatia por alguém com quem percebemos ter vínculos comuns, de ordem familiar, étnica, nacional, religiosa ou que reflitam simplesmente nossas afinidades. Ainda assim a empatia deveria se estender até tornar-se uma ressonância que nasce de nossa humanidade compartilhada, e do fato de partilharmos com todos os seres sensíveis a mesma aversão diante do sofrimento.[10]

Na vida cotidiana, colocar-se no lugar do outro e olhar as coisas a partir de seu ponto de vista é uma necessidade se quisermos viver em harmonia com nossos semelhantes. Caso contrário arriscamo-nos a nos fechar nas fabricações mentais que deformam a realidade e geram aflições inúteis. Se eu achar que o maquinista do metrô "fechou a porta na minha cara", fico contrariado e me pergunto: "Por que a fechou justo *comigo*? Bem que poderia ter-me deixado entrar!" Neste caso deixei de considerar o ponto de vista do maquinista, que enxerga apenas uma multidão de passageiros anônimos e forçosamente fechará as portas diante de *alguém* antes do trem partir.

As diversas formas de empatia: o ponto de vista das ciências humanas

O psicólogo Daniel Batson mostrou que as diversas acepções da palavra "empatia" procedem finalmente de duas questões: "Como posso *conhecer* o que o outro pensa e sente?" e "Quais são os fatores que levam a me *envolver* no destino do outro e a *responder* com atenção e sensibilidade?"[11]

Batson elencou oito modalidades diferentes do termo "empatia", que estão ligadas mas não constituem simplesmente diversos aspectos do mesmo fenômeno.[12] Após tê-las analisado chegou à conclusão de que apenas uma dessas formas, que ele denomina "atenção empática", é ao mesmo tempo necessária e suficiente para gerar uma motivação altruísta.[13]

A primeira forma, o *conhecimento do estado interior do outro*, pode nos dar razões para experimentar a solicitude em relação a ele, mas não é suficiente nem indispensável para fazer nascer uma motivação altruísta. Podemos de fato estar cientes do que alguém pensa ou sente, permanecendo indiferentes ao seu destino.

A segunda é a *imitação motora e neuronal*. Preston e de Waal foram os primeiros a propor um modelo teórico para os mecanismos neuronais que sustentam a empatia e o contágio emocional. De acordo com esses pesquisadores, o fato de perceber alguém em determinada situação induz nosso sistema neuronal a adotar um estado análogo ao dele, o que acarreta um mimetismo corporal e facial acompanhado de sensações similares às do outro.[14] Esse processo de imitação por observação dos comportamentos físicos é também a base dos mecanismos de aprendizagem transmitidos a partir de um indivíduo para outro. De acordo com a neurocientista Tania Singer esse modelo não distingue claramente a empatia – na qual se estabelece sem ambiguidade a diferença entre si e o outro – de um simples contágio emocional, no qual confundimos nossas emoções com as do outro. Segundo Batson esse processo pode contribuir para gerar sentimentos de empatia, mas não é suficiente para explicá-los. De fato, não imitamos sistematicamente as ações dos outros: reagimos intensamente observando um jogador de futebol marcar um gol, mas não nos sentimos forçosamente inclinados a imitar ou a ressoar emocionalmente com alguém que está arrumando seus papéis ou comendo um prato do qual não gostamos.

A terceira forma, a *ressonância emocional*, permite-nos sentir o que o outro sente, seja este sentimento de alegria ou de tristeza.[15] É impossível viver exatamente a mesma experiência do outro, mas podemos experimentar emoções similares. Nada melhor para deixar-nos de bom humor do que observar um grupo de amigos, todos na mesma alegria de se encontrar; ao contrário, a cena de pessoas tomadas de intenso sofrimento nos comove, traz lágrimas aos olhos. Sentir aproximadamente a experiência do outro pode desencadear uma motivação altruísta, mas aqui novamente esse tipo de emoção não é indispensável nem suficiente.[16] Em certos casos, o fato de sentir a emoção do outro pode inibir nossa solicitude. Se diante de uma pessoa aterrorizada começarmos a sentir medo também, poderemos ficar mais preocupados com nossa própria ansiedade do que com a sorte do outro.[17] Além disso, para gerar uma motivação, basta tomar consciência do sofrimento do outro, sem haver necessidade de sofrer também.

A quarta forma consiste em *projetar-se intuitivamente na situação do outro*. É a experiência à qual se referia Theodor Lipps ao empregar a palavra *Einfühlung*. Contudo, para estar preocupado com a sorte do outro não é necessário imaginar todos os detalhes de sua experiência: basta saber que sofre. Além do mais, há o risco de se enganar ao imaginar o que o outro sente.

A quinta forma é a *representação mais clara possível dos sentimentos do outro* em função do que ele diz, do que você observa, e de seu conhecimento dessa pessoa, de seus valores e aspirações. Todavia o simples fato de representar assim o estado interior do outro não garante para todos o surgimento de uma motivação altruísta.[18] Uma pessoa calculista e mal-intencionada pode utilizar o conhecimento da sua vivência interior para manipular você e feri-lo.

A sexta forma consiste em *imaginar o que sentiríamos se estivéssemos no lugar do outro* com nosso próprio caráter, nossas aspirações e nossa visão de mundo. Se um de seus amigos for um grande amante da ópera ou do *rock and roll* – e você não suporta esses gêneros de música – você pode certamente imaginar que ele sentirá prazer de você também desfrutar. Mas mesmo que você sentasse no lugar mais privilegiado para um desses concertos, experimentaria nada mais que irritação. É por isto que George Bernard Shaw escreveu: "Não faça aos outros o que você desejaria que lhe fizessem, porque eles não têm forçosamente os mesmos gostos que você".

A sétima forma é a *aflição empática* que sentimos quando somos testemunha do sofrimento do outro ou o evocamos. Essa forma de empatia corre o risco de cair num comportamento evasivo em vez de evocar uma atitude altruísta. Na verdade não se trata de uma preocupação *pelo* outro nem de colocar-se *no lugar* do outro, mas de uma ansiedade pessoal desencadeada *pelo* outro.[19]

Tal sentimento de aflição não levará necessariamente a uma reação de solicitude nem a uma resposta apropriada ao sofrimento do outro, sobretudo se não pudermos reduzir nossa ansiedade desviando nossa atenção da dor que ele experimenta.

Algumas pessoas não suportam ver imagens perturbadoras. Elas preferem desviar o olhar das representações que lhes fazem mal em vez de tomar conhecimento da realidade. Escolher uma escapatória física ou psicológica não é útil para as vítimas, seria melhor estar plenamente ciente dos fatos e tomar medidas para remediar.

Assim, quando a filósofa Myriam Revault d'Allonnes escreve: "É para poupar-me do sofrimento que não quero que o outro sofra, e interesso-me por ele por amor a mim... A compaixão não é um sentimento altruísta"[20]; ela descreve a *aflição empática* e não a compaixão no sentido que entendemos nesta obra, a saber: um estado de espírito que procede diretamente do amor altruísta e se manifesta quando este amor é confrontado com o sofrimento. A verdadeira compaixão é centrada no outro e não em si mesmo.

Quando nos preocupamos principalmente conosco tornamo-nos vulneráveis a tudo aquilo que pode nos afetar. Prisioneira desse estado de espírito, a contemplação egocêntrica da dor dos outros mina nossa coragem; ela é sentida como um fardo que só aumenta nossa aflição. No caso da compaixão, ao contrário, a contemplação altruísta do sofrimento dos outros multiplica nosso valor, nossa disponibilidade e nossa determinação de remediar esses tormentos.

Se acontecer da ressonância com o sofrimento do outro acarretar uma aflição pessoal, devemos redirecionar nossa atenção para o outro e reavivar nossa capacidade de bondade e de amor altruísta. Para ilustrar gostaria de relatar a seguinte história confiada a mim por uma amiga psicóloga.

> No Nepal, uma jovem, Sita, veio um dia consultar-se comigo porque sua irmã acabara de se suicidar por enforcamento. Ela estava atormentada pela culpa de não ter conseguido impedir tal gesto, possuída por imagens de sua irmã, que procurava no meio da multidão e que esperava chegar à noite. Incapaz de se concentrar chorava o

dia inteiro, e quando não tinha mais lágrimas mergulhava numa prostração da qual era difícil sair. Durante uma de nossas sessões olhou-me bem nos olhos; ela era a encarnação do sofrimento. Ela me disse à queima-roupa: "Você sabe o que é perder uma irmã deste modo? Não vou conseguir me restabelecer; desde que nasci, dividíamos o mesmo quarto, fazíamos tudo juntas. Não consegui impedi-la".

Peguei a mão dela e, diante da intensidade insustentável de seu sofrimento, vacilei. Veio à minha memória o suicídio de minha prima-irmã aos 16 anos e precisei fazer um enorme esforço para me controlar e não chorar também. Eu estava terrivelmente sensibilizada por uma ressonância emocional consciente. E sabia que se chorasse com Sita, não poderia ajudá-la. Esperei uns instantes, mantendo suas mãos nas minhas. Pedi-lhe que chorasse tudo que pudesse e que respirasse suavemente. Eu também fazia a mesma coisa para acalmar minha própria emoção. Eu tinha consciência de estar contaminada por seu desespero. Consegui me acalmar, olhar para Sita, não considerar mais meu coração que batia descompassado, meus olhos marejados de lágrimas, e parei de lembrar de minha prima.

Enfim, quando o apogeu emocional se atenuou e senti que Sita se livrava pouco a pouco da influência das imagens traumáticas, disse-lhe simplesmente: "Compreendo sua tristeza, compreendo de verdade, mas você não é a única a sofrer". Aguardei um momento para saber se ela me escutava, antes de continuar: "Eu também perdi uma prima quase na mesma idade que você. Sei o quanto é doloroso. Mas compreendi e aceitei que eu não poderia fazer nada naquele momento. Que não era minha culpa; e que essa dor pode ser curada". Ela bruscamente levantou a cabeça para me olhar atentamente nos olhos, para saber se o que eu dizia era verdade e também para verificar se era mesmo possível voltar desse choque. Para minha surpresa, Sita se levantou, me abraçou e murmurou: "Vou tentar. Obrigada".

Na primeira parte da consulta a terapeuta esteve claramente sob a influência da aflição empática. Durante alguns minutos, embora experimentasse compaixão, estava impotente para ajudar sua paciente pois havia identificação e projeção de afetos. Somente quando se recuperou, centrando-se novamente no outro e sua dor, é que conseguiu encontrar palavras capazes de ajudar sua paciente a superar seu sofrimento.

A oitava forma, a *solicitude empática*, consiste em *conscientizar-se das necessidades do outro* e experimentar em seguida um *desejo sincero de ir em seu auxílio*. Segundo Daniel Batson,[21] somente essa solicitude empática é uma resposta voltada *para o outro* – e não *para si* –, resposta que é necessária e suficiente ao mesmo tempo para deslanchar uma motivação altruísta. Na verdade, diante da aflição de uma pessoa, o essencial é adotar a atitude que lhe trará maior reconforto e decidir a ação mais apropriada para remediar seus sofrimentos. Que você esteja abalado ou não, que sinta ou não as mesmas emoções que o outro, é secundário.

Daniel Batson conclui portanto que cada uma das seis primeiras formas de empatia podem contribuir para gerar uma motivação altruísta, mas que nenhuma delas garante o surgimento dessa motivação, nem mesmo constituem as condições indispensáveis. A sétima, a *aflição empática*, é claramente contra o altruísmo. Apenas a última, a *solicitude empática*, é ao mesmo tempo necessária e suficiente para fazer nascer em nossa mente uma motivação altruísta e nos incitar à ação.

Piedade e compaixão

A piedade é um sentimento de comiseração egocêntrica, geralmente condescendente, que não indica uma motivação altruísta. Fazer caridade por exemplo, imbuído de um sentimento de superioridade. Como diz um provérbio africano: "A mão que dá é sempre mais alta que aquela que recebe". O filósofo Alexandre Jollien destaca: "Na piedade há uma humilhação para quem a recebe. O altruísmo e a compaixão procedem na igualdade, sem humilhar o outro". Parafraseando Spinoza, Alexandre Jollien acrescenta: "Na piedade o que vem primeiro é a tristeza. Estou triste que o outro sofra, mas não o amo de verdade. Na compaixão, o que vem primeiro é o amor".[22]

O romancista Stefan Zweig também compreendeu essa diferença ao escrever que a piedade sentimental é na verdade "a impaciência do coração para desvencilhar-se o mais rápido possível da emoção incômoda que oprime diante do sofrimento do outro e que não é absolutamente compaixão, mas um movimento instintivo de defesa da alma contra o sofrimento alheio. E a outra, a única que importa, é a piedade não sentimental mas criativa, que sabe a que veio e está decidida a perseverar até o limite extremo das forças humanas".[23] Esta piedade sentimental é semelhante à aflição empática descrita anteriormente.

O ponto de vista das neurociências: contágio emocional, empatia e compaixão

Uma nomenclatura e uma análise ligeiramente diferentes foram propostas pela neurocientista Tania Singer, diretora do Instituto Max Planck de Neurociências de Leipzig, e a filósofa Frédérique de Vignemont. Fundamentando-se no estudo do cérebro distinguiram três estados: o contágio emocional, a empatia e a compaixão.[24] Para elas, esses três estados afetivos diferem de uma representação cognitiva que consiste em se fazer uma ideia dos pensamentos e as intenções do outro e a adotar sua perspectiva subjetiva, sem no entanto entrar em ressonância *afetiva* com ele.*

Singer e Vignemont definem a empatia como (1) um estado afetivo (2) semelhante (*isomorfo* na linguagem científica) ao estado afetivo do outro (3) desencadeado pela observação ou imaginação do estado afetivo do outro e que implica (4) a tomada de consciência de que é o outro que é a fonte do nosso estado afetivo.[25] Essa abordagem da empatia não é fundamentalmente diferente da que foi proposta por Daniel Batson, mas nos auxilia a compreender melhor as modalidades desse estado mental complexo.

---

* O que os especialistas denominam "Teoria da Mente".

Uma característica essencial da empatia é portanto entrar em ressonância afetiva com o outro, fazendo claramente a distinção entre si e ele: sei que meu sentimento vem do outro, mas não confundo meus sentimentos com os dele. Ocorre que as pessoas que têm dificuldade em distinguir claramente suas emoções das dos outros podem ser facilmente submergidas pelo contágio emocional, e portanto não têm acesso à empatia, que é a etapa seguinte.[26]

A intensidade, a clareza e a qualidade, positiva ou negativa, da emoção manifestada pelo outro, assim como a existência de laços afetivos com a pessoa que sofre podem ter grande influência na intensidade da resposta empática do observador.[27] As semelhanças e o grau de intimidade entre os protagonistas, a avaliação precisa das necessidades do outro[28] e a atitude da pessoa que sofre cara a cara diante daquele que percebe seu sofrimento (o fato, por exemplo, da pessoa que esteja com raiva de seu interlocutor), constituem uma variedade de fatores que modularão a intensidade da empatia.

As características da pessoa que sente empatia também influirão. Se, por exemplo, não sofro de vertigem, terei dificuldade de entrar em ressonância empática com uma pessoa que experimenta esse transtorno, mas isso não me impede de perceber que ela precisa de ajuda ou conforto.

O contexto tem igualmente sua importância. Se estimo, por exemplo, que a alegria de alguém não é apropriada, até mesmo descabida (no caso daquele que se felicita por um ato de vingança, por exemplo), não entrarei em ressonância afetiva com essa pessoa.[29]

No caso do *contágio emocional*, sinto automaticamente a emoção do outro sem saber que é ele que a provoca, nem estou realmente consciente do que acontece comigo. Conforme a situação, o diâmetro de minhas pupilas muda, meu coração retarda ou acelera, ou olho à direita e à esquerda com inquietação, sem consciência dessas manifestações físicas. A partir do momento em que penso: "Estou ansioso porque ele está ansioso", não se fala mais de contágio emocional mas de *empatia*, de *ressonância afetiva consciente*.

O contágio emocional, a aflição, por exemplo, existe entre os animais e as crianças pequenas. Um bebê começa a chorar quando ouve outro bebê chorar; mas não significa necessariamente que experimente a empatia, nem que eles se preocupem um com o outro. Seria preciso saber se podem fazer a distinção entre si mesmos e o outro, o que não é tão fácil de determinar dado que não se pode interrogá-los. Entre os bebês, os primeiros sinais de distinção entre si e o outro, assim como os primeiros sinais de empatia aparecem entre dezoito e vinte quatro meses.

A *compaixão* é definida por Tania Singer e seus pares como a *motivação* altruísta de *intervir* em favor daquele que sofre ou está em necessidade. É portanto uma tomada de consciência profunda do sofrimento do outro, acompanhada do desejo de aliviá-lo e fazer algo para o seu bem. A compaixão implica em um sentimento caloroso e sincero de solicitude, mas não exige sentir o sofrimento do outro, como no caso da empatia.[30]

Olga Klimecki, pesquisadora no laboratório de Tania Singer, resume o ponto de vista dos pesquisadores: na dimensão afetiva tenho um sentimento a seu respeito, na dimensão cognitiva eu o compreendo, e na dimensão motivacional quero ajudá-lo.[31]

Para ilustrar esses diferentes estados mentais tomemos o exemplo de uma mulher cujo marido sente pavor de voar em avião, e consideremos as diversas reações que ela pode ter em relação a ele.

1. Sentada ao lado do marido, sem prestar atenção a ele. À medida que ele começa a respirar mais rápido, sem que ela esteja verdadeiramente consciente, sua respiração acelera e ela se torna mais agitada. Trata-se de *contágio emocional*. Se alguém lhe perguntar como ela se sente, poderá responder: "Tudo bem...", ou ainda: "Não sei por que, mas não me sinto muito confortável". Ora, se medirmos seu ritmo cardíaco, a dilatação das pupilas ou outros parâmetros fisiológicos constataremos a presença dos sinais de ansiedade. Vítima do contágio emocional, a mulher não tem consciência dos sentimentos do outro e tem somente uma percepção confusa dos seus.

2. Ela percebe que está preocupada pelo fato de seu marido ser muito ansioso. Sente agora mesmo *empatia* por ele. Experimenta um certo mal-estar, sente também sua respiração e seu pulso acelerarem; está consciente de sentir-se aflita porque seu marido está atormentado por essa emoção. Não há confusão entre ela e ele. Ela entra em ressonância afetiva com ele, mas não procurará necessariamente ajudá-lo. Estas são as características da empatia, que ainda não gerou uma motivação altruísta.

3. Ela não está ansiosa; em vez disso sente uma calorosa solicitude e a motivação de fazer algo para atenuar o tormento dele. Pensa: "Comigo está tudo bem, mas meu marido está transtornado. O que fazer para que ele não seja tão afetado por isso? Vou segurar sua mão e tentar acalmá-lo e reconfortá-lo". Trata-se aqui, segundo Tania Singer, de *compaixão*.

4. Quando a perspectiva é *puramente cognitiva*, o componente afetivo está ausente. A mulher atua apenas de modo conceitual. Ela diz: "Sei que meu marido tem medo de avião. Devo ficar atenta e cuidadosa em relação a ele". Ela não sente ansiedade nem um sentimento caloroso. Ela tem apenas um padrão mental que a lembra que as pessoas com fobia de viagens aéreas não se sentem bem, e a faz deduzir que é o caso de seu marido; ela segura a mão dele pensando que lhe fará bem.

As pesquisas de Tania Singer e de sua equipe revelaram que a empatia, a compaixão e a adoção da perspectiva cognitiva se encontram em bases neuronais diferentes e correspondem assim a estados mentais claramente distintos.[32]

Os benefícios da empatia

Os neurocientistas consideram que a empatia apresenta duas vantagens relevantes. Inicialmente, comparada à abordagem cognitiva, a empatia afetiva oferece sem dúvida um caminho mais direto e preciso para prever o comportamento do outro. Na realidade observou-se que o fato de compartilhar emoções similares com o outro ativa em nós as reações melhor adaptadas ao que ele sente e às suas necessidades.

Em segundo lugar a empatia nos permite adquirir conhecimentos úteis sobre nosso meio. Se por exemplo vejo alguém que sofre após ter-se queimado numa máquina, o fato de entrar em ressonância afetiva com ele gera em mim um sentimento de aversão para com essa máquina, sem que eu precise passar pela experiência dolorosa da queimadura. Assim, a empatia é uma ferramenta eficaz para avaliar, por intermédio da experiência do outro, o mundo que me cerca. Enfim, a empatia é também uma preciosa ferramenta de comunicação com o outro.*

Que estado mental conduz ao altruísmo?

Vimos anteriormente que dentre os oito tipos de empatia elencados por Daniel Batson, somente a *solicitude empática* era necessária e suficiente para gerar uma motivação altruísta. E aonde chegaram as categorias contempladas por Tania Singer e seus colegas neurocientistas?

O *contágio emocional* pode servir de *precursor* à empatia, mas por si só não auxilia em nada para gerar uma motivação altruísta, uma vez que é acompanhado de uma confusão entre si e o outro. Ele pode de fato constituir um obstáculo ao altruísmo. Quando se está submergido por esse contágio emocional, desorientado, alguém só se preocupa consigo mesmo.

A *empatia*, ou ressonância afetiva, *a priori* é neutra. Conforme as circunstâncias e os indivíduos, pode evoluir para solicitude e ativar o desejo de suprir as necessidades do outro. Mas a empatia pode também desencadear uma aflição que mantém nossa atenção em nós mesmos e nos desvia das necessidades do outro. Por esta última razão a empatia por si só não é suficiente para gerar o altruísmo.

A *abordagem cognitiva* pode, ao contrário, constituir uma etapa para o altruísmo, mas como a empatia, ela não é necessária nem suficiente para a gênese de uma motivação altruísta. Ela também corre o risco de produzir comportamentos totalmente egoístas, como no caso dos psicopatas que não experimentam empatia nem compaixão, mas são especialistas em adivinhar os pensamentos do outro e utilizar essa faculdade para manipulá-los.

Resta então a *compaixão,* cuja essência é uma motivação altruísta necessária e suficiente para desejar causar bem ao outro, e gerar a vontade de concretizá-lo pela ação. Na verdade essa compaixão é consciente da situação do outro, e está associada ao desejo de aliviar seu sofrimento e de procurar seu bem-estar. E, finalmente, ela não é contaminada pela confusão entre as emoções sentidas pelo outro e as nossas.

Assim a importância da compaixão aberta a todos os seres que sofrem é posta em evidência pelos psicólogos que falam de solicitude empática, pelos neurocientistas e pelo budismo, onde ela ocupa um lugar central.

---

* Em diversas patologias – o narcisismo, a psicopatia e os transtornos de personalidade –, diferentes componentes da cadeia das reações afetivas implicadas nas interações sociais não funcionam normalmente, e a empatia é inibida. Ver capítulo 27, "As carências de empatia".

4. Da empatia à compaixão em um laboratório de neurociências

Em 2007 eu estava com Tania Singer no laboratório de neurociências de Rainer Goebel em Maastricht, como colaborador e cobaia de um programa de pesquisa sobre empatia. Tania pediu-me para gerar um forte sentimento de empatia imaginando pessoas afetadas por grandes sofrimentos. Ela usava uma nova técnica de IRMf (imagens por ressonância magnética funcional) utilizada por Goebel e que apresentava a vantagem de acompanhar as mudanças da atividade do cérebro em tempo real (IRMf-tr), quando habitualmente os dados só podiam ser analisados *a posteriori*. De acordo com o protocolo deste tipo de experiência, o meditante, no caso eu mesmo, deve alternar vinte vezes os períodos em que gera um estado mental particular, neste caso a empatia, com momentos em que ele relaxa a mente em um estado neutro, sem pensar em nada e nem aplicar qualquer método de meditação.

Durante uma pausa, ao final de uma primeira série de períodos de meditação, Tania me perguntou: "O que está fazendo? Isto não se parece com nada do que observamos habitualmente no momento em que pessoas sentem empatia pelo sofrimento do outro". Expliquei-lhe brevemente que havia meditado na compaixão incondicional, esforçando-me para experimentar um forte sentimento de amor e de bondade dirigido a pessoas assoladas pelo sofrimento, mas também em relação a todos os seres sensíveis.

De fato a análise completa dos dados realizada ulteriormente confirmou que as redes cerebrais ativadas pela meditação na compaixão eram muito diferentes daquelas ligadas à empatia, que Tania estudou por anos. Nos estudos precedentes, pessoas sem treinamento em meditação observavam uma pessoa sentada perto do escâner e que recebia descargas elétricas dolorosas na mão. Esses pesquisadores constataram que uma parte da rede cerebral associada à dor é ativada nos indivíduos que apenas observam alguém que está sofrendo. Sofrem portanto ao ver o sofrimento do outro. Mais precisamente, duas áreas do cérebro, a ínsula anterior e o córtex cingulado são fortemente ativados quando essa reação empática e sua atividade é correlacionada a uma experiência afetiva negativa da dor.[1]

Quando me empenhei na meditação sobre o amor altruísta e a compaixão, Tania constatou que as redes cerebrais ativadas eram bem diferentes. Em particular, a rede ligada às emoções negativas e à aflição não foi ativada durante a meditação sobre a compaixão, enquanto algumas áreas cerebrais tradicionalmente associadas às emoções positivas, ao amor maternal, por exemplo, foram ativadas.[2]

Somente a empatia fatiga, não a compaixão

A partir daí nasceu a ideia de explorar essas diferenças, a fim de distinguir mais nitidamente entre a ressonância empática com a dor do outro e a compaixão experimentada por seu sofrimento. Sabíamos também que a ressonância empática com a dor do outro pode conduzir, quando repetida muitas vezes, a uma exaustão emocional e à aflição. É o que vivem frequentemente as enfermeiras, os médicos e os cuidadores que estão constantemente em contato com pacientes atormentados por grande sofrimento. Este fenômeno chamado *burnout* em inglês é traduzido ao português pelos termos "exaustão emocional", ou ainda, "fadiga da compaixão". Ele afeta as pessoas que "desmoronam" quando as preocupações, o estresse ou as pressões que enfrentam na vida profissional as atingem a ponto de tornarem-se incapazes de dar seguimento às suas atividades. O *burnout* afeta mais especificamente as pessoas que são confrontadas cotidianamente com os sofrimentos dos outros, geralmente os cuidadores e trabalhadores sociais. Nos Estados Unidos um estudo revelou que 60% dos cuidadores sofrem ou sofreram de *burnout* e que um terço é afetado a ponto de ter que interromper momentaneamente suas atividades.[3]

Durante as discussões com Tania e seus colaboradores constatamos que a compaixão e o amor altruísta estavam associados às emoções positivas. Fomos então levados à ideia de que o *burnout* era de fato uma "fadiga da empatia" e não da compaixão. Esta última, na verdade, longe de levar à aflição e ao desencorajamento, robustece nossa força da alma, nosso equilíbrio interior e nossa determinação corajosa e amorosa para ajudar aqueles que sofrem. Em essência, do nosso ponto de vista o amor e a compaixão não geram fadiga nem desgaste, mas ao contrário, auxiliam a superá-los e a restaurá-los caso ocorram.[4]

Quando um meditante budista pratica a compaixão ele começa refletindo sobre os sofrimentos que afligem os seres vivos e as suas causas. Para isso ele faz uma representação das diferentes formas de aflição, da maneira mais realista possível, até que se tornem insuportáveis. Essa abordagem empática tem por objetivo gerar uma aspiração profunda para remediar esses sofrimentos. Contudo esse simples desejo não é suficiente, é preciso cultivar a determinação de mobilizar todos os meios para aliviá-los. O meditante é então levado a refletir sobre as causas profundas do sofrimento, tais como a ignorância que deforma a percepção da realidade, ou ainda as toxinas mentais que são o ódio, o desejo-apego e a inveja, que não cessam de produzir novos sofrimentos. O processo conduz então a uma disponibilidade crescente em relação aos outros e a uma vontade de agir para seu bem.

Esse treinamento para a compaixão anda junto com o treinamento para o amor altruísta. Para cultivar esse amor o meditante começa visualizando um ser querido por quem ele experimenta uma benevolência sem limites. Em seguida esforça-se para estender pouco a pouco essa mesma benevolência a todos os seres, como a imagem de um sol que brilha e ilumina sem distinção tudo o que se encontra em seu campo.

As três dimensões – o amor pelo outro, a empatia (ressonância com o sofrimento do outro) e a compaixão – são naturalmente conectadas. No seio do amor altruísta a empatia manifesta-se quando nos confrontamos com os sofrimentos dos seres, e essa confrontação é que gera a compaixão (o desejo de remediar esses sofrimentos e as suas causas). Assim, quando o amor altruísta passa através do prisma da empatia, torna-se compaixão.

O ponto de vista do meditante

Voltando à experiência: a primeira sessão do dia seguinte foi consagrada à empatia. Tratava-se de gerar o mais intensamente possível um sentimento de empatia pelo sofrimento de outra pessoa, um ser querido, por exemplo. A ideia era concentrar-se exclusivamente na empatia, sem a intervenção do amor altruísta e da compaixão, e evitar então que eles se manifestassem espontaneamente. Isolando assim a empatia, esperávamos estar aptos para compreender melhor este sentimento e identificar as áreas cerebrais específicas que ele ativa.

Reciprocamente, durante a meditação eu utilizava todas as minhas faculdades de concentração para criar o estado mental escolhido – no caso a empatia – objetivando torná-lo o mais nítido, o mais estável e o mais intenso possível. Eu o reavivava se diminuía, ou o suscitava novamente se uma distração o houvesse momentaneamente dissipado. Ao longo de cada sessão de aproximadamente uma hora e meia, os períodos de meditação, que duravam cerca de um minuto, eram alternados com períodos de repouso de trinta segundos. Entretanto tratava-se de um repouso muito relativo, visto que não era possível movimentar-se mais que alguns milímetros durante toda a experiência.

Naquele dia o tema da meditação sobre a empatia me foi dado por um documentário perturbador da BBC que eu havia assistido na véspera. Mostrava as condições de vida de crianças mentalmente deficientes em um hospital romeno que, embora alimentadas e banhadas cotidianamente, estavam praticamente abandonadas à sua sorte. A maioria entre elas era de uma magreza assustadora, e uma em particular estava tão frágil que quebrara a perna apenas ao caminhar. As enfermeiras apenas colocaram uma tala improvisada, deixando-a definhar sobre seu catre. Quando davam banho, a maioria das crianças gemia de dor. Uma outra criança também esquelética estava sentada no chão num canto de um cômodo vazio, sacudindo indefinidamente a cabeça, com o olhar vago. Todas pareciam tão completamente perdidas em sua resignação impotente que não levantavam nem mesmo os olhos em direção aos cuidadores que se aproximavam delas. Todos os meses várias crianças morriam.

Eu também imaginei uma pessoa querida terrivelmente ferida em um acidente de carro, jazendo em seu sangue à beira da estrada à noite, longe de qualquer socorro; à minha perturbação misturou-se uma aversão por esse espetáculo sangrento.

Desse modo, durante quase uma hora, com alternância de curtos períodos neutros, eu imaginava o mais intensamente possível esses sofrimentos sem nome. Entrar em ressonância com essa dor rapidamente torna-se intolerável. Sua intensidade gerava uma distância, um mal-estar incapacitante que me impedia de chegar espontaneamente junto às crianças. Uma experiência curta, mas muito intensa de empatia dissociada do amor e da compaixão, já me havia levado ao *burnout*. Exatamente naquele momento escutei Tania me dizer pelo fone de ouvido que se eu estivesse disposto a fazer uma sessão a mais no escâner, podíamos passar diretamente à meditação sobre a compaixão, que estava programada para a parte da tarde.

Aceitei então com entusiasmo por sentir intensamente quanto o amor e a compaixão faltavam à empatia sentida isoladamente. Mal eu havia mudado a orientação de minha meditação para o amor e a compaixão minha paisagem mental se transformou completamente. As imagens do sofrimento das crianças eram muito presentes e fortes, porém em vez de criar em mim um sentimento de aflição e de impotência difíceis de suportar, sentia naquele momento uma profunda coragem ligada a um amor sem limites por essas crianças.

Ora, meditando agora sobre a compaixão, tudo se passava como se eu tivesse aberto uma barragem liberando ondas de amor e de compaixão impregnando os sofrimentos das crianças. Cada átomo de sofrimento era substituído por um átomo de amor. A distância que me separava delas diluía-se. Em vez de não saber como abordar essa criança tão frágil que gemia ao menor contato, ou essa pessoa ensanguentada, eu os pegava agora mentalmente em meus braços, banhando-os de ternura e afeição. Estava convencido de que em uma situação real eu teria sido capaz de cercar as crianças com um afago que só poderia lhes trazer conforto.

Alguns vão argumentar que não há qualquer altruísmo nisso, e que o meditante é beneficiado aliviando sua aflição. A isto respondo em primeiro lugar que não há mal algum no fato de o meditante libertar-se dos sintomas da aflição, os quais podem ter um efeito paralisante, com o risco de reorientar suas preocupações sobre si mesmo, em detrimento da presença atenta que poderia oferecer àquele que sofre. Em segundo lugar, e este é o ponto mais relevante, as emoções e os estados mentais possuem inegavelmente um efeito contagioso. Se aquele que está na presença de uma pessoa que sofre tiver sentimentos de ansiedade, isso só agravará o desconforto mental dela. E, ao inverso, se a pessoa que vem auxiliar irradia benevolência, se dela emerge uma calma apaziguante, e finalmente se ela sabe se mostrar atenciosa, não há dúvida que o paciente será reconfortado por essa atitude. Enfim, a compaixão e a benevolência desenvolvem, naquele que as sente, a força da alma e o desejo de ajudar o outro. A compaixão e o amor altruísta possuem portanto um aspecto caloroso, amoroso e positivo que a simples empatia não pode oferecer em relação ao sofrimento do outro.

Voltando à minha experiência pessoal, se constatei que a meditação sobre a empatia se deparou com um limite, o do *burnout*, percebi, ao contrário, que não há como nos fatigar de amor nem de compaixão. Na realidade, esses estados de espírito nutrem ao mesmo tempo tanto a minha coragem, ao invés de miná-la, quanto fortalecem minha determinação em ajudar aos outros, em vez de aumentar o meu desânimo. Continuei a ser confrontado com o sofrimento, mas o amor e a compaixão confeririam uma qualidade *construtiva* à minha maneira de abordar os sofrimentos do outro, e ampliaram a minha inclinação e a minha determinação em ir ao seu encontro para auxiliar. Ficou então claro para mim que se havia uma "fadiga" da empatia conduzindo-me à síndrome da exaustão emocional, não havia fadiga do amor e da compaixão.

Após longa análise dos dados, Tania explicou-me que as reversões de minha experiência eram acompanhadas de modificações significativas da atividade de determinadas áreas do meu cérebro. As modificações haviam afetado principalmente a ínsula anterior e o córtex cingulado anterior associados à empatia. A equipe notou particularmente que, quando eu passava para a compaixão, certas regiões do cérebro habitualmente estimuladas devido a emoções positivas eram muito mais ativadas do que quando eu permanecia na empatia. Esses trabalhos de pesquisa prosseguem até hoje e as publicações científicas estão em curso.[5]

Ao combinar uma investigação introspectiva precisa a uma análise dos dados fornecidos pelo escâner, alia-se de maneira instrutiva a abordagem chamada "na primeira pessoa", a do meditante, com a abordagem "na terceira pessoa", a do pesquisador. Vislumbramos aqui os benefícios para a pesquisa de semelhante colaboração entre meditantes veteranos e cientistas.

Tania Singer e seus colegas desde então realizam um estudo longitudinal*, um projeto batizado "ReSource", que visa treinar pelo período de um ano um grupo de voluntários novatos em uma multiplicidade de capacidades afetivas e cognitivas, habilidades mentais que incluem a empatia e a compaixão.[6]

Antes de se engajar em um projeto de tal envergadura, os pesquisadores realizaram vários programas de formação de uma semana com indivíduos novatos que praticaram meditações sobre o amor altruísta e sobre a empatia. Este estudo preliminar já demonstrou que, na maioria das pessoas, a empatia sentida ante o sofrimento do outro está sistematicamente correlacionada com sentimentos inteiramente negativos – dor, aflição, inquietude, desencorajamento. A assinatura neuronal da empatia é similar à das emoções negativas. De maneira geral sabe-se que as redes neuronais implicadas na empatia para com a dor do outro (a ínsula e o córtex cingular) são também ativadas quando nós mesmos sentimos a dor.

Tania Singer e seus colegas dividiram então uma centena de indivíduos em dois grupos: um meditava no amor e na compaixão, enquanto o outro trabalhava somente com a empatia. Os primeiros resultados demonstraram que no período de uma semana de meditações orientadas para o amor altruísta e a compaixão, os indivíduos novatos perceberam de maneira muito mais positiva e benevolente trechos de vídeos mostrando pessoas em sofrimento. "Positivo" não significa aqui que os observadores consideraram o sofrimento como aceitável, mas que reagiram a ele por meio de estados mentais construtivos, como a coragem, o amor maternal, a determinação de encontrar um meio de auxílio, e não pelos estados mentais "negativos", que geram bastante aflição, aversão, desencorajamento e evasão.[7]

---

* Essa expressão designa um estudo de duração longa, meses e anos, para observar a evolução do objeto de estudo. Bornemann, B. e Singer, T. (2013). "The ReSource study training protocol", in T. Singer, & M. Bolz (Eds.) *Compassion: Bridging Practice and Science*. A Muldimedia Book [E-book].

Além disso a empatia cessa de ser sistematicamente correlacionada com uma percepção negativa e perturbadora do sofrimento do outro. Atribui-se essa mudança ao fato de que esses indivíduos são treinados para experimentar sentimentos de benevolência para com o outro em todas as situações. Assim são capazes de abordar uma situação dolorosa com amor e compaixão, e de dar provas de resiliência diante da dor do outro. Geralmente a resiliência é o lado do paciente; consiste, segundo a definição de Boris Cyrulnik, na capacidade de viver e superar um trauma mobilizando os próprios recursos interiores.[8] Entendemos aqui por resiliência a capacidade do observador para superar seu sentimento de aflição inicial e para substituí-lo por uma benevolência e uma compaixão ativas. Os dados que mensuraram a atividade cerebral desses indivíduos novatos demonstraram que a rede neuronal do sentimento de filiação e de compaixão é ativada, o que não é o caso do grupo que medita somente na empatia.

Em contrapartida, quando os indivíduos consagram uma semana voltada para cultivar unicamente a empatia e para entrar em ressonância afetiva com os sofrimentos dos outros, continuam a associar a empatia a valores negativos e manifestam uma percepção acrescida de seu sofrimento, às vezes a ponto de não poder controlar suas emoções e suas lágrimas. Para esses indivíduos, as emoções negativas aumentam ao assistir vídeos com cenas de sofrimento. Esse grupo de participantes igualmente experimentava mais sentimentos negativos diante de cenas habituais da vida cotidiana, revelando que o treinamento em ressonância empática aumenta a sensibilidade às emoções negativas em situações ordinárias. Alguns indivíduos afirmaram que sentiam um aumento da empatia por todos aqueles com quem cruzavam na vida cotidiana, quer se tratasse de parentes ou de desconhecidos. Uma das participantes revelou que, ao olhar pessoas ao seu redor tomarem o trem pela manhã, começava a ver sofrimento por todos os lados.[9]

Conscientes desses efeitos potencialmente desestabilizantes, Tania Singer e Olga Klimecki acrescentaram um treinamento para o amor altruísta (uma hora por dia), após a semana consagrada à empatia. Elas então observaram que esse acréscimo contrabalançava os efeitos negativos do treinamento da empatia: os efeitos negativos caíram para o seu nível inicial e as emoções positivas aumentaram. Esses resultados eram também neste aspecto associados a mudanças correspondentes às redes cerebrais, ligados respectivamente à compaixão, às emoções positivas e ao amor maternal.[10] Além disso os pesquisadores também puderam mostrar que uma semana de treinamento em compaixão aumentava os comportamentos pró-sociais em um jogo virtual especialmente concebido para mensurar a tendência em ajudar o outro. Em comparação, uma semana de treino da memória não induzia qualquer melhora dos comportamentos pró-sociais.[11]

No laboratório de neurociências de Richard Davidson, em Madison, Wisconsin, o pesquisador francês Antoine Lutz e seus colaboradores também estudaram esse fenômeno. Demonstraram que entre os dezesseis meditantes experientes de longa data que geravam um estado de compaixão, as áreas cerebrais implicadas no amor maternal e no sentimento de pertencimento – como a ínsula mediana (e não anterior, como na dor), assim como as áreas relacionadas à "teoria da mente" (a representação dos pensamentos do outro) – eram ativadas pela escuta de sons exprimindo aflição, o que não era o caso entre os meditantes novatos.[12] Essas observações confirmam que os meditantes experientes são ao mesmo tempo mais sensíveis e mais preocupados pelos sofrimentos do outro, e que não reagem por experimentar um aumento da aflição, mas pelo sentimento de benevolência, e que é possível portanto "treinar" para adquirir esses estados da alma.

Impregnar a empatia de compaixão

Recentemente eu discutia com uma enfermeira que, como a maioria de seus colegas, é continuamente confrontada com os sofrimentos e os problemas dos pacientes. Ela me disse que na formação de novos cuidadores a ênfase é colocada na "necessidade de manter uma distância emocional diante dos doentes", para evitar o famoso *burnout* que afeta tanto os profissionais de saúde. Essa mulher muito calorosa, cuja simples presença tranquiliza, me disse ainda: "É curioso, tenho a impressão de ganhar alguma coisa quando estou cuidando de pessoas que sofrem, mas quando menciono este 'ganho' aos meus colegas sinto-me um pouco culpada por experimentar algo de positivo". Descrevi a ela brevemente as diferenças que parecem existir entre a compaixão e a aflição empática. Essa diferença coincide com sua experiência e prova que ela não teria nenhuma razão de sentir-se culpada. Inversamente à aflição empática, o amor e a compaixão são estados mentais positivos, que reforçam a capacidade interior de fazer face ao sofrimento do outro.

Se uma criança está hospitalizada, a presença a seu lado de uma mãe amorosa que lhe estende a mão e a reconforta com palavras afetuosas com certeza fará mais bem que a ansiedade de uma mamãe submergida em aflição empática que, não podendo suportar a visão de seu filho doente, transita sem parar pelos corredores. Tranquilizada pelas minhas explicações, essa amiga enfermeira me confiou que a despeito dos escrúpulos que sentia de tempos em tempos, esse ponto de vista estava em consonância com sua experiência de enfermeira.

À luz dessas pesquisas preliminares, pareceria então lógico capacitar em amor altruísta e compaixão aqueles cuja tarefa consiste em ocupar-se cotidianamente de pessoas que sofrem. Tal capacitação auxiliaria igualmente aqueles que são próximos (pais, crianças, cônjuges) que cuidam de pessoas doentes ou com deficiências. O amor altruísta cria em nós um espaço positivo que serve de antídoto à aflição empática e impede que a ressonância afetiva se amplifique a ponto de tornar-se paralisante e de ocasionar o esgotamento emocional característico do *burnout*. Sem o aporte do amor e da compaixão, a empatia por si mesma é como uma bomba elétrica na qual a água não circula mais: ela vai rapidamente superaquecer e queimar. A empatia deve portanto tomar lugar no espaço muito mais vasto do amor altruísta.

É importante também considerar o aspecto cognitivo da compaixão, que em outras palavras é a compreensão dos diferentes níveis do sofrimento e de suas causas manifestas ou latentes. Assim será possível colocar-nos a serviço de outros auxiliando-os eficazmente e preservando nossa força da alma, nossa benevolência e paz interior. Como escreveu Christophe André: "Precisamos da doçura e da força da compaixão. Quanto mais lúcidos somos neste mundo, mais aceitamos vê-lo como é, e mais nos rendemos a esta evidência: não podemos atender todos os sofrimentos de uma vida humana sem esta força e sem esta doçura".[13]

5. O AMOR, EMOÇÃO SUPREMA

Apresentamos até aqui o altruísmo como uma *motivação*, como desejo de realizar o bem do outro. Neste capítulo apresentaremos as pesquisas de Barbara Fredrickson e alguns outros psicólogos acerca de uma abordagem do amor, considerado aqui como uma "ressonância positiva" entre duas ou várias pessoas, uma emoção reconhecidamente passageira, mas renovável infinitamente. Essa *emoção* coincide com a noção de altruísmo em inúmeros pontos e difere em outros.

Barbara Fredrickson, da Universidade da Carolina do Norte, juntamente com Martin Seligman é uma das fundadoras da Psicologia Positiva. Ela foi uma das primeiras psicólogas a despertar a atenção sobre o fato de que as emoções positivas tais como a alegria, o contentamento, a gratidão, o maravilhamento, o entusiasmo, a inspiração e o amor são bem mais que uma simples ausência de emoções negativas. A alegria não é a simples ausência de tristeza, e a benevolência não é uma simples ausência de malevolência. As emoções positivas comportam uma dimensão suplementar que não se reduz à neutralidade do espírito: elas são fonte de profundas satisfações. Isto significa que para florescer na vida, não basta neutralizar as emoções negativas e perturbadoras, é preciso favorecer o desabrochar de emoções positivas.

As pesquisas de Fredrickson revelaram que essas emoções positivas abrem a nossa mente permitindo-nos considerar as situações segundo uma perspectiva mais vasta, ser mais receptivos ao outro e adotar atitudes e comportamentos flexíveis e criativos.[1] Opostamente à depressão, que provoca geralmente uma submersão em espiral, as emoções positivas geram uma espiral ascendente. Elas nos tornam igualmente mais resilientes e nos permitem gerir melhor a adversidade.

Do ponto de vista da psicologia contemporânea, uma emoção é um estado mental muitas vezes intenso que não dura mais que alguns instantes, mas que é suscetível de se reproduzir muitas vezes. Os especialistas das emoções, Paul Ekman e Richard Lazarus em particular, identificaram um determinado número de emoções fundamentais, dentre as quais a alegria, a tristeza, a raiva, o medo, a surpresa, o desgosto e o menosprezo – reconhecíveis pelas expressões faciais e reações fisiológicas bem caracterizadas –, às quais se juntam o amor, a compaixão, a curiosidade, o interesse, a afeição e os sentimentos de vergonha e de culpa.[2] No decorrer dos dias, o acúmulo dessas *emoções* momentâneas influencia nossos *humores*, e a reiteração dos humores modifica pouco a pouco nossas disposições mentais, nossos traços de caráter. À luz de recentes trabalhos de pesquisa, Barbara Fredrickson afirma que, entre todas as emoções positivas, o amor é a *emoção suprema*.

Os dicionários o definem como "a inclinação de uma pessoa por outra" (Larousse), e mais precisamente como uma "disposição favorável da afetividade e da vontade em relação ao que é sentido ou reconhecido como bom" (Le Robert). Além disso a variedade das definições de amor não causa surpresa, porque como assinala a canadense Margaret Atwood, poetisa e autora de romances: "Os esquimós possuem cinquenta e dois termos para designar a neve em razão da importância que tem para eles. Deveriam existir muitos para o amor".[3]

Barbara Fredrickson, por sua vez, define o amor como uma *ressonância positiva* que se manifesta quando ocorrem três eventos simultaneamente: o *compartilhamento* de uma ou várias emoções positivas, uma *sincronia* entre o comportamento e as reações fisiológicas de duas pessoas, e a *intenção* de contribuir para o bem-estar do outro, intenção essa que gera uma solicitude mútua.[4] Essa ressonância de emoções positivas pode durar um certo tempo, e ainda se amplificar como a reverberação de um eco até que inevitavelmente, como é o destino de todas as emoções, ela se desvanece.

Segundo essa definição, o amor é simultaneamente mais vasto e mais aberto, e sua duração mais curta do que geralmente se pode imaginar: "O amor não dura. Ele é muito mais efêmero do que a maioria de nós quer reconhecer. Em contrapartida, ele é indefinidamente renovável". As pesquisas de Fredrickson e de seus colegas demonstraram que se o amor é muito sensível às circunstâncias e necessita de certas condições prévias, uma vez que se identificam essas condições pode-se reproduzir o sentimento de amor um número incalculável de vezes por dia.[5]

Para melhor depreender o que as pesquisas podem nos aportar é necessário voltar um pouco na definição do que chamamos habitualmente "amor". Não se trata de amor filial ou de amor romântico, nem de um compromisso de casamento ou de qualquer outro ritual de fidelidade. "O fundamento de minha noção de amor é a ciência das emoções", observa Fredrickson em sua recente obra publicada nos Estados Unidos e destinada ao grande público, *Love 2.0*, que é uma síntese do conjunto de seus trabalhos.[6]

Os psicólogos não negam certamente que podemos considerar o amor como uma ligação profunda suscetível de durar por muitos anos, ou uma vida inteira; também evidenciaram os benefícios consideráveis dessas ligações para a saúde física e mental.[7] Estimam porém que o estado duradouro chamado "amor" pela maioria das pessoas é o *resultado* da acumulação de diversos momentos, muito mais curtos, durante os quais é sentida essa ressonância emocional positiva.

Da mesma forma, é o acúmulo de *dissonâncias afetivas*, momentos repetidos de compartilhamento de emoções negativas, que causam erosões e acabam por destruir essas ligações profundas e de longa duração. No caso do apego possessivo, por exemplo, a ressonância desaparece; no caso do ciúme, ela se envenena e se transforma em ressonância negativa.

O amor permite ver o outro com solicitude, benevolência e compaixão. Dessa forma ele se vincula ao altruísmo à medida que nos tornamos sinceramente interessados pela sorte do outro e por seu próprio bem.[8] Está longe de ser o caso de outros tipos de relações. Bem cedo em sua carreira, Fredrickson interessou-se pelo que considera como diametralmente oposto ao amor, a saber, o fato de considerar a mulher (ou o homem) como "objeto sexual", o que pode ter tantos efeitos prejudiciais quanto o amor os tem de positivos. Trata-se de um investimento não no bem-estar do outro, mas na sua aparência física e sexualidade, não *pelo outro*, que não é considerado mais que um instrumento, mas por *si mesmo*, para seu próprio prazer.[9]

Em um grau menor, o apego possessivo sufoca a ressonância positiva. Não nutrir tais apegos não significa que amamos menos alguém, mas que estamos preocupados, antes de tudo, pelo amor de si mesmo ao invés do amor que pretendemos sentir pelo outro. O amor é altruísta quando se manifesta como alegria em compartilhar a vida daqueles que nos cercam, amigos, companheiros, esposa ou marido, e de contribuir para sua felicidade, instante após instante. Ao invés de ficar obcecado pelo outro, se preocupa com a sua felicidade; ao invés de querer possuí-lo, sente-se responsável por seu bem-estar; ao invés de esperar ansiosamente uma gratificação de sua parte, sabe dar e receber com alegria e benevolência.

Essa ressonância positiva pode ser sentida a todo momento por duas ou várias pessoas. Tal amor não é portanto reservado a um parceiro ou a um companheiro amoroso, não se reduz aos sentimentos de ternura que se sente pelos filhos, pais ou próximos. Pode ocorrer a todo momento, com uma pessoa sentada ao nosso lado num trem, quando nossa atenção benevolente suscita uma atitude análoga, no respeito e na apreciação mútua.

Este conceito de amor concebido como uma ressonância mútua difere entretanto do altruísmo expandido tal como o definimos anteriormente, e que por sua parte consiste em uma benevolência incondicional, não necessariamente mútua, e que independe da maneira como o outro nos trata ou se comporta.

A biologia do amor

O amor como ressonância positiva está profundamente inscrito em nossa constituição biológica e resulta, no plano fisiológico, da interação da atividade de determinadas áreas cerebrais (ligadas à empatia, ao amor maternal e ao sentimento de satisfação), da oxitocina (um peptídeo fabricado no cérebro que influencia as interações sociais) e do nervo vago (o qual tem a virtude de tranquilizar e de facilitar a ligação com o outro).

Os dados científicos coletados no decurso das duas últimas décadas demonstraram como o amor, ou sua ausência, modifica fundamentalmente nossa fisiologia e a regulação de uma série de substâncias bioquímicas, substâncias que podem mesmo influenciar a maneira como nossos genes se expressam no seio de nossas células. Este conjunto de interações complexas afeta profundamente nossa saúde física, nossa vitalidade e nosso bem-estar.

Quando dois cérebros se afinam

Acontece frequentemente que duas pessoas que conversam e passam o tempo juntas sentem-se perfeitamente afinadas uma com a outra. Em outros casos a comunicação não acontece, e não se aprecia nem um pouco o tempo compartilhado. É exatamente isto o que foi estudado pela equipe de Uri Hasson na Universidade de Princeton.

Esses neurocientistas puderam mostrar como os cérebros de duas pessoas ligadas por uma conversação adotam configurações neuronais muito semelhantes e entram em ressonância. Eles constataram que o simples fato de escutar atentamente as palavras de alguém e de lhe falar desencadeia a ativação das mesmas áreas cerebrais nos dois cérebros de um modo notavelmente sincrônico.* Hasson fala de "um mesmo ato realizado por dois cérebros". Na linguagem corrente falaríamos que "duas mentes se encontram". Ele considera que esse acoplamento entre os cérebros é essencial à comunicação.[10] Também demonstrou que era muito pronunciado na ínsula, uma área do cérebro que, como já vimos**, encontra-se no coração da empatia e indica uma ressonância emocional.[11] A sincronização é particularmente elevada durante os momentos de maior emoção durante a conversa.[12]

Esses resultados levaram Fredrickson a deduzir que os micromomentos de amor, de ressonância positiva, são também um único ato conseguido por dois cérebros. Uma boa compreensão mútua é, segundo a pesquisadora, fonte de uma solicitude mútua, a partir da qual as intenções e os atos benevolentes espontaneamente se manifestam.[13] Nossa experiência subjetiva passa então de uma atenção habitualmente focada no "eu" a uma atenção mais generosa e aberta ao "nós".[14]

Mas isso não é tudo. A equipe de Uri Hasson também mostrou que nosso cérebro chega até a *antecipar* em alguns segundos a expressão da atividade do cérebro do outro. Uma conversação em que se produz uma ressonância empática positiva origina uma antecipação emocional do que a outra pessoa está a ponto de dizer. É um fato que ser muito atento ao outro nos leva, na maioria das vezes, a antecipar o desenrolar do que ele nos dirá e os sentimentos que serão expressos em seguida.

Fala-se muito do fenômeno dos "neurônios espelhos". Eles estão presentes em minúsculas áreas do cérebro e são ativados quando vemos, por exemplo, alguém fazer um gesto que nos interessa.[15] Esses neurônios foram descobertos por acaso no laboratório de Giacomo Rizzolatti, em Parma, na Itália. Os pesquisadores estudavam a ativação de um tipo de neurônios em macacos ao pegarem uma banana. E quando faziam uma refeição no laboratório, na presença dos macacos, eles perceberam que o equipamento crepitava cada vez que um pesquisador levava o alimento à sua boca: os neurônios dos macacos eram também ativados. A descoberta revelava que as mesmas zonas cerebrais são ativadas em uma pessoa que faz um gesto e na outra que a observa. Os neurônios espelhos podem então fornecer uma base elementar à

---

* Trata-se de reações ao conteúdo da conversação e não simplesmente ao som da voz do outro, ou de sua própria voz ao falar. Na verdade, a sincronização das atividades cerebrais cessa se a outra pessoa fala uma língua estrangeira, russo, por exemplo, não compreendido pelo ouvinte.
** Ver capítulo 4, "Da empatia à compaixão em um laboratório de neurociências".

imitação e à ressonância intersubjetiva. Todavia, o fenômeno da empatia, que inclui os aspectos emocionais e os aspectos cognitivos, é muito mais complexo e implica numerosas áreas do cérebro.

A oxitocina e as interações sociais

As pesquisas no campo da química cerebral também levaram a interessantes descobertas no campo das interações sociais após Sue Carter e seus colaboradores evidenciarem os efeitos de um peptídeo, a oxitocina, que é fabricada no cérebro pelo hipotálamo e que circula por todo o corpo. Esses pesquisadores estudavam os ratos campestres, os quais são monogâmicos, contrariamente aos seus homólogos das montanhas. Eles constataram que o nível de oxitocina era muito mais elevado nos cérebros dos primeiros do que nos dos segundos. Em seguida demonstraram que se há um aumento artificial do nível de oxitocina no cérebro dos ratos campestres, sua tendência a permanecer juntos e a se aconchegar um com o outro é ainda mais forte que de costume. No entanto, se a produção de oxitocina for inibida nos machos campestres, eles tornam-se também volúveis como seus primos da espécie que vive nas montanhas.[16]

A oxitocina está ligada também ao amor maternal. Se for inibida a sua produção entre as ovelhas, elas negligenciam seus cordeiros recém-nascidos. E ao contrário, quando a fêmea do rato lambe seus filhotes e se ocupa deles atentamente, aumenta o número de receptores sensíveis à oxitocina na amídala (uma pequena área do cérebro essencial à expressão das emoções) e nas regiões subcorticais do cérebro.[17] Os filhotes tratados com afeição provam em seguida ser mais calmos, curiosos e menos ansiosos que os outros. Os trabalhos de Michael Meaney igualmente demonstraram que entre os ratinhos que são envoltos em cuidados por suas mães durante os primeiros dez dias de vida, há um bloqueio na expressão dos genes que induzem ao estresse.[18]

Entre os humanos a taxa de oxitocina aumenta fortemente durante as relações sexuais, mas também durante o parto e um pouco antes da lactação. Embora seja difícil estudar por meio de técnicas não invasivas as flutuações mais sutis da oxitocina entre os humanos, as pesquisas foram grandemente facilitadas quando se percebeu que a oxitocina inalada por vaporização chegava até o cérebro. Esta técnica possibilitou mostrar que as pessoas que inalaram uma vaporização de oxitocina perceberam melhor os sinais interpessoais, olharam mais frequentemente nos olhos dos outros, foram mais atenciosas aos seus sorrisos e às nuances emocionais sutis manifestadas por suas expressões faciais. Elas apresentaram desse modo um aumento da capacidade para apreender corretamente os sentimentos do outro.[19]

No laboratório de Ernst Fehr, em Zurique, Michael Kosfeld e Markus Heinrichs solicitaram a voluntários para participar em um "jogo de confiança" após terem inalado ou a oxitocina ou um placebo.[20] Durante esse jogo eles tinham que decidir que valor em dinheiro aceitariam emprestar a um parceiro, que poderia ou reembolsar ou guardar para si o dinheiro. Apesar do risco de deslealdade, os que haviam inalado a oxitocina tinham *duas vezes mais confiança* em seu parceiro do que aqueles que haviam inalado um placebo.* Outros pesquisadores comprovaram que, quando do compartilhamento de uma informação que deveria ser confidencial, a confiança no outro aumenta em 44% após a inalação de oxitocina.[21] Um conjunto de trabalhos estabeleceu agora que inalar oxitocina resulta em tornar-se mais confiante, mais generoso, mais cooperativo, mais sensível às emoções dos outros, mais construtivo nas comunicações e mais caridoso nos julgamentos.

Os neurocientistas também mostraram que uma única inalação de oxitocina é suficiente para inibir a parte da amídala que é ativada quando se experimenta sentimentos de raiva, medo ou ameaça, e para estimular a parte da amídala que é normalmente ativada durante as interações sociais positivas.[22]

De modo mais geral os pesquisadores demonstraram que a oxitocina tem um papel relevante nas reações que consistem em "acalmar e conectar", nos comportamentos que levam a um "apaziguamento e a uma aposta na relação", por oposição ao reflexo de fuga ou de ataque.[23] Ela apazigua de fato as fobias sociais e estimula a nossa capacidade de nos vincular aos outros.[24] Devido aos seres terem necessidade de ligações enriquecedoras, não somente para se reproduzir, mas também para sobreviver e prosperar, a oxitocina passou a ser qualificada pelos neurobiologistas como "grande facilitadora da vida".[25]

A oxitocina teve seu momento de celebridade após ter sido batizada nas mídias de "hormônio do amor" e de "hormônio dos abraços". A situação é de fato mais complexa. A oxitocina tem um efeito indubitável na natureza das interações sociais, mas não de maneira exclusivamente positiva. Está provado que, se ela encoraja a confiança e a generosidade em certas situações e para certas pessoas, em outras circunstâncias e em indivíduos dotados de traços de caráter diferentes, ela pode muito bem aumentar o ciúme, a propensão de alegrar-se com a infelicidade dos outros, assim como o favoritismo para com os membros de seu próprio clã.[26] Nesse sentido um estudo mostrou que após inalarem a oxitocina alguns voluntários tornaram-se mais cooperativos com aqueles que consideravam como sendo "dos seus", e menos cooperativos com aqueles que pertenciam aos outros grupos.[27]

Parece então que segundo as situações e os indivíduos, a oxitocina em alguns casos pode fortalecer nossos comportamentos pró-sociais, e em outros as nossas tendências de discriminar entre os que nos são próximos e aqueles que não pertencem ao nosso grupo. A observação desses efeitos aparentemente contraditórios conduziu Sue Carter a avançar na hipótese de que esse peptídio cerebral participaria em um sistema de regulação dos comportamentos sociais, e que sua ação se sobreporia à tela de fundo de nossa história pessoal e de nossos traços emocionais. A oxitocina agiria também na intensificação de nossa atenção aos sinais sociais, ajudando-nos assim a distingui-los. Sob o efeito desse neuropeptídeo uma natureza sociável se manifestará plenamente; entretanto em um temperamento ansioso ou ciumento a oxitocina não

---

* Os pesquisadores mostraram que a oxitocina não aumenta a possibilidade de correr um risco em geral, por exemplo, saltar de paraquedas, mas especificamente o fato de aceitar correr um risco quando se decide confiar em alguém enquanto nossos interesses estão em jogo.

fará mais que exacerbar esses sentimentos. Até o momento nenhum estudo específico foi realizado sobre os efeitos potenciais da oxitocina em nossas motivações altruístas, e falta muito a explorar sobre seu papel nas relações humanas.

Acalmar e abrir-se aos outros: o papel do nervo vago

O nervo vago liga o cérebro ao coração e aos diversos órgãos. Em situação de medo, quando nosso coração bate descompassado e estamos prontos a fugir ou a enfrentar um adversário, é ele que restaura a calma ao nosso organismo e facilita a comunicação com o outro.

Além disso o nervo vago estimula os músculos da face, permitindo-nos adotar expressões faciais em harmonia com as do nosso interlocutor, e de olhá-lo frequentemente nos olhos. Ele ajusta também os minúsculos músculos do ouvido médio que permitem nos concentrar na voz de alguém em meio a um ambiente ruidoso. Sua atividade favorece as trocas e aumenta o potencial da ressonância positiva.[28]

O tônus vagal reflete a atividade do nervo vago e pode ser avaliado mensurando a influência do ritmo respiratório sobre o ritmo cardíaco. Um tônus vagal elevado é bom para a saúde física e mental. Ele acelera os batimentos do coração quando inspiramos (o que permite distribuir rapidamente o sangue recentemente oxigenado), e os reduz quando expiramos (o que poupa o coração no momento em que é inútil fazer circular o sangue rapidamente). Via de regra nosso tônus vagal é extremamente estável de um ano para o outro, influenciando nossa saúde no decorrer do tempo. Entretanto, difere de modo expressivo de uma pessoa a outra.

Foi constatado que aqueles que têm um tônus vagal elevado adaptam-se melhor física e mentalmente às circunstâncias mutáveis, são mais aptos a regular seus processos fisiológicos internos (açúcar no sangue, resposta inflamatória), assim como suas emoções, sua atenção e seu comportamento. São menos sujeitos às crises cardíacas e se recuperam mais rapidamente em caso de enfarte.[29] O tônus vagal é também um indicador da robustez do sistema imunológico. Por outro lado, um tônus vagal elevado é associado a uma diminuição da inflamação crônica, que aumenta os riscos de acidente vascular cerebral, de diabetes e certos tipos de câncer.[30]

Esses dados um tanto técnicos tornam-se particularmente importantes diante dos estudos de Barbara Fredrickson e sua equipe, ao demonstrarem que é possível melhorar de modo considerável o tônus vagal com o recurso da meditação sobre o amor altruísta.

Cultivar o amor no cotidiano

Ao constatar as qualidades das emoções positivas em geral e do amor em particular, Barbara Fredrickson perguntou-se como evidenciar as conexões de causa e efeito (e não de simples correlações) entre a ampliação do amor altruísta e o aumento de qualidades que descrevemos neste capítulo: a alegria, a serenidade e a gratidão, por exemplo. Ela decidiu comparar sob condições rigorosas um grupo destinado a experimentar cada dia um aumento do amor e de outras emoções benéficas, com um grupo de controle. A distribuição entre os dois grupos foi feita por sorteio. Restava saber como levar os indivíduos de um dos grupos a sentir muito mais emoções positivas.

Foi então que a pesquisadora interessou-se por uma técnica ancestral praticada há dois mil e quinhentos anos pelos meditantes budistas: o treinamento do amor benevolente, ou amor altruísta, geralmente ensinado no Ocidente com o nome de *metta* (termo páli, a língua original do budismo). Fredrickson se deu conta de que essa prática, cujo objetivo é precisamente produzir ao longo do tempo uma mudança metódica e voluntária, correspondia exatamente ao que ela procurava.[31]

Ela recrutou para a experiência cento e quarenta adultos saudáveis (setenta em cada grupo), sem inclinação espiritual particular nem experiência da meditação. O experimento durou sete semanas. Nesse tempo os indivíduos do primeiro grupo, distribuídos em equipes de vinte pessoas, receberam um ensinamento de um instrutor qualificado sobre meditação no amor altruísta, e praticaram em seguida o que haviam aprendido, geralmente sozinhos e durante vinte minutos por dia. Na primeira semana a ênfase era sobre o amor benevolente consigo mesmo; na segunda, dirigida aos próximos, e nas cinco últimas semanas, a meditação era focada em todos aqueles que lhes eram conhecidos, depois no amor aos desconhecidos e, finalmente, a todos os seres.

Os resultados foram muito claros: o grupo constituído de novatos em matéria de meditação aprendera a tranquilizar a mente, e mais ainda, a desenvolver sua capacidade de amor e de benevolência. Comparados às pessoas do grupo de controle (às quais foi oferecida a participação no mesmo treinamento após terminada a experiência), os que haviam praticado a meditação experimentaram mais amor, engajamento em suas atividades cotidianas, serenidade, alegria e outras emoções benéficas.[32] Durante o treinamento Fredrickson notou que os efeitos positivos da meditação no amor altruísta persistiam durante o dia, fora da sessão de meditação e que, dia após dia, pôde ser observado um efeito acumulativo.

As medições da condição física dos participantes mostraram também uma nítida melhora em seu estado de saúde. Até mesmo seu tônus vagal que, como vimos anteriormente não se modificava normalmente no transcorrer do tempo, havia aumentado.[33] Isto levou ao ponto do psicólogo Paul Ekman, durante um de nossos encontros, sugerir a criação de "academias do amor altruísta", fazendo alusão às salas de treinamento físico encontradas em toda parte nas cidades, em decorrência dos benefícios para a saúde – esses também amplamente demonstrados – da prática de exercícios físicos regulares.

Amor e altruísmo: emoção passageira e disposição duradoura

Ao final deste capítulo algumas reflexões são necessárias. Os trabalhos de pesquisa que acabamos de mencionar são por certo apaixonantes, e as diversas práticas que Barbara Fredrickson descreve são suscetíveis de melhorar consideravelmente a qualidade de vida de cada um de nós. Para Barbara, com quem tive a oportunidade de discutir essas questões, "*o amor é antes de tudo uma emoção*, um estado momentâneo que surge permeando sua mente e seu corpo".[34] Ele exige também, segundo ela, a presença do outro:

> Isso significa que quando você está sozinho, pensando naqueles que você ama, refletindo sobre seus laços de amor passados, almejando o crescimento do amor, ou mesmo quando pratica a meditação sobre o altruísmo, ou ainda quando escreve uma carta de amor apaixonado, você não tem nesse momento preciso a experiência do amor verdadeiro. De fato, as sensações fortes que você experimenta enquanto está só são importantes e têm um papel absolutamente essencial para a sua saúde e o seu bem-estar. Mas elas não são (ainda) partilhadas, e portanto falta-lhes o ingrediente físico, essencial e indispensável da ressonância. A presença física é a chave do amor, da ressonância positiva.[35]

Sem negar de forma alguma a relevância e a qualidade tão particular das interações físicas com um outro ser humano, não se deve perder de vista duas dimensões suplementares e essenciais do altruísmo.

Se as emoções não duram, em contrapartida sua repetição acaba por gerar as *disposições* mais duradouras. Quando uma pessoa dotada de uma disposição altruísta entra em ressonância com uma outra, essa ressonância será sempre impregnada de benevolência. Se a disposição é fraca, as ressonâncias positivas momentâneas podem estar, nos instantes seguintes, associadas às motivações egoístas que limitarão os efeitos positivos. Daí a importância, como é o caso da meditação budista estudada por Barbara Fredrickson, de cultivar com perseverança não apenas os momentos de ressonância positiva, mas uma motivação altruísta *duradoura*.

Isto nos leva à segunda dimensão: o aspecto cognitivo, mais vasto ainda que o aspecto emocional e menos vulnerável às alterações do humor. Esta dimensão cognitiva permite expandir a um grande número de seres – incluindo aqueles que jamais teremos a ocasião de encontrar – um altruísmo sem limites. Assim, ao integrar essas diferentes dimensões ligadas às emoções momentâneas e renováveis aos processos cognitivos e às disposições duradouras, o amor altruísta poderá atingir seu ponto ótimo.

6. A REALIZAÇÃO DE UM DUPLO BEM — O NOSSO E O DO OUTRO

Segundo a via budista, como em outras tradições espirituais, contribuir para a realização do bem do outro é não somente a mais desejável das atividades, mas também a melhor maneira de concretizar indiretamente nosso próprio bem. A busca de uma felicidade egoísta está fadada ao fracasso, enquanto a concretização do bem do outro constitui um dos principais fatores de florescimento e, definitivamente, de avanço para o Despertar.

O ideal do budismo é a *bodhicitta*: "a aspiração de alcançar o Despertar para o bem dos seres". Além disso, essa aspiração é o único meio de atingir a felicidade para si mesmo, como escreveu Shantideva, mestre budista indiano do século VII, em sua obra intitulada *O caminho para o Despertar*:

> *Todas as felicidades do mundo vêm*
> *Da busca da felicidade do outro;*
> *Todos os sofrimentos do mundo vêm*
> *Da busca de sua própria felicidade.*
>
> *O que de bom dizer a mais?*
> *Compare apenas o ser pueril*
> *Que age em seu próprio interesse*
> *E o sábio que trabalha para o bem dos outros!*[1]

Este ponto de vista não é estranho ao pensamento ocidental. O bispo e filósofo Joseph Butler,[2] um dos primeiros a refutar as teses de Thomas Hobbes sobre a universalidade do egoísmo, escreveu: "Assim, parece pouco provável que nosso bem pessoal se intensifique na mesma medida que nossa enfatuação ridícula pelo amor de nós mesmos. [...] Essa aspiração (a do amor de si) pode tornar-se predominante a ponto dela mesma se decepcionar, e mesmo de contradizer seu próprio objetivo, o de nosso bem pessoal".

Em *Emílio,* ou *Da Educação*, Jean-Jacques Rousseau distingue o amor de si — o fato de experimentar o contentamento quando nossas aspirações são satisfeitas —, totalmente compatível com a benevolência para com o outro, e o amor-próprio que nos impele a colocar sistematicamente nossos interesses em primeiro lugar antes do outro e exige que o mundo inteiro considere nossos desejos.

Apesar disso, a realização do bem do outro não implica o sacrifício de nossa própria felicidade, pelo contrário. Para remediar os sofrimentos do outro, podemos escolher pagar por nossa conta, renunciar a algumas de nossas posses ou ao nosso conforto. De fato, se somos movidos por uma motivação altruísta sincera e determinada, vivemos esse gesto como um sucesso e não um fracasso, um ganho e não uma perda, uma alegria e não uma mortificação. A abnegação dita "sacrificial" e, por essa razão, desacreditada pelos zeladores do egocentrismo[3], não é sacrifício, a não ser para o egoísta. Para o altruísta ela se torna uma fonte de florescimento. A qualidade de nossa existência não é diminuída, mas aumentada. "O amor é a única coisa que dobra a cada vez que o damos", dizia Albert Schweitzer. Não podemos portanto falar de sacrifício, visto que subjetivamente o ato realizado, longe de ser percebido como um sofrimento ou uma perda nos traz, ao contrário, a satisfação de ter agido de maneira justa, desejável e necessária.

Quando se fala do "custo" de uma ação altruísta, ou de sacrifícios aceitos em favor dos outros, trata-se geralmente de sacrifícios exteriores – nosso conforto físico, nossos recursos financeiros, nosso tempo etc. Mas esse custo exterior não corresponde para todos a um custo interior. Mesmo que consagremos tempo e recursos para a concretização do bem dos outros, se este ato é vivenciado como um ganho interior, a própria noção de custo se desvanece.

Além disso, se reconhecermos o valor da aspiração comum a todos os seres sensíveis de escapar do sofrimento, parece-nos razoável e desejável aceitar certas dificuldades para assegurar-lhes grandes benefícios. Desse ponto de vista, se é que uma ação altruísta nos faz indiretamente o bem, melhor assim; se não faz bem nem mal, isso não tem importância; e se ela exige certos sacrifícios, isso valerá a pena, uma vez que o nosso sentimento de adequação conosco mesmo será maior.

Tudo é uma questão de medida e de bom senso: se a diminuição do sofrimento é o critério principal, seria insensato sacrificar nosso bem-estar duradouro para que outro pudesse desfrutar de um benefício menor. O esforço consentido deve ter um significado. Seria absurdo arriscar nossa vida para recuperar um anel que alguém deixou cair na água, ou dispensar uma soma significativa em dinheiro para dar uma caixa de garrafas de álcool a um bêbado doente. Pelo contrário, é legítimo o esforço para salvar a vida de uma pessoa que tenha caído na água com seu anel no dedo, e de utilizar nossos recursos para ajudar o bêbado a se livrar do alcoolismo que o mata.

Um ato é egoísta quando se recebe um benefício?

Um ato desinteressado não é menor se estamos satisfeitos de tê-lo feito. Podemos extrair uma satisfação de um gesto altruísta sem que essa satisfação tenha motivado nosso ato. Além disso, o indivíduo que faz um gesto altruísta por razões puramente egoístas arrisca-se a ficar desapontado ao não obter o efeito desejado. A razão é simples: somente um ato benévolo oriundo de uma motivação igualmente benévola pode gerar uma satisfação profunda.

Quando um lavrador cultiva seu campo e planta o trigo, tem em vista colher grãos suficientes para alimentar sua família. Ao mesmo tempo, os caules do trigo lhe fornecem a palha. Mas ninguém vai argumentar que o lavrador consagrou um ano de trabalho com a única finalidade de estocar a palha.

John Dunne, professor no Departamento de Religiões da Universidade de Emory, nos Estados Unidos, fala com uma ponta de humor de "economia budista" para designar a maneira como os budistas percebem as perdas e os lucros reais. Assim, se saio vencedor de um litígio financeiro, me enriqueço exteriormente, mas pago o preço interior da hostilidade que perturba minha mente, deixando as marcas do ressentimento. Empobreci então, interiormente. E ao contrário, se realizo um ato de generosidade desinteressada, empobreço exteriormente, mas me enriqueço interiormente em termos do meu bem-estar. O "custo" material que pode ser contabilizado como uma "perda" exterior revela-se um "ganho" interior. Na verdade, do ponto de vista da economia psicológica, todo mundo é ganhador: aquele que dá com generosidade e aquele que recebe com gratidão.

Segundo o grande mestre tibetano Dilgo Khyentse Rinpoche, o budista verdadeiro é aquele que "responde às necessidades do outro espontaneamente, por compaixão natural, e jamais espera recompensa. Como as leis de causalidade se aplicam necessariamente, suas ações para o bem dos outros com certeza trarão frutos – com os quais ele nunca irá contar. Jamais ou não mais pensará que não recebeu suficiente demonstração de gratidão, ou que deveria ser tratado com mais deferência; todavia, se alegrará do fundo do coração e se sentirá plenamente satisfeito se aquele que lhe causou dano mudar de atitude[4].

Esse conceito de economia interior utiliza uma noção geralmente mal compreendida – a do "mérito". No budismo os méritos não são os "bons pontos" de virtude, mas as energias positivas que permitirão fazer o maior bem aos outros enquanto você mesmo é feliz. Nesse sentido, os méritos são como uma plantação que teve grandes cuidados, proporcionando uma abundante colheita capaz de satisfazer a todos.

Todos perdem ou todos são vitoriosos

A busca da felicidade egoísta parece condenada ao fracasso por várias razões. Primeiro, do ponto de vista da experiência pessoal, o egoísmo, nascido do sentimento exacerbado da importância de si, termina sendo uma perpétua fonte de tormentos. O egocentrismo multiplica nossas esperanças e nossos temores, nutre as ruminações sobre o que nos afeta. A obsessão do "eu" nos conduz a ampliar o impacto do menor acontecimento sobre nosso bem-estar, a olhar o mundo através de um espelho distorcido. Projetamos sobre aqueles que nos rodeiam os julgamentos e os valores fabricados por nossa confusão mental. Essas projeções constantes nos tornam não só miseráveis, como também vulneráveis a todas as perturbações exteriores e ao próprio automatismo dos pensamentos, que mantêm em nós uma sensação de mal-estar permanente.

Na bolha do ego, a mínima contrariedade adquire proporções desmedidas. A estreiteza de nosso mundo interior faz com que, ao ricochetear sem parar nas paredes dessa bolha, nosso estado de espírito e nossas emoções se amplifiquem de maneira desproporcional e invasiva. A menor alegria torna-se euforia; o sucesso alimenta a vaidade; a afeição cristaliza-se em apego; o fracasso nos mergulha na depressão; a contrariedade nos irrita e nos torna agressivos. Faltam-nos recursos interiores necessários para administrar saudavelmente os altos e baixos da existência. Esse mundo do ego é como um pequeno copo d'água: algumas pitadas de sal são suficientes para torná-lo intragável. Opostamente, aquele que estoura a bolha do ego é comparável a um grande lago: um punhado de sal não altera em nada seu sabor. Por essência, o egoísmo não faz mais que perdedores: nos torna infelizes e, por nossa vez, causamos as desventuras daqueles que nos rodeiam.

A segunda razão deve-se ao fato de que o egoísmo está fundamentalmente em contradição com a realidade. Baseia-se no postulado falso segundo o qual os indivíduos são entidades isoladas, independentes umas das outras. O egoísta espera construir sua felicidade pessoal na bolha de seu ego. Basicamente ele diz : "Cabe a cada um construir sua própria felicidade. Eu me ocupo da minha, ocupe-se da sua. Não tenho nada contra sua felicidade, isso não é da minha conta". O problema é que a realidade é totalmente outra: não somos entidades autônomas e nossa felicidade não pode ser construída senão com o concurso dos outros. Mesmo se tivermos a impressão de ser o centro do mundo, esse mundo permanece sendo o dos outros.

O egoísmo não pode então ser considerado um modo eficaz de amar a si mesmo, uma vez que é a principal causa raiz de nosso mal-estar. Ele constitui uma tentativa particularmente desastrada de assegurar a própria felicidade. O psicólogo Erich Fromm se encontra com o pensamento budista ao esclarecer este comportamento: "O amar a si mesmo está necessariamente ligado ao fato de amar uma outra pessoa. O egoísmo e o amor de si, longe de serem idênticos, são de fato duas atitudes opostas. O egoísta não se ama muito, muito pouco; na verdade, ele se odeia".[5] O egoísta é um ser que não faz nada de sensato para ser feliz. Ele se odeia porque, sem o saber, faz tudo o que é preciso para tornar-se infeliz, e esse fracasso permanente provoca uma frustração e uma raiva interior que se volta contra ele e contra o mundo exterior.

Se o egocentrismo é uma constante fonte de tormentos, bem diferentes são o altruísmo e a compaixão. No plano da experiência vivida, o amor altruísta vem acompanhado de um profundo sentimento de plenitude e, como veremos mais adiante, é também o estado de espírito que desencadeia a ativação mais importante das áreas cerebrais associadas às emoções positivas. Podemos dizer que o amor altruísta é a mais positiva de todas as emoções positivas.

Além disso, o altruísmo opera em conformidade com a realidade do que somos e do que nos cerca; ou seja: o fato de que tudo é fundamentalmente interdependente. A percepção habitual de nossa vida cotidiana pode nos levar a acreditar que as coisas possuem uma realidade objetiva e independente, mas na verdade elas não existem a não ser na dependência de outras coisas.

A compreensão dessa interdependência universal é a própria fonte do altruísmo mais profundo. Compreendendo a que ponto nossa existência física, nossa sobrevivência, nosso conforto, nossa saúde etc. dependem dos outros e do que o mundo exterior nos fornece – remédios, alimentos etc. –, torna-se mais fácil colocarmo-nos no lugar do outro, querer sua felicidade, respeitar suas aspirações e nos sentirmos intimamente interessados na realização dessas aspirações.

Dessa forma, a superioridade do altruísmo em relação ao egoísmo não se assenta somente sobre os valores morais, mas também sobre o bom senso e uma justa percepção da realidade.

O altruísmo é intrinsecamente ligado ao nosso bem-estar?

Do mesmo modo que o calor surge inevitavelmente quando se acende um fogo, o verdadeiro altruísmo é associado a uma profunda satisfação pessoal. Quando realizamos espontaneamente um ato benévolo – ao permitir que alguém, por exemplo, recupere a saúde, a liberdade ou, ainda, escape da morte – não dá a impressão de estarmos em consonância com a nossa natureza mais íntima? Não desejaríamos dispor mais frequentemente de tal estado de espírito, que faz com que as barreiras ilusórias inventadas pelo egocentrismo entre o "eu" e o mundo se desvaneçam nem que seja por um instante, e que experimentemos um sentimento de comunidade de natureza, que reflete a interdependência essencial de todos os seres?

E, ao contrário, quando recuperamos a lucidez depois de estarmos momentaneamente invadidos por uma raiva violenta, não dizemos via de regra: "Estava fora de mim", ou "Eu não era mais eu mesmo"? Os estados mentais nocivos tendem a nos distanciar sempre um pouco mais do sentimento de adequação consigo mesmo, que o filósofo Michel Terestchenko denomina a "fidelidade a si". Ele propõe substituir uma concepção do altruísmo visto como "a desistência, o aniquilamento, o despojamento de si, a desconsideração sacrificante de si que se abandona a uma alteridade radical (Deus, a lei moral ou o outro)", pela noção de uma relação benevolente com o outro que resulta da presença consciente de si, da fidelidade a si, da obrigação – experimentada no mais íntimo de si – de compatibilizar seus atos com suas convicções (filosóficas, éticas ou religiosas), ao mesmo tempo que com seus sentimentos (de empatia ou de compaixão); e por vezes mesmo, mais simplesmente ainda, de agir de acordo com a imagem de si, independente de qualquer olhar ou julgamento dos outros, livre do desejo social de reconhecimento".[6]

A natureza da relação entre bondade e felicidade é então esclarecida. As duas se engendram e se reforçam uma à outra; elas procedem de um acordo conosco mesmo. Platão dizia: "O homem mais feliz é aquele que não tem na alma qualquer vestígio de maldade".[7]

O altruísmo, a bondade e a felicidade possuem igualmente um sentido do ponto de vista da evolução dos animais sociais que somos. O amor, a afeição e a preocupação com o outro são, a longo prazo, essenciais à nossa sobrevivência. O recém--nascido não viveria mais que algumas horas sem o carinho de sua mãe; um idoso inválido morreria rapidamente sem os cuidados daqueles que o cercam. Nós temos necessidade de receber amor para poder e para saber dá-lo.

Parte II
Existe o verdadeiro altruísmo?

Toda verdade atravessa três etapas:
Primeiro, ela é ridicularizada.
Em seguida, ela enfrenta uma forte oposição.
Depois, ela é considerada como tendo sido sempre uma evidência.
Arthur Schopenhauer

7. O ALTRUÍSMO INTERESSADO E A RECIPROCIDADE GENERALIZADA

Os SIMULACROS DE ALTRUÍSMO SÃO UMA LEGIÃO. PODEMOS FAZER O BEM A OUTRO na expectativa calculada de uma contrapartida, no desejo de ser elogiado ou de evitar censura, ou ainda para aliviar o sentimento de desconforto diante do sofrimento do outro. O "altruísmo interessado" é um misto de altruísmo e de egoísmo. Não é uma fachada hipócrita, uma vez que tende sinceramente a contribuir para o bem do outro, mas permanece condicional e não se exerce a não ser na medida que contribui também para nossos próprios interesses.

Os seres humanos aceitam voluntariamente prestar serviços uns aos outros, e sempre velando por seus próprios interesses utilizam esses serviços prestados como uma moeda de troca. As interações comerciais equitativas, as práticas de troca nas sociedades tradicionais, as dádivas e as retribuições, são os exemplos. Essa prática é compatível com o respeito ao outro, na medida que se age de maneira equânime, zelando para não prejudicar a ninguém. O altruísmo interessado portanto, não é necessariamente enganoso. Contudo, se um ato pertinente para um indivíduo é realizado na intenção de extrair um benefício, não podemos qualificá-lo de altruísmo puro. Além disso, se faltar o estímulo de uma atitude benevolente, a simples prática de troca acaba geralmente na desconfiança, dissimulação, manipulação, ou mesmo na hostilidade.

O altruísmo interessado pode assim revelar o egoísmo puro e simples. Como observava La Rochefoucauld: "Estamos convictos geralmente de amar as pessoas mais poderosas que nós, no entanto, é apenas o interesse que produz nossa amizade. Nós não nos entregamos pelo bem que lhes queremos fazer, mas por aquilo que queremos receber".[1] Para empregar a expressão de Remy de Gourmont, o altruísta não seria apenas um "egoísta razoável"? Somos incapazes de fazer melhor?

O altruísmo interessado e a realização do bem comum

Alguns autores como Jacques Attali e André Comte-Sponville consideram que a busca do altruísmo interessado, racional e equitativo é, num primeiro momento, um objetivo mais realista que a instituição em nossas sociedades de um altruísmo desinteressado. Jacques Attali assinala a interdependência dos comportamentos humanos como princípio fundador do altruísmo interessado:

O altruísmo interessado é o ponto de passagem entre a liberdade e a fraternidade. Acredito que nossa civilização não sobreviverá a não ser que consiga fazer com que cada um encontre sua felicidade na felicidade dos outros.² [...] Temos interesse na felicidade do outro; a paz entre nós depende da redução da pobreza em toda parte.³

Para o economista Serge-Christophe Kolm, esse "ponto de passagem" é a reciprocidade geral:

O altruísmo voluntário e sem estar condicionado pela reciprocidade [...] baseia os atos positivos em relação ao outro sobre as liberdades individuais, que são a trama do sentimento comunitário: é a reconciliação da liberdade e da fraternidade.⁴

Uma sociedade harmoniosa seria então aquela que encontra um justo equilíbrio entre os interesses de cada indivíduo e aqueles da comunidade, e favorece uma atmosfera de benevolência recíproca. *Esta benevolência nasce* da compreensão de que *somente com a condição de respeitar esse justo equilíbrio* o bem de cada um terá maiores chances de ser concretizado. É o que afirma Comte-Sponville: "Creio que toda arte da política consiste em tornar indivíduos egoístas mais inteligentes, o que chamo de 'solidariedade', e que Jacques Attali atribui o nome de 'altruísmo interessado'. Trata-se de fazer com que as pessoas compreendam que é de seu interesse levar em consideração os interesses do outro".⁵

A reciprocidade a longo prazo

Uma reciprocidade que se revela equitativa a longo prazo é um componente essencial de toda sociedade humana e de um grande número de sociedades animais. A cooperação é de fato essencial à sobrevivência dos animais sociais. Segundo Darwin: "Os instintos sociais impelem o animal a encontrar prazer na sociedade de seus semelhantes, a experimentar uma certa simpatia por eles, e a prestar-lhes diversos serviços. [...] Os animais sociáveis defendem-se reciprocamente [...] e se advertem reciprocamente uns aos outros quanto aos perigos".⁶

Um exemplo de reciprocidade geralmente descrito nos animais é aquele de uma espécie do morcego comum na América Latina. Esses morcegos vivem em grupos de uns vinte indivíduos, principalmente de fêmeas e seus filhotes. À noite, caçam os animais de fazendas e bebem o seu sangue. Mas muitos dentre eles voltam de mãos vazias ao amanhecer, uma noite a cada três em média. Se, por azar, um morcego não conseguir alimentar-se por duas noites seguidas, o que é bem frequente entre os filhotes, ele provavelmente não sobreviverá até a terceira noite em virtude de suas elevadas necessidades metabólicas. O morcego faminto então se aproxima de um de sua espécie para implorar por comida. Este último aceita quase sempre regurgitar-lhe uma parte do sangue coletado durante a noite.

7. O ALTRUÍSMO INTERESSADO E A RECIPROCIDADE GENERALIZADA • 97

O etólogo Gerald Wilkinson, que estudou longamente esses morcegos, observou que essas regurgitações não ocorrem apenas entre as fêmeas aparentadas (mães--filhas ou parentes próximos), mas também entre fêmeas não aparentadas que estabeleceram alianças que podem durar uma dezena de anos: as fêmeas permanecem geralmente juntas e desfrutam muito mais dos cuidados de toalete mútua que os outros. Entretanto, se uma fêmea recusa-se por muitas vezes seguidas a regurgitar o sangue para os outros, ela será ignorada pelo grupo, até mesmo expulsa da comunidade. Com isto, correrá o risco de morrer de inanição quando, por sua vez, tiver necessidade de sangue.[7]

Nas sociedades humanas, a reciprocidade constitui a textura de uma comunidade equilibrada no seio da qual cada um se dispõe a prestar serviço ao outro, e manifesta gratidão quando um serviço lhe é prestado. Em uma comunidade em que as pessoas se conhecem bem, cada uma supõe que certamente as outras se comportarão de maneira benéfica para com ela quando houver necessidade. Se um membro da comunidade não seguir as regras, usufruindo da bondade do outro sem retribuir, será rapidamente colocado de lado por seus pares.

Nos altos vales do Zanskar, situados no extremo noroeste da Índia, a vida comunitária é regida por uma tal reciprocidade duradoura. Nas aldeias, a cada ano por seu turno, um bairro de uma dúzia de famílias é designado para assumir os preparativos das festas de Ano Novo. Além disso, cada família deve, por sua vez, oferecer um banquete à vizinhança, para o qual é preparado um alimento rico e abundante. Trata--se de entendimentos tácitos a serem respeitados por cada um. Formam-se também no Zanskar confrarias de pessoas ligadas não pelo sangue, mas por um juramento feito mediante um rito religioso. A cada evento familiar importante, tal como o nascimento, o casamento ou a morte, os membros dessa confraria ajudam-se mutuamente. Quando ocorre um falecimento, por exemplo, eles se responsabilizam pelas despesas e a organização dos funerais. Durante estes últimos anos, um grande número de jovens emigrou para as cidades das planícies indianas, e essas convenções de reciprocidade tornaram-se pesadas para aqueles que restaram nas aldeias. Entretanto, seria malvisto abandoná-las, e os aldeões tentam a todo custo preservá-las.[8]

Esse sistema de reciprocidade é muito diferente de um acordo ou de uma transação comercial. Ninguém está vinculado por um contrato nem pode coagir quem quer que seja a "pagar a dívida"; nenhuma autoridade exterior intervém. Seria inconcebível, e mesmo ridículo procurar o chefe da aldeia para queixar-se que a família de fulana de tal há muito tempo não oferece festa. Tagarelices não adiantam. Ou se permanece no círculo da reciprocidade, ou se sai dele, com as consequências que a desistência trará em termos de isolamento.

As comunidades andinas que viveram antes e durante o império inca estavam estruturadas em unidades sociais que reuniam numerosas famílias. Os membros da comunidade prestavam entre si os serviços similares para os trabalhos no campo, a construção das casas etc. Todavia, faziam uma conta muita precisa das tarefas realizadas e a reciprocidade envolvia as horas de serviço equivalentes: eram bem conscientes de haver ajudado a arar cinco sulcos ou de haver dado uma peça de tecido que exigiu um tanto de horas de tecelagem, e esperavam em contrapartida um serviço proporcional em números de horas de trabalho ou em espécie. Aqui também a reciprocidade era um grande valor de enriquecimento e preservação do elo social.[9]

A reciprocidade quantificada pode levar a situações extremas, como entre o povo ik na África, onde se pode, contra a vontade do proprietário, arar seu campo ou consertar seu telhado mesmo que ele vire as costas, com a finalidade de impor a ele uma dívida de gratidão que não deixará de ser reclamada em tempo oportuno. "Certa ocasião, vi tantas pessoas sobre um telhado para repará-lo que estava a ponto de desabar, e todo esse empenho acontecia a despeito dos protestos do proprietário, que ninguém escutava"[10], relata Colin Turnbull, antropólogo que estudou o sistema de dádiva e retribuição entre os ik. "Um indivíduo, em particular, tornou-se muito impopular", acrescenta Turnbull, "pelo fato de aceitar todas as ajudas, porém as retribuía instantaneamente com alimentos (o que era muito mais fácil do que efetuar tarefas cansativas), a fim de anular logo a dívida de gratidão." Como diz um velho adágio escandinavo: "O avarento sempre teme presentes".[11]

Mas em geral, como constata Paul Ekman, "no seio das pequenas comunidades e aldeias, quanto mais as pessoas cooperam mais a prosperidade aumenta, permitindo assim às crianças terem melhores chances de sobreviver. Em relação às populações da Nova Guiné, que estudei há cinquenta anos, e que raramente tinham contato com a sociedade moderna, trabalhar juntos era uma necessidade: quer se trate de cozinhar, de dar à luz ou de lutar contra os predadores, ninguém quer se associar aos briguentos e aos aproveitadores. Na aldeia, você não pode explorar os outros impunemente sem herdar uma péssima reputação, que é fatal. Assim, ao longo do tempo, o patrimônio hereditário da espécie deve tender para a cooperação".[12]

A reciprocidade inclui igualmente uma solidariedade que ultrapassa a dádiva recíproca. Entre os nômades do Tibete, por exemplo, a taxa de natalidade, como também infelizmente as taxas de mortalidade tanto maternal quanto infantil, permanecem elevadas. Quando uma mãe morre no parto, os órfãos são quase que automaticamente colocados aos cuidados de uma família aparentada que vive em uma tenda próxima, e os dois lares se fundem em um só, até que as crianças cresçam ou que o pai viúvo se case novamente.

Todos aqueles que praticam esse tipo de cooperação comunitária, dos rastreadores ik das savanas africanas aos papuas da Nova Guiné, testemunham a alegria que experimentam ao unir seus esforços em vista de um objetivo comum, e afirmam que esses momentos de trabalho partilhado e de cooperação estão entre os mais apreciados da vida cotidiana.

O surgimento das cidades só é possível graças a uma sinergia de diferentes níveis de cooperação. Entretanto em uma comunidade muito mais vasta, como a de uma metrópole, é impossível conhecer todos os seus membros. Isto facilita o aparecimento dos campeões do "cada um por si" e dos aproveitadores que podem assim escapar ao compromisso tácito de reciprocidade.

Em direção a uma reciprocidade generalizada?

As mutualidades e as cooperativas representam uma forma de reciprocidade voluntária, quase anônima (segundo o tamanho e a vocação desses organismos). No âmbito dos Estados, instituições como a previdência social e a assistência social aos idosos, aos necessitados, aos órfãos e aos desempregados representam uma forma de reciprocidade generalizada por intermédio do imposto redistribuído pela Previdência do Estado. É contra isso que se insurgem os meios conservadores ultraliberais, nos Estados Unidos particularmente.

O economista Serge-Christophe Kolm revisita os dois sistemas econômicos que dividiram o mundo no século XX – o mercado capitalista e o planejamento totalitário – e que, segundo ele, "estão fundamentados sobre o egoísmo, na instrumentalização pura e simples do indivíduo, a hostilidade, o conflito e a concorrência, a dominação, a exploração e a alienação".[13] Este economista defende o modelo alternativo de uma reciprocidade geral "fundamentada sobre o melhor do ser humano, sobre as melhores relações sociais, e aquilo que as reforçam". Ele explica a noção de reciprocidade: cada um dá à sociedade e recebe do conjunto dos outros. Via de regra, a origem da dádiva não é conhecida. Não há doador específico. É "todos por um, um por todos".[14]

Vemos então, à luz deste capítulo, que o altruísmo interessado e o altruísmo recíproco são muito diferentes do egoísmo obtuso no que concerne à possibilidade de tecer relações construtivas entre os membros da sociedade. Eles podem igualmente servir de trampolim para se alcançar o altruísmo puro. De fato, à medida que as pessoas adquirem consciência das virtudes da benevolência, por que não abandonariam a ideia e o desejo de receber algo em troca, uma vez que entenderam que o altruísmo merece ser praticado com o único objetivo de fazer bem ao outro, sem que alguma consideração egocentrada seja levada em conta?

8. O ALTRUÍSMO DESINTERESSADO

Todos nós conhecemos exemplos de atos que nos pareceram perfeitamente desinteressados. Um relato só tem valor de testemunho, mas o acúmulo de casos semelhantes aos que se seguem acaba por ter valor de comprovação.

Cyrus Segal, tocador de fagote na Ópera de Nova York, esperava o ônibus numa calçada de Manhattan, quando seu precioso instrumento, que havia colocado a seu lado, foi furtivamente levado. Tocou esse instrumento por vinte e cinco anos e, embora estivesse no seguro, Cyrus ficou arrasado, pois cada fagote tem sua personalidade e ele sabia que nunca mais encontraria o mesmo companheiro. Pouco depois, um vadio entrou em uma loja de música e ofereceu o fagote pela modesta soma de dez dólares (sendo que o valor estimado era de 12 mil dólares). O vendedor, que era de uma família de músicos, imaginou sem esforço o que o proprietário devia estar sentindo e decidiu imediatamente comprar o instrumento, não sem antes negociá-lo por três dólares. Em seguida começou a perguntar a todos os músicos que entravam em sua loja se conheciam algum colega vítima de um furto de fagote. Dias depois, a notícia chegou aos ouvidos de Cyrus, que rapidamente foi à loja e reconheceu seu amado instrumento. O vendedor, Marvis, não pediu qualquer recompensa e ainda se recusou a receber os três dólares.[1] Sem dúvida isto não é tão heroico quanto pular em águas geladas para salvar alguém que se afoga, mas é claramente um belo exemplo de ato generoso e desinteressado.

Em 2010, Violet Large e seu marido Allen, que viviam na Nova Escócia, no Canadá, ganharam mais de 11 milhões de dólares na loteria. Em vez de comprar uma nova casa e viver com mais luxo, o casal decidiu que "era preferível dar que receber" e distribuiu 98% dessa soma às organizações de caridade locais e nacionais. "Não temos que comprar uma só coisa, declarou Violet, não temos necessidade".[2] E Allen acrescentou: "Felicidade não se compra. Este dinheiro que ganhamos, não era nada. O que a gente tem, é ela e eu".

Stan Brock passou anos na floresta amazônica entre os índios wapxana, a vinte e seis horas de caminhada do primeiro médico. Viu tantas pessoas morrerem por falta de atendimento que decidiu levar assistência médica para a região. Após ter tido seu momento de glória devido a reportagens na televisão, nas quais era visto montado a cavalo capturando animais selvagens no laço e lutando no pântano com uma sucuri, concluiu que tudo isso não tinha qualquer sentido e que era tempo de fazer alguma coisa de valor.

Ao mudar-se para os Estados Unidos, Stan se indignou ao ver tantos concidadãos privados de acesso à assistência médica, principalmente de cuidados dentários e oftalmológicos. Decidiu então organizar acampamentos sanitários itinerantes onde são atendidos milhares de pacientes pobres, desde a abertura das portas, às vezes tendo que passar a noite lá, no frio. Graças a centenas de voluntários, a fundação de caridade que ele fundou, a RAM (Remote Area Medical), até agora atendeu mais de meio milhão de pacientes nos Estados Unidos. Com velhos aviões, voltou também à Guiana para levar essa assistência às regiões mais distantes. Aos setenta e sete anos, Stan fez voto de pobreza e não possui casa, nem carro, nem conta bancária, nem qualquer tipo de bens. Dorme sobre um tapete que estica no chão de seu escritório. A um jornalista da BBC que um dia lhe questionou "Não lhe parece estranho fazer isso todos os dias?", ele respondeu: "Ao contrário! Aprecio cada instante!"

Trata-se aqui apenas de alguns testemunhos. Evitemos concluir precipitadamente que são raros pela simples razão de serem notáveis. Existem centenas de histórias semelhantes, e todas dizem mais que longos argumentos.

O desinteresse avaliado em laboratório

O caráter desinteressado de um comportamento pode ser evidenciado experimentalmente.[3] O psicólogo Leonard Berkowitz pediu a um grupo de voluntários para fazer caixas de papelão sob o controle de um supervisor. Em seguida, informou à metade dos voluntários que o seu desempenho, ainda que anonimamente, influiria na maneira como o supervisor seria avaliado.

Constatou-se que os participantes desse grupo trabalharam melhor e por mais tempo do que os membros do outro grupo, ao qual nada foi dito a respeito do supervisor. Os primeiros agiram espontaneamente e anonimamente em prol de um supervisor que não reencontrariam mais. Não se pode, portanto, atribuir seu comportamento à esperança de qualquer retribuição.

Por outro lado, sociólogos demonstraram que a frequência dos atos altruístas diminui quando estão acompanhados de uma recompensa material. Um estudo efetuado sobre um grande número de doadores de sangue revelou que menos de 2% dos doadores esperavam uma contrapartida por sua doação. Quase todos os doadores diziam, simplesmente, que desejavam ajudar aqueles que tinham necessidade.[4] Além do mais um estudo célebre realizado na Inglaterra revelou que o fato de remunerar os doadores de sangue reduzia o seu número. A existência de uma remuneração destituía a qualidade de seu ato altruísta. Os doadores habituais estavam menos inspirados a prestar serviço.[5] De fato, a quantidade de sangue doado em relação ao número de habitantes era, até então, nitidamente superior na Inglaterra do que nos Estados Unidos, onde as doações são remuneradas.

A explicação mais simples

Quando se oferece um verdadeiro presente de maneira sincera a alguém, a beleza do gesto deve-se ao fato de dar prazer e não esperar qualquer coisa em troca. O outro receberá o presente com maior alegria se souber que o gesto não vem acompanhado de nenhum cálculo. É muito diferente um presente oferecido de bom coração a uma pessoa que se ama e, por exemplo, um presente dado com interesses de vantagem comercial.

Duas pesquisadoras americanas, Nancy Eisenberg e Cynthia Neal,[6] trabalharam com crianças de três a quatro anos, estimando que seria pouco provável que suas respostas fossem influenciadas pela hipocrisia ou pela intenção de manipular seu interlocutor. Quando as crianças do maternal observadas pelas pesquisadoras partilhavam espontaneamente com os outros o que tinham, ou quando reconfortavam uma criança triste ou descontente, as pesquisadoras lhes perguntavam as razões daquele gesto com frases como: "Por que você deu isso ao John?" O exame das respostas, mostrou que a grande maioria das crianças fazia explicitamente referência ao fato de que o outro precisava de ajuda: "Ele tinha fome", respondeu por exemplo uma delas, que compartilhou seu lanche. As crianças nunca mencionaram o medo de serem punidas pelo professor ou de serem repreendidas pelos pais se elas não ajudassem seus colegas. Apenas algumas responderam que esperavam algo em troca, como ser bem vistas, por exemplo.

Lucille Babcok, que recebeu a medalha da Comissão Carnegie por "atos de heroísmo"[7], não tinha a impressão de merecê-la: "Não tenho vergonha por tê-la recebido, mas me sinto embaraçada porque não havia visto as coisas por esse lado". O mesmo ocorre com os "Justos entre as Nações" que salvaram judeus durante as perseguições nazistas: as honras às quais tiveram direito foram consideradas como acessórios, inesperadas, constrangedoras, e até "indesejadas" para alguns. A perspectiva de tais honrarias jamais foi prevista na motivação de seus atos. "Era tudo simples", relata um dos salvadores, "não fiz nada de grandioso. Nunca considerei os riscos, ou imaginei que meu comportamento pudesse levar a uma repreensão ou a um reconhecimento. Pensava que fazia justamente o que devia fazer".[8]

Há portanto situações nas quais o altruísmo verdadeiro é a explicação mais simples e mais provável de comportamentos que se produzem constantemente em nossa vida cotidiana. Um altruísmo que se situa além do louvor e da repreensão. Os argumentos habituais daqueles que se esforçam para detectar motivações egoístas por trás de todo ato altruísta dificilmente resistem à análise.

Como sublinha o filósofo e moralista Charlie Dunbar Broad: "Como muitas vezes acontece em filosofia, pessoas inteligentes aceitam *a priori* uma ideia equivocada e consagram em seguida os esforços e uma ingenuidade sem fim para explicar, segundo seus pressupostos, fatos simples que vão no entanto com toda evidência contra essa ideia".[9]

O padre Ceyrac, que durante sessenta anos se ocupou de trinta mil crianças desfavorecidas no sul da Índia, disse-me um dia: "Apesar de tudo, fico sensibilizado pela imensa bondade das pessoas, mesmo daquelas que parecem ter o coração e os olhos fechados. São os outros, todos os outros, que fundam a trama de nossas vidas e formam a matéria de nossa existência. Cada um é uma nota no 'grande concerto do universo', como dizia o poeta Tagore. Ninguém pode resistir ao apelo do amor.

Sempre cederá depois de um tempo. Penso realmente que o homem é intrinsecamente bom. É preciso ver o bom, o belo de uma pessoa, jamais destruir, sempre procurar a grandeza do ser humano, sem distinção de religião, de casta, de pensamento".

Desfazer-se do cinismo

O espírito crítico é certamente uma primeira qualidade da investigação científica, porém voltar-se ao cinismo e à depreciação sistemática de tudo que diz respeito à bondade humana não é uma prova de objetividade, mas um sinal de estreiteza de espírito e de pessimismo crônico. Tive uma amostra disso ao acompanhar durante várias semanas uma equipe de televisão que preparava uma reportagem sobre o Dalai Lama. Estive com os membros dessa equipe no Nepal, nos Estados Unidos e na França, ajudando-os da melhor forma para poderem filmar diversos eventos privados dos quais participava o Dalai Lama, assim como obterem uma entrevista com ele. Até que finalmente percebi que o objetivo principal da reportagem era procurar incongruências que poderiam estar escondidas nas ações e na pessoa do Dalai Lama.[10] Quase no final das filmagens eu disse ao diretor: "Quando se trata de algumas das grandes figuras éticas de nosso tempo, de pessoas como Nelson Mandela, Desmond Tutu, Vaclav Havel ou o Dalai Lama, você não pensa que é melhor se esforçar para chegar ao nível deles, em vez de os rebaixar ao nosso?" Tive o direito apenas a um meio riso constrangido.

Somos todos uma mistura de qualidades e defeitos, de sombra e de luz. Sob a influência de uma indolência malevolente, é sem dúvida mais fácil renunciar a tornar-se melhor do que reconhecer a existência da bondade humana e fazer esforços para cultivá-la. É por isso que quando somos testemunhas dessa bondade é mais sensato inspirar-se nela que denegri-la, e nos empenhar para dar-lhe um lugar muito maior em nossa existência.

9. A BANALIDADE DO BEM

UM MENDIGO RECEBE DUAS NOTAS DE CINQUENTA RUPIAS – SOMA RELATIVAMENTE significativa no Nepal – e dá a metade a seu companheiro de infortúnio. Uma enfermeira, exaurida após uma noite de plantão estafante, permanece no entanto algumas horas ao lado do moribundo que parte sozinho. Minha irmã, Ève, que dedicou toda sua vida a crianças em dificuldades, nunca hesitou de se levantar em plena noite para acolher uma criança foragida. No metrô, um magrebino percebe o estado de angústia de uma passageira a qual nunca mais verá e lhe murmura: "Não se inquiete, minha filha, isso vai passar". Ao final de um dia cansativo, um engenheiro sai de seu escritório e caminha quinhentos metros a mais para mostrar a um estrangeiro perdido na capital o caminho do seu hotel.

Pode-se falar da banalidade do mal.* Mas podemos também falar da "banalidade do bem" ao lembrar das mil e uma expressões de solidariedade, de atenção e de comprometimento em favor do bem do outro que pontuam nossas vidas cotidianas e exercem uma influência expressiva sobre a qualidade da vida social. Além disso, aqueles que concretizam esses incontáveis atos de ajuda mútua e de solicitude dizem geralmente que é bem "normal" auxiliar seu próximo. Justifica-se evocar essa noção de banalidade também porque ela é de alguma forma silenciosa: o bem de todos os dias é anônimo; não faz as manchetes como é o caso de um atentado, de um crime hediondo, ou da libido de um político. Enfim, se existe a banalidade isso ainda é um sinal de que somos todos potencialmente capazes de fazer o bem ao nosso redor.

A onipresença do voluntariado

"A ajuda é um ato conforme a natureza. Não se canse nunca de receber nem de dar"[1], disse Marco Aurélio. Entre um quinto e um terço da população europeia, conforme o país, mais de 100 milhões de indivíduos participam de atividades voluntárias.[2] Nos Estados Unidos essa cifra aproxima-se de 50% da população e engloba principalmente as mulheres e os aposentados que, quando dispõem de tempo livre, consideram seu dever prestar serviço a outros membros da sociedade.[3]

---

* De acordo com a filósofa Hannah Arendt, que cunhou a expressão da "banalidade do mal" ao se referir a Adolf Eichmann, o administrador nazista dos campos de concentração que, durante seu julgamento, esforçou-se para passar a imagem de um funcionário comum, de um homem como todo mundo, que dizia cumprir apenas suas funções e executar ordens. Arendt, H. (1999). *Eichmann em Jerusalém: Um relato sobre a banalidade do mal*. Companhia das Letras, São Paulo.

O voluntariado americano é particularmente desenvolvido na área das artes e contribui para o funcionamento de numerosas instituições culturais. Cerca de mil e quinhentas pessoas, por exemplo, trabalham gratuitamente para o Museu de Belas Artes de Boston. Por outro lado, três quartos dos habitantes dos Estados Unidos doam todos os anos para associações de caridade.

Na França o número de voluntários está em torno de 14 milhões, um entre quatro franceses (onde um terço passa dos sessenta anos).[4] Os que consagram pelo menos duas horas por semana à sua atividade de solidariedade são um pouco mais de 3 milhões.[5] Em 2004 o voluntariado representava o equivalente a 820 mil empregos em período integral.[6] Os voluntários trabalham quase sempre para associações cuja única razão de ser é a de prestar assistência àqueles que estão passando por necessidades. A produção de serviços não remunerados por esses voluntários melhoram sem dúvida alguma o bem-estar de todos.

O engajamento solidário pode ir bem além de uma simples atividade beneficente. O voluntariado a serviço de projetos e de organizações humanitárias, especialmente, representa um grau adicional de envolvimento. Seria possível preencher volumes sem fim para testemunhar todos aqueles que, a todo momento, por todo o mundo, se dedicam ao serviço de seus próximos. Destacamos dois exemplos entre tantos outros.[7]

Um contentamento a cada instante

Em 2010, encontrei Chompunut, uma tailandesa de quarenta anos, radiante de saúde física e mental. Ela me contou sua história: "Desde criança sempre fui atraída pela ideia de ajudar aqueles que a sociedade abandona. Disseram-me que as condições de detenção dos presos eram desastrosas em meu país. Tornei-me enfermeira e me fiz voluntária para trabalhar alguns anos em um presídio em Bangcoc. Então ouvi dizer que a sorte dos prisioneiros era ainda pior em Surat Thani, uma cidade costeira do golfo da Tailândia. Faz agora dez anos que trabalho ali. Devido à falta de recursos financeiros não há médicos na prisão, e estou sozinha para cuidar da saúde de 1300 prisioneiros. Alguns têm a reputação de perigosos e sou autorizada a vê-los somente através das grades. Mas sempre encontro um meio de prestar-lhes os cuidados ou apenas lhes dar a mão e dizer-lhes algumas palavras de conforto. Jamais tive problemas. Eles me respeitam, pois sabem melhor do que ninguém que estou lá apenas por eles e que faço todo o possível para ajudá-los. Os crimes que cometeram não me dizem respeito. Quando estão muito mal, posso transferi-los temporariamente para um hospital".

Ser a única mulher em uma prisão, encarregada da saúde de 1300 homens, poderia ser uma provação psicológica de difícil superação. Impulsionada por sua determinação, Chompunut realiza sua missão com desenvoltura: "Há tanto a fazer, e eles estão tão mal. Cada um de meus gestos alivia um sofrimento, o que para mim é um contentamento a cada instante".

A inacreditável história de Joynal Abedin

Aos sessenta e um anos, em Bangladesh, Joynal Abedin pedala o dia inteiro sobre um riquixá, um meio de transporte comum na Ásia, um grande triciclo munido de um assento traseiro previsto para duas pessoas, mas sobre o qual não é raro ver três ou quatro passageiros sentados. Abedin ganha o equivalente de 1 a 2 euros por dia.

"Meu pai morreu porque não pudemos levá-lo ao hospital, distante daqui dois dias de caminhada a pé. Eu estava com tanta raiva! As pessoas daqui acreditam que, por sermos pobres, somos impotentes. Quero provar que eles estão errados."

Joynal Abedin partiu para a cidade com uma única coisa na mente: construir uma clínica em sua aldeia, Tanhashadia. Prometeu a si mesmo que não voltaria até conseguir o dinheiro suficiente para começar a obra.

Pedalou durante trinta anos, reservando cada dia uma parte de seus ganhos. Com sessenta anos conseguiu economizar o equivalente a 3.000 euros para concretizar seu projeto. Voltou para sua aldeia e construiu uma pequena clínica! No início não teve sucesso em sua busca por médicos. "Eles não confiavam em mim", confidencia ele. Iniciou portanto com paramédicos. Mas rapidamente as pessoas apreciaram o trabalho inacreditável que ele realizava, e recebeu ajuda. No momento a clínica da aldeia, embora modesta, atende cerca de trezentos pacientes por dia. Para sustentá-la, Abedin cobra dos pacientes uma modesta contribuição, à qual se somam as doações, geralmente anônimas, que começaram a chegar após os jornais relatarem sua história. Após uma doação mais significativa, ele construiu também em seu pequeno terreno um centro de educação que pode acolher cento e cinquenta crianças.

Aos sessenta e dois anos Abedin continua conduzindo seu riquixá, transportando infatigavelmente seus passageiros, dedicando cada pedalada ao bem-estar dos pacientes de sua clínica.

O surgimento das ONGs

As estimativas apontam cerca de 40.000 organizações não governamentais internacionais através do mundo, e um número ainda muito mais importante de ONGs nacionais. A Rússia conta com cerca de 280.000 ONGs nacionais; em 2009, a Índia computou mais de 3 milhões! O número de organizações beneficentes dobrou nos Estados Unidos depois do ano 2000 (atualmente cerca de 1 milhão). Certamente nem todas são eficazes e a gestão de algumas delas às vezes tem sido criticada. Entretanto, esse movimento, por sua amplitude, é uma das grandes novidades dos últimos cinquenta anos e representa um fator significativo de transformação social. Algumas ONGs têm um objetivo político ou são centradas nas atividades esportivas ou artísticas. Porém, a maioria tem uma vocação social: redução da pobreza, saneamento, educação, saúde, auxílio de urgência durante um conflito ou de uma catástrofe natural. Outras trabalham na promoção da paz ou por melhores condições das mulheres.

BRAC (Bangladesh Rural Advancement Committee), a maior ONG no mundo, ajudou mais de 70 milhões de mulheres em Bangladesh e em sete outros países a saírem da miséria. PlaNet Finance trabalha em sessenta países para facilitar programas de microcrédito. Outras ONGs dedicam-se à proteção do meio ambiente ou dos animais, de maneira global como Greenpeace e EIA (Environmental Investigation Agency), ou de maneira local como dezenas de milhares de ONGs.

Certas organizações como Kiva, GlobalGiving e MicroWorld[8] colocam direta e eficazmente em relação, via internet, as pessoas necessitadas e os doadores que querem melhorar a vida dos outros. Fundada em 2005, Kiva por exemplo permitiu a mais de meio milhão de doadores oferecerem 300 milhões de dólares de empréstimos do tipo microcrédito em sessenta países. 98% desses empréstimos foram reembolsados. Da mesma forma, desde 2002 a GlobalGiving financiou a realização de mais de 5.000 projetos caritativos. Quanto à MicroWorld, ela conecta os financiadores potenciais com pessoas necessitadas de financiamento para iniciar uma atividade que as ajudará a tirar suas famílias da pobreza. Estes não são mais que alguns exemplos entre tantos outros.

Os mitos do pânico, das reações egoístas e da resignação impotente

Em um capítulo de sua inspiradora obra intitulada *A bondade humana*, o psicólogo Jacques Lecomte fez um trabalho de síntese que mostra claramente que durante as catástrofes a solidariedade prevalece sobre o egoísmo, a disciplina sobre o saque, e a calma sobre o pânico.[9] No entanto levam-nos frequentemente a crer que é o inverso que acontece. Jacques Lecomte descreve o caso emblemático do furacão Katrina que em agosto de 2005 devastou Nova Orleans e as costas da Luisiana, provocando a ruptura dos diques do Mississipi. Foi uma das catástrofes naturais mais devastadoras da história dos Estados Unidos:

> A este drama junta-se rapidamente um outro, pois desde os primeiros dias do ocorrido, as mídias informam sobre comportamentos humanos assustadores, tal como o de 31 de agosto, quando um repórter da CNN declarou que houve tiros de armas de fogo e saques, e que "Nova Orleans parecia mais uma zona de guerra que uma metrópole americana moderna".

A situação pareceu tão alarmante que Ray Nagin, prefeito de Nova Orleans, ordenou a 1500 policiais que interrompessem sua missão de salvamento para dedicarem todos seus esforços a impedir os saques.[10] As mídias falavam de mulheres violentadas, de assassinatos, dos próprios policiais sendo alvo de atiradores. A governadora da Luisiana, Kathleen Blanco, declarou então: "Restabeleceremos a lei e a ordem. O que mais me enraivece é que catástrofes como esta revelam geralmente o que há de pior no ser humano. Não tolerarei este tipo de comportamento".[11] Ela enviou tropas da Guarda Nacional a Nova Orleans com a autorização para atirar nos saqueadores, esclarecendo que: "Estas tropas acabam de voltar do Iraque, são bem treinadas, têm experiência em campos de batalha e estão sob minhas ordens para restabelecer a ordem nas ruas. [...] Estas tropas sabem atirar e matar, estão mais do que dispostas a fazê-lo se necessário, e espero que o façam".[12] Essa visão apocalíptica de Nova Orleans foi difundida no mundo inteiro, e o contingente de forças militares destinadas a restabelecer a ordem ultrapassou 72.000 homens. Tudo isso parece confirmar a crença segundo a qual, comenta Lecomte, "largado, sem controle do Estado, o ser humano retornará às suas tendências naturais mais vis e assassinas, sem qualquer sensibilidade ao sofrimento dos outros. Exceto por um detalhe: essas descrições chocantes são totalmente falsas. As consequências dessa falsificação dos fatos foram dramáticas".[13]

Com efeito, essa histeria de notícias alarmistas conseguiu persuadir os socorristas que eles enfrentariam um bando de malfeitores enfurecidos, impedindo-os assim de chegar a tempo e de agir eficazmente. O que aconteceu então? Os jornalistas deram-se conta da situação a partir de rumores de segunda mão. Uma vez que o frenesi da mídia passou, fizeram sua autocrítica. Assim, um mês após a passagem do furacão, o *Los Angeles Times* reconheceu que: "os estupros, a violência e a estimativa do número de mortos eram falsos".[14] O *New York Times* citou Edward Compass, chefe da polícia de Nova Orleans, que havia declarado que os arruaceiros haviam tomado o controle da cidade, e que os estupros (inclusive de crianças) e as agressões tinham acontecido. Ele admitiu que suas declarações anteriores eram falsas: "Não temos informação oficial sobre qualquer homicídio, nem sobre qualquer estupro ou agressão sexual. [...] Uma primeira constatação é que a resposta global dos habitantes de Nova Orleans não correspondia em nada à imagem geral de caos e de violência descrita pelas mídias".[15]

Na realidade, centenas de grupos de ajuda mútua foram espontaneamente formados. Um dentre eles, que se apelidou de os "*Robins de bois pilleurs*" [Robins Wood "saqueadores"], era integrado por onze amigos, logo acompanhados por pessoas de seu bairro operário. Após terem levado suas famílias para locais seguros, voltaram para participar do salvamento e resgate de sobreviventes, apesar dos riscos.

Durante duas semanas eles requisitaram barcos e buscaram alimentos, água e roupas nas casas abandonadas. Impuseram o respeito a algumas regras, tal como não portarem armas. Este grupo colaborou com a polícia local e a Guarda Nacional, que lhes confiou sobreviventes para retirarem da zona perigosa.[16]

Finalmente, "embora tenham ocorrido alguns atos de delinquência, a grande maioria das atividades espontâneas foi de natureza altruísta".[17] Segundo um agente de policiamento: "A maioria das pessoas *realmente* ofereceu ajuda, e nada pediu em troca".

De acordo com as investigações do Centro de Pesquisas de Catástrofes, a decisão de militarizar a zona também teve como consequência o aumento do número de vítimas. Algumas pessoas se recusaram a sair de suas moradias em decorrência das informações de que a cidade estava infestada de saqueadores, e os socorristas temiam aproximar-se das áreas afetadas.[18] Assim, focando na luta contra uma violência imaginária, "os responsáveis oficiais fracassaram e não conseguiram tirar proveito da boa vontade e do espírito altruísta dos habitantes e dos recursos da comunidade. [...] Alocando para a manutenção da ordem aqueles que participavam do resgate, os responsáveis deram prioridade à lei e à ordem e não à vida das vítimas do furacão".[19]

O que se passou em Nova Orleans não é um caso isolado. Um mito muito difundido é de que quando há catástrofes, as pessoas reagem com pânico e "cada um por si". As mídias e os filmes de ficção nos habituaram a assistir cenas de pânico, sequências de multidões fugindo e gritando de terror na mais completa desordem. Com isso confundimos geralmente as reações de medo, totalmente legítimas, que incitam o afastamento o mais rápido possível do perigo, com as reações de "pânico", em que as pessoas perdem o controle de si mesmas e se comportam de maneira irracional.[20] Segundo os sociólogos, uma pessoa é tomada pelo pânico quando se sente encurralada no local de perigo; a fuga, que percebe como sua única chance de sobrevivência, parece impossível; e pensa que ninguém conseguirá vir salvá-la.[21] Em tal caos, o medo se torna um pânico incontrolável.

O Centro de Pesquisas sobre Catástrofes da Universidade de Delaware, nos Estados Unidos, reuniu a maior base de dados existente no mundo acerca das reações humanas face às catástrofes. Depreende-se da análise de todas essas informações que três crenças amplamente difundidas são mitos: o pânico geral, o aumento massivo de comportamentos egoístas, e até mesmo criminosos, e o sentimento de impotência ao aguardar socorro.

Além disso, Thomas Glass e seus colaboradores da Universidade Johns Hopkins analisaram as reações humanas que se seguiram a dez grandes catástrofes que fizeram numerosas vítimas: tremores de terra, descarrilamentos de trem, quedas de aviões, explosões de gás, furacões, tornados e explosão de bomba seguida de incêndio. Em todos os casos, constataram que as vítimas haviam espontaneamente formado grupos incentivados por líderes que adotaram regras admitidas por todos, e delegaram funções tendo em vista a sobrevivência do maior número possível de pessoas.[22]

O sociólogo Lee Clarke escreveu: "Durante o atentado do World Trade Center, em 11 de setembro de 2001, testemunhas concordam ao dizer que o pânico esteve praticamente ausente, enquanto a cooperação e a ajuda mútua eram frequentes. Apesar do número elevado de vítimas, 99% dos ocupantes que se encontravam abaixo do nível de impacto dos aviões sobreviveram, essencialmente graças à ausência de pânico".[23]

O sociólogo inglês John Drury e seus colaboradores corroboram a observação de Lee Clarke: "Nos atentados a Londres em 2005 (três explosões no metrô e uma dentro de um ônibus), em que 56 pessoas perderam a vida e 700 ficaram feridas, o comportamento mais frequente foi a assistência dada ao outro, que era na maior parte do tempo um desconhecido, enquanto o medo de novas explosões ou de desmoronamento do túnel era a preocupação em todas as mentes.[24] [...] Nenhuma das pessoas entrevistadas expressou algo relevante de egoísmo. Pelo contrário retornavam a múltiplas repetições de palavras como 'unidade', 'semelhança', 'afinidade', 'parte de um grupo', 'juntos', 'calor', 'empatia'. [...] Todos esses testemunhos levaram os pesquisadores a falar de 'identidade comum'".

Enrico Quarantelli, cofundador do Centro de Pesquisas sobre Catástrofes, concluiu: "A partir de agora, não acredito mais que o termo 'pânico' possa ser tratado como um conceito das ciências sociais. É um rótulo tirado dos discursos populares... Durante toda a história de nossas pesquisas, portanto mais de 700 casos, eu ficaria bem constrangido de citar [...] apenas alguns eventos marginais notificaram o pânico".[25]

Na maioria das catástrofes, os atos de pilhagem caracterizada são exceção. Segundo Enrico Quarantelli, é preciso de fato fazer uma distinção entre "pilhagem" e "apropriação justificada". Esta última consiste em pegar, devido à urgência, objetos e conveniências disponíveis – inutilizados ou abandonados –, com a intenção de devolvê-los na medida do possível, exceto quando se trata de produtos de consumo imediato: alimentos, água, medicamentos, indispensáveis à sobrevivência. Os pesquisadores também constataram que, quando há pilhagem, raramente é feita por grupos organizados, mas por indivíduos que o fazem escondidos, e cujo comportamento é condenado pelos demais sobreviventes.[26]

No caso do tsunami que devastou a costa japonesa em 2011, a ausência do comportamento de pilhagem, de roubo e de indisciplina foram tais que as mídias, que desta vez estavam presentes no coração do drama, não puderam mais que se maravilhar, com justa razão, diante das admiráveis qualidades pró-sociais do povo japonês. Sem dúvida elas se explicam por esse sentimento de pertencimento a uma comunidade na qual cada um se sente próximo e responsável pelo outro, e pela civilidade e o senso de dever que, na cultura japonesa, prevalecem sobre o individualismo.

Catástrofes naturais, atentados, acidentes... estes são, é claro, circunstâncias excepcionais que nada têm de banal. Mas evocando-os neste capítulo sobre a "banalidade do bem", queríamos colocar foco no fato de que, mesmo em tais circunstâncias, os comportamentos mais correntes são a ajuda mútua, o socorro e a solidariedade; ao passo que a indiferença, o egoísmo, a violência e a ganância são excepcionais.

10. O HEROÍSMO ALTRUÍSTA

ATÉ ONDE O ALTRUÍSMO DESINTERESSADO PODE CHEGAR? NUMEROSOS ESTUDOS mostram que quando o custo do auxílio é muito elevado os comportamentos altruístas são menos frequentes. Porém estão longe de ser inexistentes. Se os exemplos de coragem e de determinação para ir em socorro do outro, a despeito de riscos consideráveis, são qualificados de heroicos não é necessariamente devido à sua raridade – escutamos falar de atos heroicos quase todos os dias –, mas porque mensuramos o grau de audácia e de abnegação que tais atos exigem enquanto, sem dúvida, nos indagamos qual seria nossa própria reação diante da mesma situação.

Em 2 de janeiro de 2007 Wesley Autrey e suas duas filhas esperavam o metrô na estação da Rua 137, Broadway, em Nova York. De repente sua atenção se voltou para um jovem possuído por uma crise epiléptica. Wesley age rapidamente tomando emprestada uma caneta para mantê-lo de mandíbula aberta. Terminada a crise, o jovem levanta-se mas, ainda atordoado, vacila e cai da plataforma.[1]

Enquanto o jovem jazia sobre os trilhos, Wesley percebeu os faróis do trem se aproximando. Pediu a uma mulher para ficar com suas filhas bem longe da plataforma, e pulou na via. Ele esperava poder trazer o jovem de volta à plataforma, mas percebeu que não havia tempo. Então, se lançou sobre o jovem e o colocou no canal de drenagem entre os dois trilhos. Não adiantou o condutor do trem frear com tudo, o trem passou quase que inteiro sobre eles. Sobrou tão pouco espaço que a parte inferior do trem deixou graxa no boné de Wesley. Mais tarde ele disse aos jornalistas: "Não tenho a impressão de haver feito alguma coisa de excepcional. Apenas pensei: 'Alguém deve fazer algo, senão, ele está condenado'".

Mais tarde explicou que graças à sua experiência ele pôde decidir em uma fração de segundo: "Trabalho em construção e muitas vezes estamos em espaços exíguos. Olhei bem, e minha rápida estimativa se revelou precisa. Havia espaço suficiente".

De acordo com Samuel e Pearl Oliner, professores eméritos da Universidade de Humboldt na Califórnia, que consagraram suas carreiras à sociologia do altruísmo e mais particularmente ao estudo dos Justos entre as Nações que salvaram numerosos judeus durante a perseguição nazista, o altruísmo é heroico quando:
– tem por objetivo auxiliar alguém;
– envolve um risco ou um grande sacrifício;
– não é associado a uma recompensa;
– é voluntário.[2]

Como a precedente, a aventura a seguir, relatada por Kristen Monroe, preenche certamente esses quatro critérios.

Um homem de quarenta anos apreciava caminhar com frequência pelas colinas no sul da Califórnia. Durante uma de suas andanças escutou uma mulher gritar. Um puma acabava de levar seu filhinho. O homem correu na direção indicada pela mãe, e seguiu o rastro no encalço do puma até achá-lo. As mandíbulas do puma mantinham firmemente sua presa ainda com vida. O homem pegou um galho e atacou o animal até que o puma largou o menino para poder atacá-lo. O audacioso caminhante conseguiu afastar o puma e pegar a criança, gravemente machucada mas viva, e a entregou à sua mãe. Enquanto graças à sua intervenção a mãe e o filho faziam seu caminho com toda segurança para o hospital, ele desapareceu.[3]

O fato foi relatado pela mãe agradecida, o que valeu ao homem uma notoriedade que ele não queria por nada, e ainda menos a distinção de Herói concedida pela Comissão Carnegie, que recompensa anualmente nos Estados Unidos atos particularmente heroicos. O salvador fez todo o possível para escapar da atenção geral, recusando entrevistas, inclusive a solicitada por Kristen Monroe, que naquele momento escrevia seu livro, *The Heart of Altruism* ("O coração do altruísmo"). Em sua carta de recusa cortês mas firme, ele explicava que "não desejava honrarias, que a atenção da qual era objeto por parte da imprensa e da televisão eram descabidos e que os louvores públicos lhe eram muito desagradáveis".

A maior parte entre nós não tem qualquer meio de saber como agiria ao confrontar-se com uma situação semelhante. Via de regra uma mãe reage sempre para salvar seu filho, e quando arrisca sua vida por ele não precisa refletir. Contudo alguns agem da mesma forma diante de perfeitos desconhecidos. A despeito do poderoso *a priori* segundo o qual seríamos todos fundamentalmente egoístas, os exemplos de salvadores heroicos nos dão argumentos mais consistentes que permitem desafiar esse dogma. A verdade é que alguns vão objetar: "Eles são santos, e nós não somos como eles", uma posição que evita comodamente o cultivo do altruísmo em sua vida.

Heroísmo e altruísmo

Para Philip Zimbardo e seus colegas psicólogos da Universidade de Stanford, o heroísmo implica a aceitação voluntária de um grau de perigo ou de sacrifício que vai muito além do que é normalmente esperado de cada um.[4] O autor do ato heroico não tem portanto a obrigação moral de aceitar esse risco. No caso de um perigo físico, deve ainda superar seu medo para agir de maneira rápida e decisiva.[5]

Zimbardo identifica três grandes formas de heroísmo: marcial, civil e social. O *heroísmo marcial* implica atos de bravura e de abnegação que vão além do que exigem a disciplina militar e o sentido do dever; dar sua vida para salvar seus companheiros, por exemplo. O *heroísmo civil*, o de alguém que mergulha na água congelada para resgatar aquele que se afoga, implica em um perigo para o qual o autor não é de modo geral preparado, e nem é guiado por um código de obediência ou de honra. O *heroísmo social* – o de ativistas contra o racismo durante o *apartheid* na África do Sul, ou o dos empregados que denunciam um escândalo na empresa – é menos espetacular e se manifesta geralmente em um período mais longo que os atos ligados às duas primeiras formas de heroísmo. Se o heroísmo social não comporta, via de regra, um perigo físico imediato, o preço a pagar pode ser bem elevado, ocasionando por exemplo a perda de um emprego ou o ostracismo da parte dos colegas ou da sociedade.[6]

Em 1984, Cate Jenkins, uma química da Agência de Proteção do Meio Ambiente dos Estados Unidos, recebeu do Greenpeace um dossiê mostrando que estudos científicos produzidos pela Monsanto que provavam a inocuidade dos PCBs (bifenilpoliclorados), na verdade haviam sido falsificados, e que a Monsanto sabia da alta toxicidade desses produtos químicos. Cate alertou seus superiores e apresentou-lhes um relatório incriminador. Mas o vice-presidente da Monsanto interveio junto aos superiores da Agência de Proteção do Meio Ambiente, e o relatório foi arquivado; até que indignada, Cate decidiu entregá-lo à imprensa. Mal sabia ela: foi transferida, e então assediada por anos a ponto de sua vida se tornar um inferno. É portanto graças a ela que o conluio entre governo e Monsanto veio à luz, e que muitas vítimas dos PCBs e do "agente laranja" (utilizado na guerra do Vietnã como desfolhante) puderam ser indenizadas.[7]

Zimbardo propõe uma visão *situacionista* do heroísmo. Ele afirma que a maioria das pessoas é capaz de heroísmo quando as condições exigem uma intervenção rápida e corajosa. Se as situações servem como catalisadores indispensáveis ao heroísmo, a decisão daquele que intervém é tomada na intimidade de sua consciência. Para muitos heróis, como os que salvaram os judeus perseguidos pelo nazismo, o engajamento heroico está vinculado a um exame de consciência guiado por normas morais profundamente enraizadas na pessoa.[8]

Em uma pesquisa realizada com cerca de 3.700 adultos da América, Zeno Franco e Philip Zimbardo perguntaram aos participantes qual era para eles a diferença entre heroísmo e simples altruísmo.[9] 96% das pessoas entrevistadas consideraram que salvar pessoas durante um incêndio era o mais puro heroísmo, enquanto apenas 4% declararam percebê-lo simplesmente como altruísmo.* Por outro lado, no caso daqueles que fazem denúncias públicas e outros heróis sociais, as respostas foram mais acanhadas: 26% dos participantes estimaram que essa forma de ação não é heroica nem altruísta, talvez em razão das controvérsias às que estão geralmente associadas.[10] Alguns definiram o altruísmo como uma ajuda desinteressada, e o heroísmo como altruísmo aplicado a situações extremas.

---

* No caso de um soldado que dá sua vida para salvar seus companheiros, 88% das pessoas interrogadas consideraram esse ato heroico, 9% como altruísta e 3% como não pertencentes a nenhuma dessas categorias.

A história de Lucille

Lucille teve uma vida movimentada. Desde tenra idade manifestava espontaneamente coragem para ir em auxílio dos outros. Ainda criança, enquanto a América dos anos 1950 vivia momentos de intensa discriminação racial, defendeu uma menininha negra recusada pelo motorista do ônibus escolar que a impedia de entrar em seu veículo com a galinha que ela carregava. Lucille fez com que ela subisse e sentasse ao lado dela, o que era considerado escandaloso na época. Esse comportamento levou Lucille e sua mãe à censura da população local. Mais tarde, quando se engajou como voluntária do exército americano, Lucille foi enviada à África. Apesar de sua frágil estrutura, aconteceu de um dia jogar na água um sargento que batia violentamente em um homem à beira de um rio. O sargento vingou-se e espancou Lucille de maneira tão brutal que a aleijou pelo resto de sua vida. O que não a impediu de continuar a levar socorro a outros, como mostra este testemunho coletado por Kristen Monroe.[11]

> Em 29 de julho[12] eu trabalhava em meu escritório [...] quando ouvi uma gritaria: "Meu Deus, socorro! Você está me machucando! Socorro!" Olhei pela janela e vi um homem segurando fortemente uma jovem. Era minha vizinha, que lavava seu carro naquela hora. Ele agarrou-a pelo cabelo em rabo de cavalo, arrastou-a atrás do carro e jogou-a na calçada.
> Eu sabia que havia que fazer alguma coisa, e imediatamente. Àquela hora eu estava sozinha na vizinhança. Estou severamente deficiente. Uso dois dispositivos ortopédicos, um para minha perna e outro para minhas costas, e acabava de voltar do hospital.

Mas Lucille foi até lá. Apesar do fato de necessitar de uma bengala para andar, ela desceu o melhor que pôde os degraus de sua casa e correu em direção ao estuprador e à jovem. Ao chegar, viu-se na presença de um gigante de um metro e noventa e cinco de altura, que já havia rasgado a blusa da menina e se apressava em violentá-la. Ela gritou ao homem para que a soltasse, porém ele não prestou qualquer atenção à velha senhora.

> Aproximei-me dele para lhe repetir que a largasse. Virou levemente a cabeça para me olhar, mas continuou. Peguei minha bengala e lhe bati na nuca e na cabeça. Isso o obrigou a se levantar. Avançou para mim. Eu disse: "Venha, vou matá-lo, venha! Não se brinca comigo". E gritei para a jovem: "Corre para casa e feche a porta com chave, não importa o que acontecerá; de forma alguma o deixe entrar!"
> Depois, as pessoas me perguntaram: "Você teve medo?" Sim, tive medo. Ele parecia tão brutal que pensei que estava perdida. Mas não podia suportar que fizesse mal a um ser humano, a uma inocente. Não fui educada dessa forma.
> Ele me deu um golpe no ombro. Dei-lhe uma outra pancada com a bengala. Continuei batendo nele. Ficou plantado lá me dando socos, mas não recuei. E de novo gritei para a garota: "Menina, entre em casa!"

10. O heroísmo altruísta • 115

> Quando finalmente ela entrou em sua casa, compreendi que se eu não pegasse esse cara, seria um desses casos em que se diz: "Bem, não temos realmente provas". Então, pensei comigo: "Você iniciou, agora vá até o fim".
> Comecei a surrá-lo com minha bengala. Ele me ameaçava: "Filha da mãe, vou acabar com você". Eu lhe respondi: "Sim, tente". Finalmente se virou e correu em direção de seu carro. Fui atrás dele. Quando estava entrando no carro, prensei seu pé na porta e pensei: "Isto vai imobilizá-lo". E me pus a gritar: "Chamem a polícia! Pelo amor de Deus, chamem a polícia!"
> Então ele desceu do carro e se pôs a correr. Eu sabia que o que me restava fazer era impedir sua fuga. Comecei a persegui-lo brandindo minha bengala, e meu coração quase se acovardou. Você sabe, foi verdadeiramente o inferno.
> Um homem chegou dizendo: "Que está acontecendo?" Respondi: "Esse cara tentou violentar uma jovem bem ali". "Entre em casa. Eu cuido disso", ele respondeu. Dei meia volta e fui para casa.

A polícia finalmente chegou e o agressor foi dominado e preso.
Lucille escapou com contusões:

> Mas quando você fica enraivecida como fiquei, você não sente a dor. Você sabe, esses homens aí [estupradores] são frouxos. Se você começa a gritar bem alto, isso pode mudar a situação. [...] Trata-se de estar suficientemente preocupado por alguém, um ser humano, sentir que você deve realmente ajudá-lo, custe o que custar. Tenho um metro e sessenta e peso cinquenta e nove quilos. Eu não faria mal nem a uma mosca. Mas consegui deixá-lo com medo. Se as pessoas não podem sair de suas casas e envolver-se diretamente no que acontece, pelo menos, eles podem pegar o telefone ou ir para a janela. É preciso fazer alguma coisa. É preciso se mover. Ou será que vamos permanecer sem nos importar e deixar que os outros nos maltratem a vida toda?

Kristen Monroe perguntou por que ela, e não outra interrompeu o estupro? Por que tantas pessoas não tiveram a coragem ou sequer pensaram em fazê-lo? "Refleti com ponderação", respondeu Lucille. "Minha mãe e minha avó me ensinaram a agir contra toda forma de injustiça. Se estou diante de uma iniquidade, sou responsável. Elas me levaram a aprender a amar toda a humanidade."

Nem sempre os atos de heroísmo têm um final feliz; conhecemos inumeráveis exemplos de pessoas que perderam a vida tentando salvar alguém. Contam que no século XIX um eremita tibetano chamado Dola Jigme Kalsang chegou uma manhã à praça pública de um povoado onde havia uma multidão reunida. Aproximando-se viu que um ladrão estava prestes a ser condenado à morte e de uma maneira particularmente cruel, pois colocaram-no sentado sobre um cavalo de ferro que seria aquecido no fogo. Dola Jigme abriu caminho na multidão e disse: "Fui eu que cometi o roubo". Um grande silêncio se fez e o mandarim que presidia a execução voltou-se impassível para ele e lhe perguntou: "Você está pronto para assumir as consequências do que acaba de dizer?" Dola Jigme aquiesceu. Ele morreu sobre o cavalo e o ladrão foi poupado. Num caso assim extremo, qual poderia ser a motivação de Dola Jigme, senão uma compaixão fora do comum? Estranho nessas paragens, ele poderia ter seguido seu caminho sem que ninguém lhe prestasse a menor atenção.

Mais próximo de nós, Maximiliano Maria Kolbe, um padre franciscano, preso no campo de concentração de Auschwitz, ofereceu-se como voluntário para substituir um pai de família que havia sido condenado a morrer de fome e sede juntamente com outras nove pessoas, em represália à fuga de um outro prisioneiro.

Lembremos também a audácia do "rebelde desconhecido" que, em 5 de junho de 1989, em uma avenida de Beijing, postou-se diante de um tanque de guerra, imobilizando durante trinta minutos uma coluna de dezessete outros tanques, que tinham vindo acabar com a manifestação para a liberdade do movimento democrático chinês, na Praça da Paz Celestial. Ele conseguiu subir no primeiro tanque e teria dito ao condutor: "Por que vocês estão aqui? Minha cidade está no caos por sua causa. Deem meia volta e parem de matar meu povo". Ninguém sabe o que aconteceu com ele, mas a imagem de sua confrontação com o poder cego da tirania foi transmitida para o mundo todo, e fez dele um herói universal.

Tais exemplos parecem ultrapassar nossas capacidades ordinárias, mesmo quando inúmeros pais, mães em particular, têm o sentimento de estar prontos para sacrificar suas vidas a fim de salvar os filhos. Afinal, as narrativas de atos heroicos evidenciam a parte de bondade inerente à natureza humana, e nos recordam que os seres humanos são capazes tanto do melhor quanto do pior. Sobre a "banalidade do heroísmo", Philip Zimbardo escreveu: "A maioria das pessoas que se tornam culpadas por más ações não difere radicalmente daquelas que são capazes de atos heroicos, uns e outros são pessoas comuns".[13] Em dadas situações, e em momentos particulares, a interação das circunstâncias e dos temperamentos de cada um faz pender a balança em favor do altruísmo ou do egoísmo, para a pura compaixão ou para a pior crueldade.

11. O ALTRUÍSMO INCONDICIONAL

O ALTRUÍSMO HEROICO ADQUIRE UMA DIMENSÃO SUPLEMENTAR QUANDO SE manifesta não somente na urgência, mas também na duração, por ações repetidas, difíceis e particularmente perigosas para a pessoa ou o grupo que intervém no socorro daqueles cuja vida encontra-se ameaçada.

Alemão, Otto Springer vivia em Praga durante a Segunda Guerra Mundial. Ele comprou uma empresa cujo proprietário anterior era um judeu. Fez uso de sua posição para salvar numerosos judeus da deportação para os campos de concentração, fornecendo-lhes documentos falsificados e corrompendo oficiais da Gestapo. Trabalhou com as redes de resistência austríacas. Casou-se com uma mulher de confissão judia para protegê-la e, por fim, ele próprio foi preso e deportado. Mesmo estando aprisionado conseguiu salvar centenas de judeus da morte, além dele próprio. Finalizada a guerra foi para Califórnia, onde Kristen Monroe o encontrou.[1] Ela descreve um homem transbordando humanidade e entusiasmo, seguro de si e ao mesmo tempo dotado de grande humildade. Reconheceu haver salvo numerosos judeus e, a respeito, disse:

> Não sei se posso verdadeiramente dizer que o que fiz foi altruísmo. Se quiser um verdadeiro exemplo de altruísmo, posso contar um caso incontestável. Foi com um de meus amigos, um homem extremamente inteligente, que se chamava Kari. [...] Ele sabia que se casando com uma mulher judia, poderia protegê-la. Perguntou aos amigos onde poderia encontrar uma mulher judia para desposar. Havia uma que perdera seu marido e vivia sozinha com suas duas filhas. Kari casou-se com ela e tudo transcorria bem, até que um dia a Gestapo levou sua mulher e uma de suas filhas. Ambas foram enviadas para Auschwitz. Kari escondeu a menina que restou. Algum tempo depois, todos aqueles que eram casados com judeus foram obrigados a se divorciar caso contrário seriam feitos prisioneiros. Todos os amigos de Kari o intimaram a assinar os papéis de divórcio, pois sua mulher infelizmente já estava em Auschwitz. Mas Kari respondeu que os alemães eram muito sagazes; se ele se divorciasse, verificariam seu dossiê e não deixariam de descobrir que haviam prendido somente uma das duas filhas, e procurariam a outra. Kari considerava ser seu dever permanecer casado para evitar que a Gestapo encontrasse uma pista da menina. Kari acabou em um campo de concentração para evitar que a criança corresse o risco de ser descoberta. Isto, é verdadeiramente altruísmo, concluiu Otto Springer.

Por que Otto arriscou sua vida para salvar outras pessoas? Ele não era religioso, e não se considerava alguém particularmente virtuoso (dizia em tom de brincadeira que suá moralidade era apenas um pouquinho superior à de um congressista americano mediano). Graças à sua empresa ele poderia ter conseguido um bom posto na Índia, o que lhe permitiria passar os anos de guerra em total segurança. Por que então ele agiu desse modo?

> Fiquei praticamente louco de indignação. Sentia que *devia* fazê-lo... Era impossível não sentir compaixão diante de tamanha brutalidade. Nada de especial. Ninguém conseguiria ficar lá parado e nada fazer quando os nazistas chegaram.

Ao que Kristen Monroe comenta: "No entanto, Otto e eu sabíamos perfeitamente, no fundo de nós mesmos, que a maioria das pessoas nada fizeram. Se todas as pessoas tivessem sido "normais", no sentido atribuído por Otto a essa palavra, o holocausto não teria acontecido". No final de seus encontros, Monroe relata:

> Eu sabia que Otto havia me colocado na presença de algo extraordinário, de um grau de pureza nunca testemunhado por mim: o altruísmo. Eu sabia que era verdade. Não tinha certeza de poder compreendê-lo plenamente, e menos ainda de explicá-lo aos outros de maneira satisfatória.

Todos os salvadores sabiam que se fossem descobertos, arriscariam não somente sua vida, como também as dos membros de sua família. Sua decisão foi na maioria das vezes desencadeada por um acontecimento imprevisto, como o encontro de alguém em fuga, correndo o risco de ser levado para um campo da morte. Mas a continuidade de seu engajamento exigiu um planejamento complexo e perigoso. Suas ações geralmente permaneceram desconhecidas e eles jamais procuraram valer-se delas. Na quase totalidade dos casos, longe de tirar alguma vantagem por menor que fosse do seu comportamento altruísta, por longo tempo sofreram consequências em sua saúde, ou sua situação financeira e social. Entretanto, ninguém se arrependeu do que havia feito.

A história de Irene

Irene Gut Opdyke é a própria encarnação da coragem e do altruísmo mais puro, na medida em que todos os seus atos foram ditados por sua inabalável determinação de salvar outras vidas com o risco constante de perder a sua.[2]

Nasceu em um pequeno vilarejo da Polônia, oriunda de uma família católica em que o amor ao próximo era óbvio. Viveu uma infância feliz, cercada de suas quatro irmãs e de pais amorosos e atenciosos.

Em 1º de setembro de 1939, enquanto estudava enfermagem em Radom, a Polônia é dividida entre a Alemanha e a Rússia, e os bombardeios alemães destroem grande parte da cidade. Ela é bruscamente separada de sua família por dois anos. Tem na época dezessete anos. Foge com um grupo de combatentes e de enfermeiras para a Lituânia, onde é violentada por soldados soviéticos, espancada e considerada morta. Acorda em um hospital russo, os olhos inchados a ponto de não enxergar nada, salva por um médico russo que, encontrando-a agonizando na neve, inconsciente, apieda-se dela. Restabelecida, trabalha alguns meses como enfermeira naquele hospital, antes de ser repatriada à Polônia.

Em 1941, Irene volta a Radom, onde estão refugiados seus pais, que perderam tudo e tentam sobreviver. A felicidade pelo reencontro não dura muito: seu pai, Tadeusz, é requisitado pelo exército alemão para trabalhar em uma fábrica de cerâmica situada na antiga fronteira germano-polonesa. Sua mãe decide ir ao encontro de seu marido com as três filhas menores, deixando Irene sozinha em Radom com sua irmã Janina. É quando Irene testemunha os primeiros ataques e perseguições contra os judeus. Obrigada a trabalhar na produção de uma fábrica de munições, ela encontra o comandante Rügemer que dirige a fábrica. Impressionado por sua maestria em alemão (Irene fala fluentemente quatro línguas: polonês, russo, alemão e iídiche), lhe propõe trabalhar a seu serviço no refeitório dos oficiais alemães da cidade.

Com 21 anos ela começa a salvar dezenas de judeus. Com um gesto aparentemente inócuo que poderia ter-lhe custado a vida, ela coloca todos os dias provisões sob a cerca de arame farpado que separa o refeitório dos oficiais do gueto de Ternopol. Depois ela cria mais coragem. Responsável pela lavanderia do refeitório, Irene aproveita de sua posição para tirar judeus empregados no campo de trabalho vizinho, fazendo-os integrar a equipe da lavanderia, onde o trabalho é menos extenuante e onde são melhor alimentados.

Ninguém desconfia dessa empregada ao mesmo tempo frágil e eficaz: "Havia decidido transformar minha fragilidade em vantagem". Assim, torna-se capaz de espionar as conversas entre o comandante Rügemer e Rokita, o cruel comandante da SS encarregado do extermínio de todos os judeus da cidade de Ternopol e da Ucrânia ocidental. Toda vez que obtém informações referentes a um ataque de surpresa ou a sanções, as comunica a seus amigos judeus. Ela própria conduz pelas florestas de Janowka pessoas que querem deixar os campos de trabalho e os guetos, escondendo-as no fundo de uma *dorozka*, um veículo puxado a cavalo. "Não me perguntava: 'Será que eu faço?', mas: 'Como vou fazê-lo?' Cada passo de minha infância havia me levado a essa encruzilhada de caminhos. Eu devia seguir essa via, caso contrário não teria sido eu mesma", disse ela mais tarde. Não apenas ajuda os fugitivos pela floresta, como também os reabastece regularmente e lhes leva medicamentos.

Em 1943, a Alemanha começa a bater em retirada diante do avanço dos exércitos de Stalin. O comandante Rügemer decide instalar-se em uma casa de Ternopol. Em julho de 1943, o temível Rokita jura exterminar todos os judeus da região antes do final do mês.[3] Diante da urgência da situação, Irene assume riscos inauditos: esconde seus amigos em um duto de ventilação localizado no banheiro do comandante e, enquanto todos dormem, ela os conduz pela nova casa e os instala no subsolo que adaptou para recebê-los. Durante mais de um ano, Irene manterá escondidas onze pessoas na casa onde vivia o comandante Rügemer!

Um dia, o comandante volta inesperadamente e descobre Clara e Fanka, duas protegidas de Irene que estavam na cozinha. Irene aceitou a contragosto tornar-se sua amante para salvar a vida de suas amigas. "O preço que tive que pagar não era nada diante do desafio. Eu tinha a benção de Deus. Estava perfeitamente segura da legitimidade de meus atos." Contra toda expectativa, o comandante guarda o segredo; e chega a passar as noites em companhia das duas jovens amigas de Irene, ignorando que o subsolo de sua casa esconde mais nove judeus.

Em 1944 o Exército Vermelho avança sobre Ternopol e o comandante Rügemer intima Irene a desocupar a casa e suas duas amigas desaparecerem. Enquanto a região é bombardeada pela artilharia soviética e as patrulhas alemãs atravessam os campos, Irene conduz à noite seus onze amigos até a floresta de Janowka, onde se juntam a outros fugitivos que ali encontraram refúgio.

Quando os alemães deixam Ternopol, Irene é forçada a acompanhar o comandante Rügemer, mas, em Kielce, foge e junta-se aos guerrilheiros poloneses que combatem o Exército Vermelho para libertar a Polônia. Ela é então presa pelas forças de ocupação soviéticas. Consegue escapar e é acolhida pelas pessoas que salvara durante a guerra. No final da guerra, ela soube que todos os seus amigos estão sãos e salvos e moram em Cracóvia.

Em 1945, esgotada por essas lutas, a desnutrição e a doença, vive em um campo de refugiados de Hessisch-Lichtenau, na Alemanha, até que uma delegação das Nações Unidas conduzida pelo seu futuro marido, William Opdyke, colhe seu relato e obtém para ela a nacionalidade americana. Em 1949 emigra aos Estados Unidos. Em 1956 casa-se e uma nova vida começa na Califórnia. Evocando o passado, ela conclui:

> Sim, era eu uma menina, com nada além de meu livre arbítrio, que agarrava bem forte em minha mão como uma joia de âmbar. [...] A guerra era uma série de escolhas feitas por inumeráveis pessoas. Algumas dessas escolhas foram as mais vergonhosas e cruéis de toda a história da humanidade. Mas alguns de nós fizemos outras. Eu fiz a minha.

Quem são os salvadores?

Seis milhões de judeus, 60% deles vivendo na Europa, foram exterminados pelos nazistas. Segundo Samuel e Pearl Oliner, o número de salvadores que não apenas ajudaram como também arriscaram suas vidas, sem qualquer compensação, elevou-se a cerca de 50.000.[4]

Um grande número desses salvadores jamais será conhecido e muitos outros pereceram por terem dado assistência aos judeus, um ato passível de pena de morte principalmente na Alemanha, na Polônia e na França. A organização Yad Vashem conseguiu reunir os nomes de 6.000 salvadores, cujos altos feitos foram relatados por aqueles que lhes deviam a vida.

Segundo os Oliner, se compararmos esses Justos entre as Nações a uma amostragem de pessoas que viveram na mesma época nas mesmas regiões, mas que não interviram em favor dos oprimidos, constata-se que inúmeros salvadores haviam recebido uma educação fundada na preocupação com o outro e nos valores que transcendem o individualismo. Os pais dos salvadores falavam mais frequentemente a seus filhos de "respeito ao outro, franqueza, honestidade, justiça, imparcialidade e tolerância", que de valores materiais. Além disso, enfatizavam mais a observação de regras estritas. Sabemos que a tendência a se submeter à autoridade levou numerosos cidadãos a executar ordens que sua consciência deveria tê-los dissuadido de acatar.

A maioria dos salvadores não hesitou em transgredir as regras convencionais da moral – não mentir, não roubar, não falsificar documentos – em vista de um grande bem, o de salvar as pessoas que eles protegeram. Entre as motivações de suas ações, os salvadores mencionam com frequência a *preocupação com o outro* e a *equidade*, assim como os sentimentos de *indignação* a respeito dos horrores perpetrados pelos nazistas.

Os salvadores possuem frequentemente uma abordagem *universalista* do homem. Mais da metade dentre eles sublinharam a importância da profunda convicção de que "os judeus pertencem à categoria universal dos seres humanos, que têm o direito de viver sem serem perseguidos".[5]

As motivações ligadas à empatia são mencionadas por três quartos dos salvadores, que evocaram a *compaixão*, a *piedade*, a *preocupação*, a *afeição*. Essa compaixão é acompanhada geralmente da determinação de fazer tudo o que é necessário para salvar o outro: "Decidi que, mesmo arriscando minha pele, iria ajudá-los. [...] Era necessário. Qualquer um deveria fazê-lo. Eu não poderia permanecer um espectador passivo do sofrimento que se perpetuava cotidianamente".[6]

Um dentre eles, Stanislas, que protegeu um grande número de pessoas, declarou: "Podem imaginar a situação? Duas jovenzinhas vêm ao seu encontro, cada uma com dezesseis ou dezessete anos, dizendo que seus pais foram mortos e que elas haviam sido violentadas. O que lhes dizer? 'Sinto muito, aqui já está lotado'?"[7]

Ser tomado pela consciência de que "a pessoa em tamanha dificuldade é meu semelhante" é, na maioria das vezes, citada pelos salvadores como um dos fatores-chave que os levou a decidir salvar o outro.

Unidos no altruísmo

Em alguns casos, comunidades inteiras uniram-se para salvar os judeus da deportação. Essa mobilização ocorreu sobretudo na Dinamarca e na Itália, onde parte da população se uniu para proteger e esconder sistematicamente famílias judias. O mesmo ocorreu na França, nas regiões isoladas do Alto Loire onde populações protestantes foram expressivamente ativas para conduzir muitas pessoas judias à Suíça. O caso do vilarejo de Chambon-sur-Lignon é exemplar. Os primeiros refugiados a chegar a Chambon foram republicanos espanhóis que haviam escapado das tropas de Franco. Depois vieram os alemães que fugiam do regime nazista, seguidos de rapazes franceses que queriam escapar do serviço obrigatório do governo de Vichy.

Porém, sem dúvida o grupo mais importante foi o dos judeus. Foram eles que, simultaneamente, estavam em maior perigo e ocasionavam os maiores riscos àqueles que os escondiam.

Aos poucos toda a comunidade desse lugarejo organizou-se para alojar clandestinamente mais de 5 mil judeus, enquanto o próprio lugarejo contava com 3300 habitantes. Sob inspiração de seu pastor, André Trocmé, os fiéis pertencentes à paróquia mobilizaram todo tipo de estratégias para esconder e alimentar um grande número de pessoas, assim como para arranjar documentos falsos e levá-los a um local seguro. Em *Un si fragile vernis d'humanité* [Um tão frágil verniz de humanidade], Michel Terestchenko resume o desencadear dos acontecimentos, inspirando-se no livro consagrado pelo historiador americano Philip Hallie aos salvadores de Chambon:[8]

> Numa noite de inverno de 1940-1941, enquanto colocava lenha no fogão da cozinha, Magda Trocmé, a esposa do pastor, sobressaltou-se ao escutar baterem à porta. Quando abriu, diante dela estava uma mulher tremendo, congelada pela neve que a recobria, visivelmente aterrorizada.
> Era a primeira judia fugindo das perseguições nazistas a se apresentar no presbitério. Nos anos seguintes, centenas de outras se dirigiram para lá em busca de refúgio. A mulher lhe pede com voz fraca e inquieta se podia entrar. "Naturalmente, entre, entre", respondeu Magda Trocmé.
> "Durante o resto da Ocupação", escreveu Hallie, "Magda e as outras pessoas de Chambon aprenderiam que, do ponto de vista do refugiado, fechar sua porta a alguém não era somente uma recusa de ajudar, era causar um mal. Qualquer que seja a razão que você tenha para não acolher um refugiado, sua porta fechada o coloca em perigo".[9]
> Todas essas atividades eram extremamente perigosas, e elas foram se tornando cada vez mais à medida que a guerra se tornava desvantajosa aos nazistas, e estes revelavam-se cada vez mais impiedosos.[10] Hallie relata as seguintes palavras de Magda Trocmé: "Se tivéssemos dependido de uma organização, não teria dado certo. Como uma grande organização poderia tomar decisões a respeito das pessoas que se juntavam às nossas portas? Quando os refugiados estavam lá, na sua soleira, as decisões deviam ser tomadas imediatamente. A burocracia teria impedido de salvar tantos. Ali, cada um era livre para decidir rapidamente sozinho".[11]

Michel Terestchenko conclui assim:

> O dever de auxiliar o outro estava neles como uma "segunda natureza", uma "disposição constante". [...] A ação altruísta em favor dos judeus brotava espontaneamente do mais profundo de seu ser como uma obrigação à qual não poderiam se furtar, trazendo sem dúvida perigos consideráveis, mas que não tinha nada de sacrificante. Ao agirem desse modo, eles não renunciavam a seu ser e a seus "interesses" profundos; pelo contrário, respondiam em perfeita conformidade e fidelidade a eles próprios.[12]

Uma visão de mundo: "Pertencemos todos à mesma família"

De acordo com Kristen Monroe, que estudou os perfis de inúmeros salvadores, está provado que eles eram de origens sociais bem diferentes.[13] Assim, durante as perseguições nazistas da Segunda Guerra Mundial, havia por exemplo um holandês sem estudos que trabalhava em uma loja de frutas secas. Um casal de salvadores tinha oito crianças que certamente sofriam de fome porque seus pais dividiam o alimento com aqueles que protegiam. A filha do presidente da General Motors na Europa, educada em escolas internacionais, que falava várias línguas, também está entre os salvadores. E por fim, uma condessa da Silésia, que havia crescido em um castelo de noventa e três cômodos, rebelou-se contra sua família rica e antissemita, obteve um doutorado em ciências veterinárias e trabalhou em um circo, antes de contribuir para salvar numerosos judeus.

Após a guerra, alguns governos ofereceram compensações financeiras aos salvadores que se encontravam em grandes dificuldades materiais após terem protegido famílias judias. Mas a quase totalidade deles recusou essas compensações.[14] Deve-se enfatizar que, por outro lado, muitos deles foram condenados ao ostracismo por seus concidadãos durante e após a guerra. Eram tratados às vezes de "amantes de judeus", e seu heroísmo foi muitas vezes objeto de sarcasmo.

Alguns se casaram em outros países e não falaram nem mesmo aos seus próximos sobre o que haviam feito.[15] "Todos os altruístas que entrevistei", escreveu Monroe, "consideravam como acessórias as honras que lhes haviam sido conferidas posteriormente (em especial, o título de Justo entre as Nações, a mais alta distinção civil concedida pelo Estado de Israel). Para a grande maioria deles, essa recompensa, outorgada mais de trinta anos após os acontecimentos, era inesperada; e para um número surpreendente, provou ser indesejada. Se os salvadores em sua maioria ficavam contentes por recebê-la, eles agiram no entanto sem jamais pensar na menor recompensa." O que mostravam era uma satisfação profunda por terem salvo vidas.

Segundo Monroe, o único ponto em comum que se depreende dos múltiplos testemunhos dos salvadores é uma *visão de mundo e dos outros* fundada na consciência da interdependência de todos os seres e sua humanidade comum.[16] Portanto, todos merecem ser tratados com benevolência. "Sempre considerei os judeus como irmãos", relata um salvador alemão ao escritor Marek Halter.[17]

Para muitos, não existem pessoas fundamentalmente "boas" ou "más", mas somente pessoas que tiveram vidas diferentes. Essa compreensão parece atribuir aos altruístas uma grande tolerância e uma notável capacidade de perdoar. Como confiou um salvador a Samuel e Pearl Oliner:

> A razão se deve a que todos os homens são iguais. Todos temos o direito de viver. Aquilo não era nada menos que um massacre e eu não podia suportá-lo. Teria ajudado um muçulmano assim como um judeu. [...] É como salvar alguém que está se afogando. Ninguém vai perguntar-lhe para qual Deus ele ora. Você simplesmente o salva. [...] Eles tinham tanto direito de viver quanto eu.[18]

Samuel e Pearl evidenciam o caso de uma mulher que fazia parte de um grupo que escondia famílias judias. Um dia, enquanto passava junto com o marido por um quartel alemão durante um ataque aéreo, um soldado alemão saiu correndo com um profundo ferimento na cabeça, perdendo muito sangue. Imediatamente o marido o colocou na bicicleta e o levou ao comando alemão, tocou a campainha e partiu tão logo a porta se abriu. Depois, alguns de seus amigos da resistência o trataram de traidor por ter "ajudado o inimigo". Ele respondeu: "Não, o homem estava gravemente ferido, ele não era mais um inimigo mas apenas um ser humano em aflição". Este homem não aceitava ser considerado um "herói" por ter salvo famílias judias nem um "traidor" por ter ajudado um soldado alemão gravemente ferido.[19] O que prova que para os altruístas heroicos, diante do sofrimento os rótulos de pertencimento nacional, religioso ou político caem por si mesmas.

Em resumo, o comportamento de todos esses salvadores apresenta um certo número de características de altruísmo verdadeiro. Assumiam consideráveis riscos, tanto para si mesmos como para suas famílias, e não esperavam estritamente nada em retorno por suas ações, sabendo que as vítimas estavam diante de uma situação desesperadora, totalmente desprovidas, e com muito poucas chances de sobreviver. Eles poderiam facilmente ignorar o sentimento de obrigação moral, uma vez que esconder judeus procurados pelos nazistas constituía um ato de extrema periculosidade. Aconteceu de judeus escondidos considerarem preferível se entregar à Gestapo a fim de não comprometer a família que os abrigava; mas a maioria de seus salvadores conseguiu dissuadi-los.

Mordecai Paldiel, ex-diretor do departamento dos Justos entre as Nações, em Israel, concluiu que é a bondade fundamental, presente em cada um de nós, que nos permite compreender os comportamentos de altruísmo incondicional que, segundo ele, demonstram ser uma predisposição humana inata. Ele escreveu no *Jerusalem Post*:[20]

> Quanto mais examino os atos dos Justos entre as Nações, mais duvido do fundamento da tendência habitual por glorificar essas ações de modo exagerado. Temos a tendência de olhar esses benfeitores como heróis: daí a busca de motivações subjacentes. Entretanto, os Justos não consideraram a si mesmos como heróis em nada, e avaliaram seu comportamento durante o Holocausto como perfeitamente normal. Como resolver este enigma?
> Durante séculos sofremos uma lavagem cerebral pelos filósofos que acentuaram o aspecto detestável do ser humano, sublinhando sua disposição egoísta e malevolente, em detrimento de suas outras qualidades. Conscientemente ou não, com Hobbes e Freud aceitamos a proposição segundo a qual o homem é um ser agressivo, inclinado à destruição, preocupado principalmente consigo mesmo e apenas de forma marginal interessado pelas necessidades dos outros. [...]
> A bondade nos espanta, pois recusamos reconhecê-la como uma característica humana natural. Assim, procuramos uma motivação escondida, uma explicação extraordinária para esse comportamento tão particular. [...]

Em vez de tentar estabelecer polidamente uma distância entre eles e nós ao louvar suas ações, não seria preferível redescobrir o potencial altruísta em nós? Ajudar alguém de tempos em tempos, mesmo que seja difícil, faz parte de nossa natureza humana. [...]

Não procuremos explicações misteriosas para a bondade nos outros. Dediquemo--nos a redescobrir o mistério da bondade em nós mesmos.

12. Para além dos simulacros, o altruísmo verdadeiro: uma investigação experimental

Quando alguém rouba, trapaceia ou comete um ato violento, diz-se com ar desiludido: "Isto é o natural, e a natureza é mais forte", ou ainda: "Ele mostrou sua verdadeira face", subentendendo que qualquer outra forma de comportamento não passa de uma fachada hipócrita que tentamos exibir com mais ou menos sucesso, mas que cedo ou tarde acaba se rachando e revela nossa verdadeira natureza. Ao contrário, quando alguém dá provas de uma grande bondade e se devota incansavelmente ao serviço daqueles que sofrem, diremos: "Este é um verdadeiro santo", subentendendo que se trata de um comportamento heroico, fora do alcance do comum dos mortais.

Os que afirmam que o homem é apenas egoísta não deixam de dar múltiplos exemplos de comportamentos cuja fachada altruísta esconde uma motivação egoísta. O filósofo e naturalista americano de origem espanhola George Santayana proclama:

> Na natureza humana os impulsos generosos são ocasionais e reversíveis. [...] Eles constituem amáveis interlúdios semelhantes aos sentimentos lamuriosos de um rufião, ou não são mais que agradáveis autoilusões hipócritas. [...] Mas crie uma tensão, cave um pouco abaixo da superfície, e encontrará um homem feroz, obstinada e profundamente egoísta.[1]

O biólogo da evolução Michael Ghiselin expressa esse ponto de vista de maneira caricatural em uma frase muito citada:

> Tendo a possibilidade de agir em interesse próprio, nada exceto o oportunismo poderá deter [o ser humano] de brutalizar, mutilar, assassinar seu irmão, seu amigo, um de seus pais ou seu filho. Arranhe a pele de um "altruísta" e verá um hipócrita sangrar. [...] O que passa por cooperação prova ser uma mistura de oportunismo e exploração.[2]

Mesmo a amizade não tem graça aos olhos de La Rochefoucauld:

> O que os homens chamam amizade é apenas uma sociedade, um cuidado recíproco de interesses, e uma troca de bons serviços: enfim não é mais que um comércio em que o amor-próprio se propõe a ganhar sempre alguma coisa.[3]

> **Um cenário**
>
> Vamos imaginar que eu esteja em uma viagem pelos Himalaias com algumas pessoas, amigos próximos e outros desconhecidos que se juntaram a nós no início da etapa desta manhã. Um alojamento e uma refeição nos esperam ao final da tarde após a passagem por um desfiladeiro, porém não temos provisões para a metade do dia. Durante um descanso, vasculhando minha mochila descubro um bom pedaço de queijo e de pão que havia esquecido. Primeira possibilidade: distancio-me um pouco e como tudo às escondidas. Segunda possibilidade: compartilho com meus amigos próximos. Terceira possibilidade: dirijo-me ao grupo alegremente e digo: "Olhem o que encontrei!" À primeira vista, esses três comportamentos correspondem, respectivamente, ao egoísmo puro e implacável, ao altruísmo limitado por minhas preferências pessoais, e ao altruísmo imparcial.
>
> Mas a situação não é simples assim, pois mesmo que reparta com todos, tudo depende de minha motivação. Posso agir espontaneamente, em consonância com meu caráter benevolente. Mas é possível que eu compartilhe o pão e o queijo por razões muito menos altruístas: o temor de ser surpreendido comendo o meu lanche sozinho em um canto; o fato de apreciar os elogios e sacrificar um pedaço de queijo que me dá a oportunidade de melhorar minha imagem no grupo; o cálculo de que uma vez transposta a etapa, em virtude de minha amabilidade, os outros me convidarão para jantar; o desejo de ganhar a simpatia de meus companheiros de jornada que até então me ignoravam; ou, ainda, o sentido do dever que me foi inculcado por meus pais de que "é preciso partilhar sempre", enquanto morro de vontade de comer tudo sozinho.
>
> Este exemplo pode ilustrar as diversas falsas pretensões que convém distinguir sobre o altruísmo verdadeiro.

É necessário reconhecer que alguns gestos hipócritas podem ser benéficos ao outro, mesmo procedendo de um cálculo interessado; por exemplo, ao oferecer um presente a alguém na expectativa de tirar proveito. Outros atos na aparência altruístas não são necessariamente inspirados pela vontade de enganar, mas permanecem principalmente motivados pela busca de nossos próprios interesses ou por nobres sentimentos, tal como é o senso de dever – que não são portanto altruísmo puro.

O altruísmo no teste da investigação experimental

Nos capítulos precedentes, com o auxílio de experiências vividas, ilustramos algumas das numerosas manifestações da bondade humana, inclusive nas situações mais perigosas. Quando consideramos o comportamento de Irene Gut Opdyke, como já vimos no relato de sua vida e nos de outras pessoas que, em quaisquer circunstâncias por mais ameaçadoras que fossem, manifestaram uma determinação e uma abnegação sem concessões para evitar sofrimentos ao outro, livrando-o da perseguição e zelando pela sua sobrevivência, parece *a priori* desarrazoado não reconhecer a marca do altruísmo mais sincero.

Persistir em explicar como sendo egoísmo a *totalidade* dos comportamentos humanos não passa de uma insistência descabida e seria difícil citar um único trabalho empírico, na literatura científica, que confirme esse preconceito. Certamente as motivações de um ato podem ser de natureza diversa, umas altruístas, outras egoístas, mas não há como negar a existência do altruísmo verdadeiro. Apesar disso, as brumas do egoísmo universal continuam a flutuar nesta época, e a influenciar a psique coletiva de nossos contemporâneos.

De 1930 a 1970, o termo "altruísmo" raramente aparece nos trabalhos de psicologia. Em 1975, em seu discurso, o então presidente da Associação Americana de Psicologia, Donald Campbell, resumiu deste modo o pensamento geral da época: "A psicologia e a psiquiatria [...] não somente descrevem o homem como motivado por desejos egoístas, mas ensinam, implícita ou explicitamente, que ele deve ser egoísta".[4]

Foi isto que levou o psicólogo Daniel Batson a dizer que se quisermos pôr um fim a todas essas objeções é necessário recorrer a uma abordagem experimental sistemática. Ele justifica assim sua escolha:

> Pode parecer de mau gosto examinar as motivações daquele que arriscou sua vida para proteger os que tentavam escapar do Holocausto; as dos bombeiros que foram mortos conduzindo sobreviventes a lugares seguros durante o atentado ao World Trade Center, ou as de um homem que resgatou uma criança ferida em um ataque de tubarões. Mas, se quisermos saber realmente se os humanos podem ser motivados pelo altruísmo, é necessária uma investigação minuciosa.[5] [...]
>
> Casos como os acima mencionados são ao mesmo tempo reconfortantes e inspiradores. Eles nos fazem lembrar que os humanos – mas também os animais – podem fazer coisas maravilhosas uns pelos outros. Não somos só "unhas e dentes ensanguentados", existe outra coisa em nós. É importante ter isto em mente.
>
> Apesar disto, tais casos não fornecem a prova decisiva da existência do altruísmo. [...] De fato, o altruísmo não consiste apenas em ajudar o outro, embora de maneira heroica. O altruísmo se refere a uma forma particular de motivação, uma motivação cuja finalidade última é aumentar o bem-estar do outro. [...]
>
> Portanto, somos forçados a considerar a possibilidade que mesmo um santo ou um mártir pode ter agido visando obter de seu ato um benefício pessoal. A lista das vantagens que se pode extrair para si ao ajudar o outro é longa. Pode-se ajudar para receber as manifestações de gratidão, para que nos admirem, para estar satisfeito consigo. Pode-se também ajudar para evitar a crítica, o sentimento de culpabilidade ou a vergonha. Pode-se ainda querer entrar na fila dos que se beneficiarão de uma ajuda futura, no caso de necessitarem dela para garantir um lugar na história ou no paraíso; ou ainda para reduzir a aflição que o sofrimento do outro provoca em nós. Se queremos produzir provas convincentes da existência do altruísmo, não podemos nos deter nos casos espetaculares. Eles simplesmente não nos permitem conclusões.[6]

Quando realizou suas pesquisas, Daniel Batson sabia que a maioria dos cientistas atribuía comportamentos na aparência altruístas a motivações egoístas. Isto o levou a pensar que somente testes experimentais permitiriam extrair conclusões claras sobre a natureza das motivações em jogo, e confirmar ou invalidar a hipótese da existência do altruísmo de uma maneira suficientemente rigorosa para convencer as mentes mais céticas.[7]

Estudar o altruísmo no cotidiano

A proposição de Daniel Batson não era então estudar o altruísmo heroico no que ele tem de excepcional, mas de evidenciar o altruísmo na vida cotidiana.

> A motivação altruísta que desejo colocar em evidência não é prerrogativa exclusiva do herói ou do santo. Não é nem excepcional nem contra a natureza. Ao contrário, mostrarei que o altruísmo é uma motivação que anima frequentemente cada um de nós. [...] Enquanto supusermos que o altruísmo [...] é raro e contra a natureza, teremos a tendência a situá-lo nos limites de nossa experiência cotidiana, nos atos de extrema abnegação. [...] Gostaria de demonstrar que é precisamente na vivência do dia a dia que podemos encontrar as melhores comprovações do papel do altruísmo na vida humana.[8]

Como colocar em evidência o altruísmo de todos os dias? No meio do século passado os behavioristas, conduzidos por John B. Watson e Burrhus Skinner, decidiram se interessar exclusivamente pelos comportamentos observáveis sem se preocuparem com o que se passa na "caixa-preta" (o mundo interior da subjetividade), recusando-se a falar em motivações, emoções, representações mentais e mesmo de consciência. Ao abster-se assim de investigar o campo das motivações, o behaviorismo não poderia fazer avançar nossos conhecimentos em matéria de altruísmo.

É claro que a descrição de nossos comportamentos exteriores por si só não permite discernir as motivações profundas que os animam. Haveria então que imaginar testes experimentais que permitissem determinar, sem ambiguidade, as motivações dos indivíduos que seriam submetidos a eles. Batson explica:

> Para os que procuram compreender a natureza humana e os recursos que nos permitiriam construir uma sociedade mais humana, a motivação conta tanto quanto o comportamento. Não temos necessidade apenas de saber que os seres humanos (e os animais) fazem coisas maravilhosas; precisamos também saber por que o fazem.[9]

Assim, Daniel Batson e os membros de sua equipe da Universidade do Kansas consagraram a maior parte de suas carreiras a responder essa questão.

Por que as pessoas ajudam-se mutuamente? Elas podem ser movidas por um altruísmo autêntico, mas também obedecer a motivações de tipo egoísta, que podem ser subdivididas em três grupos principais, conforme o objetivo visado: o de reduzir um sentimento de mal-estar, o de evitar uma sanção, ou para obter uma recompensa.

No primeiro caso, o fato de sentir empatia por alguém que sofre pode lhe provocar uma sensação desagradável. O que você deseja então é reduzir o seu sentimento de ansiedade. Ajudar o outro é uma das maneiras de alcançar o seu objetivo. Toda alternativa que permita diminuir o seu mal-estar – principalmente ao evitar ser confrontado com o sofrimento do outro – será também adequada. É uma das explicações mais frequentes citadas na literatura psicológica dos últimos cinquenta anos e na literatura filosófica dos últimos séculos.

A sanção temida – o segundo tipo de motivação egoísta – pode ser a perda de bens materiais e de vantagens diversas, a deterioração de nossas relações com os outros (reprovação, rejeição, reputação manchada) ou um sentimento de consciência pesada (culpabilidade, vergonha ou sentimento de fracasso).

Por último, como vimos, a retribuição esperada pode também ser de ordem material ou relacional, e depender de outros (vantagens materiais, louvores, reputação, melhoria de nosso status etc.) ou de si mesmo (satisfação de si, haver cumprido seu dever etc.).

Examinemos algumas das motivações egoístas e a maneira como Batson e os membros de sua equipe mostraram que elas não podem explicar de modo satisfatório todos os comportamentos humanos.

Ajudar para aliviar nossa própria aflição

Vimos anteriormente que o espetáculo dos sofrimentos do outro oferece o risco de induzir em nós um sentimento de desconforto que pode se tornar uma aflição. É o comportamento que Daniel Batson definiu como sendo a aflição empática. Nos refugiamos em nós mesmos e nos preocupamos sobretudo pelo efeito do sofrimento e das emoções que ele suscita em nós. Neste caso, qualquer que seja o modo de intervenção escolhido – ajudar o outro ou desviar-se de seu sofrimento –, o ato não procede de uma condição altruísta.

Se for impossível nos abstermos do cenário dos sofrimentos do outro, a assistência que levaremos será principalmente motivada pelo desejo de aliviar nosso próprio mal-estar. Se uma desculpa cômoda se apresenta e permite evitar a confrontação com os tormentos do outro, o indivíduo preferirá essa escapatória. Segundo o moralista Frank Sharp, onde a empatia é sentida como sendo dolorosa, o fato de ajudar se tornará uma tentativa de desembaraçar-se da maneira mais expedita possível do mal-estar gerado em si pelo sofrimento do outro.[10]

Para um altruísta verdadeiro, tal sentimento de desconforto funcionará inicialmente como um sinal de alarme que o advertirá sobre o sofrimento do outro, e o fará tomar consciência do grau de aflição de sua situação. Advertido desse modo, o altruísta utilizará todos os meios disponíveis para remediar essa desordem e suas causas. Como o explica o filósofo americano Thomas Nagel: "A simpatia é a percepção dolorosa do sofrimento como de um estado a ser aliviado".[11]

A experimentação em laboratório

Se o estímulo que representa o sofrimento do outro é a causa principal do meu mal-estar, então duas soluções se apresentam a mim: ajudo o outro a desembaraçar-se de seu sofrimento (e, ao mesmo tempo ponho um fim à minha aflição), ou encontro uma outra maneira de escapar a esse estímulo distanciando-me física ou psicologicamente. A fuga psicológica é mais eficaz, pois se eu desvio o olhar e, no entanto, permaneço preocupado com o sofrimento do outro, não me livro de meu sentimento de desconforto – "longe dos olhos", mas continua "perto do coração". Como podemos verificar através da experimentação se um indivíduo particular obedece a essa primeira motivação egoísta, ou se ele se comporta de modo verdadeiramente altruísta?

Os participantes de uma das experiências concebidas por Daniel Batson foram postos em cabines individuais e observam em uma tela uma estudante chamada Katie, que se encontra em um anexo vizinho. Explicam-lhes que Katie é uma estudante que se predispõe a uma experiência sobre seu desempenho ao trabalhar em situações desagradáveis. Ela receberá descargas elétricas de uma intensidade sem perigo (duas a três vezes o equivalente a uma descarga de eletricidade estática), porém nada prazerosas. E que em um certo número de sessões, entre duas e dez, de dois minutos cada uma, ela receberá essas descargas em intervalos irregulares.

As observadoras, cerca de quarenta mulheres, pois o sujeito observado aqui é uma mulher, foram divididas em dois grupos através de sorteio.* As observadoras são em seguida convocadas uma a uma ao laboratório.

Às do primeiro grupo, se explica que Katie fará entre duas e dez sessões de testes, mas que não é exigido delas assistir mais que as duas primeiras. Esta é a situação da "escapatória fácil".

Às observadoras do segundo grupo também é dito que Katie receberá entre duas e dez séries de descargas elétricas, mas que deverão observá-la até o fim. Esta é a situação da "escapatória difícil".

A todas as observadoras é explicado que Katie se predispôs a esse estudo pois precisa prover as necessidades de seu irmão menor após a morte de seus pais em um acidente de carro, e que a remuneração oferecida pelo laboratório a ajudará.

Além disso, à metade das observadoras de cada grupo pede-se para *imaginar claramente* a situação de Katie. À outra metade simplesmente é contada a história de Katie, sem pedir qualquer trabalho de imaginação. O objetivo dessa manipulação psicológica é de suscitar maior empatia nas observadoras que tomariam um tempo para imaginar a situação de Katie.

No início de cada sessão, a observadora sentada só em uma cabina vê surgir na tela de um circuito interno de televisão a Katie entrando no anexo ao lado. Na realidade tratava-se de um registro em vídeo que as participantes viam, uma após

---
* Se o indivíduo observado é um homem, os observadores também serão do sexo masculino, para que não haja manifestações de polidez ou de "galanteios". A possibilidade, por exemplo, de que os homens se sintam "obrigados" a ajudar uma mulher em dificuldade complicaria o estudo pela adição de parâmetros suplementares. Todas essas experiências foram também realizadas com homens, e os resultados são idênticos em ambos os casos.

a outra, à medida que se sucediam no laboratório. Era fundamental que o protocolo experimental fosse idêntico para todas as observadoras. Katie, na verdade, era uma atriz que não recebia de fato choques elétricos, o que as observadoras ignoravam.

Nas imagens do vídeo via-se também Martha, responsável pelo teste, explicar a Katie o protocolo da experiência. Diz-lhe que as descargas que ela receberá são duas a três vezes mais fortes do que uma descarga de eletricidade estática, mas que não causam danos duradouros. Um eletrodo é colocado em seu braço. Desde a primeira sessão, em vista das expressões faciais de Katie, está claro que as descargas lhe são extremamente penosas, a ponto de no fim da segunda sessão Martha interromper a experiência e entrar no local para oferecer-lhe um copo d'água.

Neste ínterim, um outro responsável pelo teste interroga a observadora sobre suas reações emocionais, em particular sobre seu grau de aflição e, logo, sobre seu grau de empatia diante das reações dolorosas de Katie.

Em seguida, Martha pergunta a Katie como ela se sente. Katie admite que, desde pequena, quando caiu sobre uma cerca elétrica em uma queda de cavalo, devido ao trauma ela reage fortemente a choques elétricos, mesmo leves. Martha sugere a Katie interromper a experiência, mas Katie lhe responde: "Não, eu já comecei e vou até o fim. Mesmo com a dor... sua pesquisa é importante... eu continuo".

Martha propõe então uma alternativa: "A pessoa que lhe observa da cabine é, como você, uma estudante de psicologia; talvez aceite ficar em seu lugar". Com um misto de hesitação e de alívio, Katie acaba consentindo. Martha diz que suspenderá a experiência por alguns momentos e logo voltará. A tela se apaga.

A responsável explica à observadora: "Você viu o que se passou. Martha sugere que você tome o lugar de Katie. É claro, você não é obrigada a isso, e pode continuar com seu papel de observadora. Caso decida ajudar Katie, você ficará no lugar dela nas últimas oito sessões, e será ela que lhe observará. Você não se encontrará com Katie pessoalmente".

A pesquisadora acrescenta uma escolha suplementar em função dos grupos: a cada uma das observadoras do grupo de escapatória fácil, ela diz: "Se não quiser ficar no lugar de Katie e preferir ficar em seu papel de observadora, uma vez que você já fez esse papel durante dois períodos de observação, estará livre para sair, após apenas preencher um questionário sobre os seus sentimentos neste momento (ansiedade, empatia etc.)".

Às observadoras do grupo de escapatória difícil, a pesquisadora diz: "Se não quiser tomar o lugar de Katie, você continuará a observá-la durante as oito sessões restantes".

Os resultados mostraram que, entre as observadoras cujo grau de empatia é baixo, somente 18% das mulheres que ficaram ansiosas por observarem Katie escolheram tomar seu lugar no caso da escapatória fácil. Porém, no caso da escapatória difícil, 64% das observadoras aceitaram, por não poderem aliviar sua aflição, escapando.*

---

* Todas as fontes dos gráficos encontram-se no final deste volume, p. 697 e ss.

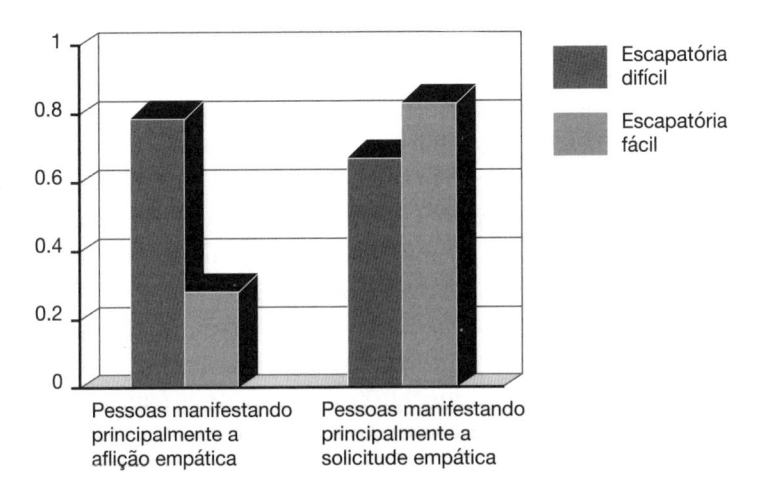

Proporções de pessoas que se propõem a tomar o lugar de Katie e receber leves descargas elétricas. Vemos que as pessoas nas quais há predominância da solicitude empática continuam a tomar o lugar de Katie, enquanto poderiam facilmente abster-se disso. Não é o caso das pessoas com forte aflição empática, que tomam o lugar de Katie unicamente quando a escapatória é difícil.

Em contrapartida, em média 85% das observadoras experimentaram uma forte empatia e pouca aflição pessoal ao tomarem o lugar de Katie nos dois casos, quer seja fácil ou difícil a escapatória. Portanto a conclusão a que se chega é que a solicitude empática manifestada por essas observadoras faz parte de um altruísmo genuíno, pois elas agiram para o bem de Katie, e não apenas para aliviar sua própria aflição.

Ajudar para evitar uma sanção: o sentimento de culpa

Alguns preferem ajudar o outro, mesmo se não estão inclinados de maneira espontânea a fazê-lo, porque esse esforço é psicologicamente menos custoso do que ser atormentado por um sentimento de culpa.

Thomas Hobbes, que não cessou de proclamar que o homem é unicamente motivado por sua autopreservação – o que o levou de modo sistemático a privilegiar seus interesses pessoais –, foi um dia surpreendido dando uma moeda a um mendigo. Ao ver a cena, um transeunte, a propósito das opiniões do filósofo, exclama: "Ah ha! Aqui está algo que se parece muito com o altruísmo". Ao que Hobbes retrucou: "Que nada, fiz esse gesto apenas para aliviar minha consciência culpada".

Citamos aqui outro caso célebre. Enquanto viajava em um coche, o presidente Abraham Lincoln confia a um dos passageiros sua convicção de que todos os homens que fazem o bem são, no final das contas, motivados pelo egoísmo. No instante em que acaba de falar, o veículo passava sobre uma ponte e eles ouviram fortes grunhidos de uma leitoa, vindos de baixo da ponte, onde leitõezinhos haviam caído na água. Lincoln pede para o cocheiro parar, desce e puxa os filhotes para a margem. Tão logo partiram, seu companheiro de viagem observa: "Bem, bem, Abraham, onde está o egoísmo neste momento?" Ao que Lincoln responde: "Meu caro, aquilo foi a própria essência do egoísmo. Meu espírito não ficaria em paz hoje se eu deixasse aquela velha leitoa inquieta por seus filhotes. Ainda não compreendeu que fiz esse gesto apenas para ter a consciência serena?"

Notemos, entretanto, que o simples fato de experimentar um sentimento de mal-estar ou de culpa diante da ideia de negligenciar o bem do outro não é em si um sinal de egoísmo. Se fossemos exclusivamente egoístas, não teríamos qualquer razão para ser perturbados pelos sofrimentos do outro. Aquele em que o egoísmo é preponderante sufocará os tímidos protestos de seu sentimento de culpa tecendo justificações morais à sua inação, expressas geralmente por reflexões tais como: "Afinal, ele bem que procurou isso"; "Essa gente só tem o que merece"; ou "Os pobres têm apenas que trabalhar mais".

No limite extremo, a fim de se desembaraçar de qualquer sentimento incômodo frente à ideia de se comportar de forma egoísta, alguns chegam a elaborar um sistema filosófico baseado em uma inversão de valores. Tal foi o caso da filósofa americana Ayn Rand. O "egoísmo ético", que ela chama "objetivismo", afirma que o altruísmo é imoral, pois exige de nós sacrifícios intoleráveis e representa uma coerção inaceitável imposta ao nosso desejo de viver feliz.*

Como mostrar então que as pessoas não ajudam simplesmente para evitar o sentimento de culpa? No laboratório, desta vez é explicado às participantes divididas em dois grupos, todas estudantes, que elas podem evitar que outra estudante, Julie, receba descargas elétricas se elas passarem em um teste que lhes será apresentado. Mas o teste que lhes é passado é tão difícil que nenhuma participante teve êxito. Em seguida foi dito a um dos grupos que o teste era relativamente fácil (o que as culpabiliza), e ao outro, que não era uma falha delas, pois o teste era de fato muito difícil.

Os resultados da experiência mostram que os indivíduos com forte empatia permaneceram preocupados pela situação de Julie, qualquer que fosse a explicação fornecida para o seu fracasso, enquanto *os indivíduos com empatia fraca se tranquilizaram desde que souberam que não era por sua falha* que Julie recebeu uma descarga. Concluiu-se que não é simplesmente para ter a consciência tranquila que os altruístas prestam ajuda a uma pessoa em necessidade.

Um dos argumentos contrários dirigido a Batson é que uma escapatória física (abandonar o laboratório) não implica necessariamente uma escapatória psicológica (esquecer Katie), escapatória esta vinculada a um sentimento de mal-estar ou de culpa. As participantes com forte empatia, as que se colocaram no lugar de Katie em todas as circunstâncias, poderiam ter dito a si mesmas: "Sim, mas se eu não ajudar Katie agora, vou me sentir mal depois",[12] o que é uma motivação egoísta. O importante era saber se, no momento da experimentação, elas anteciparam o tormento que lhes causaria o pensamento sobre o destino de Katie.[13]

---

* Voltaremos a nos deter mais longamente sobre este ponto de vista, no capítulo 25, "Os campeões do egoísmo".

Os resultados demonstraram que os indivíduos com forte empatia desejavam estar a par da situação de Katie um mês depois, mesmo quando o prognóstico referente à sua saúde fosse pessimista. Já os indivíduos menos empáticos escolheram, em sua maioria, a escapatória psicológica – nunca mais saber a respeito de Katie –, tal como haviam escolhido a escapatória física na primeira experiência descrita anteriormente.

Os pesquisadores chegaram à conclusão de que, sendo sinceramente interessado pelo destino de alguém, não se tenta evitar ouvir falar dessa pessoa, se ela anda mal, apenas porque se teme o sentimento de mal-estar provocado por essas más notícias.

É necessário agora mostrar que as pessoas tampouco agem para *evitar ter que se justificar diante de si mesma por sua não intervenção*. Neste caso, propõe-se às participantes oferecer um pouco de seu tempo para ajudar uma mulher em dificuldade. A um primeiro grupo é informado que as demais participantes, em sua maioria, ofereceram-se como voluntárias para ajudar uma vez. Ao segundo é dito que apenas uma minoria dentre elas ofereceu ajuda.

Neste último teste, entendemos que se uma participante não tenta ajudar, ela pode dizer a si mesma que afinal ela não é a única, visto que a maioria das outras fizeram tal como ela. Os resultados mostraram que aquelas que experimentavam uma forte empatia pela jovem ofereceram sua ajuda nas duas situações apresentadas, enquanto as pessoas com fraca empatia desistiram na segunda situação, o que lhes permitia justificar sua inação.

Ajudar para evitar a reprovação dos outros

Se agimos de maneira altruísta porque tememos ser criticados, então o gesto realizado está subordinado à consideração que se espera dos outros. O custo de um tal gesto que fazemos pelo outro, seja a gosto ou a contragosto, parece mais tolerável do que arcar com a desaprovação de nossos semelhantes. Este é um padrão frequente no altruísta hipócrita.

Como ter certeza que as pessoas ajudam com o único propósito de evitar a reprovação do outro? Para testar essa hipótese foi constituído um novo grupo de participantes, aos quais foi proposto passar um tempo com Janet, apresentada como uma mulher que atravessava um período difícil em sua vida, sofria de solidão e estava à procura de amizades. Foram constituídos dois subgrupos. Ao primeiro foi dito que o experimentador e Janet seriam informados de sua escolha em passar ou não um momento com ela. Ao outro, foi garantida a confidencialidade de sua decisão.

Como anteriormente, é suscitado um sentimento de empatia entre a metade dos participantes pedindo-lhes para imaginar por alguns momentos a situação de Janet; enquanto à outra metade pediu-se simplesmente para ler o pedido de Janet no qual ela exprimia seu desejo de conhecer pessoas. Os resultados mostraram que três quartos dos participantes com empatia elevada aceitaram conhecer Janet, quer fosse ou não confidencial sua escolha. Ao contrário, uma maior proporção de indivíduos com fraca empatia recusa a proposta de conhecer Janet caso se beneficiem da condição de anonimato. Isto confirma, portanto, o fato que um *altruísta verdadeiro não é influenciado pela antecipação dos julgamentos do outro, e não é motivado pelo reconhecimento social.*[14]

A expectativa calculada por uma contrapartida

Estou lhe fazendo um favor, mas espero outro em retorno, a curto ou a longo prazo. Essa espera pode ser explícita, implícita ou dissimulada. Este tipo de altruísmo é frequentemente observado nos animais – eu coço o seu pescoço e você coça o meu. Os antílopes impala têm o costume de lamber mutuamente a espádua, porém se um para de fazê-lo o outro para também.

Se a esperança de se beneficiar de uma vantagem é nosso objetivo último, nossos cálculos de interesses poderão tomar a aparência do altruísmo com o único propósito de induzir no outro um comportamento favorável em relação a nós, sem qualquer consideração pelo seu próprio bem.

Sabemos que tais cálculos têm às vezes objetivos a longo prazo. Por exemplo, cobrir de atenções durante anos uma pessoa idosa na esperança de beneficiar-se de sua herança; dispensar favores a pessoas de destaque na perspectiva de extrair ulteriormente um proveito pessoal.

O segundo simulacro do altruísmo consiste em fazer um favor a alguém com a finalidade de receber cumprimentos ou de ser apreciado por essa pessoa; ou ainda fazer doações caridosas a fim de forjar para si uma boa reputação.

No entanto, nutrir o desejo de estabelecer relações amigáveis com outros e para isso quebrar o gelo com um gesto benevolente não é em si egoísta, na medida em que não se propõe instrumentalizar o outro a serviço de interesses pessoais.

Os louvores também não são perniciosos em si mesmos. Se alguém é sincero nas ações benéficas que empreende, receber elogios pode constituir um encorajamento bem-vindo (na condição de que a vaidade não interfira), e fazer cumprimentos será uma prova de reconhecimento do bem que é feito aos outros. A esse respeito, entretanto, um adágio budista prescreve a prudência: "Considere que os louvores que lhe são feitos não se dirigem à sua pessoa, mas à virtude que você encarna por seus atos, e que as críticas, por outro lado, se dirigem a você e às suas imperfeições".

Portanto, sempre que realizamos um ato, mesmo que seja útil ao outro, com o único fim de ser elogiado e bem considerado socialmente, trata-se de um simulacro de altruísmo. Para fazer o bem aos outros com um sentimento de plenitude, o altruísmo e a compaixão não devem ser egocentrados. Como escreveu Christophe André: "A compaixão não é a compaixão senão na ação gratuita, ela não é – jamais – um investimento à espera de retorno. Caso contrário ela terminará, cedo ou tarde, em amargura e ressentimento".[15]

Ajudar na esperança de uma recompensa: o teste experimental

Se ajudarmos alguém na esperança de obter uma recompensa, ficaremos menos satisfeitos se, no decorrer da ação, outra pessoa vem ajudar em nosso lugar, pois nesse caso não podemos mais receber a recompensa aguardada, material ou social. Mas para o altruísta, o que conta acima de tudo, é que a pessoa seja ajudada: pouco importa quem se encarregue. Seu grau de satisfação deverá então permanecer o mesmo. É o que Batson e sua equipe pesquisaram para verificação.

As pessoas ajudam porque obtêm uma recompensa subjetiva, por exemplo porque lhes traz bom humor? Voltemos à experiência de Katie: se as participantes com forte empatia ajudam porque se sentem bem após ter colaborado – uma explicação geralmente apressada –, elas deveriam ajudar com menor bom grado quando não têm qualquer meio de saber se sua assistência será eficaz. A experiência demonstrou que as participantes com forte empatia colocadas nessa nova situação ajudaram muito mais quando lhes foi dito que seriam informadas dos progressos da condição da estudante órfã, do que quando lhes preveniram que não teriam qualquer notícia dela.

Além disso, quando lhes dão a escolha de saber ou não da situação de Katie um mês mais tarde, mesmo acrescentando que os prognósticos não são muito bons, os altruístas se interessam pela situação de Katie e desejam, em sua maioria, receber notícias dela. *Se elas ajudassem unicamente para seu próprio prazer, deveriam preferir não se expor ao risco de receber más notícias.*

E se alguma vez as pessoas ajudassem para se orgulhar de ser "quem faz a diferença"? Como saber se uma pessoa supostamente altruísta não ajuda apenas por experimentar um sentimento de orgulho ao realizar um gesto benevolente? É suficiente verificar se ela ficará totalmente satisfeita se alguém agir em seu lugar. Para um verdadeiro altruísta é o resultado que conta, e não a satisfação de ser o herói do feito.

É precisamente o que uma outra experiência demonstrou. Os participantes ouviram em um fone de ouvido a voz de uma mulher, Suzanne, lhes explicar que ela deve realizar um teste de atenção e que, toda vez que ela errar, receberá uma descarga elétrica. "Não é atroz [*riso nervoso*], mas de qualquer forma é um bom choque, e eu gostaria muito de não cometer muitos erros!", acrescenta ela a fim de suscitar um sentimento de empatia.

Por seu lado, em um primeiro momento, o participante cumprirá a mesma tarefa que Suzanne, sem qualquer risco de receber uma descarga e, cada vez que tiver êxito, anula o choque que Suzanne deve receber ao errar. É avaliado também por meio de um questionário o grau de empatia dos participantes em relação a Suzanne.

Depois, em um segundo momento, esse mesmo grupo de participantes é avisado que afinal Suzanne não receberá descargas e que o experimentador apenas lhe assinalará os erros que ela cometer. Os resultados revelam que os verdadeiros altruístas (aqueles que manifestaram maior empatia para com Suzanne) ficam tão satisfeitos quando conseguem poupar Suzanne das descargas elétricas, como quando são informados que finalmente ela não receberá descarga alguma. Sua satisfação está portanto ligada ao fato de saber que Suzanne não sofreu, e não à ideia de que foram *eles* que lhe pouparam a dor dos eletrochoques.[16]

À medida que Daniel Batson publicava seus estudos, outros pesquisadores se esforçavam por encontrar explicações egoístas para os resultados observados.[17] Todas as vezes, Batson e os membros de sua equipe imaginavam novos protocolos destinados a responder especificamente às objeções precipitadas, e colocavam à prova todas as explicações egoístas concebíveis.[18] A conclusão fundamental à qual chegou Batson, resultante desse trabalho de pesquisa paciente e sistemático, é a seguinte: "O exame de vinte e cinco trabalhos de pesquisa em psicologia social, desenvolvidos no período de quinze anos, permitiram verificar a hipótese segundo a qual o altruísmo verdadeiro, aquele que tem por único objetivo a realização do bem ao outro, realmente existe. [...] Até o momento, não existe qualquer explicação plausível dos resultados desses estudos que estariam fundamentados sobre o egoísmo".[19]

Ousamos acreditar, mas é sempre bom ouvir! De fato, é crucial dissipar os preconceitos que por longo tempo prevaleceram em relação à universalidade do egoísmo. Se eles fossem justificados, o esforço em promover uma sociedade mais altruísta seria pura perda de tempo. O que não é o caso, e como lembra Michel Terestchenko: "Enquanto hipótese científica que visa a predição e a compreensão das condutas humanas, o egoísmo psicológico foi desmentido e refutado por toda uma série de experiências sobre a empatia; por conseguinte, sua pretensão de dar conta de todas as condutas humanas, mesmo as que são aparentemente desinteressadas, generosas etc., deve ser considerada falsa. Esta é a única conclusão científica que, até que se prove o contrário, se impõe".[20]

Estes trabalhos de pesquisa deram lugar a numerosas discussões,[21] mas até hoje não foram refutados. De fato, a hipótese altruísta reflete melhor os comportamentos de ajuda mútua, de generosidade e de benevolência. Agora, cabe aos partidários do egoísmo universal justificar sua interpretação apesar dos desmentidos que a experiência vivida e todas as investigações científicas trouxeram.

Esta conclusão é capital: se o altruísmo verdadeiro existe, se não é o apanágio de seres excepcionais, que são os heróis ou os santos, e se sua presença pode ser evidenciada nas inumeráveis ações da vida ordinária, como demonstraram as investigações de Daniel Batson, Nancy Eisenberg, Michael Tomasello e outros pesquisadores, nós poderemos extrair ensinamentos importantes. Significa que, à semelhança de qualquer outra qualidade, o altruísmo pode ser cultivado no plano pessoal e encorajado no nível societário; que na escola não é inútil dar muito mais ênfase sobre a cooperação, os comportamentos pró-sociais, a solidariedade, a fraternidade, a não discriminação e todas as atitudes que procedem do altruísmo. E que isto, ao contrário de um idealismo ingênuo, contempla o desenvolvimento de uma economia que integra em seu funcionamento o cuidado do outro.

Todos sabem que o egoísmo existe – parece que, sobre este ponto, não temos necessidade de convencer ninguém –, mas quando tivermos reconhecido que o altruísmo é inerente à natureza humana, teremos dado um grande passo em direção ao advento de uma cultura que se abre para o outro, em vez de se fechar sobre interesses puramente individualistas.

13. Argumentos filosóficos contra o egoísmo universal

Ver o ser humano como um indivíduo que procura em todas as circunstâncias promover seus interesses pessoais é uma concepção que se cristalizou sob a influência do filósofo inglês Thomas Hobbes, que apresenta o homem como um ser intrinsecamente egoísta, e mais tarde foi adotada por muitos pensadores contemporâneos.* Os especialistas das ciências humanas chamam "egoísmo universal", ou "egoísmo psicológico", a teoria que postula não apenas que o egoísmo existe – o que ninguém duvida – mas que ele motiva todos os nossos atos. Mesmo que se deseje a felicidade do outro, isto não passaria de uma forma direta de "maximizar" seus próprios interesses. Se ninguém nega o fato de que o interesse pessoal pode ser uma das razões pelas quais ajudamos o outro, a teoria do egoísmo universal vai bem além afirmando que é a única.

David Hume, um dos grandes adversários de Hobbes, não foi suave com os defensores do egoísmo universal e estimava que esse ponto de vista resulta do "exame dos fatos mais irrefletido e mais precipitado possível".[1] Estava mais inclinado a observar empiricamente os comportamentos humanos do que a construir teorias morais. Ao se referir aos pensadores de sua época, observava: "Há muito tempo eles rejeitam qualquer sistema ético, pois esses homens são a tal ponto capciosos e imaginativos, que não se baseiam nos fatos e na observação". Para ele, negar a existência do altruísmo significaria ir contra o bom senso:

> A objeção mais evidente contra a hipótese egoísta é que, como tal, ela contraria tanto o sentimento comum quanto nossas concepções mais imparciais; é preciso um grande esforço filosófico para criar um paradoxo tão extraordinário. Mesmo ao observador mais negligente parece que existem disposições tais como a benevolência e a generosidade, paixões tais como o amor, a amizade, a gratidão. Esses sentimentos têm suas causas, seus efeitos, seus objetos, seus modos de operar, indicados na linguagem comum e na observação corrente, e claramente distinguidos daqueles das paixões egoístas.[2]

No entanto, confrontados com os numerosos exemplos de altruísmo que, como todos nós, testemunham em suas vidas cotidianas, os defensores do egoísmo universal se utilizam de engenhosidade para encontrar explicações que desafiam o bom senso. A propósito de um homem que desce imediatamente de seu carro e mergulha

---

* Para uma exposição detalhada das posições desses pensadores, ver Batson, C. D. (1991). *The Altruism Question: Toward a Social Psychological Answer.* Lawrence Erlbaum, capítulos 1 e 2.

sem hesitar em águas congelantes para salvar alguém do afogamento, o sociobiologista americano Robert Trivers afirma que, sem motivo egoísta, "é claro que o salvador não se daria ao trabalho de salvar aquele que está se afogando".[3]

O problema é que essa teoria reflete uma visão estreita e reducionista das motivações humanas. O filósofo Joel Feinberg constata:

> Se os argumentos em favor do egoísmo psicológico vêm acompanhados de provas empíricas obtidas cuidadosamente (relatórios bem documentados, experiências verificadas, sondagens, entrevistas, dados de laboratório etc.), o filósofo crítico não teria nada a dizer. Afinal, visto que o egoísmo psicológico pretende ser uma teoria científica das motivações humanas, cabe ao psicólogo experimental e não ao filósofo validá-la ou refutá-la. Ora, de fato, as provas empíricas do egoísmo psicológico são muito raras. [...] Em geral, é um "cientista de salão" que sustenta a tese do egoísmo universal, e com frequência, seus argumentos apoiam-se apenas em suas impressões, ou são em larga medida de tipo não empírico.[4]

A teoria do egoísmo universal se evade a qualquer refutação oferecida pelos fatos

Uma hipótese científica deve não apenas ser passível de verificação experimental, como também apresentar a possibilidade de ser refutada pelos fatos que, nesse caso, provarão sua falsidade. Ora, se uma teoria é formulada de tal modo que seja sempre confirmada, quaisquer que sejam os fatos observados, ela não faz avançar o estado atual de nossos conhecimentos. Como demonstrou Karl Popper, uma teoria que em princípio não permite ser provada como falsa não é científica, é uma ideologia.

O egoísmo psicológico mostra sua fraqueza quando pretende explicar apenas por si *todos* os comportamentos humanos. É egoísta recusar dar uma ameixa a uma criança (você quer guardá-la para si), e é egoísta dá-la (você faz isso para ter a consciência tranquila ou para interromper os pedidos insistentes da criança, que o exasperam). Sem verificar experimentalmente a real motivação da pessoa, pode-se avançar de forma totalmente arbitrária na hipótese inversa: é tão altruísta dar uma ameixa a uma criança (você sabe que ela adora ameixas), quanto recusá-la (você sabe que as ameixas farão mal à sua digestão).

O fato de aplicar a palavra "egoísta" a todos os nossos comportamentos sem exceção conduz a situações absurdas: o soldado que se joga sobre uma granada para evitar que seus companheiros sejam mortos seria tão egoísta quanto aquele que joga seu companheiro sobre a granada para salvar a própria pele. Ser egoísta se tornaria assim sinônimo de existir e de respirar. Como escreveu Abraham Maslow: "Se a única ferramenta de que você dispõe é um martelo, é tentador tratar todas as coisas como se fossem um prego".[5]

No plano filosófico, os principais argumentos dos defensores do egoísmo universal são os seguintes:
– fazemos bem aos outros porque afinal de contas obtemos disso uma satisfação;
– um ato heroico não é verdadeiramente altruísta porque seu autor age por impulso, e não realmente por escolha;
– em tudo que fazemos, não podemos desejar outra coisa senão o nosso próprio bem, o que é em si uma abordagem egoísta;
– tudo o que fazemos livremente é expressão de nossa vontade e de nossos desejos, portanto nossas ações são egoístas.

Fazemos o bem aos outros porque isso nos faz bem?

Algumas pessoas declaram de bom grado: "Ajudei muito os outros, mas retirei disso uma imensa satisfação. Eu é que devo agradecer a eles". Os anglo-saxões falam de *warm glow*, que se pode traduzir como "cálido brilho interior", ou ainda a "doce calidez interior", que acompanha a satisfação nascida do cumprimento de atos de bondade.

Mas tal hipótese não pode se aplicar a todos os comportamentos altruístas. Quando um bombeiro se arroja dentro de uma casa em chamas para salvar alguém poderíamos imaginar que diga para si mesmo: "Vamos lá, estou entrando na fornalha. Ah, como me sentirei bem depois!" Esta hipótese é evidentemente absurda. Como destaca o psicólogo Alfie Kohn: "Para provar a justeza de uma tese como essa, não é suficiente mostrar o sorriso que ilumina a face do salvador que acaba de resgatar alguém da morte. Seria necessário provar que antes de se lançar em uma intervenção arriscada, o salvador já tinha em vista esse momento de maravilha".[6]

Além disso, o fato de experimentar satisfação em realizar um ato altruísta não torna esse ato egoísta, pois a busca de tal satisfação não constitui a motivação principal. Se você partir em uma jornada na montanha para levar provisões a um amigo imobilizado em uma pequena cabana, esse percurso, certamente, será bom para sua saúde e você apreciará os benefícios, mas seria plausível afirmar que você foi reabastecer o seu amigo porque a caminhada lhe faz bem? O fundador da psicologia moderna, William James, traz este outro exemplo: "Um navio a vapor queima carvão ao atravessar o Atlântico; não se pode concluir entretanto que ele atravessa o Atlântico com a finalidade de queimar o carvão".[7]

Na verdade, se há um cálculo egoísta do tipo: "Serei altruísta com esta pessoa porque me sentirei bem depois", a alegria não será fruto do encontro. A satisfação nasce do altruísmo verdadeiro, não do egoísmo calculista. Herbert Spencer, filósofo e sociólogo inglês do século XIX, já enfatizara: "Os benefícios pessoais que se extraem da realização do bem ao outro [...] são proveitosos se nossas ações são realmente desprovidas de egoísmo".[8] Em suma, aqueles que qualificam de egoísmo toda ação altruísta que traz uma vantagem àquele que a realiza confundem a causa primeira com os efeitos secundários.

Pode-se também responder que os atos altruístas nem sempre são acompanhados de emoções agradáveis. Os salvamentos efetuados na urgência e os que consistem em proteger pessoas perseguidas por longo tempo são geralmente precedidos ou acompanhados de momentos de medo, de maior ou menor intensidade. Esses atos ocorrem mais frequentemente em situações trágicas durante as quais a maneira "como nos sentimos" passa para segundo plano diante da urgência da ação a cumprir. Essa tensão, às vezes extrema, não pode ser qualificada de agradável.

Durante a guerra, Irene Gut Opdyke arriscou sua vida inúmeras vezes para salvar os judeus ameaçados de morte na Polônia. Ela explica claramente a diferença entre as emoções sentidas no calor da ação e o sentimento de plenitude experimentado ao rememorar os fatos. Teria ela consciência da nobreza de seus gestos? "Naquele momento, eu não tinha consciência", testemunha ela, "no entanto quanto mais envelheço, mais me sinto enriquecida. Se tivesse que fazer novamente, eu o faria sem nada modificar. É um sentimento maravilhoso saber que hoje um grande número de pessoas estão vivas, que algumas delas estão casadas e têm filhos, que por sua vez tiveram outros, simplesmente porque tive coragem e força."[9] O fato de apreciar retrospectivamente a justeza de uma ação só aumenta sua nobreza; nada retira de seu altruísmo.

Existe uma variante à teoria do egoísmo universal, é a teoria denominada *hedonismo psicológico*, a busca constante do prazer, que se encontra nos trabalhos do filósofo inglês John Stuart Mill.[10] Esta consiste na afirmação de que "Somos egoístas porque a única coisa que desejamos realmente é ter experiências agradáveis, prolongá-las e evitar ou abreviar as experiências desagradáveis". Segundo o hedonismo psicológico, somos altruístas apenas na medida em que nos traz prazer, e evitamos sê-lo se o altruísmo nos trouxer um desprazer. Mas esse argumento não tem muito sentido: é natural que o sentimento de ter realizado um ato que havíamos desejado seja sentido de maneira positiva. E isso, pelo fato de que a realização desse ato suprime a tensão que persiste enquanto o objetivo de nossos esforços não for alcançado.[11] Um corredor que cruza a linha de chegada; um obreiro que termina a construção de uma casa; um pintor que termina um quadro; uma pessoa que acaba de lavar sua roupa, todos apreciam ter conduzido bem seu trabalho. Mas lavou-se a roupa para ter roupa limpa, e não para experimentar a satisfação de haver "terminado a lavagem". Da mesma forma, o simples fato de que a realização do bem do outro nos proporciona satisfação não implica em nossa motivação ser egoísta, pois é para o bem do outro e não para nossa satisfação que agimos.

Além disso, como destaca Feinberg, o fato de experimentarmos a satisfação ao realizar um ato altruísta pressupõe que somos naturalmente inclinados a favorecer a felicidade do outro. Se fossemos totalmente indiferentes à sua sorte, por que experimentaríamos prazer ao nos ocupar com ele?[12]

Você não tinha escolha?

No caso de salvadores intrépidos, os partidários do egoísmo universal têm ainda um outro argumento de reserva. Apoiam-se nas declarações feitas por numerosos heróis comuns: "Eu não tive escolha", dizem eles, após terem prestado socorro a outros, geralmente expondo ao perigo sua própria vida. Margot, uma mulher que correu riscos consideráveis para proteger judeus perseguidos pelo nazismo, explicou a Kristen Monroe: "Quando alguém está se afogando, você não faz uma pausa para refletir e se perguntar se deve ou não agir, se deve proceder de tal ou tal maneira etc.[13]

Os defensores do egoísmo universal então concluem que não se pode qualificar de altruísta um comportamento automático, pois ele não é precedido de uma intenção. Mas o fato de ter agido sem hesitação não quer dizer que não havia escolha, nem que alguma intenção não presidiu o ato. Isso quer dizer simplesmente que a escolha era tão clara que acarretou uma ação imediata, o que não resulta de modo algum em comportar-se como um autômato.

Daniel Batson observa que "Você pode dizer posteriormente – como muitos daqueles que se precipitaram para dentro de edifícios em chamas ou mergulharam em águas perigosas – que você não havia refletido antes de agir. Contudo, parece provável que você tenha – e que eles tenham – refletido, sem o que a ajuda oferecida espontaneamente não seria congruente com as condições [...] Parece mais justo dizer que você – e eles – não haviam refletido atentamente, mas mesmo assim houve algum lampejo de reflexão. A resposta que deram, contudo, era dirigida à meta a atingir".[14]

Quando devemos tomar uma decisão diante de uma situação imprevista que evolui muito rapidamente e não dá margem a tergiversações, nosso comportamento espontâneo é a expressão de nosso estado interior. O que se assemelha a um comportamento instintivo é na realidade a manifestação clara e espontânea de uma maneira de ser adquirida ao longo do tempo.

Desejar o seu próprio bem é incompatível com o altruísmo?

Não se deve confundir "amor de si" ou, para sermos mais exatos, "querer seu próprio bem" e egoísmo. Segundo o filósofo Ronald Milo, o amor de si conduz a desejar seu próprio bem, enquanto o amor egoísta conduz a desejar *tão-somente* esse. Joseph Butler, filósofo inglês e teólogo do século XVIII, destaca a pluralidade de nossas preocupações assim como a compatibilidade entre querer seu próprio bem e querer igualmente o dos outros. Ele defende o "amor de si esclarecido", pelo qual um dos efeitos secundários do altruísmo pode ser o de contribuir para a realização de nossa própria felicidade, sem que isso torne nossa motivação inicial egoísta.[15] Por outro lado, existem atos que contribuem ao nosso próprio bem-estar – caminhar, dormir, respirar – que não são egoístas nem altruístas.[16]

Se querer o bem fosse sempre egoísta, sublinha Norman Brown, filósofo da Universidade de Cambridge, deveríamos qualificar de egoísta o fato de nos esforçarmos para praticar a sabedoria ou a virtude, que são duas formas louváveis de florescer na existência.[17]

Na verdade, o egoísta peca principalmente por ignorância. Se compreendesse melhor os mecanismos da felicidade e do sofrimento, realizaria seu próprio bem, dando provas de bondade para com os outros. Jean-Jacques Rousseau havia notado: "Sei e sinto que fazer o bem é a felicidade mais genuína que o coração humano poderia experimentar".[18] Para o budismo, querer para si o bem é aspirar viver cada momento da existência como um momento de plenitude, é querer atingir um estado de sabedoria, isento de ódio, desejo egocentrado, inveja e outros venenos mentais. Um estado que não é mais perturbado pelo egoísmo, e que vem acompanhado de uma bondade pronta a se expressar para com todos os que nos rodeiam.

Agir segundo nossa vontade e desejos torna todas as nossas ações egoístas?

Seríamos egoístas porque são nossos próprios desejos que nos incitam a agir. Quando ajo livremente, faço em última análise o que eu quero, e seria portanto egoísta. Como explica Norman Brown, esse argumento "equivale a dizer simplesmente que o homem é motivado por seus próprios desejos – afirmação de uma banalidade perturbadora. Ainda que não seja louvável, logicamente é impossível ser motivado pelo desejo de outrem, considerando que um desejo não é mais que a propensão do sujeito à ação".[19] Desse ponto de vista, para ser altruísta, uma ação não deveria ter sido desejada pelo sujeito que a realiza, o que é absurdo.

Além disso, se agirmos em favor do outro apenas para satisfazer nosso desejo de ajudar, bastaria pensar em outra coisa para que desaparecesse esse desejo que nos incomoda. Mas não é o caso: pois assim que nossa atenção recai sobre a pessoa que necessita assistência, o desejo de ajudar-lhe ressurge e se mantém enquanto não *fazemos algo útil* por ela.

A diferença entre o altruísmo e o egoísmo não se deve portanto ao fato de eu desejar alguma coisa, mas à *natureza de meu desejo*, que pode ser benevolente, malevolente ou neutra. Posso desejar o bem dos outros, como posso desejar o meu. O egoísmo não consiste só em desejar algo, mas em satisfazer os desejos exclusivamente centrados nos interesses pessoais, sem levar em consideração os interesses dos outros.

Além disso, na maioria dos casos é possível infundir o altruísmo nas atividades aparentemente neutras sob um ponto de vista ético. Podemos por exemplo desejar viver longo tempo e em boa saúde para nos consagrar melhor à dupla realização, a do nosso próprio bem e o dos outros. Se essa perspectiva estiver presente de modo constante no coração de nossos pensamentos, em tudo que fizermos nossa mente estará impregnada de benevolência.

O ponto de inflexão entre altruísmo e egoísmo deve-se portanto à *natureza de nossa motivação*. É nossa motivação, o objetivo último que queremos alcançar, que dá cor a nossos atos, ao determinar seu caráter altruísta ou egoísta. Estamos longe de dominar a evolução dos acontecimentos exteriores, mas quaisquer que sejam as circunstâncias, podemos sempre examinar nossas intenções e adotar uma atitude altruísta.

Se o altruísmo não existisse, o mesmo ocorreria com qualquer sentimento para com os outros

Joseph Butler propôs um raciocínio por contradição: se é verdade que os humanos são puramente egoístas, conclui-se que eles não se interessam de forma alguma pela sorte dos outros. Se for este o caso, eles nunca deveriam desejar nada de particular aos outros, nem de bom, nem de ruim, visto que esses dois desejos, ainda que opostos, implicam ambos o interesse pela sorte do outro, positiva ou negativamente. Um perfeito egoísta poderia prejudicar ou fazer o bem a outro para favorecer seus interesses, mas ele não poderia sacrificar seus interesses por qualquer motivo que fosse. Ora, sabe-se bem que algumas pessoas arriscam sua vida para se vingarem e causar o mal a outros. Se são capazes de prejudicar mesmo sacrificando seus interesses, por que não seriam capazes de fazer o bem de maneira desinteressada?

O egoísmo universal é incompatível com a existência da moral

Toda moral é baseada na consideração do que é justo e desejável para o outro. Um egoísta radical considera os outros tão somente como meios para alcançar seus fins. Desse modo ele não pode ter uma consideração sincera por eles. Num mundo do "cada um por si" não poderia haver senso moral, no máximo acordos estabelecidos entre egoístas para limitar os danos que correriam o risco de se infligir mutuamente.

Se o egoísmo fosse de fato o único componente de todas as nossas motivações, por que experimentaríamos o menor sentimento de indignação pensando nos malefícios infligidos a outros? Por que nos rebelaríamos contra os trapaceiros, ou contra o capitão que deixa seu navio naufragar antes de ter evacuado os passageiros? Deveríamos considerar todos esses atos como perfeitamente normais.

Na verdade, mesmo as pessoas mais egoístas admiram às vezes os atos benevolentes ou generosos realizados pelos outros. Assim, reconhecem de maneira tácita no outro a possibilidade do altruísmo. Ora, para reconhecê-lo no outro, deve-se detectar a possibilidade em si mesmo. Não podemos atribuir aos outros sentimentos que nos são completamente desconhecidos.

Além disso, o egoísta mais inveterado estimará normal ser tratado de forma equânime, e se indignará se for vítima de uma injustiça. Ora, ele não pode reivindicar um tratamento equânime sem reconhecer implicitamente o próprio valor da equidade. Se este for o caso, ele deve também aceitar ser equânime em relação aos outros.

Um número crescente de pesquisadores, e em especial o psicólogo Jonathan Haidt, verificou através de experiência científica que o senso moral é inato no homem. Segundo Haidt, está provado que em numerosas situações primeiro sentimos de modo instintivo ou intuitivo se um comportamento é ou não aceitável, para depois justificar nossas escolhas por meio do raciocínio.[20]

Em resumo, conforme Norman Brown, "a noção de egoísmo psicológico é considerada pela maior parte dos filósofos como uma das ilusões mais ingênuas da história da filosofia; uma concepção perigosa e também sedutora que se esforça para associar o cinismo aos ideais humanos e, ainda, assume um ar de metodologia científica, ambos induzindo no leitor comum a impressão de sofisticação e levando a uma confusão conceitual à qual ele não pode resistir."

Nada, no campo da experiência vivida, dos estudos sociológicos ou da experimentação científica permite passar da constatação da existência do egoísmo à afirmação dogmática segundo a qual *todos* os nossos atos, sem exceção, são motivados pelo egoísmo. A ideia de egoísmo universal parece basear-se muito mais em um *a priori* intelectual do que nos conhecimentos adquiridos pela investigação dos comportamentos humanos.

Escapar do pessimismo e optar pelo altruísmo

Admitir a ideia de que o altruísmo e a bondade fazem parte da natureza humana é também um encorajamento para exprimir plenamente esse potencial em nossos pensamentos e ações. Pressupondo um egoísmo natural, procuramos justificar alguns de nossos comportamentos antissociais e minamos qualquer vontade de remediar nossas faltas. Quantas vezes ouvimos dizer sobre o egoísmo: "De qualquer maneira, é da natureza humana". Jerome Kagan, professor em Harvard, descreve assim a tendência na sociedade norte-americana a aceitar a ideia de que o interesse pessoal prima sobre qualquer outra consideração: "Muitos americanos preferem acreditar que o egocentrismo representa, assim como o ciúme, a violência e o incesto, as sequelas inevitáveis de uma herança animal que deveríamos aprender a assumir".[21]

Nossa opinião sobre a existência do altruísmo verdadeiro não é apenas uma questão teórica, já que pode influenciar consideravelmente a maneira de pensar e de agir de cada um de nós. Como disse Martin Luther King: "Cabe a cada homem decidir se caminhará à luz do altruísmo criativo ou pelas trevas do egoísmo destruidor".

A benevolência é mais natural que o ódio?

O Dalai Lama afirma com frequência que o amor é mais natural que o ódio, o altruísmo mais natural que o egoísmo, porque do nascimento à morte todos nós temos necessidades, de sobreviver, de dar e receber amor para realizar simultaneamente nosso próprio bem e os dos outros. Em geral, acrescenta ele, nos sentimos "bem" quando manifestamos bondade aos outros, e "mal" quando os prejudicamos. Preferimos a companhia de pessoas benevolentes; mesmo os animais se distanciam de alguém raivoso, brutal e imprevisível. Segundo ele, a relação entre bondade e bem-estar se explica pelo fato de o homem ser um "animal social" e que, do nascimento até a morte, sua existência e sua sobrevivência dependem estreitamente da ajuda mútua e da benevolência da qual ele se beneficiará e então demonstrará, por sua vez, em relação aos outros.

Como explicar então que a humanidade esteja submetida a tantos conflitos e violência? Podemos compreender a benevolência como a expressão de um estado de equilíbrio mental do ser humano e a violência como um desequilíbrio. O ódio é um desvio que provoca o sofrimento daquele que o sofre e daquele que o inflige. Quando se segue um caminho de montanha, é preciso muito pouco para dar um passo em falso e rolar na ladeira. Quando perdemos nossos pontos de referência e desviamos de nosso estado de equilíbrio, tudo pode acontecer.

Assim sendo, fica claro que é preciso aprender a dominar os pensamentos malevolentes desde que surgem em nossa mente, assim como se extingue o fogo desde as primeiras chamas, antes que a floresta inteira incendeie. Sem essa vigilância e esse domínio, é muito fácil nos afastarmos de nosso potencial de benevolência.

Nutrir o potencial de bondade presente em cada criatura

Certas pessoas excepcionais salientaram o fato de que, mesmo em circunstâncias muito desfavoráveis, era quase sempre possível apelar ao lado bom da natureza humana para que se manifestasse nos comportamentos. Nelson Mandela, em particular, mostrou como tal atitude poderia ser colocada a serviço de uma causa social ou política:

> O amor nasce mais naturalmente no coração do homem do que seu oposto. Mesmo nos piores momentos da prisão, quando meus companheiros e eu estávamos no limite, sempre vislumbrei um lampejo de humanidade em um dos guardas, às vezes por um segundo, mas isto era o suficiente para me tranquilizar e permitir que eu continuasse. A bondade do homem é uma chama que pode se esconder, mas nunca se pode apagar.[22]

O Dalai Lama lembra que o homem, diferentemente dos animais, é a única espécie capaz de provocar um bem ou um mal imenso a seus semelhantes. Como fazer sobressair o lado bom da natureza humana? Podemos encontrar uma inspiração nas palavras atribuídas a um velho homem ameríndio: "Uma luta implacável se desenrola em nós", diz ele a seu neto. "Uma luta entre dois lobos. Um é mau – ele é ódio, avidez, arrogância, inveja, rancor, egoísmo e mentira. O outro é bom – ele é amor, paciência, generosidade, humildade, perdão, benevolência e retidão. Os dois lobos brigam entre si dentro de você como em todos os homens". A criança reflete um momento e em seguida pergunta: "Qual dos dois lobos vai ganhar?" "Aquele que você alimentar", responde o avô.

Parte III
O surgimento do altruísmo

14. O ALTRUÍSMO NAS TEORIAS DA EVOLUÇÃO

Um ponto de vista revolucionário sobre a evolução dos seres vivos: Charles Darwin

EM 1859, DARWIN PUBLICOU *A ORIGEM DAS ESPÉCIES*, TEXTO SEGUIDO DE vários outros trabalhos fundadores da teoria da evolução. Descreve o movimento e as etapas sucessivas da evolução das formas mais elementares da vida para outras formas mais complexas, e em especial para os estados mentais e as emoções que caracterizam o homem e um certo número de espécies animais.

Darwin reconheceu no ser humano "instintos de simpatia e de benevolência por seus semelhantes, instintos esses que estão sempre presentes e, em certa medida, sempre ativos em sua mente".[1] Ele concebe a simpatia como "um elemento fundamental dos instintos sociais" e conclui que "o homem que não possuísse semelhantes sentimentos seria um monstro". Contrariamente a uma ideia amplamente difundida segundo a qual o darwinismo não deixaria lugar ao altruísmo, a teoria evolucionista salienta o desenvolvimento da empatia e da cooperação entre os indivíduos. De fato, não devemos esquecer que foi Herbert Spencer, filósofo inglês apelidado de o "buldogue de Darwin", e não o próprio Darwin, que lançou a expressão "luta pela vida".

Em uma época em que ainda não se sabia quase nada a respeito da genética, as observações minuciosas e a perspicácia de Darwin iriam revolucionar nossa compreensão das relações entre as espécies animais e sua história. Darwin compreendeu que a diversidade das espécies era o resultado de um processo longo e contínuo de adaptação às condições do meio ambiente. Demonstrando um notável discernimento no estudo da natureza das relações e das particularidades que haviam escapado a seus predecessores, ele reuniu suas descobertas em uma teoria da evolução das espécies, fundamentada na combinação de três elementos essenciais:

– as mutações genéticas, que se produzem ao acaso e desencadeiam variações hereditárias que diferenciam os membros de uma espécie;

– as variações que permitem aos indivíduos melhor chance de sobrevivência e de reprodução, e que são favorecidas pela seleção natural, de modo que os indivíduos portadores dessas mutações tornam-se cada vez mais numerosos no decorrer das gerações;

– a adaptação: se as condições exteriores mudam, pode ocorrer que os indivíduos portadores de outros traços estejam melhor adaptados às novas condições; sob a pressão seletiva exercida pelo meio ambiente, eles, por sua vez, irão prosperar ao longo das gerações.

Embora oriunda das descobertas de Gregor Mendel (1822-1884), contemporâneo de Darwin (1809-1882), a noção de gene não apareceu antes da morte deste, e a estrutura do DNA foi elucidada por Watson e Crick somente nos anos de 1950, o que torna muito mais admirável o discernimento de Darwin. Atualmente fala-se mais de genes do que de "traços hereditários", mas os fundamentos da teoria da evolução permanecem inalterados.

Do aparecimento da vida ao surgimento da cooperação e do altruísmo

O nascimento da vida corresponde ao surgimento de entidades capazes de manter sua integridade em um determinado meio e de se reproduzir transmitindo à geração seguinte a informação necessária à constituição de novas entidades. Essa informação é codificada em um conjunto de moléculas que constituem os genes. As entidades que possuem um genoma e características muito semelhantes e que, no caso da reprodução sexuada, se reproduzem entre elas, formam uma espécie, vegetal ou animal. Elas desfrutam então de um certo grau de autonomia e ao mesmo tempo estão em constante interação dinâmica com o seu ambiente.

Como as formas mais elementares de interações passariam às formas mais complexas dos mecanismos psicológicos? Os diversos processos biológicos e os comportamentos têm primeiramente uma função. Por exemplo, a função da fotossíntese é permitir às plantas utilizar a energia da luz; a função da incubação é manter os ovos aquecidos até sua eclosão; a da caça, tal como praticam os animais selvagens, é conseguir alimento.

A essa noção de *função* acrescenta-se a de *necessidade*. Para crescer, uma árvore tem necessidade de água, de oxigênio, de luz, de elementos nutritivos retirados do solo etc.

Esses processos tornam-se mais e mais complexos no transcorrer da evolução. As necessidades de uma bactéria, de uma ostra, de um rato, ou de um ser humano são diferentes, mas na biosfera todas essas espécies são *interdependentes* umas das outras.

No reino animal essas necessidades fazem surgir as *tendências*, que vão do simples tropismo de uma bactéria que se desloca ao longo de um gradiente de concentração em fatores nutritivos, à propensão de uma minhoca de distanciar-se de uma superfície seca e abrasadora que coloca sua vida em perigo, para chegar às tendências e pulsões complexas nos organismos mais evoluídos.

A dimensão do *desejo* ou da *aspiração* se acrescenta às necessidades e às tendências quando um organismo adquire a faculdade de tomar consciência de maneira subjetiva. As aspirações orientam e facilitam o cumprimento das funções, necessidades e tendências do organismo. A aspiração consciente mais elementar de um ser sensível é a que consiste em evitar o sofrimento e buscar o bem-estar. As aspirações tornam-se cada vez mais complexas à medida que a apreciação do sofrimento e do bem-estar passa do campo físico para o campo mental.

Quando um predador mata sua presa, a função vital da presa é interrompida, e adquire a função de alimento para o predador. As necessidades e as aspirações da presa são contrariadas, mas as do predador são satisfeitas. O caráter desejável ou indesejável de uma situação é portanto uma noção relativa, que depende de pontos de vista particulares.

A capacidade de um organismo de tomar consciência de sua identidade e de suas aspirações caminha junto com uma aptidão correspondente à tomada de consciência de que o outro também tem uma identidade e aspirações próprias. Daí nasce a *empatia*.

As aspirações de uns e de outros podem concordar ou se opor, é nesse estágio que a *ética* entra em cena. Esta é baseada em uma apreciação do caráter desejável ou indesejável de um comportamento (benéfico ou prejudicial), ou de uma situação (equitativa ou injusta); apreciação que leva em conta as aspirações dos outros sem no entanto negligenciar as nossas. Essa avaliação é associada a um juízo de valor sobre a natureza altruísta ou egoísta de nossas motivações.

Um indivíduo que não levasse em conta as necessidades e aspirações dos outros instrumentalizaria estes inteiramente para satisfazer suas próprias necessidades, sem se questionar sequer sobre a legitimidade de sua motivação e de seus atos, que seriam então totalmente egoístas.

O altruísmo baseado na *reciprocidade* conduz ao "contrato social", isto é, um conjunto de regras que regem as relações entre os indivíduos, regras essas que aceitamos cumprir porque nós próprios somos beneficiados.

A ética adquire uma dimensão suplementar quando o indivíduo reflete sobre a validade que possuem em si mesmas as aspirações do outro, que não é mais considerado como um *meio*, mas um *fim em si*. Pela empatia e o raciocínio, que culminam no ser humano, o indivíduo é agora capaz de se colocar no lugar do outro, de considerar seu ponto de vista, de tomar consciência de suas aspirações e de compreender que elas são tão legítimas quanto as suas. Ele então *respeita* o outro e deixa de considerá-lo instrumento a serviço de seu interesse pessoal.

Quando essa tomada de consciência do *valor do outro* gera uma *motivação* e comportamentos cujo *objetivo final é realizar o bem dos outros*, falamos de altruísmo. Um ato altruísta pode nos trazer um benefício pessoal, sem que esse tenha sido o propósito de nossa ação. Ele pode também ter um custo, porque decidimos renunciar a algumas de nossas vantagens em benefício do outro. Não se trata porém de um sacrifício, na medida em que estamos satisfeitos de agir assim.

A qualidade e os bons fundamentos de uma ética crescem com o seu grau de universalidade. Os desonestos por exemplo, podem passar seu tempo roubando pessoas, respeitando uma "ética de ladrões" que os leva a partilhar de modo equitativo o produto de seu roubo. Um malfeitor ou um tirano podem observar uma ética familiar que os conduz a se preocupar com o bem-estar de seus filhos, ao passo que oprimem sem piedade o resto da população. Essas "éticas" não podem pretender ter um valor universal.

Podemos notar que a maioria de nossos sistemas éticos leva em consideração tão somente os seres humanos. Isso não afeta a utilidade desses sistemas, mas restringe consideravelmente o seu alcance. Uma ética só pode ser universal se levar em consideração as aspirações da totalidade dos seres vivos, em todas suas modalidades e com todos seus graus de complexidade. Segundo esta ética, o desejo de não sofrer sentido por todos os seres deve ser respeitado, mesmo que não seja experimentado por um ser dotado de uma inteligência superior, e mesmo que ele não se expresse em uma linguagem que nós, seres humanos, somos capazes de compreender. Aqueles que usufruem de uma inteligência superior deveriam, em contrapartida, servir-se dessa faculdade para reconhecer nos outros seres o mesmo desejo de evitar o sofrimento.

A ética é fundamentalmente ligada ao altruísmo. Ela começa com o altruísmo limitado a nossos próximos e àqueles que nos querem bem, depois se expande para os desconhecidos que pertencem à mesma família humana que nós, e culmina no interesse pela sorte de todos os seres sensíveis.

Somos capazes de observar tal ética? Somos biologicamente programados para o *altruísmo restrito*, mas essa capacidade pode ser a base para o altruísmo *expandido*.

Cooperação *versus* competição

Darwin considerou três tipos de comportamento: os puramente automáticos e instintivos (dos organismos mais simples), os que buscam interesses individuais (geralmente em detrimento dos outros indivíduos) e os oriundos de instintos sociais que se expressam especialmente pelo cuidado parental e a simpatia para com os outros membros do grupo. Darwin considerava de maneira explícita a possibilidade do homem estender a simpatia para além do círculo familiar, do clã, e mesmo da espécie humana:

> À medida que o homem avança em civilização e que as pequenas tribos se juntam em comunidades maiores, a simples razão indica a cada indivíduo que ele deve estender seus instintos sociais e sua simpatia a todos os membros da mesma nação, embora não sejam pessoalmente conhecidos dele.
> Atingido esse ponto, somente uma barreira artificial pode impedir de estender sua simpatia a todos os homens de todas as nações e de todas as origens. A experiência nos prova, infelizmente, quanto tempo é preciso ainda para considerarmos como nossos semelhantes os homens que são diferentes de nós por seu aspecto exterior e por seus costumes.
> A simpatia estendida para fora dos limites da humanidade, isto é, a compaixão para com os animais, parece ser uma das últimas aquisições morais. [...] Essa qualidade, uma das mais nobres das quais o homem é dotado, parece derivar-se secundariamente da sensibilidade que nossas simpatias vão ganhando à medida que vão se expandindo, terminando por se aplicar a todos os seres vivos. Essa virtude, honrada

e cultivada por alguns homens, está se espalhando entre os jovens pela instrução e pelo exemplo, e tornando-se parte da opinião pública.[2]

Para Paul Ekman, especialista das emoções e sua evolução, Darwin formula desse modo uma posição próxima daquela expressa no Oriente pelo budismo.[3]

Quanto ao termo "luta pela vida", o próprio Darwin não a utiliza senão no sentido metafórico. De fato, dois cães podem lutar por um pedaço de carne e duas plantas podem "lutar" contra a seca para sobreviver em um deserto. Os dois cães lutam *um contra outro*, enquanto as duas plantas lutam ambas *contra a seca*.[4] Neste último caso, a "luta pela vida" não implica qualquer hostilidade entre duas espécies. Algumas espécies saem vencedoras do processo da evolução sem terem participado da menor batalha; elas têm, por exemplo, um melhor sistema imunológico, são providas de olhos, ou de orelhas que lhes permitem detectar melhor os predadores.[5] Além disso, embora organismos estejam às vezes em competição direta com membros de outras espécies ou de sua própria espécie para se apropriar de recursos raros e preciosos, ou ainda para estabelecer sua categoria em uma hierarquia social, se considerarmos a *totalidade das interações* no tempo, constataremos que na maioria dos casos essa competição não é violenta nem direta.[6]

Em 1880 o biologista russo Karl Fedorovitch Kessler, na época decano da Universidade de São Petersburgo, acentuou o fato de que ao lado da lei da luta recíproca, a lei da ajuda recíproca é muito mais importante para o sucesso da luta pela vida e para a evolução progressiva das espécies.[7] Essa ideia, que se inscrevia na continuidade daquelas oferecidas por Darwin, inspirou Pierre Kropotkine, geógrafo e anarquista russo, a consagrar-se ao estudo da ajuda mútua nos animais, cujos pontos importantes deixou registrados em sua obra *Ajuda mútua: um fator da evolução*.[8]

Geralmente, a competição é mais visível e espetacular que a cooperação. Uma rixa em lugar público provoca de imediato uma aglomeração, e chama mais a atenção do que um grupo de pessoas que coopera de múltiplos modos por várias horas. No entanto, é razoável afirmar que o mundo dos seres vivos é muito mais tecido de cooperação que de competição. De fato, como explica Martin Nowak, diretor do Departamento da Dinâmica da Evolução de Harvard, a evolução *necessita* da cooperação para estar à altura de construir novos níveis de organização: os genes colaboram nos cromossomos, os cromossomos colaboram nas células, as células colaboram nos organismos e estruturas mais complexas, as estruturas colaboram nos corpos, e esses corpos colaboram nas sociedades.[9] Assim, no curso da história da vida, unidades inicialmente independentes reuniram-se de maneira cooperativa, e ao longo do tempo acabaram por constituir indivíduos integrais, um ser humano por exemplo, ou "superorganismos", como no caso de uma colônia de formigas.

Considerada neste contexto, a palavra "cooperação" não implica qualquer motivação consciente, visto que ela se aplica tanto aos genes como às bactérias ou aos animais superiores.[10]

Em geral os animais se associam de modos diversos e com maior ou menor complexidade. Alguns permanecem solitários fora dos breves períodos de procriação. Os animais gregários, ao contrário, são atraídos pela companhia de seus semelhantes e tendem a se reunir em abrigos comuns, sem necessariamente interagir. Em seguida, na escala da complexidade, vem a fase *subsocial*, caracterizada pelo surgimento de *cuidados parentais*. Nessa fase os animais investem de modo significativo na criação de seus filhotes até o desmame. Em algumas espécies vem em seguida a fase *colonial*, o das grandes colônias de pássaros, por exemplo, em que os pais se ocupam apenas com sua prole, mas em uma área comum que favorece a segurança do grupo. Na fase *comunal*, as fêmeas cooperam no cuidado das crias, alimentando-as e protegendo-as. Finalmente na fase chamada *eussocial*, a mais complexa, observa-se a construção e a defesa de um habitat comum – um ninho de formigas por exemplo – onde os adultos cooperam a longo prazo para criar os filhotes, assim como uma divisão do trabalho e uma especialização das tarefas.[11]

Explicar a cooperação altruísta foi um dos grandes desafios colocados para a teoria da evolução, uma vez que essa cooperação implica um custo para o indivíduo. A aceitação desse custo é difícil de explicar sob o prisma da "luta pela vida", pois o indivíduo aparentemente não retira qualquer vantagem para sua sobrevivência. No entanto, os exemplos desse tipo de comportamento são abundantes entre os seres humanos, que podem ser vistos constantemente engajados em ações colaborativas fortes, repetidas, diversas, às vezes custosas ou arriscadas, que se estendem muito além do círculo restrito dos próximos, a indivíduos sem qualquer ligação de parentesco.[12]

O altruísmo é compatível com a "luta pela vida"?

Darwin constatou a existência de comportamentos altruístas que se manifestavam em situações onde eram úteis ao grupo mas inúteis ao indivíduo, como no caso das operárias estéreis de uma sociedade de insetos. Ele se encontrou, revela em seus escritos, diante da "objeção mais séria que poderia ser feita à minha teoria.[13] A seleção natural "não pode determinar em um indivíduo uma conformação que lhe seria mais prejudicial que útil, pois ele só pode agir por e para seu bem".[14] Para existir, o altruísmo deve ter uma utilidade fundamental para a espécie:

> Por mais complexa que seja a maneira como esse sentimento nasce, dada a sua grande importância para todos os animais que se ajudam e se defendem mutuamente, ele teria se desenvolvido no curso da seleção natural, uma vez que essas comunidades, que compreendem o maior número dos indivíduos mais compassivos, podiam prosperar melhor e criar um número mais elevado de descendentes.[15]

É o grupo, em vez do indivíduo, que se beneficiaria do altruísmo. Em consequência, os teóricos que desenvolveram e completaram as ideias de Darwin sempre depararam com a questão do altruísmo. Tal como explica o filósofo da evolução Elliott Sober:

> A questão do altruísmo lhes apresentava, de fato, um problema espinhoso, pois *a priori* lhes parecia que um indivíduo que se comportasse de maneira totalmente egoísta teria uma vantagem na "luta pela vida". O egoísta se apropriaria sem hesitar do alimento e de outros recursos limitados, eliminaria de modo brutal seus potenciais rivais no momento da reprodução, e não hesitaria em matar os altruístas se isso fosse favorecer sua sobrevivência. Dessa forma, é difícil conceber como os genes que se manifestam por um temperamento altruísta poderiam implantar-se em uma população qualquer.

Nessa perspectiva, dar uma vantagem ao outro voluntariamente parece ser uma contraindicação maior à otimização das chances de sobrevivência do indivíduo. Segundo a lógica, os altruístas deveriam ser os eternos perdedores da luta pela vida. No entanto, não é absolutamente o caso.

De que altruísmo estamos falando?

É necessário ter em mente neste capítulo que quando os evolucionistas falam de "altruísmo" não estão interessados nas *motivações*, mas apenas nos *comportamentos pró-sociais*; isto é, nos comportamentos *benéficos* aos outros indivíduos e que têm um custo mais ou menos elevado para seus autores. Ora, definimos o altruísmo como um *estado mental*, uma *motivação,* uma *intenção* de prover as necessidades do outro, um *desejo* de lhe fazer o bem ou de poupá-lo de um sofrimento. Elliott Sober denomina essa motivação de "altruísmo psicológico" por oposição ao "altruísmo evolucionário".[16]

Para um evolucionista o termo "altruísta" se aplica às formigas operárias estéreis cujo comportamento beneficia o formigueiro; ou ainda ao pássaro que lança um grito de alarme quando da aproximação de um predador, permitindo aos seus congêneres fugir para um lugar seguro, mas atraindo para si a atenção do caçador – um comportamento que via de regra lhe resulta fatal. Segundo a teoria clássica da luta pela vida, tais comportamentos sacrificiais não têm sentido, já que perdendo prematuramente a vida esses altruístas deixam menos descendentes que aqueles que sobrevivem. Tais comportamentos deveriam ser naturalmente eliminados no transcorrer das gerações. Mesmo as bactérias, segundo Dugatkin, podem ser consideradas como "altruístas", se seu comportamento causa uma diminuição de seu potencial reprodutivo, beneficiando assim outras bactérias.[17] Vemos que estamos longe do altruísmo considerado como uma motivação.

Daniel Batson refere-se a um comentário de Richard Dawkins, autor de *O gene egoísta*, no qual este explica que uma variação genética que produza dentes ruins entre os cavalos seria "altruísta" em termos de evolução, visto que esses cavalos comeriam menos capim e deixariam mais para os outros animais.[18] Seguindo essa linha de pensamento poderíamos dizer que os humanos que têm mau hálito seriam altruístas porque são menos suscetíveis de encontrar um companheiro, e deixariam assim a outros a possibilidade de transmitir seus genes à geração seguinte; o que não tem sentido nem qualquer relação com o altruísmo! Como destaca Batson, "a palavra *altruísmo* tal como a utilizo não remete aos dentes estragados dos cavalos nem ao mau hálito dos humanos, mas à motivação específica que tem por objetivo realizar o bem do outro".

Essa malversação da terminologia normalmente utilizada pelos evolucionistas para designar as motivações é infeliz, pois não cessa de gerar confusões inúteis. Seria preferível que os evolucionistas utilizassem outros termos, tais como "benéfico", "útil", "vantajoso" ou "favorável" aos outros, por exemplo, para evitar que suas discussões sobre a natureza do altruísmo evolucionário influenciem nossa visão de altruísmo verdadeiro na natureza humana, como ocorre geralmente.

Favorecer aqueles que carregam nossos genes

O problema do "altruísmo evolucionário" foi em parte esclarecido por um jovem estudante inglês, apaixonado pela questão do altruísmo. Nos anos de 1960, na Universidade de Cambridge, William Donald Hamilton decidiu, apesar de tudo e contra todos, interessar-se pela evolução genética do altruísmo. Solitário e tímido, Hamilton não requisitou sequer uma mesa de escritório. Trabalhava em sua casa, nas bibliotecas e até em bancos de estações quando as bibliotecas fechavam. Teve que se defrontar com críticas reiteradas de seus professores e foi preciso até interromper o curso de sua carreira científica. Mas perseverou e publicou dois artigos, um em 1963, o outro em 1964, em meio a uma total indiferença.[19] Seus orientadores de tese estimaram que ele não merecia seu doutorado em ciências, recusando-o até 1968. Entretanto, esses dois artigos iriam influenciar de maneira profunda a ciência da evolução. Hamilton descreveu, com a ajuda de uma equação relativamente simples, o que iria ser considerado como uma das grandes descobertas do século XX em matéria de evolução.[20]

Darwin falava da transmissão de "traços" hereditários menos ou mais favoráveis à sobrevivência do indivíduo, e portanto à sua capacidade de gerar descendentes portadores desses traços. Hamilton mostrou que gerar o maior número possível de descendentes não era a única maneira de assegurar a transmissão de seus genes às gerações seguintes. O mesmo objetivo pode ser atingido se parentes próximos, igualmente portadores de uma parte dos genes, procriem.

Em seus dois artigos, Hamilton propôs uma equação, tornada célebre, que dá sentido ao que ele chama a partir daí de "seleção de parentesco", segundo a qual os comportamentos que auxiliam um indivíduo geneticamente aparentado são favorecidos pela seleção natural. Até então, mensurava-se o "sucesso reprodutivo" de um indivíduo pelo número de seus descendentes portadores desses genes.* Hamilton, contudo, mostrou que esse valor seletivo não é somente proporcional ao sucesso do próprio indivíduo, como também ao sucesso de *todos aqueles que lhes são aparentados geneticamente*, seus irmãos e irmãs, seus sobrinhos e sobrinhas. De fato, eles também carregam uma parte dos genes do indivíduo em questão (a irmã de um determinado indivíduo tem em média 50% de genes em comum com ele, um primo em primeiro grau, 25%, uma sobrinha, 12,5% etc.).

O *sucesso reprodutivo global* (ou ainda o valor seletivo global chamado *aptidão inclusiva* por Hamilton) é então a soma de seu sucesso reprodutivo *direto* (sua descendência) e de seu sucesso reprodutivo *indireto* (o de seus parentes que carregam uma parte de seus genes). Finalmente o que importa é a quantidade global de exemplares de nossos genes que é transmitida à geração seguinte, direta ou indiretamente.

Assim sendo, os comportamentos altruístas de alguns animais parecem repentinamente adquirir um sentido do ponto de vista da evolução. A equação de Hamilton formalizava a intuição do grande geneticista J. B. S. Haldane, segundo a qual vale a pena dar sua vida para salvar a de pelo menos dois irmãos ou irmãs, ou quatro primos ou primas, ou ainda oito sobrinhos ou sobrinhas. Se um lobo se sacrifica apartando-se da alcateia perseguida por caçadores para chamar a atenção sobre ele – salvando a vida de um número suficiente de seus irmãos e irmãs, sobrinhas e sobrinhos, que carregam seus genes, os quais poderão por sua vez se reproduzir –, então seu sacrifício representa um benefício claro para a propagação de seus próprios genes.

Depois, a equação de Hamilton foi constatada repetidas vezes na natureza em situações mais complexas. Foi demonstrado que entre uma espécie de esquilo terrestre, o *spermophilus* de Belding, por exemplo, os indivíduos que geralmente emitem o alarme à aproximação de um predador – um comportamento muito arriscado, pois quando o predador agarra uma presa, em 50% dos casos trata-se do desafortunado que deu o alarme – são aqueles que contam com o maior número de parentes no entorno imediato.[21]

Em 1965, o grande especialista de insetos sociais Edward O. Wilson, descobriu o trabalho de Hamilton e contribuiu significativamente para sua difusão junto à comunidade científica. A equação de Hamilton foi verificada de maneira espetacular entre os insetos eussociais como as formigas (que constituem por si só a metade da biomassa de todos os insetos reunidos), entre algumas abelhas e outros himenópteros.[22]

Disto resulta que uma mutação que predispõe a um comportamento do tipo "altruísta evolucionário" é favorecida pela seleção natural (e não penalizada como se pensava até então), contanto que o custo do ato suportado pelo indivíduo "altruísta" seja inferior ao ganho correspondente à propagação de seus genes por aqueles que lhe são aparentados.

---

* Em termos técnicos, diz-se que o "valor seletivo" de um indivíduo é igual à sua taxa de reprodução.

A odisseia de George Price

Antes de ser reconhecido como inovador genial, William D. Hamilton juntou-se em sua busca intelectual, até então solitária, a George Price – um cientista original.[23] Nascido em uma família pobre, filho de um eletricista e de uma cantora de ópera, George Price estudou química, depois foi convocado e incorporado por vinte anos ao Projeto Manhattan, que deu origem à bomba atômica. Trabalhou algum tempo na IBM como inventor, e em seguida mudou-se para Londres. Numa biblioteca leu por acaso os artigos de Hamilton, que o deixaram intrigado. Mandou-lhe uma carta, iniciando dessa forma uma troca de correspondência que levaria George Price, ainda novato no campo da evolução, a construir modelos matemáticos para explicar não somente a cooperação e o altruísmo, como também a intimidação, a agressividade e os comportamentos prejudiciais de maneira geral. Munido dessas anotações, George Price bateu à porta do escritório de Cedric Smith, diretor do Departamento de Genética Humana da Universidade de Londres. Este ficou tão impressionado por suas ideias que lhe deu imediatamente as chaves de uma sala, para que pudesse dar continuidade às suas pesquisas em melhores condições.

Por fim, após outras interações com Hamilton, George Price formulou uma equação denominada "covariância", que abrange diversos tipos de comportamento, benevolentes e malévolos, que estabelece que isso ocorre no mundo animal, no qual o altruísmo decresce quando se passa da família imediata ao grupo, para se transformar em agressividade entre indivíduos de grupos diferentes. Além disso, Price demonstrou que, em condições adequadas, o altruísmo poderia se desenvolver no seio de um *grupo* de indivíduos.

Semelhante ao caso de Hamilton, as ideias de Price foram inicialmente ignoradas. O artigo que ele enviou à revista *Nature* foi recusado e, embora tenha sido aceito no final, foi unicamente porque Hamilton se recusou a publicar seu novo artigo[24] enquanto o de Price também não o fosse, explicando que ele baseava o desenvolvimento de seu novo artigo sobre a equação de Price. O artigo intitulado *Selection and covariance* [Seleção e covariância][25] foi então publicado, mas ninguém deu atenção. Hamilton parecia ser a única pessoa a compreender a importância de seu alcance. Anos mais tarde, a contribuição de Price foi reconhecida como um dos maiores avanços do século XX em matéria de evolução.

A reciprocidade dos comportamentos benéficos

Durante mais de 98% da história humana, nossos ancestrais viveram como caçadores-coletores,[26] em pequenas tribos cooperativas. As crianças eram cuidadas com a ajuda dos membros da família estendida e, geralmente, de toda a tribo. Ambos os sexos participavam da busca pelo alimento, os homens caçavam e as mulheres colhiam plantas comestíveis.[27] Essas sociedades baseavam-se na reciprocidade e na cooperação.

Em 1971, Robert Trivers sugeriu que o fato de criar relações interativas e de ajuda mútua a longo prazo pode facilitar a sobrevivência de cada indivíduo e sua reprodução. Os que respeitam a regra de reciprocidade obterão vantagens a longo prazo, e os que seguem sozinhos não as terão. Segundo sua teoria do "altruísmo recíproco", os indivíduos têm interesse em ajudar-se mutuamente a longo prazo, mesmo que não sejam aparentados. Embora Trivers tampouco se interesse pelas motivações e não aborde a questão do "altruísmo psicológico", a teoria do altruísmo recíproco ampliou a esfera dos comportamentos benéficos, se comparada à de Hamilton que trata apenas de indivíduos aparentados geneticamente. De acordo com Trivers, o altruísmo recíproco é suscetível de ter evoluído entre as espécies que têm uma duração de vida relativamente longa; são interdependentes, se conhecem o suficiente para saber distinguir um indivíduo confiável e passível de retribuir o serviço prestado de um outro que é apenas um aproveitador sem escrúpulos. Possuem uma organização igualitária e são coletivamente comprometidos com o cuidado aos jovens.[28]

As pesquisas de Kim Hill[29] sobre as tribos ache das montanhas do Paraguai demonstraram que 10% do tempo de colheita dos homens e das mulheres beneficiam os membros da tribo que não são aparentados, mas que ajudaram a outros. Parece também que, mais do que o grau de parentesco, a preocupação com a equidade e a consideração das necessidades reais de cada um é que regem a partilha do alimento. Tal reciprocidade tem muito mais sentido entre os ache, sabendo-se que o abastecimento alimentar é irregular e aleatório. O altruísmo recíproco constitui, assim, uma forma de segurança para os dias em que o alimento se faz raro.

Kim Hill e seus colegas também examinaram as estruturas sociais dos grupos de caçadores-coletores que sobrevivem ainda em nossos dias no mundo inteiro. Eles observaram que, devido à propensão das crianças de ambos os sexos deixarem a casa paterna, a maioria dos membros dessas comunidades são, de modo geral, mais amigos que parentes. Então, o surgimento da benevolência para com estrangeiros parece ter ocorrido nos humanos não por intermédio dos genes (como se esperaria se o modelo de Hamilton se aplicasse aos humanos, o que, evidentemente, não é o caso), mas como produto da evolução gradual das culturas.[30]

Genes egoístas?

Em 1976, Richard Dawkins publicou uma obra de grande sucesso, *O gene egoísta*, em que explica que o aspecto mais fundamental do processo da evolução não é a sobrevivência dos indivíduos,[31] mas a dos genes. A contribuição principal de Dawkins foi demonstrar que a seleção e a competição darwiniana não são exercidas no nível das espécies nem mesmo dos indivíduos, mas no nível dos replicadores fundamentais da hereditariedade que são as moléculas de DNA, que constituem os genes. Dawkins expressa essa ideia sem qualquer ambiguidade quando escreve: "Nós somos máquinas de sobrevivência – robôs programados às cegas para preservar as moléculas egoístas conhecidas com o nome de genes".

Enquanto Darwin considerava a possibilidade da "simpatia estender-se a todos os homens de todas as nações e de todas as raças", até "fora dos limites da humanidade", ou seja, os animais, Dawkins não nos deixa qualquer ilusão; ele afirma:

> O argumento deste livro, é que nós, assim como todos os outros animais, somos máquinas criadas por nossos genes. [...] Eu diria que a qualidade predominante de um gene que prosperou é o egoísmo implacável. Esse egoísmo do gene habitualmente fará surgir um egoísmo no comportamento individual.
> São as circunstâncias particulares que permitem ao gene melhor realizar seus próprios objetivos egoístas, suscitando uma forma limitada de altruísmo no nível dos indivíduos. [...] Embora desejemos acreditar que isso ocorre de forma diferente, o amor universal e o bem-estar das espécies em geral são conceitos que não têm qualquer sentido quando se fala de evolução.[32]

Dawkins certamente não é contra a ideia de construir um mundo melhor, mas pensa que não somos naturalmente predispostos e que, para alcançar esse objetivo, nada vai a nosso favor:

> Se existe uma moral humana a extrair disso, é que devemos ensinar nossos filhos a se comportar de maneira altruísta, pois não podemos esperar que essa qualidade faça parte deles mesmos em termos biológicos.[33]

Como veremos no capítulo dedicado aos animais e à infância, não é isso que revelam pesquisas como as de Felix Warneken e Michael Tomasello, nas quais concluem: "Por isso a nossa tese é que as tendências altruístas observadas durante as primeiras fases da ontogênese humana provam uma disposição natural". O fato de que não apenas os humanos, mas também os chimpanzés se ajudam mutuamente de maneira altruísta, indica também que "as raízes filogenéticas do altruísmo humano poderiam então remontar ao ancestral comum dos homens e dos chimpanzés, há cerca de seis milhões de anos".[34]

Embora a ênfase dada por Dawkins ao papel central dos genes no processo evolutivo não se preste à controvérsia, a utilização de termos psicológicos para designar processos de uma outra natureza é infeliz. O próprio título – *O gene egoísta* – indubitavelmente contribuiu para o seu sucesso: o que resultaria se o livro fosse intitulado "Da autoperpetuação dos genes"? Entretanto, segundo a grande etóloga Jane Goodall, esse livro se tornou um best-seller "em parte porque ele forneceu a inúmeras pessoas uma justificação do egoísmo e da crueldade humana. Está em nossos genes. Nada podemos fazer... Poderia mesmo ser reconfortante eximir-se assim de toda responsabilidade por nossa má conduta".[35]

Como observa Frans de Waal: "Os genes não podem ser mais 'egoístas' que um rio 'raivoso' ou raios de sol 'acariciantes'; eles são no sentido literal frações de DNA".[36] Embora Dawkins declare que "não se interessa pela psicologia das motivações", ao utilizar um termo, "egoísmo", que evoca inevitavelmente uma motivação, ele apenas agrava a confusão que já reinava sobre a questão da natureza do altruísmo.

Essa ambiguidade não deixou de capturar o imaginário e proporcionar uma justificativa aos comportamentos mais individualistas e egoístas de nosso tempo. Frans de Waal cita o episódio da empresa Enron, que passou por uma falência histórica em razão de desfalques: "O presidente da Enron, Jeff Skilling – atualmente na prisão – seguia a cartilha ditada pelo *gene egoísta* de Richard Dawkins, e instaurou uma concorrência acirrada em sua empresa".[37]

De fato, Skilling instituiu uma comissão de avaliação interna entre colegas, encarregados de julgarem-se mutuamente. Em seguida demitia todos aqueles que haviam obtido uma baixa pontuação; até 20% dos funcionários eram descartados anualmente, após terem sido humilhados em um site da Internet onde faziam um retrato pouco lisonjeiro deles. Para poder sobreviver no mundo da Enron era preciso acabar com os colegas!

Um retorno às origens

A despeito de sua notória observância à organização de muitos insetos eussociais, a teoria de Hamilton falha de maneira espetacular na explicação dos comportamentos humanos e, de maneira geral, de todo comportamento caracterizado por um alto nível de cooperação independente dos laços de parentesco. Os humanos são, de fato, capazes de ampliar o círculo de seu altruísmo não apenas a outros humanos não aparentados, mas também a outras espécies não humanas, o que é ainda menos concebível do ponto de vista da seleção de parentesco.

O articulista científico do jornal britânico *The Guardian* escreveu sobre os cento e oitenta trabalhadores japoneses da usina nuclear de Fukushima que continuaram por meses trabalhando, até cinquenta horas seguidas, para esfriar os reatores danificados, expondo-se voluntariamente a níveis de radiação gravemente nocivos à saúde:

> A seleção de parentesco funciona bem no reino animal, mas tem poucas chances de poder abranger tais manifestações de altruísmo e de cooperação humana. Um trabalhador da usina nuclear japonesa que desejasse propagar seus genes prestaria um grande serviço comprando passagens de trem para partir com toda sua família para o mais longe possível de Fukushima.[38]

A respeito dos animais que cuidam de outras espécies, como a tigresa do zoológico de Calcutá que chegou a amamentar uma ninhada de leitõezinhos órfãos em vez de devorá-los, Richard Dawkins declarou em um documentário televisivo que se tratava "de falhas nos genes egoístas".

Não só os genes seriam "egoístas", mas para sermos fiéis a eles deveríamos nos comportar de modo egoísta. Todavia, mantendo-se em consonância com os princípios darwinianos da evolução, o altruísmo expandido é explicável de maneira completa levando-se em conta o papel fundamental da cooperação na evolução. Em todo caso, é o que revelam as recentes descobertas no campo da evolução, as quais aliam uma quantidade considerável de observações sobre os comportamentos animais aos novos modelos matemáticos que tratam da dinâmica das populações.

E. O. Wilson foi, como vimos, um dos grandes promotores da teoria da seleção de parentesco. "Admito que Hamilton, que conhecia infinitamente menos sobre insetos sociais do que eu, havia realizado sobre eles a mais significativa descoberta deste século",[39] escreveu em 1971. Durante quarenta anos essa teoria fundamentada sobre a relevância dos laços de parentesco dominou o pensamento evolucionista. Hoje, no apogeu de uma longa e notória carreira de pesquisador, E. O. Wilson pensa que se enganou: agora ele está convencido de que é a cooperação generalizada, compatível com a seleção darwiniana clássica, que explica o surgimento e o sucesso das espécies sociais, como revela o título de seu último livro: *The Social Conquest of Earth* [A conquista social da Terra].[40]

Outras vozes, incluindo a de eminentes geneticistas como Luca Cavalli-Sforza e Marcus Feldman, haviam desde os anos 1970 chamado a atenção sobre as limitações da teoria de Hamilton para explicar o altruísmo.[41] Seus sucessores tiveram a tendência de considerar a seleção de parentesco como o princípio universal da evolução, e tentaram por todos os meios fazê-lo entrar nessa teoria, incluindo a cooperação altruísta. Com o passar dos anos Wilson deparou-se também com dúvidas crescentes quanto à validade dessa teoria. Tais dúvidas se concretizaram quando começou a colaborar com Martin Nowak, biologista, matemático e diretor do Programa de Dinâmica da Evolução em Harvard. Wilson acreditava que a teoria de Hamilton era brilhante matematicamente, mas duvidava cada vez mais de suas aplicações no mundo real à medida que observações em campo, sempre muito numerosas, viriam contradizê-la. Nowak, ao contrário, tinha a impressão que a teoria de Hamilton havia sido bem verificada na natureza, mas do ponto de vista de um matemático ele a julgava obscura e limitada. O encontro deles contribuiu para "uma liberação mútua".[42]

Nowak e Corina Tarnita, brilhante matemática de sua equipe em Harvard, conceberam um modelo matemático mais rigoroso, baseado na concepção darwiniana clássica da seleção natural, que engloba tanto as relações de parentesco, quando elas são implicadas, quanto os comportamentos de cooperação que participam da evolução. Esse modelo fundamentado na dinâmica e na genética das populações, leva em consideração a variedade das interações que se produzem em uma população no plano individual e também no coletivo.[43]

A necessidade dessa nova formulação era dupla: dispor de uma teoria que transcende as limitações daquela de Hamilton no que se refere ao "altruísmo expandido", e que também leva em conta o número crescente de exceções na teoria da seleção de parentesco. Dois especialistas em vespas, em particular James Hunt, da Universidade da Carolina do Norte, e Raghavendra Gadagkar, do Instituto Indiano de ciências de Bangalore, descobriram que a seleção de parentesco não se aplicava às espécies que eles estudavam.[44] Philip Johns e seus colaboradores também demonstraram que, após um encontro conflituoso entre duas colônias não aparentadas de cupins, os sobreviventes de cada colônia cooperaram com êxito para compor uma única.[45]

Em particular, segundo Wilson, o fator principal que levou ao surgimento das grandes sociedades animais (a eussociabilidade) não é fundamentalmente o laço de parentesco, mas sim a construção de "ninhos" – entendidos aqui no sentido amplo de locais de habitação coletiva e de reprodução, um formigueiro subterrâneo, por exemplo – que podem ser defendidos e nos quais várias gerações de jovens são criadas. Quando uma fêmea, a rainha de um formigueiro por exemplo e seus descendentes adultos permanecem no ninho para cuidar das gerações seguintes, uma comunidade eussocial pode dessa forma se estabelecer. Os laços de parentesco existentes em tal comunidade seriam portanto não a causa necessária (como pensava Hamilton), mas uma das consequências da formação dessa comunidade. Em suma, os laços de parentesco são úteis, mas não necessários, e se conhece agora numerosos exemplos de colônias eussociais constituídas por indivíduos não aparentados.[*]

O modelo matemático e explicativo de Nowak, Tarnita e Wilson não deixou de levantar uma tempestade de controvérsias nos meios evolucionistas que, depois de várias décadas, centraram sua visão da evolução sobre a seleção de parentesco. Seguiu-se daí um intenso intercâmbio de publicações e de argumentações na revista científica *Nature*, e o debate continua ainda hoje.[46] Entretanto, esse modelo traz novos argumentos à ideia de uma seleção natural operando em múltiplos níveis: o dos indivíduos, o dos grupos de indivíduos, e o das culturas que influenciam os comportamentos desses grupos.

A noção de "grupo" do ponto de vista da evolução

Desde Darwin a ideia de que a seleção natural pode favorecer ou desfavorecer não somente indivíduos, e mais especificamente seus genes, mas também grupos de indivíduos considerados como uma entidade, teve destinos diversos e continua a suscitar inúmeros debates. Proposta por Darwin, ela foi descartada no final dos anos 1960,[**] retomada por Hamilton e Price em 1975 sem encontrar grande repercussão, e finalmente reatualizada por David Sloan Wilson, Elliott Sober,[***] E. O. Wilson e Martin Nowak com novos argumentos.

De maneira geral um *grupo* é definido aqui como um conjunto de indivíduos que se constitui durante um determinado período de tempo no decurso do qual eles influenciam mutuamente seu devir (e seu sucesso reprodutivo).[47] As abelhas de uma colmeia por exemplo, têm muito mais influência sobre a sorte das demais habitantes

---
[*] Ver os trabalhos recentes dos dois autores, Wilson, E. O. (2012). *The Social Conquest of Earth*, Liveright [*A conquista social da terra*. São Paulo: Companhia das Letras, 2013.], e Nowak, M. e Highfield, R. (2011). *SuperCooperators*. Free Press, nos quais se encontram referências científicas pertinentes.
[**] Depois da publicação do livro de Williams, G. C. (1966). *Adaptation and Natural Selection*. Princeton University Press, que fez uma crítica sem concessões da seleção de grupo.
[***] Esses autores oferecem uma apaixonante visão da questão sobre o altruísmo na evolução, em sua obra. Sober, E. e Wilson, D. S. (1999). *Unto Others: The Evolution and Psychology of Unselfish Behavior*, Harvard University Press.

de sua colmeia do que sobre a de uma colmeia vizinha. Esse grupo pode ter uma duração de existência variável, que vai de alguns dias até toda uma vida. Uma dezena de exploradores que partem à procura de um tesouro numa floresta da América Central constitui um tal grupo: todos podem ter benefícios e todos estão expostos igualmente aos perigos. As ações de cada membro terão repercussões sobre a sorte de todos os outros.*

O altruísmo pode se propagar?

A pressão da seleção se realiza em todos os níveis de organização do vivo, das células do organismo pluricelular aos ecossistemas, passando pelos indivíduos e os grupos. A seleção de grupo não se opõe de forma alguma à seleção individual, mas ultrapassa sua limitação. Em essência, quando *indivíduos* estão competindo uns com os outros, os que cooperam menos e aproveitam ao máximo a benevolência dos demais são mais bem-sucedidos; porém, quando são *grupos* que entram em competição, aqueles que estabelecem a cooperação mais forte são os vencedores. De fato, no decorrer da evolução, a aptidão dos grupos para cooperar era um triunfo determinante: os grupos fortemente cooperativos sobreviveram muito mais que os outros.[48]

Segundo os modelos matemáticos apresentados por Wilson e Sober, os grupos que contêm uma maioria de indivíduos altruístas irão prosperar em virtude das vantagens que a cooperação e a ajuda mútua trazem ao grupo como um todo, e assim é a despeito da presença de um certo número de egoístas que se aproveitam do altruísmo dos outros. Os membros desse grupo terão portanto muito mais descendentes, cuja maioria será caracterizada pelo altruísmo.

Os grupos que contêm uma maioria de egoístas prosperam bem menos, em decorrência da atitude dominante do "cada um por si" que prejudica o sucesso global da comunidade. Em tal grupo, os altruístas minoritários são desfavorecidos e se encontram muito isolados para que seu espírito de cooperação influencie os outros. Os indivíduos egoístas têm certamente aqui uma vantagem em relação aos indivíduos altruístas, mas seu grupo estagna em seu conjunto e deixará então menos descendentes.

Se esse processo se repete de geração em geração, a proporção de indivíduos portadores do traço altruísta aumentará. A lição desse modelo, testado matematicamente em um grande número de gerações, é encorajador: uma vez que o percentual de altruístas em uma população ultrapassa um certo limiar, o caráter altruísta se amplifica ao longo das gerações.**

---

* Isso não exige que o grupo se encontre num mesmo lugar. Se um explorador estranho vier sentar-se à mesa, nem por isso faz parte do grupo. Em contrapartida, um membro legítimo do grupo pode não participar da expedição e permanecer, por exemplo na França para assegurar a logística à distância.
** Devemos lembrar, ao ler o que se segue, que conforme o entendimento dos especialistas da evolução, a palavra "altruísmo" designa "comportamentos benéficos a outro". É apenas quando esses autores empregam a expressão "altruísmo psicológico" que se referem ao sentido da palavra "altruísmo", tal como Daniel Batson e nós mesmos entendemos neste livro.

Em colaboração com Sober e Wilson, Martin Nowak e Corina Tarnita clarificam as condições que permitem à cooperação altruísta prosperar. Parece de fato que as sociedades humanas podem ser descritas em termos de conjuntos de pessoas que compartilham determinados interesses, valores e atividades. Quanto mais você tem pontos comuns com uma pessoa, mais você interage com ela, e mais seus interesses compartilhados os incitarão a cooperar.

O eterno problema em uma comunidade de indivíduos que cooperam é a presença de aproveitadores, aqueles que os economistas chamam de "passageiros clandestinos", que se aproveitam da benevolência dos cooperadores para abusar deles e "tirar vantagens". Quando a maioria das pessoas tem confiança umas nas outras e cooperam, os aproveitadores podem facilmente explorá-las. E quando seu número aumenta demasiado, a comunidade declina. Assim a taxa de confiança e de cooperação flutuará ao longo do tempo.

Pouco a pouco os cooperadores terão tendência a se encontrar e trabalhar juntos, enquanto os grupos em que os aproveitadores ditam a lei declinarão com o tempo. Todavia, as flutuações irão se repetir, pois novos aproveitadores se introduzirão regularmente num grupo de cooperadores prósperos.[49]

Testando diversos modelos matemáticos em centenas de gerações virtuais, Nowak e seus colaboradores puderam mostrar que além da mobilidade, o sucesso da cooperação dependia no final das contas da frequência com a qual os cooperadores se associavam entre si. Se essa frequência é mais elevada que a frequência com a qual os aproveitadores se ligam com outros aproveitadores, os cooperadores altruístas se tornarão maioria. Em suma, para progredir rumo a uma sociedade mais altruísta é essencial que os altruístas se associem e aliem seus esforços. Na atualidade essa sinergia entre cooperadores e altruístas não exige mais que se reúnam em um mesmo lugar geográfico; os meios de comunicação contemporâneos, as redes sociais em particular, possibilitam o surgimento de movimentos de cooperação reunindo um grande número de pessoas geograficamente dispersas.

15. O AMOR MATERNAL, FUNDAMENTO DO ALTRUÍSMO EXPANDIDO?

Segundo Daniel Batson, embora as origens evolucionárias do altruísmo não estejam ainda totalmente elucidadas, "elas se encontram, em parte ao menos, no instinto nutridor manifesto pelos pais humanos ao cuidarem de seus filhos. Esse impulso foi fortemente selecionado no decorrer de nossa história evolutiva; sem ele, nossa espécie teria desaparecido há muito tempo. Isto pode ser porque o altruísmo fundado no instinto de cuidar dos outros está a tal ponto enredado à própria trama de nossa existência – por ser tão habitual e natural – que não reconhecemos sua importância".[1] Para Batson, entre os humanos, é mais lógico e empiricamente mais fácil de verificar se procurarmos as bases genéticas do altruísmo em uma *generalização cognitiva dos sentimentos de ternura e de empatia que emergiram do instinto parental*, o qual está profundamente inscrito em nossos genes, do que derivá-lo da seleção de parentesco de Hamilton, do altruísmo recíproco de Trivers, ou de uma tendência genética à socialização e à formação de alianças.[2]

A ideia remonta a Darwin para quem o amor aos outros era baseado na afeição parental e filial, e ligado à emoção tão importante a seus olhos, a simpatia.[3] As espécies de mamíferos que não se preocupassem com o bem-estar de sua prole desapareceriam rapidamente.[4] O psicólogo social mais influente no início do século XX, William McDougall, elaborou uma abordagem da psicologia fundamentada na seleção natural de Darwin na qual enfatiza o instinto parental, as "emoções de ternura" associadas e, por extensão, a solicitude que sentimos por todos os seres vulneráveis que necessitam de proteção. McDougall elaborou a ideia segundo a qual o cuidado parental, que ele considerava como o mais potente de todos os instintos, é o fundamento do altruísmo expandido a pessoas não aparentadas.[5]

Vários pesquisadores contemporâneos, dentre os quais Elliott Sober, Frans de Waal, Paul Ekman e, como já citamos, Daniel Batson retomaram essa hipótese e argumentaram que é frequente que uma qualidade selecionada no decorrer da evolução preencha em seguida uma função diferente. Assim, a tendência a sermos benevolentes com nossos filhos e nossos próximos teria não apenas desempenhado um papel maior na preservação de nossa espécie, mas estaria igualmente na origem do altruísmo expandido.[6] Como observa Paul Ekman:

> As pesquisas demonstraram que as mulheres que foram mães reagem fisiologicamente de modo muito mais intenso ao grito de uma criança do que uma mulher que nunca teve filhos. Elas reagem aos gritos de seu próprio filho, mas também aos de qualquer outra criança, embora com menos intensidade. O instinto que nos impele

a proteger nosso filho pode fazer de nós pais de todas as crianças. A mesma reação se dá em relação às pessoas idosas debilitadas. À medida que cresce nossa preocupação com o outro, desejamos ajudar a todos aqueles que estão em necessidade.[7]

Entre os animais, encontramos também casos surpreendentes de adoção altruísta entre espécies diferentes, como no caso de uma cachorra que ficou famosa em Buenos Aires por ter salvado um bebê abandonado, colocando-o ao lado de seus filhotes. Foi mostrado também em um documentário surpreendente, um leopardo perseguindo e matando uma mãe babuína. Antes de morrer ela deu à luz um filhote.[8] Diante do recém-nascido, o felino desconcertado hesita um momento, e muda de atitude: trata o filhote babuíno com doçura e, com a aproximação de outros predadores, leva-o delicadamente em suas mandíbulas até colocá-lo em lugar seguro sobre um galho de árvore. O bebê babuíno, inicialmente assustado tenta subir mais alto, é recapturado pelo leopardo e já esgotado permanece imóvel entre as patas do felino, que começa a lambê-lo e a limpá-lo. Os dois adormecem um junto ao outro. Finalmente o frio da noite será a causa da sobrevivência do filhote babuíno.

"Mães" em grande número

A procriação humana distingue-se daquela dos grandes macacos em vários pontos. Até um período recente do ponto de vista da evolução, as mulheres tinham filhos em curtos intervalos, e eles, mais vulneráveis ao nascerem, dependiam por maior tempo de sua mãe. Estima-se que entre os caçadores-coletores as mulheres tinham em média um filho a cada quatro anos. Uma fêmea de chimpanzé tem filhotes a cada seis anos, um orangotango a cada oito anos. Um chimpanzé jovem é relativamente autônomo aos seis anos, mas é preciso muito mais tempo para que uma criança humana adquira sua independência. A combinação destes dois fatores, uma procriação mais frequente e um período de dependência mais longo das crianças, implica que as mães humanas têm maior necessidade de assistência para criar seus filhos. O surgimento entre os hominídeos de cuidados parentais nos quais participam muitos indivíduos poderia ter se originado a 1,8 milhões de anos.[9]

Sarah Blaffer Hrdy dedicou sua carreira ao estudo dessa questão, e a síntese de seus próprios trabalhos e as de numerosos outros antropólogos e etólogos a conduziram a formular esta tese:

> Uma das grandes novidades dos primeiros hominídeos em sua maneira de criar a prole é um leque muito mais amplo de pessoas, além da mãe, cuidarem dos filhos. Essa dependência em relação a um número maior de pessoas acarretou uma pressão seletiva em favor dos indivíduos mais aptos a decodificar os estados mentais dos outros e a distinguir os indivíduos suscetíveis de ajudá-los daqueles que poderiam prejudicá-los.[10]

Assim, o fato de que os recém-nascidos interagem muito rapidamente com um número elevado de pessoas poderia ter contribuído de maneira considerável para elevar o grau de cooperação e de empatia entre os seres humanos. Além da empatia afetiva, de acordo com Michel Tomasello, psicólogo do Instituto Max Planck de Leipzig, uma das principais capacidades adquiridas pelos humanos é a de sentir-se mais interessado do que os animais pelo que os outros pensam, levar isso em consideração ao se comportarem.

Entre os hadza da África, um recém-nascido passa pelas mãos de dezoito pessoas nas vinte e quatro horas que se seguem ao nascimento.[11] Demonstrou-se que os "pais secundários" tinham um papel crucial no desenvolvimento cognitivo, na empatia, na autonomia e as outras qualidades da criança.[12] No primeiro ano, a mãe é a pessoa principal para cuidar da criança, mas esta é muitas vezes cuidada pelas avós, tias, irmãos e irmãs, pais e até mesmo visitantes. A amamentação por outras mulheres além da mãe, inexistente entre os macacos selvagens, é praticada por 87% das sociedades de caçadores-coletores e, ainda nos dias atuais, por inúmeras sociedades rurais, como pudemos ver no Tibete e no Nepal.[13]

Ora, isso é um fenômeno novo com relação aos grandes macacos. Durante os seis primeiros meses após o nascimento, uma fêmea chimpanzé não deixa ninguém tocar seu filhote, nem mesmo as irmãs dele que no entanto se mostram muito desejosas de cuidá-lo.* Uma das razões desse comportamento protetor se deve ao risco de infanticídio por parte dos machos do grupo. Se um babuíno com menos de seis meses ficar só, isso geralmente é um péssimo sinal: sua mãe provavelmente desapareceu e ele não sobreviverá por muito tempo.

Essa situação tem consequências importantes para as comunicações sociais e para o desenvolvimento da empatia: um chimpanzé jovem só se relaciona com sua mãe e, além disso, ele não se inquieta por sua ausência eventual nem verifica se ela está ou não nas imediações, já que é carregado por ela o dia inteiro. Ao contrário, um recém-nascido humano está em constante contato visual, auditivo e emocional (por meio de expressões faciais que ele reconhece e pode imitar desde o nascimento) não apenas com sua mãe, mas com seu pai e com um grande número de pessoas que lhe falam, fazem mímicas, trocam olhares com ele, o pegam nos braços etc.

Um estudo realizado entre 1950 e 1980 pelo United Kingdom Medical Research Council du Royame-Uni [Conselho de Pesquisa Médica do Reino Unido] acompanhou a taxa de crescimento das crianças nas tribos de horticultores mandinga na Gâmbia. Em mais de duas mil crianças, cerca de 40% das que foram criadas unicamente por seus dois genitores morrem antes dos cinco anos de idade. Mas, para uma criança cujos irmãos (sobretudo as irmãs) e a avó materna vivem nas proximidades imediatas, a probabilidade de morrer antes dos cinco anos caía de 40% para 20%.[14]

---

* Hrdy, S. B. (2009). *Mothers and Others*, Belknap Press, p. 68. Entretanto, as mães de certas espécies de primatas que praticam a criação cooperativa deixam outros indivíduos se ocuparem de seus filhotes. O mesmo ocorre entre certas espécies de macacos que permitem aos de sua espécie cuidarem de seus filhotes (conversa mantida com Frans de Waal).

Principalmente, a presença próxima de uma avó desde o nascimento determina o estado de saúde e as capacidades cognitivas da criança três anos depois.[15] Para Hrdy, sem a ajuda de "pais assistentes" jamais haveria a espécie humana. A noção de "família" limitada a um casal e seus filhos só aparece no século XX na Europa, e nos anos 1950 nos Estados Unidos.[16] Antes disso, a maioria das famílias reunia os membros de três gerações, incluindo frequentemente tios, tias, primos etc.

Nos anos 1930, sobretudo nos Estados Unidos, as mães seguiram por algum tempo as teorias tão célebres quanto nefastas do Dr. John Watson, que lhes recomendava pegar o menos possível seus recém-nascidos nos braços e deixá-los gritar à vontade, a fim de torná-los fortes e independentes. As mães, dizia ele, deveriam ter vergonha da "afetação sentimentalista com a qual tinham até então cuidado de sua prole".[17] Ora, os órfãos búlgaros e chineses são provas dos efeitos catastróficos da privação de contato físico e de interações emocionais no desenvolvimento fisiológico e cerebral das crianças pequenas.

E os pais em tudo isso?

Entre os grandes macacos, os jovens brincam às vezes com os machos adultos, mas um gorila macho, por exemplo, jamais carrega um jovem, nem cuida dele. Existem, porém, algumas exceções como a dos macacos titis, em que o pai está permanentemente de plantão para cuidar do bebê. A mãe só pega seu filhote para alimentá-lo e fazê-lo dormir. Os bebês titis passam a maior parte de seu tempo nas costas de seu pai, e manifestam muito mais angústia quando se separam dele que de sua mãe.[18] Por outro lado, não é raro que chimpanzés machos adotem um filhote órfão, carregando-o nas costas e cuidando dele.[19]

De modo geral, os pais se ocupam muito menos de sua prole do que as mulheres, mas existem exceções entre os aka da África especialmente, em que os pais zelam pelos recém-nascidos pelo menos a metade do tempo, de dia como de noite. Hoje, em Bangladesh, na comunidade dos bedia ou ciganos das águas que vivem no delta do Sundarbans, são sobretudo os pais que permanecem nos barcos e se ocupam das crianças durante o dia, enquanto as mães percorrem os campos para vender quinquilharias.[20] Em média, os pais das sociedades de caçadores-coletores passam muito mais tempo com seus filhos que os das sociedades modernas ocidentais.[21]

A faculdade da empatia está em risco de diminuir entre os humanos?

Os especialistas da evolução sabem que a supressão de um fator de seleção pode desencadear rápidas consequências evolutivas. Sarah Hrdy considera que possa haver atrofia da empatia se as crianças deixarem de se beneficiar das ricas interações associadas aos cuidados colaborativos. De seu ponto de vista, se a empatia e as faculdades de compreensão do outro são desenvolvidas graças às maneiras particulares de cuidar das crianças, e se ocorrer que uma proporção crescente de humanos não se beneficie mais dessas condições, a compaixão e a busca de conexões emocionais desaparecerão tão certamente quanto as faculdades visuais de um peixe cavernícola. Hrdy prevê uma situação na qual nossos descendentes serão competentes tecnologicamente em áreas difíceis de imaginarmos, permanecerão sem dúvida competitivos e talvez mais inteligentes que os humanos de hoje. Em contrapartida, acrescenta ela: "Serão eles humanos, no sentido em que manterão essa qualidade de humanidade que constitui o traço distintivo de nossa espécie – empáticos e curiosos para conhecer as emoções dos outros, modelados como nós o somos por nossa antiga herança de cuidados comunitários? Isto é incerto".[22]

Um dos desafios, dos dramas talvez da mulher contemporânea é que ela deve, com frequência, fazer face sozinha a uma tarefa que a evolução dos hominídeos tornou comunitária e para a qual havia uma exuberância de boa vontade nas sociedades tradicionais. As creches podem oferecer um substituto, e estudos têm demonstrado que as creches de boa qualidade têm um efeito muito positivo no desenvolvimento das faculdades cognitivas e emocionais das crianças.[23] Ainda que alguns recomendem à mulher tornar-se menos maternal,[24] o que seria preciso de acordo com Sarah Hrdy é reavivar o instinto parental entre todos os membros da sociedade.

16. A EVOLUÇÃO DAS CULTURAS

Ensinar, acumular, imitar, evoluir

A NOÇÃO DE CULTURA É COMPLEXA E FOI DEFINIDA DE MÚLTIPLAS MANEIRAS.[1] Os especialistas da evolução concebem-na como um conjunto de informações que afetam o comportamento dos indivíduos pertencentes a uma cultura particular. Essas informações, que incluem as ideias, os conhecimentos, as crenças, os valores, as competências e as atitudes, são adquiridas pelo ensino, pela imitação e por toda outra forma de transmissão social.[2]

A evolução cultural se aplica igualmente aos valores morais – certos valores, mais inspiradores que outros, serão mais suscetíveis de serem transmitidos de um indivíduo a outro –, assim como às crenças em geral, na medida em que certas crenças conferem às pessoas maiores chances de sobrevivência ou de alcançar uma posição social elevada.

O ensino – a transmissão voluntária e organizada dos conhecimentos – é essencialmente um comportamento altruísta que, em seus aspectos culturais, não profissionais, consiste em oferecer aos outros informações úteis sem esperar retribuição. Os animais ensinam certas formas de competência à sua prole, a caça por exemplo; mas a transmissão voluntária dos conhecimentos a indivíduos não aparentados é um fenômeno especificamente humano.[3]

O ponto essencial é que a transmissão e a evolução cultural humanas são acumulativas. Cada geração dispõe inicialmente dos conhecimentos e das aquisições tecnológicas das gerações precedentes. As ferramentas e os comportamentos têm uma história, e se tornam cada vez mais complexos à medida que as gerações sucessivas melhoram a qualidade e enriquecem o repertório.[4]

Um outro fator contribui consideravelmente para a evolução das culturas: o instinto de imitação. Grande parte dos seres humanos é inclinada a adequar-se às atitudes, costumes e crenças dominantes. A conformidade às normas será encorajada pela comunidade, enquanto a não conformidade ocasionará a reprovação e diversas formas de sanções pouco onerosas para aquele que as inflige e, às vezes, desastrosas para aquele que é seu objeto. As penalidades podem afetar a reputação de um indivíduo e até levar à sua exclusão da comunidade.

A evolução das culturas favorece o estabelecimento de instituições sociais que definem e zelam pelo respeito às normas de comportamentos, a fim de assegurar a harmonia da vida comunitária. No entanto, essas normas não são estanques: como as culturas, elas evoluem com a aquisição de novos conhecimentos. É dessa forma que vão se definir grupos culturais diferentes, que entrarão em competição num modelo darwiniano. Em consequência algumas culturas florescerão enquanto outras declinarão, como especificam Boyd e Richerson:

> Da mesma forma como a teoria da evolução explica por que os genes persistem e se propagam, assim também uma teoria coerente da evolução cultural deve conseguir explicar por que certas crenças e atitudes se difundem e perduram enquanto outras desapareçam.[5]

Mais rápido que os genes

O estudo da evolução das culturas é uma nova disciplina que levou a avanços notáveis no decurso dos últimos trinta anos, principalmente sob o impulso de dois pesquisadores americanos, Robert Boyd e Peter Richerson. Segundo eles produziu-se uma dupla evolução que funciona em paralelo: uma, muito lenta, dos genes, e a outra mais rápida, das culturas que permitem o surgimento de faculdades psicológicas que jamais poderiam evoluir apenas sob a influência dos genes. Por isso, o título de sua obra *Not by Genes Alone* [Não somente pelos genes].[6]

O advento de sociedades complexas no decorrer dos últimos cinco mil anos, de fato, aconteceu muito rápido para ser o resultado de mudanças genéticas. Mas também foi muito lento para ser explicado unicamente em termos de adaptação puramente individual, a qual pode se produzir no espaço de alguns anos.

A cultura, por sua vez, tem um ritmo de evolução que possibilita explicar o crescimento moderadamente rápido da complexidade social no transcorrer dos últimos cinco milênios. Com efeito, a própria razão pela qual a cultura surgiu no decurso da evolução reside precisamente no fato de que ela é "capaz de fazer coisas que os genes são incapazes"[7].

De acordo com Boyd e Richerson, é essa evolução cultural que permitiu as maiores transformações que se produziram nas sociedades humanas desde o surgimento de nossa espécie. Foi assim, por exemplo, que no decorrer dos últimos três séculos nossa percepção cultural da violência, das guerras em particular, evoluiu consideravelmente. Passamos de culturas que consideravam a tortura como um espetáculo público totalmente aceitável e a guerra como nobre e gloriosa, para uma sociedade em que a violência é cada vez menos tolerada e a guerra cada vez mais avaliada como imoral e bárbara. Progredimos rumo a uma cultura de paz e de respeito aos direitos humanos.

Isto não é tudo, uma vez que as culturas e os indivíduos não cessam de influenciar-se mutuamente. Os indivíduos que crescem no seio de uma nova cultura são diferentes pelo fato de adquirirem novos hábitos, e esses hábitos transformam seus cérebros por meio da neuroplasticidade, e a expressão de seus genes por meio da epigenética. Esses indivíduos contribuirão para desenvolver ainda mais sua cultura, e assim por diante.

Pastores desconfiados e camponeses serenos

Tomemos um exemplo típico de transmissão cultural. Sabemos que assassinatos são bem mais frequentes nos estados do sul dos Estados Unidos que nos do norte. Os sociólogos que trataram dessa questão observaram que as pessoas do sul eram mais corteses, mas também mais prontas a reagir a um insulto ou a uma provocação, e mais adeptos da Segunda Emenda da Constituição que autoriza os cidadãos a portar armas de fogo. Os sulistas dão grande importância ao sentido da honra e tendem a fazer justiça com suas próprias mãos quando os códigos de honra são transgredidos. A cultura está também inscrita em sua fisiologia: as reações a um insulto, mensuradas pelo nível de cortisol (indicador de estresse) e de testosterona (indicador de propensão à violência) são maiores entre os sulistas que os nortistas.

Ao se debruçarem sobre as origens diversas das populações americanas, os pesquisadores perceberam que a maioria dos sulistas eram descendentes de pastores escoceses e irlandeses, que em seus países de origem viviam em regiões pouco povoadas. Como todo pastor, eles deviam zelar constantemente por seus rebanhos e proteger as áreas de pastagens dos intrusos. Esse modo de vida gerou uma cultura mais inclinada à violência, na qual a palavra dada, as convenções tácitas (as vastas extensões dos pastos selvagens não pertencem legalmente aos pastores), a resposta rápida às provocações e os códigos de honra tinham uma grande importância. Em contrapartida, o norte dos Estados Unidos foi colonizado por camponeses vindos da Inglaterra, da Holanda e da Alemanha, onde os códigos culturais são mais pacíficos. Um fazendeiro não vive com medo constante de alguém vir roubar suas terras.

Pessoalmente observei comportamentos similares aos dos habitantes do sul dos Estados Unidos entre os nômades do leste do Tibete. Eles são muito confiáveis, mas prontos a impor represálias tão logo se transgrida uma das leis de seu código de honra. É bem difícil para eles serem razoáveis quanto a isso. Estão constantemente preocupados com seus rebanhos. Lembro-me de ter acampado com um grupo de amigos tibetanos a 5 mil metros de altitude em um lugar aparentemente deserto. Ao cair da noite começou a nevar. Tínhamos uma grande tenda, mas meus amigos me anunciaram: "Vamos dormir do lado de fora". Diante de meu assombro eles se explicaram: "Por causa dos cavalos. Eles podem ser levados durante a noite". Então passaram a noite fora, enrolados em seus grandes casacos de pele de carneiro e, ao se levantarem de manhã, sacudiram alegremente a neve acumulada sobre eles.

As diferenças culturais não são de ordem genética

Todas as pesquisas indicam que as diferenças culturais presentes no mundo não são de natureza genética. O estudo de uma centena de crianças coreanas adotadas, na mais tenra idade, por famílias brancas americanas demonstrou que essas crianças se comportam como crianças americanas e não manifestam qualquer traço cultural que lembre sua origem coreana. Além disso, essas crianças manifestam geralmente pouco interesse por sua cultura de origem.[8] Outro estudo sobre crianças de origem europeia adotadas por índios da América após seus pais terem sido mortos, também revelou que essas crianças assumiram naturalmente comportamentos, costumes e sentimento de pertencimento aos índios.[9]

As diferenças de nível de violência entre os americanos do sul e do norte do país mencionadas acima devem ser imputadas aos sistemas particulares de valores e de normas transmitidos de geração a geração pela educação e pelo exemplo, e não a uma mutação genética.

Os mecanismos da evolução das culturas

Os valores culturais são frequentemente inspirados por aqueles que nos instruem e por pessoas notórias entre a população – chefes carismáticos, pensadores, celebridades. Isso prova que as pessoas menos instruídas e mais desfavorecidas são as mais influenciáveis ao conformismo dos valores dominantes.

É necessário também levar em consideração o fato de que as ideias e os valores culturais não são transmitidos intactos, mas via de regra sofrem alterações: a transmissão pode ser parcial, comportar erros ou ser tendenciosa. Em certos casos essa transmissão pode também ser confiável e fidedigna – como em um curso de gramática, de física ou de matemática, por exemplo. Tudo depende do grau de invariância intrínseco e do objetivo da matéria ensinada.

Vimos que a transmissão cultural é cumulativa. As aquisições se juntam umas às outras a cada geração. Esta é a única razão pela qual o mundo moderno usufrui de um avanço tal em matéria de tecnologia. Se fosse preciso reinventar a cada geração a forma de fazer fogo, de extrair os metais e de produzir eletricidade, a Apple e BlackBerry seriam, respectivamente, apenas uma maçã e uma amora preta.

As culturas evoluem mais rapidamente quando um grande número de informações novas é disponibilizado. Se existem poucos conhecimentos novos ou se o ambiente é muito estável, as culturas têm poucas razões para mudar. Se o ambiente é muito instável, as culturas não têm tempo para se adaptar às flutuações contínuas e rápidas.[10] Em condições mutáveis e complexas, será geralmente mais vantajoso adaptar-se aos costumes dominantes do grupo. Para que a cooperação ou qualquer outro valor, o altruísmo por exemplo, se difunda em um grupo de indivíduos, é preciso antes de tudo que esses atribuam importância aos objetivos do grupo e estejam dispostos a cooperar, mesmo ao preço de um custo pessoal. Os pesquisadores também demonstraram a relevância da força do exemplo, do espírito de emulação que nasce ao observar e ao agir em concordância com os outros.

Enfim, para que um processo de seleção seja efetivo entre diferentes valores culturais, o individualismo ou o espírito cooperativo, por exemplo, é preciso que essas diferenças tenham efeitos na prosperidade ou no declínio daqueles que sustentam esses valores.

Rumo a uma cultura mais altruísta

No plano genético, não somos melhores nem piores que nossos ancestrais de alguns milênios. Entretanto, os seres humanos podem mudar individualmente, e as culturas nas quais cresceram também podem evoluir. As culturas e os indivíduos se modelam mutuamente como duas lâminas de faca se afiam uma na outra.

Sabendo que a emulação, a inspiração e a força do exemplo, os aspectos nobres do conformismo, são a trama que assegura a estabilidade e ao mesmo tempo a continuidade das culturas, assim como a força motriz de sua expansão, cabe-nos encarnar, em nosso ser e nossos comportamentos, o altruísmo que desejamos encorajar – o mensageiro deve ser a mensagem.

Vimos que o altruísmo, a cooperação e a ajuda mútua estão muito mais presentes na vida cotidiana do que sugerem as mídias e os preconceitos em vigor. Nos últimos cinquenta anos, observamos o desenvolvimento da aversão por guerras ou, ainda, assistimos à tomada de consciência de que a Terra é uma "aldeia global". O papel crescente das ONGs, o fato de que muitos cidadãos estejam envolvidos pelo que se passa no mundo, especialmente quando se faz necessário uma assistência, tudo isso indica uma mudança de mentalidades, portanto de nossas culturas, muito mais orientadas a um sentimento de "responsabilidade universal", para usar uma expressão tão cara ao Dalai Lama. Portanto, essa evolução está em marcha. Talvez seja suficiente participar dela, acrescentando nossa pedra ao edifício, nossa gota ao oceano. Mas é possível também imaginar que podemos facilitá-la e ampliá-la à maneira de um catalisador que acelera uma reação química.

17. Os comportamentos altruístas entre os animais

"O capitão Stansbury encontrou na margem de um lago salgado de Utah um velho pelicano completamente cego, bem gordo, que devia ser alimentado há muito tempo por seus companheiros. M. Blyth me informou que ele viu corvos indianos alimentar dois ou três de seus companheiros cegos, e tive conhecimento de um fato análogo observado num galo doméstico. Eu mesmo vi um cão que ao passar ao lado de um de seus grandes amigos, um gato doente em um cesto, nunca deixava de lambê-lo, o sinal mais indiscutível de um bom sentimento do cão. [...] Além do amor e da simpatia, os animais possuem outras qualidades, que no homem são vistas como qualidades morais."[1]

Assim se expressava Charles Darwin no século XIX. Mensuramos o caminho percorrido se considerarmos que cento e cinquenta anos antes, Descartes e Malebranche declararam confiantes que os animais não eram mais do que "autômatos inconscientes, não possuíam pensamento, sensibilidade, nem qualquer espécie de vida mental".

Depois, os estudos que se sucederam enfatizaram a riqueza da vida mental dos animais. Como observaram Jane Goodall, Frans de Waal e muitos outros etólogos, os sinais elementares que utilizamos para expressar a dor, o medo, a raiva, o amor, a alegria, a surpresa, a impaciência, o tédio, a excitação sexual e muitos outros estados mentais e emocionais não são exclusivos da nossa espécie. Darwin dedicou a esse assunto um tratado inteiro, repleto de observações, intitulado *A expressão das emoções no homem e nos animais*.[2]

Se refletirmos sobre isso, o contrário é que causaria surpresa. Se a inteligência, a empatia e o altruísmo existem nos homens, como poderiam ter surgido do nada? Se eles representam o resultado de milhões de anos de evolução gradual, espera-se observar nos animais os sinais precursores de todas as emoções humanas. Era exatamente a opinião de Darwin ao escrever *A origem do homem e a seleção sexual*[3]:

> Se nenhum ser organizado, à exceção do homem, possuísse algumas faculdades dessa ordem, ou que essas faculdades fossem neste último de uma natureza totalmente diferente do que são nos animais inferiores, jamais teríamos nos convencido de que nossas altas faculdades são resultantes de um desenvolvimento gradual. Mas podemos facilmente demonstrar que não existe qualquer diferença fundamental desse tipo. [...] Determinados fatos provam que as faculdades intelectuais dos animais posicionados muito baixo na escala são mais elevadas do que comumente se crê.
> Uma visão global da evolução das espécies permite compreender melhor que tudo é uma questão de nível de complexidade.

Sem negar a violência

Nosso propósito neste capítulo é explorar a empatia e os comportamentos altruístas entre os animais. Não se trata de negar a onipresença da violência no reino animal. Entendemos aqui por violência o conjunto dos atos e atitudes hostis e agressivos, incluindo o fato de ferir ou de matar um outro indivíduo e de usar a força para exercer uma coerção a fim de obter algo contra a vontade do outro. A maioria das espécies sobre a qual falaremos é capaz de comportamentos extremamente violentos. A "guerra dos chimpanzés" observada por Jane Goodall na reserva de Gombe, na Tanzânia, deu muito o que falar sobre as possíveis origens guerreiras do homem, um tema que retomaremos adiante. Mas convém colocar as coisas em perspectiva. Jane Goodall e seus colaboradores ficaram estupefatos ao verem um grupo de chimpanzés exterminar um de seus congêneres, membro de um grupo que se havia separado do primeiro e vivia numa parte do território outrora comum. Mas não se pode esquecer que eles observavam esse comportamento pela primeira vez, ainda que tivessem acompanhado o dia a dia da vida desses chimpanzés durante anos. Eles conheciam a todos individualmente e lhes haviam dado nomes. Outros pesquisadores também observaram esse fenômeno de eliminação de um grupo concorrente, mas esses casos eram relativamente raros. O comportamento assassino mais frequente entre os chimpanzés é o infanticídio, geralmente cometido pelos machos.

Não nos esqueçamos que a violência, a dos animais como a dos seres humanos, chama sempre mais nossa atenção do que os comportamentos pacíficos. No entanto, nenhum dado científico permite até os dias de hoje concluir que a violência é uma pulsão interna e dominante entre os homens e os animais.

Após quarenta anos dedicados ao estudo do comportamento animal, principalmente nos grandes macacos, um dos eminentes primatólogos de nossa época, Frans de Waal, considera que o objeto central de sua pesquisa não é mais *provar* a existência da empatia entre os animais, mas estudar *como* ela se exprime. Contudo, a existência da empatia animal foi por muito tempo ignorada. Frans relata ter escutado um psicólogo renomado afirmar que os animais cooperam de maneira ocasional, mas invariavelmente dão prioridade à sua própria sobrevivência.* E, para provar de uma vez por todas a exatidão de seu ponto de vista, concluiu: "Nunca vimos um macaco pular na água para salvar um de seus camaradas".

Após essa afirmação Frans de Waal se pôs a procurar em sua memória e lembrou-se de Washoe, uma fêmea chimpanzé que ao ouvir os gritos angustiosos de uma fêmea amiga atravessou saltando sobre dois fios de cerca elétrica para conseguir chegar até sua companheira, que se debatia desesperadamente dentro de um poço. Patinando no barro deslizante da ribanceira, Washoe conseguiu agarrar a mão estendida de sua amiga e a colocou num lugar seco. Não se trata de uma façanha insignificante quando se sabe que os chimpanzés não sabem nadar e ficam em pânico tão

---

* Tratava-se de Jerome Kagan, eminente professor em Harvard.

logo a água chega aos seus joelhos. A hidrofobia somente pode ser superada por meio de uma potente motivação, e as explicações que intervêm nos cálculos de interesse do tipo "Se eu a ajudo agora, ela me ajudará depois" não se aplicam neste caso, como naquele já citado de Wesley Autrey que saltou nos trilhos do metrô de Nova York para salvar um passageiro que havia caído pouco antes da chegada do trem. Somente um impulso altruísta espontâneo pode incitar alguém a ultrapassar assim todos os seus reflexos de prudência. Em outras ocasiões foram observados chimpanzés se afogando ao tentarem socorrer os filhotes que caíram na água.

Entre os primatas os exemplos de ajuda mútua são abundantes. Foram observados chimpanzés cuidarem de companheiros feridos por leopardos. Eles lambiam o sangue de suas lesões, limpavam delicadamente a sujeira das feridas e caçavam as moscas que estavam ao redor. Eles continuavam a cuidar das feridas e, quando se deslocavam, andavam mais lentamente para se adaptarem ao ritmo de seus companheiros debilitados.[4]

No Centro de Primatologia de Wisconsin, uma pequena fêmea do macaco rhesus sofria de problemas motores tão graves que mal conseguia fazer os gestos da vida cotidiana como andar, escalar e alimentar-se. Ora, longe de a rejeitar, os membros de sua família e do grupo tinham um cuidado todo particular com ela; na toalete social em especial, duas vezes mais que as outras fêmeas da mesma idade.[5] É preciso dizer que a toalete mútua é uma das principais formas de cuidado e de interação social nos macacos. Entre os grandes macacos foram observados com frequência tais atos de solicitude em relação a seus congêneres deficientes.

Os animais se associam de diversas formas, menos ou mais complexas, da simples gregariedade – pelo fato de serem atraídos pela companhia de seus semelhantes – às fases de organização social complexa em que os adultos cooperam nos cuidados com os mais jovens, alimentando-os e protegendo-os. À medida que a riqueza e a diversidade das interações crescem, torna-se útil aos animais levarem em conta, com a máxima exatidão possível, os comportamentos de seus congêneres. Essa tendência culmina com a faculdade de perceber as intenções do outro e de imaginar o que ele pensa e sente. É assim que nasce a empatia.

Os comportamentos benevolentes

Antes de nos interrogar sobre a "teoria da mente" – a faculdade de se colocar mentalmente no lugar do outro para compreender suas intenções ou necessidades –, comecemos por considerar uma série de comportamentos animais que ilustram suas disposições à empatia.

Os comportamentos benevolentes podem adquirir diversas formas: na ajuda aos congêneres, seja protegendo, tirando-os do perigo, manifestando-lhes simpatia e amizade, e mesmo a gratidão, consolando-os quando sofrem, criando laços de amizade que não estão vinculados à reprodução ou ao parentesco e, finalmente manifestando sinais de luto pela morte de um dos seus.

A ajuda mútua

Inúmeras observações demonstram que os animais são capazes de ajudar espontaneamente um semelhante que se encontra em perigo, ou que tem necessidades específicas com as quais é incapaz de lidar sozinho. Eis aqui alguns exemplos.

Em uma rodovia do Chile, em pleno tráfego, um cão visivelmente desorientado tenta evitar os veículos que passam, e em pouco tempo é atropelado por um deles. As câmeras de segurança que registram a cena mostram-no estendido na pista. De repente surge, não se sabe de onde, um cão de pelos âmbar que no meio do trânsito agarra o cão ferido por trás e, com muito esforço depois de duas tentativas, o arrasta ainda inconsciente até a beira da rodovia. Ambos escapam milagrosamente dos veículos que fazem o que podem para não atingi-los.[6]

Em uma narração da BBC, ouvi o relato de um guarda de canil sobre um caso menos dramático, quando ele ficou totalmente atônito uma manhã ao constatar que três cães saíram da jaula e se fartaram jantando na cozinha. À noite, ele verificou se as jaulas estavam bem trancadas, mas o mesmo cenário se reproduziu, e mais uma vez na noite seguinte. Intrigado, escondeu-se em um canto do canil para saber como as coisas aconteciam. Logo após os funcionários terem deixado o local, ele vê um dos cães abrir o trinco exterior de sua jaula passando sua pata através das grades, o que já é uma bela façanha. Mas para a sua surpresa, em vez de correr para a cozinha, o animal primeiramente abriu as jaulas de dois outros cães que eram seus amigos, e somente então se dirigiu com seus camaradas cheios de vida à cozinha deserta.

Diversas qualidades desse cão merecem ser destacadas: a prova de sua engenhosidade para sair da jaula, seu senso de amizade e sua capacidade de retardar uma gratificação esperada durante todo o dia (uma expedição pela cozinha!) e, acima de tudo, permitir aos outros cães consumirem uma boa parte do que ele poderia ter degustado sozinho.

Iain Douglas-Hamilton, que estudou durante quarenta anos os elefantes da Reserva Nacional do Masai Mara, no Quênia, viu um dia um elefante cuja tromba havia sido em parte seccionada numa armadilha. O paquiderme estava muito agitado e não conseguia se alimentar. Iain viu então um outro elefante se aproximar dele. Após ter tocado o ferimento várias vezes com a tromba o recém-chegado traz-lhe juncos que arrancou na beira do rio e os coloca diretamente na boca do mutilado. Finalmente o elefante ferido foi capaz de se alimentar, mas unicamente com os juncos suficientemente macios para que ele pudesse colhê-los com o coto de sua tromba. O mais extraordinário foi que o grupo todo, para não abandoná-lo, instalou-se nas proximidades dos juncais, que eram sua fonte principal de alimentação. Essa observação revela não somente uma solidariedade do grupo, mas também uma inteligência capaz de perceber as necessidades específicas do outro.

A amizade

Os primatas se mostram capazes de travar uma relação de amizade duradoura. Frans de Waal cita o caso de duas macacas não aparentadas que permaneciam sempre juntas dando mostras constantes de sinais de afeto, dando beijos calorosos no bebê da outra e se ajudando nos conflitos a ponto de uma delas (que ocupava um nível inferior na hierarquia) gritar com os olhos fixos na amiga toda vez que via outro macaco se aproximar dela com atitude ameaçadora.[7]

Lucy era uma chimpanzé fêmea criada por humanos, e para lhe fazer companhia deram-lhe um gatinho. O primeiro encontro não foi bem-sucedido. Lucy, visivelmente contrariada empurrou o gatinho e até tentou mordê-lo. No segundo encontro não foi muito diferente, mas no terceiro Lucy permaneceu calma. O gatinho começou então a segui-la por todo canto e depois de meia hora a chimpanzé fêmea, esquecendo suas reservas, pegou o gatinho nas mãos, o beijou e mudou completamente de atitude. Muito rapidamente os dois se tornaram inseparáveis. Lucy fazia a toalete no gatinho, o embalava nos braços, fez-lhe um pequeno ninho e o protegia da aproximação humana. O gatinho não estava inclinado a se agarrar nos flancos de Lucy, tal como fazem os filhotes de chimpanzés, mas saltava de bom grado em suas costas e permanecia ali enquanto ela andava, ou então Lucy o levava nas mãos. Ela se comunicava com os pesquisadores com o auxílio de símbolos na tela de um computador e tinha um vocabulário relativamente rico, tanto que até deu ao gatinho o nome de "Todo-bola".[8]

A alegria dos reencontros, a tristeza das separações

Em um zoológico, dois chimpanzés machos adultos que eram de um mesmo grupo, após viverem muito tempo separados foram um dia colocados juntos. Os responsáveis temiam que pudessem brigar, mas os dois grandes macacos caíram um nos braços do outro e trocaram beijos com forte emoção, dando-se tapas nas costas como velhos amigos. Em seguida fizeram a toalete mútua durante um longo momento.[9]

Os reencontros entre dois grupos de elefantes amigos que não se viam há muito tempo davam lugar a manifestações exuberantes. Cynthia Moss menciona o reencontro de duas hordas que sinalizavam à distância (além dos bramidos audíveis, os elefantes se comunicam também a longas distâncias por meio de sons de baixa frequência, inaudíveis ao ouvido humano). Emitiam barridos quando estavam a quinhentos metros de distância uns dos outros, guiando-se reciprocamente por esses chamados, demonstrando sinais de intensa alegria. Quando enfim viram uns aos outros, começaram a correr trombeteando a plenos pulmões. As duas matriarcas se encontraram frente a frente, cruzando suas presas, enrolando suas trombas, batendo as orelhas e se esfregando uma na outra. Os demais elefantes fizeram o mesmo.[10]

Têm-se descrito inúmeros casos de animais amigos que, após terem vivido longo tempo juntos, perdem qualquer interesse por suas ocupações habituais quando um de seus companheiros morre, e eles se deixam morrer de inanição. J. Y. Henderson, que por muitos anos foi veterinário de circo, relata o caso de dois cavalos que haviam compartilhado por muito tempo o mesmo estábulo.[11] Quando um deles morreu, o outro começou a gemer de forma contínua. Ele apenas dormia e comia. Tentaram colocá-lo com outros cavalos, dispensaram-lhe cuidados especiais e melhoraram sua alimentação diária. Nada adiantou, e ele morreu em dois meses sem que o veterinário pudesse diagnosticar alguma doença específica.

A empatia focada dos grandes macacos

Em *A era da empatia*, Frans de Waal relata inúmeros casos de empatia entre os grandes macacos, que revelam uma compreensão precisa das necessidades do outro e das reações apropriadas:

> Em nosso centro de primatas temos uma velha fêmea, Peony, que passa seus dias em semiliberdade com os outros chimpanzés num grande cercado. Nos dias em que está mal, quando sua artrite se manifesta, ela tem muita dificuldade para andar e subir nas árvores. Mas a outras fêmeas vêm auxiliá-la. Por exemplo, Peony reclama e sofre ao escalar a estrutura onde vários macacos se reúnem para uma sessão de toalete social. Uma fêmea mais jovem e sem elo de parentesco com ela se posicionou atrás de Peony, e colocando as duas mãos no amplo traseiro dela a empurrou para cima, o que não é uma tarefa fácil, até que ela conseguisse se juntar aos demais.[12]

Afastar alguém de um perigo iminente é uma outra maneira de proteger os outros. Para isso é preciso antecipar e compreender que o outro está em perigo, que ele não está consciente desse perigo e que é necessário intervir antes que seja muito tarde.

Jane Goodall conta que observou na reserva de Gombe, na Tanzânia, uma jovem fêmea de nove anos, Pom, dar o grito de alarme ao ver uma enorme serpente. O pequeno bando se refugiou numa árvore, exceto Prof, o irmão caçula de Pom, que não havia compreendido o sinal ou o havia ignorado, e que continuava a se aproximar da serpente. Pom desceu rápido de seu galho para resgatar seu irmão e o levou para um lugar seguro.[13]

Os chimpanzés criados por humanos são capazes de manifestar comportamentos empáticos bem adaptados às situações. Na ex-URSS, isolada do resto do mundo científico, a etóloga russa Nadia Kohts estudou durante anos o comportamento de um jovem chimpanzé, Yoni, que criou com amor na companhia de seu próprio filho. O trecho a seguir, citado por Frans de Waal, ilustra a solicitude manifestada por Yoni em relação à sua mãe adotiva:

> Se finjo chorar, fechando os olhos e soluçando, Yoni interrompe no mesmo instante seus jogos ou qualquer outra atividade para me acudir prontamente; chega excitado e preocupado, vindo dos locais mais distantes da casa como o telhado ou o teto de

sua jaula, de onde nunca consegui fazê-lo descer apesar de meus chamados insistentes e minhas tentativas de sedução. Ele corre à minha volta afobadamente, como se procurasse o agressor; examinando meu rosto, ele pega com suavidade meu queixo em sua palma, passa delicadamente o dedo em minha face, como para tentar compreender o que está acontecendo, e dá volta em todas as direções cerrando os punhos... Quanto mais tristes e inconsoláveis são meus choros, mais sua compaixão se torna calorosa.[14]

A gratidão

Os primatas manifestam gratidão para com os que cuidam deles ao catarem mutuamente os piolhos, mas também manifestando com clareza sua alegria. Um dos pioneiros da primatologia, Wolfgang Köhler, percebeu certa noite que dois chimpanzés haviam sido esquecidos do lado de fora de um abrigo sob uma chuva muito forte. Ele correu para socorrê-los, conseguiu abrir o cadeado da porta trancada e se colocou ao lado para deixar os chimpanzés chegarem o mais breve possível ao seu leito seco e quente. Embora a chuva continuasse a escorrer nos corpos dos chimpanzés gelados de frio, e que até então não cessavam de manifestar sua penúria e impaciência, antes de entrarem para o conforto de seu refúgio se voltaram para Köhler e o abraçaram, um em torno do peito e o outro nas pernas, em um arrebatamento de alegria. Só depois de manifestarem sua apreciação com exuberância é que correram para a palha acolhedora de seu abrigo.[15]

As múltiplas facetas da empatia dos elefantes

No ecossistema de Amboseli, no sul do Quênia, Cynthia Moss e seus colaboradores estudaram durante trinta e cinco anos o comportamento de cerca de dois mil elefantes, identificando e dando um nome para cada um. Os elefantes têm uma vida social muito rica e possuem sistemas de comunicação auditivos, olfativos e visuais complexos. Entre aqueles que vivem nas savanas africanas, as fêmeas permanecem na mesma horda durante toda sua vida, e as mães cuidam frequentemente dos filhotes de outras fêmeas, o que é um fator importante de sobrevivência.[16] Entre o grande número de observações registradas no decorrer dos anos, os pesquisadores reuniram mais de duzentos e cinquenta casos significativos de reação empática diante da aflição de um congênere.[17] Entre essas reações constam comportamentos tão diversos como o fato de se juntarem face a um perigo, de proteger os outros, de reconfortá-los, ajudá-los a se locomover, de cuidar dos filhotes de outras mães, ou de extrair os objetos estranhos do corpo de um congênere.

Os elefantes adultos muitas vezes coordenam seus esforços quando um perigo se apresenta sob a forma de um predador ou de um elefante hostil. Quando um jovem ou um adulto ferido está em perigo, um outro elefante vem protegê-lo, na maioria das vezes. O mais frequente são as mães que protegem seus filhotes impedindo-os que se aproximem de um lugar perigoso, como a borda abrupta de um pântano; ou se interpondo para separar dois filhotes que brigam entre si, porém mães amigas também podem intervir. Quando uma mãe precisa se separar de seu filhote por algumas horas, as mães assistentes a substituem.

Quando um elefante fica atolado ou cai sem poder se levantar, muitas vezes outros elefantes tentam ajudá-lo com sua tromba, empurrá-lo com suas pernas, ou levantá-lo com suas presas.

Se uma flecha-seringa de veterinário ou uma lança se fixa no corpo do elefante, é comum os outros tocarem o local ferido, e às vezes conseguem extrair o objeto estranho. Também observaram uma mãe elefante retirar um saco plástico da boca do filhote e jogá-lo longe.

Comportamentos altruístas dos golfinhos e outros cetáceos

Os golfinhos, como demonstram inúmeras observações levantadas pelos etólogos Melba e David Caldwell, são capazes de despender a mesma ajuda focada tal como se pode ver entre os humanos, os grandes macacos e os elefantes.[18]

John Lilly reporta o caso de um jovem golfinho que ao largo das Antilhas se afastou de seu grupo. Foi atacado por três tubarões e emitiu gritos aflitivos. De imediato os adultos do grupo, que até esse momento "conversavam" entre si, fizeram silêncio e nadaram rapidamente até o jovem em perigo. Chegaram ao local como torpedos, arremessaram a toda velocidade (60 quilômetros por hora) contra os tubarões que queriam nocautear, fazendo-os afundar nas profundezas. Durante esse tempo, as fêmeas cuidaram do jovem ferido, que não conseguia mais subir à superfície para respirar. Duas entre elas levantaram-no à superfície colocando-se debaixo dele, até que sua cabeça emergisse da água. De tempos em tempos outras fêmeas se revezavam para que elas próprias pudessem abastecer-se de ar.[19]

Em alguns casos se observou que tais operações de salvamento poderiam durar até duas semanas, até que o golfinho mutilado se recuperasse, ou então morresse. Durante todo esse tempo os salvadores não se alimentavam mais e somente subiam à superfície para respirar.[20]

Dispomos também de numerosos testemunhos sobre golfinhos que socorreram homens. Em Harbin, na China, no parque de atrações Terra Polar, a nadadora Yang Yun participava de um concurso de mergulho em apneia num tanque profundo de 7 metros, mantido a uma temperatura glacial para abrigar as baleias belugas. A nadadora teve câimbras tão fortes em uma perna que sentiu afogar-se e quase morrer. Uma baleia, Mila, prendeu delicadamente uma de suas pernas na boca e a levou à superfície, com o auxílio de outra baleia que a empurrava por baixo usando suas costas.[21]

Na Nova Zelândia, quatro nadadores foram repentinamente cercados por um bando de golfinhos que começaram a nadar em torno deles com círculos cada vez mais fechados, à maneira de um cão de pastor que junta suas ovelhas. Quando um dos nadadores tentou se distanciar, dois golfinhos o forçaram a reintegrar o grupo. Alguns instantes depois um dos nadadores viu passar um grande tubarão branco, e os golfinhos permitiram que seus protegidos partissem somente ao final de quarenta minutos.[22]

Quanto às baleias, quase sempre ajudam um congênere atacado por baleeiros. Elas se interpõem entre os navios baleeiros e a baleia ferida, e às vezes viram a embarcação. Os caçadores de baleias exploram quase sempre esse comportamento. Quando conseguem apoderar-se de um bebê vivo, eles sabem que todos os adultos se reagruparão em torno dele. Basta então matar um a um até o último.[23]

Comportamentos de ajuda mútua também foram descritos entre as morsas, que mantêm fortes ligações sociais, dividem os alimentos, cuidam dos filhotes das outras e socorrem um congênere quando atacado.[24] As morsas feridas não são abandonadas à própria sorte. Aquelas que, por exemplo, foram atingidas em terra firme pelas balas de um caçador são, na medida do possível, levadas à água, e se mal conseguem nadar outras morsas as carregam sobre suas costas para que mantenham a cabeça fora d'água, permitindo assim que respirem.[25]

A ajuda mútua entre animais de diferentes espécies

A ajuda mútua entre indivíduos de espécies diferentes é mais rara, porém acontece. Os pesquisadores consideram-na uma extensão do instinto maternal e do instinto de proteção.

Em suas memórias, o etólogo Ralph Helfer descreve uma cena da qual foi testemunha na África Oriental. Durante a estação das chuvas, uma mãe rinoceronte e seu bebê chegam a uma clareira próxima de uma reserva de sal. Seu filhote cai na lama espessa e chama sua mãe que vem em seu encalço, cheira-o, não sabe o que fazer, volta para debaixo das árvores. O filhote continua emitindo chamados aflitivos, a mãe volta novamente, mas parece impotente. Chega uma horda de elefantes interessados também pela reserva de sal. A mãe rinoceronte, temendo pelo seu rebento, ataca os paquidermes que se afastam e retorna à floresta. Momentos depois, chega um grande elefante que aproxima-se do bebê rinoceronte, fareja-o com sua tromba, ajoelha-se e desliza as presas por baixo dele para levantá-lo. A mãe surge de imediato e desafia novamente o elefante, que se afasta. Essa situação se repete durante horas. Toda vez que a mãe rinoceronte voltava à floresta, o elefante retornava para tentar retirar o filhote da lama; em seguida renunciava diante do ataque da mãe, até que a horda de elefantes acaba indo embora. Na manhã seguinte Helfer e um guarda florestal se aproximaram do filhote para tentar libertá-lo; mas ele ficou com medo, e em seu esforço para fugir conseguiu livrar-se da lama antes de encontrar a mãe que ia na sua direção novamente alertada por seus gritos.[26]

O consolo

Comportamentos consoladores são comumente observados nos grandes macacos e nos canídeos (cães, lobos), mas também nos corvídeos. Teresa Romero e seus colegas catalogaram mais de três mil casos entre os chimpanzés.[27] O resultado de seu estudo revela que esses comportamentos são mais frequentes entre os indivíduos que são socialmente próximos, e são observados em maior número nas fêmeas que nos machos (à exceção, no entanto, dos machos dominantes que são pródigos em atos de consolação, sem dúvida para reforçar a coesão social do grupo).

Via de regra, um chimpanzé consolará o perdedor de uma contenda quando esta não acabar em uma reconciliação. Em contrapartida, quando os protagonistas se reconciliam no final do combate,[28] esse comportamento é raro, o que mostra que o consolador é capaz de avaliar as necessidades do outro. A consolação se expressa de diversas formas: oferecer à vítima uma sessão de toalete, tomá-la nos braços, tocá-la suavemente ou beijá-la. O consolo é recíproco: os que consolam sempre serão consolados assim que se apresentar, por sua vez, uma ocasião de perder uma disputa.

A expressão do luto

A expressão do luto é particularmente observada nos elefantes. Quando um dentre eles está para morrer, seus congêneres colocam-se em torno dele, tentam levantá-lo, às vezes alimentá-lo. Ao constatarem que ele morreu, vão em busca de ramos para depositar sobre seu corpo e ao redor dele, e em algumas ocasiões até o recobrem. A horda se entrega também a rituais: os elefantes se colocam às vezes em círculo ao redor do morto, com a cabeça voltada para o exterior dessa roda, ou desfilam um a um diante do morto, cada um tocando-o com a tromba ou com o pé, fazendo uma pausa diante dele antes de deixar lugar ao seguinte. Isto nos leva a evocar o ritual dos funerais humanos em que cada um deposita, por sua vez, uma flor sobre o túmulo. Quando a horda se distancia, se o elefante morto é jovem, com frequência a mãe permanece algum tempo, e quando se junta ao bando ela demonstra sinais de abatimentos durante vários dias, caminhando atrás dos outros.

Os elefantes apresentam também a particularidade de serem sistematicamente atraídos pelas ossadas de seus congêneres, e parece que não têm qualquer dificuldade para identificá-las. Chegam a passar uma hora revirando os ossos em todos os sentidos e cheirá-los, guardando às vezes um fragmento deles. Cynthia Moss conta que ela havia levado para seu acampamento os ossos da mandíbula de uma elefanta para determinar sua idade. Algumas semanas depois, a horda à qual pertencia a defunta passou nas proximidades. Os elefantes então fizeram um desvio do caminho para examinarem as ossadas, e em seguida se foram. Porém um jovem elefante, identificado posteriormente como órfão da morta, ficou por um longo momento após a horda ter deixado o local, tocando a mandíbula de sua mãe, revirando-a delicadamente com os pés, e pegando-a com a tromba.[29] Não há qualquer dúvida de que ele havia reconhecido a procedência da ossada e que essa descoberta suscitava nele lembranças e emoções. Moss observou também uma elefanta, Agatha, que quinze meses após a morte de sua mãe retornava constantemente ao local onde ela morrera e remexia por longo tempo o seu crânio.

Observou-se também um caso intrigante de sentimento de luto por uma outra espécie. No Zimbábue, um jovem elefante havia adotado um jovem rinoceronte como companheiro de jogo. Quando este último foi morto por caçadores que o enterraram após terem serrado o seu chifre, o elefantinho cavou até chegar a um metro de profundidade para desenterrar o corpo de seu amigo, emitindo gritos angustiosos, enquanto duas outras elefantas mais velhas o cercavam e tentavam consolá-lo sustentando-o com o corpo.[30]

Os chimpanzés manifestam igualmente sinais de consternação quando um de seus semelhantes morre, e permanecem às vezes observando-o em silêncio por um bom período. As mães chimpanzés que perdem um filhote mostram-se abaladas durante semanas. Na Guiné, foi visto uma mãe carregar por mais de dois meses o corpo dessecado de seu filhote, afastando com ramos as moscas que se aproximavam dele.

Jane Goodall descreve como Flint, um jovem chimpanzé de oito anos muito apegado à sua mãe, Flo, caiu em profunda depressão com a morte dela. Três dias depois subiu ao ninho de galhos onde sua mãe costumava repousar, o contemplou longamente, em seguida desceu e deitou-se sobre a vegetação, prostrado, com os olhos bem abertos olhando para o vazio. Parou praticamente de se alimentar e morreu três semanas depois.[31]

O luto foi observado em inúmeras outras espécies, incluindo os animais de estimação. Na Escócia, um skye-terrier permaneceu quatorze anos perto do túmulo onde seu dono havia sido enterrado em 1858, recusando-se a deixá-lo. Vizinhos o alimentaram até sua morte, e o enterraram próximo ao seu dono. Os aldeões fizeram-lhe uma estátua no pequeno cemitério, em homenagem à sua fidelidade.

O fenômeno da adoção

Jane Goodall descreveu vários casos de adoção.[32] Mel, um jovem chimpanzé de três anos, perdeu sua mãe e não tinha irmãos e irmãs. Ele não teria sobrevivido se Spindle, um macho de doze anos não aparentado, não o tivesse adotado. Rapidamente se tornaram inseparáveis. Spindle esperava por Mel durante os deslocamentos do grupo e lhe permitia também viajar sobre suas costas. Quando Mel se aproximava muito dos machos enraivecidos durante as altercações dentro do grupo, Spindle buscava-o e o afastava para longe do perigo, o que era arriscado para ele.

Christophe Boesch e seus colegas observaram frequentes adoções entre os chimpanzés da floresta de Tai, na África Ocidental.[33] Geralmente, um órfão com menos de cinco anos não sobrevive ou se desenvolve mais lentamente que os demais. Por outro lado, os órfãos adotados têm um desenvolvimento normal. Dos trinta e seis órfãos acompanhados por Boesch, dezoito foram adotados. É notável constatar que, dentre eles, a metade foi por machos, e um por seu próprio pai, os demais não tinham vínculos diretos com seu protegido. De fato, os machos comumente não se associam a uma fêmea particular e se ocupam pouco de seus filhotes. Porém, os pais adotivos carregam os órfãos em suas costas durante os deslocamentos diários (8 quilômetros por dia em média) e partilham seu alimento ao longo dos anos, o que representa um investimento considerável. Os pesquisadores acreditam que esses comportamentos solidários foram encorajados pelo fato de que esses chimpanzés vivem numa área onde existe abundância de leopardos.

A transmissão das culturas sociais

Vimos que as culturas elaboradas implicam uma transmissão acumulativa dos conhecimentos, e adquirem amplidão apenas nos seres humanos. Mas isso não significa que os animais sejam desprovidos de cultura. No seio de uma espécie, observa-se de um grupo a outro variantes culturais que não são de origem genética.

Os chimpanzés de regiões vizinhas, na África, desenvolveram estilos de toalete que diferem de um grupo a outro, enquanto entre os orangotangos de Sumatra, são as ferramentas utilizadas que variam segundo as regiões. Essas variações não são devidas à influência dos meios ecológicos, mas à diversificação da aprendizagem social. Em algumas semanas, comunidades inteiras de macacos, pássaros, golfinhos, baleias, lobos e ursos, para citar apenas alguns, podem adotar um novo hábito "descoberto" por um de seus membros. Menciona-se com frequência o caso dos chapins da Inglaterra que, há algumas décadas, bicavam as cápsulas de alumínio dos litros de leite para sorver o creme que ficava na superfície, hábito este que se propagou com algumas semanas de intervalo por todo o país. O luto elaborado dos elefantes, mencionado antes, assemelha-se ao que os humanos consideram como cultura.

O primatólogo escocês William McGrew foi o primeiro a introduzir a noção de cultura animal.[34] Como destaca o etólogo Dominique Lestel, se as culturas animais se distinguem das culturas humanas pelo fato de não serem fundadas na linguagem, na arte, na religião ou em outros aspectos específicos das culturas humanas, em contrapartida elas são de fato culturas, visto que são transmitidas socialmente e não geneticamente. Entretanto, elas permanecem muito mais limitadas do que no homem, pois não parecem se acumular no decorrer das gerações.

Saber o que os outros pensam, ou a "teoria da mente"

Os animais são capazes de ter uma ideia do que se passa na mente de um outro? Eles são certamente capazes de observar os comportamentos de seus congêneres e levá-los em consideração, porém isso não implica que sejam capazes de representar seus estados mentais.

Sabe-se que os animais podem dar provas de dissimulação e de encenação para enganar seus semelhantes. Por exemplo quando um gaio, uma ave corvídea, esconde provisões e percebe que está sendo observado por outro gaio, ele disfarça, e assim que o outro deixa o local, volta para o esconderijo, recupera as provisões e vai escondê-las em outro lugar. Ele sabe que os outros gaios tentarão roubar-lhe seu bem. Mas em que medida ele pode colocar-se no lugar do outro e imaginar o que ele pensa? Emil Menzel[35] foi um dos primeiros etólogos a explorar essa questão, enquanto o conceito de "teoria da mente" – teoria a propósito do que o outro pensa – foi formulada por David Premack e Guy Woodruff.[36]

As observações que dispomos permitiriam ter uma ideia precisa? Segundo um estudo de Brian Hare sobre os chimpanzés do Centro Yerkes de Primatas, na periferia de Atlanta, os grandes macacos que se encontram abaixo na hierarquia social levam em conta o que sabem de um concorrente dominante antes de se aproximarem do alimento.[37] Thomas Bugnyar relata comportamentos similares nos grandes corvos: quando um deles se aproxima de um esconderijo de alimentos, ele espreita ao derredor. Se percebe que um congênere poderia estar vendo-o recolher o alimento, ele se precipita para o esconderijo a fim de assegurar-se que fará o saque antes do outro. Se ele vê somente os indivíduos *que ele sabe que não sabem* onde se encontra o esconderijo, ele não se apressa.[38] Há então ali uma tomada de consciência de *que o outro sabe ou não sabe*. Comportamentos comparáveis foram evidenciados entre os macacos-prego, os cães e os lobos, e como veremos a seguir, entre os golfinhos.[39] De acordo com Frans de Waal, a ideia de que a teoria da mente se aplica somente ao homem é invalidada por todas as suas observações.[40]

Um estudo de Shinya Yamamoto e de sua equipe permitiu mostrar que não apenas os chimpanzés se ajudam mutuamente, como também são capazes de avaliar com precisão as necessidades do outro.[41] Nesta experiência, dois chimpanzés que se conheciam foram colocados em jaulas contíguas. Uma pequena janela permitia passar objetos de uma jaula à outra. O primeiro chimpanzé recebeu em sua jaula uma caixa com sete objetos: uma vara, um canudo para beber, um laço, uma corrente, uma corda, um grande pincel chato e um cinto.

Em seguida colocaram o segundo chimpanzé em uma situação em que precisasse de um instrumento específico, tal como uma vara ou um canudo, para obter uma porção de suco de frutas. O segundo chimpanzé assinala ao primeiro, através de gestos e da voz, que precisava de ajuda. Este último olha, avalia a situação, escolhe nove vezes em cada dez o bom instrumento entre os sete oferecidos, e o entrega pela janela a seu congênere. Ele próprio não recebe qualquer recompensa.

Se a visão do primeiro chimpanzé for bloqueada com um painel opaco, ele se mostra sempre desejoso de ajudar assim que escuta o segundo pedir auxílio, mas por não conseguir avaliar pela visão a exata necessidade do outro, ele lhe passa qualquer um dos sete objetos. Essa experiência foi repetida com vários chimpanzés e, em um dos casos, o chimpanzé solicitado deslocou-se para olhar por um pequeno buraco que havia visto na parte superior do painel opaco, a fim de avaliar a situação do outro e lhe passar o instrumento adequado!

Um golfinho astuto

No Centro de Estudos dos Mamíferos Marinhos de Gulfport, no Mississippi, os responsáveis pelo treinamento dos golfinhos tiveram a ideia de recrutá-los para limpar o tanque. Não foi preciso muito tempo para fazê-los compreender que poderiam trocar um pedaço de plástico ou de papelão por um peixe, e rapidamente o tanque ficou imaculado. Mas Kelly, uma fêmea, imaginou um estratagema para aumentar o rendimento: quando encontrava grandes detritos, jornais ou uma caixa de papelão, em vez de trocá-los em seguida por um peixe, ela os escondia em uma fenda da rocha no fundo do tanque, e depois os rasgava em pequenos pedaços e entregava um por um a seu instrutor para trocá-los por peixes. Um bom negócio portanto, que pressupõe pelo menos duas capacidades. A primeira é a de resistir à tentação de receber um peixe logo após a troca do detrito que havia encontrado. Sabemos, por comparação, que ao menos uma entre duas crianças pequenas resiste à tentação de comer um bombom de imediato em vez de dois bombons dez minutos mais tarde. A segunda é compreender que o que importa não é o tamanho do papel, nem o fato de dar em seguida tudo o que encontrou, mas que cada fragmento tem o mesmo valor que o todo.

A engenhosidade de Kelly vai mais além. Ela ainda teve a ideia de esconder pedaços de peixes (de novo, adiando sua recompensa para mais tarde), que levava de tempos em tempos à superfície da água para atrair gaivotas, enquanto permanecia invisível logo abaixo. Rapidamente uma gaivota notava a isca, e quando estava a ponto de pegá-la, Kelly agarrava suas pernas com a mandíbula, sem machucá-la. Em seguida, esperava que um instrutor, querendo evitar a morte da gaivota, se apressasse para lhe jogar um peixe, quando então ela soltava a ave. Após ter constatado o sucesso de seu estratagema, Kelly a ensinou a seu filhote, e logo essa armadilha para gaivotas tornou-se o esporte favorito dos golfinhos daquele tanque.[42] Kelly demonstrou assim que era capaz de raciocinar, de utilizar instrumentos, de fazer planos, de recorrer a artimanhas bem elaboradas e de ensiná-las a outros.

Um bonobo que tenta fazer um pássaro voar

Frans de Waal relata a história de uma bonobo chamada Kuni que, após ter visto um estorninho chocar-se contra a vidraça de sua jaula, o pegou delicadamente e o encorajou a voar com os movimentos das suas mãos. Diante de seu insucesso, ela o leva ao alto de uma árvore, distende suas asas entre as duas mãos como se ele fosse um avião em miniatura e o lança ao ar, esperando, poderíamos pensar, que ele iria voar. Kuni levava em conta o que fazem habitualmente os pássaros. O pássaro, que estava tão mal, espatifou-se no chão. Kuni desceu então do seu galho e, por longo tempo, protegeu o estorninho moribundo dos jovens chimpanzés que se aproximavam dele.[43]

É preciso ser capaz de ter ideia de si mesmo para ter ideia do outro?

Esta questão pode parecer estranha, mas é importante em relação ao desenvolvimento da empatia. Sabemos que as crianças humanas começam a manifestar empatia entre dezoito e vinte e quatro meses, próximo do momento em que começam a se reconhecer em um espelho. O teste clássico consiste em fazer uma marca de cor vermelha na testa da criança sem que ela perceba: quando ela se reconhece no espelho, toca a marca vermelha e em geral tenta apagá-la. Como não há espelhos na floresta e nos oceanos, é assombroso saber que inúmeros animais tenham passado pelo teste do espelho. Os primeiros foram os grandes macacos, como demonstrou o psicólogo e especialista da evolução Gordon Gallup em 1970,[44] depois foram os golfinhos, os elefantes e as gralhas.

Em 1999, uma equipe de neurocientistas notou que neurônios muito particulares, os neurônios de Von Economo (chamados também de "células VENs", na sigla em inglês) em forma de fuso, estavam presentes entre as vinte e oito famílias de primatas, nos humanos e nas quatro espécies de grandes macacos.[45] Ora, são precisamente essas espécies que foram bem-sucedidas no teste do espelho. Depois descobriram também a presença de células VENs nas baleias, golfinhos e elefantes.[46]

Existem portanto correlações entre o reconhecimento de si mesmo em um espelho, a presença de células VENs e a capacidade de empatia avançada. Entretanto, os pesquisadores concordam sobre o fato de a empatia adquirir múltiplas formas, e que a capacidade de se reconhecer em um espelho não constitui uma condição necessária à compreensão de si mesmo e do outro.

Até onde vai a prova?

Poderíamos demonstrar a existência do altruísmo nos animais como uma "motivação cuja finalidade última é o bem dos outros"? Já vimos com as experiências de Daniel Batson até que ponto é difícil provar sem ambiguidade a existência dessa motivação no ser humano. Pode-se imaginar os obstáculos com os quais deve se confrontar o etólogo que empreende experimentações similares nos animais, com os quais é naturalmente mais difícil a comunicação.

Contudo, algumas das observações realizadas parecem ter como única explicação possível uma motivação altruísta. Frans de Waal contou-me o seguinte fato curioso: "Uma velha mãe chimpanzé foi ficando cada vez mais com dificuldade para se deslocar, sobretudo para chegar até um ponto d'água que estava bem distante de seu abrigo. Quando começava se movimentar dolorosamente em direção ao ponto d'água, uma ou outra das jovens fêmeas se adiantava, enchia suas grandes bochechas e se colocava à frente da velha mãe, que abria bem a boca, e a jovem fêmea transferia toda aquela água para a boca dessa avó".

Daniel Batson concorda que, neste caso, tudo indica a presença de uma verdadeira solicitude empática, mas esse tipo de exemplo, por mais comovedor que seja, não constitui uma prova de altruísmo, uma vez que não há condições de saber a que motivação obedece o sujeito.[47] Com essa incerteza na mente, os pesquisadores se esforçam em imaginar dispositivos experimentais que permitam responder a tal questão de maneira convincente.

Muitas dessas experimentações são devidas a Michael Tomasello, Felix Warneken e seus companheiros do Instituto Max Planck de Leipzig. Warneken, em particular, queria saber se chimpanzés eram capazes de ajudar a um congênere de maneira gratuita, ou em outras palavras, na ausência de recompensa em troca.[48] A cena acontece em Uganda, em uma reserva onde os chimpanzés passam seus dias em um vasto terreno fechado. À noite, são recolhidos para um abrigo.

Durante o teste, um experimentador encostou-se nas grades que separam os macacos, fazendo menção de querer pegar uma vara que estava do lado dos chimpanzés e fora de seu alcance. Agindo rápido, um dos chimpanzés pegou a vara e a entregou ao experimentador. Depois, a vara foi colocada num lugar mais difícil de alcançar, exigindo que o chimpanzé escalasse uma plataforma de 2,5 metros de altura.[49] No entanto o chimpanzé foi em busca dela. É interessante observar que o fato de recompensá-lo não aumenta a frequência da ajuda. Warneken também notou que os filhotes de dezoito meses reagiram espontaneamente do mesmo modo.

Os chimpanzés queriam proporcionar prazer aos homens? Nada o indica, visto que não conheciam os experimentadores, que não eram aqueles que habitualmente se ocupavam deles e os alimentavam. Para saber se os chimpanzés estariam dispostos a ajudar seus congêneres de modo desinteressado, Warneken utilizou um segundo dispositivo.

Dois chimpanzés estavam em compartimentos contíguos separados por grades. Um deles tentava seguidamente abrir uma porta que dava para outro compartimento, que ambos sabiam que continha alimentos. A porta era fechada por uma tranca. Essa tranca foi disposta de forma a ficar fora do alcance do chimpanzé que tentava entrar, mas ao alcance da mão de seu vizinho que não podia ter acesso ao compartimento que continha o alimento. Este daria uma mãozinha ao companheiro, sabendo perfeitamente que não teria recompensa? Contra toda expectativa, a resposta é sim. Consciente da necessidade do outro e testemunha de sua impotência, o vizinho remove o pino que prende a corrente, permitindo ao seu companheiro ir regalar-se.

Em um documentário antigo, realizado por Meredith Crawford, de um dos estudos pioneiros sobre os comportamentos de ajuda mútua entre os chimpanzés,[50] vê-se uma bandeja repleta de alimentos colocada do lado de fora de duas jaulas. Uma corda é passada pelas duas alças da bandeja e as duas extremidades da corda chegam cada qual a uma jaula. Se apenas um dos chimpanzés puxar a corda, esta se soltará das alças e a bandeja não se moverá. Todavia, um dos dois chimpanzés havia sido copiosamente alimentado, portanto não estava muito motivado para puxar sua extremidade da corda. Mas o outro estava faminto, e adoraria que seu vizinho cooperasse. Então ele segurou sua extremidade da corda, e por gestos incitou seu congênere a puxar a outra extremidade. Este último puxou a corda alguns instantes sem qualquer entusiasmo e parou. O primeiro macaco passa então um braço através das grades e encoraja seu companheiro batendo-lhe no ombro, como se faz ao dizer a um amigo: "Vá, vá em frente!" O segundo chimpanzé, após alguns encorajamentos, acaba puxando a corda até que a bandeja chega ao alcance do chimpanzé faminto.

Esta observação tornou-se pública em 1937, para demonstrar que os chimpanzés compreendiam a natureza cooperativa da tarefa que lhes foi apresentada.* Mas parece também postular a favor do altruísmo, já que aquele que prestou ajuda ao outro não tinha nada a ganhar, a não ser, pode-se sem dúvida objetar, manter vínculos mutuamente benéficos.

Uma experiência similar foi realizada na Tailândia com elefantes. Joshua Plotnik e sua equipe ensinaram duplas de elefantes a puxar juntos duas extremidades de uma corda para aproximarem de si uma grande bandeja de madeira contendo alimentos, e situada a dez metros de distância.[51] A corda passa em volta da bandeja, se um dos dois elefantes começa a puxar sozinho, a corda desliza ao redor da bandeja e esta não se move.

Os elefantes aprenderam rápido a realizar essa operação, e a partir do segundo dia conseguiram oito vezes num total de dez tentativas deslocar a bandeja até eles, sincronizando perfeitamente seus movimentos. Em seguida complicaram a tarefa permitindo a um primeiro elefante ir adiante um pouco antes do segundo. Os elefantes compreenderam que nada adiantava começarem sozinhos, e na maioria dos casos esperavam (até quarenta e cinco segundos) que o outro chegasse. Um deles foi mais esperto, e se contentou em fixar sua extremidade de corda colocando o pé sobre ela, deixando ao outro fazer todo o trabalho de reboque! Como se vê, também existem malandros entre os elefantes.

Esses exemplos referem-se à colaboração "instrumental". Um animal pode decidir ou não cooperar. Mas os pesquisadores quiseram ainda observar as escolhas pró-sociais, aquelas que consistem em optar entre duas formas de agir, uma benéfica a um outro indivíduo, sem implicar custos para si mesmo, e a outra que não leva em conta a situação e os desejos do outro.

Para isso, Victoria Horner, Malini Suchak e seus colegas realizaram a experiência seguinte. Colocaram dois chimpanzés em jaulas contíguas, onde cada um podia facilmente observar o comportamento e as reações do outro. Um dos dois macacos dispunha de trinta fichas misturadas num pote: quinze azuis e quinze vermelhas. Fora das jaulas, bem à vista dos dois chimpanzés, colocaram sobre uma bandeja duas tigelas com alimentos. O chimpanzé que possuía as fichas foi treinado previamente a trocar fichas por alimentos. Mas desta vez, se ele entregasse uma ficha azul seria o único a comer, e se fosse uma ficha vermelha os alimentos seriam distribuídos aos dois chimpanzés.

No princípio, aquele que possuía as fichas as entregava ao acaso, mas rapidamente os dois chimpanzés compreenderam que com as fichas "egoístas", somente aquele

---

* Sou grato a Malini Suchak e a Frans de Waal por seus esclarecimentos a respeito das interpretações dessas experiências.

que as dava iria comemorar. Neste caso, o chimpanzé que nada recebia manifestou sua decepção e chamou a atenção de seu colega por meio de gritos e expressões corporais. E então a experiência demonstrou que a maioria dos distribuidores de fichas acaba escolhendo principalmente as fichas "altruístas".[52]

É possível pensar que o primeiro chimpanzé fez sua escolha não por altruísmo, mas para poder comer tranquilo, sem ter que suportar um chato que manifesta sua desaprovação gritando quando a ficha escolhida não lhe beneficia em nada. Ora, se o fato de chamar a atenção do possuidor das fichas influencia claramente na escolha deste último, por outro lado quando o chimpanzé frustrado expressa seu desejo de modo bem violento (cuspindo água no primeiro, passando agressivamente seus dedos através das grades, sacudindo a jaula etc.), o outro escolhe *com menos frequência* as fichas "altruístas", como se esses pedidos intempestivos o indispusessem perante seu congênere. São portanto as reações moderadas que parecem simplesmente ter como objetivo atrair a atenção do outro sem molestá-lo, que desencadeiam o maior número de escolhas pró-sociais.

Antropomorfismo ou antropocentrismo?

Trata-se de altruísmo no sentido que o entendemos nos humanos? As pesquisas realizadas por trinta anos, embora ainda suscitem controvérsias, indicam que determinados animais são capazes de solicitude empática, isto é, de altruísmo. Afinal, isso não é surpreendente quando se espera encontrar nos animais todos os elementos precursores do altruísmo humano.

Os cientistas que mais claramente evidenciaram a riqueza das emoções expressas por um grande número de espécies animais foram com frequência acusados de antropomorfismo – um pecado cardinal nos especialistas do comportamento animal. Até mesmo Jane Goodall foi criticada por dar nomes aos chimpanzés que estudava, supondo que para fazer bem feito ela deveria apenas atribuir-lhes números. Frans de Waal foi criticado por empregar um vocábulo "reservado" aos comportamentos humanos para descrever os dos chimpanzés ou dos bonobos.

De fato, numerosos acadêmicos se recusam ainda a utilizar para os animais termos que fazem referência a estados mentais tais como a raiva, o medo, o sofrimento, a afeição, a alegria, ou qualquer outra emoção semelhante às nossas. Bernard Rollin,[53] professor de filosofia e de etologia na Universidade do Colorado, explica que os pesquisadores, em seus esforços para não empregar em relação aos animais os termos que descrevem as emoções humanas, não falam de medo mas de "comportamentos de retração"; eles não descrevem o "sofrimento" de um rato colocado sobre uma placa quente, mas simplesmente contam o número de seus sobressaltos ou de suas convulsões; não falam de gritos ou de gemidos de dor, mas de "vocalizações". O vocabulário do bom senso é substituído por um jargão que é mais uma negação do que objetividade científica.

Como afirma Frans de Waal: "Sabemos que os animais têm emoções e sentimentos, e que tomam decisões semelhantes às nossas. À exceção, parece, de alguns acadêmicos. Se você for a um departamento de psicologia, ouvirá: 'Quando o cão arranha a porta e late, você diz que ele quer sair; mas como você sabe que ele quer sair? Ele simplesmente aprendeu que latir e arranhar permitem abrir as portas'".[54]

Seria evidentemente absurdo atribuir a uma minhoca emoções complexas como o orgulho, a inveja ou a paixão romântica, mas quando um animal está visivelmente alegre, triste ou brincalhão, por que não chamar as coisas pelo nome? Tal obstinação vai contra o bom senso e ignora a própria natureza da evolução. "Se alguém quer violar esse princípio de continuidade", escreveu Bernard Rollin, "e afirmar que existem saltos quânticos entre as espécies animais e ao mesmo tempo seguir sustentando a teoria da evolução, cabe a ele assumir *o ônus da prova*".[55] A teoria da evolução implica que a psicologia, bem como a anatomia, desenvolveu-se de maneira gradual. Portanto é inconcebível que as emoções, a inteligência e a consciência tenham surgido de súbito no homem. Em *A descendência do homem e a seleção sexual*,[56] Darwin não poderia ser mais explícito:

> Se nenhum ser organizado, exceto o homem, possuísse certas faculdades dessa ordem, ou que essas faculdades fossem neste último de uma natureza totalmente diferente do que são nos animais inferiores, jamais teríamos nos convencido de que nossas altas faculdades são resultantes de um desenvolvimento gradual. Mas podemos facilmente demonstrar que não existe qualquer diferença fundamental desse gênero. [...]

Frans de Waal qualifica de *antropocentrismo* a obstinação de querer dar ao homem o monopólio de certas emoções:*

> Os indivíduos se apressam em descartar uma verdade que conhecem desde a infância: sim, os animais experimentam sentimentos e preocupação pelos outros. Como e por que essa certeza desaparece entre a metade dos humanos assim que lhes cresce a barba ou os seios, é um fenômeno que nunca deixa de me surpreender. Caímos no erro comum quando acreditamos que apenas nós somos capazes. Humanos somos, e dotados de humanidade igualmente, mas a ideia de que essa humanidade possa ter origens mais longínquas, que nossa bondade se inscreve num quadro muito menos restrito, ainda não teve êxito para se impor.[57]

No Ocidente, múltiplas razões culturais contribuem a esse antropocentrismo – encontramos resquícios da ideologia judaico-cristã, segundo a qual somente o homem possuiria uma alma; o menosprezo dos pensadores do século XVII como

---

* Frans de Waal concebeu o termo inglês *anthropodenial*, ou "antroponegação", que designa a negação, comumente observada na comunidade científica e no grande público, de qualquer semelhança entre os estados mentais e as emoções humanas e animais.

Descartes e Malebranche, para os quais os animais seriam apenas "autômatos de carne", e já em nossa época, o orgulho antropocêntrico que considera que inscrever o homem na continuidade da evolução dos animais é uma injúria à dignidade humana e à sua incomensurável superioridade.

Há, sem dúvida, uma outra razão pela qual muitos de nós se apegam de modo tenaz à ideia de uma fronteira definitiva entre os homens e os animais. Se reconhecemos que os animais não são fundamentalmente diferentes de nós, não poderíamos mais tratá-los como instrumentos a serviço de nosso bel-prazer. Como prova o seguinte testemunho de um pesquisador a Bernard Rollin: "Meu trabalho fica muito mais fácil se ajo como se os animais não tivessem a menor consciência".[58]

A tomada de consciência de que todos os seres sensíveis, do mais simples ao mais complexo, se situam em um *continuum* evolutivo, e de que não há ruptura fundamental entre os diferentes níveis de sua evolução, deve naturalmente nos levar a respeitar as outras espécies e a utilizar nossa inteligência superior, não para nos aproveitar delas como se fossem simples instrumentos a serviço de nosso bem-estar, mas para favorecer o seu bem-estar ao mesmo tempo que o nosso.

Curiosamente, o estudo da própria empatia enfrentou obstáculos no âmbito do estudo das emoções humanas. Muitos pesquisadores dessa área nos relatam seus dissabores. Frans de Waal deplora a ausência de consideração da ciência pela empatia, ainda recentemente: "Mesmo tratando-se de nossa espécie, o tema empatia foi considerado absurdo e risível, da mesma maneira que os fenômenos sobrenaturais, tais como a astrologia e a telepatia". Richard Davidson viveu uma experiência similar quando se lançou ao estudo das neurociências das emoções nos seres humanos. No início, seus orientadores científicos lhe diziam que estava perdendo seu tempo e que essa linha de pesquisa não tinha futuro. Durante anos teve que lidar com os preconceitos segundo os quais é inútil interessar-se pelos processos cerebrais das emoções, uma vez que somente os processos cognitivos têm relevância. Mas Richard perseverou, e fez de seu campo de pesquisa um dos mais ativos das neurociências.[59] Além disso, estudar as emoções negativas – o ódio, o desejo, a inveja, o menosprezo – ainda passa, mas estudar o amor altruísta e a compaixão! Não era nada sério...

Tania Singer, uma das grandes especialistas da empatia em neurociências, recentemente me confiou que muitos pesquisadores tradicionais consideram seu campo de pesquisa como "superficial". Quando os dois pesquisadores acima citados, com os quais tive o privilégio de colaborar por mais de doze anos, se engajaram no estudo dos efeitos da meditação no cérebro e nas capacidades empáticas, aqui também se depararam com a condescendência jocosa de numerosos colegas. Mas resultados apaixonantes foram se acumulando e, pouco a pouco, as pesquisas sobre a empatia, o altruísmo, a compaixão, as emoções positivas e os efeitos do treinamento mental no cérebro e em nossa maneira de ser ganharam seus títulos de nobreza no mundo científico.

18. O ALTRUÍSMO NA CRIANÇA

UMA DAS GRANDES QUESTÕES EM DEBATE NA CIVILIZAÇÃO OCIDENTAL É SABER SE, como afirma Jean-Jacques Rousseau, nascemos bons e dispostos a cooperar uns com os outros antes que a sociedade nos corrompa, ou se, como afirma Thomas Hobbes, nascemos egoístas, pouco dispostos a nos ajudar mutuamente, e é a sociedade que nos ensina a nos comportar de maneira mais civilizada.

As pesquisas realizadas ao longo dos últimos trinta anos, em particular as de Michael Tomasello e Felix Warneken, do Instituto Max Planck de Leipzig,[1] estão a favor da primeira hipótese. Elas mostraram que desde a idade de um ano, enquanto aprendem a andar e a falar, as crianças já manifestam espontaneamente comportamentos de ajuda mútua e de cooperação que não lhes foram ensinados por adultos.

Mais tarde, após a idade de cinco anos, a tendência à cooperação e à ajuda mútua é influenciada pela aprendizagem das relações sociais e pelas considerações de reciprocidade, ignoradas pelas crianças mais novas, que ajudam sem fazer discriminação. A criança aprende então a ser mais circunspecta em suas escolhas e assimila progressivamente as normas culturais em vigor na sociedade na qual ela evolui.

É interessante notar que os trabalhos do psicólogo e pediatra Richard Tremblay e de seus colegas canadenses – autores de um estudo que acompanhou a evolução de milhares de crianças durante várias décadas – demonstraram que é igualmente entre dezessete e quarenta e dois meses (três anos e meio) que as crianças recorrem com mais frequência às agressões físicas, mesmo que essas sejam inofensivas em razão de sua pouca idade.[2] Na maioria delas, a incidência de suas agressões diminui próximo dos quatro anos, à medida que aprendem a regulá-las e que sua inteligência emocional se desenvolve.

Este pico dos comportamentos de agressões físicas em tão tenra idade pode parecer desconcertante e contraditório com as manifestações tão numerosas e espontâneas de cooperação altruísta. Mas na verdade, a espontaneidade e a frequência desses dois tipos de comportamento, *a priori* incompatíveis, são devidas ao fato de que as emoções começam a se manifestar plenamente enquanto os sistemas cerebrais de regulação ainda não estão definidos. Basta contemplar as crianças pequenas passarem em segundos do riso ao choro, e em seguida a um novo riso, para constatar essa volatilidade emocional. As neurociências confirmam que é por volta da idade de quatro anos que começam a funcionar as estruturas do córtex que permitem a regulação diferenciada dos episódios emocionais desencadeados por redes cerebrais mais primitivas ligadas ao medo, à raiva e ao desejo. A evolução posterior dessas predisposições aos comportamentos altruístas e à violência dependerá em seguida de um grande número de fatores internos e externos.

Do nascimento à idade de doze meses

Em um estudo citado com frequência, os psicólogos da infância Sagi e Hoffman observaram que apenas um dia após seu nascimento, um bebê que ouve outro chorar, também começa a chorar.[3] Posteriormente, Martin e Clark demonstraram que essa reação era máxima quando um recém-nascido ouvia os choros de outro bebê de sua idade. Em contrapartida, um recém-nascido reage bem menos aos choros de uma criança mais velha, e não chora de forma alguma ao ouvir os choros de um bebê chimpanzé. Por fim, ele para de chorar quando lhe fazem ouvir uma gravação de seus próprios choros![4] Essa constatação experimental tende a provar que o bebê humano é capaz desde o nascimento de uma distinção elementar entre "si" e "outros". Alguns pesquisadores atribuem essa reação a um simples "contágio emocional", o qual, como já vimos, é precursor da empatia.[5]

Para Daniel Batson, essa reação aos choros de outro recém-nascido poderia ser não a indicação de um sentimento empático, mas a expressão de um instinto inato de competição com o objetivo de receber alimento ou chamar a atenção dos pais.[6] Sabe-se que assim que um passarinho pia no ninho à aproximação da mãe que vem nutrir sua ninhada, todos os outros imediatamente começam a piar o mais forte que podem. Essa reação é interpretada como uma resposta competitiva, e não empática.

Os bebês preferem as pessoas amáveis

Bem cedo, ainda como simples espectadores, as crianças preferem, com clareza, as pessoas que se comportam de maneira benevolente para com outras, ao invés daquelas que se tratam com hostilidade. No laboratório de Paul Bloom na Universidade de Yale, pesquisadores mostraram a crianças de seis a dez meses um vídeo no qual um boneco de madeira de olhos grandes bem visíveis se esforça para subir uma ladeira íngreme. Outro boneco entra em cena e vai ajudá-lo, empurrando-o por trás. Por último, um terceiro boneco, facilmente distinguível do segundo, intervém por sua vez, empurrando para baixo o primeiro boneco que tenta subir a ladeira, fazendo-o rolar para baixo. Quando em seguida os bonecos que interviram são oferecidos aos bebês, a grande maioria deles agarra o boneco benevolente.[7]

De um a dois anos

Entre dez e quatorze meses, os bebês reagem à aflição dos outros de uma maneira muito mais ativa: eles olham nervosamente a pessoa, gemem, desfazem-se em lágrimas, ou ainda se distanciam dela. Mas é raro tentarem fazer diretamente alguma coisa pela vítima. Alguns olham para a mãe ou se aproximam dela como para pedir ajuda.

Próximo dos quatorze meses as crianças começam a manifestar solicitude em relação à pessoa em dificuldade, indo em direção a ela, tocando-a com gentileza ou abraçando-a. Uma menininha que observa atentamente um bebê que chora, por exemplo, irá dar-lhe sua própria mamadeira ou um colar que ela gosta.[8]

Acima de dezoito meses as crianças ajudam, de modo mais adequado, nas necessidades do outro: elas apelam para um adulto, abraçam a vítima ou lhe entregam não os próprios objetos que elas mesmas gostam, mas os que sabem por experiência que são próprios para consolar. Hoffman relata o exemplo de uma criança que começou dando seu urso de pelúcia a uma criança em prantos. Quando percebeu que isso não surtia nenhum efeito, correu para procurar em outra sala o urso que a criança gostava. Procedimento dessa vez coroado de sucesso: a criança apertou em seus braços o urso encontrado e cessou de chorar.[9]

É entre quatorze e vinte e quatro meses que a criança adquire uma melhor consciência de sua própria identidade, torna-se capaz de se reconhecer no espelho e diferencia mais claramente suas emoções das dos outros. Por volta dos vinte e quatro meses, as crianças tornam-se também capazes de falar sobre suas próprias emoções e as dos outros.[10]

Dos dois aos cinco anos

Durante o seu segundo ano, as crianças entram na fase qualificada por Hoffman de "empatia verídica" e se tornam capazes de considerar as coisas do ponto de vista do outro, e de modelarem o seu comportamento segundo as necessidades que percebem no outro. A aquisição da linguagem lhes permite também ampliar o leque das emoções com as quais entram em ressonância empática. Finalmente, elas começam a experimentar empatia por pessoas que não estão fisicamente presentes e a estendê-la a grupos maiores, como aos "pobres" ou aos "oprimidos".

Pesquisadores que filmaram trinta horas de jogos de vinte e seis crianças com idade de dois a cinco anos notaram mil e duzentos atos de partilha, de reconforto e de cooperação.[11] Com a idade, a preocupação com o outro se torna também mais diferenciada: uma menina de três anos, por exemplo, dará como gesto de consolação um chapéu a uma amiga, sabendo que ela perdeu seu chapéu favorito três dias antes.[12]

Na vida cotidiana, desde a sua mais tenra idade (de um a três anos), as crianças ajudam espontaneamente seus pais em suas tarefas comuns.[13] Não se trata de uma simples imitação, visto que a partir de dois anos e meio ou três anos, as crianças com frequência fazem comentários do gênero: "Posso te ajudar?", ou "Vou limpar". As crianças pequenas ajudam não somente seus próximos, mas também as pessoas menos conhecidas. É apenas mais tarde, aos cinco anos, que farão discriminações, reservando uma sorte diferente àqueles que não fazem parte de seu "grupo".

Uma série de experiências reveladoras

Pesquisas mais recentes da equipe de Michael Tomasello e Felix Warneken, do Instituto Max Planck de Leipzig, mostraram que todas as crianças pequenas oferecem espontaneamente ajuda a um experimentador para cumprir diversas tarefas – trazer-lhe um objeto que estava caído no chão, por exemplo –, e isso na ausência de recompensa. Como observa Felix Warneken: "Essas crianças são tão novas que ainda usam fraldas e mal conseguem falar, e, no entanto, já manifestam comportamentos de ajuda mútua".[14]

Poucos pesquisadores, até o momento, estudaram de maneira experimental o fenômeno de ajuda mútua em crianças muito novas.[15] De fato, os teóricos do desenvolvimento foram por muito tempo influenciados pela hipótese formulada por Jean Piaget e seu aluno Lawrence Kohlberg, segundo a qual os comportamentos empáticos orientados para os outros não se manifestam antes da idade escolar, e que antes dessa idade a criança é inteiramente egocentrada. Piaget estudou o desenvolvimento do julgamento moral na criança, o qual está ligado a seu desenvolvimento cognitivo. Porém, ao enfatizar exclusivamente a faculdade de raciocinar, ele negligenciou o aspecto emocional e concluiu que as crianças eram desprovidas de empatia antes dos sete anos de idade.[16] Depois, numerosas pesquisas experimentais demonstraram que isso ocorre de maneira diferente, e que a empatia se manifesta muito cedo na criança.[17] Ela começa por oferecer uma ajuda "instrumental", levando, por exemplo, a um adulto, um objeto que ele precisa, o que supõe uma compreensão dos desejos do outro. Pouco mais tarde, ela manifesta uma ajuda "empática", ao consolar, por exemplo, uma pessoa triste.[18]

Quando um experimentador ao pendurar uma roupa deixa cair um prendedor e tem dificuldade para pegá-lo, a quase totalidade das crianças de dezoito meses se desloca para pegar o prendedor e lhe entregar. Elas reagem em média nos cinco segundos que seguem à queda do prendedor, o que é aproximadamente o mesmo tempo necessário a um adulto numa situação similar. O mesmo ocorre quando as crianças abrem a porta de um armário para o experimentador que está com os braços carregados de livros.[19]

Melhor ainda, as crianças reconhecem especificamente uma situação na qual o adulto precisa de ajuda: se este joga deliberadamente o prendedor de roupa no chão em vez de deixá-lo cair sem querer, as crianças não se movem.

As crianças de dezoito meses chegam a mostrar a um adulto que se atrapalha o melhor jeito de realizar uma tarefa simples. Ao ver um experimentador esforçar-se desajeitadamente para pegar através de um buraco muito pequeno uma colher que lhe escapou da mão e que caiu numa caixa, as crianças se movem para abrir uma tampa que haviam descoberto em um dos lados da caixa, pegam a colher e a entregam ao experimentador. Aqui também, as crianças não se movem se o experimentador ostensivamente jogar de propósito a colher no buraco.[20]

Encorajamentos e recompensas são inúteis

Nestas experiências, em nenhum caso o experimentador pede verbalmente ajuda e, na maioria do tempo, ele nem mesmo olha na direção das crianças para que compreendam que está em dificuldade. Além disso, quando os pesquisadores pediram às mães presentes na sala para encorajar seus filhos a ajudar, nada mudou. De fato, as crianças manifestaram tamanho entusiasmo que, para observar diferenças em sua vontade de ajudar, era preciso distraí-las enquanto o experimentador se colocava numa situação em que parecia necessitar de ajuda. Quase sempre, as crianças interrompiam de imediato seus jogos para auxiliar este último.

É interessante notar que se as crianças obtêm uma recompensa por parte do pesquisador, sua propensão a ajudar não aumenta. É exatamente o contrário: constata-se que as crianças que foram recompensadas em geral oferecem menos ajuda do que aquelas a quem nada foi dado.[21] Como observa Warneken e Tomasello: "Este resultado bastante surpreendente traz uma confirmação suplementar à hipótese de que as crianças são muito mais movidas por motivações internas do que por estimulações externas".[22]

Se a criança é recompensada por ter feito uma boa ação, há um forte risco de ela pensar que agiu pela recompensa, e não por quem se beneficia de seu ato. Ela adquire uma motivação "extrínseca", ela não age mais com o objetivo de ajudar alguém, mas para tirar uma vantagem. Quando se deixa de apelar a seu potencial de bondade, a criança é inclinada a se comportar de modo menos altruísta.

Elogios e críticas

Devemos felicitar a criança quando se comporta bem, e criticá-la no caso contrário? Os estudos mostram que se explicamos à criança que ela é capaz de altruísmo e que é "gentil", ela terá a tendência de se comportar com benevolência quando surgir uma oportunidade.[23] E quando ela se comporta de maneira malevolente, a melhor estratégia parece ser a de fazê-la entender que agiu mal, levando-a a adotar o ponto de vista do outro, e de criticar sua ação, sem no entanto dizer-lhe que é "má". Se alguma vez a convencem que ela é "má", se obterá o efeito inverso; isto é, na próxima oportunidade, a criança terá efetivamente a tendência a se comportar como se fosse a má. Existe o risco de torná-la uma pessimista inclinada a pensar que é de sua natureza ser "malvada" e que não pode mudar nada: ela assumirá então tendência para agir em conformidade com essa imagem de si própria.

A tendência de ajudar os outros é inata

Diante dessas pesquisas, Michael Tomasello elenca um certo número de razões demonstrando que os comportamentos de cooperação e de ajuda desinteressada manifestam-se *espontaneamente* na criança. *Esses comportamentos se manifestam muito cedo* – entre quatorze e dezesseis meses –, muito antes que os pais tenham inculcado em seus filhos regras de sociabilidade, e *não são determinados por uma pressão externa*. Eles são observados *na mesma idade* em *culturas diferentes*, o que indica que resultam de uma inclinação natural das crianças em ajudar e não são produtos da cultura ou de uma intervenção dos pais. Enfim, a evidência de comportamentos similares nos grandes macacos leva a pensar que os comportamentos de cooperação altruísta não apareceram *de novo* no ser humano, mas *já estavam presentes no ancestral comum aos humanos e aos chimpanzés há uns seis milhões de anos*, e que a solicitude em relação a nossos semelhantes está profundamente ancorada em nossa natureza.[24] Outras experiências recentes confirmam esta afirmação: em Vancouver, as psicólogas Lara Aknin, J. Kiley Hamlin e Elisabeth Dunn[25] mostraram que crianças de dois anos ficavam mais felizes quando davam uma guloseima a uma outra do que quando elas próprias a recebiam.*

Quando as normas sociais moderam o altruísmo espontâneo

De acordo com Warneken e Tomasello, para que o altruísmo possa se manter ao longo das gerações deve estar associado a mecanismos que protegem os indivíduos contra a exploração de uns pelos outros.[26]

O psicólogo Dale Hay cita Maquiavel: "Um príncipe deve aprender a não ser bom".[27] Sem chegar a tanto, vimos que se a criança pequena primeiro demonstra altruísmo em relação a todos que se apresentam, a partir de cinco anos ela começa a fazer discriminações em função dos graus de parentesco, da reciprocidade nos comportamentos e normas culturais que lhe são inculcados. Seu altruísmo torna-se, desse modo, mais seletivo.

Essas descobertas vão no sentido contrário às ideias de Freud, para quem "a criança é absolutamente egoísta, sente intensamente suas necessidades e aspira satisfazê-las sem nenhuma consideração pelos outros, em particular diante de seus rivais – as outras crianças".[28] Ainda segundo Freud, somente quando a criança, por volta de cinco ou seis anos, interioriza as normas, as restrições e proibições parentais e sociais impostas a seu egoísmo natural, é que seria levada a se comportar de maneira aceitável na sociedade. Ora, as pesquisas científicas descritas acima demonstram exatamente o contrário: de um lado, a criança é *naturalmente altruísta* desde a tenra idade, de outro, ela aprende a *moderar seu altruísmo inato* após ter interiorizado as normas sociais. Uma educação esclarecida deveria, portanto, consistir em preservar essas inclinações naturais para cooperar e, ao mesmo tempo, oferecer autoproteção, sem no entanto inculcar na criança valores egoístas, individualistas e narcisistas.

Senso moral e julgamentos morais

As pesquisas realizadas pelos psicólogos, Nancy Eisenberg e Elliot Turiel em particular, evidenciam que o senso moral é em grande parte inato. O senso de equidade, por exemplo, surge de forma espontânea em torno dos três anos e cresce

---

* Na primeira experiência, o experimentador tira uma guloseima de seu bolso, dá à criança e lhe diz para guardá-la para si ou para dá-la a outra: a criança manifesta mais alegria no segundo caso. Na segunda experiência, o experimentador dá guloseimas à criança, que as coloca em sua tigela. Pouco depois, ele sugere à criança dar uma guloseima a uma outra: é nessa situação que a criança manifesta mais alegria.

com o tempo.²⁹ A equidade é uma disposição altruísta, pois beneficia o grupo inteiro. Segundo as pesquisas de Nicolas Baumard, expostas em sua obra *Comment nous sommes devenus moraux* [Como nos tornamos morais]: "As crianças de fato declaram que bater ou puxar os cabelos é mau, quer elas sejam punidas ou não. Chegam a dizer que uma ação pode ser ruim, mesmo se um adulto a ordenou".³⁰ De acordo com o psicólogo Jonathan Haidt, o senso moral provém principalmente de *intuições* ("Sei simplesmente que é mau"), às quais se juntam *a posteriori* uma *reflexão* resultante de processos conscientes e de raciocínios.³¹ A existência de um *senso moral* é universal, mesmo que o teor dos *julgamentos morais* varie de modo considerável conforme o contexto e as culturas.³²

Pudemos mostrar, ao seguirmos a evolução de crianças dos dois aos sete anos, que a situação mais favorável ao florescimento dessa consciência moral inata é aquela em que os pais respondem rápida e calorosamente às solicitações de seu filho disposto a cooperar. Constata-se que essas crianças não são inclinadas a trapacear, por exemplo, mesmo diante dessa possibilidade, e continuam a realizar uma tarefa que sua mãe lhes confiou, mesmo quando ela está ausente.³³

Após a idade dos cinco anos

A última fase de desenvolvimento, segundo Martin Hoffman, corresponde à capacidade de sentir empatia e de preocupar-se com o outro imaginando, por exemplo, a sorte de uma criança que sofre de fome ou por um trabalho forçado num país longínquo. Por volta de sete anos, a criança toma consciência de que o sexo e o pertencimento étnico são características duradouras, e que os outros têm uma história que pode suscitar empatia.³⁴ Ela aprende também a colocar-se ativamente no lugar do outro, como explica Adam, um menino de oito anos: "O que você faz, é que você esquece tudo que você tem na sua cabeça, e aí você leva a sua mente para a mente deles. Depois, você sabe como eles se sentem, então você sabe como ajudar".³⁵

Entre dez e doze anos, o comportamento da criança evolui de maneira mais abstrata, no que tange às obrigações morais. Ela reflete bem mais sobre o que significa "ser uma boa pessoa" e no modo de conciliar seus atos com o senso moral, o que ela aprende inicialmente de maneira intuitiva. Isso a leva a compreender, por exemplo, que alguns sofrimentos resultam do pertencimento a uma comunidade oprimida, e a experimentar a simpatia em relação às vítimas.

De acordo com as observações de Nancy Eisenberg, as crianças mais propensas a reagir com solicitude quando os outros estão em dificuldade são aquelas que têm uma boa inteligência emocional e sabem melhor como regular suas emoções. As crianças que reagem ao sofrimento dos outros com ansiedade e aflição são também as mais centradas sobre si mesmas, e menos aptas a manter boas interações sociais.³⁶

Surgimento e regressão da agressividade no decorrer da infância

Devido a um atraso no estudo experimental dos comportamentos de cooperação nas crianças de um a três anos, por longo tempo julgamos que os comportamentos agressivos antes da idade escolar não constituíam objeto de estudo interessante. Considerava-se que as rusgas entre os pequenos não mostrariam consequências, provocavam mais sorrisos do que preocupações. Até que Richard Tremblay e seus colaboradores da Universidade de Montreal questionaram o que se passava antes da idade de cinco anos. Qual não foi sua surpresa ao constatar que é entre um ano e meio e quatro anos que a frequência das agressões físicas (bater, morder, empurrar, agarrar, puxar, jogar objetos etc.) se revelava a mais elevada na vida de um ser humano.

Observaram que a maioria das crianças começa a agredir fisicamente entre doze e vinte e quatro meses, que a frequência das agressões aumenta rapidamente, atinge um ápice entre o vigésimo quarto e quadragésimo oitavo mês, e que em seguida diminui de maneira considerável até a adolescência, primeiramente nas meninas e depois nos meninos.[37] Durante a adolescência, observa-se um ligeiro recrudescimento da agressividade nos meninos (que são responsáveis pela grande maioria dos atos de violência), mas a violência não cessa de diminuir ao longo da vida adulta. Está claro a partir desses estudos que as crianças começam a recorrer de forma espontânea à agressão física antes de *aprender a não mais agredir*, à medida que sua regulação emocional vai se configurando.

Outra descoberta significativa é que a diminuição da agressividade acontece de maneira variável segundo as crianças. Mais de vinte e duas mil crianças representativas da totalidade da população canadense foram acompanhadas do nascimento até a adolescência, e foram constatadas três evoluções diferentes da frequência das agressões físicas. Essa frequência aumenta em 50% das crianças de dezessete a quarenta e dois meses, em seguida diminui substancialmente até os onze anos. Um terço das crianças recorre bem menos à agressão física a partir dos dezessete meses, e a frequência das agressões permanece baixa até onze anos. Em contrapartida, 17% das crianças se distinguem claramente dos dois outros grupos: as agressões são muito mais frequentes entre esses a partir dos dezessete meses e manifestam comportamentos agressivos em todas as idades.

As crianças desse terceiro grupo deparam-se com toda espécie de dificuldades, cujas consequências se agravam na adolescência. Já aos doze anos, elas são mais suscetíveis que as outras de terem problemas de relacionamento com as crianças de sua idade, de experimentarem estados depressivos, e de serem percebidas por seus professores como mais instáveis e mais antissociais. Ao final do percurso escolar, apenas 3,3% dentre elas obtêm o diploma do ensino médio, contra 75,8% dos meninos que raramente recorrem à agressão física. Quando adolescentes, com muita frequência têm problemas com a justiça.

O mundo da primeira infância, entre os dois e os cinco anos, é então aquele das alternâncias rápidas e dos extremos, assim como do altruísmo não calculado e o da impetuosidade sem limites. Portanto, é o período mais importante para se oferecer à criança todas as condições favoráveis ao florescimento do melhor dela mesma, cercando-a de amor e lhe proporcionando, pela nossa forma de agir, um exemplo vivo do que ela poderia se tornar.

Uma tomada de consciência da interdependência de todas as coisas

Desde tenra idade, a criança experimenta um sentimento de pertencimento ao grupo: ela é uma entre muitos outros, e o outro é um pouco ela mesma. Esse sentimento se manifesta com clareza nas atividades cooperativas, durante as quais as crianças vão em busca de um objetivo comum e tomam consciência de sua interdependência, no seio da qual o "eu" se funde em "nós".[38]

Com a idade, esse sentimento coletivo do "nós" se restringe gradualmente a certas categorias de indivíduos, aos "grupos" – família, amigos e, mais tarde, etnia, religião e outros fatores de distinção, de divisão e, muitas vezes, de discriminação.

Na adolescência e na idade adulta, alguns expandem de novo o círculo do altruísmo e experimentam um profundo sentimento de "humanidade compartilhada" com os demais seres humanos, e de empatia por aqueles que sofrem. Uma educação esclarecida deveria colocar ênfase na interdependência que reina entre os homens, os animais e nosso meio natural, para que a criança adquira uma visão holística do mundo que a rodeia e contribua de maneira construtiva à sociedade na qual evolui, acentuando a cooperação ao invés da competição, a solicitude ao invés da indiferença. Da concepção que tivermos da infância dependerão as práticas educativas que vamos implementar. Se reconhecermos que a criança nasce com uma propensão natural à empatia e ao altruísmo, sua educação servirá para acompanhar e facilitar o desenvolvimento dessa predisposição.

Afirmação autoritária do poder, retirada da afeição e "indução"

Alguns pais têm a tendência de afirmar sua autoridade de modo radical ou de parar de manifestar sua afeição quando a criança se comporta mal. Nenhuma das duas atitudes dá bons resultados. Martin Hoffman distingue três principais tipos de intervenção parental: *afirmação autoritária do poder, retirada do amor* e *indução*.[39]

A *afirmação autoritária do poder* vem acompanhada de severas advertências, ameaças, ordens imperativas, privações de objetos ou atividades das quais a criança gosta, e castigos corporais. Esses métodos produzem um efeito contrário ao que se espera, porque geram na criança a raiva, o medo e um ressentimento crônico. As punições também têm a tendência a tornar a criança menos empática em relação a seus semelhantes e a reduzir sua sociabilidade.[40] As punições e os castigos corporais, supostamente educativos, constituem o modo de intervenção preferido de pais abusivos, que punem e batem em seus filhos por nada.[41]

Minha irmã Ève, que cuidou por mais de trinta e cinco anos de crianças provenientes de meios desfavorecidos, relata a história de pais que batiam de forma sistemática em seus filhos e pensavam que assim os estavam educando: "Eles esbofeteavam seus filhos a ponto de os deixar aturdidos", conta ela. Quando lhes disseram: "Não batam em seus filhos", um pai respondeu: "Mas eu não bato, não tenho vara!" Os próprios pais tinham sido crianças da DDASS* e haviam sido maltratados.[42]

Pela *retirada do amor*, os pais manifestam sua irritação e sua desaprovação distanciando-se da criança de duas maneiras: afetivamente, declarando que não mais gostam dela e ameaçando abandoná-la, e fisicamente, condenando-a a ficar só ("Para o canto!", "Vá para seu quarto!"), ou ignorando sua presença, desviando seu olhar dela e recusando-se a falar com ela ou escutá-la. A retirada da afeição cria um sentimento de insegurança na criança que não pode mais contar com o amor de seus pais.

As pesquisas mostram por unanimidade que a atitude mais construtiva e a mais eficaz consiste em explicar calmamente à criança porque ela faria melhor mudando de comportamento. É esta abordagem que Hoffman chama de *indução*. Incitar a criança a adotar a perspectiva do outro e sobretudo, a tomar consciência do mal que ela poderia causar aos outros. Deve-se mostrar também como reparar o mal que ela cometeu.[43] Se a criança zombou da aparência física de um colega, por exemplo, os pais lhe explicarão a que ponto as palavras ofensivas relacionadas ao físico, à cor da pele ou qualquer outra especificidade que não se pode escolher, são de uma natureza que causa sofrimento ao outro, e poderão acarretar dolorosas repercussões em sua existência. Eles pedirão à criança para imaginar como ela própria se sentiria se fosse tratada da mesma forma; e vão sugerir que ela vá até seu colega para lhe expressar sua amizade.

A indução deve ser realizada com perspicácia, benevolência e equidade. No entanto, ela não é sinônimo de permissividade e não exclui a firmeza. Ela possibilita que a criança compreenda com clareza que os pais desaprovam sua conduta, sem provocar um sentimento de culpa que lhe seria nocivo. Ela é acompanhada de apoio afetivo e evita a afirmação autoritária do poder. Como explica o psicólogo Jacques Lecomte, a firmeza "fornece à criança uma informação clara sobre o que os pais querem, enquanto a convida a afirmar sua própria autonomia. O apoio por si só não é tão eficaz, em particular após a recusa pela criança".[44] Se os pais se contentam em raciocinar e apelar à boa vontade da criança, ela logo compreenderá que a última palavra poderá ser sempre sua. Segundo outros estudos, identificados por Lecomte, "um estilo educativo parental associando o amor e as regras tem em geral efeitos positivos sobre a criança: melhor equilíbrio pessoal, boas relações com aqueles ao seu redor, e mesmo melhores resultados escolares".[45] Isto prova também que as crianças são mais sensíveis aos apelos da empatia do que às chamadas de normas morais abstratas.[46]

---

* DDASS – Direction Départementale des Affaires Sanitaires et Sociales (Direção Departamental dos Assuntos Sanitários e Sociais), órgão francês, vigente até março de 2010. [N. do T.]

Um dos pontos relevantes da indução é que ela pressupõe a disposição altruísta da criança e sua vontade de cooperar, se o efeito de um comportamento benéfico aos outros aparece de forma clara.

Arrependimento e culpa

O arrependimento consiste primeiramente em uma constatação. Ele permite reconhecer os erros e desejar não mais repeti-los, e incita a reparar o mal cometido assim que possível. O arrependimento é construtivo, pois é acompanhado de um desejo de transformação e auxilia a considerar a situação em que nos encontramos como um ponto de partida no caminho que leva a um aperfeiçoamento de si.

Ao contrário, o sentimento de culpa está associado a um julgamento negativo sobre o que nós somos intrinsicamente. Enquanto o arrependimento se refere a atos particulares e nos faz pensar que agimos mal, o sentimento de culpa se estende a todo nosso ser e nos conduz a concluir: "Sou mal por natureza". Ele conduz a uma desvalorização de si mesmo e gera incessantes tormentos.

Pesquisas mostram que rebaixar de maneira constante uma criança a prejudica. Ela terá a impressão que é destituída de qualquer qualidade, que é incapaz de se adequar ao ideal que lhe é atribuído, e conclui que permanecerá mal-amada. Essa desvalorização pode levá-la ao ódio de si, à violência contra ela própria e a uma raiva reprimida contra os outros.

Aqui, outra vez, as conclusões a que os dados experimentais conduzem sobre o sentimento de *culpa* vão contra as hipóteses de Freud, para quem esse sentimento nasceria do temor pelas punições dos pais, e não do *arrependimento* por ter provocado sofrimento aos outros. Por inteiro narcisista, segundo Freud, a criança manipuladora procuraria por todos os meios obter o que deseja, oscilando ansiosamente entre o medo das punições e o de perder a proteção dos pais. Esse sombrio retrato não se parece em nada com o da criança naturalmente empática e altruísta descritas pelas investigações psicológicas recentes.

Quatro atitudes essenciais

Jacques Lecomte identifica quatro atitudes parentais que, a partir do conjunto dos estudos efetuados nesse campo, são as mais suscetíveis de favorecer o altruísmo na criança:[47]
– dedicar-lhe afeição;
– agir você mesmo de maneira altruísta para lhe servir de modelo;
– sensibilizá-la quanto ao impacto de suas ações sobre os outros;
– proporcionar-lhe a oportunidade de ser útil aos outros.

O exemplo vivo dado pelos pais a cada instante da vida cotidiana, em particular, é mais eficaz que todas as lições de moral. Vários estudos confirmam que pais comprometidos com atividades benevolentes têm mais probabilidades de verem seus filhos agir do mesmo modo quando tiverem a idade apropriada. A generosidade parece também ser transmitida de uma geração a outra, assim como a predisposição de ajudar os outros.[48] E no sentido inverso, os pais que encarnam um modelo egoísta influenciarão seus filhos nesse sentido.[49]

Proporcionar à criança a oportunidade de ser útil aos outros

Confúcio dizia: "Se me ensinarem algo, eu o esquecerei; se me mostrarem algo, talvez me lembrarei; se me pedirem para fazer algo, eu o assimilarei". O mesmo ocorre com a maioria das qualidades humanas, e em particular com o altruísmo na criança. A participação orientada às atividades comunitárias ajudam-na a integrar maneiras altruístas em sua conduta habitual.[50] Nos países do Himalaia, tive muitas ocasiões de observar crianças pequenas, a quem confiaram responsabilidades sobre outras mais novas, aprenderem rapidamente a agir de maneira atenciosa com aquelas que dependiam de seus cuidados. Mesmo quando não estavam sob a supervisão de um adulto, essas crianças mostraram prudência em relação àquelas das quais se ocupavam, agindo com maturidade e não se comportando de maneira caprichosa.

As consequências dramáticas da privação de afeto

Está bem estabelecido que os bebês e a criança pequena têm uma enorme necessidade de amor e de afeto para crescer da melhor forma. Mas não é raro que, desde a primeira infância, algumas crianças recebam tão pouca afeição e enfrentem tanto sofrimento, que permaneçam profundamente feridas. É muito difícil, mais tarde, encontrar nelas um espaço de paz e de amor e, por consequência, de confiança nos outros. Os pesquisadores estabeleceram uma correspondência, nessas crianças, entre violência física sofrida e baixo nível de empatia e de sociabilidade.[51]

No melhor dos casos, geralmente com o auxílio de uma pessoa de confiança, como demonstrou Boris Cyrulnik, as crianças chegam a manifestar capacidades de resiliência surpreendentes, que lhes permitem cicatrizar suas feridas psicológicas e abrir-se à existência.[52]

Certa época, foi até mesmo recomendado não demonstrar muita afeição às crianças pequenas, a fim de endurecê-las e assim prepará-las para a vida. Dr. John Watson, um dos principais fundadores do behaviorismo, desconfiava das emoções em geral. Os behavioristas, que dominaram a pesquisa sobre o comportamento durante trinta anos na primeira metade do século XX, pensavam, equivocadamente, que tudo era uma questão de condicionamento do comportamento, e que os estados da alma e as emoções não tinham quase nenhuma importância. Watson era cético a propósito do amor maternal, que considerava perigoso. Estimava que ao cuidarem muito de seus bebês, as mães lhes causavam mal, provocando neles fragilidades, medos e sentimentos de dependência e de inferioridade. A sociedade tinha necessidade de mais estrutura e de menos calor humano. Ele sonhava com *baby farms*, estabelecimentos para bebês sem pais, onde as crianças poderiam ser educadas segundo princípios científicos. Uma criança só poderia ser tocada se tivesse se comportado excepcionalmente bem. E ainda, ela não receberia abraços nem beijos, mas um simples toque sobre a cabeça.

Como observa Frans de Waal: "Infelizmente, essas 'baby farms' existiram em alguns orfanatos e os resultados foram trágicos. As crianças eram mantidas em pequenos espaços reservados, separados uns dos outros por cortinas brancas, privadas de qualquer estimulação visual e de todo contato. Como havia sido recomendado pelos cientistas, as crianças nunca eram pegas no colo, nem embaladas ou afagadas. Pareciam zumbis, com rostos imóveis e olhares fixos, sem expressão. Se Watson tivesse razão, essas crianças teriam prosperado, mas na verdade elas não tinham qualquer resistência às doenças. Em alguns desses orfanatos nos Estados Unidos, a mortalidade se aproximava de 100%. As opiniões de Watson foram muito respeitadas nos anos de 1920, o que parece incompreensível nos dias de hoje".[53]

Inumeráveis órfãos e crianças deficientes romenas (entre 100 e 300 mil) tiveram o mesmo destino sob o regime do ditador Ceausescu. O mundo se lembra das imagens dessas crianças amedrontadas, agarradas como animais nas barras de suas camas metálicas. Essas crianças não sabiam rir nem chorar. Elas passavam seus dias sentadas, balançando-se mecanicamente ou agarradas umas nas outras em posição fetal. Em alguns orfanatos chineses, também centenas de crianças foram do mesmo modo deixadas ao abandono, e quase nunca eram tocadas pelas pessoas encarregadas de se ocupar delas. Os resultados sobre seu desenvolvimento físico e psicológico foram catastróficos.

O Professor Michael Rutter, do King's College de Londres, acompanhou por mais de vinte anos a evolução de 150 órfãos romenos adotados por famílias inglesas. As crianças que deixaram os orfanatos antes dos seis meses de idade não tiveram sequelas importantes. Ao contrário, a taxa de déficits graves e persistentes, afetando a saúde, o quociente intelectual, o equilíbrio emocional e anomalias cerebrais (o tamanho de suas cabeças e do cérebro estava abaixo da média), atingiu 40% dos bebês retirados dos orfanatos entre dez meses e um ano.[54]

Pessoalmente fui testemunha de mudanças extraordinárias ocorridas com crianças de pouca idade nos orfanatos nepaleses: pequenos seres que a princípio pareciam sem vida, desligados e ausentes se transformaram em crianças maravilhosamente radiantes nos meses que se seguiram às suas adoções por pais que lhes acarinhavam, lhe falavam e persistiam lhes prodigalizando ternura.

Adolescência

A sociabilidade continua a se desenvolver da infância à adolescência, segundo estudo realizado nos Estados Unidos, onde a metade dos adolescentes participa de atividades beneficentes, e essas atividades aumentam seu sentimento de responsabilidade para com os outros e seu interesse pelas questões sociais.[55] Além disso, esses jovens têm melhor desempenho escolar, menos problemas disciplinares e com a justiça, e abandonam menos seus estudos.[56]

Amar, facilitar e apoiar

É inegável que o grau de amor e de ternura que a criança recebe na primeira infância influencia profundamente o resto de sua existência. Crianças vítimas de abusos, por exemplo, correm duas vezes mais riscos do que as outras de sofrerem depressão durante a adolescência ou na idade adulta.[57] Parece, portanto, ser um dever para os adultos desenvolver e expressar o que têm de melhor em si, a fim de manifestar o máximo de afeição, de benevolência e de amor a seus filhos e àqueles que estão sob seus cuidados na comunidade ou no sistema educativo. Entretanto, é muito importante destacar que inúmeras pessoas que foram maltratadas em sua infância tornam-se depois disso pais amorosos. Segundo Jacques Lecomte, por certo há mais probabilidade de praticar maus-tratos entre pessoas que foram também maltratadas, mas essa possibilidade continua a ser muito baixa (entre 5 e 10%).[58] A grande maioria das pessoas maltratadas na infância pratica o que Lecomte chama de "contra-modelagem", quer dizer, decidem (em geral na pré-adolescência ou na adolescência) que farão o contrário do que seus pais fizeram quando eles mesmos tiverem filhos. E, na maioria das vezes, é isso mesmo que acontece. Desnecessário dizer que o apoio dos pais deve continuar ao longo do tempo para que se produza um verdadeiro efeito. É todo um programa, portanto, que começa pela transformação de si.

19. OS COMPORTAMENTOS PRÓ-SOCIAIS

COMO NO CASO DO ALTRUÍSMO, A PESQUISA SOBRE OS COMPORTAMENTOS PRÓ-SOCIAIS não despertou, no início, o interesse dos pesquisadores até os anos 1960, quando dez vezes mais estudos foram dedicados à agressão e aos outros comportamentos antissociais do que à ajuda, à cooperação, à solidariedade etc. De acordo com Hans Werner Bierhoff, autor de um trabalho de síntese a esse respeito,* "uma das razões da falta de interesse científico deve-se talvez à crença de que tudo que diz respeito ao campo pró-social é realizado às custas da prosperidade econômica. [...] Essa crença poderia explicar a convicção de inúmeras 'mentes fortes', segundo a qual os comportamentos pró-sociais indicam uma certa complacência por parte das pessoas que ajudam. Entretanto, as teorias e as pesquisas recentes demonstram, ao contrário, que os comportamentos pró-sociais possuem numerosos efeitos positivos sobre aqueles que ajudam e contribuem também ao bom funcionamento da sociedade em seu conjunto".[1]

Estamos em geral dispostos a ajudar os outros?

As pesquisas indicam que a maioria dos indivíduos ajuda os outros na vida cotidiana. Se alguém (um pesquisador, no caso) deixa cair uma luva durante um trajeto, de maneira que a pessoa que vem atrás consiga facilmente vê-la, em 72% dos casos essa pessoa se dirige ao pesquisador e entrega-lhe a luva.[2]

Neste caso, o custo da intervenção e a vulnerabilidade do interventor são mínimos. Mas quando esses dois fatores adquirem importância, a disponibilidade em ajudar os outros diminui. Se você é um homem, em Nova York, e pede a alguém a permissão para utilizar seu telefone porque você perdeu o seu, somente 15% das pessoas atenderão à sua solicitação. Ao contrário, se você é uma mulher e fizer o mesmo pedido em uma região rural, mesmo se for desconhecida, a resposta será favorável em quase 100% dos casos.[3]

E o que dizer em situações de urgência? Quando um estudante voluntário finge desmaiar num vagão de metrô na Filadélfia, em 95% dos casos ele recebe ajuda quarenta segundos após. Em 60% dos casos, mais de uma pessoa intervém. Aqui também, a taxa de intervenção é elevada e o custo envolvido é pequeno. Por "custo", os psicólogos entendem a implicação em termos de tempo, de investimento psicológico, de complexidade da intervenção e das possíveis consequências. Se o sangue

---
* Bierhoff, H. W. (2002). *Prosocial Behaviour.* Psychology Press Ltd.

(simulado) escorrer da boca da vítima, a taxa de intervenção cai de 95 para 65% e as intervenções são menos imediatas (é preciso contar um minuto em média antes que alguém intervenha), pois a visão do sangue causa medo e aumenta desse modo o custo psicológico da ajuda.[4]

O efeito espectador

Alguém está passando mal, dois indivíduos estão a ponto de se bater na rua, um acidente de carro acaba de acontecer. Intervirei, indo até a pessoa que está mal, me interporei na briga ou correrei para atender as vítimas do acidente? Inúmeros estudos demonstram que a probabilidade de me manifestar é inversamente proporcional ao número de pessoas presentes. Ajudarei, com muito mais frequência, se eu for a única testemunha. Bibb Latané e seus colegas da Universidade da Carolina do Norte estão entre os primeiros a demonstrar que 50% das pessoas confrontadas sozinhas com uma situação de emergência simulada de modo realista intervêm, enquanto essa proporção cai para 22% quando duas testemunhas estão presentes.[5]

Se várias pessoas estão presentes na ocasião de um incidente, cada uma delas tende a deixar aos outros a responsabilidade de intervir. Essa reação é muito mais pronunciada quanto maior for o grupo. Essa diluição da responsabilidade é chamada também de "efeito espectador" ou "efeito testemunha". Cada indivíduo se pergunta por que caberia a ele intervir, e se sente aliviado com a ideia de que alguma outra pessoa irá se encarregar. Além disso, quando ninguém intervém, cada um hesita em tomar a iniciativa.

Esse "efeito espectador" teve consequências dramáticas no caso muito citado de Kitty Genovese. Em 13 de março de 1964, em Nova York, Kitty se dirigia a seu carro quando um agressor se aproximou dela e a apunhalou. Ele parte, volta alguns minutos depois para esfaqueá-la novamente. Ela gritava: "Oh, meu Deus, ele me esfaqueou! Socorro! Me ajudem!" O agressor retorna uma terceira vez para terminar. Durante esse tempo todo, cerca de meia hora, trinta e oito pessoas que moravam nos apartamentos com vista para a rua, ouviram os apelos por socorro e foram testemunhas desses ataques repetidos. Nenhum deles se moveu. Somente meia hora após a morte de Kitty é que alguém chamou a polícia. "Eu não quis me envolver", disseram a maioria das testemunhas. Mais recentemente, em 2011 na China, imagens reveladas por uma câmera de vigilância mostram uma menininha de dois anos e meio atropelada por uma caminhonete que primeiro para e depois continua seu caminho. Nada menos que dezoito pessoas passam sem reagir diante da criança ensanguentada que ainda se movimenta.[6]

Felizmente, não é sempre assim. Na Califórnia, Bobby Green assistia ao vivo, pela televisão, um incidente em que um homem era brutalmente espancado por delinquentes. De imediato correu 1 km até chegar ao local, e conduziu a vítima para o hospital.[7]

Se as testemunhas têm a impressão que as pessoas que brigam são aparentadas (marido e mulher, por exemplo), elas intervêm com muito menos frequência, mesmo que uma delas esteja ostensivamente sendo maltratada. Em 1993, James Bulger, uma criança de dois anos, foi assassinada por dois meninos de dez anos. Sessenta e uma pessoas reconheceram ter visto a criança se debatendo e chorando, enquanto os dois maiores a levavam de um supermercado até um terreno baldio onde cometeram o assassinato. A maioria das testemunhas disse ter pensado que se tratava de irmãos levando o caçula para casa.

Os determinantes da coragem cívica

Agimos para intervir logo que percebemos que alguém está em perigo? Bibb Latané e John Darley identificaram cinco etapas desse processo. Primeiro, o que está acontecendo? Preciso me inteirar da situação. Segundo, é urgente agir? Essa pessoa está adormecida num banco público ou está passando mal? Esses indivíduos estão prestes a se bater ou se trata de um simples bate-boca entre membros de uma família? Terceiro, é apropriado que eu intervenha? A responsabilidade da ajuda é minha ou devo contar com outras pessoas presentes para socorrer quem está em perigo? Quarto, sou capaz de intervir? Tenho a competência necessária? É preferível que eu intervenha diretamente ou que chame socorro? Quinto, tomo finalmente uma decisão. As pesquisas mostraram que é preciso cerca de trinta a quarenta segundos para passar pelas cinco etapas. É somente em seguida que a diluição do sentimento de responsabilidade e a avaliação do risco pesam sobre a passagem ao ato.[8]

Cidades e campos

Muitos estudos revelaram que os habitantes das regiões rurais são mais dispostos a ajudar que os das cidades. Testou-se, por exemplo, a disposição em postar uma carta selada encontrada na rua, ou o desejo de ajudar alguém que discou um número errado de telefone.[9] Os habitantes de cidades pequenas são muito mais prestativos que os das grandes. Quando uma criança pede ajuda a alguém na rua: "Estou perdida, você pode telefonar para a minha casa?", três quartos dos adultos de uma cidade pequena atendem à solicitação, contra menos da metade em uma cidade grande. Segundo Harold Takooshian, autor deste estudo, os habitantes das cidades "adaptam-se às solicitações incessantes da vida urbana reduzindo suas implicações na vida de seus concidadãos".[10]

Confrontados com uma sobrecarga de interações sociais, os cidadãos são forçados a filtrar essas informações para reter apenas aquilo que lhes dizem respeito diretamente. São mais desconfiados e se sentem mais vulneráveis que seus congêneres do campo. Quanto mais alta a taxa de criminalidade de um bairro, menos dispostos são os habitantes para se ajudarem mutuamente. Nos Estados Unidos, a taxa de criminalidade é 2,7 vezes mais elevada nas cidades que no campo.[11]

O cidadão é sobrecarregado em geral por muitas atividades. Ele perdeu o hábito de estabelecer relações pessoais com todos aqueles com os quais cruza, porque são muito numerosos, e muitas vezes os contatos parecem desprovidos de sentido. Além disso, o cidadão se preocupa com sua própria segurança. Se no campo é natural dirigir a palavra à pessoa com a qual você se depara pelo caminho e se interessar sobre quem são os seus vizinhos, nas cidades tais relações são excepcionais. Raramente nos dirigimos à pessoa sentada ao nosso lado no metrô.

Nas metrópoles, salvo se for por vocação, é impossível ocupar-se com todas as pessoas em dificuldade que encontramos durante um único dia: os mendigos, aqueles que precisam de apoio, devido ao seu estado de saúde, seus recursos financeiros ou sua condição de sem-teto. Sufocar nossa compaixão não deixa de ter consequências. Um estudo mostrou que o senso moral encontra-se diminuído. Na Universidade de Carolina do Norte, Daryl Cameron e Keith Payne solicitaram a um grupo de voluntários para reprimirem sua compaixão enquanto lhes mostravam fotos de crianças em prantos, de sem-tetos, vítimas de guerras e de fome. Pouco depois, fizeram testes para avaliar seu senso moral. Comparados a outro grupo de voluntários que haviam visto as mesmas imagens deixando suas emoções se expressarem livremente, aqueles que haviam reprimido sua compaixão aceitavam com mais facilidade a ideia de acomodar as regras e valores morais em função das circunstâncias.[12]

A situação nas cidades e em locais onde há grandes sofrimentos é um desafio constante para aqueles que se interessam pela sorte de seus semelhantes. Se nos colocamos sempre no lugar do outro, torna-se difícil desviar o olhar. Mas se queremos intervir, não faremos mais que isso. Pois essa escolha louvável, que alguns fazem, é uma ocupação em tempo integral, não algo que se possa fazer apenas de passagem. Figuras carismáticas, tal como o padre Pierre, que não suportam ficar indiferentes diante de tanto sofrimento e mobilizam seus concidadãos com uma grande força de inspiração, podem ter um papel importante na organização de um sistema de ajuda mútua. Mas, como regra geral, caberia à comunidade dos cidadãos, quer dizer, ao Estado, às municipalidades, às ONGs, traduzir em ações concretas o espírito de solidariedade naturalmente presente na maioria de nós, como provam os estudos realizados em espaços menos povoados.

Individualistas e coletivistas

As crianças educadas no seio de culturas coletivistas, nas quais a ênfase é colocada no bem-estar do grupo e na vida comunitária, comportam-se com mais altruísmo que as crianças oriundas de culturas individualistas. Beatrice e John Whiting, da Universidade de Harvard observaram os comportamentos pró-sociais das crianças de três a dez anos no Quênia, no México, nas Filipinas, no Japão, na Índia e nos Estados Unidos. Eles constataram que as crianças das sociedades comunitárias não industriais eram nitidamente mais altruístas que as demais. Em 100% das crianças quenianas observadas houve uma pontuação de altruísmo elevada, contra somente

8% das crianças americanas.[13] Essas crianças participam muito cedo das atividades comunitárias e oferecer ajuda torna-se para elas uma segunda natureza. É também o caso das crianças educadas nos *kibutz* israelenses.[14]

Qual é a influência das diferentes culturas em adultos? Um dos primeiros estudos foi conduzido por R. Feldman em Paris, Boston e Atenas.[15] Em uma estação, uma pessoa que de forma óbvia é habitante do país, pede a uma amostra de transeuntes para fazer a gentileza de postar uma carta selada, explicando que estava de partida para o exterior. Em Boston 85% das pessoas aceitaram, 68% em Paris e 12% em Atenas. Face a um estrangeiro, com pouca fluência no idioma, a disposição para ajudar modifica-se consideravelmente: 75% das pessoas ajudaram em Boston, 88% em Paris (os parisienses são então mais gentis do que se diz!), e 48% em Atenas. Por que os atenienses são tão pouco cooperativos com seus compatriotas? Tudo indica que os gregos definem de maneira estrita o seu círculo social e, em consequência, reagem mantendo distância em relação à maioria de seus concidadãos.[16]

Homens e mulheres

Os homens ajudam muito mais nas situações perigosas.[17] Em um dos estudos efetuados nas ruas de Nova York, 60% das pessoas que ofereceram ajuda num acidente eram homens.[18] Se consultarmos a lista dos americanos que receberam a medalha da Carnegie Hero Fund Commission concedida a atos heroicos, somente 9% das medalhas são de mulheres. A interpretação proposta pelos pesquisadores é que os homens hesitam menos a intervir nas situações de crise que exigem implicar-se fisicamente de maneira potencialmente perigosa.

Por outro lado, as mulheres são de modo frequente mais recompensadas (56%) que os homens por atos de comprometimento na ação humanitária. Também são mais numerosas (58%) que os homens para uma doação de órgãos.[19] Além disso, em situações da vida cotidiana, as mulheres manifestam consideravelmente mais empatia que os homens.[20] Elas oferecem mais cuidados e apoio psicológico. No campo do voluntariado, na Europa, há tanto mulheres como homens.[21]

Humores e circunstâncias

As pessoas de bom humor ajudam mais que as outras. Pode resultar de uma situação temporária: acabam talvez de ter um êxito, de ler boas notícias, ou de imaginar férias no Havaí, ou ainda de compartilhar uma refeição em boa companhia.[22] Outras, por temperamento, estão na maior parte do tempo de bom humor. Foi constatado que elas participam muito mais de atividades sociais que a média das pessoas pertencentes à mesma sociedade.[23]

A imagem que se tem de si mesmo influencia igualmente sobre a inclinação de ajudar aos outros. Ao final de um teste de personalidade, é dito à metade dos participantes que os resultados indicam que são muito atenciosos a respeito dos outros, e à outra metade que eles têm um nível de inteligência elevado. Ao sair do laboratório, cada estudante que havia feito o teste cruza com alguém que deixa cair diante dele uma dúzia de lápis que se espalham pelo chão. Os estudantes que foram qualificados de benevolentes e prestativos recolhem em média duas vezes mais lápis que aqueles elogiados por sua inteligência.[24]

Os valores pessoais

Como explica o psicólogo Jean-François Deschamps, os comportamentos planejados que se estendem por vários meses ou anos são em grande maioria inspirados por nossos valores pessoais. Segundo a definição do psicólogo israelense Shalom Schwartz, que se dedicou a essa questão durante três décadas, os valores são conceitos ou crenças que se reportam às finalidades ou aos comportamentos que julgamos desejáveis, para nós mesmos e para os outros, e que guiam nossas escolhas na maior parte das circunstâncias da vida cotidiana.[25] Esses valores são forjados desde a infância e podem ser colocados em questão à medida que nossa experiência de mundo e dos outros se enriquecem. Jean-François Deschamps e Rémi Finkelstein, do laboratório parisiense de psicologia social, evidenciaram uma correlação entre o altruísmo considerado como um valor pessoal e um comportamento pró-social. Demonstraram que as pessoas para quem o altruísmo constitui um valor pessoal importante se engajam mais em atividades benevolentes.[26]

Segundo Shalom Schwartz, o conjunto desses estudos comprova que a benevolência e o "universalismo" são os dois valores que induzem com maior frequência a comportamentos pró-sociais. Para este autor, a benevolência se refere principalmente ao bem-estar de nossos próximos e do grupo com o qual nos identificamos, enquanto o universalismo diz respeito ao bem-estar de todos. Está provado que são também dois dos três valores considerados como os mais relevantes nas setenta e seis culturas estudadas. A eles se acrescenta o conformismo, que incita a se comportar de maneira pró-social para permanecer em concordância com as normas em vigor de uma sociedade e ser desse modo aceito por seus membros.

Entre os outros fatores que favorecem os comportamentos pró-sociais em geral, os pesquisadores destacaram os valores morais transmitidos pelos pais, a confiança em seu poder de mudar as coisas, a capacidade para tolerar o imprevisível e a abertura a novas experiências.[27]

No seio dos valores que se opõem aos comportamentos pró-sociais, Schwartz cita o sentimento de insegurança, que leva a se preocupar com a própria sorte bem mais que com as necessidades dos outros, e a se esforçar para manter um meio estável, protetor e seguro. Esse sentimento limita a abertura aos outros e desencoraja a se expor a riscos. Enfim, a busca pelo poder põe ênfase sobre o interesse pessoal, a valorização de si, a dominação e a competição. Ela incita a justificar os comportamentos egocêntricos, mesmo que em detrimento dos outros.

De acordo com Vincent Jeffries da Universidade de Northridge, entre as virtudes que favorecem os comportamentos pró-sociais figuram a temperança, a força da alma, a equidade, a preocupação pelo outro e o discernimento. Essas qualidades permitem a maestria das emoções e favorecem o espírito de iniciativa, o sentido de justiça, a compaixão e a visão de longo prazo.[28]

Os efeitos da empatia

Os romances, os filmes e outras mídias são muito eficazes para o despertar da empatia em relação aos oprimidos e às vítimas de discriminação como os escravos (*A Cabana do Pai Tomás*), as pessoas internadas em instituições psiquiátricas (*Um Estranho no Ninho*), as pessoas desfiguradas (*O Homem Elefante*), as vítimas da opressão colonial (*Gandhi, Lagan*), os animais tratados como produtos de consumo (*Terráqueos, Comida S/A.*), e as vítimas presentes e futuras de catástrofes ambientais (*Uma Verdade Inconveniente* e *Home, nosso planeta, nossa casa*).

Telenovelas que colocam em cena a vida cotidiana de mulheres vítimas de violências conjugais no México, ou o problema das mutilações genitais e dos casamentos de meninas na África, permitiram que as mentalidades evoluíssem em áreas em que os governos e as ONGs por muito tempo falharam.

Elizabeth Paluck avaliou o impacto de uma telenovela destinada a promover a reconciliação entre tutsis e hutus em Ruanda.[29] As personagens do enredo são atormentadas pelos dilemas aos quais um imenso número de ruandeses é confrontado. O problema das amizades entre membros das duas etnias é posto em cena, assim como a dificuldade de lidar com a lembrança dos massacres, da pobreza etc. Um dos cenários foca um casal formado por um homem tutsi e uma mulher hutu que se amam apesar da desaprovação de suas comunidades e fundam um movimento de jovens para a paz e a reconciliação. Constatou-se que os espectadores identificavam-se intimamente com os protagonistas e, segundo a pesquisa de Paluck, os efeitos foram muito positivos. Comparados com uma amostragem de espectadores de outros programas, aqueles que acompanharam os episódios da telenovela aceitam com maior facilidade os casamentos mistos e querem cooperar muito mais com os membros da outra comunidade.

A empatia facilita as negociações difíceis

A empatia pode favorecer a resolução dos conflitos entre negociadores de dois grupos adversos. Adam Galinsky e seus colegas mostraram que quando os negociadores determinavam friamente sua tática ao antecipar as possíveis reações da parte adversa, como um jogador de xadrez, eles garantiam uma posição mais vantajosa para o seu próprio lado. Em compensação, quando lhes era solicitado pôr-se no lugar de seus concorrentes, de imaginar sua situação, suas dificuldades e esperanças, essa reflexão os levava a fazer concessões e criava uma atmosfera positiva conduzindo aos melhores resultados para as duas partes a longo prazo.[30] Galinsky concluiu que "pensar no que o outro pensa" oferece uma vantagem tática quando se quer ganhar a qualquer custo, porém "sentir o que o outro sente" facilita a adoção de uma solução mutuamente aceitável e benéfica a longo prazo.

Efeito dos comportamentos pró-sociais sobre o bem-estar

Um comportamento pró-social também é benéfico àquele que o demonstra. Encontrar aqueles que se ajuda; participar em atividades benévolas; aderir às organizações sem fins lucrativos e o fato de poder colocar em ação suas competências a serviço dos outros promove um elevado nível de bem-estar. Inúmeros trabalhos de pesquisa evidenciaram o vínculo existente entre altruísmo e bem-estar.[31]

Allan Luks observou a moral de milhares de americanos que participavam regularmente de atividades benévolas. Constatou que em geral estavam com a saúde melhor do que outras pessoas na mesma idade, manifestavam mais entusiasmo e energia, e estavam menos sujeitos à depressão do que a média da população.[32] Um outro estudo demonstrou que os adolescentes que dedicam uma parte de seu tempo ao voluntariado são menos propensos à toxicomania, à gestação precoce e à evasão escolar.[33] Enfim, as pessoas que atravessam períodos depressivos após acontecimentos trágicos, como a perda de um cônjuge, se restabelecem mais rapidamente quando consagram tempo para ajudar os outros.[34]

Se um grande número de estudos revela *correlações* entre estados psicológicos positivos e o fato de ajudar os outros, eles não provam, contudo, que o altruísmo é a *causa* desses estados mentais. Daniel Batson e outros psicólogos se perguntam se é o altruísmo ou o simples fato de passar mais tempo com seus semelhantes que tem efeitos positivos sobre a saúde. É concebível que o simples fato de se tornar membro de um grupo de ornitólogos ou de um clube de bridge produza os mesmos efeitos.[35]

Consciente desses problemas metodológicos, Doug Oman examinou seis pesquisas que levavam em conta, do modo mais rigoroso, outros fatores suscetíveis de influenciar os resultados, e concluiu que o voluntariado não só aumenta a qualidade de vida das pessoas idosas, como também sua duração.[36]

Martin Seligman, um dos pioneiros da Psicologia Positiva, propôs a um grupo de estudantes passar um dia distraindo-se, e a um outro grupo participar de uma atividade benévola (ajudar pessoas idosas, distribuir uma sopa popular etc.), dando a cada um a mesma quantia em dinheiro e incumbindo-os de lhe entregar um relatório para a próxima aula. Os resultados foram conclusivos: a satisfação proporcionada pelos prazeres pessoais (comer no restaurante, ir ao cinema, saborear um sorvete, fazer compras etc.) era muito menor que aquela produzida pelas atividades altruístas. Os estudantes que se dedicaram ao voluntariado notaram que estavam mais entusiasmados, atentos, afáveis e mesmo apreciados pelos outros naquele dia.[37]

Vários estudos também mostraram que cuidar de um animal melhora a saúde psicológica e física, reduz o estresse e a pressão arterial, e aumenta ainda a longevidade.

O fato de ocupar-se com um animal de estimação foi igualmente associado a benefícios notáveis em doentes e pessoas sozinhas em casas de repouso, como em prisioneiros.[38]

Inumeráveis testemunhos de igual modo nos fazem lembrar a que ponto a bondade é um dos mais poderosos determinantes do sentimento de realização e de plenitude. Necdet Kent, diplomata turco em Marselha, que conseguiu convencer as autoridades alemãs de fazerem descer de um trem várias dezenas de judeus já embarcados, confiou a Marek Halter que em nenhum momento de sua vida havia experimentado tal sentimento de paz interior.[39]

Parte IV
Cultivar o altruísmo

*Não é o gênio nem a glória nem o amor que medem
a elevação da alma humana, é a bondade.*
Henri Lacordaire

20. Podemos mudar?

Um dia, ao final de uma conferência que ministrei sobre o altruísmo, uma pessoa na plateia levantou-se e me disse em tom irritado: "O que você espera nos encorajando a cultivar o altruísmo? Olhe para a história da humanidade! É sempre a mesma coisa! Uma sucessão ininterrupta de guerras e de sofrimentos. É da natureza humana, você não mudará em nada isto!" Mas será realmente assim? Vimos que as culturas podem evoluir. E quanto ao indivíduo, ele pode mudar? E se pode, essa mudança tem uma influência sobre a sociedade e sobre as gerações seguintes?

É evidente que nossos traços de caráter pouco mudam se não fizermos nada para melhorá-los. Porém não estão cristalizados. Nossos traços fundamentais, que resultam dos aportes combinados de nossa herança genética e do meio no qual crescemos, constituem apenas a base de nossa identidade. As pesquisas científicas no campo da neuroplasticidade mostram que toda forma de treinamento induz a uma reestruturação no cérebro, tanto no plano funcional como no estrutural.

Quanto à cultura, seria subestimá-la considerar que ela constitui para o indivíduo apenas um molde no qual, queira ou não, será fundido. Está claro que a sociedade e suas instituições influenciam e condicionam os indivíduos, mas estes podem, por sua vez, fazer a sociedade evoluir. Essa interação de cultura e indivíduos, prosseguindo ao longo das gerações, promove uma criação mútua, como duas lâminas de facas se afiam uma na outra.

Se queremos favorecer o advento de uma sociedade mais altruísta, será importante avaliar as capacidades de mudança respectivas dos indivíduos e da sociedade. Se o ser humano não tem qualquer poder de evoluir por si próprio, será melhor concentrar todos os nossos esforços na transformação das instituições e da sociedade, e não perder tempo encorajando a transformação individual. Esta é a opinião do filósofo André Comte-Sponville. Seus argumentos vão ao coração do debate:

> Você me diz que se não transformar primeiro o homem não se pode transformar a sociedade. Temos atrás de nós dois mil anos de progresso histórico que comprovam o contrário. Os gregos foram todos racistas e escravagistas; era a sua cultura. Mas não tenho o sentimento de ser melhor do que Aristóteles ou Sócrates simplesmente porque não sou escravagista nem racista. Existe portanto um progresso das culturas e das sociedades, e não dos indivíduos enquanto tais. Sou tão egoísta e tão covarde como qualquer homem da Antiguidade. Se alguém diz hoje: "Ele é um tipo formidável porque não é escravagista", é um tolo, pois essa pessoa não é assim de graça —

é a sua cultura que é responsável. Hoje, aquele que não é escravagista nem racista é simplesmente alguém de seu tempo.

Se tivéssemos esperado que os humanos fossem justos para que os mais pobres pudessem ser contemplados, os mais pobres morreriam sem cuidados. Não ficamos aguardando que os humanos sejam justos, criamos a previdência social, criamos os impostos, criamos um Estado de direito. Acredito, portanto, que toda a arte da política é tornar indivíduos egoístas mais inteligentes, o que eu chamo de "solidariedade" e que Jacques Attali chama de "altruísmo interessado". Trata-se de fazer as pessoas compreenderem que é de seu interesse levar em consideração os interesses das outras. É do nosso interesse, por exemplo, pagar os impostos.

Não creio de modo algum no progresso da humanidade, mas acredito muito no progresso da sociedade. Portanto, se você conta com o altruísmo individual para evitar as crises econômicas, o desemprego e a miséria então, nesse terreno, eu não vou segui-lo.

Para conciliar o altruísmo e o egoísmo foi inventada a política, que é uma maneira de ser egoísta em conjunto e inteligentemente, antes que de forma tola e uns contra os outros.

Aquele que melhor exprimiu as relações entre o egoísmo de massa e a celebração que todos nós fazemos do amor e da generosidade é o Dalai Lama, que em uma fórmula genial disse: "Sejam egoístas, amem-se uns aos outros". Uma frase que cito com muita frequência por ser de uma extrema profundidade, porque ela conecta o eudemonismo ao altruísmo: "Se quiserem ser felizes, amem-se uns aos outros".*

Ao ouvir essas palavras fiquei perplexo e, de momento, sem resposta convincente. Todavia, do ponto de vista biológico, o argumento de André Comte-Sponville (de que o ser humano não mudou) equivale a dizer que a espécie humana não mudou geneticamente em dois mil anos. Isto é verdade para a maioria de nossos genes, o que não há nada de surpreendente se calcularmos que em geral leva dezenas de milhares de anos para que uma modificação genética importante afete uma espécie tão evoluída quanto a humana. As predisposições genéticas que influenciam nossos traços de caráter hoje são praticamente as mesmas do tempo de Aristóteles. O Dalai Lama alarga esse sentido quando atesta que não há diferença fundamental entre os homens e mulheres de hoje e os da época de Buda, nem entre os orientais e os ocidentais, dizendo sempre: "Todos nós compartilhamos a mesma natureza humana, experimentamos as mesmas emoções de alegria e de tristeza, de benevolência ou de raiva, e todos procuramos evitar o sofrimento. Também somos fundamentalmente os mesmos como seres humanos".

Mas isso não é tudo. As descobertas científicas das últimas décadas comprovam que nossa herança genética, por mais influente que seja, representa apenas um ponto de partida que nos predispõe a manifestar tal ou qual disposição. Esse potencial

---

* André Comte-Sponville, pronunciamento durante uma reunião de diálogo organizada com os bons cuidados de Christophe e Pauline André.

– este é um ponto crucial – pode seguir manifestando-se de múltiplas maneiras sob a influência de nosso ambiente e da aprendizagem à qual nos dedicamos treinando nossa mente ou nossas capacidades físicas. Assim, é mais apropriado comparar nossa herança genética e nosso ser biológico a um projeto de arquitetura suscetível de ser modificado durante a construção, ou ainda, a um tema musical a partir do qual um artista improvisa.

A plasticidade neuronal

A transformação individual é antes de tudo possibilitada pela maleabilidade de nosso cérebro. Durante muito tempo, um dogma quase universalmente aceito no campo das neurociências afirmava que, uma vez formado e estruturado, o cérebro adulto não fabricava mais neurônios e só mudava devido ao declínio da idade. Pensava-se que a organização do cérebro era tão complexa que quaisquer modificações significativas provocavam disfunções maiores. Segundo Fred Gage, do Salk Institute, um dos grandes especialistas da neuroplasticidade, "era mais fácil acreditar que o cérebro tinha uma conexão irreversível e que nenhuma outra mudança se produziria. Assim, o indivíduo permanecia quase o mesmo".[1] Acreditava-se que o cérebro era fixo e os traços de caráter invariáveis.

Sabemos hoje que essa avaliação estava totalmente errada. Uma das maiores descobertas dos últimos trinta anos diz respeito à "neuroplasticidade", um termo que reflete o fato de o cérebro evoluir de maneira contínua quando o indivíduo se expõe a situações novas. O cérebro adulto de fato continua a ser de uma extraordinária plasticidade. Tem a capacidade de produzir novos neurônios, de reforçar ou de diminuir a atividade dos neurônios existentes e, até mesmo, de atribuir uma função nova a uma área cerebral que exerce habitualmente outra função.

As pesquisas efetuadas com deficientes visuais demonstraram que a região cerebral normalmente destinada à visão ("área visual") neles é ocupada e utilizada pela audição, além da área auditiva normal, o que permite aos deficientes visuais ter uma percepção muito mais precisa da localização espacial dos sons. O mesmo ocorre com os deficientes auditivos, nos quais a área auditiva é mobilizada para refinar a visão, o que lhes possibilita ter uma visão periférica e uma faculdade de detecção dos movimentos bem superior à dos ouvintes.[2]

Desde 1962, Joseph Altman, do MIT de Boston, demonstra que novos neurônios se formam de modo constante nos ratos, gatos e porquinhos-da-índia adultos.[3] Mas essas descobertas foram tão revolucionárias que chegaram a ser ignoradas ou escarnecidas por luminares da época. Em 1981, Fernando Nottebohm confirmou, por sua vez, que nos canários que criam um novo repertório de cantos a cada primavera, duas regiões encefálicas ligadas a essa aprendizagem aumentavam respectivamente 99% e 76% em volume, isto é, em massa neuronal, em comparação com o outono anterior.[4]

Em 1997, Fred Gage colocou ratos sozinhos por um mês em uma gaiola vazia, onde não tinham nada a fazer exceto alimentar-se uma vez por dia. Depois, os transferiu para uma verdadeira Disneylândia para ratos, com túneis, rodas, tanques, diversos elementos para escalar, assim como outros ratos para lhes fazer companhia. Essa transferência ocasionou repercussões assombrosas em seus cérebros. Em quarenta e cinco dias, o hipocampo*, a área do cérebro associada à aprendizagem, aumentou 15% em volume, mesmo nos ratos mais velhos, passando em média de 270 mil a 317 mil neurônios.[5]

Restava demonstrar que tal fenômeno poderia se produzir nos humanos. Injetando no tecido cerebral de pacientes falecidos um composto químico que permite acompanhar a evolução de tumores cerebrais, Peter Eriksson, um pesquisador sueco, descobriu que novos neurônios eram recentemente formados no hipocampo. Tornou-se claro que, até a morte, novos neurônios se formam em determinadas regiões do cérebro humano (até mil por dia).[6] Como destaca Fred Gage: "Este fenômeno ocorre ao longo de toda a vida. Esta descoberta é uma etapa importante, pois mostra que é concebível adquirir um domínio ampliado de nossa capacidade cerebral a um ponto que jamais havíamos acreditado ser possível."[7]

No caso dos ratos de Fred Gage, eles reagiram a uma situação nova na qual se encontravam involuntariamente. Os cientistas falam de um "enriquecimento exterior", que é semipassivo. Todavia, pode-se também treinar ativa e voluntariamente para desenvolver capacidades específicas. Ainda, as pesquisas evidenciaram transformações do cérebro naqueles que aprendem malabarismo, jogam xadrez e em atletas que treinam assiduamente. Nos violinistas, as áreas do cérebro que controlam os movimentos das mãos que exercem o dedilhar se desenvolvem progressivamente com a aprendizagem. Os músicos que começam sua formação muito cedo e prosseguem durante muitos anos apresentam grandes modificações do cérebro.[8] Também é conhecido que nos motoristas de táxi londrinos, que devem memorizar o nome e a localização de quatorze mil ruas, o hipocampo é estruturalmente mais volumoso, proporcionalmente ao número de anos de exercício da profissão.[9]

Por último, podemos considerar a possibilidade de um "enriquecimento interior" por um trabalho da mente. Durante a prática da meditação, em especial, nada muda no ambiente exterior. Mas, ao treinar sua mente, o meditante alcança um enriquecimento interior máximo. Ora, as pesquisas das neurociências efetuadas há quinze anos, e das quais eu mesmo participei, revelam que a atenção, o equilíbrio emocional, a compaixão e outras qualidades humanas podem também ser cultivados, e que o seu desenvolvimento vem acompanhado de profundas transformações funcionais e estruturais do cérebro.

---

* O hipocampo é uma área do cérebro que gerencia o conhecimento adquirido com novas experiências, e em seguida os difunde para outras áreas do cérebro onde esse saber será armazenado na memória e reutilizado.

A importância dos fatores epigenéticos

Para que um gene seja ativo é preciso que se "exprima", isto é, que ele seja "transcrito" sob a forma de uma proteína específica que age no organismo portador desse gene. Mas se um gene não se exprime, se permanecer "silencioso", é como se ele estivesse ausente. Ora, os avanços recentes da genética revelaram que o ambiente pode modificar consideravelmente a expressão dos genes por um processo chamado "epigenético". Essa expressão pode ser ativada ou desativada sob a influência não apenas das condições exteriores, mas também de nossos estados mentais.

Dois gêmeos monozigóticos, por exemplo, que possuem exatamente os mesmos genes, podem adquirir características fisiológicas e mentais diferentes se eles forem separados e expostos a condições de vida distintas. Em termos científicos, dizemos que são geneticamente idênticos mas fenotipicamente diferentes. Da mesma forma, a lagarta e a borboleta têm exatamente os mesmos genes, mas eles não se exprimem da mesma maneira de acordo com os momentos da vida do inseto.

Essas modificações na expressão dos genes são menos ou mais duradouras, e em certos casos podem mesmo ser transmitidas de uma geração para outra na ausência de mudanças na sequência do DNA dos próprios genes. Tais descobertas revolucionaram realmente a genética, visto que até então a própria noção de transmissão dos caracteres adquiridos era considerada uma heresia.[10] A influência das condições exteriores é portanto considerável, e sabemos hoje que essa influência repercute até nos genes.

Uma série de experiências célebres, realizada por Michael Meaney e seus colegas da Universidade McGill de Montreal, teve como objeto ratos recém-nascidos que possuíam genes predispostos a uma forte ansiedade. Esses ratos foram confiados durante os dez primeiros dias de sua vida a uma linhagem de mães selecionadas para ser particularmente atenciosas em relação aos seus filhotes: elas os lambiam constantemente e ficavam com a maior frequência possível em contato físico com eles. A equipe constatou que após os dez dias, os genes ligados aos sintomas da ansiedade desses filhotes *não haviam se expressado* e que não se expressariam *durante toda sua vida*.[11]

Ao contrário, os filhotes geneticamente idênticos, mas confiados às mães comuns que não lhes concederam esse suplemento de amor maternal, tornaram-se medrosos e ansiosos pelo resto de sua existência. O nível de estresse na idade adulta não depende, portanto, da herança genética, aqui idêntica para todos, mas da maneira como esses filhotes foram tratados durante os dez primeiros dias de sua vida. Deste modo, nosso destino genético não está gravado em pedra.

Depois Michael Meaney, Moshe Szyf e outros pesquisadores empreenderam estudos com populações humanas. Sabe-se que as crianças que sofreram graves abusos têm 50% mais chances de sofrer de depressão na idade adulta.[12] As pesquisas mostraram que os maus-tratos sofridos por essas crianças desencadeiam modificações epigenéticas que perduraram bem além da época em que foram maltratadas. Em particular, observam-se modificações duradouras da expressão de genes implicados na produção e na regulação do cortisol, um hormônio associado ao estresse. Nessas pessoas, o nível de cortisol apresenta-se cronicamente elevado, mesmo se gozarem de boa saúde e não forem objeto de mais agressões.[13] O fato de elas sofrerem múltiplos episódios de depressão poderia então se explicar por uma vulnerabilidade persistente associada às modificações epigenéticas ocorridas em seus neurônios no momento em que eram vítimas desses abusos.

Um treinamento da mente que visa o cultivo das emoções positivas poderia provocar mudanças epigenéticas? Estudos preliminares realizados no laboratório de Richard Davidson, em Wisconsin, em colaboração com a geneticista espanhola Perla Kaliman, revelam que a meditação no amor altruísta ou na compaixão pode induzir importantes modificações epigenéticas.* Vislumbra-se aqui a possibilidade de uma transformação epigenética do indivíduo que não é somente devida à influência do ambiente, mas a um treinamento voluntário destinado a cultivar qualidades humanas fundamentais.

Seres diferentes

Reconsideremos à luz das experiências descritas anteriormente os argumentos sustentados por André Comte-Sponville. Parece que uma *transformação simultânea das culturas e dos indivíduos* é possível. As crianças que cresceram em uma cultura em que prevaleçam valores altruístas e na qual a sociedade encoraja mais a cooperação do que a competição mudarão não apenas seu comportamento, mas também sua maneira de ser. Elas serão diferentes, não só porque se adequam a novas normas culturais e a novas regras fixadas pelas instituições, mas porque *seu cérebro terá sido formado diferentemente* e porque *seus genes se exprimirão diferentemente*. Assim, um processo dinâmico de influências mútuas prosseguirá ao longo das gerações. Como destacam Richerson e Boyd, especialistas da evolução das culturas:

> O que acontece aos indivíduos (a seleção natural, por exemplo) influenciará as propriedades da população (a frequência dos genes etc.). [...] A frequência de uma variante cultural, que é uma propriedade da população, influenciará a probabilidade de que essa variante seja imitada pelos indivíduos.
> Os indivíduos podem parecer prisioneiros impotentes de suas instituições, visto que, afinal, as decisões individuais exercem pouca influência sobre as instituições. Mas a longo prazo, o acúmulo de numerosas decisões individuais exerce uma profunda influência sobre as instituições.[14]

---

* Neste caso, evidentemente, não se trata de extrair neurônios dos meditantes, mas pode-se observar as mudanças epigenéticas nas células sanguíneas. Ao estudar as células de pessoas falecidas constatou-se que essas mudanças correspondem a modificações similares dos neurônios do cérebro. Estudos sobre os efeitos epigenéticos da meditação no amor altruísta estão em curso no laboratório de Barbara Fredrickson.

Afinal de contas, são os indivíduos que instauram regimes totalitários, e outros que os derrubam para implantar a democracia. São os indivíduos que perpetraram genocídios quando desumanizaram seus semelhantes, e outros, às vezes contemporâneos dos primeiros, que promulgaram a Declaração Universal dos Direitos Humanos.

Devolver novamente à transformação individual seus títulos de nobreza

Apesar dos imensos progressos realizados no campo da democracia, da condição da mulher, dos direitos humanos de modo geral, da justiça e da solidariedade, e da erradicação da pobreza e das epidemias, ainda há muito a fazer. Para facilitar essas mudanças, seria lamentável negligenciar o papel da transformação pessoal. Um dos dramas de nossa época parece ser o de subestimar consideravelmente a capacidade de transformação de nossa mente, mesmo que se possa objetar que nossos traços de caráter são relativamente estáveis. Observados com alguns anos de intervalo, raros são os irados que se tornam pacientes, os atormentados que encontram a paz interior ou os pretensiosos que se tornam humildes. É inegável, porém, que alguns indivíduos mudam, e a mudança que se opera neles revela que não se trata de algo impossível. Nossos *traços de caráter perduram enquanto nada fizermos para melhorá-los* e enquanto deixarmos nossas disposições e nossos automatismos se perpetuarem, até mesmo se reforçam com o tempo. Todavia, é um erro acreditar que eles sejam estabelecidos de uma vez por todas.

Esforçamo-nos constantemente para melhorar as condições exteriores de nossa existência, e ao final das contas é nossa mente que faz a experiência do mundo e que traduz essa percepção na forma de bem-estar ou de sofrimento. Se transformarmos nossa maneira de apreender as coisas, transformamos consequentemente a qualidade de nossa vida. Ora, essa mudança é possível. Ela resulta de um treinamento da mente que chamamos às vezes de "meditação".

21. O TREINAMENTO DA MENTE: O QUE DIZEM AS CIÊNCIAS COGNITIVAS

EM 2000, UM ENCONTRO EXCEPCIONAL ACONTECEU EM DHARAMSALA, NA ÍNDIA. Alguns dos melhores especialistas do estudo das emoções – psicólogos, pesquisadores em neurociências e filósofos – passaram uma semana dialogando com o Dalai Lama na intimidade de sua residência, nos contrafortes do Himalaia. Foi assim a primeira vez que tive a oportunidade de participar dos apaixonantes encontros organizados pelo Mind and Life Institute fundado em 1987 por Francisco Varela, um eminente pesquisador em neurociências, e Adam Engle, um jurista americano. O diálogo focava sobre a maneira de gerir as emoções destrutivas.[1]

Certa manhã desse encontro, o Dalai Lama declarou: "Todas essas discussões são de profundo interesse, mas o que realmente podemos levar para a sociedade?" Durante o almoço, após uma discussão animada, foi proposto lançar um programa de pesquisa sobre os efeitos a curto e a longo prazo do treinamento da mente, ou seja, a meditação. À tarde, na presença do Dalai Lama, esse projeto foi adotado com entusiasmo. Foi o início de um programa de pesquisa inovador sobre as ciências contemplativas.

Alguns anos antes, Francisco Varela, Richard Davidson e Cliff Saron, assistidos no local por Alan Wallace, foram a Dharamsala com um equipamento de eletroencefalograma portátil e, encorajados pelo Dalai Lama, fizeram testes em alguns meditantes. Mas as condições de experimentação estavam longe de ser ideais; foi preciso esperar até o ano 2000 para as "neurociências contemplativas" de fato alçarem seu grande voo.

Foram iniciados estudos e tive a oportunidade de participar de vários deles, principalmente nos laboratórios do saudoso Francisco Varela na França, de Richard Davidson e Antoine Lutz em Madison, Wisconsin, de Paul Ekman e Robert Levenson em Berkeley, de Jonathan Cohen e Brent Field em Princeton, e de Tania Singer em Leipzig.

Os efeitos da meditação a longo prazo

Parecia lógico começar estudando indivíduos que haviam praticado a meditação durante muitos anos. Na verdade seria neles que poderíamos esperar as transformações mais notáveis do cérebro. Se o resultado de seus testes não revelasse qualquer mudança em seus cérebros e comportamentos, seria inútil observar outros indivíduos que houvessem meditado por apenas alguns meses ou semanas. Se, por outro lado, fossem observadas mudanças importantes nos meditantes experientes, em seguida seria possível perguntar como eles haviam chegado a isso e estudar a maneira como um principiante progride ao longo do tempo.

Assim, na fase inicial, Antoine Lutz e Richard Davidson estudaram cerca de vinte pessoas – monges e leigos, homens e mulheres, orientais e ocidentais – que haviam feito entre dez mil e sessenta mil horas de meditação consagradas ao desenvolvimento do amor altruísta, da compaixão, da atenção e da consciência plena durante retiros intensivos (em geral, durante vários anos consecutivos), aos quais se acrescentam quinze a quarenta anos de prática diária. A título de comparação, para concorrer ao Conservatório Nacional Superior de Música, um violinista de alto nível totaliza cerca de dez mil horas de prática.

A análise dos dados demonstrou muito rapidamente diferenças espetaculares entre os meditantes e os indivíduos não treinados. Os primeiros tinham a faculdade de gerar estados mentais precisos, potentes e duradouros. As áreas do cérebro associadas à compaixão, por exemplo, apresentavam uma atividade consideravelmente mais importante naqueles que tinham uma longa experiência meditativa. Além disso, cada tipo de meditação tinha uma "assinatura" diferente no cérebro, o que significa que a meditação na compaixão ativa um conjunto de áreas cerebrais (uma "rede neuronal") diferente daquelas ativadas quando o indivíduo medita, por exemplo, com foco na atenção vigilante.

Retomando uma frase de Richard Davidson, "esses trabalhos parecem demonstrar que o cérebro pode ser treinado e modificado fisicamente de uma maneira que poucas pessoas teriam imaginado".[2] Nesse sentido as pesquisas evidenciaram que quanto mais elevado fosse o número de horas de prática, mais significativa era a transformação cerebral. Em seguida, inúmeros artigos publicados em prestigiadas revistas científicas difundiram esses trabalhos, conferindo um posto de nobreza à pesquisa sobre a meditação, um campo que, até então, não era levado a sério.

Meditantes no laboratório

Na primeira série de experiências das quais participei em Madison, foi estabelecido um protocolo prevendo que o meditante alternaria entre um estado neutro e vários estados específicos de meditação, abrangendo estados atencionais, cognitivos e afetivos diferentes. Seis tipos de meditação foram escolhidos: a concentração em um único ponto, o amor altruísta combinado com a compaixão, a "presença aberta" (ver mais adiante), a visualização de imagens mentais, a equanimidade diante do medo e a devoção. Esses exercícios espirituais que um praticante do budismo realiza durante muitos anos resultam em uma meditação cada vez mais estável e clara.[3] Somente os três primeiros tipos de meditação foram usados para a continuação das pesquisas, pelo fato de implicarem qualidades que, longe de serem especificamente budistas, tinham um valor universal e podiam ser cultivadas por todos.

No cenário das experiências de laboratório, os cientistas mensuram as *diferenças* observáveis entre a atividade cerebral do meditante em repouso, chamado "estado neutro", e aquela que se manifesta durante a meditação. Para podermos dispor de dados suficientes, o meditante alterna inúmeras vezes períodos de repouso de quarenta e cinco segundos e períodos de meditação de um a cinco minutos. Uma sessão inteira pode durar até duas horas, durante as quais o indivíduo deve permanecer completamente imóvel, deitado em um escâner, se o registro for destinado a uma IRMf (Imagem por Ressonância Magnética funcional), ou sentado, no caso de um eletroencefalógrafo.

As duas técnicas são complementares; o eletroencefalograma (EEG) é muito preciso temporalmente, mas a imagem por ressonância magnética funcional (IRMf) é muito mais precisa espacialmente. O EEG é realizado com o auxílio de sensores distribuídos pelo couro cabeludo e, medindo as baixas correntes elétricas emitidas pelos neurônios, permite acompanhar a evolução da atividade cerebral com uma precisão quase de milésimos de segundo, enquanto localiza a origem aproximada dos sinais. A IRMf é feita graças a um escâner muito potente que permite estudar de maneira muito mais precisa a localização de uma atividade cerebral. Entretanto, a IRMf não consegue revelar mudanças que durem menos que um ou dois segundos.

A essas duas técnicas, os cientistas acrescentaram um grande número de testes comportamentais e cognitivos destinados a mensurar a atenção, o equilíbrio emocional, a resiliência, a resistência à dor, a empatia e os comportamentos pró-sociais. Em particular, as pesquisas exploraram as mudanças que podem se produzir nos seis principais "estilos emocionais" descritos por Richard Davidson: a *resiliência*, ou seja, a capacidade de superar a adversidade; a *disposição*, no sentido temporal, ou o tempo durante o qual se pode sustentar uma emoção positiva; a *intuição social*, ou a capacidade de captar os sinais sociais (expressões faciais e corporais, tom da voz etc.) que emanam daqueles que nos rodeiam; a *consciência reflexiva*, ou o grau de consciência das sensações físicas que refletem nossas emoções; a *sensibilidade ao contexto*, ou a capacidade de ajustar nossas reações emocionais em função do contexto no qual nos encontramos e, finalmente, a *atenção*, ou a acuidade e a clareza da concentração.[4]

Trabalhar com indivíduos que dedicaram anos de treinamento em meditação apresenta várias vantagens aos cientistas. Os estados mentais gerados por essas pessoas são, de modo geral, claramente definidos e reprodutíveis com um grau aceitável de confiabilidade. Além disso, essas pessoas podem manifestar capacidades particulares que não são observadas em indivíduos não treinados, o que permite coletar novos dados científicos. Enfim, elas são capazes de descrever com muito mais precisão e detalhes o conteúdo de sua experiência subjetiva.[5]

Doze anos de experimentação

De 2000 a 2012, mais de uma centena de homens e mulheres, monges e leigos praticantes do budismo, e um número muito grande de principiantes se dispuseram a essas experiências científicas em cerca de vinte universidades de renome.[6] Em abril de 2012, o primeiro Simpósio Internacional sobre a Pesquisa em Ciências Contemplativas reuniu durante três dias em Denver, Estados Unidos, mais de setecentos pesquisadores do mundo inteiro, expressando assim a medida da ascensão deste campo de pesquisa. Além disso, em junho de cada ano, uma centena de jovens pesquisadores se reúnem durante uma semana em torno de pesquisadores experientes.

Estas pesquisas não só demonstraram que a meditação havia provocado importantes mudanças, tanto funcionais quanto estruturais, no cérebro dos praticantes experimentados, mas também que algumas semanas de meditação, durante trinta minutos por dia, já induziam mudanças significativas na atividade cerebral, no sistema imunológico, na qualidade da atenção e em muitos outros parâmetros.

A atenção pode ser aperfeiçoada

A prática da *concentração* consiste em escolher um objeto sobre o qual focalizar sua atenção, esforçando-se para mantê-la sem se deixar distrair. Esse treinamento visa passar gradualmente de um estado mental instável e caprichoso a um estado mental no qual prevaleçam a atenção clara, estável, a capacidade de gerir as emoções e a paz interior. Qualquer que seja a qualidade que se deseja cultivar, é indispensável refinar a sua atenção, sem a qual a mente não estará disponível para o treinamento que se deseja realizar. Neste exercício, em geral a sua concentração fixa-se sobre um elemento preciso; este pode ser o vai e vem da respiração, uma sensação física ou um objeto exterior, por exemplo um ponto luminoso em uma tela no laboratório. Nesse momento deixe repousar sua mente atenta sobre o "objeto escolhido", e traga-a de volta tão logo perceba que está se distraindo.

Vários meditantes que acabavam de sair de um retiro de três anos mostraram-se capazes de manter uma atenção perfeita durante quarenta e cinco minutos ao longo de um teste clássico de vigilância, ao passo que para a maior parte dos indivíduos não treinados a atenção se degrada de forma considerável após dez minutos de esforço.[7]

Uma pessoa relativamente experiente (dezenove mil horas de prática em média) pode ativar muito melhor as zonas do cérebro ligadas à atenção do que um indivíduo não treinado; contudo, nos mais experientes (quarenta e quatro mil horas de prática em média) constata-se uma ativação menor dessas zonas, mesmo quando sua atenção permanece estável.[8] Essa observação está em conformidade com alguns trabalhos que demonstraram que quando alguém adquiriu a maestria em uma tarefa, as estruturas cerebrais que ele mobiliza durante a execução dessa tarefa são geralmente menos ativas do que quando ele estava ainda na fase de aprendizagem.

Os pesquisadores averiguaram ainda que três meses de treinamento assíduo em meditação melhoram consideravelmente a *estabilidade* da atenção.[9] A atenção dos indivíduos estudados necessitou menos esforço, variou menos de um teste a outro e eles se distraíram menos pelos sons perturbadores, o que atesta um melhor controle cognitivo.[10]

Outros estudos demonstraram que a prática da atenção permitia também aos meditantes ver com clareza uma sequência de palavras ou de imagens que se sucediam umas às outras rapidamente, quando de modo habitual as pessoas percebem e identificam uma imagem e depois "pulam" as duas ou três imagens seguintes.[11]

Efeitos do amor altruísta e da compaixão

Para meditar no *amor altruísta* e na *compaixão*, primeiro pensamos em um ser querido ao qual dirigimos a manifestação de um amor e uma benevolência incondicionais. Em seguida expandimos gradualmente esse amor à totalidade dos seres, e continuamos assim até que a mente por inteiro esteja impregnada de amor. Se constatamos que esse amor diminui, o reavivamos, e se nos distraímos, reconduzimos nossa atenção ao amor. Para a *compaixão*, começamos pensando em um ser querido que sofre e que desejamos sinceramente que seja liberado de seus sofrimentos. Em seguida procedemos como no caso da meditação no amor.

Quando os indivíduos participam dessas pesquisas meditando sobre o amor altruísta e a compaixão, verifica-se um aumento notável na sincronização das oscilações das ondas cerebrais nas frequências chamadas *gama*, geralmente associadas à conectividade entre diferentes áreas do cérebro.* Isso levou Antoine Lutz a conceber o estado de meditação como um mecanismo de integração global das atividades de diferentes regiões cerebrais.

O nível de sincronização alcançado pelos peritos em meditação é, de forma clara, superior ao de um cérebro "normal" em repouso, "de uma magnitude jamais descrita nas publicações sobre as neurociências", segundo Richard Davidson, e a intensidade mensurada nas frequências gama cresce em função do número de horas (de quinze mil a sessenta mil conforme os indivíduos) consagradas à meditação no amor altruísta.[12]

A imagiologia cerebral, com mais precisão, demonstrou que as áreas fortemente ativadas durante a meditação no amor altruísta já eram conhecidas por sua associação com a empatia, as emoções positivas, o amor maternal e a preparação à ação em geral (áreas pré-motoras). Para os contemplativos, isso não é surpreendente, pois a compaixão gera uma atitude de inteira disponibilidade que prepara a passagem ao ato.

Em dois estudos posteriores, realizados no mesmo laboratório, Antoine Lutz e Richard Davidson demonstraram que, ao ouvirem alternadamente a gravação do grito de uma mulher aflita e a de um bebê rindo, meditantes experimentados em estado de compaixão ativam diversas áreas do cérebro ligadas à empatia, dentre as quais a ínsula. Essa área é mais ativada pelos gritos de aflição que pelos risos do bebê. Também se observa uma estreita correlação entre a intensidade subjetiva da meditação na compaixão, a ativação da ínsula e o ritmo cardíaco.[13] Essa ativação é muito mais intensa quanto maior for o número de horas de treinamento dos meditantes. A amídala e o córtex cingulado são também ativados, o que indica uma sensibilidade crescente ao estado emocional do outro.[14]

Portanto, parece que o fato de cultivar um estado meditativo ligado às emoções positivas como o amor altruísta e a compaixão modifica a atividade de regiões e de redes cerebrais conhecidas por serem associadas à empatia.[15]

---

* As ondas gama têm frequências de oscilação rápidas, entre 25 e 42 Hz.

Barbara Fredrickson e seus colegas também comprovaram que seis a oito semanas de meditação na compaixão, durante trinta minutos diários, aumentavam as emoções positivas – alegria, esperança, gratidão, entusiasmo –, e o grau de satisfação diante da existência.[16] Os indivíduos experimentam mais alegria, benevolência, gratidão, esperança e entusiasmo, e quanto mais longo o seu treinamento, mais notáveis são os efeitos positivos.

Na Universidade de Emmory, em Atlanta, a equipe de Chuck Raison de igual modo revelou que a meditação no amor altruísta reforça o sistema imunológico e diminui a resposta inflamatória. Eles provaram, em especial, que a redução da taxa de um hormônio (a interleucina-6) ligado ao processo inflamatório no sangue era proporcional ao tempo dedicado à meditação.[17]

Outras pesquisas, resumidas em um artigo por Stefan Hofmann[18] da Universidade de Boston, confirmaram que as meditações no amor altruísta e na compaixão não apenas aumentam os humores positivos, mas diminuem os humores negativos. Essas meditações se traduzem por uma ativação das áreas cerebrais ligadas à gestão das emoções e à empatia, e oferecem perspectivas promissoras para remediar o estresse, a depressão, a ansiedade e o *burnout*.

Meditação na *presença aberta*

A meditação na *presença aberta* consiste em deixar a mente repousar num estado claro, vasto e alerta ao mesmo tempo, e livre dos encadeamentos do pensamento. A mente não se concentra em nenhum objeto particular, mas permanece perfeitamente presente. Quando surgem pensamentos o meditante não tenta bloqueá-los, ele se contenta em deixá-los desaparecer de modo natural.

Neste estado meditativo, o sentimento egocentrado apaga-se pouco a pouco, favorecendo com isso a eclosão espontânea do amor altruísta e da compaixão. Segundo os meditantes que cultivaram a *presença aberta*, com a ausência das barreiras do egoísmo e do apego ao ego, o amor e a compaixão surgem espontaneamente isentos de discriminações entre aqueles que "merecem" ou não nosso amor altruísta.

Isso prova que, assim como na meditação sobre o amor altruísta, a prática da *presença aberta* gera de igual modo uma ampliação importante das ondas cerebrais nas frequências gama, acompanhada de uma maior conectividade e sincronização entre diversas zonas cerebrais.

É interessante notar que mesmo quando os praticantes experientes estão em estado de "repouso", isto é, quando não estão em meditação formal, observa-se neles uma ativação das ondas gama superior àquela registrada entre os não praticantes.

Além disso, um estudo realizado em Madison no laboratório de Giulio Tononi, revelou que, entre os meditantes que totalizavam entre duas mil e dez mil horas de prática, o aumento das ondas gama se mantém durante o sono profundo, com uma intensidade proporcional ao número de horas prévias consagradas à meditação.[19]

O fato de essas mudanças persistirem durante o repouso e o sono dessas pessoas indica uma transformação estável de seu estado mental habitual, mesmo na ausência de um esforço específico, como por exemplo durante uma sessão de meditação.[20]

A estrutura do cérebro é modificada pela meditação

O que descrevemos até o momento mostra que a meditação desencadeia mudanças *funcionais* importantes no cérebro, quer dizer, observam-se modificações na atividade de certas áreas cerebrais devidas à meditação durante processos cognitivos e afetivos bem definidos. Também é importante assinalar que essas mudanças vêm acompanhadas de modificações na estrutura do cérebro, ou seja, no volume das áreas cerebrais abrangidas, que reflete a quantidade de neurônios presentes e o número de conexões que esses neurônios estabelecem entre si. Esta previsão encontra-se no centro da teoria da neuroplasticidade, para a qual a atividade repetida de uma rede neuronal pode induzir mudanças duradouras na organização dessa rede.

Um primeiro estudo conduzido por Sarah Lazar e seus colegas da Universidade de Harvard revelou que nos meditantes de longa data, com dez anos de experiência em média, o volume do córtex cerebral havia aumentado.[21] Mais recentemente, Britta Hölzel mostrou que mudanças estruturais já ocorriam após um período de treinamento de oito semanas de mindfulness. Ela observou um aumento da concentração e da espessura da substância acinzentada no hipocampo esquerdo (área ligada à aprendizagem e ao controle emocional), assim como de outras regiões do cérebro.[22]

Conectividade cerebral

A conectividade cerebral permite compreender melhor as relações que as diversas áreas do cérebro mantêm, em um processo de regulação emocional. No caso da agressividade ou do medo, por exemplo, uma boa conectividade funcional entre o córtex e a amídala é indispensável para regular nossas reações agressivas ou de pavores instintivos, em função de uma justa avaliação da situação. De nada adianta entrar em pânico ao menor sinal de alerta, e agredir de forma violenta todos aqueles que nos rodeiam quando as coisas não se passam exatamente como desejamos. Tais reações serão contrárias à solicitude empática.

Por outro lado, alguns distúrbios graves, como a epilepsia e a esquizofrenia, são ligados às falhas de conectividade. Uma conectividade elevada parece portanto ideal para o bom funcionamento do cérebro e, em particular, para o florescimento do altruísmo e da compaixão.

Ora, o estudo de pessoas que por longo tempo praticaram meditação demonstra que a conectividade estrutural entre as diferentes zonas do cérebro é superior entre elas do que a mensurada em um grupo de controle.[23] Outro estudo evidenciou um aumento da conectividade cerebral no córtex após somente onze horas de treinamento em meditação.[24]

A detecção das expressões faciais estaria associada ao nosso grau de empatia

No laboratório de Paul Ekman, meditantes participaram de uma experiência permitindo mensurar a faculdade de identificar corretamente as expressões faciais que traduzem diversas emoções. É mostrada em uma tela uma série de rostos expressando alegria, tristeza, raiva, medo, nojo ou surpresa. Essas seis emoções são universais, biologicamente determinadas, e se exprimem da mesma maneira no mundo inteiro. Vê-se primeiro um rosto neutro, e em seguida o mesmo exprimindo uma emoção, permanecendo na tela por um trigésimo de segundo. A expressão emocional novamente é seguida de uma expressão neutra. Essas imagens passam tão rápido que basta uma piscada para perder algumas. O teste consiste em identificar, durante esse trigésimo de segundo, os sinais faciais da emoção que foram vislumbrados.

Essas "microexpressões", como são chamadas por Paul Ekman, são na verdade movimentos involuntários produzidos a cada instante em nossa vida cotidiana e são indicadores não censurados de nossos sentimentos interiores. A capacidade de reconhecer essas expressões fugazes indica uma disposição inusual para a empatia.

O estudo de milhares de indivíduos ensinou a Ekman que os mais dotados para este exercício são também mais abertos, mais curiosos das coisas em geral e mais conscienciosos. "Então", concluiu ele, "pensei que os inúmeros anos de experiência da meditação" – que exige tanto abertura da mente, quanto rigor – "devem conferir uma melhor aptidão para realizar este exercício".

Foi revelado que os dois meditantes experientes que realizaram esse teste bateram os recordes de reconhecimento dos sinais emocionais. Tanto um como o outro obtiveram resultados superiores aos dos cinco mil indivíduos previamente testados. "Eles saíram-se melhor que policiais, advogados, psiquiatras, agentes alfandegários, juízes, e até mesmo agentes de serviços secretos", grupo que até então havia se mostrado mais preciso. "Parece que um dos benefícios trazidos por sua formação é a máxima receptividade a esses sinais sutis do estado mental dos outros",[25] observa Ekman.

Altruísmo e controle das emoções

É interessante destacar que, segundo outros estudos, as pessoas que sabem gerir melhor suas emoções comportam-se de modo mais altruísta se comparadas àquelas que são muito emotivas.[26] Confrontadas com os sofrimentos dos outros, estas últimas são muito mais preocupadas com suas próprias reações (medo, ansiedade etc.). Uma mente livre e serena é mais apta a considerar as situações dolorosas de um ponto de vista altruísta do que uma mente constantemente perturbada por conflitos internos. É interessante observar também que certas testemunhas de uma injustiça ou de uma agressão se ocupam tanto com o malfeitor, perseguindo-o, insultando-o ou molestando-o, que não se preocupam em ajudar a vítima.

Os benefícios de um treinamento a curto prazo nos comportamentos pró-sociais

Outras experiências científicas demonstraram que não é necessário ser um meditante altamente treinado para se beneficiar dos efeitos da meditação, e que vinte minutos de prática diária durante algumas semanas induzem a mudanças significativas.

Elen Weng, pesquisadora no laboratório de Richard Davidson, comparou dois grupos: em um deles os participantes se dedicavam durante apenas duas semanas, por trinta minutos diários, a uma meditação no amor altruísta e, no outro, seguiam um estágio de "reavaliação cognitiva". Weng mostrou que no primeiro grupo constatou-se um aumento dos comportamentos pró-sociais. Além disso, apenas em duas semanas de meditação no amor altruísta já se observou uma diminuição da ativação da amídala, uma área do cérebro associada em particular à agressividade, à raiva e ao medo.[27]

Utilizando um jogo criado na Universidade de Zurich, que dá a oportunidade de ajudar um outro participante a superar um obstáculo, com risco de obter uma menor pontuação para si próprio, Susanne Leiberg, Olga Klimecki e Tania Singer demonstraram que os participantes que receberam um breve treinamento em meditação na compaixão ajudavam mais do que aqueles que haviam recebido um treinamento destinado a melhorar a memória (visando, com isso, comparar os efeitos dessa meditação com um outro tipo de treinamento ativo sem nenhuma relação com o altruísmo). Essas pesquisadoras comprovaram que o aumento dos comportamentos pró-sociais em relação a pessoas desconhecidas era proporcional à duração do treinamento em compaixão, efetuado dois a cinco dias antes.[28] O fato de que um treinamento relativamente curto tenha um efeito duradouro permite antever boas possibilidades de implementar tais treinamentos em estabelecimentos escolares e hospitalares.

Efeitos da meditação na saúde mental

No que diz respeito à esquizofrenia, um estudo preliminar dos psicólogos David Johnson e Barbara Fredrickson permitiu descobrir que pacientes que durante algum tempo praticaram a meditação no amor altruísta sentiram mais paz e descontração, e ficaram menos distraídos que em geral durante as sessões de meditação em grupo, embora alguns tenham experimentado dificuldades diante da ideia de dirigir pensamentos benevolentes a todos os seres. Os participantes também demonstraram uma diminuição relevante de seus afetos negativos, e um aumento da frequência e da intensidade de suas emoções positivas. Esses efeitos permaneceram três meses após a experiência.[29]

Vários outros estudos documentaram o impacto positivo da prática de mindfulness nos sintomas da ansiedade e da depressão, assim como na melhora do sono e da atenção.[30] Os psicólogos canadenses John Teasdale e Zindel Segal foram os primeiros a constatar que, entre os pacientes que tiveram pelo menos três crises de depressão, seis meses de prática de mindfulness associada a uma terapia cognitiva reduzia cerca de 40% dos riscos de recaída no ano seguinte a uma depressão grave.[31]

Efeitos da meditação sobre a benevolência no vínculo social

Vínculos sociais são uma necessidade humana fundamental e muitos estudos demonstram os seus benefícios na saúde mental e física. No entanto, no mundo contemporâneo as mudanças sociais ligadas ao individualismo – pelo fato de um número crescente de pessoas viverem sozinhas – levaram a um sentimento generalizado de desconfiança e a um aumento da alienação.

Seria possível reforçar nosso sentimento de pertencimento e de conexão com aqueles que nos cercam? Conhecemos a importância que tem a confiança nos outros para a harmonia social. A diminuição dessa confiança vem acompanhada de preconceitos desfavoráveis a respeito daqueles que não estão incluídos em nosso círculo próximo. Diversos métodos foram empregados para reduzir tais preconceitos. Alguns enfatizam as consequências degradantes da discriminação;[32] outros promovem os contatos pessoais positivos com membros de um grupo sobre o qual há preconceitos demeritórios.[33] Os pesquisadores estão interessados agora nos métodos que possibilitariam não apenas reduzir as atitudes negativas, como aumentar as atitudes positivas.

Foi assim que a psicóloga Cendri Hutcherson interessou-se pela meditação budista sobre o amor altruísta e pôde mostrar que uma única sessão de prática de sete minutos aumentava o sentimento de pertencimento à comunidade, o vínculo social e as atitudes benevolentes para com pessoas desconhecidas.[34]

Yonna Kang da Universidade de Yale verificou que seis semanas de meditação sobre o amor altruísta reduziam de forma considerável as discriminações dirigidas a determinados grupos (negros, sem-teto etc.).[35]

Atenuação dos aspectos desagradáveis da dor física

É conhecido que a antecipação da gravidade ou da inocuidade do que vamos sentir tem um papel preponderante na experiência da dor. Em geral, suportamos melhor as dores cuja duração e intensidade são previsíveis, o que permite estar preparado para recebê-las e então gerenciá-las melhor, do que dores imprevistas, aquelas cuja intensidade corre o risco de crescer e a duração é desconhecida. A avaliação da dor depende então, em grande parte, de nossa atitude mental. Aceitamos, por exemplo, os efeitos dolorosos de um tratamento médico quando temos esperança de sarar. Muitas pessoas predispõem-se a doar sangue ou um órgão para salvar a vida de um próximo. O fato de dar assim um sentido altruísta à dor nos confere um poder sobre ela, e isto ainda nos libera da aflição e do sentimento de impotência.

A meditação poderia influenciar nossa percepção da dor? Vários laboratórios de pesquisa se debruçaram sobre essa questão. As pesquisas de David Perlman e Antoine Lutz na Universidade de Madison demonstraram que quando contemplativos experientes na meditação colocam-se em estado de *presença aberta* e são em seguida submetidos a uma dor intensa, eles percebem essa dor com a mesma lucidez e a mesma acuidade que os indivíduos não treinados, mas o aspecto desagradável da dor é consideravelmente diminuído.[36] Além disso, os meditantes preparados não antecipam a dor com ansiedade como os indivíduos não treinados. Após a sensação dolorosa, eles retornam mais rapidamente a um estado emocional normal. Enfim, eles se habituam mais depressa à dor que os principiantes.[37]

Ao longo dessa meditação, o praticante apenas observa a dor sem interpretá-la, ignorá-la, rejeitá-la ou temê-la, em um estado de plena atenção serena. Subjetivamente, a sensação conserva sua intensidade, mas perde seu caráter repulsivo.

Por seu lado, Fadel Zeidan e seus colegas da Universidade de Carolina do Norte constataram que, após quatro dias de treinamento de vinte minutos diários, os indivíduos que praticaram mindfulness e foram expostos à dor a consideravam em média 57% menos desagradável, e 40% menos intensa que os indivíduos de um grupo de controle que não haviam realizado nenhum treinamento.[38]

Estudos preliminares realizados pela equipe de Tania Singer no Instituto Max Planck de Leipzig mostram que quando praticantes experientes se engajam em uma meditação sobre a compaixão dirigida a uma pessoa que sofre, e são submetidos a uma dor física (uma descarga elétrica na altura do pulso), a compaixão pelo outro atenua de modo considerável a qualidade desagradável de sua própria dor.

A meditação pode desacelerar o envelhecimento das células

Os telômeros são segmentos de DNA situados na extremidade dos cromossomos. Eles garantem a estabilidade dos genes no momento da divisão celular, mas encurtam cada vez que a célula se divide. Quando o comprimento do telômero diminui abaixo de um limiar crítico, a célula cessa de se dividir e entra gradualmente em um estado de senescência.[39] Os telômeros são entretanto protegidos por uma enzima chamada telomerase.[40] Assim, o envelhecimento das células de nosso corpo, nossa saúde e nossa longevidade são afetadas pela taxa de atividade da telomerase.[41]

Foi observado que o estresse e a aflição psicológica diminuem a atividade da telomerase, acelerando o envelhecimento, e prenunciando uma mortalidade prematura.[42] Também foi demonstrado que uma mudança de estilo de vida que leve a uma redução do estresse pode se traduzir por um aumento de 30% da atividade da telomerase.[43]

Um estudo, realizado sob a direção de Cliff Saron, da Universidade de Davies na Califórnia, efetuado com trinta meditantes que haviam praticado em média seis horas diárias durante três meses, ao longo do Shamata Project dirigido por Alan Wallace, revelou que a atividade da telomerase era consideravelmente mais elevada ao final dos três meses de prática dos meditantes do que nos membros do grupo de controle. Este estudo foi o primeiro a colocar em evidência um elo entre mudanças psicológicas positivas e altruístas induzidas pela meditação e a atividade da telomerase.[44] Os pesquisadores ainda mostraram que os praticantes de meditação beneficiavam-se de uma melhor saúde mental e atribuíam mais sentido à sua existência.

Aplicações práticas das pesquisas

Secularizadas e validadas cientificamente, essas técnicas de meditação poderiam, por exemplo, ser integradas de forma útil ao programa de educação das crianças – uma espécie de equivalente mental do curso de educação física –, assim como ao atendimento terapêutico de problemas emocionais dos adultos. Quando Daniel Goleman perguntou ao Dalai Lama o que esperava dessas experiências, este respondeu: "Ao exercitar sua mente, as pessoas podem se tornar mais calmas e mais altruístas. É o que indicam esses trabalhos sobre o treinamento da mente segundo o budismo. Este é meu objetivo principal: não procuro promover o budismo, mas antes a maneira como a tradição budista pode contribuir para o bem da sociedade. É natural que como budistas meditemos sem cessar para o bem de todos os seres. Mas somos apenas seres humanos comuns e o melhor que podemos fazer é cultivar nossa própria mente". Considerando o conjunto desses trabalhos científicos que prosseguem ativamente em numerosos laboratórios de alto nível, fica evidente que o altruísmo e os comportamentos pró-sociais que ele gera podem ser voluntariamente magnificados por uma prática meditativa regular.

22. Como cultivar o altruísmo: meditações sobre o amor altruísta, a compaixão, o regozijo e a imparcialidade

Todos nós tivemos, em graus diversos, a experiência de um amor profundamente altruísta por um ser querido, ou de uma compaixão intensa por alguém que sofre. Alguns de nós são mais altruístas que outros, às vezes chegando até ao heroísmo. Há aqueles que são mais voltados para eles mesmos e têm dificuldades em considerar o bem dos outros como um fim essencial, e ainda maior dificuldade em colocar os interesses alheios na frente dos seus.

De maneira geral, mesmo se pensamentos altruístas passam por nossa mente, eles são flutuantes e não tardam a ser substituídos por outros, simples pensamentos errantes ou estados mentais mais conflituosos como a raiva e a inveja. Se quisermos de fato integrar em nós o altruísmo e a compaixão devemos cultivar essas qualidades por longos períodos, ancorá-las em nossa mente, mantê-las e fortalecê-las até que habitem de forma duradoura nossa paisagem mental.

Meditar é *familiarizar-se* com uma nova maneira de ser e é também *cultivar* qualidades que permanecerão em estado latente até o momento que não será mais preciso esforço para desenvolvê-las. A meditação é uma *prática* que permite cultivar essas qualidades assim como outras modalidades de treinamento nos permitem aprender a ler, a tocar um instrumento musical ou adquirir uma aptidão para a qual temos o potencial.[1] É enfim uma certa maneira de considerar os outros e o mundo que nos rodeia.* Se, por exemplo, percebemos o mundo como um lugar hostil e os outros como adversários prestes a se aproveitarem de nós, nossa relação com eles será marcada pelo medo e a desconfiança. Se considerarmos o mundo como um lugar acolhedor e os outros como *a priori* benevolentes, abordaremos nosso cotidiano impregnados dessa visão calorosa. Nutridos do sentimento de pertencer à grande família humana, consideraremos os outros como essencialmente idênticos a nós em seu desejo de ser feliz e de não sofrer. Ao contrário, se nos considerarmos como fundamentalmente separados daqueles que nos rodeiam, e olharmos os outros como simples instrumentos de nosso bem-estar, nossa relação com eles será fortemente egocentrada.

---

* Etimologicamente, as palavras sânscritas e tibetanas aqui traduzidas, por "meditação" são respectivamente *bhavana* ("cultivar") e *gom pa* ("familiarizar-se").

Preparar-se para a meditação

Um local propício – As circunstâncias da vida no dia a dia nem sempre são favoráveis à meditação. Nosso tempo e nossa mente estão ocupados com todo tipo de atividade e preocupações incessantes. Por isso é necessário, no início, começar a meditar em um local tranquilo e fazê-lo de forma que o tempo que reservamos à meditação, mesmo se for curto, não seja interrompido por outras ocupações.

Uma postura física apropriada

Durante as sessões de meditação formal, a postura física influi no estado mental. Se ela for muito relaxada teremos maiores chances de cair no torpor e na sonolência. Se, por outro lado, a postura for rígida e tensa, corre-se o risco de gerar agitação mental. Portanto, é preciso adotar uma postura confortável e equilibrada. Podemos nos sentar com as pernas cruzadas na postura chamada "lótus" ou, se ela for desconfortável, simplesmente com as pernas flexionadas diante de si, na postura chamada "do alfaiate". As mãos repousam uma sobre a outra no colo, no gesto de equanimidade, a mão direita sobre a esquerda. A coluna vertebral deve estar bem ereta e o olhar dirigido direto para a frente ou levemente para baixo, os olhos bem abertos ou semicerrados. Aqueles que têm dificuldade de ficar sentados com as pernas cruzadas podem meditar sentados numa cadeira ou sobre uma almofada mais alta. O essencial é manter uma posição equilibrada e as costas retas.

Motivação

Quando começamos a meditar, como em qualquer outra atividade que empreendemos, é essencial verificar nossa motivação. É ela, altruísta ou egoísta, vasta ou limitada, que dá uma boa ou má direção à nossa meditação e a todos os nossos atos.

Estabilizar nossa mente

Para cultivar o amor altruísta e a compaixão, nossa mente deve estar disponível e concentrada. Ora, a mente é em geral instável, caprichosa, move-se entre a esperança e o medo, ocupada por um falatório interior do qual temos pouca consciência. Portanto, devemos nos esforçar para torná-la mais livre, clara e atenta. A maestria da mente não significa impor-lhe restrições suplementares, mas libertá-la da influência dos automatismos mentais e das turbulências interiores. Em um primeiro momento, a prática da meditação visará assim apaziguar o turbilhão dos pensamentos. Para esse fim, otimizamos nosso poder de concentração adotando um suporte simples e sempre disponível: o vai e vem de nossa respiração.

Respire calma e naturalmente. Concentre toda a sua atenção nos movimentos da respiração. Observe a sensação que cria a passagem do ar pelas narinas quando expiramos. Note o momento em que a respiração é suspensa entre a expiração e a inspiração seguinte. Ao inspirar, concentre-se mais uma vez onde sente o ar passar. Mantenha essa concentração no ciclo seguinte e assim por diante, respiração após respiração, sem tensão, mas sem relaxar tanto a ponto de submergir em uma semissonolência. A consciência da respiração deve ser límpida e serena.

Ao perceber que se distrai, apenas retome a observação da respiração. Não tente parar os pensamentos, apenas evite alimentá-los; deixe-os atravessar o campo de sua consciência como o pássaro que passa no céu sem deixar rastros.

Praticar regularmente – Todo treinamento implica esforços e toda mudança encontra resistências. Portanto, será preciso aprender a superar os obstáculos para a meditação, entre os quais figuram a agitação mental e seu oposto, a letargia, assim como a falta de determinação. Devemos equilibrar nossos esforços, de maneira a não ficar muito tensos nem muito relaxados.

É preferível meditar regularmente durante curtos períodos em vez de realizar longas sessões de tempos em tempos. Podemos, por exemplo, dedicar vinte minutos diários à meditação e aproveitar pausas em nossas atividades para reavivar, mesmo que por minutos, a experiência que adquirimos durante nossa prática formal. Nossa assiduidade não deve depender do humor momentâneo, o importante é perseverar.

Meditação sobre o amor altruísta

Para meditar sobre o amor altruísta, é preciso começar a tomar consciência que no âmago de nós mesmos tememos o sofrimento e almejamos a felicidade. Esta etapa é particularmente importante para aqueles que têm uma imagem negativa de si mesmos ou sofreram muito, e que acreditam que não podem ser felizes (ver capítulo 26 "Ter por si próprio ódio ou compaixão"). É necessário criar uma atitude calorosa, tolerante e benevolente para conosco, e decidir que de agora em diante desejamos para nós somente o bem.

Uma vez reconhecida esta aspiração, devemos em seguida admitir o fato que ela é partilhada por todos os seres. Recorde nossa humanidade comum. Perceba nossa interdependência. A roupa que vestimos, o copo no qual bebemos, a casa onde moramos, tudo isso só é possível graças à atividade de inumeráveis outros. O mais simples dos objetos de nossa vida cotidiana está impregnado da presença dos outros. Reflita sobre a origem da folha de papel branco em que escrevemos. Segundo Greg Norris, que estudou o "ciclo de vida" dos produtos manufaturados, ao menos trinta e cinco países estão envolvidos na fabricação[2] de uma folha de papel. Imagine o lenhador que cortou a árvore, o operário na fábrica, o transportador no seu caminhão, a lojista no seu balcão; como nós, eles têm uma vida com alegrias e sofrimentos, parentes e amigos. Todos compartilham nossa humanidade; nenhum entre eles deseja sofrer. Esta consciência ajuda a nos perceber mais próximos de todos os seres, a sentir empatia por eles, a sermos interessados por sua sorte e a lhes desejar o bem.

22. Como cultivar o altruísmo: meditações sobre o amor altruísta, a compaixão, o regozijo e a imparcialidade

Primeiro dirigir nossa meditação a um ser querido

É mais fácil começar nosso treinamento no amor altruísta pensando em alguém querido para nós. Imagine uma criança pequena que se aproxima olhando-o com alegria, confiança, plena de inocência. Acaricie sua cabeça, contemplando-a com ternura, pegue-a nos braços com o sentimento de um amor e uma benevolência incondicionais. Deixe-se impregnar completamente por esse amor que não deseja nada além do bem dessa criança. Permaneça alguns momentos na plena consciência desse amor, sem qualquer pensamento.

Expandir nossa meditação

Em seguida estenda os pensamentos benévolos àqueles que você não conhece muito bem. Eles também desejam ser felizes, mesmo que possam ser às vezes inábeis em suas tentativas de escapar do sofrimento. Vá mais longe, incluindo na benevolência aqueles que lhe fizeram mal, e aqueles que prejudicam a humanidade de modo geral. Isto não significa lhes desejar êxito em seus intentos malevolentes; apenas fazer o voto de que eles abandonem o seu ódio, sua avidez, crueldade ou indiferença, e se tornem gentis, preocupados com o bem dos outros. Volte para eles o olhar de um médico para com os seus pacientes afetados de modo mais severo. Afinal, abrace a totalidade dos seres sensíveis em um sentimento de amor ilimitado.

A compaixão

A compaixão é a forma que o amor altruísta toma quando confrontado com o sofrimento do outro. Para isso, é necessário sentir-se interessado pela sorte do outro, tomar consciência de seu sofrimento, desejar que se cure e estar pronto para agir nesse sentido.

Para gerar a compaixão, imaginamos por exemplo que um ser querido é vítima de um acidente de trânsito e está ferido, estirado no acostamento, com dores atrozes. O socorro demora a chegar e não sabemos o que fazer. Experimentamos de forma muito intensa o sofrimento desse ser querido como se fosse o nosso, mesclado de um sentimento de angústia e de impotência. Essa dor nos atinge no mais profundo de nós mesmos, a ponto de se tornar insuportável.

Nesse momento, nos deixamos levar por um imenso sentimento de amor por essa pessoa. Nós a tomamos com suavidade nos braços. Imaginamos ondas de amor emanando de nós e derramando-se sobre ela. Visualizamos que cada átomo de seu sofrimento é agora substituído por um átomo de amor. Desejamos do fundo do coração que sobreviva, que se cure e cesse o seu sofrimento.

Em seguida estendemos essa compaixão calorosa a outros seres que nos são queridos e depois, pouco a pouco, à totalidade dos seres, criando no fundo do coração este desejo: "Possam todos os seres se liberar do sofrimento e das causas de seus sofrimentos".

O regozijo, a celebração e a gratidão

Há pessoas que possuem imensas qualidades, outras que cumulam a humanidade de boas ações e cujas iniciativas são coroadas de sucesso, outras ainda mais dotadas, mais felizes, ou mais bem-sucedidas que nós. De modo sincero nos regozijamos com suas realizações, desejamos que suas qualidades não declinem, mas ao contrário, perdurem e se ampliem. Essa faculdade de celebrar os melhores aspectos dos outros é um antídoto à inveja e ao ciúme, os quais refletem uma incapacidade de se regozijar com a felicidade dos outros. É também um remédio ao desencorajamento e à visão sombria e desesperada do mundo e suas criaturas.

Se o regozijo é considerado uma virtude cardinal no budismo, também o encontramos no Ocidente, por exemplo em David Hume, quando escreveu:

> Acontece com frequência elogiarmos atos virtuosos realizados em épocas e países distantes. Mas mesmo os maiores esforços de imaginação não permitem descobrir aí o menor traço de interesse pessoal, ou revelar uma ligação qualquer entre nossa felicidade presente e acontecimentos tão profundamente separados de nós.[3]

Essa apreciação e esses elogios são em si desinteressados; nada podemos esperar em troca, não temos qualquer vaidade a extrair nem qualquer temor de censura se não nos regozijarmos; em suma, nossos interesses pessoais de forma alguma são levados em conta.

Pelo fato de estar voltado *ao outro,* esse regozijo constitui um terreno fértil para o altruísmo. Esta apreciação sem reserva pela felicidade do outro conduz também a desejar que ela perdure e se amplie. "Amar", dizia Leibniz, "é se regozijar pela felicidade do outro, [...] é fazer da felicidade de um outro nossa própria felicidade".[4] Seu oposto, o desgosto ao pensar nas qualidades dos outros, só tem desvantagens; como a inveja, ele me torna infeliz e não me traz nada, nem mesmo uma fração de felicidade, das posses ou das qualidades da pessoa que invejo.

O regozijo pode vir acompanhado de gratidão quando se dirige àqueles que foram benevolentes conosco. Os psicólogos destacaram os efeitos benéficos da gratidão. Ela reforça os comportamentos pró-sociais e os laços afetivos; ela aumenta o bem-estar, diminui a inveja e as atitudes malevolentes.[5] O budismo nos encoraja a expandir essa gratidão a todos os seres, em primeiro lugar aos nossos pais que nos deram a vida e nos alimentaram e protegeram quando éramos incapazes de cuidar de nós mesmos; e a todos aqueles que contribuíram com nossa educação e nos cercaram de afeição e de solicitude, em particular os amigos espirituais que nos mostraram o caminho para a liberdade interior.

A imparcialidade

A imparcialidade é o complemento essencial das três meditações precedentes. O desejo de que todos os seres sejam libertados do sofrimento e de suas causas deve, de fato, ser universal, ele não deve depender de nossas preferências ou da maneira como os outros nos tratam. O objetivo é sermos como o médico que se regozija quando os outros estão gozando de boa saúde e se preocupa com a cura de todos os seus pacientes, seja qual for o seu comportamento; como o sol que brilha do mesmo modo sobre os bons e sobre os maldosos. A imparcialidade possibilita estender a todos os seres sem distinção o amor altruísta, a compaixão e a alegria, que cultivamos nas meditações precedentes.

Como combinar as quatro meditações

Quando meditamos no amor altruísta, pode acontecer que nossa atenção se disperse e se prenda apenas às pessoas que nos são queridas. Este será o momento de passar à meditação sobre a imparcialidade, para expandir esse amor a todos, próximos, desconhecidos ou inimigos.

Então, pode ocorrer que a imparcialidade se torne indiferença: em vez de nos importarmos por todos os seres, nos distanciamos deles e cessamos de estar interessados por sua sorte. É o momento de pensar naqueles que sofrem e cultivar uma compaixão sincera.

De tanto pensar continuamente nos sofrimentos que afligem os outros, podemos ser invadidos por um sentimento de impotência, de abatimento, ou mesmo de desespero, e nos sentir sobrecarregados pela imensidão da tarefa. É preciso, nesse momento, se regozijar pensando em todos aqueles que têm mais qualidades e êxito do que nós.

Caso essa alegria derive para uma euforia ingênua, passamos de novo ao amor altruísta. E assim por diante.

Ao final da sessão, voltemos por alguns instantes à nossa visão de mundo; contemplemos de novo a interdependência de todas as coisas, procuremos cultivar uma percepção mais justa, menos egocentrada da realidade. Compreendamos que os fenômenos são impermanentes, interdependentes e, por isso, desprovidos da existência autônoma que lhes atribuímos de modo habitual. Como resultado, teremos mais liberdade em nossa maneira de perceber o mundo. Contemplemos o verso a seguir do mestre budista Chandrakirti:

> *Como a estrela cadente, a miragem, a chama,*
> *A ilusão mágica, a gota de orvalho, a bolha na água,*
> *Como o sonho, o relâmpago ou a nuvem:*
> *Considere assim todas as coisas.*

Procuremos permanecer por alguns momentos na consciência plena do momento presente, em um estado de simplicidade natural, no qual a mente não esteja muito ocupada com pensamentos discursivos.

Antes de retomar o curso de nossas atividades, finalizamos com votos que permitam construir uma ponte entre a meditação e a vida cotidiana. Para isso, dedicamos de maneira sincera os benefícios da meditação a todos os seres, pensando: "Possa a energia positiva gerada, não somente por esta meditação, mas por todos os meus atos, palavras e pensamentos benevolentes, passados, presentes e futuros, contribuir para aliviar o sofrimento dos seres, a curto e a longo prazo".

Trocar a sua felicidade pelo sofrimento dos outros

Para desenvolver a compaixão, o budismo recorre a uma visualização particular que consiste em trocar mentalmente, por meio da respiração, o sofrimento dos outros pela nossa felicidade, e desejar que nosso sofrimento substitua o dos outros. Pode ser que pensemos que já temos problemas suficientes, e que é excessivo querer tornar ainda mais pesado nosso fardo e tomar sobre nós o sofrimento dos outros. Entretanto, o que se produz é o inverso. A experiência mostra que quando tomamos mentalmente o sofrimento dos outros pela compaixão, isto não aumenta nosso próprio sofrimento, mas ao contrário, o diminui. A razão disto é que o amor altruísta e a compaixão são os antídotos mais potentes para os nossos próprios tormentos. É portanto uma situação em que todos se beneficiam! Por outro lado, a contemplação de nossas próprias dores, reforçada pela constante cantilena "eu, eu, eu" que ressoa espontaneamente em nós, mina nossa coragem e só aumenta nossa vulnerabilidade.

Começamos por sentir um amor profundo dirigido a uma pessoa que foi de uma grande benevolência para conosco. Em seguida imaginamos que este ser sofre de modo muito intenso. Enquanto somos invadidos por um sentimento de empatia dolorosa diante de seu sofrimento, deixamos surgir em nós um sentimento poderoso de amor e de compaixão e começamos a prática chamada de troca.

Consideramos que, no momento em que expiramos, junto com nossa respiração, enviamos a este ser querido toda nossa felicidade, nossa vitalidade, nossa boa sorte, nossa saúde etc., sob a forma de um néctar refrescante, luminoso e apaziguante. Desejamos que ele receba esses benefícios sem qualquer reserva, e consideramos que esse néctar preenche todas as suas necessidades. Se a vida dele está em perigo, imagine que ela é prolongada; se ele está em privação, que obtenha tudo que lhe é necessário; se estiver doente, que se cure; e se estiver infeliz, que encontre a felicidade.

Ao inspirar, consideramos que tomamos sobre nós, sob a forma de uma massa escurecida, todos os sofrimentos físicos e mentais deste ser, e pensamos que esta troca o alivia de seus tormentos. Imaginamos que seus sofrimentos vêm até nós

22. Como cultivar o altruísmo: meditações sobre o amor altruísta, a compaixão, o regozijo e a imparcialidade

como uma bruma carregada pelo vento. Quando tivermos absorvido, transformado e eliminado seus males, experimentamos uma grande alegria, livre de qualquer forma de apego. Reiteramos esta prática tantas vezes quanto necessário até que se torne uma segunda natureza. Em seguida, de modo gradual expandimos a prática de troca a outros seres conhecidos, e depois ao conjunto dos seres.

Segundo uma variante desta prática, quando expiramos, pensamos que nosso coração é uma brilhante esfera luminosa de onde emanam raios de luz branca levando nossa felicidade a todos os seres, para o mundo inteiro. Quando inspiramos, tomamos sob nós seus tormentos na forma de uma nuvem densa e sombria que penetra em nosso coração e se dissolve na luz branca sem deixar traços.

Ou ainda, imaginamos que nos multiplicamos em uma infinidade de formas que vão até os confins do universo, tomando sobre elas os sofrimentos de todos os seres que encontram e lhes oferecendo nossa felicidade; que nos transformamos em vestimentas para aqueles que têm frio, em alimento para os faminto ou em refúgio para os sem-teto. Podemos concluir a sessão de prática lendo ou recitando estes versos de Shantideva:

> Possa eu ser um protetor para os abandonados, um guia para os que caminham,
> Uma passagem, um barco, uma ponte para os que desejam chegar à outra margem.
> Possa eu ser uma ilha para os que necessitam uma parada,
> Uma lâmpada para os que precisam de luz,
> Um leito para os que querem repousar,
> Um servidor para os que precisam ser servidos.
> Possa eu ser a pedra milagrosa, o vaso do grande tesouro,
> A fórmula mágica, o remédio universal,
> A árvore que satisfaz os desejos, a vaca de abundância inesgotável!
> Como a terra e os outros elementos que servem a milhares de usos
> De seres incontáveis, em todo o espaço infinito,
> Possa eu, de mil maneiras, ser útil aos seres que povoam este espaço,
> Por todo o tempo enquanto não estejam todos livres do sofrimento![6]

Esta prática permite associar a respiração ao desenvolvimento da compaixão. Pode ser utilizada em qualquer momento da vida cotidiana, em particular quando somos confrontados com o sofrimento dos outros ou mesmo de si próprio.

Quando sofremos, precisamos compreender que, embora o sofrimento em si seja indesejável, isso não significa que não se possa fazer dele um uso benéfico. Como explica o Dalai Lama: "Um profundo sofrimento pode nos abrir a mente e o coração, e nos abrir aos outros".[7] Pense: "Outros como eu estão aflitos por infortúnios comparáveis aos meus, e com frequência bem piores. Como eu apreciaria que também eles pudessem ser libertados!"

As diversas meditações descritas acima podem ser praticadas de duas maneiras complementares: durante as sessões regulares de prática e ao fazer as tarefas da vida cotidiana. Podemos em especial manter a consciência plena de nossos gestos e de nossas sensações realizando tarefas simples como lavar a louça ou a roupa, andando pela rua, olhando as cenas da vida de todos os dias. Com o propósito de permitir que o altruísmo esteja mais presente em nossos pensamentos, podemos, a todo momento, em nosso interior, desejar àqueles com quem cruzamos na vida cotidiana que sejam felizes e livres de qualquer sofrimento. Assim, passo a passo, o amor altruísta, a compaixão, a consciência plena e outras qualidades desenvolvidas pela meditação serão integrados de modo total à nossa maneira de ser.

Parte V
As forças contrárias

23. O EGOCENTRISMO E A CRISTALIZAÇÃO DO EGO

QUAIS SÃO AS FORÇAS QUE IRÃO SE OPOR AO ALTRUÍSMO, E COMO COMBATÊ-LAS? Aí estão duas questões capitais das quais é preciso saber a resposta para contribuir com o florescimento do altruísmo na sociedade.

O que se opõe diretamente ao altruísmo é o egocentrismo. Portanto, iremos tratar primeiro de identificar a natureza e as manifestações desse egocentrismo e voltar à sua origem, isto é, à formação do conceito de *ego* e do apego que concebemos para com este último. Mostraremos que, à medida que o egocentrismo cria um fosso entre nós e os outros, a noção de pertencer a um grupo específico (família, etnia, religião, vilarejo, cidade, país, clube de futebol etc.) adquire uma importância crescente em detrimento da solidariedade e do valor atribuído ao outro. Esse processo nos leva a definir, conscientemente ou não, diferentes grupos de pessoas mais ou menos próximas dele[1].

As divisões assim estabelecidas não são inócuas; elas levam a discriminações. Inúmeros estudos psicológicos demonstraram que o indivíduo tem tendência a dar preferência de maneira sistemática aos membros de *seu* grupo, negligenciando por conseguinte a preocupação com a equidade. O estar fechado em si mesmo que acompanha o egocentrismo conduz naturalmente ao declínio da empatia e do altruísmo. A influência do egocentrismo pode culminar no uso da violência para satisfazer desejos ou prejudicar conscientemente a outros.

A formação do "eu" e a cristalização do ego

Olhando para o exterior, solidificamos o mundo projetando sobre ele atributos – bom ou mau, belo ou feio, desejável ou repulsivo – que não lhe são de forma alguma inerentes. Olhando para o interior, cristalizamos a corrente da consciência imaginando um "eu" que reinaria no âmago de nosso ser. Temos como adquirido o fato de perceber as coisas tais como são, e raramente colocamos em dúvida esta opinião. Atribuímos uma permanência ao que é efêmero e percebemos como entidades autônomas o que é na realidade uma rede infinita de relações incessantemente variáveis. Nossos conceitos *cristalizam* as coisas em entidades artificiais e perdemos nossa liberdade interior, como a água perde sua fluidez ao se transformar em gelo.

A psicologia da primeira infância estuda como o recém-nascido aprende a conhecer o mundo, a situar-se pouco a pouco em relação aos outros. Por volta dos doze meses, o bebê começa a compreender que os outros são distintos dele, que o mundo não é uma simples extensão dele mesmo e que pode agir sobre este. Vimos que a partir de dezoito meses, a criança começa a se reconhecer no espelho e adquire consciência de si.

Embora nosso corpo sofra transformações a cada instante e nossa mente seja o teatro de inúmeras experiências emocionais e conceituais, concebemos o "eu" como uma *entidade única, constante e autônoma*. A simples percepção de um "eu" se cristaliza agora em um sentimento de identidade muito mais forte, o ego. Sentimos, por outro lado, que este ego é vulnerável, e queremos protegê-lo e satisfazê-lo. É desse modo que se manifesta a aversão por tudo que o ameaça, e a atração por tudo que lhe dá prazer e o conforta. Esses dois estados mentais dão origem a uma multiplicidade de emoções conflituosas – a animosidade, o desejo compulsivo, a inveja etc.

As diversas facetas de nossa identidade

O sentimento de identidade pessoal compreende três aspectos: o *eu*, a *pessoa* e o *ego*.[2] O *eu* vive no presente; é ele que pensa "tenho fome", ou "eu existo". É o lugar da consciência, dos pensamentos, do julgamento e da vontade. Ele é a experiência de nosso estado atual.

Como explica o neuropsiquiatria David Galin[3], a noção de *pessoa* é mais ampla, é um *continuum* dinâmico, estendido no tempo, integrando diversos aspectos de nossa existência nos planos corporal, mental e social. Suas fronteiras são mais imprecisas: a pessoa pode se referir ao corpo ("estar satisfeito com sua pessoa"), aos sentimentos íntimos (um "sentimento muito pessoal"), ao caráter (uma "boa pessoa"), às relações sociais ("separar sua vida pessoal da vida profissional") ou ao ser humano em geral (o "respeito pela pessoa"). Sua continuidade no tempo permite-nos relacionar as representações de nós mesmos que pertencem ao passado àquelas que se referem ao futuro. O recurso à noção de *pessoa* é totalmente legítimo se a considerarmos como um conceito prático que permite designar a história de nossa experiência vivida, isto é, o conjunto das relações dinâmicas entre a consciência, o corpo e o ambiente.

Resta o *ego*. Espontaneamente, consideramos que ele constitui o próprio núcleo de nosso ser. Nós o concebemos como um todo indivisível e permanente que nos caracteriza da infância à morte. O ego não constitui somente a adição de "meus" membros, "meus" órgãos, "minha" pele, "meu" nome, "minha" consciência, mas o proprietário deles. O famoso "Penso, logo existo", de Descartes, que faz da existência de um "eu" distinto uma condição do pensamento, consolidou fortemente a crença em um "eu" separado do mundo no pensamento ocidental. Ora, o fato de pensar nada prova quanto à existência de uma entidade individual, ele revela simplesmente o fato de que o fluxo de nossa consciência possui, por natureza, a faculdade de fazer a experiência do mundo e dela mesma. Em termos budistas, diz-se que a qualidade "luminosa" da consciência, que possibilita essa experiência, não requer a presença de uma entidade autônoma subjacente. A experiência pura não pode ser reificada em qualquer entidade.

O "eu", particularmente, não é nada mais que o conteúdo atual de nosso fluxo mental, o qual muda a cada instante. Não basta, na verdade, perceber algo, ou imaginá-lo, para que este algo seja dotado de existência própria: percebemos muito bem uma miragem e uma ilusão óptica, ambas destituídas de realidade.

A ideia de que o ego poderia ser somente um conceito vai de encontro à intuição da maioria dos pensadores ocidentais. Descartes mostra-se novamente formal: "Quando considero meu espírito, isto é, eu mesmo, na medida em que sou apenas algo que pensa, não consigo distinguir parte alguma, mas concebo-me como uma coisa única e inteira".[4] Indiscutivelmente, temos a percepção instintiva de um ego unitário, constituindo uma entidade distinta. Ora, o simples fato de percebê-lo não prova de modo algum a presença de uma entidade tal como imaginava Descartes. Na verdade, quando tentamos precisar a natureza dessa entidade é impossível apontar o dedo e atribuir-lhe qualidades de autonomia e de singularidade.[5]

À procura do ego

Se o ego existisse enquanto uma entidade distinta, deveríamos ser capazes de descrever essa entidade de maneira suficientemente clara para nos confirmar que ela é algo além de um simples conceito. Podemos nos perguntar em particular: "Onde se encontra o ego?" Ele não pode estar unicamente em meu corpo, pois quando digo "estou orgulhoso", é minha consciência que está orgulhosa, não meu corpo. Então ele se encontra unicamente em minha consciência? Isto não é nem um pouco evidente. Quando digo "Alguém me empurrou", é minha consciência que foi empurrada? É evidente que não. O ego não pode evidentemente encontrar-se fora do corpo e da consciência. Percebemos, ao acompanhar este exame lógico, que o ego não reside em qualquer parte do corpo, tampouco é difuso pelo corpo todo. Seria ele simplesmente a soma de suas partes, sua estrutura e sua continuidade? Neste caso, não podemos mais falar de entidade.

Pensamos, de bom grado, que o ego está associado à consciência. Mas essa consciência é também ela um fluxo inapreensível: o passado está morto, o futuro ainda não nasceu e o presente não perdura. Como o ego, considerado como uma entidade distinta, poderia existir suspenso entre algo que não existe mais e algo que não existe ainda?

Nenhuma dessas possibilidades nos leva a descobrir uma entidade unitária. Quanto mais se tenta delimitar o ego, mais ele nos escapa. A única conclusão possível é que o ego seja apenas uma *designação mental* aplicada a um processo dinâmico, um *conceito* útil que nos permite unir um conjunto de relações variáveis que integram percepções do ambiente, sensações, imagens mentais, emoções e pensamentos.

Temos, de fato, uma tendência inata para simplificar os conjuntos complexos tornando-os "entidades" e para inferir que essas entidades sejam duráveis. É mais fácil funcionar no mundo considerando inegável que a maior parte de nosso entorno não se modifica de minuto a minuto e tratando a maioria das coisas como se fossem mais ou menos constantes. Eu perderia qualquer concepção do que é "meu corpo" se eu o percebesse como um turbilhão de átomos que nunca é idêntico a si mesmo nem por um milionésimo de segundo. Mas eu me esqueço rápido demais que a percepção ordinária de meu corpo e dos fenômenos que me rodeiam é apenas uma aproximação, e que, na realidade, *tudo* muda a *cada instante*. A percepção errônea de meu corpo como uma entidade que permanece mais ou menos idêntica a ela mesma, separada do mundo, é uma simplificação útil à nossa experiência cotidiana. Porém, é importante compreender que se trata apenas de uma percepção, reforçada por uma necessidade prática, que em seguida confundimos com a realidade. O mesmo ocorre com o ego, cuja percepção, reforçada pelo hábito, não passa de uma construção mental.

Também o budismo conclui que o ego não é inexistente – comprovamo-lo constantemente –, mas que existe apenas como uma ilusão. É neste sentido que o budismo afirma que o ego (o "eu" percebido como uma entidade) é "vazio de existência autônoma e permanente". O ego é semelhante a uma miragem. Examinada superficialmente e vista de longe, a miragem de um lago parece real, mas ao nos aproximarmos, teríamos muita dificuldade de encontrar água aí.

Os frágeis semblantes da identidade

A ideia de nossa identidade, de nossa imagem, de nosso estatuto de vida, está profundamente ancorada em nossa mente e influencia constantemente nossas relações com os outros. Quando uma discussão acaba mal, não é tanto o assunto da discussão que nos importa e nos contraria, e sim o questionamento de nossa identidade. Uma única palavra que ameaça a imagem que temos de nós mesmos resulta para nós insuportável, enquanto o mesmo qualificativo aplicado a qualquer outro pouco nos perturba. Se temos uma forte autoimagem, procuraremos constantemente assegurar-nos de que ela seja reconhecida e aceita. Nada mais insuportável que vê-la colocada em dúvida.

Mas o que vale essa identidade? É interessante notar que "personalidade" vem de *persona*, que significa "máscara" em latim. A máscara "através" (*per*) da qual o ator "faz ressoar" (*sonat*) seu papel.[6] Enquanto o ator sabe que usa uma máscara, nós esquecemos com frequência de distinguir entre o papel que representamos na sociedade e nossa verdadeira natureza.

Fala-se comumente do papel familiar e social de um indivíduo. O papel de uma mãe ou de um pai, o papel de um diretor de empresa ou de um artista na sociedade. Ora, ao fazer isso, acontece um deslize constante e subconsciente entre a ideia de uma função particular – pianista, esportista, professor – e a identificação da pessoa com essa função, a ponto desta chegar a definir o indivíduo e nos distanciar de nossa humanidade fundamental que compartilhamos com todos nossos semelhantes.

Ao nos agarrarmos ao universo confinado de nosso ego, temos a tendência a nos preocuparmos unicamente com nós mesmos. A menor contrariedade nos perturba e nos desencoraja. Ficamos obcecados pelos nossos êxitos, fracassos, esperanças e inquietações; a felicidade tem então todas as chances de nos escapar. O mundo estreito do ego é como um copo d'água em que se joga um punhado de sal: a água se torna intragável. Se, por outro lado, rompemos as barreiras do ego, tornamo-nos semelhantes a um grande lago, em que o mesmo punhado de sal não mudará o sabor. Se o ego não passa de uma ilusão, libertar-se dele não equivale a extirpar o coração de nosso ser, mas simplesmente a abrir os olhos. Abandonar essa fixação sobre nossa imagem significa ganhar uma grande liberdade interior.

Por temor do mundo e dos outros, por medo de sofrer, imaginamos que nos recolhendo dentro de uma bolha, a do ego, estaremos protegidos. Não obstante, nós nos encontramos em uma situação ambígua com relação à realidade, uma vez que somos *fundamentalmente interdependentes* com os seres e com nosso meio ambiente.

Quando paramos de considerar nosso eu como a coisa mais importante do mundo, sentimo-nos muito mais facilmente envolvidos pelos outros. A visão de seus sofrimentos suscita nossa coragem e determinação em trabalhar para seu bem de modo mais espontâneo, natural.

Do "eu" ao "meu"

À medida que o "eu" se reforça e se cristaliza em "ego", ocorre o mesmo com o "meu". O Dalai Lama ilustra o apego ao sentimento de "meu" desta forma: você contempla um magnífico vaso de porcelana numa vitrine. Um vendedor desastrado o derruba. Você lamenta: "Que pena, era um vaso tão lindo!", e continua tranquilamente no seu caminho. Agora, imagine que alguém lhe deu esse vaso, você o colocou orgulhosamente sobre a lareira e ele cai quebrando-se em mil pedaços. Horrorizado, você exclama: "*Meu* vaso quebrou!", e ficará profundamente afetado. No entanto, a única diferença é o rótulo de "meu" que você atribuiu ao vaso.

Que fazer com o "ego"?

Diferentemente do budismo, os métodos da psicologia se atêm bem pouco a relativizar a importância do ego, e ainda menos a colocar um fim à sua ilusão. O questionamento da noção de ego tal como se desenvolveu no Ocidente é recente, é uma ideia nova, quase subversiva dado que o ego é considerado o elemento fundador da personalidade. Erradicar totalmente o ego? Mas então, eu não existo mais? Como conceber um indivíduo sem ego? A conscientização do caráter ilusório do ego incorreria no risco de modificar minhas relações com meus próximos e com o mundo que me rodeia, e de me desestabilizar?

A ausência do ego, ou um ego excessivamente fraco ou difuso não seriam sinais clínicos que comprovariam uma patologia mais ou menos severa? Não seria preciso dispor de uma personalidade construída antes de poder renunciar ao ego? Tais são as questões que se apresentam ao ocidental habituado a pensar sua relação com o mundo a partir da noção de ego.

A ideia de que é necessário ter um ego robusto deve-se sem dúvida ao fato de que as pessoas que sofrem de transtornos psíquicos são consideradas como seres que possuem um "eu" fragmentado, frágil e deficiente. Ora, afirmar isso significa confundir o ego com a autoconfiança. O ego só pode proporcionar uma confiança fictícia, construída em cima de atributos precários – o poder, o sucesso, a beleza e a força física, o brio intelectual, a admiração do outro – e todos os outros elementos que acreditamos constituírem a nossa "identidade", a nossos olhos e aos dos outros. Quando essa fachada desaba, o ego se irrita ou se coloca como vítima, e a autoconfiança é destruída.

A força benevolente do não ego

Segundo o budismo, dissipar a ilusão do ego consiste em liberar-se de uma vulnerabilidade fundamental, e ganhar uma verdadeira autoconfiança, uma das *qualidades naturais da ausência de ego*. Na verdade, o sentimento de segurança proporcionado pela ilusão do ego é eminentemente frágil. O desaparecimento dessa ilusão está associado à conscientização de nosso formidável potencial interior. Essa conscientização gera uma confiança inabalável que não é mais ameaçada pelas circunstâncias exteriores nem os medos interiores.

Paul Ekman, especialista da ciência das emoções, observa em pessoas que atribuem pouca importância ao seu ego "uma impressão de bondade, uma qualidade de ser que os outros percebem e apreciam e, diferentemente de vários charlatães carismáticos, uma perfeita adequação entre sua vida privada e a pública"[7]. Mas sobretudo, "essas pessoas inspiram as outras com o pouco caso que fazem de seu *status*, de sua reputação, enfim, de seu 'eu'. Não têm a mínima preocupação em saber se sua posição ou importância são reconhecidas". Tal ausência de egocentrismo, acrescenta ele, "é simplesmente desconcertante do ponto de vista psicológico". Ele também destaca que "as pessoas aspiram instintivamente a ficar em sua companhia e que, mesmo que não saibam explicar o porquê, elas acham sua presença enriquecedora".

Um estudo que analisa e sintetiza diversos trabalhos científicos que abordam as consequências psicológicas do egocentrismo, realizado pelo psicólogo Michael Dambrun, da Universidade de Clermont-Ferrand, com quem colaborei, demonstrou que o egocentrismo exacerbado está associado à busca da felicidade *hedônica*, isto é, a felicidade baseada em prazeres flutuantes, e à diminuição do sentimento de bem-estar. Em contrapartida, o abrandamento do egocentrismo se traduz pela busca da felicidade *eudemônica*, ou seja, baseada numa maneira de ser, um sentimento de realização e de plenitude, e por um bem-estar mais estável e mais profundo fundamentado na abertura ao outro.[8]

Reduzir os preconceitos entre grupos

Um homem (um ator) está estirado sobre a grama de um parque da Universidade de Manchester, na Inglaterra, à beira de um caminho movimentado. Parece estar passando mal. As pessoas passam. Apenas um pequeno número dentre elas (15%) se detém para verificar se ele precisa de ajuda. Esse mesmo homem está estirado na grama, mas desta vez usando a camiseta do time de futebol de Liverpool (um clube rival ao de Manchester, mas com muitos torcedores entre os estudantes vindos de Liverpool). 85% dos pedestres que torcem por essa equipe se aproximam então para verificar se ele precisa de ajuda. No final do caminho, uma equipe de pesquisadores da universidade interroga todos os passantes, quer eles tenham parado ou não.[9] Esse estudo, assim como inúmeros outros, confirma que o sentimento de *pertencimento* influencia consideravelmente a disposição para a cooperação e a ajuda mútua.

O sentimento de pertencimento a uma comunidade, na qual cada um se sente próximo e responsável pelos outros, possui grandes virtudes. Ele reforça a solidariedade, valoriza o outro e favorece a consecução de objetivos comuns que ultrapassam o âmbito individual. Permite, certamente, conceder muito mais importância ao "nós" do que ao "eu".

Mas o sentimento de pertencimento a um grupo também apresenta efeitos prejudiciais à harmonia das relações humanas. A valorização dos membros de "nosso" grupo vem acompanhada de uma desvalorização correlativa daqueles que não pertencem ao grupo, que são estranhos ou pertencentes a um grupo rival. Essa parcialidade desencadeia diferentes formas de discriminação, tais como o racismo, o sexismo e a intolerância religiosa. Embora o grupo ao qual pertencemos seja o da espécie humana em geral, esse vínculo tem por contraparte o "especiesismo", uma atitude segundo a qual as outras espécies do mundo dos seres vivos são consideradas como intrinsicamente inferiores.

Os estudos dos psicólogos LeVine e Campbell que tratam dos preconceitos e comportamentos dos grupos étnicos evidenciaram as seguintes características: os membros de um grupo consideram que seus valores são universais e fundamentalmente justos; cooperam com os outros membros de seu grupo punindo-os, caso necessário, por seus delitos (roubo, assassinato etc.). Querem continuar a fazer parte do grupo, obedecem às autoridades que o representam e estão dispostos a lutar e a morrer para defender seus interesses.

Inversamente, consideram os membros de outros grupos como intrinsicamente inferiores, desprezíveis e imorais. Pouco cooperam com eles, não respeitam a autoridade de seus dirigentes, os censuram pelas dificuldades que encontram e estão prontos a lutar contra eles. Não confiam neles e os temem. Na educação de seus filhos, citam os membros de outro grupo como exemplos a não serem seguidos.[10] Quando o sentimento de valor pessoal ligado ao grupo se exacerba – o psicólogo Henri Tajfel cita o exemplo dos membros da Ku Klux Klan que usam capuzes e capas brancas, e aprendizes de terroristas que se reúnem secretamente –, leva aos piores comportamentos sectários e a conflitos muito violentos.[11]

Tajfel também observou que mesmo a criação puramente artificial de dois grupos com base na preferência entre as pinturas de Klee ou Kandinsky, por exemplo, mesmo por sorteio, leva rapidamente as pessoas a preferir os membros de "seu" grupo, a lhes conceder mais recursos e a ter menos confiança nos membros do "outro" grupo.

A experiência da Caverna dos Ladrões

Em uma famosa série de experiências, o psicólogo Muzafer Sherif e seus colegas organizaram uma colônia de férias para rapazes de doze a quatorze anos. Eles os dividiram em dois grupos de onze adolescentes e os instalaram nas duas extremidades de uma grande área chamada "Caverna dos Ladrões". Durante uma semana, cada grupo acreditava ser o único nessa área, ocupando uma cabana, encontrando lugares para tomar banho, fazendo caminhadas etc. O primeiro grupo se autodenominou "Cascavéis".

No início da segunda semana, foi informado a cada grupo a existência do outro. Essa única informação provocou rapidamente um sentimento de hostilidade recíproca. O grupo que ainda não tinha nome se autodenominou imediatamente de "Águias" (que, sabemos, se alimentam de cobras). A divisão entre "nós" e os "outros" foi estabelecida sem demora.

Em seguida, os pesquisadores anunciaram que uma série de competições iria opor os dois grupos (jogos de beisebol, inspeções das cabanas e suas condições de limpeza etc.). Além disso, deveriam comer no mesmo refeitório, onde estavam expostos os prêmios e os troféus que iriam ser distribuídos aos vencedores das competições. Após um início honroso, as atividades esportivas logo degeneraram. Os jogadores se xingavam e, após a derrota dos Águias, seu chefe ateou fogo à bandeira dos Cascavéis, incitando esses a fazer o mesmo no dia seguinte. No transcorrer dos dias a situação se degradou, as tensões tomaram uma extensão imprevista e os pesquisadores decidiram interromper a experiência.[12]

Alguns anos mais tarde, os mesmos pesquisadores tentaram uma nova experiência. Diante de um elevado nível de tensão novamente instaurado entre os dois grupos, os pesquisadores elaboraram diversas estratégias para restabelecer a paz. Em primeiro lugar pediram a todos para encontrar e consertar um vazamento na tubulação de água que alimentava o campo. Durante essa tarefa, a hostilidade se atenuou, porém não tardou em reaparecer. Os pesquisadores organizaram em seguida um passeio noturno e levaram os rapazes dos dois grupos ao cinema. Contudo, mais uma vez, a paz durou pouco.

Finalmente, tiveram a ideia de fazer o caminhão que abastecia o campo cair numa vala, de forma que o conserto exigisse a colaboração de todos os rapazes durante um dia, à custa de enormes esforços. Um único grupo não teria conseguido soltar o veículo. Observou-se que laços de solidariedade, e depois de amizade, foram sendo criados entre os membros dos dois grupos, à medida que colaboravam espontaneamente por um objetivo comum. A inimizade entre os dois grupos cessou e os rapazes decidiram voltar à cidade juntos no mesmo ônibus.

Para os pesquisadores, tal experiência tinha profundas implicações na elaboração de uma verdadeira cultura de paz. Ela revelou que não basta dois grupos hostis coabitarem ou pararem de lutar. É preciso que trabalhem juntos para o bem comum.

Resolução de conflitos

Para reduzir as tensões e os conflitos entre grupos antagônicos, convém primeiramente estimular o estabelecimento de contatos pessoais entre seus membros. Quando eles aprendem a se conhecer passando tempos juntos, são mais inclinados à benevolência, visto que concedem maior valor ao outro ao perceberem com mais clareza suas necessidades, esperanças e temores. Como demonstrou a experiência dos rapazes da Caverna de Ladrões, não basta mantê-los em contato, o que tende geralmente a exacerbar os sentimentos hostis.[13] Uma das técnicas mais eficazes consiste em propor aos dois grupos um objetivo comum que apenas pode ser alcançado unindo todas suas forças.[14] Os participantes aprendem, então, a se apreciarem trabalhando juntos na concretização desse objetivo.

Essencialmente, libertar-se do apego ao ego não diminui em nada o desejo legítimo de ser feliz, mas elimina a importância desmesurada que atribuímos à nossa felicidade em relação à dos outros. Libertar-se desse apego leva, portanto, não a desvalorizar nossa felicidade, mas a revalorizar a dos outros.

24. A EXPANSÃO DO INDIVIDUALISMO E DO NARCISISMO

Nossa existência, e mesmo nossa sobrevivência, dependem estreitamente de nossa capacidade de construir relações mutuamente benéficas com os outros. Os seres humanos têm uma profunda necessidade de se sentir ligados, confiar e desfrutar da confiança dos outros, de amar e serem, por sua vez, amados. A psicóloga Cendri Hutcherson resumiu um conjunto de experiências mostrando que o fato de se sentir ligado aos outros aumenta nosso bem-estar psicológico e nossa saúde física, além de reduzir o risco de depressão.[1] O sentimento de conexão e de pertencimento à comunidade mais ampla aumenta também a empatia e favorece os comportamentos baseados na confiança e na cooperação.[2] Induz a um círculo virtuoso ou, mais precisamente, segundo a expressão de uma das fundadoras da psicologia positiva, Barbara Fredrickson, uma "espiral virtuosa" ascendente, já que a confiança e a disposição em cooperar se reforçam à medida que são compartilhadas.[3]

A despeito das vantagens evidentes geradas pelos vínculos sociais, vivemos num mundo em que o indivíduo é cada vez mais isolado e desconfiado. As mudanças tecnológicas, econômicas e sociais levaram a um enfraquecimento dos vínculos sociais, como também a uma erosão da confiança mútua.[4] Em 1950, uma pesquisa revelou que 60% dos norte-americanos e dos europeus confiavam *a priori* em um desconhecido. Em 1998, essa porcentagem caiu para 30%.[5] No Ocidente, o indivíduo se fecha cada vez mais em si mesmo, e esta tendência constitui um obstáculo à expansão do altruísmo. A liberdade individual e a busca da autonomia são fontes de muitos benefícios, mas não podem florescer sem estarem equilibrados por um senso apropriado de responsabilidade e de solidariedade em relação aos outros.

As duas facetas do individualismo

De acordo com o ensaísta norte-americano David Brooks[6], o conceito de individualismo propagou-se amplamente a partir do século XVII, quando Francis Bacon e seus pares conceberam um método científico destinado a compreender os fenômenos físicos e biológicos complexos, reduzindo-os à interação entre suas partes constituídas de unidades distintas (átomos, moléculas etc.) mais facilmente analisáveis. Esse termo foi empregado no início dentro de um contexto científico, matemático e lógico.

A ciência, sem dúvida, pôde progredir consideravelmente identificando e analisando os componentes mais fundamentais dos fenômenos, assim como suas causas imediatas. Contudo, esses avanços conduziram, às vezes, a negligenciar a importância das relações globais entre os fenômenos e entre os sistemas que eles constituem. O reducionismo ignora também os fenômenos emergentes, isto é, que o todo é qualitativamente diferente da soma de suas partes. Aplicar uma abordagem reducionista aos seres humanos, considerando-os como entidades autônomas ao invés de pertencentes a um amplo conjunto interdependente, ignora portanto a complexidade das relações humanas.

Hoje em dia, a palavra "individualismo" possui via de regra dois sentidos. Designa um movimento de pensamento perfeitamente legítimo que defende o respeito pelo indivíduo, estipulando que ele não deve ser utilizado como simples instrumento a serviço da sociedade. Essa corrente de pensamento deu origem ao conceito essencial dos direitos humanos, sem no entanto ocultar a importância dos deveres do cidadão, da interdependência dos membros da comunidade humana e da solidariedade. Tal individualismo não é, portanto, de maneira alguma, sinônimo de egoísmo, uma vez que ele confere ao indivíduo uma autonomia moral e lhe permite efetuar suas escolhas com plena liberdade.

Entretanto, existe uma outra concepção de individualismo, cuja expansão em nossa época pode ser deplorável. Trata-se de uma aspiração egocêntrica para se libertar de qualquer consciência coletiva e dar prioridade a "cada um por si." Ela incita o indivíduo a fazer o que lhe ditam seus desejos e impulsos imediatos desprezando os outros e sua responsabilidade para com a sociedade.

Segundo o dicionário Littré, o individualismo é um "sistema de isolamento na existência. O individualismo é o oposto do espírito de associação". Já na metade do século XIX, o historiador Alexis de Tocqueville via no individualismo uma volta à esfera privada e um abandono da esfera pública, no que tange à participação na vida da cidade. Da mesma forma, no final do século XIX, o sociólogo Émile Durkheim preocupava-se com o declínio dos valores e das normas comuns, e da aversão em relação a qualquer entrave na escolha pessoal e individual.

O economista e sociólogo inglês Richard Layard considera que se trata de um excesso de individualismo e que "os indivíduos nunca poderão levar uma vida satisfatória em outro lugar a não ser em uma sociedade na qual as pessoas se preocupem umas com as outras, e zelem pela promoção do bem dos outros tanto quanto do seu. A busca da realização pessoal em detrimento daquela dos outros não pode criar uma sociedade feliz, quando o sucesso de uma pessoa implica necessariamente no fracasso de outra. Hoje, a balança pende demais na busca dos interesses individuais. O excesso de individualismo está, segundo pensamos, na origem de toda uma série de problemas na sociedade".[7]

A verdadeira liberdade

O individualismo é associado com frequência à noção de liberdade individual. "Para mim, felicidade é fazer tudo que quero sem que ninguém me proíba absolutamente nada", declarou uma jovem inglesa entrevistada pela BBC. Melissa, uma norte-americana de vinte anos, explica: "Estou pouco me lixando para o que a sociedade pensa de mim. Vivo minha vida de acordo com a moral, a visão e os critérios que eu mesma crio".[8]

Libertar-se dos dogmas e restrições impostos por uma sociedade rígida e opressora é uma vitória, mas essa independência é apenas uma ilusão se nos conduz a estarmos à mercê de nossas próprias fabricações mentais. Querer fazer tudo o que nos passa pela cabeça é ter um estranho conceito de liberdade, visto que nos tornamos um joguete dos pensamentos que agitam nossa mente, como a relva que o vento curva em todas as direções no topo de um desfiladeiro. Neste sentido, a liberdade individual acaba por prejudicar o indivíduo e por destruir o tecido social. O ensaísta Pascal Bruckner lamenta "essa doença do individualismo que consiste em querer escapar das consequências de seus atos, essa tentativa de beneficiar-se da liberdade sem sofrer nenhum de seus inconvenientes".[9]

O individualista confunde a liberdade de fazer qualquer coisa que se queira com a verdadeira liberdade que consiste em ser senhor de si próprio. A espontaneidade é uma qualidade preciosa, desde que não se confunda com a agitação mental. Ser livre interiormente é antes de tudo libertar-se da ditadura do egocentrismo e dos sentimentos negativos que o acompanham: cobiça, ódio, inveja etc. É ter as rédeas de sua vida nas mãos, em vez de abandoná-la às tendências forjadas por nossos hábitos e condicionamentos. Tomemos o exemplo de um marinheiro em seu barco: sua liberdade não consiste em deixar o barco à deriva ao sabor dos ventos e das correntes – neste caso, ele não navega e sim deriva –, mas em ser senhor de seu barco, assumindo o leme, ajustando as velas e navegando na direção que escolheu.

A liberdade verdadeira é essencialmente a que nos liberta da influência das emoções conflituosas. Ela só é adquirida reduzindo o amor obsessivo por si próprio. Gandhi dizia: "A liberdade exterior que alcançamos depende do nível de liberdade interior que tivermos adquirido. Se tal for a justa compreensão da liberdade, nosso esforço principal deve ser consagrado a realizar uma mudança em nós mesmos". Contrariamente ao que se poderia pensar, o estado de liberdade interior em relação às emoções não causa apatia nem indiferença, e a existência não perde suas cores.

A ideia de que sou livre para fazer tudo que quero em meu mundinho, desde que isso não prejudique os outros, está baseada numa visão muito estreita das relações humanas. "Uma tal liberdade não está fundamentada nas relações entre os homens, mas na separação", afirma Karl Marx. Além disso, limitar-se a não causar o mal implica o risco de prejudicar o outro renunciando à possibilidade de lhe fazer o bem: "A omissão dos bons não é menos nociva que a ação nefasta dos maus", dizia Martin Luther King. Uma sociedade harmoniosa é uma sociedade em que se alia a liberdade de realizar seu próprio bem à responsabilidade de realizar o dos outros.

As derivas do individualismo

O individualismo levado ao extremo conduziu ao culto das aparências, do esteticismo, do desempenho, que a publicidade – esta arma da sociedade de consumo – não para de alavancar. Dá-se prioridade ao hedonismo, ao desejo de ser "diferente", ao culto da expressão e liberdade pessoais. Queremos ser "verdadeiros" "nos agradando" a todo instante. É necessário "ter um grande prazer" e "aproveitar ao máximo".[10]

Na política, nos Estados Unidos principalmente, o individualismo coexiste com uma desconfiança em relação ao Estado, que é considerado, na melhor das hipóteses, um mal necessário e, na pior, um verdadeiro inimigo das liberdades individuais. Os pais fundadores da sociedade individualista americana se inspiraram na ideia de Rousseau segundo a qual os primeiros homens eram isentos de todo vínculo social e viviam livres e independentes.[11] Foi muito mais tarde que ficariam vinculados a um "contrato social", segundo o qual renunciariam a algumas de suas liberdades para se beneficiar da vida em comunidade. Essa visão não corresponde à realidade, uma vez que os seres humanos, ao que parece, descendem de uma longa linhagem de primatas que vivem em grupo, com um alto grau de interdependência. Quanto mais a espécie é vulnerável aos predadores e às condições adversas, mais se torna importante a tendência a formar comunidades. O homem é evidentemente um animal social.[12]

O individualismo também pode exprimir um desejo de insularidade: "Faça o que quiser, mas fique na sua e deixe que eu cuide da minha vida". Maurice Barrès descreve assim o individualismo dos habitantes de um lugarejo da Lorena: "Eles sabem o que acontece com o vizinho, eles o vigiam, mas fazem questão de dizer que não precisam dele".[13] O desejo de privatização da existência pode levar ao isolamento e à solidão em meio à sociedade. Prevê-se que, em 2015, 30% dos nova-iorquinos vivam sós. Atualmente, na Europa Ocidental e na América do Norte, 40% das pessoas idosas vivem sozinhas, contra somente 3% em Hong Kong, onde as famílias ainda reúnem várias gerações.

O individualismo também leva a pensar que somos entidades fundamentalmente separadas umas das outras. O filósofo espanhol Ortega y Gasset expressa assim essa ideia: "A vida humana como realidade radical é apenas a vida de cada pessoa, é apenas *minha* vida [...] É essencialmente uma *solidão, uma solidão radical*".[14] Estamos distantes da compreensão da interdependência de todas as coisas.

O individualista acredita se proteger, mas, ao se reduzir a uma entidade autônoma, diminui-se e torna-se vulnerável, pois sente-se ameaçado pelos outros em vez de beneficiar-se com sua cooperação. O sociólogo Louis Dumont afirmava ao se referir à fragmentação da sociedade: "O todo tornou-se um amontoado de pontas".[15] Em vez de um conjunto interdependente, e que funcione como tal, tornamo-nos um "monte" de individualidades que se viram por si, cada um de seu lado.

O espelho deformante do narcisismo: todos estariam acima da média

O principal risco do individualismo é degenerar-se em narcisismo, que se traduz notadamente por uma supervalorização de si próprio em relação aos outros. Estudos realizados nos Estados Unidos revelaram que 85% dos estudantes pensam, por exemplo, que são mais sociáveis que a média, e 90% pensam que fazem parte dos 10% mais dotados.[16] Não menos que 96% dos professores universitários estimam que são melhores pedagogos que seus colegas, e 90% dos motoristas de automóveis (mesmo os que recentemente causaram um acidente!), acreditam que dirigem melhor do que os outros.[17]

Esses mesmos estudos mostram que a maioria das pessoas pensa ser mais popular, agradável, equitativa e inteligente que a média. Acreditam também ser mais lógicas e engraçadas. O problema é que, por definição, a maioria das pessoas não pode estar acima da média. E para coroar, a maioria pensa que sua capacidade de julgar-se de maneira objetiva também é superior ao normal![18]

Essa supervalorização de si não se limita a este mundo: nos Estados Unidos, numa pesquisa de opinião foi apresentada a mil pessoas uma lista de quinze personalidades com a pergunta: "Quem tem chances de ir para o paraíso?" Depois de Lady Diana, 60% (a pesquisa foi feita em 1997), o jogador de basquete Michael Jordan, e a apresentadora de televisão Oprah Winfrey com 65%, foi Madre Teresa que, com 79%, teve o máximo de respostas favoráveis. Mas o verdadeiro campeão apareceu quando foi mostrada a última pergunta: "E você, quais são suas chances de ir para o céu?", 87% deram respostas positivas.[19]

A personalidade narcísica em oposição ao altruísmo

O narcisismo é descrito em psicologia como "uma tendência geral à grandiosidade, uma necessidade de admiração e uma falta de empatia".[20] O narcisista é um admirador incondicional de sua própria imagem, a única que lhe interessa, e alimenta incessantes fantasias de sucesso, de poder, de beleza, de inteligência e de tudo que pode reforçar essa imagem lisonjeira. Não tem consideração pelos outros que, para ele, são apenas instrumentos passíveis de reforçar sua própria imagem. Falta-lhe claramente o compartimento do amor ao próximo.

Os que sofrem de uma autoestima desmesurada se descrevem como os mais simpáticos, atraentes e populares. Evidentemente eles se iludem e, segundo seus amigos, suas competências relacionais são apenas medianas.[21] Os narcisistas não têm apenas uma boa opinião de si mesmos, eles se superestimam grosseiramente. O desapontamento começa para eles quando são avaliados de forma objetiva, no momento em que passam por exames, por exemplo, e se revelam iguais a todo o mundo.

Afirma-se, via de regra, que pelo fato de se terem em alta conta, as personalidades narcisistas aumentam suas chances de sucesso nos exames e nas atividades profissionais, porém não é exatamente isso que se vê: as pesquisas revelaram que, no final das contas, eles fracassam com muito mais frequência que a média de seus pares.

Por muito tempo, alguns psicólogos acreditaram que, no seu âmago, os narcisistas se detestam e supervalorizam sua imagem para compensar um sentimento de insegurança. O conjunto dos trabalhos de pesquisa, resumidos por Jean Twenge, mostrou que essa hipótese era falsa na ampla maioria dos casos.[22] Em especial, Keith Campbell e seus colegas da Universidade de Geórgia conceberam um meio de avaliar as atitudes inconscientes com o auxílio do "teste de associação implícita". Registrando os tempos de respostas às perguntas num teclado de computador, demonstraram que os narcisistas associam mais rapidamente que os outros o "eu" com qualificativos elogiosos como "maravilhoso", e menos rapidamente que a média com qualificativos depreciativos, como "execrável", o que se traduz por uma autoestima superelevada.* Os resultados estabeleceram sem equívoco que os narcisistas sofrem, de fato, de um complexo de superioridade.[23] Tentar auxiliar um narcisista aconselhando-o a aumentar sua autoestima é o mesmo que despejar óleo no fogo. O que ele deve aprender é a respeitar os outros.

Alguns, ao contrário dos narcisistas, se depreciam, agridem a si próprios, e se consideram indignos de ser amados. Para esses, as pesquisas dos psicólogos Paul Gilbert e Kristin Neff evidenciaram os benefícios da autocompaixão, que é diferente da autoestima e não leva à soberba, como no caso de uma autoestima desmesurada. Ter autocompaixão equivale a perguntar-se o que é realmente bom para si e a tratar-se com benevolência, calor e compreensão, e aceitar seus limites.[24] Do mesmo modo que o antídoto da animosidade para com os outros é a compaixão, o antídoto do ódio por si é a autocompaixão, que não acarreta os efeitos indesejáveis da supervalorização de si mesmo.

A queda de Narciso

Quando o narcisista acaba por ser confrontado com a realidade, dependendo do caso, ele pode adotar duas atitudes diferentes: a ira por si mesmo ou para com os outros. No primeiro caso, ele se recrimina por não se ter saído melhor e volta contra si próprio a energia que dispensava até então para promover o seu ego, sob a forma de agressividade, de ansiedade ou de ira contida. A queda do narcisista pode conduzir à depressão ou até mesmo ao suicídio.

Ela também pode expressar-se pela animosidade para com o outro.[25] Durante um estudo foi informado a alguns estudantes que os seus resultados nos testes de inteligência eram inferiores à média. Os que haviam sido identificados como tendo a mais alta opinião de si mesmos compensaram a má notícia menosprezando os demais participantes; enquanto aqueles que tinham uma opinião modesta sobre si mesmos

---

* Os participantes não estão conscientes das diferenças de tempo de resposta nem da significação dessas diferenças: em termos científicos fala-se de uma medida *implícita* da autoestima.

tiveram tendência a reagir de maneira mais gentil e a elogiar os outros por seus bons resultados. De tanto culpar os outros por seus próprios fracassos, os narcisistas não tiram proveito de seus erros e não se esforçam para corrigir suas fraquezas.[26]

O psiquiatra Otto Kernberg, que estudou os casos dos alunos que mataram com armas de fogo vários de seus colegas em escolas norte-americanas, fala em "narcisismo malévolo". Na impossibilidade de serem valorizados por qualidades positivas que lhes faltam, as personalidades narcísicas esperam impor respeito aos outros prejudicando-os. Eric Harris e Dylan Klebold, os dois estudantes que perpetraram o massacre da escola secundária de Columbine, matando doze alunos e um professor, reagiram de modo exagerado a insultos não tão graves de seus colegas. Mas, para o ego superdimensionado dos dois adolescentes, seus colegas eram medíocres que mereciam receber uma lição. Num vídeo gravado antes de entrarem em ação, Eric e Dylan perguntavam-se qual cineasta famoso, Spielberg ou Tarantino, iria fazer um filme sobre sua história. As imagens mostram os dois rindo e dizendo: "Não é excitante imaginar o respeito que terão por nós?"[27] O narcisismo é um traço de caráter dominante em psicopatas, que são totalmente desprovidos de empatia para com aqueles que manipulam e fazem sofrer, às vezes com prazer intenso.

A mania de grandeza

Os ditadores são com frequência, ao mesmo tempo, narcisistas e psicopatas. Além disso são megalômanos, como testemunha a dimensão mítica com a qual enfeitam sua biografia, ou sua propensão em mandar erigir estátuas monumentais de si mesmos, sem falar dos desfiles espetaculares organizados diante de multidões imensas.

Kim Jong-il, o falecido "querido líder" da Coreia do Norte, é o exemplo típico desses psicopatas megalômanos. De acordo com sua biografia oficial, ele teria nascido no cume do Monte Paektu (ponto mais alto da Coréia). A geleira teria emitido um som misterioso e ter-se-ia aberto para deixar escapar um duplo arco-íris. Kim Jong-il teria começado a andar com três semanas de vida e a falar com oito semanas. Durante seus estudos na universidade, teria escrito nada menos que mil e quinhentos livros! Já nas primeiras tentativas no golfe, teria batido um recorde astronômico, incluindo cinco buracos com uma tacada (um recorde mundial). A cereja do bolo, conforme o jornal norte-coreano *Minju Joson*, ele teria também inventado um hambúrguer de trinta centímetros.[28] Nenhuma menção foi feita obviamente sobre a fome crônica que afeta o seu povo, a repressão inclemente à qualquer dissidência e o grande número de cidadãos presos em campos de concentração.

A epidemia de narcisismo

De acordo com os trabalhos da psicóloga norte-americana Jean Twenge, a América do Norte sofre há vinte anos de uma verdadeira epidemia de narcisismo que ainda poupa relativamente a Europa e o Oriente.[29]

Em 1951, 12% dos adolescentes entre quatorze e dezesseis anos concordavam com a afirmação: "Eu sou alguém importante". Em 1989, essa porcentagem passou para 80%![30] A análise de dezenas de milhares de questionários revelou que 93% dos alunos do curso secundário tinha uma pontuação de narcisismo consideravelmente mais elevada em 2000 do que em 1980.[31] Nos Estados Unidos, em 2006, um entre quatro colegiais preenchia as condições de qualificação de narcisista, e um entre dez sofriam de distúrbio da personalidade narcísica.[32]

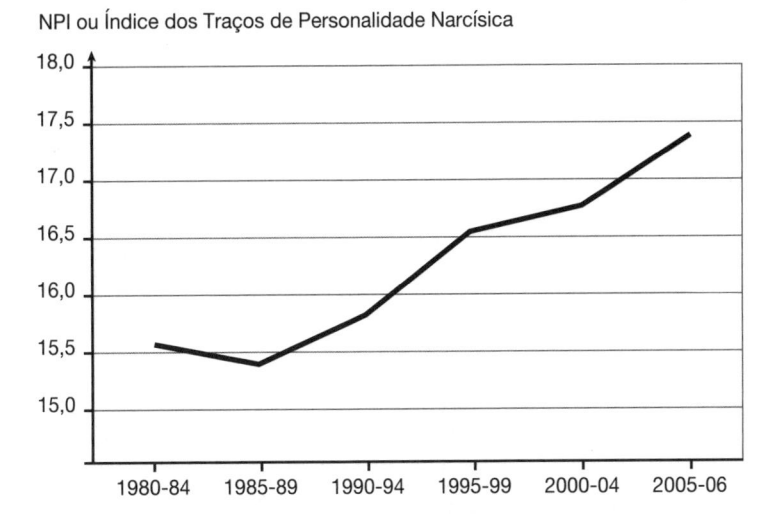

NPI ou Índice dos Traços de Personalidade Narcísica

Aumento do nível de narcisismo na população norte-americana entre 1980 e 2006[33]

Os próprios jovens norte-americanos admitem essa mudança. Uma pesquisa realizada junto a mil estudantes revela que dois terços deles concordam com a proposição: "Comparados aos da geração precedente, os jovens de minha geração valorizam-se mais, possuem autoconfiança exagerada, e procuram chamar atenção para si próprios". A maioria considera que uma das razões principais do egocentrismo vem da utilização de redes sociais como Myspace, Facebook e Twitter[34], que são, em grande parte, dedicadas à autopromoção. De fato, o narcisismo afeta principalmente os jovens. Em um estudo envolvendo 35 mil pessoas, os pesquisadores do Ministério Norte-Americano da Saúde (NIH) destacaram que 10% da faixa etária entre vinte e trinta anos sofriam de distúrbio de personalidade narcísica em comparação aos 3,5% de pessoas com mais de sessenta e cinco anos.[35]

Em 2007, quando as mídias publicaram o resultado das pesquisas de Twenge, um grande número de estudantes, longe de contestar esse crescimento do narcisismo, disse que estava totalmente correto. Um deles escreveu num jornal: "Esta extrema autoestima é justificada, visto que nossa geração será lembrada como a melhor de todos os tempos". Um outro acrescenta: "Qual é o problema? Sim, somos especiais! Não tem nenhum mal em saber disso. O que esta geração exibe não é vaidade, é orgulho".[36]

Um dos campeões do narcisismo, o empresário norte-americano Donald Trump, que exibe seu nome em imensos letreiros dourados em todos os imóveis e arranha-céus que possui, no seu jato privado, nos edifícios de sua universidade e por todo lado, declarou: "Mostre-me alguém sem ego, e eu lhe mostrarei um perdedor".[37] Ora, esta afirmação é falsa. Constatou-se que os alunos do ensino médio com alta ou excessiva conta de si mesmos têm resultados escolares que declinam ano após ano, e a porcentagem daqueles entre eles que abandonam os estudos é superior à média. O excesso de autoconfiança os incita a pensar que possuem ciência infusa. Daí não têm motivação nem perseverança. O despertar é doloroso no momento dos exames.[38]

É fácil evidenciar o narcisismo dessas pessoas pedindo-lhes para responder a um questionário armadilha. D. L. Paulhus e seus colegas submeteram uma grande amostragem de estudantes a um teste no qual constava uma série de perguntas tais como: "Você sabe quando foi assinado o Tratado de Versalhes?"; "Você sabe quando o Tratado de Monticello foi assinado?", ou ainda, "Você conhece as pinturas de Paul Klee?", "Você conhece a obra pictural de John Kormat?" Não era pedido resposta detalhada, era preciso simplesmente escolher entre "não" e "claro que sim". Os mais narcisistas tinham uma nítida tendência em responder "claro que sim", mesmo às perguntas sobre acontecimentos ou personagens que nunca existiram, como o Tratado de Monticello e a obra de John Kormat.[39]

Alguns outros exemplos bastam para perceber as proporções alcançadas pela epidemia de narcisismo. Nos Estados Unidos, é possível alugar os serviços de uma limusine, de uma agência de publicidade e de seis *paparazzi* que acompanham o contratante durante uma noite, em lugares públicos, disparando flashes como se fosse uma celebridade, gritando seu nome para que olhe para a câmera, a fim de chamar a atenção do público. Impressionadas, as pessoas tiram fotos com o celular, enquanto no restaurante, o *maître* lhe oferece imediatamente a melhor mesa e o trata com toda deferência. No dia seguinte, a agência lhe entrega um exemplar de uma pseudorevista *People* inteiramente dedicada ao contratante, com sua foto na capa. Tudo isso pela modesta quantia de 3 mil dólares. A agência que organiza a encenação "Celeb 4 A Day" [Celebridade por um dia] está em plena expansão. Sua publicidade anuncia: "Nosso credo é que o Senhor Fulano e a Madame Sicrano merecem tanta, senão mais atenção do que as verdadeiras celebridades".[40]

Segundo uma pesquisa realizada em 2006, tornar-se famoso é a ambição principal dos jovens nos Estados Unidos (51% da população de vinte e cinco anos). Foi perguntado a um adolescente: "O que você quer ser depois?", que respondeu: "Famoso". "Famoso em quê?" "Não tem importância, quero apenas ser famoso." Eu mesmo ouvi de um homem de vinte e três anos pedir a um lama tibetano que orasse para que "um dia seu nome figurasse, em qualquer lugar, nos créditos de um filme".

Mesmo a criminalidade é um meio de se tornar famoso, quando nada mais parece possível. Robert Hawkins, que matou nove pessoas num supermercado em Omaha, Nebraska, em dezembro de 2007, escreveu, antes de cometer seus assassinatos e suicidar-se: "Imaginem só como vou ficar famoso!"

A autoadoração

Uma chamada do canal de televisão NBC proclama: "Talvez você não perceba, mas todo o mundo nasce com seu verdadeiro amor – o amor por si próprio. Se você se ama, todos o amarão também".[41] Em junho de 2010, se você procurasse no Google a expressão "Como amar a si próprio", em inglês (*How to love yourself*), encontraria 4,8 milhões de respostas.

Um dos best-sellers do ano de 2003 nos Estados Unidos se intitulava: "Guia das jovens para se amarem a si próprias: como apaixonar-se perdidamente pela pessoa que mais importa... VOCÊ!"[42] Paris Hilton, uma das representantes mais destacadas do narcisismo, mandou pendurar acima do sofá de sua sala uma imensa foto dela mesma e usa uma blusa sobre a qual está estampada sua foto. Declarou ainda: "Não existe ninguém no mundo como eu".

Para satisfazer o desejo de ser único e diferente, tudo deve ser personalizado, até a xícara de café. Nos Estados Unidos, alguém teve a pachorra de calcular todas as combinações de café possíveis oferecidas pelas cadeias de *fast-food* – um café com leite gigante com canela e chocolate amargo adoçado com açúcar de cana – chegou a 18 mil. Uma embalagem de Burger King traz escrito: "Você é muito especial e também merece um sanduíche especial". Na Índia, tomei recentemente uma garrafa de água mineral (Kinley Mineral Water), em que estava inscrito: "Coca-Cola oferece a você 3.300 maneiras de se refrescar, relaxar e ter prazer". É o triunfo do narcisismo comercial sob medida.[43] Na França é conhecida a publicidade da L'Oréal para uma tintura de cabelos: "Uso a coloração mais cara porque mereço".

Embora, de modo geral, a taxa de narcisismo permaneça menos elevada na França e na Europa do que nos Estados Unidos, tende, todavia, a aumentar mesmo nos países onde até agora era muito pouco difundido, nos países escandinavos, por exemplo. Um estudo realizado na Noruega analisou na imprensa escrita a frequência de uma série de palavras que refletem uma visão comunitária ("comum", "compartilhado", "responsabilidade", "igualdade"), e outra série de palavras que denotam valores individualistas ("eu", "direitos", "individual", "privilégio", "preferências"). Constatou-se que entre 1984 e 2005, em um mesmo volume de textos, o total das palavras da primeira série caiu de 60 mil para 40 mil, enquanto as da segunda série passou de 10 mil a 20 mil. A epidemia de narcisismo difundiu-se rapidamente na China e na Rússia entre os novos-ricos que emergiram há uma década.

É importante procurar compreender as razões e as causas dessa epidemia de narcisismo, porque a longo prazo suas consequências são destruidoras para a sociedade. Segundo Twenge, o foco na autoadmiração provoca "uma fuga da realidade em direção às terras de um imaginário grandioso. Temos falsos ricos (seriamente endividados), falsas belezas (graças aos cosméticos e à cirurgia estética), falsos atletas (graças às substâncias dopantes), falsas celebridades (via reality show ou Youtube), e falsos gênios nos estudos (graças à inflação das notas escolares)".[44]

Boa e má autoestima

A promoção da autoestima está na moda, mas todos os estudos confirmaram que ela é contraproducente quando não visa unicamente a dar autoconfiança, o que é excelente, mas a fabricar uma imagem deformada de si próprio, como é o caso nos Estados Unidos. O psicólogo Roy Baumeister, que fez a síntese mais completa de todas as pesquisas sobre a autoestima, concluiu: "É muito duvidoso que alguns benefícios mínimos justifiquem todos os esforços e as despesas que as escolas, os pais e os terapeutas investiram na promoção da autoestima [...]. Após todos estes anos, sinto dizer que minha recomendação é a seguinte: esqueça a autoestima e concentre-se no autocontrole e na autodisciplina".[45] Na verdade, as pesquisas mostram que favorecer o desenvolvimento do autodomínio permite às crianças perseverar no esforço, manter o foco a longo prazo e ter sucesso na escola, objetivos que a pedagogia centrada na autoestima perseguia em vão. Os estudantes que têm melhor autocontrole têm mais chances de terminar os estudos e correm menos risco de abusar do álcool e das drogas ou, no caso das jovens, de ficarem grávidas na adolescência.[46]

No entanto, é importante destacar que uma "boa" e saudável autoestima é indispensável para se desenvolver na existência, e que uma autodesvalorização doentia pode gerar transtornos psicológicos graves e grandes sofrimentos.

Os aspectos positivos de uma saudável autoestima foram abundantemente evidenciados por Christophe André em suas obras, *A autoestima* e *Imperfeitos, livres e felizes*.[47] Segundo meu amigo Christophe, a autoestima "é o que pode nos permitir extrair o melhor do que somos no momento presente, em função de nosso meio ambiente".[48] Uma boa autoestima facilita a resiliência e nos possibilita conservar nossa força interior e serenidade diante das adversidades da vida. Ela permite igualmente reconhecer e tolerar nossas imperfeições e limitações sem, no entanto, nos sentir diminuídos. William James, o fundador da psicologia moderna, afirmava em 1892: "Curiosamente, sentimo-nos com o coração extremamente leve por aceitarmos de boa vontade nossa incompetência em determinada área".[49]

Uma autoestima construída sobre o ego inflado só pode ocasionar uma confiança falsa e frágil. Quando a defasagem com a realidade torna-se muito grande o ego se irrita, se contrai e vacila. A autoconfiança desmorona, e sobra apenas frustração, depressão e raiva. Uma autoconfiança digna de seu nome é naturalmente livre de vaidade e não depende da promoção de uma imagem artificial de si mesmo. A autoconfiança autêntica nasce de um sentimento de adequação para com si próprio, baseado numa força pacífica que não mais ameaça as circunstâncias exteriores nem os temores interiores, uma liberdade além da fascinação pela imagem e do receio de perdê-la. Christophe André conclui: "Nada mais distante de uma boa autoestima que o orgulho. [...] Por outro lado, a humildade é mais do que um fator propiciador da boa autoestima: ela é sua própria essência".[50]

As janelas do narcisismo

As redes sociais na Internet oferecem aos cidadãos do mundo um potencial sem precedentes para se reunirem, manter contato com amigos, escapar ao controle dos regimes ditatoriais ou unir esforços por uma nobre causa. Porém essas redes se tornaram também uma vitrine do narcisismo, permitindo a cada um chamar o máximo de atenção sobre si. O lema do Youtube é *Broadcast yourself* ("Divulgue-se"). Uma outra rede social muito popular traz o nome de "MySpace" ("Meu espaço"). Nos Estados Unidos, algumas páginas do Facebook abrem com o logotipo "I love ME". Um jovem norte-americano de treze anos declarou: "Todo adolescente que diz estar conectado no MySpace para falar com os amigos é um mentiroso. É somente um meio de se exibir".[51] Outro estudante acredita que "o Facebook pode se tornar um abismo de amor-próprio que nos consome por completo".[52] Essas redes sociais tornam-se também um meio de arrastar os outros na lama.

A psicóloga Brittany Gentile e seus colegas da Universidade de Geórgia questionaram se as redes de tipo MySpace se contentavam em atrair personalidades narcisistas ou se, pior ainda, induziam tendências narcisistas. Distribuíram por sorteio vários estudantes em dois grupos e em seguida solicitaram aos do primeiro grupo que passassem um tempo atualizando sua página no MySpace, e aos do segundo para que passassem o mesmo tempo estabelecendo um itinerário entre duas localidades usando o Google Maps. Em seguida, pediram aos estudantes para responderem a um questionário para avaliar seu nível de narcisismo. Os pesquisadores não ficaram totalmente surpresos ao constatar que 75% dos estudantes que haviam passado apenas trinta e cinco minutos no MySpace atingiram um índice de narcisismo superior à média do grupo que passou o mesmo tempo no Google Maps[53]. Inclusive alguns disseram: "Adoro ser o centro das atenções", ou "Todo mundo adora ouvir minhas histórias", ou ainda "Sou um líder nato".

Segundo Christophe André, nas sociedades tradicionais em que todos se conheciam e todos tinham seu lugar (estivessem ou não satisfeitos), não adiantava tentar projetar uma imagem qualquer de si mesmo. O risco que se corria era de cair no ridículo. Porém, nos dias de hoje, temos que nos relacionar constantemente com desconhecidos que ignoram tudo de nossa identidade, nossas qualidades e defeitos. Portanto, é tentador, e com frequência útil, exibir de maneira mais ostensiva a imagem de si próprio que gostaríamos de ver reconhecida por aqueles que nos rodeiam.[54]

O reino da criança-rei

Os pais modernos se conformam de bom grado aos caprichos de seus filhos. Os pais norte-americanos, em particular, chegam a aceitar que os filhos não queiram fazer suas lições de casa. Assim, uma mãe decidiu dispensar seu filho de fazer as lições porque o deixavam "infeliz"; uma outra permitiu o filho de dez anos decidir se queria ou não ir à escola.[55] Nas sociedades tradicionais, as crianças comem o que a família come e se vestem conforme decidem os pais, em função do clima e das circunstâncias, e não ao sabor de suas fantasias. Muitos pais norte-americanos, longe de inspirar uma saudável dose de modéstia nos seus filhos, não cessam de chamar suas filhas de "princesinhas" e de qualificar seus filhos de "melhores do mundo". Nos jardins de infância, ensinam-lhes a cantar: "Sou especial! Olhe para mim!"

Ainda nos Estados Unidos, pais e educadores repetem às crianças o dia inteiro: "Você é especial!" As crianças entram nesse jogo e usam camisetas ou colam adesivos com a menção "Sou especial". Um dos programas escolares destinados a reforçar a autoestima foi batizado: "A autociência. O sujeito sou eu".[56] Por que se matar de estudar biologia ou física se sou muito mais interessante? Uma em cada dez roupas de menina traz em alguma parte a inscrição "princesa". Eu mesmo recebi dos EUA um cartão de aniversário musical que dizia: "Queremos que saiba que você é realmente especial".

Na escola, é preciso também saber lidar com as suscetibilidades e o amor-próprio das crianças. Nos Estados Unidos, alguns estabelecimentos eliminaram a pior nota (F). Um estudo revelou que em 2004, 48% dos alunos do secundário tiveram uma média "A" (a melhor nota), enquanto que em 1968, representavam apenas 18%. É frequente a queixa de estudantes junto aos professores por não terem obtido nota A, e a exigência para que as notas sejam revistas.[57] Contestam ainda os comentários e as apreciações dos professores argumentando que "todas as opiniões são válidas".[58] Portanto, não é surpresa que os estudantes norte-americanos acreditem ser os melhores e mais brilhantes do mundo, embora tenham um desempenho inferior ao dos estudantes de outros países, de acordo com quase todas as avaliações de sucesso escolar.[59] As escolas norte-americanas também têm como prática o excesso de prêmios e de distinções escolares, tanto na sala de aula quanto nos jogos e nas competições esportivas. Mesmo os que chegam em último lugar recebem um troféu pela "Excelência na participação".[60] Uma escola primária de Nova York decretou que o mês de setembro seria dedicado ao "mês do Tudo sobre Mim", e a primeira semana é a do "Concentre-se no indivíduo".

A solidão da hiperconectividade

Para a socióloga norte-americana Sherry Turkle, as mídias ditas "sociais" constituem para o indivíduo o meio de estar só e ainda assim conectado com muita gente.[61] Um jovem de dezesseis anos, grande usuário de SMS, lamentou: "Um dia, um dia, com certeza não agora, gostaria de aprender a conversar". Os jovens passaram da conversação à conexão. Quando se tem três mil "amigos" no Facebook, evidentemente não se pode ter uma conversa. Você se conecta apenas para falar de si mesmo, com um auditório "fidelizado". As conversas eletrônicas são lapidares, rápidas e às vezes brutais. As conversas humanas, cara a cara, são de natureza diferente: evoluem mais lentamente, são mais graduadas e ensinam a paciência. Na conversa, somos impelidos a ver as coisas de outro ponto de vista, o que é condição necessária à empatia e ao altruísmo. Muita gente está hoje disposta a falar com máquinas que lhes dão a impressão de se preocuparem com elas. Diversos institutos de pesquisa conceberam robôs sociais destinados a servir de companhia a idosos e crianças autistas. *Paro*, o companheiro robótico terapêutico mais famoso, é um bebê foca desenvolvido no Instituto de Pesquisa sobre Sistemas Inteligentes de Tóquio. Destina-se a pessoas idosas, mais particularmente portadoras do mal de Alzheimer. Essas pessoas são, via de regra, privadas do vínculo social (no hospital ou em asilos) e este companheiro, que responde ao toque por meio de movimentos, gritinhos e sorrisos, tem por vocação lhes oferecer uma espécie de presença. Sherry Turkle relata ter visto uma idosa desabafar a um desses robôs com aparência de um filhote de foca, falando-lhe sobre a perda de seu filho. O robô parecia olhá-la nos olhos e acompanhar a conversa. Essa senhora dizia-se reconfortada.

Em 2009, um japonês casou-se com uma mulher virtual de videogame, em uma cerimônia divulgada no YouTube, e a levou (com um console de jogo portátil) para a lua de mel à Ilha de Guam.[62] Será que o individualismo conduz ao empobrecimento das relações humanas e a uma tamanha solidão a ponto de não podermos encontrar compaixão ou amor senão em robôs? Arriscamo-nos a sentir simpatia apenas por nós mesmos, e a administrar as alegrias e as penas da existência somente dentro da bolha de nosso ego. Em 9 de novembro de 2010, uma taiwanesa casou-se... com ela mesma, vestida de branco, durante uma grande festa, justificando que era a expressão da promessa de amar a si mesma.[63]

Deus não criou você para ser como todo mundo

As grandes religiões preconizam a humildade. Nos Provérbios do Antigo Testamento, lê-se que "o Senhor destruirá a casa do orgulhoso", enquanto no Sermão da Montanha, Jesus declara que "os humildes herdarão a terra". São Francisco de Assis pregava e encarnava incessantemente a humildade. O cristianismo ressalta também o valor do perdão, que requer um mínimo de humildade da qual os narcisistas são desprovidos. "Dar a outra face" não é o forte dos narcisistas. Os cristãos insistem no "esquecimento de si" (*kénosis*), e o exegeta C. S. Lewis observa que: "A maioria das experiências religiosas profundas oblitera o 'eu', e implica o autoesquecimento e a renúncia". A Regra de São Bento, que inspira a vida dos monges beneditinos, descreve doze graus de humildade que o monge deve colocar em prática.

Assim, lê-se na *Bhagavad Gita*, um dos grandes textos do hinduísmo: "Humildade, modéstia, não violência, tolerância, simplicidade, [...] autocontrole, [...] ausência de ego, [...] – isso é chamado de conhecimento. O contrário é ignorância".[64]

O budismo, por sua vez, considera a humildade como uma das virtudes cardeais do caminho espiritual. Inúmeras máximas incitam o praticante a desfazer-se do orgulho, por exemplo: "A água das qualidades não para no rochedo do orgulho", ou ainda: "A humildade é como uma taça colocada no chão, pronta para receber a chuva das qualidades". Os ocidentais ficam geralmente surpresos ao ouvir grandes eruditos ou os contemplativos orientais dizerem: "Não sou nada de especial e não sei muita coisa", e acreditam erroneamente que se trata de falsa modéstia.

Mas, em nossa época, muitos são tentados por religiões "à la carte", que devem parte do seu sucesso à vontade de afagar, até mesmo lisonjear o ego, em vez de ajudar a desmascará-lo. Há trinta anos vem ocorrendo no Japão uma explosão de cultos e uma grande diversidade de correntes religiosas. De acordo com a Agência Governamental de Assuntos Culturais, 182 mil associações religiosas diferentes estão registradas no país, e pelo menos 500 novas religiões estão representadas nessas associações.[65] Na Califórnia, uma mulher de nome Sheila fundou o "sheilaismo", do qual é a única adepta. Quando perguntada em que consistia essa religião, respondeu: "Tentar amar a si próprio e ser gentil consigo mesmo".[66]

Nos Estados Unidos, os fiéis não estão inclinados a frequentar igrejas que preconizam a humildade, e algumas igrejas evangélicas fomentam expressamente as propensões narcisistas. Vendem camisetas com os dizeres "Jesus Me ama". Outras afirmam que "Deus quer que você seja rico". Essa tendência não é apenas o fato de que um pastor às vezes tenha mais interesse no ganho do que no progresso espiritual, mas é a ideologia predominante das igrejas evangélicas mais populares nos Estados Unidos.

Como observa o Dalai Lama: "Gostaríamos que a espiritualidade fosse fácil, rápida e barata". Melhor dizer inexistente. O esforço, a perseverança, o altruísmo e o treinamento da própria mente cederam lugar à improvisação ao sabor dos impulsos do momento e à contínua promoção do ego. É o que o mestre tibetano Trungpa Rinpoche chama de "materialismo espiritual".[67]

As virtudes da humildade

A humildade é às vezes desprezada, considerada uma fraqueza. A filósofa Ayn Rand proclama: "Rejeite a humildade, este vício com o qual você se cobre com um trapo chamando-o de virtude".[68] No entanto, o orgulho, a exacerbação narcisista do "eu", fecha a porta a qualquer progresso pessoal, pois para aprender é preciso primeiro pensar que não se sabe. A humildade é um valor esquecido no mundo contemporâneo, palco das aparências. As revistas não cessam de dar conselhos para "afirmar-se", "impor-se", "ser bela", parecer ao invés de ser. Essa obsessão pela imagem favorável que se deve dar de si é tamanha que não se questiona mais sobre o infundado do parecer, mas somente como parecer bem. Contudo, como afirmava La Rochefoucauld: "Seria mais vantajoso se deixássemos que nos vissem como somos do que tentar parecer o que não somos".

A maioria das pessoas associa a humildade à falta de autoestima e de confiança em suas próprias capacidades, quando não a assimilam a um complexo de inferioridade. Elas desconhecem os benefícios da humildade, pois se a suficiência é o apanágio do tolo, a humildade é a virtude daquele que avalia tudo que lhe falta aprender e o caminho que ainda deve percorrer. Os humildes não são pessoas belas e inteligentes que se empenham em convencer-se de que são feias e tolas, mas pessoas que fazem pouco caso de seu ego. Não se consideram o umbigo do mundo, abrem-se com mais facilidade aos outros e são particularmente conscientes da interconexão entre todos os seres.

O humilde não tem nada a perder nem a ganhar. Se recebe elogios, considera que são por aquilo que conseguiu realizar não sozinho, como indivíduo, mas com a colaboração de outros. Se é criticado, considera que expor suas falhas abertamente é o melhor serviço que lhe pode ser prestado. "Poucas pessoas são suficientemente sábias para preferir a censura útil à lisonja traidora", afirmava La Rochefoucauld[69], ratificando o que dizem os sábios tibetanos, que nos fazem lembrar de bom grado que "o melhor ensinamento é aquele que desmascara nossos defeitos secretos". Livre de esperança e de temores, o humilde mantém-se despreocupado. Paradoxalmente, a humildade favorece também a força de caráter: o humilde toma suas decisões conforme estime ser justo e as mantém sem se preocupar com sua imagem nem com o que possam pensar dele.

A humildade é uma qualidade encontrada invariavelmente no sábio que adquiriu inúmeras qualidades – diz-se que é quando a árvore está carregada de frutos que os galhos se inclinam em direção do solo, ao passo que o orgulhoso é como a árvore cujos galhos nus apontam para o céu. Viajando com Sua Santidade o Dalai Lama, muitas vezes constatei a grande humildade impregnada de bondade deste homem, no entanto tão venerado. Está sempre atento às pessoas de condição modesta e nunca se apresenta como personagem importante. Um dia, após ter cumprimentado François Mitterrand, que acabava de acompanhá-lo até a escadaria do palácio do Élysée, o Dalai Lama, antes de entrar no carro, foi dar a mão a um guarda republicano que se mantinha afastado, sob o olhar petrificado do presidente da república.

A humildade é um componente do altruísmo, dado que o humilde é naturalmente voltado aos outros e atento a seu bem-estar. Estudos de psicologia social mostraram que aqueles que se superestimam apresentam, ao contrário, uma tendência à agressividade superior à média.[70] Colocamos também em evidência um elo entre a humildade e a faculdade de perdoar, enquanto as pessoas que se sentem superiores julgam mais severamente as falhas das outras e as consideram menos perdoáveis.[71]

25. Os campeões do egoísmo

Como vimos detalhadamente, os trabalhos realizados por diversas equipes de psicólogos destacaram que os atos realmente altruístas sobejam no cotidiano, contradizendo a tese de uma motivação humana de natureza sistematicamente egoísta.

Uma outra categoria de pensadores não sustenta que o altruísmo seja inexistente, mas que é pernicioso, imoral ou doentio. Esses pensadores baseiam-se no que os psicólogos e filósofos chamam de "egoísmo ético", em outras palavras, na doutrina que faz do egoísmo uma virtude que seria o fundamento de uma moral pessoal.

Maquiavel já justificava em certos aspectos o egoísmo. Estava convencido de que o mal era necessário para governar e que o altruísmo constituía uma fraqueza. "Um príncipe", escreve ele, "não pode exercer impunemente todas as virtudes, pois o interesse em sua conservação o obriga a agir contra a humanidade, a caridade e a religião. Assim, ele deve escolher adaptar-se aos ventos e caprichos da Sorte, manter-se no bem, caso possa, mas entrar no mal, se necessário."[1]

Uma posição mais radical foi adotada pelos filósofos alemães Max Stirner e Friedrich Nietzsche que denunciam o altruísmo como um sinal lamentável de impotência. Stirner exerceu uma certa influência no desenvolvimento intelectual de Karl Marx e no movimento anarquista alemão. Ele rejeita a ideia de quaisquer dever e responsabilidade em relação aos outros. A seus olhos, o egoísmo representa o símbolo de uma civilização avançada. E faz a seguinte apologia:

> Cabe ao egoísmo, ao interesse pessoal decidir, e não ao princípio do amor, aos sentimentos de amor tais como caridade, indulgência, benevolência ou até mesmo equidade e justiça.[2]

Nietzsche também tem pouca estima pelo amor ao próximo, noção que considera uma atitude defendida *pelos fracos para os fracos*, inibindo a busca do desenvolvimento pessoal e da criatividade. Segundo ele, não deveríamos sentir nenhuma obrigação em ajudar os outros, nem sentir culpa alguma por não intervir em seu favor. "Você deve procurar tirar vantagem, mesmo em detrimento de todo o resto"[3], aconselha ele antes de acrescentar: "Você mostra zelo pelo próximo e exprime isso com belas palavras. Mas eu lhe digo: seu amor ao próximo significa seu mau amor a si próprio".[4] Desse modo, Nietzsche fustiga violentamente o cristianismo e todos aqueles que pregam a subserviência do indivíduo a uma autoridade externa. Ele conclui em *Ecce Homo*, escrito pouco tempo antes de perder definitivamente a razão:

"A moral, esta Circe da humanidade, deformou-se, invadiu com sua essência tudo o que é psicologia a ponto de formular esse absurdo de que o amor é algo 'altruísta'".[5]

Após esses filósofos, tivemos no século XX duas figuras emblemáticas do egoísmo. Uma é a filósofa americana Ayn Rand. Quase desconhecida na Europa, ela é um ícone nos Estados Unidos.[6] Outro é Sigmund Freud, ainda muito influente na França, na Argentina e no Brasil, mas em vias de ser esquecido em todos os outros lugares do mundo onde o ensino universitário da psicologia já não dá mais importância à psicanálise.[7] A primeira proclama que ser egoísta é a melhor maneira de ser feliz. O segundo afirma que o incitamento a adotar uma atitude altruísta leva a um desequilíbrio neurótico, e que é portanto mais saudável assumir plenamente seu egoísmo natural.

O fenômeno Ayn Rand

No que tange à filósofa Ayn Rand[8], que chega a sustentar que o altruísmo é "imoral", é interessante observar que ela continua a desfrutar de uma influência considerável na sociedade norte-americana, sobretudo nos meios conservadores ultraliberais.[9] É difícil compreender a divisão existente hoje nos Estados Unidos entre republicanos e democratas, entre partidários e oponentes da solidariedade social e de um papel ativo do Estado na vida dos cidadãos, sem mensurar a influência do pensamento de Ayn Rand. Nascida na Rússia no início do século XX e naturalizada norte-americana, falecida em 1982, no início da era Reagan, é uma das autoras mais populares do outro lado do Atlântico. Em 1991, de acordo com uma pesquisa efetuada pela Biblioteca do Congresso[10], os norte-americanos citaram *La grève* [A revolta de Atlas], sua obra principal, como o livro que mais os influenciou após a Bíblia! Publicado em 1957, este imenso romance de 1400 páginas – que define a visão de mundo de Ayn Rand – chegou a 24 milhões de exemplares. Ainda hoje são vendidos várias centenas de milhares por ano. Dois outros romances, *Hino* (*Anthem*) e *A nascente* (*Fountainhead*) publicados em 1938 e 1943, foram também grandes campeões de venda.

A moda dessa autora e filósofa foi tão significativa nos Estados Unidos que quase todo o mundo passou por "um período Ayn Rand". O presidente Ronald Reagan era um de seus fervorosos admiradores. Alan Greenspan, ex-presidente do FED, que controla a economia norte-americana, declarou que ela havia modelado profundamente seu pensamento e que "seus valores se harmonizavam"[11]. Ayn Rand estava ao lado de Greenspan quando este prestou juramento perante o presidente Ford. Ela também é considerada uma heroína do Tea Party* e dos movimentos políticos que devem a ela a vontade de reduzir, ao mínimo possível, o papel do Estado na vida dos cidadãos. Paul Ryan, candidato à vice-presidência americana em 2012 na chapa

---

* Movimento político norte-americano ultraconservador, heteróclito e contestador, gerado pela crise financeira de 2008, em oposição ao Estado Federal e a quase toda forma de imposto, movimento ao qual se aliou, por exemplo, a candidata derrotada à vice-presidência norte-americana, Sarah Palin.

de Mitt Romney, exigiu de seus colaboradores que lessem os livros de Ayn Rand, e afirmou que ela inspirou sua carreira política. O essencial do programa econômico e social de Paul Ryan consistia em reduzir os impostos para os ricos e os subsídios para os pobres.[12]

Ayn Rand estava muito imbuída de sua influência e citava "modestamente" os três "A" relevantes na história da filosofia: Aristóteles, Santo Agostinho e ela própria*. Só isso! Na França, *A nascente* só foi publicada recentemente, sob o impulso e com o financiamento de um admirador norte-americano.[13] A razão da publicação tardia deve-se sobretudo ao fato de que a corrente de pensamento encarnada por Rand, o *objetivismo*[14], cujos princípios estão resumidos em um ensaio muito conciso publicado na França com o título *A virtude do egoísmo*[15], permanece felizmente bastante afastada da mentalidade europeia.

Ayn Rand não afirma que somos todos fundamentalmente egoístas: ela lamenta que não o sejamos o suficiente. Para ela, o altruísmo é só um vício masoquista que ameaça nossa sobrevivência e nos conduz a negligenciar nossa felicidade em prol da dos outros, e a nos comportar como "animais sacrificiais". "O altruísmo significa que você coloca o bem-estar dos outros acima do seu, que você vive com o objetivo de ajudá-los e que isto dá sentido à sua vida. É imoral segundo minha moralidade"[16], declarava na televisão em 1979. Ela exalta, em contrapartida, "a palavra gravada que deve ser meu farol e meu estandarte. A palavra que não morrerá, mesmo que tenhamos que morrer na luta. A palavra sagrada: EGO".[17]

O altruísmo, segundo Rand, não é só prejudicial, é "uma noção monstruosa" que representa a "moralidade dos canibais devorando-se uns aos outros". Ele é também uma degradação: "Você deve oferecer seu amor àqueles que não o merecem [...] Essa que é sua moral sacrificial e esses são os ideais inseparáveis que ela oferece: reformar a sociedade para fazer dela um curral humano; e remodelar sua mente à imagem de um monte de lixo".[18]

A filósofa norte-americana não tem papas na língua. Em 1959, em uma entrevista à televisão, declarou: "Considero o altruísmo maléfico. [...] O homem deve ter estima apenas por si próprio. [...] O altruísmo é imoral porque manda amar todo mundo sem discriminação. [...] Devemos amar apenas aqueles que merecem". Quando o jornalista que a entrevista comenta: "Pouquíssimas pessoas no mundo parecem merecer seu amor", Ayn Rand replica: "Infelizmente, sim. [...] Nunca ninguém deu uma razão válida para justificar que o homem deve proteger seu semelhante".[19] Em um de seus romances, *La Source vive* [A nascente], Rand conclui: "Os estragos do egoísmo são infinitamente menores que aqueles perpetrados em nome do altruísmo".[20]

Ela considera que as relações humanas devem ser baseadas nos princípios do comércio. Destacando essas palavras, na mesma entrevista, o jornalista a interroga

---

* Enquanto sua visão do herói ideal, o super-homem egocentrado, é considerada pelos filósofos como mais próxima de Nietzsche do que de Aristóteles. Ela despreza todos os demais filósofos, Emmanuel Kant em particular, tratando-o de "monstro", afirmando que ele é "o pior dos homens", porque defende uma ética baseada no dever e na responsabilidade em relação à coletividade. Despreza, enfim, aos antípodas da autonomia individualista da qual ela se faz o arauto.

sobre sua vida pessoal: "A senhora ajuda financeiramente seu marido. Não é uma contradição?" "Não, porque eu o amo com um amor egoísta. É meu interesse ajudá-lo. Não chamaria isso de sacrifício, pois estar com ele me dá um prazer egoísta." Ela acrescenta, ainda, que diante de uma pessoa que se afoga, só é aceitável moralmente correr riscos para salvá-la se se tratar de um ser querido cujo desaparecimento vá tornar nossa vida insuportável. Nos demais casos, seria imoral tentar salvá-la do afogamento se o perigo que se corre é elevado. Seria dar mostra de falta de autoestima.[21]

Seria tentador descartar Ayn Rand e considerá-la uma sinistra anomalia, uma arrogante psicopata que deu asas a suas divagações egoístas e quis reconstruir o mundo a partir de quase nada (ela tolerava Aristóteles, pois o considerava como sua única inspiração filosófica, embora "discordasse bastante de muitas de suas posições"[22]). Entretanto, o fato de ter marcado a tal ponto a cultura norte-americana que, por sua vez, exerce grande influência em todo o mundo, obriga-nos a considerar esse fenômeno, por mais incômodo que seja, à semelhança do clínico que não pode ignorar uma doença estranha que ameaça propagar-se ao resto do mundo.

Reduzir o papel do governo ao minimamente necessário

É Ayn Rand que deu corpo ao individualismo extremo em crescimento nos Estados Unidos. Ela forneceu uma doutrina a todos que sustentam que o governo deve restringir-se a zelar pela proteção das liberdades individuais e não interferir de modo algum nos negócios pessoais dos cidadãos, principalmente no funcionamento da economia. Nem o Estado nem ninguém deve nos obrigar a preocuparmo-nos com os pobres, idosos e doentes, e a pagar impostos destinados a ajudá-los. Isto seria impor aos indivíduos a obrigação inaceitável de compartilhar recursos que ganharam, com o suor de seu rosto, com pessoas que nem mesmo conhecem e, isto, sem qualquer vantagem em troca. Ou seja, em uma economia libertária, os pobres são considerados como assassinos do crescimento, seres que prejudicam os empreendedores.[23] Somente o indivíduo seria criador, a sociedade seria predatória, e o Estado-previdência – conceito que vigora na Europa – constituiria "a psicologia nacional mais nefasta jamais descrita", e aqueles que se beneficiam seriam tão-somente um bando de saqueadores.[24] Para Rand, quem explora os ricos são os pobres.

Essa adepta do egoísmo é portanto contrária à previdência social, aos subsídios de qualquer espécie, ao salário mínimo garantido etc. Segundo Rand, os cidadãos só devem pagar impostos mínimos e voluntariamente consentidos apenas para permitir ao Estado proteger seus interesses pessoais e garantir sua segurança, conservando o monopólio do uso legal da força (polícia e forças armadas). O Estado não deve intervir no funcionamento da economia, e deve abster-se de toda forma de regulação. Esta apologia ao "capitalismo do *laisser-faire*" deu origem às formas extremas da economia desregulada cujas terríveis consequências constatamos hoje.[25]

Os erros morais e intelectuais de Ayn Rand

Quando um sistema político-econômico é tal em que a sociedade abandona as pessoas idosas, sozinhas e sem recursos, as crianças às quais os pais não têm os meios de oferecer uma educação, ou os doentes que morrem por falta de cuidados médicos, o sistema não só descumpre seu papel, como também se encontram degradados os valores humanos que deveriam reger a sociedade.

Segundo o economista Joseph Stiglitz, são sobretudo os ricos que temem um Estado forte, uma vez que "ele pode usar de seu poder para corrigir os desequilíbrios de nossa sociedade tomando uma parte de sua riqueza, destinando-a a investimentos públicos que serviriam ao interesse geral ou auxiliariam os desfavorecidos".[26] Mas na realidade, prossegue Stiglitz, "é um fato, pois nunca houve uma grande economia próspera em que o Estado não tivesse um papel importante".[27] É o caso especificamente dos países escandinavos onde o imposto é máximo – o que causaria horror à Ayn Rand – e a desigualdade entre ricos e pobres é mínima. As ideias de Ayn Rand são portanto uma receita à promoção selvagem do individualismo e da desigualdade na sociedade, desigualdade cujos efeitos deletérios sobre o bem-estar, a prosperidade, a justiça e a própria saúde são bem conhecidos.[28] Atualmente, como destaca o economista Daniel Cohen, no livro *La Prospérité du vice* [A prosperidade do vício]: "A miragem de um mundo abandonado unicamente às forças do cada um por si precisou ser esquecida. [...] O papel do Estado encontra o brilho perdido".[29]

Ayn Rand desenvolve seu argumento principal da seguinte maneira: o bem mais precioso do homem é sua vida. Esta é um fim em si mesma e não pode ser utilizada como um meio para realizar o bem do outro. Segundo a ética objetivista, cuidar de si e procurar sua própria felicidade por todos os meios disponíveis constituem a razão moral mais elevada do homem.[30]

Até aqui, o raciocínio não é muito original, e podemos admitir que a aspiração mais ambiciosa do ser humano é viver sua vida até o fim e ter mais alegria que sofrimento.

Mas Ayn Rand lança, desajeitadamente, a pedra angular de seu arcabouço intelectual que a partir daí desmorona: o desejo fundamental do homem é viver e ser feliz, *por conseguinte deve ser egoísta.*

É aqui que se situa a falha lógica. Rand raciocina no abstrato e perde contato com a experiência vivida. Esta demonstra que um egoísmo tão extremo quanto o que ela preconiza tem mais chances de tornar o indivíduo infeliz do que de favorecer seu desenvolvimento. Aliás, parece ter sido o próprio caso de Rand, segundo os testemunhos daqueles que por muito tempo a acompanharam. Altiva, narcisista, rígida e desprovida de empatia, no limite da psicopatia, ela teve relações vingativas e conflitivas com muitos de seus próximos e colaboradores. Desprezava os mortais comuns considerados por ela como "medíocres, broncos e irracionais".[31]

Perdida na esfera do raciocínio conceitual, Rand ignora o fato de que na realidade – realidade esta que ela afirma adorar acima de tudo – o altruísmo não é nem sacrificial nem fator de frustração, mas constitui uma das principais fontes de felicidade e de plenitude do ser humano. Como destacam Luca e Francesco Cavalli-Sforza, respectivamente pai e filho, um geneticista de renome e o outro filósofo: "A ética nasceu como ciência da felicidade. Para ser feliz, é melhor cuidar dos outros ou pensar exclusivamente em si?"[32] As pesquisas em psicologia social demonstraram claramente que a satisfação gerada pelas atividades egocentradas é inferior àquela decorrente de atividades altruístas.[33]

O filósofo norte-americano James Rachels fornece um argumento suplementar para mostrar a incoerência das teses de Ayn Rand: "Em virtude de que diferença poderia eu me considerar tão *especial* em relação ao outro? Sou mais inteligente? Realizei mais coisas? Aproveito mais a vida do que os outros? Tenho mais direito de viver e de ser feliz do que aqueles que me rodeiam? Seria impossível responder afirmativamente a esta última questão. Consequentemente, promover o egoísmo como uma virtude moral é uma doutrina tão arbitrária quanto o racismo. Na verdade, devemos nos preocupar com os interesses e com o bem-estar dos outros *exatamente pelas mesmas razões* que nos fazem preocuparmo-nos com nossos direitos e aspirações, com nossas alegrias e sofrimentos".[34]

Freud e seus sucessores

A posição de Freud quanto ao altruísmo, menos dogmática que a de Ayn Rand, é mais fundamentada sobre a intuição do que sobre o raciocínio, porém se mostra também distante da realidade. Freud esboça uma imagem depreciativa do ser humano, desde a fase da primeira infância: "A criança é totalmente egoísta, sente intensamente suas necessidades e aspira, sem qualquer consideração pelos outros, à sua satisfação, sobretudo diante de seus rivais, as outras crianças".[35] Ora, todos os estudos baseados na observação objetiva e sistemática de um grande número de crianças, os de Tomasello e Warneken em particular, sobre os quais já tratamos em capítulos anteriores, mostraram sem ambiguidade que a afirmação de Freud é falsa, e que a empatia e os comportamentos benévolos estão dentre as primeiras disposições espontâneas das crianças.

Além disso, se acreditarmos no que escreveu Freud numa carta ao pastor Pfister, as coisas não se resolveriam na idade adulta: "Não me preocupo muito com a questão do bem e do mal, mas, em geral, descobri muito pouco 'bem' nos homens. Pelo que sei, a maioria não passa de gentalha".[36]

Segundo Freud, a sociedade e seus membros só têm importância para o indivíduo à medida que favorecem ou contrariam a satisfação de seus instintos. Essa disposição abrangeria todos os aspectos de nossa existência, inclusive os sonhos que são "todos absolutamente egoístas". Freud chega a afirmar: "Quando parece que o sonho é provocado pelo interesse em relação à outra pessoa, trata-se apenas de uma aparência enganosa".[37]

Poucas vezes Freud refere-se ao altruísmo*, notadamente quando declara: "Em outros termos, o desenvolvimento individual aparece como o produto da interferência de duas tendências: a aspiração à felicidade, que chamamos geralmente de 'egoísmo', e a aspiração à união com os outros membros da comunidade, que qualificamos de 'altruísmo'".[38] No entanto, ele acrescenta que as tendências altruístas e sociais são adquiridas sob coerções externas e que "não se deve superestimar a aptidão humana à vida social".[39] E sobretudo, a definição que ele dá do altruísmo como "aspiração à união com os outros membros da comunidade" é inapropriada: podemos nos unir com outros para fazer o bem, mas também para prejudicar, promover o racismo, fazer parte de uma gangue de malfeitores ou perpetrar um genocídio.**

Em contrapartida, Darwin e muitos outros desde então não cessaram de destacar a propensão natural do homem, e de outros animais que vivem em sociedade, para cooperar e manifestar instintos sociais que, segundo Darwin, "estão sempre presentes e são persistentes" para prestar ajuda e socorro a seus congêneres, e ainda acrescenta: "Eles sentem por estes últimos um certo afeto e simpatia, mesmo sem ser estimulados por qualquer paixão ou desejo especial; sentem tristeza se ocorre de ficarem por longo tempo separados, e ficam sempre felizes por viverem em sua sociedade; o mesmo acontece em relação a nós".[40] Darwin conclui: "Seria absurdo supor que esses instintos sejam derivados do egoísmo".[41]

Freud utiliza frequentemente o termo *Einfühlung* que, como vimos, deu origem ao termo "empatia", sem considerá-lo como uma etapa em direção ao altruísmo. Como explica Jacques Hochmann em sua *Une histoire de l'empathie* [Uma história da empatia][42], Freud refere-se à empatia sobretudo como um meio de comparar nosso estado de espírito com o do outro e de compreender melhor, por exemplo, o efeito cômico involuntário produzido por uma observação ingênua ou boba. "Nosso riso", afirma Freud, "expressa um sentimento prazeroso de superioridade".[43]

Em *Pourquoi la guerre?* [Por que a guerra?] Freud formula a hipótese da existência de uma "pulsão de morte", que se exerceria inicialmente contra o próprio indivíduo antes de voltar-se para os outros:

> Tudo acontece de fato como se fôssemos obrigados a destruir pessoas e coisas a fim de não destruirmos a nós próprios, e de nos proteger contra a tendência à autodestruição.[44]

Este retrato devastador da natureza humana não deixou de impressionar o pensamento contemporâneo, embora tenha sido profundamente questionado e se revelou destituído de fundamento científico. As teses de Freud e do etólogo Konrad Lorenz, segundo as quais a tendência à agressão é uma pulsão primária e autônoma nos

---
* A palavra "altruísmo" aparece somente sete vezes nos vinte e tanto volumes de suas obras completas. Freud, S. *Gesammelte Werke*, Fischer Verlag; Œuvres completes. PUF.
** Posteriormente, o termo "altruísmo" deixou de ser utilizado pelos psicanalistas e não consta do Vocabulário da Psicanálise de Laplanche, J. e Pontalis, J.-B. (2007). PUF.

seres humanos e nos animais, foram de fato invalidadas por inúmeros trabalhos de pesquisa.*

Carl Gustav Jung, outra figura fundadora da psicanálise, também tem um olhar sombrio a respeito da natureza humana:

> Tem-se quase a impressão de um eufemismo quando a Igreja fala do pecado original. [...] Essa tara do homem, sua tendência ao mal é infinitamente mais pesada do que parece, e é um erro subestimá-la. [...] O mal tem seu lugar na própria natureza humana.[45]

Desse modo, Freud e Jung forjaram no mundo moderno uma versão secular do pecado original.

O altruísmo seria uma compensação doentia de nosso desejo de prejudicar

Segundo Freud e seus discípulos, o ser humano manifesta muito pouca inclinação para fazer o bem, e se por acaso vier a nutrir pensamentos altruístas e comportar-se de maneira benévola, não se trataria de altruísmo verdadeiro, mas de um meio de conter tanto quanto possível as tendências agressivas constantemente à espreita em sua mente. A agressividade seria, na verdade, um "traço indestrutível da natureza humana".[46] Em *Pulsions et destins des pulsions* [As pulsões e seus destinos], Freud afirma:

> O ódio, enquanto relação de objeto, é mais antigo que o amor: nos primórdios da origem ele tem sua fonte na recusa do mundo exterior que emite estímulos, recusa que emana do Eu narcísico.[47]

Para Freud, a moralidade e os comportamentos pró-sociais nasceriam unicamente de um sentimento de culpa e de mecanismos de defesa utilizados pelo ego para gerar as restrições que a sociedade impõe às pulsões agressivas inatas do indivíduo, assim como às exigências do superego.

De acordo com o etólogo Frans de Waal, o argumento dos que pensam que o homem é naturalmente malévolo e agressivo é via de regra este: "(1) a seleção natural é um processo egoísta e maldoso. (2) que produz automaticamente indivíduos egoístas e maldosos, e (3) apenas os românticos com flores nos cabelos pensam de modo diferente".[48] Darwin, por outro lado, estava convicto de que o senso moral era inato e que foi adquirido ao longo da evolução. Diversos trabalhos de pesquisa apresentados pelo psicólogo Jonathan Haidt em sua obra *The Righteous Mind* [A mente virtuosa], revelaram que o senso moral se manifesta espontaneamente em crianças mais novas e não é atribuível à influência dos pais, das normas sociais e das "exigências

---

* Ver subtítulo "Existe um 'instinto de violência'?", do capítulo 28 "Na origem da violência: a desvalorização do outro", p. 333.

impostas pela sociedade", como afirmava Freud.⁴⁹ O psicólogo Elliot Turiel já havia constatado que, já muito cedo, a criança possui o senso de equidade e considera que fazer mal a outro é repreensível.⁵⁰

Para a psicanálise, ao contrário, o altruísmo não passa de um mecanismo de defesa destinado a se proteger de pulsões agressivas difíceis de serem reprimidas. Sobretudo ninguém deve esforçar-se para ser altruísta. Conforme Freud:

> Todos aqueles que querem ser mais nobres de espírito do que sua constituição lhes permite são vítimas de neuroses; estariam em melhores condições de saúde se pudessem ter sido menos bons.⁵¹

Para Anna, filha de Freud, o altruísmo se inscreve no âmbito de mecanismos de defesa contra os conflitos interiores.⁵² Ele seria principalmente, segundo o Dicionário Internacional da Psicanálise, "um exutório à agressividade" que em vez de ser reprimida seria deslocada para objetivos "nobres". O altruísmo seria também "um regozijo por procuração em que o conflito se vincularia a um prazer recusado a si próprio, mas que ajudamos os outros a obter". O altruísmo seria, finalmente, "uma manifestação do masoquismo", visto que seriam os sacrifícios ligados ao altruísmo o que buscaria antes de tudo aquele que o pratica.⁵³ No entanto, de acordo com as pesquisas em psicologia, não existe a menor indicação que comprove que a bondade tem origem nas motivações negativas ou masoquistas.

Segundo afirma Freud, quando as pessoas sofrem de doenças infecciosas, a sífilis em particular, no fundo delas mesmas guardam o desejo de infectar os outros, por despeito de estarem doentes enquanto outros estão saudáveis. Se elas se abstêm apesar de tudo de não infectar aqueles que as rodeiam, é em razão da "luta que esses indivíduos desafortunados são obrigados a travar contra o desejo inconsciente de transmitir sua doença a outros: por que deveriam eles serem os únicos infectados e se verem recusados a fazer tantas coisas, enquanto outros estão bem e são livres para desfrutar tudo que quiserem?"⁵⁴ Freud parece ter descartado a possibilidade de que se alguém zela por não infectar o outro, não é por ir contra suas tendências fundamentalmente malévolas, mas pela simples razão de estar de maneira sincera preocupado pela sorte de seus semelhantes. Jacques Van Rillaer, professor emérito de psicologia na Universidade de Louvain-la-Neuve, ex-psicanalista, e autor da obra *Les Illusions de la psychanalyse* [As ilusões da psicanálise], menciona que um de seus professores de psicanálise, Alphonse De Waelhens, afirmava, na época em que Van Rillaer cursava essa formação: "Quando quiserem saber qual é a verdadeira motivação das pessoas, imaginem o pior; com frequência é isso".⁵⁵

A exacerbação do egoísmo

A psicanálise com frequência se descreve mais como um meio de conhecimento de si próprio do que uma terapia. Ela se opõe a qualquer forma de avaliação global da eficácia de seus métodos, julgando esta abordagem muito simplista (Lacan chega a mencionar "a subversão da posição do médico pelo avanço da ciência"[56]). Mas, como mostra um relatório do Inserm[57], quando essa eficácia foi avaliada levando em consideração um número suficiente de casos, os benefícios terapêuticos foram julgados quase inexistentes em comparação às terapias comportamentais e cognitivas que comprovaram sua eficácia em um grande número de distúrbios.

Parece até mesmo que o fato de seguir uma terapia psicanalítica leva amiúde a um aumento do egocentrismo e uma diminuição da empatia. Depois de uma pesquisa sobre a imagem e os efeitos da psicanálise realizada junto a uma ampla amostragem de população, o psicólogo social Serge Moscovici concluiu que, na maioria dos casos, "o psicanalisado, arrogante, fechado, dado à introspecção, esquiva-se sempre da comunicação com o grupo".[58] Quanto ao psiquiatra francês Henri Baruk, ele critica a prática analítica por reforçar os conflitos interpessoais na medida em que o sujeito psicanalisado "frequentemente vê com severidade seus próximos, pais, cônjuge, responsabilizando-os por seus males". Baruk também observa que alguns indivíduos psicanalisados se tornam muito agressivos, são extremamente severos em relação aos outros, acusando-os sem cessar, o que faz deles indivíduos antissociais.[59] A prática psicanalítica parece, portanto, atrofiar nossas disposições para o altruísmo.

Alguns psicanalistas, longe de negar essa orientação egoísta, parecem endossá-la. François Roustang fala de "fazer o outro passar à inexistência".[60] Jacques Lacan afirma que "pessoas bem-intencionadas são muito piores que as mal-intencionadas".[61] Pierre Rey, ex-diretor da revista *Marie-Claire*, submeteu-se a sessões diárias com Lacan para tentar se curar de fobias sociais que, segundo ele, nunca diminuíram nos dez anos de "cura".[62] Ele afirma ter aprendido muito com sua análise, entre outras coisas, o fato que: "Todas as relações humanas se articulam em torno da depreciação do outro – para ser, é preciso que o outro seja menos".[63]

Rey não deixa de aplicar suas convicções, como testemunha o seguinte fato: numa noite em casa de amigos, ele ouve dois jovens explicar que Lacan é um perigoso charlatão. "Por cinco minutos", relata Rey, "segurei-me para não intervir. Em seguida, senti um véu branco obscurecer meus olhos enquanto uma fantástica dose de adrenalina me fez levantar, repentinamente lívido, músculos tensos, rosto petrificado. Apontei a cada um deles um indicador assassino e me ouvi dizer com uma voz trêmula: 'Escutem aqui, seus imbecis, prestem atenção... Uma piscada, mais uma palavra, eu mato vocês.' Paralisados, brancos como giz, acho que nem respiravam. Com medo de ter que cumprir minha promessa, dei meia-volta. Eles aproveitaram e saíram de fininho".[64]

É inegável que muitos psicanalistas tratam seus pacientes com benevolência e que há pacientes que comprovam ter sido beneficiados pela cura psicanalítica, mas é preciso constatar, à luz dos escritos e palavras dos fundadores, que, em linhas gerais, a teoria psicanalítica incentiva o egoísmo e deixa pouco espaço ao altruísmo.

"Liberar" as emoções ou "liberar-se" das emoções?

O testemunho de Pierre Rey, como de outros, mostra que a psicanálise dificilmente pode ser considerada uma ciência das emoções. Se não, como conseguiria chegar a tal incapacidade de administrar as emoções destrutivas? Rey relata: "Jorraram de mim numa agitação assustadora gritos bloqueados por detrás de minha carapaça de benevolência cordial. Desde então, todos sabiam a que se ater com relação aos meus sentimentos a seu respeito. Quando eu amava, para o bem ou para o mal, amava. Quando odiava, para o bem ou para o mal, todos ficavam sabendo".[65]

Existe aí uma confusão, com sérias consequências, entre *liberar* as emoções como se soltássemos uma matilha de cães selvagens, e *se liberar* do jugo das emoções destrutivas e conflituosas, no sentido de não mais ser escravo delas. No primeiro caso, renunciamos a qualquer gestão das emoções negativas e deixamo-las explodir pelo menor motivo, em detrimento do bem-estar do outro e de nossa própria saúde mental. No segundo, aprendemos a libertar-nos de seu poder, sem reprimi-las nem deixá-las destruir o nosso equilíbrio.

A psicanálise nunca recorre à prática de métodos que permitam se libertar gradualmente das toxinas mentais, tais como o ódio, o desejo compulsivo, a inveja, a arrogância e a falta de discernimento; nem de cultivar as qualidades, tais como, o amor altruísta, a empatia, a compaixão, a plena consciência e a atenção.

A psicanálise tem valor científico?

O próprio Freud definia a psicanálise como "um procedimento para a investigação de processos anímicos, que são, de outro modo, dificilmente acessíveis; um método de tratamento de perturbações neuróticas que se funda nesta investigação; uma série de concepções psicológicas adquiridas por tal via, que crescem ao mesmo tempo, paulatinamente, para desembocar em uma nova disciplina científica".[66] Depois, ela foi apresentada como uma "ciência do individual" pelo psicanalista Robert De Falco, que afirma que "o sucesso da psicanálise no mundo, e seu internacionalismo, resulta da combinação da exigência de um saber científico rigoroso e de um judaísmo que havia rompido com a religião".[67]

Os filósofos das ciências, os psicólogos e os especialistas das ciências cognitivas são, em sua vasta maioria, da opinião que a psicanálise não pode ser considerada uma ciência válida. Eles chegaram a essa mesma conclusão por diferentes caminhos.

O filósofo das ciências Karl Popper acredita que a psicanálise não pode ser considerada uma ciência, uma vez que uma teoria que continua válida tanto para uma observação quanto para o contrário nunca pode ser levada em consideração. Não podendo ser comprovada nem refutada, constitui apenas uma especulação que não acrescenta nada aos nossos conhecimentos.[68]

Um cientista digno desse nome começa emitindo hipóteses – por exemplo a existência do complexo de Édipo no desenvolvimento afetivo da criança –, para em seguida submetê-las a rigorosos testes experimentais suscetíveis de confirmá-las ou refutá-las. Se a observação mostra que os efeitos previstos pela teoria não se produzem, esta é refutada e deve ser abandonada ou modificada. Assim, o critério de refutação permite distinguir o procedimento científico da pseudociência.

Ora, a psicanálise esquiva-se de qualquer refutação concebível graças a sofismas que lhe permitem ter sempre razão, quaisquer que sejam os fatos observados e os argumentos que se lhe opõem: ela se autoconfirma permanentemente. Se um paciente chega adiantado à sessão, ele é ansioso; se chega no horário, é maníaco; se atrasa, é recalcitrante e hostil. Para dar um exemplo mais específico, como provar ou refutar a pedra angular do edifício freudiano, que é o complexo de Édipo?, questionam os autores do *Livre noir de la psychanalyse* [Livro Negro da Psicanálise]. Isso parece impossível, pois se um menino adora a mãe e teme o pai, a psicanálise dirá que ele é a perfeita ilustração desse processo universal. Se rejeita a mãe estando atraído por seu pai, dirá que ele reprime seu "Édipo", sem dúvida por medo da castração, ou ainda que manifesta um "Édipo negativo". Em qualquer situação, a psicanálise sempre tem razão. O psicólogo Adolf Wohlgemuth resumia assim essa posição: "Cara eu ganho, coroa você perde".[69]

Consequentemente, Popper considera que as explicações dos psicanalistas são tão vagas e imaginárias quanto as dos astrólogos e se aparentam muito mais a uma ideologia do que a uma ciência.

Um outro grande filósofo das ciências e das teorias do conhecimento, Ludwig Wittgenstein, ficou inicialmente fascinado pela sofisticação aparente da psicanálise mas, após exame metódico, chega à seguinte conclusão:

> Freud prestou um mau serviço com suas pseudoexplicações fantásticas (precisamente porque são engenhosas). Qualquer tolo tem agora essas imagens na mão para explicar, graças a elas, fenômenos patológicos.[70]

A especulação intelectual, por mais sofisticada que seja, não poderia eximir-se da confrontação com a realidade, isto é, de uma verificação experimental rigorosa.

As "pseudoexplicações fantásticas" abundam nos textos psicanalíticos, como prova aquela sugerida pela famosa psicanalista infantil Melanie Klein que parece ter conseguido um acesso quase sobrenatural ao que acontece no cérebro das crianças de menos de dois anos, que ainda não começaram a falar:

> O objetivo principal do indivíduo é de apropriar-se dos conteúdos do corpo da mãe e destrui-la com todas as armas que o sadismo dispõe. [...] Dentro do corpo da mãe, a criança espera encontrar: o pênis do pai, excrementos e crianças, todos esses elementos sendo assimilados a substâncias comestíveis. [...] Nas fantasias, os excrementos são transformados em armas perigosas: urinar equivale a cortar, apunhalar, queimar, afogar, enquanto as matérias fecais são assimiladas a armas e projéteis.[71]

Um outro epistemólogo (historiador do conhecimento), Adolf Grünbaum, adota uma posição diferente da de Popper. Para ele, alguns enunciados de Freud são efetivamente refutáveis, visto que, ao serem examinados, revelam-se simplesmente falsos.[72] Freud afirma, por exemplo:

> A inferioridade intelectual de tantas mulheres, que é uma realidade indiscutível, deve ser atribuída à inibição do pensamento, inibição necessária para a repressão sexual.[73]

Como destaca Jacques Van Rillaer, ecoando a afirmação de Grünbaum, Freud "enuncia duas leis empíricas que podem ser testadas: a inferioridade intelectual das mulheres seria 'uma realidade' (a psicologia científica mostrou que não é verdade); a falta de inteligência seria devida à repressão sexual (duvido que se possa observar, numa ampla amostragem, que, quando mulheres sexualmente muito controladas conseguem se libertar de suas inibições, suas capacidades intelectuais são automaticamente aumentadas)".[74]

Frank Cioffi, professor de epistemologia na Universidade de Kent, adota um terceiro modo de refutação: ele qualifica Freud de pseudocientista pela simples razão de ter publicado falsas alegações para comprovar suas hipóteses. Freud nunca realizou pesquisas sistemáticas envolvendo grande número de indivíduos para testar suas ideias, acreditando que as observações clínicas de alguns pacientes bastariam para comprovar suas teorias. Além disso, as pesquisas históricas mostram que Freud não hesitava em truncar a descrição e as conclusões de suas observações clínicas para confirmar suas teorias. O psiquiatra Henri Ellenberger encontrou no instituto psiquiátrico os documentos relativos à Anna O., a primeira paciente psicanalisada segundo os princípios freudianos. Ela ficou visivelmente pior após a tentativa de cura conduzida por Josef Breuer, e a internaram por vários anos no hospital psiquiátrico em questão. Ora, Freud escreveu que Anna O. havia sido curada de "todos seus sintomas" pela psicanálise.[75] Em *Les Patients de Freud* [Os pacientes de Freud], Borch-Jacobsen demonstrou, por outro lado, que as terapias conduzidas por Freud resultaram, em seu conjunto, em fracassos.[76]

Tudo isso não teria tanta importância se tal teoria se limitasse ao mundo das ideias, mas o fato de ter se tornado uma prática terapêutica acarretou consequências prejudiciais a muitos pacientes. Um exemplo típico é o do autismo. Nos anos 1950, os psicanalistas, encabeçados por Bruno Bettelheim, responsabilizaram as mães pelo autismo de seus filhos. "Afirmo", escreve Bettelheim, "que o fator que precipita a criança no autismo infantil é o desejo de seus pais de que ela não exista".[77] Assim, os psicanalistas passaram quarenta anos tentando "tratar" essas mães (que além do sofrimento por ter um filho autista, sentiam-se culpadas por sua doença), abandonando a criança à sua sorte.

Temple Grandin[78] é professora de etologia na Universidade do Colorado. Ela é também autista. Quando criança manifestou graves sintomas, sua mãe a levou ao consultório de Bettelheim. Este declarou à mãe que ela era histérica, e que sua filha havia se tornado autista porque ela não a tinha desejado. Desesperada, procurou outro psicanalista que lhe explicou: "Em termos freudianos, isso significa que a mãe quer ter um pênis". A mãe, pessoa equilibrada, que sempre cuidou de sua filha com afeto, fez este comentário humorístico: "Tem muitas coisas que eu gostaria de ter na vida, mas o pênis não está na minha lista".[79]

De fato, segundo a psicanálise, "a psicose da criança nasceria de um mecanismo de defesa diante de uma atitude de uma mãe incestuosa que, na ausência de falo, levaria a destruir o substituto do falo faltante representado por sua prole".[80] É possível imaginar algo mais absurdo do que isso?

Na França, de acordo com Franck Ramus, diretor de pesquisa no CNRS [Centro Nacional de Pesquisa Científica], os psicanalistas continuam apoiando-se no questionamento dos pais, particularmente da mãe, no caso da doença de seu filho. Uma delas relata que lhe perguntaram reiteradas vezes: "Você realmente queria seu filho?" Alexandre Bolling, pai de um menino autista de cinco anos, conta: "Um dos psiquiatras que consultamos afirmou que eu era esquizofrênico, o que explicava os distúrbios de meu filho...". Um psiquiatra de trinta anos conta ter assistido a "cenas alucinantes" quando estagiava como psiquiatra infantil em centros de consultas para autistas: "A atribuição da culpa aos pais é uma realidade. Durante as sessões, só se interessavam pelos pais, bombardeando-os com perguntas. Durante as sessões de *debriefing,* todos eram qualificados de psicóticos, e os problemas das crianças eram a consequência exclusiva da toxidade paterna ou materna".[81]

Essas teorias foram abandonadas após décadas por todos os pesquisadores e cientistas, para quem o autismo é um distúrbio do desenvolvimento neurológico com forte componente genético.[82] Existem inúmeras formas de autismo e, segundo trabalhos sintetizados por Martha Herbert, da Universidade de Harvard, é possível que o aumento da incidência do autismo nos últimos cinquenta anos esteja em parte vinculado ao uso globalizado de pesticidas e fertilizantes.[83] O que sim sabemos é que essa doença jamais é provocada pela influência psicológica da mãe.

Na Inglaterra e em muitos outros países, 70% dos autistas, tratados com atenção, e não suas mães, frequentam estabelecimentos escolares normais. Somente os casos mais graves são colocados em instituições especializadas. Na França, é o contrário. Apenas 20% das crianças autistas são escolarizadas e levam uma vida quase normal. As demais carregam o peso da influência do pensamento psicanalítico nos meios acadêmicos.[84] Recentemente, a Alta Autoridade de Saúde (HAS) concluiu que a psicanálise era "não pertinente" no caso do autismo. Ela recomenda um diagnóstico precoce, exercícios educativos e terapias cognitivas baseadas em instrumentos de comunicação específicos por meio do uso de imagens, jogos ou exercícios de gestão dos comportamentos.

Uma generalização abusiva

De fato existem, de modo anormal, indivíduos egoístas, agressivos e que nutrem diferentes obsessões, mas como nos lembra o psicólogo Paul Ekman: "Freud concebeu sua teoria da natureza humana a partir de uma pequena amostragem de pessoas muito perturbadas. Ao constatar-se uma doença em um certo número de pacientes, não se pode inferir que todos os seres humanos sofrem dessa doença".[85] E acrescenta: "Tomemos como exemplo o complexo de Édipo. É provável que alguns indivíduos sofram disso, mas desejar ter relações sexuais com seus pais – e isto desde os cinco anos de idade – não está com certeza, inscrito na natureza humana!"

Podemos comparar um paciente particularmente agressivo a um veículo avariado cujo acelerador ficou preso ao assoalho. A única maneira de manter a velocidade normal é pisar constantemente no freio. Um mecânico pode passar muito tempo para identificar e consertar esse problema, mas estaria errado se afirmasse que "todos os automóveis têm uma pulsão interna que os incitam a acelerar continuamente, a menos que sejam detidos pelo uso do freio", do mesmo modo que os psicanalistas quando afirmam que devemos de maneira incessante reprimir nossas pulsões agressivas.[86]

Os comportamentos patológicos não podem ser considerados uma simples acentuação doentia dos comportamentos normais, mesmo que às vezes seja o caso. Com frequência, são de natureza diferente, incompatível com os comportamentos normais. Uma pessoa sóbria não está "menos bêbada" que um ébrio, ela simplesmente não está bêbada. Uma pessoa que sofre de tiques nervosos lutará contra esses movimentos involuntários, mas uma pessoa saudável não necessita reprimir a cada instante seus tiques. Para ela, não existe o problema.

Os sucessores de Freud continuaram a evoluir na esfera do egocentrismo

Muitos discípulos de Freud preservaram até os nossos dias a ortodoxia de sua doutrina. Outros voltaram a determinados pontos-chave e contestaram, por exemplo, o instinto de violência ou o postulado segundo o qual todos nossos desejos são ditados pela sexualidade – o que dizer, por exemplo, do desejo de passear na floresta ou visitar um amigo idoso? Mas, ao tentar dar às suas terapias um aspecto mais humano, muito frequentemente eles não fizeram nada além do que promover formas mais atraentes de egocentrismo. Conforme demonstraram os psicólogos Michael e Lise Wallach[87], na maioria das adaptações das teorias freudianas – como as propostas por Harry Sullivan, Karen Horney e, em alguns pontos, Erich Fromm – o egocentrismo continua a reinar absoluto. Preocupadas em poupar o individualismo de nossos contemporâneos, essas terapias deram prioridade à expressão espontânea de si, mesmo que continuem egocentrados.

Esses psicólogos afirmam, em especial, que todas as formas de restrições e obrigações, ditadas pela sociedade ou por normas internas, entravam nossa realização pessoal e nos distanciam de nossa verdadeira identidade.[88] A gratificação sem coerções de nossos impulsos lhes parece constituir uma prioridade. Porém, nesse caso, seria impossível participar de atividades coletivas e de viver em sociedade. Como fazer música ou esporte sem adaptar-se às regras ou submeter-se a uma disciplina? Imagine uma orquestra na qual cada músico toque o que lhe aprouver, ignorando o maestro e as partituras musicais. Nada distinguiria então a música de uma cacofonia qualquer.[89]

Na prática, a expressão de si mesmo livre de toda restrição parece mais destinada a impedir o bem da sociedade do que realizá-lo.[90] Conheci uma jovem norte-americana que me afirmou: "Para ser realmente eu mesma, para ser livre, devo ser fiel a meus sentimentos e expressar espontaneamente o que sinto e o que melhor me convém". Ora, a verdadeira liberdade não consiste em fazer tudo o que nos passa pela cabeça, mas em ser dono de si mesmo. Ser livre, para um marinheiro, não significa soltar o timão, deixar as velas ao sabor dos ventos e o barco partir à deriva, mas timonear indo rumo ao destino escolhido. Gandhi sempre dizia nesse sentido que "A liberdade exterior que alcançamos depende do grau de liberdade interior que tivermos adquirido. Se tal for a justa compreensão da liberdade, nosso esforço principal deve ser consagrado a realizar uma mudança em nós mesmos". Essa transformação, se desejarmos combater as visões debilitantes dos campeões do egoísmo, consiste precisamente em diminuir nosso egocentrismo e em cultivar o altruísmo e a compaixão.

26. TER POR SI PRÓPRIO ÓDIO OU COMPAIXÃO

De todas as doenças, a mais selvagem é menosprezar nosso ser.
Montaigne

A CAPACIDADE DE AMAR O OUTRO É COM FREQUÊNCIA ASSOCIADA A DE AMAR A SI próprio. A regra de ouro encontrada, com formulações quase semelhantes, em todas as grandes religiões é: "Amar o outro como a ti mesmo". Portanto, parece que o fato de querer o bem para si seja um precursor indispensável ao altruísmo. Se não concedermos qualquer valor ao nosso próprio bem-estar, ou pior, se queremos nosso mal, será muito difícil querer o bem de quem quer que seja. Por outro lado, se desejarmos verdadeiramente nosso bem e se reconhecermos o valor e a legitimidade dessa aspiração, poderemos estendê-lo aos outros. De fato, os estudos clínicos demonstram que aqueles que se menosprezam, querem o mal para si, e às vezes se infligem sofrimentos físicos, admitem que têm muita dificuldade em conceber amor e compaixão para com os outros.[1] É preciso lembrar que o simples fato de querer o bem para si não é de forma alguma egoísta, dado ser compatível com o desejo pelo bem do outro. Como afirmava Coluche: "Não há mal em querer o bem para si".

Podemos verdadeiramente nos odiar?

Durante um de seus muitos encontros com cientistas, o Dalai Lama ouviu um psicólogo falar do ódio de si mesmo. Ele virou-se para seu tradutor, acreditando ter compreendido mal, depois dirigiu-se ao psicólogo e perguntou: "O que você disse foi *ódio de si*? É impossível. Não se pode querer o mal para si próprio". Embora a psicologia budista seja de uma grande riqueza e plena de nuanças, no entanto, ela não considera a possibilidade de que um indivíduo queira mal a si próprio. O psicólogo explicou ao Dalai Lama que o ódio de si próprio é infelizmente um mal frequente no Ocidente. Seguiu-se uma longa conversa e, após ter ouvido as explicações dos cientistas, o Dalai Lama reagiu: "Compreendo um pouco melhor agora. Isso parece um profundo mal-estar, uma doença do si-mesmo. As pessoas não desejam fundamentalmente sofrer, mas se culpam por não ser tão talentosos ou felizes quanto desejariam". O psicólogo explicou-lhe que isso era apenas uma dimensão do problema, e que algumas pessoas sofrem abusos e violências de forma continua a ponto de chegar a pensar que se sofrem tanto, é porque são fundamentalmente maus. Também explicaram ao Dalai Lama que alguns chegam a ferir a si mesmos voluntariamente, e que a automutilação é praticada por 10 a 15% dos adolescentes europeus. O Dalai Lama permaneceu alguns instantes silencioso, visivelmente comovido.

Para remediar o ódio de si, os médicos ocidentais destacaram a necessidade de ajudar seus pacientes a desenvolver mais a benevolência em relação a si mesmos; eles adotaram terapias baseadas no conceito de *compaixão por si próprio*. De início, senti uma certa relutância em relação a este conceito, sobre o qual ouvi falar com frequência no mundo ocidental. Perguntava-me se, focalizando muito a atenção sobre si mesmo, tal terapia estaria fadada a reforçar as tendências egocêntricas e narcisistas, em detrimento da abertura aos outros. Estava cônscio dos benefícios da autocompaixão para a saúde mental após frutuosas conversas com Paul Gilbert, pesquisador e médico inglês, que há trinta anos trata de pessoas que sofrem de autoagressividade, assim como com a psicóloga norte-americana Kristin Neff, cujas pesquisas mostraram que, via de regra, o desenvolvimento da autocompaixão e os benefícios que ela gera não veem acompanhados de um crescimento do narcisismo. Tentei assim vincular o conceito da autocompaixão aos ensinamentos budistas.

Se aprofundarmos mais, ter benevolência e compaixão por si próprio significa questionar: "O que é realmente bom para mim?" Se colocarmos essa questão com toda honestidade, deveríamos ser levados a admitir que: "Sim, se for possível, preferiria não sofrer e sentir muito mais bem-estar".

O obstáculo principal, para muitas pessoas que têm uma imagem negativa delas mesmas e adotam comportamentos autodestrutivos, provém também do fato de que a possibilidade da felicidade lhes foi por longo tempo recusada. O simples desejo de ser feliz provoca nelas o ressurgimento de recordações de acontecimentos traumatizantes. Essas pessoas chegam então a *voltar essa violência contra si próprias*, em vez de esperar uma felicidade que sempre lhes escapa.

Entretanto, a partir do momento em que aceitam pelo menos a *ideia* de que é preferível não sofrer, o que via de regra é uma iniciativa difícil, elas estão dispostas a adotar maneiras de ser e agir que lhes permitam escapar do círculo vicioso do sofrimento.

Um outro ponto essencial parece ser a tomada de consciência de um *potencial de mudança*. Com muita frequência, as pessoas que agridem a si mesmas consideram-se fundamentalmente culpadas ("a culpa é minha"), e condenadas a ser o que são ("isto faz parte de mim mesma"). Se sua infelicidade fosse inelutável, nós só estaríamos aumentando seus tormentos ao lhes dizer que podem se curar. Ora, se não podemos escolher o que somos, isto é, o resultado de uma infinidade de fatores independentes de nossa vontade (tal como a maneira como fomos tratados na infância), podemos em contrapartida agir sobre nosso presente e em nosso futuro.

O sentimento de não ter valor algum

Portanto, não é raro que algumas pessoas sejam atormentadas pela impressão de que são indignas de serem amadas, desprovidas de qualquer qualidade e inaptas à felicidade. Tais sentimentos resultam do menosprezo e das críticas reiteradas dos pais ou dos próximos. Acrescenta-se a isso um sentimento de culpa quando essas pessoas julgam-se responsáveis pelas imperfeições que atribuem a si.[2] Assaltadas por pensamentos negativos, não param de se censurar e se sentir isoladas dos outros.

Um estudo com adolescentes deprimidos revelou que os que possuíam um nível maior de pensamentos de autodesvalorização eram aqueles que, um ano após, apresentavam o risco mais elevado de cronificação de seu episódio depressivo.[3]

Segundo Paul Gilbert, na autocrítica patológica, que constitui um tipo de assédio interior, uma parte de si acusa constantemente uma outra, que odeia e despreza.[4] Achamos mais seguro nos autocensurarmos do que provocar a ira daqueles que nos abusam, correndo assim o risco do aumento da violência. Às vezes, chegamos a nos antecipar e nos autocriticar para neutralizar o risco de sermos humilhados pelos outros. Diminuindo-nos, esperamos atrair um pouco de simpatia. Mas verificamos que em muitos casos quem adota essa estratégia esconde uma profunda ira por quem o maltratou, acrescida de um sentimento de vergonha.

Esses sentimentos se manifestam geralmente desde a infância, logo depois dos maus-tratos infligidos por seus próximos; provocam distúrbios psicológicos graves, tais como inúmeras formas de fobias sociais, angústia, depressão e agressividade voltada para si mesmos ou para os outros. A privação de amor e a autodesvalorização podem assim conduzir ao desespero, até ao suicídio, tal como comprovam as palavras de uma pessoa, citadas por Kristin Neff: "Às vezes, me sinto tão só que me parece que estaria melhor morta. Penso em morrer porque eu tenho tão pouco valor e ninguém me ama. Eu não me amo. Melhor estar morta de uma vez por todas do que se sentir morta por dentro".[5] De acordo com Neff:

> A melhor maneira de se contrapor à autocrítica obsessiva consiste em compreendê-la, em ter compaixão para com ela, depois substituí-la por uma reação mais benevolente. Deixando-nos comover pelos sofrimentos que sentimos devido ao menosprezo por nós mesmos, reforçamos nosso desejo de cura. Finalmente, após ter batido a cabeça contra as paredes por tempo suficiente, acabamos por decidir que isso basta, e a exigir o fim das dores que infligimos a nós mesmos.[6]

Para que essas pessoas passem do desespero ao desejo de se reerguer na existência, é necessário ajudá-las a instaurar uma relação mais calorosa com si mesmas e a sentir compaixão por seus sofrimentos em vez de se julgar duramente.

A violência dirigida contra si mesmo

Como dissemos anteriormente, os comportamentos de automutilação afetam, portanto, de 10 a 15% dos adolescentes na Europa ocidental, particularmente as jovens entre as quais um grande número tiveram infâncias muito traumáticas (maus--tratos, estupros, incestos, desvalorizações sistemáticas da parte de seus pais etc.).[7] Entre aqueles que apresentam distúrbios de personalidade graves, a automutilação ocorre em 70 a 80% dos casos. Quase a metade das pessoas envolvidas se ferem diariamente ou várias vezes por semana. Algumas se cortam com objetos afiados, outras se machucam com ou contra um objeto, se mordem até sangrar, arrancam seus cabelos. Ao se infligir um dano fisicamente importante, tentam colocar fim a um estado emocional doloroso. A maioria afirma que a automutilação lhes provoca uma sensação de *alívio* e reduz a forte tensão física e psicológica que as oprime. Dois terços afirmam não sentir dor durante a automutilação.[8] Esta provoca a liberação de endorfinas pelo cérebro, substâncias que transmitem uma sensação efêmera de apaziguamento.

Christophe André relata o caso de um paciente, tratado com sucesso pela autocompaixão, que se automachucava até nos sonhos: "É um sonho em que estou desesperado: rolo no chão, quero me bater. Mas não consigo. Isso me desespera ainda mais, pois em meu sonho tenho o sentimento de merecer essas pancadas, e que é absolutamente necessário que eu as inflija em mim. Digo a mim mesmo: 'você merece, você merece!' E procuro me bater cada vez mais forte, para me machucar. É muito importante para mim que eu me machuque."[9]

As práticas de escarificação e de automutilação podem ser interpretadas como uma maneira de punir-se – a pessoa está convencida de ser "detestável" –, mas também como um grito de desespero que significaria: "Vocês não percebem o meu sofrimento? Eu vou lhes mostrar. Estes ferimentos, este sangue, não podem lhes passar despercebidos. Vocês compreenderão melhor o quanto eu sofro, e talvez consintam em me ajudar". Essas práticas não são um fato especificamente cultural, mas sobretudo um sinal universal de extremo sofrimento quando a dor se torna avassaladora e não ouvida. São também sinais precursores de uma possível passagem ao suicídio.[10]

Estabelecer uma relação calorosa consigo mesmo

Paul Gilbert trata há trinta anos de pessoas que sofrem de autoagressividade. Ele adotou um método terapêutico de treinamento em compaixão (*Compassionate Mind Training* ou CMT).[11] Procura fazer com que seus pacientes descubram uma zona de segurança e de calor humano e, pouco a pouco, substituam o ódio de si pela benevolência em relação a si mesmos. Estudos clínicos realizados por um grande número de pacientes mostraram que o CMT reduzia consideravelmente os estados depressivos, as automutilações e os sentimentos de inferioridade e de culpa.

De acordo com Gilbert, um dos problemas daqueles que se autocriticam de maneira excessiva é que não dispõem de recordações reconfortantes suscetíveis de serem evocadas quando se sentem mal, especialmente recordações de tratamentos benévolos e afetuosos. Focam na parte crítica de si mesmos, aquela que tem tendência a controlá-los e a dominá-los, mas têm dificuldade em fazer subir à consciência e a visualizar imagens benévolas e compassivas. Um dos papéis do terapeuta é ajudá-los a instaurar uma relação mais calorosa consigo mesmos.[12]

Desta forma, podem ser utilizadas diversas técnicas. Pode-se sugerir aos pacientes para imaginar a maneira pela qual uma pessoa benévola consideraria sua situação.

Depois pede-se a eles para tentar adotar o ponto de vista dessa pessoa. Ou ainda, lhes é proposto imaginar que uma *parte deles mesmos*, ou que uma *pessoa imaginária* manifesta bondade e uma profunda compaixão para com eles; em seguida, que evoquem essa imagem quando a autocrítica surgir novamente.[13] Se um paciente se automutila, pede-se a ele que tente sentir compaixão em relação à sua lesão.

É necessário também auxiliar os pacientes a compreender que a maneira com a qual confrontam as suas emoções nunca será objeto de qualquer desaprovação. Assim, lhes é explicado que não é "mal" se automutilar, que isso é compreensível levando em conta o que eles viveram, mas que poderiam considerar uma maneira diferente de superar suas dificuldades.[14]

As pesquisas de Kristin Neff levaram-na a identificar três componentes essenciais da compaixão por si mesmo:

– a solicitude para com si mesmo, *que consiste* em tratar-se com gentileza e compreensão em vez de se julgar severamente.

– o reconhecimento e a *apreciação de nossa humanidade comum*, que nos leva a considerar nossas experiências pessoais como parte do conjunto das experiências de inúmeros seres, em vez de isolar nosso sofrimento.

– exercitar-se *a tomar plena consciência* de todas nossas experiências, em vez de ignorar nossos tormentos ou de exagerá-los.[15]

Segundo Kristin Neff, aqueles que adquiriram hábitos de autocrítica extrema não percebem que são capazes de bondade para com eles mesmos. Por isso, solicita-se que comecem por identificar essa possibilidade, mesmo que a sintam de maneira muito fraca, para em seguida vivificá-la.[16]

Compreender que fazemos parte da humanidade

É importante tomar consciência da interdependência de todos os seres e do mundo que nos rodeia. O psicólogo Heinz Kohut insistiu na ideia de que o sentimento de pertencimento é uma das aspirações principais do ser humano. Uma das mais evidentes causas dos problemas de saúde mental é o sentimento de estar isolado dos outros, embora estes se encontrem a alguns centímetros.[17] Ora, o sentimento de não ter valor algum vem acompanhado com o de estar separado dos outros e, por isso mesmo, ser vulnerável. Para Neff, esta é a razão pela qual "O reconhecimento de nossa humanidade comum, que é inerente à autocompaixão, é uma poderosa força de cura. [...] Qualquer que seja nosso estado de aflição, nossa humanidade jamais pode nos ser retirada".[18]

Para reforçar o sentimento de estar conectado ao mundo e a todos os seres, Paul Gilbert propõe a seus pacientes visualizações como, por exemplo:

> Convido-o a imaginar na sua frente um mar de um azul intenso, quente e calmo, que acaricia uma praia arenosa. Imagine-se de pé com a água deslizando e tocando agradavelmente seus pés. E agora, levante os olhos para o horizonte. Imagine

que este mar está aqui há milhões de anos, e que ele é, desde então, uma fonte de vida. Ele presenciou muitos acontecimentos na história da vida e sabe muita coisa. Agora, imagine que este mar o acolhe plenamente apenas pelo que você é, conhece suas lutas e tristezas. Deixe criar entre você e o mar, com seu poder e sua sabedoria, um vínculo privilegiado, aceitando plenamente o que você é.[19]

O exercício da plena atenção

A terceira técnica tem origem no budismo. Ela permite administrar os pensamentos e as emoções perturbadoras. Uma versão secular foi adotada por Jon Kabat-Zinn, que a utiliza há trinta anos com muito êxito no meio hospitalar com o nome de "redução do estresse pela plena atenção" (MBSR ou *Mindfullness Based Stress Reduction*), uma denominação que ele preferiu no lugar de "meditação". Desde então, os métodos de Jon Kabat-Zinn são aplicados em centenas de hospitais pelo mundo, principalmente para resolver as dificuldades e as dores físicas e mentais associadas às doenças graves, à convalescência pós-operatória, à quimioterapia e a outros tratamentos do câncer, assim como às dores crônicas. Um grande número de estudos comprovam que os pacientes que receberam treinamento da plena atenção segundo o método MBSR[20], por volta de trinta minutos dia, têm seu sistema imunológico fortalecido, e as emoções positivas (alegria, otimismo, abertura ao outro) são mais frequentes.[21] No caso do ódio de si, um estudo de Shapiro e de seus colegas evidenciou que um treinamento de seis semanas em MBSR aumenta consideravelmente o nível de autocompaixão dos participantes.[22]

Um dos aspectos da prática da plena atenção consiste em evitar que o indivíduo se identifique com aquilo que o atormenta. Toda vez que nos identificamos com nossos estados mentais, eles se reforçam. A autocrítica mórbida e a autoagressividade podem invadir nossa mente tal como a febre em nosso corpo. No entanto, temos sempre a capacidade de observá-las, como o faríamos com um acontecimento exterior que se desenvolve diante de nossos olhos. Com a plena atenção, exercitamo-nos na contemplação da agressividade, isto é, no fluxo de pensamentos que a constitui e a alimenta, até que não nos perturbe mais. Essa técnica possibilita criar uma "zona de segurança" e deixa-se a agressividade atenuar-se gradualmente no campo da plena atenção.

Autoestima e benevolência para consigo mesmo

As pesquisas de Kristin Neff mostraram as diferenças entre *compaixão por si mesmo e autoestima*[23]. Podemos questionar, na verdade, se as pessoas que se autocriticam não deveriam esforçar-se antes de tudo em adquirir uma opinião sobre si mesmas mais elevada. Mas, como vimos, isto pode provocar em contrapartida, um reforço do narcisismo do indivíduo. De fato, as pesquisas evidenciaram que adquirir uma opinião de si excessivamente elevada comporta inúmeras desvantagens, dentre as quais uma tendência em superestimar suas capacidades, a exigir de si aquilo que não se é capaz e a culpar os outros no momento em que as coisas acabam mal.²⁴

Kristin Neff destacou o fato de que diferentemente da autoestima, o aumento da compaixão por si mesmo não vem acompanhado de um aumento do narcisismo.²⁵ Ao contrário, ele vem acompanhado de uma aceitação serena de nossas próprias fraquezas e falhas, aceitação que nos preserva da tentação de nos censurar pelo que somos, sem, no entanto, ser sinônimo de resignação.²⁶ Neff afirma que:

> Uma das razões pelas quais a autocompaixão é provavelmente mais benéfica do que a autoestima é que ela tende a estar disponível ali onde a autoestima falhou. Nossas carências e defeitos podem ser abordados de modo benevolente e equilibrado, mesmo que carreguemos em nós mesmos julgamentos desfavoráveis. Isto significa que a autocompaixão permite diminuir o sentimento de repulsa por si, sem que se deva adotar uma imagem positiva de si mesmo totalmente irrealista a qual é uma das causas principais do fracasso dos programas de elevação da autoestima.²⁷

O efeito de antídoto à ansiedade, à depressão, à vergonha e aos tormentos mentais que por muito tempo foi atribuído ao desenvolvimento de uma maior autoestima revela-se estar, na realidade, muito mais correlacionado com a autocompaixão.²⁸

Compaixão por si próprio, compaixão pelo outro

Segundo as observações de Paul Gilbert e de seus colegas, nos pacientes que sofrem de autoagressividade, a evocação do amor pelo outro e da compaixão por aqueles que sofrem suscita, geralmente, uma reação de rejeição. É, sem dúvida, exigir muito das pessoas que já têm dificuldades de amar a si próprias. Entretanto, há exceções notórias: indivíduos que padeceram ao longo da sua infância e juventude por causa dos adultos, mas que depois se reconstruíram e passaram o restante de suas vidas a ajudar pessoas em dificuldade. Uma vez que se estabeleceu uma melhor relação com si próprio, torna-se mais fácil sentir benevolência e compaixão pelos outros.

Os desafios são sem dúvida imensos, pois, na origem dos maus-tratos infligidos às crianças, nos deparamos com múltiplas causas societais. Os pais responsáveis por essas violências com frequência também foram maltratados. A pobreza, o isolamento e a multiplicidade de problemas psicológicos e materiais favorecem esse tipo de comportamento agressivo.²⁹

Inúmeras iniciativas foram adotadas para solucionar tais transtornos. O psicólogo David Olds e sua equipe da Universidade de Rochester, por exemplo, durante vinte e cinco anos, adotaram um programa de apoio às jovens adolescentes grávidas, com pouca educação e que viviam num meio desfavorável. Eles revelaram que frequentes visitas de enfermeiros às residências dessas mulheres durante a gravidez e no decorrer dos dois anos que se seguiam aos nascimentos diminuíam o risco de maus-tratos e favoreciam o desenvolvimento das crianças.³⁰ Isto é apenas um exemplo dentre diversos tipos de intervenções possíveis. Tudo que pode ser realizado para assistir os pais em dificuldade – as mães sobretudo – e permitir às crianças beneficiar-se dos cuidados, da benevolência e da afeição dos quais têm naturalmente necessidade, concorrerá para diminuir a violência parental, e futuras autoagressões entre aqueles que cresceram em um ambiente marcado pela violência.

Desse modo, é indispensável favorecer a autocompaixão nas pessoas que respondem aos maus-tratos infantis com comportamentos autodestruidores. A autocompaixão pode servir de base e de catalisador para expandir essa compaixão a todos aqueles que sofrem. Como destaca Christophe André: "Por que acrescentar sofrimento àqueles que a vida nos traz? A compaixão é querer o bem de *todos* os humanos, inclusive o nosso".[31]

27. As carências de empatia

Vimos que a ressonância afetiva com o outro, a empatia, é um dos fatores que, combinado com a valorização do outro e a preocupação com sua sorte, geram uma atitude e comportamentos altruístas. Porém, pode ocorrer de a empatia faltar. As causas de tal carência e seus efeitos são múltiplos. Em alguns casos, a carência de empatia resulta de um desgaste emocional ligado a situações exteriores que criam tensões crescentes e se traduz pela fadiga profissional, ou *burnout*, principalmente de médicos e enfermeiras. No caso dos psicopatas, a falta total de empatia e de sentimentos se manifesta desde a infância. Vinculada à herança genética, essa falta está associada a disfunções de certas regiões do cérebro. Em todos os casos, tais carências possuem efeitos negativos maiores sobre as pessoas que sofrem com isso e sobre todos aqueles que essas pessoas afetam, porque sua fria insensibilidade as leva a causar danos a outros e, às vezes, a cometer atrocidades.

O *burnout*: esgotamento emocional

Os profissionais da área médica são diariamente confrontados com o sofrimento dos outros. Quando sentem empatia, padecem com o sofrimento de seus pacientes. Esse sofrimento desencadeado pela empatia é real e os trabalhos em neurociências revelaram que as áreas cerebrais da dor ou da aflição são ativadas.[1] Quais seriam as consequências a longo prazo? Os sofrimentos de um paciente não vão durar para sempre. Na melhor das hipóteses, irá curar-se de seu mal, e na pior irá sucumbir a ele. Felizmente, é muito raro que ele sofra de maneira intensa durante anos. Os pacientes se sucedem, mas a carga de padecimento empático dos profissionais da área de saúde e dos cuidadores se renova dia a dia. O que acontece? Em muitos casos, o cuidador acabará por sofrer de um *burnout*. Suas capacidades de resistência diante dos sofrimentos do outro se esgotam. Ele não suporta mais essa situação. Os que são afetados por esse tipo de esgotamento são geralmente forçados a interromper suas atividades.

Um estudo revelou que nos Estados Unidos 60% dos médicos em exercício apresentam sintomas de *burnout*, que compreendem o esgotamento emocional, um sentimento de impotência e de ineficiência, até de inutilidade. Os que estão sujeitos ao *burnout* têm também tendência a despersonalizar os pacientes: eles passam então a ser menos bem tratados e a frequência dos erros médicos aumenta.[2]

Alguns médicos adotam outra estratégia. Dizem a si mesmos: "Para cuidar bem de meus pacientes devo evitar reagir emocionalmente a seu sofrimento". É compreensível que a sensibilidade e reações emocionais excessivas possam afetar a qualidade dos cuidados ou perturbar um cirurgião que tem necessidade de toda sua calma para realizar gestos perfeitamente precisos e tomar decisões difíceis. Contudo, estabelecer uma barreira emocional entre si e o paciente não é, sem dúvida, a melhor maneira de abordar o sofrimento deste último. Essa atitude pode degenerar em fria indiferença.

Após um exame, uma amiga de trinta e cinco anos ficou sabendo que sofria de uma rara malformação congênita, que não havia sido diagnosticada até então. Sua aorta passava por dentro dos pulmões. Seu coração acabou sendo afetado e era indispensável submeter-se a uma operação arriscada. Na manhã da intervenção, o cirurgião foi vê-la após ter verificado os resultados dos últimos exames e lhe anunciou sem precaução: "Os resultados dessas tomografias são péssimos". Curiosa maneira de preparar a paciente antes de uma intervenção durante a qual sua vida estaria por um fio! Uma outra amiga médica disse-me que havia desistido da especialização em cirurgia devido à frieza que havia constatado em muitos de seus colegas de profissão.

Por outro lado, vemos um grande número de enfermeiras e de médicos dando prova de calor humano, fonte de grande alento para o doente. Vê-se que as pessoas dotadas naturalmente de bondade e de compaixão são menos afetadas pelo esgotamento empático. Não seria a faculdade de sentir e manifestar benevolência o que faz a diferença? Um dos fatores essenciais do *burnout* poderia, assim, ser a fadiga progressiva da empatia quando não regenerada ou transformada pelo amor altruísta.

Fala-se, às vezes, em *fadiga da compaixão*. Sem dúvida, seria mais justo falar em *fadiga da empatia*, como vimos no capítulo 4. A empatia limita-se a uma ressonância afetiva com aquele que sofre. Acumulada, pode facilmente levar ao esgotamento e à aflição. Contudo, o amor altruísta é um estado mental construtivo que auxilia tanto aquele que o sente quanto aquele que é seu beneficiário. Cultivar a benevolência pode, portanto, remediar as dificuldades impostas pelo *burnout*.

Recuperar a compaixão na prática da medicina

Um de meus amigos, o médico David Shlim, que viveu durante muito tempo no Nepal e pratica meditação há muitos anos, organiza desde o ano 2000, nos Estados Unidos, seminários que reúnem uma centena de médicos desejosos de dar um espaço maior à compaixão no exercício de sua profissão.[3] Durante os seminários, os médicos observaram que a despeito do fato de que a benevolência e a compaixão façam parte do ideal da medicina, do juramento de Hipócrates e do código deontológico, o currículo dos estudos médicos não chegava a mencionar a palavra "compaixão", e menos ainda os métodos para cultivá-la. Um médico presente no seminário destacou: "Acredito nunca ter ouvido a associação das palavras 'medicina' e 'compaixão' ao longo de meus estudos clínicos." Os estudantes de medicina e os médicos jovens que começam a exercê-la nos hospitais são com muita frequência colocados à prova por meio de horários draconianos, que exigem quase sempre vinte e quatro horas de presença ininterrupta junto aos doentes. Esse "treinamento" é tão exaustivo que, segundo os próprios médicos, não deixam lugar à compaixão.

David relatou-me que, em início de carreira, ficava às vezes em um turno de trinta e seis horas seguidas. Um dia, às 4 horas da manhã, tendo começado a cochilar no quarto de plantão, foi acordado pelo interfone: uma paciente, a sétima daquela noite, acabara de dar entrada na emergência. Enquanto se arrastava como um lutador de boxe praticamente nocauteado pelo adversário, ele se surpreendeu ao pensar que se a paciente morresse antes dele chegar, poderia voltar a dormir em vez de passar as horas seguintes cuidando dela. Na verdade, era uma paciente que se queixava mais do que sofria e David se lembra que um observador teria dificuldades em dizer qual dos dois, paciente ou médico, parecia mais infeliz.[4] David não perdera sua compaixão, mas já não tinha energia suficiente para colocá-la em prática.

Para muitos médicos-residentes, o esgotamento gera irritabilidade, ressentimento e amargura, em vez de bondade, compaixão e empatia. Além disso, os estudantes de medicina são selecionados mais por suas competências do que pelo desejo de ajudar os outros. Sem oferecer a esses jovens doutores um treinamento apropriado em benevolência, como podemos esperar que consigam manifestar uma disponibilidade e uma compaixão que, nas circunstâncias com as quais se deparam, constituiria um desafio até mesmo para aqueles que cultivaram essas qualidades durante anos? Como afirma Harvey Fineberg, presidente do Instituto de Medicina das Academias Nacionais Norte-Americanas: "Todo médico sabe o que precisa ser feito para tornar-se competente, tecnicamente falando: adquirir mais conhecimento dos progressos científicos, assim como dos procedimentos e dos remédios novos e eficazes. Mas quantos têm a mínima ideia sobre a maneira de se tornar mais compassivos?"

No prefácio de *Medicine and Compassion* [Medicina e compaixão], David Shlim escreve: "Treinar a compaixão requer evidentemente esforços. [...] Tal como os próprios estudos médicos, a aprendizagem da compaixão pode levar toda uma vida, com progressos constantes do início ao fim".[5]

É evidente que há no mundo todo inúmeros médicos, enfermeiras e auxiliares de enfermagem que se dedicam incansavelmente ao bem-estar dos outros com uma devoção admirável. Mas para reduzir o *burnout* que afeta os profissionais de saúde, e não desumanizar uma profissão cuja própria essência é a humanidade, seria útil oferecer àqueles que estão engajados meios de desenvolver as qualidades interiores de que necessitam para melhor socorrer os outros. Se os envolvidos tivessem a possibilidade de cultivar a compaixão e introduzi-la nas práticas correntes dos hospitais, os pacientes se sentiriam acompanhados de maneira mais reconfortante e os médicos e enfermeiras teriam maior satisfação e equilíbrio emocional. Melhor ainda, concedendo importância à compaixão, aqueles que concebem ou reformam os sistemas de saúde estariam mais inclinados a enfatizar a forma como são tratados os pacientes do que priorizar a redução dos custos e a rapidez do atendimento.

Os fatores que contribuem para o *burnout*

O fenômeno do *burnout* não afeta exclusivamente aqueles que cuidam de pessoas que sofrem. É uma síndrome mais vasta que incapacita muitas pessoas no mundo do trabalho. A psicóloga Christina Maslach, professora da Universidade de Berkeley na Califórnia, dedicou-se ao estudo das causas e dos sintomas do *burnout*. Ela o define como uma síndrome de esgotamento emocional resultante de uma acumulação de estresse associada às interações humanas difíceis no curso de nossas atividades cotidianas.[6] Ela identifica três consequências principais de *burnout*: o esgotamento emocional, o cinismo e o sentimento de ineficiência.

O esgotamento emocional é o sentimento de estar "exaurido", "no fim da linha", de não ter mais energia ou prazer necessários para enfrentar o dia seguinte. Os que se encontram neste estado reduzem suas relações com os outros. Mesmo que continuem a trabalhar, recuam atrás do profissionalismo e da burocracia para administrar seus relacionamentos sociais de modo puramente formal e destituído de qualquer comprometimento pessoal e emocional. Erguem uma barreira afetiva entre eles e os outros. Um policial nova-iorquino relata a Christina Maslach: "Mudamos quando somos tiras – nos tornamos duros e cínicos. Precisamos nos condicionar se quisermos continuar neste trampo. E às vezes, sem nos dar conta, agimos do mesmo jeito na vida cotidiana, inclusive com nossa esposa e filhos. Mas é necessário. Se nos envolvermos muito, emocionalmente, com o que acontece no trampo, a gente acaba no hospício..."[7]

O segundo sintoma importante do *burnout* é o cinismo e a insensibilidade para com aqueles que trabalham conosco. Nós os despersonalizamos e os tratamos com uma atitude fria e distante, evitando estabelecer com eles relações excessivamente pessoais. Acabamos por renunciar aos nossos ideais. Uma assistente social relatou a Maslach: "Comecei a desprezar todo mundo, e não conseguia dissimular meu desprezo", enquanto uma outra disse: "Estou cada vez menos envolvida com os outros e extremamente negativa. Nada me importa". Alguns chegam a desejar que os outros "saiam de sua vida e os deixem em paz".

Esses sintomas também vêm acompanhados do sentimento de culpa; os atendentes sentem desespero ao pensar que não cuidam de seus pacientes como deveriam, e se tornam apáticos e insensíveis.

O terceiro aspecto do *burnout* se manifesta, então, sob a forma de uma perda do sentimento de satisfação pessoal e autorrealização, o que por sua vez provoca uma sensação de fracasso. A perda da autoconfiança e da noção do valor daquilo que foi realizado gera um profundo desânimo e, com frequência, estados depressivos, insônia, cansaço crônico, dores de cabeça, doenças gastrointestinais e hipertensão arterial. Um estudo realizado nos países da União Europeia revelou que 50 a 60% do conjunto de jornadas de trabalho perdidas estão vinculadas mais ou menos diretamente ao estresse.[8]

O esgotamento emocional ligado a um ambiente desfavorável

A maioria das pessoas que sofrem de *burnout* subestimam a influência de seu ambiente e superestimam sua parte de responsabilidade pessoal. Elas se acusam por todo tipo de falhas, rejeitam a responsabilidade pela situação em que se encontram e concluem que "alguma coisa está errada com elas" ou que são incompetentes no trabalho.[9]

Na verdade, estudos comprovam que o esgotamento profissional é resultado de um acúmulo cotidiano de estresse, ligado principalmente às situações e às condições de trabalho que minam as faculdades de administrar o estresse sob pressão constante de tensões emocionais. As vítimas se sentem sobrecarregadas, perdem o controle de suas atividades, têm o sentimento de não serem recompensadas por seus serviços e de serem tratadas injustamente, e ficam divididas entre as exigências profissionais e os valores morais pessoais.[10]

Esse desgaste se produz gradualmente, e as pessoas afetadas têm dificuldade para avaliar a importância das causas situacionais. Quando percebem que sua condição se agrava e que estão a ponto de sucumbir, embora nada de novo tenha ocorrido em seu ambiente, concluem que são os únicos responsáveis pelo que lhes acontece.

A perda de autonomia e o sentimento de impotência que a acompanha contribuem para o esgotamento profissional. Sabemos que os profissionais que podem fazer escolhas e exercer um certo controle sobre suas atividades se desenvolvem melhor no mundo do trabalho do que aqueles que apenas obedecem ordens. Estes últimos se sentem encurralados pelas exigências de seus superiores e pelas restrições impostas às suas ações e sua margem de manobra.

O sentimento de impotência e de frustração pode também afetar os trabalhadores sociais e os membros de outras profissões que *sabem o que poderiam fazer mas não podem fazê-lo*. Eve Ekman, filha do psicólogo Paul Ekman, cuida dos sem-teto de San Francisco que necessitam urgentemente de assistência médica ou psicológica. Ela me explicou que o maior desafio de seu trabalho, além da forte carga emocional ligada ao estado dos próprios pacientes, era o sentimento de inoperância para remediar as raízes do problema: a prefeitura não concede mais fundos, os abrigos foram fechados e, em caso de urgência, ela não tinha outra escolha a não ser colocar os miseráveis na rua, sabendo com certeza que logo mais iriam enfrentar novas dificuldades. "Não posso levá-los para minha casa, não posso fazer mais nada, e tenho o sentimento de que o que faço não serve para nada, não tem sentido. O desânimo pode infelizmente levar à despersonalização dos indigentes e a rejeitá-los." Eve conclui: "Portanto, é importante nos preparar para essas tarefas e manter plena consciência de nossos estados interiores para não sucumbir ao *burnout*".

No outro extremo da escala social, os dirigentes autoritários também são vulneráveis ao *burnout* em razão das tensões criadas por sua necessidade de controlar tudo. Via de regra, os temperamentos impulsivos em que faltam paciência e tolerância são constantemente contrariados, e se esgotam emocionalmente em pouco tempo.

Em um outro contexto, o medo crônico que afeta os carcereiros, ameaçados pela violência que reina em seus locais de trabalho, e que se soma ao fato de serem supostamente "durões" e não demonstrarem suas emoções, se traduz com frequência em estresse psicossomático, problemas de saúde e por último esgotamento profissional. Um ex-carcereiro relatou a Christina Maslach: "Todo novo carcereiro deve aprender a controlar suas emoções e, sobretudo, o medo fora do comum. Cada um de nós tinha sua própria maneira de reagir ao medo, mas não tínhamos meios para liberar nossas tensões".

Homens e mulheres frente ao *burnout*

As pesquisas mostram que homens e mulheres são igualmente vulneráveis ao *burnout*.[11] No entanto, observa-se algumas diferenças menores: as mulheres são mais vulneráveis ao esgotamento emocional, enquanto os homens têm maior tendência a despersonalizar aqueles com quem trabalham e a manifestar frieza depreciativa para com eles. Em parte isso pode resultar do fato de que as mulheres trabalham mais frequentemente que os homens no universo de cuidados (enfermeiras, assistentes sociais, psicólogas), ao passo que os homens são majoritários entre médicos, psiquiatras, policiais e gerentes de departamento. Mas à luz de seus trabalhos de pesquisa, Christina Maslach acredita que isso não basta para explicar as diferenças observadas, e que estas estão muito mais vinculadas às diferenças de temperamento entre os dois sexos.

Por outro lado, nos Estados Unidos, os imigrantes asiáticos sofrem de *burnout* tanto quanto a população branca, porém os negros e os imigrantes de origem hispânica são nitidamente menos afetados.[12] Estes últimos estão bem menos sujeitos ao esgotamento emocional e à despersonalização do outro, talvez porque as comunidades negra e hispânica valorizam muito mais os vínculos familiares e de amizade, e ainda dão importância às relações personalizadas com os outros.

A compaixão pode ser patológica?

O cuidado com os outros e a dedicação para aliviar seus sofrimentos denota *a priori* altruísmo. Porém, em certos casos, as motivações daqueles que se colocam a serviço dos outros são ambíguas e até egoístas. Alguns se lançam de corpo e alma em atividades caritativas por uma profunda necessidade de aprovação ou de afeição.[13] Outros o fazem para elevar sua baixa autoestima, ou porque suprem assim uma necessidade de intimidade e de contatos humanos não satisfeitos em sua vida cotidiana.

Em um outro contexto, alguns psicólogos, como Michael McGrath, da Universidade de Rochester, não hesitam em falar de um altruísmo patológico, definido como "a solicitude em colocar as necessidades dos outros acima das suas, a ponto de se autoprejudicar, física e/ou psicologicamente".[14] Observamos, entretanto, que essa definição é ambígua e não permite distinguir entre as motivações egocentradas e aquelas de fato altruístas. Uma mãe que se sacrifica para salvar seu filho estaria sofrendo de compaixão patológica? Só se pode dizer que a compaixão é doentia ou inadequada em situações em que as dificuldades e os sofrimentos prestes a serem assumidos são muito maiores que o bem que se pode fazer ao outro. Sacrificar sua qualidade de vida para satisfazer os caprichos de outro não tem qualquer sentido. Deixar sua saúde se deteriorar para oferecer a outros uma ajuda que não é realmente vital, ou que outros podem dar, torna-se irracional. Por outro lado, quando os inconvenientes que sentimos são da mesma ordem de grandeza que as vantagens para o outro, a escolha depende de nosso nível de altruísmo, mas não pode ser considerada como doentia. Lembremos o exemplo de Maximiliano Kolbe, o padre franciscano que no campo de extermínio de Auschwitz ofereceu-se para trocar de lugar com um pai de família quando, em represália à fuga de um prisioneiro, foram designados dez homens para morrer de fome e de sede.

Narcisismo e transtornos da personalidade associados à falta de empatia

Se o *burnout* conduz à falta de empatia em decorrência de um lento desgaste do equilíbrio emocional, outras carências de empatia correspondem a disposições duradouras devidas em parte a causas hereditárias, e em parte à influência das condições exteriores. Elas são então associadas a disfunções cerebrais que foram estudadas pelas neurociências.

No narcisismo, nos transtornos de personalidade, na psicopatia e em certas formas de autismo, diferentes componentes da cadeia de reações afetivas implicadas na vida social não funcionam normalmente e acarretam uma falta de empatia e de consideração pelo outro.

Os narcisistas só pensam em si mesmos e não se interessam pela sorte dos outros, mesmo que não tenham dificuldades para imaginar o que os outros pensam. Entretanto, não são necessariamente manipuladores e maléficos como os psicopatas.

Os que sofrem de "transtornos de personalidade" também manifestam um alto nível de centramento em si mesmos. Excessivamente emotivos, excitáveis e perturbados, têm dificuldade para inferir de forma correta os sentimentos do outro. Necessitam de amor, mas se enchem de ressentimento e de raiva, em geral porque foram negligenciados ou maltratados durante a infância (40 a 70% deles foram vítimas de abusos).[15] Com isso, embora precisando dos outros, rejeitam-nos e sofrem de um vazio interior, de uma vida emocional dolorosa e de depressão recorrente. Entre eles, 10% se matam, e 90% tentam o suicídio. A causa principal de sua falta de empatia é a falta de afeto e os abusos, com frequência sexuais, sofridos na infância.

Quanto aos autistas, sofrem de uma deficiência de perspectiva cognitiva. Têm dificuldades para imaginar o que os outros pensam e sentem. Segundo Richard Davidson, também têm dificuldades para controlar as emoções e por isso temem ser expostos a situações que desencadeiem neles tempestades emocionais, o que explica sem dúvida o fato de evitarem o olhar dos outros, que tem para eles uma carga emocional excessiva difícil de decifrar.[16] Alguns autistas manifestam pouca empatia, porém outros não só são capazes de empatia como a sentem mais que a média das pessoas.

É entre os psicopatas que a empatia é mais cruelmente ausente. O sofrimento dos outros não os comove de maneira alguma, e utilizam sua inteligência para manipular e causar danos a seus semelhantes.

Cabeça cheia, coração vazio: o caso dos psicopatas

Os psicopatas (chamados também de "sociopatas" ou "personalidades antissociais")[17] são quase totalmente desprovidos de empatia. Desde a infância manifestam uma ausência de interesse pelas aspirações e direitos dos outros e não cessam de violar as normas sociais.[18] Antes de maltratar os seres humanos, eles são com frequência cruéis com os animais, que sentem prazer em torturar.

Que os outros sofram, sejam aterrorizados ou felizes, tais sentimentos não provocam qualquer reação afetiva nos psicopatas. Por não sentirem nada de repugnante em ver sofrer suas vítimas, cometem as maiores atrocidades sem hesitação nem remorsos. Em particular, têm dificuldades para sentir e imaginar os sentimentos de tristeza e de medo, tanto os seus como os dos outros. Quando solicitados a experimentá-los, as tentativas evocam neles muito poucas reações subjetivas, fisiológicas e cerebrais.[19]

Em alguns, a menor contrariedade ou desejo de afirmar sua necessidade de domínio sobre o outro pode provocar crises de fúria, mas com maior frequência, esses indivíduos dão prova de uma crueldade fria e maquiavélica. Quando se fixam em um objetivo, eles o perseguem com determinação, sem levar em conta as circunstâncias.

Se os psicopatas não sentem qualquer ressonância afetiva com os outros, por outro lado são excelentes para imaginar mentalmente o que se passa na cabeça dos outros.[20] Usam essa faculdade, aliada a uma inteligência calculista e às vezes a um charme superficial, para enganar e manipular suas vítimas. Pode ser difícil reconhecer os psicopatas, pois operam sob a máscara da normalidade: embora capazes das piores maldades, não apresentam à primeira vista qualquer sinal de doença mental. Ao contrário dos esquizofrênicos, não têm alucinações nem escutam vozes. Não são confusos nem agitados e amiúde possuem uma inteligência acima da média. Eles são simplesmente desprovidos de sentimentos, e se parecem muito mais com a encarnação do Mal do que com loucos.

Tampouco têm escrúpulos para intimidar e recorrer à violência a fim de alcançar seus propósitos. Quando suas manipulações são bem-sucedidas, sentem satisfação, mas quando são desmascaradas e fracassam, não sentem vergonha nem arrependimento e esperam apenas a ocasião para recomeçar. Não temem punições, que para eles não têm qualquer efeito redentor ou preventivo de recidivas.[21] Mentirosos crônicos, não confiáveis nem honestos, são incapazes de manter relações amigáveis ou sentimentais duradouras.[22]

Portanto, falta aos psicopatas toda a cadeia de reações que começa pelo contágio emocional, continua na empatia e culmina na solicitude empática, ou compaixão. Neles há ausência de qualquer sentimento em favor do outro, tudo se passa no plano cognitivo e não têm outro objetivo exceto a promoção de seus interesses. Os psicólogos e criminalistas que trabalharam com psicopatas ficaram chocados por seu extremo egocentrismo: narcisistas, consideram-se superiores aos outros e dotados de direitos e prerrogativas inatos que transcendem os dos outros.[23] Enfim, segundo Robert Hare – professor emérito da Universidade da Colúmbia Britânica, no Canadá, um dos pioneiros neste campo de pesquisa –, um psicopata é "uma pessoa inteiramente centrada nela mesma, impiedosa, sem remorsos, com profunda falta de empatia".[24] De acordo com Hare, autor de uma lista de referência das características que permitem identificar um psicopata,[25] "tentar explicar sentimentos a um psicopata é como descrever as cores a um daltônico".

Em seu livro *Without Conscience* [Sem consciência], Hare cita o caso de um psicopata que tentava explicar o porquê de não sentir qualquer empatia pelas mulheres que havia violentado: "Elas têm medo, não é? Mas, veja, não consigo compreender isso verdadeiramente; já me aconteceu ter medo e não foi desagradável".[26]

Hare demonstrou que os indivíduos normais reagem com maior rapidez quando são confrontados a palavras emocionalmente carregadas, tais como: "estupro" ou "sangue" do que a palavras neutras como "árvore" ou "lápis". Mas os psicopatas não manifestam nenhuma diferença afetiva ao ler ou ouvir tais palavras. Sua atividade cerebral praticamente não muda, qualquer que seja o tipo de palavra apresentada.

Adrian Raine, da Universidade da Pensilvânia, também mostrou que quando se pedia a psicopatas para ler em voz alta, diante das testemunhas, uma descrição de todos os crimes que haviam cometido – tarefa que desencadeia nos indivíduos normais sentimentos pronunciados de vergonha e de culpa – as áreas cerebrais ligadas a esses estados mentais não eram ativadas nos psicopatas pesquisados.[27]

Um assassino em série relatou que era "bom e gentil" com suas vítimas, cinco mulheres que tinha sequestrado, violentado e esfaqueado. Como prova de sua bondade, disse: "Sempre tomei cuidado em ser amável e delicado com elas, até começar a matá-las", acrescentando que, quando por fim apunhalava suas vítimas, "o homicídio era sempre instantâneo, para que elas não previssem o que iria lhes acontecer".[28]

Outro assassino em série, o espanhol Rodriguez Vega, foi apelidado de *El Mataviejas* ("o matador de velhinhas"). Cortês e charmoso, de aparência elegante, abordava senhoras idosas nos parques públicos, conquistava sua confiança e lhes propunha fazer pequenos serviços em domicílio. Uma vez na casa, estuprava essas mulheres, com idades de sessenta e cinco a oitenta e dois anos, e as sufocava com um travesseiro. Vega foi finalmente preso e confessou seus crimes. Quando psicólogos lhe pediram para explicar seus atos, respondeu que algumas pessoas vão ao cinema porque gostam, e que ele gostava de matar mulheres: "Mato porque me agrada".

Nunca demonstrou o menor sinal de arrependimento e foi, por sua vez, assassinado na prisão.[29]

O mesmo ocorreu durante a Segunda Guerra Mundial. Joe Fisher ficou feliz em saber que na guerra o matar era recompensado por condecorações. Ele achava que "matar era agradável demais para parar"[30], e perpetrou inúmeros assassinatos quando retornou à vida civil.

O psicopata sabe fazer a distinção entre o bem e o mal, mas não lhe dá qualquer atenção. Quando é pego, tenta se justificar, minimizar o impacto de suas ações, transferir a responsabilidade para outros, com frequência para suas vítimas, e encontrar explicações falaciosas. Frederick Treesh, um assassino em série, foi capturado após uma troca de tiros com a polícia em agosto de 1994. Nas duas semanas precedentes, ele havia assaltado vários bancos e lojas, e cometido várias agressões à mão armada, porém não achava que tivesse agido tão mal assim: "Fora os dois que matamos, os dois que ferimos, as mulheres em quem demos umas coronhadas, e as lâmpadas que enfiamos na boca das pessoas, não fizemos mal a ninguém".[31]

Para Robert Hare, a razão pela qual os psicopatas não temem punições é que são muito pouco afetados pela antecipação de sofrimentos futuros. Hare pediu a diferentes indivíduos para olharem um pêndulo que mostrava a contagem regressiva de dez segundos, ao final do qual levariam um leve choque elétrico no dedo. Os indivíduos normais antecipavam a dor e começavam a suar com a aproximação do momento. Mas os psicopatas não tinham reação: não ficavam apreensivos com a dor anunciada. Por outro lado, manifestavam reações fisiológicas normais no momento em que ocorria a descarga elétrica.

Em uma população normal, encontra-se em média 3% de psicopatas entre os homens e 1% entre as mulheres. Contudo, entre presos, 50% dos homens e 25% das mulheres apresentam transtornos de personalidade, e aproximadamente 20% dos homens são psicopatas.[32] Quando os psicopatas são soltos depois de uma pena na prisão, eles são três vezes mais suscetíveis de reincidir no ano seguinte do que os outros delinquentes.[33] Na verdade, o diagnóstico de psicopatia fornece o melhor prognóstico de recidiva.

Em uma publicação científica, James Blair, que dirige a unidade de neurociências afetivas e cognitivas no Instituto Nacional de Saúde Mental dos Estados Unidos (National Institute of Mental Healh ou NIMH); considera que a disfunção emocional ligada à psicopatia tem um importante componente hereditário de aproximadamente 50%.[34] Ele observa que as circunstâncias exteriores, como os abusos sexuais, que levam a transtornos de personalidade graves, vêm acompanhados geralmente de uma reatividade acrescida de perturbações emocionais e de acontecimentos percebidos como uma ameaça, enquanto ocorre o contrário com os psicopatas, que pouco reagem a esses acontecimentos. A não reatividade emocional dos psicopatas está associada a uma diminuição da atividade funcional de duas áreas do cérebro ligadas à expressão e à regulação das emoções (a amídala e o córtex ventrolateral).

Psicopatia induzida pelo exercício da violência

Se a maioria dos psicopatas o são desde a primeira infância, outros podem se tornar em circunstâncias extremas. Forçar as pessoas a matar pode dessensibilizá-las ao sofrimento do outro a ponto de tornarem-se psicopatas. John Muhammad era um soldado norte-americano que, antes de ser enviado ao Iraque, era considerado um *bon vivant* e tinha uma vida social ativa. Era casado e pai de três filhos. Sua mulher, Mildred, conta que tudo mudou quando ele voltou do Iraque.[35] John tornou-se um homem aniquilado; falava muito pouco e não queria mais que as pessoas se aproximassem dele, inclusive sua esposa. Ela acabou pedindo o divórcio depois que ele a ameaçou de morte repetidas vezes. Ela levou muito a sério as ameaças, pois John era uma pessoa que pesava suas palavras.

Em 2002, cinco pessoas foram assassinadas em um só dia, no Estado de Maryland, cada uma por uma única bala disparada à distância. Em quinze dias, enquanto um ambiente de terror pairava na região, treze pessoas foram assassinadas. Um bom número desses homicídios ocorreu na vizinhança da casa de Mildred. Quando John foi finalmente identificado e preso, os indícios da investigação levaram a crer que o objetivo desses crimes parecia ser o de matar Mildred. Incluindo o homicídio de sua esposa em uma série de crimes perpetrados aparentemente ao acaso em locais públicos, John poderia matar sua esposa sem que a suspeita recaísse sobre ele. Tais crimes seriam atribuídos a um suposto "atirador de elite das periferias".

Tragicamente, a síndrome de John foi induzida por um sistema que coloca os seres humanos em situações em que *eles são obrigados* a matar outros humanos que não conhecem, de quem ignoram tudo, e para com os quais não têm *a priori* qualquer motivo para manifestar um ódio pessoal. Esse processo, que conduz a considerar toda pessoa situada "do outro lado" como um homem a ser abatido, acaba por desumanizar um ser humano normal.

Os psicopatas engravatados

Nem todos os psicopatas são violentos, e um certo número dentre eles são bem-sucedidos na sociedade moderna, principalmente no mundo das finanças e das empresas, como revela o livro do psicólogo do trabalho Paul Babiak, em colaboração com Robert Hare, *Snakes in Suits: When Psychopaths Go to Work* [Cobras de terno: quando psicopatas vão trabalhar].[36] São "psicopatas bem-sucedidos", em contraste com os "psicopatas que fracassam", os quais, impulsivos e violentos, são colocados rapidamente na prisão. Segundo Babiak, os psicopatas em terno e gravata têm "falta de empatia, mas no mundo dos negócios isto não é necessariamente visto como algo ruim, sobretudo quando existem decisões difíceis de serem tomadas, como as de demitir empregados ou de fechar uma fábrica".

Belos oradores, charmosos e carismáticos, mas sem escrúpulos, convincentes no momento da contratação, virtuosos na gestão de sua imagem e manipuladores sem igual, consideram seus colegas de maneira estritamente utilitária e servem-se deles para galgar os escalões da empresa. Em um mundo em que o ambiente econômico é cada vez mais competitivo, muitos psicopatas são empossados nas altas esferas da empresa e das finanças. O infame famoso Bernard Madoff, assim como Jeff Skilling, ex-presidente da empresa texana Enron, condenado a vinte e quatro anos de prisão por fraude, em 2006, são exemplos notórios.

Duas pesquisadoras britânicas da Universidade do Surrey, na Inglaterra, Belina Board e Katarina Fritzon, usaram a lista de avaliação de Robert Hare para estudar os traços de personalidade de 39 diretores executivos de grandes empresas britânicas e compará-los aos pacientes do hospital psiquiátrico de Broadmoor: "Nossa amostragem era limitada, mas os resultados definitivos. [...] Os transtornos de personalidade dos homens de negócios confundiam-se com os de criminosos e pacientes psiquiátricos", relata Belina Board no *New York Times*, concluindo que os diretores executivos das empresas em questão haviam se transformado em "psicopatas de sucesso" que, como os pacientes que sofrem de transtornos psicóticos de personalidade, não apresentavam empatia, tinham tendência a explorar os outros, eram narcisistas, ditatoriais, caracterizados pela falta de limites.[37] Chegavam a superar os pacientes psiquiátricos e os psicopatas em certas modalidades como o egocentrismo, o charme superficial, a falta de sinceridade e a tendência à manipulação. No entanto, eram menos inclinados à agressão física, à impulsividade e à falta de arrependimento.

O cérebro dos psicopatas

Kent Kiehl, da Universidade do Novo México, em Albuquerque nos Estados Unidos, criou um programa de pesquisas de vários milhões de dólares, financiado pelo Instituto Nacional de Saúde Mental, para reunir dossiês, tomografias do cérebro, informações genéticas e as entrevistas realizadas com mil psicopatas, com o objetivo de compilar uma base de dados disponibilizada a todos os pesquisadores. Kiehl avalia que o custo dos processos judiciais e do encarceramento dos psicopatas, somado às tragédias que eles provocam, alcança, nos Estados Unidos, de 250 a 400 bilhões de dólares ao ano. Nenhum outro transtorno mental de tal dimensão foi tão negligenciado.[38]

Como é inconcebível levar ao laboratório um número tão grande de presos frequentemente perigosos, Kent Kiehl e seus colegas viajam de uma prisão a outra com um caminhão de 15 metros de comprimento, equipado com um tomógrafo de IRMf [imagem por ressonância magnética funcional] otimizado para funcionar nessas condições não habituais.[39]

Um dos primeiros trabalhos dessa equipe, realizado por Carla Harenski, demonstrou que quando os psicopatas eram expostos a estímulos emocionais perturbadores (imagens mostrando transgressões morais graves – um homem com uma faca no pescoço de uma mulher, ou rostos aterrorizados), as regiões do cérebro que reagiam de maneira significativa nos indivíduos normais se encontravam notoriamente desativadas nos psicopatas. Trata-se, nesse caso, da amídala do córtex orbitofrontal e do sulco temporal superior.[40] Além disso, foi observado uma redução física no tamanho da amídala em criminosos psicopatas.[41]

Segundo Kent Kiehl, é o conjunto da rede paralímbica – estruturas cerebrais interconectadas implicadas no tratamento das emoções (a ira e o medo, em particular), na consecução de objetivos, no respeito ou violação de normas morais, na tomada de decisão, nas motivações e no autocontrole – que intervêm nesses processos.[42] Sua hipótese é fundamentada por dados da IRMf que revelam uma atrofia do tecido paralímbico, indicando que essa região cerebral é subdesenvolvida.[43]

Por sua vez, Adrian Raine evidenciou deteriorações maiores da matéria cinzenta do córtex pré-frontal em personalidades com tendências psicopatas que apresentam distúrbios neurológicos.[44] Contudo, como afirma Raine, é ainda difícil distinguir sem ambiguidade a sequência das causas e efeitos: "Seria o fato de viver uma vida violenta de psicopata que acarretaria modificações estruturais e funcionais do cérebro, ou seria o inverso?"[45]

Tratamento dos psicopatas

Durante muito tempo, em decorrência de opiniões que remontam aos anos 1940 e de um estudo efetuado nos anos 1970, frequentemente citado mas pouco convincente, considerou-se válido que esses doentes seriam incuráveis e que as intervenções práticas poderiam até mesmo agravar as suas tendências psicopáticas.[46] Porém, recentes trabalhos de pesquisa conduzidos pelo psicólogo Michael Caldwell no Centro de Tratamento de Jovens Delinquentes de Mendota, em Madison, no Wisconsin, proporcionaram um novo otimismo ao demonstrar que algumas intervenções corretamente orientadas, dentre as quais constam terapias cognitivas e assistência psicológica aos familiares (no caso dos delinquentes juvenis que manifestam sinais psicopatas), podem ser eficazes.[47]

Michael Caldwell utilizou em particular uma terapia chamada de "descompressão", cujo objetivo é interromper o círculo vicioso dos crimes e das punições, os quais, por reação, levam por sua vez a novos comportamentos repreensíveis. Mas, antes de mais nada, disse-me Michael quando de nosso encontro em Madison, o sucesso de suas intervenções é devido principalmente ao fato de ter criado relações mais humanas entre os guardas e os detentos.[48] Antes, os guardas consideravam os detentos como nada além do que delinquentes perigosos que deveriam ser mantidos sob controle por todos os meios. Quanto aos psicopatas, segundo a expressão de Caldwell, "não fazem diferença entre um ser humano e um lenço de papel"; isto significa que consideram os outros como instrumentos, úteis ou ameaçadores. Ao trabalhar com todos os envolvidos, Caldwell conseguiu ajudar os psicopatas a considerar os guardas como seres humanos, e fazer com que os guardas compreendessem que poderiam tratar de maneira mais humana os psicopatas em suas interações cotidianas, mantendo o cuidado para garantir a segurança.

Os resultados foram notórios: uma amostragem de mais de 150 jovens psicopatas tratados por Caldwell mostrou uma probabilidade duas vezes menor de cometer um crime do que um grupo equivalente que foi tratado em um centro de detenção e de reabilitação clássica. Neste último caso, os jovens delinquentes estudados cometeram dezesseis assassinatos nos quatro anos seguintes à sua libertação da prisão. Aqueles, em número equivalente, que seguiram o programa de Caldwell, não mataram ninguém.

As vantagens econômicas também são expressivas: cada vez que a sociedade norte-americana dispensa 10 mil dólares em tratamento, ela economiza 70 mil dólares que seriam necessários para manter por longos períodos de tempo os delinquentes na prisão.[49] Infelizmente, a psicopatia é via de regra ignorada pelos sistemas de saúde, o que é absurdo considerando sua frequência – ela nem mesmo está inclusa no Manual de Diagnóstico e Estatística dos Transtornos Mentais (Diagnostic and Statistical Manual of Mental Disorders, ou DSM), manual de referência na maioria dos países. Sem dúvida, isto acontece porque os não especialistas têm dificuldade para diagnosticar os psicopatas, os quais mentem de maneira convincente no decorrer das entrevistas com os psicólogos.

Ao invés de pensar que os psicopatas *são monstros*, é preciso compreender que se tratam de indivíduos que, em virtude de suas carências empáticas e emocionais, podem ser levados a se *comportarem de maneira monstruosa*. Como sempre, é indispensável distinguir a doença da pessoa que ela afeta.

Recuperar a empatia, amplificar a benevolência

Menina ainda, Sheila Hernandez sentia-se sempre só. "Aos três anos", diz ela, "minha mãe me entregou a estranhos, um homem e uma mulher, e o sujeito começou a me maltratar aos quatorze anos. Aconteceu um monte de coisas dolorosas comigo, que eu gostaria de esquecer. Levantava-me de manhã, e lembro que ficava furiosa pelo simples fato de ter sido acordada. Achava que ninguém poderia me ajudar, que eu era uma inútil. As drogas entraram em jogo para ajudar a me livrar desse sofrimento íntimo. Vivia apenas para me drogar e me drogava para viver, e como as drogas me deprimiam ainda mais, eu só tinha uma vontade: morrer".[50]

No fundo do poço, ela foi internada no Hospital Johns-Hopkins. Soropositiva, sofria de endocardite e pneumonia. O uso constante das drogas havia afetado tanto sua circulação sanguínea que não conseguia mais usar as pernas. Segundo um médico, Sheila Hernandez estava "virtualmente morta". Quando Glenn Treisman, que há décadas trata depressão em indigentes soropositivos e toxicômanos, a viu, ela lhe disse que não queria falar com ele porque não ia demorar a morrer, e que deixaria o hospital o mais rápido possível. "Não!", disse-lhe Treisman. "De forma alguma. Você não vai sair daqui para morrer de forma estúpida e inútil na rua. É a coisa mais insensata que já ouvi. Você ficará aqui e vai parar de se drogar. Trataremos de suas infecções, e se o único modo que eu tiver para mantê-la aqui for declará-la louca perigosa, pode ter certeza que o farei." Sheila ficou.

Após trinta e dois dias de cuidados atenciosos suas percepções mudaram por completo: "Finalmente, percebi que tudo aquilo em que acreditava antes de entrar no hospital era falso. Esses médicos me disseram que eu tinha tal e tal qualidade, que eu valia alguma coisa, no final das contas. Foi como um renascimento para mim. [...] Comecei a viver. No dia em que parti, ouvi passarinhos cantando, e sabe, eu nunca os tinha ouvido antes. Eu não sabia até aquele dia que os passarinhos cantavam! Pela primeira vez senti o cheiro da grama, das flores e... até mesmo o céu, achava que ele era novo. Nunca havia prestado atenção nas nuvens, você compreende".

Sheila Hernandez nunca mais pôs as mãos em uma droga. Meses depois, ela voltou ao Hopkins, onde foi admitida na administração do hospital. Ali realiza um trabalho de apoio jurídico para um estudo clínico sobre a tuberculose, e ajuda os participantes a encontrar uma moradia. "Minha vida mudou completamente. Dedico meu tempo a ajudar as pessoas, e sabe, isso me agrada muito."

Um grande número de Sheilas nunca consegue sair do abismo. As que saem são raras; não que a situação seja irremediável, mas porque ninguém se predispõe a ajudá-las. O exemplo de Sheila e de tantos outros mostra que manifestar benevolência e amor pode promover um renascer de modo surpreendente, tal qual uma planta murcha que se rega com cuidado. O potencial desse renascimento estava presente, tão próximo, mas por tanto tempo negado ou ocultado. A maior lição aqui é a força do amor e as consequências trágicas de sua ausência.

Sabe-se que as pessoas que sofreram abuso na primeira infância manifestam com frequência comportamentos autodestrutivos ou violência para com os outros. Neste caso, não é por terem sido *desumanizadas*, mas, por não terem sido humanizadas o suficiente por meio da afeição, do cuidado, da presença, do contato de pais amorosos ou de pessoas que lhes tivessem oferecido calor humano durante uma fase de sua vida, a da primeira infância, em que ele é absolutamente necessário ao desenvolvimento normal de um ser humano. Sabe-se que o encontro ou a presença de pessoas sinceramente benevolentes fazem uma diferença radical.

Outros trabalhos sugerem que a empatia pode ser um antídoto importante na prevenção dos maus-tratos a crianças e da negligência da qual são vítimas, assim como das agressões sexuais. J. S. Milner e sua equipe comprovaram que as mães que manifestavam maior empatia ao assistir um vídeo de uma criança em prantos não apresentavam quase nenhum risco para seus próprios filhos; enquanto aquelas que não demonstravam qualquer mudança evidente de empatia – quer a criança risse, chorasse ou simplesmente olhasse ao redor –, apresentavam um risco elevado de maus-tratos com relação a seus filhos. Estas últimas também exprimiram uma aflição pessoal e uma hostilidade maior quando viam seu filho chorar.[51]

No que diz respeito aos abusos sexuais, foi provado que algumas intervenções clínicas com o objetivo de aumentar a empatia reduziram a probabilidade de abusos, de estupros e de assédio sexual em homens que apresentavam um risco elevado de cometer agressão sexual.[52]

Diversos trabalhos de pesquisa também concluíram que o altruísmo induzido, ao amplificar a empatia, pode inibir a agressividade. Pesquisas sobre o perdão mostram que uma etapa importante no processo consiste em substituir a ira pela empatia.[53] Harmon-Jones e seus colegas neurocientistas evidenciaram o fato de que a empatia inibe diretamente a atividade de regiões do cérebro ligadas à agressividade.[54]

A lição principal a extrair de todos esses conhecimentos evidencia que a empatia é um componente vital de nossa humanidade. Sem ela, teríamos dificuldades para dar um sentido à nossa existência, para nos vincular aos outros e para encontrar um equilíbrio emocional. Sem ela, podemos também ser levados à indiferença, à frieza e à crueldade. Portanto, é essencial reconhecer sua importância e cultivá-la. Além disso, para evitar afundar no excesso de ressonância afetiva que pode conduzir à aflição empática e ao *burnout*, é preciso, como vimos em um capítulo anterior, incluir a empatia na esfera mais vasta do amor altruísta e da compaixão. Disporíamos, assim, das qualidades necessárias para realizar o bem do outro, permitindo ao mesmo tempo o nosso próprio desenvolvimento.

28. Na origem da violência: a desvalorização do outro

> *A fraqueza última da violência é que ela é uma espiral descendente, gerando exatamente aquilo que procura destruir. Em vez de diminuir o mal, ela o multiplica.*
> Martin Luther King Jr.

NA RAIZ DE TODA FORMA DE VIOLÊNCIA SE ENCONTRAM A FALTA DE ALTRUÍSMO e a desvalorização do outro. Não lhe atribuindo suficiente valor, nós o prejudicamos deliberadamente, física ou moralmente.

Entendemos por *violência* o conjunto dos atos e atitudes hostis e agressivas entre indivíduos, compreendendo o uso da coerção e da força para obter algo contra a vontade do outro ou para comprometer sua integridade física ou mental. A violência com frequência é utilizada pelos humanos e animais para obter alimentos, para se reproduzir, para se defender, para conquistar um território ou protegê-lo, para afirmar sua autoridade ou sua posição na hierarquia. Pode-se também prejudicar o outro torturando-o mentalmente e tornando sua vida insuportável, sem no entanto recorrer à violência física.

Por que a violência? As atitudes que nos incitam a causar o mal a outro são, em parte, ligadas às nossas disposições e aos nossos traços de caráter, mas também são fortemente influenciadas por nossas emoções momentâneas e pelas situações nas quais nos encontramos. Os comportamentos violentos podem surgir no calor da ação ou serem premeditadas.

A falta de empatia

Quando entramos em sintonia afetiva com o outro, se ele estiver sofrendo, sentimo-nos incomodados; mas se não sentirmos empatia esse sofrimento nos é indiferente. O caso extremo é o dos psicopatas. Um deles, preso por estupro e sequestro, ao ser interrogado, diz: "Se me sinto incomodado ao fazer mal a alguém? Sim, às vezes. Mas a maior parte do tempo é como... uhn... [risos]... como é que você se sentiu na última vez em que esmagou uma barata?"[1]

Um fazendeiro, que só se preocupava com a rapidez, a eficácia e a rentabilidade de sua criação de animais e que castrava os cavalos esmagando os testículos entre dois tijolos, respondeu a alguém que lhe perguntava se não era muito doloroso: "Não, se você tomar cuidado com os dedos".[2]

O ódio e a animosidade

O ódio nos faz ver o outro por um ângulo totalmente desfavorável. Ele nos leva a amplificar seus defeitos e a ignorar suas qualidades. Essas distorções cognitivas se traduzem por uma percepção deformada da realidade. O psicólogo Aaron Beck dizia que quando se está sob a influência de uma ira violenta três quartos de nossas percepções do outro são fabricações mentais.[3] A agressividade decorrente do ódio implica uma categorização rígida em que se vê o adversário como essencialmente mau, e a si mesmo como justo e bom.[4] A mente se fecha na ilusão, convencendo-se de que a origem de sua insatisfação reside inteiramente no exterior de si próprio. Na verdade, mesmo que o ressentimento tenha sido desencadeado por um objeto exterior, ele não se encontra em nenhuma parte a não ser na própria mente.

Os efeitos nefastos da animosidade são evidentes. O Dalai Lama os descreve assim: "Ao ceder à animosidade, nem sempre fazemos mal ao outro, mas com certeza prejudicamos a nós mesmos. Perdemos a paz interior, já não fazemos nada corretamente, digerimos mal, não conseguimos dormir, afugentamos aqueles que vêm nos ver, dirigimos olhares furiosos àqueles que têm a audácia de estar em nosso caminho. Tornamos impossível a vida daqueles que convivem conosco e até distanciamos nossos melhores amigos. E como aqueles que se compadecem conosco estão em número cada vez menor, ficamos cada vez mais sós. [...] Enquanto abrigarmos dentro de nós este inimigo interior que é a ira ou o ódio, de nada adiantará destruir hoje nossos inimigos exteriores, amanhã surgirão outros".[5]

A sede de vingança

"Olho por olho, dente por dente". O desejo de vingança é uma das principais causas da violência. A vingança de sangue é aprovada em inúmeras culturas. Em todo o lugar onde há guerras tribais, a vingança constitui um dos principais motivos.[6] Um habitante de Nova Guiné descreve assim seus sentimentos quando soube que quem havia matado seu tio havia sido paralisado por uma flecha envenenada: "É como se eu tivesse asas... estou tão feliz".[7]

O sentimento de vingança está estreitamente ligado ao egocentrismo, não só quando fomos prejudicados, mas também humilhados, sobretudo em público. O orgulho ferido está pronto a grandes sacrifícios para se vingar. É o caso dos indivíduos, e também das nações que entram em guerra para se vingarem das injúrias ao orgulho nacional. Quando alguém se vinga de maneira violenta por uma crítica que maculou sua imagem, o fato de punir essa afronta não prova, entretanto, que a crítica era injustificada. Bater em alguém que o chamou de mentiroso não prova que você tenha dito a verdade.[8]

A existência de "códigos de honra" aumenta consideravelmente os riscos de afrontamentos violentos. Um estudo demonstrou que os jovens que atribuem grande importância a esses códigos e estão sempre prontos a se vingar são mais suscetíveis de cometerem um ato de violência grave no ano seguinte.[9]

A bondade, o perdão e o esforço para compreender as motivações do agressor são com frequência consideradas escolhas generosas mas facultativas. É difícil compreender que o desejo de vingança procede fundamentalmente de uma emoção similar à que levou o agressor a prejudicar. É mais raro ainda que as vítimas sejam capazes de considerar um criminoso como sendo ele mesmo vítima de seu próprio ódio. No entanto, enquanto o ódio de um gera o de outro, o ciclo do ressentimento e das represálias não tem fim. A história está repleta de exemplos de ódios entre famílias, clãs, tribos, grupos étnicos ou nações, que foram se perpetuando de geração em geração. Além disso, a vingança é com maior frequência desproporcionada em relação à gravidade do mal que ela pretende vingar. São muitos os exemplos de represálias desmedidas por violações menores à honra de alguém. Lê-se na lápide de um *cowboy* do Colorado: "Chamou o Grande Smith de mentiroso".[10]

Em determinadas culturas e religiões, a vingança é não somente tolerada, mas exaltada nos textos fundadores. Embora o Novo Testamento exorte o perdão – "Perdoai nossas ofensas, assim como nós perdoamos àqueles que nos têm ofendido" –, a Bíblia coloca essas palavras na boca do Eterno: "[...] tomarei vingança do meu adversário, e retribuirei àqueles que me odeiam. Embriagarei minhas flechas com sangue e minha espada devorará a carne, sangue dos mortos e cativos, das cabeças cabeludas do inimigo. [...] Nações, exultai com seu povo [...] porque ele vinga o sangue dos seus servos, e toma vingança dos seus adversários. [...] e purifica a terra do seu povo!"[11]

O ponto de vista do terapeuta

É importante destacar que podemos sentir uma profunda aversão em relação à injustiça, à crueldade, à opressão, ao fanatismo, aos atos maléficos, e fazer todo o possível para impedi-los, sem todavia sucumbir ao ódio. Ao olharmos para um indivíduo tomado pelo ódio, deveríamos considerá-lo mais como um doente a ser curado do que um inimigo a ser abatido. É importante não confundir o doente com sua doença, a repulsa diante de um *ato* abominável com a condenação definitiva de uma *pessoa*. Certamente que o ato não foi feito sozinho, mas o mais cruel dos torturadores não nasceu cruel e quem pode afirmar que ele não mudará? Como disse o Dalai Lama: "Pode ser necessário neutralizar um cão malvado que morde todo mundo ao redor, mas de que adianta acorrentá-lo ou meter uma bala em sua cabeça quando ele não passa de um velho cão desdentado que mal consegue se manter sobre suas patas?"[12]

Como dizia Gandhi: "Se praticarmos 'Olho por olho, dente por dente', o mundo inteiro estará em breve cego e desdentado". Ao invés de aplicar a lei de talião, não seria preferível aliviar sua mente do ressentimento que a corrói e, se tivermos força, desejar que o assassino mude radicalmente, que renuncie ao mal e repare, na medida do possível, o mal que cometeu? Em 1998, na África do Sul, uma adolescente norte-americana foi violentada e morta na rua por cinco jovens. Durante o processo, os pais da vítima, ambos advogados, disseram aos principais agressores, olhando-os diretamente nos olhos: "Não queremos fazer a vocês o que fizeram à nossa filha".

Alguns meses antes de morrer em Auschwitz, Etty Hillesum escreveu: "Não vejo outra saída: que cada um de nós faça um retorno em direção a si mesmo e extirpe e aniquile em si tudo que acreditava dever aniquilar nos outros. E tenhamos convicção de que o menor átomo de ódio que acrescentarmos a esse mundo o tornará ainda mais inóspito do que já é".[13]

Isso é particularmente verdadeiro em relação à pena de morte, que ainda é praticada em muitos países, embora o número de execuções esteja diminuindo com o passar dos anos. No século XVIII, na Inglaterra, uma jovem de dezessete anos foi enforcada por ter roubado uma anágua. Pouco tempo atrás, na China, podia-se ser condenado à morte por roubar uma bicicleta. A China ainda é, de longe, o país em que se executa mais. A Anistia Internacional desistiu de estabelecer um registro exato do número de execuções devido à opacidade do sistema judiciário chinês, mas considera que chega a vários milhares por ano. Segundo estimativas da Fundação Dui Hua, cerca de cinco mil pessoas foram executadas em 2009.[14] Um jornalista da BBC entrevistou uma mãe chinesa chorando a morte de seu filho, um adolescente de dezenove anos que havia sido condenado à morte e iria ser executado na semana seguinte por um crime que não tinha cometido. Ele havia confessado sob tortura. Pouco depois, o verdadeiro assassino foi descoberto e foi também executado.[15] Na Arábia Saudita, inocentes são regularmente condenados à morte sob acusações de feitiçaria feitas pelos seus vizinhos.

No entanto, sabe-se que a pena de morte não tem de fato um valor dissuasivo. Sua abolição em todos os países da União Europeia não causou aumento da criminalidade, e seu restabelecimento em alguns estados norte-americanos, onde havia sido momentaneamente abolida, não a diminuiu. Sabendo que a prisão perpétua é suficiente para impedir um assassino de reincidir, a pena de morte se resume portanto a uma vingança legalizada. "Se o crime é uma transgressão da lei, a vingança é o que se oculta por detrás da lei para cometer um crime", escreve o ensaísta Bertrand Vergely.[16] Desse modo, a pena de morte não é nada mais que a lei de talião investida com a toga da justiça. Ora, como destaca Arianna Ballotta, presidente da Coalizão Italiana para Abolição da Pena de Morte: "Enquanto sociedade, não podemos matar com o objetivo de mostrar que matar é um mal".

Wilbert Rideau: poupado por fazer o bem

O *New York Times* chamou Wilbert Rideau de "o homem mais reabilitado da América". Nascido na Luisiana, pobre, ele cresceu num ambiente fortemente racista. Foi abandonado por um pai brutal e depois por sua mãe, que trabalhava como empregada doméstica, antes de ser entregue à assistência social. Em 1961, aos dezenove anos, Wilbert assaltou um banco, esperando roubar dinheiro suficiente para começar vida nova na Califórnia. Fez reféns três empregados do banco, mas quando tentaram escapar, em pânico, atirou, matando uma mulher e ferindo gravemente duas outras pessoas. Wilbert era negro, os reféns, brancos. Quando foi preso e levado à cadeia local, centenas de pessoas o esperavam para linchá-lo. Escapou por pouco de uma justiça sumária.

Após um processo tendencioso durante o qual a defesa não citou uma única testemunha, Wilbert foi encarcerado na prisão de Angola, uma das mais mal-afamadas dos Estados Unidos. Passou vinte anos no corredor da morte. Sua pena foi depois comutada para prisão perpétua e, após quarenta e quatro anos de reclusão, uma revisão do processo considerou que seu crime não era de assassinato premeditado e sim de homicídio involuntário. Foi então solto, uma vez que havia cumprido vinte anos a mais do que a pena correspondente.

Nunca negou seus crimes, que continuam a atormentá-lo. Mesmo os momentos mais tranquilos de sua vida reavivam a recordação dolorosa do mal irreparável que infligiu. "Pouco importa o quanto me arrependo do que fiz, isso não trará minha vítima de volta à vida. Devo viver por dois e fazer o bem tanto quanto puder".

Na prisão de Angola, Wilbert começou a ler, depois a escrever. Acabou tornando-se o primeiro diretor negro de uma revista destinada a detentos, o *Angolita*, que foi, graças ao apoio de alguns dirigentes mais esclarecidos, o primeiro jornal carcerário dos Estados Unidos a não sofrer praticamente qualquer censura.

Como Wilbert conseguiu mudar? Segundo suas próprias palavras: "Se você persistir em se detestar, acaba se suicidando. As pessoas não mudam por um toque de varinha de condão. Elas crescem. Comecei a perceber a que ponto meus atos haviam afetado minha mãe. Depois, por uma simples extensão desse sentimento, acabei sentindo remorso em relação à família e à vítima, e em seguida dos outros. Sabia que eu valia mais do que o crime que havia cometido. Nos Estados Unidos, ninguém tenta reabilitar ninguém. Nós é que temos que nos reabilitar. Não conheço nada melhor do que a educação para mudar as pessoas."

Wilbert aprendeu a afastar-se completamente da violência: "Eu estava em uma das prisões mais violentas dos Estados Unidos, mas consegui atravessar todos esses anos sem participar de uma única briga. É preciso seguir algumas regras simples: não se envolver com o tráfico de drogas e não se envolver em atividades regidas pela violência". Ele foi um dia entrevistado por um jornalista da BBC.

— Às vezes você sente violência?
— Não.
— Raiva?
— Posso ficar com raiva, mas não encolerizado.

Essas são qualidades que seriam bem-vindas à maioria das pessoas ditas "comuns".

Violência e narcisismo

Segundo uma opinião que durante muito tempo prevaleceu entre os psicólogos, as pessoas que têm uma má opinião sobre si próprias estariam inclinadas a recorrer à violência para compensar seu sentimento de inferioridade e mostrar aos outros do que são capazes. Se essa teoria fosse verdadeira, para que esses indivíduos renunciem à violência bastaria fornecer-lhes outros meios de construir uma melhor imagem de si mesmos. Contudo, como mostrou o psicólogo Roy Baumeister, da Universidade da Flórida, que dedicou sua carreira à análise da instigação da violência, todos os estudos sérios concluíram que essa teoria é falsa. Constatou-se, ao contrário, que a maioria das pessoas violentas possuem ótimo conceito de si próprias. Raramente humildes e apagadas, a maioria delas são arrogantes e presunçosas.[17] Todos aqueles que conviveram com os ditadores do século XX – Stalin, Mao Tsé-Tung, Hitler, Amin Dada ou Saddam Hussein –, confirmam que sofriam muito mais de um complexo de superioridade do que de inferioridade.

Se um autoconceito negativo contribuísse à expressão da violência, deveríamos observar um aumento da violência em pessoas que atravessam um período depressivo, que está associado a uma autodepreciação. Ora, se é verdade que algumas doenças mentais são acompanhadas por uma propensão maior à violência, não é o caso da depressão. Os distúrbios bipolares são marcados por uma alternância de períodos depressivos, acompanhados de autodepreciação, e períodos de exaltação durante os quais o indivíduo se sente apto a conquistar o mundo. Ora, é na fase eufórica, marcada por uma forte autoestima, que comportamentos violentos se manifestam.[18] Por outro lado, muitos criminosos psicopatas e estupradores reincidentes se consideram seres excepcionais, dotados de múltiplos talentos.[19]

O ego ameaçado

Quem é dotado de verdadeira humildade não está preocupado com sua imagem. Quem possui qualidades indiscutíveis e autoconfiança justificada muito provavelmente não se deixará afetar por críticas. Em contrapartida, quem supervaloriza suas qualidades vê seu ego perpetuamente ameaçado pela opinião alheia e reage facilmente com raiva e indignação.[20] O psicólogo Michael Kernis e seus colaboradores mostraram que as individualidades mais reativas e hostis são aquelas que têm elevado autoconceito e são mais instáveis.[21] Portanto, aqueles dotados de um ego superdimensionado e que se sentem vulneráveis são os mais perigosos. Qualquer interlocutor que lhes falte com o respeito e os ofenda, mesmo que de leve, com certeza receberá de chofre uma resposta hostil.[22] Uma série de entrevistas realizadas pelo psicólogo Leonard Berkowitz com cidadãos ingleses encarcerados por agressões violentas, confirmam que esses delinquentes tinham um ego hipertrofiado, porém frágil, e reagiam à menor provocação.[23]

O mesmo acontece com ditadores e regimes totalitários. Uma vez que, apesar das aparências, estejam conscientes da ilegitimidade da opressão que exercem sobre seu povo ou sobre outros, eles são particularmente intolerantes e céleres para esmagar qualquer dissidência. O historiador político Franklin Ford nota que "a história antiga, assim como a história recente, sugere que o terror oficial é via de regra a marca de um regime que pode parecer brutalmente seguro de si, mas que, na realidade, não se sente seguro".[24]

Quando somos confrontados a críticas, podemos reagir de duas formas: ou estimamos as críticas legítimas e revisamos nosso autoconceito, ou não apreciamos de modo algum as críticas e as rejeitamos. Consideramos o outro mal-intencionado, ignorante, ou que nutre um preconceito desfavorável a nosso respeito. Nesse caso, a reação mais comum é a raiva.

A imprudência dos megalomaníacos

Quando se tem tendência em alimentar autoilusões positivas isso leva com grande frequência a sobrevalorizar a capacidade de vencer um adversário, o que conduz às vezes a resultados catastróficos. Os erros mais graves dos chefes guerreiros provêm de uma superestimação grosseira de suas forças. Em certas ocasiões, uma manobra de intimidação que não passa de pura fanfarronada pode enganar o adversário, mas amiúde termina em fragorosa derrota.

O cientista político Dominic Johnson estudou esse fenômeno na área de videogames, e mostrou que quanto mais seguro de si é o jogador, mais ele perde. Num jogo em que os participantes assumem o papel de chefes de Estado que entram em conflito uns com os outros, os jogadores muito seguros de si se lançam em ataques impensados e desencadeiam uma cascata de represálias devastadoras de ambos os lados. As mulheres são menos envolvidas por esse viés, e a pior das combinações possíveis é a que opõe dois homens que sofrem de excesso de autoconfiança.[25]

Em certos casos, uma atitude firme pode se revelar eficaz para indicar que não se está disposto a se submeter e se deixar dissuadir por potenciais agressores. É o que explica em parte as bravatas e os comportamentos de intimidação aos quais se entregam frequentemente os machos, tanto nos humanos quanto nos animais. Esses comportamentos ritualizados podem ser substituídos por violentos confrontos.

Os mecanismos da violência

Estejam os protagonistas certos ou errados, se quisermos evitar a violência, é preciso entender o que acontece na cabeça das pessoas. Para isso, é indispensável ouvir não somente o testemunho da vítima, mas também o do agressor. Na maioria dos casos, aqueles que usaram de violência não se consideram culpados; apresentam-se também como vítimas, afirmando terem sido injustiçados e esperam ser tratados com tolerância. Em *Prisonniers de la haine* [Prisioneiros do Ódio], Aaron Beck explica que os agressores estão firmemente entrincheirados por trás da crença de que sua causa é justa e que seus direitos foram ultrajados. O objeto de sua fúria, que é a vítima aos olhos de observadores neutros, é percebido por eles como sendo o ofensor.[26] Os sérvios da Bósnia, por exemplo, autores de uma cruel limpeza étnica, consideravam-se um dos povos mais lesados do mundo. Mesmo nesses casos em que essas afirmações mascaram grosseiramente a realidade, é importante analisar os motivos dos agressores se quisermos evitar novas erupções de violência.

O estudo dos perfis psicológicos revela que as vítimas têm tendências a ver os acontecimentos em preto e branco, a categorizar os comportamentos do autor das violências como inteiramente maus e a se apresentar como totalmente inocentes. Além disso, via de regra as vítimas estimam que sofreram atos de crueldade gratuita; enquanto que se os agressores reconhecem ter cometido algum erro, na maioria dos casos, negam ter agido por pura maldade.

Os estudos mostram que tanto as vítimas quanto os autores da violência quase sempre deformam os fatos. Naturalmente, os autores da violência apresentam os fatos de maneira a minimizar sua culpa, enquanto as vítimas exageram quase sempre o mal sofrido.[27] As vítimas tendem a recolocar as sevícias das quais foram vítimas, situando-as em um contexto cronológico que remonta a um passado longínquo, ao contrário dos autores de violências que preferem explicar os fatos à luz das circunstâncias imediatas e manifestam o desejo de virar a página. Uma mulher maltratada descreverá os anos de tormentos sofridos por ela, enquanto o homem tentará explicar a violência que acaba de cometer invocando os acontecimentos que a desencadeou. No caso das violências "pessoais", as pesquisas provam que, quase sempre, os males são compartilhados. No que concerne às violências conjugais, o sociólogo Murray Straus mostrou que a agressão mútua é a norma mais que a exceção. Mesmo que apenas um cônjuge seja violento, ele afirma ter reagido a uma injustiça da parte do outro.[28]

Um grande número de crimes é cometido "em nome da justiça": vinganças inspiradas pelo ciúme ou sentimento de traição, crimes de honra, acerto de contas, reações a insultos, conflitos familiares que se exacerbam e atos de autodefesa. De acordo com o jurista e sociólogo Donald Black, somente 10% dos homicídios tem objetivo "pragmático" (assassinato de um policial durante uma detenção, de um inocente num assalto que deu errado, ou da vítima de um estupro, para que ela não denuncie). Na maioria dos casos, os criminosos reivindicam a "moralidade" de seus atos.[29]

Diversos criminalistas* revelam que a maioria dos atos de violência decorrem de hostilidade mútua, provocações recíprocas e escalada da animosidade durante uma altercação. O homicídio geralmente é o resultado de uma série de brigas e agressões entre membros de uma família, vizinhos ou conhecidos; alguém xinga o outro, que revida em vez de tentar acalmar os ânimos.[30]

---

* Entre os quais Luckenbill, Gottfredson e Hirschi.

Uma síntese de inúmeros trabalhos publicados levou Roy Baumeister a constatar que a maioria dos homicídios acontecem em dois tipos de situações. No primeiro caso, duas pessoas que se conhecem brigam entre si, o conflito se recrudesce com a troca de insultos e ameaças, até que um dos protagonistas pegue uma faca ou saque uma arma de fogo e mate a outra. A maioria das pessoas lamenta esses homicídios cometidos no calor da discussão. No segundo caso, o homicídio resulta de assalto a mão armada durante o qual os bandidos encontram uma resistência inesperada e recorrem à violência para conseguir seu objetivo, eliminar testemunhas, ou ainda, escapar.[31]

Esses estudos nos instruem sobre o que ocorre na generalidade dos homicídios documentados, mas não ignoram de forma alguma a existência menos frequente de homicídios premeditados e de matança aterrorizantes, como as que ocorreram nos últimos anos nos Estados Unidos, na escola de Columbine e, mais recentemente, na de Sandy Hook em Connecticut.

A ficção do mal absoluto

Mesmo aqueles que cometeram as piores atrocidades – incluindo os piores ditadores – afirmam ter agido para se defender das forças do mal, e estão convencidos disso. Sua interpretação da realidade, por mais aberrante e repugnante que seja, não diminui a possibilidade de se constatar que todos parecem ter sido movidos inicialmente pelo único desejo de fazer *o mal pelo mal*.[32]

As mídias e as obras de ficção gostam de evocar o mal em seu estado puro. Colocam em cena monstros, mutantes intrinsicamente maus que desejam prejudicar por prejudicar e se regozijam com isso. A maioria dos filmes de terror começa com cenas de felicidade que logo são dizimadas pela intrusão do mal – um mal gratuito ou motivado apenas pelo prazer sádico de causar sofrimento.[33] O mal vem do "outro", do desconhecido, daquele que não é dos nossos. Não se trata de pessoas benevolentes que em dado momento agiram mal: o vilão sempre foi vilão e o será sempre; é implacável, profundamente egoísta, seguro de si, e sujeito a acessos de fúria incontroláveis. Ele é inimigo da paz e da estabilidade.

O que Baumeister denuncia como mito, é a ideia de que algumas pessoas possam ser más por natureza e não tenham outro projeto, exceto causar o mal. Se os crimes que aparecem como a manifestação de um mal absoluto e gratuito são difundidos em grande escala nas mídias, é precisamente porque eles são raros e aberrantes.[34]

O prazer de fazer o mal

O fato é que o exercício reiterado da violência leva a uma dessensibilização em relação ao sofrimento do outro, quer seja na guerra, em um genocídio ou, em um nível menor, jogando videogames violentos. Um certo número de assassinos em série reconheceu que sentiam prazer em matar.[35] O assassino Arthur Shawcross referia-se ao tempo em que servia no Vietnã como um dos melhores momentos de sua vida. Ele tinha carta branca para matar homens, mulheres e crianças. Não só matou, como também torturou e mutilou suas vítimas.[36] De volta aos Estados Unidos, cometeu quatorze assassinatos antes de ser preso. No Camboja, o Khmer Vermelho torturava suas vítimas antes de matá-las. É o que ocorre na maioria das guerras.

A repetição dessas atrocidades gratuitas ao longo da história levou o filósofo Luc Ferry a falar da factualidade do mal radical, que não consiste somente em fazer o mal, mas em exercer o mal como projeto. Para ele, o mal radical é "um dos traços próprios da humanidade; e toma como evidência o fato de que o mundo animal parece ignorar completamente a tortura. [...] O homem tortura ou mata às vezes sem outro objetivo a não ser cometer um assassinato ou torturar: por que milicianos sérvios obrigariam um avô croata a comer o fígado de seu neto ainda vivo?"[37]

Alguns membros de gangues criminosas chegam a torturar sadicamente suas vítimas antes de matá-las. Entretanto, o sociólogo americano Martin Sanchez Jankowski, que viveu dez anos em meio a gangues californianas, relata que, dentre esses criminosos, os que torturam representam uma ínfima minoria.[38] Infelizmente, para essa minoria, o prazer torna-se logo um vício.[39] O psicólogo social Hans Toch avalia que cerca de 6% dos homens com tendência à violência tornam-se violentos crônicos e sentem prazer com isso.[40] Aqui também, observa-se que não estamos longe da porcentagem de 3% de psicopatas em qualquer população.

Como compreender que se tenha prazer em fazer o outro sofrer? Roy Baumeister sugeriu que o prazer ligado ao sadismo não vem do próprio ato, mas do momento que lhe sucede. Ele o compara ao prazer proporcionado pelos esportes radicais. No caso do salto com elástico (*bungee jumping*), por exemplo, em que se salta no vazio de uma ponte ou de um penhasco, preso por um cinto arnês a uma corda elástica que, pouco antes de tocar o solo, se é puxado de volta pela corda elástica. Segundo Baumeister, quando, após essa experiência aterradora, volta-se ao normal, esse retorno é acompanhado de um sentimento eufórico. Após um certo número de vezes, o aspecto aterrador do ato diminui, enquanto o prazer suscitado continua forte, o que cria um fenômeno de dependência. Baumeister estima que ocorre o mesmo com a violência sádica. Ao infligir aos outros uma violência – um comportamento que começa por ser repugnante, chocante e revoltante, mas ao qual se habitua –, o momento que se segue ao ato violento é vivido como um alívio eufórico. Depois, a repugnância pela própria violência diminui gradualmente e a pessoa mata sem qualquer sentimento.[41]

O hábito dessensibiliza

Com o tempo, os indivíduos violentos sentem cada vez menos contenção em cometer seus crimes. À medida que se dessensibilizam, revelam-se capazes de violências cada vez maiores, até chegar ao homicídio, que então pode se tornar uma ocupação como outra qualquer. O jornalista negro americano do *Washington Post*, Nathan McCall, que cresceu em meio a uma gangue de Portsmouth, conta como, na primeira vez em que participou de um estupro coletivo, sentiu-se terrivelmente mal: chegou a sentir pena da vítima e repugnância por seu ato. Mas, depois, o estupro coletivo tornou-se rotina. McCall foi parar na prisão, onde se autoeducou e começou uma nova vida, a de um escritor dedicando seus esforços à melhoria das relações inter-raciais nos Estados Unidos.

Violência – a via fácil

Segundo os criminalistas Gottfredson e Hirschi, uma das razões pelas quais as pessoas preferem às vezes utilizar a violência para conseguir seus fins deve-se ao fato de que a maioria dos crimes não requer competência, paciência, trabalho nem esforços. Furtar mercadorias em supermercados, assaltar uma loja ou arrancar a bolsa de uma velhinha na rua é mais fácil do que ganhar a vida aprendendo uma profissão e adquirindo habilidades que exigem anos de aprendizagem. Um revólver basta para esvaziar o caixa de uma loja; nem é necessário ser bom atirador, pois geralmente basta sacar um revolver e ameaçar o caixa.[42] Os terroristas também estão convictos de que a violência é o melhor e o mais simples dos meios de impor sua vontade, visto que estimam ter poucas chances de ser bem-sucedidos por meios legais.[43] Da mesma forma, os bandidos fazem acerto de contas entre si de forma violenta: dois traficantes não têm acesso a tribunais ou à polícia para acertar suas diferenças. Acreditam, portanto, numa justiça paralela e expeditiva.

A força do exemplo é também um fator de violência importante. Sabe-se que crianças que ficaram por muito tempo expostas às discussões e agressões físicas dos pais têm mais chances de, por sua vez, apelarem para violências conjugais.[44] Habituaram-se a considerar que a violência é um meio aceitável de resolver um conflito ou de impor sua vontade. Muitas crianças que foram espancadas acabaram se tornando pais agressivos.

No entanto, os estudos sociológicos revelaram que a longo prazo, para a grande maioria dos criminosos, o crime não compensa: 80% dos assaltantes de banco são presos e aqueles que pertencem ao crime organizado têm uma expectativa de vida muito inferior ao restante da população.[45]

O respeito à autoridade

Quando alguém se submete a uma autoridade, é ela que decide o que é bom ou ruim. Se um oficial ordena a um soldado que execute prisioneiros de guerra, o soldado sabe que isto vai de encontro às convenções internacionais, mas ele não está em posição de contestar as ordens de um superior. Além disso, pode-se dizer que os prisioneiros talvez tenham matado alguns de seus companheiros.

Vários estudos, dentre eles o do psicólogo norte-americano Stanley Milgram,[46] revelaram até que ponto podemos acatar as ordens de um indivíduo em posição de autoridade, mesmo que esteja em perfeita contradição com nosso próprio sistema de valores. Em uma série de experiências realizadas entre 1960 e 1963 que se tornaram famosas, Milgram convenceu voluntários (600 indivíduos recrutados nos classificados) de que participariam de uma experiência sobre a memória e de que os cientistas queriam avaliar os efeitos da punição no processo de aprendizagem. Solicitou aos participantes que ensinassem diversas combinações de palavras a um aluno (na realidade, um parceiro do experimentador). Se o aluno desse uma resposta errada, o participante deveria administrar-lhe uma descarga elétrica cuja intensidade aumentava 15 volts a cada erro cometido. O participante dispunha de vários botões indicando as voltagens, escalonadas de 15 a 450 volts e acompanhados de indicações que iam de "descarga leve" à "forte descarga", culminando, em 450 volts com a seguinte advertência "perigo, choque grave". Na realidade, o aluno ator não recebia as descargas, mas simula a dor com gritos cuja intensidade era proporcional à potência das descargas infligidas. O "professor" ouvia o "aluno", mas não o via.

O cientista que dirigia a experiência usava um jaleco branco e apresentava uma aparência de autoridade respeitável. Dava apenas algumas instruções, com um tom firme e lapidar do gênero: "A experiência exige que você prossiga".

Antes de realizar essa experiência na Universidade de Yale, Milgram fez uma pesquisa com seus colegas psiquiatras, sociólogos e estudantes diplomados, pedindo-lhes para preverem o resultado dos testes. Eles foram unânimes a dizer que a maioria dos indivíduos se recusaria a administrar as descargas tão logo se tornassem dolorosas. Somente alguns casos de psicopatas, 2 ou 3% dos indivíduos, deveriam permanecer indiferentes aos sofrimentos que infligiam.

A realidade foi bem diferente. Mantidos no "caminho certo" pelos comandos do experimentador, 65% dos participantes acabaram por administrar a dose máxima que sabiam ser potencialmente mortal. A média da descarga mais forte administrada foi de 360 volts! Essa experiência foi reproduzida diversas vezes em outros laboratórios e levou todas as vezes aos mesmos resultados.

Segundo Milgram e os que analisaram essas experiências, o indivíduo que entra em um sistema de autoridade não se considera mais um *ator responsável* pelos atos contrários à moral, e sim um *agente* que executa as vontades do outro. Ele imputa sua responsabilidade ao detentor da autoridade.

Cerca de trinta variantes da experiência original de Milgram permitiram identificar os fatores que influenciam esse comportamento: os indivíduos devem perceber a autoridade como legítima; a experiência deve ser apresentada como tendo um valor científico; o pesquisador deve ficar próximo ao participante, e o aluno que recebe as descargas não deve estar em contato direto com ele. A presença de uma autoridade constitui uma garantia moral à violência e permite justificar atos que julgaríamos abomináveis em outras circunstâncias.

Os vídeos da experiência mostram que os sujeitos do experimento de Milgram foram, de fato, muito afetados por aquilo que acreditavam ser obrigados a fazer. Alguns se voltam para o experimentador com uma expressão desconcertante, um olhar inquieto, quase suplicante, mas como o experimentador lhes dá a ordem de continuar, a maioria obedece. O ator que finge receber as descargas grita sem parar: "Pare! Tirem-me daqui! Eu já disse a vocês que sou cardíaco!", mas isso não basta. Alguns dão uma risada nervosa, achando a situação estranha. A um participante que grita: "Não quero ser responsável por tudo isto!", o pesquisador responde com firmeza: "Sou o responsável por tudo". Acima de 350 volts, o indivíduo para de gritar e não reage mais às descargas. Um participante, intimado a continuar, exclama indignado: "Mas ele não reage mais... quem sabe se ele já não está morto!" O pesquisador insiste e o participante acaba por executar a ordem.

Milgram relata ter observado um homem de negócios sóbrio, na flor da idade, chegar ao laboratório sorrindo e seguro de si: "Em vinte minutos, ele havia sido reduzido a trapos, o semblante transfigurado por tiques, gaguejando, à beira de um colapso nervoso... Num certo momento, segurando a fronte murmurou: 'Oh, meu Deus, parem com isto!' No entanto, ele continuou obedecendo até o final".

Milgram relata que quando o experimentador se ausentava, os participantes encontravam diversos meios para não infligir as descargas elétricas, mas, na presença do cientista, poucos ousaram afrontá-lo abertamente para lhe dizer: "O que você me pede é totalmente inaceitável." Apenas alguns se rebelaram, e quando o pesquisador disse a um deles "Você não tem escolha", este último cruzou os braços à frente do peito e respondeu desafiando "Sim, tenho várias escolhas, e escolho parar".

Os participantes dessa experiência não eram sádicos nem indiferentes. Enquanto administravam descargas elétricas de intensidade crescente, suas mãos e vozes tremiam e o suor corria pelas faces. Educados como tantos outros a respeitar a autoridade de seus pais e educadores, mostravam-se perturbados por um conflito moral. Quando se está dividido entre uma ética pessoal e a obrigação moral de se conformar à autoridade e, ainda, quando não se tem a possibilidade de recuar, na maioria das vezes segue-se as ordens. Atualmente, o não conformismo e a rebelião contra qualquer entrave às liberdades individuais são muito mais difundidos, mas mesmo assim, em 2010, a repetição da experiência de Milgram num estúdio de televisão teve resultados idênticos.[47]

A falsa prisão de Stanford, ou o poder das situações

Em 1971, o psicólogo Philip Zimbardo concebeu uma experiência pouco comum para avaliar a influência das circunstâncias e das situações nos comportamentos humanos, malévolos em particular. Ele mandou construir uma réplica de uma prisão de verdade no subsolo da prestigiada Universidade de Stanford, na Califórnia, com algumas celas e postos de vigilância para os guardas. Recrutou voluntários que se tornariam prisioneiros e outros guardas. No início, nenhum dos estudantes correspondia naturalmente a um desses dois grupos. Entretanto, no espaço de uma semana, iriam evoluir de maneira radical.

A encenação foi realista ao extremo, pois policiais de verdade, que haviam aceito participar da experiência, foram prender os voluntários designados por sorteio para se tornarem prisioneiros. Os prisioneiros foram transferidos, com uma venda nos olhos, à prisão da universidade e devidamente encarcerados. Quanto aos guardas, também foram escolhidos por sorteio, e assumiram suas funções. A princípio, os guardas representavam seu papel o melhor possível, mas os prisioneiros, vestidos de detentos com um número de matrícula no peito se divertiam, e todos tinham dificuldades para levar a sério a situação. Porém, as coisas mudaram muito rápido.

O chefe dos guardas improvisados leu em voz alta o regulamento da prisão, enquanto os cientistas filmavam a maioria dos acontecimentos com câmeras ocultas. Em alguns dias, a situação degradou-se consideravelmente. Os guardas não toleravam dissensão nem infração às regras, imaginando toda espécie de punição humilhante em relação aos prisioneiros, mandando-lhes fazer muitas flexões, insultando-os e se dirigindo a eles apenas pelo número. Em pouco tempo, alguns prisioneiros adotaram uma atitude submissa e resignada, enquanto outros manifestaram a intenção de se rebelar. Os guardas aumentaram a pressão e começaram a acordar os prisioneiros várias vezes durante a noite. "Levantem-se, bando de dorminhocos!", gritavam eles em meio aos apitos estridentes. As intimidações, algumas obscenas, foram ficando mais frequentes; atos de violência foram cometidos; alguns prisioneiros começaram a desistir e um deles iniciou uma greve de fome. A situação se degradou a tal ponto que os cientistas foram obrigados a interromper de maneira súbita a experiência ao final de seis dias, em vez dos quinze previstos inicialmente.

Um dos guardas relatou: "Tive que me desfazer voluntariamente de todo sentimento que eu tinha pelos prisioneiros, qualquer um que fosse, e perder qualquer respeito por eles. Comecei a falar com eles fria e duramente. Não deixava transparecer nenhum dos sentimentos – raiva ou desespero – que esperavam ver em meu rosto". Pouco a pouco, o sentimento de pertencimento ao grupo reforçou-se. "Eu considerava os guardas um grupo de caras legais, encarregados de manter a ordem em meio a um outro grupo de pessoas, os prisioneiros, indignos de nossa confiança e benevolência."

Para Philip Zimbardo, "o mal consiste em se comportar intencionalmente de maneira que lese, maltrate, rebaixe, desumanize ou destrua inocentes, ou em utilizar sua própria autoridade ou o poder do sistema para incitar outros a fazê-lo ou permitir-lhes que seja feito em seu nome".[48] À luz de suas pesquisas, ele chegou a tomar consciência de que a maioria de nós tende a superestimar a importância dos traços de caráter ligados a nossas disposições habituais e, ao contrário, a subestimar a influência que as situações podem exercer em nossos comportamentos. Quando disse a Philip Zimbardo que não acreditava que praticantes budistas que tivessem cultivado o amor e a compaixão durante muito tempo pudessem se comportar como os estudantes de Stanford, Philip respondeu-me que suas pesquisas lhe haviam mostrado que deveria se ter cautela quanto a esse tipo de prognóstico, e que não estava muito convicto de minha hipótese.[49]

A experiência de Stanford é rica em ensinamentos, pois nos mostra como indivíduos *a priori* benevolentes são levados a causar sofrimentos a outros de forma gratuita, desprezando seus próprios valores morais. Essa reviravolta se produz sob a pressão insidiosa constituída por um determinado cenário cuja lógica se impõe a todos, a ponto de substituir por suas normas os valores individuais de cada um.[50]

Essa experiência possibilita compreender melhor o caso de Abu Ghraib, uma prisão iraquiana onde guardas norte-americanos, inclusive mulheres, humilhavam obscenamente seus prisioneiros. Nas imagens de vídeo que foram divulgadas, vê-se em particular uma mulher de uniforme puxar por uma coleira um dos prisioneiros, nu e de quatro, como se fosse um cão. O presidente George Bush declarou que se tratava apenas de algumas "ovelhas negras" num exército sadio. Mas Zimbardo respondeu que não se tratava de algumas ovelhas que haviam infectado um rebanho, era todo o curral que estava contaminado e que seria preciso incriminá-lo. Os soldados, nem melhores nem piores entre si, teriam sido fortemente condicionados pelas situações determinantes do curral.

A violência nascida da sede por riquezas e poder

Apropriar-se dos bens de outros, dominar e saquear seus rivais, sempre constituiu uma fonte maior de violência, tanto para os indivíduos quanto para as nações. Trata-se de uma violência utilitária, predadora, calculista e geralmente impiedosa. Um criminoso, a quem foi perguntado por que roubava bancos, respondeu friamente: "Porque é ali que está o dinheiro".[51] É também, com mais frequência, por razões práticas – por temor de ser denunciado ou porque um assalto à mão armada acaba mal – que os bandidos matam as testemunhas de seu crime, sem premeditação.

Esta violência pragmática é ilustrada em uma escala bastante diferente pelas conquistas de Gengis Khan no século XIII. É principalmente o desejo de apropriar-se das riquezas dos povos conquistados e de aumentar seu poder que impeliu este conquistador mongol a tornar-se aparentemente o maior assassino da história. Suas invasões deixaram cerca de 40 milhões de mortos. Comparado à população de hoje, representaria 700 milhões de indivíduos.[52] Suas tropas massacraram, em particular, 1,3 milhões de habitantes da cidade de Merv e 800 mil habitantes de Bagdá, onde seus exércitos ceifaram vidas durante dias para que não restasse nenhum sobrevivente.[53]

Não foi um genocídio. Gengis Khan queria duas coisas: impor seu poder e apropriar-se das riquezas dos outros povos. Ele havia estabelecido uma regra bem simples: ou as cidades aceitavam abrir-lhe as portas e reconhecer sua soberania, e nesse caso ele as pouparia; ou se resistissem, ele as destruiria e massacraria sua população.

No plano individual, o desejo de consolidar seu domínio sobre os outros é também um forte motivo de comportamentos violentos. De acordo com o filósofo Frantz Fanon, os que praticaram a tortura admitem que mesmo que não conseguissem obter confissões dos mais resistentes, o simples fato de levá-los a gritar de dor já era uma vitória.[54] Da mesma forma, segundo Baumeister, os homens que praticam violência conjugal o fazem via de regra para estabelecer seu poder na família e mostrar assim que eles são os chefes.[55]

O dogmatismo ideológico: fazer o mal em nome do bem

Quando uma ideologia religiosa ou política declara que é aceitável matar em nome de uma causa superior, os que a adotaram desprezam seus escrúpulos e matam em nome dessa "boa causa" todos os que não se conformam às posições promulgadas pelo grupo dominante. Os expurgos políticos consistem em suprimir de maneira violenta a menor dissensão, designando convenientes bodes expiatórios para que se tornem responsáveis pelos problemas que os dirigentes foram incapazes de resolver. Este foi o caso dos Khmers Vermelhos, que nunca admitiram um único erro e eliminaram selvagemente todos aqueles que consideravam responsáveis pelo fracasso de sua ideologia política, torturando e executando mais de um milhão de inocentes.

Essa violência cometida por um regime político encontra seu equivalente religioso com o exemplo das Cruzadas. Em Antióquia, os cruzados decapitavam seus inimigos e jogavam suas cabeças com catapultas por cima dos muros da cidade sitiada. Em Jerusalém, massacraram os muçulmanos que, entretanto, não estavam ativamente contra eles. Reuniram uma comunidade de judeus, confinaram-nos numa sinagoga e atearam fogo. Persuadidos de estarem a serviço de seu Deus, os cruzados faziam o mal em nome do bem.[56] Entre os séculos XI e XIII, as Cruzadas fizeram mais de 1 milhão de mortos. Se compararmos esse número à população mundial da época (aproximadamente 400 milhões), isto equivale a 6 milhões de mortos no século XX, o que corresponde numericamente ao Holocausto.[57]

Existe um "instinto de violência"?

Alguns pensadores e pesquisadores mais influentes do século XX, Sigmund Freud e Konrad Lorenz em particular, afirmaram que o homem e os animais possuem um instinto de violência inato que têm a maior dificuldade para reprimir. Segundo Freud, o mandamento bíblico "Não matarás" é a prova de que "descendemos de uma série infinitamente longa de gerações de assassinos que, como nós talvez, têm nas veias a paixão pelo homicídio".[58] Eles consideravam que a satisfação desse instinto agressivo, da mesma forma que o das pulsões sexuais e do desejo de alimento, era, provavelmente, para obter certa satisfação. Em *O mal-estar na civilização*, Freud afirma: "A tendência à agressão é uma predisposição pulsional original e autônoma do homem".[59] Além disso, a agressividade se acumularia no ser humano como numa panela de pressão e teria a necessidade imperativa de se libertar e de explodir de um momento para o outro.

Contudo, nem os fisiologistas nem os psicólogos conseguiram demonstrar a existência de uma pulsão espontânea de hostilidade. A agressividade não se manifesta como uma motivação natural comparável àquela da fome, da sede, da necessidade de atividade e de contatos sociais.[60] Estas últimas são tendências que regularmente suscitam em todos condutas específicas, mesmo na ausência de estímulos do meio externo. Segundo o psicólogo Jacques Van Rillaer, "a agressividade não é uma espécie de substância produzida pelo organismo que o indivíduo deveria exteriorizar sob pena de se autodestruir. Para compreender as condutas de defesa e de ataque, é infinitamente mais útil questionar-se sobre as relações do indivíduo com os outros, e com ele próprio, do que invocar a ação de uma misteriosa pulsão de morte.[61] [...] Esta teoria freudiana não é nada mais que uma mitologia".

A hipótese de uma agressividade onipresente no reino animal constitutiva de sua natureza foi também popularizada por Konrad Lorenz, um dos fundadores da etologia moderna, em seu livro *L'Agression, une histoire naturelle du mal* [A agressão, uma história natural do mal][62], em que o autor entende demonstrar o caráter fundamentalmente violento das espécies animais. Ele afirma que a agressão é um meio "indispensável para alcançar os objetivos mais elevados do homem".[63] Segundo ele, a infelicidade do homem advém do fato de que ele é "desprovido desses códigos de segurança que impedem os animais carnívoros e predadores de matar os membros da mesma espécie".[64] Quando dois lobos lutam pelo domínio da alcateia, se um dos dois decide abandonar a luta, ele deita-se sobre as costas, apresentando assim sua carótida ao adversário, situação perigosa em extremo, mas que tem por efeito fazer desaparecer de maneira instantânea a agressividade deste último. Segundo Lorenz, por sermos oriundos de ancestrais vegetarianos e não de predadores, "durante a pré-história do homem nunca houve qualquer pressão seletiva suscetível de produzir um mecanismo inibidor do homicídio de seus semelhantes". Para Lorenz, quando o homem começou a fabricar armas não existia nada que o freasse: "Estremecemos diante da ideia de uma criatura tão irascível quanto foram todos os primatas pré-humanos, brandindo agora um 'soco' bastante afiado". Em suma, sofreríamos de uma "dose nefasta de agressividade cuja hereditariedade doentia penetra ainda o homem de hoje até as vísceras",[65] e faz dele um assassino nato. Na verdade, como veremos num capítulo posterior, a grande maioria dos seres humanos sente profunda repugnância em matar outros seres humanos.

No início de sua carreira, o etólogo Frans de Waal foi interpelado principalmente por Lorenz devido à ênfase que colocou nos comportamentos violentos. Ele se propôs a estudar o comportamento dos símios de cauda longa, espécie reputada particularmente agressiva. Mas, após longos períodos de observação, ele constatou que esses macacos raramente lutavam entre si.[66] Após várias décadas dedicadas ao estudo dos primatas, de Waal concluiu que a agressividade dependia das condições exteriores e do estilo de relações instituídas entre os indivíduos, e não de um instinto de violência universal e consubstancial a todo ser como sustentava Lorenz.

Vários outros etólogos também refutaram as teses de Lorenz, dentre eles, Irenäus Eibl-Eibesfeldt, que em seu livro, *Contre l'agression* [Contra a agressão],[67] oferece inúmeros argumentos a esse respeito e conclui que "a natureza humana é social e acolhedora, [mesmo que] não possamos ignorar que ela comporta tendências antagonistas".[68] O psicólogo Alfie Kohn chegou a uma constatação similar: "Com todo o respeito a Freud e Konrad Lorenz, dois teóricos da agressão intrínseca, não há nenhuma evidência no campo do comportamento animal e da psicologia humana que sugira que os indivíduos de uma espécie qualquer lutem entre si unicamente em razão de um estímulo interno".[69]

Além disso, os psicólogos concordam em considerar patológica a violência crônica e impulsiva, e reconhecem que a raiva e a agressividade são prejudiciais à saúde.[70] Durante um estudo realizado por Williams e Barefoot, 255 estudantes de medicina passaram por um teste de personalidade medindo seu nível de agressividade. Vinte e cinco anos depois, constatou-se que os mais agressivos tiveram cinco vezes mais ataques cardíacos que os menos irados.[71]

Aqui, como no caso da "síndrome do mundo perverso" sobre a qual já falamos, parece que o fascínio exercido em nós pelo espetáculo da violência nos faz esquecer que ela não constitui a norma dos comportamentos animais. Certamente é mais excitante mostrar grandes felinos caçando do que dormindo boa parte do dia, mas é como se as únicas imagens que mostraríamos da vida de um homem fossem as do caçador aos domingos matando um veado, e não as do pai de família, do agricultor ou do médico que ele também é. A triste realidade da caça esportiva é incontestável, mas ela sozinha não permite definir o homem.

A ideia de que os homicidas são de todo incapazes de controlar seus impulsos violentos foi, também ela, descartada pelos especialistas, excetuando-se alguns casos patológicos graves. De acordo com o especialista do FBI, John Douglas, que estudou os casos de centenas de homicidas, é impossível crer que esses criminosos haviam perdido temporariamente o controle de suas ações. Ele observa, por exemplo, que nenhum desses assassinos cometeu homicídio na presença de um policial uniformizado. Se sua fúria de matar fosse incontrolável, este fator não teria promovido neles qualquer reflexão a abandonar o projeto.[72]

Isto se aplica da mesma forma à violência coletiva. Segundo o historiador Gérard Prunier, em janeiro de 1993, uma comissão internacional de direitos humanos chegou em Ruanda antes que o genocídio ganhasse toda sua dimensão, mas em um momento em que os membros da comunidade hutu tinham começado a matar inúmeros tutsis e incendiar suas casas. Ora, na chegada da comissão, os delitos cessaram instantaneamente e assim que partiram, os homicídios retornaram.[73] Portanto, em linhas gerais, os seres humanos são capazes de refrear sua vontade de causar o mal quando sabem que não é o momento de lhe dar livre curso. Certas necessidades são evidentemente mais difíceis de refrear do que outras, por exemplo, o desejo da droga ou do álcool nas pessoas que sofrem de dependência; mas escapam a qualquer forma de controle somente algumas necessidades naturais, como a de urinar ou a de retomar a respiração após tê-la bloqueada.

O esclarecimento das neurociências sobre a violência

Quando certas regiões do cérebro de ratos ou gatos são ativadas, esses animais entram imediatamente em fúria incontrolável e atacam todos os que estão a seu alcance.[74] Esses mesmos estudos mostraram que o estímulo de outras áreas cerebrais ativa o comportamento de caça do gato, o que não era o caso precedentemente: ele começa a perseguir de maneira alucinada uma presa fantasma. Entretanto, ele não ataca violentamente e sem discriminar todos aqueles que se apresentam e não parecem ser uma presa. Portanto, a caça e a violência são dois comportamentos distintos, e os circuitos neuronais da agressão violenta e da predação também diferem. Além disso, as regiões do cérebro ligadas à agressão são organizadas de maneira estruturada. Quando um certo número dessas áreas é ativado, o gato sibila e arqueia as costas, mas o experimentador ainda consegue tocá-lo. E quando outras áreas adicionais são ativadas, o gato se torna raivoso e salta no rosto do experimentador.[75] A amídala é, em especial, uma das áreas cerebrais mais estreitamente implicadas nos comportamentos impulsivos de medo e de agressão nos animais superiores e nos humanos. Ela é acionada sobretudo no momento da percepção de um perigo, que se traduz por uma reação de fuga ou ataque.

Charles Whitman matou várias pessoas do alto de uma torre situada no campus da Universidade do Texas, em Austin, antes de atirar em sua cabeça. Ele deixou algumas palavras dizendo que se sentia incapaz de resistir à fúria que o invadia e pediu que examinassem seu cérebro após sua morte. A autópsia revelou que um tumor comprimia sua amídala.[76] É claro que nosso mundo emocional pode ser consideravelmente perturbado por tais anomalias cerebrais.

Outros estudos em neurociências esclarecem as diferenças entre os diversos tipos de violência. Adrian Raine, da Universidade da Pensilvânia, comparou principalmente os cérebros de homicidas que agiram de modo impulsivo com os que premeditaram seu crime. Apenas os primeiros mostraram uma disfunção de uma área do cérebro (o córtex orbital) que tem um papel essencial na regulação emocional e no controle da violência.

Culturas da violência

Por vezes foi sugerido que existe uma cultura da violência em algumas comunidades que a consideram desejável. Porém, todas as pesquisas efetuadas nesse campo mostraram que mesmo os grupos minoritários nos quais se observa um nível elevado de violência não a consideram, paradoxalmente, como positiva, mas como indesejável por si só. Esses estudos refletem a situação geral em todas as culturas e sociedades estudadas e permitem concluir que o recurso à violência é sobretudo o feito de alguns indivíduos isolados.

A influência das mídias

Cerca de 3.500 estudos científicos e todos os trabalhos de síntese publicados durante a última década demonstraram que o espetáculo da violência é, na verdade, uma incitação à violência. Para a Academia Americana de Pediatria: "As provas são claras e convincentes: a violência nas mídias é um dos fatores responsáveis pelas agressões e pela violência". Esses efeitos são duradouros e mensuráveis. As crianças são particularmente vulneráveis, mas nós todos estamos envolvidos.[77]

Esses trabalhos também permitiram refutar a hipótese (inspirada em parte pelas teorias freudianas) segundo a qual o espetáculo da violência permitiria ao indivíduo livrar-se dos impulsos agressivos que supostamente o habitam. Ao contrário, esse espetáculo agrava as atitudes e comportamentos violentos.[78] Isto não impede que, a despeito dessas observações científicas, a ideia de uma catarse libertadora continue sendo invocada com frequência.

De acordo com Michel Desmurget, diretor de Pesquisa do INSERM no Centro de Neurociências Cognitivas de Lyon, as imagens violentas operam segundo três mecanismos principais: aumentam a propensão a agir com violência ou agressividade – trata-se do mecanismo de *ativação;* elevam nosso limite de tolerância à violência – é o mecanismo de *habituação;* exasperam nossos sentimentos de medo e de segurança – é a *síndrome do mundo perverso.* É a convergência dessas influências que, no final das contas, explica o impacto da violência audiovisual.[79] Demonstrou-se também que as imagens violentas atenuam as reações emocionais à violência, diminuindo a propensão em socorrer um desconhecido vítima de agressão, e enfraquece a capacidade de empatia.

Ao final de duas décadas de estudos sobre a influência da televisão, pesquisadores da Universidade da Pensilvânia comprovaram que os telespectadores que assistem constantemente atos negativos manifestam tendência crescente a agir do mesmo modo, e que, quanto mais se assiste à televisão, mais inclinados a pensar que as pessoas são egoístas e que nos enganariam na primeira oportunidade.[80] Bem antes da idade do audiovisual, Cícero já observava: "Se formos obrigados, a cada momento, a contemplar ou ouvir falar de acontecimentos terríveis, esse fluxo ininterrupto de impressões detestáveis privará, até mesmo os mais humanos dentre nós, de qualquer respeito pela humanidade".[81] Por outro lado, quando as mídias se dão o trabalho de valorizar os aspectos gerais da natureza humana, os telespectadores entram facilmente em ressonância com essa abordagem positiva; por isso, a recente série intitulada *Heróis da CNN* faz um franco sucesso nos Estados Unidos. Essa emissão apresenta perfis e testemunhos de pessoas, via de regra humildes e desconhecidas, que se dedicam a projetos sociais inovadores e beneficentes, ou são totalmente implicadas na defesa de causas justas.

Os estudos mais reveladores são os que mensuraram o aumento da violência em seguida à introdução da televisão em regiões onde ela não existia. Um desses estudos, realizado nas comunidades rurais isoladas do Canadá, incluindo algumas cidades, mostrou que dois anos após a chegada da telinha, as violências verbais (injúrias e ameaças) observadas nas escolas primárias duplicaram, e as violências físicas triplicaram. Um outro estudo colocou em evidência um aumento espetacular da violência em crianças após a introdução de emissões televisivas em língua inglesa (que contém uma proporção elevada de imagens violentas) na África do Sul. Considerando a magnitude dos efeitos observados, Brandon Centerwall, da Universidade de Washington, em Seattle, avaliou que se a televisão não existisse, somente nos Estados Unidos, haveria uma diminuição de 10 mil homicídios, 70 mil estupros e 700 mil agressões com golpes e lesões.

Na França, segundo o Conselho Superior do Audiovisual, um telespectador assiste televisão em média três horas e meia por dia, o que o expõe, a grosso modo, a dois homicídios e a uma dúzia de atos violentos por hora, ou seja, cerca de 2.600 homicídios e 13 mil atos violentos por ano. Nos Estados Unidos, uma criança de doze anos já assistiu cerca de 12 mil assassinatos na televisão. Uma pesquisa referente à análise de 10 mil horas de programas selecionados ao acaso mostrou que 60% da programação norte-americana continha atos de violência, à proporção de seis cenas por hora. O mais alarmante é que nos programas destinados aos jovens, essa porcentagem chega a 70%, com 14 cenas de violência por hora. Os benefícios que poderiam ser gerados por uma redução do número de imagens violentas foi objeto de medição. De fato, um estudo destacou que, em crianças com idade de nove anos, essa redução tinha por consequência direta uma diminuição do nível de violência na escola. Por outro lado, como demonstraram os psicólogos Mares e Woodard,[82] os programas de televisão com tendência pró-social levam ao aumento dos comportamentos correspondentes, diminuem a agressividade e encorajam os telespectadores a ser mais tolerantes.

O aspecto mais preocupante dos efeitos nefastos da violência audiovisual é sua durabilidade. Dimitri Christakis e Frederick Zimmerman, da Universidade de Washington, em Seattle, acompanharam durante cinco anos cerca de 200 meninos com idade entre dois e cinco anos. Esses psicólogos evidenciaram que uma hora de programas violentos por dia quadruplicava a probabilidade de observar nessas crianças distúrbios do comportamento nos cinco anos seguintes.[83]

Observou-se os mesmos efeitos entre os adultos: os indivíduos que haviam assistido televisão entre uma e três horas por dia quando tinham vinte e dois anos apresentavam, na idade de trinta anos, uma vez e meia mais riscos de agredir um terceiro física ou verbalmente, e duas vezes e meia mais riscos de ser implicados em uma briga do que indivíduos que haviam assistido menos de uma hora.[84]

O psicólogo Bruce Bartholow, da Universidade do Missouri, confirmou que o cérebro das pessoas expostas regularmente a imagens de violência tornou-se quase insensível às imagens projetadas diante delas. Entretanto, essas pessoas se mostraram mais agressivas que as outras durante um teste mensurando sua agressividade logo após a projeção.[85]

Como afirma Michel Desmurget, "os dados científicos mostram hoje, sem a menor dúvida, que ao diminuir nossa exposição a conteúdos violentos contribuiríamos para criar um mundo menos violento. Logicamente, isso não significa que a televisão seja responsável por todos os males de nossa sociedade. E isso tampouco significa que todos os espectadores irão se tornar perigosos assassinos se assistirem em excesso filmes violentos na televisão. Porém indica que a telinha representa um vetor notável de medo, ansiedade, agressividade e violência, e que seria lamentável não agir sobre esta alavanca causal, bem mais acessível que outros determinantes sociais, tais como a pobreza, a educação, os maus-tratos infantis etc. Em vez de criticar (até vilipendiar) a comunidade científica quando ela denuncia os efeitos da violência televisiva seria legítimo chamar à responsabilidade os grupos audiovisuais que a utilizam tão amplamente".[86]

O mais triste é que o objetivo dos canais de televisão em aumentar sua audiência difundindo imagens de violência não só é lamentável considerando seus efeitos na sociedade, mas procede ainda de uma aposta errada. Essa ênfase na violência é atribuída à preferência do público, porém as pesquisas não confirmam essa opinião. Os psicólogos Ed Diener e Darlene DeFour mostraram a cinquenta estudantes um filme policial com frequentes cenas de violência e, a cinquenta outros estudantes, o mesmo filme em que foram cortadas essas cenas, preservando o enredo da intriga. Constatou-se que os estudantes que assistiram a versão não violenta apreciaram o filme tanto quanto os outros. Os pesquisadores concluíram com isso que o fato de reduzir consideravelmente a frequência das cenas violentas em programas de televisão e de cinema não levariam a qualquer perda da audiência.[87] Este ponto de vista é também confirmado pela popularidade de filmes inspiradores como *Intocáveis*, *O Tigre e a Neve*, *O Fabuloso Destino de Amélie Poulin*, *Forrest Gump* etc., ou que apresentam a natureza humana de um ponto de vista positivo muito distante da visão cínica da existência dada pelos filmes truculentos.

O caso dos videogames

Os videogames se tornaram um dos passatempos favoritos das crianças e adolescentes do mundo moderno. Nos Estados Unidos, 99% dos meninos e 94% das meninas jogam videogames, e o tempo que lhe dedicam não cessa de aumentar.[88]

Uma síntese, realizada por Craig Anderson e seus colegas, de 136 trabalhos de pesquisa mensurando os efeitos produzidos pela prática de jogos violentos em vídeo, com 130 mil pessoas, revelaram que esses jogos favorecem indubitavelmente o desenvolvimento de pensamentos e comportamentos agressivos, e diminuem os comportamentos pró-sociais. Esses efeitos são relevantes e foram observados tanto em crianças quanto em adultos, em meninos e meninas[89]. Douglas Gentile e seus colegas da Universidade de Iowa, por exemplo, verificaram que quanto mais os adolescentes são expostos à violência dos videogames, mais são hostis para com os outros, discutem mais com os professores, frequentemente são implicados em brigas, e têm desempenho pior nos estudos.[90] O grau de hostilidade e de dessensibilização dos indivíduos que se envolvem em jogos violentos é visivelmente superior ao daqueles que utilizaram jogos neutros do ponto de vista da violência, por exemplo, um jogo de corrida motociclista.

Roland Irwin e Alan Gross, da Universidade do Mississippi, observaram crianças de oito anos jogarem um videogame excitante durante vinte minutos. Para algumas foi oferecido um combate violento, enquanto outras receberam uma corrida de motocicleta. Em seguida, as crianças foram levadas à sala de recreação onde foram observadas durante quinze minutos interagindo com outras crianças. Os resultados revelaram que as crianças que jogaram o jogo de combate cometiam duas vezes mais atos agressivos do que aquelas que haviam jogado a corrida de motocicleta.[91]

Para mensurar os efeitos dos videogames a longo prazo, Douglas Gentile e seus colegas interrogaram duas vezes, com um ano de intervalo, mais de 400 crianças de nove a onze anos, assim como seus colegas e professores. Constatou-se que aquelas que jogavam mais videogames violentos durante o primeiro teste, um ano depois, atribuíam mais intenções hostis às pessoas que encontravam, mostravam-se mais agressivas verbal e fisicamente, e eram menos inclinadas ao altruísmo.[92]

A análise dos videogames mostra que 89% contêm violência, e a metade atos de extrema violência para com os personagens do jogo.[93] Quanto maior for o realismo do jogo e maior for o derramamento de sangue, mais seu efeito sobre a agressividade do jogador é acentuado.[94] Como destaca Laurent Bègue, professor de psicologia social na Universidade de Grenoble,[95] o videogame mais vendido no mundo em 2008, *Grand Theft Auto IV*, é de uma violência sem precedentes. O jogador pode, por exemplo, dirigir nas calçadas e atropelar pedestres, cujo sangue mancha o para-choque e o para-brisa de um 4 x 4 que ele acaba de pegar à força. Como nos videogames as ações são controladas pelo próprio jogador, a identificação com o personagem que exerce a violência é potencialmente mais forte do que assistindo de maneira passiva imagens violentas na televisão ou no cinema. E ainda se acrescenta o aspecto repetitivo, suscetível de dependência. Ora, sabemos que em qualquer aprendizado as mudanças no nível do cérebro e do temperamento são mais fortes quando se pratica uma atividade de modo contínuo, regular.

Um dos alunos entrevistados por Elly Konijn e seus colegas, da Universidade de Amsterdã, sobre sua preferência pelos vídeos violentos dizia: "Gosto muito do *Grand Theft Auto* porque posso atirar nas pessoas e dirigir em alta velocidade. Quando for adulto vou poder fazer isso também".[96] Os psicólogos L. Kutner e C. Olson distinguiram quatro aspectos dos jogos virtuais, procurados com maior frequência pelas crianças: a excitação e o prazer (jogam para ganhar, para conseguir uma certa pontuação ou para aceitar o desafio proposto); a socialização (gostam de jogar entre amigos); o efeito sobre suas emoções (jogam para aplacar a raiva, esquecer seus problemas, sentir-se menos isolados), e a dissipação do tédio (jogam para matar tempo).[97]

Do ponto de vista do especialista e instrutor militar americano Dave Grossman, o condicionamento decorrente dos videogames violentos, em que inimigos aparecem de repente, reiteradas vezes, e devem ser imediatamente pulverizados de maneira sanguinária e realista, é uma maneira de dessensibilização do ato de matar cuja eficácia é comprovada no exército. Entretanto há uma diferença crucial: as crianças e outros adeptos dos videogames não se submetem a nenhuma autoridade que define as regras e os limites de suas ações. Os soldados são pelo menos submetidos às ordens de seus superiores e só atiram após receberem instrução formal.[98]

Além disso, as crianças associam os jogos violentos não a tragédias angustiantes, mas à diversão, ao prazer, a sua bebida e comida preferidas e aos amigos com quem jogam. Uma parte da população está, desse modo, pronta a aceitar como modelos super-heróis brutais, dotados de poderes sobrenaturais, que não têm outra missão a não ser matar desenfreadamente, sem qualquer razão, o maior número possível de pessoas.[99] "Sem contar", acrescenta o psicólogo Laurent Bègue, "a hipocrisia da indústria do jogo, com benefícios que estão longe de ser virtuais (€ 70 bilhões em 2011), continuam a estigmatizar os pais (que devem controlar melhor os jogos aos quais seus filhos têm acesso) e deixam crer que, se houver um problema, não é de seus aplicativos, mas de pessoas com problemas psiquiátricos que estragam o ambiente do estande de tiro!"[100]

É inegável que os videogames podem, também, ser utilizados para fins educativos se forem concebidos para tal. Caso contrário, ficou demonstrado que seu uso prejudica o aproveitamento escolar.[101] Observou-se também que praticar videogames pode aumentar a atenção visual.[102] Portanto, não podemos simplesmente dizer que os videogames são ruins ou que não são tão nocivos quanto se diz. Tudo depende do conteúdo, e é precisamente esse conteúdo que produz efeitos benéficos ou deletérios. John Wright, eminente observador da influência das mídias, costumava dizer que "A mídia não é a mensagem. É a própria mensagem que é a mensagem."

Os videogames benéficos

> *Adoro os videogames, mas são muito violentos. Gostaria de jogar um videogame em que eu ajudasse as pessoas que foram feridas em todos os outros jogos. Eu o chamaria de "hospital hiperlotado".*
> Demetri Martin, humorista americano

Até recentemente, concedeu-se pouca atenção à criação de videogames pró-sociais, não violentos, em que os personagens cooperam e se ajudam reciprocamente, em vez de se matarem uns aos outros. As coisas estão a ponto de mudar.

Há dois anos, sob a inspiração do conselheiro científico do presidente Obama, um grupo de pesquisadores constituído por psicólogos, educadores e neurocientistas se reunia amiúde em Washington, com o objetivo de considerar a melhor maneira de aproveitar a paixão dos jovens pelos videogames para fins construtivos.

Durante um desses encontros, Richard Davidson, diretor do Laboratório de Neurociência Afetiva da Universidade do Wisconsin, lançou um desafio aos fabricantes: conceber videogames que permitissem cultivar a compaixão e a gentileza, em vez da agressividade e da violência.

Davidson associou-se a Kurt Squire, professor na UW-Madison e diretor do Games Learning Society Initiative (Iniciativa da Sociedade dos Jogos de Aprendizagem), e seu projeto recebeu uma subvenção de U$ 1,4 milhões da Fundação Bill e Melinda Gates, com a missão de conceber e testar rigorosamente dois jogos educativos destinados a auxiliar os alunos do curso secundário a cultivar suas habilidades sociais e emocionais.[103]

O primeiro jogo ajudará a cultivar a atenção e aquietar a mente. De acordo com Davidson, "se você conseguir aprender a concentrar a sua atenção, essa faculdade terá efeitos em todos os tipos de aprendizagem". O outro enfatizará a empatia, o altruísmo, a compaixão e a cooperação pró-social. "A empatia", declarou Davidson, "é um componente essencial da inteligência emocional, e se revela como um melhor índice de sucesso na vida da inteligência cognitiva".

Há boas razões para pensar que se esses jogos forem concebidos de maneira atrativa, adequada para aproveitar de modo construtivo o interesse que os jovens sentem por esse passatempo, esses jogos terão efeitos positivos sobre os jogadores. Saleem, Anderson e Gentile realizaram o primeiro estudo que revela claramente que os videogames pró-sociais[104] reduzem o nível geral de hostilidade e de sentimentos malévolos, e aumentam ao mesmo tempo as emoções positivas, comparados aos jogos violentos ou simplesmente neutros, seja a curto ou a longo prazo.* Quando verificaram a motivação dos jogadores, constataram que a diminuição da agressividade e o aumento dos efeitos positivos eram evidentes naqueles que apresentavam uma motivação altruísta. Por outro lado, o nível de hostilidade dos jogadores que declararam ter participado de jogos pró-sociais sobretudo por razões egoístas – por exemplo, para diminuir sua aflição empática – aumentou no decorrer dos jogos.[105]

As imagens violentas exacerbam o sentimento de insegurança

Os trabalhos de pesquisa igualmente mostraram que quanto mais um indivíduo assiste televisão, mais ele percebe o mundo como um lugar hostil, saturado de violência e de perigos. Por estar imerso em cenas de assassinatos, guerras, massacres, estupros e destruição, o telespectador acaba por ter do mundo uma imagem deformada, dado que a televisão é incomparavelmente mais violenta do que a realidade cotidiana. Ao selecionar de forma sistemática os acontecimentos dramáticos e violentos para aparecer nas chamadas diárias de jornais televisivos, e ao difundir filmes e reportagens violentos, a televisão apresenta uma visão equivocada da realidade. Se, há vinte anos, os jovens ocidentais já viram 20 mil homicídios na televisão, quantos dentre eles foram testemunhas de um homicídio em sua vida cotidiana? Uma ínfima minoria, felizmente.

Temperatura, barulho e armas

A temperatura

Dentre inúmeros outros fatores que favorecem os comportamentos violentos, os pesquisadores notaram a influência da temperatura ambiente, do nível sonoro e da presença de armas. Diferentes estudos enfatizaram sobretudo a ligação entre temperatura e agressividade, constatando que o número de agressões aumenta diretamente

---

* Eles também constataram que os videogames violentos não só aumentam a agressividade, como diminuem ainda os estados mentais positivos.

com a elevação da temperatura. O psicólogo Craig Anderson analisou as estatísticas criminais da totalidade dos Estados Unidos, de 1971 a 1980. Ele avaliou as variáveis conhecidas por sua contribuição à criminalidade (recursos financeiros, idade, nível de educação etc.) e mostrou que a incidência dos crimes violentos é maior em julho, agosto e setembro. Um outro estudo abrangendo quarenta e cinco anos revelou que o número de crimes violentos está vinculado à temperatura anual.

Para verificar que esse efeito não era devido simplesmente ao fato de que durante os meses de verão os dias são mais longos e as pessoas frequentam muito mais locais públicos, o que aumenta a possibilidade de atos violentos, Anderson estudou também esse fenômeno em laboratório. Ele pediu a indivíduos para exercerem diversas atividades em salas com temperatura entre 22 e 35º C. Os resultados confirmaram que os pensamentos agressivos aumentavam linearmente em função da temperatura. Outras observações mostraram que não só os pensamentos, mas também os comportamentos agressivos aumentavam com a temperatura.[106] No entanto, quando o calor se tornava sufocante, os comportamentos agressivos diminuíam: a agressividade é substituída pela letargia e os indivíduos adotam mais um comportamento de evitação. Por meio de dados coletados fora do laboratório, em Minneapolis e em Dalas, pesquisadores confirmaram que o número dos comportamentos violentos aumentava na parte da manhã, e depois diminuía quando a temperatura era tão elevada que prevaleciam os comportamentos de evitação.

E a influência do frio? Surpreendentemente, constatou-se que os inuites não estão isentos da violência induzida pelas variações de temperatura. Parece, portanto, que toda diferença importante da temperatura em relação à média habitual é uma causa de estresse e, por conseguinte, de agressividade.

O barulho
Entre os animais, especialmente os roedores, sabe-se que um ambiente barulhento aumenta a agressividade. Diferentes experiências confirmam que essa constatação se aplica também aos humanos. Por exemplo, os participantes de um estudo de Russell Geen, da Universidade do Missouri, se mostraram mais agressivos quando submetidos a estímulos sonoros desagradáveis em relação a outros participantes que não foram expostos a esses sons.

A visão das armas
Demonstrou-se que, apenas pela presença, as armas desencadeiam processos psicológicos que ativam a agressividade. O psicólogo social americano Leonard Berkowitz forneceu a indivíduos voluntários a ocasião de se vingar de insultos proferidos por uma pessoa (um parceiro do pesquisador), administrando-lhe choques elétricos (na realidade fictícios). Na metade dos casos, o pesquisador colocava também sobre uma mesa um revólver (fazendo crer que era para outro estudo). Ora, os indivíduos frente à arma administravam, para se vingar, muito mais choques elétricos que os outros. Recentemente, um estudo de Christopher Barlett, da Universidade

de Iowa, revelou que pessoas que jogam videogames violentos com uma alavanca manual na forma de uma arma eram mais agressivas após a experiência do que aquelas que haviam jogado o mesmo jogo com uma alavanca clássica.[107]

Mulheres e crianças, primeiras vítimas da violência

Um relatório da Anistia Internacional, intitulado *Tortura: essas mulheres que destruímos*, indica que uma entre cinco mulheres no mundo é vítima de violências graves no cotidiano, e que a tortura "está enraizada em uma cultura que, em todo lugar, recusa às mulheres a igualdade dos direitos com os homens e tenta legitimar a violência em relação a elas".[108] Na Índia, a proporção de mulheres que sofrem violência doméstica chegou a 40%, e no Egito, a 35%. A organização, que cita numerosos testemunhos de mulheres e jovens agredidas e violentadas, acrescenta que "seus torturadores são com maior frequência membros da própria família ou de sua comunidade, ou ainda, seus empregadores".

A existência de "crimes de honra", que podem chegar até o homicídio, é observada em vários países, dentre os quais Iraque, Jordânia, Paquistão, Afeganistão e Turquia. Mulheres e garotas de todas as idades são acusadas de desonrar a família e a comunidade. Basta o pressentimento de que uma mulher possa ter ofendido a honra familiar para poder ser condenada à tortura e à morte.[109] Em novembro de 2012, pais paquistaneses mataram sua filha de quinze anos, Anusha, jogando ácido sobre ela, só porque havia olhado para um rapaz de moto que havia estacionado diante da casa deles, posto que isso lhe era proibido (ela deveria baixar o olhar); em seguida eles a deixaram agonizando no chão durante horas porque "era seu destino" (de acordo com sua mãe) após tal desonra...

Mulheres que foram compradas e vendidas para fins de trabalho forçado, exploração sexual ou casamento forçado são também expostas à tortura. Após a droga e as armas, o tráfico de seres humanos constitui a terceira fonte de renda para o crime organizado internacional. As vítimas são mulheres particularmente vulneráveis às violências físicas, sobretudo ao estupro, ao confinamento ilícito, ao confisco de documentos de identidade e à escravidão.

Nos conflitos armados, as mulheres são geralmente vítimas de tortura, em virtude de seu papel de educadoras e como símbolos de sua comunidade. Assim, durante o genocídio perpetrado em Ruanda em 1994 e o conflito na ex-Iugoslávia, mulheres tutsis, muçulmanas, sérvias, croatas e do Kosovo foram torturadas pela simples razão de pertencer a um grupo étnico, nacional ou religioso específico.

Mulheres que foram vítimas de tortura podem enfrentar inúmeros obstáculos quando tentam obter reparação, em particular a indiferença ou as zombarias da polícia, a ausência de dispositivos apropriados na legislação penal, os preconceitos sexuais no sistema judiciário e nos processos penais que prejudicam a equidade de ações legais.

Em alguns países, as mulheres não são autorizadas a comparecer no tribunal: são os homens de sua família que devem representar seus interesses. Via de regra, a polícia se abstém de investigar os casos de violência alegados pelas mulheres e frequentemente as abandonam à sua triste sorte em vez de registrar sua queixa. No Paquistão, as mulheres vítimas de estupro que não conseguem provar que não foram coniventes podem ser acusadas de *zina* ("fornicação"), crime punido com morte por apedrejamento, ou flagelação em público.

Como enfatiza o relatório da Anistia Internacional, "é mais do que tempo de os governantes reconhecerem que a violência exercida no lar e na comunidade não é assunto de foro privado, mas que coloca em jogo a responsabilidade dos Estados. As normas internacionais indicam claramente que os Estados são obrigados a assegurar que ninguém seja submetido à tortura ou a outros ultrajes; quaisquer que sejam seus autores ou seu contexto. [...] Ao ignorar essa obrigação, estão endossando a responsabilidade dos sofrimentos que não impediram".

A violência moral

Em certos casos, os sofrimentos mentais infligidos por outro são mais duros e difíceis de suportar do que violências físicas. Os sofrimentos são desencadeados por uma multiplicidade de causas sobre as quais não temos às vezes qualquer poder, mas, no final das contas, é nossa mente que traduz, em bem-estar ou em mal-estar, as circunstâncias exteriores às quais somos confrontados. Em consequência, toda forma de violência que destrói nossa paz interior afeta seriamente nossa percepção do mundo e dos outros. Certas formas de violência, dentre as quais o estupro, associam a violência física a efeitos devastadores na integridade mental. Outras atitudes, como o menosprezo, a indiferença, as palavras ou atitudes ofensivas, e a maldade em geral, podem destruir nosso bem-estar interior e nossa alegria de viver.

O assédio é uma das formas mais correntes de crueldade mental, e suas diferentes facetas foram estudadas pelo psicólogo sueco Heinz Leymann. Uma delas consiste em recusar a uma pessoa a possibilidade de se expressar, interrompê-la constantemente, injuriá-la, criticar seu trabalho e sua vida privada, ridicularizá-la, zombar de seu aspecto físico, imitar sua maneira de ser, atacar suas convicções pessoais, políticas ou religiosas, e até ameaçá-la. Pode também consistir em ignorar a presença de uma pessoa, em evitar qualquer contato visual com ela; não lhe dirigir a palavra e lhe dar a entender que é rejeitada; em atribuir-lhe um trabalho que a isola de seus colegas, em proibir esses de lhe falar; em forçá-la a efetuar tarefas muito inferiores ou muito superiores a suas habilidades; em realizar tarefas inúteis ou absurdas, ou ainda mandá-la executar trabalhos humilhantes ou prejudiciais à saúde. O assédio pode culminar em agressão física, principalmente sexual.[110]

Nos estabelecimentos escolares, o *bullying* também é uma forma de assédio, às vezes cruel e que pode marcar as vítimas por muito tempo. Uma maneira de solucionar essa questão é instituir um sistema de tutoria, em que os alunos auxiliam colegas mais jovens a revisar suas lições. Essa responsabilização dos mais velhos é benéfica não apenas para o progresso escolar, mas também para diminuir as provocações.

Como reduzir a violência

Três fatores principais se opõem ao desejo de causar mal aos outros: a) o altruísmo ou a benevolência, que fazem com que nos envolvamos sinceramente com o destino dos outros; b) o domínio de nossas emoções, que nos permite não sucumbir aos repentinos impulsos, e c) os escrúpulos morais, que nos fazem hesitar diante da ideia de causar mal aos outros ou arrepender-nos de tê-lo feito. Expusemos longamente as características da benevolência e da consideração do outro nas primeiras partes deste livro.

Quanto ao domínio das emoções, constata-se que muitos criminosos possuem em comum o fato de serem muito impulsivos e de sofrer de falta de controle emocional. São mais vulneráveis que a média dos indivíduos com diferentes vícios e dilapidam em pouco tempo, frequentemente, o butim de suas atividades criminosas. Vários trabalhos de pesquisa comprovaram que o fato de ser facilmente vítima de emoções intensas e passageiras, sem o devido distanciamento, favorece a passagem ao ato violento. Em geral, toda tensão emocional que escapa ao nosso controle leva a fazer escolhas instintivas, não racionais, que parecem ser a solução ou a escapatória mais fácil a uma situação emocionalmente carregada.[111]

A experiência mostra que um treino apropriado e uma atenção focada permitem a longo prazo identificar e gerir as emoções e os acontecimentos mentais à medida que eles ocorrem. Esse treinamento compreende também o desenvolvimento de emoções sadias como a empatia, a compaixão e o amor altruísta.

A primeira etapa do treinamento consiste em identificar a maneira como surgem as emoções. Este procedimento exige cultivar uma atenção vigilante sobre o processo das atividades mentais, acompanhada da conscientização que permite distinguir as emoções perturbadoras daquelas que favorecem a plenitude do bem-estar.

A experiência mostra também que, tal como uma infecção não tratada, as emoções perturbadoras ganham força assim que se permite que elas ocorram à vontade. Desse modo, contraímos hábitos que nos levam a sermos novamente a vítima tão logo a carga emocional tenha alcançado um nível crítico. Além disso, esse nível irá abaixar cada vez mais, e nos tornaremos cada vez mais irascíveis.

As conclusões de estudos psicológicos vão de encontro à ideia segundo a qual, ao deixar a raiva explodir, abaixa-se temporariamente a pressão acumulada.[112] Na verdade, do ponto de vista fisiológico, o que ocorre é o contrário. Se evitarmos deixar a raiva se manifestar de forma irrestrita, a tensão arterial diminui (e ela diminui ainda mais se adotarmos uma atitude amigável), enquanto ela aumenta se a deixarmos explodir.[113]

Tampouco adianta reprimir as emoções. Isso equivaleria a impedi-las de se expressar ao mesmo tempo deixando-as intactas, o que constituiria uma solução temporária e doentia. Os psicólogos afirmam que uma emoção reprimida pode provocar graves distúrbios mentais e físicos, e que se deveria evitar a todo custo dirigir nossas emoções contra nós mesmos. Entretanto, a expressão descontrolada das emoções pode, também ela, ter consequências desastrosas. Pode-se morrer de apoplexia com um acesso de raiva ou deixar-se consumir literalmente pelo desejo obsessivo. Antes de tudo, o que importa é saber estabelecer o justo diálogo com suas emoções.

Para isto, um dos métodos mais frequentes consiste em neutralizar as emoções perturbadoras com o auxílio de antídotos específicos. Na verdade, dois processos mentais diametralmente opostos não podem ocorrer de maneira simultânea. Pode-se oscilar rapidamente entre o amor e o ódio, mas não se pode sentir no mesmo momento e de modo consciente o desejo de prejudicar alguém e o de lhe fazer o bem. Como observava o filósofo Alain: "Um movimento exclui o outro; se você estende amigavelmente a mão ao outro, exclui o soco".[114] O mesmo ocorre ao treinar a sua mente no amor altruísta: elimina-se pouco a pouco o ódio, dado que esses dois estados mentais podem alternar-se, mas não coexistir. Esses antídotos são para o psiquismo o que os anticorpos são para o organismo.

Visto que o amor altruísta age como um antídoto direto para o ódio, quanto mais nós o desenvolvemos, mais o desejo de prejudicar se amenizará para finalmente desaparecer. Não se trata de reprimir nosso ódio, mas de direcionar a mente para algo diametralmente oposto: o amor e a compaixão. Pouco a pouco, o altruísmo acabará por impregnar cada vez mais nossa mente, até tornar-se uma segunda natureza.

Uma segunda maneira de confrontar emoções perturbadoras consiste em nos dissociarmos mentalmente da emoção que nos aflige. Por hábito, identificamo-nos com nossas emoções. Quando somos tomados por um acesso de raiva, ela está onipresente em nossa mente e deixa pouco espaço a outros estados mentais, como a paciência ou a consideração das razões que poderiam acalmar nosso descontentamento. No entanto, mesmo nesse momento, a mente é capaz de examinar o que se passa nela. Para isto, bastaria observarmos nossas emoções frente a um acontecimento exterior que se produzisse diante de nossos olhos. Ora, a parte de nossa mente que está consciente da raiva, simplesmente está consciente: ela *não é* a raiva. Em outras palavras, a consciência plena não é afetada pela emoção que ela observa. Essa compreensão permite tomar distância e dar à raiva espaço suficiente para que ela se dissolva por si mesma.

Desse modo, evitamos dois extremos igualmente prejudiciais, tanto um quanto o outro: reprimir a emoção, que permanecerá em algum lugar num canto escuro de nossa consciência, como uma bomba de efeito retardado, ou deixá-la explodir, em detrimento daqueles que nos rodeiam e de nossa própria paz interior.

As sociedades que se esforçam para promover um elevado autoconceito, assim como os indivíduos narcisistas, julgam o sentimento de vergonha doentio e indesejável.[115] Entretanto, o sentimento de mal-estar e de arrependimento sentido quando reconhecemos ter cometido um ato que vai de encontro a nossos valores morais decorre de uma constatação lúcida e constitui um motor de transformação: ao reconhecer nossos erros, desejamos não mais repeti-los e, quando possível, reparar o mal infligido. Diferente do arrependimento, o sentimento de culpa, ao invés de se concentrar em um ato específico, transborda em todo o ser, nos faz pensar: "Eu sou alguém horrível", e se traduz pela autodesvalorização e pela dúvida quanto à capacidade de se transformar.

Os estudos psicológicos mostram que o fato de se experimentar um sentimento de culpa ao pensar nos sofrimentos que infligimos a outro ou ao contemplar a possibilidade de lhe prejudicar, associado à conscientização empática desses sofrimentos, serve de antídoto à violência. Esses escrúpulos levam o indivíduo à razão e aniquilam também a sensação de prazer que alguns criminosos associam ao ato nocivo.[116]

A coragem da não violência

É relativamente fácil atirar em uma multidão. Por certo, é necessária muito mais coragem para enfrentar, com pés descalços e sem armas, as tropas armadas, como fizeram os monges birmaneses quando da insurreição de 2008, para manifestar sua desaprovação ao regime ditatorial que reinava ainda. A verdadeira não violência não é um sinal de fraqueza, mas sim de coragem e de determinação. Ela não consiste em se deixar oprimir, mas em agir de modo justo, sem dar espaço ao ódio e o desejo de vingança que ocultam qualquer faculdade de julgamento. Como o Dalai Lama frequentemente diz, a não violência e a tolerância não significam dizer: "Vamos lá, me faça mal!" Elas não significam submissão, nem abandono, mas vêm acompanhadas de uma força da alma e de uma inteligência que nos poupa de inúteis sofrimentos mentais e evitam que caiamos na malevolência. Sabemos que a violência acarreta amiúde uma reação em cadeia desastrosa para todos. Portanto, é necessário evitá-la de todas as maneiras e resolver os conflitos por meio da negociação e do diálogo.

Quando somos vítimas de abuso ou injustiça, é legítimo utilizar os meios apropriados e o vigor necessário para remediá-los, mas *jamais* com ódio e sempre com a esperança de chegar a uma situação mais justa e construtiva. Foi o que fizeram Gandhi na Índia, por ocasião do movimento não violento do *Satyagraha* ("a força da verdade"), e Martin Luther King, em todas suas ações, baseadas nestas palavras: "A não violência é uma arma poderosa e justa, que corta sem ferir e enobrece o homem que a usa. É uma espada que cura".[117]

29. A REPUGNÂNCIA NATURAL EM MATAR

As pesquisas realizadas pelo general da brigada americana S.L.A. Marshall sobre o comportamento dos soldados durante a Segunda Guerra Mundial revelaram, para grande surpresa de seu estado-maior, que somente 10 a 15% dos soldados em situação de combate haviam utilizado suas armas para atirar no inimigo. Nem por isso os outros deixaram de dar prova de bravura: desembarcaram nas praias da Normandia, socorreram seus companheiros feridos, forneceram munições a outros, mas não fizeram uso de suas armas. Não se escondiam nem fugiam, e não atiravam no inimigo, nem mesmo quando eram atacados e suas vidas estavam em perigo. O general Marshall concluiu que era "razoável pensar que um indivíduo são e normal – alguém capaz de suportar as tensões mentais e físicas do combate – conserva geralmente uma relutância insuspeitada em matar outro ser humano. Ele não irá tirar uma vida humana de livre vontade se lhe for possível escapar desta obrigação".[1]

As conclusões desse estudo foram por um tempo contestadas, pelo fato de serem tão inesperadas, mas a análise das guerras napoleônicas, da guerra civil nos Estados Unidos, da guerra das Malvinas e de outros conflitos chegou às mesmas conclusões.[2] Em 1863, em Vicksburg, durante a guerra civil americana, o sargento Benjamin McIntyre foi testemunha de um confronto tão intenso quanto inofensivo: "Parece surpreendente que uma companhia possa disparar uma salva após outra a uma distância não superior a cinco metros e não fazer uma única vítima. No entanto, foi o que aconteceu".[3] Durante essa batalha, cinquenta mil balas foram disparadas. A essa distância, a probabilidade de atingir o inimigo era de 50%. Teria feito centenas de mortos a cada minuto.

Esses fatos referem-se a guerras tradicionais, durante as quais recrutas e soldados de carreira lutam entre exércitos. Já não é a mesma coisa no caso de massacres e genocídios quando os indivíduos, por diversos mecanismos, incluindo a desumanização do outro e a dessensibilização, superam sua repugnância em matar.

Evitar atirar no outro

Durante a Segunda Guerra Mundial, verificou-se que via de regra os soldados só atiravam quando eram obrigados por seus superiores, e paravam tão logo estes se afastavam. Segundo o coronel Albert J. Brown: "Os chefes de pelotão e os sargentos deviam ir e vir ao longo da linha de fogo, batendo nos seus homens para que abrissem fogo. Tínhamos a impressão de termos tido êxito se conseguíssemos que, em todo o pelotão, dois ou três homens atirassem no inimigo".[4]

A maioria dos soldados evita cumprir as ordens: alguns colocam a arma no ombro e fingem atirar, outros atiram acima ou ao lado do alvo. Alguns até explicam com orgulho e satisfação como conseguiram desobedecer à ordem de matar. De acordo com o tenente-coronel americano Dave Grossman, que explora esta questão em seu livro *On Killing* [Sobre o ato de matar]: "No momento decisivo, cada soldado se dava conta de que não conseguiria matar o homem que estava em pé diante dele".[5]

A repugnância em matar aumenta à medida que cresce a proximidade física entre os combatentes: percebe-se, então, que se está diante de um ser humano semelhante. O historiador John Keegan constatou surpreso a ausência da quase totalidade de ferimentos por arma branca durante as cargas maciças com baioneta, em Waterloo e durante a batalha do Somme. Quando os soldados chegavam ao combate corpo a corpo, a aversão em utilizar a baioneta para transpassar o corpo do outro era tal que frequentemente abaixavam suas armas e lutavam a coronhadas.[6]

Podemos pensar em diferentes explicações para essa repugnância natural. Se, por exemplo, percebo o outro como meu semelhante, conscientizo-me de que ele tem filhos, família, projetos de vida; quanto mais próximo dele mais envolvido fico por sua sorte. Vendo que o outro tem um rosto, atribuo naturalmente um valor à sua existência e fica difícil fazê-lo sofrer, quanto mais matá-lo. "Antes, aqueles que eu iria matar me pareciam o contrário de mim mesmo. Desta vez, eu estava ajoelhado diante de um espelho",[7] diz o herói troiano Heitor descrito por Jean Giraudoux.

O medo de morrer traumatiza menos que a obrigação de matar

É quando acontecem combates corpo a corpo que os traumas gerados pelo condicionamento para matar são mais violentos. Por meio do olhar e do contato físico, encontramo-nos estreita e intensamente confrontados à humanidade do outro, sem jeito de escapar das etapas da morte que infligimos. O soldado que enfrenta de maneira direta o inimigo sabe que matou, quem matou e quantas pessoas matou.

Desse modo, ele se encontra confrontado a um dilema sem saída: ou ele supera sua repugnância em matar mas age contra sua consciência, ou não atira no inimigo mas se sente culpado por ter abandonado seus companheiros de combate, sobretudo se alguns deles não sobreviveram. Ora, como afirma Glenn Gray, um veterano da Segunda Guerra Mundial, "o sentimento de ter sido incapaz de agir de acordo com sua consciência pode levar a uma repugnância maior, não somente em relação a si, como também à espécie humana".[8] Ao provocar a morte, mata-se uma parte de si mesmo.

Criar uma distância

Para evitar que o soldado considere o adversário como seu próximo, inculca-se nele a ideia de que se trata de um ser desprezível, odiável, totalmente diferente dele. O inimigo se torna um ser repulsivo, um "rato", um "verme", um ser inferior que não merece viver e que ameaça seus próximos, sua pátria e toda a humanidade. "O outro" aparece sob traços abjetos, o processo de identificação revela-se muito difícil, e sua eliminação se torna desejável. Dave Grossman distingue vários tipos de distância entre o matador e suas vítimas: cultural, moral, social, física e semântica.[9]

A *distância cultural* é baseada nas diferenças étnicas, raciais ou religiosas que permitem desumanizar o outro afirmando que ele é fundamentalmente diferente de você.

A *distância moral* enfatiza a crença na legitimidade moral do soldado e de seu desejo de vingança. Segundo estudos de Samuel Stouffer, 44% dos soldados americanos na Segunda Guerra Mundial haviam desejado matar um soldado japonês, enquanto apenas 6% deles expressavam esse desejo em relação aos soldados alemães.[10] Essa diferença foi atribuída ao desejo de se vingar do ataque de Pearl Harbor.

A distância moral aumenta quando o soldado se tranquiliza dizendo para si próprio que ele apenas faz seu dever e executa fielmente as ordens de seus superiores. Segundo Grossman: "O soldado que mata deve se convencer de que suas vítimas são inferiores aos animais, que não passam de malditos vermes, e que é certo cumprir o que sua pátria e seus chefes lhe disseram para fazer. [...] O matador deve imperiosamente calar qualquer pensamento que possa lhe sugerir ter agido mal. Deve reagir de modo violento a qualquer um que ameace suas convicções. Sua saúde mental depende estreitamente da crença de que o que ele fez é bom e justo".[11]

A *distância social* aumenta com a convicção de que certas classes sociais seriam inferiores a outras sob todos os pontos de vista, e que seriam compostas de seres sub-humanos cujas vidas seriam insignificantes. Nas guerras feudais, por exemplo, os massacres não eram tarefa de servos e camponeses, mas das elites aristocráticas, que perseguiam seus adversários a cavalo. Na Índia, os *dalits* (literalmente os "esmagados"), chamados no passado de "intocáveis", são vítimas de inúmeros crimes cometidos pelos membros das castas que se consideram superiores. A justiça muito raramente dá razão aos intocáveis, mesmo quando existe o flagrante: o massacre de quatorze intocáveis perpetrado em 1982 no vilarejo de Kestara, por exemplo, terminou na absolvição dos acusados que haviam agido à vista de todos.

A *distância física* torna o ato de matar mais abstrato. Como afirma o psicólogo e instrutor militar Richard Strozzi-Heckler: "O combatente das guerras modernas pode lançar bombas de um avião voando a 6 mil metros de altitude pela manhã, causando sofrimentos incalculáveis à população civil, e comer hambúrguer à noite a centenas de quilômetros do local. [...] Não precisará ficar lembrando todos os dias de sua vida o olhar do homem cujo crânio esmagou".[12] André Malraux dizia que não se pode matar um inimigo que nos olha nos olhos. Um hutu que participou do genocídio ruandês relata:

> Lembro-me da primeira pessoa que me olhou no momento do golpe sangrento. Aquilo foi impressionante. Os olhos de quem matamos são imortais, se eles encaram você no momento fatal. Eles têm uma cor negra terrível. Impressionam mais do que o sangue escorrendo e os gritos das vítimas, mesmo numa grande agonia de morte. Os olhos da vítima, se ele os olhar, são a calamidade do matador. Eles são a condenação daquele que mata.[13]

A *distância virtual* separa o operador de suas futuras vítimas, reduzidas a simples alvos virtuais na tela. A guerra do Golfo foi apelidada de "guerra Nintendo". O inimigo tornou-se um eco na tela do radar, uma imagem térmica à noite, uma simples conjunção de coordenadas geográficas num GPS.

A utilização de drones, teleguiados a partir de postos de comando situados no outro lado do globo, é um exemplo contemporâneo desta distância virtual. Entretanto, as novas técnicas permitem ao operador ver com muito mais realismo os efeitos de suas ações e muitos operadores de drones, transtornados por sua tarefa, desenvolvem distúrbios psicológicos graves.

Brandon Bryant foi piloto de drone durante seis anos.[14] Bastava apertar um botão no Novo México para que um homem morresse no outro lado do planeta. Brandon se lembra de seu primeiro tiro de míssil: na sua tela, ele vê claramente dois homens morrerem na hora e assiste a agonia do terceiro. O homem perdeu uma perna, segura o cotoco, seu sangue quente escorre no asfalto. Ao voltar para casa, Brandon liga para a mãe aos prantos. "Durante uma semana fiquei como que ilhado do resto do mundo." Durante seis anos, Brandon viu morrer ao vivo homens, mulheres e crianças. Nunca imaginou matar tantas pessoas. Na verdade, nunca imaginou matar uma que fosse.

Um dia, após ter disparado um míssil sobre uma casa, supostamente ocupada por talibãs, ele vê de repente uma criança correr para um canto da casa, Em seguida um clarão invade a tela – a explosão. Paredes desabam. A criança sumiu. Brandon sente um nó no estômago. Não suporta mais olhar pessoas explodindo na sua tela: "Eu queria que meus olhos se decompusessem", relata. Ele desaba, prostrado, e cospe sangue. Os médicos diagnosticam uma síndrome pós-traumática. Brandon deu baixa na força aérea e tenta agora reconstruir sua visão de mundo.

Cria-se também uma *distância semântica*. Não se fala em "matar" o inimigo. Ele é "neutralizado" ou "liquidado". A humanidade do inimigo é negada, ele se torna um animal bizarro, chamado de "Fritz", "Japa", "bougnoule".* Até mesmo as armas de guerra recebem nomes benignos. A bomba mais monstruosa que os Estados Unidos usaram no Vietnã e no Afeganistão pesava 6,8 toneladas, destruía tudo por centenas de metros à volta e chamava-se "Daisy Cutter", "colhedora de margaridas". Um dos desfolhantes mais terríveis, do qual 80 milhões de litros foram derramados no Vietnã, que provoca ainda diversos tipos de câncer e o nascimento de crianças deformadas, traz o nome inócuo de "agente laranja". Emprega-se todo tipo de eufemismo conforme as situações: "limpa-se" ou "trata-se" uma área, "liquida-se um bolsão de resistência". Também não se diz que fulano foi abatido quando tentava matar outros, mas que morreu "em missão" ou no "campo da honra"; ninguém é morto por suas próprias tropas, mas é "vítima de fogo amigo" etc.

---

* Termo pejorativo relativo a pessoas do norte da África. [N. do T.]

Rituais de evitação

Para evitar matar, culturas antigas – como também acontece hoje com gangues de rua – elaboraram códigos e rituais que lhes permitiam realizar simulacros de batalhas, vitórias e sujeições. Esse recurso a atos simbólicos possibilita mostrar sua força e manifestar seu ressentimento evitando passar à violência. Como explica o psicólogo social Peter Marsh, os protagonistas criam assim uma perfeita fachada de agressividade e de poder, embora o nível de violência verdadeira permaneça baixo.[15] Gwynne Dyer conclui que existe sem dúvida "o psicopata ocasional que quer realmente estripar os outros, mas a maioria dos participantes está de fato interessada no prestígio, na exibição, no proveito, e preocupada em limitar os danos".

Quem mata?

Outro aspecto revelado por esses estudos também é perturbador: nos conflitos armados, uma parte ínfima dos homens é responsável pela maioria das perdas inimigas. Isso é verdade no exército em terra, assim como na aeronáutica. Foi demonstrado que, durante a Segunda Guerra Mundial, apenas 1% dos pilotos de guerra americanos foram responsáveis por 30 a 40% das destruições em voo de aviões inimigos, não porque fossem melhores pilotos que outro ou mais intrépidos mas, segundo R. A. Gabriel, "porque a maioria dos pilotos de caça nunca atirou em ninguém nem mesmo tentou fazê-lo". Eles viam na cabine do avião na sua linha de mira um outro homem, um aviador com o qual se sentiam ligados pela fraternidade do ar, "um homem espantosamente semelhante a eles mesmos".[16]

Então, quem são esses soldados que não sentem qualquer inibição em matar? "O soldado por natureza", segundo o historiador militar canadense Gwynne Dyer, "não tem nenhuma relutância em matar num contexto que lhe fornece uma justificativa moral ou pragmática – a guerra, por exemplo –, e se esse for o preço a pagar para ser admitido no tipo de ambiente que o atrai".[17] Esses soldados "se tornam frequentemente mercenários, pois em tempos de paz o exército regular é muito chato para eles. [...] Esses homens são raros e constituem uma ínfima fração dos militares, incluindo os de carreira. A maioria deles é recrutada para forças especiais do tipo unidade de assalto".

Um estudo de Swank e Marchand,[18] ainda com relação à Segunda Guerra Mundial, revelou que os 2% de soldados capazes de sustentar combates ininterruptos durante longos períodos de tempo apresentavam perfil de psicopatas agressivos. Notou-se que esses homens não sentiam nenhum remorso em relação a seus atos. Quanto aos demais, após sessenta dias de combate contínuo, 98% dos sobreviventes sofriam de distúrbios psiquiátricos variados.

Alguns indivíduos vão além. Dave Grossman cita o caso de um veterano do Vietnã, R. B. Anderson, que num testemunho intitulado *Parting Shot: Vietnam Was Fun* [Uma salva de adeus: o Vietnã era prazeroso] relata:

> O fato é que era um prazer. [...] Era tão bom que acabei voltando. Em que outro lugar você poderia usufruir ao mesmo tempo da caça aos animais de grande porte e da farra na cidade? Em que outro lugar você poderia se sentar numa colina e assistir à destruição por ataque aéreo do acampamento base de um batalhão? [...] Eu era um guerreiro em guerra [...] Somente um veterano pode sentir o frisson de matar e a tristeza por perder um amigo mais chegado do que sua família.[19]

Outros veteranos admitem ter sentido uma certa euforia no momento em que acertavam no alvo e matavam um inimigo. Mas, com mais frequência, essa euforia é rapidamente substituída por um profundo sentimento de culpa.

Sufocar a empatia por meio do condicionamento

Para ser capaz de matar, é preciso conseguir sufocar qualquer sentimento de empatia, de proximidade e de semelhança com o outro. Ao psicopata falta a empatia – ele é capaz de infligir friamente as piores torturas ao outro sem se comover.

Portanto, não é surpreendente que o treinamento dos soldados dos exércitos modernos inclua técnicas que visam especificamente eliminar a repugnância natural em matar; uma vez que o homem é raramente um psicopata (cerca de 1 a 2% da população), a sua empatia deve ser eliminada. Para isso, faz-se com que ele simule inúmeras vezes o ato de matar, a fim de banalizá-lo e se dessensibilizar gradualmente.

Após a Segunda Guerra Mundial, os instrutores militares perceberam que, para que esse condicionamento fosse eficaz, seria necessário dar ao alvo formas humanas e fazê-las surgir repentinamente em um dado ambiente – o que força o soldado a atirar rápido sem refletir. As figuras são derrubadas quando o atirador acerta o alvo, o que provoca nele um sentimento de satisfação. Ele é submetido desse modo a um condicionamento reforçado por uma recompensa. Imitando de maneira realista um ambiente convincente, leva-se o soldado a não sentir a mínima hesitação ou reação emocional ao atirar em seres vivos. Quando um inimigo surge de repente, os soldados que passaram por essa fase de condicionamento intensivo afirmam atirar de maneira automática, como se ainda estivessem em período de treinamento visando alvos móveis.

Os militares americanos recorreram a diversas outras técnicas de condicionamento extremo para enraizar o ato de matar no psiquismo mais profundo dos recrutas. Um sargento da marinha americana, veterano do Vietnã, relata: "Tínhamos treinamento físico de manhã, e cada vez que seu pé esquerdo tocava o chão, devíamos martelar 'mate, mate, mate'. Estava tão arraigado à mente que quando acontecia de verdade, não perturbava mais, percebe?"[20] Esse condicionamento era imposto de maneira repetitiva durante milhares de horas sob a liderança de uma autoridade draconiana, sob a ameaça contínua de punições para aqueles que falhavam. Não é surpreendente, portanto, que inúmeros autores, entre os quais Gwynne Dyer, falem de condicionamento pavloviano para matar em vez de treinamento.[21] Esses métodos possibilitaram aumentar de modo considerável o número de soldados dispostos a matar. Durante a guerra da Coreia, o percentual de combatentes que abriram fogo sobre o inimigo passou de 15% a mais de 50%, e atingiu 90 a 95% durante a guerra do Vietnã, fato sem precedentes na história das guerras.

Atualmente as coisas mudaram. Um novo código foi adotado pelos fuzileiros navais americanos, exigindo dos soldados considerar qualquer adversário como um ser humano como eles, e evitar as violências que não são indispensáveis ao sucesso da missão.

Aprender a matar antes dos vinte anos

Os militares americanos também constataram que esse treinamento surtia pouco efeito nos recrutas adultos, e que era necessário ensinar os homens a matar entre dezessete e vinte anos. Após essa idade, era em grande parte tempo perdido, pois dificilmente se chegaria a superar a repugnância de matar. Os jovens recrutas, ao contrário, se entregam de boa vontade ao condicionamento, motivados pela confiança em seus superiores hierárquicos. Segundo Grossman: "Eles são forçados a interiorizar os horrores dos combates durante um dos períodos de sua vida em que são mais vulneráveis e maleáveis."[22] A guerra do Vietnã foi, aliás, chamada de "guerra de adolescentes" (*teenagers war*), a média de idade dos combatentes era inferior a vinte anos.

As pesquisas em neurociências demonstraram que o cérebro é o palco de importantes reestruturações, principalmente durante dois períodos da existência: uma primeira efervescência da atividade neuronal se produz logo após o nascimento, quando o recém-nascido é exposto a toda a riqueza e variedade de estímulos sensoriais proveniente do mundo exterior. Depois, esse processo torna-se mais lento até a puberdade.

Trabalhos recentes revelaram que um segundo período de reestruturações significativas ocorre na adolescência. Entre os dezesseis e vinte anos, um grande número de redes neuronais formadas na infância se desfaz. Novas redes neuronais se formam, mais especializadas e estáveis, que serão conservadas na idade adulta.[23]

Por outro lado, antes dos vinte anos, o córtex pré-frontal, cujo papel entre outros é assegurar a regulação das emoções geradas por outras áreas cerebrais, não está completamente desenvolvido, o que explica a instabilidade emocional dos adolescentes, com sua reatividade à flor da pele, o gosto pelo risco e pela novidade. Essa etapa é necessária, mas vem acompanhada de grande vulnerabilidade.

Assim, com o único objetivo de aumentar sua eficácia no combate, inculcou-se, de modo profundo e duradouro, a faculdade de matar seus semelhantes nos jovens que, no Vietnã, por exemplo, haviam sido mobilizados por seu governo e, portanto, não eram voluntários. Suas disposições mentais mais profundas foram manipuladas e a imagem que eles tinham de seus semelhantes foi modificada radicalmente. Esse condicionamento requer tempo, e é preciso o mesmo tempo, se não mais, para desfazê-lo. Além disso, pouca coisa é implementada nesse sentido. Após ter cumprido sua missão de guerra, os recrutas são largados na sociedade, sem nenhuma preocupação em compensar por meio de um antídoto adequado o condicionamento desumanizante que sofreram. Atualmente, muitos psicólogos e neurobiólogos, entre os quais Amishi Jha, da Universidade de Miami, estão prestando assistência a esses veteranos.

Somente vítimas

É evidente que as principais vítimas da guerra são as que sofrem a violência. Porém, não há vítimas sem agressores, e é essencial compreender melhor os mecanismos da agressão. Quando, por diversas razões, soldados conseguem superar sua repugnância em matar, as sequelas psicológicas são muito profundas. William Manchester, recrutado pela marinha americana durante a Segunda Guerra Mundial, conta em suas memórias que no momento de matar com um tiro de revólver o atirador de elite japonês de quem havia se aproximado furtivamente, murmurou atordoado: "Sinto muito", e começou a vomitar de maneira descontrolada. Diz ele: "Era uma traição a tudo o que me havia sido ensinado desde a infância".[24]

O preço a pagar para forçar homens a superar sua repugnância em matar é, portanto, muito elevado. Segundo diversas estimativas, cerca de 90% dos americanos convocados no Vietnã e no Iraque sofrem de distúrbios psicológicos graves. 15 a 45% dos veteranos sofrem de síndrome pós-traumática, que se traduz por crises de extrema ansiedade, terror, pesadelos recorrentes, fenômenos de dissociação com a realidade, comportamentos obsessivos, depressivos e antissociais, e grande frequência de suicídios: conta-se mais suicidas entre os veteranos que voltaram do Iraque e do Afeganistão do que mortos em combate.[25]

Um estudo realizado na Universidade de Columbia, com 6.810 veteranos, revelou que somente os que haviam participado de combates intensivos foram afetados por essa síndrome.[26] Comparados ao resto da população norte-americana, eles estão muito acima da média nacional com relação ao uso de tranquilizantes, número de divórcios, índice de desemprego, alcoolismo e suicídios, hipertensão, doenças cardíacas e úlceras. Em compensação, os veteranos do Vietnã que não estiveram em situação de combate apresentam características análogas àquelas dos recrutas que permaneceram nos Estados Unidos.

Que lições podemos extrair disso?

Vimos como o condicionamento para matar pode modificar o comportamento e a autoestima dos jovens soldados. Ora, a maleabilidade de nosso temperamento e a plasticidade de nosso cérebro permitem considerar a possibilidade de transformações também importantes, no sentido, desta vez, da benevolência.

A colaboração entre as neurociências e os contemplativos que, durante milênios, desenvolveram métodos eficazes, demonstrou que o fato de cultivar o amor altruísta tem também efeitos profundos e duradouros. É claro que o treinamento da mente proposto por contemplativos budistas é diametralmente oposto ao dos jovens recrutas. Ele consiste em reavivar, amplificar e estabilizar nossa tendência natural em sentir empatia e a dar importância aos outros, quem quer que sejam. Esse treinamento também difere de um condicionamento, dado que está associado a uma reflexão profunda sobre as razões que fazem do altruísmo uma virtude útil a todo ser humano.

O ponto de vista das religiões

Visto que afirmam promover uma mensagem de amor, espera-se das religiões uma condenação clara e unívoca de qualquer ato de matar. Ora, seus posicionamentos são às vezes no mínimo ambíguos, em particular sobre a questão da guerra. Um jovem soldado servindo no Iraque viu um dia sobre a porta da capela militar, a inscrição: "Cumprimos a obra de Deus". Isso pareceu-lhe tão aberrante que perdeu a fé.[27] Como observa o Dalai Lama: "Deus deve estar perplexo. Os dois lados matam-se um ao outro e, enquanto isso, rezam a Deus".[28]

Anthony Swofford, ex-soldado da marinha americana que lutou durante a primeira guerra do Golfo diz com propriedade em seu livro *Jarhead*:

> Compreendi que a religião e o exército eram incompatíveis. Pode-se pensar o contrário ao ver o grande número de militares extremamente religiosos, mas esquecem algo. Eles perdem de vista a missão do exército: destruir as vidas e os meios de subsistência de outros seres humanos. Para que você acha que servem essas bombas?[29]

Em seu livro, aliás extraordinário,[30] Dave Grossman tenta encontrar na Bíblia uma legitimidade para o ato de matar. Com o objetivo de apaziguar a consciência dos soldados cristãos que temiam ter infringido o sexto mandamento, "Não matarás", ele afirma que este mandamento significa: "Não cometerás assassinato", e que a Bíblia não proíbe matar, visto que muitos personagens eminentes da Bíblia mataram seus inimigos por razões que lhes pareciam justificadas.

De fato, o Antigo Testamento e a Torá tentam aliviar a culpa do ato de matar no caso de uma guerra denominada "justa", conceito que deu lugar a inúmeras interpretações.[31] A Torá aceita também a pena capital em caso de homicídio, incesto, adultério e idolatria.[32] Em seu *Catecismo Maior*, Lutero explica também que Deus e os governantes não estão vinculados ao sexto mandamento, visto que eles devem punir os criminosos. O Corão adota uma posição similar: "Não mate a vida que Alá tornou sagrada, exceto por uma justa causa". O Corão proíbe, no entanto, atacar primeiro.[33]

Isentar desse modo a guerra e a pena de morte do sexto mandamento levou com frequência a ampliar os limites do que é considerado justo e aceitável, e a perpetrar massacres e genocídios em nome do "bem". Durante a Segunda Guerra Mundial, por exemplo, as autoridades religiosas católicas e protestantes haviam proibido aos padres e pastores de ser objetores de consciência. Isso não impediu o pastor André Trocmé que, junto com os camponeses de Chambon-sur-Lignon, salvou milhares de judeus, de militar pela não violência. No testamento que ele redigiu em plena guerra, enquanto suas atividades de salvador de judeus o colocava constantemente em perigo, escreveu com relação à objeção de consciência: "Não posso nem matar nem participar desta obra de morte que é a guerra".[34]

Esse ponto de vista parece estar também em conformidade com as palavras de São Paulo: "Os preceitos [...] se resumem nestas palavras: amarás teu próximo como a ti mesmo. A caridade não causa mal ao próximo".[35]

De igual modo resume com toda clareza o arcebispo Desmond Tutu, Prêmio Nobel da Paz: "Não conheço nenhuma religião que afirme ser admissível matar".[36] Quando ele pronunciou essas palavras, durante um encontro de representantes de diversas religiões do qual participei no Fórum Econômico Mundial de Davos, permiti-me sugerir que esse ponto de vista fosse objeto de uma declaração comum, sem equívoco, destinada aos fiéis das diversas religiões. A questão foi eludida sob pretexto de que havia "uma variedade de pontos de vista a esse respeito"...

Para o budismo, não há diferença entre o fato de matar em tempo de paz e em tempo de guerra. Um soldado é responsável pelas mortes que cometeu; um general é responsável pelos homicídios cometidos sob suas ordens. Um budista sincero só pode recusar-se de participar de atos de guerra. Da mesma forma em relação ao jainismo que defende uma estrita não violência, *ahimsa*. Os adeptos do jainismo são modelos em matéria de transposição desse ideal na vida cotidiana. Essas duas religiões não teístas fundamentam sua compreensão do mundo nas leis de causas e efeitos. Segundo elas, a ignorância, o ódio, a animosidade, o desejo são as causas primeiras da violência. A malevolência é sempre contraproducente por gerar ou perpetuar o ódio.

É perfeitamente possível praticar uma ação firme e determinada sem sentir o mínimo ódio, a fim de impedir que um ser perigoso faça mal a alguém. Perguntaram ao Dalai Lama qual seria a melhor conduta diante de um malfeitor que entrasse em um local ameaçando os ocupantes com um revólver. Ele respondeu com um tom meio sério, meio brincalhão: "Eu atiraria nas suas pernas para imobilizá-lo, depois acariciaria sua cabeça e cuidaria dele". Obviamente, ele sabe que a realidade não é sempre tão simples, mas queria que compreendessem que bastaria uma ação enérgica, e que alimentar o ódio é tanto inútil quanto nefasto.

Uma postura dessas suscita imediatamente perguntas do tipo: "Você renunciaria a defender-se ou a defender seu país diante de uma agressão? Deve-se deixar os ditadores oprimirem seu povo e massacrar os oponentes? Não se deve intervir para interromper um genocídio"? Essas perguntas à queima-roupa implicam respostas evidentes: "Sim, é preciso se defender de uma agressão. Sim, é preciso eliminar um ditador, se for o único meio de evitar sofrimentos inomináveis. Sim, é preciso impedir um genocídio a qualquer custo". Mas é preciso também fazer as perguntas corretas. Se nos sentimos acuados em tais extremos, é porque negligenciamos, e às vezes por tempo excessivo, tudo o que poderia evitar que o agressor nos ameaçasse e que um genocídio pudesse acontecer. Sabemos muito bem que os sinais precursores de praticamente todos os genocídios foram ignorados enquanto ainda era viável remediar essa situação em tempo hábil.

Se eu quiser evitar uma disenteria em um país tropical, não basta levar muitos antibióticos: procuraria me informar sobre a qualidade da água, filtrá-la, fervê-la; abriria um poço salubre em um vilarejo; respeitaria as regras de higiene e as ensinaria aos outros. Da mesma forma, quem quiser evitar matar a qualquer custo não se contenta em dizer: "Se não der certo, pego meu fuzil e tudo estará resolvido". Deverá estar constantemente atento a todas as causas possíveis de insatisfação e de ressentimento do outro, e se esforçar para remediá-las antes que a animosidade se manifeste e inflame corações e mentes de modo irreparável. Com frequência a violência é considerada como o meio mais eficaz e mais rápido de resolver um conflito. Ora, como ensina o Buda: "Se o ódio responder ao ódio, jamais o ódio cessará".

30. A DESUMANIZAÇÃO DO OUTRO: MASSACRES E GENOCÍDIOS

MOSTRAMOS ATÉ AQUI QUE EXISTE NO HOMEM UMA PROFUNDA REPUGNÂNCIA em matar seus semelhantes. Entretanto, por mais forte que seja, essa resistência é superada em determinadas situações, levando a comportamentos que estão entre os mais sinistros da história humana, perpetuando perseguições, massacres e genocídios. A repetição dessas atrocidades exige que nos questionemos sobre os processos que levam à queda das barreiras que nos impedem habitualmente de matar.

Os fatores que corroem essa aversão são múltiplos e colocam em jogo fortes emoções, entre as quais o ódio, o medo e o asco. Além desses fatores, incluem-se igualmente a desvalorização, desumanização e demonização do outro, às quais se acrescentam uma dessensibilização do carrasco indiferente aos sofrimentos infligidos, dissociação afetiva e moral em relação às vítimas, diluição das responsabilidades e instauração de sistemas ideológicos que justificam a violência. Os indivíduos são assim levados a uma engrenagem geralmente irreversível.

Como explica o psicólogo Aaron Beck em *Prisonniers de la haine* [Prisioneiros do ódio], os membros de um grupo escolhido como inimigo são primeiramente *homogeneizados*, levando-os a perderem sua identidade. As vítimas se tornam intercambiáveis. Em seguida, são *desumanizadas* e não são mais percebidas como seres suscetíveis de inspirar empatia: "Tornam-se simplesmente objetos inanimados, como patinhos numa barraquinha de tiro ou alvos num videogame. Por último, são *demonizadas*... Matá-las não passa de mais uma escolha entre várias; *devem* ser exterminadas... Atacam-se as imagens projetadas, contudo se matam pessoas reais".[1]

Quando o valor de um grupo de indivíduos é degradado na mente dos membros de outro grupo, cada indivíduo do grupo desvalorizado torna-se numericamente insignificante. A partir daí, é percebido como unidade abstrata considerada nociva e explorável a seu bel-prazer. Um lema dos khmers anunciava àqueles que eliminariam em massa: "Poupá-los não é uma vantagem, destruí-los não é uma perda".[2] Além da perseguição, esse processo de desvalorização pode também levar à instrumentalização dos indivíduos: os humanos se tornam escravos e os animais, produtos alimentares.

Durante a conquista das Filipinas pelos Estados Unidos, no final do século XIX, um soldado americano do regimento Washington declarou: "Matar homens é um jogo que está na moda, é muito melhor que matar coelhos. Atacamos e fizemos um massacre como jamais foi visto, [...] centenas ou milhares deles. [...] Nenhuma crueldade é excessivamente severa para esses macacos sem cérebro".[3]

Pio, um participante do genocídio de Ruanda, relatou: "A caça era selvagem, os caçadores eram selvagens, o alvo da caça era selvagem, a selvageria dominava a mente".⁴ No início do século XX, nos seringais da Argentina, os mercadores britânicos celebravam o domingo de Páscoa jogando querosene nos índios e ateando fogo, para "gozarem com sua agonia", enquanto outros gargalhavam ao evocar a "caça ao índio".⁵

Em um livro publicado na Alemanha em 1920 intitulado *Die Freigable der Vernichtung Lebensunwerten Lebens* [A permissão de destruir a vida desprovida de valor], Karl Binding, professor de Direito, e Alfred Hoche, professor de Psiquiatria, defendiam a ideia de que boa parte dos doentes e deficientes mentais não merecia viver.⁶ Eles os descreviam como "mentes mortas" ou "avariadas", "fardos inúteis", "conchas ocas de humanidade". Sua morte era um ato salutar.⁷ Binding e Hoche detalharam em seu livro o que consideravam como uma justificativa jurídica e médica da eutanásia, o que inspirou no III Reich o plano Aktion T4 durante o qual cerca de 250 mil doentes e deficientes mentais foram assassinados em câmaras de gás.* Aproximadamente 10 mil lactentes com má-formação também foram mortos com injeção letal.

De acordo com os historiadores Frank Chalk e Kurt Jonassohn, os massacres em massa sempre existiram, mas não há registros escritos desses massacres, pois o destino dessas populações exterminadas pouco interessava aos cronistas da época. A destruição de Melos pelos atenienses, de Cartago pelos romanos e de inúmeras cidades pelos mongóis fez milhões de vítimas, assim como as Cruzadas, que levaram à morte mais de um milhão de "infiéis", um número que, comparado com a população mundial da época corresponde aos seis milhões de vítimas do Holocausto.⁸

A desindividualização dos atores e das vítimas

Num grupo que perpetra atos de violência em massa, o indivíduo é apenas um membro do grupo, entre tantos outros. Tendo perdido suas especificidades individuais, ele deixa de pensar de maneira autônoma, de examinar a moralidade de seus atos, de ter sentimento de culpa.

Aos seus olhos, as vítimas deixam de ter uma história, com mulher e filhos, com aspirações de vida, mas se tornam "um deles", um desses seres designados como desprezíveis e odiáveis. Um "outro" que já não tem mais nome, apenas um número.

Essa desindividualização pode até mesmo acontecer com pessoas conhecidas. Após o genocídio ruandês, em que os autores dos massacres quase sempre conheciam suas vítimas – eram seus vizinhos e até amigos –, um participante declarou: "Não nos importávamos em degolar até o último de nossos vizinhos... *Eles tinham deixado de ser o que eram, assim como nós.* Não nos incomodávamos com eles, nem tampouco com o passado, porque não nos incomodávamos com nada".⁹

---

* O programa Aktion T4 envolvia todos os pacientes com esquizofrenia, epilepsia, senilidade, paralisia incurável, debilidade mental, encefalite e distúrbios neurológicos nas fases terminais, assim como pacientes hospitalizados há pelo menos cinco anos.

A desumanização do outro

Os autores de massacres em massa utilizam as mesmas metáforas no mundo todo. Os objetos de seu ódio se igualam a ratos, baratas, macacos ou cachorros. Impuros e repugnantes – pois um "sangue ruim" corre em suas veias –, as vítimas contaminam o resto da população e devem portanto ser eliminadas o mais rapidamente possível. Um colono californiano, responsável pela morte de 241 índios yukis porque um deles havia matado um cavalo que lhe pertencia, justificou seus atos comparando os índios a lêndeas porque "das lêndeas nascem piolhos",[10] metáfora comum entre os invasores da América do Norte.

Durante o massacre de Nanquim, em 1937, os generais japoneses diziam às suas tropas: "Vocês não devem considerar os chineses como seres humanos, mas como algo de valor inferior a um cachorro ou gato".[11] Mais recentemente, durante a primeira guerra do Golfo, em 1991, pilotos americanos comparavam seus tiros aéreos sobre os soldados iraquianos que batiam em retirada a uma "caça ao peru", e tratavam de "baratas" os civis que corriam para proteger-se dos tiros.[12]

Durante a guerra da Bósnia, o miliciano sérvio Milan Lukic, por meio de um megafone, convidava os muçulmanos a deixar a cidade usando os seguintes termos: "Muçulmanos, formigas amarelas infames, seus dias estão contados".[13] Em fevereiro de 2011, o ditador libanês Muamar Kadafi convocava seus fiéis a irem às ruas para "eliminar todas as baratas que se opunham a seu regime", enquanto massacrava seu povo.

Os povos autóctones do continente americano suscitaram o mesmo desprezo e também foram desumanizados antes de serem massacrados. Como afirmava o filósofo Thomas Hobbes em relação aos índios da América do Norte: "Este povo selvagem vive à maneira das bestas [...] como cães em matilhas, macacos, mulas, leões, bárbaros e javalis".[14]

Oliver Wendell Holmes, professor de Anatomia e de Fisiologia em Harvard no século XIX, achava natural que o branco odiasse o índio e "o perseguisse como um animal selvagem na floresta", a fim de que "esse esboço com lápis vermelho fosse apagado e que a tela fosse usada para um homem um pouco mais à imagem de Deus".[15] O próprio presidente americano Theodore Roosevelt declarou em 1886: "Não chego a pensar que índio bom é índio morto, mas acredito que seja o caso de nove entre dez, e, quanto ao décimo, eu não gostaria de olhar muito de perto".[16]

Durante séculos, os brancos desvalorizaram sistematicamente os negros, recorrendo ao mesmo processo de assimilação a animais. Em sua *Histoire de la Jamaica* [História da Jamaica], Edward Long afirmava que o orangotango estava mais próximo do negro que o negro do homem branco,[17] e, no final do século XIX, o eminente especialista do cérebro Paul Broca afirmava que "a configuração do cérebro do negro aproximava-se da do macaco".[18]

Segundo o filósofo Charles Patterson, "chamar as pessoas de animais é sempre um presságio funesto, visto que os torna alvos de humilhação, de exploração e de homicídios. Assim, por exemplo, nos anos que precederam o genocídio armênio, os turcos otomanos qualificavam os armênios de *gado*".[19] Sobrevivente dos campos de concentração, Primo Levi considera que a única utilidade da violência é assemelhar as vítimas aos animais para facilitar o trabalho dos carrascos...[20]

Aviltar os judeus comparando-os a animais é uma tendência que remonta ao início da história cristã. O patriarca de Constantinopla, São João Crisóstomo, qualificava a sinagoga de "antro de animais selvagens", e afirmava que "os judeus não se comportam melhor que porcos e cabras em sua selvageria obscena". Gregório de Nissa, outro Pai da Igreja, chamava o povo judeu de "raça de víboras".[21] Na Europa do século XVI, Lutero, chefe da Reforma, aviltava os judeus que se recusavam a se converter ao protestantismo, afirmando que era preciso expulsá-los como "cães raivosos". Chegou a declarar que se o mandassem um dia batizar um judeu, ele o afogaria como uma cobra venenosa. Ele comparava as sinagogas a "chiqueiros maléficos". Para "limpá-los", propôs um método de purificação de oito itens. Uma espécie de solução final antecipada. "Não se deve mostrar para com eles nenhuma piedade nem bondade. Somos culpados por não matá-los!", escreveu ele em seu tratado *Des Juifs et de leurs mensonges* [Dos judeus e suas mentiras].[22]

Jacques Sémelin, especialista dos massacres em massa, estima que a necessidade de desumanizar o inimigo seria a razão pela qual o carrasco desfigura frequentemente suas vítimas: cortando-lhes o nariz ou as orelhas garante que não tenham mais rosto humano, criando uma distância psicológica que lhe permite convencer-se de que aqueles que sofrem suas atrocidades não sejam mais seres humanos.[23]

Massacre em massa e genocídio

A palavra *genocídio* foi introduzida pelo jurista Raphael Lemkin, que iniciou, em 1933, uma campanha para criar o que viria a ser a Convenção sobre o Genocídio. Em 1944, propôs este termo para designar a destruição de uma nação ou de um grupo étnico.[24] Seus esforços resultaram na definição do genocídio adotado pelas Nações Unidas em dezembro de 1946. Foi seguida, em 1948, por uma Convenção sobre a Prevenção e a Repressão do Crime de Genocídio, envolvendo os atos "cometidos na intenção de destruir, total ou parcialmente, um grupo nacional, étnico, racial ou religioso como tal".[25] Esses atos incluem também as medidas que visam impedir os nascimentos dentro de um grupo, assim como a transferência forçada de crianças de um grupo a outro.

Em virtude do uso às vezes inadequado da palavra genocídio, Jacques Sémelin, considera que as noções de "violência em massa" ou "violências extremas" são, com frequência, mais pertinentes, ou ainda a noção de "massacre", que ele define como "uma forma de ação com muita frequência coletiva, de destruição de não combatentes, homens, mulheres, crianças ou soldados desarmados". Acrescenta que "este termo designa também a matança de animais".[26]

No caso de alguns massacres em massa, como o do Camboja, o sociólogo e filósofo Ervin Staub fala em "*autogenocídio*", pelo fato de que as vítimas e os carrascos pertenciam ao mesmo grupo étnico e religioso.[27]

A repugnância

A repugnância é uma reação emocional de defesa atávica com relação a agentes exteriores suscetíveis de nos contaminar: secreções corporais (catarro, vômitos, excrementos), parasitas (vermes, piolhos, etc.), corpos em decomposição e vetores de doenças contagiosas (pestilentos, leprosos). A repugnância leva a uma reação de rejeição, até mesmo de destruição, das substâncias ou dos indivíduos virtualmente contaminantes. Essa emoção, cuja evolução nos dotou a fim de nos preservar das ameaças biológicas, é frequentemente transposta a um plano moral. Ela incita a rejeitar aqueles que são considerados "impuros" e nefastos e que constituem, pensa-se, uma fonte de contaminação para a sociedade nos planos étnico, religioso ou ideológico. Aqueles que se arrogam representantes da "pureza" consideram um dever praticar uma "limpeza". Os agentes contagiosos são perigosos mesmo em pequeno número, daí a necessidade, aos olhos dos perseguidores, de eliminar até o último.

Sabe-se que Hitler e a propaganda nazista comparavam os judeus a cânceres, ao tifo, a ratos portadores da peste que ameaçavam contaminar a pureza dos arianos. Essa imagem de doença produzia nos alemães uma reação fóbica, quase paranoica.[28]

O casamento do medo e do ódio, ou a demonização do outro

Aqueles que fomentam os crimes de massa empenham-se em instilar um sentimento de medo na mente das populações que querem recrutar. Depois, transformam esse medo em ódio. Apresentam-se como vítimas e invocam o direito de se defender, eliminando aqueles que os ameaçam. Justificam-se com frequência alegando massacres passados, como foi o caso na Sérvia: "Lembrem-se dos ustashes (nacionalistas croatas) que assassinaram milhares de sérvios durante a última guerra! Lembrem-se dos tchetniks (nacionalistas sérvios) que massacraram milhares de croatas!".[29] Quanto aos hutus, proclamavam: "E os *inyenzi* (combatentes tutsis) que atacaram nosso país nos anos de 1960, matando nossas mulheres e filhos, estão novamente aqui para repeti-lo". Segundo Sémelin, o despertar dessas lembranças dolorosas permite fomentar o medo e construir o ódio.[30]

Se um grupo desumanizado é frequentemente considerado como sendo composto de subseres – durante a guerra do Vietnã, o representante das Relações Públicas americano, John Mecklin, declarou que a capacidade de raciocínio dos vietnamitas "era pouco superior à de um americano de seis anos"[31] –, um grupo demonizado é percebido como um conjunto de pessoas que, embora de posse de todas suas faculdades, foram colocadas a serviço de uma heresia perigosa.

Os perseguidores apoiam-se numa ideologia, seja ela religiosa como no caso das Cruzadas ou da Inquisição, revolucionária como no período do Terror durante a Revolução Francesa, ou marxista como nos expurgos stalinistas, maoístas, ou do regime de Pol Pot. Essas ideologias são capazes de tudo para favorecer o advento de um mundo conforme suas utopias. Mao não via nenhum problema em sacrificar metade da humanidade para conseguir erradicar o imperialismo capitalista: isso permitiria à metade sobrevivente inaugurar a idade de ouro do socialismo.* Nessa visão, os seres não passam de peões no grande tabuleiro de xadrez dos ditadores.

A dessensibilização

À medida que indivíduos se entregam à violência, tornam-se insensíveis ao sofrimento do outro. Sua capacidade de empatia declina até desaparecer. E são então capazes de violência cada vez mais extrema, e o homicídio transforma-se para eles num trabalho como qualquer outro.

A partir de suas entrevistas com ex-combatentes na Bósnia, a historiadora Natalija Basic destacou as diferentes etapas deste processo de dessensibilização. Começa com "uma fase de radicalização acumulativa durante a qual o executor aprende a matar. Numa segunda fase, as violências cometidas são reinterpretadas como ações 'morais'. Em seguida vem a fase de habituação à ideia de matar. E finalmente, o ato de matar é definido como um 'trabalho', uma profissão em si".[32]

Jacques Sémelin explica, também, que depois do choque inicial os executores se acostumam à matança. Adquirem reflexos, técnica e tornam-se profissionais do homicídio coletivo. Um participante do genocídio ruandês relata: "Nos primeiros dias, aqueles que já haviam matado galinhas, e principalmente cabras, estavam em vantagem. Faz sentido. Depois, todos se acostumavam à nova atividade e recuperavam o atraso".[33]

Um militante hutu, Leopold, cujo testemunho foi recolhido pelo jornalista e escritor Jean Hatzfeld, relata, após o genocídio em que 800 mil tutsis foram mortos em três meses: "Como eu sempre matava, comecei a perceber que isso não me afetava... Durante as matanças, eu não via mais nada de especial na pessoa do tutsi, exceto que devia ser eliminada. Quero deixar claro que desde o primeiro homem que matei até o último, não senti pena de ninguém".[34]

Funcionário da polícia austríaca, recrutado pelo *Einsatzkommando* alemão, Walter Mattner escreveu à sua esposa quando estava em operação na Bielorrússia em 1941: "Participei do grande massacre de anteontem. Para os primeiros veículos do comboio, minha mão tremia no momento de atirar, mas fui me acostumando. No décimo, eu já mirava calmamente e atirava e acertava mulheres, crianças e bebês. Pensava no fato de ter também dois bebês em casa, com quem essas hordas teriam agido exatamente da mesma maneira, talvez até dez vezes pior. A morte que tiveram foi suave e rápida comparada às torturas infernais de milhares e milhares nas prisões da GPU. Os bebês voavam no céu em grandes arcos e os abatíamos em pleno voo, antes que caíssem na vala e na água. É preciso acabar com esses bárbaros que afundaram a Europa na guerra".[35]

---

* "Quantas pessoas morreriam se a guerra estourasse? O mundo tem 2,7 bilhões de habitantes. [...] Em uma situação extrema, a metade morreria, outra metade sobreviveria, mas o imperialismo seria extinto e todo o mundo se tornaria socialista." Mao Tse-Tung, em Chang, J. e Halliday, J. (2006). *Mao: L'histoire inconnue* [*Mao: A história desconhecida*]. Gallimard, p. 478-479.

Rudolf Höss, comandante de Auschwitz que supervisionou o extermínio de 2,9 milhões de pessoas, confessou em sua autobiografia que os sofrimentos que infligia a suas vítimas geraram nele grandes tormentos emocionais, mas que para o bem maior do nacional-socialismo, ele havia "sufocado qualquer emoção de ternura".[36] Um amigo sobrevivente dos campos me disse, durante minha juventude, que algumas prisioneiras requisitadas para trabalhar nos campos ficavam em prantos durante a primeira semana, depois se tornavam tão implacáveis quanto as outras.

A compartimentalização moral

Segundo o psicólogo Albert Bandura, nossa capacidade de ativar e desativar seletivamente nossas normas morais permite explicar a maneira como as pessoas podem ser cruéis em um determinado momento, e compadecidas no momento seguinte.[37] Essa desativação ocorre de vários modos cujos efeitos podem se acumular. A pessoa irá associar objetivos apresentados como louváveis (defender a pátria, extorquir por meio da tortura informações importantes, livrar-se daqueles que ameaçam a sociedade etc.) a atos repreensíveis, ela irá obscurecer sua implicação enquanto agente divulgando a responsabilidade do que fez em seu grupo ou imputando-a às figuras de autoridade; irá fechar os olhos aos sofrimentos causados ao outro; irá acusar de todos os males aqueles que são objeto de maus-tratos. Desse modo, um mesmo indivíduo pode conseguir manifestar carinho por seus filhos, que a seus olhos são totalmente dignos, e a maior crueldade para com aqueles que ele vê como "baratas" cujo extermínio lhe ordenaram.

Em *Face à l'extrême* [Em Face do Extremo],[38] o filósofo Tzvetan Todorov cita o caso de Josef Kramer, ex-livreiro e comandante do campo de Bergen-Belsen, que chorava ao ouvir Schumann, mas que era também capaz de partir com seu cassetete o crânio de uma prisioneira que não andasse rapidamente. "Por que a música o fazia chorar, e não a morte de seres humanos como ele?", pergunta-se Todorov. Em seu processo, Kramer declarou: "Não senti nenhuma emoção ao realizar esses atos".[39] Isso não o impedia de ser um pai afetuoso, como testemunha sua esposa: "As crianças eram tudo para meu marido".[40]

Ao estudar o caso de cinco médicos nazistas, o psiquiatra Robert Jay Lifton mostrou que seu duplo papel, o de médico *e* o de perseguidor, foi possível por um processo de desdobramento psicológico ou de compartimentalização, que lhes permitia assumir uma ou outra identidade conforme as circunstâncias.[41] Esta compartimentalização, explica Lifton, permite à parte "normal" evitar o sentimento de culpa, enquanto a outra, negada pela primeira, faz o "trabalho sujo". É assim que um ex-*Gauleiter* [líder provincial] declarou que "apenas sua 'alma oficial'" é que teria cometido os crimes que o levaram à forca em 1946. Sua "alma privada" os havia sempre desaprovado.[42] Esse processo é para o carrasco uma questão de autopreservação, sem a qual ele não suportaria cometer atrocidades cotidianas.

Dissonância cognitiva e racionalização

A expressão "dissonância cognitiva" foi concebida pelo psicólogo Leon Festinger e designa no carrasco o recurso ao desdobramento subconsciente de si mesmo para contornar o conflito interno entre os atos desumanos que realiza e sua própria imagem. Na verdade, os carrascos estão afundados em uma situação intensa de "dissonância cognitiva".[43] Vivem um conflito agudo entre suas práticas de executores e as representações que fazem de si. Para evitar considerar-se como indivíduos abjetos e suportar a si mesmos enquanto massacram, devem fabricar representações de suas vítimas que lhes permitam justificar sua conduta e se reencontrar em conformidade com uma imagem de si próprios, se não boa, pelo menos aceitável. Dar um jeito para encontrar um sentido para suas ações lhes permite continuar a matar com a consciência tranquila.

A fim de reconciliar-se com o horror de seus crimes e eximir-se de uma responsabilidade pesada demais, os executores recorrem com frequência ao sentido do dever e à necessidade de cometer uma tarefa repugnante mas salutar. Em vez de pensar "Que coisas horríveis eu fiz!", dizem: "Que coisas horríveis *tive de fazer!*".[44]

Nas entrevistas que Franz Stangl, diretor do campo de Treblinka, deu à jornalista e historiadora Gitta Sereny, ele explica: "Só conseguiria viver se compartimentasse meu pensamento".[45] Stangl agarra-se à ideia de que não era ele mesmo que acendia o fogo dos fornos crematórios: "Havia centenas de meios de pensar em outras coisas. Usei todos. [...] Eu me esforçava para me concentrar no trabalho, no trabalho e novamente no trabalho".[46] Alegava que havia feito coisas terríveis, mas não eram por sua vontade e até iam de encontro a ela. Ele dissociava sua consciência de seus atos: "Não pediram minha opinião. Não era eu que fazia aquilo".[47]

Os torturadores também racionalizam seus crimes tentando vê-los como uma última saída. Mukankwaya, uma hutu de trinta e cinco anos, mãe de seis filhos, descreve como, junto com outras mulheres, espancaram com pauladas até a morte as crianças das casas vizinhas. As pequenas vítimas as olhavam com olhos arregalados pelo pavor: haviam sido amigas e vizinhas a vida toda! Ela justificou essa matança alegando ter feito um "favor" às crianças que se tornariam órfãs miseráveis, visto que seus pais já haviam sido assassinados.[48]

Uma das formas de dissonância cognitiva consiste também em banalizar os massacres recorrendo a um humor macabro que emprega voluntariamente um vocabulário inócuo. Na Croácia, os grupos sérvios que entravam na cidade de Vukovar gritavam: "Slobodan, pode mandar a salada, porque a carne já temos, estamos degolando os croatas".[49] Da mesma forma, em 14 de julho de 1995, o coronel bósnio-sérvio Ljubisa Beara informou seu superior que em Srebrenica havia "ainda três mil e quinhentos pacotes para distribuir", ou seja: mandar executar.[50] No vocabulário nazista, "remanejar" ou "evacuar" significava enviar para um campo de concentração, "peças" que deveriam ser submetidas a um "tratamento especial", código para câmara de gás.[51]

A coesão do grupo

Como lembra Sémelin, a conformidade e a fidelidade ao grupo constituem dois outros eixos do movimento de inclinação para o massacre. O grupo constitui uma fonte de poder sobre o indivíduo, o domínio assegurado pelo medo de ser rejeitado e ser considerado como traidor.[52] Durante a Revolução Francesa, e o Terror que se seguiu, guilhotinou-se muitos mais "traidores" da causa do que inimigos da revolução. Enquanto um inimigo reforça a determinação do grupo em prosseguir o combate, a presença de um renegado coloca em jogo a validade da ideologia adotada; ela é, por isso, considerada uma ameaça intolerável. Acrescenta-se a isso a necessidade de implicar o maior número possível de indivíduos no massacre, de maneira que a responsabilidade pelas matanças seja amplamente dividida.[53]

Para criar um verdadeiro espírito de equipe, o grupo promove às vezes ritos de iniciação exigindo que o recém-chegado prove sua lealdade matando uma vítima pela primeira vez, sob os olhares de todos. Em Ruanda, os hutus que ainda não haviam matado tutsis eram tratados como cúmplices. Aqueles que chefiavam as milícias hutus (*interahamwe*) capturavam um tutsi e mandavam o suspeito matá-lo para mostrar que estava realmente do lado deles.[54]

Autoridade e situações

"Desejo profundamente chamar a atenção dos responsáveis sobre a trágica facilidade com a qual essa 'brava gente' pode se tornar carrasca sem percebê-lo",[55] escreveu Germaine Tillion, sobrevivente do campo de Ravensbrück, etóloga e grande figura moral. O psicólogo Philip Zimbardo lembra-nos a que ponto subestimamos nossa vulnerabilidade à influência das situações exteriores, e não somos suficientemente vigilantes em relação a elas:[56] "Qualquer um de nós é capaz de cometer atos horríveis em determinadas circunstâncias, boas ou más. Esse conhecimento não absolve o mal, mas o democratiza distribuindo a culpa aos atores comuns em vez de declarar que é o apanágio de apenas alguns seres de comportamento desviado e déspotas – são Eles e não Nós".[57] Assim, quando tentamos compreender as causas de comportamentos desumanos e aberrantes, devemos começar por analisar a situação antes de invocar as disposições individuais (traços de caráter, patologias, influências genéticas etc.).

No entanto, como destacou o historiador Christopher Browning no caso da Alemanha nazista: "Em quarenta e cinco anos, e após centenas de processos, não se encontrou um único advogado ou um único acusado capaz de levantar um único caso em que a recusa em matar civis não armados tenha levado à terrível punição supostamente aplicada aos insubmissos".[58] De acordo com um de seus colegas, informa-nos Ervin Staub, quando os búlgaros recusaram-se a entregar os judeus e se manifestaram nas ruas contra essa imposição, os nazistas não deram continuidade a seus esforços.[59]

> **Submeter-se à autoridade**
>
> Voltando às experiências de Stanley Milgram que havíamos descrito anteriormente, o psicólogo Philip Zimbardo levanta um certo número de fatores que, de maneira geral, permitem aos detentores de autoridade levar uma pessoa comum a recorrer à violência indo de encontro a suas convicções morais.[60]
>
> O representante da autoridade deve primeiro apresentar uma justificativa aceitável para que se cumpra uma ação normalmente considerada inadmissível, tal como a prática de tortura, sob o pretexto de zelar pela segurança nacional. Este líder instaura então uma forma de obrigação contratual e atribui àqueles que ele dirige um papel associado a valores positivos (servir a pátria, participar de uma experiência científica etc.).
>
> As instruções e regras a serem observadas devem parecer razoáveis à primeira vista. Posteriormente, serão utilizadas para exigir uma obediência cega, mesmo que o que esteja ocorrendo seja insensato. A maioria das pessoas é envolvida no processo e deixa de exercer seu espírito crítico.
>
> Os líderes empregam um vocabulário enganoso – fala-se de "dever para com a pátria", de "defesa de nossos direitos", de "pureza nacional", de "solução final".[61] O sentimento de responsabilidade é diluído, de maneira que se as coisas não derem certo, outros serão responsabilizados.
>
> Começa-se de maneira inócua, para depois aumentar gradualmente a gravidade dos atos criminosos, de maneira que a diferença entre as duas etapas não seja muito chocante. A própria figura da autoridade deve parecer respeitável num primeiro instante, e sua transformação em figura abusiva e irracional deve se produzir em etapas.
>
> Finalmente, é preciso dificultar toda escapatória. No caso do estudo de Milgram, o experimentador dá ordens lapidares e não autoriza qualquer discussão. Para fugir a essa situação, o participante deve ousar desafiar abertamente a autoridade. No caso de ditaduras, aqueles a quem mandam seviciar as populações perseguidas são ameaçados de sofrerem a mesma sorte que suas vítimas se não cumprirem as ordens.

O caso do 101º Batalhão

Em *Des hommes ordinaires* [Homens comuns],[62] o historiador Christopher Browning detalha minuciosamente a história do 101º Batalhão de reserva da polícia de Hamburgo. Esse batalhão era formado de cidadãos, dois terços oriundos da classe operária, e um terço composto de pequenos burgueses, homens maduros, convocados para a polícia, por terem sido considerados muito velhos para servir no exército. Nunca haviam participado de ações homicidas e nada os predispunha a tornar-se executores impiedosos. Eles iriam juntar-se ao exército alemão que ocupava a Polônia, no auge das perseguições do regime de Hitler contra as comunidades judaicas. No amanhecer de 23 de julho de 1942, o batalhão foi enviado ao vilarejo de Jozefow, no qual havia 1.500 judeus. O único a saber da missão era o comandante Wilhelm Trapp, de cinquenta e três anos, que havia começado sua carreira como simples soldado e era chamado afetuosamente pelos seus homens de "Papai Trapp".

"Pálido, nervoso, com a voz entrecortada e os olhos cheios de lágrimas", informam os documentos e testemunhos reunidos por Browning, Trapp explica a seus homens que devem cumprir uma tarefa horrorosa. Essa missão não é de seu feitio, diz ele, mas as ordens provêm das mais altas autoridades. O batalhão deve reunir todos os judeus de Jozefow. Os homens em condições de trabalhar serão levados para um campo; e todos os outros, velhos, mulheres e crianças, seriam mortos. Trapp finaliza com uma proposta: quem não tivesse forças para participar dessa missão poderia sair e seria dispensado. Um homem dá um passo à frente, seguido de uma dezena de outros. Já na véspera, o tenente Buchmann, fora informado que os homens do batalhão, haviam recusado tomar parte na operação, explicando que "não participariam de forma alguma em uma ação desse gênero na qual mulheres e crianças inocentes seriam mortas".[63] Os outros, cerca de quinhentos policiais, não se manifestaram.

Depois de enviar seus homens para cumprir a missão, a aflição de Trapp, que dirige as operações a partir de seu QG instalado em uma sala de aula, ficou evidente para todos. Segundo um testemunho, "ele caminhava pela sala chorando como uma criança". Enquanto isso, o sequestro começava – trezentos homens aptos para o trabalho eram separados de suas famílias e reunidos em praça pública, e os demais levados para uma floresta onde iniciou-se o massacre. Isto duraria até o cair da noite. Sem experiência para matar, os policiais demoraram para cumprir sua tarefa. Seguiu-se um número considerável de longas agonias. Alguns, enojados, deixaram a floresta após ter matado uma pessoa, fingindo revistar casas ou cuidar de outras coisas. Um deles, à beira da loucura, vagueou sozinho pela floresta, berrando durante horas. Outros, incapazes de continuar com a infame missão, pediram a seu sargento para serem dispensados e enviados de volta ao vilarejo. Outros ainda atiravam voluntariamente fora do alvo. Mas a maioria continuava a matar. Foram distribuídas bebidas alcoólicas. À noite, dezessete horas após sua chegada em Jozefow, não sobrou nenhum judeu vivo, exceto uma garotinha que saiu da floresta, ferida na cabeça e que Trapp pegou em seus braços para protegê-la. Os homens voltaram para o quartel na cidade, "horrivelmente manchados de sangue, cérebros e pedaços de ossos", silenciosos, assombrados pela vergonha.

Por que tão poucos homens aproveitaram a ocasião para livrar-se dessa missão funesta? Segundo Browning, houve, de um lado, o efeito surpresa. Pegos de surpresa, os policiais não tiveram nenhum tempo de reflexão. Por outro lado, foi muito importante o *esprit de corps*, a identificação do homem uniformizado com seus companheiros de armas e a extrema dificuldade que ele sente em distanciar-se do grupo. Deixar as fileiras, naquela manhã, significava abandonar seus camaradas e admitir que era "fraco", "covarde" até. Alguém, consciente do que implica a coragem verdadeira, a de recusar, diria simplesmente "Fui covarde".

Embora apenas uma dúzia de policiais tivessem se eximido desde o início do massacre iminente, foi no entanto, um número bem maior que procurou escapar recorrendo a estratagemas menos evidentes, ou pedindo para serem liberados dos pelotões de execução quando a matança começou. Estima-se que 10 a 20% dos homens se recusaram a fazer parte dos pelotões de execução. Isso significa que menos de 80% dos homens mataram sem parar os 1.500 judeus de Jozefow até o último. Os refratários invocaram principalmente uma repulsa de ordem puramente física, e não princípios morais ou políticos.

Dias depois, o batalhão foi para outro vilarejo e prendeu um certo número de judeus. Todos, inclusive os policiais, temiam que um outro massacre ocorresse e Trapp decidiu libertar os judeus e deixá-los ir para casa.

Entretanto, os homens rapidamente endureceram diante dos homicídios. Um mês depois, uma parte do batalhão foi enviada a Lomazy. Ali, assistidos pelos *trawnikis*, prisioneiros de guerra das regiões soviéticas treinados pela SS, um terço dos homens do batalhão – a maioria bêbados, visto que desta vez se alcoolizaram antes da ação –, exterminaram 1.700 judeus, e em seguida os empilharam em valas comuns, em duas vezes menos tempo do que em Jozefow. Os recalcitrantes foram então menos numerosos.

Como explica Jacques Sémelin: "A experiência adquirida em campo é, em última análise, o fator mais importante para a mudança com relação aos assassinatos em massa. É na guerra que se forjam os guerreiros. É no ato de matar e por meio dele que se formam os executores de massacres".[64]

Os assassinatos em massa continuaram e o batalhão participou também da deportação de milhares de judeus para o campo de Treblinka, e, finalmente, do gigantesco massacre da "festa das colheitas" (Erntefest), que fez 42 mil vítimas em 3 de novembro de 1943, na região de Lublin. Quando no início de 1944 começa a queda do III Reich, a maioria volta para a Alemanha. Os 500 homens do 101º Batalhão foram responsáveis pela morte, direta ou indireta, de pelo menos 83 mil judeus e de algumas centenas de civis poloneses.

A implantação de um sistema

Matar um grande número de pessoas em pouco tempo requer a implantação de um sistema, às vezes sofisticado como no caso das câmaras de gás e dos fornos crematórios, outras terrivelmente simples como o uso generalizado de facões em Ruanda. Ou ainda, métodos como os utilizados pelos tutsis contra os hutus durante os massacres no Burundi em 1972. Assim explica um de seus participantes: "Muitas técnicas, muitas, muitas. Podemos, por exemplo, reunir 2 mil pessoas em uma casa, digamos uma prisão. Há grandes corredores. O prédio está trancado. Os homens são deixados lá durante quinze dias sem comer nem beber. Então abrimos as portas. Encontramos cadáveres. Nada de espancamentos. Mortos".[65]

Foi demonstrado que a maioria dos massacres em massa e genocídios são obra de minorias impiedosas, organizadas segundo uma hierarquia altamente repressiva que lhes permite impor autoridade, por meio do terror, sobre a maioria da população. Essa está geralmente resignada frente a um sistema repressivo eficaz e onipresente: os riscos individuais associados à revolta são imensos e com frequência inúteis.

Em relação à Ruanda, o pesquisador norte-americano Scott Straus chegou à conclusão que o número de homicidas hutus, em 1994, era de 14 a 17% da população masculina adulta.[66] Além disso, apenas um quarto desses homicidas foi responsável por cerca de 75% dos massacres. Em resumo, "mesmo que uma participação em massa caracterize o genocídio em Ruanda, um pequeno número de executores armados, especialmente zelosos, foram os principais autores dessas matanças". Com base nesses conhecimentos, o cientista político norte-americano John Mueller considera que a guerra étnica resulta muito mais de pequenos bandos de gângsteres e criminosos que conseguem semear o terror numa região e aproveitam para se enriquecer roubando suas vítimas.[67] A esse respeito o sobrevivente de Auschwitz, Benedikt Kautsky, disse: "Nada seria mais falso do que ver a SS como uma horda de sádicos torturando e maltratando milhares de seres humanos por instinto, paixão e sede de prazer. Foi uma pequena minoria que agiu desse modo".[68]

Embora os instigadores do massacre e os assassinos em série representem uma porcentagem mínima da população, assim como em qualquer genocídio, em certas regiões de Ruanda, a loucura assassina e o espírito de grupo levaram a quase totalidade da população masculina a participar das matanças, ainda que em níveis bem diversos. Segundo o escritor Jean Hatzfeld, nas colinas próximas da comunidade de Nyamata, por exemplo, 50 mil dos 59 mil habitantes tutsis foram mortos com facão no espaço de um mês, seja em suas casas, nas igrejas onde se refugiavam, ou nas florestas e nos pântanos onde tentavam se esconder.[69]

Muito além das condições humanas

Em sua obra *Face à l'extrême* [Em face do extremo], Tzvetan Todorov discorre sobre o que advém do homem ao se submeter a condições tão desumanas que chega a perder sua humanidade. Vimos* como, no caso da experiência da prisão de Stanford conduzida por Philip Zimbardo, a instauração de situações exteriores que alteraram as relações normais entre seres humanos podia rapidamente levar um grupo de estudantes comuns a se comportar com uma crueldade e sadismo de que eles próprios nunca haviam suspeitado serem capazes. Nas condições insustentáveis dos campos de concentração, os sentimentos e os valores morais que constituem os fundamentos da existência humana foram muitas vezes aniquilados. Assim testemunha Tadeusz Borowski, sobrevivente de Auschwitz: "a moralidade, a solidariedade nacional, o patriotismo e os ideais de liberdade, de justiça e de dignidade humana se desfizeram no homem como um trapo apodrecido".[70]

As privações eram tamanhas, explica Primo Levi, outro sobrevivente de Auschwitz, que os comportamentos morais pareciam impossíveis: "Ali, a luta pela vida era implacável, pois cada um estava desesperada e ferozmente só". Para sobreviver, era preciso "abandonar qualquer dignidade, sufocar qualquer vestígio de consciência, lançar-se

---

* Ver capítulo 28, "Na origem da violência: a desvalorização do outro".

na luta como um bruto contra outros brutos, abandonar-se às forças subterrâneas inimagináveis que sustentam as gerações e os indivíduos na adversidade".[71]

A experiência adquirida pelos prisioneiros dos campos comunistas é a mesma. Varlam Chalamov, que passou vinte e cinco anos em um gulag, relata: "As condições do campo não permitiam aos homens permanecerem homens, os campos não foram criados para isso".[72] Uma constatação confirmada por Evguénia Guinzbourg, detenta no gulag de Kolyma durante vinte anos: "Um ser humano esgotado por formas de vida desumana [...] perde gradualmente todas as noções que ele tinha do bem e do mal. [...] Sem dúvida estávamos moralmente mortos".[73]

Via de regra, o limite de resistência é atingido após uma fome prolongada, ou pela ameaça iminente da morte: "A fome é uma prova intransponível. O homem que chega a este último nível de decadência em geral está pronto para tudo", constata Anatoly Martchenko, dissidente soviético e escritor que foi internado em um dos gulags que foram mantidos após a morte de Stalin.[74] "Mas qual é o significado dessa observação?", questiona Todorov. "Significaria que é nisso que reside a verdade da natureza humana, e que a moral é apenas uma convenção superficial, abandonada na primeira oportunidade? De forma alguma, o que ela prova é que as reações morais são espontâneas e onipresentes, e que é necessário empregar os meios mais violentos para erradicá-las."[75] Ele compartilha da opinião de Gustaw Herling, escritor sobrevivente do gulag: "Cheguei à convicção de que um homem só pode ser humano quando vive em condições humanas, e que não há maior absurdo que julgá-lo pelas ações que comete em condições desumanas".

Mas Todorov observa que na leitura dos testemunhos de sobreviventes pode-se constatar que algumas pessoas dão prova de um senso moral e de um heroísmo extraordinários. Primo Levi, em especial, que enfatiza o clima de desconfiança e de rivalidade entre os prisioneiros, fala com afeto de seu amigo Alberto, que morreu durante as caminhadas forçadas de evacuação dos campos de concentração, e que, mesmo lutando para sobreviver, soube permanecer forte e meigo ao mesmo tempo. Ele se lembra também de outro amigo, Jean Samuel, que ele apelidava de Pikolo, que "nunca deixava de manter relações humanas com seus companheiros menos privilegiados".[76]

Os testemunhos dos sobreviventes de Auschwitz evidenciam que, sem ajuda, a sobrevivência era impossível. Simon Laks confirma dever a sua a "alguns compatriotas de rostos humanos e de corações humanos".[77] Evguénia Guinzbourg relata também muitos gestos de solidariedade, demonstrando que, afinal de contas, ninguém estava moralmente morto".[78] Por mais poderosa que fosse, a limitação de circunstâncias exteriores não poderia jamais ser total e, segundo Viktor Frankl, psiquiatra austríaco, filósofo e sobrevivente dos campos: "Podem tirar tudo de um homem num campo de concentração, exceto uma coisa – a derradeira liberdade de escolher entre uma e outra atitude diante das condições que lhe são impostas".[79]

Existem regras nos campos, mas diferentes daquelas da sociedade comum. Como explica Todorov, roubar os administradores dos campos é não só admitido, mas admirado; entretanto, o roubo, sobretudo de pão, entre companheiros de prisão é indigno e, na maior parte do tempo, severamente punido. As delações são odiadas e punidas. Matar pode ser um ato moral, se impedir um assassino de continuar agindo. Um falso testemunho pode se tornar uma ação virtuosa se permitir salvar vidas humanas. Amar seu próximo como a si mesmo é uma exigência excessiva, mas evitar causar-lhe mal não o é.

Tadeusz Borowski, cujo relato sobre a vida em Auschwitz é um dos mais avassaladores, conclui, todavia: "Penso que o homem redescobre sempre o homem novamente – através do amor, que é a coisa mais importante e mais duradoura".[80] Ele próprio comportou-se em Auschwitz de maneira totalmente diferente dos personagens de seus relatos, e seu devotamento pelos outros beirava o heroísmo.

Uma engrenagem fatal

As pessoas que adentram o caminho da barbárie nem sempre estão conscientes de ultrapassar um limite inaceitável, não apreendem com clareza o desfecho desse caminho e consideram que uma pequena luxação em seu senso moral não trará consequências. Esse comprometimento inicial é amiúde a primeira etapa de uma engrenagem à qual é difícil escapar, e leva o indivíduo a perpetrar violências cada vez mais graves e numerosas.

Desse modo, em virtude de influências exteriores que não ousam ou não sabem resistir por medo ou por fraqueza, esses indivíduos cometem atos que teriam recusado executar se lhes fossem exigidos em outro contexto.

Como explica o psicólogo Roy Baumeister: "Depois que os membros do grupo estão com sangue até a cintura, já não dá mais para questionar o projeto do grupo como um todo. Então, é bem mais provável que se afundem ainda mais".[81]

Em *Un si fragile vernis d'humanité* [Um frágil verniz de humanidade], o filósofo Michel Terestchenko demonstra claramente como alguém pode se deixar levar pela engrenagem do mal ou, inversamente, evitar comprometer-se.[82] Ele cita como exemplo Franz Stangl que, de etapa em etapa, tornou-se comandante do campo de concentração de Sobibor, e depois do de Treblinka na Polônia. Denotando certa fraqueza a cada nova atribuição que o comprometia no caminho da ignomínia, Stangl hesitava e tentava escapulir das novas responsabilidades que lhe eram conferidas. Porém, o medo das represálias, para si mesmo e sua família, a submissão à autoridade e sua ausência de força moral levaram-no a ceder a cada vez, envolvendo-se sem trégua na barbárie.

Após a guerra, Franz Stangl refugiou-se no Brasil, onde finalmente foi preso em 1967 e condenado em 1970 à prisão perpétua pelo assassinato de 900 mil pessoas. Em 1971, concedeu setenta horas de entrevistas à historiadora Gitta Sereny.[83] No segundo dia de relatos, evocando a prisão de um de seus ex-chefes que foi torturado pelos alemães, declarou repentinamente: "Odeio os alemães pelo que me levaram a fazer. [...] Eu deveria ter me matado em 1938. Foi ali que tudo começou para mim. Devo reconhecer minha culpa".[84] Foi somente no final de suas entrevistas que Stangl reconheceu novamente sua responsabilidade e disse à Sereny: "Nunca fiz intencionalmente mal a ninguém". Após um longo silêncio: "Mas, eu estava lá... Também sou culpado... Minha culpa é estar ainda aqui. Eu deveria ter morrido". Depois afirmou à Sereny que não tinha mais nada a dizer. Stangl, que era mantido em solitária, morreu dezenove horas depois, de ataque cardíaco.

Como chegou a esse ponto? Simples investigador, foi rapidamente promovido ao Departamento de Investigações Criminais de uma cidadezinha austríaca. Em 1938, os nazistas lhe pedem para renunciar ao catolicismo e assinar uma declaração sobre isso. Para ele, essa foi uma etapa importante da sua degeneração. Teve a impressão de ter vendido sua alma.[85] Depois, foi transferido para o quartel general da Gestapo da cidade, e em seguida nomeado, em Berlim, diretor de Segurança do Instituto do Plano Aktion T4,* destinado, como vimos, à eutanásia dos deficientes físicos e mentais. Esse programa possibilitou aos nazistas testarem e aperfeiçoarem as técnicas de eliminação em massa que iriam ser empregadas nos campos de concentração. Quando Stangl tomou conhecimento da natureza do trabalho que esperavam dele, tentou escapar: "Fiquei... fiquei sem voz. Depois lhes disse que não me sentia particularmente apto para essa missão".[86] Porém, seu superior explicou-lhe que sua nomeação era a prova da excepcional confiança que depositavam nele, e que não seria ele que iria praticar as eutanásias. Se aceitasse, as ações disciplinares em curso contra ele seriam suspensas. O chefe das operações, Christian Wirth, apelidado "Christian o selvagem", que viria a ser diretor do campo de Belzec, declarou com desprezo que "era preciso livrar-se de todas essas bocas inúteis".

Com o passar do tempo, em 1942, Stangl foi enviado à Polônia e tornou-se responsável pela construção do campo de Sobibor. Um dia, seus chefes o levaram ao campo de Belzec, já em atividade. Ele descobriu o horror da situação: "As valas estavam repletas de milhares de corpos em decomposição".[87] Christian Wirth disse-lhe que era aquilo que viria a ser Sobibor e que ele, Stangl, tinha sido nomeado chefe. Stangl respondeu que não tinha condições de realizar essa tarefa, mas de nada adiantou. Junto com um amigo, Michel, planejou desertar e fugir, mas desistiu por temor de fracassar, e por medo do que pudesse lhe acontecer, assim como à sua esposa e filhos, que amava acima de tudo.

Durante uma visita a Sobibor, sua esposa acabou descobrindo o que acontecia no campo e ficou horrorizada. Questionou o marido que lhe afirmou não estar envolvido com aqueles horrores cometidos. "Como você pode estar *no* campo e não estar envolvido?", retorquiu ela, "Você não vê nada?" Tentando acalmá-la, ele respondeu: "Sim, vejo, mas eu não *faço* nada a ninguém", acrescentando que seu trabalho era puramente administrativo.[88] Por último, ele foi nomeado diretor de Treblinka:

---

* Os quartéis generais ficavam no número 4 da Tiergartenstrasse.

"Treblinka era a coisa mais terrível que vi durante o III Reich", contou ele à Gitta Sereny escondendo a cabeça entre as mãos, "era o Inferno de Dante".[89]

Encontrou-se com o general Globocnik, chefe das operações em Varsóvia, e tentou mais uma vez livrar-se da operação afirmando que não poderia executar as ordens: "É o fim do mundo [...] e contei-lhe sobre os milhares de corpos em decomposição a céu aberto". O general lhe respondeu "É este o objetivo: que seja o fim do mundo para eles".[90] Encontrou-se também com o novo chefe de polícia e suplicou-lhe para ser transferido. Em vão. Habituou-se, então, a seu trabalho macabro, começou a beber como a maioria de seus comparsas, para não pensar muito sobre aquilo e realizar sua tarefa até o fim.

Que lição extrair desse exemplo trágico? Michel Terestchenko ressalta "a importância radical de recusar *desde o início*, de não ceder à mínima exigência". Somente essa recusa sem concessão "permite preservar a integridade moral do indivíduo e ao mesmo tempo sua liberdade".[91] A recusa pressupõe que seja questionada não uma *determinada ordem específica*, mas a autoridade da qual emana.

Certamente, não se trata de algo fácil e, como afirma Terestchenko, "cada um veste com prontidão a armadura do cavaleiro quando o custo é apenas o do sonho. Mas, confrontado com a realidade, o peso das coisas, a restrição das situações, a preocupação com interesses próprios se fazem novamente sentir, engolfando-nos no torpor e na passividade dócil. Raros são aqueles que encontram dentro de si a coragem para se desvencilhar disso".[92]

Varlam Chalamov, que passou dezessete anos no gulag nos adverte: "Se abandonarmos os cumes de nossas montanhas, se procurarmos adendos, acordos, perdões, será o fim; se nossa consciência se calar, não poderemos resistir à encosta ensaboada".[93]

No entanto, houve alguns que souberam dizer não!

A força moral: recusar-se a compactuar com o opressor

O caso do pastor Trocmé e dos habitantes de Chambon-sur-Lignon, em Haute-Loire, que salvaram milhares de judeus da perseguição nazista, oferece o contraste cativante de pessoas que, desde o início, decidiram claramente que não transigiriam no que estimavam ser justo e que, apesar do perigo de vida que corriam, iriam dizer abertamente ao representante do governo de Vichy que protegeriam famílias judias e não tinham a intenção de parar de fazê-lo, qualquer que fosse o preço a pagar.[94] Para eles, era imoral não proteger os judeus, e jamais questionariam esse princípio, considerando que há fronteiras que não devem ser transpostas.

Em *Des gens de bien au temps du mal* [Pessoas de bem nos tempos do mal], Svetlana Broz, neta do marechal Tito, narra diferentes exemplos de ajuda mútua individual e de resistência coletiva durante a guerra da Bósnia, como as de Baljvine, vilarejo nas montanhas onde os sérvios opuseram-se à passagem dos paramilitares que perseguiam os muçulmanos, que haviam, por sua vez, protegido os sérvios desse vilarejo durante a Segunda Guerra Mundial.[95]

No primeiro dia do massacre de Srebrenica, Drazen Erdemovic, um croata casado com uma sérvia, decidiu fugir para não participar do massacre. Ele disse a seus colegas: "Vocês são normais? Vocês sabem o que estão fazendo?" Responderam-lhe que se ele não quisesse ficar podia entregar sua arma e alinhar-se com os muçulmanos. Nesse dia, ele, sob coerção, estima ter participado da execução de uma centena de prisioneiros. Mas quando foi chamado em outro local para matar cerca de quinhentas pessoas, recusou-se e recebeu o apoio de parte de sua unidade.[96]

Na própria capital de Ruanda, Kigali, em alguns refúgios, alguns homens recusaram participar da matança, como no Hotel des Mille Colines onde o gerente Paul Rusesabagina ofereceu cerveja e dinheiro aos militares e milicianos que vinham procurar os tutsis que ele protegia. Da mesma forma o bispo Joseph Sibomana, da diocese de Kivungo, deu todo o dinheiro que possuía aos milicianos que ameaçavam massacrar os tutsis refugiados em sua igreja, com o propósito de salvá-los.[97]

De acordo com Jacques Sémelin, em geral a passagem ao ato genocida ocorre em uma situação de efervescência social que incita os indivíduos a avaliar o massacre, e até participar dele: "Os indivíduos não são monstruosos em si mesmos, mas o são na medida em que estiverem engajados na dinâmica monstruosa do homicídio em massa".[98] No entanto, cada indivíduo é responsável por seus atos, aderindo ou não ao que está acontecendo. Embora nosso nível de liberdade seja, às vezes, bastante reduzido, ele não é nulo: todo indivíduo tem a possibilidade de dizer não, ou pelo menos de não tomar o caminho que o conduz a se tornar um carrasco.

A não intervenção diante da intensificação gradual do genocídio

Em geral, o genocídio ocorre em etapas. Ele é primeiramente testado inúmeras vezes durante curtos períodos em amostragens da população, depois estendido a um número maior. O genocídio armênio, por exemplo, começou com massacres circunscritos. Depois, diante da passividade das outras nações, ampliou-se: 200 mil armênios foram mortos em 1905. A comunidade internacional praticamente não protestou. Com base nessa indiferença, em 1915, os turcos empreenderam a exterminação metódica de meio milhão de armênios.[99] Mais tarde, Hitler tirou lições da não intervenção das potências vizinhas e, no início da invasão da Polônia, declarou: "Quem, afinal, fala hoje do extermínio dos armênios?"[100]

Após a Noite dos Cristais, em 9 de novembro de 1938, muitos *pogroms* foram desencadeados por um apelo de Goebbels ao homicídio e à pilhagem feito na rádio estatal. Uma parte significativa da população ficou chocada por essa explosão de violência. Contudo, como ressalta Jacques Sémelin, as reações espontâneas contra as manobras inescusáveis do poder constituído só podem ter uma chance de modificar o seu curso se porta-vozes ousarem de forma clara e explícita retransmitir essa desaprovação.

"Ora, nenhuma autoridade espiritual ou moral, no interior da Alemanha, ecoou abertamente essa emoção popular. A esta inacreditável onda de ódio sucedeu-se um silêncio ensurdecedor podendo ser interpretado como uma forma de consentimento, e até mesmo de contentamento."[101] Tudo aconteceu como se as capacidades de reação coletiva da população tivessem sido progressivamente abafadas. A sociedade alemã deixou-se levar em um processo de destruição que ela tolerou sem reagir. Mais grave ainda, "essa *engrenagem passiva* transformou-se a um só tempo em *engrenagem ativa*, que se traduziu pela adesão de inúmeros setores de atividade na colaboração para a solução final".[102]

A conscientização da realidade de um genocídio

Ainda segundo Jacques Sémelin essa conscientização comporta três fases. A primeira é a *incredulidade* dos países estrangeiros e a resistência à informação. No caso do extermínio dos judeus, a enormidade do massacre relatado por alguns informantes a tornava literalmente inacreditável aos olhos dos dirigentes dos países aliados e de sua opinião pública; todos pensavam que os relatos que foram feitos eram exagerados. Houve uma negação coletiva atrozmente dolorosa para os sobreviventes que foram não só obrigados a se calar, como também acusados de prestar testemunhos duvidosos.

Em uma segunda fase, as notícias *começam a se tornar credíveis*, graças à disseminação de uma infinidade de informações e de rumores, e acabam por impor-se à consciência de um número crescente de indivíduos.

Após um tempo de latência ou de incubação vem a terceira fase, a da *conscientização* propriamente dita, durante a qual as defesas mentais desabam para dar lugar à realidade e todo seu horror.[103] O tempo de latência revela-se com frequência fatal às populações visadas, como ocorreu em Ruanda, porque essa ausência de reação da comunidade internacional encoraja os planejadores de massacres em massa a continuar seu programa de extermínio até o fim.

Infelizmente, até mesmo essa conscientização se traduz poucas vezes em uma intervenção. Finge-se agir, transfere-se a responsabilidade para outros, intentam-se negociações fadadas ao fracasso – os perseguidores não têm qualquer intenção de renunciar a seus projetos – e, muito frequentemente, tergiversa-se até que a tragédia atinja proporções irreversíveis.

Sinais precursores de genocídios e politicídios

Após o genocídio de Ruanda, em 1998, o presidente Clinton, assombrado pela incapacidade das nações de intervir a tempo, em particular a de seu país, solicitou à cientista política Barbara Harff que analisasse os indicadores de um alto risco de genocídio. Harff e sua equipe estudaram 36 episódios genocidas durante as 129 guerras civis e as quedas de regimes ocorridas entre 1955 e 2004. Eles destacaram oito fatores que teriam permitido prever 90% desses genocídios:[104]

– existência de antecedentes genocidas (condições que já haviam levado a genocídios com risco de continuar presentes);
– amplidão das convulsões políticas (elites despóticas ameaçadas prontas a recorrer a todos os meios para permanecer no poder ou para retomá-lo);
– caráter étnico da elite dirigente (se os dirigentes provêm de uma etnia minoritária, reagem por meio de uma repressão violenta ao se sentirem ameaçados);
– caráter ideológico desta elite dirigente (um sistema ideológico extremo justifica seus esforços visando restringir, perseguir, ou eliminar certas categorias de pessoas);
– tipo de regime (os regimes autocráticos são muito mais inclinados a se envolver na repressão dos grupos de oposição);
– abertura limitada ao intercâmbio comercial (a abertura indica, ao contrário, uma vontade do Estado e de seus dirigentes em manter a primazia do direito e das práticas econômicas equitativas);
– discriminações severas, políticas, econômicas ou religiosas em relação às minorias;
– esforços de um grupo motivado por uma ideologia de exclusão para a tomada do poder quando a autoridade central desaba (como foi o caso dos sérvios na Bósnia).

Em resumo, mais da metade dos episódios genocidas dos últimos cinquenta anos foram genocídios ideológicos (Camboja), ou "politicídios" punitivos durante os quais um regime puniu uma minoria rebelde (massacre dos curdos pelo regime de Saddam Hussein).[105]

Os sistemas totalitários

"É preciso estabelecer claramente como princípio que a maior culpa recai sobre o sistema, sobre a própria estrutura do Estado totalitário",[106] afirma Primo Levi. Os regimes totalitários desprezam a razão e não concedem qualquer valor à vida humana. Não fazem qualquer esforço para avaliar as consequências de sua ideologia e de suas atividades. Desprezam também a liberdade intelectual, a expansão dos conhecimentos e o respeito pela justiça. Goering proclamou em março de 1933: "Aqui, não preciso me preocupar com a justiça; minha única missão é destruir e exterminar, nada mais". O desprezo dos dirigentes aos indivíduos a serviço de um ideal cego leva também a não conceder qualquer valor ao outro e, por extensão, à vida humana. Mao Tsé-Tung não hesitava em dizer que a vida de seus cidadãos só importava para conseguir chegar a seus fins: "Se somarmos todos os latifundiários, os agricultores ricos, os contrarrevolucionários, os maus elementos e os reacionários, seu número deve chegar a 30 milhões... Em nossa população de 600 milhões de habitantes, esses 30 milhões representam um vigésimo. O que se pode temer? Temos tanta gente! Podemos nos permitir perder alguns. Que diferença isso faz?"[107] E acrescenta: "Os mortos têm vantagens. Fertilizam o solo".[108] Mao, direta ou indiretamente, causou a morte de 50 milhões de pessoas.

Os que estão a serviço dos ditadores e executam ordens são via de regra afetados pela mesma cegueira e desprezo em relação à vida humana. Como explica Todorov, todos os regimes extremistas servem-se do princípio "Quem não é por mim, é contra mim", mas só os regimes totalitários acrescentam: "E quem é contra mim deve morrer". O que caracteriza mais especificamente o totalitarismo é que esse inimigo encontra-se dentro do próprio país, estendendo-se o princípio de guerra às relações entre grupos de compatriotas. Os sistemas totalitários renunciam à universalidade e dividem a humanidade em seres superiores (seus partidários) e inferiores (seus oponentes, que devem ser punidos e até eliminados). É o regime que detém a medida do bem e do mal e decide a direção na qual a sociedade deve evoluir.[109] O Estado deve controlar a integralidade da vida social de um indivíduo: seu trabalho, seu lugar de moradia, seus bens, a educação ou as diversões de seus filhos, e até sua vida familiar e amorosa. Este total domínio lhe permite obter a submissão de seus indivíduos: não há mais lugar onde poderiam abrigar-se e escapar-lhe.

A responsabilidade de proteger

Em vez de priorizar o "dever de ingerência",[110] que pode irritar os Estados preocupados em defender sua soberania, os cientistas políticos Gareth Evans e Mohamed Sahnoun preferem falar da responsabilidade que incumbe aos Estados de proteger seus cidadãos. Mas, destacam eles, se os Estados não estão em condições de proteger seus cidadãos de massacres em grande escala, da fome ou de outras calamidades, ou se não estiverem dispostos a fazê-lo, essa responsabilidade deve ser assegurada pela "comunidade dos Estados", principalmente pela ONU e pelas organizações intergovernamentais e regionais. Essa responsabilidade implica três obrigações: a de *prevenir*, eliminando-se as causas latentes e as causas imediatas dos conflitos internos, a de *reagir* por meio de medidas apropriadas, coercitivas se necessário, a situações em que a proteção dos cidadãos é uma necessidade imperiosa, e a de *reconstruir*, fornecendo uma assistência em todos os níveis a fim de facilitar a retomada das atividades, a reconstrução e a reconciliação.

31. A GUERRA SEMPRE EXISTIU?

A GUERRA SERIA UMA FATALIDADE? PARA O FILÓSOFO INGLÊS THOMAS HOBBES: "O estado natural é também o estado da guerra de todos contra todos; guerra perpétua, visto que resulta do equilíbrio de potências iguais em sua natureza; guerra razoável, pois o homem é de maneira natural o inimigo do homem".[1]

Hobbes apresenta o homem como um ser em essência egoísta, inclinado à violência e à competição, pronto a tudo para que seus interesses triunfem sobre os do outro. É daqueles que pensam que, se deixados por conta própria, os homens depressa acabam por matar uns aos outros.

Winston Churchill vai além: "A história da raça humana é a guerra. Com exceção de breves e precários interlúdios, nunca houve paz no mundo; antes do início de nossa história, os conflitos homicidas eram universais e sem fim". Ao longo de toda nossa educação escolar, nos ensinaram que a história da humanidade é uma sucessão ininterrupta de guerras.

Com base nessa herança intelectual, os primeiros paleontólogos que estudaram a história da espécie humana interpretaram de modo sistemático os sinais de fraturas ou de esmagamento observados nos restos mortais de homens pré-históricos como sinais de morte violenta causada por seus congêneres. Como veremos, foi constatado que, na maioria dos casos, isso seria apenas fruto de sua imaginação. De fato, a maior parte da história do *Homo sapiens* se desenrolou antes que o fenômeno de guerra surgisse por volta de dez mil anos atrás.

Um manual de psicologia evolucionária explica que a história humana "revela coalizões de machos em guerra onipresentes em todas as culturas".[2] O fundador da sociobiologia, Edward O. Wilson, compartilha dessa visão do homem e de sua evolução: "Os seres humanos seriam por natureza agressivos? A resposta é sim. Ao longo de toda a história, a guerra, que não é nada além do que a técnica mais organizada da agressão, tem sido endêmica em todas as formas de sociedades, dos grupos de caçadores-coletores aos Estados industrializados".[3] Tais asserções são inúmeras nos meios da antropologia, da arqueologia e da paleontologia.

Mas, nos últimos vinte anos, um número crescente de pesquisadores vem defendendo teses muito diferentes. Em seu livro *Beyond War: The Human Potential for Peace* [Além da guerra: o potencial humano para a paz], o antropólogo Douglas Fry reuniu as descobertas de especialistas, reexaminando um amplo conjunto de pesquisas arqueológicas e etnográficas.[4] O debate sobre nossas origens, violentas ou pacíficas, não parece próximo de extinguir-se, mas como ressalta o eminente etólogo Robert Sapolsky em seu prefácio do livro de Fry: "Um exame aprofundado dos fatos nos conduz primeiro a criticar o *status quo* da guerra e da natureza humana, aqui chamado de 'o ponto de vista do homem guerreiro' e, em segundo lugar, a dar uma nova interpretação da agressividade humana. Este livro defende a ideia de que a guerra não é inevitável e de que os humanos possuem uma capacidade considerável para gerir os conflitos de uma maneira não violenta".

Somos descendentes de macacos assassinos?

Segundo dois antropólogos influentes, Richard Wrang e Dale Peterson, autores de um livro de título explícito – *Demonic Males: Apes and the Origins of Human Violence* [Machos demoníacos: os grandes macacos e a origem da violência humana] –, somos os "sobreviventes aparvalhados por cinco milhões de anos de habituação à agressão mortal".[5] Os homens seriam, assim, os descendentes de "macacos assassinos" e teriam herdado de seus ancestrais uma predisposição inata à violência.

Também, em seu best-seller *Les Enfants de Caïn* [Os filhos de Caim],[6] o popularizador científico Robert Ardrey proclama: "Somos filhos de Caim! A união do carnívoro e do grande cérebro resultou no homem. Nosso mais velho ancestral foi um assassino. O que há de mais seguro em nossa herança é nosso costume de matar. [...] O homem é um animal de rapina cujo instinto é matar com o auxílio de uma arma".[7]

Essas afirmações estão baseadas em duas hipóteses: a violência predomina em alguns grandes macacos e o mesmo ocorria com nosso ancestral comum.

Uma vida social mais pacífica

O primeiro ponto se apoia sobretudo na observação de comportamentos violentos dos chimpanzés, de modo mais específico no episódio da "guerra dos chimpanzés" descrito por Jane Goodall na reserva de Gombe, na Tanzânia. Na verdade, vimos em capítulo anterior que a eliminação de um grupo de chimpanzés por um bando rival permanece um fenômeno mais ou menos raro. Na vida cotidiana, as disputas são pouco frequentes e terminam em geral em reconciliações entre protagonistas que se despiolham. As observações de campo realizadas por Jane Goodall e outros pesquisadores demonstram na verdade que, se os chimpanzés consagram 25% de seu tempo às interações sociais, para um dado indivíduo, a frequência de interações agressivas não ultrapassa, em média, duas disputas por semana.[8] Além disso, entre os chimpanzés, não é raro que um macho dominante se interponha quando ocorre uma disputa e mantenha os protagonistas à distância um do outro, pelo tempo necessário para acalmar os espíritos.

E o que acontece com os demais primatas? Após ter examinado um grande número de estudos com sessenta espécies, Robert Sussman e Paul Garber mostraram que a grande maioria das interações são amigáveis e cooperativas (toalete, partilha do alimento etc.).[9] Em contrapartida, as interações antagônicas – confrontos, deslocamentos forçados, ameaças e brigas – constituem apenas 1% das interações sociais.

Esses autores concluíram: "Considerados em seu conjunto, esses dados podem explicar por que observamos que os primatas não humanos vivem em grupos sociais mais ou menos estáveis e unidos e resolvem seus problemas cotidianos de uma forma em geral cooperativa".[10] Também, após ter observado os babuínos durante quinze anos, Shirley Strum concluiu: "A agressão não tem uma influência tão onipresente e importante na evolução como se pensava".[11]

De quem descendemos?

Em termos genéticos somos muito próximos dos chimpanzés e dos bonobos (nosso DNA é 99,5% idêntico ao deles), mas não descendemos nem de um nem do outro. Segundo os dados de que dispomos, a linhagem evolutiva dos "hominídeos" (os ancestrais comuns do homem e dos grandes macacos) separou-se da dos pequenos macacos há cerca de dez milhões de anos. Além disso, a linhagem humana divergiu da dos grandes macacos há seis milhões de anos, bem antes da cisão entre bonobos e chimpanzés. Portanto, não há nenhuma razão para pensar *a priori* que nosso ancestral comum se assemelhasse mais aos chimpanzés que aos bonobos, que são ainda mais pacíficos. Como destaca Frans de Waal:

> Se os bonobos tivessem sido conhecidos mais cedo, os enredos da evolução humana poderiam ter enfatizado as relações sexuais, a igualdade entre machos e fêmeas, a origem da família, em vez da guerra, da caça, do uso das ferramentas e outras prerrogativas masculinas. A sociedade bonobo parece regida pelo "faça o amor, não faça a guerra" dos anos sessenta, em vez de pelo mito do macaco assassino sanguinário que predomina nos livros há mais de três décadas.[12]

A violência entre os homens pré-históricos

Em 1925, um jovem professor de Anatomia, Raymond Dart, descobriu um crânio fossilizado de um jovem primata de dois ou três anos em uma pedreira da África do Sul. O crânio da "criança de Taung", assim batizado pelo nome do local, de modo extraordinário estava muito bem preservado, apresentando uma mistura de características simiescas e humanas. Dart nomeou a espécie *Australopithecus africanus* ("o macaco do sul da África"), e afirmou tratar-se de um ancestral da espécie humana. A princípio sua hipótese foi rejeitada pela comunidade científica e depois, à medida que novos espécimes de australopitecos foram descobertos, foi reconhecida a importância de sua descoberta e o australopiteco foi elevado à categoria de nossos ancestrais, os hominídeos.

Contudo, Dart também tinha imaginação fértil. Embora não fosse especialista dos processos de fossilização, após ter descoberto vários espécimes de australopitecos, ele viu a presença de crânios fraturados e ossadas quebradas como inúmeras provas de que esses ancestrais do homem não eram meros caçadores, mas que também matavam uns aos outros e praticavam o canibalismo.[13] A grande quantidade de crânios de babuínos e alguns de australopitecos afundados ou esburacados que encontraram no mesmo local significaram, aos olhos de Dart, que os indivíduos haviam sido mortos com porretes constituídos de tíbias cujas protuberâncias produziram as marcas observadas nos crânios. Também, a partir da observação de buracos espaçados com regularidade no crânio, ele concluiu que se tratava de um ritual mortífero. Quando um amigo cientista lhe perguntou: "Na sua opinião, qual foi o percentual de australopitecos assassinados?", Dart respondeu "Por que esta pergunta? Todos, é claro". No discurso espalhafatoso de Dart, nossos ancestrais eram "matadores convictos; criaturas carnívoras, que caçavam de modo brutal suas vítimas, batiam-lhes até a morte, destroçavam seus corpos partidos, os desmembravam, saciavam sua sede com o sangue quente delas e devoravam com avidez sua carne ainda palpitante".[14] Todo um programa...

As interpretações de Dart – que durante um tempo inspiraram toda uma literatura sobre a barbárie ancestral do homem, entre as quais *Les Enfants de Caïn* [Os filhos de Caim], já citada acima – não resistiram às investigações efetuadas por seus sucessores. O exame minucioso dos restos fósseis levou especialistas da antropologia física a concluir que a fragmentação dos ossos e crânios eram o resultado da pressão exercida sobre os espécimes pelas rochas e pela terra durante milênios de fossilização.[15]

Outra paleontóloga, C. K. Brain, concluiu que é muito provável que os buracos observados nas calotas cranianas fossem perfurações produzidas pelos dentes de uma espécie extinta de leopardo, cujos restos foram encontrados na mesma camada geológica que os australopitecos. O tamanho e a disposição dos caninos protuberantes dessas feras correspondiam de modo preciso à disposição dos buracos geminados observados nos crânios de babuínos e de australopitecos.[16] Podemos, portanto, aderir às conclusões de Douglas Fry: "Os assassinos simiescos e canibais descritos por Dart com tanto realismo revelaram-se nada além de uma refeição de leopardo. As horrendas reconstituições de Dart eram apenas pura fantasia".[17] Frans de Waal resume assim essa reviravolta:

> Por ironia do destino, pensa-se hoje que o australopiteco, longe de ser um predador, foi uma das vítimas preferidas dos grandes carnívoros. [...] Poderíamos concluir daí que o início de nossa linhagem teria sido marcado não pela ferocidade, mas pelo medo.[18]

Quanto às marcas encontradas no crânio da criança de Taung, foi demonstrado em seguida que elas eram semelhantes em vários pontos – tamanho e distribuição, traçados de arranhões, formas de fraturas etc. – às marcas que ainda em nossos dias são feitas pelas águias-coroadas da Costa do Marfim no crânio dos jovens babuínos que lhes servem de alimento.[19]

Desse modo, as principais descobertas que levaram os primeiros pesquisadores a afirmar que nossos ancestrais pré-históricos eram muito violentos uns com os outros revelaram-se, uma após outra, explicáveis de maneira mais plausível por meio de fenômenos naturais ou pelas violências infligidas por predadores não humanos.

A guerra sempre existiu?

A guerra é definida como uma agressão executada em grupo por membros de uma *comunidade* contra membros de uma *outra comunidade*. Na quase totalidade dos casos, ela causa a morte de membros não específicos da comunidade inimiga. Portanto, a guerra deve ser distinguida da violência *personalizada* característica dos homicídios e dos atos de vingança que visam um ou vários indivíduos em particular.[20]

A guerra deixa marcas identificáveis: fortificações erigidas em torno dos vilarejos; armas destinadas ao combate (que diferem das armas de caça); representações de cenários de guerra na arte; sepulturas com um número expressivo de esqueletos com pontas de projéteis ou outros artefatos imbricados nos ossos ou em outros locais do corpo; assim como uma redução do número de homens enterrados próximos aos vilarejos (sugerindo que foram mortos em outros locais). A presença simultânea de várias dessas indicações e sua repetição numa mesma região constituem uma prova de atividades guerreiras.

Ora, o exame de inúmeros documentos arqueológicos levou muitos pesquisadores, entre eles o antropólogo Leslie Sponsel, a constatar que:

> Durante o período de caçadores-coletores da evolução cultural, que representa 99% da existência humana no planeta [...], a falta de provas arqueológicas da guerra sugere que ela era rara ou ausente durante a maior parte da pré-história humana.[21]

Durante milhões de anos os hominídeos, nossos ancestrais, dispunham de espaços imensos. Conforme o trabalho de síntese efetuado pela Agência Governamental de Recenseamento dos Estados Unidos, há dez mil anos, pouco antes do desenvolvimento da agricultura, a população do planeta contava entre 1 e 10 milhões de indivíduos.[22] Até essa época há vestígios indicando, de modo suposto, que alguns indivíduos foram vítimas de homicídios, mas não foi encontrado nenhum rastro de guerra *entre grupos*. Segundo o antropólogo Jonathan Haas: "As provas arqueológicas da existência, antes de dez mil anos, de qualquer forma de guerra em alguma parte do planeta são desprezíveis".[23] Isto parece compreensível se pensarmos, como destaca Frans de Waal, que "as primeiras sociedades humanas viviam em pequenos grupos esparsos, distanciados uns dos outros, e não tinham qualquer motivo para entrarem em guerra. Estavam mais preocupados com a sobrevivência, fugindo dos terríveis predadores que predominavam naquele tempo".[24]

Os primeiros sinais de guerra

O estudo das sociedades de caçadores-coletores que sobreviveram até nossa época mostram de igual modo que eram pequenas comunidades igualitárias, sem chefes nem hierarquia pronunciada, que, pelo fato de sua grande mobilidade, não podiam possuir muitos bens nem acumular provisões.[25] Segundo o especialista em evolução Bruce Knauft: "Pela ênfase colocada no acesso igualitário aos recursos, na cooperação e nas redes difusas de afiliação, a tendência oposta, a da rivalidade entre os grupos e a violência coletiva, é mínima".[26] O etnologista Christopher Boehm, reputado por seu saber enciclopédico, estudou centenas de sociedades diferentes e resume deste modo a imagem que emerge dos dados analisados por ele:

> Há quarenta mil anos, com o aparecimento dos humanos anatomicamente modernos que ainda viviam em pequenos grupos e nem haviam domesticado as plantas e os animais, é muito provável que todas as sociedades humanas praticassem comportamentos igualitários e que, na maior parte do tempo, o fizeram com muito sucesso.[27]

Ainda em nossos dias, os paliyans do sul da Índia, estudados pelo etnógrafo britânico Peter Gardner, atribuem grande valor ao respeito pelo outro, pela sua autonomia e igualdade entre todos os membros da comunidade, homens e mulheres. Depois da caça, a comunidade reparte a carne em porções iguais e cada um pega uma das partes, tenha ou não participado na caça e qualquer que seja o papel que ele tenha desempenhado. Os paliyans evitam qualquer forma de concorrência e chegam a evitar fazer comparações entre as pessoas. Não procuram qualquer forma de prestígio e não têm chefe. Preferem administrar os conflitos pela mediação ou pelo evitamento à confrontação.[28] De modo exato, é o que acontece com os kungs do Kalahari. Quando um caçador emérito traz uma caça farta em especial, ele é recebido com alegria mas também, para evitar que ele se leve muito a sério, com brincadeiras como: "Quanta pele e ossos inúteis!" Qualquer um que procure se impor como chefe se expõe ao ostracismo geral.[29]

Inúmeras culturas também têm costumes que tendem a impedir o surgimento de uma hierarquia dentro do grupo. Segundo Boehm, "nas tribos hadza, se um chefe em potencial tentar convencer outros hadzas a trabalharem para ele, estes lhe fazem compreender que suas tentativas os divertem. Entre os ibans, se um 'chefe' tentar dar ordens, ninguém ouve".[30]

Quando alguns caçadores-coletores começaram a se tornar sedentários, deu-se início às desigualdades, às estratificações hierárquicas e às transmissões hereditárias de riqueza.[31] Quando essas populações sedentárias começaram a cultivar a terra e a domesticar os animais, puderam com isso acumular riquezas que lhes conferiam poder, deviam ser protegidas e provocavam ganâncias. Essa nova situação gerou justificativas, até então inexistentes, para atacar um *grupo* de pessoas e apoderar--se de suas riquezas, terras ou criações de animais. Essas invasões predatórias não eram mais dirigidas a indivíduos em particular, mas às comunidades. Pouco a pouco elas se transformaram em guerras de conquista. Minorias triunfantes governam. Começam a surgir uma nobreza, um clero e outras estruturas hierárquicas que marcam o fim da igualdade no seio da sociedade.

É, portanto, há cerca de dez mil anos que se observam os primeiros sinais de guerra. No Oriente Próximo, é nessa época que a caça e a colheita dão lugar a uma economia baseada na agricultura e na criação. As descobertas arqueológicas indicam marcas esparsas de guerra remontando a nove mil e quinhentos anos aproximadamente, e depois uma propagação geográfica e intensificação da guerra ao longo dos séculos. As fortificações, inexistentes até então, surgem há cerca de sete mil anos ao longo das rotas comerciais.[32] Observa-se também os primeiros sinais de massacres e de sepulturas coletivas de homens no auge da vida.[33]

As famosas muralhas de Jericó, que remontam a mais de nove mil anos foram por muito tempo consideradas, por engano, como as primeiras fortificações guerreiras conhecidas. Um exame mais atento da situação levou a arqueóloga Marilyn Roper a concluir que não há qualquer sinal de guerra: nem sepulturas abrigando um grande número de esqueletos e de armas, nem sinais de incêndio ou de invasão da cidade etc. Por outro lado, cinco outros sítios arqueológicos contemporâneos da região são desprovidos de muralhas.[34] Os fossos de Jericó foram cavados em três lados apenas, deixando um lado aberto, o que não tem sentido em uma estrutura defensiva. Finalmente, considerando todos os dados disponíveis, o arqueólogo Bar-Yosef propôs uma alternativa plausível: as muralhas neolíticas de Jericó parecem ter sido erigidas para formar uma proteção contra inundações e deslizamentos de terra.[35]

Os primeiros vestígios de guerra no continente americano surgiram há quatro mil anos no Peru, e há três mil anos no México. Em seu estudo abrangendo as regiões costeiras da América do Norte, o arqueólogo Herbert Mashchner observa que, antes de dois mil anos atrás, encontrou-se apenas um pequeno número de sinais de traumatismos atribuíveis a golpes de porrete, por exemplo, entre os vestígios de esqueletos. E os sinais característicos de atividades guerreiras tornam-se evidentes próximo de mil e quinhentos a mil oitocentos anos atrás. Observam-se estruturas defensivas e vilarejos maiores construídos em locais estratégicos para facilitar a defesa. Além disso, nota-se um declínio da população, atribuído aos conflitos.[36]

Parece, portanto, que as afirmações dos antropólogos Wrangham e Peterson, segundo as quais "nem na história nem no planeta encontram-se vestígios de uma sociedade verdadeiramente pacífica", não se baseiam em nenhuma prova tangível.[37] Esses autores defendem que a existência da guerra remonta a milhões de anos, sem fundamentar suas asserções com o auxílio de dados arqueológicos. Para Fry, um dos erros metodológicos desses autores consiste em identificar as mortes violentas (um termo ambíguo) e os homicídios aos atos de guerra.[38] Eles se referem, então, como também o faz o arqueólogo norte-americano Lawrence Keeley, a "guerras pré-históricas", para fatos que não têm nada em comum com o que chamamos hoje "guerra".[39] Como destaca Fry, é como se falássemos de guerra quando uma inglesa envenena seu marido ou quando bandidos da América do Sul assaltam e matam viajantes em uma via deserta.[40]

A violência das sociedades primitivas

Os antropólogos nos explicam que os seres humanos passaram mais de 99% de sua existência no planeta em bandos nômades subsistindo graças à colheita e à caça. Aqui também vemos os mesmos preconceitos, que ilustram bem, por exemplo, o manual de psicologia evolutiva intitulado *The Dark Side of Man: Tracing the Origins of Male Violence* [O lado sombrio do homem: rastreando as origens da violência masculina], em que o autor, o antropólogo Michael Ghiglieri, declara: "Os documentos que relatam a história humana, que compreendem centenas de estudos etnográficos de culturas tribais do mundo inteiro, revelam a onipresença, em todas as culturas do planeta, de guerras de coalizão organizadas por homens".[41] O mesmo autor conclui de modo fortemente estimulador: "Vivemos em um mundo em que os trapaceiros, ladrões, estupradores, assassinos e fomentadores de guerra esgueiram-se por todas as paisagens humanas".

Um dos antropólogos que mais contribuiu para essa visão sombria das coisas é Napoleon Chagnon, autor de uma publicação, que ganhou fama instantaneamente, sobre os índios ianomâmis da floresta amazônica.[42] Nesse artigo e em seu livro *Yanomamo: The Fierce People* [Ianomâmi: o povo feroz][43], Chagnon afirma sobretudo que os homens que cometeram assassinatos durante ataques a tribos vizinhas tinham mais mulheres e três vezes mais filhos que aqueles que nunca haviam matado ninguém. Desse modo, os homicidas teriam uma vantagem reprodutiva em relação a seus congêneres menos violentos e transmitiriam, com mais frequência, seus genes às gerações seguintes e deveriam, portanto, ser favorecidos pela evolução. Chagnon deduziu que "a violência é talvez a principal força atuante atrás da evolução da cultura". Milhões de exemplares de seu livro foram vendidos no mundo inteiro, contribuindo amplamente para propagar a imagem do homem primitivo violento.

Mas foi constatado que seu estudo pecava em diversos pontos, em particular na seleção dos grupos com idades diferentes: a amostragem de assassinos selecionada por Chagnon era de homens em média dez anos mais velhos do que aqueles da amostragem dos não assassinos. É evidente que, sem levar em conta a sua qualidade de "assassinos" ou de "não assassinos", os homens de trinta e cinco anos teriam, em média, maior número de filhos que aqueles com idade de vinte e cinco anos. O estudo de Chagnon está viciado por muitos outros erros metodológicos que invalidam suas conclusões.

O psicólogo Jacques Lecomte procurou com minúcia outros estudos antropológicos sobre esse tema e encontrou apenas dois entre eles, um realizado com os cheyennes, o outro com os waoranis, no Equador.[44] Ambos são, em termos de metodologia, mais rigorosos que o de Chagnon e chegam à conclusão contrária: os homens envolvidos em ações homicidas têm em média menos filhos que os demais.[45]

O antropólogo Kenneth Good, aluno de Chagnon, esperava pelo pior até chegar ao local de sua pesquisa. Por fim ele passou inúmeros anos entre os ianomâmis e até se casou com uma jovem da tribo, e descobriu uma realidade muito diferente:[46]

> Para minha surpresa [escreve ele] encontrei junto a eles um gênero de vida que, embora perigoso e rude, era feito também de camaradagem, de compaixão, e fornecia milhares de lições cotidianas de harmonia comunitária.[47] [...] Com o passar dos meses, apreciei cada vez mais sua maneira de viver, a harmonia e a coesão grupal. [...] Gostava da cooperação mútua familiar, a maneira como cuidavam dos filhos, sem nunca se separar deles, acariciando ou educando-os de forma constante. Gostava do respeito que se devotavam uns aos outros. [...] Apesar dos ataques, dos acessos de raiva e dos combates, era no fim das contas um povo feliz, vivendo em uma sociedade harmoniosa.[48]

Kenneth Good reconhece o potencial de violência dos ianomâmis e a existência de ataques para se vingar de um assassinato ou ainda para capturar mulheres índias de tribos vizinhas, mas, segundo ele, ao generalizar o comportamento de alguns indivíduos, Chagnon deformou muito a realidade, tal como faria um sociólogo que descrevesse os nova-iorquinos como "um povo bandido e criminoso". Em suma, entre os ianomâmis, a violência ocorre apenas em uma pequena parcela de indivíduos e, mesmo entre estes últimos, é rara.[49]

Podemos questionar se a popularidade do livro de Chagnon não se deve em parte ao fato de que ele parece dar uma garantia científica às crenças sobre a natureza violenta do homem. Como ter uma imagem mais específica da incidência da violência nas culturas primitivas? Em sua introdução à *Cambridge Encyclopedia of Hunters and Gatherers* [Enciclopédia dos Caçadores-Coletores], publicada pela Universidade de Cambridge, Richard Lee e Richard Daly resumem as conclusões de numerosos estudos realizados até nossos dias:

> Os caçadores-coletores são em geral povos que viveram até há pouco tempo sem a presença de uma disciplina geral imposta por um Estado. [...] Com *evidência*, eles viveram bem juntos, de modo surpreendente, resolvendo seus problemas entre eles, e com muita frequência sem recorrer a uma figura de autoridade e sem inclinação particular à violência. Não era, portanto, a situação descrita pelo grande filósofo do século XVII, Thomas Hobbes, em sua famosa fórmula de "a guerra de todos contra todos".[50]

Ainda em nossos dias, os bateks e os semais da Malásia, por exemplo, evitam a violência e escolhem de forma sistemática distanciar-se de seus inimigos em potencial, e até partir em fuga, a fim de evitar qualquer conflito. Porém, estão longe de ser covardes e dão provas de grande coragem em sua vida cotidiana. O antropólogo Kirk Endicott perguntou em certa ocasião a um batek por que seus ancestrais não haviam utilizado suas zarabatanas com flechas envenenadas para atirar nos malaios que atacavam visando capturar os bateks e escravizá-los. O homem ficou chocado com a pergunta e respondeu: "Porque isso os mataria"![51] Quando ocorrem as disputas no seio de sua comunidade ou com um outro grupo, eles encontram um meio de resolvê-las pela mediação.

Como explicava um semai: "Ficamos muito atentos para não causar mal aos outros. [...] Detestamos realmente estar envolvidos em conflitos. Queremos viver em paz e em segurança".[52] A não violência é incutida nas crianças desde a mais tenra idade.

Com certeza existem vozes dissidentes, como a da antropóloga Carole Ember, no entanto, ela também comete o erro de incluir sob a denominação de "guerra" os comportamentos hostis de qualquer gênero, inclusive os homicídios individuais.[53] Utilizando critérios mais realistas, outros pesquisadores listaram mais de setenta culturas tradicionais que, em sua maioria, são isentas de violência.[54] Isto não significa que a violência e o homicídio estejam ausentes nessas culturas, mas que se trata de disputas pessoais e não de conflitos entre grupos.

Joguem lanças, mas cuidado para não ferir ninguém!

Na Terra de Arnhem, na Austrália, existem muitos sítios de arte rupestre de dez mil anos, onde estão representados animais, seres humanos e criaturas míticas. A maioria das cenas evoca a vida cotidiana, e algumas delas mostram personagens lançando dardos e bumerangues. Os arqueólogos Paul Tacon e Christopher Chippindale as interpretaram como cenas de guerra. Em um artigo intitulado *Anciens guerriers d'Australie* [Antigos guerreiros da Austrália], eles explicam que "algumas pinturas retratam combates e seu epílogo, incluindo cenas de batalha muito detalhadas".[55]

Ora, estudos muito bem documentados revelaram que os aborígines[56] desconheciam a guerra. Os etnólogos, sobretudo, descreveram um costume ancestral, ainda praticado até pouco tempo, muito semelhante ao que era representado nas pinturas rupestres. Quando membros de duas tribos acumulavam queixas e acusações mútuas – sedução de mulheres ou promessas não cumpridas –, e ultrapassavam um certo limite de tolerância, uma das tribos partia em expedição e acampava nas proximidades da outra.

Na primeira noite havia visitas recíprocas de indivíduos que se conheciam bem e que não se viam há tempos. Depois, na manhã seguinte, uma dezena de homens de cada campo ficavam frente a frente. Um veterano de uma das tribos dava início às hostilidades arengando um indivíduo da outra tribo, despejando nele, com grande detalhe, todas as suas recriminações. Quando já não tinha mais fôlego nem argumentos, era a vez do acusado responder com igual verve, pelo tempo que desejasse. Na sequência, era a vez de um segundo membro da primeira tribo fazer suas acusações, que a pessoa visada respondia exprimindo suas próprias queixas. É notável observar que essas críticas veementes eram sempre dirigidas aos indivíduos, nunca ao grupo. Ora, já sabemos que as violências em massa, os massacres como os genocídios, começam sempre pela demonização de um grupo particular.

Após intermináveis debates, por fim, o arremesso de lanças começava. Sempre se tratava de um indivíduo que visava um outro em particular, e era praticado sobretudo pelos anciães e não pelos jovens na flor da idade. Quando eram os jovens que lançavam a arma, os mais velhos não deixavam de lembrar-lhes: "Preste atenção, não machuque ninguém"! As trocas de arremessos calculados para não atingirem o alvo continuavam, até que, por inadvertência, alguém fosse ferido. Nesse momento, tudo parava. De qualquer modo, após uma nova rodada de protestos, à qual se juntavam desta vez todos os parentes da vítima, que se encontravam com muita frequência distribuídos entre os *dois campos* em virtude dos casamentos entre grupos, a sessão era encerrada.

Vemos como era fornecida, de forma teatral, a possibilidade para cada membro das duas tribos, que mantinham boas relações de modo habitual, "esvaziar seu saco" quando muitos rancores se acumulavam. Um conflito muito mais grave era assim evitado. Ao perfurar o abcesso, a doença é curada e as boas relações retomadas. Longe de serem um ato de guerra, essas batalhas cerimoniais servem para apaziguar as tensões e *evitar* verdadeiros conflitos. Entretanto, a despeito do fato de que em vinte anos de observações, W. Lloyd Warner nunca constatou sequer uma morte resultante dessas *makarata*, ele fez desse ritual, que ele próprio definiu como um "combate cerimonial para fazer a paz", uma das "seis categorias de guerras" repertoriadas por ele.[57] É no mínimo paradoxal denominar "guerra" um ritual destinado a fazer as pazes e que não causa nenhuma morte.[58]

Nem anjos nem demônios: recolocar a violência em perspectiva

Era importante aqui, fazendo referência ao trabalho de síntese de Douglas Fry e outros antropólogos, dissipar a crença em uma humanidade desde sempre brutal, sanguinária, e de modo instintivo levada à violência. No entanto, uma vez restabelecida uma visão mais próxima da realidade, isto é, que a maior parte das tribos primitivas priorizavam a cooperação e a coabitação pacífica do que a exploração e a agressividade, de igual maneira seria falso dar uma visão idílica de nossos ancestrais. A imagem do "bom selvagem" de Rousseau não é mais plausível que a do "homem belicoso". A violência individual fazia parte da existência de nossos ancestrais e se traduzia por homicídios, eles próprios seguidos de represálias. Embora a maneira de acertar as contas dê margem a controvérsias, parece que a taxa de morte violenta (incluindo a morte devida a predadores não humanos) varia em até 15% nas sociedades pré-históricas e nas sociedades contemporâneas de caçadores-coletores, com extremos que chamaram naturalmente a atenção, como os dos waoranis da Amazônia, por exemplo, entre os quais foram recenseadas até 60% de mortes violentas dos homens.[59]

Ao contrário, nos dias de hoje a taxa de homicídios na Europa é de apenas 1 para 100 mil habitantes (0,001%) por ano. Apesar de todas as notícias alarmistas de modo tão amplo divulgadas pela mídia nós vivemos, de forma incomparável, em maior segurança do que no passado.

Se a guerra não existiu durante 98% da história humana, por outro lado ela teve uma expansão há cerca de dez mil anos, atingindo dimensões catastróficas por vários milênios. Mas ao longo dos últimos séculos, em particular após a segunda metade do século XX, como mostra o próximo capítulo, o número de conflitos e sua gravidade não cessou de diminuir.[60]

32. O declínio da violência

A TODO MOMENTO ATOS DE EXTREMA VIOLÊNCIA SÃO COMETIDOS NUM LUGAR ou em outro do planeta, e ficamos sabendo quase em seguida. Os estatísticos nos informam também quando a violência cresce em uma ou outra região do mundo. Mas o que aconteceu com a evolução global da violência no transcorrer dos séculos?

Para responder a essa questão é indispensável, de um lado, considerar a evolução da violência em longos períodos de tempo e, de outro, não levar em conta apenas os acontecimentos ou conflitos que abalam nossa consciência, porém analisar o maior número possível de dados.

A resposta é surpreendente e contradiz o senso comum: a violência individual e coletiva não parou de diminuir há um milênio, e em especial há sessenta anos. Essa conclusão é fruto de investigações precisas e de grande amplidão, realizadas por várias equipes de pesquisadores no decorrer dos últimos trinta anos.

Uma das razões pelas quais essa afirmação nos desconcerta deve-se à ignorância ou ao esquecimento do nível de violência que caracterizou os séculos passados. Uma pesquisa, conduzida por Steven Pinker, autor de um trabalho erudito de 800 páginas acerca do declínio da violência, revela que de modo sistemático as pessoas enganam-se em sua avaliação do nível de violência que prevalece em diferentes épocas de nossa história. Segundo essa pesquisa, os ingleses interrogados acreditam que o século XX foi, de modo geral, um pouco mais violento que o século XIV em relação aos homicídios, enquanto que, na realidade, ele foi de vinte a cinquenta vezes menos violento conforme o país. O mesmo ocorre com a quase totalidade dos demais parâmetros levados em consideração para mensurar a violência no decorrer dos séculos.

O declínio da violência individual

No século XIV, um europeu tinha em média cinquenta vezes mais riscos de ser vítima de um homicídio em relação aos dias atuais. Utilizando os arquivos dos tribunais e das municipalidades inglesas, o cientista político Robert Gurr revelou que em Oxford, no ano de 1350, a taxa anual de homicídios era de 110 para cada 100 mil habitantes. Essa taxa caiu para 10 no século XVI e a 1 em nossos dias.[1] O mesmo ocorre com toda a Europa, como demonstra a figura a seguir.

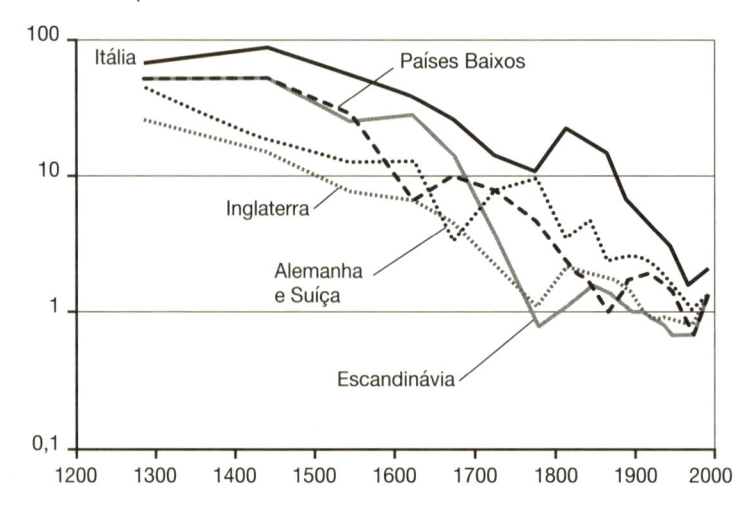

Curvas dos homicídios em cinco países europeus entre 1300 e 2000

Os homicídios de pessoas não aparentadas diminuíram mais do que os assassinatos familiares, enquanto que os homens permaneceram responsáveis por 92% destes. No final dos anos 1820, o infanticídio representava 15% dos homicídios na Europa. Na França, hoje, não representa mais do que 2%, e os homicídios em geral diminuíram pela metade desde 1820.[2]

Segundo as estatísticas da OMS, as mais completas nessa área, a taxa anual média de homicídios no mundo caiu a 8,8 para cada 100 mil pessoas em 2009.[3] Na totalidade dos países da Europa ocidental, essa taxa caiu a 1, mas permaneceu elevada nos países onde as forças da ordem e a justiça são corrompidas ou sob o domínio de grandes traficantes de droga (34 para cada 100 mil habitantes na Jamaica, 30 na Colômbia e 55 na Venezuela). Outras nações como a Rússia (30) e a África do Sul (69) têm dificuldade para fazer a transição entre regime totalitário e Estado de direito.[4]

Ocorre que a violência aumenta momentaneamente em alguns países ou em algumas cidades, em razão de situações particulares sobretudo devidas a conflitos e à instabilidade política, porém é a longo prazo que se deve julgar o declínio da violência. Nos Estados Unidos, por exemplo, no final dos anos 1960 a violência cresceu, até dobrar no início dos anos 1990 (ao passo que ela permanece estável no Canadá). Depois da introdução de novas políticas de segurança urbana, os índices de agressões, roubos, estupros e outros crimes caíram outra vez pela metade.

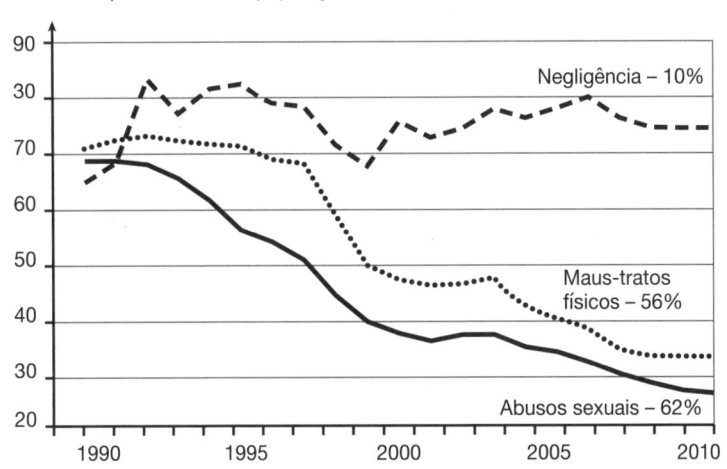

Por 10 mil pessoas entre a população com idade inferior a 18 anos

[Gráfico mostrando três linhas de 1990 a 2010: Negligência – 10%, Maus-tratos físicos – 56%, Abusos sexuais – 62%]

Os castigos corporais ainda eram comuns quando eu frequentava a escola primária na região parisiense de Île de France nos anos 1950. Há pouco tempo ainda eram considerados meios pedagógicos eficazes, e seu recurso era encorajado tanto na escola quanto no lar. Nas últimas décadas, diminuíram de modo surpreendente. Um professor prussiano do século XVIII, com certeza entusiasta das estatísticas, relata em suas memórias ter infligido 154 mil chicotadas e 911.527 reguadas em seus alunos em cinquenta e um anos de carreira![5] Entre os alemães, 81% ainda batiam em seus filhos em 1992, mas em 2002 esse número caiu para 14%, enquanto que a porcentagem daqueles que batiam até provocar hematomas caiu de 31% a 4%, em decorrência da proibição nacional das punições corporais. Entretanto, os castigos corporais ainda são frequentes em alguns países da Ásia e da África.[6]

De maneira mais geral, os maus-tratos a crianças diminuíram de maneira relevante na maioria dos países. Assim como mostra o gráfico acima, baixou mais de 50% nos Estados Unidos entre 1990 e 2010.[7]

A violência doméstica também diminuiu de modo considerável nos países ocidentais; nos Estados Unidos a frequência de estupros diminuiu 85% entre 1979 e 2006,[8] embora seja ainda um problema grave em inúmeros países.

O declínio da violência institucionalizada

Entendemos por violência institucionalizada toda forma de sofrimento que um indivíduo inflige a um outro, e que é reconhecida como "legítima" pelas instâncias dirigentes de uma sociedade que a encoraja e a aprova.

Durante vários milênios, os sacrifícios humanos eram frequentes em muitas civilizações – entre hebreus, gregos, hindus e celtas, por exemplo; eles tomaram formas extremas entre os khonds da Índia (uma etnia tribal indiana que vive nos estados de

Orissa e do Madhya Pradesh), ou nas tribos do Benim e Daomé, que sacrificavam seus congêneres aos milhares. O auge foi atingido pelos astecas que, segundo o historiador Matthew White, sacrificavam até 40 pessoas por dia, o que corresponde a 1,4 milhões de indivíduos entre 1440 e 1524.[9] Nas castas superiores da Índia, as viúvas eram às vezes queimadas vivas sobre o fogo crematório de seu marido falecido. Estima-se que essa prática, chamada *sati*, custou a vida de 200 mil viúvas indianas do século XIV ao XIX, época em que os ingleses a proibiram.

Na Idade Média, a tortura era uma prática aberta e não parecia chocar ninguém. O enforcamento, o suplício da roda, o empalamento, o esquartejamento por cavalos e o suplício da fogueira eram moeda corrente.[10] Condenados, às vezes inocentes, eram suspensos em uma viga, pernas afastadas, de cabeça para baixo, para serem serrados em dois, começando pela virilha, tudo na presença de curiosos, crianças inclusive. Os que infligiam as torturas eram especialistas em anatomia e tratavam de prolongar as dores dos supliciados. As torturas foram autorizadas pelo papa Inocente IV (v.1195-1254) no âmbito de perseguições religiosas e foram de modo extensivo praticadas pelos dominicanos da Inquisição que levaram à morte por volta de 350 mil pessoas. O papa Paulo IV (1476-1559), Grande Inquisidor, era um ardoroso adepto da tortura, o que não o impediu de ser canonizado em 1712.[11]

Há apenas duzentos e cinquenta anos, o presidente da Academia de Ciências da França via com complacência o suplício de um homem esquartejado em público por ter atacado Luís XV com um canivete.[12] Samuel Pepys, membro do parlamento inglês e autor de um jornal que descrevia a vida em Londres no século XVII, conta que foi caminhar por Charing Cross, onde estava instalado um pelourinho que servia às execuções públicas. Naquele dia, Pepys assistiu ao enforcamento do general Harrison, cujo corpo foi em seguida desmembrado para que a cabeça e o coração fossem exibidos ao público que gritava de alegria. Pepys notou que Harrison "parecia estar com um humor tão bom quanto poderia estar alguém em tais circunstâncias. Depois disso, Pepys foi degustar ostras com amigos".[13]

Nos séculos XVI e XVII, entre 60 e 100 mil pessoas (das quais 85% eram mulheres) foram executadas por feitiçaria, quase sempre queimadas na fogueira após ter confessado sob tortura os crimes mais inverossímeis (como ter devorado bebês, provocado naufrágios, ou feito pacto com o demônio). A última das "feiticeiras" a ser publicamente queimada viva na Suíça foi Anna Göldin, em 1782, no cantão de Glaris.

Durante a Inquisição espanhola, os autos de fé eram anunciados com tempo suficiente para que a população fosse assistir e, como em um jogo de futebol de nossos dias, na véspera do suplício todos os hotéis da cidade ficavam lotados. O condenado era levado em procissão para o local da execução, o público entoava cantos religiosos, a sentença era proclamada em alto e bom som e a execução prosseguia. Às vezes, estrangulava-se aqueles que deviam ser queimados na fogueira, mas a multidão protestava se esse favor fosse feito a muitos condenados, pois queria ver alguns serem queimados vivos.[14] A historiadora Barbara Tuchman relata que habitantes de uma cidadezinha francesa chegaram a comprar um condenado de uma cidade vizinha, para poder também desfrutar de uma execução pública.[15]

A violência estava presente até nas diversões, a começar pelos jogos do circo da Roma Antiga. Barbara Tuchman descreve dois esportes populares no século XIV na Europa:

> Os jogadores, com as mãos atadas nas costas, esforçavam-se para matar a cabeçadas um gato pregado num poste, correndo risco de ter o rosto dilacerado ou os olhos furados pelas garras do animal frenético. [...] Ou um porco preso num cercado, perseguido por homens armados de porretes, enquanto o animal corria para todo lado grunhindo, sob as gargalhadas dos espectadores, até sucumbir com os golpes.[16]

No século XVI, em Paris, um espetáculo apreciado pela multidão consistia em baixar gatos suspensos por cabos numa fogueira de modo lento, e vê-los se debatendo com gritos horríveis, até que fossem carbonizados.

A recusa da violência: uma evolução das culturas

Examinemos a distância percorrida até nossos dias. As mentalidades começaram a evoluir no século XVII e sobretudo no século XVIII. Com os filósofos iluministas, de modo geral, começava-se a falar de simpatia em relação a seus semelhantes, de direitos humanos, de aspirações legítimas de bem-estar e de justiça equitativa. Há uma evidente inclinação para a empatia com relação aos sofrimentos dos outros.

Em 1764, um jovem milanês de vinte e seis anos, Cesare Beccaria, publicou um trabalho, *Traité des délits et des peine* [Dos delitos e das penas], no qual defendia a abolição da tortura e da pena de morte. Beccaria sugeriu, da mesma maneira, que os governos e a justiça deveriam se esforçar para, antes de tudo, prevenir os crimes e recuperar os criminosos em vez de puni-los. Essa diatribe teve uma repercussão considerável na Europa, e suas ideias foram retomadas por Voltaire, Alembert e Thomas Jefferson.[17] No entanto, foi também incluído no Índex da Igreja Católica e foi ridicularizado por Muyard de Vouglans, advogado e especialista em questões religiosas, que o acusou de ter coração mole e de querer questionar práticas, a tortura sobretudo, que haviam dado prova de eficiência ao longo dos séculos.

Em 1762, em Toulouse, Jean Calas foi acusado de modo injusto de ter matado seu filho. Condenado, foi submetido em público ao suplício da roda. Com braços e pernas amarrados em cruz numa roda, teve os ossos quebrados um a um com um martelo enquanto clamava sua inocência. Depois de duas horas, o estrangularam. Foi em decorrência deste caso, que teve maior repercussão, que Voltaire escreveu seu *Tratado sobre a tolerância* e conseguiu a revisão do processo e a absolvição de Calas. Nos dias de hoje, na maioria dos países as normas mudaram e privilegia-se o respeito à vida, aos direitos humanos e à justiça.

A escravidão, que custou a vida de milhões de africanos e de habitantes do Oriente Médio – o intervalo das estimativas varia de 17 a 65 milhões –,[18] foi progressivamente abolida, na maior parte desde o final do século XVIII (o primeiro país a abolir a escravidão foi a Suécia, em 1335, e o último a Mauritânia, em 1980). Embora tenha sido de modo oficial abolida em todos os lugares do mundo, a escravidão permanece endêmica em alguns países e adquire novas formas, sobretudo através do tráfico de crianças e de mulheres destinadas à prostituição e à mendicância. Mas hoje é prática de traficantes mafiosos e de funcionários públicos corruptos, e não, como foi no caso da escravidão de outrora, dos governos e da população.

Após a Segunda Guerra Mundial, pela primeira vez na história humana, impõe-se a ideia de princípios universais aplicáveis para todos e em todos os lugares. Em 10 de dezembro de 1948 foi promulgada em Paris a Declaração Universal dos Direitos Humanos, cujo artigo primeiro estipula: "Todos os seres humanos nascem livres e iguais em dignidade e em direitos. Dotados de razão e de consciência, devem agir uns para com os outros com espírito de fraternidade", enquanto o terceiro lembra que "Todo indivíduo tem direito à vida, à liberdade e à segurança pessoal".

Em 1983, a Convenção Europeia dos Direitos Humanos proíbe a pena de morte, exceto em tempo de guerra. Em 2002, o protocolo número 13 a proíbe em qualquer circunstância, inclusive em tempo de guerra, e no presente, foi ratificada por 45 dos 47 países que assinaram a Convenção.

A pena de morte foi abolida em 140 dos 192 países-membros das Nações Unidas. Segundo a Anistia Internacional, em 2011, apenas 20 dos 198 países do globo praticaram execuções capitais,[19] entre os quais a China (milhares de execuções anuais), o Irã (360), a Arábia Saudita (82), o Iraque (68), os Estados Unidos (43), o Iêmen (41) e a Coreia do Norte (30).

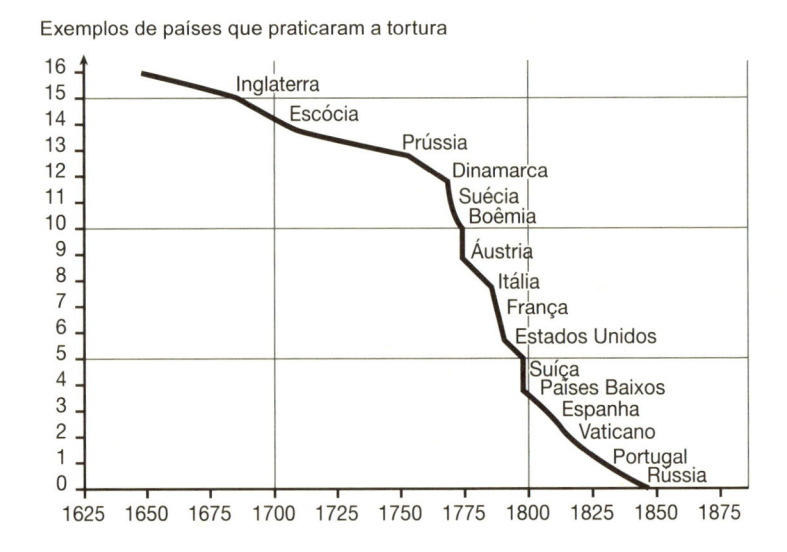

Abolição da tortura a partir do século XVIII

A maioria dos Estados modernos assinaram a Convenção Internacional contra a Tortura adotada pelas Nações Unidas em 1984. Entretanto, a situação ainda está longe de ser perfeita – na Arábia Saudita, por exemplo, ainda executa-se pessoas denunciadas por feitiçaria – porém não se deve esquecer que as normas estão passando por contínuas melhorias.

Segundo estudos realizados nos Estados Unidos, a aceitação das diferenças progride. O número de pessoas linchadas, que quase sempre era de pessoas negras, passou de 150 por ano em 1880 a zero nos anos 1960.[20] O número de assassinatos motivados por ódio racial nesse mesmo país, onde 17 mil homicídios são perpetrados cada ano, caiu para 1 por ano. As violências raciais representam apenas 0,5% de todas as formas de agressão. Segundo uma pesquisa do Instituto Gallup, 95% dos norte--americanos desaprovavam os casamentos inter-raciais em 1955. Essa porcentagem atualmente caiu para 20%, enquanto o número daqueles que pensam que os alunos brancos e negros devem frequentar escolas separadas passou de 70% em 1942 a 3% nos dias de hoje.

O declínio das guerras e dos conflitos

Do século XV ao XVII, duas a três guerras eclodiam na Europa a cada ano.[21] Os cavaleiros, condes, duques e príncipes da Europa não cessavam de se atacar e se vingar das agressões passadas, e se esforçavam para destruir seus adversários, matando e mutilando camponeses, incendiando os lugarejos e destruindo as colheitas.

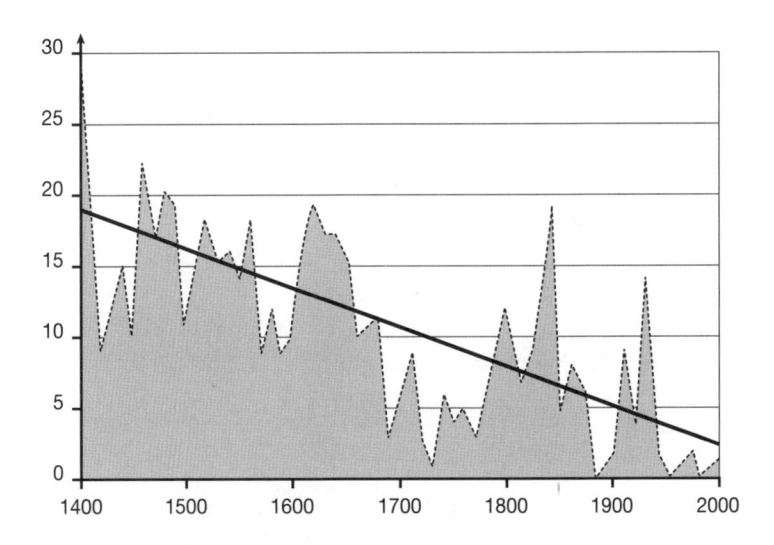

Número de conflitos por decênio na Europa Ocidental

Equipes de pesquisadores analisaram milhares de conflitos, dentre os quais muitos caíram no esquecimento e foram redescobertos devido a consultas metódicas nos arquivos históricos de diversos países. Os estudos realizados a partir dessas pesquisas permitem depreender tendências gerais. O cientista político Peter Brecke, em particular, analisou 4.560 conflitos que ocorreram após o ano de 1400.[22] Ele levou em consideração todos os conflitos, tanto entre países quanto dentro de um país (guerras civis, acertos de contas entre clãs e tribos etc.) – que resultaram em torno de 150 milhões de mortes. Em um livro que comporta mais de mil referências bibliográficas, Steven Pinker, professor em Harvard, resume deste modo as grandes linhas dessas pesquisas: a frequência das guerras entre Estados diminuiu com regularidade no decorrer dos séculos, como também a média de vítimas por conflito. Além disso, 2% das guerras (as "grandes guerras") são responsáveis por 80% das mortes. Enfim, parece que as guerras não seguem nenhum ciclo regular, mas eclodem, a qualquer momento, em função de circunstâncias particulares.[23] O gráfico anterior ilustra o fenômeno da diminuição geral do número de conflitos na Europa dos anos 1400 até os dias atuais (os principais picos correspondem às guerras religiosas, às guerras napoleônicas e às duas guerras mundiais do século XX). Ao contrário, o número de conflitos aumentou na África.

O século XX foi o mais sangrento da história?

A Segunda Guerra Mundial foi a mais homicida da história, com 63 milhões de mortos, enquanto que a Primeira Guerra Mundial fez 15 milhões. Em números absolutos, o século XX foi o mais sangrento da história. Mas, se levarmos em conta os efeitos de toda ordem causados pelos conflitos de modo indireto sobre a população, o número de civis dizimados pela fome e as doenças, por exemplo, e *a proporção entre o número de mortos e a população mundial na época*, constata-se que numerosas guerras causaram devastações muito mais consideráveis do que a Segunda Guerra Mundial.

Aquilo que está mais próximo de nós – no tempo, no espaço –, nos diz mais respeito, e temos tendência a deixar no esquecimento os acontecimentos históricos muito distantes. Quem, exceto os historiadores, ouviu falar da revolta de An Lushan, na China, no século VIII? No entanto, essa guerra civil que durou oito anos, fez 10 milhões de mortos, o equivalente a 325 milhões de mortos nos nossos dias.[24] Se avaliarmos o impacto das guerras passadas, medindo a proporção da população mundial que morreu, a Segunda Guerra Mundial ocupa apenas a 11ª posição nos conflitos mais mortíferos. Se 63 milhões de mortos entre 1939 e 1945 equivalem a 173 milhões reportados à população mundial de 2011, as conquistas mongóis de Gengis Khan, no século XIII, que fizeram 40 milhões de mortos, equivalem a *770 milhões de mortos* em nossos dias, o que o faz o ato de guerra mais sangrento da história em número de vítimas com referência à população mundial.[25]

Matthew White, que consagrou vinte anos de sua vida a compilar todas as fontes disponíveis, calculou a mortalidade provocada por outras atrocidades da história. Os conflitos sob a dinastia chinesa Xin, no século I, fizeram 10 milhões de mortos, ou seja, 368 milhões equivalentes aos dias de hoje; as invasões de Tamerlão nos séculos XIV-XV, ocasionaram 17 milhões de mortos (340 milhões nos dias atuais); a queda da dinastia Ming, no século XVII, provocou 25 milhões (321 milhões em nossos dias); a queda de Roma entre os séculos III e V fez 8 milhões de vítimas (294 milhões na atualidade); as conquistas muçulmanas da Índia do século XI ao XVII causaram 13 milhões (260 milhões nos dias atuais); e a conquista das Américas, que provocou o extermínio das populações locais (devido aos massacres e, sobretudo, às doenças disseminadas pelos colonos), do século XV ao XIX, causou 15 milhões de mortos (192 milhões nos dias de hoje).[26]

Esses cálculos podem parecer artificiais para aqueles que consideram que o que importa, antes de tudo, é o número de vidas humanas sacrificadas, mas esses números atualizados em equivalência para os nossos dias refletem um nível de violência mais representativo e medem o impacto dessa violência sobre as populações em termos de risco e de insegurança. Entendemos que nossa experiência vivida e a qualidade de vida em sociedade serão muito diferentes se cada um de nós tiver uma chance em cem, ou uma chance em dez mil, de ser morto em um ano. De fato, é menos perigoso viver na Terra em nossa época do que em um outro momento de nossa história desde o surgimento das guerras, há dez mil anos.

Há cerca de sessenta anos, nenhuma das grandes potências mundiais entrou em guerra contra a outra. O serviço militar foi reduzido ou suprimido na maioria dos países democráticos, assim como o tamanho dos exércitos, embora a venda de armas pelos países ricos ao resto do mundo continue sendo um fator importante de violência. Sob a égide das Nações Unidas, as fronteiras nacionais são agora reconhecidas como sacrossantas e o número de guerras que geraram redistribuição de territórios diminuiu de modo expressivo desde 1950. O Brasil, cercado por dez outros países, não entra em guerra há cento e quarenta anos, a Suécia há cento e setenta anos e a Suíça há duzentos anos. A Costa Rica renunciou ao seu exército em 1948. Desde 1950, apenas os conflitos que envolvem um país ou grupo islâmicos não diminuíram de maneira significativa.[27]

Número de vítimas de guerra

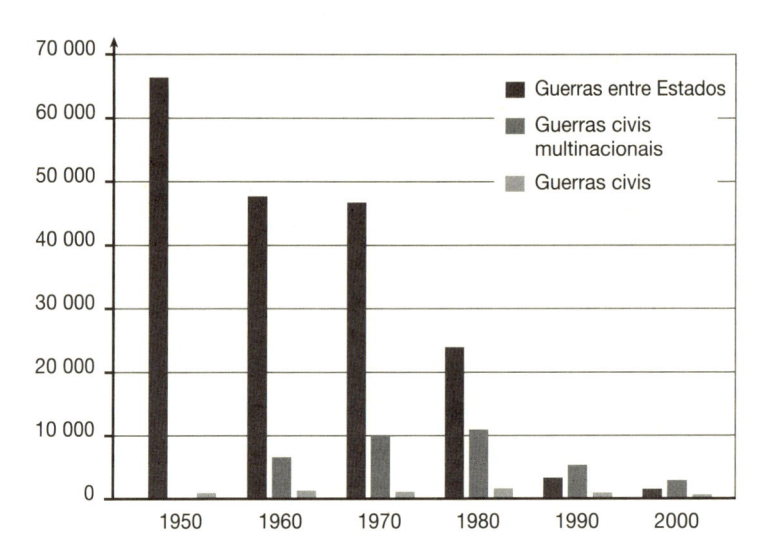

Vítimas de guerras entre Estados e de guerras civis entre 1950 e 2005

Em particular, a média de vítimas por conflito caiu de 30 mil em 1950 a 800 em 2005.[28] Essa estatística é contrária às ideias aceitas; todos têm na memória os conflitos sangrentos como a guerra Irã-Iraque dos anos 1990, que fez quase um milhão de mortos. Mas, estes são no entanto os números resultantes da análise do conjunto de conflitos de qualquer vulto, compreendem tanto as guerras entre Estados quanto guerras civis, conflitos entre comunidades envolvendo milícias, mercenários e outras organizações paramilitares, assim como violências unilaterais, isto é, massacres de populações civis não armadas, perpetradas por milícias ou governos. Essa tendência é ilustrada nos gráficos ao lado, extraídos sobretudo dos trabalhos de Bethany Lacina e Nils Petter Gleditsch do Instituto Internacional de Pesquisa sobre a Paz de Oslo, que tratam de todos os conflitos, exceto dos genocídios (analisados separadamente).

Quanto aos genocídios, as análises dos cientistas políticos Rudolph Rummel e Barbara Harff, como também dos pesquisadores que compilaram a base de dados sobre conflitos, da Universidade de Uppsala, na Suécia (Uppsala Conflict Data Program, UCDP), foram sintetizados por Steven Pinker no gráfico abaixo. Nele se constata que o número de vítimas também aqui está em baixa desde 1950, a despeito de trágicos recrudescimentos – a Bósnia com 250 mil mortos, Ruanda com 700 mil mortos e Darfour com 373 mil mortos (avaliação efetuada até 2008).

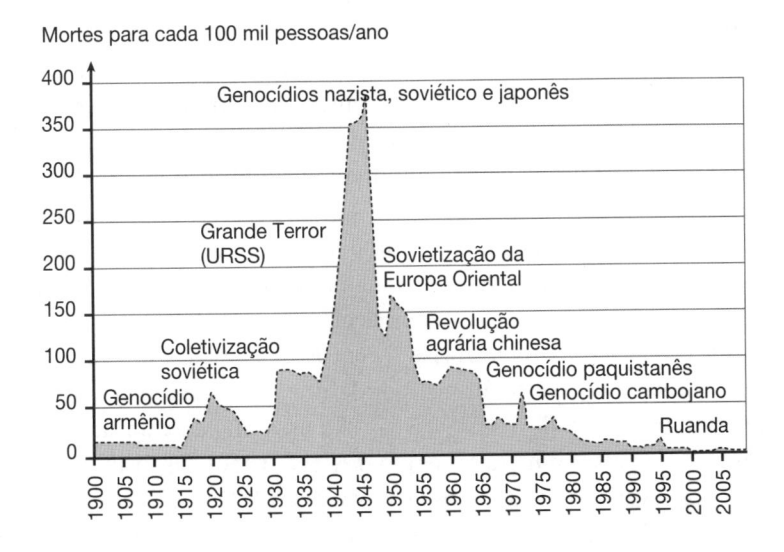

Número de óbitos atribuíveis aos genocídios entre 1900 e 2008

Além disso, segundo o cientista político John Mueller, a maioria dos genocídios recentes poderia ter sido evitada por uma intervenção apropriada das forças de manutenção da paz. A maioria dos 700 mil tutsis do genocídio ruandês foi assassinada por cerca de dez mil homens recrutados pelos dirigentes hutus nos meios mais violentos da população – gangues criminosas, mercenários, alcoólatras e drogados[29] – que as Nações Unidas e as potências mundiais poderiam ter com facilidade neutralizado.

Em resumo, apesar da emergência de um certo número de guerras e de massacres trágicos, o mundo conheceu, há sessenta anos, o período mais pacífico de sua história dos últimos dez mil anos. Em termos globais, embora haja expressivas desigualdades conforme a região, um cidadão do mundo de hoje corre muito menos riscos de ser morto ou de sofrer violências do que há um século, e menos ainda que há mil anos.

Atos de terrorismo

A repercussão na mídia dos atos de terrorismo é imensa. Entretanto, os números da maior base de dados disponível, o Global Terrorism Database, mostram que o número dos mortos atribuível ao terrorismo é ínfimo comparado a outras causas de morte violenta.[30] Segundo a agência de observação que mantém atualizada essa base de dados, depois do atentado de 11 de setembro, o terrorismo causou a morte de 30 cidadãos norte-americanos, ou seja, 3 por ano, enquanto, durante o mesmo período, houve 18 mil homicídios e os acidentes nas estradas deixaram 40 mil mortos. Como destaca John Mueller, um norte-americano médio corre mais riscos de ser morto por um raio, alergia por amendoim ou picada de marimbondo do que por um ato de terrorismo.[31] Enfim, os especialistas demonstraram que o medo do terrorismo provocou seis vezes mais mortes nos Estados Unidos que o próprio terrorismo. Eles estimam que 1.500 norte-americanos morrem em acidentes nas estradas, preferindo utilizar seu veículo para fazer um trajeto em vez de voos aéreos, por medo que o avião seja sequestrado ou atacado e acabe caindo. Ignoram que a probabilidade de morrer em um acidente aéreo durante um voo de 4 mil quilômetros é equivalente ao risco de percorrer 20 quilômetros de carro.[32] Os resultados de um questionário aplicado aos usuários de transportes aéreos comprovam de maneira tragicômica a fobia pelo terrorismo: 14% dos indivíduos entrevistados declararam-se dispostos a assinar uma apólice de seguro cobrindo atos terroristas contra 10% apenas por um seguro que engloba todos os riscos. Ora, este último, por definição, inclui o primeiro![33]

No mundo inteiro, cerca de 7 mil pessoas são assassinadas por ano em ataques terroristas (incluindo países em guerra como o Afeganistão). Os militantes islamitas sunitas são responsáveis por dois terços dessas mortes.[34] Dessa forma, os principais movimentos terroristas, sobretudo a Al-Qaeda e a Lashkar-e-Toiba no Paquistão são cada vez menos populares nos países muçulmanos. De acordo com uma pesquisa do Instituto Gallup, 38% dos muçulmanos entrevistados em diversos países aprovaram em parte o atentado de 11 de setembro, mas apenas 7% o aprovaram totalmente.[35]

Os fatores responsáveis pelo declínio da violência

Antes que os estudos globais aos quais acabamos de fazer referência tivessem medido o declínio da violência, o filósofo Norbert Elias havia pressentido essa tendência e a havia atribuído à interdependência crescente dos cidadãos do mundo.[36] Quanto mais as pessoas dependem umas das outras, menos vantagem têm em se prejudicar. A vida consensual em sociedade requer uma ampliação da maestria das emoções e a valorização da civilidade. Quando nossa existência depende de um número maior de pessoas, temos a tendência a ser menos violentos em relação a elas. Em suma, o conjunto das pesquisas mostra que a menor taxa de homicídios será encontrada nas sociedades urbanas, seculares, comerciais, e de maneira forte conectadas socialmente.[37]

O senso cívico também está correlacionado com o nível de violência. O sociólogo norte-americano Robert Putnam demonstrou, por exemplo, que o senso cívico é mais acentuado no norte da Itália do que no sul, onde a violência é mais frequente (de 6 a 15 homicídios anuais por 100 mil habitantes no sul, contra de 1 a 2 no norte). Ele mostrou também que o senso cívico está associado à qualidade dos serviços sociais, em particular serviços educativos.[38]

A existência de um Estado estável

As populações que vivem em um Estado-nação constituído têm, em média, uma taxa de mortalidade violenta quatro vezes menor que as populações que não gozam da existência de um Estado dotado de instituições funcionais.[39] A Europa não contava menos de 5 mil unidades políticas independentes (baronatos, ducados, principados etc.) no século XV, 500 no século XVIII, 200 no período napoleônico, 34 nos anos 1960 e 50 nos dias atuais.[40] Como já enfatizamos, as inúmeras pequenas entidades políticas do século XV estavam sempre em conflito umas com as outras.

À medida que iam sendo constituídos os grandes reinos, depois os países e por fim as democracias, os reis e na sequência os Estados arrogavam-se o monopólio da violência. Toda outra forma de violência ligada aos conflitos entre clãs rivais, às milícias privadas e ao fato de cidadãos quererem fazer justiça com as próprias mãos, tornou-se ilícita e foi reprimida pelas autoridades que dispunham doravante de meios de intervenção muito mais eficazes para impor e depois manter a paz. Em um Estado de direito, cedo ou tarde, os cidadãos respeitam a autoridade e as leis, percebem os benefícios que promovem e reconhecem que elas são equitativas. Quando isso acontece, eles observam essas leis e a violência diminui.

Ao longo dos últimos séculos, os Estados europeus desarmaram passo a passo os cidadãos, as milícias e outros bandos armados. Segundo algumas análises, se nos Estados Unidos o número de homicidas – sobretudo nos estados do sul – é de dez a quinze vezes mais elevado do que na Europa, é porque aí a democracia foi instaurada antes que o Estado desarmasse os cidadãos, que mantiveram o direito de portar armas. A princípio, o Estado autorizava a constituição de milícias de cidadãos armados para manter a ordem onde suas forças ainda não estavam presentes. Na época da colonização do faroeste, em que o Estado teve um papel insignificante, as taxas de homicídios atingiram recordes: 229 homicídios para cada 100 mil habitantes em Fort Griffith no Texas, 1.500 em Wichita, e até 24 mil por ano (1 em cada 4 pessoas!) em Benton, no Wyoming. Os *cowboys* matavam-se uns aos outros à mínima provocação.

Essa tolerância do porte de armas perpetuou-se, embora não haja qualquer razão de ser, visto que o Estado é agora responsável pela segurança dos cidadãos em todo o território. O porte de armas continua arraigado a fundo na cultura norte-americana. Há pouco tempo, no estado do Tennessee, deparei-me com uma grande loja em que o letreiro anunciava *Guns, Gold and Guitars* ["Armas, Ouro e Guitarras"]. Como escreveu o comentarista da CNN, Fareed Zakaria, "os Estados Unidos distinguem-se do resto do mundo não porque tenham mais loucos – podemos partir do princípio de que essas pessoas estão distribuídas em partes iguais em todas as sociedades –, mas porque eles têm mais armas". Eles são, na verdade, o único país do mundo onde há mais de 70 armas para cada 100 habitantes (o Iêmen ocupa o segundo lugar). Mais de 310 milhões de armas de fogo circulam pela população civil, e é muito mais fácil comprar um fuzil semiautomático que atira até 50 balas por segundo do que comprar um moedor de café. Uma caixa de 600 balas custa apenas €20. Logo após um novo massacre em dezembro de 2012 em uma escola de ensino fundamental de Sandy Hook, em Newtown, Connecticut, em que foram mortos 20 crianças e 8 adultos com uma arma automática, Larry Pratt, diretor executivo da Associação dos Proprietários de Armas dos EUA (Gun Owners of America), declarou ao canal de televisão CNN: "Mas se *todo mundo* portasse uma arma, as pessoas poderiam pelo menos se defender"[41], e propôs dar armas aos professores. Isto vai longe!

A despeito disso, e mesmo que os homicídios nos Estados Unidos permaneçam de modo considerável mais numerosos do que na Europa, desde a estabilização do Estado seu número foi dividido por dez. Da mesma forma entre os kungs africanos, apreciados de modo particular como pacíficos e qualificados como "povo inofensivo" no título de um livro que lhes foi dedicado, observa-se que a taxa de homicídios, já baixa, diminuiu para um terço quando a região ficou sob a autoridade do Estado de Botsuana.[42]

A expansão da democracia

Os líderes de países democráticos, que podem ser exonerados de sua função pelo voto popular, estão menos inclinados a se envolver em guerras absurdas e prejudiciais. A democracia se revelou como a forma de governo mais apta a favorecer a paz dentro de um país, como também entre diferentes países. Uma democracia estável e um Estado de direito constituem um fator redutor de violência: as democracias entram muito menos em guerra do que os regimes ditatoriais ou os países nos quais as instituições democráticas não são respeitadas.[43] As guerras civis também são menos frequentes nas democracias e, quando ocorrem, deixam menos vítimas do que nas autocracias. Se considerarmos dois a dois os países membros das Nações Unidas e avaliarmos a probabilidade desses países entrarem em guerra, resulta que essa probabilidade é a mais baixa se os dois forem democracias, mas já é reduzida de modo significativo se apenas um dos países for democrático.[44] Além disso, uma comunidade de Estados democráticos, como a União Europeia que constitui o melhor exemplo, é a forma de governança global mais apta a promover a paz entre seus membros. Dois países democráticos que pertençam a essa comunidade ou a uma federação correm 83% menos risco de entrar em guerra do que duas outras nações reunidas ao acaso.[45]

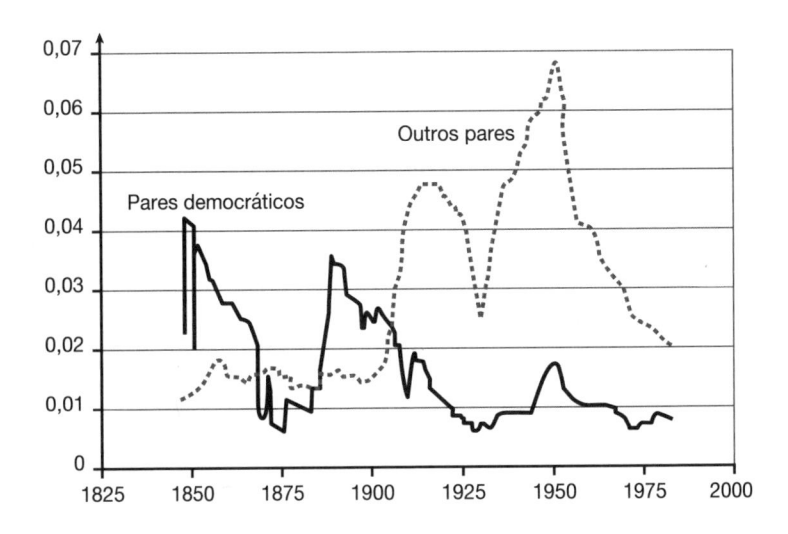

Probabilidade de conflitos militares entre dois países democráticos e outras associações de países

Com o passar do tempo, o aumento regular do número de democracias em relação às autocracias só pode reforçar a paz no mundo.

Interdependência e trocas comerciais

A economia da Idade Média era baseada sobretudo na posse e na exploração de terras. Um dos meios mais rápidos de enriquecer era portanto conquistar as terras vizinhas. As revoluções econômicas e tecnológicas dos séculos XIX e XX levaram a um crescimento de trocas de serviços e mercadorias. Por esse fato, a dependência mútua das populações cresceu. Como destaca Steven Pinker, "ao trocar favores e excedentes com alguém, seu parceiro comercial torna-se mais útil vivo do que morto".[46] Isso então prova que os países abertos que mantêm um nível elevado de relações comerciais com os outros países têm uma probabilidade reduzida de entrar em conflito uns com os outros.

Eis aí uma defesa da mundialização que, sabe-se, não tem apenas defensores entre as diversas correntes de pensamento sobre o futuro da comunidade humana. *A priori*, o crescimento das trocas *acordadas de maneira livre* em um mundo mais *aberto* (à educação, às reformas de saúde, à tolerância, ao direito de não ser maltratado etc.) leva em conta a interdependência natural de todos os habitantes da Terra e, se bem compreendida e bem utilizada, deve conduzir a um maior respeito ao outro e à propagação de um sentimento de responsabilidade universal. Os progressos realizados nessa via são os que parecem levar a uma diminuição da violência e de suas causas.

Mas *abertura* e *liberdade* devem ser associadas a uma motivação de tipo altruísta. Na ausência do altruísmo, a abertura das fronteiras e a liberdade generalizada correm o risco de levar à exploração dos mais fracos. Alguns substituem então o colonialismo militar e político pelo colonialismo econômico e usam o livre comércio e a abertura das barreiras alfandegárias para explorar as populações mais pobres – seu trabalho, suas terras e os recursos de seu país. Este em especial é o caso dos recursos minerais na África. Ora, a diferença crescente entre os mais ricos e os mais desfavorecidos não é apenas imoral, como também um fator crescente de ressentimento e, por fim, de violência. Como a democracia, a mundialização deve portanto ser aprendida e acompanhada de uma maturidade maior dos cidadãos e dos governos, inspirada não pela ganância, mas pelo espírito de cooperação e pela preocupação com o destino do outro.

Para que os efeitos do comércio entre países livres sejam benéficos de maneira integral, parece ser indispensável priorizar o desenvolvimento de um comércio realmente equitativo. Uma regulação bem pensada deveria, sem comprometer as liberdades nem restringir a abertura das fronteiras, permitir controlar os aproveitadores e os especuladores, e assegurar que as empresas multinacionais não sucumbam à tentação de transformar-se em hábeis sistemas de exploração dos mais desfavorecidos.

Como destaca o economista Joseph Stiglitz: "Os mercados têm a visão curta, e seu programa econômico e político procura promover o bem-estar dos financistas e não o do país."[47]

As missões de paz e a adesão às organizações internacionais

Segundo a cientista política Virginia Fortna, a resposta ao título de seu livro *Does Peacekeeping Work?* [As missões de paz são eficazes?] é um "sim claro e retumbante".[48] Fortna examinou os dados relativos a 115 cessar-fogos das guerras civis que eclodiram entre 1944 e 1997. Sua conclusão foi que as missões de manutenção da paz enviadas pelas Nações Unidas, OTAN, União Africana ou qualquer outra organização apropriada reduzem em 80% o risco de reacender um novo conflito. Embora algumas missões de paz fracassem – como no caso do genocídio de Ruanda e da limpeza étnica da Bósnia – sua presença reduz de modo relevante o risco de retomada das hostilidades. Um dos efeitos positivos mais notórios dessas missões é de tranquilizar os protagonistas de um conflito quanto ao fato de que eles não mais correm riscos de serem atacados a todo momento pelo adversário. Além disso, aceitar a presença de uma missão de paz favorece as negociações. A presença dessas missões evita também que incidentes menores se degenerem muito rápido tornando-se confrontos maiores. Enfim, graças à melhoria da assistência humanitária nos países em guerra (Médicos sem Fronteiras, Médicos do Mundo, Unicef, Cruz Vermelha Internacional e outras ONGs), o número de pessoas que morrem de fome e de doenças decorrentes das guerras diminuiu nos últimos trinta anos.[49]

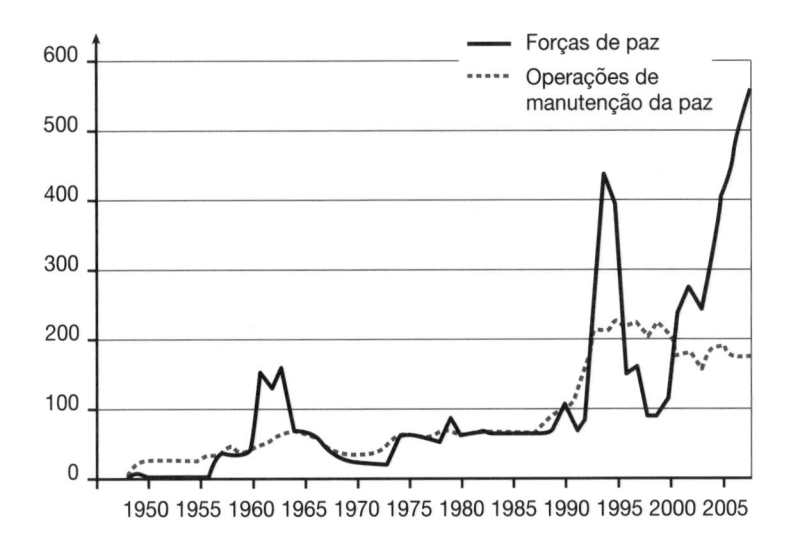

Crescimento da manutenção da paz entre 1948 e 2008

A adesão às organizações internacionais sem dúvida contribuiu para o declínio da violência, mesmo que o poder de coerção dessas instâncias, em especial as Nações Unidas, a Corte Internacional de Justiça, e os tratados internacionais – como aqueles que proíbem a utilização de minas terrestres e o uso da tortura – permaneça ainda limitado. A Comissão Europeia, o Parlamento Europeu e a Corte Europeia de Justiça são instituições que permitem resolver os conflitos pela via judiciária e, desse modo, transcender os interesses dos Estados. Foi dito que "a paz é a realização principal do processo da integração europeia",[50] e foi por essa razão que a União Europeia foi agraciada com o Prêmio Nobel da Paz em 2012.

A guerra já não suscita mais a admiração

A atitude a respeito da guerra também mudou. No passado, poucas vozes se levantavam para desconsiderar a guerra, como a de Voltaire falando, em *Cândido*, de "milhões de assassinos uniformizados". No século XIX, Hegel escrevia ainda: "As guerras são terríveis, mas necessárias, pois poupam o Estado da petrificação social e da estagnação". Alexandre de Tocqueville, por seu lado, afirmava: "A guerra engrandece quase sempre o espírito de um povo e eleva seu caráter",[51] enquanto que já no limiar do século XX, Émile Zola declarava em um artigo: "Ninguém deseja a guerra. Seria um desejo execrável. [...] Porém, a guerra é inevitável. [...] A guerra é a própria vida! Somente as nações guerreiras prosperaram; uma nação morre assim que se desarma".[52]

Até a Primeira Guerra Mundial, o heroísmo patriótico se impunha, e o pacifismo era reduzido à categoria de covardia imperdoável. Na partida dos soldados, havia fanfarra e os canhões eram abençoados. "Na escola, cantava-se 'Morrer pela pátria!'

Era o mais belo canto",[53] relata o camponês francês Ephraïm Grenadou, veterano da guerra de 1914-1918. Os autores da época glorificavam a guerra. Algumas vozes fortes se ergueram, no entanto, em favor do pacifismo, a da Internacional Socialista que era bastante oposta à guerra e foi sustentada em particular por Jean Jaurès que, no limiar da guerra de 1914-1918 resistiu até o seu último sopro pela paz, proclamando: "A afirmação da paz é o maior dos combates." Odiado pelos nacionalistas, foi assassinado em julho de 1914 por um deles, que foi absolvido em 1919.

No transcorrer do século XX, a atitude de nossos contemporâneos diante da guerra evoluiu de modo considerável. O entusiasmo patriótico pertence a uma época passada, e hoje, como destaca o cientista político John Mueller, a guerra não é mais vista como um ato heroico, santificado, viril ou purificador, mas como uma operação imoral, repugnante, bárbara, fútil, estúpida e fonte de desperdício.[54] Os vencedores não mais suscitam a admiração, enquanto que os vencidos não são mais considerados como populações humilhadas, mas como vítimas. No despontar da segunda guerra do Iraque, ninguém desejava ver Saddam Hussein dar continuidade à sua ditadura assassina, mas milhões de manifestantes foram às ruas para afirmar: "Tudo, menos outra guerra". Essa evolução contribui para favorecer o desenvolvimento de um sentimento de "responsabilidade universal" que o Dalai Lama e muitas outras grandes figuras morais de nosso tempo – Gandhi, Nelson Mandela, Desmond Tutu, Martin Luther King – adotaram.

A ascensão do respeito aos direitos do homem, da mulher, das crianças e dos animais

Uma análise do conteúdo de centenas de milhares de livros publicados em inglês demonstrou que a frequência das referências aos direitos cívicos dobrou desde 1960, a dos direitos da mulher quintuplicou e a dos direitos das crianças decuplicou.[55]

Nos países democráticos ocidentais, as violências em relação às mulheres são cada vez menos aceitas, e o maus-tratos que se alastram ainda em muitos países revoltam a opinião pública das sociedades onde reina uma maior igualdade entre os sexos. Em 1976, nos Estados Unidos, a violência conjugal alcançou a 91ª posição numa lista de 140 delitos. A maioria das pessoas entrevistadas nesse país acreditava que a violência era inaceitável entre indivíduos que não se conheciam, mas tolerável entre cônjuges. Essa pesquisa também revelou que, naquela época, os norte-americanos consideravam que a venda de LSD era um crime mais repreensível do que o estupro de uma mulher num parque público! Desde então, as coisas mudaram. Em 1995, uma nova pesquisa mostrou que 80% das pessoas entrevistadas acreditavam que a violência conjugal era "um problema social e legal de grande importância". Devemos lembrar que, nos Estados Unidos, os estupros caíram 85% entre 1979 e 2006.

É preciso dizer que a violência com relação às mulheres ainda é um problema maior em vários países do mundo. Um relatório da OMS que abrange 48 países, revela que, conforme o país, de 10% a 50% das mulheres foram vítimas de graves violências domésticas – 50% no Peru e na Etiópia, contra 10% no Japão, no Brasil e na Sérvia.[56] As disparidades permanecem grandes. Apenas 1% dos neozelandeses pensam que é admissível bater na esposa quando ela desobedece ao marido, contra 78% dos egípcios das regiões rurais, e 50% dos indianos dos estados do norte da Índia. A lista de atrocidades cometidas contra mulheres é longa, e vai da mutilação genital à prostituição forçada, passando pelos "crimes de honra".[57]

Os abusos com relação às crianças são também cada vez menos tolerados e, como já vimos, sua frequência diminuiu de maneira considerável. Segundo pesquisas realizadas em 1976, somente 10% das pessoas entrevistadas nos Estados Unidos disseram que os maus-tratos a crianças deviam ser considerados como um problema sério. Em 1999, essa porcentagem passou para 90%.[58]

A atitude em relação aos animais também evoluiu muito a partir de 1970, sobretudo após a publicação de La Libération animale [Libertação animal], livro do filósofo Peter Singer, que lançou o movimento de mesmo nome.[59] No mundo inteiro, a maneira como tratamos os animais nos inúmeros abatedouros é abominável, mas o grande público começou a tomar consciência desse problema moral incontornável. Sob a pressão da opinião pública, estatutos foram estabelecidos proibindo os maus-tratos mais bárbaros e impondo uma melhora, mesmo que ainda bastante relativa, no tratamento dos animais antes e durante o abate.

Nos laboratórios, os pesquisadores tiveram por longo tempo carta branca para se dedicar a experimentos os mais inverossímeis e inúteis (como por exemplo fazer morrer de calor centenas de gatos para estudar sua resistência às altas temperaturas). Regulamentos cada vez mais estritos foram adotados (em particular na Europa), e uma pesquisa recente revelou que a maioria dos pesquisadores reconhece agora que os animais sentem dor – o que, de maneira espantosa, foi por muito tempo contestado. Um aplicativo de dissecação virtual (V-Frog) possibilita nos dias de hoje estudar a anatomia e a fisiologia de uma rã de maneira muito mais precisa e instrutiva do que os métodos arcaicos e bárbaros de vivissecção.[60] Nos dias de hoje, os pesquisadores que são indiferentes à sorte dos animais de laboratório são menosprezados por seus colegas.

Por outro lado, além das regiões do mundo onde encontramos há séculos numerosos vegetarianos (de 400 a 500 milhões na Índia, ou seja, cerca de 40% da população), em muitos outros países o número de pessoas que se tornam vegetarianas por preocupação com a sorte dos animais aumenta com regularidade. De modo comparável, o número de caçadores diminui, enquanto a sua média de idade aumenta.

O declínio da intolerância religiosa

Um estudo abrangendo os habitantes da América do Norte indica que em 1924, 91% dos alunos das escolas secundárias norte-americanas acreditavam que "a religião cristã era a única verdadeira religião e que todos os povos deveriam ser convertidos". Em 1980, esse índice tinha baixado para 38%, e isso a despeito da força dos movimentos evangélicos nos Estados Unidos. Em 1990, 62% dos protestantes norte-americanos e 74% dos católicos concordavam com a proposição: "Todas as religiões são dignas de respeito".⁶¹ Ora, demonstrou-se que uma maior tolerância caminhava junto com a redução da violência.

A intolerância religiosa não deixa de ser um grande fator de violência no mundo. Em inúmeras sociedades a religião é manipulada para fins políticos e utilizada como uma bandeira de mobilização a fim de reacender paixões sectárias, tribais ou nacionalistas, e exacerbar os ódios. A intolerância decorre também do fato de os praticantes estarem de maneira desmedida tão convencidos da verdade de sua crença, que acreditam que todos os meios são bons para impô-la aos outros. A incapacidade de respeitar as tradições religiosas e intelectuais do outro, incluindo evidentemente o respeito aos não crentes, leva a ignorar a diversidade dos seres humanos e de suas aspirações legítimas. Como o Dalai Lama diz sempre: "A convicção profunda que temos em seguir nosso próprio caminho deve vir acompanhada de um absoluto respeito pela dos outros."

A marginalização da violência

De acordo com o jurista Donald Black, nos países desenvolvidos, a maioria dos crimes são cometidos por membros dos setores mais desfavorecidos da população. Estes se beneficiam pouco da segurança que o Estado deveria lhes assegurar. Não confiam nas autoridades, eles as desprezam e por sua vez são desprezados por elas. Segundo o criminalista Mark Cooney, trata-se de apátridas no seio do Estado, funcionam fora do sistema de Estado, com frequência graças a atividades ilegais. Não podendo recorrer aos tribunais nem contar com a polícia, instituem uma justiça paralela que lhes é própria e resolvem com bastante frequência suas diferenças recorrendo à violência.⁶² A maioria dos homicídios são assim penas capitais aplicadas por pessoas privadas. Segundo Steven Pinker, o processo de "civilização dos costumes" reduziu expressivamente a violência em nossas sociedades, mas não a eliminou: ela foi relegada aos marginais socioeconômicos.⁶³

A educação e a leitura, catalizadores da empatia

No final do século XVIII, mais da metade dos franceses sabiam ler e escrever. Na Inglaterra, o número de livros publicados em uma década passou, de algumas centenas no século XV, para 80 mil no início do século XIX.⁶⁴ Parece que, em certa medida, quando começamos a ler narrativas e romances que preconizam a tolerância e retratam o sofrimento ligado à violência, passamos a ter o hábito de nos colocar no lugar do outro, de considerar seu ponto de vista e imaginar seus sentimentos, o que favorece o desenvolvimento da empatia e o declínio da violência. *A cabana do pai Tomás*, por exemplo, em que a romancista Harriet Beecher Stowe descreve de maneira comovente a condição de um escravo, foi o romance mais vendido do século XIX e teve um forte impacto no surgimento e no sucesso da causa abolicionista.⁶⁵

A influência crescente das mulheres

A despeito dos progressos que estão por ser realizados, os países ocidentais se orientam em direção a um respeito e a um reconhecimento crescentes do papel da mulher na sociedade. Com algumas raras exceções, a guerra é planejada, decidida e perpetrada por homens, e 99,9% dos soldados que tomam parte nos combates são também homens (mesmo nos países como Israel que recrutam um grande número de mulheres, estas estão poucas vezes nas linhas do fronte). Os homens são além disso mais intransigentes nas negociações. Swanee Hunt, ex-embaixadora norte-americana e militante contra a exploração das mulheres no mundo, conta-nos que um dia encontrou-se com um grupo de oficiais africanos engajados em negociações de paz que pareciam bloqueadas pela inflexibilidade das duas partes presentes. Tendo observado que as duas delegações eram constituídas tão somente por homens, Hunt perguntou: "Por que não há nenhuma mulher neste grupo?" Resposta: "Porque elas fazem concessões". Swanee Hunt lembra-se de ter pensado naquele momento: "Eureca! Aqui está a razão dessa negociação, como de tantas outras, não chegar a um consenso!"[66] De fato, como encontrar uma solução aceitável para os diversos protagonistas sem fazer concessões mútuas?

Uma série de estudos etnográficos mostra que toda sociedade que trata melhor as mulheres é menos favorável à guerra. No Oriente Médio, em especial, uma pesquisa revelou que as pessoas mais favoráveis à igualdade da condição dos homens e das mulheres eram também mais favoráveis a uma resolução não violenta do conflito árabe-israelense.[67] Steven Pinker concluiu que:

> O estudo da biologia e da história leva a pensar que, mantendo todas as outras condições inalteradas, um mundo no qual as mulheres gozassem de maior influência seria um mundo no qual haveria menos guerra.[68]

Tsutomu Yamaguchi, um sobrevivente dos dois ataques nucleares de Hiroshima e de Nagasaki (onde ele se abrigou após a explosão de Hiroshima acreditando ter encontrado um refúgio), formulou seu último conselho antes de morrer aos noventa e três anos: "As únicas pessoas que deveriam ser autorizadas a governar um país que detém armas nucleares deveriam ser mulheres – as que ainda amamentam seu bebê".[69] As mulheres e as crianças são as primeiras vítimas das guerras, e quanto mais tiverem voz ativa na sociedade haverá menos riscos de conflitos. Não se trata somente de dar maior poder às mulheres, mas também de se distanciar dos modelos culturais que celebram a força viril, glorificando a guerra e fazendo apologia da violência como meio rápido e eficaz de resolver os problemas.[70] Em *Sex and War* [Sexo e guerra], o biólogo Malcom Potts e seus coautores consideram que dar às mulheres plenos poderes sobre sua reprodução (deixando-lhes livre acesso à contracepção e à escolha de seu cônjuge) é um fator crucial para combater a violência.[71] Recusar que as mulheres sejam tratadas apenas como seres destinados à reprodução é o melhor meio para evitar que haja uma parte desmedida da população constituída por homens jovens, que com frequência se encontram sem emprego e marginalizados. Já está demonstrado que, nas sociedades que concedem maior autonomia às mulheres, há menos bandos de homens jovens desenraizados que se tornam fatores de perturbação.[72]

Desmond Tutu, a ativista gandhiana Ela Bhatt, o ex-presidente Jimmy Carter e os demais membros do Global Elders [Grupo dos Sábios] lançaram o movimento "Meninas, não esposas".[73] O arcebispo Desmond Tutu, em particular, milita com paixão contra o casamento de meninas na infância ou na puberdade, fenômeno ainda muito predominante na África e na Ásia (cada dia 25 mil meninas demasiado jovens casam-se sem consentimento próprio). Uma adolescente com menos de quinze anos corre cinco vezes mais risco de morrer no parto do que uma jovem de vinte anos. Esse flagelo deve ser considerado impeditivo para a realização de seis dos oito Objetivos de Desenvolvimento do Milênio, estabelecidos pelas Nações Unidas: reduzir a pobreza e a fome; assegurar a educação básica para todos; promover a igualdade dos sexos e a autonomia das mulheres; reduzir a mortalidade infantil; melhorar a saúde materna; combater a Aids, a malária e outras doenças. Somente dois objetivos, a preservação do meio ambiente e o estabelecimento de uma parceria mundial para o desenvolvimento não estão de modo direto ligados ao problema do casamento precoce das meninas. A educação obrigatória das meninas poderia contribuir para inviabilizar esse costume.

Vale mais restaurar a paz e curar as feridas do que vingar as ofensas

A maioria dos processos de paz foi coroada de sucesso quando uma das partes presentes de maneira voluntária deu um passo inovador, arriscado e irrevogável. Esse gênero de iniciativa tranquiliza o adversário e lhe dá confiança de que o outro não tem a intenção de retomar as hostilidades. No que diz respeito aos conflitos civis, constata-se que vale mais apaziguar os ressentimentos e facilitar a reconciliação do que insistir para que a "justiça seja feita" a qualquer custo. Há pouco tempo ouvi os relatos de mulheres da Libéria afirmando que preferiam a volta da paz na comunidade do que reacender os ódios perseguindo todos aqueles que haviam cometido atrocidades. Esse desejo de virar a página satisfazendo-se com uma justiça incompleta e concedendo uma anistia geral (exceto para alguns chefes militares) deixou perplexos os representantes da Corte Internacional de Justiça, divididos entre seu compromisso em não deixar impunes crimes contra a humanidade e a opinião dos cidadãos envolvidos, para quem a reconciliação contava mais que uma justiça punitiva.

Um dos melhores exemplos dessa atitude é o da Comissão da Verdade e Reconciliação criada em 1995 por Nelson Mandela e presidida pelo arcebispo Desmond Tutu, ambos prêmios Nobel da Paz. Essa comissão foi encarregada de um inventário das violações dos direitos humanos e os crimes cometidos durante os últimos quinze anos de *apartheid*, pelo governo sul africano e pelos movimentos de libertação, a fim de permitir uma reconciliação nacional entre vítimas e autores de abusos.

O ponto forte desse processo consistia em encorajar a confissão pública dos crimes cometidos, com frequência associada a um pedido de perdão na presença das vítimas, e em oferecer em troca uma anistia. Era importante aos olhos de todos revelar a verdade e reconhecer sem dissimulação todos os crimes cometidos, para que nada ficasse às escuras, o que poderia perpetuar os ressentimentos, e depois decidir de comum acordo renunciar à aplicação da lei de talião. "Perdoar sem esquecer" (*To forgive, not to forget*) foi o lema desse processo de cura.[74]

Os desafios que ainda devem ser superados

Há muito a fazer, e imensos recursos financeiros são ainda desperdiçados na manutenção das guerras. Dois bilhões de dólares por dia são gastos no mundo para cobrir as despesas militares, quando esses valores colossais poderiam ser utilizados para prover todo tipo de necessidades prementes da humanidade e do planeta. Para darmos somente um exemplo recente, o custo da guerra do Iraque atingiu três bilhões de dólares e o da guerra do Afeganistão, desde seu início em 2001 até o término em 2011, foi de 557 bilhões de dólares.[75]

No presente, 95% das armas que alimentam os conflitos no mundo são fabricadas e vendidas pelos cinco membros permanentes do Conselho de Segurança das Nações Unidas. Vemos, com isso, uma contradição flagrante da razão de ser do Conselho. O comércio de armas é, com certeza, uma das atividades mais imorais dos Estados. Como declarou o Dalai Lama durante uma visita à França: "Um país que vende armas vende sua alma".

Porém, a redução dos armamentos não bastaria por si só. As armas não são mais do que instrumentos de guerra, e os estudos históricos revelam que o aumento do poder destrutivo das armas não leva de modo obrigatório a um crescimento do número de vítimas nos conflitos. A arma absoluta, a bomba atômica, felizmente não foi mais utilizada desde Hiroshima e Nagasaki. São portanto os fatores propícios à guerra que devemos impedir com prioridade.

A penúria em recursos naturais não é um fator que incite de modo inevitável os povos a entrar em guerra. Muitos países da África que dispõem de importantes recursos minerais não são menos devastados pelos conflitos.[76] Como vimos, as causas recorrentes dos conflitos estão mais ligadas à ausência de um governo democrático estável, à corrupção, à repressão e às ideologias intolerantes.

A pobreza dos cidadãos, sobretudo quando se agrava depressa, representa uma causa maior de instabilidade e de violência. As privações de alimento, a degradação dos serviços de saúde, de educação e de segurança são causas frequentes de conflitos. A metade das guerras ocorrem hoje nos países onde vivem um bilhão de pessoas mais necessitadas (não foi sempre o caso, pois no passado os países ricos amiúde buscavam conquistar colônias ou lutavam entre si). Os países cujo PNB era de 250 dólares por habitante em 2003 entraram, em média, cinco vezes com mais frequência em guerra (15% contra 3%) nos cinco últimos anos do que os países cujo PNB médio era de 1.500 dólares. Negligenciar a pobreza no mundo leva portanto a uma fonte maior de insegurança e de violência.[77]

Se a pobreza pode levar à guerra, a guerra conduz, por sua vez, à pobreza, gerando a devastação das infraestruturas (estradas, fábricas etc.) e dos recursos agrícolas, a dispersão das pessoas qualificadas e o caos das instituições. Quanto aos ditadores, fazem pouco caso da razão e da vida humana. Um Estado estável e democrático é, portanto, como já vimos, indispensável para sair ao mesmo tempo da pobreza e das guerras. As transições são sempre longas e difíceis, como atesta a situação atual dos países do antigo bloco comunista, dado que o estabelecimento da democracia exige tempo e requer uma profunda transformação das culturas.

No que tange às religiões, elas devem fazer esforços particulares em favor da paz. Historicamente, elas não foram os instrumentos da paz que seus ideais preconizavam. Frequentemente elas se tornam fermentos de divisão e não de união. Portanto, é de suma importância que os chefes religiosos se encontrem e aprendam a conhecer-se melhor, como sempre aconselha o Dalai Lama, a fim de que possam agir em conjunto no sentido de promover apaziguamento quando problemas e dissensões surgem.

Em resumo, as guerras causam mais sofrimento nas vítimas de uma agressão do que bem-estar a seus agressores. Mas enquanto o agressor tirar vantagens da guerra, por mais limitadas que sejam, será difícil impedir que as guerras aconteçam. É preciso, portanto, que aqueles que recorrem à violência sejam penalizados, de maneira que não lhes seja vantajosa.

A idade da razão

À medida que cada vez mais crianças tenham acesso à educação e possam desenvolver melhor sua inteligência e seus conhecimentos, os cidadãos do mundo tomarão consciência da necessidade de viver em paz. Foi constatado que as faculdades de raciocínio, o grau de inteligência e o nível de equilíbrio emocional das crianças de dez anos pressagiavam sua aceitação posterior dos pontos de vista democráticos, pacifistas, antirracistas e igualitários perante as mulheres.[78]

Na conclusão de sua obra de 800 páginas sobre o declínio da violência, Steven Pinker aposta na razão para reduzir a violência. Ele considera que somente ela pode nos permitir ampliar o círculo da empatia e do senso moral para além do círculo de nossos próximos e dos membros de nosso "grupo" – nação, religião, etnia ou qualquer outro particularismo suscetível de ameaçar a percepção de nossa humanidade comum.[79]

33. A INSTRUMENTALIZAÇÃO DOS ANIMAIS: UMA ABERRAÇÃO MORAL

A NOÇÃO DE ALTRUÍSMO É POSTA À RUDE PROVA PELA MANEIRA COMO TRATAMOS os animais. Quando uma sociedade aceita como natural a pura e simples utilização de outros seres sensíveis a serviço de seus próprios fins, sem levar em consideração a sorte daqueles que ela instrumentaliza, então estamos falando de egoísmo institucionalizado.

A desvalorização dos seres humanos conduz com frequência, como vimos, a equipará-los aos animais e a tratá-los com a brutalidade que se reserva de modo habitual a estes últimos. A exploração maciça dos animais é acompanhada de um grau de desvalorização suplementar: eles são reduzidos ao estado de produtos de consumo, de máquinas de fazer carne, de brinquedos vivos cujo sofrimento diverte ou fascina as multidões. Ignoramos de forma deliberada seu caráter de ser sensível para rebaixá-los à categoria de objetos.

Este ponto de vista foi expresso com crueza por Émile Baudement, detentor da primeira cátedra de Zootecnia do Instituto Agronômico de Versalhes:

> Os animais são máquinas vivas, não na acepção figurada da palavra, mas em sua acepção mais rigorosa tal como a admitem a mecânica e a indústria. [...] Eles fornecem leite, carne, força: são máquinas produzindo renda para um determinado gasto.[1]

Na mesma linha de pensamento, nos anos 1970, o comentarista de uma reportagem televisiva sobre a implantação da criação industrial na França anunciou com certa soberba na voz: "Todos os atos de sua vida biológica deverão corresponder às nossas necessidades e aos nossos tempos. [...] O bovino se torna aquilo que esperamos: um produto industrial".[2] Mais cínico ainda, um dirigente da empresa norte-americana Wall's Meat declarou há pouco tempo:

> A porca reprodutora deve ser concebida como uma peça preciosa de equipamento mecânico cuja função é parir leitõezinhos como uma máquina de salsichas, e deve ser tratada como tal.[3]

A visão do sistema é resumida pelo presidente de uma companhia norte-americana de aves, com 225 mil galinhas poedeiras, Fred C. Haley: "O objetivo da produção de ovos é fazer dinheiro. Quando perdemos isto de vista, perdemos nosso objetivo".[4]

É concebível desejar o advento de uma sociedade mais altruísta ao fechar os olhos sobre o destino que infligimos aos bilhões de animais mortos cada ano para nosso consumo?

Nas criações industriais, o tempo de vida dos animais é cerca de 1/60 do que seria em condições naturais. É como se a expectativa de vida de um francês fosse apenas de um ano e quatro meses.[5] Os animais são confinados em baias estreitas nas quais não podem nem mesmo se virar; são castrados; as mães são separadas de seus filhotes ao nascerem; os fazem sofrer para nos divertir (touradas, brigas de cães e de galos); armadilhas os prendem e esmagam seus membros com mandíbulas de aço; são esfolados vivos,* são moídos vivos nos mecanismos de "roscas sem fim" (é o destino reservado a centenas de milhões de pintinhos machos todos os anos).

Em suma, é decidido quando, onde e como eles devem morrer sem a menor preocupação sobre o que eles sentem.

A extensão dos sofrimentos que infligimos aos animais

Os homens sempre exploraram os animais, primeiro pela caça e em seguida pela domesticação. Mas não foi senão no início do século XX que essa exploração tomou uma magnitude até então inigualável. Em paralelo, ela desapareceu de nossa vista na vida cotidiana, pois de maneira deliberada é perpetrada longe de nossos olhos. As propagandas e os livros infantis nos mostram imagens de vacas vivazes nos campos floridos, mas a realidade é bastante diferente. Nos países ricos, na América do Norte, na Europa e cada vez mais por todo o mundo afora, em particular na China, 99% dos animais que comemos são "produtos" de criações industriais onde sua curta vida não é mais do que uma sucessão de sofrimentos. Tudo isto se torna possível a partir do instante que consideramos outros seres vivos como objetos de consumo, como reservas de carne, como "produtos agrícolas" ou "bens móveis" que podemos tratar como bem nos parece.

No início do século XX, os primeiros grandes abatedouros norte-americanos eram, segundo o testemunho de James Barrett, "dominados pelo espetáculo, o barulho e o odor da morte em uma escala monumental".[6] Os ruídos emitidos pelas máquinas de matar e pelos animais condenados à morte agrediam os ouvidos de modo permanente.

Em *La Jungle* [A selva][7], obra que provocou um verdadeiro protesto em 1906, Upton Sinclair descreve a situação dos abatedouros de Chicago, onde os animais eram mortos em massa por trabalhadores pobres, via de regra imigrantes explorados pelos grandes grupos financeiros da época:

> Cada dia, eram transportados cerca de dez mil bovinos, assim como de porcos, e cinco mil carneiros, ou seja, todos os anos oito a dez milhões de animais vivos eram transformados ali em gêneros alimentícios. [...] Primeiro os rebanhos eram conduzidos pelas passarelas da largura de uma estrada, que passavam entre os currais e pelas quais escoava um fluxo contínuo de animais. Ao vê-los precipitar-se rumo a

---

* É o caso, em particular, de animais de pele nos criadouros chineses por exemplo, e também acontece nos abatedouros quando os animais sobrevivem ao que deveria matá-los e são, por isso, esfolados vivos.

seu destino sem nada desconfiar, experimentávamos um sentimento de mal-estar: parecia um rio carregando a morte. Mas nossos amigos não eram poetas... Eles não viam nada mais que uma organização de eficácia prodigiosa. [...] "Nada se perde aqui", explicava o guia, "aproveita-se tudo do porco, salvo o seu grito".[8]

O cientista político Jeremy Rifkin nota que "pela primeira vez, máquinas eram utilizadas para acelerar o processo de morte em massa, relegando os homens ao nível de simples executores obrigados a se conformar ao ritmo e às exigências impostas pela própria cadeia".[9] Upton Sinclair prossegue com seu relato:

> Na entrada, se erguia uma imensa roda de ferro de cerca de seis metros de circunferência, com anéis fixados em seu contorno. [...] Os homens prenderam uma das extremidades de uma corrente ao redor da perna do porco mais próximo e engancharam a outra em um dos anéis da roda. Quando ela entrou em rotação, de modo brutal o animal foi arrancado do solo. [...] O porco havia iniciado uma viagem sem volta. Uma vez alçado ao topo da roda, ele foi encaminhado em um trilho e atravessou a área, suspenso no ar. Enquanto isso, um de seus congêneres era içado, depois um segundo, depois um terceiro e assim por diante, até formarem duas fileiras. Os animais assim suspensos por uma pata grunhiam e se debatiam de forma frenética. O clamor era assustador, de estourar os tímpanos. [...] Após alguns instantes de calmaria, o tumulto recrudescia ainda mais e se avolumava até atingir um paroxismo ensurdecedor. Era mais do que alguns visitantes conseguiam suportar. Os homens trocavam olhares rindo de forma nervosa; as mulheres ficavam imóveis, as mãos crispadas, os rostos congestionados e com lágrimas nos olhos.
> Mais abaixo, os operários, indiferentes a essas reações, continuavam o que tinham a fazer. Nem o berro dos animais nem o choro dos humanos os perturbava. Penduravam os porcos um por um, depois, com um corte rápido de lâmina os degolavam. À medida que iam abatendo os animais, os gritos diminuíam ao mesmo tempo que o sangue e a vida escapavam de seus corpos. E por fim, após um último espasmo, eles desapareciam em um jorro borbulhante dentro de um enorme tanque de água fervendo. [...] Essa máquina de matar continuava impassível sua tarefa, com ou sem espectadores. Era como um crime atroz perpetrado no segredo de um calabouço, sem ninguém saber e no esquecimento geral.[10]

A rentabilidade antes de tudo

Hoje, tão só nos Estados Unidos, mata-se mais animais em *um único dia* do que em um ano em todos os abatedouros da época de Sinclair. Segundo David Cantor, fundador de um grupo de estudos por uma política responsável a respeito dos animais, é "um sistema cruel, expeditivo, com gestão cerrada, orientado para o lucro, o qual considera os animais apenas como seres vivos para os quais os sofrimentos e a morte não contam".[11]

Nas últimas décadas do século XX grandes mudanças aconteceram na indústria da carne. Os abatedouros tornaram-se menos numerosos, mas muito maiores, capazes de abater, cada um, *vários milhões* de animais por ano. Poderia se esperar que a sorte dos animais viria também a melhorar. Nos países da União Europeia novas regulamentações visam reduzir um pouco os sofrimentos nas criações industriais. Nos Estados Unidos, depoimentos recentes, como o do escritor Jonathan Safran Foer,[12] revelam que a única coisa que de fato mudou é que agora mata-se mais animais, mais rápido, de modo mais eficaz e a um custo menor.

A criação industrial escapa em quase todo lugar das leis que protegem os animais de maus-tratos: "As Common Farming Exemptions [isenções relacionadas às criações de animais] tornam legal qualquer método contanto que seja uma prática corrente deste setor", constata Foer. "Em outros termos, os criadores – 'companhias comerciais' seria um termo mais apropriado – têm o poder de definir o que é a crueldade. Se a indústria adotar uma prática, por exemplo, proceder a uma amputação sem anestesia, de um apêndice não desejado – você poderá dar livre curso à sua imaginação sobre esse ponto –, essa operação se torna legal de imediato."[13]

Como custaria caro curar ou mesmo sacrificar os animais debilitados ou doentes que caem sem poder se levantar para seguir os outros na "escada para o Paraíso" (nome dado à rampa que leva ao abate), na maioria dos estados norte-americanos é legal deixar os animais enfraquecidos agonizarem de fome e de sede durante dias, ou jogá-los, vivos, em caçambas de lixo. Isto acontece todos os dias.

Os operários são sempre mantidos sob pressão para que a cadeia de abate continue funcionando a pleno vapor: "Eles não reduzem a velocidade da linha de produção por nada nem por ninguém", confiou um funcionário a Gail Eisnitz, entrevistadora da Humane Farming Association:[14]

> Contanto que a linha de produção avance, eles não se importam com o que você deve fazer a fim de trazer o porco. É preciso pendurar um animal a cada gancho, se você não quiser que o contramestre chute o seu traseiro. [...] Todos os transportadores utilizam bordunas para matar os porcos que não querem subir as rampas. Se um porco se recusa a passar e para a produção, você o espanca até a morte. Em seguida você o coloca de lado e o pendura mais tarde.[15]

A competição econômica faz com que cada abatedouro se esforce para matar mais animais por hora do que seus concorrentes. A velocidade dos transportadores nos abatedouros permite processar 1.100 animais por hora, o que significa que um operário deve matar um animal em apenas alguns segundos. As falhas são comuns.[16]

Na Inglaterra, o Dr. Alan Long, que vai com regularidade aos abatedouros como pesquisador, observou uma certa contenção nos operários prestes a matar animais jovens. Eles lhe confiaram que o mais duro em seu trabalho era matar os cordeiros e os bezerros, porque "não são mais que bebês". É um momento pungente, diz Dr.

Long, "quando um bezerrinho assustado, por ter sido arrancado de sua mãe, começa a mamar nos dedos do açougueiro na esperança de tirar leite, e não recebe mais que a maldade humana". Ele qualificou o que se passa nos abatedouros empresariais de "implacável, impiedoso e sem remorsos".[17]

A hipocrisia dos "cuidados"

Se os profissionais aconselham às vezes aos criadores a evitar esta ou aquela prática cruel, é em razão de suas repercussões negativas sobre o ganho de peso dos animais; se os incitam a tratar de modo menos rude os animais conduzidos ao abatedouro é porque as contusões fazem a carcaça perder valor: não pensam jamais que é preciso evitar maltratar os animais porque isto é, em si, imoral.[18]

Quanto aos veterinários empregados pela indústria, seu papel não é zelar pela saúde dos animais, mas contribuir à maximização do lucro. Os medicamentos não são utilizados para curar as doenças, mas para substituírem os sistemas imunológicos destruídos. Os criadores não procuram nem mesmo produzir animais sadios, mas evitar que morram cedo demais, antes de ter gerado um lucro.[19] Devido a isto os animais são entupidos de antibióticos e hormônios de crescimento. Nos Estados Unidos, 60% dos antibióticos utilizados são destinados às criações. Como observa a filósofa Élisabeth de Fontenay:

> O pior se dissimula na formidável hipocrisia que consiste em preconizar e adotar uma pretensa ética do bem-estar, como se fosse uma restrição imposta por respeito ao animal diante dos abusos da criação industrial, embora ela só sirva ao bom funcionamento e à rentabilidade da empresa.[20]

Uma vez que tenham sido utilizados, o que resta deles é destruído e considerado um estorvo, sendo descartado como lixo.

Uma realidade oculta

Nos anos 1990, a artista pintora Sue Coe aplicou durante seis anos os tesouros da engenhosidade para se introduzir nos abatedouros de diferentes países, sobretudo nos Estados Unidos. Ela sempre teve de enfrentar uma marcada hostilidade, junto com imprecações variadas tais como: "Você não tem nada a fazer aqui!", e até ameaças de morte se ela publicasse o nome do abatedouro visitado. Jamais a autorizaram a utilizar sua máquina fotográfica; apenas seus esboços eram, quando muito, tolerados: "Os abatedouros, em particular os maiores, são vigiados como edifícios militares. Conseguia entrar porque em geral conhecia alguém que tinha relações comerciais com a indústria ou com o abatedouro". Em seu livro *Dead Meat* [Carne Morta], ela descreve sua visita a um deles na Pensilvânia:[21]

> O chão era muito escorregadio, as paredes e todo o resto estavam cobertos de sangue. O sangue seco forma uma crosta sobre as correntes. Eu não queria cair sobre todo aquele sangue e intestinos. Os operários usam botas antiderrapantes, aventais amarelos e capacetes. É um espetáculo de caos controlado, mecanizado.

Como a maior parte dos abatedouros, "o lugar é sujo – imundo, mesmo –, as moscas voam por todo lado". Segundo um outro relato, as câmaras frigoríficas estão cheias de ratos que, à noite, correm por cima da carne e a roem.[22]

Chega a hora do almoço; os operários se dispersam. Sue fica sozinha com seis corpos decapitados escorrendo sangue. As paredes estão respingadas e há gotas de sangue sobre seu caderno de anotações. Ela percebe alguma coisa se mexendo à sua direita e se aproxima do box de abate para ver melhor. Dentro há uma vaca. Ela não havia sido nocauteada; escorregou no sangue e estava caída. Os homens foram almoçar deixando-a lá. Os minutos passam. De vez em quando se debate, batendo seus cascos nas paredes do recinto. Uma vez ela levanta a cabeça o suficiente para olhar para fora e recai. Ouve-se o sangue que pinga e música de um alto-falante.

Sue começa a desenhar...

Um homem, Danny, volta de seu almoço. Ele dá três ou quatro pontapés violentos na vaca ferida para fazê-la levantar, mas ela não pode. Ele se inclina sobre o box metálico e tenta abatê-la com sua pistola pneumática, atirando-lhe um projétil de doze centímetros na cabeça.

Danny prende uma corrente a uma das patas traseiras da vaca e a suspende. Porém a vaca não está morta. Ela luta, suas patas se agitam enquanto está sendo suspensa de cabeça para baixo. Sue observa que algumas vacas ficam nocauteadas por completo mas outras não. Elas se debatem enlouquecidas enquanto Danny lhes corta a garganta. Danny fala àquelas que ainda estão conscientes: "Vamos lá, minha filha, seja gentil!" Sue olha o sangue esguichar "como se todos os seres vivos fossem apenas recipientes macios que não esperam mais que ser furados".

Danny aproxima-se da porta e faz as vacas seguintes avançarem com golpes de bastão elétrico. As vacas aterrorizadas resistem e dão golpes de cascos. Enquanto as força a entrar no cubículo onde serão abatidas, Danny repete cantarolando: "Vamos lá, minha filha!"

Sue visita em seguida um abatedouro de cavalos no Texas. Os cavalos que logo serão mortos estão em estado terrível. Um deles tem a mandíbula fraturada. Os golpes de chicotes sobre eles com estalos provoca um odor de queimado. Os cavalos tentam escapar da área de abate, mas homens batem-lhes na cabeça até que façam meia-volta. O companheiro de Sue vê uma égua branca dando à luz um potro diante do box. Dois empregados a chicoteiam para forçá-la a ir mais rápido para a área de abate e jogam o potro em um tanque destinado aos miúdos. Sobre uma rampa, acima deles, o chefe, vestido com um chapéu de *cowboy*, observa a cena de forma indiferente.

Saindo de uma outra indústria que a lembrou o Inferno de Dante, Sue Coe vê uma vaca com a pata quebrada estendida no chão em pleno sol. Aproximou-se dela, mas os seguranças a impediram e a obrigaram a deixar o lugar: "O Holocausto não cessa de retornar à minha mente, o que me transtorna furiosamente"[23], escreveu Sue.

Um empreendimento global

O destino de outros animais de criação não é melhor. Nos Estados Unidos, são mortos a cada ano cento e cinquenta vezes mais frangos que há oitenta anos, devido ao desenvolvimento da criação em série. A Tyson Foods, a maior companhia de frangos do mundo, abate mais de 10 milhões *por semana*. No mundo, 50 bilhões de aves são mortas por ano.

Cada frango dispõe, durante sua curta vida, de um espaço do tamanho de uma folha de papel de carta. O ar que ele respira é carregado de amônia, poeira e bactérias.[24] A superlotação é a causa de muitos comportamentos anormais – deplumação, bicadas agressivas e canibalismo. "A produção em série torna-se um hospício para galináceos", observa o naturalista texano Roy Bedichek.[25] O crescimento artificial acelerado dos frangos pode ser comparado ao de uma criança que atinge o peso de 150 quilos aos dez anos.

Para reduzir esses comportamentos que lhes custam caro, os criadores mantêm os frangos em uma quase obscuridade e, para impedi-los de se ferirem ou de se matarem, eles seccionam os seus bicos. Nos anos 1940, queimava-se os bicos com maçarico. Hoje, os criadores utilizam uma guilhotina munida de lâminas quentes. Os cotos que resultam dessa amputação rápida formam com frequência neuromas que provocam fortes dores.[26]

Em uma fazenda norte-americana onde se abarrotavam 2 milhões de galinhas poedeiras distribuídas em galpões, cada um com capacidade para abrigar 90 mil, um responsável explicou aos jornalistas da *National Geographic*: "Quando a produção [de ovos] cai abaixo do limiar de rentabilidade, as 90 mil galinhas são vendidas em lote a uma indústria transformadora que fará patê ou sopa de frango".[27] E se recomeça do zero.

Os transportes são de igual modo fonte de longos sofrimentos. Nos Estados Unidos, estima-se que 10 a 15% dos frangos morrem ao ser transportados. Entre os que chegam nos abatedouros, um terço apresenta fraturas recentes devido à maneira como foram manipulados e transportados em massa.

Os matadouros deveriam aturdir os frangos em um banho eletrificado. Mas para fazer economia eles costumam empregar uma voltagem muito fraca (1/10 da dose necessária para o atordoamento). Em consequência, muitos frangos – pelo menos 4 milhões por ano na América, segundo uma estimativa governamental – chegam ainda conscientes nos tanques escaldantes.[28]

Os pintinhos machos das galinhas poedeiras são destruídos – 50 milhões na França, 250 milhões nos Estados Unidos, a cada ano. "*Destruídos*? Eis uma palavra a respeito da qual parece interessante saber mais", inquire Jonathan Safran Foer. "A grande maioria dos pintinhos machos são mortos após terem sido aspirados ao longo de uma sucessão de tubos até uma placa eletrizada. [...] Outros são lançados ainda conscientes nos trituradores (imagine uma picadora de madeira cheia de pintinhos). Cruel? Isto depende de sua definição da crueldade".[29]

Quanto aos porcos, para impedi-los de morderem a cauda um do outro, cortam-nas com um instrumento que esmaga o coto e ao mesmo tempo reduz o sangramento. As porcas são confinadas em cubículos metálicos pouco maiores que seu corpo onde elas são presas durante dois ou três meses por uma coleira que as impede de se virar e de dar um passo sequer, para frente ou para trás. Quando a porca está pronta para dar à luz, colocam-na em um dispositivo chamado "virgem de aço", uma estrutura metálica que impede qualquer liberdade de movimento. Os machos são castrados sem anestesia. Fazem uma incisão na pele das bolsas com uma faca, expõem os testículos e os puxam para cima até romper o cordão que os retém.[30]

Segundo Foer, "os leitões que não crescem rápido o suficiente – os mais fracos – custam caro em recursos e não têm lugar na criação. São pegos pelas patas traseiras, depois estouram sua cabeça sobre o chão firme. É uma prática corrente: 'Já chegamos a estourar até 120 em um único dia', relata um trabalhador de uma criação do Missouri".[31]

Os bezerros sofrem por serem separados de sua mãe e são trancados em cubículos que os impedem de adotar sua posição natural de sono, a cabeça debaixo do flanco. São também muito estreitos para permitir-lhes virar-se ou lamber-se. Os alimentos para eles são de modo intencional pobres em ferro, pois os consumidores apreciam a carne "pálida", cuja cor é devida ao fato de que os animais foram mantidos anêmicos.[32] Desta forma, os bezerros lambem qualquer peça de ferro presente em seu espaço. Por isto os cubículos são feitos de madeira, a fim de manter as peças de ferro fora de seu alcance.[33]

Todos os dias, o ano inteiro...

Jonathan Safran Foer nos dá uma descrição difícil de suportar, do procedimento completo do abate. Não esqueçamos que isto se passa hoje, todos os dias, ao longo do ano, na quase totalidade dos matadouros dos países ditos civilizados.

> Em um abatedouro clássico, os animais descem por um tobogã até o box de atordoamento. [...] O responsável pela operação, o *knocker*, encosta uma grande pistola pneumática entre os olhos do bovino. Uma haste de aço penetra no crânio do animal, o que o deixa inconsciente ou até o mata, depois se retrai na pistola. Às vezes, a haste o deixa apenas aturdido e, neste caso, permanece consciente, ou acorda mais tarde em pleno "processamento".[34]

Alguns diretores de abatedouros optam de forma intencional por métodos de atordoamento menos eficazes, porque, se o animal estiver "muito morto" e seu coração não bater mais, ele sangra muito lento ou não o suficiente. Assim, certos animais permanecem conscientes, ou acordam durante o processo:

> Falemos de forma clara: os animais são sangrados, esfolados e desmembrados enquanto ainda estão conscientes. Isto acontece o tempo todo, e tanto a indústria como as autoridades o sabem. Vários abatedouros acusados de sangrar, esfolar ou desmembrar os animais vivos defenderam seus atos afirmando que essas práticas eram correntes.

Quando Temple Grandin, mulher autista, professora de Etologia na Universidade do Colorado, realizou uma auditoria de todo o processo de abate, em 1996, ela concluiu que um em cada quatro abatedouros de bovinos é incapaz de tornar os animais inconscientes, no primeiro golpe, de maneira confiável. A velocidade da cadeia de produção aumentou em cerca de 800% em um século e o pessoal, com frequência formado de maneira rápida, trabalha em condições horripilantes: os erros são inevitáveis.

Desse modo, é frequente que os animais não sejam atordoados de forma completa. Em um matadouro, funcionários indignados gravaram de maneira clandestina um vídeo e o enviaram ao *Washington Post*. Mais de vinte trabalhadores assinaram declarações sob juramento afirmando que as violações denunciadas no filme são frequentes e que os responsáveis são plenamente cientes. Um dos trabalhadores relata: "Vi milhares e milhares de vacas serem submetidas com vida ao processo de abate. [...] Elas podem se encontrar há sete minutos na linha de produção e ainda estarem vivas. Trabalhei no esfolamento e vi algumas ainda com vida". Nessa etapa, retira-se a pele da cabeça do animal a partir do pescoço. E quando a direção se digna a escutar os funcionários que se queixam, com frequência é para demiti-los em seguida.

Após o esfolador da cabeça, a carcaça (ou a vaca) chega aos "cortadores de patas": "Quando algumas acordam, têm-se a impressão que elas querem subir pelas paredes", explica um empregado da linha. Quando as vacas chegam à etapa dos cortes, os cortadores de patas não têm tempo de esperar que seu colega venha atordoar de novo a vaca. Então, simplesmente eles lhes cortam a parte de baixo das patas com alicates: "Os animais ficam loucos, chutando por todos os lados".

Cem milhões de animais também são mortos a cada ano por seu pelo. Em um documentário filmado com câmara escondida por uma equipe de investigadores suíços,[35] vê-se criadores chineses que atordoam visons girando-os, presos pelas patas traseiras, e batendo sua cabeça no chão. Depois eles os esfolam vivos, e uma vez que toda a pele é retirada com o pelo, eles lançam os animais em carne viva sobre uma pilha com seus congêneres. O olhar desses visons que agonizam de forma lenta, silenciosos e imóveis, é insuportável a toda pessoa dotada mesmo que seja de um mínimo de piedade. O contraste é ainda mais impressionante quando, enquanto continuam a "descascar" esses animais como abobrinhas, os criadores conversam entre si, cigarro na boca, como se nada tivesse acontecido.

Todas as descrições e, mais ainda, as imagens de documentários mostrando esta triste realidade, são talvez insustentáveis para muitos entre nós. Mas seria bom nos perguntarmos por que isto nos desconforta a esse ponto. Não seria porque o toleramos, apesar de tudo?

Infelizmente, não se trata de algumas cenas de terror montadas em sequência. Os números ultrapassam a imaginação. Cada ano, mais de 1 bilhão de animais terrestres são mortos na França, 15 bilhões nos Estados Unidos, e por volta de 100 bilhões no mundo.[36] Em tempos recentes, a China, a Índia e outros países emergentes intensificaram a criação industrial. Em muitos países, sobretudo no seio da União Europeia, novas leis devem acabar com os piores desses procedimentos, mas eles são ainda praticados em inúmeras criações industriais pelo mundo afora.

Quanto aos peixes, crustáceos e "frutos" do mar, um estudo que utilizou os dados fornecidos por diversas organizações internacionais referentes às pescas anuais, e que leva em conta a quantidade capturada e a avaliação do peso médio de cada espécie, chegou ao número astronômico de cerca de 1 bilhão, ou seja, 1000 milhares de peixes mortos todos os anos.[37]

Esta estimativa não inclui nem as capturas mais numerosas que não são registradas de maneira oficial, ou seja, pelo menos o dobro, nem a quantidade imensa de espécies marinhas que de modo muito grave são afetadas pela indústria da pesca. Na França, o número de peixes e crustáceos mortos cada ano situa-se em torno de 2 milhões.

Como observa Foer: "Nenhum peixe experimenta uma morte suave. Nem um único! Não há necessidade de perguntar se o peixe em seu prato sofreu. A resposta é sempre sim. Quer falemos de peixes, porcos ou outros animais que comemos, esse sofrimento é a coisa mais importante do mundo? É evidente que não. Mas não é esta a questão. Esse sofrimento é mais importante que os *sushis*, o *bacon* ou os *nuggets* de frango? Esta é a questão".[38]

Matar humanamente?

É verdade que aqui ou lá certas melhorias foram feitas. Nos Estados Unidos, onde a criação industrial há muito tempo tem sido isenta da aplicação de todas as leis de proteção dos animais, a situação melhorou um pouco graças ao trabalho de Temple Grandin que redesenhou as plantas dos abatedouros para que os animais fossem poupados do pânico na aproximação da morte. A rampa que conduz os animais em fila indiana ao lugar onde serão mortos chama-se agora "a escada para o Paraíso". Pena que os animais não saibam ler... Não se pode negar que é desejável atenuar todos os sofrimentos dos animais, de qualquer natureza que eles sejam, mas há algo terrível na atitude que consiste em nos tranquilizar ao dizer que, daqui para a frente, 100 bilhões de animais serão "mortos de forma humana" a cada ano.

O jurista e autor David Chauvet observa a este respeito: "Para a maioria das pessoas, o fato de matar os animais não constitui um problema, desde que os matem sem sofrimento. Fala-se então em 'matar humanamente'. Sem dúvida, ninguém aceitaria ser 'morto humanamente', salvo talvez se for de seu interesse pessoal, por exemplo, se se tratar de abreviar seus próprios sofrimentos. Mas com certeza não é do interesse dos animais serem mortos para acabar como peças soltas em geladeiras de supermercados".[39]

Em dezembro de 2006, o governador da Flórida, Jeff Bush, irmão do ex-presidente dos Estados Unidos, suspendeu por um tempo a execução dos condenados à morte porque levava vinte minutos para um deles sucumbir à injeção letal prevista para matar em quatro minutos. Ele afirmou agir por "consideração humana". De modo pessoal, vejo muito pouca humanidade no fato de matar alguém em quatro minutos em vez de vinte. Também servem aos condenados sua refeição favorita antes da execução. É melhor do que torturá-los durante horas antes de matá-los, mas a pena de morte continua sendo o que ela é, um ato de vingança legal: "Se o crime é uma transgressão da lei, a vingança é o que se esconde por detrás da lei para cometer um crime", escreveu Bertrand Vergely.[40] A exploração de bilhões de animais pode ser considerada como um massacre permanente que se protege por trás da indiferença.

Este ponto não escapou a alguns defensores dos direitos dos animais: contentar-se de tornar mais "humanas" as condições de vida e de morte não é mais que uma escapatória para ter a consciência mais tranquila ao continuar o massacre dos animais. O que é preciso, é dar um fim. Eles lembram que as tentativas para tornar a escravidão mais "humana" contribuíram apenas para prolongá-la, ao passo que a abolição é o que se necessitava.

A maioria dos sofrimentos que infligimos aos outros não tem nada de inevitável. Eles se tornam possíveis pela nossa maneira de ver os outros. Se identificarmos um grupo étnico aos vermes, por exemplo, não teremos qualquer escrúpulo em querer eliminá-lo. Se considerarmos algumas pessoas como inimigos jurados, nos felicitaremos com seus sofrimentos. A partir do momento em que outros seres sensíveis são para nós seres inferiores, cuja sorte é negligenciável, não hesitaremos em nos servir deles como instrumentos a serviço de nosso bem-estar.

Alguns objetarão: "Afinal, esta é a vida! Por que tanta sentimentalidade a respeito dos comportamentos que sempre foram os nossos? Os próprios animais sempre se entredevoraram. São as leis da natureza. Para que querer mudá-las?" Podemos, desde já, responder que se supõe que evoluímos desde as épocas consideradas bárbaras, tornando-nos mais pacíficos e mais humanos. De que servem, se não nos maravilharmos com os progressos da civilização? Nos dias de hoje, aqueles que utilizam de forma sistemática a brutalidade e a violência, não são ainda qualificados de "bárbaros"? "O bárbaro é em primeiro lugar o homem que acredita na barbárie", escreveu Claude Lévi-Strauss.[41]

Seria suficiente para a maioria de nós sermos melhor informados e tomar consciência do que acontece todos os dias nas criações industriais e nos abatedouros para que, de modo natural, mudássemos de opinião e mesmo de modo de vida. É raro que as mídias, que participam com frequência na difusão do "pronto-para-pensar", informem o público e investiguem com liberdade o que acontece nos matadouros. No entanto encontramos, na Internet em particular, reportagens mostrando sem ambiguidade a realidade dos locais de onde provém a carne que comemos. Incluo o documentário intitulado *Terráqueos*,[42] que mostra de forma clara a maneira como tratamos os animais.

Seria possível ainda manter os olhos fechados? Um dia, pode ser, a visão futurista de H. G. Wells se tornará realidade:

> Nenhuma carne no planeta redondo da Utopia. Em um tempo havia. Mas hoje, não suportamos mais a ideia de abatedouro... Lembro ainda a minha alegria, quando era menino, no fechamento do último matadouro.[43]

Isto só depende de nós.

34. UM EFEITO REBOTE: CONSEQUÊNCIAS DA CRIAÇÃO DE ANIMAIS E DA ALIMENTAÇÃO COM CARNE SOBRE A POBREZA, O MEIO AMBIENTE E A SAÚDE

No capítulo anterior destacamos as graves preocupações éticas referentes à maneira como tratamos os animais. Mas isto não é tudo. Consideremos alguns destes números:

– a pecuária contribui com 18% das emissões de gases de efeito estufa ligadas às atividades humanas, ocupando a segunda posição depois da indústria de construção e antes dos transportes;

– para produzir 1 quilo de carne, é necessário utilizar 10 quilos de alimentos que poderiam nutrir os países pobres;[1]

– 60% das terras disponíveis no mundo são destinadas à pecuária;

– a pecuária sozinha consome 45% de toda a água destinada à produção de alimentos;

– ao reduzir o consumo de carne, poderiam ser evitadas 14% das mortes no mundo.

A carne dos países ricos custa caro aos países pobres

A equação é simples: um hectare de terra pode alimentar 50 vegetarianos ou 2 carnívoros. Para produzir um quilo de carne, é preciso a mesma superfície de terra que para cultivar 200 quilos de tomates, 160 quilos de batatas ou 80 quilos de maçãs.[2]

Em *Diet for a Small Planet* [Dieta para um pequeno planeta], Frances Moore Lappé destaca que 1 acre de cereais produz cinco vezes mais proteínas que o mesmo acre utilizado para a produção de carne; 1 acre de leguminosas produz dez vezes mais, e 1 acre de vegetais folhosos quinze vezes mais.[3]

A pecuária consome a cada ano 750 milhões de toneladas de trigo e de milho que seriam suficientes para nutrir de maneira adequada os 1,4 bilhões de seres humanos mais pobres. Mais de 90% dos 225 milhões de toneladas de soja cultivadas no mundo servem também para alimentar os animais de criação.[4]

Nos Estados Unidos, 70% dos cereais são destinados aos animais de criação; na Índia, somente 2%.[5]

Ora, cerca de dois terços de todas as terras disponíveis são utilizados para a pecuária (30% para as pastagens e 30% para produzir os alimentos dos animais de criação).[6]

Para obter uma caloria de carne de boi na pecuária intensiva, é preciso de 8 a 26 calorias de alimentos vegetais, que poderiam ter sido consumidos de forma direta pelo ser humano.[7] Em termos de peso, sete quilos de cereais são necessários para produzir um quilo de carne bovina. *O rendimento é portanto deplorável.* Não é de surpreender que Frances Moore Lappé tenha qualificado esse gênero de agricultura de "fábrica de proteínas ao avesso".[8]

Plantando aveia, se obtém seis vezes mais calorias por hectare do que ao dedicar esse hectare à produção da carne de porco, e vinte e cinco vezes mais para a carne de boi. Um hectare de brócolis produz vinte e quatro vezes mais ferro do que um hectare utilizado para a produção da carne bovina.

Comer carne é um privilégio de país rico que se exerce em detrimento dos países pobres. Como revela a figura a seguir, quanto mais as populações enriquecem, mais consomem carne. Um norte-americano come 120 quilos de carne por ano, contra apenas 2,5 quilos para um indiano. Em média, os países ricos consomem dez vezes mais carne do que os países pobres.[9] O consumo mundial de carne foi multiplicado por cinco entre 1950 e 2006, ou seja, uma taxa de crescimento duas vezes superior ao da população mundial e, se a tendência atual continuar, esse consumo ainda duplicará até 2050.[10]

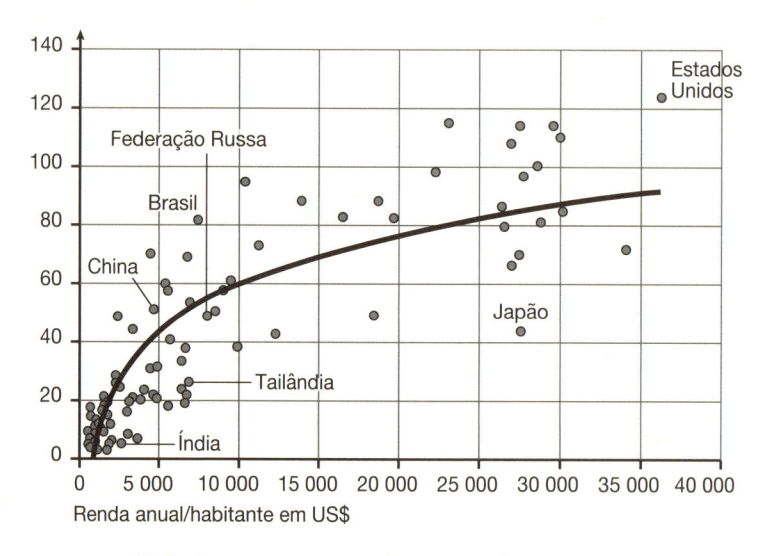

Relação entre consumo de carne e riqueza (2002)

Em suma, pouco mais de um terço da produção mundial de cereais é destinada cada ano aos animais de criação; um quarto à produção mundial de peixe.[11] Como observa o ambientalista Éric Lambin, "esta competição entre o homem e o gado pelo consumo de cereais se traduz por um aumento do preço destes últimos, o que gera consequências trágicas para as populações mais pobres".[12]

O fato de que um quarto dos 2,8 bilhões de pessoas que vivem com menos de 2 dólares por dia dependem da pecuária para sua subsistência, e que a pecuária de modo geral contribui de maneira expressiva para o desenvolvimento econômico, deve ser levado em consideração, mas não invalida o ponto de vista que acabamos de expressar. Na verdade, não são esses pequenos exploradores agrícolas que contribuem à produção massiva de carne (um indiano, como vimos, consome sessenta vezes menos carne do que um norte-americano) e, em consequência, ao desvio dos recursos de cereais para a produção de carne, que poderiam nutrir de maneira direta as populações pobres.[13] São as grandes fazendas quase industriais destinadas à criação intensiva, assim como as monoculturas destinadas a tais explorações, que geram esse desequilíbrio e essa injustiça. Apesar de tudo, mesmo as pequenas fazendas de populações pobres participam na degradação das terras onde elas vivem. A longo prazo, sua subsistência seria melhor assegurada pelo desenvolvimento de métodos agroecológicos que preservam a qualidade do solo e da vegetação.[14]

Segundo as estimativas do Worldwatch Institute, para produzir um hambúrguer bovino na América Central, são transformados em pastagens 17 m² de floresta virgem e são destruídos 75 quilos de plantas e de animais.[15] Ora, os Estados Unidos importam a cada ano 100 mil toneladas de carne bovina da América Central.[16] Se todos os cereais destinados ao gado norte-americano fossem consumidos diretamente, poderiam alimentar 800 milhões de seres humanos.[17] Em 1985, durante a fome na Etiópia, enquanto a população morria de inanição, esse país exportava cereais para o gado inglês.[18]

As florestas tropicais úmidas cobrem por volta de 720 milhões de hectares e abrigam cerca de 50% da biodiversidade do planeta. Mais de 200 milhões de hectares dessas florestas foram destruídas após 1950, em especial para dar lugar às pastagens ou às fazendas de bovinos.[19] Um relatório do Greenpeace publicado no final de janeiro de 2009 estima que 80% do desmatamento da Amazônia é provocado pelo aumento do número de bovinos.[20]

Quanto ao fato de destinar 100 milhões de toneladas de trigo e de milho à produção de etanol para os carros, o emissário das Nações Unidas para a Alimentação estimou que esse desvio constitui um "crime contra a humanidade". Alimentar os veículos quando cerca de um bilhão de pessoas não comem o suficiente para saciar sua fome...

O impacto nas reservas de água doce

A água doce é um recurso raro e precioso. Somente 2,5% da água do planeta é doce, e, desses, cerca de três quartos estão contidos em geleiras e neves eternas.[21] Em inúmeros países pobres o acesso à água é muito limitado. As populações, em sua maioria mulheres e crianças, precisam percorrer com frequência vários quilômetros a pé para chegar a um ponto de água e carregá-la para sua casa.

A escassez de água potável é uma ameaça em escala mundial: 40% da população do mundo distribuída em 24 países sofre com a escassez de água, tanto do ponto de vista da quantidade como da qualidade.[22]

Mais de 3 milhões de crianças com menos de cinco anos morrem a cada ano de diarreia causada em particular pelas águas contaminadas e por germes patogênicos transmitidos pelos alimentos. Desde já, 70% dos recursos de água doce estão degradados ou poluídos.[23]

Ora, a produção de um quilo de carne exige cinquenta vezes mais água do que a de um quilo de trigo.[24] A revista *Newsweek* descreveu esse volume de água de forma imagética: "A água que entra na produção de um boi de 500 quilos faria flutuar um destróier".[25] Estima-se que a metade do consumo da água potável mundial é destinada à produção de carne e de laticínios. Na Europa, mais de 50% das águas poluídas são devidas à criação intensiva de animais, incluindo a piscicultura. Nos Estados Unidos, 80% da água potável destina-se à criação de animais. As exigências da produção animal estão esgotando vastos lençóis freáticos dos quais dependem inumeráveis regiões secas no mundo. No ritmo atual, a quantidade de água utilizada para a criação industrial deverá aumentar 50% até 2050.[26]

Pecuária e mudança climática

Os impactos ambientais da produção de carne são de modo particular severos no caso da criação intensiva. A pecuária e a produção de carne, como vimos, são a segunda causa maior de emissões de gases de efeito estufa (18% das contribuições ligadas às atividades humanas).

A produção de um quilo de carne bovina gera assim cinquenta vezes mais emissões de gases de efeito estufa do que a de um quilo de trigo.[27] A produção mundial de carne contribui com a quantia de 18% de emissões de gases de efeito estufa responsáveis pela mudança climática.[28] Este número inclui os gases emitidos em diversas etapas do ciclo de produção da carne: desmatamento para criar pastos, produção e transporte de fertilizantes, combustíveis das máquinas agrícolas, fabricação dos hormônios de crescimento e dos suplementos alimentares, dejetos gasosos do sistema digestivo do gado, transporte do gado até os abatedouros, mecanização do abate, processamento e embalagem da carne e transporte até os pontos de venda. No total, a criação destinada à produção de carne contribui mais ao aquecimento do clima do que a totalidade do setor de transporte (que representa 13% das emissões de gases de efeito estufa), e só é superada pela indústria da construção e pelos consumos energéticos globais do habitat humano.

O efeito estufa é devido sobretudo a três gases: o metano, o dióxido de carbono e o óxido nitroso. O metano é de modo particular ativo pois uma molécula desse gás contribui vinte vezes mais para o efeito estufa do que uma molécula de dióxido de carbono. Ora, 15 a 20% das emissões mundiais de metano estão ligadas à criação de animais. Durante os últimos dois séculos a concentração de metano na atmosfera mais do que dobrou.

Os ruminantes – bois, vacas, búfalos, carneiros, cabras e camelos – constituem uma das fontes mais importantes de produção de metano (37% das emissões ligadas ao homem). O metano resulta da fermentação microbiana no sistema digestivo dos ruminantes: é exalado durante a respiração por eructações ou sob a forma de flatulências. Ele é também expelido pelos dejetos sólidos que esses animais produzem, pela decomposição do estrume e pela fermentação dos excrementos de animais nas fossas de armazenamento.[29] Uma vaca leiteira produz mais de 130 quilos de metano por ano, o que corresponde a 500 litros de gás por dia![30]

A expansão da indústria da carne contribuiu de maneira importante ao aumento de 30% da concentração atmosférica do dióxido de carbono há dois anos. A produção de carne industrial depende, na verdade, da mecanização da agricultura – para produzir a enorme quantidade de alimentos de que necessitam esses animais –, da fabricação e da utilização de fertilizantes químicos à base de petróleo, do desmatamento e de outros elementos, que são todos fontes de emissão de CO_2.

Segundo Steve Boyan, da Universidade de Maryland, um automóvel produz três quilos por dia de dióxido de carbono, ao passo que a destruição de uma floresta tropical necessária à produção de um único hambúrguer produz 75 quilos desse mesmo gás.

Quanto ao óxido nitroso, este é o mais agressivo dos gases de efeito estufa: trezentas e vinte vezes mais ativo do que o dióxido de carbono. É também um composto estável, que tem uma duração na atmosfera de cento e vinte anos. As principais fontes de emissão desse gás são a aplicação de fertilizantes nitrogenados, o processo de degradação desses fertilizantes no solo e os dejetos da pecuária. Um total de 65% das emissões de óxido nitroso devidas ao homem são produzidas pela criação de gado. A contribuição do óxido nitroso representa cerca de 6% do total dos gases de efeito estufa.[31]

Dejetos dos animais

Um bovino produz em média 23 toneladas de dejetos por ano.[32] Apenas nos Estados Unidos, os animais de criação produzem cento e trinta vezes mais excrementos do que os humanos, ou seja, 40 mil quilos por segundo. O poder de poluição desses excrementos é, em peso equivalente, cento e sessenta vezes mais elevado que o dos efluentes não tratados de um esgoto municipal. Os dejetos de animais poluem muito mais as águas do que todas as outras fontes industriais juntas.[33] A empresa Smithfield, por si só, mata a cada ano 31 milhões de porcos que produzem o equivalente a 130 quilos de excrementos por cidadão da América do Norte. Essa empresa poluiu de forma grave os rios da Carolina do Norte.

Os excrementos animais geram enormes quantidades de amônia que poluem os cursos d'água e os litorais marítimos e causam uma invasão de algas que asfixiam a vida aquática. Extensas áreas da Europa Ocidental, do nordeste dos Estados Unidos e regiões costeiras do Sudeste Asiático, como também vastas planícies da China, recebem nos dias de hoje excedentes consideráveis de nitrogênio, variando de 200 a 1000 quilos desse gás por hectare e por ano.[34]

Os excedentes de nitrogênio e de fósforo se infiltram de igual modo no solo por lixiviação ou por escoamento, poluindo os lençóis freáticos, os ecossistemas aquáticos e as zonas úmidas.[35]

Os efeitos da pesca

A pesca intensiva conduz de maneira progressiva à extinção de numerosas espécies de peixes e a um impacto enorme sobre a biodiversidade. Os pescadores passam a procurar os peixes no oceano em profundidades cada vez maiores. Depois de haver esgotado as espécies que vivem próximo da superfície, os navios pesqueiros industriais descem suas redes em águas mais profundas, e raspam agora o fundo dos oceanos. Além disso, estima-se que a quantidade de peixes pescados no mundo é muito superior aos números das capturas declaradas. Para citar apenas um exemplo, segundo as estimativas do biólogo marinho Daniel Pauly e de seus colegas da Universidade da Colúmbia Britânica, em Vancouver, a China deve capturar a cada ano 4,5 milhões de toneladas de peixes, uma grande parte ao longo das costas africanas, embora ela não declare mais que 368 mil toneladas à FAO.[36]

Devido a considerações puramente comerciais e a regulamentações inadequadas, a pesca industrial vem acompanhada ainda de um imenso desperdício de vidas. Uma operação de arrasto de camarões, por exemplo, rejeita e lança ao mar, mortos ou agonizando, entre 80 e 90% dos animais marinhos trazidos a cada subida da rede de arrasto de fundo. Além disso, boa parte dessas capturas acidentais (o *bycatch*) é constituída de espécies ameaçadas. Os camarões representam em peso apenas 2% da quantidade de alimentos marinhos consumidos no mundo, mas 33% do *bycatch* mundial. Como observa Jonathan Safran Foer em *Faut-il manger les animaux?* [*Comer Animais*]: "Nós não acreditamos porque não sabemos. O que aconteceria se o rótulo de um produto indicasse quantos animais foram mortos para ter em nosso prato aquele que queremos comer? Bem, se fossem os camarões da Indonésia, por exemplo, poderíamos ler na embalagem: 'Para 500 gramas de camarões, 13 quilos de outros animais marinhos foram mortos e jogados ao mar'. No caso da pesca de atum, 145 espécies não visadas são também mortas de maneira correta".[37]

Consumo de carne e saúde humana

Múltiplos estudos epidemiológicos estabeleceram que comer carne, sobretudo a carne vermelha e os embutidos, aumenta o risco de câncer do cólon e do estômago, assim como de doenças cardiovasculares.

Um estudo conduzido pela rede EPIC - European Prospective Investigation into Cancer and Nutrition, sob a direção de Elio Riboli, abrangendo 521 mil indivíduos, revelou que os participantes do teste que comiam maior quantidade de carne vermelha tinham 35% mais de riscos de desenvolver um câncer do cólon do que aqueles que consumiam menos.[38]

Um estudo publicado nos Archives of Internal Medicine abrangendo 500 mil pessoas, mostra que 11% das mortes de homens e mulheres poderiam ser evitadas pela redução do consumo de carne vermelha.[39]

Segundo o relatório das Nações Unidas sobre o Desenvolvimento Humano (2007-2008), o risco de câncer colorretal diminui cerca de 30% cada vez que se reduz em 100 gramas o consumo diário de carne vermelha. Os países de grande consumo de carne vermelha como a Argentina e o Uruguai, são também os países onde a taxa de câncer do cólon é a mais elevada no mundo.[40] O consumo de carnes processadas (embutidos) foi associado a um aumento do risco de câncer de estômago.

De acordo com outro estudo publicado pela Universidade de Harvard, em 2012, por An Pan, Frank Hu e seus colegas, conduzido junto a mais de 100 mil pessoas acompanhadas por muitos anos, o consumo diário de carne está associado a um risco suplementar de 18% entre homens e de 21% entre mulheres para a mortalidade cardiovascular e, respectivamente, de 10% e 16% para a mortalidade por câncer.[41]

Entre os grandes consumidores de carne vermelha, o simples fato de substituir a carne por cereais integrais ou outras fontes de proteínas vegetais diminui em 14% o risco de mortalidade precoce. No total, no período desse mesmo estudo, 9,3% dos óbitos entre os homens e 7,6% entre as mulheres poderiam ter sido evitados se todos os participantes tivessem consumido menos de 40 gramas de carne vermelha por dia.

Devido ao fenômeno de bioconcentração, a carne contém cerca de quatorze vezes mais – e os laticínios, 5,5 vezes mais – resíduos de pesticidas do que os vegetais.[42] Na verdade, os poluentes orgânicos persistentes se acumulam nos tecidos adiposos dos animais e entram dessa forma na alimentação humana. Esses poluentes orgânicos persistentes, de igual modo se encontram na carne dos peixes de criação, que são nutridos com alimentos concentrados fabricados de forma específica a partir de proteínas animais. Essas moléculas são cancerígenas e tóxicas para o desenvolvimento do sistema nervoso dos fetos e das crianças pequenas.[43]

Como vimos no capítulo anterior, nos Estados Unidos, 60% dos antibióticos são utilizados com o único objetivo de manter vivos animais de criação industrial até o momento em que serão abatidos. As grandes fazendas industriais, não podendo tratar de forma individual os animais doentes, acrescentam então quantidades massivas de antibióticos em sua alimentação. De 25 a 75% desses antibióticos são encontrados nos rios, na terra e na água potável, favorecendo o surgimento de resistências a esses tratamentos e provocando outros efeitos indesejáveis.

As boas notícias

O metano, como vimos, é vinte vezes mais ativo do que o CO_2 na produção do efeito estufa. Entretanto, há uma boa notícia: sua duração de vida na atmosfera não é mais do que dez anos, contra um século no caso do CO_2. Então, será suficiente reduzir a produção de carne para que de forma rápida diminua um fator importante do aquecimento climático.

Uma outra boa notícia é que, como já mencionamos, o mundo poderia alimentar 1,5 bilhões de pobres destinando-lhes o bilhão de toneladas de cereais que alimenta o gado para o abate. Se, por exemplo, todos os habitantes da América do Norte se abstivessem de comer carne durante um único dia, isso permitiria, indiretamente, alimentar 25 milhões de pobres todos os dias durante um ano inteiro! O que contribuiria ainda para agir de maneira mais eficaz nas causas das mudanças climáticas. É por isso que segundo R. K. Pachauri, Prêmio Nobel da Paz e diretor do Grupo Intergovernamental de Especialistas sobre a Evolução do Clima das Nações Unidas, uma tendência mundial na adoção de uma dieta vegetariana é essencial para combater a fome no mundo, assim como a escassez de energia e os piores impactos da mudança climática: "Em termos de ação imediata, e de viabilidade para obter reduções em um curto prazo de tempo, é claramente a opção mais atraente",[44] conclui ele, acrescentando que, para começar, um único dia por semana sem carne já seria uma ação efetiva contra a mudança climática.

A excelente notícia é portanto que todos nós podemos participar de modo competente, fácil e rápido, na desaceleração do aquecimento global e na erradicação da pobreza. Não é necessário para isso parar de viajar ou de se aquecer (embora devamos com certeza moderar esses fatores também), é suficiente uma coisa: decidir, aqui e agora, parar de comer carne, ou se for muito difícil, ao menos reduzir o seu consumo.

35. O EGOÍSMO INSTITUCIONALIZADO

As pessoas que têm esperança e acreditam no surgimento de uma sociedade mais altruísta não devem desanimar diante das manifestações de egoísmo. Mesmo a existência do altruísmo verdadeiro não faz desaparecer o egoísmo da sociedade. Esse egoísmo vem revestido às vezes de formas extremas e, embora praticado por uma minoria dentre nós, pode colocar em perigo a sociedade como um todo.

O egoísmo é entendido como a regra nos regimes totalitários, os quais conferem pouco valor ao indivíduo. Entretanto, ele se manifesta também nos países livres e democráticos quando grupos de interesses cínicos fazem do lucro uma prioridade absoluta, ignorando as consequências nefastas de sua atividade para a população. Quando esses grupos recorrem deliberadamente a todo tipo de manipulações para preservar seus interesses, é legítimo então falar em *egoísmo institucionalizado*.

É o caso de indústrias, empresas ou grupos financeiros que, providos de recursos consideráveis, chegam a influenciar os governos e conseguir a modificação de leis e regulamentos em favor de seus próprios interesses. Essas organizações gastam fortunas em campanhas publicitárias destinadas a promover produtos nocivos, ou a dissimular os efeitos deletérios de suas atividades, seja qual for o preço a ser pago pelos seres humanos e pelo planeta. Seu poder financeiro lhes permite também recorrer a advogados de alto nível para prolongar por tempo indefinido os processos instaurados contra eles e assim desencorajar as vítimas de suas atividades, que dispõem geralmente de recursos modestos.

Se esses grupos de interesses podem desse modo concentrar riquezas, livrar-se dos custos ambientais que prejudicam a sociedade, explorar os trabalhadores e enganar os consumidores – tudo isso em nome de um crescimento econômico que nem mesmo é um compromisso –, e se a contribuição deles à sociedade acaba por ser negativa, então, como enfatiza Joseph Stiglitz, Prêmio Nobel de Economia, a propósito da crise econômica de 2008, é o sistema econômico e político que traz problemas: "Só uma única expressão pode descrever o que aconteceu: perda dos marcos de referência. No setor financeiro e em tantos outros setores, a bússola ética de muitíssimos profissionais desregulou-se".[1]

Os exemplos de egoísmo institucionalizado são abundantes, e o propósito deste livro não é fazer um inventário deles. Alguns exemplos particularmente emblemáticos bastam, infelizmente, para demonstrar como tais práticas surgiram e perduram ainda, totalmente impunes.

Os mercadores da dúvida

Esse é o título da obra de Naomi Oreskes e Erik Conway, historiadores da ciência, que descrevem, fundamentados em provas, as malversações da indústria de tabaco, principalmente nos Estados Unidos, e de grupos de interesses que negam a realidade do aquecimento global e a influência das atividades humanas sobre o clima.[2] Um dos aspectos mais perturbadores de sua pesquisa é o papel desempenhado por cientistas próximos da extrema-direita dos Estados Unidos que, durante várias décadas, realizaram campanhas de desinformação eficazes que lhes permitiram enganar a opinião pública e denegrir fatos cientificamente fundamentados.

Os físicos Frederick Steitz e Fred Singer participaram, o primeiro na criação da bomba atômica durante a Segunda Guerra Mundial, o segundo no desenvolvimento final dos foguetes espaciais e dos satélites de observação. Steitz tornou-se também presidente da Academia Nacional de Ciências dos EUA.[3] Nada em suas formações científicas lhes conferiam as competências necessárias para proclamar, como fizeram durante anos, que os vínculos entre tabaco e câncer não haviam sido comprovados, que as chuvas ácidas não eram provocadas pela fumaça da indústria do carvão (mas por vulcões, o que é falso), e que os gases CFC (ou clorofluorcarbonetos) não tinham efeito na destruição da camada de ozônio. Cessando todo trabalho de pesquisa, e juntando-se aos físicos William "Bill" Nierenberg e Robert Jastrow, eles também se esforçaram com engenhosidades, durante trinta anos, para negar o aquecimento global do planeta. A princípio, afirmaram que o aquecimento não existia, depois, que era natural e, finalmente, que, mesmo que continuasse a aumentar, bastaria adequar-se a ele, contestando dessa forma os resultados dos estudos sérios já realizados a respeito e declarando que a comunidade científica estava dividida sobre esse assunto.

Suas táticas eram ainda mais perversas ao posarem, eles mesmos, de defensores da "boa ciência", acusando seus colegas de manipularem os dados e as conclusões de suas pesquisas a serviço de correntes políticas anticapitalistas, liberticidas e até comunistas. Com o peso de sua notoriedade e o apoio incondicional das indústrias que temiam uma regulamentação de suas atividades, conseguiram influenciar vários presidentes em exercício, Ronald Reagan e Bush pai e filho principalmente (George Bush pai os chamava de "meus sábios").[4] Enganaram também órgãos de imprensa respeitáveis como *New York Times*, *Washington Post* e *Newsweek*, que se puseram voluntariamente a ecoar essas campanhas de desinformação, preocupados em "dar espaços iguais às diversas correntes de opinião", colocando no mesmo nível pesquisas científicas escrupulosas e opiniões tendenciosas. Esses especialistas vendidos aos *lobbies* financeiros tinham em comum uma obsessão antissoviética, desde a Guerra Fria, e uma simpatia declarada pelo capitalismo ultraliberal.[5]

100 milhões de mortos no século XX: a história do tabaco

Desde os anos 1930, os pesquisadores alemães haviam demonstrado que o tabaco favorece o câncer de pulmão. Todavia, por sua associação com o regime nazista, suas pesquisas foram ignoradas. Em 1953, Ernest Wynder e seus colegas do Instituto Sloan-Kettering, em Nova York, descobriram que os alcatrões do tabaco impregnados na pele de ratos acarretavam cânceres mortais.[6] Essa notícia teve um efeito bombástico nas mídias, e a indústria do tabaco entrou em pânico.

Em dezembro de 1953, os presidentes das quatro maiores marcas de cigarros dos Estados Unidos[7] contrataram John Hill, dono da principal agência de relações públicas dos Estados Unidos, para criar uma campanha na mídia destinada a convencer a população de que as "conclusões dos pesquisadores eram desprovidas de fundamentos", e que suas acusações eram "notícias sensacionalistas", urdidas por pesquisadores ávidos de publicidade e de subsídios para seus laboratórios.[8] Essa campanha foi posteriormente considerada pelos tribunais como a primeira das muitas etapas de um complô organizado com o objetivo de dissimular os efeitos tóxicos do tabaco.

Hill e seus cúmplices começaram por formar o Comitê de Pesquisa da Indústria do Tabaco, insistindo Hill na inclusão da palavra "pesquisa", a fim, dizia ele, de "semear e manter a dúvida" na mente da população. O Comitê distribuiu aos médicos, políticos e jornalistas centenas de milhares de folhetos em que era pretensamente demonstrado que não havia nenhum motivo para alarme quanto à nocividade do tabaco.[9] Com isso, conseguiram gerar confusão na opinião pública.

"A dúvida é nosso 'produto', visto que é o melhor meio para combater os fatos que agora são de conhecimento do grande público", palavras essas registradas num memorando interno de um dirigente de uma grande marca de cigarros em 1957.[10] *Doubt Is Their Product* [A dúvida é o produto deles] é também o título do livro do cientista David Michaels, secretário adjunto de Energia, Meio Ambiente, Segurança e Saúde no governo Clinton e que, tal como Oreskes e Conway, demonstra como a indústria do tabaco recrutou rapidamente "peritos" cuja missão era fornecer elementos a seus departamentos de comunicação que permitissem "manter o diálogo aberto", ali onde os trabalhos de pesquisas haviam estabelecido, sem nenhum equívoco, que o tabaco é a causa de milhões de mortes prematuras.[11]

Em 1957, o Serviço Público de Saúde dos Estados Unidos declarou que o tabaco era "a causa principal do aumento da frequência de câncer do pulmão". Na Europa, outros órgãos de saúde pública fizeram declarações similares.

Em 1964, fundamentado em mais de 7 mil estudos constatando a nocividade do tabaco, o Surgeon General* demonstrou em um relatório, também chamado "Tabaco e saúde", que um fumante tinha "vinte vezes mais risco de morrer de câncer de pulmão do que um não fumante", que o tabaco acarretava também um nítido aumento

---

* Nos Estados Unidos, o Surgeon General tem uma função intermediária entre a de ministro da Saúde e a de porta-voz das instituições de saúde.

de outras doenças pulmonares e cardíacas, e que quanto mais uma pessoa fumasse, mais nefasto era o efeito sobre sua saúde.[12]

A indústria compreendeu que estava diante de uma grave crise, mas não se deu por vencida e juntou forças. O departamento de relações públicas da marca Brown & Williamson optou por fazer como se nada houvesse e anunciou, em 1967, que "não havia nenhuma prova científica comprovando que o tabaco causava câncer ou outras doenças". Diante dos tribunais, a indústria do tabaco conseguia sempre trazer alguns cientistas para seu lado, afirmando que os dados da ciência continuavam incertos.

Só posteriormente é que foi constatado que os cientistas a serviço da indústria de tabaco tinham, na verdade, chegado à mesma conclusão que os outros. E ainda mais, eles também haviam constatado que a nicotina criava dependência no fumante, duas conclusões que a indústria optou inicialmente por esconder, e depois negar até os anos 1990, quando foi acusada de dissimulação. Como tática preventiva, introduziram no mercado, nos anos 1960, marcas de cigarros ditas como "melhores para a saúde". Tendo em conta que 5 milhões de pessoas morriam então no mundo, e morrem ainda a cada ano, por causa do cigarro, dá para medir o cinismo desse rótulo.

Um novo vento de pânico percorreu a indústria nos anos 1980, quando o Surgeon General concluiu que o tabagismo passivo era também nocivo à saúde e adotou medidas limitando o uso do tabaco em ambientes fechados. A indústria do tabaco aliou-se novamente a Fred Singer para desacreditar não somente a EPA (Environmental Protection Agency, a Agência de Proteção do Meio Ambiente dos Estados Unidos), que havia compilado os trabalhos científicos, mas os próprios pesquisadores, acusando-os de fazer "pesquisa de fundo de quintal".

Também aí, e desde os anos 1970, a indústria do tabaco sabia que a fumaça do cigarro que paira no ar tem mais produtos tóxicos do que a fumaça inalada pelo próprio fumante.* A razão principal é que a combustão da fumaça lateral se dá em temperatura mais baixa e de maneira incompleta.[13]

O estudo mais convincente veio do Japão, em 1981. Takeshi Hirayama, do Instituto de Pesquisa sobre o Câncer, demonstrou que as mulheres de fumantes morriam duas vezes mais de câncer do pulmão do que as de não fumantes. O estudo abrangeu 540 mulheres acompanhadas durante 14 anos. Quanto mais o marido fumava, maior era a taxa de mortalidade das esposas.[14]

A indústria do tabaco recorreu então a um estatístico renomado, Nathan Mantel, que declarou que os resultados de Hirayama haviam sido analisados incorretamente. Os departamentos de comunicação das empresas assumiram o controle, os jornais anunciaram em manchetes de primeira página que as novas pesquisas desmentiam os riscos do tabagismo passivo, e propagandas de página inteira que anunciavam a boa notícia foram financiadas pelos fabricantes de cigarros. Novas cópias e memorandos internos encontrados posteriormente confirmaram que eles sabiam muito

---

* A fumaça do tabaco contém 4 mil substâncias químicas diferentes, das quais 60 são cancerígenas. A fumaça que escapa lateralmente do cigarro tem 7 vezes mais benzeno, 70 vezes mais nitrosaminas e 100 vezes mais amônia do que a fumaça inalada ou exalada pelo fumante.

bem onde estava a verdade. Um deles afirma: "Hirayama tinha razão. A TI (Tobacco Industry) sabia, e atacou Hirayama, sabendo que seus resultados estavam corretos".[15]

Portanto, fumar não era mais uma questão de risco pessoal. Colocar em perigo seus amigos, colegas e os próprios filhos era uma questão totalmente diferente, que a opinião pública com certeza não iria engolir com tanta facilidade.

Apesar disso, os industriais fabricantes de tabaco persistiram em sua conduta mentirosa: Sylvester Stallone recebeu US$ 500 mil para fumar cigarros em cinco de seus filmes, a fim de associar o ato de fumar com a força e a boa saúde. A Philip Morris financiou um projeto denominado Whitecoat ("jaleco branco"), contratando cientistas europeus para "inverter a concepção científica e popular errônea segundo a qual a FAT [fumaça ambiental de tabaco] é nociva à saúde".[16] Uma despesa de US$ 16 milhões, cujo único objetivo era manter a dúvida na população. Fred Singer, fiel ao posto, multiplicou os artigos na imprensa, denunciando os novos relatórios científicos que qualificou de "ciência de lixo" (*junk science*). Em 1999, após analisar os artigos publicados na imprensa referentes ao tabagismo passivo, dois pesquisadores da Universidade da Califórnia, Gail Kennedy e Lisa Bero, apuraram que 62% dos artigos publicados em jornais e revistas não especializados entre 1992 e 1994 continuavam afirmando que as pesquisas com conclusões sobre os efeitos nefastos do tabagismo passivo eram "sujeitas a controvérsia", enquanto *todos* os trabalhos científicos sérios haviam confirmado essa nocividade.[17]

Outro estratagema consistiu em criar revistas pseudocientíficas, nas quais a indústria do tabaco publicou artigos que nunca teriam passado pelo crivo dos comitês de leitura das revistas científicas sérias, e em organizar congressos para os quais convidava cientistas simpáticos à sua causa, cujas opiniões eram em seguida impressas nos "anais do congresso". Todas essas estratégias serviam à constituição de uma série de referências que, ainda que desprovidas de valor científico, tinham como finalidade contradizer as pesquisas sérias.[18]

Até que, finalmente, em 2006, um tribunal americano deliberou que "a indústria do tabaco havia elaborado e aplicado estratagemas destinados a enganar os consumidores sobre os perigos do cigarro, perigos dos quais estavam conscientes desde os anos 1950, como o comprovavam os documentos internos das próprias companhias de tabaco".

Em novembro de 2012, um juiz federal dos Estados Unidos ordenou às companhias de tabaco que publicassem nos jornais declarações de retratação, afirmando claramente que haviam mentido quanto aos perigos do tabagismo. Essas declarações deviam descrever sem dissimulação os efeitos do tabaco na saúde dos fumantes e mencionar o fato de que o tabagismo mata em média mais de 1.200 norte-americanos por dia, mais que os homicídios, a AIDS, o suicídio, a droga, o álcool e os acidentes de carros juntos.[19]

Ainda hoje, segundo a Organização Mundial da Saúde (OMS)[20], o tabagismo mata cerca de 6 milhões de pessoas anualmente. Desse total, 5 milhões são consumidores ou ex-consumidores, e mais de 600 mil, dos quais 80 mil na Europa, são não fumantes involuntariamente expostos à fumaça.[21] O tabagismo passivo é portanto perigoso, mesmo em pequenas doses.[22]

O tabaco provocou 100 milhões de mortos no século XX. Se a tendência atual for mantida, seus efeitos atingirão 1 bilhão de vítimas no século XXI. 80% desses óbitos irão ocorrer em países com renda baixa ou média.

A despeito de tudo isso, a indústria do tabaco nunca desistiu. Agora, ela visa os países em desenvolvimento, e prospera na África e na Ásia (que conta com 60% do bilhão de fumantes no planeta, dentre os quais 350 milhões de chineses). Na Indonésia, por exemplo, a indústria propôs aos jovens uma remuneração se aceitassem transformar seu veículo em suporte publicitário para suas marcas. Durante o período matutino, há cerca de 15 *spots* publicitários por hora na televisão, para promover o consumo de tabaco. Nesse país, com 11 milhões de trabalhadores, o setor do tabaco é o segundo empregador nacional, e 63% da população masculina são fumantes.[23] Na Índia, 50 mil crianças trabalham em fazendas e fábricas de tabaco. Na China, Marlboro patrocina uniformes escolares (com seu logotipo, é claro).[24] Mundialmente, segundo a OMS, as receitas fiscais com as vendas do tabaco são em média 154 vezes mais elevadas que os valores gastos na luta antitabaco.[25] Os efeitos a longo prazo das campanhas de desinformação continuam repercutindo, visto que 25% dos norte-americanos pensam ainda nos dias de hoje que não há nenhum argumento sólido que comprove que fumar mata.[26]

Um motorista em estado de embriaguez que provoque um acidente mortal será condenado por "ter causado a morte sem intenção de matar". O que dizer daqueles que causam a morte sem "intenção" de matar, sabendo perfeitamente que provocam a morte?

Quais as soluções?

De acordo com a OMS, as publicidades antitabaco são chocantes, e as fotos colocadas nos maços favorecem a diminuição do número de jovens que começam a fumar e aumentam o de fumantes que decidem parar o cigarro. Sabemos também que a proibição da publicidade faz baixar o consumo. A primeira coisa a fazer seria portanto *proibir qualquer publicidade.*

Os estudos revelam que a maioria dos fumantes conscientes dos perigos do tabaco desejam parar de fumar. No entanto, em muitos países, poucas pessoas conhecem os riscos específicos do consumo de cigarros (apenas 37% na China, onde as pessoas fumam livremente nos trens ou ônibus lotados). Os governos devem, em primeiro lugar, *informar corretamente* à população.

Sabe-se que um acompanhamento terapêutico, conselhos e a prescrição de alguns medicamentos podem, no mínimo, dobrar as chances de sucesso para eliminar o cigarro. Portanto, os consumidores necessitam de *ajuda na abstinência*. Ora, somente 19 países, que representam 14% da população mundial, dispõem de serviços de saúde nacionais que oferecem um apoio à abstinência.

35. O EGOÍSMO INSTITUCIONALIZADO • 443

Levando-se em conta o caráter viciante da nicotina e seus efeitos mortais, uma *interdição global* parece ser a solução mais evidente e mais humana. É insensato que se conceda tão pouca importância à hecatombe gerada pelo tabaco. Como observou Jacques Attali num editorial da *L'Express*:

> O escândalo do medicamento Mediator (benfluorex na França), no centro principal dos conflitos de interesse, é o exemplo de um descontrole preocupante de nosso sistema de saúde. [...] Mas o que é mais espantoso é que ninguém, absolutamente ninguém, questiona por que não é tratado com a mesma severidade um produto totalmente inútil, com sua nocividade hoje comprovada, consumido diariamente por 1,3 bilhão de pessoas no mundo, e que a cada ano deixa 5 milhões de mortos, ou seja, mais que a Aids e a malária juntos. [...] Mas ninguém o proíbe. Por quê? Porque ele traz muito dinheiro aos governos. Na França, ele trouxe, em 2009, € 10 bilhões de impostos e 3 bilhões de IVA (Imposto sobre o Valor Agregado) [...] Não se pode mais tergiversar. Tudo está muito claro: é necessário proibir a produção, a distribuição e o consumo de tabaco. Determinados postos de trabalho seriam comprometidos, os governos perderiam alguma receita, durante algum tempo o mercado negro seria estimulado, e seria preciso incorrer em despesas para desintoxicar os fumantes. Mas haveria um ganho tanto em qualidade e em expectativa de vida que o saldo, mesmo econômico, de maneira evidente seria sempre positivo.[27]

Essa é também a opinião da jornalista e médica Martine Perez, que escreveu um livro a respeito e coloca os números em perspectiva, dizendo que, se o Mediator é responsabilizado por 500 a 2 mil óbitos em trinta anos, nesse mesmo período o tabaco causou a morte de 1,8 milhão de pessoas no mesmo país.[28]

A OMS considera a proibição ineficaz no contexto da globalização. Contudo, seria possível imaginar que um órgão como a União Europeia pudesse tomar a iniciativa e dar o exemplo. Países como Finlândia, Austrália e Nova Zelândia já adotaram o caminho da erradicação por meio de duas iniciativas: a retirada de qualquer imagem positiva do tabaco, uniformizando os maços de cigarros, e a proibição de fumar nas ruas para colocar fim ao fenômeno de imitação.

Um grupo de peritos médicos ingleses avalia também que a perspectiva de uma proibição mundial seja pouco realista: ela encoraja muito mais os governos a enviar sistematicamente a conta da saúde pública para as companhias de tabaco, visto que elas são as causadoras de todas essas doenças e óbitos.[29] No Canadá, um recurso coletivo está em andamento, representando 45 mil quebequenses que pleiteiam US$ 27 bilhões em indenização dessas empresas. Nos Estados Unidos, as grandes marcas de cigarros assinaram, em 1998, o Master Settlement Agreement, um acordo geral de quitação mediante o qual se comprometeram a pagar a soma recorde de US$ 246 bilhões no período de 25 anos. Pelo jeito, a justiça dos Estados Unidos, apesar de tudo, não foi tão severa, uma vez que a indústria do tabaco continua em boa saúde, contrariamente àqueles que fumam seus produtos.

A negação do aquecimento climático

Em 1965, Roger Revelle, consultor científico do presidente Johnson, foi encarregado de preparar um relatório sobre o aumento de dióxido de carbono na atmosfera. Suas conclusões, apresentadas na Câmara do Congresso, declaravam que: "A geração atual alterou a composição da atmosfera em escala mundial, emitindo regularmente uma quantidade de dióxido de carbono produzido pela queima de combustíveis fósseis".[30] Contudo, era a época da guerra do Vietnã, e o governo tinha outras prioridades. Os climatologistas já haviam concebido modelos que previam, sob o efeito do aumento do CO_2, uma elevação crescente da temperatura na superfície do globo, com consequências consideráveis sob todos os aspectos – biodiversidade, migrações humanas, doenças etc.

O governo dos Estados Unidos pediu então a dois grupos de especialistas que analisassem a questão mais profundamente.* Também eles chegaram à mesma conclusão. Essa constatação deixou os homens políticos muito pouco à vontade: intervir de modo eficaz exigiria mudanças consideráveis no setor da energia. Escolheram então deixar o problema de lado. Um dos cientistas relata que, quando se dizia aos governantes de Washington que o índice de emissão de CO_2 na atmosfera iria dobrar no período de até cinquenta anos, eles respondiam: "Voltem daqui a quarenta e nove anos".[31] O governo dos Estados Unidos adotou o ponto de vista do "Veremos" e alegavam que, de qualquer maneira, a humanidade saberia adaptar-se. Por que, então, teria sido necessário regulamentar para diminuir o índice de CO_2 na atmosfera?[32]

Enquanto os cientistas continuam a acumular estudos e tentam alertar os responsáveis e a opinião pública, magnatas americanos financiam campanhas nas mídias para negar o aquecimento climático, apoiados por alguns laboratórios dispostos a defender essa tese. Segundo cálculos apresentados num relatório de investigação do Greenpeace, os irmãos David e Charles Koch, dois magnatas do setor petrolífero com opiniões ultraconservadoras, que são respectivamente a quinta e a sexta fortunas mundiais, contribuíram para isso com mais de US$ 60 milhões, desde 1997.[33] O jornalista Chris Mooney mostrou que a Exxon Mobil tinha, em alguns anos, desembolsado US$ 8 milhões para nada menos do que 40 organizações que denigrem as pesquisas científicas comprovando o aquecimento global.[34] Em 2009, havia mais de 2.300 lobistas no Congresso dos Estados Unidos focalizados nas questões ligadas à mudança climática, com o objetivo de proteger os interesses das grandes indústrias.[35]

A associação independente americana Open Secrets, que luta por uma "política responsável", publicou o valor total das contribuições feitas nas eleições americanas de novembro de 2012. Descobriu-se, então, que muitas empresas francesas – GDF Suez, Lafarge, Sanofi etc. – financiaram a campanha de candidatos que estavam entre

---
* Um grupo que denominou-se os "Jasãos" e era principalmente constituído de físicos, e mais tarde uma comissão dirigida por Jule Charney, professor no Massachusetts Institute of Technology (MIT), de Boston.

os mais ativos negadores do aquecimento climático, como o deputado de Illinois, John Shimkus, que declarou, em 2009, que a elevação do nível dos oceanos nunca iria ocorrer porque Deus prometeu a Noé que a humanidade nunca mais seria ameaçada por um dilúvio.[36]

Como destaca Thomas Homer-Dixon, do Centro Internacional de Inovação na Governança, em Ontário: "Todos os processos de negociação sobre as mudanças climáticas são um exercício de mentira prolongada e elaborada – mentiras de uns para os outros, para nós mesmos e, sobretudo, para nossos filhos. E essas mentiras começam a corromper nossa civilização em todos os níveis".[37]

A ciência maltratada

Pesquisador com qualidades irrepreensíveis, Benjamin Santer trabalha no Lawrence Livermore National Laboratory, ligado à Universidade da Califórnia. Foi ele que, em um artigo da revista *Nature*, trouxe em 1996 a prova decisiva de que o aquecimento climático era devido às atividades humanas e não às variações da atividade solar. Seus estudos demonstraram, na verdade, que a troposfera (parte da atmosfera mais próxima de nós) estava em processo de aquecimento, enquanto a estratosfera (faixa exterior à da troposfera) estava em processo de resfriamento. Isso deveria ocorrer de modo inverso, se o aquecimento de nosso clima fosse causado pelo sol: como a estratosfera recebe primeiro os raios do sol, é por ela que deveria começar o aquecimento.[38]

Santer foi então encarregado de coordenar a redação do 8º relatório do IPCC (Painel Intergovernamental das Nações Unidas sobre Mudanças Climáticas – IPCC na sigla em inglês). Essa instituição dividiu o Prêmio Nobel da Paz em 2007 com Al Gore.

Confrontados com a evidência da conclusão decorrente dos dados apresentados por Santer, incapazes de contestá-los cientificamente, Steitz, Singer, Bill Nierenberg e seus comparsas proclamaram que o pesquisador havia deliberadamente falsificado seus resultados. Maquinaram também para que a universidade onde trabalhava o demitisse. Steitz redigiu um editorial para o *Wall Street Journal* intitulado "Um grande engodo sobre o pretenso 'aquecimento global'", assim como outros artigos semelhantes acusando Santer de ter suprimido algumas partes desse 8º relatório do IPCC, trechos que colocavam em dúvida o aquecimento global e suas causas.

Na verdade, Ben Santer havia feito determinadas revisões por recomendação de seus colegas. Quando um pesquisador envia um artigo para uma revista científica ou escreve um relatório de síntese, é normal que seus dados, análises e conclusões passem pelo crivo de um grupo de especialistas. Como de praxe, estes últimos haviam solicitado detalhamentos e informações suplementares.

Fred Steitz conhecia evidentemente esse processo. No entanto, ele afirmou, e sem o menor fundamento, que as modificações feitas pelo pesquisador tinham a intenção de "enganar os responsáveis políticos e o público em geral, para que acreditassem que existiam provas científicas demonstrando que as atividades humanas gerariam um aquecimento do clima".³⁹ Em um artigo, ele alegou jamais ter visto "pior exemplo de corrompimento do processo de confirmação pelos especialistas". Ora, não sendo especialista das questões climáticas, Fred Steitz não tinha tido acesso ao teor das modificações efetuadas no artigo. Seus comentários não passavam assim de vento, mas um vento que ele conseguiu que fosse soprado em todos os meios de comunicação dos Estados Unidos.*

Foi assim que, no decorrer dos anos, a mídia americana foi bombardeada com informações falaciosas destinadas a oferecer aos políticos mais conservadores os argumentos de que necessitavam. A revista da Academia Nacional de Ciências dos Estados Unidos, a *PNAS*, publicou um estudo mostrando que 97% dos pesquisadores especializados em clima nos Estados Unidos atribuíam ao homem a responsabilidade pelo aquecimento climático e por suas consequências esperadas. Essa unanimidade da comunidade científica não foi suficiente para impressionar o senador de Oklahoma, James Inhofe, que replicou: "Esses 97% não significam nada".⁴⁰ Em outras circunstâncias, esse mesmo senador havia descrito o aquecimento global como "o maior trote já passado no povo americano"⁴¹, acrescentando que o "CO_2 não causa nenhum problema e é muito benéfico ao nosso meio ambiente e à nossa economia"⁴². Todos os pré-candidatos republicanos à presidência de 2012 mostraram-se céticos em relação às mudanças climáticas e recusaram examinar a possibilidade de as emanações industriais de dióxido de carbono serem a primeira causa do aquecimento global.⁴³ 64% dos norte-americanos ainda acreditam que a comunidade científica está profundamente dividida no que tange a este assunto.⁴⁴

Na França, o ex-ministro Claude Allègre conseguiu em seu livro, *L'Imposture climatique* [A impostura climática]⁴⁵, juntar a maioria dos erros e opiniões sem valor disseminadas pelos *lobbies* americanos. Ele negou em particular a extensão do aquecimento global e o fato de que este se deve às emissões de gases de efeito estufa – "Penso que, pelos teores atuais, a influência principal do CO_2 no clima não foi demonstrada, e que chega a ser duvidosa"⁴⁶, desenterrando a hipótese há muito tempo desacreditada por Ben Santer de que o sol seria o responsável pelo aquecimento momentâneo do planeta, negando o degelo da Antártida⁴⁷ e confundindo a instabilidade das condições meteorológicas com as alterações climáticas⁴⁸. Na verdade, nenhum fator natural conhecido pode explicar o aquecimento recente, e as conclusões dos especialistas do IPCC quanto ao papel das atividades humanas no aquecimento recente estão apoiadas em mais de 500 trabalhos consonantes.⁴⁹

Em abril de 2010, mais de 600 cientistas especializados em clima reagiram às posições de Claude Allègre e apelaram à direção do Centro Nacional de Pesquisa Científica (CNRS).⁵⁰ Entre outras reações, Stéphane Foucart relacionou no *Le Monde* os "Cem erros de Claude Allègre", demonstrando que o livro estava repleto de erros: referência a autores ou a artigos que não existiam, equiparação das opiniões de

---

* O *Wall Street Journal* recusou inicialmente a Santer o direito de resposta, e somente depois de sua terceira solicitação o artigo afinal foi publicado, truncado e com a omissão das assinaturas de quarenta outros cientistas de renome que lhe haviam dado respaldo.

apresentadores de meteorologia da televisão dos Estados Unidos com as de cientistas do clima, citação arbitrária de cientistas em pontos de vista que jamais haviam defendido, entre outros erros.

"Semear a dúvida", "manter aberta a controvérsia": os objetivos dos grupos de interesse foram coroados de sucesso. Trata-se, enfim, de fazer prevalecer o interesse de alguns sobre o bem comum. Fazer desse gênero de negação um cavalo de batalha decorre nitidamente do egoísmo institucionalizado.

A indústria farmacêutica: um desafio para a saúde pública

Há um século, as empresas farmacêuticas do mundo inteiro têm produzido medicamentos, antibióticos principalmente, que têm salvo um número incalculável de pessoas e contribuído para que a expectativa de vida, na França, passasse de 48 anos em 1900 para 80 anos atualmente. Entretanto, esse sucesso inconteste não é desculpa para um conjunto de práticas que, sem dúvida, não são do interesse dos pacientes.

É alarmante constatar, como acaba de demonstrar o médico inglês Ben Goldacre em seu livro *Bad Pharma*[51], que os interesses privados das empresas farmacêuticas prevalecem geralmente sobre os da saúde pública. Sob pretexto de proteger seus investimentos em pesquisa, essas empresas ocultam os dados dos estudos nos quais se baseiam e afirmam que um novo medicamento é eficaz. Em especial, comunicam à comunidade médica e científica apenas os resultados dos estudos favoráveis a seus produtos. Se acrescentarmos a isso os exageros e distorções inerentes a qualquer campanha publicitária, que enaltece as mercadorias de maneira desproporcional em relação a seus benefícios reais, os médicos não dispõem de informações que lhes permitam escolher com total conhecimento de causa os melhores tratamentos para seus pacientes. Em suma, como explica Philippe Masquelier, clínico geral e vice-presidente da Associação Formindep:* "Cessa a transparência da indústria farmacêutica onde começam seus interesses financeiros".

Uma distorção da pesquisa científica

Seria perfeitamente possível saber, sem ambiguidade, qual a eficácia dos medicamentos vendidos no mercado. Mas não é o que ocorre, em razão da falta sistemática de transparência das companhias farmacêuticas e da falta de vontade dos órgãos de regulamentação. Por quê?

Os medicamentos são testados por aqueles mesmos que os fabricam, e não por laboratórios científicos independentes. A comparação entre os protocolos experimentais utilizados nos estudos científicos rigorosos e os adotados nos laboratórios farmacêuticos demonstra que, nesses últimos, os protocolos são geralmente mal concebidos, realizados em um número insuficiente de pacientes, com duração

---

* Um coletivo fundado em 2004, cujo objetivo é "favorecer a formação e a informação médica que sejam independentes de qualquer outro interesse que não seja o da saúde das pessoas".

curtíssima. Além disso, esses resultados são interpretados de forma a exagerar os benefícios do produto. Quando os testes produzem resultados que não são satisfatórios para as empresas, elas simplesmente os ignoram, privando assim os investigadores independentes de informações indispensáveis para uma justa avaliação do medicamento em exame.

Em 2007, Lisa Bero e outros pesquisadores da Universidade de San Francisco, na Califórnia, examinaram todos os testes publicados sobre os benefícios das estatinas, um medicamento anticolesterol que reduz o risco de ataque cardíaco e que é incluído nas receitas médicas em volume muito grande. Eles analisaram 192 trabalhos que comparavam uma estatina específica com uma outra, ou com um tipo de medicamento diferente, e constataram que os estudos financiados pela indústria davam *vinte vezes mais resultados favoráveis* envolvendo seus próprios produtos do que os estudos feitos pelos laboratórios científicos independentes. Este exemplo é a regra e não a exceção.[52]

Para realizar um estudo rigoroso, é necessário reunir um grupo com um número suficiente de pessoas que sofram de uma certa doença, para em seguida dividi-lo em dois grupos por meio de sorteio. A primeira metade recebe o tratamento estudado, a outra um placebo isento de qualquer substância ativa ou outro tipo de medicamento.* O efeito placebo (a diferença entre os efeitos com o placebo e a evolução dos demais pacientes) é habitualmente da ordem de 30% e pode atingir 60 a 70% nos casos de enxaquecas e depressões.[53] Um medicamento deve, portanto, ter uma eficácia superior à de um placebo.

Infelizmente, existem muitas maneiras de tornar esses procedimentos experimentais tendenciosos. Para tanto, são selecionados pacientes mais suscetíveis de reagir favoravelmente ao tratamento. Ou ainda, os resultados são examinados já no meio do estudo, que é interrompido prematuramente para evitar que sejam obtidos resultados não tão bons ao final. As companhias farmacêuticas que utilizam os serviços de pesquisadores se reservam, por contrato, a prerrogativa de interromper um estudo a qualquer momento, se julgarem que ele não está caminhando na direção almejada, o que evidentemente distorce a avaliação objetiva do medicamento testado. Terminado o estudo, a companhia controla totalmente a publicação ou a desconsideração dos resultados, conforme seus interesses.

As empresas farmacêuticas não têm nenhuma transparência

Um artigo publicado no *JAMA* (*Journal of the American Medical Association*), a principal revista médica dos Estados Unidos, revela que numa amostragem de 44 estudos realizados por laboratórios farmacêuticos, em 40 dos casos, os

---

* Nem os doentes nem aqueles que administram o tratamento sabem se se trata de um placebo ou de substâncias estudadas. Somente aqueles que analisam os resultados têm acesso a essas informações. Este tipo de estudo, chamado duplo-cego, é a única forma de distinguir entre um efeito placebo e um efeito da substância que se junta ao efeito placebo, que está sempre presente.

pesquisadores tiveram que assinar um acordo de sigilo.[54] Esse sigilo não tem nada a ver com a proteção dos direitos dos laboratórios sobre o produto que haviam elaborado. Seu único objetivo é garantir a divulgação apenas dos testes que mostrem que seus produtos são eficazes, e manter em silêncio impune os testes com resultados negativos. Para tomarmos o exemplo da União Europeia, a metade de todos os testes efetuados em produtos médicos jamais foram publicados. Ora, o conhecimento da *totalidade* dos estudos realizados sobre um novo produto, e sua comparação com medicamentos já existentes, são indispensáveis para que os médicos possam prescrever o medicamento mais eficaz. Atualmente, os médicos dispõem apenas de resultados previamente selecionados pelos laboratórios. De fato, alguns estudos já realizados, de forma sistemática, longa e onerosa, indicam que a maioria dos novos medicamentos lançados no mercado não são mais eficazes que os já existentes. Em alguns casos, são até menos eficazes.

Para citar um exemplo revelador, tomemos o do Tamiflu. Em 2005, temendo uma pandemia de gripe aviária, os governos do mundo inteiro despenderam bilhões de dólares na compra e estocagem desse medicamento, supostamente capaz de reduzir as complicações da gripe, que podem ser fatais. Na Inglaterra, havia o suficiente para tratar 80% da população. Entretanto, até agora, a Roche, o fabricante, não publicou nenhum dado que mostrasse ser o Tamiflu eficaz na redução da taxa de pneumonia e de mortalidade. Assim mesmo, a página da Roche na Internet ainda anuncia que esse medicamento reduz em 67% as complicações.

Em dezembro de 2009, a Cochrane Collaboration, uma organização sem fins lucrativos que tem como objetivo facilitar a colaboração entre cientistas do mundo todo, decidiu verificar qual era realmente a situação. Essa organização efetua e publica a cada ano centenas de análises sistemáticas e aprofundadas a respeito de pesquisas médicas. Cochrane contatou a Roche, que se mostrou disposta a informar os dados desde que permanecessem confidenciais, o que não tinha nenhum sentido para uma organização cujo objetivo é informar a comunidade científica. Além disso, Cochrane deveria comprometer-se a não revelar as condições impostas pela Roche, nem os resultados de sua investigação, nem mesmo o fato de que essas investigações existiam! Tudo isso em se tratando de um medicamento que já havia sido consumido por centenas de milhares de pessoas e havia custado bilhões aos governos, logo, aos cidadãos. Cochrane solicitou esclarecimentos e a Roche não respondeu.[55] Em janeiro de 2011, Roche anunciou que todos os seus dados haviam sido comunicados à Cochrane, o que era falso, e, em fevereiro, que haviam sido publicados, o que também era falso. Em outubro de 2012, a redatora-chefe do prestigiado *British Medical Journal*, Fiona Godlee, publicou uma carta aberta à Roche, solicitando-lhe tornar públicos os resultados de uma dezena de testes não publicados, sendo que a Roche havia tornado públicos apenas os resultados de dois testes favoráveis a seu medicamento.[56] Em vão, como sempre.

A Cochrane efetuou então uma análise com os poucos dados disponíveis, e ficou claro que os métodos descritos nos artigos supostamente comprovadores dos benefícios do Tamiflu estavam longe de ser ideais: o tipo de pessoas escolhidas para serem testadas, principalmente, não era aleatório, mas determinado pelo resultado positivo que a empresa almejava obter. Além disso, muitos dados importantes estavam faltando. Até agora, não existe nenhum estudo realizado pelo método duplo-cego e comparado com placebo que demonstre a eficácia do Tamiflu nas formas graves da gripe. No máximo, foi observada uma ligeira redução da duração dos sintomas nas formas mais simples.

Após uma pesquisa publicada em 2008, ficou comprovado que a GlaxoSmithKline (GSK) tinha deixado de divulgar os dados de nove estudos que não somente revelavam a ineficácia de seu antidepressivo à base de paroxetina em crianças, como também destacavam efeitos graves e indesejáveis, como um aumento do risco de suicídio nessas crianças.[57] A GSK não fez o mínimo esforço para informar quem quer que seja, e um documento interno afirma: "Seria comercialmente inaceitável incluir nas bulas uma declaração indicando que a eficácia não foi demonstrada, pois isto prejudicaria o perfil da paroxetina". No ano seguinte a esse memorando confidencial, só no Reino Unido, 32 mil receitas de paroxetina foram emitidas para crianças.

O Vioxx (rofecoxib) foi lançado no mercado pelo laboratório Merck, principalmente para alívio das dores de artrose. A Merck continuou fazendo campanhas de marketing agressivas para promover as vendas de Vioxx, mesmo sabendo, desde o ano 2000, que o produto apresentava riscos cardiovasculares graves. O laboratório decidiu retirá-lo do mercado apenas em 2004, após dezenas de milhares de acidentes cardiovasculares, geralmente mortais, terem sido identificados.[58]

Durante um processo judicial, um grupo de peritos independentes mostrou que a Merck havia ocultado o aumento da mortalidade devida ao rofecoxib, constatado durante os testes clínicos que visavam a investigar sua ação no mal de Alzheimer. Protegida por cláusula de sigilo, a Merck havia fornecido apenas informações parciais e análises incorretas. Ora, segundo dois ensaios clínicos não publicados, a mortalidade era três vezes superior sob efeito do rofecoxib na comparação com um placebo.[59] Nos dois artigos publicados, os autores, dentre os quais vários eram funcionários da Merck, haviam afirmado que o rofecoxib era "bem tolerado".[60] Pelos sobreviventes talvez?

Nesta última década, diversas medidas e resoluções referentes aos medicamentos foram tomadas por órgãos nacionais e internacionais, assim como pelas editoras de revistas médicas, mas nenhuma foi respeitada.[61] Em 2007, foi decidido que os resultados de todos os estudos, positivos ou negativos, deveriam ser disponibilizados on-line numa página da internet criada para isso. Ainda assim, uma auditoria publicada na revista *British Medical Journal* revelou que somente 1 entre 5 estudos é colocado à disposição da comunidade médica. Outra dissimulação.

As agências reguladoras não cumprem seu dever

O mesmo acontece com as agências reguladoras governamentais que têm como missão verificar a qualidade das pesquisas dos laboratórios de medicamentos e autorizar a comercialização: elas nem sempre têm acesso a todos os dados das empresas farmacêuticas. Segundo Goldacre, médico inglês e autor do já citado *Bad Pharma*, às vezes é tão difícil obter delas os dados de que dispõem, quanto "extrair leite de pedra".

Ele dá como exemplo os pesquisadores da Cochrane que, em 2007, trabalhavam num estudo sistemático sobre dois medicamentos amplamente utilizados para dietas de emagrecimento, o Orlistate e o Rimonabanto. Um estudo desses requer acesso a todos os dados existentes: na ausência de algum deles, particularmente os que deram resultados negativos, os pesquisadores têm apenas uma imagem deformada da situação.

Em junho de 2007, a Cochrane solicitou à EMA (European Medicines Agency), órgão europeu que aprova e supervisiona os medicamentos para toda a Europa, que lhe fornecesse os protocolos experimentais e os relatórios sobre os estudos em questão. Dois meses depois, a EMA respondeu que havia decidido não fornecer esses relatórios, alegando a prerrogativa de proteger os interesses comerciais e a propriedade intelectual das companhias farmacêuticas. Os pesquisadores responderam que não havia estritamente nada, num relatório de estudo objetivo sobre a inocuidade e a eficácia de um medicamento, que pudesse comprometer a proteção desses interesses comerciais. E mesmo que houvesse, a EMA poderia explicar por que os interesses comerciais das empresas farmacêuticas deveriam prevalecer sobre a saúde dos pacientes?[62]

Em desespero de causa, os pesquisadores da Cochrane se voltaram para o gabinete do Provedor de Justiça Europeu. "Foi o início de uma batalha pela obtenção dos dados que iria envergonhar a EMA, e durar mais de três anos", relata Goldacre.[63] Em 2009, inesperadamente, um dos dois medicamentos, o Rimonabanto, foi retirado do mercado porque aumentava o risco de problemas psiquiátricos graves e suicídios. A EMA foi, então, obrigada pelo Provedor a fornecer todos os dados que possuía. Em 2010, as conclusões do Provedor de Justiça Europeu foram devastadoras: a EMA não havia cumprido com seus deveres e havia deixado de responder à acusação grave de que a retenção de informações pela EMA era contrária ao interesse dos pacientes. Durante todos esses anos, os pacientes sofreram pela falta de transparência das empresas farmacêuticas e das agências reguladoras governamentais.

Com grande pompa, a Agência Europeia de Medicamentos criou um banco de dados de ensaios clínicos, denominado EudraCT, e a legislação europeia exige que todos os estudos sejam ali registrados. Contudo, segundo todos os pareceres competentes, a falta de transparência continua, e a OMS, entre outras, declarou que o registro EudraCT era praticamente inutilizável, por ser quase impossível navegar pela massa de dados brutos e mal organizados que foram disponibilizados.[64]

O custo da pesquisa é amplamente inferior ao das despesas publicitárias

As empresas farmacêuticas despendem somas astronômicas em publicidade a cada ano, para influenciar as decisões terapêuticas dos médicos – US$ 60 bilhões por ano, apenas nos Estados Unidos, o que é equivalente ao PIB da Bolívia ou do Quênia, e três vezes mais que o do Laos.[65]

Quando uma empresa farmacêutica se recusa a permitir que um país em desenvolvimento utilize um novo medicamento para a Aids a um preço razoável, a explicação dada por ela é que precisa das receitas para financiar pesquisas muito onerosas. Esse argumento perde toda credibilidade quando sabemos que essa empresa, como todas as outras empresas farmacêuticas, gasta duas vezes mais dinheiro com o marketing de seus produtos do que em pesquisas.

É inaceitável considerar um medicamento como um produto de consumo qualquer, um produto cosmético ou uma caixa de sabão em pó, por exemplo. Os medicamentos não deveriam ter outra razão de ser, exceto sua utilidade a serviço da saúde pública. Por conseguinte, seria necessário aplicar aos medicamentos apenas critérios de decisão estritamente científicos, e começar proibindo todo e qualquer tipo de publicidade vinculado a eles.

O dinheiro gasto em publicidade é, aliás, totalmente pago pelos próprios pacientes, ou pelo erário público, se forem reembolsados pela seguridade social, ou ainda pelas seguradoras, que são financiadas pelas mensalidades dos pacientes. Cerca de 25% do preço de venda de um medicamento é destinado a cobrir as despesas publicitárias.

A publicidade médica faz mais do que apenas chamar a atenção dos médicos para certo medicamento em vez de outro, ela é frequentemente mentirosa. Para confirmar isso, basta comparar as afirmações da publicidade médica com os dados disponíveis sobre os medicamentos em questão.

Um estudo desses foi realizado em 2010 por um grupo de pesquisadores holandeses que analisou as principais revistas médicas do mundo entre 2003 e 2005.[66] Os resultados foram chocantes: apenas a metade dos efeitos terapêuticos descritos na publicidade era corroborada por estudos científicos correspondentes. Além disso, somente a metade desses estudos era de boa qualidade.

As maiores revistas médicas mundiais, *JAMA* e *NEJM* (*New England Journal of Medicine*), por exemplo, recebem cada uma entre 10 e 20 milhões dólares de receita pelos anúncios pagos pelas empresas farmacêuticas.[67]

As estratégias promocionais da indústria farmacêutica englobam a imprensa médica, os representantes farmacêuticos, os diversos órgãos de formação médica e os formadores de opinião na área da saúde.[68]

Os propagandistas farmacêuticos influenciam indevidamente os médicos

Inúmeras são as razões que deveriam levar os médicos a parar de receber os representantes comerciais das empresas farmacêuticas.[69] Esses representantes, chamados "propagandistas farmacêuticos", visitam regularmente os médicos para enaltecer os produtos fabricados por seus laboratórios. Em 2006, um pouco mais de 22 mil propagandistas farmacêuticos circulavam pela França, ou seja, 22% do quadro de pessoal da indústria farmacêutica.[70] Sendo o número de médicos em atividade na França, em 2012,[71] de aproximadamente 220 mil, isso corresponde a 1 propagandista para cada 10 médicos (1 para cada 6 nos Estados Unidos!). Na França, um terço dos médicos recebe mais de 7 propagandistas por semana.

Os propagandistas farmacêuticos fazem certamente seu trabalho de forma conscienciosa, e não seria cabível criticá-los no plano pessoal. Além disso, na situação atual, eles facilitam a tarefa do médico, já que os horários geralmente sobrecarregados do médico tornam impossível ler toda a literatura científica publicada mensalmente em sua respectiva especialidade.

É o sistema que é deficiente e eticamente inaceitável, já que é sabido que as empresas farmacêuticas, e por extensão aqueles que as representam, oferecem uma imagem deformada de seus produtos. O interesse geral seria atendido se os novos medicamentos, tão elogiados pelos laboratórios, fossem mais eficazes do que os já existentes, porém, como vimos, geralmente não é o caso.

Na França, a lei especifica que a informação fornecida pelos propagandistas deve ser isenta de qualquer forma de incitação à prescrição médica. No entanto, como poderiam não influenciar na prescrição? Os propagandistas farmacêuticos devem, em consonância com a tarefa que lhes é confiada, dar uma opinião favorável da empresa que representam. Eles distribuem separatas de artigos acadêmicos que elogiam seus produtos e são obrigados a omitir estudos mencionando que as substâncias em questão são inativas, menos eficazes que os medicamentos já disponíveis, ou pior, que elas têm efeitos colaterais indesejáveis. Assim, podemos dizer que eles são, em certa medida, cúmplices da estratégia de retenção de informações das empresas farmacêuticas que representam.

A maioria dos médicos afirma manter o espírito crítico. Estudos realizados a esse respeito demonstram que não é bem assim. Um desses estudos acompanhou, nos Estados Unidos, um grupo de médicos antes e após uma viagem feita com as despesas pagas por uma companhia farmacêutica a um local turístico na moda.[72] Antes de sair, a maioria dos médicos disse que não acreditava que esse tipo de evento iria mudar seus hábitos de prescrição de remédios. Entretanto, constatou-se na volta que eles haviam triplicado as prescrições dos produtos da empresa em questão. Como se sabe? Nos Estados Unidos isso é muito fácil saber, já que as farmácias têm autorização para vender seus arquivos de receitas médicas a empresas comerciais que os analisam por conta das empresas farmacêuticas.[73] Os nomes dos pacientes são omitidos, mas não os dos médicos. As empresas podem portanto saber quais medicamentos o médico prescreveu, e ajustar os argumentos de venda de seus propagandistas. E, contrariamente à França, nada os proíbe de conceder favores aos médicos que utilizam mais seus produtos.

Segundo Ben Goldacre, é preciso simplesmente que os médicos recusem receber os propagandistas farmacêuticos, e que o acesso dos propagandistas a clínicas, hospitais e faculdades de medicina seja proibido.[74] Além disso, os farmacêuticos não poderiam ser autorizados, em hipótese alguma, a divulgar informações sobre os receituários.

Na França, essa é também a opinião de Martin Hirsch, então presidente da Agência do Serviço Cívico, que declarou num canal de televisão em janeiro de 2011: "Devemos colocar os laboratórios para fora dos hospitais, da formação inicial e contínua dos médicos. Devemos banir dos consultórios os propagandistas farmacêuticos".[75] "Isso é perigoso, e o que o Sr. propõe para as 22 mil pessoas que perderão seu emprego?", lhe responderam. A questão não pode ser reduzida a essas considerações no curto prazo. Trata-se da saúde pública. Além disso, levando em conta as economias consideráveis que seriam feitas pela Seguridade Social, o Estado teria dinheiro suficiente para ajudar a reciclar os representantes farmacêuticos.

Muitas pesquisas servem somente para produzir um avatar do que já existe

Ocorre, sem dúvida, que um laboratório farmacêutico descubra e fabrique um novo medicamento que salva centenas de milhares de vidas. Porém, atualmente, a maioria dos novos medicamentos não trazem nenhum avanço terapêutico tangível, ao passo que são vendidos muito mais caro do que os precedentes. Uma real melhoria consistiria numa maior eficácia, numa posologia em menor número de vezes, numa diminuição dos riscos ou ainda numa administração mais simples ou mais segura do tratamento.

Ora, um grande número de "novos" medicamentos pertence a duas categorias conhecidas em inglês com o nome de *me-too* e *me-again*, ("eu também" e "eu outra vez"), e nada justificaria sua comercialização.

Os "eu também" são cópias de medicamentos existentes, vendidos com nomes diferentes. Os "eu outra vez" são medicamentos cuja patente está para vencer (o prazo legal é de vinte anos na França) e cairá no domínio público em pouco tempo. Os fabricantes, vendo com ansiedade a aproximação do dia em que outras empresas poderão livremente comercializar versões genéricas de produtos que até então lhes traziam fortunas, apressam-se em lançar uma nova versão, com fórmula química ligeiramente modificada, sem que produza a menor diferença terapêutica. Rebatizado e lançado com grande aparato publicitário, o "eu outra vez" será vendido duas a três vezes mais caro que o produto extinto. Isso não é difícil, já que, como vimos, para obter a autorização de venda do medicamento basta demonstrar que ele é ligeiramente melhor do que um placebo, o que é o caso de 30% dos novos medicamentos aprovados pelas autoridades sanitárias. O que os pacientes necessitam não é de uma cópia mais cara, mas de um medicamento mais eficaz.

De acordo com a análise de Adrian Hollis publicada pela OMS, o principal problema com o "eu também" e o "eu outra vez" é que eles restringem o estímulo à inovação. Seria então preciso exigir, antes de autorizar a entrada de um novo medicamento no mercado, provas de que ele realmente é *superior* aos já existentes.[76]

Para dar apenas um único exemplo em meio de centenas de outros, há aproximadamente dez anos, a empresa AstraZeneca ganhava US$ 5 bilhões ao ano, ou seja um terço de seu faturamento total, com a venda do omeprazol para tratar refluxo gástrico e queimação no estômago. A patente estava para expirar, os fabricantes de medicamentos genéricos iam entrar em cena, os preços iriam baixar (para o bem maior dos pacientes) e o faturamento diminuiria. AstraZeneca introduziu, então, um "eu outra vez" na forma de esomeprazol* lançado em 2001. A diferença? Do ponto de vista terapêutico, nenhuma.[77] Exceto que custa dez vezes mais. Por que os médicos o receitam a esse preço? Tal é o poder da publicidade enganosa.

Nos Estados Unidos, Thomas Scully, diretor dos programas Medicare e Medicaid, demonstrou que o desperdício de dinheiro gerado pelo uso do esomeprazol (comercializado com o nome de Nexium), no lugar do anterior, chegava a US$ 800 milhões anuais. E ele chegou a dizer que "todo médico que receita Nexium deveria se envergonhar". A AstraZeneca queixou-se à Casa Branca, e o Congresso comunicou a Scully que seria melhor ele se calar.[78]

O estudo ALLHAT (antihypertensive and lipid-lowering treatment & prevent heart attack trial – tratamento anti-hipertensivo e redutor de lipídios para prevenir ataques cardíacos),[79] iniciado em 1994 e que custou US$ 125 milhões, era sobre a hipertensão arterial, uma doença que afeta aproximadamente um quarto da população adulta. Comparou-se a clortalidona, um composto antigo e de baixo custo, com a amlodipina, um novo composto muito caro, receitado de forma abundante. Sabia-se que os dois remédios eram tão eficazes, tanto um quanto o outro, para controlar a pressão arterial. O objetivo era conhecer o número de ataques cardíacos que afetavam os pacientes tratados pelos dois medicamentos. No final do estudo, em 2002, constatou-se – para grande surpresa de todos – que o medicamento mais antigo era nitidamente melhor. Além disso, a economia para os pacientes e para a Seguridade Social, se esse remédio tivesse sido utilizado, teria amplamente superado o custo do próprio estudo. Esse estudo, infelizmente, não impediu a venda da amlodipina, de alto custo e com grande reforço publicitário junto a médicos e farmacêuticos.[80]

---

* Para obter uma nova autorização de venda, é preciso pelo menos uma pequena diferença. O esomeprazol é portanto um enantiômero do precedente, isto é, uma molécula que é como a imagem invertida em um espelho de uma outra molécula, o que, neste caso, não muda absolutamente nada as suas propriedades terapêuticas.

Um outro estudo conduzido por James Moon e seus colegas revelou, após investigação dos dez componentes mais amplamente receitados na Inglaterra, que o fato de utilizar todo um conjunto de "eu também", em vez do remédio menos oneroso (embora idêntico), encarecia as finanças públicas em muitos bilhões de libras esterlinas anualmente, sem nenhum benefício para a saúde dos pacientes.[81] Ocorre o mesmo no mundo todo.

Graves falhas éticas em relação às "cobaias" humanas

Durante décadas, nos Estados Unidos, muitos medicamentos novos foram testados em prisioneiros. Hoje, são os pobres dos países ricos e as populações dos países em desenvolvimento que sofrem com esses testes. É certo que eles são pagos, às vezes com quantias tentadoras para um indiano carente, mas as intermediárias contratadas são pouco vigiadas e geralmente pouco escrupulosas, com acidentes frequentes e sem opções para as vítimas nesses casos. Às vezes, aqueles que fazem da experiência de cobaia um trabalho, do qual dependem para sobreviver, sofrem tanto ao tomar continuamente novas substâncias que chegam a fazer de conta que estão engolindo as drágeas. Um desses "profissionais" descreve seu calvário como "uma economia de tortura suave".[82]

Esses testes apresentam igualmente o defeito de serem efetuados em grupos étnicos diferentes das populações às quais os medicamentos serão finalmente administrados. É pouco provável que habitantes pobres de comunidades rurais na China, Rússia ou Índia reajam às substâncias administradas da mesma maneira que um habitante de Nova York. Se, por exemplo, for administrado um novo medicamento para a hipertensão arterial em pessoas que nunca tomaram algo semelhante, é muito provável que os efeitos sejam muito mais animadores do que em pessoas que já foram submetidas a diversos tratamentos. Os resultados serão, desse modo, distorcidos. Em suma, os que se prestam a essas pesquisas raramente serão os beneficiários dos novos medicamentos, destinados principalmente aos países ricos.

As soluções possíveis

Diante de tal indiferença pelo bem do outro, frente a falhas tão graves, é importante pensar nas possíveis soluções. Vimos que a indústria farmacêutica fornece apenas informações incompletas e tendenciosas. Essa situação, até pouco tempo atrás, escapava quase totalmente da mídia em geral e do público, a despeito dos gritos de alarme ocasionalmente dados por cientistas responsáveis.

Portanto, é indispensável que as autoridades reguladoras de saúde, independentes dos fabricantes, sejam as que informem claramente os médicos sobre as virtudes e os perigos dos medicamentos existentes, e que elas assegurem a formação contínua dos médicos. Comitês científicos independentes devem também julgar a validade dos estudos efetuados pelos laboratórios. Para isso, a condição prévia indispensável é o acesso a *todos os dados experimentais* dos testes de eficácia dos produtos medicamentosos. Esse dispositivo seria por certo oneroso, contudo permitiria que os governos, no final das contas, fizessem economias colossais.

As empresas farmacêuticas deveriam também ser penalizadas se ficasse constatado que dissimularam resultados de estudos desfavoráveis a seu produto, o que é moeda corrente em nossos dias. Em *Bad Pharma,* ou como as indústrias farmacêuticas enganam os médicos e lesam os pacientes, Ben Goldacre, autor de um dos mais sérios estudos a respeito, acredita que a destinação dos recursos para sanear o sistema da produção de medicamentos seria mais importante e útil à sociedade do que a realização de novas pesquisas.

Na França, a revista médica *Prescrire*, fundada em 1981 por um grupo de farmacêuticos e médicos, envida esforços no mesmo sentido, denunciando a influência inadequada dos *lobbies* farmacêuticos, os tratamentos ineficazes, ou até perigosos (a *Prescrire* foi a primeira a solicitar, em 2005, a retirada do medicamento Mediator). A revista, dedicada à formação permanente dos profissionais de saúde, não aceita anúncios de empresas farmacêuticas. Anualmente, a revista publica uma lista selecionada das empresas farmacêuticas, elaborada em função da transparência, da boa vontade em disponibilizar os dados de suas pesquisas e da objetividade em relação à eficácia e aos efeitos adversos de seus produtos.

Em 2012, a *Prescrire* identificou 15 novos medicamentos considerados perigosos e assinalou que a maioria dos novos produtos colocados no mercado durante o ano apenas acrescentam substâncias que não apresentam efeitos terapêuticos superiores aos dos medicamentos já disponíveis. E, mais preocupante ainda, um em cada cinco novos medicamentos apresenta uma relação benefícios-riscos negativa e deve ser evitado.

Os especialistas da revista recomendam: o aumento do financiamento de pesquisas clínicas que sejam independentes das empresas farmacêuticas; a mobilização de um corpo de especialistas independentes; a exigência de comparar os novos medicamentos com os tratamentos existentes; uma maior transparência, garantindo o acesso aos dados dos ensaios clínicos, e formações contínuas dos profissionais da saúde que sejam inteiramente independentes financeiramente das empresas farmacêuticas.

Concluindo, o cerne do problema está nos dados que faltam, como explica Ben Goldacre: "É a chave para toda essa história [...], pois ela envenena a água do poço para todo mundo. Se os testes adequados nunca são feitos, e se os testes que deram resultados negativos são ocultados, é simplesmente impossível conhecer os efeitos reais dos tratamentos que fazemos". Por falta de informação, ou porque os dados comunicados são tendenciosos, ou até mesmo incorretos, os médicos tomam decisões equivocadas e, ainda que involuntariamente, causam sofrimentos inúteis, ou até a morte, para as pessoas que tencionam curar.[83]

Monsanto, arquétipo caricatural do egoísmo institucionalizado

A Monsanto encarnou o egoísmo institucionalizado durante cerca de um século, e merece por isso ser colocada em evidência. Implantada em quarenta e seis países, essa empresa é de forma particular conhecida do grande público como a líder mundial dos OGM [organismos geneticamente modificados] e uma das responsáveis pela extensão massiva das monoculturas. Ela exerce um controle draconiano sobre os fazendeiros a quem vende sementes, e estes não são autorizados a reutilizá-las de um ano para outro.

O que se sabe menos é que, desde sua criação em 1901 por um químico autodidata, John Francis Queeny, a empresa tem sido um dos maiores fabricantes de produtos tóxicos, inclusive os PCB (comercializados com o nome de "Piraleno", na França*) e o tristemente famoso agente laranja utilizado durante a guerra do Vietnã. Milhares de pessoas morreram por causa desses produtos que contêm sobretudo dioxinas. Durante décadas, a Monsanto dissimulou e negou os efeitos prejudiciais de seus produtos sobre a saúde, até que uma série de processos revelou suas práticas criminosas. A Monsanto se apresenta hoje em dia como uma empresa de "ciências da vida", de súbito convertida às virtudes do desenvolvimento sustentável.

Em sua obra intitulada *Le Monde selon Monsanto* [O mundo segundo a Monsanto], Marie-Monique Robin, jornalista laureada pelo Prêmio Albert-Londres e realizadora de documentários, relata os resultados de um minucioso trabalho investigativo que realizou em todos os continentes.

Uma cidade envenenada

Anniston é uma cidadezinha do estado do Alabama, no sul dos Estados Unidos, que conta hoje com 23 mil habitantes, dos quais 25%, negros em especial, vivem abaixo do limite de pobreza. Anniston foi por um tempo uma das cidades mais poluídas dos Estados Unidos. Com efeito, foi nesta cidade, que entre 1929 e 1971, a Monsanto fabricou PCB e despejou impunemente durante quarenta anos os detritos de alto teor tóxico dessa fabricação no Snow Creek, um canal que atravessa a cidade. "Era água envenenada. A Monsanto sabia, mas nunca disse nada...", relata David Baker, um sobrevivente.** Nos dias de hoje, os bairros mais poluídos foram abandonados e passam a imagem de uma cidade fantasma.

Os PCB servem de lubrificantes e de isolantes de máquinas, e entram na composição de pinturas e de produtos para tratamento de metais, soldas, adesivos etc.

---

* O PCB, comercializado pela Monsanto com o nome de "Aroclor" nos Estados Unidos, é um óleo clorado de alto teor tóxico que foi utilizado como isolante nas indústrias elétricas e eletrônicas, e que, sob efeito do calor, libera a dioxina. O piraleno é proibido na França desde 1987.
** Segundo um relatório desprestigiado, elaborado em março de 2005 pela Agência de Proteção do Meio Ambiente dos Estados Unidos (Environment Protection Agency ou EPA), durante quarenta anos, 810 toneladas de PCB foram despejadas em canais como o Snow Creek, e 32 mil toneladas de detritos contaminados foram jogadas em um aterro a céu aberto, situado no próprio local, no coração do bairro habitado pela comunidade negra da cidade.

Estavam por todo lado. Foram agora classificados dentre os "Poluentes Orgânicos Persistentes" (POP), substâncias muito perigosas, pois resistem às degradações naturais e se acumulam nos tecidos vivos ao longo da cadeia alimentar.

No final dos anos 1960, começaram a circular informações públicas a respeito dos perigos causados pelos PCB. A Monsanto estava preocupada... com seus negócios. Um comunicado interno redigido em 1970 explica aos representantes comerciais: "Vocês podem responder de forma oral, mas nunca deem uma resposta por escrito. Não podemos nos permitir perder um dólar em negócios".

Nos anos 1990, em Anniston, o ritmo dos óbitos aumentava, as mulheres tinham muitos abortos espontâneos e uma proporção elevada de crianças manifestava sinais de deficiência mental. A Monsanto oferecia aos habitantes pobres a possibilidade de comprar suas casas por um bom preço em troca da promessa de não entrarem com ações judiciais. Depois ofereceu 1 milhão de dólares aos habitantes dos bairros afetados para comprar seu silêncio e resolver a questão de uma vez por todas. Antes dessa estratégia se concretizar, um advogado de Anniston, Donald Stewart, assumiu a causa da população e conseguiu obter de um tribunal a autorização para consultar os arquivos internos da Monsanto, uma montanha de documentos que a empresa se recusava a mostrar até então.

O exame desses arquivos revelou que, desde 1937, a empresa já sabia que os PCB apresentavam riscos graves à saúde, que operários haviam morrido após terem sido expostos a vapores de PCB contendo dioxinas, e que outros haviam contraído uma doença de pele que os haviam desfigurado. Essa doença, batizada "cloracne", se traduz por uma erupção de pústulas no corpo todo e um escurecimento da pele, e pode durar vários anos, ou até mesmo não desaparecer nunca.

Em 1955, um pesquisador da Monsanto baseado em Londres, sugeriu que fossem efetuadas pesquisas para avaliar de modo rigoroso os efeitos tóxicos do Aroclor. O Dr. Kelly, diretor do departamento médico da Monsanto, lhe respondeu de modo seco: "Não vejo que vantagem você pode tirar em fazer novos estudos".[84]

Mas a pressão aumentou. Em novembro de 1966, o professor Denzel Ferguson, biólogo da Universidade do Mississippi e sua equipe colocavam vinte e cinco peixes engaiolados nas águas do canal que atravessa Anniston: "Todos perderam o senso de equilíbrio e morreram em três minutos e meio, cuspindo sangue". Em certos locais, a água estava tão poluída que matava todos os peixes, mesmo diluída trezentas vezes. O especialista conclui: "Snow Creek é uma fonte potencial de problemas legais futuros. [...] A Monsanto deve medir os efeitos biológicos de seus detritos para se proteger de eventuais acusações".[85]

Os PCB (Bifenilpoliclorados) se alastram por todo o mundo

Os PCB contaminaram todo o planeta, do Ártico à Antártida.[86] Em 1966, um pesquisador sueco, Søren Jensen, descobriu uma substância tóxica incomum em amostras de sangue humano: o PCB. Ele percebeu, com o passar do tempo, que os

PCB haviam contaminado de maneira ampla o meio ambiente, embora não fossem fabricados na Suécia. Encontrou quantidades significativas nos salmões pescados próximo ao litoral e até nos cabelos de seus próprios filhos.[87] Jensen concluiu que os PCB se acumulam ao longo da cadeia alimentar nos órgãos e nos tecidos adiposos dos animais, e que são pelo menos tão tóxicos quanto o DDT.

"No entanto", comenta Marie-Monique Robin, "a direção da Monsanto não mudou de atitude: um ano depois, ela aprovou um crédito suplementar de 2,9 milhões de dólares para desenvolver a gama de produtos Aroclor em Anniston e Sauget".

Na França, em 2007, o Rio Ródano foi seriamente poluído pelo piraleno (a ponto de que ainda hoje é proibido pescar algumas espécies de peixes nesse rio), cuja venda é proibida desde 1987, mas ainda se encontra presente em muitos equipamentos, com uma taxa de cinco a doze vezes superior às normas sanitárias. Pelas mesmas razões, até os dias de hoje a pesca continua proibida de maneira total no Sena, a jusante de Paris, e parcialmente no Garone e no Loire.[88] De acordo com o relatório anual da Associação Robin des Bois (Robin Wood), na França, em abril de 2013, 550 áreas terrestres francesas estavam poluídas pelo PCB, ou seja 100 a mais em relação a 2011. Esse aumento é devido ao fato de que o piraleno, a despeito de sua proibição, ainda é usado em muitas máquinas e continua se alastrando no meio ambiente, em particular quando as máquinas e aparelhos de uso doméstico (radiadores a óleo, por exemplo) são abandonados.

Proteger os negócios, não dizer nada

Durante *quarenta anos*, a empresa Monsanto agiu como se nada tivesse acontecido, até a proibição definitiva dos PCB nos Estados Unidos em 1977.[89] "A irresponsabilidade da empresa é de modo total alucinante", comenta Ken Cook, diretor do Environmental Working Group, uma ONG de Washington que disponibiliza em seu site na Internet a "montanha de documentos" internos da Monsanto:[90] "Ela tem todos os dados nas mãos, mas nada faz. É por isso que eu afirmo que seu comportamento é criminoso".

A Monsanto acabou por pedir a um laboratório privado que fizesse pesquisas, elas revelaram que os PCB "mostram um nível de toxidade ainda mais elevado do que o esperado".[91] Isso não impediu que em 1976, os escritórios de Saint Louis, sede da companhia, enviassem uma correspondência à Monsanto da Europa, advertindo-os que se perguntas fossem feitas sobre os efeitos cancerígenos dos PCB, eles deveriam responder que "os estudos sanitários preliminares conduzidos com nossos operários que fabricam os PCB, assim como os estudos a longo prazo realizados com animais, não permitem concluir que os PCB sejam cancerígenos".[92] Resumindo, como afirma Marie-Monique Robin, "a obsessão da companhia de Saint Louis era apenas e tão-somente continuar com sua atividade e fazer negócios, contra ventos e marés".[93]

Uma pesada condenação logo esquecida

Enfim, em 2002, foi aberto um processo, graças à entrada em cena de um grande escritório de advocacia de Nova York. A Monsanto e sua filial Solutia foram julgadas culpadas de terem poluído o território de Anniston e o sangue de sua população com os PCB. Os motivos da condenação foram: "negligência, abandono, fraude, danos às pessoas e aos bens, e prejuízos". O veredito foi acompanhado de um julgamento severo avaliando que o comportamento da Monsanto havia "ultrapassado de maneira extrema todos os limites da decência, e que ele pode ser considerado atroz e por inteiro intolerável em uma sociedade civilizada".[94] Monsanto e suas filiais foram condenadas a pagar milhões de dólares de indenizações por perdas e danos.

Apesar disso, "nunca demonstraram a mínima compaixão por suas vítimas: nem uma palavra de desculpa ou um sinal de pesar, negando ainda e sempre!", afirmou Ken Cook, que acompanhou todo o processo.[95]

"Integridade, transparência, diálogo, compartilhamento e respeito", proclamava a carta da Monsanto em 2005. Hoje, o site francês da empresa na Internet reforça:

> A integridade é a base de tudo que empreendemos. Inclui honestidade, decoro, coerência e coragem. [...] Zelamos para que a informação esteja disponível, acessível e compreensível. [...] A segurança de nossos colaboradores, das comunidades junto às quais operamos, de nossos clientes, consumidores e do meio ambiente será nossa prioridade absoluta.[96]

A segurança, uma prioridade absoluta da Monsanto? Não era no passado, e nada prova que será no futuro. Será preciso outro juiz federal obrigar a Monsanto a publicar nos jornais a lista de seus delitos?

O agente laranja

Em 1959, a Monsanto se lança na produção do herbicida Lasso, mais conhecido com o pseudônimo de "agente laranja", que foi vendido ao exército norte-americano como desfolhante das selvas do Vietnã, de 1962 a 1971.[97] O agente laranja provocou muito câncer no Vietnã, como também o nascimento de 150 mil crianças com severas malformações congênitas e doenças graves;[98] atingindo também muitos soldados norte-americanos.

Os documentos liberados revelaram que os dois principais fabricantes, Monsanto e Dow Chemicals, haviam de modo deliberado ocultado os dados de suas próprias pesquisas, para não perderem um mercado muito lucrativo, que na época possibilitou a assinatura do maior contrato jamais fechado pelo exército norte-americano.[99] Em 1983, Raymond Suskind, da Universidade de Cincinnati, publicou um estudo, patrocinado pela Monsanto, concluindo que as dioxinas provenientes do 2,4,5-triclorofenol, a substância principal do agente laranja, não tinham efeitos nefastos à saúde.[100]

Seu estudo foi muito citado para tranquilizar a opinião pública quando o exército norte-americano utilizou o agente laranja no Vietnã. Durante um processo movido contra a Monsanto, constatou-se, tarde demais para as vítimas, que Suskind havia manipulado os dados com o objetivo de demonstrar a inocuidade de um produto de alto teor cancerígeno.[101]

Tempos depois do Greenpeace ter elaborado um dossiê e Cate Jenkins, da Agência de Proteção do Meio Ambiente, ter redigido um relatório sobre as fraudes da Monsanto – que a Monsanto tentou por todos os meios ocultar[102] – e ainda a intervenção decisiva do almirante Elmo Zumwalt, ex-comandante da frota norte-americana no Vietnã, que perdeu o filho após exposição ao agente laranja, o Congresso Americano acabou solicitando à Academia Nacional de Ciências uma lista das doenças que poderiam ser atribuídas a uma exposição à dioxina.[103] Essa lista, entregue dezesseis anos depois, continha treze patologias graves, o que permitiu ao Departamento dos Ex-combatentes indenizar e assumir as despesas médicas de milhares de veteranos que lutaram na guerra do Vietnã.[104] No final, foi o Estado que pagou, e não a Monsanto. Em contrapartida, nada foi previsto para as crianças vietnamitas.

O Roundup

Era o herbicida miraculoso da Monsanto que possuía todas as virtudes, nenhum efeito nocivo para o homem, e além de tudo, certificado como biodegradável, portanto respeitando o meio ambiente. "O Roundup pode ser utilizado em locais onde crianças e animais domésticos brincam, pois ele se decompõe em matérias naturais", anuncia a Monsanto. A empresa foi condenada em diversos países por publicidade mentirosa, na França sobretudo, em 2007, mas a multa foi de apenas 15 mil euros, o que se mostra enfim bem rentável para enganar o mundo, já que, mesmo quando se é pego com a mão na botija, as sanções são leves.

Na Argentina, onde o Roundup é pulverizado de modo usual por avião nas vastas plantações de soja, muitos casos de intoxicações foram relatados, entre os quais alguns mortais. Nos Estados Unidos, os documentos que foram liberados revelaram que os laboratórios que trabalham sob a égide da Monsanto haviam dissimulado os relatórios que estabeleciam a toxidade do glifosato-4 (componente químico do Roundup) para os animais.[105] Aliás, vários estudos associaram seu uso a um aumento de alguns tipos de câncer nos Estados Unidos, Canadá e Suécia.[106]

Os OGM (Organismos Geneticamente Modificados)

Em 1972, dois geneticistas de Stanford, Paul Berg e Stanley Cohen, pesquisaram os OGM. Um deles conseguiu recombinar duas partes de DNA provenientes de espécies diferentes em uma única molécula híbrida, e o outro introduziu no DNA de uma bactéria um gene extraído de um cromossomo de um sapo.[107]

No mesmo ano, a Monsanto solicitou ao geneticista Ernest Jaworski que, assistido por um grupo de trinta pesquisadores, tentasse manipular o patrimônio genético das plantas para torná-las mais resistentes aos herbicidas. Após muitas peripécias, os pesquisadores da Monsanto, assim como de dois outros laboratórios, anunciaram que haviam conseguido introduzir um gene de resistência a um antibiótico nas células de tabaco e de petúnia, utilizando como vetor uma bactéria que infecta com frequência essas duas plantas.

Os três laboratórios em questão, incluindo a Monsanto, registraram as patentes. Foi o começo da "privatização do vivo"; a Corte Suprema dos Estados Unidos deliberou que "tudo o que sob o sol for tocado pelo homem pode ser patenteado". A Agência Europeia de Patentes de Munique acompanha e concede patentes sobre os micro-organismos, depois sobre plantas (1985), animais (1988) e finalmente embriões humanos (2000).[108] Nos dias de hoje, a Agência de Patentes de Washington concede a cada ano cerca de 15 mil patentes referentes a organismos vivos.

Os pesquisadores da Monsanto se lançaram então em uma corrida desenfreada para desenvolver plantas resistentes a seu famoso herbicida, o Roundup. O projeto é o seguinte: os agricultores plantam soja resistente ao Roundup, depois pulverizam o herbicida em quantidade suficiente para matar qualquer erva daninha e qualquer outra forma de vegetação. Apenas a soja resistente será poupada e crescerá sozinha em meio a um deserto biológico.[109]

Os pesquisadores da Monsanto conseguiram por fim introduzir nas células da soja um gene resistente ao Roundup recuperado entre os micro-organismos dos tanques de despoluição de uma fábrica de glifosato. Em 1993, a Monsanto lançou a soja Roundup Ready (pronta para o Roundup). Como observa o biólogo japonês Masaharu Kawata, da Universidade de Nagoia, a combinação de genes estranhos inseridos na soja, apelidada "cassete genético", "nunca existiu no campo natural da vida, e nenhuma evolução natural poderia produzi-la".[110]

Em 1994, a Monsanto protocolou uma solicitação de comercialização de sua soja Roundup Ready (RR), o primeiro OGM de cultura industrial. O órgão regulador norte-americano, a Food and Drug Administration (FDA), decreta que "os alimentos [...] derivados de variedades vegetais desenvolvidas pelos novos métodos de modificação genética são regulamentados no mesmo âmbito e de acordo com a mesma abordagem que os oriundos do cruzamento tradicional das plantas".[111]

Pretender que os OGM sejam "quase idênticos" a seus homólogos naturais (o que é chamado de "princípio de equivalência", um conceito destituído de qualquer fundamento científico) resulta em assimilá-los a produtos alimentícios normais, e permite às empresas de biotecnologia escapar aos testes toxicológicos previstos por lei para os aditivos alimentares e outros produtos sintéticos, assim como a rotulagem de seus produtos nos Estados Unidos.[112]

Monsanto se reconverte

A Monsanto percebeu que, para maximizar seus lucros, era necessário também ter as sementes. A empresa adquiriu então um grande número de empresas de sementes e suas ações na Bolsa subiram de maneira vertiginosa.

"Melhorar a agricultura, melhorar a vida", tal é o lema que se pode ler no site francês da Monsanto, que se descreve hoje como uma "empresa relativamente nova" cujo objetivo principal é ajudar os agricultores do mundo todo. É como se o grave passado químico da Monsanto, remontando a 1901, jamais tivesse existido.

No final dos anos 1990, a empresa mudou de direção e concentrou-se na agricultura sob o impulso de um novo presidente, Robert B. Shapiro, conhecido como o "guru da Monsanto". Sob a bandeira "Alimento, Saúde e Esperança", ele prometeu mundos e fundos – plantas que fabricam plásticos biodegradáveis, milhos que produzem anticorpos contra o câncer, óleos de colza que protegem das doenças cardiovasculares etc.

Nos Estados Unidos, mais de 90% do milho, da soja e do algodão são cultivados a partir de sementes geneticamente modificadas, dentre as quais a Monsanto detém a maioria das patentes, e os produtos derivados dos OGM estão presentes em cerca de 70% dos gêneros alimentícios manufaturados.

A Monsanto controla seus grãos com punho de ferro e move processos judiciais contra fazendeiros e pequenas empresas. Em geral, os pesquisadores da Monsanto se apresentam ao agricultor notificando-o que ele violou as convenções tecnológicas (a Monsanto exige que se compre dela novas sementes a cada ano).[113] Segundo Bill Freese, analista do Center for Food Safety [Centro para Segurança dos Alimentos] de Washington, os investigadores dizem: "A Monsanto sabe que você guardou e reutilizou sementes Roundup Ready. Se você não assinar estes documentos, a Monsanto irá processá-lo, tomar sua fazenda ou tudo que você possui". A maioria dos agricultores cedem e pagam indenizações por perdas e danos. Os que resistem se defrontam com a ira jurídica da Monsanto. A condenação mais pesada atribuída a um agricultor chegou a 3 milhões de dólares, e o nível médio das penalidades chega a 380 mil dólares, suficiente para arruinar um produtor agrícola. Contudo, esses julgamentos são apenas a parte visível do iceberg. O número de casos acertados fora dos tribunais é vinte a quarenta vezes maior do que o de processos judiciais.

E a última gota seria, se suas terras estão situadas ao lado de outra fazenda na qual as sementes da Monsanto são utilizadas, por azar as sementes migrarem para a sua terra, levadas pelo vento ou pássaros, a Monsanto pode processar você, reivindicar indenizações e eventualmente levá-lo à falência.

"Nossa missão como empresa agrícola e tecnológica comprometida com os direitos do homem constitui uma oportunidade única de proteger e promover os direitos do homem." Assim fala o atual presidente da Monsanto, Hugh Grant, acrescentando com prudência: "Mas também, de proteger, desse modo, os direitos dos assalariados da Monsanto e de nossos parceiros comerciais". Como escreveu Auguste Detœuf, engenheiro politécnico e humorista: "O operário só vende o seu corpo; o técnico só vende o seu cérebro; o comerciante vende sua alma".[114]

A expansão dos OGM em todos os continentes

Em 1998, cientistas africanos se opuseram com vigor à campanha de promoção dos OGM da Monsanto que utilizava crianças africanas famintas com este título: "Que a colheita comece"! Esses cientistas, que representavam a maioria dos países assolados pela fome e pobreza, declararam que as tecnologias genéticas minavam a capacidade das nações de se alimentar por si próprias destruindo a biodiversidade, as técnicas locais e os métodos agrícolas autossustentáveis.[115]

É o que está acontecendo na América do Sul. Como Walter Pengue, engenheiro agrônomo da Universidade de Buenos Aires, relatou a Marie-Monique Robin: "A soja Roundup Ready proliferou pela Argentina a uma velocidade absolutamente única na história da agricultura: mais de um milhão de hectares em média a cada ano! Isto significa um verdadeiro deserto verde que devora a partir deste momento um dos celeiros do mundo".[116] Antes da chegada dos OGM, a Argentina cultivava uma grande variedade de cereais (milho, trigo, sorgo), de oleaginosas (girassol, amendoim, soja), e de legumes e frutas, e a produção de leite estava tão desenvolvida que se falava de "bacia leiteira". Algumas regiões da Argentina, como a província de Santiago del Estero, possuem uma das taxas de desflorestamento mais elevadas do mundo. Florestas com grande biodiversidade cedem espaço a monoculturas de soja. A mão de obra local perde suas atividades e suas fontes de renda. As grandes empresas expulsam, com frequência pela força, os agricultores de suas terras.

A curto prazo, a cultura intensiva da soja OGM tirou da falência o governo argentino, para quem os impostos sobre grãos e óleos representam 30% do orçamento nacional. Mas os prejuízos a longo prazo são de uma extensão inconcebível. O uso intensivo do Roundup tende a deixar a terra estéril, visto que mata tudo, exceto a soja OGM. As milhares de espécies de micro-organismos que dão vida à terra estão desaparecendo. No plano da saúde, os médicos locais observaram um aumento significativo de anomalias da fecundidade, como abortos espontâneos ou mortes fetais precoces, e inúmeros outros problemas nos vilarejos que são atingidos, amiúde, pelas pulverizações aéreas massivas do inseticida.[117]

A Índia verga sob o custo elevado das sementes de algodão transgênico da Monsanto (variedade conhecida sob a sigla Bt) e adubos que devem acompanhá-las, o que mergulham os agricultores no endividamento. E quando o preço de venda de suas colheitas abaixa, muitos chefes de família se suicidam, com frequência tomando inseticidas ou adubos, os próprios venenos que causaram sua ruína. "Eles mentiram para nós", diz um chefe do vilarejo a Marie-Monique Robin, "eles disseram que essas sementes mágicas iriam nos permitir ganhar dinheiro, mas estamos todos endividados e a colheita é nula! O que irá acontecer conosco?" "Diga ao mundo que o algodão Bt é um desastre!", diz um outro fazendeiro.[118] O *Hindu Times* menciona

270.940 suicídios de camponeses indianos desde 1995. A Monsanto nega que exista uma ligação entre esses suicídios e a introdução do algodão Bt, mas os fazendeiros indianos e as ONG locais não parecem ter a mesma opinião.

Vandana Shiva, laureada com o Prêmio Nobel Alternativo em 2003, e referenciada pelo jornal inglês *The Guardian* como uma das cem mulheres mais notáveis do mundo, se insurge contra as práticas que estão na raiz de tantos atos de desespero na Índia. Ela explica que a região da Índia que tem a taxa de suicídios de agricultores mais elevada é a de Vidharbha, no Maharashtra (dez suicídios por dia). Também é a região com maior superfície de algodão Monsanto OGM Bt.

As sementes OGM da Monsanto abalaram o mercado de sementes. Os grãos de algodão que se reproduziam de modo natural e infinito custavam 7 rúpias o quilo. Ao contrário, as sementes do algodão Bt chegam a custar até 17 mil rúpias o quilo.[119] Em agosto de 2012, o estado do Maharashtra proibiu a venda de grãos de algodão transgênico da Monsanto, comercializados por sua sucursal indiana Mahyco Monsanto Biotech, em razão da qualidade inferior dos grãos, vendidos a preços exorbitantes.*

Em 1987, Navdanya, a fundação de Vandana Shiva, lançou uma campanha chamada "Sementes de esperança", como contraponto ao título do livro de Shiva, *Seeds of Suicide* [Sementes de suicídio].[120] Ela faz um apelo a uma transição de volta às sementes renováveis orgânicas e às variedades de sementes de polinização aberta que os agricultores podem conservar e compartilhar. Desse modo, entra em cena uma transição da cultura química à agricultura orgânica, e do comércio injusto baseado em preços artificiais para o comércio equitativo baseado em preços reais. Segundo sua experiência de campo, ela estima que os agricultores que adotaram essa mudança ganham dez vezes mais em relação aos agricultores que cultivam o algodão Bt.

Àqueles que a tratam como ingênua idealista e sustentam que a agricultura orgânica nunca estará à altura de responder às necessidades alimentares do planeta, Vandana Shiva responde que o poder do agronegócio levará a um domínio de sementes geneticamente homogêneas, prejudicando de maneira catastrófica a biodiversidade, o que acabará por obrigar os agricultores a utilizar quantidades crescentes de adubos químicos, pesticidas e água. Os agricultores dos países em via de desenvolvimento não receberão equitativamente os benefícios econômicos de suas colheitas, que irão para um punhado de multinacionais que deterão o poder e o futuro da segurança alimentar.

Algumas vitórias

Para o consumidor que faz compras em um supermercado, o único meio de saber se um produto contém OGM, ou é proveniente deles, é através do rótulo. Ora, as legislações são diferentes na Europa e nos Estados Unidos. A Europa é mais protegida do

---

* As variedades tradicionais de sementes de algodão estão prontas para serem colhidas após 150-160 dias, ao contrário das variedades Bt que levam 180-200 dias. A utilização dessas sementes tradicionais reduz também a necessidade de adubos e pesticidas.

que os Estados Unidos contra os abusos de empresas como a Monsanto. A lei europeia determina que a rotulagem é obrigatória para todo produto que contém mais de 0,9% de ingredientes de origem transgênica. Por outro lado, nos Estados Unidos, não há nenhuma regra que caminhe nesse sentido na totalidade dos estados até os dias de hoje. A Califórnia lutou em novembro de 2012 para que os alimentos contendo OGM fossem etiquetados e os ingredientes transgênicos mencionados. Se esse novo projeto de lei californiano passar, chamado "Proposição 37", esse combate abrirá um precedente num país onde 88% do milho e 94% da soja são provenientes de sementes geneticamente modificadas.[121]

O governo francês defendeu, em outubro de 2012, "uma revisão completa do dispositivo europeu de avaliação, de autorização e de controle dos OGM e dos pesticidas". Declarou que se empenharia para reforçar os estudos científicos e independentes sobre os efeitos a longo prazo do consumo de alimentos OGM associados a pesticidas. Um novo relatório da Federação Nacional dos Amigos da Terra revela que a cultura das plantas OGM continua em queda na Europa, e que a superfície cultivada de OGM também diminui.[122]

Por outro lado, a Alemanha, assim como cinco países europeus, suspendeu em 2012 o cultivo do milho geneticamente modificado; essa decisão foi tomada contra o parecer da Comissão Europeia.

Não devemos esquecer que o Greenpeace não cessou de alertar a opinião pública quanto aos potenciais perigos da agricultura baseada em sementes geneticamente modificadas e em manipulações da indústria agroalimentar.

Para solucionar a fome no mundo e nutrir 9 bilhões de pessoas em 2050, é mais sensato investir em uma agricultura verde e não no uso de manipulações genéticas onerosas que ameaçam a biodiversidade e entregam os agricultores à avidez das multinacionais. É necessário também parar de patentear o ser vivo. Os Estados manifestaram um excesso de indulgência a respeito das manipulações obscuras dessas multinacionais que desviam a globalização para seu próprio benefício, ao passo que uma globalização clara, fundamentada na solidariedade e na compreensão da interdependência dos seres vivos e de seu ecossistema, poderia ser, ao contrário, um fermento de cooperação para o bem de todos.

Concluindo, o egoísmo institucionalizado que exemplificamos, poderia levar a pensar que o altruísmo não é um componente fundamental da natureza humana e desencorajar os que se esforçam para cultivá-lo e para promover a solidariedade dentro da sociedade. Mas o conjunto dos fatos apresentados neste livro não permitem recolocar em questão a existência nem a importância do altruísmo em nossa vida. O que este capítulo mostra, antes de tudo, é o poder de que dispõe uma minoria de egoístas determinados, poderosos e sem escrúpulos para tirar dos trilhos o bom andamento da sociedade desviando tudo em benefício próprio. Um cachorro que morde causa mais mal do que cem cães inofensivos. Portanto, cabe à sociedade civil denunciar as malversações daqueles que praticam o egoísmo institucionalizado, e às instâncias governamentais neutralizá-las.

Parte VI
Construir uma sociedade mais altruísta

*A utopia não significa o irrealizável, mas o irrealizado.
A utopia de ontem pode tornar-se a realidade de hoje.*
Théodore Monod

36. AS VIRTUDES DA COOPERAÇÃO

*O único caminho que oferece alguma esperança de um futuro melhor
para toda a humanidade é o da cooperação e da parceria.*
Kofi Annan[1]

COMO DESTACA JOËL CANDAU, DO LABORATÓRIO DE ANTROPOLOGIA E SOCIOLOGIA da Universidade de Nice: "Nossa espécie é a única em que encontramos cooperações intensas, regulares, diversificadas, arriscadas, de grande amplitude e com a suposição de penalidades por vezes custosas, e que ocorrem entre indivíduos sem relação de parentesco".[2] Ajuda mútua, favores recíprocos, compartilhamento, permutas, colaboração, alianças, associações e participação constituem as muitas formas da cooperação onipresente na sociedade humana. A cooperação não é somente a força criadora da evolução – vimos que a evolução *necessita* de cooperação para poder construir níveis de organização cada vez mais complexos –, ela também está no cerne das realizações sem precedente da espécie humana. Ela permite que a sociedade realize tarefas que uma pessoa sozinha não conseguiria realizar. Quando perguntaram ao grande inventor Thomas Edison por que tinha 21 assistentes, ele respondeu: "Se eu pudesse resolver todos os problemas sozinho, eu o faria".

Cooperar pode parecer paradoxal. Do ponto de vista do egoísmo, a estratégia mais tentadora é a do "passageiro clandestino", o qual se aproveita dos esforços dos outros para atingir seus objetivos com o mínimo de esforço. No entanto, muitos estudos comprovam que é preferível, tanto para si próprio como para os outros, confiar mutuamente e cooperar, em vez de atuar isoladamente. Embora o ser humano tenha uma certa tendência à cooperação "fechada", geradora do instinto tribal, também é dotado de uma aptidão única à cooperação "aberta", que abrange muito além dos laços de parentesco e do grupo interno de pertencimento.[3]

"Nesse sentido", prossegue Candau, "a cooperação humana constitui um desafio tanto para a teoria mais ortodoxa da evolução, escorada na noção de competição entre indivíduos unicamente preocupados com sua própria reprodução, quanto para a teoria econômica clássica, baseada na existência de atores 'egoístas', inteiramente devotados à maximização de seus próprios interesses. Existe aí, portanto, um fato antropológico que requer explicações".[4]

As vantagens da cooperação

Numa bela manhã de outono, reencontrei meu amigo Paul Ekman, um dos mais eminentes psicólogos de nossa época, que consagrou sua vida ao estudo das emoções. Eu o conheci em 2000, na Índia, num encontro do Mind and Life Institute, organizado sobre o tema das emoções destrutivas, com a presença do Dalai Lama, e continuamos colaborando desde então.[5]

Havíamos previsto passar um dia juntos para analisar a questão do altruísmo. Após seus vários encontros e diálogos com o Dalai Lama, Paul também convenceu-se de que deveríamos fazer tudo o que fosse humanamente possível para facilitar o advento de uma sociedade mais altruísta, solidária e cooperativa.

Ele começou me contando como, nas pequenas comunidades e vilarejos, quanto mais os habitantes cooperam, maior o nível de prosperidade e maiores as chances de sobrevivência de seus filhos. Entre as tribos da Nova Guiné, onde Paul trabalhou nos anos 1960, todos devem trabalhar em conjunto, da preparação do alimento ao parto, passando pela defesa contra predadores. Nos vilarejos, ninguém quer trabalhar com quem gosta de brigar, e quando alguém tentar explorar os outros, não escapa da má reputação que lhe deixa poucas chances de sobreviver na comunidade. Eis porque, ao longo do tempo, nossa herança genética nos direcionou para a cooperação.

Além disso, há uma satisfação inerente ao fato de trabalhar em conjunto para alcançar um objetivo comum. Devido à diversidade natural, sempre existirão pessoas totalmente egoístas, mas elas representam apenas uma pequena minoria da sociedade. Infelizmente, como vimos no capítulo sobre o egoísmo institucionalizado, elas podem, em alguns casos, tornar-se uma oligarquia muito poderosa.

Numa comunidade pequena, se alguém sofre, os demais se sentem imediatamente envolvidos e tendem a trazer ajuda. Ephraïm Grenadou, um camponês francês do início do século XX, recorda: "Quando tocavam o sino do lugarejo dando o alerta, se havia um incêndio ou qualquer outra coisa, todos chegavam rapidamente, vindos dos campos, das casas, de todos os lados. Em alguns instantes, a grande praça do vilarejo ficava repleta de gente".[6] Em nosso mundo moderno, as mídias nos fazem confrontar, num único dia, mais sofrimento do que jamais poderíamos atenuar no decorrer de toda uma vida, e essa é uma situação única na história da espécie humana. Eis porque, segundo Paul Ekman: "Se devemos fazer uma mudança que tenda ao aumento do altruísmo, ela deve ser seletiva, concentrada em objetivos específicos e ligada às ações que sejam impactantes e integradas a um movimento social".

Até que ponto a cooperação e a benevolência podem ultrapassar o círculo das pessoas próximas a nós? Nada está gravado em pedra de modo imutável: a educação e o meio cultural são pelo menos tão importantes quanto a herança genética. O meio no qual vivemos nos cinco primeiros anos de nossa vida, em particular, exerce uma influência considerável sobre a estruturação de nossas motivações e emoções, as quais, em seguida, agem como um filtro em nossa percepção das emoções do outro. De acordo com Paul Ekman, do ponto de vista da evolução, as emoções adequadas, ou seja, as que são adaptadas a uma determinada situação e expressas de maneira construtiva, favoreçam a cooperação. Em outras palavras, sem a cooperação não conseguiríamos sobreviver.

Os seres humanos, por sua linguagem, sua capacidade de empatia e seu vasto registro emocional, são dotados de uma profunda sociabilidade que raramente é levada em conta pelas políticas públicas, e que é negligenciada pela maioria dos economistas. Segundo os epidemiologistas Richard Wilkinson e Kate Pickett: "Se pensarmos em nós mesmos como indivíduos movidos por nosso interesse pessoal e por um instinto não social de posse, corremos o risco de adotar sistemas baseados em incentivo e castigo, em punição e recompensa, criando assim uma versão errônea e infeliz da humanidade com a qual sonhamos".[7] No plano individual, a competição envenena as ligações afetivas e sociais.

Numa sociedade fortemente competitiva, os indivíduos desconfiam uns dos outros, preocupam-se com sua segurança e buscam promover apenas seus próprios interesses e seu nível social, sem se preocupar muito com os outros. Em contrapartida, numa sociedade cooperativa, os indivíduos confiam uns nos outros e estão prontos a consagrar tempo e recursos ao outro. Desse modo, ativa-se um ciclo virtuoso de solidariedade e de reciprocidade que nutre relações harmoniosas.

Se a cooperação é globalmente benéfica, como promovê-la? Para Joël Candau, a escolha de uma cooperação "aberta", que transcende os grupos de pertencimento, é antes de tudo uma escolha moral, a qual exige ultrapassar a dúvida inerente aos desafios com os quais são confrontados os membros de toda sociedade: seria preciso restringir a cooperação aos membros da comunidade ou abri-la a outros grupos? Qual seria o equilíbrio entre cooperação e competição? Que destino reservar àqueles que tiram vantagens de um sistema cooperativo para promover seus próprios interesses?[8]

Cooperação na empresa, concorrência entre as empresas

Para Richard Layard, professor na London School of Economics, a cooperação é um fator de prosperidade indispensável em cada empresa. Há algum tempo, temos visto disseminada a ideia de que seria preferível promover uma competição sem trégua entre os empregados de uma mesma empresa – ou entre os alunos de uma sala de aula, no caso do ensino–, pois os resultados de todos seriam assim aprimorados. Na realidade, essa competição é nociva, porque deteriora as relações humanas e as condições de trabalho. O resultado final, como demonstrou o economista Jefrey Carpenter, é que ela é contraproducente e diminui a prosperidade da empresa.[9]

O trabalho em equipe, em especial, é minado por incentivos e bonificações *individuais*. Opostamente, a remuneração do resultado *de toda a equipe* estimula a cooperação e maximiza os resultados.[10] Portanto, os dirigentes e os administradores de empresa devem esforçar-se para promover a confiança, a solidariedade e a cooperação.

Segundo Layard, a competição só é sadia e útil *entre* empresas. A livre concorrência entre empresas estimula a inovação e a busca de melhorias nos serviços e produtos. Ela também traz uma redução dos preços que beneficia a todos. Já numa economia estatal, fortemente burocratizada e centralizada, ocorre o inverso, resultando, via de regra, em estagnação e ineficácia.[11]

O movimento das cooperativas

De acordo com o historiador Joel Mokyr, o sucesso das empresas baseia-se bem menos nos gênios com mil talentos do que na cooperação frutífera entre pessoas com boas razões para confiarem umas nas outras.[12] Segundo a Aliança Cooperativa Internacional, uma ONG que reúne cooperativas do mundo todo, uma cooperativa é "uma associação autônoma de pessoas voluntariamente reunidas para satisfazer suas aspirações e necessidades econômicas, sociais e culturais comuns, por meio de uma empresa cuja propriedade é coletiva e onde o poder é exercido de maneira democrática". No caso de assalariados que sejam proprietários da empresa e decidam eles próprios sobre a distribuição das rendas, constata-se que esses assalariados estão mais satisfeitos com as condições de trabalho, possuem melhor saúde física e mental e têm até uma taxa de mortalidade mais baixa.[13]

O movimento cooperativo nasceu da vontade de liberar os empregados da apropriação dos lucros pelo patronato e de permitir-lhes obter o justo benefício das riquezas que ajudam a produzir. Segundo a Organização Internacional do Trabalho, "as cooperativas têm um papel emancipador que possibilita às camadas mais carentes da população participarem do progresso econômico. Elas oferecem possibilidades de emprego àqueles que possuem competências porém pouco ou nenhum capital, e organizam a solidariedade e a assistência mútua nas comunidades". Esse movimento inclui as cooperativas de usuários ou de consumidores, as cooperativas de produção em que os associados são em sua maioria os assalariados, as cooperativas de empresas que associam empreendedores agrícolas, artesãos, pescadores, comerciantes etc., assim como os bancos cooperativos em que os associados são os clientes do banco (Caisse d'épargne, Crédit mutuel [bancos franceses de poupança e crédito cooperativo], por exemplo)[14]. Nesse sentido, as cooperativas, os bancos cooperativos e as ONG inserem-se no que chamamos economia social e solidária.[15] Existem mais de 21 mil cooperativas na França, a líder na Europa, uma vez que suas cooperativas reúnem 23 milhões de membros (contra 20 milhões na Alemanha e 13 milhões na Itália, que estão na segunda e terceira posição entre os 37 países-membros da organização Cooperativas Europa).[16]

A confiança recíproca resolve o problema dos bens comuns

Num artigo publicado em 1968 na revista *Science*, artigo este muitíssimo citado posteriormente, Garret Hardin falava da "tragédia dos bens comuns"[17]. Citando o exemplo de um vilarejo de criadores ingleses em que cada um podia deixar seu rebanho de carneiros numa área de pastagem comunitária, sem nenhum proprietário, ele aventou a hipótese de que, em tal situação, cada fazendeiro teria interesse em deixar pastar um máximo de animais num terreno cujo acesso era aberto a todos, mas cujos recursos eram limitados, o que levaria inevitavelmente à utilização excessiva e, finalmente, ao esgotamento do pasto. No fim, acreditava ele, todo mundo perde.

Hardin apresentava esse resultado como inevitável, sem no entanto basear suas conclusões em dados históricos sólidos. Desde a publicação de seu artigo, a "tragédia dos bens comuns" tornou-se um dos temas de debate favoritos dos economistas. Hardin citava igualmente o exemplo da utilização dos recursos dos oceanos, que arriscava levar à beira da extinção, uma após outra, diferentes espécies de peixes e de mamíferos marinhos. Sob esse aspecto, seu artigo, datado de 1968, era profético, uma vez que, hoje, 90% da população de grandes peixes foi exterminada.

Por outro lado, no caso do exemplo escolhido por Hardin – a prática dos "pastos comunitários", em vigor por longo tempo em muitos países europeus e ainda hoje utilizada em algumas regiões do mundo –, as pesquisas históricas demonstraram que ele havia se enganado. Em primeiro lugar, é falso afirmar que os pastos não pertenciam a ninguém: eles eram implicitamente considerados propriedade da comunidade, a qual estava plenamente ciente de seu valor. Os membros dessa comunidade haviam instaurado um sistema harmonioso de regulação do uso dos bens comuns que satisfazia a todos. Como destaca a historiadora Susan Buck Cox: "O que existia de fato não era uma 'tragédia', mas um 'triunfo' dos pastos comunitários: durante séculos, e talvez milênios, [...] o uso da terra foi administrado pelas comunidades de forma eficaz".[18]

O ecologista Ian Angus[19] descreve muitos exemplos nesse sentido e observa que Friedrich Engels havia destacado a existência desse costume na Alemanha pré-capitalista. As comunidades que compartilhavam desse modo o uso das terras eram chamadas de "marcas":

> O uso de terras aráveis e pastos ficava sob a supervisão e direção da comunidade. [...] A natureza desse uso era determinada por todos os membros da comunidade como um todo. [...] A intervalos regulares, os pastores se reuniam nos campos para discutir assuntos da "marca" e proferir julgamentos referentes às transgressões às regras e aos litígios.[20]

Esse sistema acabou sucumbindo à revolução industrial e às reformas agrárias que deram primazia à propriedade privada, aos grandes proprietários de terras, à monocultura e às explorações agrícolas industriais. A privatização das terras, de modo geral, foi nefasta à prosperidade, e a das florestas, por exemplo, permitiu sua destruição por proprietários ávidos de lucros rápidos. Da mesma forma, não foram as pequenas comunidades, mas os grandes proprietários de terras que superexploraram as terras e provocaram a erosão e o esgotamento dos solos, a utilização excessiva de adubos químicos e pesticidas, e a monocultura de organismos geneticamente modificados (OGM).

Como muitos outros, Hardin supunha que a natureza humana era egoísta e que a sociedade era apenas um conjunto de indivíduos indiferentes ao impacto de suas ações na sociedade. Na verdade, seu artigo foi muitas vezes utilizado como pretexto para promover a privatização das terras. Foi assim que o governo conservador canadense propôs, em 2007, a privatização das terras dos povos autóctones, alegando assim facilitar seu "desenvolvimento".

Uma visão mais próxima da realidade foi proposta por Elinor Ostrom, primeira mulher a receber o Prêmio Nobel de Economia, que dedicou boa parte de sua carreira científica a esse tema. Seu livro *Governing the Commons* [A governança dos bens comuns][21] está repleto de exemplos de populações que celebraram acordos de estratégia cooperativa. Por todo o mundo, pequenos agricultores, pescadores e outras comunidades locais criaram suas próprias instituições e definiram regras destinadas a preservar seus recursos comunitários, zelando para que elas perdurem tanto em anos bons quanto ruins.

Na Espanha, nas regiões onde a água é escassa, o sistema de irrigação das *huertas* funciona de maneira eficaz há mais de cinco séculos, talvez dez.[22] Os usuários das redes de irrigação reúnem-se regularmente para ajustar as regras de sua gestão comunitária, nomear guardas e resolver os conflitos ocasionais. A cooperação funciona perfeitamente e, na região de Valência, por exemplo, a taxa de infração por extração ilegal de água é de apenas 0,008%. Como observa o psicólogo Jacques Lecomte, em Múrcia, o Tribunal das Águas chama-se, aliás, "Conselho dos Homens Bons"![23]

Na Etiópia, Devesh Rustagi e seus colegas estudaram a utilização do patrimônio florestal comunitário por 49 grupos, na região de Bale, na província de Oromia. Eles observaram que os grupos constituídos pelo maior número de cooperadores tinham melhor desempenho na gestão de recursos florestais. O fato de adotarem sanções e organizarem patrulhas para prevenir a pilhagem teve importância decisiva para o êxito da cooperação.[24]

Ostrom mostrou que o bom funcionamento de tais comunidades dependia de um certo número de critérios. Primeiramente, os grupos devem ter fronteiras definidas. Se grandes demais, os membros não se conhecem e é difícil implantar a cooperação. São também necessárias regras sobre o uso dos bens coletivos, em consonância com as exigências específicas de cada local e ainda modificáveis de acordo com as circunstâncias. Os cooperadores devem não somente respeitar essas regras, como também dispor de um sistema de penalidades gradativas no caso de conflitos, e devem aceitar o fato de que a resolução dos litígios possa ter um alto custo.

Numa homenagem feita a Ostrom, Hervé Le Crosnier concluiu: "Fundamentalmente, sua mensagem é afirmar que as pessoas confrontadas dia após dia com a necessidade de garantir a permanência dos bens comuns, que são o fundamento de suas vidas, têm bem mais imaginação e criatividade do que os economistas e os teóricos estão dispostos a aceitar".[25]

A Internet oferece muitos exemplos de contribuições feitas sem remuneração, mas que são preciosas para o bem comum. O sistema operacional Linux, utilizado por Google, Amazon e Facebook, para citar apenas alguns, é um sistema não exclusivo, não comercial, com código aberto a todos e que pode assim ser aprimorado por programadores do mundo todo.

Cooperação e "punição altruísta"

Para que a cooperação reine na sociedade, é indispensável poder identificar e neutralizar aqueles que utilizam em benefício próprio a boa vontade de todos, desviando desse modo a cooperação de seu objetivo primeiro. Numa pequena comunidade onde todos se conhecem, os aproveitadores são rapidamente identificados e colocados à margem da sociedade. Em contrapartida, quando eles conseguem passar despercebidos, como nas cidades, por exemplo, é indispensável promover a cooperação pela educação e pela transformação das normas sociais.

Em abril de 2010, foi organizado em Zurique um encontro sobre o tema "O altruísmo é compatível com os sistemas econômicos modernos?", sob a égide do Instituto Mind and Life e do Departamento de Economia da Universidade de Zurique (UZH).* Eminentes economistas, psicólogos, especialistas das ciências cognitivas e empreendedores sociais se reuniram em torno do Dalai Lama. Nessa ocasião, tive a oportunidade de debater com Ernst Fehr, um economista suíço de grande renome que questiona o paradigma segundo o qual os indivíduos somente se preocupam com seus próprios interesses. Seus trabalhos mostraram que a maioria das pessoas eram, ao contrário, predispostas a confiar nos outros, a cooperar e a comportar-se de maneira altruísta. Ele concluiu que era irrealista e contraproducente erigir teorias econômicas fundamentadas no princípio do egoísmo universal.[26]

Ernst Fehr e seus colaboradores colocaram por muitas vezes grupos em situações em que a confiança mútua tinha um papel determinante. Eles pediram, por exemplo, que as pessoas participassem de jogos envolvendo dinheiro que podiam resultar em perdas ou ganhos reais.

A experiência foi desenvolvida como segue: dez pessoas recebiam € 20 cada, que podiam guardar para si mesmas ou contribuir para um projeto comum. Quando uma delas investia seus € 20 no projeto, o pesquisador dobrava o valor, entregando-lhe € 40. Após os dez participantes terem decidido sobre sua estratégia, o valor total investido no projeto foi distribuído de modo igual entre os membros do grupo.

Percebe-se assim que, se todos cooperam, cada um ganha. De fato, os € 200 investidos pelo grupo, acrescidos de outros € 200 provenientes do laboratório, resultam num total de € 40 para cada participante, ou seja, o dobro de seu investimento. Essa situação ideal pressupõe a confiança mútua entre todos os membros do grupo.

---

* Tania Singer, Diego Hangartner e eu concebemos e organizamos essa conferência tanto no nível do conteúdo dos debates quanto dos palestrantes, entre os quais estavam o psicólogo Daniel Batson, a etóloga Joan Silk, o neurocientista William Harbaugh e o empreendedor social Bunker Roy.

Na verdade, basta que mais da metade dos participantes coopere para que todos se beneficiem.

Em contrapartida, se a desconfiança reina, se nove pessoas guardam seus € 20 e apenas uma investe seu dinheiro no projeto comum, o que ocorre após a divisão desse pequeno valor entre todos é que os nove participantes que se recusaram a cooperar ganham € 22 (os € 20 que guardaram e os € 2 provenientes da divisão dos € 20 da pessoa que tem confiança), enquanto o único cooperador fica com apenas € 2 (os € 20 que investiu foram divididos entre dez pessoas), ou seja, ele tem um prejuízo de € 18. Segundo as teorias econômicas clássicas, numa sociedade de egoístas que desconfiam de todos, ninguém tem interesse em cooperar.

Ora, a equipe de Ernst Fehr constatou, durante as experiências repetidas muitas vezes, que, ao contrário das ideias que temos, 60 a 70% das pessoas confiam inicialmente umas nas outras e colaboram de maneira espontânea.

Todavia, em qualquer população sempre existe um certo número de indivíduos que não gostam de cooperar (aproximadamente 30%). O que se observa? Na segunda vez, os cooperadores notaram que havia maus jogadores no grupo, mas eles perseveraram mesmo assim em cooperar. Contudo, à medida que o jogo se repete, eles se cansam dos que se aproveitam da confiança geral para enriquecer sem assumir riscos. A cooperação passa a entrar em colapso e se torna quase nula na décima vez.

Assim, a erosão da confiança e da boa vontade da maioria ocorre quando uma minoria explora o sistema em benefício próprio, prejudicando o conjunto da comunidade. Infelizmente, é isto que ocorre num sistema econômico que concede total liberdade aos especuladores sem escrúpulos. Essa é também a consequência da desregulação total dos sistemas financeiros. O problema, portanto, não reside nas pessoas não estarem dispostas a colaborar, nem no fato de o altruísmo não ter lugar na economia: o problema está nos aproveitadores, que impedem o altruísmo majoritário de se expressar. Em outros termos, os egoístas destroem o sistema.

Pode-se impedir o colapso da cooperação? Ernst Fehr teve a ideia de continuar a experiência introduzindo um novo parâmetro: a possibilidade de penalizar os maus colaboradores. Todo participante poderia gastar anonimamente um euro do próprio bolso para que uma multa de três euros fosse aplicada pelo pesquisador aos aproveitadores. Isso foi denominado "penalidade altruísta", pelo fato de acarretar um custo a quem a aplica e não lhe dar nada em troca de imediato.[27] Por que alguém agiria assim? Isso pode parecer absurdo do ponto de vista do interesse pessoal, mas a experiência mostra que a maioria das pessoas possui um forte senso de equidade e está predisposta a gastar um determinado valor para que a justiça seja respeitada.

O impacto dessa nova medida foi espetacular. A taxa de cooperação subiu vertiginosamente e se estabilizou próxima aos 100%. É importante destacar que esse novo protocolo ocorreu com os mesmos participantes que antes. Os individualistas, que nunca contribuíam para os ganhos do grupo, começaram a cooperar e investiram a totalidade de seu dinheiro no projeto comunitário.

Na primeira fase do teste, os egoístas tinham sabotado a dinâmica do grupo. Na segunda, os altruístas não conseguiram transformar os egoístas em altruístas – o que infelizmente seria utópico –, mas conseguiram criar um sistema em que os egoístas tinham interesse em comportar-se *como se fossem altruístas*. A conclusão é que os altruístas esclarecidos é que devem estabelecer as regras, assim como as instituições que imporão o respeito a tais regras.

No fundo, todo mundo se beneficia com isso, a tal ponto que, em episódios de jogos posteriores, quando foi proposto ao grupo suprimir a penalidade altruísta, todos os participantes declararam desejar mantê-la, inclusive os 30% de aproveitadores, os quais entenderam que a comunidade funcionava muito melhor assim, e que eles também saíram ganhando. O método das penalidades altruístas é muito antigo e permitiu às sociedades primitivas manter sistemas cooperativos eficazes durante dezenas de milhares de anos.[28]

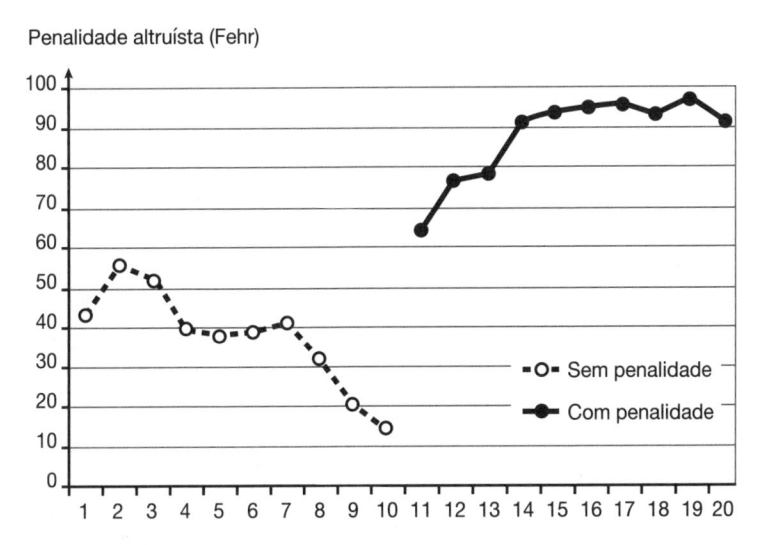

Declínio da cooperação sob a influência dos aproveitadores, e aumento vertiginoso da cooperação após a introdução da penalidade altruísta.

As pesquisas revelam que, sem as regras, o colapso da cooperação é observado em todas as culturas. Em contrapartida, os efeitos da penalidade altruísta diferem consideravelmente entre as diferentes culturas. Em algumas, a maioria das pessoas não aprecia os justiceiros e se vinga, por sua vez, punindo-os. Por não poder identificar individualmente os cooperadores, decidem puni-los de forma aleatória, para fazê-los compreender que seria melhor não interferir nos negócios dos outros. Uma *penalidade antissocial* é adotada, em vez da *penalidade altruísta*.

Essa tendência é grande nas culturas com pouco senso cívico, em que o Estado é ineficaz, a justiça pouco respeitada, e as pessoas não confiam nas forças de ordem corrompidas. Nesses países, a fraude não é somente admitida, como também considerada um meio de sobrevivência. Pode-se mensurar a força do senso cívico avaliando-se, por exemplo, qual porcentagem da população julga aceitável tentar viajar sem pagar ou furar a fila em transportes públicos.

Benedikt Herrmann e seus colegas estudaram o comportamento dos habitantes de 16 cidades do mundo,[29] e constataram que as punições antissociais – que visam minar o senso cívico em vez de encorajá-lo – eram praticamente inexistentes nos países escandinavos, na Suíça, no Reino Unido e em outros países que valorizam a cooperação e os valores comunitários. Ao contrário, a proporção dessas punições é muito elevada em países onde o senso cívico é pequeno e onde a cooperação limita-se às famílias ou aos amigos próximos. Nesse caso, a punição antissocial predomina. É o que se observa, por exemplo, na Grécia, no Paquistão e na Somália, três países, aliás, que estão em má colocação de acordo com o Índice de Percepção da Corrupção (IPC) publicado anualmente pela Transparency International.[30]

Constata-se também que as sociedades que estabeleceram normas altruístas e cooperativas são muito mais bem-sucedidas e gerem melhor o problema dos bens comuns. Se os dinamarqueses podem, no tempo de um almoço, deixar seu bebê tomando ar sem vigiá-lo, num carrinho de bebê na parte externa de um restaurante, sem temer que seu filho seja raptado, ao passo que no México ou em Nova York isso seria uma loucura, é porque eles interiorizaram um determinado sistema de valores.* Se os habitantes de Taipei e de Zurique deixam espontaneamente o valor da tarifa de seu trajeto de ônibus ou trólebus na caixa destinada a este fim, sem nenhum tipo de controle, isso revela que não são aproveitadores endêmicos, forçados a adequar-se às regras por medo de serem punidos: eles pagam voluntariamente seu bilhete e ficam chocados se notam alguém fraudando. Nos países onde a fraude é culturalmente admitida, os aproveitadores encontram sempre um meio de conseguir seus objetivos, seja qual for o número de controladores.

Portanto, é importante combinar várias estratégias: criar instituições apropriadas que permitam aos altruístas cooperar sem entraves, orientar os comportamentos egoístas para comportamentos pró-sociais estabelecendo regulamentações sensatas e equitativas, e desenvolver hábitos por meio da educação.

Melhor que a punição: a recompensa e a apreciação

Os evolucionistas Martin Nowak e Drew Fudenberg, da Universidade de Harvard, observaram que as interações entre indivíduos na vida real via de regra não são anônimas e raramente acontecem de forma isolada. Quando as pessoas sabem quem cooperou, quem trapaceou e quem os puniu, a dinâmica das interações muda. A repetição das interações possibilita o ajustamento aos comportamentos de cada um. Além disso, as pessoas se preocupam com a própria reputação e não querem correr o risco de serem marginalizadas por seus pares por terem se comportado de maneira antissocial.[31]

---

* Uma dinamarquesa foi detida pela polícia nova-iorquina por "abandono de criança" após ter deixado seu filho num carrinho de bebê na porta de um restaurante, tal como tinha o hábito de fazer em seu país.

O estudo do comportamento de crianças em tenra idade revela que são capazes de observar como um indivíduo coopera com os outros e de deduzir se ele será ou não um bom cooperador com elas. De fato, desde um ano de idade, elas preferem as pessoas que se comportam de modo cooperativo[32].

Nesse contexto, Nowak e seus colaboradores questionaram se, na realidade, recompensar os bons cooperadores não seria mais eficaz do que punir os maus. As penalidades qualificadas de "altruístas" pelos economistas nada dizem, na verdade, sobre a respectiva motivação. Uma punição revela-se realmente altruísta no caso de pais que corrigem os filhos para dissuadi-los de adotar hábitos prejudiciais. A penalidade também pode ser motivada pelo sentimento de que é importante manter o senso de equidade na sociedade. Entretanto, por vezes, ela não é mais do que uma forma de vingança. A neurocientista Tania Singer demonstrou que os homens, em particular, ficam inclinados a gastar uma determinada quantia unicamente pelo prazer da vingança, após terem sido enganados num jogo de confiança.[33] Num contexto em que as pessoas implicadas sejam identificáveis, a vingança corre o grande risco de desencadear um círculo vicioso de represálias em que todos saem lesados.

Em uma série de experiências feitas por David Rand e outros pesquisadores, sob a direção de Nowak e Fudenberg, ficou demonstrado que em interações repetidas, num jogo de confiança que permitia identificar pessoalmente os cooperadores e os aproveitadores (o que é diferente da experiência de Ernst Fehr, na qual os participantes são anônimos), a estratégia que produziu melhores resultados a longo prazo consistia em perseverar na cooperação, sob todas as circunstâncias.[34] Num grupo de 200 estudantes, os que tiveram ganhos mais significativos eram todos cooperadores. Os que se dedicavam unicamente a prejudicar de modo geral acabavam presos em ciclos de represálias que os faziam cair na parte mais baixa da tabela de ganhos.

Portanto, as penalidades onerosas não passam de um mal menor, e ainda de muito mais valia do que a liberdade total de ação. O melhor meio de elevar o nível de cooperação é, claramente, favorecer e estimular as interações positivas – permutas justas, cooperação, reforço da confiança mútua. Um sistema centrado nas *recompensas* e nos encorajamentos, associado a uma proteção contra os aproveitadores por meio de regulamentos e penalidades, parece portanto ser o meio mais adequado para a promoção de uma sociedade justa e benevolente. Numa empresa, em especial, é mais útil criar uma atmosfera de trabalho agradável, homenagear de diversas formas os bons e leais serviços e distribuir aos empregados uma parte dos lucros, do que penalizá-los se relutarem em cumprir suas tarefas. Também nesse caso, a cooperação é mais eficaz do que a penalidade.

> **Louvor à fraternidade**
>
> *Possam os homens lembrar-se de que são irmãos.*
> Voltaire
>
> Em 1843, Jean-Charles Dupont, jurista da Sociedade dos Direitos Humanos, escreveu na *Revue républicaine*: "Todo homem aspira à liberdade, à igualdade, mas não poderá alcançá-las sem a assistência de outros homens, sem fraternidade".[35] Um século depois, a Declaração Universal dos Direitos Humanos (aprovada em 1948) estabelece logo no seu primeiro artigo: "Todos os seres humanos nascem livres e iguais em dignidade e em direitos. Dotados de razão e de consciência, devem agir uns para com os outros em espírito de fraternidade".
>
> Irmã gêmea do altruísmo, a fraternidade reflete um desejo de maior mutualidade e reciprocidade e reforça ainda a coesão social, favorecendo a solidariedade e a cooperação. A fraternidade, para Jacques Attali, é "hoje a força principal que aciona a vanguarda do mundo".[36] Para Attali, ela é uma recusa da solidão, valoriza a relação com o outro, é um convite à miscigenação, ensina a conhecer o outro, a dar e a acolher. Ela nos mostra também que, num mundo interdependente, cada um precisa que o outro tenha êxito. Em contrapartida, quando cada um se interessa somente pela própria sorte, quase todo mundo acaba perdendo. "A fraternidade", prossegue Attali, "está ainda no prazer de transmitir, sem nenhum interesse pessoal em causa. Ela surge quando as pessoas sentem prazer em preencher a solidão do outro, em mostrar compaixão pelo sofrimento do outro, em dar sem expectativa de retorno, em adotar crianças pelo simples prazer de vê-las felizes, em cuidar de deficientes e dos mais fracos para ter a oportunidade de comportar-se como seres humanos, sem esperar consideração nem recompensa".[37]
>
> A fraternidade se manifesta na prodigiosa expansão das ações de caridade, na proliferação de organizações não governamentais que têm como objetivo ajudar, nutrir, salvar, cuidar e reparar, e na mobilização após todas as catástrofes naturais. A fraternidade também se manifesta na vontade crescente das pessoas de se doarem e se exporem a riscos, e mesmo no contexto da globalização, quando esta não implica na exploração econômica dos países pobres pelas multinacionais, mas traz um compartilhamento de conhecimentos, tecnologias, riquezas culturais e artísticas.[38]
>
> A fraternidade sobrevive, ainda que, segundo Attali, "a maioria dos revolucionários dos séculos XIX e XX tenham-na considerado um conceito vago, ingênuo, que seria bom apenas para os cristãos, os maçons ou os imbecis, exclusivo dos que não compreendem que a felicidade só se ganha e se protege à custa de greves e de fuzis". Ainda conforme Attali: "Ela também estava nos gulags de todas as Rússias, nos campos de concentração de todas as Alemanhas, quando tornava-se condição de sobrevivência. Ela ainda está lá na Índia, quando Mahatma Gandhi fez dela a arma da dignidade. [...] Enfim, ela se faz presente sempre que alguém tem a coragem de fato revolucionária de dizer simplesmente que cada um tem interesse na felicidade do outro. Ela está presente mesmo quando a chamamos por outro nome: altruísmo ou responsabilidade, compaixão ou generosidade, amor ou tolerância".[39]
>
> Numa frase, como nos dizia Martin Luther King: "Ou aprendemos a viver juntos como irmãos, ou iremos morrer todos juntos como idiotas".[40]

As condições favoráveis à cooperação

Em seu livro *Why We Cooperate* [Por que cooperamos], o psicólogo Michael Tomasello explica que as atividades colaborativas do homem são baseadas na existência de um objetivo comum, em cuja realização os participantes assumem papéis diferentes, coordenados por uma atenção conjunta.[41] Os colaboradores devem ser receptivos às intenções dos outros e reagir de maneira apropriada. Além de um objetivo comum, a atividade colaborativa exige uma certa divisão do trabalho e uma compreensão dos papéis de cada um, assegurada por uma boa comunicação. A cooperação exige tolerância, confiança e equidade.

Ela também é reforçada pelas normas sociais, que variaram muitíssimo ao longo do tempo. O filósofo Elliott Sober e o evolucionista David Sloan Wilson analisaram um grande número de sociedades no mundo e observaram que, na grande maioria delas, os comportamentos avaliados como aceitáveis são definidos por normas sociais. A importância dessas normas deve-se ao fato de não custar muito respeitá-las, enquanto as punições podem, ao contrário, custar muito para aqueles que as recebem – a exclusão da comunidade, por exemplo.[42] Felizmente, hoje em dia, as normas sociais tendem mais ao respeito da vida, dos direitos humanos, da paridade entre homens e mulheres, da solidariedade, da não violência e de uma justiça equitativa.

Martin Nowak, por sua vez, descreve cinco fatores favoráveis à cooperação. O primeiro é a repetição regular de serviços recíprocos, como no caso, por exemplo, dos lavradores que se ajudam mutuamente no momento da colheita, ou dos aldeões que participam todos da construção da casa de um vizinho. O segundo fator é a importância da reputação dentro de uma comunidade: os que cooperam voluntariamente são apreciados por todos, ao passo que os maus cooperadores são malvistos. O terceiro está ligado à estrutura da população e das redes sociais, estrutura esta que facilita ou impede a formação de comunidades cooperantes. O quarto diz respeito à influência dos vínculos familiares, que estimulam a maior cooperação com os indivíduos aparentados. Enfim, o quinto fator está ligado ao fato de a seleção natural operar em vários níveis: sob determinadas circunstâncias, a seleção age unicamente no nível individual e, em outras, ela influencia o destino de um grupo de indivíduos considerado em seu conjunto. Neste último caso, um grupo de cooperadores pode ser mais bem-sucedido do que um grupo de maus cooperadores em competição constante uns com os outros.

Ao longo das gerações, os seres humanos teceram uma teia de reciprocidade e de cooperação nos vilarejos, nas cidades, nos Estados e, em nossos dias, através do mundo todo. Em razão da conectividade das redes mundiais, as informações e os conhecimentos podem expandir-se por todo o planeta em alguns segundos. Se um pensamento estimulante, uma inovação produtiva ou uma solução de um problema de importância vital é difundido, ele pode ser útil ao mundo inteiro. Existem, portanto, inúmeras modalidades propícias ao desenvolvimento da cooperação. Doravante, mais do que nunca, é necessário que cooperemos, e isto, em escala mundial.

37. Uma educação iluminada

Ensinar não é encher um vaso, é acender um fogo.
Aristófanes

Só existe inteligência coletiva.
Albert Einstein

MARTIN SELIGMAN, UM DOS FUNDADORES DA PSICOLOGIA POSITIVA (SEGUNDO a qual, para uma existência com pleno florescimento, não basta neutralizar as emoções negativas e perturbadoras, é preciso também favorecer a eclosão de emoções positivas), fez a milhares de pais a seguinte pergunta: "O que você mais deseja para seus filhos?" A maioria respondeu: felicidade, autoconfiança, alegria, desenvolvimento pessoal pleno, equilíbrio, gentileza, saúde, satisfação, amor, uma conduta equilibrada e uma vida plena de sentido. Em resumo, o bem-estar é prioritariamente o que os pais mais desejam a seus filhos.[1]

"O que se ensina nas escolas?", perguntou depois Seligman aos mesmos pais, que responderam: capacidade de reflexão, capacidade de adaptação a um modelo, competências em línguas e em matemática, senso do trabalho, o hábito de fazer provas, disciplina e sucesso. As respostas às duas questões não coincidem na prática. As qualidades ensinadas na escola são indiscutivelmente úteis, e em sua maior parte necessárias, mas a escola poderia também ensinar os meios para se atingir o bem-estar e a autorrealização, o que Seligman chama, em suma, de "educação positiva", uma educação que ensine também a cada aluno como tornar-se um ser humano melhor.

Na maioria de suas conferências públicas, o Dalai Lama insiste no fato de que a inteligência, por mais importante que seja, é apenas um instrumento que pode ser utilizado tanto para o bem quanto para o mal. O uso que faremos de nossa inteligência depende inteiramente dos valores humanos que inspiram nossa existência. Segundo o Dalai Lama, e ele insiste neste ponto, a inteligência deve ser colocada a serviço dos valores altruístas. No passado, esses valores eram inculcados pela educação religiosa, às vezes de maneira inspiradora, mas muito mais frequentemente de forma normativa e dogmática, que não deixava às crianças a possibilidade de explorar seu potencial pessoal. Hoje, a educação só pode ser laica, respeitando-se assim a liberdade de cada um. Com isto, a educação moderna, em geral muito centrada no "sucesso", no individualismo e na competição, quase não oferece os meios que permitam apreciar a importância dos valores humanos. O Dalai Lama explica:

A educação não se resume em transmitir o saber e as competências que permitem alcançar objetivos limitados. Ela consiste também em abrir os olhos das crianças para os direitos e as necessidades dos outros. Cabe a nós fazer as crianças compreenderem que suas ações têm uma dimensão universal, e devemos encontrar um meio de fazê-las desenvolver sua empatia inata para que adquiram um sentimento de responsabilidade em relação a seu próximo. Pois é isto que nos impele a agir. Na verdade, se tivermos que escolher entre a virtude e o saber, a virtude seria certamente preferível. O bom coração do qual é fruto é, em si, um grande benefício para a humanidade. Isso não ocorre com o saber.[2]

Ainda segundo ele, é portanto essencial reintroduzir na educação o ensino desses valores fundamentais, com base nos conhecimentos científicos adquiridos nas últimas décadas no campo da psicologia, do desenvolvimento da criança, da plasticidade do cérebro, do treinamento da atenção e do equilíbrio emocional, das virtudes da benevolência, da solidariedade, da cooperação e da compreensão, e da interdependência de todos os seres.

Vejamos agora, sem pretender oferecer uma análise exaustiva, algumas iniciativas que podem favorecer o desabrochar pleno dos valores altruístas.

A neutralidade não leva a nenhum lugar

Por temer a imposição de valores específicos e particulares, muitos educadores preferem adotar uma abordagem moralmente neutra e consideram não ser papel da escola influenciar as preferências morais dos alunos. Pode-se certamente desconfiar de um ensino impositivo de moral que reflita a visão de mundo do educador. Mas quem poderia deplorar o fato de inspirar nas crianças uma apreciação construtiva de ajuda mútua, de honestidade e de tolerância? A neutralidade moral é na verdade um engodo, visto que as crianças irão, de todo modo, forjar para si algum sistema de valores. Porém, sem o apoio de educadores prudentes, elas correm o risco de encontrá-lo nas mídias repletas de violência, na primazia dada ao consumo e ao individualismo promovidos pela publicidade ou no contato com outras crianças também tão desorientadas quanto elas. Para serem harmoniosas e justas, uma sociedade e a educação que lhe é subjacente precisam estar em consonância sobre a nocividade da violência e da discriminação, e sobre as vantagens da benevolência, da equidade e da tolerância. Na verdade, muitos professores oferecem marcos de referência que permitem aos jovens orientar-se na vida, assim como fontes de inspiração universalmente aceitas.[3]

Inúmeras iniciativas convergem nessa direção. No Canadá, na província da Colúmbia Britânica, sob a direção de Clyde Herzman e outros pesquisadores, a inteligência emocional é agora ensinada na maioria das escolas. A província do Quebec lançou um novo programa de ensino ético laico, e o Dalai Lama deu uma conferência a respeito, em 2010, para um público de várias centenas de professores em formação.

Na Índia, em janeiro de 2013, ainda sob a iniciativa do Dalai Lama, a Universidade de Delhi decidiu incluir aulas de "valores humanos laicos" em todos os seus cursos. Nos Estados Unidos, sob a direção do pedagogo e psicólogo Mark Greenberg, várias centenas de escolas ensinam às crianças como reconhecer melhor e gerir suas próprias emoções e as dos outros, o que contribui para diminuir o número de conflitos.[4] Na França, educadores como Daniel Favre, neurocientista e professor de Ciências da Educação no IUFM, Institut Universitaire de Formation des Maîtres, de Montpellier, demonstraram com seus trabalhos e experiências em campo que é possível recuperar a motivação nos alunos e reduzir a violência no meio escolar.[5]

Uma revolução tranquila

A escola primária de Kidlington está situada num bairro pobre de Oxford, na Inglaterra. Em 1993, Neil Hawkes, o diretor, decidiu introduzir o ensino dos valores humanitários na educação dos 500 alunos da escola.[6] Um dos métodos empregados consiste em estabelecer uma lista de palavras que representam os valores mais importantes para os professores e alunos: respeito, benevolência, responsabilidade, cooperação, confiança, tolerância, abertura, paciência, paz, coragem, honestidade, humildade, gratidão, esperança, amor, generosidade e outros. Cada palavra torna-se, uma por vez, a "palavra do mês" e é afixada em destaque nas paredes da escola. A palavra escolhida é objeto de debates em grupo e representa o ponto focal em torno do qual as diferentes matérias são ensinadas. Ela serve também de base para debates na resolução dos conflitos.

Em vez de considerar os valores humanos como um apêndice a ser ensinado, à margem de outras matérias, esses valores se tornam a plataforma a partir da qual o currículo de ensino é elaborado e as decisões organizacionais e pedagógicas são adotadas.

Os alunos tomam consciência do fato de que podem gerir suas emoções e de que seu comportamento transforma a atmosfera da sala de aula, suscita um comprometimento maior e aumenta o prazer de estudar. As avaliações desse método ao longo dos anos demonstraram que o ambiente criado por essa pedagogia baseada nos valores humanos favorece não apenas o desenvolvimento pessoal dos alunos e a qualidade de suas relações sociais, como também seu desenvolvimento escolar. Após a introdução desse programa, os resultados da escola de Kidlington estão sempre acima da média nacional e são muito superiores aos das escolas situadas, como é o caso de Kidlington, nos bairros menos favorecidos.[7]

Frances Farrer, autor dessa avaliação, destacou a melhora da estabilidade emocional e dos comportamentos em geral, bem como um sentimento ampliado de pertencimento à comunidade. A escola de Kidlington é agora visitada por educadores do mundo todo, que desejam inspirar-se em seu modelo. Farrer constatou também que os curtos períodos de reflexão silenciosa que abrem as aulas do período da manhã e da tarde têm um efeito calmante e duradouro nos alunos, e diminuem a incidência de conflitos.

Em 2003, na Austrália, sob a égide do Ministério da Educação, um programa similar foi lançado em 316 escolas, envolvendo mais de 100 mil alunos. Uma avaliação dos resultados, efetuada por Terence Lovat e seus colegas da Universidade de Newcastle, permitiu confirmar que num ambiente em que os valores humanos moldam as atividades da sala de aula, a aprendizagem melhora, os professores e os alunos ficam mais satisfeitos e a escola é mais calma. A escola, segundo Lovat, tornou-se desse modo "um local melhor para ensinar e um local melhor para aprender".[8]

Um êxito espetacular

É manhã, na sala de aula de uma escola maternal de Madison, no Estado de Wisconsin, nos Estados Unidos. Deitadas de costas, crianças de quatro a cinco anos, provenientes em sua maioria de ambientes menos favorecidos, aprendem a se concentrar no vai-e-vem de sua respiração e nos movimentos de um ursinho de pelúcia colocado sobre seu peito. Após alguns minutos, ao som de um triângulo musical, elas se levantam e vão juntas observar o crescimento das "sementes de paz", que cada uma plantou em vasos colocados ao longo das janelas da sala de aula. A professora lhes pede para tomar consciência dos cuidados de que as plantas precisam e, por associação de ideias, dos cuidados de que a amizade também precisa. Em seguida, ela as ajuda a compreender que o que as torna serenas é também o que permite às outras crianças manter-se serenas. No início de cada aula, as crianças expressam em voz alta a motivação que deve inspirar seu dia: "Que tudo o que penso, tudo o que digo e tudo o que faço possa não prejudicar os outros, mas possa, ao contrário, ajudá-los".

Estes são alguns elementos de um programa de dez semanas concebido pelo Centro de Investigação da Saúde Mental (Center for Investigating Healthy Minds), fundado pelo psicólogo e neurocientista Richard Davidson. Embora sua colaboradora Laura Pinger e seus outros colegas ensinem esse programa apenas três vezes na semana, durante trinta minutos por período, ele tem um efeito notável nas crianças. As crianças até perguntam às professoras por que eles não vêm todos os dias.[9]

Ao longo das semanas, as crianças são levadas muito naturalmente a praticar ações bondosas, a tomar consciência de que aquilo que as deixa desconfortáveis também deixa desconfortáveis as outras crianças, a identificar melhor suas próprias emoções e as de seus colegas, a praticar a gratidão e a formular desejos benévolos para elas próprias e para as outras pessoas. Quando ficam perturbadas, é mostrado a elas que podem certamente resolver seus problemas atuando sobre as circunstâncias exteriores, mas também sobre suas próprias emoções.

Ao final de cinco semanas, chega o momento das crianças se oferecerem mutuamente uma ou várias plantas que cada uma fez crescer. Em seguida, são convidadas a tomar consciência de que estão ligadas a todas as crianças do planeta, a todas as escolas e a todos os povos, os quais aspiram pela paz e dependem todos uns dos outros. Isso as leva a sentir gratidão em relação à natureza, aos animais, às árvores, aos lagos, aos oceanos, ao ar que respiram, e a conscientizar-se de que é importante ter cuidado com nosso mundo.

Podemos questionar se não é um pouco ingênuo pensarmos que tal programa, por mais interessante que pareça, possa ter um efeito real em crianças tão novas. Essa é a razão pela qual os pesquisadores não se contentaram com as observações subjetivas, mas também avaliaram os efeitos do programa, interrogando de modo aprofundado os professores e os pais sobre o comportamento e as atitudes das crianças antes e após tê-lo seguido. A avaliação revelou uma nítida melhora dos comportamentos sociáveis e uma diminuição dos distúrbios emocionais e dos conflitos entre os participantes da experiência.

Além disso, os cientistas acrescentaram um último teste, o teste dos "adesivos". Por duas vezes, no início e no final do programa, deram a cada criança um certo número de adesivos do tipo que as crianças adoram, e também quatro envelopes nos quais havia, respectivamente, uma foto de seu(sua) melhor amigo(a), a foto de uma criança da qual menos gostavam, a foto de uma criança desconhecida e a de uma criança visivelmente doente, com um curativo na testa. Em seguida, pediram a cada criança que repartisse os adesivos, da forma que quisesse, em quatro envelopes que seriam distribuídos a seus coleguinhas. No início da experiência, as crianças deram quase todas as figurinhas ao melhor amigo ou à melhor amiga, e muito pouco às outras.

Seria de se prever uma mudança, após dez semanas de prática de benevolência. E, de fato, a diferença foi espetacular: no segundo teste, ao final do programa, as crianças deram um *número igual* de adesivos às quatro categorias de crianças: elas não fizeram nenhuma diferença entre seu(sua) coleguinha preferido(a) e aquele(a) de quem menos gostavam. Pode-se medir o alcance desse resultado quando lembramos a que ponto as discriminações vinculadas ao sentimento de pertencimento a um grupo são habitualmente marcantes e duradouras.

Diante dos resultados notáveis desse método, de sua simplicidade e do efeito que pode ter no desenvolvimento posterior das crianças – o que constitui objeto de outro estudo no presente momento –, parece lamentável não implantá-lo no mundo todo. De fato, a cidade de Madison solicitou agora à equipe dirigida por Richard Davidson que amplie esse programa a várias escolas da cidade. Quando esses resultados foram informados ao Dalai Lama, ele comentou: "Uma escola, dez escolas, cem escolas, e depois, por intermédio das Nações Unidas, as escolas do mundo inteiro..."

Descobrir a interdependência

Estamos numa sala de aula com vinte crianças entre seis e sete anos, que vivem em famílias de acolhimento, da escola Paideia, em Atlanta, nos Estados Unidos. Um instrutor vindo da Universidade de Emory pergunta: "Olhem para esta blusa de lã. Eu gosto muito dela. Ela é confortável, me mantém quentinho. Foi meu pai que me deu e, quando eu a uso, penso nele. Mas ela não veio do nada. De onde veio? O que foi preciso para que eu pudesse usá-la agora?"

> As crianças respondem em efusão: "Você!" "Sim, certamente", responde o educador um pouco desconcertado, "mas o que mais?" "Você precisa de seu papai", diz uma outra. "Sim com certeza. Mas meu papai não fabrica blusas de lã."
> "Ele comprou numa loja!", diz alguém. "Sim, mas o vendedor também não tricota blusas." Fio a fio, as crianças começam a falar do tricô, da lã, dos carneiros, das fazendas, do transporte, das estradas e de todas as pessoas implicadas na existência da blusa de lã, e que também elas precisam de pais, de avós, de uma casa, de alimento etc.
> "Até onde vai isso?", questiona o educador. Sem hesitar, uma criança exclama alegremente: "Isso não acaba! Você precisa do mundo inteiro!"
> A conclusão deixa as crianças um pouco sonhadoras, até que uma delas pergunta, perplexa: "Até das crianças?" O educador faz um sinal afirmativo com a cabeça. "Sim, até das crianças."

Uma educação do coração e da mente

A conscientização sobre a interdependência entre todos os seres faz parte de um programa concebido pela Universidade de Emory, em Atlanta, nos Estados Unidos. Esse programa visa a ensinar uma meditação analítica sobre o altruísmo e a compaixão (CBCT, Cognitive-Based Compassion Training, ou "Treinamento da Compaixão na Abordagem Cognitiva") às crianças que vivem em famílias de acolhimento após terem sofrido traumas ligados à negligência dos pais e à separação de seus pais biológicos. A probabilidade de essas crianças interromperem a escolaridade é muito elevada.[10] No âmbito do programa, elas participam de sessões de 25 a 30 minutos, duas vezes por semana, durante o período escolar normal.

Inteligência emocional, autocompaixão e compaixão pelo outro, consciência da interdependência, empatia, não discriminação: essas são as qualidades principais que esse programa propõe promover. Mais amplamente, o objetivo do programa CBCT é de atingir a um só tempo a comunidade escolar, os professores, os administradores da escola, os pais e até o sistema de assistência social que cuida das crianças, graças à ênfase dada sobre a compaixão.

Esse programa tem a duração de oito semanas e abrange: 1) o desenvolvimento da atenção e da estabilidade da mente; 2) a observação do mundo interior dos pensamentos, sentimentos e emoções; 3) a exploração da compaixão para consigo mesmo – o reconhecimento de nossa aspiração pela felicidade, dos estados mentais que contribuem para o desenvolvimento pessoal e da vontade de se liberar dos estados emocionais desfavoráveis à felicidade; 4) o desenvolvimento da imparcialidade em relação a todos os seres, quer sejam amigos, inimigos ou estranhos, e, paralelamente, o questionamento do valor fixo, ou superficial e mutável, dessa classificação, e a identificação de um desejo comum a todos, de ser feliz e de não sofrer; 5) o desenvolvimento da gratidão para com todos, pois ninguém consegue sobreviver sem o apoio de muitas outras pessoas; 6) o desenvolvimento da benevolência e da empatia; 7) o desenvolvimento da compaixão em relação aos que sofrem e do desejo de que se liberem de seus sofrimentos; 8) a implementação do altruísmo e da compaixão na vida cotidiana.

As crianças são muito receptivas a esse gênero de educação e geralmente expressam o desejo de que ela continue. Quando um dos instrutores comparou a raiva a uma faísca de fogo numa floresta, que no início pode ser facilmente apagado, mas que logo pode se transformar num incêndio devastador e incontrolável, uma menina de cinco anos disse: "Tem muito fogo de floresta na minha vida".

A aprendizagem cooperativa

Aprender com os outros, pelos outros, para os outros, e não sozinho contra os outros: a aprendizagem cooperativa consiste em reunir os alunos em pequenos grupos de trabalho nos quais se auxiliam mutuamente, encorajam e elogiam os sucessos e os esforços uns dos outros. Para realizar uma tarefa difícil, são necessários os esforços de cada membro do grupo para o sucesso de todos, e isso pressupõe não apenas trabalhar coletivamente, mas ainda refletir sobre como associar da melhor forma as habilidades de cada um.

Na escola, a educação cooperativa consiste em formar grupos compostos de crianças de níveis diferentes, de modo que as mais adiantadas possam ajudar aquelas com dificuldades. Nesse caso, observa-se que as crianças que aprendem facilmente, em vez de se sentirem superiores às outras (como no caso de um sistema de avaliação constante por meio de exames escritos com notas) sentem-se imbuídas da responsabilidade de ajudar as que têm dificuldade em compreender. Além disso, o espírito de camaradagem do grupo e a ausência de julgamentos intimidadores por parte das outras inspiram confiança nas crianças e as estimulam a dar o melhor de si.

No caso de grupos de cooperação compostos por crianças do mesmo nível que têm dificuldades nos estudos, observou-se que a solidariedade as ajuda a buscar novas formas para solucionar suas deficiências, em pontos em que se sentiam anteriormente deixadas de lado, em razão de seu nível. Em seu livro, *L'Apprentissage coopérant* [A aprendizagem cooperativa], Robert Pléty, professor de matemática e pesquisador na Universidade de Lyon, explica como procede na sala de aula: após sua aula de matemática, ele dá um exercício para identificar os alunos que compreenderam e os que não compreenderam. Em seguida, ele os divide em grupos de dois, três ou quatro alunos, alguns unicamente com alunos que não compreenderam, outros com alunos que compreenderam tudo, e outros ainda com uma mistura dos dois. A seguir, ele observa o que acontece quando dá novamente o mesmo exercício (o que é importante no caso dos alunos que não compreenderam) ou um novo exercício (para ver se a cooperação melhorou também os resultados dos melhores alunos). Robert Pléty realizou esse estudo durante sete anos, acumulando grande número de dados.

Os resultados foram impressionantes: no caso de grupos mistos, a taxa de êxito aumentava 75%! Os grupos compostos dos melhores alunos se mantêm, na maioria dos casos, no nível mais elevado. A surpresa veio dos grupos de alunos que não haviam compreendido: após serem colocados juntos, 24% dentre eles conseguiam fazer o exercício. Mudou, portanto, a dinâmica do aprendizado. Os alunos com resultados piores conseguiram progredir juntos, adotando o método de tentativa e erro que acaba sendo coroado de êxito. Além disso, observa Pléty, "o interesse e a satisfação parecem se instalar no semblante eternamente fechado de alguns alunos nas aulas de matemática".[11]

A ideia de aprendizagem cooperativa não é nova. No século XVII, Johann Amos Comenius, um educador tcheco precursor de Rousseau que era, em sua época, muito influente e que alguns consideram o pai da educação moderna, estava convencido de que os alunos poderiam se beneficiar com o ensino recíproco.

Mais tarde, no final do século XIX, em Quincy, no Estado de Massachusetts, um entusiasmado educador, Francis Parker, expandiu a aprendizagem cooperativa para todas as escolas da região. Milhares de visitantes vinham a cada ano conhecer suas escolas, e seus métodos de aprendizagem cooperativa se propagaram por todo o sistema de ensino da América do Norte. Infelizmente, na década de 1930, começou-se a favorecer a competição nas escolas públicas. Na década de 1940, entretanto, a aprendizagem cooperativa ressurgiu por intermédio do sociólogo Morton Deutsch, e foi promovida a partir da década de 1980 e até nossos dias por David e Roger Johnson e muitos outros educadores. Hoje ela é praticada com sucesso em alguns lugares do mundo, embora ainda seja uma tendência minoritária.

David e Roger Johnson conceberam um método que foi implantado em muitas escolas, com avaliação dos resultados obtidos. Juntamente com Mary Beth Stanne, da Universidade do Arizona, eles sintetizaram os dados oriundos de 164 trabalhos de pesquisa relacionados aos diferentes métodos de aprendizagem cooperativa, constatando então que os melhores resultados eram obtidos por pequenos grupos de dois a cinco alunos que, após terem recebido as instruções do professor, trabalhavam juntos até terem compreendido e realizado a tarefa que lhes havia sido dada. Em seguida, comemoravam seu êxito coletivo. Os melhores resultados foram alcançados por grupos heterogêneos do ponto de vista das competências, do sexo, da origem cultural e do nível de motivação.[12]

Comparado ao ensino competitivo, a aprendizagem cooperativa apresenta múltiplas vantagens em termos de memorização das lições, desejo de aprender, tempo necessário ao cumprimento de uma tarefa e em termos de transferência de conhecimentos entre os alunos. Além disso, observa-se uma melhora da inteligência emocional, do sentido moral, dos vínculos de amizade, dos comportamentos altruístas e das relações com os professores. Os alunos têm uma melhor saúde psicológica, mais autoconfiança e mais prazer em estudar. No plano do comportamento, a aprendizagem cooperativa vem acompanhada de uma diminuição das discriminações (racistas e sexistas), da delinquência, da intimidação e da toxicomania. 61% das classes que praticavam a aprendizagem coletiva obtiveram resultados superiores aos das classes tradicionais.[13]

David e Roger Johnson descrevem a competição como "interdependência negativa", na qual os estudantes trabalham uns contra os outros para alcançar um objetivo que somente alguns podem atingir.[14]

Os benefícios da monitoria

A associação entre crianças com aptidões diferentes pode também ocorrer no âmbito da monitoria. Nesse caso, uma criança é encarregada de uma criança mais nova e lhe dá aulas particulares, algumas horas por semana, sob a supervisão de um professor que auxilia o aluno monitor a preparar as aulas. Também aqui os benefícios são múltiplos, como revela uma síntese efetuada por Peter Cohen, James e Chen-Lin Kulik do Centro de Pesquisas sobre Aprendizado e Ensino da Universidade de Michigan, que abrangeu 65 estudos.[15]

Um resultado inesperado é que não só a criança que recebe o ensino progride, mas também o mesmo ocorre com seu monitor. Quando o monitor não tem um bom rendimento escolar, seria possível imaginar que o tempo ocupado com os estudos de outro aluno pudesse agravar suas dificuldades. Ora, o que surpreendeu os pesquisadores é que ocorria o inverso: o monitor, sentindo-se responsável por seu aluno, esforça-se para revisar as matérias que estudou um ou dois anos antes, e aprende ele próprio a gostar muito mais de seus próprios estudos. Assim, o aluno em dificuldade é tanto aquele que recebe um auxílio, quanto aquele que o ajuda, e a monitoria aumenta a capacidade dos monitores de aprender, desenvolvendo sua capacidade de ensinar. Ao final do ano, as crianças associadas no binômio monitor-aluno tiveram, em média, resultados superiores aos dos alunos que não participaram desse programa.[16] A monitoria entre pares é atualmente praticada nos Estados Unidos, na Grã-Bretanha, na Austrália, na Nova Zelândia, em Israel, na Bélgica francófona (em centenas de escolas) e um pouco em outros lugares do mundo.

Uma outra modalidade de monitoria é a exercida por um adulto em favor de uma criança em dificuldade. Em 1991, Ray Chambers* criou nos Estados Unidos a Fundação Points of Light [Pontos de luz], cujo objetivo era recrutar pessoas que pudessem atuar como monitores para crianças oriundas de ambientes menos favorecidos. Esse programa envolve atualmente mais de cinco milhões de monitores e traz resultados surpreendentes.

A iniciativa das escolas respeitosas dos direitos

Essa iniciativa do ramo canadense da Unicef auxilia as escolas a transformar o ambiente de aprendizagem adotando uma abordagem baseada no respeito aos direitos, que favorece a compreensão dos valores universais de respeito para com os outros e para com si próprio, na comunidade escolar. Atualmente, ela é aplicada em vários países, sobretudo no Canadá e no Reino Unido.[17]

Um estudo realizado no Reino Unido em mais de 1.600 escolas respeitosas dos direitos evidenciou uma melhora do aprendizado, a queda nos índices de absenteísmo,

---

* Ray Chambers teve primeiramente uma carreira bem-sucedida no mundo das finanças, e depois, cansado do ambiente de Wall Street, decidiu auxiliar centenas de estudantes promissores e pobres de Nova Jersey a continuarem seus estudos. Ele é emissário da Secretaria Geral das Nações Unidas para a erradicação da malária.

diminuição dos preconceitos e das intimidações, assim como uma melhora dos comportamentos sociáveis e uma atitude mais positiva diante da diversidade. Além disso, os alunos que frequentam esses estabelecimentos são mais motivados e aprenderam a expressar suas opiniões, a participar de processos de decisão, a resolver conflitos de modo pacífico, e compreendem melhor os desafios mundiais em matéria de justiça social.

A filosofia com crianças de oito anos

No pequeno vilarejo de Tursac, na região da Dordogne, na França, o professor Claude Diologent decidiu fazer oficinas de filosofia com seus alunos de ensino fundamental. Muito complicado? De forma alguma, as crianças adoraram. Às vezes, o professor propõe um tema, outras vezes as crianças escolhem um assunto do seu interesse – a felicidade, a honestidade, a equidade, a gentileza etc. – e, com o auxílio do professor, todos debatem juntos. Os alunos sentam em círculo e passam o bastão de fala uns para os outros. A criança que recebe o bastão pode expressar-se tranquilamente sem ser interrompida. Após passarem o bastão a todos os participantes do círculo, começa o diálogo orientado pelo professor. Em todas as tardes de sexta-feira, as crianças se reúnem em torno daquela que é, por um mês, "presidente" da assembleia das crianças, e debatem problemas ocorridos durante a semana. Se, por exemplo, um aluno insultou um colega, o presidente pergunta-lhe por que agiu de tal forma, e o aluno percebe que causou mal a alguém. O aluno reconhece voluntariamente o que ocorreu, explica-se e pede desculpas, e o outro o perdoa.

Essas oficinas de filosofia destinadas a crianças muito novas foram implantadas em alguns lugares do mundo. Keith Topping, da Universidade de Dundee, na Escócia, e Steve Trickey, psicólogo escolar, fizeram uma síntese de dez estudos que evidenciaram uma melhora do pensamento criativo, das aptidões cognitivas, da inteligência emocional, do raciocínio lógico, da leitura, da aptidão em matemática e da autoconfiança. Diante dos resultados, Topping e Trickey questionaram por que a filosofia com crianças bem novas não é sistematicamente integrada à educação.[18]

A sala de aula quebra-cabeça

O *Jigsaw classroom*, ou "sala de aula quebra-cabeça" é uma técnica de ensino desenvolvida em 1971 pelo psicólogo norte-americano Elliot Aronson[19]. Fundamentado na aprendizagem cooperativa, esse método incentiva os alunos à escuta, à interação e à partilha, conferindo a cada um deles um papel essencial a ser desempenhado: não há aprendizagem sem a cooperação de cada um e, como num quebra-cabeças, cada peça é indispensável à compreensão do conjunto.

Os alunos são divididos em grupos de seis, as lições são divididas em seis partes, e cada aluno recebe apenas uma delas, que deve estudar sozinho durante dez minutos. Em seguida, os alunos de cada grupo que receberam a mesma parte da lição se reúnem e discutem para verificar se compreenderam bem sua parte. Depois, os grupos originais de seis alunos são refeitos e passam meia hora a trocar o que aprenderam com os outros membros do grupo. Por último, todos são interrogados sobre a lição completa. Os alunos aprendem assim, rapidamente, a partilhar seus conhecimentos e tomam consciência de que nenhum deles pode passar no teste sem a ajuda de todos os demais.

As salas de aula no formato quebra-cabeça reduzem a hostilidade entre alunos e, igualmente as intimidações. Elas revelaram-se eficazes para eliminar preconceitos raciais e outras formas de discriminação, e para melhorar os resultados escolares dos alunos que pertencem a etnias minoritárias.[20] Os efeitos mais benéficos são obtidos quando esse método é adotado desde o ensino fundamental. Também constatou-se que melhorava os resultados escolares dos alunos, mesmo quando colocado em prática durante apenas 20% do tempo de uma aula. Esse método pode, portanto, ser utilizado em conjunção com qualquer outra pedagogia.

O Barefoot College (Colégio dos Pés Descalços), a escola dos pastores, e o Parlamento Infantil

São 19 horas, num mês de fevereiro. Próximo de Tilonia, um pequeno vilarejo do Rajastão, na Índia, entramos num cômodo de quatro metros por seis de uma casa situada à margem de uma lagoa. Duas lanternas de emergência, recarregadas durante o dia pelos painéis solares, iluminam o local. Em alguns minutos, cerca de trinta meninas com idade entre seis e quatorze anos, acompanhadas de quatro ou cinco meninos, sentam-se no chão de terra batida.

A professora é pouco mais velha do que a mais velha das alunas. A aula começa num alegre zum-zum-zum. A professora dispõe em círculo, no chão, uma série de cartões brancos em que estão escritas sílabas em língua hindi. Assim que uma aluna identifica duas sílabas que podem formar uma palavra, ela corre para pegar o cartão, mostra a todos e explica o sentido da palavra. Em seguida, uma longa frase é escrita em círculo com a ajuda dos cartões, e os alunos devem, um por vez, dar a volta no círculo para ler a frase. Depois, em grupos de dois, as meninas cantam versos ligados à chuva (que é tão rara no Rajastão que todos oram para sua chegada), à colheita, aos animais de criação, acompanhando os cantos com mímicas sobre o tema. A noite prossegue assim de maneira lúdica até as 22 horas e, durante esse período, as crianças aproveitam todas as ocasiões para responder as perguntas feitas pela professora. Nenhum sinal de cansaço ou de distração é visto em seus rostos.

Essas alunas não são como as outras. Durante o dia todo, elas tomam conta das vacas e das cabras. Nas proximidades de Tilonia, a equipe do Barefoot College, fundado há aproximadamente quarenta anos por Bunker Roy*, pouco a pouco criou 110 escolas noturnas para as crianças de camponeses de toda a região. Em cada sala de

---

* Sobre a vida de Sanjit "Bunker" Roy, ver capítulo 1, "A natureza do altruísmo".

aula, um cômodo colocado à disposição pelo vilarejo, a professora dá cinco níveis de curso.

Sita tem quatorze anos. A professora pergunta-lhe quantos litros de leite sua vaca dá diariamente. "Quatro." Você cuida de quantas vacas? "Três." "Isso dá quantos litros de leite quinzenalmente?" Sita vai até o quadro-negro, feito para o Barefoot College pelas mulheres dos vilarejos, tira de seu bolso um giz fabricado por jovens portadores de deficiência do Barefoot College, e faz a multiplicação. Imediatamente, três meninas se aproximam e a ajudam, verificando os números que ela alinha e sussurrando suas dicas. Aqui, não há punição por ajudar os colegas quando o professor faz uma pergunta. É uma reação normal. O ensino todo, ligado ao contexto da vida cotidiana, é baseado na cooperação.

Sob a égide do Barefoot College, as crianças dessas 110 escolas noturnas também criaram um "Parlamento Infantil" com 40 deputados, na maioria meninas, que funciona o ano todo, elege ministros e se reúne uma vez por mês para debater questões relativas à vida das crianças. Estas se conscientizam de seus direitos e não hesitam em levantar questões muitíssimo delicadas quando são cometidos abusos contra alguma delas. Os pais e chefes do vilarejo levam isso muito a sério e enviam uma delegação para assistir, em silêncio, às deliberações do Parlamento. As crianças também fazem campanhas nos vilarejos durante as eleições, a cada dois anos, e aprendem assim os princípios da democracia. O Parlamento Infantil do Rajastão permite a essas crianças tornar-se membros iguais e responsáveis da sociedade, independentemente de sua casta, sexo ou situação econômica. Os deputados inspecionam com regularidade as 150 escolas noturnas colocadas sob sua jurisdição.

As crianças pressionam as autoridades dos vilarejos para incitá-los a melhorar as condições de vida locais, como, por exemplo, instalação de energia solar ou de bombas d'água. Organizam também atividades culturais e festivais para a meninada, concebidas com o propósito de oferecer interlúdios bem-vindos em sua dura rotina cotidiana. Como fato notório, as autoridades sanitárias observaram uma melhora geral das condições de saúde nos vilarejos da região abrangidos pelo Parlamento Infantil.

Bunker Roy relata que quando o Parlamento recebeu um prêmio na Suécia, uma menina de 13 anos, que ocupava o cargo de primeiro-ministro, encontrou-se com a rainha da Suécia. Esta, impressionada pela segurança e calma manifestada pela pequena aldeã em meio à assembleia de dignitários adultos, perguntou-lhe: "Como pode você ter tanta confiança?" Ao que a jovem camponesa respondeu: "Eu sou primeira-ministra, Majestade".

A empatia dos professores

Segundo o educador norte-americano Mark Greenberg, do ponto de vista dos alunos, um bom professor é alguém que não apenas sabe ensinar bem, como manifesta também uma série de qualidades humanas (escuta, benevolência, disponibilidade etc.).

Além disso, observou-se que quando os professores dão mostras de empatia, o nível escolar dos alunos aumenta, enquanto a violência e o vandalismo diminuem.[21]

Como explica o psicólogo Jacques Lecomte num artigo sobre os resultados da educação humanista, de fato é essencial que os professores estabeleçam uma relação de pessoa a pessoa com seus alunos e não se restrinjam a transmitir conhecimento de maneira fria e desinteressante.[22] Para alimentar a chama citada por Aristófanes, o professor deve envolver-se sinceramente com o destino do aluno e deve, em especial, manifestar três qualidades indispensáveis frente ao aluno: autenticidade, solicitude e empatia.

Em seu livro, *Kids don't Learn from People they don't Like* [Crianças não aprendem com gente de quem não gostam], David Aspy e Flora Roebuck, do Consórcio Nacional para a Humanização da Educação, em Washington, constataram que os professores que manifestam essas três qualidades possibilitam que todos os seus alunos progridam muito mais do que a média do estabelecimento durante o ano letivo.[23] Aspy e Roebuck elaboraram um programa destinado a melhorar essas três qualidades nos professores de uma escola situada num ambiente socioeconômico muito pobre. Os resultados foram contundentes: a escola subiu nove posições na escala de competência em leitura. Em média, os alunos de sete a dez anos progrediram muito mais em matemática que todos os outros alunos do mesmo distrito escolar. A escola teve a menor taxa de absenteísmo em 45 anos de existência. O vandalismo e a frequência das brigas entre alunos diminuíram expressivamente. As vantagens foram mútuas: o percentual de demissão entre os professores passou de 80% a 0%. A notícia se espalhou, e muitos professores de outros estabelecimentos escolares pediram para ser transferidos para essa escola.

No Nepal, Uttam Sanjel, fundador das escolas Samata Shiksha Niketan – que são inteiramente construídas de bambu e abrigam cada uma até duas mil crianças* –, recorreu a um método pouco comum para recrutar professores. Quando precisou admitir cem novos professores para uma escola recém construída em Pokhara, ele colocou um anúncio no jornal, e recebeu cerca de mil currículos. Junto com sua equipe, fez uma pré-seleção de trezentos (a maioria de mulheres), e depois colocou em teste três professoras por classe, uma semana cada uma. Em seguida, pediu aos alunos que escolhessem a professora que mais os inspirava, que melhor compreendiam e com a qual tinham mais vontade de estudar. Não há dúvida alguma que esse método de avaliação das competências não pode ainda ser implantado no Ocidente, mas, no caso em pauta, parece ter dado excelentes resultados. As aulas são muito dinâmicas, e as crianças dialogam constantemente entre elas e com as professoras. Nos exames nacionais anuais, os alunos das escolas Samata alcançaram uma taxa de aprovação superior à média.

---

* A construção de nove destas escolas foi financiada por Karuna-Shechen, associação humanitária fundada por mim e um grupo de amigos. Ver www.karuna-shechen.org.

Um bebê na sala de aula

Em uma classe reservada a crianças difíceis, geralmente violentas, uma mãe leva seu bebê e o coloca no chão sobre um cobertor, em torno do qual os alunos fazem um círculo. Eles observam atentamente o bebê durante algum tempo, e logo os convidam a pegá-lo no colo. Os alunos hesitam, mas finalmente alguns se decidem e o pegam com grande cuidado. Em seguida, é pedido a eles que descrevam o que imaginam ser a experiência do bebê, assim como suas próprias emoções.

Esse é o projeto Raízes da Empatia, concebido por Mary Gordon que, junto com seus colaboradores, trabalha no Canadá e na Austrália, tendo como objetivo aumentar a solicitude e o respeito mútuo entre os alunos. Essa organização tem atualmente mais de 1.100 programas envolvendo 70 mil estudantes. Mary Gordon vê nesse modo de intervenção original uma forma de construir, "criança por criança", uma sociedade mais afável, pacífica e cidadã.[24]

Uma vez por mês, a mãe retorna com seu bebê, e os alunos acompanham seu desenvolvimento, suas novas maneiras de interagir com o entorno etc. A cada aula, os estudantes debatem entre si e com os educadores.

As avaliações da eficácia do programa Raízes da Empatia, efetuadas por Kimberly Schonert-Reichl, da Universidade da Colúmbia Britânica, revelam que o programa tem efeitos positivos no desenvolvimento afetivo dos alunos. Observa-se uma redução dos comportamentos agressivos, uma atmosfera mais benévola nas salas de aula, melhor inteligência emocional, aumento do comportamento altruísta (em 78% dos alunos), da faculdade de adotar o ponto de vista do outro (71%), dos comportamentos de compartilhamento (69%), e diminuição da agressão em 39% dos alunos.[25] Além disso, esses desempenhos melhorados se mantiveram ou progrediram durante três anos após o término do programa.[26] Segundo Mary Gordon, a resposta às intimidações e aos outros comportamentos antissociais reside na benevolência e na compaixão naturalmente presentes em cada um de nós.

As crianças, com o instrutor do programa Raízes da Empatia, observam a relação entre pai/mãe e filho, a maneira como a criança se desenvolve, e ainda aprendem, na mesma ocasião, a compreender melhor o amor parental, assim como seu próprio temperamento e o de seus colegas de classe.

Darren, um aluno de quinze anos, já havia sido preso duas vezes em centros de atendimento socioeducativo. Ele viu sua mãe ser assassinada quando tinha quatro anos e, desde então, viveu com famílias de acolhimento. Adotava sempre ares ameaçadores para estabelecer sua autoridade. Usava o cabelo raspado, deixando apenas um rabo de cavalo no alto da cabeça, e tinha uma grande tatuagem na nuca. Naquele dia, uma jovem mãe foi visitar a sala de aula com Evan, seu bebê de seis meses. No final da aula, a mãe perguntou se alguém queria segurar a criança. Para surpresa geral, Darren se ofereceu. A mãe ficou um pouco preocupada, mas entregou-lhe o bebê. Darren o colocou no suporte tipo canguru, virado para o peito, e o bebê se manteve tranquilamente aconchegado. Ele o levou até um canto mais sossegado, e ficou balançando para a frente e para trás, com o bebê nos braços, durante vários minutos. Finalmente, voltou ao local onde a mãe e o instrutor o aguardavam e perguntou: "Se alguém nunca foi amado, você acha que essa pessoa pode ser um bom pai?" Uma sementinha havia sido plantada. Graças a esses momentos de contato afetivo incondicional com um bebê, um adolescente cuja vida tinha sido marcada pela tragédia e pelo abandono começou a ter outra imagem de si próprio e das relações possíveis entre humanos.

Retorno à natureza

Faz pouco tempo eu estava na região de Franche-Comté, na casa de um amigo cujos pais foram ali os últimos agricultores independentes. Enquanto percorríamos os campos, esse amigo me disse: "Antigamente, na época das cerejas, subíamos todos nas árvores e nos deliciávamos com elas. Hoje em dia, as cerejas ficam nos galhos. As crianças de hoje não sobem mais em árvores".

Diversos estudos mostraram que as crianças europeias e norte-americanas de centros urbanos brincam dez vezes menos juntas em locais públicos, na rua sobretudo, do que há trinta anos.[27] O contato com a natureza limita-se na maioria das vezes a uma imagem de tela no computador, e os jogos são cada vez mais solitários, virtualmente violentos, destituídos de beleza, de admiração, de espírito de camaradagem e de satisfações simples. Entre 1997 e 2003, o percentual de crianças de nove a doze anos que passavam o tempo fora de casa brincando juntos, fazendo caminhadas ou jardinagem caiu pela metade.[28] Esse fenômeno está vinculado a muitos fatores: o fato de que cada vez mais famílias vivem em centros urbanos, e que "a rua" tornou-se perigosa aos olhos dos pais – circulação, presença de pessoas com más intenções etc.

Em seu livro *Last Child in the Woods* [A última criança na floresta], Richard Louv, jornalista e escritor norte-americano, escreveu que estamos criando uma geração de crianças que sofrem de "distúrbio do déficit de natureza", por não terem praticamente nenhum contato nem interação com o ambiente natural. Louv cita a observação de um jovem aluno: "Prefiro jogar em casa porque lá estão todos os equipamentos eletrônicos".[29] Várias pesquisas sugerem que uma intensificação do contato direto com a natureza tem um impacto importante no desenvolvimento cognitivo e afetivo da criança.[30]

Há vários anos, a Finlândia é conhecida por ser o país da Europa com a melhor educação. Muitos fatores contribuíram para isso, incluindo o fato de que a profissão de professor é muito valorizada e que os professores têm muita liberdade para escolher os métodos pedagógicos que lhes pareçam mais apropriados. Os finlandeses também se preocupam em respeitar um equilíbrio entre a atenção dirigida na sala de aula e os jogos em grupo no lado de fora, que melhora as faculdades empáticas e a inteligência emocional das crianças. O Ministério finlandês dos Assuntos Sociais e da Saúde resume desta forma a visão sobre a filosofia educacional de seu país: "O essencial na aquisição do saber não é a informação [...] pré-digerida vinda de fora, mas a interação entre uma criança e o meio ambiente".[31]

A educação positiva

Frequentemente, o sucesso é medido tão só pela aprovação nas provas escolares e pela obtenção de uma situação bem remunerada. Por conseguinte, muitas vezes, no mundo atual, as pressões exercidas sobre as crianças para que sejam bem-sucedidas são consideráveis. Martin Seligman e outros psicólogos avaliam que essa pressão e a vulnerabilidade que ela acarreta no caso de fracasso estão incluídas entre os fatores que contribuíram para o grande aumento – dez vezes mais do que nos anos 1960 – dos índices de depressão e de suicídio entre os adolescentes de países desenvolvidos. Há 50 anos, a idade média da primeira depressão, nos Estados Unidos e na Europa ocidental, se situava em torno de 27 anos; hoje, é antes da idade de 15 anos.[32]

No âmbito do que denominaram "educação positiva", cujo objetivo é o ensino do bem-estar aos jovens, Seligman e seus colaboradores da Universidade da Pensilvânia, Karen Reivich e Jane Gillham, elaboraram dois programas principais destinados às escolas. O primeiro é o Programa de Resiliência da Universidade da Pensilvânia (Penn Resiliency Program, PRP) e o Programa de Psicologia Positiva de Strath Haven. O primeiro tem como finalidade melhorar a capacidade dos estudantes de enfrentar os problemas cotidianos, que são o fardo de todo adolescente. Ele favorece o otimismo e ensina aos alunos a encarar com mais flexibilidade as dificuldades que enfrentam, e ensina-lhes também técnicas de gestão do estresse. Nos últimos vinte anos, 21 estudos envolvendo mais de 3 mil jovens de 8 a 21 anos demonstraram que esse programa permite diminuir de forma considerável os riscos de depressão.

Em 2008, uma escola australiana, a Geelong Grammar School, propôs a Martin Seligman que ele, toda sua família e uns 15 colaboradores, viessem passar vários meses na Austrália, para implantar os métodos da Psicologia Positiva em todos os níveis da escola: do diretor aos cozinheiros, passando evidentemente pelos alunos e professores. Os professores de Geelong integram a educação positiva em todas as matérias teóricas, no campo de esporte, no trabalho dos conselhos de classe e até no ensino de música.

A empatia e a benevolência integram o programa, e os alunos são estimulados a colocá-las em prática na vida cotidiana. "Nos sentimos melhor quando fazemos algo para os outros do que quando jogamos, mesmo que seja videogame", declarou um dos alunos.

Um ano depois, na opinião de todos, a atmosfera da escola havia se alterado radicalmente, nenhum dos 200 professores havia deixado Geelong no fim do ano letivo, e tanto as admissões como os pedidos de admissão estavam em alta.

A maioria das iniciativas subjacentes à educação positiva e cooperativa estão fundamentadas em avaliações que demonstraram amplamente os benefícios que elas trazem às crianças. Vê-se, assim, que os valores humanos, e em particular os diversos componentes do altruísmo, da cooperação e da monitoria, podem desempenhar um papel construtivo na educação.

38. Combater as desigualdades

> *O desequilíbrio entre ricos e pobres é a mais fatal*
> *e a mais antiga das enfermidades das repúblicas.*
> Plutarco

As desigualdades existem em toda a natureza, tanto nas diferentes espécies animais, como nos indivíduos de uma mesma espécie, e os seres humanos não fogem à regra. Se somos desiguais no plano da força física, das capacidades intelectuais ou da riqueza de berço, podemos dizer, em contrapartida, que somos iguais em nosso desejo de não sofrer e de nos desenvolvermos plenamente como pessoas. A sociedade não pode querer impor a todos uma felicidade sob medida. Ela tem, por outro lado, o dever de não abandonar os que sofrem. Não podemos impedir que as desigualdades surjam, mas devemos, no entanto, fazer todo o possível para evitar que elas perdurem. Uma sociedade individualista fará poucos esforços nesse sentido, enquanto uma sociedade que atribua valor ao altruísmo e coloque o destino do outro no cerne de suas preocupações zelará para corrigir as desigualdades que sejam motivo de sofrimentos, de discriminações, de obstáculo ao pleno desenvolvimento da pessoa e fonte do acesso reduzido à educação e à saúde.

As desigualdades, explica o sociólogo e filósofo Edgar Morin, podem incluir diversas características: territorial (regiões pobres e regiões ricas), econômica (da extrema riqueza à extrema miséria numa mesma região), sociológica (modos de vida) ou sanitária (desigualdade entre os que usufruem dos avanços da medicina e da tecnologia e os outros, que não alcançam esses benefícios). É também necessário distinguir entre as desigualdades ligadas à educação e as ligadas às condições profissionais (entre os que têm prazer no exercício da profissão e os que a exercem por obrigação), as desigualdades na execução da justiça (em alguns países onde a maioria dos juízes são corrompíveis), no controle fiscal (fuga de capitais para paraísos fiscais) e as desigualdades entre os que apenas sobrevivem e os que gozam a vida. Segundo Morin:

> As desigualdades não são medidas apenas pela quantidade de dinheiro de que se dispõe. A riqueza não traz necessariamente a felicidade. Mas a miséria, essa sim, traz infelicidade. [...] Uma política humanitária tem como missão não o nivelamento de tudo, o que acarretaria uma destruição das diversidades, mas a previsão de vias reformadoras que permitam reduzir progressivamente as piores desigualdades.[1]

As desigualdades econômicas aumentam em quase todo o mundo

Vimos que, nos Estados Unidos, os 1% mais ricos detêm atualmente 40% da riqueza do país, ao passo que há 25 anos não possuíam mais do que 13%.² Esse número símbolo da desigualdade foi encampado pelo movimento Occupy Wall Street* e deu origem ao seu lema: "Somos os 99%". Moralmente injustificável, esse nível de desigualdade é um flagelo para a sociedade. Além disso, contrariamente ao que pregam os neoliberais, a riqueza de cima fica em cima e não "escoa" para baixo, para criar uma economia mais dinâmica para todos. Como explica Stiglitz:

> A desigualdade é a causa e a consequência da falência do sistema político, e ela alimenta em nosso sistema econômico uma instabilidade que, por sua vez, a agrava. É este círculo vicioso que nos mergulhou no abismo, do qual só conseguiremos sair com políticas elaboradas conjuntamente.³

As sociedades mais igualitárias fazem esforços constantes para manter a justiça social, enquanto as instituições financeiras e políticas, nas sociedades com mais desigualdades, esforçam-se energicamente para manter a desigualdade em proveito da minoria dominante.⁴

A desigualdade desmotiva os que mais sofrem com ela e consideram-se injustamente tratados. A perda de confiança e a desilusão não favorecem a produtividade nem a qualidade de vida no trabalho.

Nas décadas de 1880-1890, o banqueiro Pierpont Morgan afirmava que jamais aceitaria investir numa sociedade cujos dirigentes ganhassem mais de seis vezes o salário médio.⁵ Nos Estados Unidos, em 2011, um empresário recebia em média 253 vezes mais que um simples assalariado (em contraste com 30 vezes há 50 anos, e 16 vezes, atualmente, no Japão).⁶

Na França, segundo o relatório da Proxinvest, empresa de análise financeira, a renda anual de um "grande empresário" representa de 400 a 1.500 anos de salário mínimo, variando de € 5,5 milhões para o dono da empresa de segurança digital Gemalto a € 19,6 milhões para o dono da agência de publicidade Publicis. Quanto à renda anual dos altos executivos e de alguns esportistas, corresponde a 35 anos de salário mínimo para um esportista de alto nível, 23 anos para um executivo do setor financeiro, 18 anos para um dirigente de empresa assalariado.⁷ Como explica Edgar Morin, no contexto francês, a nova pobreza, a das pessoas em situação de precariedade, a dos dependentes, a dos sem-defesa, a do "quarto mundo" (assim chamada pelo fundador do movimento ATD Quart Monde, Joseph Wresinski, em 1960) é a primeira a se agravar.⁸

---

* Occupy Wall Street é um movimento de contestação pacífica que denuncia os abusos do capitalismo financeiro que teve início em setembro de 2011, quando um milhão de pessoas fizeram o manifesto nas proximidades de Wall Street, o bairro da Bolsa de Nova York. Esse movimento, semelhante ao dos Indignados inspirado por Stéphane Hessel na Europa, rapidamente se estendeu por todo os Estados Unidos e também a 500 cidades em 82 países.

Podemos nos perguntar, tal como faz Andrew Sheng, diretor conselheiro da Comissão Reguladora dos Bancos da China: "Por que um engenheiro financeiro deve ser pago 100 vezes mais que um verdadeiro engenheiro? Um verdadeiro engenheiro constrói pontes, um engenheiro financeiro constrói sonhos. E quando esses sonhos viram pesadelos, são os outros que pagam".[9]

Um amigo economista me relatou que quando perguntaram ao dono de um dos maiores bancos europeus "Como você justifica a quantia colossal que recebe [€ 10 milhões por ano] em comparação com seus empregados?", ele respondeu: "Porque mereço". Será que existe realmente um empresário que mereça ser pago *300 vezes mais* que seus funcionários? O povo suíço não concorda com essa opinião e, em março de 2013, votou num referendo para que os altíssimos salários dos empresários permanecessem dentro de limites razoáveis.

Crescem as divisões nos Estados Unidos, cada vez mais rapidamente. Nos últimos 30 anos, 90% dos estadunidenses viram sua renda aumentar somente 15%, ao passo que os que fazem parte dos 1% mais ricos tiveram um aumento de 150%. De 2002 a 2007, esses 1% da população monopolizaram mais de 65% do crescimento da renda nacional.[10] Enquanto os mais abastados enriqueciam consideravelmente, a situação da maioria dos estadunidenses se degradava.

Na Europa, embora as desigualdades de salários sejam de fato menores do que nos Estados Unidos, elas estão aumentando. Os países mais igualitários são os escandinavos, onde a diferença de renda entre os 10% mais pobres e os 10% mais ricos é apenas de 1 para 6.[11]

Na França, segundo o INSEE (Instituto Nacional de Estatística e de Estudos Econômicos), 10% dos franceses possuem 50% do patrimônio familiar.[12] Tal como nos Estados Unidos, a crise não afetou a faixa de renda mais alta. A parcela de 10% das famílias mais pobres corresponde a menos de 0,1% do patrimônio global das famílias francesas. E a diferença continua crescendo: de 1998 a 2005, a renda das 3.500 famílias mais ricas aumentou 42%, enquanto a renda média dos franceses aumentou apenas 6%.

Pesquisas efetuadas pelos economistas do FMI sugerem que, em quase todos os lugares do mundo, a desigualdade de renda diminui o ritmo do crescimento e provoca crises financeiras. Um relatório recente do Banco Asiático de Desenvolvimento revelou que se a desigualdade na distribuição de renda nos países emergentes da Ásia não tivesse se agravado nos últimos vinte anos, o crescimento rápido dessa região do mundo teria tirado da extrema miséria 240 milhões de pessoas a mais.[13]

A China é exceção, visto que, a despeito da manutenção de um regime totalitário e opressivo, estranhamente vinculado desde os anos 1990 a um sistema capitalista de Estado, tirou durante as últimas décadas mais pessoas da pobreza do que qualquer outro país na história. Segundo um relatório da OCDE, o número de pessoas abaixo do limite de pobreza (um euro por dia) diminuiu 150 milhões entre 2000 e 2010, e representa agora apenas 6% da população rural. No mesmo período, no país todo, o salário dos mais pobres aumentou proporcionalmente mais do que o dos mais ricos. Entretanto, entre os mais ricos, foram construídas imensas fortunas, muitas vezes devido ao nepotismo dos dirigentes e à onipresença da corrupção, e essas desigualdades acarretam problemas sociais e reivindicações sempre crescentes.[14] A opacidade do sistema permite também que muitos escândalos permaneçam escondidos, propiciando a seus autores escapar de qualquer penalidade.

Na Índia, após as reformas neoliberais introduzidas nos anos 1980, a economia prosperou muito e o PIB aumentou em média 6% ao ano. Contudo, essa prosperidade nacional foi acompanhada de um crescimento considerável das desigualdades. Enquanto 20% dos mais ricos ostentam cada vez mais sinais exteriores de riqueza, os pobres se tornaram ainda mais vulneráveis, e sua situação mais precária.

As análises do estatístico Abhijit Sen da Universidade Jawaharlal-Nehru, em Nova Delhi, mostraram que se o poder de compra dos 20% mais ricos aumentou 40% entre 1989 e 2004, o poder de compra dos 80% mais pobres – ou seja, 600 milhões de pessoas, principalmente populações rurais – *declinou*.

Em termos mundiais, de acordo com um estudo envolvendo 70 países e publicado pela Organização Internacional do Trabalho sob a égide das Nações Unidas, desde o início dos anos 1900, as desigualdades de renda continuaram se agravando na maioria das regiões do mundo. Os trabalhadores obtiveram apenas uma ínfima parte dos frutos do crescimento econômico mundial.

Além disso, em todos os países estudados, em período de crise as elites quase nunca são atingidas, enquanto pessoas com baixa renda são afetadas de modo desproporcional. Os mais ricos aproveitam também muito mais que os outros da recuperação da economia.[15] Em suma, em 51 dos 73 países estudados, a diferença entre ricos e pobres acentuou-se.[16]

No seu livro *Fraternités* [Fraternidades], Jacques Attali resume essa evolução dos últimos 200 anos:

> A renda média dos países mais ricos era três vezes superior à renda média dos países mais pobres em 1820; 11 vezes em 1913; 35 vezes em 1950; 44 vezes em 1973 e 72 vezes superior em 1993. Os 20% mais ricos da humanidade recebem 86% da renda mundial, contra somente 1% para os últimos 20%. A riqueza total do bilhão de seres humanos mais carentes é hoje igual à dos 100 mais ricos![17]

No que se refere às mulheres, elas ganham apenas 10% da renda mundial, embora realizem dois terços do trabalho da humanidade.

Um relatório da OCDE de 2011 confirmou essa tendência e, quando publicado em Paris, Ángel Gurría, secretário-geral da Organização, declarou:

> O contrato social começa a mostrar sinais de ruptura em muitos países. Este estudo descarta a hipótese de que os benefícios do crescimento econômico se repercutam automaticamente nas categorias carentes, e que um aumento da desigualdade estimule a mobilidade social. Sem uma estratégia exaustiva de crescimento solidário, o aumento das desigualdades irá continuar.

Os dispositivos fiscais e de proteção social que desempenham um papel importante na atenuação das desigualdades induzidas pelo livre mercado perderam sua eficácia em muitos países nos últimos quinze anos. Um outro fator foi a redução da alíquota tributária máxima para pessoas com renda elevada na maioria dos países. A OCDE ressalta a necessidade de os governos revisarem sua política fiscal, a fim de que os mais abastados assumam uma parte equitativa da carga tributária. Como disse Warren Buffet: "Houve uma luta de classe nos últimos vinte anos, e a minha classe venceu".

Uma pesquisa, realizada pelo Fórum Econômico Mundial de Davos junto a mais de mil especialistas, concluiu que a desigualdade deve ser considerada o problema mais urgente da próxima década.[18]

A exceção sul-americana

Na América Latina, a taxa de pobreza baixou 30% nos últimos dez anos. De acordo com Nora Lustig, economista na Universidade de Tulane, esse avanço se deve à educação, à equiparação dos salários e aos benefícios sociais concedidos às famílias mais pobres com a condição de que mantenham seus filhos na escola.[19] Por todo o continente, o salário mínimo subiu verticalmente desde 2003, em mais de 50%, principalmente no Brasil, assim como a aposentadoria, que é indexada aos salários.

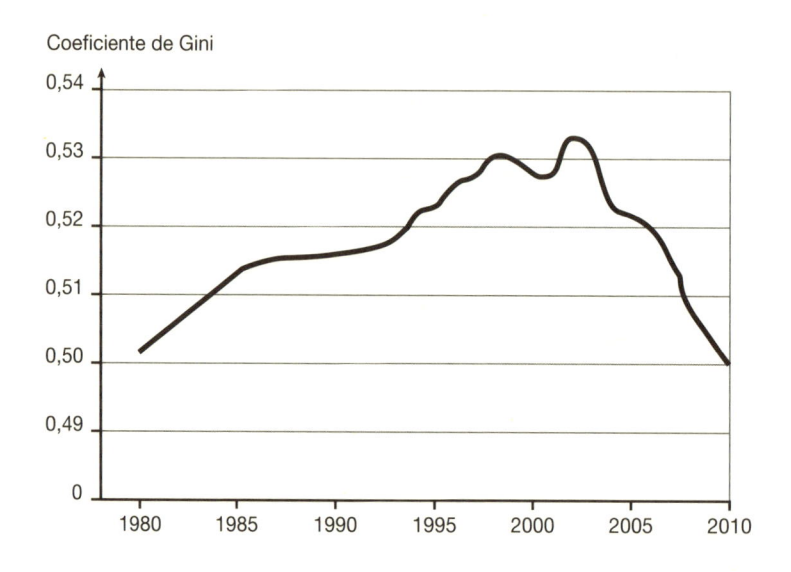

Desigualdade de renda na América Latina

Segundo Karla Breceda, Jamele Rigolini e Jaime Saavedra, três economistas do Banco Mundial, os governos latino-americanos gastam na atualidade uma parte nitidamente maior de seu PIB na educação das crianças que pertencem aos 20% mais pobres, em comparação com os Estados Unidos.[20] Em alguns países da América

Latina, a proporção de jovens que concluem os estudos secundários aumentou 20%. Muitos países sul-americanos tornaram-se campeões da educação pré-escolar. O governo da cidade do Rio de Janeiro, por exemplo, vem aumentando de maneira significativa sua rede de escolas maternais desde 2009. Toda criança proveniente de uma família abaixo do limite da pobreza tem vaga garantida numa creche a partir dos seis meses de idade. Um relatório do Banco Mundial indica que as crianças da geração atual na América Latina são mais instruídas que seus pais e progridem mais rapidamente na escala educacional.

O preço das desigualdades

Richard Wilkinson, um epidemiologista da Universidade de Nottingham, na Inglaterra, e Kate Pickett, da Universidade de York, estudaram durante 50 anos os efeitos das desigualdades na sociedade. Eles registraram as conclusões de suas pesquisas no livro *The Spirit Level** [O nível do espírito], demonstrando que um nível maior de igualdade gera sociedades mais saudáveis, onde reina uma grande harmonia e uma prosperidade maior.[21]

Tendo como base a massa de pesquisas científicas e de dados fornecidos pelas principais organizações internacionais, entre as quais as Nações Unidas, os autores demonstram que, para cada parâmetro sanitário ou social – que são a saúde física, a saúde mental, o êxito escolar, o estatuto da mulher, a confiança no outro, a obesidade, a toxicomania, a violência e os homicídios, o índice de encarceramento, a possibilidade de passar da pobreza à vida sem privações, a gravidez precoce, a mortalidade infantil e o bem-estar das crianças em geral –, os resultados são claramente piores nos países onde a desigualdade é maior.

Uma análise sintética, efetuada por epidemiologistas da Universidade japonesa de Yamanashi e da Escola de Saúde Pública de Harvard, possibilitou demonstrar que, reduzindo a desigualdade de renda nos 30 países mais ricos, a mortalidade dos 15 aos 60 anos poderia ser diminuída em cerca de 10%. Só nos Estados Unidos, 900 mil óbitos poderiam ser evitados anualmente se a taxa de desigualdade diminuísse 7%.[22]

Ainda que se considere apenas os países desenvolvidos, as diferenças são gritantes entre os países mais igualitários, como Japão, países escandinavos, Países Baixos e Bélgica, e os mais desiguais, como Cingapura, Estados Unidos, África do Sul, México, Rússia, Portugal e Reino Unido. Mesmo dentro dos Estados Unidos, no estado mais igualitário, New Hampshire, todos os parâmetros citados anteriormente são nitidamente melhores que em outros estados do país.

Em relação à expectativa de vida no nascimento nos países desenvolvidos, são ainda os países mais igualitários (Japão, Suécia e outros países escandinavos), onde a coesão social é forte, que estão à frente, enquanto os Estados Unidos estão em último lugar na classificação.

---

* *Spirit Level* refere-se a um "nível de bolha" que permite verificar se um plano é horizontal ou inclinado. Essa expressão é utilizada aqui simbolicamente para indicar um meio de detectar as desigualdades.

O mesmo ocorre com as contribuições para a ajuda internacional em proporção ao PIB: ela é de longe a mais importante nos países escandinavos (de 0,8 a 1% do PIB), ao passo que é quatro vezes menor nos Estados Unidos, na Austrália e em Portugal (todos 0,2% aproximadamente), que também são os campeões em matéria de desigualdade. Tanto para essas contribuições como para a ajuda internacional (0,5% do PIB), a França encontra-se no meio da escala.

A confiança nos outros tem um papel particularmente muito importante no bom andamento de uma sociedade. Sua ausência se traduz por uma ansiedade crescente, um sentimento de insegurança e de muito mais violência, isolamento e distúrbios mentais. A confiança favorece o altruísmo e a cooperação. Temos, porém, que o nível de confiança está estreitamente vinculado ao nível de igualdade. Se for feita a seguinte pergunta: "O que você pensa sobre confiar na maioria das pessoas?", a resposta é positiva em cerca de 70% dos países escandinavos, e cai para 40% nos Estados Unidos, 35% no Reino Unido, 20% em Cingapura e 17% em Portugal. Se considerarmos a evolução ao longo do tempo, a queda da taxa de confiança, que passou nos Estados Unidos de 60% em 1960 para 40% em 2004, data da última pesquisa, corresponde ao aumento das desigualdades.[23]

Em muitos países, constata-se que se a saúde dos pobres não é tão boa quanto a dos ricos, e se vivem menos, isso não é tanto em razão do valor absoluto de suas rendas, mas devido às diferenças de renda entre os mais ricos e os mais carentes. Com poder de compra igual, levando em consideração o nível de vida do país, um negro dos Estados Unidos tinha em 1996 uma expectativa de vida de 66,1 anos, e um homem da Costa Rica, 75 anos. A diferença se explica pelo fato de que, na Costa Rica, a discriminação racial é pouco elevada, enquanto os negros dos Estados Unidos são vítimas de racismo, têm em média uma educação pior do que a dos brancos e vivem em bairros carentes, isolados do restante da sociedade.[24]

As desigualdades são, na verdade, fonte de menosprezo e de rejeição, como se constata de maneira flagrante a estigmatização de determinados grupos (os negros nos Estados Unidos, os imigrantes na Europa, os estrangeiros em quase todas as partes do mundo etc.). Uma das consequências dessa estigmatização é a opinião amplamente disseminada de que são os próprios indivíduos, e não a sociedade, que são responsáveis pela pobreza, chegando-se até mesmo a culpá-los por isso. Como já havia observado Tocqueville: "O mesmo homem que é pleno de humanidade para com seus semelhantes quanto estes são ao mesmo tempo seus iguais, torna-se insensível a suas dores assim que a igualdade cessa".[25]

As grandes disparidades de riqueza geram sociedades violentas e conflituosas, visto que a riqueza não é só mensurável em volume de bens, mas em termos de qualidade das relações. Resulta igualmente, por parte dos mais pobres, em maior retração da vida pública e uma forte abstenção nas eleições.

De modo inverso, a solidariedade é benéfica aos pobres quando a cooperação prevalece sobre a competição, mas ela também favorece a classe média e as classes privilegiadas, que têm melhor desempenho quando a gama de disparidades é reduzida.

As sociedades democráticas mais igualitárias são também as mais prósperas a longo prazo. A Suécia, por exemplo, muito mais igualitária do que os Estados Unidos, registra 0,5 ponto de crescimento a mais por ano desde 2000.

Numa análise publicada em 2011, dois economistas do FMI, Andrew Berg e Jonathan Ostry, constataram que o crescimento foi mais persistente nos países mais igualitários e que, durante os períodos de crescimento, a distribuição de renda contava mais que o nível de liberalização do comércio.[26]

Na Finlândia e na Bélgica, não só o índice de bom desempenho escolar dos mais carentes é bem melhor do que nos países com muita desigualdade como os Estados Unidos, mas também é melhor, embora em menor proporção, entre os filhos dos pais mais afortunados. Os benefícios da igualdade social se propagam assim a toda a sociedade. Num documento do Banco Mundial, Ezequiel Molina, Jaime Saavedra e Ambar Narayan constatam que os países onde a desigualdade escolar é mais elevada se desenvolvem mais lentamente.[27]

Essas constatações anulam o argumento repetidamente afirmado pelos conservadores dos Estados Unidos, segundo o qual muita igualdade aniquilaria o crescimento. Para os defensores incondicionais da economia de livre mercado, o enriquecimento dos mais ricos estimula a economia e favorece a todos, o que é falso, como vimos. Wilkinson e Pickett verificam exatamente o contrário: é o enriquecimento dos pobres que beneficia a todos, até os ricos!

Uma das características dos países mais igualitários é a "mobilidade social", ou seja, a probabilidade dos pobres se tornarem ricos e os ricos não tão ricos ao longo de sua vida, ou de uma geração à outra. Na Suécia, por exemplo, somente 20% do nível de riqueza (ou de pobreza) é transmitido de geração a geração, ao passo que na China, país com muito mais desigualdade, o percentual é de 60%.[28]

Como reduzir as desigualdades

Em *La voie* [A via para o futuro da humanidade], Edgar Morin apresenta uma série de propostas para reduzir as desigualdades como, por exemplo, reduzir ou eliminar totalmente as dívidas dos países pobres e lhes fornecer a preços módicos fontes de energia renováveis, medicamentos e, gratuitamente, tratamentos contra as pandemias, assim como, no caso da fome, os alimentos de que necessitam. Seria preciso também restabelecer a autossuficiência na produção de alimentos dos países que a perderam e adotar sistemas de regulação econômica adequados ao combate das especulações financeiras, que são fonte das flutuações artificiais nos preços dos produtos básicos, flutuações essas que provocam amiúde a ruína dos pequenos produtores. Também seria necessário instaurar controles internacionais para evitar que a corrupção desvie a ajuda destinada aos países pobres, aumentando as desigualdades.[29]

Edgar Morin e Stéphane Hessel, no livro *Le Chemin de l'espérance* [O caminho da esperança], propõem a criação, no nível internacional, de um conselho permanente de luta contra as desigualdades, que zelaria pelas causas e manifestações das desigualdades, controlando ao mesmo tempo os excessos no topo e solucionando as insuficiências, a precariedade e as dependências ligadas à miséria, na base.[30]

No nível internacional, acrescenta Edgar Morin, seria também necessário instituir um observatório permanente das desigualdades que acompanharia sua evolução e proporia medidas concretas possibilitando reduzi-las progressivamente.

Na Escandinávia, a principal fonte de igualdade é a redistribuição dos recursos pelo Estado. As alíquotas tributárias são elevadas, porém os serviços sociais são muito relevantes. O governo sueco, em particular, trabalhou com mais audácia que outros para reforçar a eficácia dos serviços públicos, concebidos para proteger os pobres. Isso não impediu os países escandinavos, os mais igualitários do mundo, de se manterem entre os países com crescimento mais sólido e estável.

Por outro lado, segundo um relatório do FMI datado de 2011: "Constatamos uma forte correlação entre os longos períodos de crescimento e a evolução da distribuição de renda no sentido da igualdade".[31]

Uma síntese das propostas de muitos especialistas, publicada pela revista *The Economist*, apresenta reformas que permitiriam reduzir as desigualdades no mundo. Em primeiro lugar, seria necessário combater a corrupção, o nepotismo e o tráfico de influências que permitem a indivíduos bem posicionados e a multinacionais exercer pressões indevidas sobre os governos e usufruir de monopólios graças aos quais mantêm seu domínio sobre os mercados. O nepotismo é particularmente predominante na China e em outros países emergentes, enquanto, nos países desenvolvidos, os monopólios industriais contribuem fortemente para manter as desigualdades e concentrar as riquezas nas mãos de uma minoria. Os bancos e as grandes empresas exercem pressão sobre o Estado em período de crise, sob o pretexto de que eles são "muito grandes para ir à falência sem acarretar catástrofes nacionais", o que lhes permitem escapar de qualquer penalidade por sua gestão deplorável, ou até mesmo desonesta. Entre outras prioridades, está a redução dos abusos e dos desperdícios e a instauração de uma proteção social eficaz que proveria, em particular, as necessidades dos mais pobres e dos mais jovens, requerendo maior ajuda financeira por parte dos mais ricos e dos mais velhos. A América Latina mostrou que é possível vincular a ajuda social à implicação dos cidadãos na aprendizagem profissional e na educação de seus filhos.

O imposto de renda deve ser considerado um meio de financiar o Estado e reduzir as desigualdades, e não um instrumento para punir os ricos. Para diversos especialistas, seria preferível, em vez de aumentar pesadamente a carga tributária dos mais ricos, assegurar que a tributação seja progressiva – o bilionário norte-americano Warren Buffet foi alvo dos noticiários em 2012, declarando que sua secretária pagava proporcionalmente mais impostos do que ele, e que estava disposto a aumentar sua contribuição fiscal – e que o sistema fiscal se torne mais eficaz, eliminando principalmente os paraísos fiscais.[32] Os mais ricos dispõem, com efeito, de meios para escapar do imposto e deduzir quantias consideráveis de suas declarações de renda graças a diferentes estratagemas que não estão ao alcance da classe média e dos pobres, o que acentua ainda mais as injustiças e desigualdades.

Isso também é verdadeiro no nível das empresas. A BP, por exemplo, anunciou sua intenção de deduzir de seus impostos US$ 9,9 dos US$ 32,2 bilhões que foi condenada a pagar para sanar os danos causados no Golfo do México pela gigantesca maré negra em abril de 2010. Embora o Ministério da Justiça dos Estados Unidos tenha acusado a BP de "culpa grave" e "deliberada" nesse caso, essa dedução dos impostos será despesa do Estado e, em última análise, dos contribuintes.[33]

Da mesma forma, nos Estados Unidos, as empresas farmacêuticas conseguiram do Estado que não negocie o preço dos medicamentos reembolsáveis pela Previdência Social, recebendo assim um presente do Estado e, por extensão, dos contribuintes, de pelo menos US$ 50 bilhões ao ano.[34]

Em essência, uma sociedade não igualitária é uma sociedade com rupturas. Os líderes políticos devem, portanto, reparar essas rupturas e combater as desigualdades que, em toda a parte, exceto na América Latina e nos países escandinavos, não cessaram de aumentar desde os anos 1970. É preciso para tal fim uma vontade política que não seja inspirada unicamente pelo *laisser-faire* do livre mercado e que exige o favorecimento de uma economia do bem comum, baseada na solidariedade, na reciprocidade e na justiça social, também chamada "economia positiva", termo proposto pelo grupo BeCitizen para designar uma economia altruísta que restaure o bem-estar social e o capital ecológico.

39. Rumo a uma economia altruísta

Há o suficiente na Terra para atender às necessidades de todos, mas não o suficiente para satisfazer a avidez de cada um.
Gandhi

A ECONOMIA DEVE ESTAR A SERVIÇO DA SOCIEDADE, E NÃO A SOCIEDADE A SERVIÇO da economia. A economia deve também beneficiar à sociedade *como um todo*.

Sem contudo exercer coerções esterilizantes sobre o espírito empreendedor, a inovação e a prosperidade, a regulação da economia deve impedir que aqueles que são movidos pelos próprios interesses aproveitem-se das engrenagens do sistema financeiro para redirecionar unicamente a eles recursos sem proporção com o que eles mesmos contribuem para a coletividade. Como observou o escritor Daniel Pennac: "A felicidade individual tem como obrigação produzir repercussões coletivas, sem o que a sociedade não passa de um sonho de predador".[1] O Estado deve proteger os fracos, garantir que o trabalho de cada um seja retribuído por seu justo valor, zelar para que os privilegiados e os mais afortunados não utilizem seu próprio poder para influenciar as decisões políticas a favor deles.

Uma economia é disfuncional quando aqueles que deram uma contribuição negativa à sociedade são os que mais se beneficiam. Isso pode ser o caso de um autocrata que enriquece desmesuradamente, apropriando-se dos benefícios dos recursos naturais de seu país, ou ainda o caso de um banqueiro que recebe bonificações colossais, enquanto seus atos colocaram a sociedade em dificuldade.

Uma economia saudável não deve acarretar desigualdades desproporcionais. Não se trata aqui das disparidades naturais que se manifestam em qualquer comunidade humana, mas das desigualdades extremas que não são o produto das capacidades reais das pessoas, mas, sim, de sistemas econômicos e políticos distorcidos que facilitam essa iniquidade.

Nada disso é devido à fatalidade, e é totalmente possível orientar de modo diferente o curso das coisas, desde que haja uma mínima vontade popular e política. Mesmo no mundo econômico, o respeito aos valores humanos encarnados no altruísmo não é um sonho idealista, mas a expressão pragmática da melhor maneira de se atingir uma economia equitativa e uma harmonia sustentável. Para ser harmoniosa, a busca da prosperidade deve englobar tanto as aspirações ao bem-estar de todos os cidadãos como o respeito ao meio ambiente.

Homo economicus, racional, calculador e egoísta

O conceito de "Homem econômico", *Homo economicus*, surgiu no final do século XIX com as críticas dos textos de economia política de John Stuart Mill[2] e foi muito empregado pelos fundadores da teoria econômica denominada "neoclássica", Francis Edgeworth e Vilfredo Pareto, principalmente. Trata-se de uma representação teórica das relações entre seres humanos, segundo a qual os serem humanos seriam atores egoístas, capazes de fazer racionalmente as escolhas mais adequadas às suas próprias preferências e promover seus próprios interesses.[3] Essa teoria opõe-se à noção do *Homo reciprocans*, que afirma que os humanos são motivados pelo desejo de cooperar e levam em consideração o bem da comunidade.

A ideia subjacente é que, se todo mundo se comporta de uma determinada forma, e se o mercado de oferta e procura é isento de qualquer coerção, esse mercado funcionará para o bem maior de cada um. A teoria "neoclássica" foi ensinada a milhões de estudantes desde o início do século XX. Em seu livro *Economia*, um dos mais prestigiados manuais de economia, que está em sua 19ª. edição, Paul Samuelson e William Nordhaus explicam que o *Homo economicus* é uma visão idealizada do homem racional, segundo a qual a população seria composta de dois tipos de pessoas: "os consumidores, que tentam satisfazer seus gostos o melhor que podem, e os empreendedores, que se esforçam apenas em maximizar seus lucros".[4] Ora, como enfatiza Philippe Kourilsky, professor no Collège de France: "*Homo economicus* é uma caricatura do homem real. Na verdade, ele é desumanizado e contribui para a desumanização de uma parte da ciência econômica".[5]

Como se pode imaginar, o *Homo economicus* não é um altruísta: "O primeiro princípio da economia é que cada agente é unicamente motivado pelo interesse pessoal",[6] afirmava Francis Edgeworth, um dos fundadores da economia moderna.* Muitos outros aceitaram essa linha, entre eles William Landes, economista, e Richard Posner, jurista, que afirmam: "No mercado concorrencial, o altruísmo não é uma característica com valor positivo para a sobrevivência".[7]

Segundo essa visão redutora do ser humano, ainda que ocorra a prestação mútua de serviços entre nós, é sempre para atender aos nossos próprios interesses, e mantemos relações humanas apenas para tirar proveito disso.[8] Deparamo-nos aqui com a ideia do egoísmo universal, a qual debatemos anteriormente. Mesmo a noção de equidade, a que os economistas muitas vezes recorrem, não escapa a essa sina. A psicóloga Elaine Walster e seus coautores nos asseguram que: "A teoria da equidade também se baseia na hipótese simples, mas eminentemente certa, de que o homem é egoísta".[9] Todas essas afirmações não estão baseadas em conhecimentos científicos, mas apenas em crenças simplistas.

Essa visão da economia é, na verdade, a um mesmo tempo redutora e errônea. Como assinala Amartya Sen, outro laureado do Prêmio Nobel e professor em Harvard:

---

* Francis Edgeworth (1845-1926) foi titular da cadeira de Economia em Oxford e foi um dos mais importantes representantes da escola econômica chamada de "neoclássica".

Parece-me extraordinário que se possa sustentar que qualquer atitude diferente da maximização do interesse pessoal seja irracional. [Tal posicionamento] implica necessariamente em rejeição do papel da ética na tomada de decisão real. [...] Considerar o egoísmo universal uma realidade pode ser talvez um engano, mas fazer dele um critério de racionalidade é totalmente absurdo.[10]

O principal defeito do *Homo economicus*, prossegue Kourilsky, é sua amoralidade fundamental: "Na economia clássica, supõe-se que essa falta de moralidade seja compensada pela noção um tanto mística da "mão invisível" que restabeleceria, de forma misteriosa, alguns equilíbrios".[11] De acordo com a metáfora proposta por Adam Smith, a "mão invisível" designa um fenômeno espontâneo que guia os mercados quando indivíduos dotados de razoabilidade, que buscam somente seu interesse pessoal, ficam em situação de livre concorrência. Smith afirma que os indivíduos, ao tentar maximizar seu próprio bem-estar, atuam com sua participação para o bem de toda a sociedade. Segundo ele, a intervenção do Estado é inútil, visto que a mão invisível é o melhor guia da economia. Os partidários incondicionais da economia de mercado avaliam portanto que, como a mão invisível cuida de tudo, eles não têm nenhum dever para com a sociedade.[12] Na verdade, a mão invisível de um egoísmo cego não pode construir um mundo melhor: as liberdades sem deveres levam tão somente à exacerbação do individualismo. O próprio Adam Smith reconhecia com naturalidade: "É raro que pessoas com a mesma profissão se reúnam, seja por prazer ou distração, sem que a conversa acabe em alguma conspiração contra o público, ou em alguma maquinação para elevar os preços".[13]

Hoje, muitos empresários estão conscientes de que a visão do *Homo economicus* é apenas uma caricatura da natureza humana, e eles próprios possuem sistemas de valor muito mais complexos, em que os valores altruístas ocupam um lugar inconteste.

Milton Friedman, o famoso promotor do libertarianismo e da desregulamentação, afirmava: "Poucas tendências podem debilitar tanto os alicerces de nossa sociedade livre quanto a aceitação pelos empresários de outra responsabilidade social que não seja a de gerar o máximo de dinheiro possível para seus acionistas." Durante os últimos dez anos, observa Frans de Waal no livro *A era da empatia*: "Todos os países avançados sofreram enormes escândalos no setor de negócios, e, em todos os casos, foi por seguir os conselhos de Milton Friedman que os dirigentes conseguiram debilitar os alicerces de sua empresa. [...] Nessas condições, a fraude colossal da empresa Enron tornou as 64 páginas de seu 'Código de ética' tão fictícias quanto o manual de segurança do *Titanic*".[14]

É evidente, destaca o economista francês Serge-Christophe Kolm, que "um sistema econômico não produz apenas bens e serviços. Ele produz também seres humanos e as relações entre eles. A maneira como a sociedade produz e consome tem uma grande influência sobre as personalidades, os caracteres, os conhecimentos, os desejos, a felicidade, os tipos de relações interpessoais".[15] Tantas coisas essenciais à felicidade não têm nada a ver com transações econômicas.

O próprio Adam Smith, o pai da economia de mercado, estava longe de ser tão extremista quanto seus sucessores e, num livro que os economistas geralmente esquecem, *Teoria dos sentimentos morais*, ele afirma: "Conter nossas inclinações egoístas e dar livre curso a nossas tendências benevolentes forma a percepção da natureza humana; e somente isso pode produzir entre os homens a harmonia de sentimentos e de paixões em que consistem toda a sua graça e sua conveniência".[16]

Uma teoria econômica que exclui o altruísmo é fundamentalmente incompleta e reducionista. Sobretudo, ela contradiz a realidade, e está portanto fadada ao fracasso. Com efeito, os complexos modelos matemáticos construídos pelos economistas neoclássicos para tentar explicar os comportamentos humanos são baseados em pressupostos que são, em grande parte, falsos, pois a maioria das pessoas não é totalmente egoísta, não está plenamente informada (a dissimulação da informação é um dos estratagemas empregados por aqueles que manipulam os mercados) e estão bem longe de sempre fazerem escolhas racionais.

Nossas decisões, sejam elas econômicas ou outras, são muitas vezes irracionais e fortemente influenciadas por nossas emoções. Esses pontos foram evidenciados pela psicologia comportamental, sobretudo por Amos Tversky e Daniel Kahneman. A demonstração feita por eles lhe rendeu o primeiro Prêmio Nobel de Economia concedido a um psicólogo, no caso, a Kahneman[17]. Da mesma forma, o neurocientista Brian Knutson e sua equipe na Universidade de Stanford mostraram a que ponto as decisões econômicas, principalmente a de assumir riscos, eram fortemente influenciadas pela emotividade, pela impulsividade e por preferências pessoais. Ocorre que as áreas cerebrais do sistema límbico, que são ligadas às emoções que guiam os comportamentos primitivos de buscar alimento e evitar predadores, exercem também um papel importante em nossas reações às recompensas monetárias e às punições.[18] Além disso, no momento em que os investidores tomam decisões financeiras, a observação de sua atividade cerebral revela estados de excitação elevados que facilitam assumir riscos e influenciam a objetividade de suas decisões.

O contexto de uma situação influencia também, de maneira inconsciente, decisões supostamente racionais: o psicólogo Dan Ariely pediu a alguns alunos que participavam de sua pesquisa que anotassem numa folha os dois últimos dígitos do seu número de inscrição na Previdência Social, e em seguida os fez participar de um leilão. Os resultados indicaram que os alunos cujo número da Previdência Social terminava em dígitos altos, entre 80 e 99, ofereceram em média US$ 56 por um teclado de computador, ao passo que aqueles cujo número terminava em dígitos baixos, entre 1 e 20, ofereceram somente US$ 16 pelo mesmo teclado![19] Não há nada de razoável nessa decisão econômica, que é bem simples. Em *Thinking, fast and slow* [Rápido e devagar: duas formas de pensar], Daniel Kahneman fornece múltiplos exemplos de decisões irracionais que adotamos constantemente.[20]

As emoções, as motivações e os sistemas de valores exercem uma influência inegável sobre as decisões econômicas. Já que é assim, e desde que as emoções sejam positivas e as motivações altruístas, por que então não introduzir na economia a voz da solicitude, em vez de contentar-se em escutar a voz da razão – uma voz necessária mas insuficiente e que os economistas prezam tanto?

Os desvios do livre mercado

O investidor e bilionário George Soros fala de "fundamentalismo do livre mercado" ao descrever a crença de que o livre mercado seria não somente a melhor mas *a única* forma de administrar um sistema econômico e de preservar a liberdade dos cidadãos: "A doutrina do *laisser-faire* capitalista considera que o bem comum é mais bem atendido pela consecução sem entraves do interesse pessoal"[21], escreve ele. Se o *laisser-faire* do livre mercado totalmente desregulamentado fosse baseado nas leis da natureza e tivesse um valor científico, se não fosse apenas um ato de fé enunciado pelos defensores do ultraliberalismo, teria resistido à prova do tempo. Ao contrário, não é esse o caso, visto que sua imprevisibilidade e os abusos que ele permitiu levaram às crises financeiras que conhecemos. Para Soros, se a doutrina do *laisser-faire* econômico tivesse que atender aos critérios de uma teoria científica refutável pelos fatos, ela teria sido rejeitada há muito tempo.[22]

O livre mercado favorece a criação de empresas, a inovação em muitas áreas – no domínio das tecnologias novas, da saúde, Internet e das energias renováveis, por exemplo – e oferece oportunidades inegáveis aos jovens empreendedores que queiram desenvolver atividades úteis à sociedade. Vimos também, no capítulo sobre o declínio da violência, que os intercâmbios comerciais entre países democráticos reduzem consideravelmente os riscos de conflito armado entre esses países. Entretanto, se inexistirem barreiras de segurança, o livre mercado permite um uso predador dos sistemas financeiros, aumentando a oligarquia, as desigualdades, a exploração dos produtores mais pobres e a monetização de muitos aspectos da vida humana cujo valor decorre de outras considerações que não são o dinheiro.

O preço de tudo, o valor de nada

Em seu livro intitulado *What Money Can't Buy: The Moral Limits of Markets* [O que o dinheiro não compra: os limites morais do mercado],[23] Michael Sandel, um dos filósofos mais destacados nos Estados Unidos e um dos conselheiros do presidente Obama, considera que os economistas neoliberais sabem o preço de tudo e não reconhecem o valor de nada.

Em 1997, ele irritou muita gente quando contestou a moralidade do Protocolo de Kyoto sobre o aquecimento global, um acordo que suprimiu a estigmatização moral vinculada às atividades lesivas ao meio ambiente, requerendo simplesmente um pagamento pelo "direito de poluir". Segundo ele, a China e os Estados Unidos são os países menos receptivos às objeções que ele expressa diante do conservadorismo intransigente do livre mercado: "Em outras partes da Ásia, na Índia principalmente, assim como na Europa e no Brasil, ninguém duvida que existam limites morais aos mercados comerciais"[24]. Ele dá alguns exemplos da comercialização de valores que não deveriam ser monetizados:

– por US$ 8 mil, casais ocidentais podem comprar os serviços de barriga de aluguel de uma mãe indiana;

– por US$ 250 mil, na África do Sul, um rico caçador pode dar-se o direito de matar um rinoceronte negro, uma espécie protegida em via de extinção;

– por US$ 1.500 a US$ 25 mil por ano, um número cada vez maior de médicos nos Estados Unidos oferecem um serviço de "zeladoria", permitindo o acesso permanente a seu celular e a possibilidade de consulta no próprio dia;

– um cassino on-line "deu" US$ 10 mil a uma mãe solteira de Utah, em situação de grande penúria para educar seu filho, exigindo em contrapartida que ela tatuasse de maneira definitiva o endereço eletrônico desse cassino na testa.

Podemos monetizar tudo? Haveria sentido em comprar um Prêmio Nobel sem o ter merecido? Quanto à escravidão, ela continua, sob novas formas: tráfico de mulheres e crianças para prostituição no mundo inteiro; trabalhadores de Bangladesh, do Nepal e do Paquistão duramente explorados nos países do Golfo; famílias inteiras, na Índia, submissas por dívidas, há várias gerações, a empregadores que as privam de toda liberdade (nessas famílias, mais de dez milhões de crianças são assim submetidas a trabalho forçado).

No que diz respeito à adoção, as leis europeias não permitem mais que crianças sejam vendidas e compradas, mesmo que o processo de adoção seja lento e complicado e ainda que os futuros pais fiquem impacientes: as crianças não são bens de consumo, mas seres dignos de amor e de respeito. Contudo, o comércio de crianças continua em outras partes do mundo.

Quanto aos animais, nos quais via de regra nunca se pensa, são assimilados a escravos vendidos e comprados, evidentemente contra sua vontade, uma vez que nossas sociedades continuam a tratar os animais como objetos comerciais.

A única pergunta que o economista faz é: "Quanto?" O mercado não faz diferença entre escolhas dignas e escolhas indignas: somente as partes envolvidas acertam o valor das coisas e dos serviços trocados. Isso pode se aplicar a qualquer coisa, inclusive à contratação de um assassino profissional.

Queremos uma economia de mercado ou uma sociedade de mercado? Segundo Sandel, embora a economia de mercado seja um instrumento eficaz de organização das atividades produtivas, do ponto de vista moral não deveria, contudo, invadir todos os setores da vida humana.

Não é portanto o livre comércio em si que deve ser questionado, mas o fato de que toda liberdade só pode ser exercida no âmbito de responsabilidades em relação ao outro. Essas responsabilidades são guiadas por valores morais e por uma ética respeitosa do bem-estar da comunidade, a começar pela obrigação de não lesar o outro na busca de interesses pessoais. Devido a que os aproveitadores inescrupulosos não deixam passar nenhuma ocasião para utilizar toda liberdade, sem restrição, em benefício próprio e em detrimento do outro, é indispensável instaurar regras, que não são nada além de medidas de proteção da sociedade. No entanto, não é o que ocorre, e como explica Amartya Sen:

> Os instrumentos de regulação foram demolidos um a um, desde o governo Reagan até o de George W. Bush. Ora, é verdade que o sucesso da economia liberal sempre dependeu do dinamismo do próprio mercado, mas também de mecanismos de regulação e de controle para evitar que a especulação e a busca do lucro não levassem a níveis excessivos de riscos. [...] Se há preocupação com a liberdade e a felicidade, tenta-se organizar a economia de modo que essas coisas sejam possíveis.[25]

Segundo Stiglitz, a "regulamentação dá resultados, já que os períodos em que existiam regulamentações bem concebidas foram períodos de longa prosperidade, enquanto a desregulamentação financeira gerou uma volatilidade catastrófica dos mercados e permitiu as manipulações mais distorcidas por parte dos aproveitadores, acarretando principalmente um desalinhamento colossal entre as remunerações privadas desses investidores e os benefícios sociais da economia".[26]

Na realidade, a economia de livre mercado não funciona tão bem quanto pretendem seus defensores. Afirma-se que permitiria uma melhor estabilidade, mas as crises mundiais sucessivas mostraram que ela pode ser muito instável e ter assim consequências devastadoras. Além disso, torna-se óbvio que o mercado está longe de ser tão eficaz quanto se pretende, e que a igualdade de oferta e procura tão amada dos economistas clássicos não passa de um mito, uma vez que vivemos num mundo no qual imensas necessidades permanecem insatisfeitas e no qual, particularmente, fazem falta os investimentos necessários para erradicar a pobreza e responder ao desafio do aquecimento global. Para Stiglitz, o desemprego, que impede inúmeros trabalhadores sem emprego de contribuir para a coletividade à altura de seu potencial, é o pior fracasso do mercado desregulamentado, a maior fonte de ineficácia e uma das principais causas de desigualdades. A pobreza, explica Amartya Sen, é uma privação de liberdade, e não é de qualquer tipo de liberdade: é a privação da liberdade de exprimir o potencial que cada um tem para a vida.[27]

Ademais, os defensores do livre mercado são muitas vezes irresponsáveis. Como destaca Stiglitz: "Os banqueiros haviam feito apostas que, sem o socorro do Estado, os teriam levado à derrocada, e com eles toda a economia. Mas o exame atento do *sistema* prova que não foi um acidente – eles foram incitados a se comportar assim".[28] Incitados por políticos acomodados e reguladores que não queriam enxergar nada.

Os políticos e os economistas que dominam a política dos Estados Unidos desde a administração Reagan imaginaram que seria necessário suprimir todas as regulamentações pertinentes ao livre mercado e dar livre curso ao *"laisser-faire"*, tão ao gosto da filósofa Ayn Rand. Eles acreditaram que essa seria a melhor maneira de favorecer a igualdade de oportunidades para todos: os mais empreendedores e os mais trabalhadores seriam os que teriam mais êxito. O sonho americano é o do engraxate que se torna milionário graças à engenhosidade e à perseverança. Todavia, as análises mostram que nos Estados Unidos, salvo algumas exceções, os mais ricos que constituem 1% da população, assim como seus descendentes, têm as maiores probabilidades de preservar seu nível de riqueza a longo prazo. Stiglitz resume a situação do seguinte modo: "Os Estados Unidos criaram uma máquina econômica maravilhosa, mas que, manifestamente, só trabalha em benefício daqueles que estão no topo".[29]

Segundo os arautos da desregulamentação, o enriquecimento dos ricos supostamente beneficiaria os pobres, porque os ricos criam empregos, dinamizam a economia e fazem "escoar profusamente" a riqueza para baixo. Portanto, não se deve matar a galinha dos ovos de ouro. O problema começa quando a galinha guarda todos os ovos para si. Baseado em números, Thierry Pech, diretor da revista mensal *Alternatives économiques*, mostra em seu livro *Le Temps des riches* [O tempo dos ricos], que, na realidade, o escoamento de hoje é mínimo e mata a sede dos pobres tanto quanto a água de uma miragem. Quem tem meios de pagar, em geral muito caro, um consultor tributário que ajude a proteger os bens de uma pessoa, elaborando mecanismos bem estudados para evitar o pagamento ao governo da contribuição que a maioria dos cidadãos menos afortunados pagam, tem a possibilidade de não pagar praticamente nenhum imposto. Na França, em alguns exercícios, afirma Pech, chegou a atingir 7.000 contribuintes o total de contribuintes ricos com renda anual média superior a € 200 mil, mas isentos de pagamento de imposto de renda.[30] Em resumo, os pobres não pagam impostos, a classe média paga impostos, e os mais ricos pagam consultores tributários para não pagar impostos.

Nos Estados Unidos, milhões de pessoas entre as mais carentes foram obrigadas a deixar suas moradias por causa da falta de transparência dos bancos, que haviam concedido créditos em condições aparentemente idílicas, na verdade predatórias. A maioria dos países ricos têm, a um só tempo, abundância de moradias vazias e um número crescente de sem-teto. O supérfluo de alguns acaba privando os outros do necessário.

Se cidadãos em número sempre crescente, em todas as partes do mundo, se indignam contra o sistema econômico atual, isso ocorre, como lembra Joseph Stiglitz, porque depois da crise de 2008, "eles consideram, com razão, uma injustiça flagrante o fato de que muitos profissionais de finanças tenham saído dessa crise embolsando prêmios desmesurados, enquanto as vítimas da crise provocada por suas atuações saíram dela sem emprego. [...] O que aconteceu nessa crise ficou muito claro: não é a contribuição à sociedade que determina a importância relativa das remunerações. Os banqueiros foram ricamente retribuídos, enquanto sua contribuição à sociedade – e mesmo à sua própria empresa – foi *negativa*. O enriquecimento das elites e dos banqueiros tem apenas uma única causa: eles querem e podem aproveitar-se dos outros".[31]

A título de ilustração, lembremos que, na aurora da crise, a Goldman Sachs recomendava veementemente a seus clientes que investissem na InfoSpace,* uma *start-up* que cresceu rápido com a venda de diferentes serviços na Internet, recebendo a avaliação mais elevada possível, enquanto um de seus próprios analistas

---

* Em 2000, a InfoSpace utilizou métodos contábeis duvidosos para declarar US$ 46 milhões de lucro quando, na realidade, havia perdido US$ 282 milhões.

a qualificava como "espelunca". A Excite, uma empresa do mesmo ramo também muito bem cotada, era considerada internamente como um "lixo".* Em 2008, depois de 9 milhões de pobres dos Estados Unidos perderem suas casas, muitas vezes seu único bem, os responsáveis da Goldman Sachs receberam US$ 16 bilhões em bonificações.** Paralelamente, os cinco principais dirigentes da Lehman Brothers, um dos maiores vendedores de empréstimos hipotecários de alto risco, embolsaram mais de US$ 1 bilhão entre 2000 e 2007. Mesmo quando a empresa faliu e seus clientes ficaram arruinados, eles conservaram a totalidade desse dinheiro. Como observa Stiglitz: "Quando os fins, ganhar mais, justificam os meios, e quando esses meios, na crise do crédito *subprime* (de alto risco) nos Estados Unidos consistiam na exploração dos mais pobres e dos menos instruídos, isso significa que nosso senso moral sofreu um grave acidente".[32]

Grades de proteção para o bem de todos

O presidente Ronald Reagan, apoiado pelos economistas da Escola de Chicago favoráveis ao *"laisser-faire"*, inaugurou um período de trinta anos de desregulamentação financeira ao suprimir, em 1982, os controles dos depósitos de clientes nos bancos, possibilitando aos banqueiros fazer investimentos de alto risco com o dinheiro da poupança que lhes havia sido confiado. No fim da década, centenas de sociedades de crédito e poupança ficaram em situação de insolvência, o que custou US$ 124 bilhões aos contribuintes dos Estados Unidos e engoliu as economias das pessoas que haviam confiado nelas.[33] Em 2004, Henry Paulson, presidente da Goldman Sachs, realizou manobras nos círculos políticos para obter a desregulamentação dos limites de endividamento dos bancos, o que permitiu a eles aumentar desmesuradamente seus empréstimos sem a menor garantia de poder reembolsá-los.

Segundo Nouriel Roubini, professor da Escola de Administração da Universidade de Nova York, o setor financeiro, etapa por etapa, apropriou-se do sistema político. Entre 1998 e 2008, o setor financeiro gastou mais de US$ 5 bilhões para fazer *lobby* junto aos políticos. Em Washington, há em média seis lobistas para cada deputado ou senador. Desde a crise de 2008, esses lobistas gastam ainda mais dinheiro. Na Europa, de acordo com os resultados de 2005 informados por Siim Kallas, comissário europeu de Assuntos Administrativos, estão estabelecidos em Bruxelas 15.000 lobistas, representando 2.600 grupos de interesse.[34]

O economista James K. Galbraith (filho do célebre economista John K. Galbraith) concluiu que "os membros dessa nova classe decidiram apropriar-se do Estado e

---

* Durante uma audiência na Câmara do Congresso, o senador Carl Levin perguntou ao presidente da Goldman Sachs, Lloyd Blankfein: "Não há conflito quando o Sr. vende alguma coisa a alguém, mesmo sendo pessoalmente contra esse investimento, e não divulga nada sobre a situação real à pessoa a quem o Sr. vende?" E Blankfein respondeu: "No âmbito da organização do mercado, isso não significa um conflito". Em 2008, Blankfein ganhava US$ 825.900 por semana. Ele declarou ainda que, como banqueiro, "fazia o trabalho de Deus". (*The Sunday Times*, 8 de novembro de 2010).
** US$ 485 milhões para seu presidente, Richard Fuld.

administrá-lo, não para implantar um projeto ideológico, mas da maneira que lhes traga mais dinheiro, que perturbe menos seu poder e que lhes ofereça maiores oportunidades de serem reembolsados caso algo não dê certo. Em suma, eles decidiram agir como predadores em relação às instituições existentes".[35]

A liberdade oferecida pela desregulamentação deveria ser utilizada para estimular a criatividade, assim como uma concorrência sadia e leal, contudo, ela possibilitou frequentemente aos investidores utilizar as novas tecnologias para contornar algumas regulamentações restantes, conceder créditos predadores e enganar os usuários com esquemas financeiros cada vez mais opacos. Lord Turner, então dirigente do órgão britânico de controle dos provedores de serviços financeiros (Financial Services Authority), reconheceu em 2009 que "boa parte das atividades da City* não tinha nenhuma utilidade social".[36]

As únicas regulamentações em vigor nos Estados Unidos, por exemplo, foram concebidas sob a influência de grandes grupos financeiros para aniquilar qualquer concorrência possível e voltar à era dos monopólios. As patentes de seres vivos, de plantas e sementes, e os atos empreendidos por empresas como a Monsanto e as companhias farmacêuticas são exemplos flagrantes.** As potências financeiras resistem visivelmente a toda regulamentação que vise proteger o consumidor e o meio ambiente.

O grande investidor e filantropo George Soros avalia que, sendo os mercados instáveis por natureza, as regulamentações são tão indispensáveis quanto os compartimentos estanques de um grande navio de cruzeiro: se entrar água num setor financeiro, os outros continuam ilesos, evitando que o todo afunde. A desregulamentação acarretou o fim da compartimentação de segurança entre os setores financeiros. Um dos meios de limitar a volatilidade dos mercados seria aplicar a taxa Tobin, sugerida em 1972 por James Tobin, Prêmio Nobel de Economia, que consiste na cobrança de um imposto sobre as transações financeiras internacionais. A alíquota seria muito pequena, entre 0,05% e 0,2%, mas ajudaria a controlar a instabilidade das transações. Uma taxa sobre as transações cambiais de 0,005%, aplicada nos mercados de câmbio das principais divisas (dólar, euro, libra e iene) geraria receitas de mais de US$ 30 bilhões por ano e reduziria o volume das transações em 14%, estabilizando assim o mercado. Uma taxa de 0,1% sobre as transações financeiras proporcionaria anualmente entre US$ 150 e US$ 300 bilhões, que poderiam ser utilizados para subvencionar, por exemplo, o desenvolvimento de energias renováveis. Ela seria também um instrumento eficaz contra a especulação. A adoção de tal taxa é hoje seriamente prevista por vários governos e pelo Parlamento Europeu.[37]

As regulamentações devem ser concebidas por especialistas suficientemente competentes que mantenham em vista os interesses de toda a sociedade, zelando para preservar a equidade, reduzir as desigualdades, enquadrar os aproveitadores e dar à maioria da população, que deseja a cooperação e a reciprocidade benevolente (como já vimos a propósito das experiências de Ernst Fehr e de Martin Nowak, no

---

* A City é o centro financeiro londrino, um dos mais importantes do mundo.
** Ver capítulo 35, "O egoísmo institucionalizado".

capítulo 36), a possibilidade de não ficar refém de uma minoria de especuladores sem escrúpulos.

Segundo Michael Porter, professor em Harvard, e Mark Kramer, consultor econômico, as boas regulamentações são as que estimulam os objetivos sociais e os investimentos, geram benefícios compartilhados e estimulam a inovação, em vez de favorecer a consecução de lucros a curto prazo e somente para o bem de alguns, como é o caso da economia desregulamentada. Essas regulamentações devem, segundo esses autores, fixar objetivos sociais claramente definidos, relativos, por exemplo, ao uso dos recursos energéticos, como também às questões de saúde e de segurança. Elas devem também estimular os produtores a incluírem, tanto em sua contabilidade como na apuração dos preços de custo, o custo das consequências ecológicas de seus produtos e de suas atividades (gestão de resíduos, degradação do meio ambiente, delapidação das riquezas naturais). As regulamentações devem, porém, preservar a capacidade de inovação das empresas, dando-lhes a liberdade de escolher os meios que permitam atingir os objetivos sociais e ambientais fixados pelos reguladores. As regulamentações não devem minar os avanços que elas buscam estimular.

Em todos os casos, as regulamentações devem favorecer a transparência, neutralizar as práticas enganosas e servir de antídoto à perversão dos mercados sujeitos ao monopólio das grandes multinacionais. É preciso, sobretudo, eliminar os paraísos fiscais, que permitem aos mais ricos enriquecer ainda mais, esquivando-se das contribuições a que estão obrigados por lei a fazer à sociedade, enquanto os menos favorecidos pagam seus impostos.

Porter e Kramer defendem um capitalismo nutrido de objetivos sociais, que crie valores compartilhados e gere benefícios recíprocos. Eles dão o exemplo da Yara, uma empresa norueguesa de fertilizantes minerais que conscientizou-se de que muitos fazendeiros africanos não podiam ter acesso aos fertilizantes e outros produtos básicos agrícolas, em decorrência da falta de instalações portuárias e rodovias. Com a ajuda do governo norueguês, a Yara implantou em Moçambique e na Tanzânia um programa de US$ 60 milhões, destinado a melhorar as instalações portuárias e as rodovias, para criar "corredores de crescimento" que têm como objetivo melhorar a situação de 200 mil fazendeiros e gerar 350 mil novos empregos.[38]

O início do fim das bonificações exorbitantes: os suíços mostram o caminho

Os desvios atuais ilustram o que ocorre quando são esquecidas as regras da ética ou mesmo do bom senso que constituíam originalmente a base do "liberalismo protestante". Um banqueiro britânico explicou a um de meus amigos que o contrato de trabalho que ele havia assinado ao ser admitido na City de Londres estipulava que "evidentemente, nenhuma bonificação será paga, caso o banco como um todo não tenha obtido lucro". Se esses contratos, que eram a regra nos anos 1970, estivessem ainda em vigor, teríamos evitado muitos escândalos. "Foi uma loucura. As pessoas perderam sua alma, era necessário ganhar sempre mais, mais que os outros. Por que? Nem eles sabiam", relata Henri Philippi, ex-presidente do HSBC da França em seu livro *L'Argent sans maître* [O dinheiro sem dono].[39] Quando tudo vai bem, os profissionais da área financeira recebem *salários de incentivo*, que têm como objetivo estimular o desempenho, e quando os resultados são ruins, eles recebem salários, sempre muito elevados, chamados de *retenção* (não se ousa mais falar em incentivo), a fim de encorajá-los a permanecer na empresa.[40] Algumas empresas chegam a oferecer bônus de rescisão a seus executivos, para que prometam não trabalhar em empresa concorrente.

Em 3 de março de 2013, num referendo, 67,9% dos suíços aprovaram uma lei limitando as "remunerações abusivas" dos dirigentes de sociedades suíças. Essa lei proíbe principalmente os bônus de boas-vindas e os de rescisão (os famosos "paraquedas" dourados). Muitas empresas de grande porte atraem dirigentes oferecendo-lhes um prêmio de boas-vindas que pode chegar a € 5 ou € 10 milhões. Além disso, os suíços decidiram que as remunerações do conselho de administração e da diretoria das empresas devem doravante ser aprovadas anualmente pela assembleia geral dos acionistas. As sanções no caso de infração começam com uma multa correspondente a seis anos de receitas e três anos de prisão.

Pouco antes desse voto histórico, o prêmio de rescisão de 72 milhões de francos suíços (€ 60 milhões), que o conselho de administração do grupo farmacêutico Novartis havia previsto para seu presidente Daniel Vasella, suscitou um protesto de indignação no final de fevereiro, forçando Vasella, que já havia acumulado cerca de € 100 milhões durante sua estada na Novartis, a renunciar a esse "paraquedas" de ouro maciço.

No caso de a mensagem não ter sido bem entendida, em 10 de março de 2013, pela primeira vez na história da economia moderna, os acionistas do banco suíço Julius Baer rejeitaram, por maioria de 63,9% contra 36,1%, o relatório sobre as remunerações de seus dirigentes em votação na assembleia geral. Esse relatório previa sobretudo uma remuneração total de 6,6 milhões de francos suíços (€ 5,4 milhões por ano) para o diretor geral, Boris Collardi.[41]

A União Europeia poderia em 2014 seguir na mesma direção e considerar a adoção de medidas destinadas a limitar as bonificações bancárias. Ela postergou por ora a votação dessas medidas, sob pressão do Reino Unido (em 2008, as bonificações dos profissionais da área financeira da City londrina haviam alcançado um pico de 11,5 bilhões de libras esterlinas, mas esse número já despencou para 4,4 bilhões de libras em 2012, segundo dados do *Centre for Economics and Business Research*).

Unir a voz da solicitude à da razão

"Existem dois problemas que a economia de mercado e o egoísmo individualista jamais poderão resolver, que são o problema dos bens comuns e o da pobreza em meio à abundância. Para isso, precisamos da solicitude (*care* em inglês) e do altruísmo." Tal é o parecer expresso por Dennis Snower, professor de Economia em Kiel e fundador do *Global Economic Symposium* (GES), realizado no Rio de Janeiro em outubro de 2012 e para o qual fui convidado, juntamente com a neurocientista Tania Singer.

Fazer semelhante declaração num discurso de abertura, diante de uma plateia com seiscentos profissionais da área financeira, estadistas, empreendedores sociais e jornalistas, exigia uma certa audácia. Na verdade, para os economistas clássicos, é incongruente falar de motivação (além do interesse pessoal), de emoções (embora intervenham em todas nossas decisões) e, com maior razão, de altruísmo e solidariedade. A economia deve supostamente usar apenas a linguagem da *razão*. Dennis Snower estava assim bastante preocupado antes de proferir seu discurso, como também estava ao dedicar três sessões plenárias a uma neurocientista que iria falar de empatia e, pior ainda, a um monge budista que iria explicar que o altruísmo e a felicidade são indissociáveis, e que, portanto, o conceito que responde mais eficazmente aos desafios de nosso tempo é o altruísmo.

Para grande alívio dele, as coisas transcorreram muito bem e, três dias depois, quando os participantes tiveram que votar dez propostas que o GES deveria esforçar-se em apoiar, dois de nossos projetos foram aprovados. Um deles tratava das "academias mentais do altruísmo", destinadas a cultivar o altruísmo nas empresas, e o outro, do treinamento à compaixão desde a escola maternal, um programa de pesquisa conduzido com enorme sucesso pelo psicólogo e neurobiólogo Richard Davidson em Madison, que eu havia apresentado nessa ocasião. Para nossa grande surpresa, esse último projeto foi adotado como projeto nº 1. Dennis Snower tinha ganho a aposta: os participantes mostraram-se abertos à sua visão das coisas.

O questionamento de Dennis Snower era o seguinte: como promover a cooperação necessária para resolver os problemas mundiais mais importantes? Somos confrontados em particular com dois tipos de problemas, o dos "bens comuns" ou "bens públicos" e o da pobreza em meio à abundância.

Um bem comum existe para um grupo social na medida em que pode ser utilizado por todos os membros do grupo, independentemente de sua contribuição a esse bem público. Os serviços sociais, a ciência pura e a pesquisa médica, os parques e jardins dos quais todos se beneficiam, são alguns exemplos. As liberdades democráticas são um dos bens comuns mais relevantes, mesmo que não sejam geralmente reconhecidas como tais. Em muitos países, os cidadãos lutaram por essas liberdades e tiveram muitas vezes de pagar um preço alto para instaurá-las. Porém, uma vez adquiridas as liberdades, todo mundo se beneficia, mesmo os que não lutaram por elas.

O problema dos bens comuns é que mesmo aqueles que não contribuem podem, apesar de tudo, continuar a beneficiar-se deles. A tentação de se comportar como aproveitador é portanto muito forte. Para aqueles que contribuem para o bem comum, trata-se de um comportamento verdadeiramente altruísta, porque a pessoa expõe-se a um custo que beneficiará outros. Isso é o que acontece, por exemplo, quando se escreve um artigo na Wikipedia, quando se contribui para a Previdência Social, ou quando se faz esforços para evitar o aquecimento global, a superexploração dos oceanos, ou qualquer outro dano causado ao meio ambiente.

A qualidade do meio ambiente, em especial, é uma das riquezas comuns mais essenciais de que cada um pode se beneficiar, sem que faça falta a outros. Cada um, por exemplo, lucra com a redução das emissões de gases de efeito estufa. Se todos contribuem com os esforços e custos necessários à redução desses gases, todos ganham com isto. Porém, se só alguns contribuem, eles pagarão caro seu gesto sem que ninguém aproveite o bastante, uma vez que apenas alguns esforços isolados não serão suficientes. Num outro plano, os esforços que visam a estabelecer regras mundiais para sanear o sistema financeiro, que se tornou disfuncional, também contribuem para os bens comuns, ao passo que deixar livre curso aos egoístas e aos aproveitadores só pode degradar o meio ambiente e a sociedade.

Fazem parte dos bens comuns, certamente, as riquezas naturais – as florestas, os pastos abertos, a água, a biodiversidade etc. Cada hectare de floresta derrubada por um particular ou por um pequeno grupo reduz a superfície das florestas para todos os habitantes do planeta. Se cada um age de forma egoísta, o efeito será catastrófico.

Para empregar os termos de Dennis Snower, "O *Homo economicus* – o ser individualista, egoísta e supostamente racional no qual se baseiam o sistema e a política econômica – não contribui suficientemente para a riqueza coletiva, dado que o livre comércio não o recompensa pelos benefícios que ele poderia trazer ao mundo". Em outras palavras, se um indivíduo isolado se abstém sabiamente de cortar muitas árvores, a economia de mercado não se importa.

Qual é o remédio para essa situação?, questiona então Snower. A resposta é clara: "É a vontade dos indivíduos de contribuir para o bem comum, mesmo que sua contribuição ultrapasse os benefícios pessoais obtidos".

O segundo problema é a pobreza em meio à abundância. Isso também é um problema que o *Homo economicus* jamais ficaria inclinado a resolver, pois não é assunto dele. Segundo ele, se uma mãe solteira que não teve a oportunidade de ir à escola está na miséria, cabe a ela trabalhar mais. O processo de globalização e o crescimento das riquezas também deixaram de lado inúmeros países que permanecem encurralados pela pobreza, pelas péssimas condições de saúde, pela insegurança alimentar, pela corrupção, pelos conflitos e por um baixo nível de educação.

Para romper esse círculo vicioso, os privilegiados devem não apenas aceitar corrigir essas desigualdades, mas também desejá-lo, sem nutrir outra esperança além de melhorar a vida dos outros. Para Snower, isso é algo que o livre mercado jamais poderá gerar espontaneamente e, aqui também, a solução reside na vontade dos mais favorecidos de concordar em envidar pessoalmente todos os esforços para oferecer melhores serviços aos mais pobres.

Os economistas clássicos concluíram que é preciso encontrar meios de encorajar as pessoas a enfrentar os problemas da pobreza e das riquezas comuns. O governo pode, por exemplo, recolher os impostos e subvencionar os mais carentes, e pode também redefinir os direitos de propriedade, redistribuir as rendas e a riqueza, ou fornecer diretamente bens coletivos à população.

Mas num mundo onde o objetivo dos políticos é ser eleito ou reeleito, onde os grupos de interesses financeiros exercem uma influência desproporcional na elaboração das políticas, onde os interesses das gerações futuras são geralmente ignorados, dado que seus representantes não se sentam à mesa de negociações, onde os governos seguem políticas econômicas nacionais em detrimento do interesse mundial, os tomadores de decisão não estão nem um pouco dispostos a criar instituições cujo propósito seria encorajar os cidadãos a contribuir para a riqueza coletiva, o que permitiria erradicar a pobreza.

Nessas condições, como incentivar as pessoas de diferentes países e culturas para contribuir para os bens comuns? Duas respostas podem ser imaginadas: uma é expressa pela voz da razão, e a outra, pela voz da solicitude, do cuidado com o outro.

A voz da razão é a que nos incita a ver as coisas objetivamente. Ela nos permite sobretudo refletir sobre a possibilidade de mudança dos pontos de vista e nos faz compreender que se desejamos que os outros se comportem de modo responsável, devemos começar por fazê-lo nós mesmos, o que favorece a cooperação. Esse procedimento racional constituiu sem dúvida um fator importante na promoção dos direitos das mulheres, das minorias e de outros grupos de indivíduos cujos direitos são violados. Além disso, a voz da razão nos incentiva a levar em conta as consequências a longo prazo de nossas ações.

Mas, a despeito dessas considerações, ninguém foi capaz de demonstrar de forma convincente, afirma Dennis Snower, que somente a razão, sem o auxílio de uma motivação pró-social, é suficiente para levar os indivíduos a ampliar o campo de sua responsabilidade para incluir todos os que são afetados por suas ações. Além disso, se a balança do poder pende a favor de uma pessoa, nada impede que ela aproveite despudoradamente, em detrimento do outro. Separada da solicitude e aguçada pelo egoísmo, a razão pode acarretar comportamentos deploráveis, manipulação, exploração e oportunismo implacável.

Eis porque a voz da solicitude é necessária. Ela é baseada numa interpretação diferente da natureza humana e permite incluirmos naturalmente na economia, assim como o fazemos em nossa existência, a empatia – capacidade de colocar-se no lugar do outro –, a compaixão pelos que sofrem e o altruísmo que inclui todas essas qualidades. Juntando-se à voz da razão, a voz da solicitude pode transformar de modo radical nossa vontade de contribuir para a riqueza comum.

Para os que alegam que é mais racional ser egoísta do que altruísta, porque é a maneira mais realista e eficaz de assegurar sua prosperidade e sobrevivência, e que os altruístas são idealistas utópicos e irracionais que se deixam sempre ser explorados, podemos responder como Robert Frank, da Universidade de Cornell: "Os altruístas não são nem mais nem menos racionais que os egoístas. Eles simplesmente buscam objetivos diferentes".[42] É até provável que, em muitas situações, o altruísta se comporte de maneira mais realista que o egoísta, cujos julgamentos são deturpados pela busca apenas de seu próprio interesse. O altruísta observa as situações sob uma perspectiva mais ampla. Será mais fácil para o altruísta analisar as situações sob diferentes ângulos e tomar as decisões mais apropriadas. Não ter nenhuma consideração pelo interesse do outro não é racional, é apenas desumano.

Ademais, enquanto a voz da razão sozinha não dá aos egoístas justificativa suficiente para convencê-los a eliminar a pobreza em meio à abundância, a voz da solicitude pode lhes oferecer um grande número de justificativas. Por essa qualidade, ela merece nossa atenção e deve nos guiar em nossos esforços para resolver os problemas mundiais.

Ampliar a reciprocidade

O altruísmo é contagioso, e a imitação, ou a inspiração, tem um papel relevante nas sociedades humanas. Muitos estudos demonstraram que o simples fato de ter visto alguém ajudar um desconhecido aumenta a probabilidade para que eu faça o mesmo. Essa tendência é acumulativa: quanto mais eu vejo os outros agir generosamente e ter cuidados com o outro, maior a tendência de eu me comportar como eles. E, inversamente, quanto mais os outros são egoístas, maior será a minha tendência de sê-lo também.

Nos anos 1980, o economista francês Serge-Christophe Kolm, ex-professor em Stanford e diretor de estudos na Escola de Altos Estudos em Ciências Sociais de Paris, questionou, no livro *La Bonne économie: La réciprocité générale* [A boa economia: a reciprocidade geral], a maneira de chegar a uma economia e a uma sociedade suficientemente altruístas e solidárias no contexto do mundo moderno. Com afirmações singularmente diferentes daquelas de Francis Edgeworth, já citado, e não habituais para um economista, Kolm estima que:

> A boa sociedade é feita de homens bons. [...] A bondade significa priorizar o altruísmo, a solidariedade voluntária, a doação recíproca, a generosidade, a partilha como irmãos, a livre comunidade, o amor ao próximo e a caridade, a benevolência e a amizade, a simpatia e a compaixão.[43]

Segundo Kolm, dois sistemas econômicos prevaleceram no século XX: "O mercado capitalista e o planejamento totalitário, ambos alicerçados no egoísmo, no tratamento do outro como coisa, na hostilidade, no conflito e na concorrência entre pessoas, na dominação, na exploração, na alienação". Contudo, existe uma alternativa: "Um outro sistema é possível, alicerçado no que o homem tem de melhor, nas melhores relações sociais, e as reforçando". Esse sistema é a economia de reciprocidade, uma economia que gera relações interpessoais "infinitamente mais gratificantes e humanas, que produzem pessoas melhores, sem comparação e na opinião de todos". Na reciprocidade geral, cada um dá à sociedade (tempo, recursos, capacidades) e, reciprocamente, se beneficia com as doações dos outros, sem que se possa dizer com exatidão de quem vem aquilo que recebemos. É "todos por um e um por todos".[44]

Inversamente, poderíamos falar em *reciprocidade negativa,* se trocarmos bens e serviços com a ideia de que iremos tirar mais proveito da troca do que os outros.

Para os que receiam que uma tal economia possa não funcionar e acarretar uma recessão, Kolm demonstra, baseado em equações, que é o contrário que ocorreria. A reciprocidade "permite uma realização econômica muito mais eficaz e produtiva".[45]

Além disso, essa eficácia e a prosperidade associada a ela não se reduzem a uma "prosperidade global" abstrata, calculada pela soma indistinta de todas as fortunas, o que daria uma imagem enganosa da situação dos diferentes setores da população. O que importa é a prosperidade real que beneficia a população *em todos os níveis*, incluindo as classes médias e as pessoas mais pobres. A duplicação da riqueza do país nos Estados Unidos, onde 1% da população detém 40% das riquezas, ou num país africano, cujos recursos petrolíferos ou minerais vão direto aos cofres dos dirigentes, não seria de nenhuma utilidade para os que permanecessem na pobreza. Nos Estados Unidos, a prosperidade não beneficiou nem mesmo a classe média, cujas rendas estão estagnadas há vinte anos. Como afirmava Auguste Detœuf, engenheiro formado pela École Polytechnique e humorista: "O capital é do trabalho acumulado, mas como não se pode fazer tudo, uns trabalham e outros acumulam".[46]

De acordo com Kolm, as vantagens da reciprocidade são múltiplas. Ela favorece a eficácia, a produtividade e a transparência, pelo fato de a informação ser naturalmente compartilhada em vez de ser monopolizada ou dissimulada, como é o caso, já vimos, na maioria das grandes empresas. As motivações altruístas favorecem a cooperação, a qual aumenta a eficácia. A reciprocidade gera mais justiça na distribuição dos recursos e dos benefícios. A justiça, por sua vez, favorece a reciprocidade, e forma-se assim um círculo virtuoso. A reciprocidade conduz à cooperação, a qual sempre esteve no cerne da evolução das espécies, da criatividade e do progresso. Ela é reforçada à medida que os indivíduos adquirem consciência de suas possibilidades e vantagens. Ela conduz, em especial, a uma diminuição das despesas habitualmente alocadas à concorrência, e a uma melhoria considerável nas relações de trabalho, o que favorece a criatividade.[47] Como promover essa dinâmica?

Mondragon, uma alternativa bem-sucedida

Em sua maioria, as sociedades modernas escolheram uma organização capitalista da produção. No capitalismo, proprietários privados criam empresas, selecionam seus gestores e decidem o que querem produzir, onde produzir e o que fazer com os lucros. Algumas poucas pessoas tomam assim todas essas decisões, em nome de uma maioria de empregados que fornecem o essencial do trabalho produtivo. Essa maioria deve aceitar as consequências das decisões tomadas pela direção e pelos principais acionistas. O capitalismo insiste no fato de que essa organização altamente antidemocrática da produção é a única forma de obter eficácia em termos de resultados. O sucesso exemplar da Mondragon, no País Basco espanhol, e de inúmeras outras cooperativas no mundo, demonstra que essa alegação é falsa.

A Mondragon Corporación Cooperativa (MCC), atualmente o maior grupo cooperativo do mundo, é fruto da visão de um jovem padre basco, Dom José María Arizmendiarrieta Madariaga. Em 1941, ele foi designado vigário da paróquia de Mondragon, pequena cidade duramente afetada pela guerra civil espanhola. Para enfrentar um desemprego generalizado, Dom José María decidiu trabalhar para o desenvolvimento econômico da cidade baseado em ideias mutualistas.[48] Em 1943, ele cria uma escola de formação profissional com administração democrática. Em 1956, cinco jovens diplomados dessa escola abrem uma oficina para fabricação de fornos e aquecedores a óleo. Pouco a pouco, o esforço solidário dos assalariados-sócios permite transformar a modesta oficina num grupo industrial que tornou-se o primeiro no País Basco e o sétimo na Espanha.

Sempre sob o impulso de Dom José María, esses jovens empreendedores fundaram também a Caja Laboral Popular Cooperativa de Crédito (banco popular dos trabalhadores), um banco cooperativo de crédito que proporciona aos trabalhadores os recursos necessários para a abertura de novas empresas cooperativas. Em 2010, a Caja Laboral tinha mais de € 20 bilhões em depósitos.

Atualmente, a Mondragon Corporación Cooperativa (MCC) inclui mais de 250 empresas (com a metade ainda no sistema de cooperativas), atuando em seis áreas: indústria, finanças, varejo, conhecimento (Universidade Mondragon), pesquisa e formação. Em 2010, a Mondragon contava com 85.000 membros, dos quais 43% eram mulheres. A igualdade de poder entre homens e mulheres influencia de maneira favorável as relações na empresa, diferentemente das empresas capitalistas de grande porte, via de regra dirigidas por homens. As receitas globais atingem € 30 bilhões por ano, mas a Mondragon se manteve independente das bolsas de valores, o que lhe permite tomar decisões com total liberdade. Toda a diferença se deve à maneira como a Mondragon está organizada.

Em cada empresa, os membros da cooperativa (em média 80-85% de todos os trabalhadores de cada empresa) possuem e dirigem coletivamente a empresa. Na assembleia geral anual, são os trabalhadores-sócios que escolhem democraticamente, admitem ou demitem seus executivos. Eles nomeiam um administrador geral, mas conservam o poder de tomar decisões fundamentais: o que fazer, onde e como, e qual a destinação dos lucros.

O empregado mais bem pago pode ganhar apenas seis vezes mais do que o menos bem pago – em vez de quatrocentas vezes mais, como ocorre em geral numa empresa dos Estados Unidos. Consequentemente, no País Basco, os salários dos empregados da MCC são 15% superiores à média local, enquanto os salários dos executivos são nitidamente inferiores aos do setor privado.

A Mondragon privilegia também a segurança do emprego graças a um sistema que permite alocar trabalhadores das empresas da Corporação que necessitam de menos empregados para outras que precisam de um número maior, de maneira aberta e transparente, regida por regras democráticas associadas a subvenções que possibilitam minimizar os custos para os assalariados transferidos.

Uma parte das receitas de cada empresa-membro alimenta um fundo de pesquisas, o que possibilitou um impressionante desenvolvimento de novos produtos. A MCC fundou também a Universidade de Mondragon, com mais de 4.000 alunos matriculados.

> Durante a visita de um jornalista britânico do *The Guardian*, um empregado da MCC declarou: "Não somos um paraíso, mas sim uma família de empresas cooperativas que luta para construir outro tipo de vida, que gira em torno de outra maneira de trabalhar".[49]
>
> Como observa esse jornalista, Richard Wolff, "considerando o desempenho do capitalismo espanhol em nossos dias – 25% de desemprego, um sistema bancário com problemas e a austeridade imposta pelo governo (como se não houvesse outra alternativa) –, a Mondragon parece um oásis muito bem-vindo num deserto capitalista".

Rumo a uma economia positiva e solidária

Segundo Edgar Morin, assistimos hoje a um renascimento da economia social e solidária em diferentes países, inclusive na França. Esse desenvolvimento baseia-se nas cooperativas e nas sociedades mútuas, no microcrédito (desde que não seja desviado de sua intenção original pelo lucro bancário), e no comércio equitativo que favorece os pequenos produtores dos países do Sul, mantendo preços de compra que não estão sujeitos às flutuações brutais do mercado, e apoiando as associações locais que eliminam os intermediários predadores. Deve-se ainda estimular a proximidade, tal como fazem as Associações para Manutenção de uma Agricultura do Campo (AMAP), nas quais os horticultores vendem diretamente seus produtos a particulares urbanos, assim como a cultura biológica e agroecológica.

Vemos assim a vontade de libertar-se da lógica única do mercado e de privilegiar a da ajuda mútua, com o recurso das redes sociais que utilizam diferentes instrumentos de financiamento ou de garantia, baseando-se na confiança entre os membros.[50]

Uma economia do bem comum deve favorecer a justiça social e a igualdade de oportunidades, a fim de que cada ser humano possa expressar plenamente suas capacidades. No Fórum Econômico Mundial de Davos, em janeiro de 2010, na sessão intitulada "Repensar os valores no mundo pós-crise", Muhammad Yunus, Prêmio Nobel da Paz e criador do microcrédito que possibilita aos pobres escapar por si mesmos da pobreza, declarou:

> Não é necessário mudar a maneira de fazer negócios, basta mudar o objetivo almejado. Uma economia cujo objetivo seja apenas a busca do lucro é egoísta. Ela rebaixa a humanidade a uma única dimensão, a do dinheiro, o que significa ignorar nossa humanidade. E então, existe a economia altruísta, cuja finalidade primeira é a de colocar-se a serviço da sociedade. É o que chamamos de "economia social". A caridade pode ajudar de maneira momentânea e pontual, mas não tem efeito contínuo. Já a economia social pode ajudar a sociedade de forma sustentável.[51]

A economia social em si é tão viável quanto a economia egoísta, mas seu beneficiário direto é a sociedade. Pode-se, por exemplo, abrir uma empresa com o objetivo de criar milhares de empregos ou de fornecer água potável e barata a milhares de vilarejos, tal como fez o Grameen Bank, de Yunus. Esses são objetivos que diferem da simples busca de lucro. O fato de criar empregos ou de fornecer água potável será o indicador de sucesso no balanço anual. Segundo Yunus: "Hoje em dia, o essencial da tecnologia é colocado a serviço de empresas egoístas. Ora, essa mesma tecnologia poderia ser colocada a serviço de empresas altruístas".[52]

Muhammad Yunus, ou como não diminuir o ser humano

"A crise atual é devida ao homem, ela não é como um tsunami, um desastre natural. Como nós a provocamos? Nós transformamos o mercado financeiro em cassino. Esse mercado, hoje, é comandado por avidez e especulação, e não pela produção real. É o que obtemos quando passamos da economia real para a economia especulativa.

"Temos que repensar tudo. Correr atrás do dinheiro e maximizar os lucros acabam por absorver integralmente nossa atenção e nos transformam em máquinas de fazer dinheiro. Precisamos nos lembrar que somos seres humanos, e que um ser humano é uma entidade muito mais ampla. Esquecemos nosso objetivo. Fazer dinheiro não pode resolver tudo. Isso nos diminui, nos reduz a máquinas de lucros.

"Quando vejo um problema, tenho imediatamente desejo de criar uma atividade econômica que o resolva. Na empresa social, os lucros não vão para os investidores, mas para a sociedade. É uma companhia sem dividendos, concebida para solucionar problemas sociais. Ela deve ser eficaz, não para ganhar dinheiro, mas para que as coisas sejam feitas. Na economia convencional, o objetivo é ter lucro. Na economia social, o objetivo é realizar um projeto que beneficie a comunidade.

"Para dar um exemplo, há 160 milhões de habitantes em Bangladesh, e 70% deles não tinham eletricidade. Isso me fez pensar que 'eis uma boa ocasião para fazer algo de útil'. Criamos então a Grameen Energy para fornecer energia solar renovável nos vilarejos. No início, vendíamos apenas uma dúzia de painéis solares por dia, a um preço ligeiramente superior ao preço de custo, apenas para poder manter a atividade. Hoje, dezesseis anos depois, vendemos mil painéis por dia e, em novembro de 2012, ultrapassamos o número simbólico de um milhão de lares equipados com sistemas solares.

"A consequência foi que o preço dos painéis solares baixou. Como, ao mesmo tempo, o do petróleo estourou, ficou ainda mais atraente para os pobres dispor de uma energia renovável. Foram necessários 16 anos para alcançar um milhão de residências, mas será preciso menos de três anos para chegarmos a mais um milhão. Não fizemos isso para ganhar dinheiro, mas para realizar um objetivo social. O fato de utilizar petróleo para cozinhar e iluminar as casas é a causa de inúmeros problemas de saúde e de incêndios. Portanto, a energia renovável é boa para o meio ambiente e, ao mesmo tempo, para a saúde e a subsistência das pessoas.

"Dois terços da população de Bangladesh estão mergulhados na pobreza. Essas pessoas não têm acesso aos bancos e, de mãos vazias, ficam impotentes. O microcrédito chegou para preencher o vazio deixado pelos bancos. No início, as grandes instituições financeiras declararam que seria impossível, mas nós lhes mostramos que funcionava muito bem.

> "O Grameen Bank não capta nenhum dinheiro no exterior. Recebemos unicamente o dinheiro que as pessoas depositam no banco. A maioria são de mulheres que pedem pequenos empréstimos e também nos confiam suas economias, quando têm um pouco. Devemos propor às mulheres a quem oferecemos empréstimos planos que sejam compreensíveis e ao mesmo tempo simples e atraentes. Atualmente, temos 8,5 milhões de tomadores de empréstimos em 80 mil vilarejos. Não são as pessoas que vêm até nós, é o Grameen Bank que, semanalmente, vai bater à porta delas.
>
> "Nunca comprei nem possuo uma única ação do Grameen Bank. O dinheiro não me interessa. Hoje, após trinta e sete anos de experiência, emprestamos anualmente US$ 1,5 bilhão. E mais de 99% desse valor são quitados.
>
> "Muitas empresas de grande porte possuem fundações de caridade. Essas poderiam facilmente converter-se em economia social e transformar-se em instrumentos muito mais potentes. Elas não irão assinar cheques. Nas empresas sociais, você tem de comprometer a si mesmo, agir com solicitude e ter poder criativo, o que assim se torna muito mais gratificante.
>
> "A ficção científica sempre esteve à frente da ciência. Porém, grande parte do que ontem era ficção científica é hoje ciência. Do mesmo modo, deveríamos escrever 'ficção social' e inspirar as pessoas, que pensariam: 'E por que não?' Não se faz verdadeiras mudanças somente com previsões. Essas são notoriamente conhecidas por não prever corretamente o futuro. Ninguém previu a queda do muro de Berlim, ou da União Soviética, mas isso aconteceu muito rápido. Devemos portanto imaginar o futuro e depois torná-lo realidade."[53]

A expansão do comércio justo

Em seu livro *Le Commerce équitable* [O comércio justo], o empreendedor social Tristan Lecomte fala do drama de pequenos agricultores que, em razão de sua pobreza crônica, de seu isolamento, de sua incapacidade de se agrupar e oferecer um volume suficiente de produção, são incapazes de negociar com compradores e multinacionais muito poderosas que ditam seus preços a um grande número de pequenos agricultores dispersos e desorganizados. Para ter acesso direto aos mercados, esses pequenos agricultores devem reunir-se em um grupo que respeite seus interesses e lhes garanta uma renda decente.[54]

Além disso, muitos intermediários se apropriam da maior parte do lucro. Na Tailândia, por exemplo, o arroz com a casca é comprado do pequeno produtor por apenas *dez centavos* de euros o quilo. Os compradores tailandeses constituíram uma rede quase mafiosa que mantém os preços de compra os mais baixos possíveis para um preço de revenda bem superior.[55] Além disso, as cotações mundiais são muito flutuantes. A cotação do café, por exemplo, caiu 45% em um ano, de 1998 a 1999.

Um operário de Madagascar que costura camisetas numa fábrica têxtil ganha 2,5 centavos de euro por peça, ou seja 50 vezes menos do que ganharia um operário francês para fazer o mesmo trabalho.[56]

A Conferência das Nações Unidas sobre Comércio e Desenvolvimento (UNCTAD) defende trocas mais justas entre os países do Sul e os do Norte, mas assim como a Organização Internacional do Trabalho (OIT), que visa proteger os trabalhadores dos países pobres, ela não tem nenhum poder jurídico, diferentemente da Organização Mundial do Comércio (OMC), que tem o poder de aplicar penalidades aos países que não respeitam suas obrigações, mas restringe infelizmente a abertura dos mercados dos países ricos aos produtores dos países pobres. Quanto aos empréstimos do FMI aos países em dificuldade, eles são associados a exigências de ajustes estruturais que têm muitas vezes permitido a esses países evitar a falência (como foi o caso da Argentina), porém quase nunca atendem aos interesses dos mais carentes e dos pequenos produtores, por privilegiarem a hegemonia das multinacionais.

Para favorecer o desenvolvimento sustentável e o comércio justo, é indispensável ajudar os centros de produção dos países pobres a progredir, melhorando as condições sociais e ambientais ligadas à produção. Sem esse acompanhamento, as exigências de proteção do meio ambiente podem tornar-se um fardo suplementar para os pequenos produtores, aos quais são impostas restrições paralisantes, enquanto as grandes potências continuam a comprar seus produtos a preços ridículos.

Como explica Tristan Lecomte, diferentemente da ajuda ofertada na forma de doações, o comércio justo estabelece um sistema de troca que permite aos pequenos produtores prosperar e, finalmente, autofinanciar-se.[57] Uma economia solidária substitui assim a caridade.

Em 1988, foi criada a Federação Internacional de Comércio Alternativo (International Federation for Alternative Trade ou IFAT) e lançada nos Países Baixos, no início com produtos com o selo Max Havelaar, de comércio justo no varejo por grandes canais de distribuição. Em 1997, as três principais marcas internacionais de certificação do comércio justo, Max Havelaar, Transfair e Fairtrade, se agruparam na Organização Internacional pela Rotulagem de Comércio Justo (Fairtrade Labelling Organisation ou FLO). A Oxfam é também uma associação inglesa pioneira nessa área, que associou programas de ajuda ao desenvolvimento com a compra dos produtos de pequenos produtores e sua revenda através de uma ampla rede de lojas, principalmente na Inglaterra.

O selo "Max Havelaar" garante o caráter justo da rede e atinge atualmente mais de 800 mil produtores em 46 países, melhorando as condições de vida de 5 milhões de pessoas.

Em resumo, segundo a carta da Plataforma para o Comércio Justo (PFCE) na França, esse tipo de comércio deve ser solidário e dirigir-se prioritariamente aos produtores mais desfavorecidos para uma colaboração sustentável. É preciso comprar os produtos deles o mais diretamente possível e a um preço que permita ao produtor viver de forma decente. Esse comércio deve também ser "transparente", fornecendo todas as informações sobre o produto e sobre os circuitos de sua comercialização. Tem de valorizar o meio ambiente e as negociações livres e democráticas entre produtores e compradores, eliminando ao mesmo tempo a exploração do trabalho infantil e e incentivando os produtores à autonomia.

No livro *80 Hommes pour changer le monde* [80 homens para mudar o mundo], os empreendedores Sylvain Darnil e Mathieu Le Roux citam muito exemplos de comércio justo que são bem-sucedidos.[58] No Laos, por exemplo, Sisaliao Svengsuka fundou a Lao's Farmer products (Produtos dos fazendeiros do Laos), a primeira cooperativa não coletivista desse país hoje pacífico, porém ainda dirigido por um governo comunista autoritário. Essa empresa reúne as colheitas de 10 mil famílias para fornecer seus produtos nos pontos de venda do comércio justo na Europa e nos Estados Unidos.

No Japão, Yusuke Saraya fundou a Saraya Limited, uma próspera empresa de detergentes 99,9% biodegradáveis. Em 2003, a empresa teve um faturamento de € 150 milhões. A Saraya conseguiu reduzir de 5 a 10% ao ano seu consumo de energia, de água e de embalagens, e ao mesmo tempo manter seu crescimento.

Na Índia, Elaben Bhatt fundou o primeiro sindicato de vendedoras ambulantes da região do Gujarat, a Self Employed Women Association (SEWA), que possibilitou às mulheres excluídas dos mercados formais e vítimas de assédio por parte das autoridades serem reconhecidas e respeitadas. Elaben lutou para obter as licenças e também criou um banco de microcrédito nos moldes do Grameen Bank de Muhammad Yunus. Para as 700 mil mulheres sindicalizadas, é possível agora obter empréstimos com taxas de juros decentes para investir em suas atividades. Tal como acontece com o Grameen Bank, 98% dos empréstimos são quitados.[59]

Os fundos éticos

Embora representem ainda um pequeno percentual do mercado financeiro, os fundos éticos estão hoje em plena expansão.

Diversos critérios de qualificação foram estabelecidos: proibição do trabalho infantil, auxílio à educação, à saúde e ao desenvolvimento das populações do terceiro mundo, proteção do meio ambiente e política de recursos humanos favoráveis aos assalariados. Além disso, os fundos éticos demonstraram ser bons investimentos a longo prazo pelo fato de serem, em razão de sua vocação altruísta, menos sujeitos aos desvios de dinheiro que são o flagelo da economia egoísta.

O Investimento Socialmente Responsável (ISR) aplica os princípios do desenvolvimento sustentável aos investimentos financeiros. Os administradores financeiros que praticam o ISR selecionam as empresas com as melhores práticas ambientalistas, sociais ou de governança, e excluem as empresas baseadas em valores insuficientemente morais, que não respeitam as normas das convenções internacionais, assim como setores de atividades inteiros, tais como o tabaco ou o comércio de armas. O ISR começou a se organizar na França nos anos 1980 e, desde 2011, a Semana de ISR, sob o alto patrocínio do Ministério da Ecologia, do Desenvolvimento Sustentável e da Energia, coordena a cada ano cerca de cinquenta eventos. Como consequência, o sistema bancário francês começa a levar o ISR a sério, e a França ocupa a primeira posição dos mercados ISR na Europa, com, em 2012, € 1.884 bilhões de ativos financeiros, à frente do Reino Unido (€ 1.235 bilhões) e dos Países Baixos (€ 636 bilhões).[60] Em 2012, em 14 países da Europa estudados em detalhe, o ISR alcançou € 6.760 bilhões, ou seja, 14% dos ativos financeiros. No entanto, cabe destacar que a certificação ISR é muitas vezes concedida a fundos que primam por não investir em determinados setores, como tabaco e armamento, por exemplo, mas que investem, por outro lado, em indústrias petrolíferas ou farmacêuticas cujos critérios éticos são mínimos. Em compensação, existe uma minoria de fundos ISR que buscam ativamente empresas com impacto socioambiental verdadeiramente positivo, como é o caso, por exemplo, do Banco Triodos, nos Países Baixos, que mantém uma perfeita transparência em seus investimentos,[61] assim como a Calvert Investments nos Estados Unidos.

Por outro lado, o ex-vice-presidente dos Estados Unidos, Al Gore, lançou no Reino Unido, juntamente com o financista David Blood, um fundo de investimento denominado Generation Investment Management (GIM), destinado a projetos e serviços que favoreçam ações a longo prazo e à preservação do meio ambiente. Esse fundo já captou centenas de milhões de libras esterlinas.

A Global Alliance for Banking on Values (GABV) é um consórcio que agrupa, nos cinco continentes, cerca de vinte bancos alternativos (microfinanciamento, bancos comunitários, bancos de desenvolvimento sustentável) ou éticos que se comprometeram a atender as comunidades locais, buscando simultaneamente soluções viáveis para os problemas globais e levando em consideração, de modo equilibrado, o tripé da sustentabilidade (a noção de *triple bottom line,* utilizada com frequência pelos economistas), equilibrando o lucro, os indivíduos e o planeta. Esse consórcio em rápida expansão espera atingir um bilhão de pessoas até 2020.

Os bancos cooperativos

Na França, um certo número de estabelecimentos bancários funcionam no modo cooperativo e oferecem investimentos em atividades sociais e no desenvolvimento sustentável. Citemos o Crédit Coopératif (Crédito Cooperativo), que financia as cooperativas de produção e de consumo, oferecendo soluções de microfinanciamento e investimentos solidários a serviço da comunidade. Tendo optado por não ser cotado em bolsa de valores, para preservar sua independência frente ao mercado e trabalhar com uma lógica de longo prazo, o Crédit Coopératif não tem acionistas, mas "sócios parceiros". Segundo Claude Sevaistre, gerente de comunicação, "a primazia é dada ao homem, não ao capital. Cada 'sócio parceiro' tem um único voto".[62]

Outro exemplo, a NEF (Associação para a Nova Economia Fraternal), fundada em 1979, propõe instrumentos financeiros destinados a apoiar projetos socioambientais e culturais. Segundo um guia, *Meio ambiente: como escolher meu banco?,* publicado em 2008 pelos Amigos da Terra, a maior rede ecológica mundial, "a NEF é o único ator financeiro francês que publica anualmente todos os projetos que financia, incluindo o montante do empréstimo concedido e a descrição das atividades financiadas".[63]

O investimento de impacto (*impact investing*) é um novo método de investimento que tem como primeiro objetivo responder a uma necessidade socioambiental, com eventualmente um retorno financeiro "moderado". Segundo alguns especialistas financeiros, esse método constitui uma nova classe de ativos financeiros destinada a ter um crescimento muito forte. Um estudo do J.P. Morgan e da Fundação Rockefeller publicado em 2010, estima que esse tipo de investimento chegará a US$ 500 bilhões nos próximos dez anos.

Criar uma bolsa de valores da economia positiva

Uma iniciativa útil consistiria na criação, na França e em outros lugares, de *bolsas de valores da economia positiva* que agrupem os investimentos ligados às atividades econômicas que visem ao bem comum e englobem assim um componente altruísta. O objetivo de tais bolsas não seria o de concorrer com o sistema financeiro dominante, mas oferecer uma alternativa confiável e eficaz a todos aqueles que tencionem participar da expansão dos diversos setores da economia positiva:

– *a economia social e solidária*, que agrupa as cooperativas, os seguros-saúde complementares, os bancos de poupança solidária, as empresas de microcrédito, o financiamento participativo (*crowd-funding*), o investimento de impacto e os ofícios de solidariedade;

– *os fundos éticos*, que oferecem somente investimentos sócio e ecologicamente responsáveis e outros investimentos cujo perfil esteja em consonância com um conjunto de critérios éticos;

– *o comércio justo*, que salvaguarda o interesse dos pequenos produtores, permitindo-lhes organizar-se melhor e ganhar visibilidade;

– *a economia verde* e a produção de energias renováveis (à qual o Estado concederia subsídios até que ela possa substituir a produção baseada em hidrocarbonetos). Ela inclui também os investimentos na despoluição das cidades e dos meios naturais (rios, oceanos etc.), assim como na produção de proteínas vegetais e na diminuição da criação industrial de animais e da instrumentalização dos animais.

Algumas iniciativas já foram lançadas. Em Londres, uma Bolsa de Valores Social (*Social Stock-Exchange* ou SSE), em gestação desde 2007 está, após algumas dificuldades, prestes a abrir este ano (em 2013) e espera tornar-se um portal de acesso para as empresas sociais que queiram levantar capitais e para os investidores que tencionem encontrar empresas que reflitam seus valores éticos e solidários.

No Brasil, um empreendedor social, Celso Grecco, fundou a Bolsa de Valores Socioambientais (BVSA), que opera dentro da maior bolsa de valores do Brasil, a Bovespa, e oferece aos investidores uma carteira de oportunidades de investimento social aceitável com a eficácia e a transparência que faltam às vezes às organizações filantrópicas, as do Brasil principalmente. Em 2006, o modelo BVSA foi reproduzido na África do Sul pelo empreendedor social Tamzin Ratcliffe, que fundou a Greater Good em parceria com a Bolsa de Valores de Johannesburgo, criando assim novas vias para o investimento social e solidário.

Ajuda ao desenvolvimento

No que se refere à ajuda concedida pelos Estados aos países em desenvolvimento (APD), em valor monetário bruto, os Estados Unidos ocupam a primeira posição com, segundo dados da OCDE, US$ 30,7 bilhões em 2011, à frente da Alemanha (14,5), do Reino Unido (13,7), da França (13,9) e do Japão (10,6). Contudo, se compararmos esse valor à Renda Nacional Bruta (ADP/RNB) dos países envolvidos, a Suécia, a Noruega e o Luxemburgo são os únicos que alcançaram 1%, e somente são acompanhados da Dinamarca (0,86%) e da Holanda (0,75%) na lista dos cinco países que alcançaram a taxa de 0,7% fixada como objetivo pelas Nações Unidas. Esses países estão bem à frente dos Estados Unidos (0,2%), da Coreia do Sul (0,12%) e da Grécia (0,11%). A França está na média, com 0,46%.[64]

Retribuir à sociedade: a filantropia no nível planetário

Entre os grandes filantropos dos séculos XX e XXI, encontra-se em especial Andrew Carnegie, industrial dos Estados Unidos que, no início do século XX, doou o equivalente a US$ 7 bilhões atuais a diversas fundações e criou em torno de 2.500 bibliotecas públicas gratuitas nos Estados Unidos. Bill Gates, o fundador da Microsoft, consagrou 95% de sua fortuna à luta contra as doenças e o analfabetismo nos países do Sul. Sua fundação, a Fundação Bill & Melinda Gates, criada em 2000, já despendeu cerca de US$ 10 bilhões para, principalmente, vacinar 55 milhões de crianças, e dispõe de um orçamento tão significativo quanto o da Organização Mundial da Saúde (OMS).[65]

O multimilionário Warren Buffett, por sua vez, anunciou sua intenção de doar o equivalente a € 28 bilhões a organizações beneficentes dirigidas por Bill e Melinda Gates e por membros de sua própria família. Essa decisão, que abrange mais de 80% de sua fortuna, constitui a maior doação individual jamais vista na história.

Chuck Feeney, um filantropo americano de origem irlandesa, foi por muito tempo um dos maiores filantropos anônimos da história. Ele doou secretamente US$ 6 bilhões a diversas causas no mundo antes de ser finalmente identificado em 1997 (ver a seguir sua história).[66] Em relação a Pierre Omidyar, fundador de eBay, e sua esposa Pam, a fundação deles, a Omidyar Network, está envolvida em projetos de microcrédito em Bangladesh, na melhoria de vida das mulheres indianas e na promoção da transparência governamental em muitos países.

A Giving Pledge, uma campanha lançada em 2010 por Warren Buffett e Bill Gates, é destinada a estimular as pessoas mais ricas do mundo a doar a maior parte de sua fortuna a causas filantrópicas. Em abril de 2013, 105 multimilionários já haviam assinado um compromisso nesse sentido.[67] Esses filantropos afirmam que é bom deixar a seus herdeiros dinheiro suficiente para que possam viver, mas não muito, pois correm o risco de não fazer nada. Essa visão, difundida nos Estados Unidos, permanece muito distante da cultura europeia, ainda fiel à transmissão dos bens por herança. Assim, algumas das maiores fortunas francesas contatadas por Warren Buffett, Arnaud Lagardère e Liliane Bettencourt em particular, declinaram a oferta de participar desse projeto filantrópico.[68]

Na França, de acordo com o Centro de Estudos e Pesquisas sobre a Filantropia (CerPhi), o montante doado pelos franceses passou de € 1 bilhão para € 4 bilhões entre 1980 e 2008. Em 2009, segundo a Recherches et Solidarités (que se define como uma "rede de especialistas a serviço das solidariedades"[69]), o valor médio das doações declaradas na França foi de € 280 por lar. Nos Estados Unidos, a filantropia privada representa 1% do PIB do país, ou seja, mais que o dobro da média europeia.

O filantropo invisível

Nos últimos trinta anos, Chuck Feeney, à frente de uma fortuna de US$ 7,5 bilhões, proveniente do império das lojas *duty free* criadas por ele, percorreu o mundo para levar a cabo operações sigilosas, destinadas a alimentar os múltiplos projetos beneficentes de sua fundação, a Atlantic Philanthropies. Dos Estados Unidos à Austrália, passando pela Irlanda e pelo Vietnã, a fundação dedicou US$ 6,2 bilhões à educação, ciência, saúde e direitos humanos. Ninguém, com esse nível de riqueza, jamais doou sua fortuna tão integralmente ainda em vida. O saldo restante de US$ 1,3 bilhão será gasto até 2016. Enquanto os titãs do mundo dos negócios são obcecados pela acumulação e multiplicação das riquezas, Feeney está fazendo de tudo para viver e morrer com frugalidade.

Durante os primeiros quinze anos dessa missão, empreendida em 1984, Feeney escondeu sua generosidade de modo quase obsessivo. A maioria das organizações beneficiadas por suas doações não tinha ideia da proveniência das quantias consideráveis que recebiam por intermédio da Atlantic Philanthropies. As pessoas que sabiam eram obrigadas a manter segredo.

Suspeito de dissimular ilegalmente significativas quantias de dinheiro, Feeney teve por fim que revelar suas atividades quando quis vender sua empresa. Teve então de comprovar que essas quantias, ele as havia... doado. Numa das raríssimas entrevistas que aceitou dar declarou: "Sou feliz quando o que faço ajuda os outros, e infeliz quando o que faço não lhes é útil".[70]

Assim, em 1997, Feeney renunciou com pesar a seu anonimato. Contudo, essa transição foi benéfica, visto que dois dos homens mais ricos do mundo, Bill Gates e Warren Buffett, reconheceram nele uma fonte importante de inspiração. Bill Gates e sua esposa criaram a Bill & Melinda Gates Foundation para a qual já dedicaram US$ 30 bilhões, e Warren Buffett fundou o grupo Giving Pledge, que convenceu mais de 90 pessoas entre as mais ricas do mundo a legar a metade de sua fortuna a projetos filantrópicos.

Ao longo de suas viagens, Chuck Feeney continua vivendo frugalmente e reside em casas modestas. Percorreu milhões de quilômetros na classe econômica, declarando que a classe executiva não lhe permite chegar mais rápido a seu destino, e usa um relógio Casio com pulseira de borracha que, segundo ele, indica as horas tão bem quanto um Rolex. Sua mensagem aos filantropos é simples: "Não espere ficar velho ou, pior ainda, morrer para doar sua fortuna. Doe-a enquanto você tem bastante energia, relações e influência para criar ondas".[71]

Durante a conferência "Filantropia para o século XXI" (*Philanthropy for the 21st Century*), realizada na Grã-Bretanha em fevereiro de 2012,[72] os participantes destacaram o fato de a filantropia ainda não ter seu justo valor reconhecido pelos Estados. No entanto, como há uma proporção crescente da riqueza do mundo nas mãos de pessoas privadas, mostra que ela é um dos melhores meios de dar uma utilidade social a uma parte desses fundos em benefício do bem comum. Além disso, um número crescente de empresas tem se conscientizado de que o compromisso social não é somente bom para sua imagem, como também aumenta a motivação e a satisfação de seus funcionários.

Segundo Antoine Vaccaro, presidente do CerPhi[73], num mundo em que não se pode mais contar unicamente com o Estado para garantir o interesse geral, as novas formas de fundações e as passarelas múltiplas entre o mundo da generosidade e o da economia social e solidária são agora reconhecidas como capazes de constituir uma contribuição notável de atendimento do interesse geral, junto com os Estados.

O surgimento de uma solidariedade de massa

Na França, a explosão do setor de associações ocorreu nos anos 1970, e cerca de 30 mil associações foram criadas somente em 1975. Estima-se hoje em aproximadamente 1,2 milhão o número de associações na França continental.

O financiamento participativo na Internet, ou *crowdfunding*, teve também um desenvolvimento extraordinário em poucos anos. Cerca de US$ 2,7 bilhões (dos quais 1,6 na América do Norte) foram investidos desse modo em 2012, ou seja, um salto de 80% em relação a 2011. Esse tipo de financiamento deve atingir mais de US$ 5 bilhões em 2013.

No site GlobalGiving, entre 2002 e maio de 2013, 321.644 doadores ofereceram aproximadamente US$ 85 milhões para 7.830 projetos. Um dos projetos em curso em maio de 2013, o Kranti ("revolução"), recebeu US$ 165.342 de 1.142 doadores para oferecer educação a adolescentes indianas que, vítimas de traficantes de seres humanos, eram forçadas a se prostituir.

A Kiva foi fundada em 2005 com a convicção de que "as pessoas são naturalmente generosas e ajudam as outras se tiverem a possibilidade de fazê-lo de maneira transparente e responsável".[74] Por intermédio de seu site de microcrédito, a Kiva estimula relações de parcerias e não de beneficência. Segundo os números de maio de 2013, a *cada semana* mais de US$ 1,5 milhão são emprestados a mais de 3.200 tomadores de empréstimos por 21.600 credores, ou seja, um empréstimo concedido online a cada doze segundos. Desde o lançamento da Kiva em 2005, 98,99% dos empréstimos foram devidamente quitados.

Em 2012, numa das plataformas Internet mais conhecidas nessa área, a Kickstarter, cerca de 30% dos investimentos foram destinados a projetos sociais ou filantrópicos, contra 17% a pequenas empresas, 12% a filmes ou artes cênicas e 7,5% à música. Um dos doadores contribuiu sozinho para mais de 750 projetos.

Desde sua criação em 2006, o site de financiamento participativo Razoo já levantou US$ 150 milhões e permitiu a mais de 15 mil ONGs concretizar inúmeros projetos sociais. O site australiano StartSomeGood [Começar a fazer o bem] hospedou, por exemplo, o projeto da associação A Place in the Sun [Um lugar ao sol], que desejava organizar um acampamento de verão de sete semanas em área rural no Mali para lançar, com cinco professoras locais, um programa piloto de ensino primário. No Mali, apenas 33% dos adultos sabem ler e escrever, o que representa o mais baixo índice de alfabetização do mundo. Foram necessários US$ 9.600 e, quando consultamos o site, em nove dias 43 doadores haviam doado US$ 7.800.

Edgar Morin e Stéphane Hessel propuseram a criação da Maisons de la Fraternité, que agruparia as instituições públicas e privadas de caráter solidário existentes (Secours populaire, Secours catholique, SOS amitié, SOS suicide etc.) e acrescentaria novos serviços de emergência para as vítimas de danos morais ou materiais, "vítimas de overdose e não apenas de drogas, como também de mal-estar ou de tristeza". Seriam centros de amizade e de atenção aos outros, de socorro, de informação, de iniciativas e de trabalho voluntário.[75]

A expansão da gratuidade do acesso ao saber

Os cerca de 18,6 milhões de colaboradores registrados na enciclopédia online Wikipedia dedicaram de forma gratuita 41.019.000 horas na colaboração com esse projeto, contra somente 12.000 horas de trabalho para a primeira edição da *Enciclopédia Britânica*, pagante, que há muito tempo é considerada autoridade na matéria. Apenas na França, mais de 1 milhão de artigos são alterados trimestralmente, e desde o lançamento da Wikipedia em 2001 até abril de 2013, 1,29 bilhão de alterações foram feitas nos diversos idiomas oferecidos.[76]

Em qualquer lugar do mundo onde exista uma conexão de Internet, é possível hoje acompanhar gratuitamente cursos das universidades mais prestigiadas. Na França, todas as universidades possuem um site dedicado ao ensino à distância (www.universites-numeriques.fr). Segundo o Ministério de Ensino Superior, que financiou a formação de 2.000 professores nessa área, o volume de aulas disponíveis em arquivos para download, em vídeo ou áudio, triplicou entre 2009 e 2010, passando de 12 mil a 30 mil horas. Essa prática foi inspirada na famosa universidade americana Massachusetts Institute of Tecnology (MIT), que abriu essa nova via há mais de vinte anos. Atualmente, a maioria das grandes universidades do mundo estão seguindo seu exemplo. O site Internet Coursera (www.coursera.org) já oferece 370 cursos gratuitos com 3,5 milhões de inscritos, enquanto o site EDX (www.edx.org) disponibiliza aulas de algumas das mais prestigiadas universidades, como Harvard, MIT, Berkeley, Stanford, Escola Politécnica de Lausanne, Universidade Nacional da Austrália etc.

Esses sistemas permitem selecionar os melhores cursos disponíveis, aumentando a visibilidade dos professores, que atingem atualmente um público muito grande. Os professores se obrigam a dar aulas bem apresentadas, atraentes e atualizadas com regularidade.

O professor mais ouvido no mundo

Em agosto de 2004, Salman Khan, responsável por um fundo de hedge em Boston, começou a dar aulas por telefone à sua prima, Nadia, que estava com dificuldades para fazer suas lições de matemática. Com o rápido progresso de Nadia, outros primos também quiseram beneficiar-se dos conselhos de "Sal". Para facilitar as coisas, em 2006, Sal disponibilizou vídeos pedagógicos de dez minutos no YouTube, a fim de que cada um pudesse consultar, quando quisesse. Em 2010, Sal deixou seu emprego de gestor de fundos para dedicar-se em tempo integral à sua vocação de oferecer "uma educação gratuita de nível mundial a quem quer que seja e em qualquer lugar", auxiliado por alguns colaboradores (entre 10 e 30 pessoas conforme as necessidades). Atualmente, a Khan Academy oferece gratuitamente mais de 4.300 vídeos sobre aritmética, física, química, biologia, história e finanças, que já foram vistos por mais de 260 milhões de alunos, dos quais 6 milhões de pessoas diferentes por mês.

O sucesso desses sistemas altruístas invalida portanto os pressupostos dos economistas clássicos e mostra que os sistemas baseados na cooperação, na abertura e na confiança funcionam muito melhor, como destaca Gilles Babinet, especialista em questões de economia digital:

> A transição digital estará incompleta sem a passagem de uma cultura de desconfiança e de compartimentação a uma cultura da colaboração e do compartilhamento. A expansão da transformação digital baseia-se na verdade em valores de abertura, de livre acesso à informação e de criação conjunta de valor. Seu sucesso deve-se à fertilização cruzada de conteúdos elaborados livremente por muitos colaboradores. As esferas públicas ou as grandes empresas que privilegiam a compartimentação, a cultura do secreto, o princípio hierárquico e os canais de comunicações verticais têm muita dificuldade para se adaptarem.[77]

A inovação a serviço do bem comum

Em muitos países em desenvolvimento, telefones celulares baratos oferecem serviços bancários a milhões de pequenos fazendeiros e produtores, permitindo-lhes vender diretamente seus produtos pelo melhor preço, sem passar por inúmeros intermediários que retiram em cada etapa uma parte do lucro. No Quênia, a Vodafone M-pesa atende assim 10 milhões de pequenos produtores, e as transações efetuadas por esse meio representam 11% do PIB nacional. Na Índia, a Thomson Reuters implantou, a um custo equivalente a quatro euros por assinatura trimestral, um serviço de mensagens no telefone celular que informa aos agricultores a cotação dos produtos agrícolas e as previsões meteorológicas, dando-lhes conselhos. Uma primeira avaliação das vantagens desse serviço revelou que ele havia melhorado a receita de 60% dos 2 milhões de agricultores assinantes.[78]

A Johnson & Johnson, uma empresa que, desde sua fundação em 1886, prioriza os valores sociais, ajudou, por exemplo, seus empregados a parar de fumar, o que teve como efeito uma diminuição de dois terços do número de fumantes. Essa empresa economizou US$ 250 milhões em despesas de saúde, ou seja, cerca de US$ 3 por dólar investido em programas de desintoxicação entre 2002 e 2008.[79] A Johnson & Johnson também foi classificada em terceiro lugar entre as empresas mais "verdes" nos Estados Unidos em 2012, segundo a revista *Newsweek*.[80] Vê-se, assim, que há benefícios mútuos para o empregador e o empregado, o produtor e o consumidor.

O homem que mudou a paisagem de Bangladesh

Quando encontrei Fazle Abed pela primeira vez em Vancouver, tomando uma xícara de chá, durante uma conferência pela paz com o Dalai Lama, eu não conhecia nada a respeito dele. Ele me perguntou o que eu fazia, e respondi-lhe que cuidava de uma organização humanitária que já havia construído cerca de 30 escolas e 15 clínicas. Ele me afirmou então, sem a menor afetação: "Construí 35 mil escolas". Senti-me muito pequeno. Em outra oportunidade, em Nova Delhi, ele me disse: "É muito simples, basta você multiplicar o que você faz por cem".

Em todo caso, é o que ele fez. Nascido no Paquistão Oriental, que depois se tornaria Bangladesh, Fazle Abed estudou inicialmente Arquitetura Naval na Universidade de Glasgow. Considerando que quase não havia estaleiros no Paquistão Oriental, estudou Contabilidade em Londres. De volta a seu país, Fazle foi contratado pela Shell, e suas competências lhes permitiram galgar rapidamente os escalões da empresa. Em 1970, ele trabalhava na sede da companhia em Londres quando um ciclone devastou seu país, deixando 300 mil vítimas. Fazle decidiu abandonar seu emprego altamente remunerado e voltar ao Paquistão Oriental onde, com alguns amigos, criou a HELP, uma organização cujo objetivo era ajudar os mais afetados pelo sinistro na Ilha de Manpura, que havia perdido três quartos de sua população. Foi obrigado a deixar novamente o Paquistão Oriental durante os combates que precederam a divisão com o Paquistão Ocidental. Ele criou uma ONG para apoiar a causa da independência de seu país junto aos países europeus.

Terminada a guerra de independência, no final de 1971, Fazle vendeu seu apartamento em Londres e partiu, levando todos seus bens, a fim de ver o que poderia fazer por seu país. A nova Bangladesh saía de uma guerra devastadora, e os 10 milhões de pessoas que haviam se refugiado na Índia estavam voltando. Fazle optou por começar suas atividades numa região rural distante no nordeste de seu país, e fundou o Bangladesh Rural Advancement Committee (BRAC). Graças à sua inclinação para organizar e à sua lucidez, o BRAC é atualmente a maior ONG do mundo. Até o momento, essa instituição já ajudou 70 milhões de mulheres e, no total, mais de 110 milhões de pessoas em 69 mil vilarejos. Ele emprega 80 mil voluntários e 120 mil assalariados em um número crescente de países, na África principalmente, onde ele constatou que seu modelo de intervenção em múltiplos níveis – microcrédito (por intermédio do BRAC, 80 milhões de pessoas se beneficiaram), educação, gestão de água potável, melhoria da higiene etc. – era totalmente apropriado e eficaz nas regiões onde muito poucos de outros programas haviam sido bem-sucedidos. Ele não exagerou ao dizer que o BRAC mudou a paisagem de Bangladesh. Não há um só lugar, nos campos, onde a sigla de sua ONG não esteja afixada numa escola, numa oficina de formação de mulheres ou num centro de planejamento familiar.

Fazle Abed ganhou sua aposta. Ele não só multiplicou suas atividades por cem, mas por cem mil, mantendo simultaneamente a mesma eficácia e qualidade. No Fórum Econômico Mundial de Davos, um bom número de participantes chega em jato particular no aeroporto de Milão, e depois segue em helicóptero ou limusine até a famosa estação de inverno. Às 5 horas de uma manhã, no final do Fórum de 2010, encontrei Fazle, sentado sozinho na obscuridade de um ônibus que devia nos levar ao aeroporto de Zurique. Isso me deu muitas dicas sobre a simplicidade e modéstia atrás das quais se esconde a indomável determinação que lhe permitiu realizar tão grande tarefa.

40. A SIMPLICIDADE VOLUNTÁRIA E FELIZ

A civilização, no sentido verdadeiro do termo, não consiste na multiplicação, mas na limitação deliberada e voluntária dos desejos. Só essa espontânea limitação pode promover a felicidade e a satisfação reais, e aumentar a capacidade de servir.[1]
Gandhi

A palavra "austeridade" não é agradável aos ouvidos. Na mente da maioria de nós, ela faz pensar em privação dos prazeres cotidianos, vida monótona e restrições que impedem o livre desabrochar na existência. Além disso, segundo alguns economistas, a história mostra que os programas de austeridade são geralmente pouco eficazes, por induzirem uma ocupação parcial da mão de obra, trazendo o desemprego e a recessão.[2]

Já a simplicidade voluntária é um conceito totalmente diferente. Ela não consiste em privar-nos do que nos torna feliz – o que seria um absurdo –, mas em compreender melhor o que traz uma satisfação verdadeira, sem ansiar pelo que provoca mais tormento do que felicidade. A simplicidade caminha junto com a satisfação.

Segundo o ativista social norte-americano Duane Elgin: "A simplicidade voluntária significa uma vida exteriormente simples e interiormente rica".[3] Para ele, essa simplicidade não exige um "retorno à natureza" para aqueles que já a deixaram, e pode ser praticada em todas as situações. Simplificar nossa existência significa ter a inteligência de examinar o que se considera habitualmente como prazeres indispensáveis e confirmar se eles trazem um bem-estar autêntico. A simplicidade voluntária pode ser sentida como um ato libertador. Ela não implica portanto em viver na pobreza, mas na sobriedade. Ela não é a solução de todos os problemas, mas pode certamente contribuir para isso. A simplicidade voluntária também não é apanágio de tribos primitivas que não tenham outra escolha: uma pesquisa na Noruega revelou que 74% das pessoas entrevistadas prefeririam uma vida mais simples, centrada no essencial e no indispensável, em vez de uma vida opulenta, ligada a inúmeras vantagens materiais, mas obtidas a custo de um estresse elevado.[4] A simplicidade voluntária também não é uma moda nascida nos países ricos. Essa maneira de viver, às vezes associada à sabedoria, sempre foi louvada em todas as culturas.

O escritor e pensador Pierre Rabhi, um dos pioneiros da agroecologia, estima que é chegado o tempo de instaurar uma política e uma cultura baseadas no poder de uma "sobriedade feliz", consentida livremente, com a decisão de moderar suas necessidades, romper com as tensões antropofágicas da sociedade de consumo e colocar o humano no centro das preocupações. Tal escolha revela-se profundamente libertadora.[5]

Parece-nos legítimo acumular bens sem parar, viver numa bela casa decorada com estilo, comer pratos sempre mais refinados – mas a que preço? Ao preço de nosso tempo, de nossa energia e de nossa atenção e, enfim, de nosso bem-estar... Como falava o sábio taoísta Zhuang Zi: "Aquele que penetrou o sentido da vida não mais perde tempo com o que não contribua para a vida".

A crise atual tem, na verdade, dois aspectos. O primeiro é o drama humano, o das populações mais pobres duramente afetadas por crises financeiras e pela desigualdade crescente, enquanto os ricos são pouco afetados e até aproveitam para enriquecer mais. O segundo aspecto está ligado à busca incessante do supérfluo. Recentemente, vi um saguão de um grande hotel de Cingapura que tinha no centro, erguendo-se até o teto, imensas colunas em mármore de dois metros de diâmetro. Essa decoração ostensiva deve ter custado uma fortuna, para algo sem nenhuma utilidade.

A simplicidade voluntária é ao mesmo tempo feliz e altruísta. Feliz pelo fato de não ser constantemente atormentada pela sede do "ainda mais", e altruísta, porque não promove a concentração dos recursos em apenas algumas mãos, recursos esses que distribuídos de outra forma melhorariam consideravelmente a vida daqueles que são privados do necessário.

A simplicidade voluntária é também acompanhada da sabedoria: sem aspirar ao insensato, guarda-se sempre no campo da consciência o destino dos que hoje passam necessidade, assim como o bem-estar das gerações futuras.

O que se pode esperar do consumismo*?

Em 1955, um norte-americano especialista em vendas a varejo, Victor Lebow, descrevia o que um capitalismo em plena expansão exigiria de nós:

> Nossa economia superprodutiva exige que façamos do consumismo nosso modo de vida, que convertamos a compra e o uso de bens em rituais, que busquemos nossas satisfações espirituais e as de nosso ego no consumo. A economia precisa que as coisas sejam consumidas, queimadas, esgotadas, substituídas e descartadas a um ritmo sempre crescente.[6]

Na crise financeira de 2008, uma das primeiras reações públicas do presidente George W. Bush foi pedir aos cidadãos dos Estados Unidos que voltassem a consumir o mais rapidamente possível. Quanto mais eles consumissem, mais o país sairia com rapidez da crise, e maior seria a felicidade das pessoas.

O mínimo que podemos dizer é que essa lógica não corresponde às conclusões das pesquisas científicas. Os múltiplos efeitos do consumismo foram estudados durante longos períodos por psicossociólogos, especialmente por Tim Kasser, autor

---

* Empregamos aqui o termo "consumismo" no sentido difundido em Sociologia (embora duvidoso do ponto de vista etimológico), que define uma atitude e um modo de vida centrados no consumo. Portanto, não se trata aqui do sentido, também ele corrente, que define a "ação de comum acordo entre consumidores".

de *The High Price of Materialism* [O alto preço do materialismo], e seus colegas. Seus estudos, que abrangeram duas décadas e envolveram a amostragem de milhares de participantes representativos da população em seu conjunto, demonstraram que os indivíduos mais inclinados ao consumismo de todos os tipos de bens e serviços – os que priorizavam a riqueza, a imagem, o status social e diversos outros valores materialistas promovidos por uma sociedade chamada de consumo – estavam claramente menos satisfeitos com suas vidas do que aqueles que priorizavam valores mais fundamentais da existência, tais como amizade, satisfação, qualidade da experiência vivida, preocupação com o outro, assim como o sentimento de responsabilidade em relação à sociedade e ao meio ambiente.

Comparados ao restante da população, aqueles que tendem a buscar satisfação no consumo de todo tipo de bens, e que estão ligados aos valores materiais, experimentam menos emoções positivas. Quando solicitados a registrar num diário pessoal suas experiências cotidianas, constata-se que falam menos de alegria, de entusiasmo, de gratidão e de serenidade, em comparação com as pessoas menos inclinadas ao consumismo.

Ainda segundo o estudo de Tim Kasser, os grandes consumidores são mais ansiosos e deprimidos, muito mais sujeitos a dores de cabeça e de estômago. Eles têm menos vitalidade e mais dificuldades para adaptar-se à existência de modo geral, e sua saúde é pior do que a da média da população. Bebem mais álcool e fumam mais. Passam mais tempo na frente da televisão. Quando se sentem um pouco deprimidos, têm tendência a "sair para fazer compras". Preocupados com suas posses, ficam mais contrariados do que a média quando as perdem. Sonham com mais frequência com a morte que os atormenta. Admiram os ricos, os quais consideram ser "inteligentes, instruídos e bem-sucedidos em tudo". Segundo o Dalai Lama, "isso explica como é um erro colocar esperança demais no desenvolvimento material. O problema não é o materialismo em si, mas a hipótese subjacente de que uma perfeita satisfação poderia brotar exclusivamente da saciedade dos sentidos".[7]

Consumo e altruísmo

Observa-se que os materialistas fanáticos expressam, em relação à média, pouca empatia e compaixão para com os que sofrem, são manipuladores e têm tendência a explorar os outros em benefício próprio. As pesquisas de Kasser constataram também que os materialistas fanáticos não gostam de se colocar mentalmente "no lugar do outro".[8] Pouco interessados em soluções que exijam uma visão global dos problemas preferem a competição à cooperação.[9] Contribuem menos para as questões de interesse geral e não se preocupam nem um pouco com questões ambientais. Seus vínculos sociais são fracos: têm relações profissionais, mas poucos amigos verdadeiros. Suas amizades e relações são mais superficiais e menos duradouras que as do restante da população. Sofrem mais solidão e sentem-se afastados de seu meio social.

Em suma, de acordo com Tim Kasser, parece que "os valores materialistas levam as pessoas a pensar que inexiste qualquer vantagem em estar próximas das outras e expressar solicitude, pois não teriam nada a ganhar com isso. [...] Esses valores levam os indivíduos a considerar os outros principalmente como instrumentos para atingir seus próprios fins materialistas".[10]

O psicólogo Barry Schwartz fala de "amizades utilitárias" e considera que, nas sociedades capitalistas e consumistas, "tudo o que se faz necessário é que cada 'amigo' possa oferecer algo de *útil* ao outro. As amizades utilitárias aproximam-se muito das relações contratuais da economia de mercado".[11]

Essas correlações negativas entre as tendências consumistas e o bem-estar foram observadas em uma ampla variedade de contextos na América do Norte e do Sul, na Europa e na Ásia. Em todos os lugares, a importância atribuída à riqueza e ao status social mostra-se vinculada a uma preocupação mínima com o meio ambiente em geral.[12]

Resumindo, as pesquisas de Kasser e de seus colegas evidenciam que o gosto pelo consumo e pelos valores materialistas favorecem o sofrimento pessoal e constituem obstáculos ao estabelecimento de interações humanas que sejam harmoniosas e dotadas de solicitude. Sheldon e Kasser também mostraram que alcançar objetivos ligados aos valores humanos traz uma satisfação muito maior do que a realização de objetivos materiais.[13]

A sociedade de consumo é baseada no culto do desejo. Influenciado por um sobrinho de Sigmund Freud, Edward Bernays (responsável pela máquina de propaganda do presidente Woodrow Wilson e um dos mestres do pensamento das agências de publicidade), banqueiro em Wall Street nos anos 1930, explicava seus objetivos desta forma:

> Devemos fazer com que os americanos passem de uma cultura das necessidades para uma cultura do desejo. As pessoas devem ser habituadas a desejar, querer ter coisas novas, antes mesmo que as anteriores tenham sido totalmente consumidas. Devemos formar uma nova mentalidade. Os desejos do homem devem prevalecer sobre suas necessidades.[14]

Essas palavras ilusórias me lembram a reflexão de um lama tibetano ao contemplar as centenas de luminosos que brilham nas fachadas dos prédios da Times Square em Nova York: "Eles tentam roubar meu espírito".

Para sanar a inclinação ao consumo, Kasser sugere especificamente proibir qualquer publicidade dirigida às crianças, como foi feito na Suécia e na Noruega.[15] Ele cita as palavras reveladoras de Wayne Chilicki, diretor da General Mills, uma das maiores empresas alimentícias do mundo: "Quando se trata de consumidores em tenra idade, seguimos na General Mills o modelo da Procter & Gamble, o modelo 'do berço ao túmulo'. Acreditamos que devemos conquistar as crianças bem cedo, e depois conservá-las por toda a vida".[16]

A conclusão de Tim Kasser é que, ao priorizarmos os valores exteriores e não os interiores, procuramos a felicidade onde ela não está e contribuímos para nossa própria insatisfação. Ele destaca que, diante da atual paisagem econômica, o egoísmo e o materialismo não são mais considerados problemas morais, mas objetivos cardinais da existência. É o que afirma Pierre Rabhi: "O consumidor torna-se a engrenagem de uma máquina que produz sempre mais, para que consumamos cada vez mais".[17]

Alugar e consertar em vez de comprar

Há somente meio século, um relógio ou uma máquina fotográfica eram para a vida toda. Cuidávamos com atenção desses objetos, que tinham como uma de suas principais qualidades a durabilidade. Hoje, o ciclo de vida dos produtos de consumo é cada vez mais curto, o que aumenta consideravelmente a poluição industrial. Uma das soluções propostas pelo político Anders Wijkman e pelo ecologista Johan Rockström é substituir a compra de produtos manufaturados por um sistema de locação, acompanhado de um serviço de manutenção e atualização. Os consumidores teriam à disposição os melhores produtos, enquanto os fabricantes teriam interesse em manter seus produtos em funcionamento o maior tempo possível e em reciclá-los de modo eficaz.

Os serviços de assistência técnica criariam também muitos empregos, o que não ocorre quando os produtos são simplesmente jogados fora. Desse modo, seria reforçado o aspecto circular e reciclável do consumo, evitando-se o interminável desperdício que é a norma em nossos dias. Em 2010, 65 bilhões de toneladas de matéria-prima foram extraídas do meio ambiente para entrarem no sistema econômico. Calcula-se que esse número atinja 82 bilhões em 2020.[18]

Algumas iniciativas já foram tomadas nessa direção. A empresa Xerox arrenda os serviços de suas máquinas em vez de vendê-las. Da mesma forma, a Michelin aluga os pneus de veículos pesados, faz a manutenção e os recicla no final do ciclo de vida. A Rolls-Royce parou de vender seus motores a jato às companhias aéreas, e agora os arrenda e efetua a manutenção.[19]

Na França, o senador ecologista Jean-Vincent Placé denunciou a obsolescência programada, ou seja, o fato de muitas indústrias programarem a vida útil de seus produtos de maneira que ultrapasse ligeiramente o da garantia. No primeiro defeito, os produtos são considerados sem conserto e é preciso comprar um novo.

Ele tachou esse procedimento como "uma aberração ecológica e social", e em abril de 2013 apresentou um projeto de lei impondo aos fabricantes uma prorrogação do prazo legal de conformidade do produto. Essa nova garantia obrigará os fabricantes a responsabilizar-se pelos produtos defeituosos num período maior (de dois a cinco anos). O projeto de lei exige também que sejam disponibilizadas peças avulsas de reposição para consertos durante dez anos, a contar da compra do produto. Os fabricantes que reduzam propositalmente a vida útil de um produto estariam sujeitos a penas de dois anos de prisão e até € 37.500 de multa.[20]

Nesse sentido, na Inglaterra, organizaram-se muitos comitês de voluntários, aficionados por mecânica e vários hobbies, e a nova tendência é: "Não se joga mais fora, conserta-se". Na França, o site commentreparer.com coloca à disposição dos consumidores fichas explicativas para ajudá-los a consertar eles próprios seus aparelhos.

O dinheiro não traz felicidade... exceto se o doarmos

> *O espírito se enriquece com o que recebe;*
> *o coração, com o que doa.*
> Victor Hugo

É evidente que, para alguém sem os meios básicos de subsistência e com dificuldade para alimentar os filhos, o fato de dobrar ou triplicar seus recursos pode mudar tudo e proporcionar um sentimento de satisfação inesperado. Porém, ultrapassado o limiar de saciedade, o aumento da riqueza não traz um aumento correspondente da satisfação de vida[21]. O "paradoxo de Easterlin" (gráfico a seguir) deve seu nome ao pesquisador que comprovou esse fenômeno.

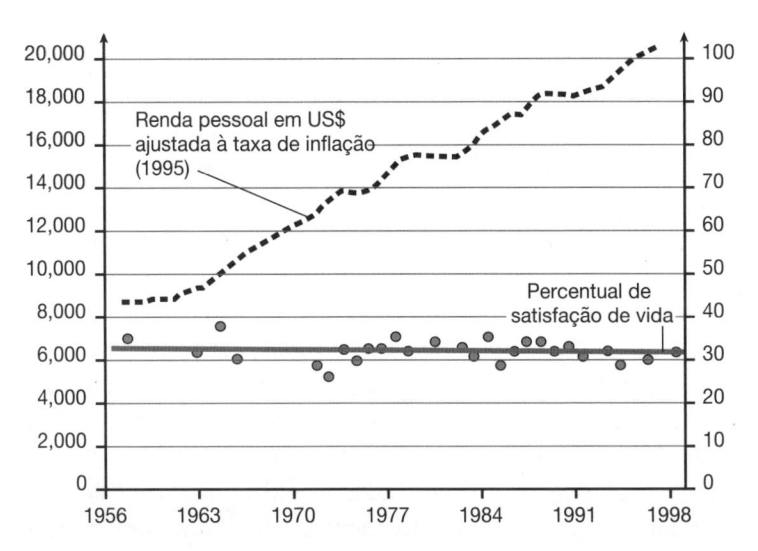

Crescimento econômico e satisfação de vida nos Estados Unidos

O gráfico ilustra perfeitamente que o aumento muito significativo do crescimento econômico nos Estados Unidos não trouxe nenhum aumento da satisfação de vida.[22]

Os nigerianos consideram-se tão felizes quanto os japoneses, enquanto seu PIB per capita é 25 vezes inferior ao do Japão.[23] Segundo Richard Layard, professor na London School of Economics: "Esse paradoxo é verdadeiro para os Estados Unidos, para a Inglaterra e para o Japão. [...] Temos mais alimentos, vestimentas, automóveis, vivemos em casas maiores, com aquecimento central, passamos mais férias no exterior, temos uma semana de trabalho mais curta e usufruímos, antes de tudo, de uma melhor saúde. No entanto, não somos mais felizes do que eles".[24]

Inúmeros outros fatores são tão relevantes quanto a riqueza, ou até mais do que ela. A confiança em seus semelhantes é um deles. A Dinamarca é, segundo vários estudos, um dos países onde as pessoas estão mais satisfeitas com suas condições de vida. O país não está entre os mais ricos, mas há pouquíssima pobreza e desigualdade. Essa satisfação se explica, entre outras razões, pelo alto nível de confiança mútua entre as pessoas, inclusive em relação a desconhecidos e instituições: as pessoas consideram, *a priori,* que um desconhecido será benevolente. Essa confiança caminha junto com um reduzido nível de corrupção.

Como todos os meios, a riqueza pode servir para construir ou destruir. Ela pode ser um poderoso meio de fazer o bem às pessoas ao redor, mas pode também incitar-nos a causar mal aos outros.

O que pode ser feito com 4 bilhões que não se possa fazer com 2 bilhões? Muito pouco para si mesmo, e muito pelos outros. Mesmo que nossas próprias necessidades estejam amplamente satisfeitas, inúmeras pessoas precisam desesperadamente de ajuda.

Quando Jules Renard, escritor incisivo e algo pessimista, exclamava: "Se o dinheiro não traz felicidade, doe-o!", ele não imaginava o valor disso. Poderia ter acrescentado: "E você ficará satisfeito". Constata-se, na verdade, que é emocionalmente mais benéfico dar do que receber. É o que demonstraram as pesquisas da psicóloga canadense Elizabeth Dunn, ao comparar o nível de bem-estar de pessoas que gastaram dinheiro para si mesmas ou para outros: "Constatamos que as pessoas que haviam declarado gastar mais dinheiro com o outro eram muito mais felizes".[25] Esse efeito foi confirmado também, tanto no caso da filantropia em grande escala quanto em doações de cinco dólares, durante uma pesquisa realizada em 136 países, com uma média de 1.300 pessoas entrevistadas em cada país.[26]

A correlação entre dinheiro e felicidade é, portanto, surpreendentemente pequena, o que, segundo os psicólogos Elizabeth Dunn, Daniel Gilbert e Timothy Wilson, pode ser parcialmente explicado pela maneira como as pessoas gastam o dinheiro. Com base em pesquisas empíricas, eles sugeriram que, para serem felizes, os consumistas inveterados deveriam buscar mais experiências gratificantes do que objetos materiais, utilizar seu dinheiro para ajudar os outros em vez de gastar com si próprios, parar de comparar-se materialmente com o outro (o que alimenta a inveja ou a vaidade), e conceder uma atenção especial à felicidade dos outros.[27]

Simplificar, simplificar, simplificar

"Nossa vida se perde nos detalhes... Simplifique, simplifique, simplifique", dizia o ensaísta e filósofo Henry David Thoreau, dos Estados Unidos. Simplificar os atos, as palavras e os pensamentos significa não se deixar envolver pelas atividades e ambições que devoram o tempo e trazem apenas satisfações menores, e também significa contentar-se materialmente com o que seja útil e necessário a uma vida correta, sem desejar o supérfluo.

Em 2005, Kirk Brown e Tim Kasser compararam um grupo de 200 adeptos da simplicidade voluntária com um grupo de 200 norte-americanos comuns. Apareceram várias diferenças interessantes: os praticantes da simplicidade voluntária estavam muito mais satisfeitos com a vida, e eram nitidamente mais propensos a agir de modo favorável ao meio ambiente e reduzir sua pegada ecológica.[28]

O presidente da simplicidade

O uruguaio José Mujica, mais conhecido como Pepe, é não apenas o presidente mais pobre do mundo, como também está a ponto de tornar-se o mais popular. O jornal *Courrier international* selecionou sua história como o "artigo preferido" do ano de 2012. Aos que se surpreendem, Mujica explica: "Meu estilo de vida não tem nada de revolucionário, eu não sou pobre, levo uma vida simples. Pareço ser um velho excêntrico, mas isso é por opção livre e deliberada".

Antes de chegar à presidência, ele havia passado quinze anos na prisão, nove dos quais na solitária, pagando muito caro seu envolvimento com os Tupamaros que lutaram contra a ditadura. Torturado durante todo o tempo de sua detenção, quase enlouqueceu. Ele explica que ler e escrever salvaram-lhe a vida. Em 1985, quando a democracia foi restaurada, Pepe Mujica lançou-se na política e acabou sendo eleito presidente em 2009.

Ele não quer saber do luxuoso palácio presidencial em Montevidéu. O presidente prefere viver em uma casa de 45 m² com teto de zinco, malconservada, com um poço no quintal onde pega água, na sua chácara num bairro pobre de Montevidéu. Mora lá há vinte anos com sua mulher Lucia e sua cachorra Manuela, uma vira-lata de três patas. A casa nem mesmo é dele, é de sua mulher, que é senadora. Ambos cultivam a terra para vender flores.

José Mujica doa mais de 90% de seu salário presidencial (aproximadamente € 9.400 por mês) a algumas ONGs, principalmente para um programa de moradia destinado aos habitantes mais pobres. O que lhe resta para viver é quase equivalente à renda média no Uruguai. Ele recusa a sociedade de consumo, citando os filósofos da Antiguidade: "Pobre é aquele que precisa de muito". Seu único bem é um Fusca, comprado em 1987 e avaliado em € 1.400. Passou suas últimas férias com Lucia, flanando pelos cafés, sem guarda-costas.

"Quero ter tempo para as coisas que me motivam. [...] É isto a verdadeira liberdade: sobriedade, consumir pouco, ter uma casinha que me deixa tempo para aproveitar do que realmente gosto. [...] Se tivesse muitas coisas, precisaria tomar cuidado para não ser roubado. Minha mulher ou eu varremos, e pronto, temos muito tempo de sobra, e é isso que nos empolga."

Em setembro de 2012, aos 77 anos, compareceu a uma importante conferência latino-americana do Mercosul com o nariz quebrado: explicou que havia se machucado ajudando um vizinho a reconstruir a casa destruída durante tempestades. Não tem papas na língua e não hesitou em chamar o casal Kirchner, no comando da Argentina, de "peronistas delinquentes", e o ex-presidente argentino Carlos Menem de "mafioso" e "ladrão". Após o assassinato de um homem de 34 anos, pai de cinco crianças, sua mensagem aos jovens que haviam cometido o assassinato foi: "Não se comportem como pequenos idiotas, coisas inúteis. Vocês acabarão, na melhor das hipóteses, como ratos de prisão". O Uruguai é o país menos corrompido do continente sul-americano, e um dos mais felizes.

Pepe Mujica acusa a maioria dos dirigentes do mundo de alimentar uma "pulsão cega de promoção do crescimento pelo consumo, como se o contrário significasse o fim do mundo".[29]

Um apelo à simplicidade

Em junho de 2012, durante a Conferência das Nações Unidas sobre o Desenvolvimento Sustentável, Rio+20, José Mujica fez ainda um discurso memorável sobre a simplicidade:

> Não podemos continuar, indefinidamente, a ser governados pelo mercado; nós é que devemos governar o mercado. [...] Os antigos pensadores Epicuro e Sêneca, e até os aimarás, definiam: "Pobre não é aquele que tem pouco, mas aquele que precisa de infinitamente muito e deseja sempre ter mais, cada vez mais". [...]
> Meus companheiros trabalhadores lutaram muito para conseguir a jornada de trabalho de oito horas e agora estão conseguindo a de seis horas. Mas quem trabalha seis horas precisa ter dois empregos e, portanto, trabalha ainda mais do que antes. Por quê? Porque tem muitas prestações para pagar: a moto que comprou, o carro que comprou... cada vez mais prestações a pagar. Quando tenta acordar, já é um velho reumático como eu, e a vida foi embora. E surge a pergunta: é esse o destino da vida humana?
> Essas coisas são muito elementares: o desenvolvimento não deve se opor à felicidade, deve favorecer a felicidade humana, o amor sobre a Terra, as relações humanas, permitir cuidar dos filhos, ter amigos, ter o básico. Exatamente, porque isso é o tesouro mais importante que temos: quando lutamos pelo meio ambiente, o primeiro elemento do meio ambiente se chama a felicidade humana.

41. O ALTRUÍSMO EM RELAÇÃO ÀS GERAÇÕES FUTURAS

O Holoceno: um período excepcional para a prosperidade humana

NOS ÚLTIMOS 12 MIL ANOS, VIVEMOS NUMA ERA GEOLÓGICA DENOMINADA Holoceno, caracterizada por uma excepcional estabilidade climática que permitiu a expansão da civilização humana tal qual a conhecemos (ver gráfico a seguir). É no ambiente ideal desse período temperado que a agricultura e as sociedades complexas puderam se desenvolver. Bastou então apenas um milênio para que a maioria dos seminômades, que viviam da caça e da colheita, se tornassem sedentários, há aproximadamente 10 mil anos.[1]

Antes do Holoceno, os humanos tinham muita dificuldade para sobreviver. Foi até mesmo uma época em que ficaram à beira da extinção: estudos do DNA das populações mundiais revelam que todos nós descendemos provavelmente de apenas 2 mil indivíduos, únicos sobreviventes, há cerca de 100 mil anos, de condições de vida particularmente duras na região subsaariana.[2] Somos os sobreviventes de uma espécie ameaçada, e devemos essa sobrevivência, em grande parte, à estabilidade sem precedentes do clima nos dez últimos milênios. Antes disso, as glaciações e a alta instabilidade do clima limitavam o crescimento da população. Há 12 mil anos, a Terra tinha de 1 a 10 milhões de seres humanos, e há cinco mil anos o total era de aproximadamente 15 milhões. Foi somente há cerca de 2.500 anos que o limite de 100 milhões foi ultrapassado.[3]

Durante o período glacial que precedeu o Holoceno, uma grande parte do hemisfério Norte era coberto por geleiras de vários quilômetros de espessura, impedindo a formação de sociedades humanas significativas e a prática da agricultura. No entanto, a temperatura média *era apenas de 4 a 5 °C mais baixa que a de hoje,* o que mostra a que ponto as diferenças de temperatura, em aparência mínimas, são capazes de gerar condições de vida radicalmente diferentes.

Sem dúvida, algumas perturbações climáticas menores ocorreram durante o Holoceno – o aquecimento do ano 1000 e a pequena glaciação no início do século XVII – mas, em todas as vezes, o sistema terrestre reencontrou rapidamente seu equilíbrio.

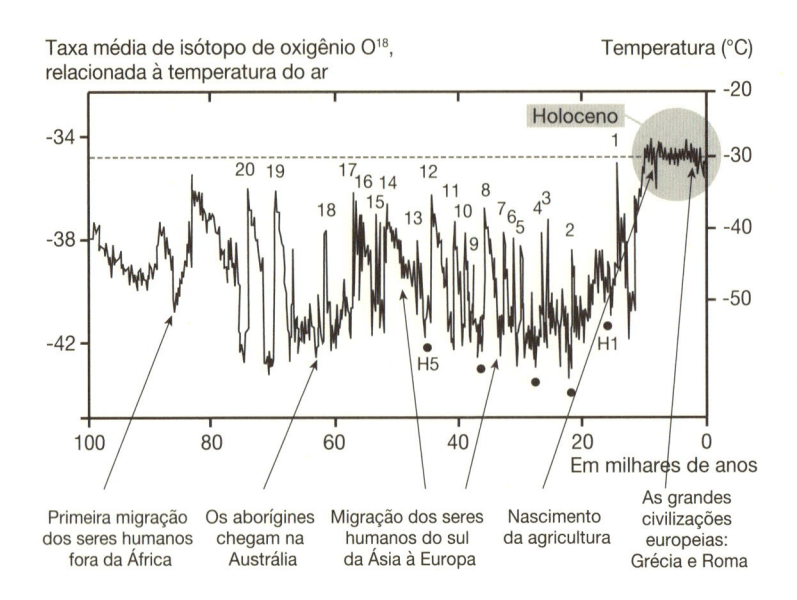

Taxa média de isótopo de oxigênio O¹⁸, relacionada à temperatura do ar — **Temperatura (°C)**

Holoceno

Em milhares de anos

Primeira migração dos seres humanos fora da África — Os aborígines chegam na Austrália — Migração dos seres humanos do sul da Ásia à Europa — Nascimento da agricultura — As grandes civilizações europeias: Grécia e Roma

Os números nos picos de temperatura (20, 19, 18 etc.) representam as inúmeras flutuações grandes e súbitas da temperatura média durante o período considerado (eventos de Heinrich).

A razão mais provável para essa estabilidade climática excepcional dos últimos dez milênios é que a órbita da Terra em torno do Sol permaneceu particularmente estável, quase circular, há 12 mil anos. Na verdade, as variações dessa órbita são consideradas como uma causa importante das alterações climáticas que aconteceram no passado.[4] Essa estabilidade poderia se manter durante pelo menos 20 mil anos, se não estivesse hoje ameaçada pelo próprio homem, que desencadeou as mudanças climáticas mais rápidas que nosso planeta já teve até nossos dias. Segundo Will Steffen, diretor do Instituto de Mudança Climática da Universidade Nacional Australiana: "A expansão do empreendimento humano poderia corroer a resistência do equilíbrio climático do Holoceno, que, sem isso, se manteria durante milênios".[5]

Só temos a ganhar preservando essa situação favorável

Até a revolução industrial, a influência do homem sobre o meio ambiente era limitada e facilmente absorvida pela natureza, que reciclava, ela própria, os subprodutos das atividades humanas. O desenvolvimento da agricultura representava a principal transformação do planeta. Era então inconcebível que uma espécie viva oriunda da evolução natural pudesse criar mudanças tão radicais em escala planetária.

As coisas mudaram, porém. Por volta da metade do século XVIII, adquirimos a capacidade de transformar os combustíveis fósseis em fontes de energia baratas e eficazes, inovação que permitiu um desenvolvimento econômico e social sem precedentes. A captação e a transformação do nitrogênio da atmosfera em produtos químicos, principalmente os fertilizantes, também se tornaram possíveis com a utilização das energias fósseis. Imensos avanços foram obtidos no domínio das condições sanitárias, da medicina e da viabilidade dos ambientes urbanos, permitindo uma explosão da população: 1 bilhão de habitantes povoava o planeta em 1800, 7 bilhões hoje.

Essas novas fontes de energia possibilitaram ao homem organizar e explorar vastas regiões que até então eram selvagens, ocasionando principalmente um desmatamento sem precedentes. Em 2011, a metade das florestas da Terra havia sido derrubada, em grande parte no decorrer dos últimos cinquenta anos. Desde 1990, a metade das florestas tropicais foi destruída, e é possível que desapareçam totalmente nos próximos quarenta anos.[6]

Pela primeira vez, as características de uma era geológica são estritamente associadas à ação do homem. Desde 1950, entramos efetivamente nessa era que se convencionou chamar Antropoceno, a "era humana", a primeira na qual as atividades do homem tornaram-se o principal agente de transformação do planeta, o equivalente das maiores forças da natureza.

Por que 1950? Se observarmos as curvas de crescimento dos diversos fatores que causaram impacto no meio ambiente, constata-se que os anos 1950 foram marcados pelo que os cientistas chamaram de "grande aceleração".*

Os gráficos apresentados a seguir são eloquentes: o consumo de água doce, a quantidade de automóveis, o desmatamento, a exploração dos recursos marinhos, a utilização de adubos químicos, a taxa de CO_2 e de metano na atmosfera etc., aumentaram de modo quase exponencial. Não é preciso ser um gênio em matemática para compreender que é inconcebível manter o crescimento no mesmo ritmo sem provocar grandes catástrofes.

---

* Alguns cientistas consideram o século XVIII o início do Antropoceno. No entanto, a maioria dos ambientalistas consideram que a "grande aceleração", a partir de 1950, marca o início dessa era, em razão da amplitude das mudanças ecológicas.

Bem-vindo ao Antropoceno: um planeta moldado pelos humanos

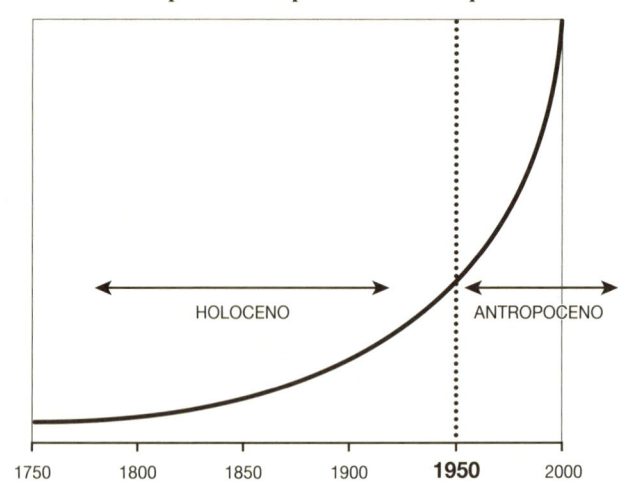

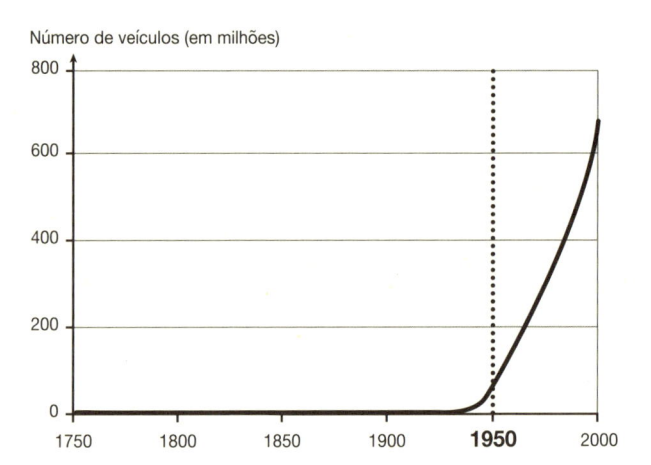

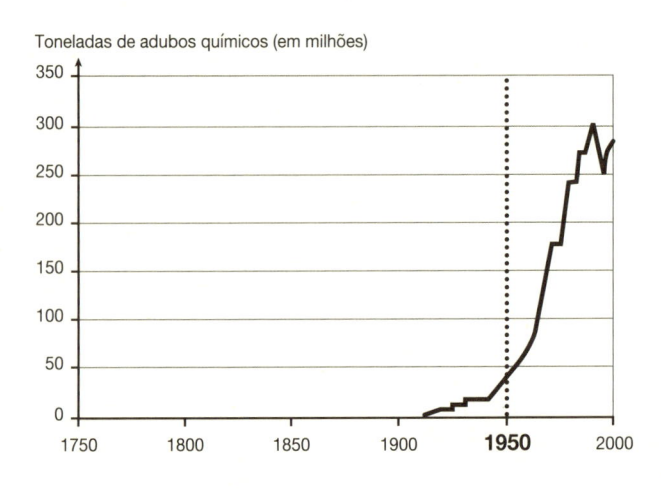

HOLOCENO ⟷ ANTROPOCENO

1750 1800 1850 1900 **1950** 2000

Número de veículos (em milhões)

1750 1800 1850 1900 **1950** 2000

Toneladas de adubos químicos (em milhões)

1750 1800 1850 1900 **1950** 2000

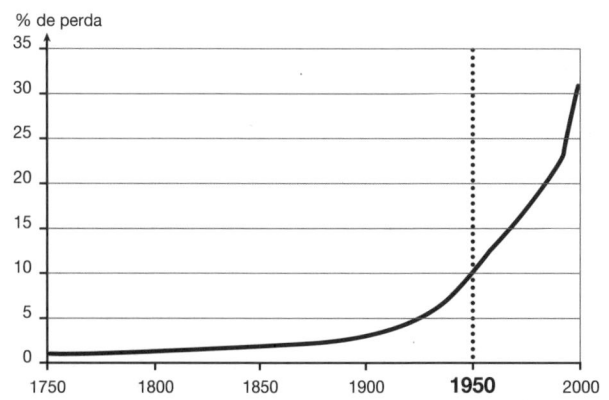

41. O ALTRUÍSMO EM RELAÇÃO ÀS GERAÇÕES FUTURAS • 555

% de perda

Perda de florestas tropicais úmidas e de regiões florestais na África tropical, América Latina, Sul e Sudeste da Ásia.

CO_2 ppm (partes por milhão, taxa de mistura por massa)

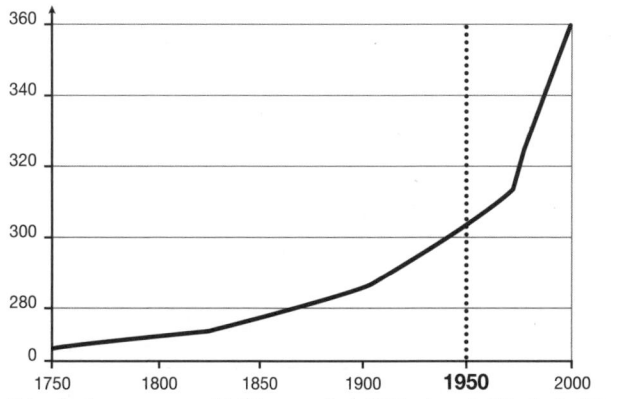

Pela primeira vez em nossa história, em maio de 2013, a taxa de CO_2 atingiu 400 ppm

Aquecimento do planeta pelos gases de efeito estufa

CH4 ppbv (parte por bilhão, taxa de mistura por volume)

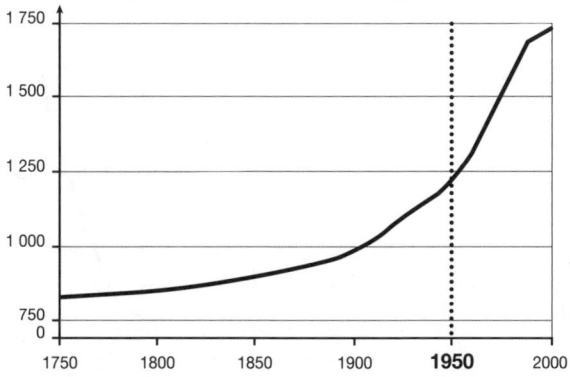

O gado e as emissões de dejetos aquecem o planeta

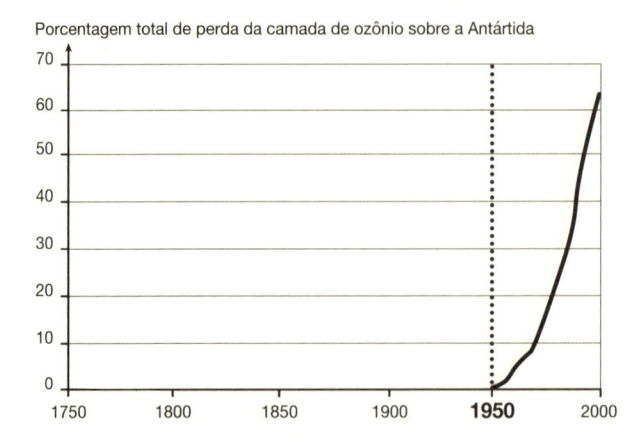

Porcentagem total de perda da camada de ozônio sobre a Antártida

Correlação entre a perda da camada de ozônio protetora e o aumento do câncer

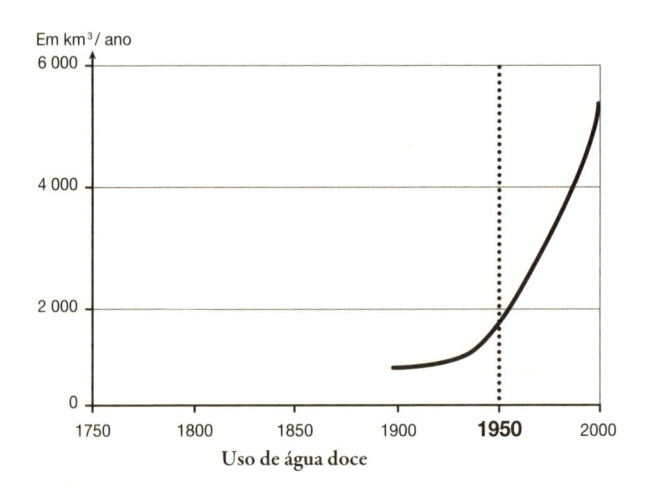

Em km³/ ano

Uso de água doce

% dos recursos piscícolas

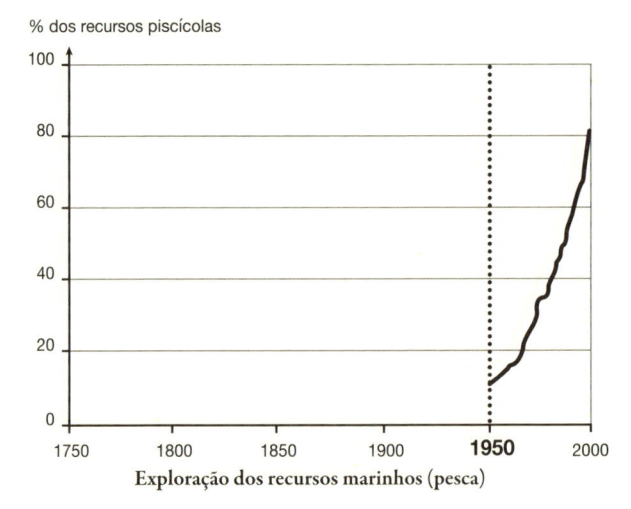

Exploração dos recursos marinhos (pesca)

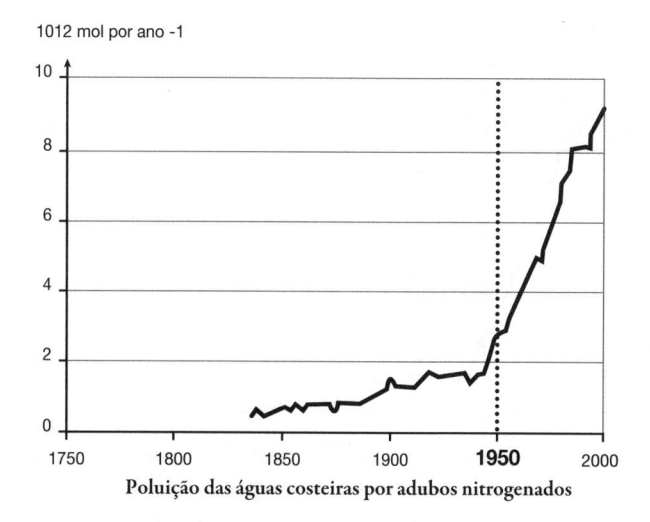

41. O ALTRUÍSMO EM RELAÇÃO ÀS GERAÇÕES FUTURAS • 557

10^{12} mol por ano $^{-1}$

Poluição das águas costeiras por adubos nitrogenados

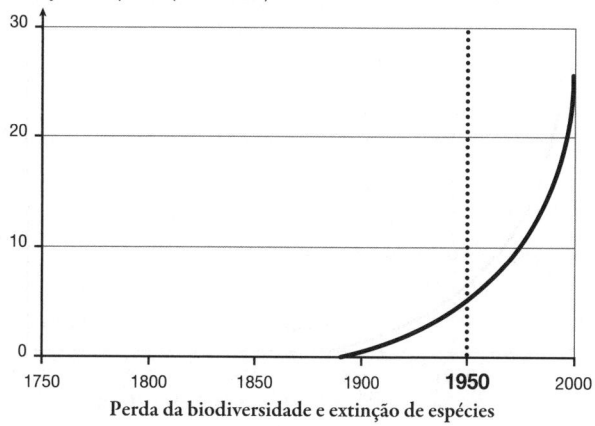

Extinção de espécies (em milhares)

Perda da biodiversidade e extinção de espécies

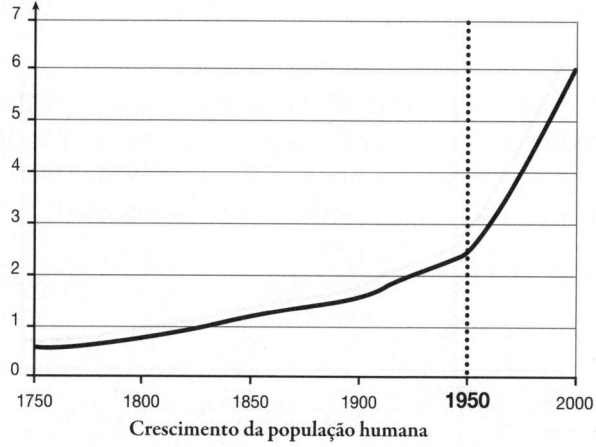

População (em bilhões)

Crescimento da população humana

O nível dos oceanos aumenta um pouco mais de 3 milímetros por ano, um ritmo que é o dobro do existente no século XX; a temperatura média corre o risco de aumentar de 2 °C (segundo as estimativas mais otimistas) a 8 °C antes do final do século (segundo as estimativas mais pessimistas); no mundo, a superfície de 95% das geleiras se reduz ano a ano,[7] o desmatamento não desacelera,* e os oceanos se aquecem e se acidificam em consequência da dissolução do gás carbônico em excesso na atmosfera, afetando os organismos marinhos que não tiveram mudanças tão pronunciadas nos últimos 25 milhões de anos. Hoje, de acordo com Johan Rockström, diretor do Centro de Resiliência da Universidade de Estocolmo: "A pressão humana sobre o sistema terrestre alcançou tamanha importância que mudanças bruscas no meio ambiente mundial não podem mais ser excluídas".[8]

Em 2007, em apenas alguns meses, o Ártico perdeu 30% da extensão de cobertura estival de gelo marinho, dando início ao que Mark Serreze, diretor do National Snow and Ice Data Center, considera uma "espiral mortal".[9] De maneira geral, o aquecimento do Ártico ocorreu pelo menos duas vezes mais rápido do que o resto do planeta, pois o gelo *reflete* para a atmosfera 85% da luz que recebe, enquanto a superfície escura do oceano *absorve* 85% da luz recebida (e do respectivo calor). Consequentemente, quanto mais o gelo derrete, mais o derretimento do gelo restante se acelera. O mesmo ocorre com as geleiras do Himalaia, este "terceiro polo" que foi obscurecido pela poluição de pó e de fumaças industriais provenientes do subcontinente indiano.

Em uníssono, milhares de cientistas (97% deles) afirmam que se a humanidade não mudar rapidamente o modo de vida, e se sua reação for insuficiente, o sistema planetário arrisca-se a atingir um "ponto de não retorno" o qual não poderemos mais controlar, desestabilizando o clima e colocando a humanidade em condições contrárias a seu desenvolvimento. Há ainda climatologistas céticos (3% dos cientistas), que fazem muito barulho nas mídias, mas seu discurso é destituído de evidências, como vimos no capítulo 35.

Os limites planetários em que a humanidade pode continuar a prosperar

O conceito de "limites planetários" foi introduzido e explicitado num artigo publicado pela revista *Nature* em 2009, assinado pelo sueco Johan Rockström e 27 outros cientistas de renome internacional, incluindo o Prêmio Nobel Paul Crutzen que foi o primeiro a propor rebatizar nossa era de "Antropoceno".[10]

---

* O desmatamento e os incêndios que o acompanham contribuem com pelo menos 20% das emissões de CO_2 imputáveis ao homem.

41. O ALTRUÍSMO EM RELAÇÃO ÀS GERAÇÕES FUTURAS

De acordo com Rockström: "A transgressão dos limites planetários pode ser devastadora para a humanidade, mas se os respeitarmos, um futuro brilhante nos espera nos próximos séculos".[11] Permanecendo abaixo desses limites, preservaremos um espaço seguro no qual a humanidade poderá continuar a prosperar.

Foi o estudo da resiliência do sistema terrestre, de sua dinâmica complexa e dos mecanismos de autorregulação dos sistemas vivos que permitiu destacar a existência de "limiares", além dos quais corremos o risco de produzir "mudanças bruscas" potencialmente irreversíveis.

> Foram identificados limites a não serem ultrapassados para dez grandes mudanças ambientais e, em sua maioria, estão precisamente quantificados:
> – mudança climática;
> – diminuição da camada de ozônio;
> – uso dos solos (agricultura, pecuária, exploração das florestas);
> – uso de água doce;
> – empobrecimento da biodiversidade;
> – acidificação dos oceanos;
> – entrada de nitrogênio e fósforo na biosfera e nos oceanos (dois fatores);
> – concentração de aerossóis na atmosfera;*
> – poluição química.
>
> Esses dez fatores devem ser mantidos numa zona de segurança, acima da qual corremos o risco de atingir um ponto sem volta. Como vemos nos gráficos a seguir, todos os fatores mensurados eram insignificantes em 1900, e ainda estavam em 1950 muito abaixo dos limites fixados posteriormente. Hoje, três grandes fatores – mudança climática, perda de biodiversidade (cuja taxa tornou-se de dez a cem vezes superior à taxa de segurança[12]), e a poluição por componentes nitrogenados (cuja taxa é três vezes superior ao limite de segurança) – ultrapassaram seus limites respectivos, e os demais já os estão atingindo rapidamente.

Embora exista uma margem de incerteza nas avaliações desses limites, é evidente que a biosfera entrou em uma zona perigosa, como um motorista que dirige na neblina, numa estrada que desemboca num precipício, sem saber a distância exata que ainda pode percorrer, além da qual será muito tarde para frear.

---

* As partículas de aerossol na atmosfera são responsáveis por aproximadamente 800 mil óbitos prematuros a cada ano no mundo. A carga em aerossóis é suficientemente importante para ser incluída entre os limites planetários, mas o nível de segurança ainda não foi determinado quantitativamente com precisão.

Além disso, os limites são intimamente interdependentes, e ultrapassar qualquer deles pode desencadear um efeito dominó que acelerará a ultrapassagem dos outros. A acidificação dos oceanos, por exemplo, está estreitamente ligada à mudança climática, dado que um quarto do dióxido de carbono suplementar gerado pelos homens é dissolvido nos oceanos, onde forma o ácido carbônico que inibe a capacidade dos corais, moluscos, crustáceos e plâncton de construir suas conchas e esqueletos. A acidificação da superfície dos oceanos aumentou 30% desde o início da revolução industrial. Ela é hoje cem vezes mais rápida do que esteve durante vinte milhões de anos, colocando em grave risco os recifes de corais.[13]

A perda da biodiversidade é particularmente grave. No ritmo em que vão as coisas, até 30% de todos os mamíferos, pássaros e anfíbios estão ameaçados de extinção antes do final do século XXI.[14] A taxa de extinção das espécies foi acelerada de 100 a 1000 vezes pelas atividades humanas no século XX, comparada à taxa média sem ocorrência de catástrofes importantes (do tipo que levou ao desaparecimento dos dinossauros). No século XXI, a estimativa é que essa taxa seja ainda multiplicada por dez. Não se trata de algo que se possa consertar.

Evolução dos dez fatores para os quais já foram definidos os limites planetários de segurança

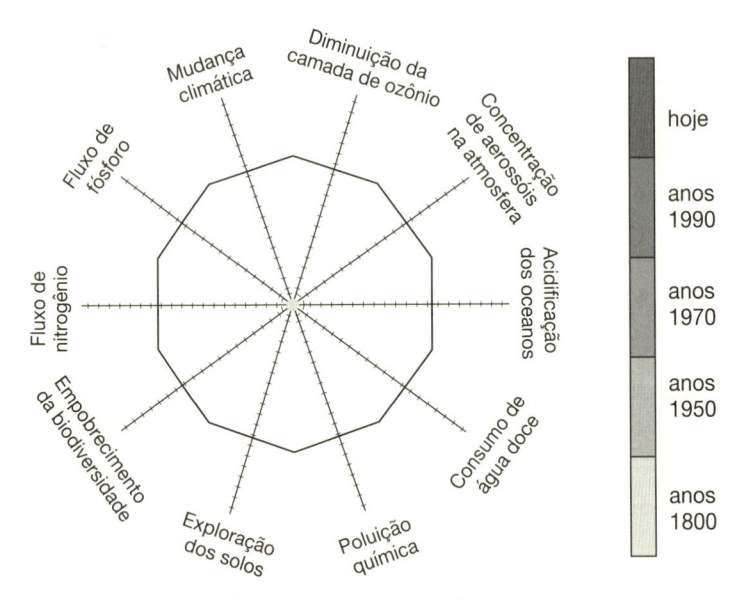

Limites planetários anos 1900

41. O ALTRUÍSMO EM RELAÇÃO ÀS GERAÇÕES FUTURAS • 561

Evolução dos dez fatores para os quais já foram definidos os limites planetários de segurança

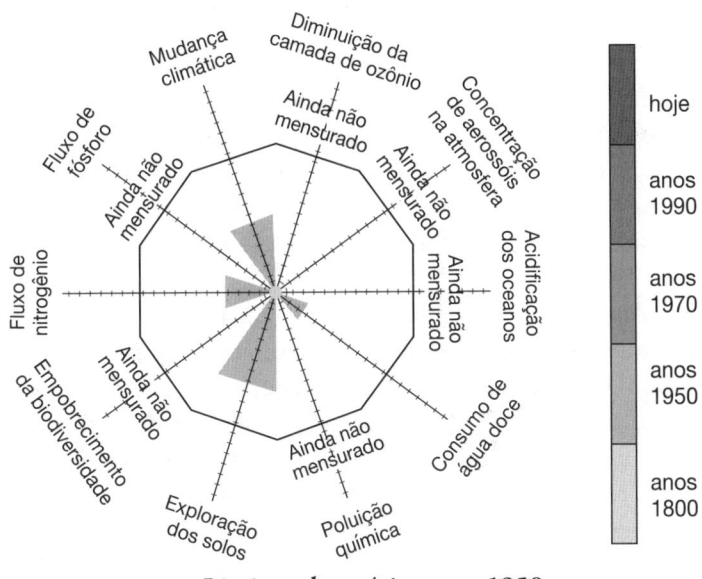

Limites planetários anos 1950

Evolução dos dez fatores para os quais já foram definidos os limites planetários de segurança

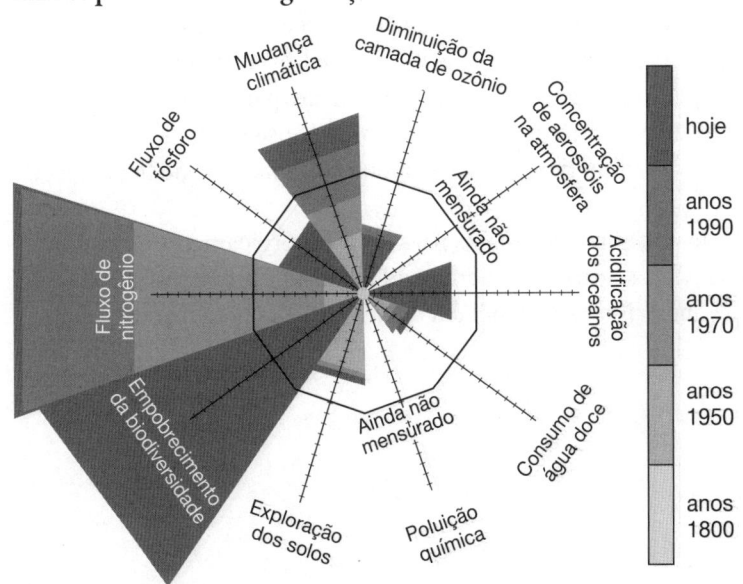

Limites planetários anos 2010

Quanto aos produtos químicos, os "Poluentes Orgânicos Persistentes" (POP), os metais pesados e os elementos radioativos, eles têm efeitos nocivos e acumulativos nos sistemas biológicos, reduzindo a fertilidade e causando danos genéticos permanentes. Esses poluentes já provocaram o declínio de muitas espécies animais, pássaros marinhos e muitos mamíferos, principalmente. Os humanos não são poupados. Em 2004, 13 ministros da União Europeia aceitaram ter seu sangue analisado. Foram detectados 55 produtos químicos, indo desde produtos utilizados para evitar que os alimentos grudem no fundo das panelas até plásticos e perfumes, inclusive pesticidas proibidos na Europa. Todos os ministros tinham em seu sangue traços de PCB, um produto tóxico que era fabricado pela Monsanto e que está proibido na Europa desde os anos 1970.[15]

O sistema planetário é resiliente, ou seja, é capaz de reagir a perturbações, do mesmo modo que um mamífero pode, por exemplo, regular e manter constante sua temperatura interna, mesmo que a temperatura exterior varie. Entretanto, essa capacidade tem limites. Os ciclos do nitrogênio e do fósforo, por exemplo, foram profundamente perturbados. As práticas agrícolas modernas e o tratamento inadequado dos resíduos urbanos liberam hoje mais nitrogênio na biosfera do que todos os processos terrestres do planeta reunidos. Somente uma pequena parte dos fertilizantes utilizados na agricultura é metabolizada pelas plantas; tanto é que são encontradas grandes quantidades de nitrogênio e fósforo em rios, lagos, mares, onde perturbam os ecossistemas aquáticos.[16]

O futuro não dói... por enquanto

A grande maioria dos tibetanos que conheço nunca ouviu falar de aquecimento climático, mas eles sabem que o gelo invernal está menos espesso do que antes e que as temperaturas estão subindo. Em outras partes do mundo, onde o acesso à informação é livre, muitos de nós estamos conscientes dos perigos provocados pelo aquecimento climático, mas hesitamos em tomar as medidas necessárias para contê-lo.

A evolução nos dotou dos meios para reagir energicamente a um perigo imediato, mas é mais difícil sentirmo-nos envolvidos por um problema que irá acontecer em dez ou vinte anos. Temos a tendência de pensar: "Na hora a gente resolve".

Somos ainda menos inclinados a levar em conta as consequências de nosso estilo de vida sobre o meio ambiente das gerações futuras. Via de regra, rejeitamos a ideia de nos privar de prazeres imediatos na perspectiva de reduzir os efeitos desastrosos que eles terão muito provavelmente a longo prazo. Diana Liverman, uma pesquisadora respeitada em Ciências do Meio Ambiente, lastima que o CO_2 não seja de cor rosa. Se todo mundo pudesse ver o céu tornando-se cada vez mais rosa à medida que emitimos CO_2, é provável que ficássemos um pouco mais alarmados com as consequências dessas emissões.[17]

Os índios da América tinham o costume de dizer que, antes de tomar uma decisão importante, é preciso analisar os efeitos dessa decisão em seu povo até a sétima geração. Em nossos dias, é muito difícil fazer os tomadores de decisão se interessarem pelo que pode acontecer à próxima geração. Quanto aos economistas ultraliberais, interessam-se apenas pelas relações entre produtores e consumidores, e consideram que o acesso à energia e aos recursos naturais sem restrição é um direito adquirido que não deve ser questionado. Hoje, dois terços de todos os ecossistemas mais importantes do planeta são superexplorados[18] e, segundo a fórmula de Pavan Sukhdev, banqueiro indiano e diretor do projeto Economia dos Ecossistemas e da Biodiversidade (The Economics of Ecosystems and Biodiversity ou TEEB): "Estamos consumindo o passado, o presente e o futuro de nosso planeta".[19]

A extensão do desafio

Em 2010, a emissão de gases de efeito estufa aumentou em média 5,9%, contra 1,7% ao ano entre 1970 e 1995. A despeito das negativas dos céticos, as temperaturas médias também aumentaram continuadamente*, como veremos a seguir. O aumento da temperatura média está dez vezes mais rápido do que durante a última era glacial. Essa rapidez, segundo a ampla maioria dos especialistas, só se explica pelas atividades humanas, tendo sido refutadas todas as alternativas propostas, sobretudo a hipótese segundo a qual o aquecimento seria devido a uma atividade solar mais elevada.** Nesse ritmo, a probabilidade de que qualquer próximo verão seja o mais quente já registrado (desde que as medições foram iniciadas em 1900) será de 50% a 80% na África em 2050, e irá se aproximar dos 100% no final do século XXI.[20]

---

* Segundo Rockström, J. (2009), p.102.
** Este aquecimento global que reflete a evolução geral do clima há um século não deve ser confundido com as flutuações meteorológicas, às vezes extremas, que ocorrem sob quaisquer circunstâncias em alguns lugares. O inverno de 2010, por exemplo, foi particularmente frio na Escandinávia, na Rússia e na costa leste dos Estados Unidos, mas foi mais quente do que o normal no resto do mundo. No Ártico e no Canadá, as temperaturas ficaram 4 °C acima da média.

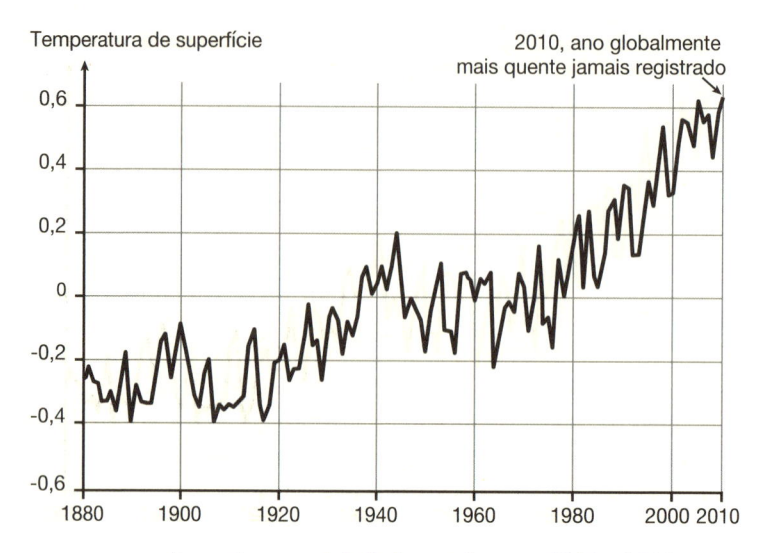

Aquecimento global observado entre 1880 e 2010

Uma grande parte da incerteza referente à amplitude do aquecimento está ligada à possibilidade de uma aceleração repentina, provocada pela interação de vários fatores. Um estudo publicado em 2010 por Natalia Shakhova e seus colegas do International Arctic Research Center mostra, por exemplo, que as emissões de metano devidas ao derretimento do permafrost da tundra siberiana são muito maiores que as previstas até então.[21]

Ora, um aquecimento do clima, mesmo que de 1,5 °C, já acarreta mudanças importantes para as sociedades humanas. Os recursos alimentares diminuirão, muitas doenças contagiosas sensíveis à temperatura aumentarão, e as migrações de populações impostas pela mudança do clima serão fonte de muitos conflitos. Pode-se chegar a 200 milhões de refugiados.

Quanto ao nível dos oceanos, medidos desde 1993 pelos satélites altimétricos, está subindo 3,3 milímetros ao ano e, com a sua aceleração, poderá elevar-se 80 centímetros até 2100, forçando populações inteiras a emigrar.[22] Mais de 200 milhões de pessoas estarão em perigo. Hoje, 14 das 19 megalópoles mundiais estão no nível do mar.

Uma violação desmesurada dos direitos humanos?

Imaginemos alguns milhares de indivíduos decidindo o destino dos 7 bilhões de outros, sem consultá-los nem se preocupar com suas aspirações. Concebe-se facilmente o grito de indignação que tal iniciativa desencadearia. Estaríamos falando de uma violação flagrante dos direitos humanos. Ora, não é o que estamos fazendo atualmente, ao decidir o destino das gerações futuras?

Tendências + 3,26 mm/ano

Elevação do nível dos oceanos

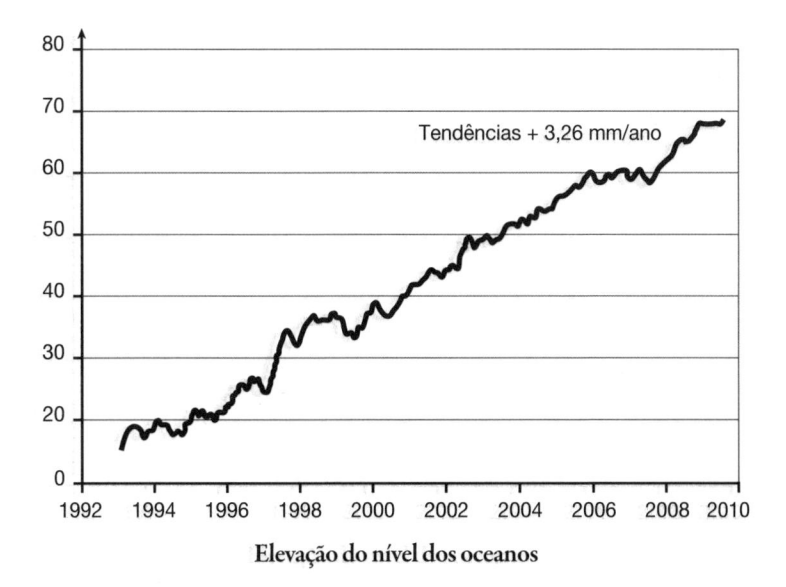

Essa atitude reflete a concepção limitada que alguns de nós temos do altruísmo. Essas pessoas estão preocupadas com o destino de seus filhos e netos, porém têm dificuldade em se sentirem envolvidas pelo destino das gerações seguintes. Groucho Marx ilustra maravilhosamente essa atitude egocentrada com sua famosa frase: "Por que eu me preocuparia com as gerações futuras? O que elas fizeram por mim?"

Groucho Marx não poderia ter sido mais feliz ao fazer essa afirmação, dado que é também o ponto de vista de muitos filósofos, os quais constatam que nossa relação com os seres futuros é de mão única, e nenhum desses seres poderá nos recompensar ou nos punir por nossas ações atuais. Norman Care, por exemplo, um ex-professor do Orbelin College em Ohio, nos Estados Unidos, afirma que não podemos manter um vínculo de amor com seres humanos futuros e indeterminados, nem mesmo nos preocuparmos com eles, e que "seus interesses não nos dizem respeito".[23] Ele considera que não temos vínculo comunitário com os homens de amanhã, nem qualquer sentimento de pertencimento a um empreendimento ou a uma humanidade comum. Outros pensadores, como o filósofo inglês Derek Parfit, porém, não compartilham dessa opinião muito individualista e pensam que, moralmente, nada justifica que se conceda mais importância às gerações atuais do que às futuras.[24]

Os seres futuros já possuem direitos?

Sem dúvida, temos dificuldade em imaginar as gerações que estão por vir: elas são, a nossos olhos, apenas uma multidão de pessoas indeterminadas. Os filósofos questionam-se, aliás, sobre o estatuto moral dos seres que ainda não existem, perguntando-se principalmente se eles podem ter direitos. A questão pode parecer estranha dado que, por mais virtuais e anônimos que eles sejam hoje, é certo que um número incalculável deles virá ao mundo.

De acordo com a filósofa ambiental Clare Palmer*, com a qual conversei a esse respeito, os filósofos embatem-se com o fato de que as teorias que tratam dos direitos do indivíduo foram concebidas para resolver questões de ética entre pessoas que vivem em nossa época.[25] Richard Degeorge, da Universidade do Kansas, é um dos que consideram que um ser futuro somente poderá ter direitos quando vier ao mundo.[26]

Ernest Partridge, filósofo norte-americano especialista em ética ambiental, responde que esse argumento vale pelos "direitos ativos", a saber, os direitos de fazer tal ou tal coisa, mas que os "direitos passivos", o direito de não ser privado da possibilidade de viver com boa saúde, por exemplo, são perfeitamente aplicáveis às pessoas futuras.[27]

Por outro lado, muitos filósofos consideram que direitos e deveres só podem dizer respeito a pessoas definidas, e que não temos que nos sentir responsáveis pelo sofrimento e felicidade dos seres em geral. Para resolver este impasse, basta, em vez de argumentar sobre a noção de "direito", falar a linguagem do altruísmo e da compaixão. Se a extensão do altruísmo a todos os seres que nos rodeiam é uma faculdade única ao gênero humano, sua extensão às gerações futuras só pode ser uma consequência lógica dessa faculdade.

Não saber o que esses seres serão não invalida o fato de que, como nós, eles aspirarão a não sofrer e a serem felizes. Portanto, não podemos nos sentir dispensados de nos questionarmos acerca das consequências de nossos atos e de nosso modo de vida. Achamos normal não destruir a casa que iremos deixar como herança a nossos netos. Por que então não manifestar a mesma atenção em relação aos futuros habitantes do planeta? Tal é o ponto de vista de Edith Brown Weiss, professora de Direito Ambiental Internacional da Universidade de Georgetown, que fala de um "princípio de equidade intergeracional", o qual exige que cada geração deixe à seguinte (ou às seguintes) um planeta no mínimo em tão bom estado quanto o recebido em herança das gerações anteriores.[28]

Como reagem nossos contemporâneos?

De acordo com os estudos de Robert Kurzban, psicólogo na Universidade da Pensilvânia, e Daniel Houser, economista, cerca de 20% das pessoas são altruístas esclarecidos que levam em conta o destino das gerações futuras e estão dispostos a modificar seu modo de consumo para evitar a degradação do meio ambiente. Algumas delas são motivadas principalmente pelo respeito à natureza, outras se preocupam sobretudo com o bem-estar humano, e outras ainda acham que as duas questões são indissociáveis.[29]

---

* Professora na Universidade do Texas. Autora de vários livros e coeditora de uma coleção em cinco volumes sobre filosofia ambiental: *Environmental Philosophy*, com J. Baird Callicott, Routledge (2005).

Aproximadamente 60% das pessoas seguem as tendências predominantes e os líderes de opinião, o que reflete o poder do instinto gregário entre os seres humanos. Esses "seguidores" são também "cooperadores condicionais": contribuem ao bem público com a condição de que todo mundo contribua.

E, finalmente, 20% das pessoas não estão inclinadas a cooperar e desejam, antes de tudo, aproveitar todas as oportunidades que se apresentarem. *A priori*, não se opõem à felicidade das outras, mas não se importam com isso. Essas pessoas reivindicam o direito de serem felizes sem que isso implique em contrapartida deveres e responsabilidades para com os outros. Preferem a competição à cooperação, consagrando-se a promover sua prosperidade pessoal.

Essas pessoas individualistas, que querem agir de maneira isolada, são às vezes designadas, de forma menos generosa, pelo termo *free riders*, literalmente "oportunistas", pois tiram o máximo proveito de seus semelhantes e do planeta, que consideram instrumentos de seu bem-estar pessoal. Sentindo-se pouco responsáveis por seus contemporâneos, preocupam-se ainda menos com seus semelhantes de amanhã. Deparamo-nos aqui com a atitude dos libertaristas, adeptos de Ayn Rand – "eu, eu, sempre eu, aqui e agora" – e lembramo-nos das palavras do bilionário Steven Forbes sobre a elevação do nível dos mares: "Modificar nossos comportamentos porque alguma coisa vai acontecer daqui a cem anos é algo, eu diria, totalmente estranho".[30] Em outras palavras, depois de mim, que venha o dilúvio...

Pegada ecológica

O modo de vida de uma minoria individualista, geralmente a mais rica, é tal que seu rastro ecológico é desproporcional em relação ao restante da população. A pegada ecológica de uma pessoa é definida como a superfície de terra necessária para lhe fornecer alimento e habitat, a energia necessária aos deslocamentos que ela efetuou e que são ligados ao que ela consome, como à gestão de seus resíduos, assim como às emissões (gases de efeito estufa e poluentes) das quais ela é responsável. Se dividirmos a superfície total dos solos biologicamente produtivos da Terra pelo número de habitantes, cada pessoa teria a seu dispor 1,8 hectare. Ora, a marca ecológica atual é de 2,7 hectares em média por pessoa no planeta, o que confirma que vivemos globalmente acima de nossos meios. As pegadas ecológicas variam com o nível de vida: a de um estadunidense médio é de 8 hectares, de 6 hectares para um sueco, de 1,8 hectare para a maioria dos africanos e de 0,4 hectare para um indiano.[31] Stephen Pacala, da Universidade de Princeton, calculou que os mais ricos, que representam 7% da população mundial, são responsáveis pela metade das emissões de CO_2, enquanto os 50% mais pobres emitem apenas 7% de CO_2, uma proporção ínfima para 3,5 bilhões de pessoas. Os 7% mais ricos que, aliás, possuem os melhores meios de se proteger da poluição, tiram assim proveito do resto do mundo.[32]

Existem entre as grandes fortunas, com certeza, seres generosos e determinados a trabalhar por um mundo melhor, mas eles continuam sendo uma minoria. Hoje, o modo de vida dos mais ricos compromete a prosperidade futura da humanidade e a integridade da biosfera.

É preciso agir, mas não basta economizar contentando-se em isolar melhor as habitações, em utilizar energia de origem solar ou geotérmica, em usar aparelhos que consomem menos eletricidade etc. Percebe-se, efetivamente, que aqueles que fazem esse tipo de economias gastam, por outro lado, mais dinheiro para viajar, por exemplo, ou para efetuar outras atividades e compras que geram, direta ou indiretamente, emissões de gases de efeito estufa e diversas outras formas de poluição. Portanto, é preciso não só economizar a energia, como também viver mais sobriamente, e parar de associar sobriedade com insatisfação.[33]

Alguns países conseguiram vencer esse desafio. O Japão, por exemplo, consome duas vezes menos energia por habitante do que os países da União Europeia e três vezes menos do que os Estados Unidos. Isto se deve ao fato de precisarem importar uma boa parte de sua energia, o que aumenta o custo. O alto custo da energia teve um efeito salutar no consumo, sem entretanto prejudicar a prosperidade do país e sua competitividade no plano internacional. Ao contrário, essas limitações estimularam a inovação e o desenvolvimento de empresas menos consumidoras de energia, sobretudo no campo das novas tecnologias.[34]

A necessidade de colaboração íntima entre a ciência e os governos

Limitar o aquecimento global em 2 °C parece exigir, segundo as pesquisas mais recentes, uma redução de 80% das emissões de CO_2 até 2050. A vontade política que permitiria alcançar este objetivo é ainda muito pequena, principalmente em tempos de recessão, quando os dirigentes sonham apenas em retomar o consumo.[35] Os cientistas, que trazem os dados mais confiáveis, são geralmente considerados desmancha-prazeres, mais do que depositários de um saber que permitiria esclarecer o debate e tomar as melhores decisões.[36] Os tomadores de decisão não cessam de negociar acordos que são nocivos por natureza, visto serem menos eficazes do que as soluções recomendadas. É como se uma pessoa gravemente doente negociasse com seu médico a possibilidade de tomar apenas meia dose dos remédios indispensáveis à sua cura.

Nos últimos 30 anos, os governos já assinaram mais de 500 acordos internacionais para proteger o meio ambiente. Com exceção do Protocolo de Montreal (1987), que permitiu desacelerar de maneira eficaz a rarefação da camada de ozônio, a maioria deles teve relativamente pouco efeito, em razão de falta de coordenação, de vontade política e, sobretudo, da ausência de punições aos que não respeitam esses acordos.

Em seu livro intitulado *Effondrement: Comment les sociétés décident de leur disparition ou de leur survie* [Colapso: como as sociedades escolhem o fracasso ou o sucesso], ("Collapse: How Societies Choose to Fail or Succeed"), Jared Diamond fez a estimativa de que o 1 bilhão de habitantes que vivem nos países ricos usufruem de 32 vezes mais recursos por pessoa que os 6 bilhões restantes.[37] Se esses 6 bilhões consumissem tanto quanto o 1 bilhão mais favorecido, seriam necessários três planetas para suprir suas necessidades. Para citar apenas a China, onde a renda per capita ainda é de um décimo da renda de um estadunidense médio, se cada chinês consumisse tanto quanto o estadunidense médio, as necessidades de recursos naturais do planeta dobrariam. Ou ainda, se a China tivesse o mesmo número de veículos por habitante como os Estados Unidos, ela absorveria toda a produção mundial de petróleo.[38] Não obstante, a China está claramente se encaminhando para isso. Essa situação, portanto, não é viável.

É mais do que tempo de instaurar um clima de confiança entre os cientistas, os tomadores de decisão, os economistas, as empresas e os meios de comunicação, para que esses últimos citados escutem e compreendam os cientistas, e trabalhem por uma causa comum num espírito de cooperação e solidariedade. Como dizia H. G. Wells: "A história humana torna-se, cada vez mais, uma corrida entre a educação e a catástrofe".

Não soubemos nem mesmo extrair lições da História, que mostra como muitas culturas, entre as quais as civilizações maia e khmer, uma vez muito prósperas, depois desapareceram por ter, entre outras razões, superexplorado os solos e os recursos naturais de que dispunham.[39] Em nossos dias, não se trata mais apenas do destino de povos circunscritos a territórios bem definidos, mas do destino da humanidade e de toda a biodiversidade. Também as soluções devem ser implantadas pelo conjunto de todas as nações.

A sociedade contemporânea foi construída com base no mito de um crescimento ilimitado, o qual pouquíssimos economistas e políticos desejam questionar. Nenhuma geração anterior hipotecou seu futuro a este ponto. Os credores dessas dívidas aparecerão na forma de desastres ecológicos quando tivermos transgredido os limites de segurança de nosso planeta. No início, os países que tiverem contribuído menos com o desperdício sofrerão mais que os outros, mas no final nenhum será poupado. Como dizia Martin Luther King: "Podemos ter chegado em diferentes botes, mas estamos agora todos no mesmo barco".

Alimentar 9 bilhões de seres humanos

A população humana irá continuar aumentando até 2050 aproximadamente, e é provável que se estabilize por volta de 9 bilhões. Esse crescimento ocorrerá sobretudo nos países mais pobres.* Como consequência, a produção de alimentos precisa crescer 70% até 2050. Tirar um bilhão de seres humanos da pobreza e alimentar 2 ou 3 bilhões a mais é um desafio gigantesco, ampliado ainda mais pela fragilização do ecossistema que possibilitaria a produção dos bens alimentares adicionais necessários. A expansão da agricultura e da pecuária contribuem na verdade, de forma muito significativa, para que sejam ultrapassados cinco dos nove limiares planetários que precisam ser respeitados para a preservação da segurança da humanidade.** Portanto, é indispensável implantar meios de produção de alimentos adicionais para os seres humanos sem degradar mais ainda nosso ecossistema.

A agricultura contribui, por si só, com 17% na emissão de gases de efeito estufa. Segundo uma avaliação da FAO, em todas as regiões tropicais mundiais, o produto das colheitas poderá diminuir de 25% a 50% nos próximos cinquenta anos, devido a uma redução das precipitações anuais nessas áreas.[40] O aquecimento acarretará um aumento temporário da produção agrícola nas regiões temperadas, mas esse aumento corre o risco de ser rapidamente comprometido pela proliferação de doenças e pragas prejudiciais às colheitas.

Contudo, segundo o relatório "Agroecologia e direito à alimentação", publicado em 2011 por Olivier De Schutter, relator especial das Nações Unidas sobre o direito à alimentação, a agroecologia pode dobrar a produção alimentícia de regiões inteiras em dez anos, ao mesmo tempo que reduz a pobreza rural e traz soluções para a mudança climática. As propostas desse jurista belga poderiam transformar o sistema de comércio internacional, construído a partir do pós-guerra pela OMC.[41]

Aos que argumentam que a produção agrícola cairia 40% com a eliminação de pesticidas, e que não será possível alimentar todo o mundo, Olivier De Schutter responde: "Esses números pressupõem a desistência dos pesticidas sem que isto seja compensado por uma melhoria de nossas formas de produzir, por exemplo, com os métodos de controle biológico promovidos pela agroecologia. [...] Além disso, a agroecologia reduz os custos de produção, pois reduz o uso de pesticidas ou fertilizantes químicos. Os preços desses produtos, aliás, aumentaram mais rapidamente nos quatro ou cinco últimos anos do que os próprios produtos alimentícios. A agroecologia é particularmente benéfica para os pequenos produtores dos países do Sul, que querem produzir a custos baixos".[42]

---

* Avaliação feita pela IAASTD – International Assessment of Agricultural Knowledge, Science and Technology for Development (Avaliação Internacional sobre Ciência e Tecnologia Agrícola para o Desenvolvimento) –, uma organização fundada pelas Nações Unidas e pelo Banco Mundial.
** Esses cinco limiares são: a utilização dos solos, as quantidades de nitrogênio e de fósforo liberados na biosfera, a perda da biodiversidade, a poluição química e a alteração climática.

A agroecologia é uma ciência de ponta que conjuga ecologia, biologia e conhecimentos tradicionais. A pesquisa em agroecologia ainda não está suficientemente desenvolvida, pois não é patenteável, sendo assim pouco atraente para as grandes empresas. Ela sofre também pelo fato de as pessoas só enxergarem a modernização da agricultura sob o ângulo da mecanização e da industrialização cada vez mais avançadas.

A injustiça das mudanças ambientais

Encontrei pela primeira vez Jonathan Paz em companhia de meu amigo neurologista Richard Davidson, em um pequeno restaurante nepalês em Madison, no estado do Wisconsin. Jonathan chegou numa bicicleta, e nada em sua simplicidade deixava adivinhar seu eminente percurso acadêmico. Atualmente, ele é diretor do Global Health Institute na Universidade de Madison e um dos principais autores dos relatórios do Giec (Grupo Intergovernamental de Especialistas sobre a Evolução do Clima) das Nações Unidas. Ele dividiu o Prêmio Nobel da Paz em 2007 com Al Gore e especializou-se, entre outros, no estudo dos efeitos das mudanças ambientais sobre a saúde.

Ele nos explicou por que as mudanças ambientais mundiais estão na origem de uma das mais graves crises éticas de nosso tempo, a saber, a desigualdade com que essas mudanças afetam as populações. Essa desigualdade é entre as nações (os países pobres sofrerão muito mais que os mais ricos); entre as gerações (as gerações futuras serão mais atingidas do que a geração atual); entre as espécies (algumas serão afetadas a ponto de extinção) e entre as classes sociais num mesmo país (ainda aqui, os mais desfavorecidos sofrerão muito mais do que os ricos; as crianças e os idosos mais do que os adultos na força da idade, e os que vivem na rua mais do que aqueles que possuem moradia).[43]

As regiões que já sofrem e que mais vão sofrer as consequências do aquecimento mundial e outras perturbações de nossos ecossistemas são, na verdade, as menos responsáveis por essas mudanças. Jonathan Patz nos mostrou dois mapas do mundo. No primeiro, o tamanho dos países é proporcional à sua parcela de responsabilidade no volume global de emissões de CO_2 na atmosfera. Vê-se que os países ricos do hemisfério Norte, Estados Unidos, Europa e Rússia, estão inflados como balões, enquanto a África praticamente desaparece do mapa. No segundo mapa, o tamanho dos países é agora proporcional ao número de mortes devidas aos recentes picos de temperatura. Desta vez, são os países ricos que se tornam quase invisíveis, ao passo que a África e a Índia invadem o planisfério.[44] O risco de patologias ligadas ao clima terá mais que dobrado em 2030.[45]

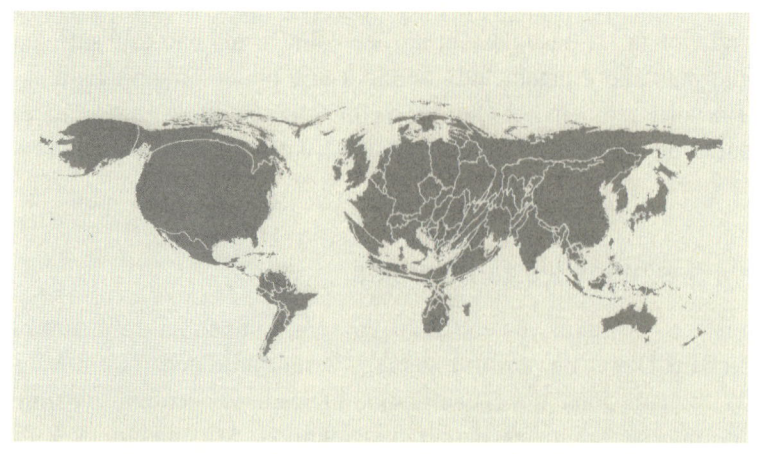

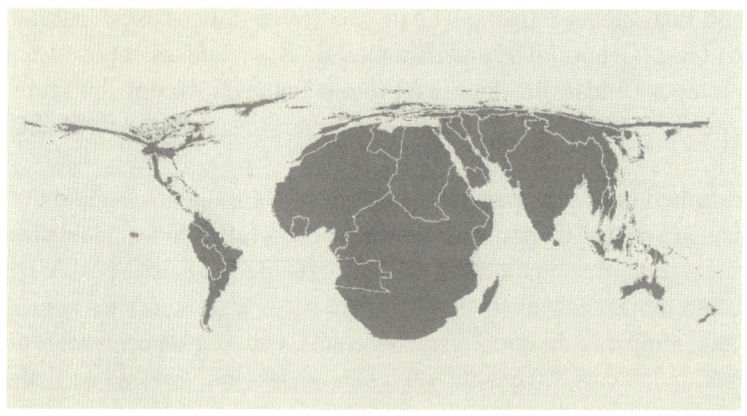

No mapa superior, a dimensão dos países é proporcional à sua parcela de responsabilidade no volume global de emissão de CO_2 na atmosfera (segundo Smith *et al.*, 2004). No segundo mapa, a dimensão dos países é proporcional à distribuição dos óbitos devidos aos recentes extremos das temperaturas (segundo Mc Michael *et al.*, 2004).

Reprodução autorizada por J. Patz.

São os mesmos países que sofrerão de maneira desproporcional pelo aumento das inúmeras doenças cuja incidência varia com o clima. Segundo a OMS, 88% da morbidade atribuível às mudanças climáticas incide em crianças com menos de cinco anos. Diversas doenças estão em causa, inclusive malária, dengue, febre amarela, cólera, diarreia, oncocercose, leishmaniose, doença de Lyme, doenças respiratórias (principalmente asma). Anualmente, 800 mil óbitos são devidos à poluição do ar nos meios urbanos.[46]

Além disso, a saúde das populações será também afetada pela subnutrição, pelas migrações forçadas e pelos conflitos ligados às alterações climáticas. De acordo com Jonathan Patz, os dados atuais permitem concluir que 23% de todos os óbitos – 36% no caso das crianças – estão ligados a fatores ambientais influenciados pelas atividades humanas. Ele nos citou um exemplo flagrante: durante os Jogos Olímpicos em Atlanta, em 1996, os organizadores limitaram o tráfego de automóveis. Uma das consequências foi que o pico de congestionamento na parte da manhã diminuiu 23%, e os picos de concentração de ozônio baixaram 28%. Ao mesmo tempo, o atendimento de crianças com asma nos prontos-socorros caiu 42%!

Inversamente, durante o aquecimento provocado pelo fenômeno El Niño entre 1997 e 1998 em Lima, as temperaturas de inverno ficaram 5 °C acima do normal, e o número de atendimento hospitalar por diarreias agudas aumentou 200% em relação aos cinco anos anteriores.[47]

A malária mata de 1 a 3 milhões de pessoas por ano no mundo, sendo a maioria de crianças que vivem nos países em desenvolvimento. Ocorre que a transmissão da malária é fortemente afetada pelo clima. O tempo de desenvolvimento do parasita no interior do mosquito depende da temperatura: pode ser de 30 dias se a temperatura ambiente for de aproximadamente 18 °C, mas será de apenas 10 dias a 30 °C. Além disso, a relação não é linear: nas regiões quentes, um aumento de 0,5°C na temperatura pode acarretar um aumento de 30% a 100% na quantidade de mosquitos.

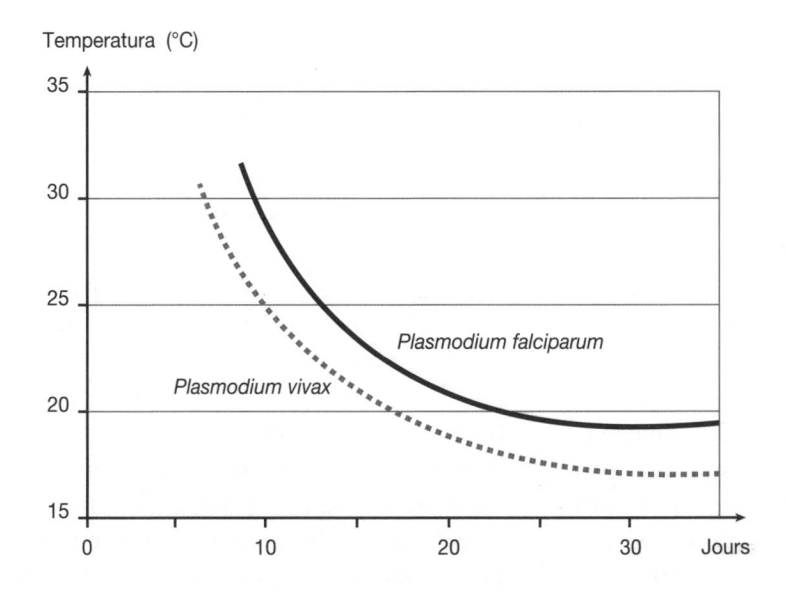

Relação entre a temperatura e o tempo de desenvolvimento do agente infeccioso da malária no interior do mosquito. Esse tempo diminui à medida que a temperatura aumenta, de modo que os mosquitos tornam-se infecciosos mais rapidamente.

Além disso, a incidência da malária cresce de maneira significativa com o desmatamento. Já mostramos que o desmatamento na bacia amazônica aumenta a área do habitat propício à reprodução do mosquito *Anopheles darlingi*, principal vetor da malária nessa região. A taxa de picadas do mosquito nas regiões desmatadas da Amazônia peruana é cerca de 300 vezes mais elevada do que nas regiões onde a floresta está intacta (levando em consideração diferenças de densidade de população humana nesses diversos biótopos).[48] Muitos estudos evidenciaram uma correlação entre desmatamento e maior exposição à malária na África subsaariana.[49]

Além disso, como destacou o economista Jeffrey Sachs, observou-se uma correlação entre a prevalência da malária e a pobreza: quanto mais pobres as populações, menos elas podem se defender da malária; e quanto mais as populações são afetadas pela doença, menos sua economia prospera.[50] Os países africanos onde a malária é endêmica têm um PIB que cresce em média 0,4% ao ano, contra 2,3% para os países relativamente pouco afetados por essa doença.

Sob o impulso do ex-investidor e filantropo Ray Chambers, hoje emissário das Nações Unidas para a erradicação da malária, um programa ambicioso foi lançado nos sete países africanos mais atingidos. Ray e sua equipe conseguiram coletar US$ 6 bilhões e distribuíram 300 milhões de mosquiteiros impregnados de inseticida, o que protegeu 800 milhões de pessoas. Esse projeto já salvou a vida de 1 milhão de pessoas, e Ray espera erradicar a malária nesses países até 2015.*
Contudo, esses esforços correm o risco de serem comprometidos a médio prazo pelo aquecimento climático.

Um exemplo edificante de interdependência

Para encerrar, Jonathan Patz nos contou um fato que mostra a que ponto todos os elementos do meio ambiente são estreitamente interdependentes. Nos anos 1950, a OMS lançou um programa de controle da malária em Bornéu, utilizando grandes quantidades de dieldrina. O programa parecia eficaz, dado que os mosquitos foram em grande parte erradicados. No entanto, um ou dois anos mais tarde, ocorreu uma epidemia de tifo e, nessa mesma época, todos os telhados de sapê dos vilarejos ruíram. Por quê?

A dieldrina matou de fato os mosquitos, assim como moscas e baratas. Mas não só isso. As lagartixas que se alimentam de insetos nas casas acumularam taxas muito elevadas de dieldrina em seus tecidos adiposos. Os gatos, que se alimentam de lagartixas, morreram. Na ausência de gatos, aumentou o número de ratos e, com eles, as pulgas que infectam os ratos e são portadoras do tifo. As pulgas transmitiram a doença aos humanos. Esta já é uma primeira catástrofe em cadeia, mas por que os telhados desabaram? A dieldrina não matou apenas os mosquitos. Ela também praticamente eliminou uma espécie de vespa que mata um certo tipo

---

* Ray Chambers, comunicação pessoal.

de lagartas depositando nelas seus ovos, o que permite às futuras larvas de vespas alimentar-se do cadáver da lagarta. Sem as vespas, as lagartas proliferaram nos telhados de sapê, que apodreceram e depois desmoronaram. Esse exemplo ilustra com perfeição a incrível riqueza e a sutileza dos elos de interdependência que associam todos os atores e as forças dinâmicas da Natureza. Ele também nos incita a ter mais cuidado com os equilíbrios naturais que foram sendo instaurados no decorrer dos milênios.

O pessimismo leva a uma perda de tempo: existem soluções

Como dizia apropriadamente Yann Arthus-Bertrand, fotógrafo e ambientalista, se quisermos preservar a prosperidade de nossa biosfera "é muito tarde para sermos pessimistas". Johan Rockström dá duas boas razões para ser otimista: a possibilidade de substituir na sua totalidade as energias fósseis até 2050 por energias renováveis, e o advento também plenamente possível de uma revolução agrícola "triplamente verde".

O Conselho Científico do Governo Alemão para as Mudanças Ambientais Globais (Wissenschaftlicher Beirat der Bundesregierung Globale Umweltvervänderungen, WGBU) concebeu um plano que permitiria eliminar o uso de todas as energias fósseis – petróleo, carvão e gás natural – até 2050, e ao mesmo tempo atender as demandas mundiais de energia. Além de recorrer às energias renováveis, um dos pontos-chave deste plano é o uso generalizado de veículos que funcionem com hidrogênio, metano, gás, eletricidade etc.[51]

Implantar um programa desses pressupõe, evidentemente, que os dirigentes mundiais se mobilizem: o projeto necessitará de um investimento global de US$ 1 bilhão por ano, e será rentável a longo prazo. Esse investimento elevado está longe de ser irrealizável, uma vez que as subvenções governamentais mundiais destinadas a manter o preço do petróleo a um nível inferior a seu custo real representam de US$ 400 a US$ 500 bilhões ao ano. Essas subvenções perpetuam o consumo de petróleo e de gás e entravam o desenvolvimento das tecnologias de energias renováveis, que receberam no mesmo período apenas US$ 66 bilhões em subsídios.[52]

O G20 comprometeu-se agora em acabar com as subvenções para as energias fósseis, cuja utilização diminuirá à medida que as energias renováveis sejam disponibilizadas aos países pobres, a fim de não prejudicar estes últimos por uma alta considerável do preço da energia.

Temos ainda uma outra razão para sermos otimistas. Ao contrário de outras degradações ambientais irreversíveis (a perda das espécies animais e vegetais principalmente), o aquecimento climático é em parte reversível: é possível resfriar a atmosfera capturando níveis suficientes de CO_2. Um relatório da companhia McKinsey, datado de 2010, mostra que uma redução de 40% na emissão de gases de efeito estufa é possível até 2030 graças a mudanças tecnológicas que, além disso, nos possibilitariam fazer economias.[53]

A Fundação Europeia para o Clima (European Climate Foundation, ECF) publicou um relatório intitulado *Roadmap 2050* ("Roteiro até 2050") que demonstra ser perfeitamente viável reduzir as emissões de CO_2 de 80 a 95% até 2050, sob a condição de que 80% da eletricidade seja proveniente de fontes de energia renovável. Além disso, esse relatório demonstra de maneira convincente que, com o tempo, o custo da energia tornar-se-ia nitidamente inferior ao custo das energias fósseis.

Para Rockström e seus colegas, não há qualquer dúvida que um imposto de US$ 50 a US$ 80 por tonelada de CO_2 emitido constituiria o melhor incentivo para acelerar a transição para as energias renováveis. O imposto cobrado atualmente pela União Europeia é de apenas US$ 20 por tonelada, o que é insuficiente, segundo o parecer dos cientistas. O exemplo da Suécia é edificante: o país lançou um imposto de US$ 100 por tonelada, o que praticamente eliminou o uso de hidrocarbonetos fósseis para a calefação e reduziu de forma considerável as emissões industriais de CO_2, sem todavia impedir o crescimento econômico do país. Na Alemanha, um novo sistema de tarifação da eletricidade gerou uma notável expansão das energias renováveis, sobretudo as eólicas e solares, que são responsáveis atualmente por 10% da produção do país. Na China, o setor de energia solar irá decuplicar até 2015. Segundo um relatório da Comissão Climática do governo da Austrália, a China reduziu pela metade, em 2012, seu crescimento na demanda de eletricidade. Progressos consideráveis são também realizados na Espanha e nos países escandinavos. Como relata Jeremy Rifkin, presidente da Fundação sobre Tendências Econômicas, foram instaladas na União Europeia em 2009 mais usinas eólicas do que qualquer outra fonte de energia: 38% da implantação total de novas energias. O setor, que emprega atualmente cerca de 200 mil assalariados na União Europeia e produz 4,8% da eletricidade, poderia fornecer, segundo previsões, cerca de 17% da eletricidade no mercado europeu em 2020 e 35% em 2030. Ele ocupará então uma mão-de-obra de meio milhão de pessoas, aproximadamente.[54] É hora de fazer esta transição em nível mundial.

O custo necessário para limitar a emissão de gases de efeito estufa, proteger as florestas tropicais e estabilizar o clima foi estimado em cerca de US$ 150 a US$ 200 bilhões por ano. Essa quantia é sem dúvida considerável, mas se pensarmos que anualmente são gastos em publicidade US$ 400 bilhões no mundo, que a produção de 500 novos caças F15 para a Força Aérea dos Estados Unidos custa US$ 500 bilhões, e que a guerra do Iraque terá custado US$ 3 trilhões aos Estados Unidos[55], somos forçados a constatar que as empresas e os governos estão dispostos a fazer despesas colossais para realizações secundárias ou com fins destrutivos.

Diversos meios permitiriam juntar essa quantia anualmente, contanto que haja vontade política. Um imposto de US$ 1 por barril de petróleo, por exemplo, geraria US$ 30 bilhões ao ano, o que não é excessivo se pensarmos que o uso do petróleo é, direta ou indiretamente, a principal causa da alteração climática.

Restaurar e preservar os ecossistemas acarreta despesas a curto prazo, porém constitui um excelente investimento a longo prazo. Assim, no caso das florestas tropicais, o custo da restauração é estimado em US$ 3.450 por hectare, enquanto os benefícios oriundos dessa restauração chegam a US$ 1.620, ou seja, um retorno interno de 50%. Esse dividendo é de 20% no caso de outros tipos de florestas, de 27% para lagos e rios, de 7% para recifes de corais, de 12% para pântanos, e de aproximadamente 79% para áreas de pastagem.[56]

Segundo Rockström, as empresas financeiras, industriais e bancárias deveriam, todas, fornecer um balanço de seu impacto ambiental e incluir na formação de seu pessoal uma educação acerca dos efeitos de suas atividades sobre o meio ambiente.

A indispensável alternativa aos hidrocarbonetos

Vimos que 78% das emissões de CO_2 provêm da utilização de energias fósseis. A produção de hidrocarbonetos mais que decuplicou desde 1950. Também a agricultura é cada vez mais dependente da energia fóssil: cálculos efetuados nos Estados Unidos mostram que são necessárias de 7 a 8 calorias de energia fóssil para a produção de cada caloria de alimento consumido. É necessário hoje 1,6 tonelada de hidrocarbonetos para alimentar um norte-americano médio durante um ano.

Até agora, o crescimento econômico dos países ricos caminhava junto com o crescimento do consumo de hidrocarbonetos.[57] Mas a época do petróleo barato faz parte do passado. A cada ano, consumimos duas vezes mais petróleo do que conseguimos descobrir, e daí a deplorável ideia de nos voltarmos para o gás de xisto. Diferentes estudos, de vários grupos independentes, demonstraram que o nível máximo de produção de hidrocarbonetos será atingido até 2018, e seguido de um constante aumento de preços.* A maioria dos esforços se concentraram na exploração dos recursos existentes e na pesquisa de novos depósitos de petróleo, uma solução que apenas adia o prazo. Os governos se atrasaram consideravelmente na elaboração de soluções alternativas.

Se conseguirmos produzir a quase totalidade da energia que precisamos a partir de fontes renováveis, teremos solucionado a maior parte do desafio climático. A beleza da gestão da energia, destaca Rockström, reside no fato de que as energias produzidas são perfeitamente substituíveis umas pelas outras: a eletricidade gerada com a ajuda do carvão é exatamente a mesma que a produzida pela energia eólica.[58]

---

* Inclusive Fredrick Robelius, membro da equipe sueca de Kjell Aleklett (Global Energy System da Universidade de Uppsala), que analisou todas as grandes reservas de petróleo no mundo; a ASPO (Association for the Study of Peak Oil and Gas), presidida também pelo professor Aleklett; o Banco Central alemão; Merrill Lynch & Co.; o relatório *Sustainable Energy and Security* elaborado pela companhia de seguros Lloyd's e o relatório *The Oil Crunch* preparado por vários empresários reunidos por Richard Branson, e o *UK Industry Task Force on Peak Oil and Energy Security*. Citados por Wigkman, A. e Rockström, J. (2013). *Bankrupting Nature: Denying Our Planctary* Boundaries. Routledge, p. 69.

Uma transição total para as energias renováveis

Não há qualquer dúvida de que as energias renováveis podem atender amplamente às necessidades mundiais que hoje são de aproximadamente 500 exajoules (EJ): o potencial de produção de energia eólica é superior a 1000 EJ, e se somarmos os potenciais de energia geotérmica, solar e hidroelétrica, chegamos a 11 mil EJ.[59]

O projeto Desertec, criado na Alemanha, tem como objetivo instalar no Saara um novo sistema de captação da energia solar. Durante o dia, a radiação solar poderá aquecer a até 1.300 °C reservatórios de óleo, cujo calor servirá em seguida para produzir vapor, acionando, por sua vez, turbinas geradoras de eletricidade. Como o óleo resfria relativamente devagar, o calor armazenado durante o dia seria suficiente para garantir durante a noite a produção de eletricidade até a manhã do dia seguinte. 10 km^2 de instalações no Saara bastariam para abastecer de eletricidade o norte da África e a quase totalidade da Europa (por meio de cabos submarinos, praticamente sem perda de energia). A Desertec já desenvolveu projetos-piloto no Marrocos, na Tunísia e no Egito. Essa tecnologia é aplicável a todos os desertos do mundo, do centro da Espanha à Austrália, passando pelo deserto de Gobi. Além disso, segundo um estudo japonês, se fossem instalados painéis solares voltaicos em 4% da superfície dos desertos do mundo, eles produziriam uma energia igual ao consumo mundial de energia.[60]

Em 2009, pela primeira vez na Europa, os investimentos na produção de eletricidade renovável com energia eólica e painéis solares ultrapassaram os investimentos em eletricidade convencional. Em termos mundiais, a produção de energia renovável representa ainda uma porcentagem pequena da energia produzida no mundo, mas essa produção está crescendo 20% ao ano. O desafio, portanto, é passar de 2 a 3% de energias renováveis para 80%, ou até mesmo 100%, antes de 2050.[61]

Os imóveis residenciais e comerciais consomem atualmente 40% de toda a energia produzida e são o primeiro fator de emissões de gases de efeito estufa. Hoje, é possível utilizar "energias passivas", e até equipar os imóveis de modo que produzam eletricidade redistribuível na rede.

Fornecer energia aos países pobres

Enquanto isso, os países pobres sofrem de uma falta crônica de recursos energéticos. Na África, 85% da população não tem acesso à eletricidade. O mesmo acontece com 60% da população do sul da Ásia. O aporte de energia limpa e renovável ao terceiro mundo é essencial para acabar com a pobreza e melhorar a saúde das populações carentes. Um maior acesso às energias renováveis permitiria também melhorar o funcionamento de escolas, clínicas e construções comunitárias dos vilarejos. Em Bangladesh, por exemplo, graças ao programa implantado pela organização *Grameen Solar* de Muhammad Yunus, em 2010, um milhão de pessoas recebem eletricidade captada por painéis solares. A produção intensiva dessa energia solar também possibilitou a redução considerável do custo da eletricidade. Aumentar o acesso das populações pobres às fontes de energia constitui agora uma das prioridades das Nações Unidas, cujo objetivo é fornecer um acesso universal à energia até 2030.[62]

Mais de um milhão e meio de pessoas morrem a cada ano em decorrência da poluição causada no interior das habitações pelo uso de fogo a lenha, carvão ou estrumes secos, e por lampiões a óleo ou a querosene. O recurso à eletricidade e a fornos solares, que utilizam grandes parabólicas baratas para ferver a água e cozinhar os alimentos, possibilita eliminar essas causas de acidentes.

Uma administração racional dos recursos hídricos

É também indispensável tornar nossa gestão dos recursos de água doce mais racional. Atualmente, 70% da água doce que utilizamos vêm de lagos, rios e de lençóis freáticos que se esgotam. Um quarto dos grandes cursos de água do mundo não mais desembocam nos oceanos, pois suas águas estão sendo superexploradas em virtude das necessidades da agricultura. E a situação agrava-se cada vez mais.

Citamos que 70% das extrações de água doce são utilizadas na agricultura. Nada consome mais água do que produzir alimentos, sobretudo carnes (a produção de 1 kg de carne exige cinquenta vezes mais água do que a de 1 kg de cereais). No mundo, a produção de alimentos para uma única pessoa exige em média, *em todas as etapas*, de 3 a 4 mil litros de água por dia, um número espantosamente elevado, enquanto 50 a 150 litros cobrem suas outras necessidades, como beber, banhar-se, limpar a casa e lavar roupas.

Dois tipos de melhorias são necessários: recuperar mais águas pluviais e utilizar adequadamente a água "verde". Chama-se de "água azul" as águas provenientes de rios, lagos e lençóis freáticos, e de "água verde" a água invisível que mantém a umidade do solo, que está no interior das plantas, evapora-se após a transpiração da vegetação e retorna à atmosfera. Mais de 60% da água que faz parte do ciclo hidrológico natural é de água "verde".[63] É ela que faz crescer todas as plantas e permite a agricultura dependente das águas pluviais, que representa 80% da agricultura mundial. É neste nível que se situam as melhores possibilidades de otimizar a agricultura.

Nos países em desenvolvimento, e mais especificamente no sul da Ásia, é possível restaurar o nível dos lençóis freáticos e realimentar os poços secos dos vilarejos com a construção de diques de retenção da água da chuva, fazendo com que a água se infiltre no solo em vez de evaporar-se rapidamente. Além disso, coletar a água da chuva no telhado das casas e estocá-la em grandes cisternas subterrâneas, construídas com materiais tradicionais, foi suficiente para prover as necessidades de vilarejos que, até então, sofriam com uma terrível falta de água doce. Essas técnicas foram implantadas principalmente pelo Barefoot College, fundado por Bunker Roy, nas regiões áridas do Rajastão, na Índia.

Alimentação para todos sem destruir a biosfera: uma revolução realmente verde

40% da superfície terrestre é utilizada para a agricultura. A agricultura e a pecuária são responsáveis por 30% das emissões de gases de efeito estufa e são as principais causas dos vazamentos de nitrogênio e fósforo na natureza. Diversos relatórios científicos revelam novos métodos que permitiriam *produzir quantidades suficientes de alimentos sem causar danos ao meio ambiente*.[64]

Um relatório publicado pela FAO em 2011 mostra que é possível produzir 70% mais alimentos no mundo, sem aumentar a superfície das terras cultivadas.[65] Todavia, esse relatório enfatiza que o aumento da produtividade não deve ocorrer com o recurso aos métodos de cultura intensiva que utilizam adubos químicos e pesticidas.

De acordo com Johan Rockström, precisamos de uma revolução *triplamente verde*. A primeira revolução verde que ocorreu nos anos 1960 mais que dobrou a produção mundial de cereais, sobretudo de arroz, milho e trigo. A Índia, especificamente, beneficiou-se do aumento espetacular dos recursos alimentares. No entanto, essa primeira revolução apoiou-se numa utilização intensiva de adubos químicos, pesticidas, novas sementes híbridas e métodos de irrigação com bombas a diesel que buscam a água em grandes profundidades.

As consequências a longo prazo desse aumento temporário da produção foram nefastas em muitas áreas: esgotamento dos lençóis freáticos, erosão e empobrecimento dos solos, poluição química e impactos sociais negativos nas comunidades de agricultores, cujo modo de vida foi perturbado. Em seu livro profético, *Printemps silencieux* [Primavera silenciosa], Rachel Carson questiona: "Tal quantidade de substâncias tóxicas pode ser aplicada à superfície da terra sem torná-la imprópria à vida"?[66] Fala-se de inseticidas, ao passo que se trata, na verdade, de "biocidas".

Os agroecologistas do mundo inteiro possuem agora um número crescente de provas revelando que a agricultura orgânica pode, mesmo em grande escala, produzir aproximadamente a mesma quantidade de recursos alimentares que a agricultura "química". Eles obtiveram esses resultados equilibrando a agricultura e a pecuária, que produz adubo natural, fazendo a rotação das culturas, o que permite reabastecer o solo com nitrogênio orgânico, e evitando a aplicação profunda do arado, o que preserva a qualidade dos solos. As perdas de nitrogênio dos solos são reduzidas em 30% se os agricultores cultivam plantas de cobertura de inverno, centeio ou trigo por exemplo, o que eleva também o sequestro do carbono nos solos.

Segundo o Instituto do Meio Ambiente e o Centro de Resiliência de Estocolmo, dirigido por Rockström, a nova revolução agrícola deverá acrescentar duas revoluções verdes à primeira. Será necessário, de um lado, abandonar progressivamente o uso dos adubos químicos e pesticidas e, de outro, utilizar água "verde" proveniente de fontes renováveis que não esgotam os lagos, rios e lençóis freáticos.

Um resumo de todas essas possibilidades, apresentado em "Soluções para um planeta cultivado",[67] um artigo de Jonathan Foley publicado na revista *Nature*, revela que é viável alimentar 9 bilhões de seres humanos cultivando de maneira não destrutiva as terras que ainda estão disponíveis, principalmente nas regiões tropicais. Todos esses autores destacam também a necessidade de reduzir, nas diferentes etapas de produção, o desperdício dos recursos alimentares: 30% dos alimentos comprados nos países ricos acabam na lata de lixo (assim como medicamentos). Cerca de 50% dos alimentos produzidos no mundo jamais chegam a um estômago humano em razão de problemas tão diversos como a insuficiência das infraestruturas e das instalações de armazenamento, as regras muito rígidas sobre datas de validade, as ofertas do tipo "compre um, leve dois" e o hábito dos consumidores de escolher apenas alimentos de aparência perfeita.

Revitalizar os solos

Uma das medidas mais enfaticamente recomendadas é deixar de arar e revolver a terra, método que expõe ao ar a parte mais rica do solo: as matérias orgânicas esquentam com o sol, secam e se evaporam, emitindo CO_2 e acarretando uma perda muito alta das reservas de carbono. A microfauna – bactérias, ácaros, minhocas e outros organismos que dão vida ao solo – é destruída e a erosão se agrava. Além disso, a terra esterilizada pela aragem torna-se dura e compacta, impedindo que as raízes alcancem a água profunda. Assim, o solo torna-se cada vez menos fértil e seu rendimento diminui. As terras deveriam, na verdade, ser revolvidas o mínimo possível na superfície, ou nem mesmo isso: no Uruguai, no Paraguai e na Bolívia, nos últimos dez a quinze anos, 70% dos agricultores deixaram de arar os campos e o rendimento retomou seu melhor nível.

Essas técnicas também foram introduzidas em inúmeras fazendas francesas.[68] Elas permitem enterrar levemente as sementes na terra, evitando-se revirar o solo, e têm a vantagem de reduzir consideravelmente a erosão e o tempo de trabalho (e portanto o consumo energético), melhorar a estrutura, a resistência e a porosidade do solo (permitindo que a água infiltre melhor), além de favorecer a riqueza biológica da terra.

Nos anos 1980, no Burkina Faso, o agroecologista Pierre Rabhi demonstrou que é possível inverter o processo de desertificação com métodos facilmente aplicáveis pelas comunidades locais. Esses métodos simples consistem em revitalizar os solos áridos com húmus natural, rico em micro-organismos capazes de reter até cinco vezes seu peso em água, reflorestar, reconstruir muretas de pedra que tornam mais lento o escoamento da água e valorizar novamente as sementes tradicionais, que duram mais.[69] Essas mesmas técnicas foram aplicadas por um humilde camponês, Yacoüba Sawadogo, que depois ganhou o respeito de todos os agricultores do país e das grandes organizações internacionais, ao conseguir, em 30 anos, fazer renascer a vegetação em 6 milhões de hectares na região do Sahel. Nesses territórios, o nível dos lençóis freáticos subiu, as arvores revitalizaram a paisagem e as colheitas de cereais tornaram-se abundantes.[70]

Na Índia, Vandana Shiva fundou em 1987 a organização *Navdanya*, cujos membros trabalham na preservação das sementes tradicionais e na promoção de uma agricultura equitativa, local, orgânica e respeitosa do meio ambiente. Em 16 estados indianos, essa ONG distribui sementes, incluindo não menos que 600 variedades de arroz* e 150 variedades de trigo, aos agricultores que querem praticar a agricultura orgânica e voltar a ter autonomia alimentar. Atualmente, a Associação Navdanya tem meio milhão de agricultores como membros.

O casamento do arroz com pato

No vilarejo de Fukuoka, o fazendeiro japonês Takao Furuno foi a triste testemunha, em sua juventude, do desaparecimento dos pássaros e animais selvagens, com a expansão da agricultura intensiva. Em 1978, inspirado pela leitura de *Printemps silencieux* [Primavera silenciosa], famoso livro de Rachel Carson[71], Takao decidiu adotar os métodos da agricultura orgânica. O trabalho não foi fácil e Takao passava longas jornadas cuidando de seus arrozais, arrancando laboriosamente as ervas daninhas que os invadiam. Dez anos depois, ele encontrou por acaso um velho livro que dizia que os cultivadores tinham, antigamente, o costume de deixar patos chafurdar em seus arrozais. Por quê? pergunta-se Takao. Espírito curioso, ele soltou patos em seus arrozais e rapidamente compreendeu: os patos se alimentam de ervas daninhas e de insetos parasitas, mas não tocam no arroz. Além disso, revolvendo o fundo dos arrozais inundados, eles oxigenam a água. Não bastasse isso, seus dejetos constituem um excelente adubo.

Os patos e o arroz convivem em perfeita sintonia. Como relatam os dois empreendedores Sylvain Darnil e Mathieu Le Roux em *80 Hommes pour changer le monde* [80 homens para mudar o mundo][72], após dez anos de trabalho extenuante, Takao e sua esposa encontraram o meio de não utilizar produtos químicos e deixam os patos trabalhar em lugar deles. Além disso, o rendimento melhorou consideravelmente e chega a atingir 6.500 kg por hectare em anos bons, contra 3.800 kg em média das fazendas do entorno.[73] O fazendeiro também faz grandes economias ao não mais utilizar produtos químicos. Enquanto é preciso em média 1 litro de petróleo (transformado em adubos, pesticidas e combustíveis) para produzir 1 kg de arroz, esse método permite deixar totalmente de utilizá-lo. No Japão, os produtos orgânicos são bastante procurados, e o "arroz pato" (*duck rice*) é vendido a um preço de 20% a 30% mais elevado que o arroz tradicional.

No Vietnã, Camboja ou Laos, os fazendeiros que adotaram o método do "arroz pato" viram a produtividade de seus arrozais aumentar 30% em média, em relação aos que são cultivados com métodos tradicionais.

Takao, cujo livro *The Power of Duck* [O poder do pato][74] é um best-seller na Ásia, estima que 75 mil fazendas asiáticas, das quais 10 mil no Japão (que produzem 5% do arroz consumido no país), adotaram seus métodos. A criação de patos dá também aos agricultores a possibilidade de utilizar os insetos como recurso alimentar em vez de gastar muito tempo para eliminá-los. Takao introduziu até mesmo peixes em seus arrozais.

---

* Existem cerca de vinte espécies de arroz que compreendem milhares de variedades geralmente classificadas segundo seu nível de precocidade e a duração de seu ciclo vegetativo (que vai de 90 a mais de 210 dias).

Instaurar uma economia circular com a reciclagem de todos os metais raros

Apesar dos esforços de grande mérito, a taxa de reciclagem das matérias-primas continua extremamente baixa. Segundo um relatório de 2011 do Programa das Nações Unidas para o Meio Ambiente (PNUMA), a passagem para uma economia verde pressupõe uma progressão espetacular das baixas taxas atuais de reciclagem dos metais. Somente 20 dos 60 metais levados em consideração são reciclados em mais de 50%, e essa taxa é inferior a 1% para 34 dos 40 outros metais, sendo que muitos deles têm um papel de importância crucial para as tecnologias limpas, como as baterias de veículos híbridos ou os imãs permanentes das usinas eólicas.[75] Portanto, em teoria, *os metais podem ser reciclados indefinidamente* e sua reciclagem poderia oferecer novas fontes de emprego.

Com a reciclagem do alumínio, em vez de sua fabricação a partir da bauxita, seria possível obter uma redução de 90% das emissões de CO_2 ligadas à sua produção. Atualmente, no entanto, somente um terço do alumínio é proveniente da reciclagem. O mesmo ocorreria se o chumbo fosse reciclado, em vez de extraído de minerais, onde teríamos uma redução de 99% das emissões correspondentes de CO_2. Assim acontece também com o ferro, o cobre, o níquel, o estanho e outros metais. Além disso, 50 milhões de toneladas de lixo eletrônico são produzidas por ano, e no máximo 15% a 20% são recicladas.[76]

Em acréscimo, as jazidas de metais raros se esgotam muito rapidamente. Segundo uma avaliação das reservas de 18 metais raros utilizados em setores-chave da indústria, 6 estarão esgotadas nos próximos cinquenta anos com a taxa atual de consumo, e 13 também o seriam no mesmo período se o mundo inteiro utilizasse somente a metade da quantidade consumida pelos Estados Unidos.[77] Já ouviu falar do índio? Esse elemento tem uma forte demanda para a fabricação de telas planas de computadores e televisores. Ele é o mais ameaçado dos 18 metais raros e, no ritmo atual de consumo, terá se esgotado em treze anos. Seu preço já decuplicou entre 2006 e 2009. O preço do tântalo, utilizado na fabricação dos telefones celulares, também aumentou consideravelmente, e a vontade de controlar sua exploração é uma das causas da sangrenta guerra civil no Congo.

Se o ritmo se mantiver – se a demanda não aumentar, o que é pouco provável –, o zinco estará esgotado em 46 anos, o estanho em 40 anos, a prata em 29 anos e o cobre em 61 anos. Somente o alumínio (1027 anos), a platina (360 anos) e o cromo (143 anos) são ainda relativamente abundantes.

Uma rede inteligente de compartilhamento das energias renováveis

No livro *La Troisième Révolution industrielle* [A terceira revolução industrial][78], o economista Jeremy Rifkin propõe converter cada edificação em uma minicentral elétrica local, funcionando por geotermia, com o vento, o sol e a transformação dos resíduos. Se milhões de edificações coletassem assim energias renováveis, estocassem o excedente na forma de hidrogênio (que pode a qualquer momento ser convertido em eletricidade) ou revendessem a milhões de outros usuários, a potência resultante ultrapassaria amplamente a produção das centrais elétricas nacionais, sejam elas nucleares, a carvão ou a gás. O processo consiste em produzir hidrogênio por simples eletrólise da água a partir da eletricidade solar, enquanto um outro sistema o combina com oxigênio numa célula de combustível para produzir eletricidade sob demanda. Esse sistema tem a imensa vantagem de ser absolutamente limpo e, ao contrário das baterias, não utiliza nenhum elemento poluente, como cádmio ou lítio.

Um sistema de programação informatizado possibilitaria a distribuição do excedente em áreas sem eletricidade num dado momento, em razão das intermitências de produção, e a alimentação dos postos de recarga de veículos a hidrogênio. Ônibus experimentais e veículos a hidrogênio já circulam na Europa. Em maio de 2007, o Parlamento Europeu votou uma declaração oficial segundo a qual esse corpo legislativo dos 27 Estados-membros da União Europeia se comprometeu em favor dessa terceira revolução industrial.[79] Vários projetos-pilotos foram implantados, em particular na Córsega onde, próximo a Ajaccio, um extenso campo de painéis fotovoltaicos foi interligado a um sistema de produção e de armazenamento de hidrogênio, permitindo compensar a inevitável intermitência ligada à produção de eletricidade a partir do sol, em uma escala quase industrial.

Alguns sinais encorajadores

Alguns países fizeram esforços louváveis no âmbito da preservação ambiental. O Vietnã, por exemplo, conseguiu, a despeito de uma modernização rápida, mas graças a um esforço sistemático de reflorestamento – que contrasta singularmente com o desmatamento selvagem da vizinha Indonésia – aumentar sua superfície florestal de 28% para 38% do território entre 1990 e 2005. A taxa de reflorestamento entre 1970 e 1980 foi duas vezes mais rápida do que a de desmatamento.[80] Na Costa Rica, mais de 95% da energia do país provém de fontes renováveis. No Himalaia, o Butão, um país do tamanho da Suíça, planeja abolir totalmente os adubos químicos e pesticidas no prazo de cinco anos, e ter uma taxa de emissão líquida de CO_2 de 0% em dez anos, ou seja, o país não emitirá mais CO_2 do que possa ser capturado pelos 65% de cobertura natural (principalmente florestas) do país.

A *Cúpula Mundial sobre a Biodiversidade* organizada pelas Nações Unidas em Nagoia, em 2010, resultou no consenso entre os governos mundiais para aumentar a superfície das áreas biologicamente protegidas. 17% da superfície terrestre e 10% dos oceanos serão declarados reservas naturais. Durante uma segunda cúpula, em Hyderabad na Índia, em outubro de 2012, os países signatários da Convenção sobre Diversidade Biológica decidiram duplicar os financiamentos (US$ 10 bilhões) dos países desenvolvidos aos países em desenvolvimento até 2015, para implantar o plano de salvamento do "ser vivo" e a estratégia de vinte pontos adotada em Nagoia para o período de 2010-2020. O processo de proteção das áreas de alto mar foi muito acelerado e "áreas marinhas de interesse biológico ou ecológico" foram definidas no Sudoeste do Pacífico, no Caribe, no Centro-Oeste do Atlântico e no Mediterrâneo.

Outra iniciativa é a dos "mercados éticos" que utilizam "painéis de transição verde" (Green Transition Scorecard, GTS) e acompanham a evolução dos investimentos do setor privado nos "mercados verdes". O relatório publicado por essa organização em 2012 menciona US$ 3,3 trilhões de faturamento nesses mercados desde 2007.[81]

As cidades verdes dão o exemplo

A cidade de Portland, no estado de Oregon, tem sido eleita, ano após ano, em primeiro lugar entre as cidades selecionadas como de melhor qualidade de vida nos Estados Unidos. Nos anos 1970, Tom McCall, o primeiro prefeito ecologista, ordenou simplesmente a destruição da rodovia que atravessava a cidade para transformá-la num espaço verde público de 4 mil hectares (40 km^2). Seus sucessores seguiram o exemplo. Entre 1990 e 2008, a cidade reduziu em 19% suas emissões de CO_2. A área de árvores plantadas chegou a 26% e continua aumentando (30% até 2030). Essa cidade de 1,4 milhão de habitantes construiu mais de 700 km de ciclovias, e os assalariados que vão trabalhar a pé ou de bicicleta recebem, da maioria das empresas, US$ 50 a mais por mês. As garrafas de vidro são todas retornáveis para estimular a reciclagem, e grande parte dos restaurantes de tipo *fast-food* (McDonald's, Starbucks etc.) fecharam seus estabelecimentos para dar lugar a restaurantes onde se come produtos locais. Portland é a única cidade dos Estados Unidos onde o Walmart, a maior rede de supermercados do mundo, não pôde se instalar por recusa dos habitantes.[82]

Estocolmo, uma cidade de 1 milhão de habitantes, também é modelo de cidade verde, como relata Edgar Morin em *La Voie: Pour l'avenir de l'humanité* [A via para o futuro da humanidade]. 70% do aquecimento urbano provém de energias renováveis. A cidade tem como objetivo não mais utilizar energias fósseis até 2050.[83] Atualmente, 95% da população de Estocolmo vive a menos de 300 metros de um espaço verde. As numerosas áreas verdes da cidade participam da purificação da água, da redução do barulho, da diversidade biológica e do bem-estar dos habitantes.

A maioria dos habitantes de Estocolmo utiliza transportes coletivos não poluentes. A implantação de um pedágio urbano, após o referendo de 2007, reduziu consideravelmente a circulação de automóveis e, por conseguinte, a poluição atmosférica. Desde 1990, a emissão de gases de efeito estufa diminuiu 25% em Estocolmo. A capital também adotou um sistema inovador de gestão de resíduos que assegura uma taxa de reciclagem elevada.

Em Hamburgo, um bairro ecológico em construção terá aquecimento por cogeração: usará aquecimento solar e fotovoltaico, e cuidará da captação das águas pluviais.

Os signatários do Pacto de Autarcas (dirigentes de pequenas e grandes áreas urbanas) representam a associação de cidades europeias comprometidas em melhorar sua eficácia energética e em aumentar o uso das fontes de energias renováveis. Os signatários do Pacto têm como objetivo respeitar, ou até mesmo ultrapassar, o objetivo da União Europeia de reduzir as emissões de CO_2 em 20% até 2020. Mais de quatro mil cidades europeias subscreveram essas obrigações, entre as quais Paris, Marselha, Lille, Toulouse, Rennes e muitas pequenas cidades francesas.[84] Bougival, município de 8.500 habitantes do departamento de Yvelines, renovou totalmente a iluminação pública e, reduzindo a intensidade da luz durante algumas horas da noite, conseguiu uma economia de 70%. A cidade também reformou um conjunto escolar, e reduziu sua pegada de carbono em 98% equipando os prédios com calefação a lenha, proveniente de podas naturais das árvores das florestas. Os habitantes criaram jardins compartilhados e implantaram apiários. Os jardineiros municipais aboliram o uso de pesticidas.[85]

Masdar, cidade em construção desde 2008, próxima de Abu Dhabi, funcionará exclusivamente com energias renováveis, inclusive energia solar, um recurso constante no deserto do Emirado. Deverá ficar pronta em 2015 e terá 50 mil habitantes. A previsão é que ela opere com um nível zero de emissão de CO_2, e sem resíduos. Não terá carros. Nada mal para o reino do petróleo!

No norte de Shangai, na China, Dongtan, um projeto de cidade ecológica que utiliza unicamente energia renovável, deverá acolher entre 50 e 80 mil habitantes no início e chegar a 500 mil em 2050.

Outro exemplo, BedZED (Beddington Zero Emissions Development[86]) é um conjunto habitacional que respeita o meio ambiente no bairro de Hackbridge em Londres, produz mais energia do que consome e apresenta um balanço positivo de carbono.

Passar à ação e não mais buscar desculpas para não fazer nada

Os avanços necessários para enfrentar os desafios ambientais chocam-se naturalmente com toda espécie de obstáculos, que vão da inércia à negação, passando pelos acordos de meio-termo e pela política de "deixar como está e esperar para ver o que acontece".

Em primeiro lugar existem os *negacionistas* que negam a mudança climática ou sua origem humana. Eles encarnam cada vez mais a irracionalidade e o absurdo, à medida que os dados científicos continuam se acumulando e as mudanças da biosfera se manifestam à nossa vista. Na verdade, os dados científicos de que dispomos atualmente são suficientes para justificar ações resolutas, a menos que sucumbamos ao que meu pai, Jean-François Revel, chamava de "conhecimento inútil".

Existem também os *céticos* que afirmam que há décadas são anunciadas catástrofes que nunca acontecem. Por volta de 1880, um cientista anunciou o afundamento próximo das ruas de Paris sob uma camada de estrume de cavalo, já que havia cada vez mais cavalos na capital francesa. Mas esses céticos que proclamam já ter visto de tudo perceberão rapidamente que agora não se trata mais de preocupações alarmistas, ligadas a problemas localizados, como por exemplo a poluição industrial de Londres, no século XIX, que tornou a atmosfera irrespirável e transformou o Tâmisa num esgoto pútrido, mas de transformações em sua maioria irreversíveis.

É fato que o acúmulo de notícias alarmantes sobre a mudança climática, a perda de biodiversidade e outros desafios ambientais é de tal monta que uma parcela da opinião pública acaba por se tornar indiferente ou, inversamente, sente-se impotente ante a magnitude das transformações que ocorrem e das intervenções necessárias para saná-las. Todos lamentam que as populações de abelhas estejam ameaçadas em todas as partes do mundo, que a população dos grandes peixes marinhos tenha diminuído em 90%, que não restem mais que 10% das florestas que tínhamos há dez mil anos: "Que pena!", pensam as pessoas, tentando tranquilizar-se, dizendo a si mesmo: "Ora, uma solução será certamente encontrada..." Como resume Sunita Narain, diretora do Centro para a Ciência e o Meio Ambiente, em Nova Delhi: "Não se preocupe, contente-se em consumir!" Esse é o mantra de nosso tempo.[87]

No passado, comunidades locais superaram com sucesso muitas dificuldades desse gênero, mas o problema atual é totalmente diferente: é a primeira vez na história da humanidade que nossa espécie está associada a mudanças planetárias tão rápidas quanto radicais.

Em seguida vêm os *relativistas* que, tal como o estatístico dinamarquês Bjorn Lomborg, pensam ser mais urgente solucionar a pobreza, a rarefação dos recursos alimentares, a Aids e outras doenças contagiosas, do que dedicar recursos para prevenir um aquecimento climático que é considerado incerto.[88] Trata-se aqui de um duplo erro de julgamento, visto que o aquecimento é agora inegável e que, repetimos, são precisamente as populações mais desprovidas que sofrerão mais com doenças, cuja rapidez de contágio é função da temperatura, e com a rarefação dos recursos alimentares, também ela agravada pela mudança climática. O bem-estar da humanidade caminha portanto junto com o combate contra o aquecimento climático.

Afirmar que o bem-estar da humanidade de hoje importa muito mais do que a sobrevivência da humanidade de amanhã significa dizer que é mais útil melhorar o conforto das casas de um vilarejo do que apagar o incêndio que ameaça destruí-las.

Há ainda os *oportunistas*, para os quais a ideia de prosperidade sem crescimento incomoda. Eles desejam um crescimento máximo que beneficie o mais possível à geração atual. Para não fazer nada agora em favor do meio ambiente, eles louvam preferencialmente a engenhosidade das gerações futuras, que encontrarão soluções, eles afirmam. Não se trata de subestimar a criatividade e a capacidade de inovação da espécie humana, mas é preciso ser lúcido, já que a existência de limiares críticos tornará a tarefa impossível em muitos setores. Já estamos tentando hoje reintroduzir aqui e acolá algumas espécies localmente extintas – lobos, diabos-da-Tasmânia e, na França, ursos, linces e abutres –, mas esses ajustes cosméticos, raramente coroados de sucesso, não oferecerão mais do que um magro consolo se 30% de todas as espécies vivas desaparecerem, o que, no ritmo atual, acontecerá em 2050.

Uma questão de bom senso

O planeta nunca foi imutável e não o será jamais. Muitas espécies apareceram e desapareceram bem antes que o *Homo sapiens* entrasse em cena. Portanto, não se trata de conceber um "estado ideal" para um planeta em constante evolução. Mas uma mudança de grande importância aconteceu, entramos nesta era que os cientistas convencionaram chamar de "Antropoceno", durante a qual o homem tornou-se uma força geológica que modifica os equilíbrios naturais de maneira suficientemente significativa, a ponto de ameaçar o bem-estar da humanidade e a sobrevivência de muitas espécies.

Concluindo, é imperativo e urgente que tomemos consciência das interações entre o homem e a natureza, entre nossas economias e as grandes transformações que afetam o planeta, ou seja, fundamentalmente, do fato de pertencermos à biosfera. Enquanto nos aproximamos dos limites do que a Terra pode nos oferecer e suportar, devemos reconhecer que nosso bem-estar futuro depende de nossa capacidade de permanecermos abaixo desses limiares de segurança. O relatório *Harmonia com a natureza*, apresentado em 2010 pelo Secretário Geral das Nações Unidas, constata essa interdependência:

> Finalmente, os comportamentos destruidores no plano ecológico surgem quando esquecemos que os seres humanos são parte integrante da natureza e que prejudicá-la significa também prejudicar gravemente a nós mesmos.[89]

A implantação das ações necessárias passa em seguida pelo fortalecimento da governança e da cooperação internacional, mas também e sobretudo pelo desenvolvimento do altruísmo e da solidariedade no nível das comunidades, assim como no nível dos indivíduos que somos.

42. Uma harmonia sustentável

*Não se pode resolver problemas com a mesma
maneira de pensar que os criou.*
Albert Einstein

DE QUE ADIANTA UMA NAÇÃO RIQUÍSSIMA E ONIPOTENTE, MAS NA QUAL AS PESSOAS não são felizes? Uma sociedade humana com sabedoria, como vimos, deve garantir uma qualidade de vida adequada às gerações presentes, ao combater a pobreza, e também às gerações futuras, ao evitar a degradação do planeta. Segundo essa concepção, o crescimento é em si um fator secundário, no que tange ao estabelecimento de um equilíbrio entre as aspirações de todos e ao estabelecimento de uma "harmonia sustentável" que leve em conta o destino das gerações futuras, e o crescimento somente é concebível no contexto da cooperação e do altruísmo. Somente com cooperação e altruísmo é que conseguiremos responder ao desafio apresentado no início deste livro e conciliar as exigências de prosperidade, qualidade de vida e proteção do meio ambiente, a curto, médio e longo prazo. Hoje, mais vale lutar por um crescimento qualitativo das condições de vida do que por um crescimento quantitativo do consumo.

Nem crescimento nem retração: uma prosperidade equilibrada

Hoje em dia, a maioria dos economistas define o crescimento em termos de aumento das riquezas – ou até de acumulação de riquezas como um objetivo em si – e de exploração dos recursos naturais. Esse tipo de crescimento, porém, já não é mais adequado às realidades de hoje. Os recursos naturais foram suficientes para nossas necessidades até agora, mas estão limitados por força das circunstâncias. No entanto, a própria ideia de limitação do crescimento é vista com incredulidade pela maioria dos economistas e políticos e, como enfatiza o economista inglês Partha Das Gupta, "a Natureza continua sendo tratada como um capital cuja única utilidade é a de ser explorada para atender aos interesses humanos"[1]. Segundo o ambientalista Johan Rockström, essa é a melhor descrição da heresia de uma economia que cresce em detrimento das próprias matérias-primas que lhe permitem existir: "A população mundial aumenta, o consumo aumenta, mas a Terra não aumenta"[2]. Ele destaca que os únicos recursos naturais praticamente ilimitados são o vento e a energia solar. E são exatamente esses os que menos utilizamos.

Em suma, como observa Kenneth Boulding, economista inglês naturalizado estadunidense: "Aqueles que pensam que o crescimento econômico pode continuar indefinidamente são doentes mentais ou economistas".[3]

E não é só isso. Ao selecionar o estímulo contínuo ao crescimento, como se não houvesse nenhum problema, os economistas fazem uma péssima aposta para as gerações futuras. O relatório apresentado por um de seus mais eminentes membros, sir Nicholas Stern, demonstrou, de maneira convincente, que os custos econômicos da inação quanto à prevenção do aquecimento climático serão muito superiores aos investimentos que poderiam moderar ou impedir esse aquecimento.[4] Stern prevê, entre outros fatores, a migração de mais de 200 milhões de pessoas até 2050, em decorrência das mudanças climáticas.

Herman Daly, professor da Universidade de Maryland, avalia que os custos ambientais de hoje, ligados ao crescimento econômico, sejam superiores aos lucros gerados pelo crescimento: depois de um determinado nível, o crescimento econômico, que esquece de contabilizar como custo os danos que ocasiona, empobrece-nos em vez de nos enriquecer.[5]

Somos defrontados aqui com um profundo dilema. Na verdade, nem o crescimento que, na forma e no ritmo atuais, é insustentável com os recursos naturais de que dispomos, nem a retração, que prejudicaria os mais pobres, constituem meios adequados para lidar com os desafios atuais. É o que enfatiza o economista britânico Tim Jackson, professor de Desenvolvimento Sustentável na Universidade de Surrey, em seu livro *Prosperidade sem crescimento: vida boa em um planeta finito*[6]. Jackson destaca três razões pelas quais o crescimento atual não pode continuar: primeiro, o modelo econômico em vigor pressupõe que a riqueza seja um indicador apropriado da prosperidade. Trata-se, é claro, de uma visão ingênua e redutora do que constitui a qualidade da existência, pois, muitas vezes, um crescimento desmesurado contraria o bem-estar da maioria, acarretando o que Jackson denomina "recessão social".

Em segundo lugar, os benefícios do crescimento são distribuídos de modo muito desigual, beneficiando de forma desmesurada exatamente os que já são ricos. Lembremos que 5% da humanidade embolsam 75% da renda mundial, ao passo que 5% dos mais pobres recebem somente 2%. Num sistema que agrava as desigualdades em vez de reduzi-las, ressalta Jackson, "a economia mundial pode continuar crescendo durante um milhão de anos sem que isso elimine a pobreza".[7]

E, em terceiro lugar, um crescimento econômico ilimitado é simplesmente impossível em virtude dos limites ecológicos do planeta. Supondo que todos os homens consumam no mesmo ritmo que os habitantes dos Estados Unidos, seriam necessários três planetas para atender às necessidades de consumo mundial. Além disso, os cidadãos da segunda metade do século XXI pagarão caro o egoísmo e os excessos dos cidadãos de hoje.

Nem por isso Jackson defende uma *retração*, que desestabilizaria a sociedade, agravando o desemprego e prejudicando, uma vez mais, principalmente os mais pobres, que teriam ainda menos possibilidade de acesso aos serviços sociais básicos de nossas sociedades desenvolvidas. Esse autor não propõe solução milagrosa, mas demonstra que a busca cega de um consumo de crescimento incessante é prejudicial ao futuro da humanidade.

O meio-termo justo entre crescimento e retração reside numa *harmonia sustentável*, ou seja, uma situação que garanta a cada indivíduo um modo de vida decente e reduza as desigualdades, deixando de explorar o planeta em ritmo desenfreado. Para chegar a essa harmonia e mantê-la, é preciso, portanto, de um lado, tirar um bilhão de pessoas da pobreza e, de outro, reduzir o consumo galopante típico dos países ricos. É preciso também tomar consciência de que um crescimento material ilimitado não é de forma alguma necessário ao nosso bem-estar. Sabemos, por exemplo, que nos próximos dez anos o crescimento econômico da Europa e de muitos outros países irá muito provavelmente estagnar. Logo, é melhor redirecionar nossa atenção para um crescimento qualitativo da satisfação de vida e para a preservação do meio ambiente.

As fraquezas do modelo econômico atual

De acordo com James Gustave Speth, diretor de Estudos Ambientais na Universidade de Yale e ex-diretor do Programa das Nações Unidas para o Desenvolvimento (PNUD), a degradação acelerada da Terra não é simples resultado de políticas nacionais deficientes ou simples negligências: ela é devida às falhas sistêmicas do capitalismo atual que, visando a um crescimento econômico perpétuo, levou-nos simultaneamente ao limiar da abundância e à beira da ruína. Em *The Bridge at the Edge of the World* [A ponte no fim do mundo],[8] ele identifica como principal motor de destruição do meio ambiente as 60 mil empresas multinacionais que surgiram ao longo das últimas décadas e que se esforçam continuamente em aumentar seu tamanho e sua rentabilidade, sem nenhuma consideração pelas gerações futuras. Ele avalia que o sistema do capitalismo moderno só pode gerar consequências ambientais cada vez mais graves, que superarão todos os esforços realizados para administrá-los. Portanto, é necessário mudar de rumo e empenhar-se sem demora na construção de uma sociedade "pós-crescimento", baseada muito mais no bem-estar do que na riqueza econômica.

A principal mudança de perspectiva refere-se à importância conferida ao PIB. Para Amartya Sen, Prêmio Nobel de Economia, a crise econômica é uma oportunidade para repensar mais amplamente as noções de progresso e de felicidade e conceber outros instrumentos de medição além do PIB. Para Sen, "o PIB é muito limitado. Utilizado sozinho é um desastre. Os indicadores de produção ou de consumo de mercadorias nada dizem sobre a liberdade e o bem-estar, que dependem da organização da sociedade, da distribuição da renda".[9] Portanto, precisamos de vários outros indicadores que reflitam, entre outros, a expectativa de vida, a educação, o acesso à saúde, a desigualdade, o bem-estar subjetivo, a preservação do meio ambiente etc.

O inventor do PIB, o Prêmio Nobel de Economia Simon Kuznets, já havia assinalado há sessenta anos que o PNB (Produto Nacional Bruto) e o PIB (Produto Interno Bruto), concebidos para administrar a crise de 1929, medem somente alguns aspectos da economia e nunca deveriam ser utilizados para avaliar o bem-estar nem o progresso de uma nação: "O bem-estar de um país [...] dificilmente pode ser deduzido dos números da renda nacional"[10], afirmava Kuznets, já em 1934. Ele chamava a atenção para o fato de que não bastaria analisar unicamente o aumento quantitativo, e que deveria ser analisada a *natureza* do que aumenta: "É preciso ter em mente a distinção entre quantidade e qualidade de crescimento [...]. Quando se determina como objetivo um crescimento 'maior', é necessário especificar crescimento 'maior' *em quê* e *para quê*".[11]

O PIB quantifica o valor total da produção, no decorrer de um ano, da riqueza gerada pelos agentes econômicos (famílias, empresas, setor público) instalados no país. Ora, a prosperidade verdadeira inclui na verdade inúmeros outros parâmetros que o PIB não leva em consideração. Em particular, o cálculo do PIB não faz distinção entre o aumento do volume dos bens e dos serviços, que venha acompanhado de um maior bem-estar, e o mesmo aumento, quando feito em detrimento desse bem-estar.

Nos anos 1990, os economistas começaram a falar muito mais de PIB do que de PNB, o que reduziu ainda mais a correlação entre a riqueza teórica de um país e o bem-estar de sua população. O PNB corresponde à produção anual de riquezas geradas por um país, quer essa produção tenha ocorrido em solo nacional ou no exterior. Entretanto, se os produtos de um país são exportados em grande quantidade, o que geralmente é o caso dos recursos minerais e petrolíferos, o PIB aumenta, enquanto o PNB pode diminuir se os cidadãos não se beneficiarem das receitas geradas por esses recursos – seja por serem explorados por empresas estrangeiras, seja pela apropriação desses recursos por uma classe governante pouco escrupulosa. Em outros casos, o PIB aumenta muito enquanto a qualidade de vida se degrada em decorrência dos danos ambientais e de conflitos ligados ao domínio dos recursos minerais, como é o caso no Congo. Segundo destaca o psicólogo Martin Seligman:

> Na época da revolução industrial, os indicadores econômicos constituíam uma boa aproximação do sucesso de um país. O atendimento das necessidades básicas – alimentação, moradia, roupa – era incerto, e progredia com o aumento da riqueza. Mas, quanto mais uma sociedade se torna próspera, menos a medida da riqueza é um bom indicador de seu sucesso. No século XXI, os produtos e serviços essenciais, outrora raros, tornaram-se correntes, e alguns países dispõem deles em excesso. Pelo fato de que as necessidades básicas são amplamente atendidas nas sociedades modernas, outros fatores além da riqueza têm agora um papel considerável na avaliação de seu sucesso. [...] Hoje, a divergência entre riqueza e qualidade de vida salta aos olhos.[12]

Não se pode esperar que a qualidade de vida seja um simples subproduto do crescimento econômico, visto que os critérios são diferentes para cada um desses fatores. Seria mais apropriado introduzir o conceito de "Felicidade Interna Bruta", para empregar um termo lançado no Butão, pequeno país situado nas montanhas do Himalaia, há alguns anos. Há três décadas existe uma ciência que permite mensurar diferentes aspectos da satisfação de vida e suas correlações com outros fatores extrínsecos (recursos financeiros, nível social, educação, grau de liberdade, nível de violência na sociedade, situação política) e intrínsecos (bem-estar subjetivo, otimismo ou pessimismo, egocentrismo ou altruísmo).

Há já quase quarenta anos, quando concorria à presidência dos Estados Unidos, o senador Robert Kennedy declarou de forma visionária:

> Nós abandonamos demais, e por tempo demais, os valores de excelência pessoal e de comunidade, em prol do mero acúmulo de bens materiais. Hoje, nosso Produto Nacional Bruto é superior a US$ 800 bilhões ao ano, mas esse PNB – se fôssemos avaliar os Estados Unidos por esse instrumento – inclui em sua contabilidade a poluição do ar, a propaganda de cigarros e as receitas das ambulâncias que cuidam da carnificina em nossas rodovias. Ele reflete a destruição de nossas sequoias e a perda de nossas maravilhas naturais numa expansão caótica. Ele reflete o napalm e as ogivas nucleares, assim como as viaturas policiais blindadas que combatem os tumultos em nossas cidades. Ele reflete os fuzis e os facões de luta, assim como os programas de televisão que enaltecem a violência para vender brinquedos a nossos filhos.
>
> Mas o Produto Nacional Bruto não leva em consideração a saúde de nossos filhos, a qualidade de sua educação, nem o prazer de suas brincadeiras. Não inclui a beleza de nossa poesia nem a solidez de nossos casamentos, e não inclui a inteligência de nossos debates públicos nem a integridade de nossos servidores públicos. Não mede nosso humor nem nossa coragem, nossa sabedoria nem nossos conhecimentos, nossa compaixão nem nossa devoção ao país. Enfim, ele mede tudo, exceto o que dá valor à nossa vida.[13]

Rumo a novos critérios de prosperidade

Nenhuma nação quer ver sua prosperidade declinar, e todo declínio do PIB preocupa ou dá lugar a uma constatação de fracasso. Todavia, se a prosperidade das nações fosse medida simultaneamente em termos de prosperidade econômica, bem-estar e integridade do meio ambiente, os dirigentes e os cidadãos poderiam se alegrar com o crescimento anual dos dois últimos indicadores, mesmo que o PIB não aumentasse. Várias iniciativas, apoiadas por um certo número de economistas influentes* e de políticos, tentam integrar esses três parâmetros num sistema coerente.

---

* Entre os quais Herman Daly, Robert Costanza, Manfred Max-Neef e Charles Hall, assim como economistas progressistas como Joseph Stiglitz, Nicholas Stern, Dennis Snower, Partha Das Gupta e Amartya Sen.

O *Indicador de Progresso Real* (IPR, ou Genuine Progress Indicator, GPI), utilizado pelo instituto californiano Redefining Progress [Redefinir o Progresso], inclui o trabalho doméstico e o voluntariado nas contribuições econômicas, e subtrai a poluição e as desigualdades sociais. Entre 1950 e 2002, a curva de satisfação de vida mensurada nos Estados Unidos não tem nenhuma correlação com a do PIB, mas se sobrepõe à do IPR.

O Índice de Desenvolvimento Humano (IDH), publicado desde 1990 pelo PNUD (Programa das Nações Unidas para o Desenvolvimento), leva em conta a qualidade da educação, a expectativa de vida e o PIB. No entanto, ele falha ao omitir a avaliação da qualidade do meio ambiente.

A partir de 1987, dois sociólogos dos Estados Unidos, Marc e Marque-Luisa Miringoff do Instituto Fordham, calcularam um *Índice de Saúde Social* (ISS) composto de 16 variáveis, entre as quais a mortalidade e a pobreza infantil, os maus-tratos a crianças, o suicídio e o abuso de drogas dos adolescentes, e também o abandono dos estudos universitários, o desemprego, a desigualdade de renda, o acesso à moradia, a cobertura de seguro-saúde, o índice de criminalidade, a pobreza dos idosos acima de 65 anos e sua expectativa de vida.[14] Observa-se que essas variáveis não incluem nenhuma avaliação do bem-estar subjetivo que reflete o nível de satisfação de vida dos cidadãos.

Na mesma época, em seu livro *For the Common Good* [Para o bem comum], os economistas Herman Daly e John Cobb formularam um *Índice de Bem-estar Econômico Sustentável* (IBES) que tem como objetivo corrigir as limitações mais evidentes do PIB.[15] Eles subtraem do PIB, por exemplo, as atividades que prejudicam o desenvolvimento sustentável – a poluição e a degradação do meio ambiente em primeiro lugar –, e acrescentam atividades que contribuem para a qualidade do meio ambiente. Daly e Cobb observam que, até certo ponto, o aumento do PIB caminha junto com o do bem-estar, em particular nos países pobres. Entretanto, acima de certo nível, um aumento do PIB se converte numa diminuição do bem-estar e numa degradação do meio ambiente em razão dos danos gerados pelo excesso de consumo.

O economista chileno Manfred Max-Neef, que participou das deliberações sobre a Felicidade Interna Bruta (FIB) no Butão, propôs um modelo que inclui nove necessidades humanas fundamentais, entre as quais estão as necessidades materiais habituais, mas também as necessidades de proteção, de liberdade, de participação (na vida social) e de afeto. Ele fundamenta seu modelo em seis princípios:

– a economia está a serviço dos cidadãos, e não os cidadãos a serviço da economia;
– o desenvolvimento envolve pessoas e não objetos;
– o crescimento não é a mesma coisa que o desenvolvimento, e o desenvolvimento não exige necessariamente o crescimento;
– nenhuma economia é possível sem os serviços prestados por nossos ecossistemas;
– a economia é um subsistema de um sistema mais vasto porém finito, que é a biosfera. O crescimento incessante é portanto impossível;
– um processo econômico ou interesses financeiros não podem, em nenhum caso, serem colocados acima do respeito pela vida.

No Reino Unido, após a publicação em 2012 de um relatório sobre o bem-estar da população, o primeiro-ministro David Cameron foi acusado de se preocupar com questões de menor interesse para o país, ao que ele respondeu: "Aos que dizem que tudo isso representa uma distração em relação à gravidade dos assuntos do governo, eu respondo que buscar o que realmente melhora a vida dos cidadãos e trabalhar nesse sentido são os verdadeiros assuntos importantes de um governo".

Três indicadores essenciais: prosperidade equilibrada, satisfação de vida, qualidade do meio ambiente

A abordagem da Felicidade Interna Bruta (FIB) proposta pelo Butão parece promissora porque vem acompanhada de uma visão de longo prazo. Por isso é que suscita o interesse de um número crescente de economistas, sociólogos e políticos. Diferentemente dos índices já citados, a FIB leva em conta a felicidade subjetiva e aperfeiçoa os meios de avaliá-la, mas integra também indicadores de riqueza social (voluntariado, cooperação etc.) e de riqueza natural (valor do patrimônio natural intacto) como complemento à prosperidade econômica, que deixa de ser a única prioridade.

O reino do Butão, que faz pouco tempo se tornou uma monarquia democrática constitucional, é um país na Cordilheira do Himalaia com superfície ligeiramente superior à da Suíça e cerca de 700 mil habitantes. Ele passou diretamente da Idade Média ao desenvolvimento sustentável, pulando a etapa da degradação dos recursos naturais que afetou a maioria dos outros países. O balanço é inspirador: em vez de diminuir (como foi o caso de todos os países da Ásia, à exceção do Vietnã), o índice de cobertura natural, representado pelas florestas, zonas úmidas, prados, geleiras e outras superfícies que não são ativamente utilizadas pelo homem, *aumentou* ao longo dos últimos vinte anos, passando de 60% a 65% da superfície do país.

O país como um todo tem o projeto de tornar-se "carbono zero" em até dez anos (não emitirá mais CO_2 do que pode captar) e o pouco de fertilizantes químicos que utiliza nos campos será banido em até cinco anos. A caça e a pesca são atualmente proibidas em todo o território,* bem como a venda de tabaco. A educação e a medicina são gratuitas. Além disso, inspirado em sua cultura budista que privilegia a paz interior, o país decidiu fazer da busca da felicidade a prioridade do Estado. Os butaneses são conscientes de que cabe a eles melhorar a qualidade de vida em seu país e que a FIB não é uma fórmula mágica, mas eles têm o mérito de ter escolhido prioridades capazes de assegurar uma prosperidade alicerçada em quatro pilares: desenvolvimento sustentável, conservação do meio ambiente, preservação da cultura e uma boa governança.

---

* No entanto, os butaneses abatem animais para consumo de carne e apenas uma minoria deles é vegetariana. Os reis precedentes dedicavam-se à caça de forma privilegiada, mas essa prática nos dias atuais foi abandonada.

O primeiro-ministro do Butão, Lyonchen Jigme Thinley, ressalta a que ponto é vital ter uma visão de futuro a longo prazo. Ao perguntar a alguns de seus colegas estrangeiros como consideravam o futuro de seus países em cinquenta anos, ficou impressionado por constatar que eles pareciam "tatear no escuro".[16]

Essa aventura começou em 1972, quando o quarto rei do país, Jigme Singye Wangchuck*, declarou em seu famoso discurso, após sua coroação: "A Felicidade Interna Bruta é mais importante que o Produto Nacional Bruto". As primeiras vezes que se referiram a esse conceito nas reuniões internacionais, os representantes butaneses foram acolhidos com sorrisos sarcásticos. Depois, esse novo paradigma de prosperidade se impôs e chamou a atenção dos grandes economistas do momento, tal como relata Joseph Stiglitz:

> Quando o Butão adotou o conceito da FIB, alguns afirmaram que a ideia era desviar a atenção de sua falta de desenvolvimento. Penso totalmente o contrário. A crise nos levou a tomar consciência do quanto nossas medidas estavam erradas, mesmo em economia: o PIB dos Estados Unidos parecia bom, mas depois percebemos que não passava de uma ilusão.[17]

Em julho de 2011, uma resolução intitulada "Felicidade: para um enfoque holístico do desenvolvimento", apresentada pelo Butão e copatrocinada por 68 países, foi adotada por unanimidade pelos 193 membros das Nações Unidas. Em 2012, foi dedicado um dia inteiro, do qual participei, à implementação dessa resolução, na sede das Nações Unidas em Nova York. Nessa ocasião, o Secretário-Geral Ban Ki-moon declarou:

> A prosperidade material é importante, mas está longe de ser o único determinante do bem-estar. [...] O Butão reconheceu a supremacia da felicidade nacional sobre a renda nacional desde 1970 e adotou desde então a célebre "Felicidade Interna Bruta" em vez de Produto Nacional Bruto. Essa visão está ganhando terreno em outros países. A Costa Rica é conhecida por ser o país mais "verde" do mundo – um exemplo de desenvolvimento global e ecologicamente responsável. Comparado aos outros países com níveis de renda similares, ele ocupa o primeiro lugar na classificação de desenvolvimento humano, e é um refúgio de paz e democracia.[18]

Durante esse dia, na reunião preparatória organizada pelo Instituto da Terra dirigido por Jeffrey Sachs da Universidade de Columbia, três Prêmios Nobel de Economia, cientistas[19], filósofos e representantes de muitos países (entre os quais a presidente da Costa Rica e uma importante delegação brasileira) definiram um plano

---

* Até o final do século XIX, o Butão era constituído de um conjunto de pequenas províncias federadas sem governo central. O primeiro rei, Ugyen Wangchuck, reinou de 1907 a 1952. O Butão entrou para as Nações Unidas em 1971. Em 2006, o quarto rei, Jigme Singye Wangchuck, declarou que desejava instituir a democracia e abdicou em favor de seu filho, Jigme Khesar Namgyel Wangchuck, que tornou-se em 2010 o quinto rei de uma monarquia constitucional comparável à monarquia britânica.

de ação. Desde então, o movimento não cessou de ganhar amplitude. Além do Butão e da Costa Rica, os governos do Brasil e do Japão adotaram agora medidas a fim de incluir a Felicidade Interna Bruta em suas agendas políticas nacionais. A província de Alberta, no Canadá, também introduziu um "Índice Canadense de Bem-estar", utilizado para mensuração em seguida.

A Comissão Europeia tem o projeto "O PIB e mais além", enquanto a Organização para a Cooperação e Desenvolvimento Econômico (OCDE), representada nas Nações Unidas por sua Diretora de Estatísticas, Martine Durand, estabeleceu suas próprias linhas diretrizes de medição do bem-estar.

Uma contabilidade nacional que reconhece o valor do capital natural e do capital humano

O PIB só reflete as transações monetárias do mercado. Quando as florestas são derrubadas e quando os oceanos são esvaziados de qualquer vida, esses resultados são contabilizados positivamente na forma de um crescimento do PIB. Com isso, há um efeito duplamente perverso, pois não somente é omitido o valor dos bens naturais no tratamento contábil, como também sua degradação é contabilizada na forma de ganho econômico,[20] tal como explica o primeiro-ministro do Butão:

> Se derrubássemos todas as nossas florestas, o PIB aumentaria de forma explosiva, visto que ele só mede o valor da madeira depois que as árvores são cortadas e vendidas no mercado. O PIB ignora completamente o valor de nossas florestas vivas e não destruídas. Não é surpresa, portanto, que o mundo tenha acumulado uma dívida ecológica imensa, que não aparece em lugar algum nas contabilidades nacionais.[21]

A socióloga Dominique Méda concorda totalmente: "Seguindo essa lógica até o fim, poderíamos afirmar que uma sociedade que se destrói por completo, que se consome e se consome, ficaria cada vez mais rica, até não ter mais nada para vender".[22]

Se num país existe mais criminalidade, poluição, guerras e doenças, o PIB aumenta em razão das movimentações financeiras ligadas às despesas com presídios, polícia, armas e atendimento médico. Esse aumento é contabilizado como sinal positivo de uma economia em expansão, ao passo que ele corresponde a um declínio do bem-estar. Além disso, acrescenta Lyonchen Jigme Thinley:

> O PIB ignora toda uma série de atividades econômicas que contribuem para nossa qualidade de vida – simplesmente por não haver nenhuma troca monetária. Assim, o trabalho voluntário, as atividades de interesse coletivo, o trabalho vital e não remunerado realizado dentro de um lar, nada disso tem significado para o PIB; mesmo o tempo precioso do qual precisamos para meditar, cuidar do jardim e estar junto com nossa família ou amigos não têm nenhum valor para o PIB.

Este ponto foi ilustrado pelo psicólogo norte-americano Tim Kasser durante uma conferência sobre as relações entre o budismo e a sociedade de consumo, realizada em Bangcoc em 2008: "Hoje de manhã, passei momentos maravilhosos com meu filho num parque. Além da alegria de estarmos juntos, descobrimos muitas espécies de flores tropicais e de pássaros multicoloridos, e curtimos a beleza e a calma do lugar. Imaginemos que, em vez disso, eu tivesse levado meu filho para fazer compras num supermercado, e na saída tivéssemos entrado num triciclo 'tuk-tuk' com motorista para transporte e ele tivesse batido num carro. Teríamos que ter levado nosso motorista levemente ferido ao hospital, e uma multa teria sido dada ao motorista do veículo, responsável pela batida: tudo isso estaria bem melhor para o PIB".

Um dos primeiros economistas modernos, Jean-Baptiste Say, ressaltava já em 1803 que o ar, a água e a luz do sol não são bens aos quais damos o nome de "riquezas".[23] Entretanto, é evidente que tanto a qualidade do ar como a da água influenciam profundamente a qualidade de vida e, junto com a luz solar, uma fonte inesgotável de energia renovável, devem ser consideradas um capital natural. Wijkman, um político, e Rockström, um cientista ambiental, chamam também nossa atenção para o fato de não podermos substituir indefinidamente os bens naturais por bens artificiais: substituir madeira por plástico e o trabalho humano por máquinas tem limites.[24] Nada pode substituir o ar puro, uma vegetação intacta e terras boas e férteis. Portanto, é essencial distinguir e avaliar em seu justo valor os diferentes tipos de capitais – industriais, financeiros, humanos e naturais – e conferir a cada um a importância que eles merecem.

Além disso, o PIB vai continuar a crescer desde que o país se enriqueça globalmente, mesmo que os 1% mais ricos concentrem a maior parte das riquezas adquiridas, ao passo que a Felicidade Interna Bruta é incompatível com a injustiça social e as desigualdades crescentes entre ricos e pobres.

Existem muitos outros exemplos dessa maneira absurda de elaborar a contabilidade: segundo o dogma econômico em vigor, quanto mais queimarmos combustíveis fósseis e, em decorrência, produzirmos gases de efeito estufa, mais o PIB aumentará e mais nos tornaremos "ricos". As verdadeiras consequências negativas da mudança climática continuam invisíveis – de imediato, pelo menos. O exemplo dos vazamentos de petróleo que devastaram o Golfo do México mostra que o verdadeiro custo da gasolina nunca se reflete no preço da gasolina nos postos, já que os sistemas de contabilidade atuais ignoram os danos ecológicos. Por cúmulo da ironia, mesmo as despesas com limpeza e recuperação dos locais afetados são refletidas como aumento do PIB.

O fato de o capital natural ter sofrido perdas consideráveis e o fato de alguns ecossistemas estarem a ponto de uma degradação irreversível não são refletidos em lugar algum do tratamento contábil. Os únicos números negativos eventualmente levados em conta são os referentes ao desgaste de máquinas e instalações, jamais a degradação do planeta.[25]

Os economistas relutam, em particular, em levar em conta as "externalidades", termo que faz referência às consequências indiretas das atividades econômicas. Uma empresa de exploração florestal que arrasa mil hectares de terreno não inclui de nenhuma forma em sua contabilidade a externalidade representada pelo déficit de produção de oxigênio e de absorção do CO_2, pela erosão dos solos e pela perda da biodiversidade provocados pelo desaparecimento das árvores.

O próprio termo *externalidade* revela muito bem a que ponto os efeitos nefastos das atividades econômicas sobre o meio ambiente são considerados inconvenientes secundários e meras perturbações indesejáveis na condução dos negócios. Na realidade, em razão da gravidade de seu impacto sobre as condições de vida, essas externalidades adquiriram uma tal importância, a ponto de eclipsar as preocupações centrais dos economistas. É necessário, portanto, abandonar o conceito de externalidade e integrar as variáveis que ele representa nas avaliações econômicas.

Em suma, o capital natural – o valor das florestas intactas, das reservas de água doce, das regiões úmidas, da biodiversidade – deve ser avaliado em seu justo valor e incluído no balanço econômico de um país, da mesma forma que as receitas financeiras ou as reservas em ouro, por exemplo. Ele representa na verdade um tesouro inestimável, e uma economia que não inclua esse capital natural é fundamentalmente distorcida.

De fato, sob a égide das Nações Unidas, o grupo de estudo A Economia dos Ecossistemas e da Biodiversidade (The Economy of Ecosystems and Biodiversity, ou TEEB) realizou uma série de pesquisas que permitiram lançar as bases de um sistema de contabilidade nacional que leve em conta o estado dos ecossistemas.

No Butão, na Comissão da Felicidade Interna Bruta dirigida por Dasho Karma Ura, numerosos especialistas internacionais, inspirados por essa experiência única, prestam seus serviços para assegurar o sucesso desses novos dados econômicos. Robert Costanza e Ida Kubiszewski, em especial, apresentaram a primeira estimativa jamais realizada do valor econômico do capital natural de um país – no caso, o Butão –, a saber, 760 bilhões de ngultrums (moeda butanesa), equivalente a € 11 bilhões, pelos serviços prestados pelo ecossistema a cada ano. Isso significa 4,4 vezes mais que o PIB butanês. Além disso, os serviços prestados pelo ecossistema, as florestas em primeiro lugar, vão além das fronteiras do Butão, visto que elas participam da regulação do clima, armazenando o carbono e protegendo as bacias fluviais que beneficiam outros países. A contabilidade nacional do Butão integra também o capital social, incluindo o tempo disponível que as pessoas oferecem voluntariamente para a ajuda de seus semelhantes ao limpar a sujeira, reparar os monumentos públicos ou religiosos, combater os incêndios ou auxiliar os doentes, os idosos e os portadores de deficiências. Também são levados em conta os custos negativos com a saúde ligados ao alcoolismo (em vez de contabilizar positivamente a venda de álcool) e outros bens de consumo nocivos.

Esse novo paradigma econômico permite portanto avaliar e incluir na contabilidade nacional as economias obtidas quando a criminalidade diminui, com os lucros obtidos pelo sistema de saúde após a proibição da venda de tabaco (mortalidade menos elevada pela diminuição de câncer de pulmão, doenças cardíacas e doenças respiratórias).

Quanto ao bem-estar subjetivo, os butaneses, sob o impulso de Dasho Karma Ura, desenvolveram uma série de questionários muito mais detalhados e sofisticados do que a maioria das pesquisas utilizadas no mundo para avaliar a felicidade subjetiva. As questões apresentadas a 8 mil pessoas, o que constitui uma amostragem representativa da população, incluem, por exemplo: "Quantas vezes você sentiu ciúmes nos últimos quinze dias?", ou "Qual é a qualidade de seu sono?", "Se você ficar doente, com quantas pessoas você pode contar?", "De quanto tempo você dispõe para conversar com os vizinhos?", "Fala frequentemente sobre espiritualidade com seus filhos?, ou ainda: "Pratica meditação?"

De acordo com o primeiro-ministro: "Se pudermos demonstrar a viabilidade prática de uma contabilidade que funcione com base na FIB (e não no PIB), capaz de estabelecer um objetivo e avançar de maneira saudável e equilibrada, essa demonstração constituirá uma das maiores contribuições de nosso pequeno país para o resto do mundo".

Uma ecologia do bem-estar

Temos insistido muito no meio ambiente como riqueza natural, e na importância essencial de sua preservação para a prosperidade futura da biosfera. No entanto, é preciso também destacar que a presença de um ambiente natural saudável contribui notoriamente para o bem-estar subjetivo. Em seu livro intitulado *Une écologie du bonheur* [Uma ecologia da felicidade], Éric Lambin, professor das Universidades de Louvain e de Stanford, apresenta uma síntese de inúmeros trabalhos que revelam que, a despeito das contingências da vida moderna, permanecemos intimamente ligados à Natureza.[26]

O físico esloveno Aleksander Zidansek demonstrou, particularmente, uma correlação positiva entre a satisfação de vida – subjetiva – dos habitantes de um determinado país e o índice do desempenho ambiental desse país.[27] Também mostrou que o índice de emissão de dióxido de carbono de um país é inversamente proporcional ao bem-estar de seus cidadãos.

Quanto ao pai da sociobiologia, E. O. Wilson, ele fala de "biofilia" e constata a que ponto o homem tem uma afinidade emocional inata com os outros seres vivos, com o mundo vegetal e com as paisagens naturais. Essa relação imemorial com a Natureza, integrada de maneira profunda em nossa constituição biológica, foi objeto de uma pesquisa científica particularmente interessante. Assim, quando são mostradas a diferentes pessoas algumas fotografias com paisagens variadas, as mais apreciadas são as que representam amplas paisagens de savanas verdejantes, polvilhadas de pequenos bosques e com rios e lagos.[28]

É surpreendente notar que essa preferência se observa seja qual for a origem geográfica das pessoas pesquisadas, incluindo os esquimós que, no entanto, nunca viram paisagens semelhantes! Essas reações se explicam talvez pelo fato de que, para nossos ancestrais, originários das regiões subsaarianas, os lugares com pequenas elevações, com visão desimpedida e algumas árvores para abrigo, ofereciam um ponto de visão ideal para vigiar tanto os predadores, que eles temiam, quanto a caça de que se alimentavam. O aspecto verdejante evoca a abundância, e os pontos de água evocam as condições favoráveis à sobrevivência. A contemplação dessas paisagens provoca na maioria das pessoas um sentimento de paz, segurança e contentamento.

Um estudo publicado na revista *Science* pelo geógrafo Roger Ulrich dos Estados Unidos também revelou que os pacientes em convalescência, após uma intervenção cirúrgica, se recuperavam mais rapidamente quando o quarto do hospital está voltado para uma paisagem natural – um parque ou lago – do que quando voltado para um muro de tijolos ou uma construção. Os primeiros tinham alta do hospital, em média, um dia antes que os outros; tinham menos necessidade de medicação para dor e as enfermeiras consideravam que eram pacientes mais agradáveis.[29]

Da mesma forma, observou-se numa prisão do estado de Michigan que os prisioneiros cuja janela da cela dava para um corredor interno recorriam ao atendimento médico com uma frequência 24% superior à dos prisioneiros de cuja janela podiam ver uma paisagem campestre.[30]

Mutualidade: integrar o capital econômico, o capital social e o capital natural dentro da empresa

Uma empresa capitalista pode aplicar os princípios de harmonia sustentável e levar em consideração, em suas atividades, os três indicadores de prosperidade material, de satisfação de vida e de preservação ambiental que descrevemos neste capítulo? Seja como for, esse é o projeto da empresa Mars, conhecida pelas barras de chocolate de mesmo nome, embora ela comercialize muitos outros produtos alimentícios – Snickers, Bounty, o arroz Uncle Ben's, Suzi Wan, diversas marcas de chá e café, alimentos para animais domésticos (Pedigree, Petcare, Whiskas), como também sementes orgânicas (Seeds of Change). A Mars emprega diretamente 80 mil pessoas, tem 160 fábricas e um capital de US$ 35 bilhões (vinte vezes mais que a Danone, para ter um ponto de comparação). Empresa familiar sem ações negociadas em bolsa de valores, ela pode decidir livremente seus rumos.

Há dez anos, a Mars pediu a uma equipe dirigida pelo economista francês Bruno Roche para realizar um sistema que permitisse conciliar as três exigências, ou seja: a prosperidade econômica, a qualidade de vida de todos os envolvidos nas atividades da empresa, inclusive os pequenos produtores locais, e a preservação ambiental. Para isso, era necessário que a Mars estivesse disposta a limitar seus lucros para integrar os dois outros componentes.

Bruno Roche concebeu assim o conceito de "mutualidade" que, segundo ele, pode permitir enfrentar os desafios contemporâneos ligados à rarefação dos recursos naturais, à degradação ambiental e aos efeitos nefastos das desigualdades sociais.

A expressão "economia da mutualidade" remete ao fato de que os lucros devem ser *mutuamente compartilhados* pelos investidores, pelos trabalhadores e pela Natureza. Ela está fundamentada em três pilares que devem ser respeitados e cuja perenidade deve ser assegurada: a *Natureza* que fornece recursos e da qual é preciso cuidar, o *trabalho* que utiliza e transforma esses recursos e que deve ser remunerado de forma justa, e o *capital* que permite garantir a continuidade entre diversos projetos consecutivos. A Natureza, o trabalho e o capital devem ser "remunerados", cada um à sua maneira, se quisermos evitar desequilíbrios entre esses três pilares da prosperidade.

Como explicou-me Bruno Roche durante debates que tivemos há alguns anos, diferentes escolas de pensamento deram continuidade a abordagens desequilibradas em relação a esses três pilares: as economias marxistas desejam remunerar o trabalho às custas do capital e da Natureza, as economias do livre mercado completamente desregulado querem remunerar unicamente o capital, enquanto os ecologistas puros priorizam apenas a proteção da Natureza. Segundo Bruno Roche, é indispensável integrar de maneira construtiva os três componentes onipresentes nas atividades humanas.

A economia da mutualidade leva em consideração o bem-estar das pessoas envolvidas nas atividades econômicas, e também está disposta a limitar o lucro para proteger os recursos naturais. A Mars lançou recentemente um projeto piloto num setor de sua atividade (café) e, se tudo ocorrer como previsto, irá estender esse sistema a toda a empresa. Embora permaneça até o momento muito discreta em relação à sua iniciativa, a Mars espera inspirar outras empresas na adoção desse modelo alternativo de desenvolvimento sustentável.

Entre a filantropia, que é um comportamento de doação, e a empresa social, que investe os lucros numa causa social e não distribui dividendos a seus acionistas, a economia da mutualidade pode permitir às grandes empresas funcionar com mais respeito pela Felicidade Interna Bruta e pela biosfera.

Em seu livro intitulado *A terceira revolução industrial*, o cientista político Jeremy Rifkin conclui:

> Nossa tarefa crucial e imediata é colocar o capital público, o capital privado e, principalmente, o capital social da humanidade a serviço de uma missão: fazer o mundo passar para uma economia de terceira revolução industrial e a uma era pós-carbono. [...] Somente quando começarmos a pensar em família expandida, mundial – que não inclui só a nossa própria espécie, mas também todos os nossos companheiros de viagem neste habitat evolucionista que é a Terra – é que seremos capazes de salvar nossa comunidade biosférica e recuperar o planeta para nossos descendentes.[31]

43. Engajamento local, responsabilidade global

*Um político pensa na próxima eleição,
um estadista pensa na próxima geração.*
James Freeman Clarke*

O NACIONALISMO É PARA OS PAÍSES O QUE O INDIVIDUALISMO É PARA OS INDIVÍDUOS. Assim como os problemas da sociedade só podem ser resolvidos com a participação de cada um na implantação de soluções concebidas de modo coletivo, os problemas mundiais só podem ser solucionados com a colaboração das nações, em instituições transnacionais cuja autoridade seja reconhecida por elas.

Para fazer face aos múltiplos desafios que atingem a nós todos, principalmente aos desafios da degradação ambiental, os chefes de Estado deveriam exercer no nível mundial um papel equivalente ao das autoridades regionais de uma nação.** Ao mesmo tempo que administram as questões nacionais, eles deveriam transferir a autoridades transnacionais o poder de tomar decisões que afetam o destino de todo o planeta.

O aquecimento da atmosfera, a perda da biodiversidade, a poluição do ar, da terra e da água, o derretimento das geleiras e a degradação dos oceanos constituem problemas cujo controle ultrapassa amplamente as capacidades das comunidades locais isoladas. Essas devem, no entanto, estar estreitamente implicadas na implantação de soluções mundiais.

Todos esses fenômenos estão fortemente interligados, mas estão também ligados às questões de saúde, de pobreza, de direitos humanos, de desregulamentação dos sistemas financeiros e muitas outras dificuldades. Portanto, é indispensável que sejam apresentadas soluções integradas que possam reger a condução mundial dos assuntos humanos.

Se uma única nação mundial não é, segundo o filósofo André Comte-Sponville, possível nem desejável, precisamos obviamente de uma política mundial que vise "o sentido de uma humanidade una, num planeta único, que tente preservar o essencial. [...] Uma governança mundial não será feita contra as nações, nem sem elas".[1]

Para Pascal Lamy, que foi durante oito anos diretor da OMC: "A governança mundial define as linhas do sistema que instauramos para ajudar a sociedade humana a alcançar seu objetivo comum de maneira sustentável, ou seja, com equidade e justiça".[2]

---
* James Freeman Clark (1810-1888) foi um teólogo dos Estados Unidos, defensor dos direitos humanos e ativista social.
** Agradeço ao meu amigo Thierry Lombard, filantropo e associado da Lombard-Odier & Co, pelos debates que tivemos a respeito deste assunto.

Segundo ele, a melhor maneira de instaurar mais justiça e equidade é ter mais governança mundial. É a gestão dos bens mundiais coletivos – dos bens ambientais, em especial – que constitui a base da governança mundial, considerando que as respostas puramente nacionais já não bastam. Essa é também a opinião de Laurence Tubiana, fundadora do Instituto de Relações Internacionais e Desenvolvimento Sustentável, e de Jean-Michel Severino, ex-diretor da Agência Francesa de Desenvolvimento, para quem "o retorno ao foco doutrinal de cooperação internacional em torno do conceito de bens públicos permite [...] sair dos impasses das negociações internacionais sobre o desenvolvimento, sendo que a percepção dos interesses comuns pode recuperar uma solidariedade internacional que está perdendo o fôlego".[3]

Conforme o apelo lançado pelos membros do Collegium International* em março de 2012: "Uma ordem mundial de funcionamento do globo tornou-se inevitável". Para tanto, é preciso que homens e mulheres do mundo inteiro reconheçam suas interdependências múltiplas, entre continentes, entre nações e entre indivíduos, e que tomem consciência de seu destino comum. Os interesses da comunidade humana somente podem ser salvaguardados por meio de medidas comuns a todos, ao passo que se chocam com a miopia dos interesses nacionais, os egoísmos locais, a hegemonia das empresas multinacionais, as manipulações dos *lobbies* que dominam os políticos, transformando frequentemente o cenário internacional em foro de negociatas muitas vezes sórdidas.

Que governo para o mundo?

O termo *governança*, ou a "arte ou maneira de governar", era empregado em francês arcaico até o século XIV como sinônimo de governo. Após ter caído em desuso, reapareceu nos anos 1990 graças ao inglês *governance*. Embora esse vocábulo irrite alguns pensadores, como o acadêmico canadense Alain Deneault, que o considera uma forma de disfarçar o poder das empresas privadas sobre o Estado[4], a expressão "governança mundial" designa atualmente o conjunto de regras de organização das sociedades humanas em escala planetária.[5]

Segundo Pierre Jacquet, diretor do Instituto Francês de Relações Internacionais, o economista Jean Pisani-Ferry e Laurence Tubiana: "Para que a escolha da integração internacional seja sustentável, é necessário que as populações percebam os respectivos benefícios, que as nações se entendam sobre suas finalidades e que as instituições que as governam sejam reconhecidas como legítimas".[6] Essas três condições estão ainda precariamente preenchidas.

Instâncias internacionais dotadas de poder executivo devem ter autoridade para reger tudo que diga respeito sobretudo à saúde global, aos direitos humanos e dos animais, à justiça internacional, à pobreza, ao controle de armas e às questões ambientais.

---

* O Collegium International conta, ou contava, entre seus membros, em especial, Edgar Morin, Michel Rocard, Mireille Delmas-Marty, Richard von Weizsäcker, Stéphane Hessel, Fernando Henrique Cardoso, Peter Sloterdijk, Patrick Viveret, Ruth Dreifuss e muitos outros.

A construção de uma governança mundial responsável, que permita adaptar a organização política da sociedade à globalização, implica na formação de uma legitimidade política democrática em todas as escalas: local, nacional, regional e mundial. Para tanto, é necessário um sistema de organizações internacionais justas, transparentes, democráticas e dotadas de recursos e de grande capacidade de intervenção.

Já mencionamos os avanços notórios que ocorreram no século XX: a adoção da Declaração Universal dos Direitos Humanos, a criação das Nações Unidas, da OMS, da OMC, da FAO, da OIT, da Corte Internacional de Justiça, da Comunidade Europeia e muitas outras instâncias internacionais. Esses órgãos já realizaram um trabalho considerável, embora às vezes sofram entraves por aqueles que colocam os interesses nacionais na frente dos da comunidade mundial, bem como por conflitos de interesses.

Outros órgãos são mais contestados, principalmente as instituições financeiras internacionais, o Banco Mundial, o FMI e o Banco de Compensações Internacionais (Bank for International Settlements, BIS), visto que continuam, em sua maioria, sob controle dos Estados Unidos, que ali ditam sua lei. A China e a Índia, que representam hoje cerca de um quarto do PIB mundial, só têm direito a 5% dos votos.[7] Como destaca Joseph Stiglitz: "A necessidade de instituições internacionais, como o FMI, o Banco Mundial e a OMC, nunca foi tão grande, mas a confiança que lhes é conferida nunca foi tão pequena".[8] O FMI e o Banco Mundial, por exemplo, auxiliam os países em desenvolvimento, mas os forçam, por outro lado, a abrir seus mercados aos produtos ocidentais, agrícolas por exemplo, que são subvencionados, e a adotar reestruturações que prejudicam a economia local desses países, particularmente os pequenos produtores, que não podem concorrer com as multinacionais.

Jacquet, Pisani-Ferry e Tubiana falam da incompletude das instâncias internacionais, atribuível à defasagem que "se acentuou entre a natureza dos problemas a serem resolvidos e a arquitetura institucional: esta não reflete a hierarquia dos problemas atuais. Por exemplo, o meio ambiente tornou-se um motivo de preocupação e de negociação central, porém não se beneficia de um suporte institucional na medida de sua importância".[9]

Como avançar de um engajamento local para uma responsabilidade global? É preciso integrar três níveis de transformação: individual, comunitária e global.

Transformar-se para transformar o mundo

Esse poderia ser o lema de um envolvimento pessoal imbuído de um sentimento de responsabilidade global. O fato de estar mergulhado há doze anos no mundo da ação humanitária mostrou-me que os grãos de areia que muitas vezes travam as engrenagens resultam da corrupção, do conflito de egos e de outras imperfeições humanas. No intuito de ajudar os outros, acaba-se por perder totalmente de vista o objetivo virtuoso que se havia fixado.

Querer trabalhar de maneira impetuosa para o bem do outro, sem primeiro estar preparado, é como querer operar de imediato doentes na rua sem ter o tempo necessário para aprender medicina e construir hospitais. É verdade que os anos de estudo e os inúmeros trabalhos necessários à construção de um hospital não curam ninguém, mas uma vez realizados, eles permitem curar doentes com muito mais eficácia.

A primeira coisa a ser feita quando se quer servir os outros é desenvolver em si mesmo níveis suficientes de compaixão, amor altruísta e coragem para poder colocar-se a serviço dos outros, sem trair seu objetivo inicial. Sanar seu próprio egocentrismo é um poderoso meio de servir aos outros. Portanto, não se deve subestimar a importância da transformação pessoal.

Engajamento comunitário: a revolução das ONGs

Depois da transformação pessoal vem o engajamento comunitário. Em *Une brève histoire de l'avenir* [Uma breve história do futuro], Jacques Attali declara que nos dirigimos no sentido de um aumento expressivo do poder do altruísmo com as organizações não governamentais que, segundo ele, um dia serão as que governarão o mundo.[10]

Para isso, as ONGs, oriundas de engajamentos locais e de movimentos sociais, devem saber cooperar a fim de criar uma sinergia global e expandir suas capacidades de ação.

Segundo o psicólogo Paul Ekman, o que diferencia os membros de uma ONG, fortemente motivados, e os membros das grandes organizações internacionais, frequentemente distantes do foco de ação, é o sentimento de um vínculo emocional com aqueles cujas condições nos esforçamos em melhorar, e com aqueles que compartilham nossa visão e nos acompanham em nossa ação.

O engajamento comunitário é muitas vezes colocado em movimento pela força das ideias, pela imaginação criadora e pelo poder de inspiração de grandes figuras morais como Nelson Mandela ou o Dalai Lama, assim como de empreendedores sociais que aliam uma visão altruísta a longo prazo a uma notável eficácia na ação, como Muhammad Yunus, Fazle Abed, Vandana Shiva, Bunker Roy e muitos outros. É preciso despertar a esperança e reacender o entusiasmo, ao mesmo tempo que se adotam soluções pragmáticas que possam ser reproduzidas em grande escala.

A influência das ONGs ambientais permitiu chegar ao Protocolo de Kyoto, cujo objetivo é reduzir emissões de gases de efeito estufa. Os trabalhos da Handicap International e da ONG Campanha Internacional para a Eliminação de Minas Terrestres, que rendeu à sua diretora Jody Williams o Prêmio Nobel da Paz, resultaram no Tratado de Ottawa, que proíbe minas antipessoais. A Anistia Internacional e a Federação Internacional dos Direitos Humanos também ajudaram na criação do Tribunal Penal Internacional. As campanhas do Greenpeace resultaram em muitas medidas importantes, embora ainda insuficientes, para proteger o meio ambiente.

As grandes ONGs internacionais, como Oxfam, Care, Anistia Internacional, Human Rights Watch, Médicos sem Fronteiras, Médicos do Mundo, Save the Children, Ação contra a Fome, Greenpeace ou Max Havelaar, produzem bens públicos mundiais, porém ainda exercem pouca influência nos países submetidos a regimes ditatoriais, visto que a mera denominação "organização não governamental" já é percebida como uma ameaça. Já nas nações democráticas, sua estatura independente e objetiva lhes permite mobilizar a opinião pública, propor soluções e, com maior ou menor êxito, influenciar os governos.

Por sua vez, as pequenas ONGs, que chegam a milhões, são geralmente capazes de realizar ações muito benéficas no nível local evitando, na medida do possível, atrair sobre elas a ira dos regimes autoritários, e efetuar, na área da saúde, da educação e dos serviços sociais, um trabalho que deveria ser normalmente assumido por um governo funcional. Elas são a expressão do espírito de solidariedade e de determinação que é encontrado em todas as sociedades no nível da população civil.

Atribuir maior importância à sociedade civil

Henry Mintzberg, professor canadense da Universidade McGill, mundialmente reconhecido na área de administração, propõe uma revitalização radical da sociedade civil, que ele chama de setor "plural", incluindo organizações filantrópicas, fundações, organizações comunitárias e não governamentais, associações profissionais, cooperativas, sistemas solidários de mutualidade, estabelecimentos de saúde, escolas e universidades sem fins lucrativos, e muitas organizações que têm, por natureza, maior facilidade em promover uma dinâmica coletiva de criação de valor, e adotar um comportamento responsável em relação aos bens comuns: os recursos naturais e as comunidades humanas.[11]

Ele avalia que devemos transcender as políticas lineares de esquerda, de direita e de centro, e compreender que uma sociedade equilibrada, tal como um tripé estável, deve repousar sobre três pilares sólidos: um setor público de forças políticas que se manifesta em governos respeitados, um setor privado de forças econômicas que se manifesta em empresas responsáveis, e um setor plural de forças sociais que se manifesta em comunidades civis robustas. Uma sociedade harmoniosa e solidária reside, portanto, no equilíbrio desses três setores: "Cada um deve desempenhar seu papel. Se o setor público é a cabeça e o setor privado o estômago, o setor plural é o coração da sociedade". Atualmente, o setor plural é o mais fraco dos três e deve ser reforçado para ocupar seu lugar ao lado dos outros dois, se quisermos alcançar um equilíbrio na sociedade. "Alguns países, como os Estados Unidos ou o Reino Unido, devem desenvolvê-lo diante do peso esmagador do setor privado; outros, como a China, também devem desenvolvê-lo frente ao peso também esmagador do setor público; o Brasil, talvez a Índia, estão, na minha opinião, mais próximos do equilíbrio entre os três setores, e são neste sentido os melhores agentes do modelo econômico futuro".[12]

De maneira provocadora, Mintzberg define assim o credo da sociedade capitalista: a ganância é boa, os mercados são sacrossantos, a propriedade privada é sagrada e os governos são suspeitos. Tal credo não é mais condescendente com os governos autoritários que, no extremo oposto, retiram o poder das mãos dos cidadãos para colocá-lo inteiramente sob o manto do Estado. Nos dois casos, o resultado é o desequilíbrio.

Para Mintzberg, as estruturas de governança estão presas numa forma de democracia individualista que remonta ao século XVIII, ao passo que a resolução dos problemas atuais exige principalmente esforços de cooperação no nível internacional. Ele considera que os grupos comunitários do setor plural são os mais adequados à criação de iniciativas sociais de que precisamos. Muitíssimas iniciativas como essas estão atualmente em curso por intermédio das mídias sociais, mas muitas outras são necessárias para contornar as alianças pouco saudáveis entre as grandes empresas e os governos. Segundo Mintzberg, em vez de fazer tanto esforço para explorar e por último esgotar os recursos naturais, é chegado o tempo de explorar muito mais a nossa engenhosidade e transcender o individualismo, a fim de acolher as necessidades das gerações futuras e do nosso planeta.

Em *La Troisième Révolution Industrielle* [A terceira Revolução Industrial], Jeremy Rifkin descreve a sociedade civil como o lugar em que os humanos criam capital social. Ele lastima também que a sociedade civil seja geralmente relegada a segundo plano na vida social e considerada marginal em relação à economia e ao Estado, ao passo que ela é, na verdade, o espaço principal em que se desenvolve a civilização:

> Não há na História, segundo meu conhecimento, nenhum exemplo de povo que tenha criado primeiramente os mercados e Estados, e em seguida uma cultura. Os mercados e os Estados constituem prolongamentos da cultura. [...] A sociedade civil é o espaço em que criamos o capital social que é, na realidade, confiança acumulada, e é este capital que se investe nos mercados e nos Estados. Se esses destroem a confiança social que ela depositou neles, a população cessará de apoiá--los ou imporá sua reorganização.[13]

Rifkin lembra que a sociedade civil é também uma força econômica emergente e que um estudo realizado em 2010 em mais de quarenta países, pelo Johns Hopkins Center for Civil Society Studies revelou que o "terceiro setor" sem fins lucrativos representa em média 5% do PIB nos oito países onde esse estudo foi aprofundado,[14] ou mais, por exemplo, do que as companhias de eletricidade, de gás e de água, e aproximadamente o mesmo que a construção civil (5,1%).[15]

Em muitos países, o terceiro setor representa também um importante percentual dos empregos. Milhões de pessoas trabalham nele voluntariamente, todavia milhões de outras trabalham nessas mesmas organizações como assalariados. O setor com fins não lucrativos emprega aproximadamente 5,6% da população economicamente ativa nos 42 países estudados. Na atualidade, o crescimento do setor com fins não lucrativos é mais elevado na Europa.[16]

Ao contrário do que ocorria há uma década, muitos jovens desprezam os empregos tradicionais no setor privado e no setor público e preferem trabalhar no terceiro setor sem fins lucrativos.[17]

Integrar a compreensão da interdependência

Para passar do engajamento comunitário à responsabilidade global, é indispensável conscientizar-se da interdependência de todas as coisas e assimilar essa visão de mundo, de modo que nossa maneira de agir seja transformada por ela. O altruísmo e a compaixão estão intimamente ligados a essa compreensão da interdependência, que permite derrubar o muro ilusório que nós erguemos entre o "eu" e o "outro", entre "eu" e "nós", tornando-nos responsáveis pela nossa Terra e seus habitantes, tal como explica o Dalai Lama:

> Adquirir um sentimento de responsabilidade universal – perceber a dimensão universal de cada um de nossos atos e o direito de todos à felicidade e ao não sofrimento –, significa adquirir uma atitude mental que, quando temos uma oportunidade de ajudar o outro, nos leva a agarrá-la em vez de nos preocuparmos apenas com nossos pequenos interesses pessoais.[18]

A globalização tanto para o melhor como para o pior

Como vincular de maneira altruísta a ação comunitária local a uma ação que envolva todo o planeta? Em *Le Chemin de l'espérance* [O caminho da esperança], Stéphane Hessel e Edgar Morin examinam os aspectos geralmente antagonistas da globalização:

> A globalização constitui ao mesmo tempo o melhor e o pior do que pôde acontecer à humanidade. O melhor, porque todos os fragmentos da humanidade tornaram-se pela primeira vez interdependentes e vivem um destino comum a todos. [...] O pior, porque ela deu lugar a uma corrida desenfreada em direção a catástrofes em cadeia.[19]

Essa também é a opinião do economista Joseph Stiglitz, aos olhos de quem a globalização não é má por si só, mas se torna perversa quando os Estados a administram essencialmente em benefício de interesses particulares, sobretudo os das multinacionais ou dos ditadores. Ligar os povos, os países e as economias ao redor do globo pode ser tão eficaz para estimular a prosperidade quanto para propagar a ganância e acentuar a miséria.[20]

Enquanto 70% de sua população vive abaixo do limiar de pobreza, a Nigéria, por exemplo, tem muitos bilionários que enriqueceram graças à venda mundial de suas riquezas petrolíferas. Nesses casos, a globalização é pervertida pela aliança de más instituições políticas – que permitem o enriquecimento privado de oligarcas – com multinacionais cujo único objetivo é inflar indefinidamente seus lucros, deixando as comunidades locais afundar na pobreza. Como ressaltou o historiador Francis Fukuyama, dos Estados Unidos, as más instituições existem porque é de interesse de grupos políticos no poder manter essa situação, por mais deletéria que seja para o país como um todo.[21]

Para Joseph Stiglitz, "a globalização *tal como ela é atualmente administrada*, não permite o avanço da eficácia mundial nem da justiça".[22] Uma globalização irrestrita e sem consideração aprofundada da situação de todos aqueles que são afetados não pode atender de modo eficaz à maioria das populações e beneficia somente aos mais poderosos.

Segundo *The Globalization Paradox* [O paradoxo da globalização][23] de Dani Rodrik, professor em Harvard, embora a globalização econômica tenha elevado o nível de prosperidade dos países desenvolvidos, proporcionando trabalho a centenas de milhões de trabalhadores pobres na China e em outros lugares na Ásia – trabalho que consiste geralmente em verdadeira exploração –, esse conceito apoia-se em pilares oscilantes, e sua viabilidade a longo prazo não é de modo algum garantida. O cerne do argumento de Rodrik consiste no fato de ser impossível conciliar simultaneamente democracia, globalização e autodeterminação nacional e econômica. Quando se dá muito poder aos governos, o resultado é o protecionismo; quando se dá muita liberdade aos mercados, o resultado é uma economia mundial instável com muito pouco apoio social e político para aqueles que a globalização deveria ajudar. Rodrik é a favor de uma globalização inteligente, e não máxima e selvagem.

O que precisamos não é de uma globalização da exploração econômica dos países do terceiro mundo, mas de uma globalização do acesso à saúde, aos conhecimentos (conhecimentos científicos e conhecimentos ancestrais) e a condições de paz e de liberdade que permitam a cada um realizar o que tem de melhor. Para Hessel e Morin, é necessário ao mesmo tempo saber globalizar e desglobalizar: precisamos perpetuar e desenvolver "tudo o que a globalização nos dá de intersolidariedade e de fecundidade cultural"[24], porém é preciso a um só tempo desglobalizar para restituir às populações locais autonomia vital, favorecendo as diversidades culturais, a economia de cada local com suas características específicas, a agroecologia e a alimentação local, o artesanato e os comércios de proximidade, conservando as práticas e sabedorias tradicionais que resistiram durante séculos.

Pascal Lamy observa que "o fosso aumenta entre os desafios mundiais e as maneiras de enfrentá-los, e isso ninguém mais contesta hoje em dia. Uma das consequências mais importantes dessa distância é, creio, o sentimento de despossessão que se observa entre os cidadãos de nosso planeta. Despossessão de seu próprio destino, despossessão dos meios de agir no plano individual assim como no nacional

– sem falar do plano mundial".[25] Segundo ele, não é a globalização que gera esse sentimento, mas a ausência de meios de enfrentá-la adequadamente. É a ausência de governança democrática no nível exigido, o nível mundial.

Universalidade dos direitos, responsabilidade de cada um

Durante um diálogo entre Stéphane Hessel e o Dalai Lama, o primeiro destacou:

> O esforço dos redatores da Declaração Universal não envolve apenas o Ocidente, mas sim a universalidade dos seres humanos. Dentre os redatores havia um chinês, um libanês, latino-americanos, um indiano. Não foi por acaso que René Cassin conseguiu a adoção do adjetivo "universal" nesse texto, um caso único entre os textos internacionais. Não devemos deixar os ditadores refugiarem-se atrás da acusação de ocidentalismo desse texto para escapar de suas exigências.[26]

O Dalai Lama confirmou essa avaliação sem ambiguidade:

> Alguns governos da Ásia alegaram que os critérios dos direitos humanos enunciados na Declaração Universal são os reivindicados pelo Ocidente, e que não podem ser aplicados à Ásia e outras partes do terceiro mundo em virtude de diferenças culturais e de níveis desiguais de desenvolvimento social e econômico. Não compartilho desse ponto de vista [...], pois é da natureza de todos os seres humanos aspirar à liberdade, à igualdade, à dignidade, e os orientais têm o mesmo direito que os outros. [...] A diversidade das culturas e das tradições de modo algum pode justificar violações dos direitos humanos. Assim, as discriminações contra as mulheres, contra pessoas de origem diferente, e contra as categorias mais frágeis da sociedade podem decorrer da tradição em certas regiões, mas se elas vão contra os direitos humanos universalmente reconhecidos, então essas formas de comportamento devem mudar.

Uma democracia informada e uma meritocracia responsável

Como os povos podem chegar ao melhor governo possível? Como disse o Dalai Lama depois de ter "livre, feliz e orgulhosamente" dado fim a quatro séculos de uma tradição de aliança entre o poder espiritual e o poder temporal na administração tibetana: "O tempo de domínio dos ditadores e dos chefes religiosos sobre os governos acabou. O mundo pertence a 7 bilhões de seres humanos, e cabe a eles e somente a eles decidirem de forma democrática o destino da humanidade". Tais são as palavras que ele vem pronunciando reiteradas vezes desde 2011, quando abandonou as últimas prerrogativas políticas que eram até então associadas à sua função, ao final de um processo de democratização das instituições tibetanas que ele empreendeu desde sua chegada no exílio em solo indiano.

"A democracia", brincava Churchill, "é a pior forma de governo, à exceção de todas as outras que foram experimentadas".[27] Como fazer, efetivamente, para que as melhores decisões da população como um todo possam emergir de uma imensa massa de indivíduos que nem sempre têm acesso a um saber que lhes permita fazer escolher com pleno conhecimento de causa? Os ditadores resolveram a questão decidindo por todo mundo, e os chefes religiosos arbitrando segundo os dogmas de suas respectivas religiões. Com raras exceções, tanto os primeiros como os segundos causaram, e causam ainda, incomensuráveis sofrimentos.

A maioria das tribos primitivas, como vimos, era de natureza fundamentalmente igualitária. Quando se tornaram sedentários, via de regra eram os indivíduos considerados mais sábios, os que tinham mais experiência e haviam passado por provas, que eram escolhidos como chefes. A escolha dos dirigentes conciliava assim consenso e meritocracia. À medida que essas comunidades cresceram, acumularam riquezas e tornaram-se hierarquizadas, outros sistemas surgiram, sobretudo a conquista brutal do poder e a sujeição das populações à autoridade dos déspotas. A história humana acabou por mostrar que a democracia era a única forma de governo suscetível de respeitar as aspirações da maioria dos cidadãos.

Contudo, como evitar os desvios do populismo, decisões tomadas precipitadamente para satisfazer as demandas daqueles que julgam os atos dos políticos apenas em função das vantagens e dos inconvenientes a curto prazo? Os políticos asseguram sua reeleição atendendo a essas demandas e não ousam comprometer-se com reformas profundas cujos frutos não seriam colhidos de imediato, e que exigem, às vezes, decisões impopulares.

Os riscos da demagogia são hoje particularmente evidentes no caso da negação do aquecimento global, muito em voga nos Estados Unidos, negação essa cujos argumentos derreteriam cem vezes mais rápido que as geleiras do Ártico se a maioria da população, da mídia e dos políticos estivessem mais a par dos conhecimentos adquiridos pela ciência, e se aqueles que estão corretamente informados estivessem em condições de tomar as decisões necessárias à prosperidade da humanidade a longo prazo. É preciso também que a ciência se dobre menos às exigências dos mercados financeiros, que a distanciam da produção de conhecimentos em benefício de uma valorização econômica da pesquisa. A mercantilização da ciência e da medicina prioriza com frequência os interesses dos laboratórios farmacêuticos em detrimento dos pacientes, e os interesses das empresas agroalimentares em detrimento dos agricultores e consumidores.[28]

O Instituto Berggruen para a Governança, fundado pelo filantropo de origem alemã Nicolas Berggruen, que decidiu destinar sua fortuna à melhoria dos sistemas de governança no mundo, define a "governança inteligente"[29] como a realização de um equilíbrio entre uma meritocracia, construída graças a uma série de escolhas efetuadas em diferentes níveis da sociedade (das autoridades locais aos responsáveis nacionais), e um processo democrático que permite aos cidadãos impedir os desvios potenciais do poder relacionados à corrupção, ao nepotismo, aos abusos e ao totalitarismo.*

De acordo com Nicolas Berggruen e o editorialista político Nathan Gardels, uma *democracia informada* implica na descentralização máxima do poder de decisão, confiada a comunidades cidadãs ativas nas áreas de sua alçada.[30] A fim de administrar e integrar esses poderes interdependentes mas deslocados, é necessário, segundo esses autores, fundar uma instância política baseada nas competências e na experiência, que disponha de uma visão de conjunto do sistema e tome decisões relativas às questões do bem comum dos cidadãos. Essa instância constitui uma *meritocracia esclarecida*, protegida das pressões atinentes aos interesses imediatos de determinados grupos influentes. Entretanto, para continuar legítima, essa instância deve ser transparente, obrigada a prestar contas, e seu funcionamento deve ser supervisionado por representantes dos cidadãos, democraticamente eleitos.

Berggruen e Gardels concebem uma estrutura piramidal que estimularia o surgimento, a cada nível de representação, de comunidades em escala humana de eleitos que se conheçam e sejam capazes de julgar a experiência e a capacidade de seus pares.[31] Imaginemos que esse sistema seja aplicado a um país com 80 milhões de habitantes. O país é dividido em 100 distritos de 800 mil habitantes. Cada comunidade de 2 mil habitantes, constituindo um "bairro", elege 10 delegados. Esses se reúnem, deliberam e elegem um deles para ocupar uma vaga num conselho de "setor", composto de 20 membros que representam 40 mil habitantes ao todo. Esses elegem, por sua vez, 1 representante regional, e 20 representantes regionais elegem um deputado que representa um distrito de 800 mil habitantes e ocupa um assento no Parlamento Nacional, composto de 100 deputados.

Os eleitos representam assim grupos que, em diferentes níveis, refletem todo o corpo eleitoral. Esse sistema é notadamente utilizado na Austrália e na Irlanda. A diferença com a eleição direta de 1 deputado que representa 800 mil habitantes é que, a cada nível, as pessoas que elegem quem as representará no nível superior se conhecem e têm como avaliar pessoalmente a experiência, a sabedoria e a capacidade da pessoa eleita. A cada nível, os candidatos devem provar que dispõem de capacidade (conhecimentos e experiência) proporcional ao grau da responsabilidade necessária. Essa solução consiste portanto em fragmentar o sistema político em pequenas unidades administráveis, em escala humana, cada uma elegendo aquela que lhe é imediatamente superior.[32]

---

* O Conselho do Século XXI, viabilizado pelo Instituto Berggruen, reúne um grupo de personalidades, entre os quais Gordon Brown, Gerhard Schröder, Amartya Sen, Joseph Stiglitz, Francis Fukuyama e Pascal Lamy.

Em direção a uma federação mundial?

De seu lado, em *Demain qui gouvernera le monde?* [Amanhã quem governará o mundo?], Jacques Attali considera que o federalismo é a forma de administração do mundo que tem mais chances de ser eficaz. Uma governança mundial deve, na verdade, possuir uma dimensão de supranacionalidade sem no entanto ser centralizada. Daí o federalismo. "O federalismo", explica Attali, "obedece a três princípios: a *separação*, que consiste em repartir as competências legislativas entre o governo federal e os governos federados; a *autonomia*, que permite a cada nível de governo ser o único responsável em sua área de competência; a *apropriação*, graças à qual as entidades federadas, representadas dentro das instituições federais e participando da aprovação das leis federais, têm um sentimento de pertencer à comunidade e a suas regras, e têm a certeza de que o centro é capaz de manter a diversidade e o compromisso".[33] Em suma, conclui Attali:

> Para sobreviver, a humanidade deve ir muito mais longe que a atual conscientização de uma vaga "comunidade internacional". Ela deve conscientizar-se da unidade de seu destino e, em primeiro lugar, de sua existência como tal. Ela precisa compreender que, reunida, pode fazer muito mais que dividida.

Conclusão
Ousar o altruísmo

*Não é porque as coisas são difíceis que não ousamos.
É porque não ousamos que elas são difíceis.*
Sêneca

CHEGAMOS AO FIM DESTA LONGA AVENTURA. DE MINHA PARTE, ME CONSAGREI com paixão ao longo de cinco anos fecundos de pesquisa, de leituras e de encontros.

No início eu havia planejado tratar somente de dois temas centrais, a existência do altruísmo verdadeiro e a maneira de cultivá-lo. Mas seria possível ignorar o que se opõe ao altruísmo e o ameaça, o egocentrismo, a desvalorização do outro, a violência? Ao aprofundar minhas investigações, pouco a pouco descobri que o altruísmo exerca um papel determinante na maior parte das dimensões de nossa existência e, em especial, que ele era a chave da resolução das crises social, econômica e ecológica que atravessamos no momento atual. Por isso este ensaio veio a se expandir. Era preciso evitar simplificar uma realidade infinitamente complexa, na qual os diferentes fenômenos são interdependentes de forma tão ampla.

Ao longo desta década, tive a oportunidade de encontrar e dialogar com a maior parte dos pensadores, cientistas e economistas cujas conclusões e por vezes seus estudos apresentei aqui. Contudo, estou bem consciente que este trabalho de síntese permanece imperfeito e que alguns anos suplementares de pesquisa teriam me permitido oferecer aos leitores um conjunto de melhor resultado. Permanece o fato de que as ideias e os trabalhos científicos que pude reunir permitem fundamentar a hipótese que apresentei no início desta obra, a saber, que o altruísmo é o fio de Ariadne que permite ligar harmoniosamente as exigências da economia, a curto prazo, da satisfação de vida, a médio prazo, e de nosso meio ambiente futuro, a longo prazo. Desejo do fundo do coração que esta obra possa oferecer sua pedra, ainda que modesta, para a construção de um mundo melhor.

No entanto, para que as coisas mudem de fato, é preciso ousar o altruísmo. Ousar dizer que o altruísmo verdadeiro existe, que ele pode ser cultivado por cada um de nós, e que a evolução das culturas pode favorecer sua expansão. Ousar, do mesmo modo, ensiná-lo nas escolas como um precioso instrumento que permite às crianças realizar seu potencial natural de benevolência e de cooperação. Ousar afirmar que a economia não pode se contentar com a voz da razão e do interesse pessoal estrito, mas que ela deve também ouvir e fazer ouvir aquela da solicitude. Ousar levar seriamente em conta o destino das gerações futuras, e modificar a maneira como hoje exploramos o planeta que será delas amanhã. Ousar, enfim, proclamar que o altruísmo não é um luxo, mas uma necessidade.

Ainda que nos aproximemos de um perigoso ponto de não retorno no plano ambiental, temos no entanto o poder de superar essas dificuldades ao explorar de forma plena nossa extraordinária capacidade de cooperar uns com os outros: "A cooperação", lembra-nos o evolucionista Martin Nowak, "não foi somente o arquiteto principal de quatro bilhões de anos de evolução, mas constitui a melhor esperança para o futuro da humanidade e nos permitirá enfrentar os graves desafios à frente".[1]

Para fazer isto, devemos cultivar o altruísmo no plano individual, porque é aí que tudo começa. O altruísmo nos indica o que é bom fazer, mas também como é desejável ser e quais qualidades e virtudes devemos cultivar. Partindo de uma motivação benevolente, o altruísmo deve ser integrado na experiência vivida e refletir o caráter único de cada criatura e de cada situação. É necessário também promover o altruísmo no nível da sociedade por meio da educação, das instituições que respeitam os direitos de cada um e dos sistemas políticos e econômicos que permitem a todos florescer, sem no entanto sacrificar o bem-estar das gerações futuras. Enfim, é essencial associar em um esforço comum os diferentes movimentos que se empenham em promover o altruísmo e a cooperação: "A única coisa que pode resgatar a humanidade é a cooperação"[2], disse o filósofo e matemático Bertrand Russell.

O altruísmo foi o conceito central de minhas pesquisas pois ele é mais abrangente, mas não esqueçamos que no fundo se trata do amor, de um amor que se estende a todos, inclusive a si mesmo. "O melhor dos conselhos práticos que posso dar à geração atual é praticar a virtude do amor", disse ainda Bertrand Russell, que nisto vai ao encontro do Dalai Lama, que afirma com frequência que o amor e a compaixão são os próprios fundamentos da sociedade, e proclama: "Minha religião é a bondade". É deste modo que ele explicita seu pensamento em *Uma ética para o novo milênio – sabedoria milenar para o mundo de hoje*:

> A revolução espiritual que preconizo não é uma revolução religiosa. Ela nada tem a ver, tampouco, com um estilo de vida que, de certa forma, seria de um outro mundo, e ainda menos com qualquer coisa mágica ou misteriosa. Pelo contrário, é uma reorientação radical, longe de nossas preocupações egoístas habituais, em benefício da comunidade que é a nossa, de uma conduta que leva em conta ao mesmo tempo que os nossos, os interesses dos outros.

Este amor altruísta é a melhor garantia de uma vida plena de sentido, uma vida na qual se trabalha pela felicidade dos outros e que procura remediar seus sofrimentos; uma vida que pode considerar com um sentimento de satisfação serena a aproximação da morte. "Todos que conheci que eram verdadeiramente felizes aprenderam como servir aos outros", concluiu Albert Schweitzer.[3] A verdadeira felicidade é indissociável do altruísmo, pois ele participa de uma bondade essencial acompanhada do desejo profundo de que cada um possa florescer na existência. É um amor sempre disponível e que provém da simplicidade, da serenidade e da força inabalável de um coração bom.

Katmandu, Nepal, 2 de junho de 2013

Enquanto houver seres,
Enquanto durar o espaço,
Possa eu também permanecer
Para dissipar o sofrimento do mundo!

Shantideva

Notas

Introdução

1. Plauto (1971). *La Comédie des ânes*, in *Théâtre complet*. Gallimard, Folio, p. 85.
2. Hobbes, T. (1651/1999). *Le Léviathan*. Dalloz, cap. 13, p. 125. [*Leviatã*. São Paulo: Martins Editora, 2014.]
3. Freud, S. (1991). *Correspondence avec le pasteur Pfister 1909-1939*. Gallimard, p. 103.
4. Tennyson, A. L. (1994). *Works of Alfred Lord Tennyson*. Wordsworth Editions.
5. Ver especialmente Tremblay, R. E. (2008). *Prevenir la violence dès la petite enfance*. Odile Jacob, e o estudo sintético de Pinker, S. (2011). *The Better Angels of Our Nature: Why Violence Has Declined*. Viking Adult. [*Os anjos bons da nossa natureza*: por que a violência diminuiu. São Paulo: Companhia das Letras, 2013.]
6. Ver especialmente os trabalhos do psicólogo Daniel Batson, *The Altruism Question* (1991) e *Altruism in Humans* (2011). Oxford University Press. Assim como os da especialista em ciências políticas e filósofa Kristen Renwick Monroe, *The Heart of Altruism* (1996); os do sociólogo Alfie Kohn, *The Brighter Side of Human Nature, Altruism and Empathy in Everyday Life* (1992); dos psicólogos Michael e Lise Wallach, *Psychology's Sanction for Selfishness* (1983); do etologista Frans de Waal, *L'âge de l'empathie* (2010) [*A era da empatia*. São Paulo: Companhia das Letras, 2010.] e os do psicólogo Jacques Lecomte, *La Bonté humaine: Altruisme, empathie, générosité* (2012), Odile Jacob, e inúmeros filósofos, incluindo Joseph Butler, David Hume, Charlie D. Broad e Norman J. Brown.
7. Kasser, T. (2003). *The High Price of Materialism*. The MIT Press.
8. Stephen Forbes, declaração feita em um debate no canal Fox News, em 18 de outubro de 2009.
9. BBC World Service, 8 de janeiro de 2010.
10. Ver sobre este tema os excelentes capítulos de Jacques Lecomte em *La Bonté humaine* (2012), *op. cit.*, acerca das deformações e exageros ocorridos em inúmeras tragédias recentes, como também o capítulo 9 desta obra: "A banalidade do bem".

Parte I. O que significa altruísmo

1. A natureza do altruísmo

1. Comte, A. (1830). *Œuvres d'Auguste Comte*, vol. 7-10. "Système de politique positive ou Traité de sociologie". Anthropos.
2. Nagel, T. (1970/1979). *Possibility of Altruism*. Princeton University Press, p. 79.
3. *Ibid.* p. 80.
4. Post, S. G. (2003). *Unlimited Love: Altruism, Compassion, and Service*. Templeton Foundation Press, p. VI.
5. Batson, C. D. (2011). *Altruism in Humans. Op. cit.*, p. 20.
6. Kourilsky, P. (2011). *Le manifeste de l'altruisme*. Odile Jacob, p. 27.
7. Monroe, K. R. (1996). *The Heart of Altruism: Perceptions of a Common Humanity*. Princeton University Press, p. 6.
8. *Ibid.*
9. A descrição completa das características da motivação altruísta encontra-se em Batson, C. D. (2011). *Op. cit.*, p. 22-23.
10. Em sua obra dedicada à simpatia, o filósofo Max Scheler observa: "O amor é um movimento que passa de um valor inferior a um valor mais elevado, processo em que o maior valor do objeto ou da pessoa impõe-se repentinamente a nós; o ódio, por sua vez, se move na direção oposta". Mais tarde, Edith Stein

retomaria as análises de Max Scheler e focaria a questão da empatia segundo uma abordagem puramente fenomenológica na tradição de Husserl, da qual foi discípula assídua. Ver Scheler, M. (1954/2008). *The Nature of Sympathy* (edição revisada). Transaction Publishers; e Stein, E. (1917/1989). *On the Problem of Empathy*. ICS Publications. Agradeço a Michel Bitbol a indicação de leitura das duas obras.

11. Alexandre Jollien, em conversa com o autor, Gstaad. 29 de janeiro de 2012.

12. Hutcheson, F. (2003). *Essai sur la nature et la conduite des passions e affections avec illustrations sur le sens moral*. L'Harmattan, p. 189. Citado por Terestchenko, M. (2007). *Un si fragile vernis d'humanité: Banalité du mal, banalité du bien*. La Découverte, p. 60.

13. Hallie, P. P. e Berger, M. (1980). *Le Sang des innocents: Le Chambon-sur-Lignon, village sauveur*. Stock. Citado por Terestchenko, M. (2007). *Op. cit.*, p. 207.

14. Monroe, K. R. (1996). *Op. cit.*, p. 3.

15. Deschamps, J. F. e Finkelstein, R. (2012). "Existe-t-il un véritable altruisme basé sur les valeurs personnelles?" *Les Cahiers internationaux de psychologie sociale* (1), p. 37-62.

16. Taylor, C. (1989). *Sources of the Self: The making of the Modern Identity*. Harvard University Press.

2. Expansão do altruísmo

1. Palavras de Alexandre Jollien durante uma conversa com o autor. Gstaad, 29 de janeiro de 2012.

2. Dalai Lama, G. T. (1999). *Sagesse ancienne, monde moderne*. Fayard.

3. Ver André, C. (2009) *Les États d'âme*. Odile Jacob, p. 351 e seguintes.

4. Ver Ricard, M. (2007). *Felicidade: a prática do bem-estar*. Palas Athena Editora.

5. Aristóteles (2007). *Retórica*, II, 4, 1380b 34. Citado por Audi, P. (2011). *L'Empire de la compassion*, Les Belles Lettres, p. 37.

6. Dalai Lama e Vreeland, N. (2004). *L'Art de la compassion*. Éditions 84, p. 67-71.

7. Jean-François Revel, conversa com o autor.

8. Gunaratana, B. H. (2001). *Eight Mindful Steps to Happiness: Walking the Path of the Buddha*. Wisdom Publications, p. 74. Tradução francesa: Gunaratana, B. H. (2013). *Les Huit Marches vers le Bonheur*, Marabout.

9. Darwin, C. (1891). *La descendance de l'homme et la sélection sexuelle*. C. Reinwald, p. 669. [*Origem do homem e a seleção sexual*. Belo Horizonte: Itatiaia Editora, 2004.]

10. Sober, E. e Wilson, D. S. (1999) *Unto others: The Evolution and Psychology of Unselfish*. Harvard University Press.

11. Agradeço a Daniel Batson por ter-me auxiliado a esclarecer esses dois pontos durante nossas conversas.

12. Darwin, C. (1891). *Op. cit.*, p. 145.

13. Einstein, Carta dirigida a seu amigo Robert S. Marcus, em 1950, após este ter acabado de perder o filho. O manuscrito da carta encontra-se no Albert Einstein Archives Hebrew na Universidade de Jerusalém, Israel. A reprodução do original pode ser acessada no site:HTTP://blog.onbeing.org/post/241572419/einstein-sleuthing-by-nancyrosenbaum-associate.

14. Ver capítulo 26, "Ter por si próprio ódio ou compaixão".

15. Trungpa, C. (1976). *Au-delà du matérialisme spirituel*, Le Seuil, Points Sagesses. [*Além do materialismo espiritual*. São Paulo: Cultrix, 2004.]

16. Shantideva. (2008). *Bodhicaryâvatâra: La marche vers l'Éveil*. Padmakara.

17. Kohn, A. (1992). *The Brighter Side of Human Nature: Altruism and Empathy in Everyday Life*. Basic Books, p. 156.

18. BBC World Service, Outlook, 7 de setembro de 2011.

19. Camus, A. (1947). *La Peste*. Gallimard, p. 87.

20. Traduzido do tibetano por Matthieu Ricard a partir das Obras completas: *The Collected Works of the Seventh Dalai Lama (Gsun Bum) blo-bzan-bskal-bzang-rgya-mtsho*, publicado por Dodrup Sangye, Gangtok (1975-1983).

3. O que é a empatia?

1. Lipps, T. (1903). "Einfühlung, innere Nachahmung und Organempfindung." *Archiv für die gesamte Psychologie*, I(2), p. 185-204.

2. Ver principalmente Decety, J., "L'empathie est-elle une simulation mentale de la subjectivité d'autrui", p. 78, e Pacherie, E. "L'emphatie et ses degrés", p. 147, em Berthoz, A.; Jorland, G. e outros (2004) *L'emphatie*. Odile Jacob.

3. Paul Ekman, durante uma conversa pessoal, novembro de 2009.

4. Darwin, C. (1877). *Expression des émotions chez l'homme et les animaux*. C. Reinwald. [*Expressão das emoções no homem e nos animais*. São Paulo: Companhia de Bolso, 2009.]

5. Darwin, C. (1891). *Op. cit.*; Eisenberg, N. e Strayer, J. (1990). *Empathy and Its Development*. Cambridge Univ. Press.

6. F.B.M. de Waal (2010). *L'âge de l'empathie: Leçons de nature pour une société plus apaisée*. Les liens qui libèrent, p. 134. [*A era da empatia*. São Paulo: Companhia das Letras, 2010.]

7. Wilder, D. A. (1986). "Social categorization: Implications for creation and reduction of intergroup bias." *Advances in Experimental Social Psychology*, 19, 291-355. Citado em Kohn, A. (1992). *Op. cit.*, p. 145.

8. Ver, Remarque, E. M. (1923/1988). *À l'ouest rien de nouveau*. Le Livre de Poche, p. 220-221.

9. Citado em Milo, R. D. (1973). *Egoism and Altruism*. Wadsworth Publications, p. 97.

10. Ver especialmente Kohut, H. (2009). *The Restauration of the Self*. University of Chicago Press.

11. Batson, C. D. (2009). "These things called empathy: Eight related but distinct phenomena", em Decety, J. (2009). *The Social Neuroscience of Empathy*. The MIT Press.

12. Batson, C. D., *Ibid.*

13. Batson, C. D. (2011). *Op. cit.* Nesta obra há inúmeras referências científicas que correspondem às diversas definições de empatia.

14. Ver Preston, D. D.; de Waal, F. B. M. e outros (2002). "Empathy: Its ultimate and proximate bases." *Behavioral and Brain Sciences*, 25(1), 1-20. O modelo "Perception-action model" (PAM) foi em parte inspirado pelas pesquisas sobre neurônios-espelhos, que estão presentes em algumas áreas do cérebro e são ativados quando vemos, por exemplo, outra pessoa fazer um gesto que nos interessa (ver no capítulo 5, o subtítulo: "Quando dois cérebros se afinam", p. 82). Os neurônios-espelhos podem fornecer uma base elementar à imitação e à ressonância intersubjetiva, mas o fenômeno da empatia é bem mais complexo e implica inúmeras áreas do cérebro. Rizzolatti, G. e Sinigaglia, C. (2008). *Mirrors in the Brain: How Our Minds Share Actions, Emotions, and Experience*. Oxford University Press, EUA.

15. Thompson, R. A. (1987). "Empathy and emotional understanding: The early development of empathy". *Empathy and Its Development*, 119-145. Em Eisenberg, N. e Strayer, J. (1990). *Empathy and Its Development*. Cambridge Univ. Press.

16. Batson, C. D.; Early, S. e Salvarani, G. (1997). "Perspective taking: Imagining how another feels versus imaging how you would feel." *Personality and Social Psychology Bulletin*, 23(7), 751-58.

17. Mikulincer, M.; Gillath, O.; Halevy, V.; Avihou, N.; Avidan, S. e Eshkoli, N. (2001). "Attachment theory and reactions to others needs: Evidence that activation of the sense of attachment security promotes empathic responses." *Journal of Personality and Social psychology*, 81(6), 1205.

18. Coke, J. S.; Batson, C. D. e McDavis, K. (1978). "Empathic mediation of helping. A two-stage model." *Journal of Personality and Social Psychology*, 36(7), 752.

19. Segundo os autores, este tipo de empatia é chamado:
– "Détresse empathique", em Hoffman, M. L. (1981). "The development of empathy". Em J. P. Rushton & R. M. Sorrentino (Eds.), *Altruism and Helping Behavior: Social, Personality, and Developmental Perspectives*, Erlbaum, p. 41-63.
– "Sympathie douloureuse" em McDougall, W. (1908). *An Introduction to Social Psychology*. Methuen; "detrese personnelle", em Batson, C. D. (1987). Prosocial motivation: Is it ever truly altruistic. *Advances in Experimental Social Psychology*, 20, 65-22.
– "Sentiment déplaisant provoqué par l'observation", em Piliavin, J. A.; Dovidio, J. F.; Gaertner, S. L. e Clark, R. D., III (1981). *Emergency Intervention*. Academic Press New York.
– "Empathie", em Krebs, D. (1975). "Empathy and altruism". *Journal of Personality and Social Psychology*, 32(6), 1134-. Citados por Batson, C. D. (2011). *Op. cit.*

20. Revault d'Allonnes, M. (2008). *L'Homme compassionnel*. Seuil, p. 22. Esta confusão é compreensível se nos ativermos à etimologia latina de *compaixão*, termo derivado das palavras *compatior* "sofrer com" e *compassio* "sofrimento comum" (dicionário Gaffiot).

21. Batson, C. D. (1991). *The Altruism Question: Toward a Social Psychological Answer*. Lawrence Erlbaum e Batson, C. D. (2011). *Op. cit.*

22. Spinoza não utiliza os termos "piedade" e "compaixão", mas, segundo A. Jollien, na linguagem da época, ele explica que na piedade, o que vem primeiro é a tristeza, e na compaixão, o amor. Em *Éthique*, livro 3, nº. 28, ele afirma: "A comiseração é uma tristeza que acompanha a ideia de um mal sobrevindo a outro que imaginamos ser semelhante a nós". E no nº. 24, Spinoza observa: "A misericórdia é o amor que afeta o homem de tal modo que ele se alegra com a felicidade do outro e se entristece, inversamente, com a infelicidade do outro". Em conversa com A. Jollien, 29 de janeiro de 2012.

23. Zweig, S. (1939). *La Pitié dangereuse*. Grasset, p. 9, Citado por Audi, P. (2011). *L'Empire de la compassion*. Les Belles Lettres, p. 33.

24. Tratando-se da dor, as áreas implicadas incluirão a ínsula anterior e o córtex cingulado anterior (CCA), e no caso do asco, também será a ínsula. Caso compartilhe uma sensação tátil neutra, o córtex somato-sensorial secundário será ativado. Se forem compartilhadas emoções agradáveis e sensações prazerosas, a ínsula, o corpo estriado e o córtex orbitofrontal medial poderão estar implicados. A perspectiva cognitiva baseia-se no córtex pré-frontal medial, na junção parietal temporal (JPT) e no sulco temporal superior (STC), uma rede que é ativada quando se pede às pessoas para refletirem sobre seus pensamentos e suas crenças.

25. Ver Vignemont, F. de e Singer, T. (2006). "The empathic brain: how, when and why?" *Trends in Cognitive Sciences*, *10*(10), p. 435-441. Além deste artigo, o capítulo fundamenta-se principalmente nas explicações fornecidas por Tania Singer, com quem colaboro há muitos anos, durante nossas conversas em janeiro de 2012.

26. Decety, J. "L'empathie est-elle une simulation mentale de la subjectivité d'autrui", em Berthoz, A.; Jorland, G. e outros (2004). *L'empathie*. Odile Jacob, p. 86.

27. Singer, T.; Seymour, B.; O'Doherty, J. P.; Stephan, K. E.; Dolan, R. J. e Frith, C. D. (2006). "Empathic neural responses are modulated by the perceived fairness of others." *Nature*, *439*(7075), 466-469. Hein, G.; Silani, G.; Preuschoff, K.; Batson, C. D. e Singer, T. (2010). "Neural responses to ingroup and outgroup members' suffering predict individual differences in costly helping." *Neuron*, 68(1), 149-160. Hein, G. e Singer, T. (2008). "I feel how you feel but not always: the empathic brain and its modulation." *Current Opinion in Neurobiology*, *18*(2), 153-158.

28. Batson, C. D.; Lishner, D. A.; Cook, J. e Sawyer, S. (2005). "Similarity and nurturance: two possible sources of empathy for strangers". *Basic and Applied Social Psychology*, *27*(1), 15-25.

29. Para conhecer mais detalhes sobre os diferentes pontos supramencionados, ver Vignemont, F. de e Singer, T. (2006). *Op. cit.*

30. Singer, T. e Steinbeis, N. (2009). "Differential roles of fairness and compassion based motivations for cooperation, defection, and punishment." *Annals of the New York Academy of Sciences*, *1167*(1), 41-50. Singers, T. (2012). "The past, present and future of social neuroscience: A European perspective." *Neuroimage*, *61*(2), 437-449.

31. Klimecki, O.; Rocard, M. e Singer, T. (2013). "Empathy versus compassion – Lessons from 1st and 3rd person methods." Em Singer, T. e Bolz, M. (Eds.) (2013). *Compassion: Bridging Practice and Science*. A multimedia book [e-book].

32. Klimecki, O. M.; Leiberg, S.; Lamm, C. e Singer, T. (2012). "Functional neural plasticity and associated changes in positive affect after compassion training." *Cerebral Cortex*.

4. Da empatia à compaixão em um laboratório de neurociências

1. Para uma síntese de 32 estudos sobre a empatia ante a dor, ver Lamm, C.; Decety, J. e Singer, T. (2011). "Meta-analytic evidence for common and distinct neural networks associated with directly experienced pain and empathy for pain." *Neuroimage*, *54*(3), 2492-2502.

2. O aumento de uma reação positiva através da compaixão está associado a uma ativação de uma rede cerebral que inclui as áreas do córtex orbitofrontal medial, do estriado ventral, da área tegmental ventral, do núcleo do tronco cerebral, do núcleo *accumbens*, da ínsula medial, do globo pálido e do putâmen, e tantas áreas do cérebro que foram anteriormente associadas ao amor (sobretudo o amor maternal), ao sentimento de filiação e de gratificação. No caso da empatia, são a ínsula anterior, o córtex cingulado médio. Klimecki, O. M. *et al.* (2012). *Op. cit.*; Klimecki, O.; Ricard, M. e Singer, T. (2013). *Op. cit.*

3. Felton, J. S. (1998). "Burnout as a clinical entity - its importance in health care workers." *Occupational medicine*, *48*(4), p. 237-250.

4. Para uma distinção neuronal entre a compaixão e a fatiga da empatia, ver Klimecki, O. e Singer, T. (2011). "Empathic distress fatigue rather than compassion fatigue? Integrating findings from empathy research in psychology and social neuroscience", in Oakley, B.; Knafo, A.; Madhavan, G. e Wilson, D. S. (2011). *Pathological Altruism*. Oxford University Press, Estados Unidos, p. 368-383.

5. Singer, T. e Bolz, M. (Eds.) (2013). *Op. cit.*; Klimecki, O.; Ricard, M. e Singer, T. (2013). *Op. cit.* A mais recente sendo, Klimecki, O. M.; Leiberg, S.; Ricard, M. e Singer, T. (2013). "Differential Pattern of Functional Brain Plasticity after Compassion and Empathy Training." *Social Cognitive and Affective Neuroscience.*

6. Bornemann, B. e Singer, T. (2013). "The Resource study training protocol", em Singer, T. e Bolz, M. (Eds.). *Compassion: Bridging Practice and Science.* A Multimedia Book [E-book].

7. Klimecki, O. M. *et al.* (2012). *Op. cit.*

8. Cyrulnik, B.; Jorland, G. e outros (2012). *Résilience: Connaissances de base.* Odile Jacob.

9. No nível neuronal, os pesquisadores observaram que o treinamento em ressonância empática aumenta a atividade em uma rede que implica tanto a empatia pela dor do outro quanto a experiência da dor pessoal. Essa rede compreende a ínsula anterior e o córtex cingulado anterior mediano (MCC). Singer, T. e Bolz, M. (Eds.) (2013). *Op. cit.*

10. Mais precisamente, essas regiões compreendem o córtex orbitofrontal, o estriado ventral e o córtex cingulado anterior. Quanto ao treinamento, os participantes receberam cursos sobre a noção de *metta*, palavra páli que significa "amor altruísta". As instruções recebidas pelos participantes eram sobretudo concentradas no aspecto da benevolência e dos desejos benevolentes ("Poderia ficar feliz, com boa saúde etc.?"). O treinamento incluía uma tarde inteira passada com um professor, acompanhado de práticas diárias em grupo, uma hora cada tarde. Os participantes foram também encorajados a praticar em casa.

11. Klimecki, O. M. *et al.* (2012). *Op. cit.*

12. Lutz, A.; Brefczynski-Lewis, J.; Johnstone, T. e Davidson, R. J. (2008). "Regulation of the neural circuitry of emotion by compassion meditation: effects of meditative expertise." *PloS One, 3*(3), e 1897.

13. André, C. (2009). *Les États d'âme*, Odile Jacob, p. 352.

5. O amor, emoção suprema

1. Fredrickson, B. L. (2001). "The role of positive emotions in positive psychology: The broaden-and-build theory of positive emotions." *American psychologist, 56*(3), 218. Fredrickson, B. (2002) "Positive emotions", em Snyder, C. R. e Lopes, S. J. (2002). *Handbook of Positive Psychology.* Oxford University Press Inc., p. 122 e 125 para a citação que se segue.

2. Ekman, P. (2007). *Emotions revealed: Recognizing faces and Feelings to Improve Communication and Emotional Life.* Holt Paperbacks; Ekman, P. E. e Davidson, R. J. (1994). *The Nature of Emotion: Fundamental Questions.* Oxford University Press.

3. Atwood, M. (2007). *Faire surface.* Robert Laffont.

4. Fredrickson, B. (2013). *Love 2.0: How Our Supreme Emotion Affects Everything We Feel, Think, Do, and Become.* Hudson Street Press, p. 16. Agradeço a B. Fredrickson por ceder a mim o conteúdo de seu livro antes de sua publicação.

5. *Ibid.*, p. 5.

6. *Ibid.*

7. House, J. S.; Landis, K. R. e Umberson, D. (1988). "Social relationships and health." *Science, 241*(4865), 540-545. Ver também Diener, E. e Seligman, M. E. P. (2002). "Very happy people. *Psychological Science", 13*(1), 81-84.

8. Hegi, K. E. e Bergner, R. M. (2010). "What is Love? An empirically-based essentialist account." *Journal of Social and Personal Relationships, 27*(5), 620-636.

9. Fredrickson, B. (2013). *Op. cit.*, nota 7, p. 186, assim como Fredrickson, B. L. e Roberts, T. A. (1997). "Objectification theory. *Psychology of Women Quarterly", 21*(2), 173-206. Fredrickson, B. L.; Hendler, L. M.; Nilsen, S.; O'Barr, J.F. e Roberts, T. A. (2011). "Bringing back the body: A retrospective on the development of objectification theory." *Psychology of Women Quarterly, 35*(4), 689-696.

10. Stephens, G. J.; Silbert, L. J. e Hasson, U. (2010). "Speaker-listener neural coupling underlies successful communication." *Proceedings of the National Academy of Sciences, 107*(32), 14425-14430; Hasson, U. (2010). "I can make your brain look like mine." *Harvard Business Review, 88*(12), 32-33. Citado e explicado por Fredrickson, B. (2013). *Op. cit.*, p. 39-44.

11. Singer, T. e Lamm, C. (2009). "The social neuroscience of empathy." *Annals of the New York Academy of Sciences, 1156*(1), 81-96; Craig, A. D. (2009). "How do you feel–now? The anterior insula and human awareness." *Nature Reviews Neur*oscience, 10: 59-70.

12. Hasson, U.; Nir, Y.; Levy, I.; Fuhrmann, G. e Malach, R. (2004). "Intersubject synchronization of cortical activity during natural vision." *Science, 303*(5664), 1634-1640). Hasson, U.; Nir, Y.; Levy, I.; Fuhrmann, G. e Malach, R. (2004). "Intersubject synchronization of cortical activity during natural vision." *Science, 303*(5664), 1634-1640.

13. Fredrickson, B. (2013). *Op. cit.*, p. 43.

14. Fredrickson, B. (2001). "Positivity: Groundbreaking Research Reveals How to Embrace the Hidden Strength of Positive Emotions, Overcome Negativity, and Thrive, Crown Archetype".

15. Para uma síntese da descoberta e das pesquisas sobre os neurônios espelhos, ver Rizzolatti, G. e Sinigaglia, C. (2008). *Mirroirs in the Brain: How Our Minds Share Actions, Emotions, and Experience*. Oxford University Press, Estados Unidos.

16. Cho, M. M.; DeVries, A. C.; Williams, J. R. e Carter, C. S. (1999). "The effects of oxytocin and vasopressin on partner preferences in male and female prairie voles (Microtus ochrogaster)." *Behavioral Neuroscience, 113*(5), 1071.

17. Champagne, F. A.; Weaver, I. C. G.; Diorio, J.; Dymov, S.; Szyf, M. e Meaney, M. J. (2006). "Maternal care associated with methylation of the estrogen receptor of female offspring." *Endocrinology, 147*(6), 2909-2915.

18. Francis, D.; Diorio, J.; Liu, D. e Meaney, M. J. (1999). "Nongenomic transmission across generations of maternal behavior and stress responses in the rat." *Science, 286*(5442), 1155-1158.

19. Guastella, A. J.; Mitchell, P. B. e Dadds, M. R. (2008). "Oxytocin increases gaze to the eye region of human faces". *Biological psychiatry, 63*(1), 3. Marsh, A. A.; Yu, H. H.; Pine, D. S. e Blair, R. J. R. (2010). "Oxytocin improves specific recognition of positive facial expressions." *Psychopharmacology, 209*(3), 225-232; Domes, G.; Heinrichs, M.; Michel, A.; Berger, C. e Herpertz, S. C. (2007). "Oxytocin improves 'mind-reading' in humans." *Biological Psychiatry, 61*(6), 731-733.

20. Kosfeld, M.; Heinrichs, M.; Zak, P. J.; Fischbacher, U. e Fehr, E. (2005). "Oxytocin increases trust in humans." *Nature, 435*(7042), 673-676.

21. Mikolajczak, M.; Pinon, N.; Lane, A.; De Timary, P. e Luminet, O. (2010). "Oxytocin not only increases trust when Money is at stake, but also when confidential information is in the balance", *Biological Psychology, 85*(1), 182-184.

22. Gamer, M.; Zurowski, B. e Büchel, C. (2010). "Different amygdale subregions mediate valence-related and attentional effects of oxytocin in humans", *Proceedings of the National Academy of Sciences, 107*(20), 9400-9405. Ver também: Kirsch, P.; Esslinger, C.; Chen, Q.; Mier, D.; Lis, S.; Siddhanti, S. e Meyer-Lindenberg, A. (2005). "Oxytocin modulates neural circuitry for social cognition and fear in humans", *The Journal of Neuroscience, 25*(49), 11489-11493; Petrovic, P.; Kalisch, R.; Singer, T. e Dolan, R. J. (2008). "Oxytocin attenuates affective evaluations of conditioned faces and amygdale activity", *The Journal of Neurosciences, 28*(26), 6607-6615.

23. Uvnäs-Moberg, K.; Arn, L. e Magnusson, D. (2005). "The psychobiology of emotion: The role of the oxytocinergic system", *International Journal of behavioral Medicine, 12*(2), 59-65.

24. Campbell, A. (2010). "Oxytocin and human social behavior", *Personality and Social Psychology Review, 14*(3), 281-295.

25. Lee, H. J.; Macbeth, A. H. e Pagani, J. H. (2009). "Oxytocin: the great facilitator of life", *Progress in Neurobiology, 88*(2), 127-151.

26. Shamay-Tsoory, S. G.; Fischer, M.; Dvash, J.; Harari, H.; Perach-Bloom, N. e Levkovitz, Y.(2009). "Intranasal administration of oxytocin increases envy and schadenfreude (gloating)", *Biological Psychiatry, 66*(9), 864-870.

27. De Dreu, C. K. W.; Greer, L. L.; Van Kleef, G. A.; Shalvi, S. e Handgraaf, M. J. J. (2011). "Oxytocin promotes human ethnocentrism", *Proceedings of the National Academy of Sciences, 108*(4), 1262-1266.

28. Porges, S. W. (2003). "Social engagement and attachment", *Annals of the New York Academy of Sciences, 1008*(1), 31-47.

29. Bibevski, S. e Dunlap, M. E. (2011). "Evidence for impaired vagus nerve activity in heart failure", *Heart Failure Reviews, 16*(2), 129-135.

30. Kiecolt-Glaser, J. K.; McGuire, L.; Robles, T. F. e Glaser, R. (2002). "Emotions, morbidity, and mortality: new perspectives from psychoneuroimmunology", *Annual Review of Psychology, 53*(1), 83-107. Moskowitz, J. T.; Epel, E. S. e Acree, M. (2008). "Positive affect uniquely predicts lower risk of mortality in people with diabetes", *Health Psychology, 27*(1S), S73.

31. Fredrickson, B. (2013). *Op. cit.*, p. 10.

32. Fredrickson, B. L.; Cohn, M. A.; Coffey, K. A.; Pek, J. e Finkel, S. M. (2008). "Open hearts build lives: positive emotions, induced through loving-kindness meditation, build consequential personal resources", *Journal of Personality and Social Psychology, 95*(5), 1045.

33. Kok, B. E.; Coffey, K. A.; Cohn, M. A.; Catalino, L. I.; Vacharkulksemsuk, T.; Algoe, S. B.; Brantley, M. e Fredrickson, B. L. (2012). "Positive emotions drive an upward spiral that links social connections and health." Manuscrito enviado para publicação; Kok, B. E. e Fredreckson, B. L. (2010). "Upward spirals of the heart: Autonomic flexibility, as indexed by vagal tone, reciprocally and prospectively predicts positive emotions and social connectedness", *Biological Psychology, 85*(3), 432-436.

34. Fredrickson, B. (2013). *Op. cit.*, p. 16.

35. *Ibid.*, p. 23.

6. A realização de um duplo bem – o nosso e o do outro

1. Shantideva (2008), *Bodhicaryâvatâra: La marche vers l'Éveil*. Padmakara, VII, p. 129-130.
2. Butler, J. (1751/1983). *Five Sermons* (nova edição). Hackett Publishing Co, Inc.
3. Ver capítulo 25, "Os campeões do egoísmo".
4. Khyentse, D. (2008). *Au cœur de la compassion: Commentaire des Trente-Sept Stances sur la pratique des bodhisattvas*. Padmakara, p. 143.
5. Fromm, E. (1967). *L'homme pour lui-même*. Les Éditions Sociales Françaises. [*Análise do homem*. Rio de Janeiro: Zahar, 1978.]
6. Terestchenko, M. (2007). *Op. cit.*, p. 17.
7. Platão (1940). *Gorgias: OEuvres complètes*, tomo 1. Gallimard.

PARTE II. EXISTE O VERDADEIRO ALTRUÍSMO?

7. O altruísmo interessado e a reciprocidade generalizada

1. Rochefoucauld, F. de (2010). *Reflexions ou sentences et maximes morales de Monsieur de La Rochefoucauld*. Nova edição, revista e corrigida. Gale Ecco, Print Editions. [*Reflexões ou sentenças e máximas morais*. São Paulo: Penguin Companhia, 2014.]
2. Entrevista dada ao *Monde des religions*. Conversas reunidas por Frédéric Lenoir e Karine Papillaud, 2007.
3. Jacques Attali, entrevista no 20minutes.fr, em 19 de novembro de 2006.
4. Kolm, S.-C. (1984). *Op. cit.*, p. 191.
5. André Comte-Sponville, entrevista durante um evento organizado por Serge-Christophe Kolm e Pauline André.
6. Darwin, C. (1891). *Op. cit.*, p. 104-108.
7. Wilkinson, G. S. (1988). "Reciprocal altruism in bats and other mammals." *Ethology and Sociobiology, 9*(2-4), 85-100.
8. Sou grato à Danielle Follmi por ter me fornecido essas informações.
9. Ref. scribd.com/doc/16567239/The-Inca-from-Village-to-Empire.
10. Turnbull, C. M. (1972). *The Mountain People*. Simon & Schuster, p. 146.
11. As diversas formas de prática da dádiva e da retribuição nas sociedades tradicionais deram lugar a incontáveis estudos. Ver principalmente Mauss, M. (2007). *Essai sur le don : Forme et raison de l'échange dans les sociétés archaïques*. PUF, assim como o prefácio de Florence Weber. [*Ensaio sobre a dádiva*. São Paulo: Cosac Naify, 2013.]
12. Paul Ekman, comunicação pessoal, 2009. Em 1972, P. Ekman trabalhou como antropólogo em uma tribo Papua da Nova Guiné onde estudou a expressão facial das emoções.

13. Kolm, S.-C. (1984). *Op. cit.*, p. 11. Sou grato ao economista belga François Maniquet por ter me introduzido ao pensamento desse autor; assim como a S.-C. Kolm por ter tido ele próprio a bondade de me receber e por ter compartilhado seus trabalhos. Serge-Christophe Kolm foi diretor do ENPC (Centro de Pesquisa em Análise Socioeconômica), orientador de estudos superiores em Ciências Sociais, e professor nas Universidades de Harvard e de Stanford.

14. Kolm, S.-C. (1984). *Op. cit.*, p. 56.

8. O altruísmo desinteressado

1. The Samaritans of New York, *The New York Times*, 5 de setembro de 1988, p. 26.
2. *Daily Mail*, 5 de novembro de 2010, e CBC News, 4 de novembro de 2010.
3. Berkowitz, L. e Daniels, L. R. (1963). "Responsibility and dependency", *The Journal of Abnormal and Social Psychology*, 66(5), 429.
4. Kohn, A. (1992). *Op. cit.*, p. 230.
5. Titmuss, R. M. (1970). "The gift relationship: From human blood to social." *Policy, London*.
6. Eisenberg-Berg, N. e Neal, C. (1979). "Children's moral reasoning about their own spontaneous prosocial behavior." *Developmental Psychology*, 15(2), 228.
7. A Carnegie Hero Fund Commission foi fundada em 1904 pelo filantropo americano Andrew Carnegie, para recompensar anualmente atos de heroísmo, e já distribuiu cerca de 10 mil medalhas desde sua fundação.
8. Monroe, K. R. (1996). *Op. cit.*, p. 61.
9. Milo, R. D. (1973). *Op. cit.*, p. 98.
10. Canal France2, programa *Envoyé spécial* de 9 de outubro de 2008. No decorrer do programa televisivo, vê-se o Dalai Lama partir de carro para um encontro, na residência de uma pessoa que vivia em um grande rancho do Colorado, com personalidades políticas possíveis de facilitar um diálogo construtivo entre os representantes do povo tibetano no exílio e o governo chinês. Eu lhes havia explicado a razão da viagem do Dalai Lama. No entanto, o comentário da reportagem foi o seguinte: "O Dalai Lama viaja em um potente 4x4 em visita a seus amigos multimilionários". Esse foi o tom da reportagem inteira.

9. A banalidade do bem

1. Aurélio, M. (1999). *Pensées pour moi-même*. Flammarion.
2. Segundo Gaskin, K.; Smith, J. D. e Paulwitz, I. (1996). "Ein neues Bürgerschaftliches Europa: Eine Untersuchung zur Verbreitung und Rolle von Volunteering in zehn europäischen Ländern." Lambertus. Nos países estudados, o voluntariado representa 38% da população nos Países Baixos; 36% na Suécia; 34% na Grã-Bretanha; 32% na Bélgica; 28% na Dinamarca; 25% na França e Irlanda, e 18% na Alemanha.
3. Martel, F. (2006). *De la culture en Amérique*. Gallimard, p. 358; Clary, E. G. e Snyder, M. (1991). "A functional analysis of altruism and prosocial behavior: The case of volunteerism." In *Prosocial Behavior* (p. 119-148). Thonsard Oaks, Sage Publications Inc.
4. Laville, J.-L. (2010). *Politique de l'association*. Seuil. Eles trabalham para 1,1 milhão de associações, com 21,6 milhões de adesões.
5. Véronique Châtel, *Profession: bénévole*, in *L'Express*, edição especial, n° 9, maio-junho 2011, p. 54.
6. São diversos os campos de ação: cultura e lazer (28%); esportes (20%); ação social, sanitária e humanitária (17%); defesa dos direitos (15% sindicatos, uma associação de defesa dos consumidores etc.); religião (8%); educação (6%); partidos políticos, valorização do patrimônio (3%); meio ambiente (2,6%), defesa da biodiversidade, a "renaturalização" de meios naturais etc.). Ver: "Le travail bénévole: un essai de quantification et de valorisation", [arquivo] INSEE. *Économie et statistique*, n° 373, 2004. [PDF].
7. Exemplo fornecido por Post, S. G. (2011). *The Hidden Gifts of Helping: How the Power of Giving, Compassion, and Hope Can Get Us Through Hard Times*. John Wiley & Sons Ltd.
8. http://www.kiva.org/ http://www.microworld.org/fr/ http://www.globalgiving.org/.
9. Lecomte, J. (2012). *La Bonté humaine. Op. cit.*, capítulo 1.
10. Esterbrook J. (31 de agosto de 2005). "New Orleans fights to stop looting, CBS News." Citado por Lecomte, J. (2012). *Op. cit.*, p. 22.
11. *Arkansas Democrat-Gazette* (2 de setembro de 2005). Citado em "Governor Kathleen Blanco: Strong leadership in the midst of catastrophe". Documento PDF.

12. Anônimo (2 de setembro de 2005). "Troops told 'shoot to kill' in New Orleans", ABC News online.
13. Lecomte, J. (2012). *Op. cit.*, p. 24.
14. Rosenblatt, S. e Rainey, J. (2005). "Katrina takes a toll on truth, news accuracy." *Los Angeles Times*, p. 27.
15. Dwyer, J. e C. Drew. "Fear exceeded crime's reality in New Orleans." *New York Times*, 25 (2005): A1. Ver também Rodriguez, H.; Trainor, J. e Quarantelli, E. L. (2006). "Rising to the challenges of a catastrophe: The emergent and prosocial behavior following Hurricane Katrina." *The Annals of the American Academy of Political and Social Science*, 604(1), 82-101. Assim como Tierney, K.; Bevc, C. e Kuligowski, E. (2006). "Metaphors matter: Disaster myths, media frames, and their consequences in Hurricane Katrina." *The Annals of the American Academy of Political and Social Science*, 604(1), 57-81. Citados por Lecomte, J. (2012). *Op. cit.*, p. 348.
16. Lecomte, J. (2012). *Op. cit.*, p. 25-26.
17. Rodriguez H. *et al.* (2006). *Op. cit.*, p. 84.
18. U.S. House of Representatives (2006). A failure of initiative; Final Report of the Select Bipartisan Committee to Investigate the Preparation for and Response to Hurricane Katrina, Washington, U.S. Government printing office, p. 248-249. Citado por Lecomte, J. (2012). *Op. cit.*, p. 348.
19. Tierney, K.; Bevc, C. e Kuligowski, E. (2006). *Op. cit.*, p. 68, 75.
20. Quarantelli, E. L. (1954). "The nature and conditions of panic." *American Journal of Sociology*, 267-275.
21. Der Heide, E. A. (2004). "Common misconceptions about disasters: Panic, the 'disaster syndrome', and looting." *The First*, 72, 340-380. Citado por Lecomte, J. (2012), *Op. cit.*, p. 349.
22. Glass, T. A. (2001). Understanding public response to disasters. *Public Health Reports*, 116 (suppl. 2), 69. Citado por Lecomte, J. (2012). *Op. cit.*, p. 28.
23. Clarke L. (2002). "Le mythe de la panique", *Sciences humaines*, 16-20. Clarke, L. (2002). "Panic: myth or reality?" *Contexts*, 1(3), 21-26. Assim como Connell, R. (2001). "Collective behavior in the September 11, 2001 evacuation of the World Trade Center." http://putnam.lib.udel.edu: 8080/dspace/handle/19716/ 683.
24. Drury, J.; Cocking, C. e Reicher, S. (2009). "The nature of collective resilience: Survivor reactions to the 2005 London bombings." *International Journal of Mass Emergencies and Disasters*, 27(1), 66-95. Resumido por Lecomte, J. (2012). *Op. cit.*, p. 36-37.
25. Citado por Clarke, L. (2002). *Op. cit.*, p. 19.
26. Quarantelli, E. L. (2008). "Conventional beliefs and counterintuitive realities." *Social Research: An International Quarterly*, 75(3), 873-904. Citado por Lecomte, J. (2012). *Op. cit.*, p. 33.

10. O heroísmo altruísta

1. Segundo diversos artigos, principalmente o de Cara Buckley, "Man is rescued by stranger on subway tracks", *The New York Times*, 3 de janeiro de 2007. Em outro incidente semelhante, a pessoa que prestou socorro não quis ser identificada. Em março de 2009, após um homem ter caído na via férrea na estação Pensilvânia, nos Estados Unidos, um cidadão saltou na linha do trem para ajudá-lo a sair. Enquanto as pessoas se aglutinavam para felicitar aquele que salvou, completamente sujo de graxa dos trilhos, ele pegou o trem seguinte, e se recusou a falar com um jornalista que estava presente no local. Michael Wilson, "An unsung hero of the subway", *The New York Times*, 16 de março de 2009.
2. Oliner, S. P. (2003). *Do Unto Others: Extraordinary Acts of Ordinary People* (edição ilustrada). Basic Books, p. 21.
3. Monroe, K. R. (1996). *The Heart of Altruism, op. cit.*, p. 140.
4. Franco, Z. E.; Blau, K. e Zimbardo, P. G. (2011). "Heroism: A conceptual analysis and differentiation between heroic action and altruism." *Review of General Psychology*, 15(2), 99-113.
5. Hughes-Hallett, L. (2004). *Heroes*. London: Harper Collins; Eagly, A. e Becker, S. (2005). "Comparing the heroism of women and men." *American Psychologist*, 60, 343-344.
6. Franco, Z. e Zimbardo, P. (2006-2007, outono-inverno). "The banality of heroism." *Greater Good*, 3, 30-35; Glazer, M. P. e Glazer, P. M. (1999). "On the trail of courageous behavior." *Sociological Inquiry*, 69, 276-295; Shepela, S. T.; Cook, J.; Horlitz, E.; Leal, R.; Luciano, S.; Lutfy, E.; Warden, E. (1999). "Courageous resistance." *Theory & Psychology*, 9, 787-805.

7. Robin, M.-M. (2010). *Le Monde selon Monsanto*. La Découverte. Kindle, p. 1432-1530.
8. Shepela, S. T. *et al.* (1999). *Op. cit.*
9. Franco, Z. E.; Blau, K. e Zimbardo, P. G. (2011). *Op. cit.*
10. Monin, B.; Sawyer, P. J. e Marquez, M. J. (2008). "Rejection of moral rebels: Resenting those who do the right thing." *Journal of Personality and Social Psychology, 95*, 76-93.
11. Monroe, K. R. (1996). *Op. cit.*, p. 66-67.
12. 29 de julho de 1987, em Little Rock, Arkansas. Após esses fatos, Lucille Babcok recebeu a medalha da Carnegie Hero Fund Commission, pela coragem fora do comum manifestada ao socorrer a jovem de vinte e dois anos.
13. Zimbardo, P. (2011). *The Lucifer Effect*. Ebury Digital, Kindle, p. 1134. [*O efeito Lúcifer*. Rio de Janeiro: Record, 2012.]

11. O altruísmo incondicional

1. Monroe, K. R. (1996). *Op. cit.*, p. IX-XV.
2. Opdyke, I. G. (1999). Em *My Hands: Memories of a Holocaust Rescuer*. Anchor.
3. 90% da população judia da Polônia, ou seja, 3 milhões de pessoas, morreram executadas em massacres coletivos ou nos campos de concentração de Auschwitz, Sobibor, Treblinka, Belzec e Majdanek, todos situados na Polônia.
4. Oliner, S. P. e Oliner, P. M. (1988). *The Altruistic Personality: Rescuers of Jews in Nazi Europe*. Macmillan, Estados Unidos, p. 2.
5. *Ibid.*, p. 166.
6. *Ibid.*, p. 168.
7. *Ibid.*, p. 131.
8. Terestchenko, M. (2007). *Un si fragile vernis d'humanité. Op. cit.*, p. 213, e Hallie, P. P. (1980). *Le Sang des innocents. Op. cit.*, p. 124.
9. *Ibid.*, p. 173.
10. Resumo segundo Terestchenko, M. (2007). *Op. cit.*
11. Hallie, P. P. (1980). *Op. cit.*, p. 267-268.
12. Terestchenko, M. (2007). *Op. cit.*
13. Monroe, K. R. (1996). *Op. cit.*, p. 121.
14. *Ibid.*, p. 140.
15. *Ibid.*, p. 142.
16. *Ibid.*, p. 206-7.
17. Halter, M. (1995). *La Force du bien*. Robert Laffont, p. 95.
18. *Ibid.*
19. Oliner, S. P. e Oliner, P. M. (1988). *Op. cit.*, p. 228.
20. Paldiel M. (8 de outubro de 1989). Is goodness a mystery? *Jerusalem Post*.

12. Para além dos simulacros, o altruísmo verdadeiro: uma investigação experimental

1. Citado por Harold Schulweis, no prefácio à obra de Oliner, S. P. e Oliner, P. M. (1988). *Op. cit.*
2. Ghiselin, M. T. (1974). *The Economy of Nature and the Evolution of Sex*. University of California Press, p. 247.
3. La Rochefoucauld, F. de (1678/2010). *Op. cit.*
4. Campbell, D. T. (1975). On the conflicts between biological and social evolution and between psychology and moral tradition. *American Psychologist, 30*(12), 1103. Citado por Batson, C. D. (1991). *Op. cit.*, p. 42.
5. Batson, C. D. (2011). *Op. cit.*, p. 4.
6. *Ibid.*, p. 87-88.
7. Hatfield, E.; Walster, G. W. and Piliavin, J. A. (1978). "Equity theory and helping relationship. *Altruism, sympathy and helping: Psychological and Sociological Principles"*, 115-139. Citado por Batson, C. D. (1991), p. 39.
8. Batson, C. D. (2011). *Op. cit.*, p. 4.
9. *Ibid.*, p. 89.
10. Sharp, F. C. (1928). *Ethics*. Century, p. 494.

11. Nagel, T. (1979). *Possibility of Altruism* (nova edição). Princeton University Press, p. 80.
12. Referente a essas objeções, ver Hoffman, M. L. (1991). Is empathy altruistic? *Psychological Inquiry*, 2(2), 131-133; Sober, E. e Wilson, D. S. (1999). *Unto Others: The Evolution and Psychology of Unselfish Behavior*. Harvard University Press; Wallach, L. e Wallach, M. A. (1991). Why altruism, even though it exists, cannot be demonstrated by social psychological experiments. *Psychological Inquiry*, 2(2), 153-155.
13. O fato de poderem pensar no destino de Katie mais tarde, após o teste, não influenciou o resultado da experiência.
14. Os indivíduos com fraca empatia, ao contrário, ajudam apenas quando temem que sua omissão em prestar ajuda seja criticada.
15. André, C. (2009). *Les États d'âme*. Odile Jacob, p. 353.
16. A experiência demonstra também que os altruístas têm melhor êxito no teste quando a sorte de Suzanne depende deles, e são menos atentos quando sabem que ela não corre qualquer risco. Ao contrário, aqueles que possuem pouca empatia têm uma pontuação inferior aos altruístas quando Suzanne está em perigo; mas obtêm curiosamente uma pontuação superior quando sabem que ela não corre riscos. A explicação proposta é que, no segundo caso, eles se interessam muito mais por sua pontuação pessoal, enquanto os altruístas se desinteressam pelo teste, já que é inútil para Suzanne.
17. Ver em particular Cialdini, R. B. (1991). "Altruism or egoism? That is (still) the question." *Psychological Inquiry*, 2(2), 124-126.
18. Os leitores interessados encontrarão esses detalhes nos artigos de C. D. Batson e em sua síntese apresentada em obra recente, *Altruism in Humans* (2011). *Op. cit.*
19. Batson, C. D. (1991). *The Altruism Question. Op. cit.*, p. 174.
20. Terestchenko, M. (2004). "Égoïsme ou altruisme?" *Revista do MAUSS* n° 1, 312-333.
21. Ver especialmente Cialdini, R. B. (1991). *Op. cit.*

13. Argumentos filosóficos contra o egoísmo universal

1. Hume, D. (1991). *Enquête sur les principes de la morale*, Garnier-Flammarion. [*Uma investigação sobre os princípios da moral*. Campinas: Unicamp, 2013.]
2. *Ibid.*, p. 221.
3. Citado em Kohn, A. (1992). *The Brighter Side of Human Nature. Op. cit.*, p. 216.
4. Feinberg, J. e Shafer-Landau, R. (1971). *Reason and Responsibility: Readings in Some Basic Problems of Philosophy*. Wadsworth Publishing Company, capítulo 19.
5. Maslow, A. H. (1966). *The Psychology of Science, a Reconnaissance*. Henry Regnery Co.
6. Kohn, A. (1992). *Op. cit.*
7. Para mais detalhes, ver James, W. (1890). *Principles of Psychology*, Holt, vol. 2, p. 558. [*Princípios de Psicologia*: coleção Os Pensadores. São Paulo: Abril Cultural, 1974.]
8. Spencer, H. (1892). *The Principles of Ethics*, vol. 1. D. Appleton and Co. p. 241, 279. Citado por Kohn, A. (1992). *Op. cit.*, p. 210.
9. Relatado à Kristen Monroe, Monroe, K. R. (1996). *Op. cit.*, p. 142.
10. Para uma exposição mais detalhada, ver Broad, C. D. (2010). *Ethics and the History of Philosophy* (reedição), p. 218-231.
11. Schlick, M. (2011). *Problems of Ethics*. Nabu Press.
12. Feinberg, J. (1971). *Op. cit.*
13. Monroe, K. R. (1996). *Op. cit.*, p. 201.
14. Batson, C. D. (2011). *Op. cit.*, p. 64.
15. Butler, J. (1751). *Five Sermons. Op. cit.*
16. Milo, R. (1973). *Op. cit.*
17. Brown, N. J. (1979). "Psychological egoism revisited." *Philosophy*, 54(209), 293-309.
18. Rousseau, J. J. *Rêveries du promeneur solitaire*. 6ᵉ promenade. Le Livre de Poche.
19. Brown, N. J. (1979). *Op. cit.*
20. Haidt, J. (2012). *The Righteous Mind: Why Good People are Divided by Politics and Religion*. Allen Lane.
21. Kagan, J. (1989). *Unstable Ideas: Temperament, Cognition, and Self*. Harvard University Press. Citado por Kohn, A. (1992). *Op. cit.*, p. 41.

22. Mandela, N. (1996). *Un long chemin vers la liberté*. Le Livre de Poche. [*Longa caminhada até a liberdade*. Curitiba: Nossa Cultura, 2012.]

Parte III. O surgimento do altruísmo

14. O altruísmo nas teorias da evolução

1. Darwin, C. (1891). *La Descendance de l'homme et la sélection sexuelle*. Op. cit., p. 121 e p. 120 para a citação seguinte. [*Origem do homem e a seleção sexual*. Belo Horizonte: Itatiaia Editora, 2004.]

2. *Ibid.*, p. 132.

3. Ekman, P. (2010). "Darwin's compassionate view of human nature." *JAMA 303*(6), 557.

4. Sober, E., in Davidson, R. J. e Harrington, A. (2002). *Visions of Compassion: Western Scientists and Tibetan Buddhists Examine Human Nature*. Oxford University Press, Estados Unidos, p. 50.

5. Agradeço a Frans de Waal pelos esclarecimentos que me forneceu a respeito deste ponto.

6. Ver, em particular, Trivers, R. L. (1985). *Social Evolution*. Benjamin-Cummings.

7. Mémoires de la Société des naturalistes de Saint-Petersbourg [Memórias da Sociedade dos Naturalistas de São Petersburgo]. Citado por Kropotkine, P. (2010). *L'Entraide, un facteur de l'évolution*. Sextant.

8. Pierre Kropotkine se opunha à "lei do mais forte", denunciando o individualismo próprio da sociedade burguesa e desejava evidenciar a sociabilidade do homem e das espécies animais. Em sua obra *L'Entraide, un facteur de l'évolution* [Ajuda mútua: um fator da evolução], publicada em 1902, conclui, baseado em múltiplas observações, que a simpatia que experimentamos por nossos semelhantes e a solidariedade que lhes manifestamos são componentes fundamentais do instinto humano, e são observados por toda a natureza. O pensamento de Kropotkine, entretanto, está repleto de contradições, pois como afirma o jornal *Le Révolté*, ele não era contra o recurso da violência para que a "revolta permanente" triunfasse.

9. Nowak, M. A. e Highfield, R. (2011). *SuperCooperators: altruism, evolution, and why we need each other to succeed*. Simon & Shuster, p. 274-275. Bourke, A. F. G. (2011). *Principles of Social Evolution*. Oxford University Press. Ver também o excelente artigo de síntese de Joël Candau (2012). "Pourquoi coopérer." *Terrain* (1), p. 4-25.

10. Sabe-se, por exemplo, que mais de quinhentas espécies de bactérias colonizam os dentes e as mucosas bucais humanas, proporcionando um potencial evidente tanto à cooperação quanto à competição. Ora, demonstrou-se que é a cooperação entre essas bactérias que lhes permite sobreviver num ambiente onde uma única espécie seria incapaz de proliferar. Ver Kolenbrander, P. E. (2001). "Mutualism versus independence: strategies of mixed-species oral biofilms in vitro using saliva as the sole nutrient source." *Infect. Immun.*, *69*, 5794-5804. Com relação às bactérias, ver também Koschwanez, J. H.; Foster, K. R. e Murray, A. W. (2011). "Sucrose utilization in budding yeast as a model for the origin of undifferentiated multicellularity." *PLoS biology*, *9*(8).

11. Ver especialmente Aron, S. e Passera, L. (2000). *Les Sociétés animales: évolution de la coopération et organisation sociale*. De Boeck Université. Assim como Wilson, E. O. (2012). *The Social Conquest of Earth* (1ª. edição). Liveright. [*A conquista social da terra*. São Paulo: Companhia das Letras, 2013.]

12. Candau, J. (2012). *Op. cit.*, e Henrich, J. e Henrich, N. (2007). *Why Humans Cooperate: A Cultural and Evolutionary Explanation*. Oxford University Press.

13. Darwin, C. (1859). *A origem das espécies*, capítulo 10.

14. Darwin C. (1891). *La descendance de l'homme et la sélection sexuelle*. C. Reinwald, capítulo 4. [*Origem do homem e a seleção sexual*. Belo Horizonte: Itatiaia Editora, 2004.]

15. Darwin, C. (1871). *The Origin of Species and the Descent of Man*. 2 vol. Londres.

16. Sober, E. e Wilson, D. S. (1999). *Unto Others*. Op. cit., p. 201-205.

17. Dugatkin, L. A. (1997). *Cooperation Among Animals*. Oxford University Press.

18. Segundo Frans de Waal, este exemplo não tem relação com o altruísmo, visto que do ponto de vista evolucionista só se pode falar de altruísmo se um traço foi selecionado porque ele é benéfico a outros. Ora, não teria sentido afirmar que o fato de ter dentes ruins é um traço que evoluiu porque traz benefícios aos outros. Comunicação pessoal.

19. Hamilton, W. D. (1963). "The evolution of altruistic behavior." *The American Naturalist*, *97*(896), 354-356. Hamilton, W. D. (1964). "The genetical evolution of social behaviour." *Journal of Theoretical Biology*, *7*(1), 1-16.

20. Wilson, E. O. (1971). *The Insect Society.* Cambridge, MA.

21. Clutton-Brock, T. H.; O'Riain, M.; Brotherton, P.; Gaynor, D.; Kansky, R.; Griffin, A. e Manser, M. (1999). "Selfish sentinels in cooperative mammals." *Science, 284*(5420), 1640.

22. Assim como entre os camarões alfeídeos, o rato-toupeira-pelado, certas vespas, abelhas, coleópteros e, de acordo com descobertas recentes, certos vermes trematódeos. A primeira dessas confirmações ocorreu treze anos após a publicação do primeiro artigo de Hamilton, e também depois das pesquisas de Robert Trivers e Hope Hare: Trivers, R. L. e Hare, H. (1976). "Haplodiploidy and the evolution of the social insects." *Science 191*(4224), 249-263.

23. Ver a biografia de George Price: Harman, O. S. (2010). *The Price of Altruism.* New York, Norton.

24. Hamilton, W. D. (1970). "Selfish and spiteful behaviour in an evolutionary model." *Nature,* 228, 1218-1219.

25. Price, G. R. e outros. (1970). "Selection and covariance." *Nature, 227*(5257), 520.

26. Hill, K. R. (2002). "Altruistic cooperation during foraging by the Ache, and the evolved human predisposition to cooperate." *Human Nature, 13*(1), 105-128; Kelly, R. L. (1995). *The Foraging Spectrum: Diversity in Hunter-Gatherer Lifeways.* Smithsonian Institution Press Washington.

27. Richerson, P. J. e Boyd, R. (2004). *Not by Genes Alone: How Culture Transformed Human Evolution.* University of Chicago Press. Wood, W. e Eagly, A. H. (2002). A cross-cultural analysis of the behavior of women and men: implications for the origins of sex differences. *Psychological Bulletin, 128*(5), 699.

28. Trivers, R. L. (1971). "The evolution of reciprocal altruism." *Quarterly Review of Biology,* 35-57; Axelrod, R. e Hamilton, W. D. (1981). "The evolution of cooperation." *Science, 211*(4489), 1390; Boyd, R. e Richerson, P. J. (1988). "An evolutionary model of social learning: the effects of spatial and temporal variation." *Social Learning: Psychological and Biological Perspectives,* 29-48.

29. Hill, K. R. (2002). *Op. cit.*

30. Hill, K. R.; Walker, R. S.; Božičević, M.; Eder, J.; Headland, T.; Hewlett, B.; Hurtado, A. M. *et al.* (2011). "Co-residence patterns in hunter-gatherer societies show unique human social structure." *Science, 331*(6022), 1286. Os pesquisadores estudaram especificamente os inuit do Labrador, os ache do Paraguai, os aborígenes australianos wanindiljaugwa e várias outras comunidades.

31. Dawkins, R. (2003). *Le Gène égoïste.* Odile Jacob. [*O gene egoísta.* São Paulo: Companhia das Letras, 2007.]

32. *Ibid.*, p. 19.

33. *Ibid.*, p. 192.

34. Warneken, F. e Tomasello, M. (2009). "The roots of human altruism", *British Journal of Psychology, 100,* 455-471.

35. Goodall, J. e Berman, P. L. (1999). *Reason for Hope: A Spiritual Journey.* Grand Central Publishing, p. 121.

36. Waal, F. B. M. de (2010). *L'Âge de l'empathie. Op. cit.*, p. 63. [*A era da empatia.* São Paulo: Companhia das Letras, 2010.]

37. McLean, B. e Elkind, P. (2003). *The Smartest Guys in the Room: The Amazing Rise and Scandalous Fall of Enron.* Penguin. Citado por Waal, F. B. M. de (2010). *Op. cit.*, p. 63-64. Clarke, T. (2005). "Accounting for Enron: shareholder value and stakeholder interests." *Corporate Governance: An International Review, 13*(5), 598-612.

38. "Os heróis muito humanos de Fukushima," *The Guardian,* 24 de março de 2011.

39. Wilson, E. O. (1971). *Op. cit.*

40. Wilson, E. O. (2012). *The Social Conquest of Earth* (1ª. edição). Liveright. [*A conquista social da terra.* São Paulo: Companhia das Letras, 2013.]

41. Cavalli-Sforza, L. L. e Feldman, M. W. (1978). Darwinian selection and "altruism". *Theoretical Population Biology, 14*(2), 268-280.

42. Nowak, M. A. e Highfield, R. (2011). *Op. cit.*, p. 106.

43. Ver detalhamento em "Supplementary Information" doi: 10.1038/nature09205, disponível no site www.nature.com/nature, que acompanha o artigo principal Nowak, M. A.; Tarnita, C. E. e Wilson, E. O. (2010). "The evolution of eusociality." *Nature, 466*(7310), 1057-1062. A equação de covariância de Georges Price também não escapa a essa nova análise, que a faz parecer como tautologia matemática.

44. Hunt, J. H. (2007). *The Evolution of Social Wasps.* Oxford University Press, Estados Unidos; Gadagkar, R. (2001). *The Social Biology of Ropalidia Marginata: Toward Understanding the Evolution of Eusociality.* Harvard University Press.

45. Johns, P. M.; Howard, K. J.; Breisch, N. L.; Rivera, A. e Thorne, B. L. (2009). "Nonrelatives inherit colony resources in a primitive termite." *Proceedings of the National Academy of Sciences*, *106*(41), 17452-17456. A etóloga Elli Leadbeater mostrou que as vespas *Polistes dominulus* constroem novos ninhos na primavera, mais frequentemente em pequenos grupos de fêmeas e nem todas são aparentadas. Ela observou que as fêmeas participantes do trabalho de construção dos ninhos tinham uma descendência maior em relação às vespas solitárias. Leadbeater, E.; Carruthers, J. M.; Green, J. P.; Rosser, N. S. e Field, J. (2011). "Nest inheritance is the missing source of direct fitness in a primitively eusocial insect." *Science*, *333*(6044), 874-876.

46. Nowak, M. A.; Tarnita, C. E. e Wilson, E. O. (2010). *Op. cit.* Para uma das reações a este artigo ver: Abbot, P.; Abe, J.; Alcock, J.; Alizon, S.; Alpedrinha, J. A. C.; Andersson, M.; [...], e Balshine, S. (2011). "Inclusive fitness theory and eusociality." *Nature*, *471*(7339), E1-E4. Para a resposta dos autores: Nowak, M. A.; Tarnita, C. E. e Wilson, E. O. (2011). Nowak *et al.* reply. *Nature*, *471*(7339), E9–E10.

47. Hamilton, W. D. (1975). "Innate social aptitudes of man: an approach from evolutionary genetics." *Biosocial Anthropology*, *133*, 155.

48. Bowles, S. e Gintis, H. (2011). *A Cooperative species: Human Reciprocity and Its Evolution*. Princeton University Press.

49. Nowak, M. A. e Highfield, R. (2011). *Op. cit.*, p. 262-263.

15. O amor maternal, fundamento do altruísmo expandido?

1. Batson, C. D. (2011). *Op. cit.*, p. 4.

2. *Ibid.*

3. Darwin, C. (1871). *Op. cit.*, p. 308. Na verdade, o cuidado parental, que seria uma das origens principais da empatia, se baseia nos instintos mais antigos que precederam a faculdade de sentir a empatia, visto que pode ser observado também nas espécies animais cujo sistema nervoso rudimentar não autoriza faculdades cognitivas e emocionais complexas. As mães escorpiões, por exemplo, carregam seus filhotes em suas costas, embora isso reduza consideravelmente seus movimentos e as expõe, assim, ao risco de serem capturadas por um predador. Shaffer, L. R. e Formanowicz, J. (1996). "A cost of viviparity and parental care in scorpions: reduced sprint speed and behavioural compensation." *Animal Behaviour*, *51*(5), 1017-1024.

4. Bell, D. C. (2001). "Evolution of parental caregiving." *Personality and Social Psychology Review*, 5(3), 216-229.

5. McDougall, W. (1908). *An Introduction to Social Psychology*. Methuen. Devo estes diversos esclarecimentos a Daniel Batson. Ver também Batson, C. D (1991). *Op. cit.*, capítulos 2 e 3.

6. Sober, E., in Davidson, R. J. e Harrington, A. (2002). *Visions of Compassion: Western Scientists and Tibetan Buddhists Examine Human Nature*. Oxford University Press, Estados Unidos, p. 99, Sober, E. e Wilson, D. S. (1998). *Op. cit*; Waal, F. B. M. de (1997). *Le Bon Singe: Les bases naturelles de la morale*. Bayard; Churchland, P. S. (2011). *Braintrust: What Neuroscience Tells Us about Morality*. Princeton University Press.

7. Paul Ekman, registro das conversas com o autor.

8. Leopardo e filhote babuíno: http://www.youtube.com/watch?v=Nvp9cELWHhs.

9. Hrdy, S. B. (2009). *Mothers and Others: The Evolutionary Origins of Mutual Understanding*. Belknap Press, p. 67 e 109.

10. *Ibid.*, p. 66.

11. Marlowe, F. (2005). "Who tends Hadza children?", em *Hunter-Gatherer Childhoods*. B. Hewlett and M. Lamb. New Brunswick, p. 177-190. Citado por Hrdy, S. B. (2009). *Op. cit.*, p. 76.

12. Sagi, A.; Ijzendoorn, M. H.; Aviezer, O.; Donnell, F.; Koren-Karie, N.; Joels, T. e Harl, Y. (1995). "Attachments in a multiple-caregiver and multiple-infant environment: the case of the Israeli kibbutzim." *Monographs of the Society for Research in Child Development*, *60* (2-3), 71-91. Citado por Hrdy, S. B. (2009). *Op. cit.*, p. 131.

13. Hrdy, S. B. (2009). *Op. cit.*, p. 77.

14. Sear, R.; Mace, R. e McGregor, I. A. (2000). "Maternal grandmothers improve nutritional status and survival of children in rural Gambia." *Proceedings of the Royal Society of London. Series B: Biological Sciences*, *267*(1453), 1641. Citado por Hrdy, S. B. (2009). *Op. cit.*, p. 107-108.

15. Pope, S. K.; Whiteside, L.; Brooks-Gunn, J.; Kelleher, K. J.; Rickert, V. I.; Bradley, R. H. e Casey, P. H. (1993). "Low-birth-weight infants born to adolescent mothers." *JAMA, 269*(11), 1396-1400. Citado por Hrdy, S. B. (2009). *Op. cit.*, p. 107-108.

16. Hrdy, S. B. (2009). *Op. cit.*, p. 144.

17. Watson, J. (1928). *Psychological Care of Infant and Child.* W. W. Norton. Citado por Hrdy, S. B. (2009). *Op. cit.*, p. 82.

18. Fernandez-Duque, E. (2007). "Cost and benefit of parental care in free ranging owl monkey (*Aotus azarai*)." Artigo apresentado no 76º. Colóquio anual da American Association of Physical Anthropologists, março, 28-31, Philadelphie; Wolovich, C. K.; Perea-Rodriguez, J. P. e Fernandez-Duque, E. (2008). "Food transfers to young and mates in wild owl monkeys (*Aotus azarai*)." *American Journal of Primatology, 70*(3), 211-221. Citado por Hrdy, S. B. (2009). *Op. cit.*, p. 88-89.

19. Boesch, C.; Bole, C.; Eckhardt, N. e Boesch, H. (2010). "Altruism in forest chimpanzees: the case of adoption." *PloS one, 5*(1), e8901.

20. Busquet, G. (2013). *À l'écoute de l'Inde: des mangroves du Bangladesh aux oasis du Karakoram.* Transboréal, p. 105 e seguintes.

21. Hrdy, S. B. (2009). *Op. cit.*, p. 128.

22. *Ibid.*, p. 292-293.

23. Ver principalmente o estudo exaustivo sobre o efeito das creches, NICHD Early Child Care Research Network 1997, assim como McCartney, K. (2004). "Current research on child care effects", em R. E. Tremblay *et al. Encyclopedia on Early Childhood Development [online]. Montreal: Centre of Excellence for Early Childhood Development, 2004*, 1-5. Este estudo prossegue e o seu desenvolvimento pode ser acompanhado pelos sites: www.nichd.nih.gov e www.excellence-earlychildhood.ca. Citado por Hrdy, S. B. (2009). *Op. cit.*, p. 125.

24. A filósofa e historiadora Élisabeth Badinter, por exemplo, considera que o conceito de instinto maternal é "bem utilizado" e que todo discurso que se inspira pelo naturalismo é um retrocesso. Badinter, É. (2011). *Le Conflt: La femme et la mère.* Le Livre de Poche.

16. A evolução das culturas

1. Alguns chegam a negar sua importância, como a antropóloga Laura Betzig, que não hesita escrever em um volume acadêmico: "Pessoalmente, considero a cultura inútil". Betzig, L. L. (1997). *Human Nature: A Critical Reader.* Oxford University Press, Estados Unidos, États-Unis, p. 17. Citado por Richerson, P. J. e Boyd, R. (2004). *Op. cit.*, p. 19.

2. *Ibid.*, p. 5.

3. Tomasello, M. (2009). *Why We Cooperate.* The MIT Press, p. XIV.

4. *Ibid.*, p. X.

5. Richerson, P. J. e Boyd, R. (2004). *Op. cit.*, p. 6.

6. Boyd, R. e Richerson, P. J. (1976). "A simple dual inheritance model of the conflict between social and biological evolution." *Zygon®, 11*(3), 254-262, e igualmente sua principal obra, *Not by Genes Alone* (2004). *Op. cit.*

7. Richerson, P. J. e Boyd, R. (2004). *Op. cit.*, p. 7.

8. Lydens, L. A. "A longitudinal study of crosscultural adoption: identity development among asian adoptees at adolescence and early adulthood." Northwestern University, 1988. Citado por Richerson, P. J. e Boyd, R. (2004). *Op. cit.*, p. 39-42.

9. Heard, J. N. e J. Norman. *White into Red: A Study of the Assimilation of White Persons Captured by Indians.* Scarecrow Press Metuchen, N J., 1973. Citado por Richerson, P. J. e Boyd, R. (2004). *Op. cit.*, p. 41-42.

10. Segundo Richerson, P. J. e Boyd, R. (2004). *Op. cit.*, p. 139-145, o desenvolvimento da aprendizagem social, própria ao homem, que é o fundamento da evolução das culturas, poderia ter tido por catalisador as flutuações climáticas sem precedentes que predominaram na segunda metade da era do Pleistoceno, durante os últimos 500 mil anos. De fato, existe uma correlação entre as variações climáticas e um aumento do volume do cérebro dos hominídeos e de muitos mamíferos, o que aumenta sua capacidade de adotar novos comportamentos e, no caso dos hominídeos, de fabricar novas ferramentas e de adquirir conhecimentos transmissíveis. Os hominídeos começaram a fabricar ferramentas há 2,6 milhões de anos aproximadamente, mas essas ferramentas mudaram pouco num período muito longo. Em

seguida, há 250 mil anos, o número e sobretudo a variedade das ferramentas aumentaram do modo abrupto. Finalmente, há 50 mil anos, os humanos da África se espalharam pelo mundo todo. Ver Hofreiter, M.; Serre, D.; Poinar, H. N.; Kuch, M.; Pääbo, S. e outros. (2001). "Ancient DNA." *Nature Reviews Genetics*, 2(5), 353-359. Citado por Richerson, P. J. e Boyd, R. (2004). *Op. cit.*, p. 143.

17. Os comportamentos altruístas entre os animais

1. Darwin, C. (1891), *La Descendance de l'homme et la sélection sexuelle. Op. cit.*, capítulo 4, p. 101-109. [*Origem do homem e a seleção sexual*. Belo Horizonte: Itatiaia Editora, 2004.]
2. Darwin, C. (1877). *L'Expression des émotions chez l'homme et les animaux. Op. cit.* [*Expressão das emoções no homem e nos animais*. São Paulo: Companhia de Bolso, 2009.]
3. Darwin, C. (1891). *Op. cit.*, p. 68.
4. Parque Nacional de Tai, Costa do Marfim, citado por Waal, F. B. M. de (2010). *Op. cit.*, p. 7.
5. Waal, F. B. M. de (1997). *Le Bon Singe. Op. cit.*
6. Ver a sequência: www.youtube.com/watch?v=DgjyhKN_35g.
7. Waal, F. B. M. de (2010). *Op. cit.*, p. 56.
8. Savage, E.; Temerlin, J. e Lemmon, W. (1975). Contemporary Primatology 5th International Congress of Primatology, Nagoia 1974, p. 287-291. Karger. Edição Francesa de 1997.
9. Waal, F. B. M. de (1997). *Op. cit.*, p. 220.
10. Moss, C. (1988). *Elephant Memories: Thirteen Years in the Life of an Elephant Family*. William Morrow & Co., p. 124-125.
11. Henderson, J. Y. (1952). *Circus Doctor*. P. Davies, p. 78. Citado em Masson, J. M. e McCarthy, S. (1997). *Quand les éléphants pleurent*. Albin Michel.
12. Waal, F. B. M. de (2010). *Op. cit.*, p. 153.
13. Goodall, J. e Berman, P. L. (1999). *Reason for Hope: A Spiritual Journey*. Grand Central Publishing, p. 139.
14. Citado em Waal, F. B. M. de (2010). *Op. cit.*, p. 130-131.
15. Köhler, W. e Winter, E. (1925). *The Mentality of Apes*. K. Paul, Trench, Trubner. Citado por Rollin, B. E. (1989). *The Unheeded Cry: Animal Consciousness, Animal Pain and Science*. Oxford University Press, p. 223.
16. Lee, P. (1987). "Allomothering among African elephants." *Animal Behaviour*, 35(1), 278-291.
17. Bates, L. A.; Lee, P. C.; Njiraini, N.; Poole, J. H.; Sayialel, K.; Sayialel, S.; Byrne, R. W. (2008). "Do elephants show empathy?". *Journal of Consciousness Studies*, 15(10-11), 204-225.
18. Caldwell, M. C. e Caldwell, D. K. (1966). Epimeletic (care-giving) behavior in Cetacea. *Whales, Porpoises and Dolphins*. University of California Press, Berkeley, Califórnia, 755-789.
19. Lilly, J. C. (1963). Distress call of the bottlenose dolphin: stimuli and evoked behavioral responses. *Science*, 139(3550), 116; Lilly, J. C. (1962). *Man and Dolphin*. Gollancz.
20. Brown, D. H. e Norris, K. S. (1956). Observations of captive and wild cetaceans. *Journal of Mammalogy*, 37(3), 311-326; Siebenaler, J. e Caldwell, D. K. (1956). Cooperation among adult dolphins. *Journal of Mammalogy*, 37(1), 126-128.
21. O incidente foi fotografado. Ver *Daily Mail*, 29 de julho de 2009. http://www.dailymail.co.uk/news/article-1202941/Pictured-The-moment-Mila-brave-Beluga-whale-saved-stricken-divers-life-pushing-surface.html.
22. De acordo com reportagem da New Zealand Press Association, 22 de novembro de 2004.
23. Nishiwaki. M. (1962), "Aerial photographs show sperm whales' interesting habits". Nor. Hvalfangstid. 51:395-398. Davis. W. M. (1874). *Nimrod of the Sea; or the American Whaleman*. Harper.
24. "Who Is the Walrus?" *The New York Times*, 28 de maio de 2008.
25. Mohr, E. (1956). *Das Verhalten der Pinnipedier*. W. de Gruyter.
26. Helfer, R. (1990). *The Beauty of the Beasts,* Jeremy P. Tarcher, p. 82-83.
27. Romero, T.; Castellanos, M. A. e Waal, F. B. M. de (2010). "Consolation as possible expression of sympathetic concern among chimpanzees." *Proceedings of the National Academy of Sciences*, 107(27), 12110.
28. Ver Waal, F. B. M. de (1992). *De la réconciliation chez les primates*. Flammarion.
29. Moss, C. (1988). *Elephant Memories. Op. cit.*, p. 272-273.

30. Ryan, M. e Thornycraft, P. "Jumbos mourn black rhino killed by poachers", *Sunday Independent*, 18 de novembro de 2007, citado por Bekoff, M. e Pierce, J. (2009). *Wild Justice: The Moral Lives of Animals*. University of Chicago Press, p. 105.

31. Goodall, J. (2011). *Through A Window: Thirty Years with the Chimpanzees of Gombe*. Phoenix. p. 190. Foto de Flint prostrado, p. 213.

32. Goodall, J. e Berman, P. L. (1999). *Reason for Hope: A Spiritual Journey*. Grand Central Publishing, p. 139-140.

33. Boesch, C.; Bole, C.; Eckhardt, N. e Boesch, H. (2010). "Altruism in forest chimpanzees: the case of adoption." *PloS One*, *5*(1), e8901.

34. McGrew, W. C. (1992). *Chimpanzee Material Culture: Implications for Human Evolution*. Cambridge University Press; McGrew, W. C. (2004). *The Cultured Chimpanzee: Reflections on Cultural Primatology*. Cambridge University Press. Ver também o artigo de Dominique Lestel na revista *Science et Avenir*, edição especial, out.-nov. 2005.

35. Menzel, E. W. (1975). "Purposive behavior as a basis for objective communication between chimpanzees." *Science*, *189*(4203), 652; Menzel, E. W. (1978). "Cognitive mapping in chimpanzees." *Cognitive Processes in Animal Behavior*, 375-422.

36. Premack, D.; Woodruff, G. e outros. (1978). "Does the chimpanzee have a theory of mind?" *Behavioral and Brain Sciences*, *1*(4), 515-526.

37. Hare, B.; Call, J. e Tomasello, M. (2001). "Do chimpanzees know what conspecifics know?" *Animal Behaviour*, *61*(1), 139-151.

38. Bugnyar, T. e Heinrich, B. (2005). Ravens, "*Corvus corax*, differentiate between knowledgeable and ignorant competitors." *Proceedings of the Royal Society B: Biological Sciences*, *272*(1573), 1641.

39. Sobre lobos e cães, ver Virányi, Z.; Gácsi, M.; Kubinyi, E.; Topál, J.; Belényi, B.; Ujfalussy, D. e Miklósi, Á. (2008). "Comprehension of human pointing gestures in young human-reared wolves (*Canis lupus*) and dogs (*Canis familiaris*)." *Animal Cognition*, *11*(3), 373-387. Sobre macacos capuchinhos, ver Kuroshima, H.; Fujita, K.; Adachi, I.; Iwata, K. e Fuyuki, A. (3 de julho de 2003). "A capuchin monkey (*Cebus apella*) recognizes when people do and do not know the location of food." *Animal Cognition*, *6*(4), 283-291.

40. Waal, F. B. M. de (2010). *Op. cit.*, p. 150-151 e p. 346-347.

41. Yamamoto, S.; Humle, T. e Tanaka M. "Chimpanzees' flexible targeted helping based on an understanding of conspecifics' Goals." *Proceedings of the National Academy of Sciences of the United States of America* (2012).

42. Rohan, A. de (2003). "Deep thinkers: The more we study dolphins, the brighter they turn out to be." *The Guardian* (Grã-Bretanha). Citado em Balcombe, J. e Balcombe, J. P. (2010). *Second Nature: The Inner Lives of Animals*. Palgrave Macmillan, p. 33.

43. Resumo por Waal, F. B. M. de (2010). *Op. cit.*, p. 132.

44. Gallup, G. G. (1970). "Chimpanzees: self-recognition." *Science*, *167*(3914), 86.

45. Nimchinsky, E. A.; Gilissen, E.; Allman, J. M.; Perl, D. P.; Erwin, J. M. e Hof, P. R. (1999). "A neuronal morphologic type unique to humans and great apes." *Proceedings of the National Academy of Sciences*, *96*(9), 5268.

46. Hakeem, A. Y.; Sherwood, C. C.; Bonar, C. J.; Butti, C.; Hof, P. R. e Allman, J. M. (2009). "Von Economo neurons in the elephant brain." *The Anatomical Record: Advances in Integrative Anatomy and Evolutionary Biology*, *292*(2), 242-248.

47. Daniel Batson, comunicação pessoal.

48. Warneken, F. e Tomasello, M. (2006). "Altruistic helping in human infants and young chimpanzees." *Science*, *311*(5765), 1301.

49. Warneken, F. e Tomasello, M. (2007). "Helping and cooperation at 14 months of age." *Infancy*, *11*(3), 271-294.

50. Crawford, M. P. (1937). "The cooperative solving of problems by young chimpanzees." *Comparative Psychology Monographs*, *14*(2), 1-88. Para trechos do filme, ver http://www.emory.edu/ LIVING_LINKS/av/nissencrawford_cut.mov.

51. Plotnik, J. M.; Lair, R.; Suphachoksahakun, W. e Waal, F. B. M. de (2011). "Elephants know when they need a helping trunk in a cooperative task." *Proceedings of the National Academy of Sciences*, *108*(12), 5116.

52. Horner, V.; Carter, J. D.; Suchak, M. e Waal, F. B. M. de (2011). "Spontaneous prosocial choice by chimpanzees." *Proceedings of the National Academy of Sciences*, *108*(33), 13847-13851.
53. Rollin, B. E. (1989). *The Unheeded Cry: Animal Consciousness, Animal Pain and Science*. Oxford University Press.
54. Frans de Waal em diálogo com Martha Nussbaum, http://www.youtube.com/watch?v=ZL5eONzGIR0 &playnext=1&list=PL9B0DC88714CADC51&feature=results_ main.
55. Rollin, B. E. (1989). *Op. cit.*, p. 32.
56. Darwin, C. (1891). *Op. cit.*, p. 68.
57. Waal, F. B. M. de (2010). *Op. cit.*, p. 196.
58. Rollin, B. E. (1989). *Op. cit.*, p. 23.
59. Ver sua recente obra, que traça o histórico de suas pesquisas. Davidson, R. J. e Begley, S. (2012). *The Emotional Life of Your Brain*. Hudson Street Press.

18. O altruísmo na criança

1. Tomasello, M. (2009). *Why We Cooperate. Op. cit.*, p. 3.
2. Tremblay, R. E. (2008). *Prévenir la violence dès la petite enfance*. Odile Jacob.
3. Sagi, A. e Hoffman, M. L. (1976). "Empathic distress in the newborn." *Developmental Psychology*, 12(2), 175.
Para uma exposição das diversas fases do desenvolvimento da consciência de si na criança, da reação à aflição do outro, até os comportamentos benevolentes, ver Hoffman, M. L. (2000). *Empathy and Moral Development: Implications for Caring and Justice*. Cambridge University Press; tradução francesa: Hoffman, M. (2008). *Empathie et développement moral: Les émotions morales et la justice*. PUG.
4. Martin, G. B. e Clark, R. D. (1982). "Distress crying in neonates: Species and peer specificity." *Developmental Psychology*, 18(1), 3.
5. Sagi e Hoffman deduziram a presença de uma "reação de aflição empática rudimentar", que permite ao recém-nascido colocar-se em sintonia com o estado afetivo de outro recém-nascido, sem no entanto distinguir claramente suas próprias emoções das dos outros. Segundo o neurocientista Jean Decety, "esses resultados demonstram que o recém-nascido possui os dois aspectos essenciais da empatia: 1) o compartilhamento de emoções com as pessoas às quais ele pode se identificar e 2) a distinção entre si e os outros". (Decety, J. "L'empathie est-elle une simulation mentale de la subjectivité d'autrui", em Berthoz, A.; Jorland, G. et. al. [2004]. *L'Empathie*. Odile Jacob.) Outros pesquisadores, como a neurocientista Tania Singer, são mais prudentes em suas interpretações, visto que os sinais indubitáveis de distinção entre si e os outros só surgem a partir de quatorze meses. Interrogada a respeito, Tania Singer estima que a discriminação exercida entre os diferentes choros pelo recém-nascido se deve simplesmente ao fato de que sua constituição lhe permite, desde o nascimento, distinguir uma voz humana de um ruído comum e de atribuir níveis de importância variados a diversos tipos de voz. A intensidade do contágio emocional poderia estar ligada ao grau de similaridade entre o recém-nascido e a criança que chora. Segundo ela, a razão pela qual os recém-nascidos não choram ao ouvir uma gravação de seus próprios choros pode ser atribuída ao fato de que nosso cérebro antecipa os efeitos de nossas próprias reações (nossos choros, por exemplo) e os neutraliza automaticamente antes que essas reações se produzam. É a razão pela qual não podemos fazer cócegas em nós mesmos. De igual modo, colocar uma de minhas mãos sobre a outra em sinal de reconforto não terá o mesmo efeito calmante que se alguém segurar minha mão quando sofro. (Tania Singer, comunicação pessoal, fevereiro de 2012.)
6. Soltis, J. (2004). "The signal functions of early infant crying." *Behavioral and Brain Sciences*, *27*, 443-490; Zeifman, D. M. (2001). "An ethological analysis of human infant crying: Answering Tinbergen's four questions." *Developmental Psychobiology*, *39*, 265-285. Citado por Batson, R. D. (2011). *Altruism in humans. Op. cit.*
7. Hamlin, J. K.; Wynn, K. e Bloom, P. (2007). "Social evaluation by preverbal infants." *Nature*, *450*(7169), 557-559. Esta experiência já havia sido realizada com sucesso no mesmo laboratório com crianças maiores, de doze a dezesseis meses. Kuhlmeier, V.; Wynn, K. e Bloom, P. (2003). "Attribution of dispositional states by 12-month-olds." *Psychological Science*, *14*(5), 402-408. Se esta mesma experiência fosse refeita com objetos inanimados (em vez de bonecos com forma humana), nenhum dos objetos teria preferência sobre outro.

8. Citado por Hoffman, M. L. (2000). *Empathy and Moral Development. Op. cit.*, p. 100. Às vezes apelam a um adulto para ajudar, mas as relações de alteridade se encontram bastante imprecisas e uma criança de quatorze meses poderá pegar na mão de outra que chora para levá-la, não à mãe dela, que no entanto está presente, mas à sua própria mãe.

9. Hoffman, M. L. (2000). *Op. cit.* ; Lecomte, J. (2012). *La Bonté humaine. Op. cit.*, p. 232-235. Carolyn Zahn-Waxler, que estudou por mais de trinta anos o surgimento da empatia na infância observou a maneira como as crianças pequenas reagiam *na vida cotidiana* quando os parentes se encontram em dificuldade. Ela pediu às mães para simular a dor de machucar-se, por exemplo, ou fingir estar tristes, cansada, ou com dificuldade de respirar. Quase sempre, as crianças se comportaram de forma consoladora, dando beijos e demonstrando outros sinais de afeto, ou agindo de modo considerado, levando, por exemplo, uma mamadeira ao irmão ou à irmã mais nova, ou uma manta para uma pessoa que treme de frio. Zahn-Waxler, C. e Radke-Yarrow, M. (1982). "The development of altruism: Alternative research strategies." *The development of prosocial behavior*, 109-137.

10. As crianças que passam pelo teste do espelho começam a manifestar empatia para com alguém que soluça ou pareça afligida (aos dezoito meses nas meninas, e vinte e um meses nos meninos). Bischof-Köhler, D. (1991). "The development of empathy in infants." epub.ub.uni-muenchen.de/2915/1/2915.pdf; Bretherton, I.; Fritz, J.; Zahn-Waxler, C. e Ridgeway, D. (1986). "Learning to talk about emotions: A functionalist perspective." *Child Development*, 529-548.

11. Citado por Kohn, A. (1998). *The Brighter Side of Human Nature. Op. cit.*

12. Ver Barber, N. (2000). *Why Parents Matter: Parental Investment and Child Outcomes*. Praeger Pub Text, p. 124.

13. Rheingold, H. L. (1982). "Little children's participation in the work of adults, a nascent prosocial behavior." *Child Development*, 114-125.

14. Reportagem na rádio BBC por Helen Briggs, comentarista científica.

15. Exceto os trabalhos de Rheingold, H. L. (1982). *Op. cit.*

16. Piaget, J. (1932). *Le Jugement moral chez l'enfant*. F. Alcan.

17. Eisenberg, N. e Fabes, R. A. (1998). "Prosocial development." Em Eisenberg, N. e Damon, W. (1998). *Handbook of Child Psychology*. John Wiley & Sons, 3: 701-778.

18. Svetlova, M.; Nichols, S. R. e Brownell, C. A. (2010). "Toddlers' prosocial behavior: From instrumental to empathic to altruistic helping." *Child Development*, *81*(6), 1814-1827.

19. Warneken, F. e Tomasello, M. (2006). "Altruistic helping in human infants and young chimpanzees." *Science*, *311*(5765), 1301; Warneken, F. e Tomasello, M. (2009). "The roots of human altruism." *British Journal of Psychology*, *100*(3), 455-471. Os vídeos dessas experiências podem também ser vistos no site: http://email.eva.mpg.de/~warneken/video.

20. Warneken, F. e Tomasello, M. (2009). *Op. cit.* Tomasello, M. (2009). *Op. cit.*

21. *Ibid.*

22. *Ibid.* Por outro lado – segundo Fabes, R. A.; Fultz, J.; Eisenberg, N.; May-Plumlee, T. e Christopher, F. S. (1989). "Effects of rewards on children's prosocial motivation: A socialization study." *Developmental Psychology*, *25*(4), 509 – o mesmo efeito foi observado em crianças de sete a onze anos que participavam de um programa em favor das crianças doentes num hospital. Algumas receberam, inicialmente, um brinquedo como recompensa, e outras não. Num segundo momento, ofereceu-se outra vez às crianças a possibilidade de ajudar os doentes. Ora, aquelas que haviam sido recompensadas na primeira vez ajudaram menos que as outras. Esse efeito negativo era ainda mais acentuado entre aquelas cujas mães tinham como hábito recompensar pelos serviços prestados em casa.

23. Ver, por exemplo, as múltiplas pesquisas de Joan E. Grusec; em especial, Grusec, J. E. e Redler, E. (1980). "Attribution, reinforcement, and altruism: A developmental analysis." *Developmental Psychology*, *16* (5), 525-534.

24. Tomasello, M. (2009). *Op. cit.*

25. Aknin, L. B.; Hamlin, J. K. e Dunn, E. W. (2012). "Giving leads to happiness in young children." *PLoS One*, *7*(6), e39211.

26. Warneken, F. e Tomasello, M. (2009). *Op. cit.*

27. Hay, D. F. (1994). "Prosocial development." *Journal of Child Psychology and Psychiatry*, *35*(1), 29-71.

28. Freud, S. (1900/2003). *L'Interprétation du rêve, Œuvres complètes*, vol. 4. PUF, p. 290. Gesammelte Werke: II/III, p. 256.

29. Eisenberg, N.; Cumberland, A.; Guthrie, I. K.; Murphy, B. C. e Shepard, S. A. (2005). "Age changes in prosocial responding and moral reasoning in adolescence and early adulthood." *Journal of Research on Adolescence*, *15*(3), 235-260.

30. Turiel, E. (1983). "The development of social knowledge: Morality and convention." Cambridge University Press. Helwig, C. C. e Turiel, E. (2002). "Children's social and moral reasoning." The Wiley-Blackwell Handbook of Childhood Social Development, 567-583. Existem inúmeras obras e artigos científicos a esse respeito. Para uma excelente síntese, ver Baumard, N. (2010). *Comment nous sommes devenus moraux: Une histoire naturelle du bien et du mal*. Odile Jacob.

31. Greene, J. e Haidt, J. (2002). "How (and where) does moral judgment work?" *Trends in Cognitive Sciences*, *6*(12), 517-523.

32. Miller, J. G. e Bersoff, D. M. (1994). "Cultural influences on the moral status of reciprocity and the discounting of endogenous motivation." *Personality and Social Psychology Bulletin*, *20*(5), 592-602.

33. Kochanska, G. (2002). "Mutually responsive orientation between mothers and their young children: A context for the early development of conscience." *Current Directions in Psychological Science*, *11*(6), 191. Também ver Kochanska, G. e Murray, K. T. (2000). "Mother–child mutually responsive orientation and conscience development: From toddler to early school age." *Child Development*, *71*(2), 417-431. Citados por Lecomte, J. (2012). *Op. cit.*, p. 239.

34. Barber, N. (2000). *Why parents matter: Parental Investment and Child Outcomes*. Praeger Publications, p. 124.

35. Citado por Kohn, A. (1998). *Op. cit.*

36. Eisenberg, N. e Fabes, R. A. (1998). "Prosocial development." *Op. cit.*

37. Tremblay, R. E. (2008). *Prévenir la violence dès la petite enfance*. Odile Jacob. Keenan, K.; Tremblay, R.; Barr, R. e Peters, R. V. (2002). "The development and socialization of aggression during the first five years of live." R. E. Tremblay, R. G. Barr e R. V. Peters (editores). *Encyclopedia on Early Childhood Development*, 1-6.

38. Tomasello, M. (2009). *Op. cit.*

39. Hoffman, M. L. (2008). *Empathie et développement moral. Op. cit*

40. Janssens, J. M. e Gerris, J. R. M. (1992). "Child rearing, empathy and prosocial development", em J. M. Janssens e J. R. M. Gerris (editores), *Child rearing: Influence on Prosocial and Moral Development*, p. 57-75. Swets & Zeitlinger. Krevans, J. e Gibbs, J. C. (1996). "Parents' use of inductive discipline: Relations to children's empathy and prosocial behavior." *Child Development*, *67*(6), 3263-3277.

41. Trickett, P. K. e Kuczynski, L. (1986). "Children's misbehaviors and parental discipline strategies in abusive and nonabusive families." *Developmental psychology*, *22*(1), 115.

42. Ricard, E. (2012). *La Dame des mots*. Éditions NiL

43. Hoffman M. L. (2008). *Empathie et développement moral. Op. cit..* Krevans, J. e Gibbs, J. C. (1996). *Op. cit.*; Stewart, S. M. e McBride-Chang, C. (2000). "Influences on children's sharing in a multicultural setting." *Journal of Cross-Cultural Psychology*, *31*(3), 333-348.

44. Lecomte, J. (2012). *La Bonté humaine. Op. cit.*, p. 245. Ver também Crockenberg, S. e Litman, C. (1990). "Autonomy as competence in 2-year-olds: Maternal correlates of child defiance, compliance, and self-assertion." *Developmental Psychology*, *26*(6), 961.

45. Lecomte, J. (2007). *Donner un sens à sa vie*. Odile Jacob, capítulo 3.

46. Eisenberg-Berg, N. e Geisheker, E. (1979). "Content of preachings and power of the model/preacher: The effect on children's generosity." *Developmental Psychology*, *15*(2), 168.

47. Lecomte, J. (2012). *La Bonté humaine. Op. cit.*, p. 240.

48. Bekkers, R. (2007). "Intergenerational transmission of volunteering." *Acta Sociologica*, *50*(2), 99-114. Wilhelm, M. O.; Brown, E.; Rooney, P. M. e Steinberg, R. (2008). "The intergenerational transmission of generosity." *Journal of Public Economics*, *92*(10-11), 2146-2156. Rice, M. E. e Grusec, J. E. (1975). "Saying and doing: Effects on observer performance." *Journal of Personality and Social Psychology*, *32*(4), 584. Rushton, J. P. e Littlefield, C. (1979). "The effects of age, amount of modelling, and a success experience on seven-to eleven-year-old children's generosity." *Journal of Moral Education*, *9*(1), 55-56. Rushton, J. P. e Teachman, G. (1978). "The effects of positive reinforcement, attributions, and punishment on model induced altruism in children." *Personality and Social Psychology Bulletin*, *4*(2), 322-325.

49. Bryan, J. H. e Walbek, N. H. (1970). "The impact of words and deeds concerning altruism upon children." *Child Development*, 747-757.

50. Rogoff, B. (2003). *The Cultural Nature of Human Development*. Oxford University Press, Estados Unidos.

51. Howes, C. e Eldredge, R. (1985). "Responses of abused, neglected, and non-maltreated children to the behaviors of their peers." *Journal of Applied Developmental Psychology*, 6(2-3), 261-270. Main, M. e George, C. (1985). "Responses of abused and disadvantaged toddlers to distress in agemates: A study in the day care setting." *Developmental Psychology*, 21(3), 407. Miller, P. A. e Eisenberg, N. (1988). "The relation of empathy to aggressive and externalizing/antisocial behavior." *Psychological Bulletin*, 103(3), 324.

52. Cyrulnik, B. (2004). Les Vilains Petits Canards. Odile Jacob. [*Os patinhos feios*. São Paulo: Martins Fontes, 2004.]

53. Waal, F. B. M. de (2010). *Op. cit.*, p. 12.

54. Beckett, C.; Maughan, B.; Rutter, M.; Castle, J.; Colvert, E.; Groothues, C.; Sonuga-Barke, E. J. e outros (2006). "Do the effects of early severe deprivation on cognition persist into early adolescence? Findings from the English and Romanian adoptees study." *Child Development*, 77(3), 696-711.

55. National Center for Education Statistics, 1997. Metz, E.; McLellan, J. e You-niss, J. (2003). "Types of voluntary service and adolescents' civic development." *Journal of Adolescent Research*, 18(2), 188-203

56. Uggen, C. e Janikula, J. (1999). "Volunteerism and arrest in the transition to adulthood." *Social Forces*, 78(1), 331-362. Eisenberg, N. e Mussen, P. H. (1989). *The Roots of Prosocial Behavior in Children*. Cambridge University Press.

57. Nanni, V.; Uher, R. e Danese, A. (2012). "Childhood maltreatment predicts unfavorable course of illness and treatment outcome in depression: a meta-analysis." *American Journal of Psychiatry*, 169(2), 141-151.

58. Jacques Lecomte, comunicação pessoal. Segundo Lecomte, a crença na reprodução intergeracional dos maus-tratos provém do viés estatístico de inversão das probabilidades (a maioria dos pais que maltratam foram maltratados e deduziu-se erroneamente que a maioria das crianças maltratadas tornam-se agentes de maus-tratos). Ver a tese de Jacques Lecomte, "Briser le cycle de la violence; quand d'anciens enfants maltraités deviennent des parents non maltraitants", disponível no site http://www.psychologie-positive.net/spip.php ?article8. Ver também Lecomte, J. (2010). *Guérir de son enfance*. Odile Jacob.

19. Os comportamentos pró-sociais

1. Bierhoff, H. W. (2002). *Prosocial Behaviour*. Psychology Press Ltd. Kindle, p. 216-227.

2. Bierhoff, H. (1983). "Wie hilfreich ist der Mensch?" [A que ponto o ser humano é prestativo?] *Bild der Weissenchaft*, 20, 118-126.

3. Milgram, S. (1970). "The experience of living in cities." *Set*, 167, 1461-1468. Este estudo não é novo, mas foi confirmado posteriormente, ver Amato, P. R. (1983), "Helping behavior in urban and rural environments: Field studies based on a taxonomic organization of helping episodes." *Journal of Personality and Social Psychology*, 45(3), 571. Levine, R. V.; Martinez, T. S.; Brase, G. e Sorenson, K. (1994). Helping in 36 US cities. *Journal of Personality and Social Psychology*, 67(1), 69.

4. Piliavin, I. M.; Piliavin, J. A. e Rodin, J. (1975). "Costs, diffusion, and the stigmatized victim." *Journal of Personality and Social Psychology*, 32(3), 429-438. Piliavin, J. A. e Piliavin, I. M. (1972). "Effect of blood on reactions to a victim." *Journal of Personality and Social Psychology*, 23(3), 353-361.

5. Latané, B. e Darley, J. M. (1970). *The unresponsive Bystander: Why Doesn't He Help?* Appleton-Century Crofts New York. Latané, B. e Nida, S. (1981). "Ten years of research on group size and helping." *Psychological Bulletin*, 89(2), 308. Para um estudo mais recente, ver Fischer, P.; Krueger, J. I.; Greitemeyer, T.; Vogrincic, C.; Kastenmüller, A.; Frey, D. e Kainbacher, M. (2011). The bystander-effect: A meta-analytic review on bystander intervention in dangerous and non-dangerous emergencies. *Psychological Bulletin*, 137(4), 517-537.

6. http://www.dailymotion.com/video/xlq30q_18-enfant-de-2-ans-renverse-et-ignore-par-les-passants_news.

7. Citado por Oliner, S. P. (2003). *Do Unto Others: Extraordinary Acts of Ordinary People* (edição ilustrada). Basic Books, p. 93.

8. Schwartz, S. H. e Gottlieb, A. (1976). "Bystander reactions to a violent theft: Crime in Jerusalem." *Journal of Personality and Social Psychology*, 34(6), 1188. Para um modelo mais elaborado que o de

Latané, ver Schwartz, S. H. e Howard, J. A. (1982). "Helping and cooperation: A self-based motivational model." *Cooperation and Helping Behavior: Theories and Research*, 327-353. Em uma situação de emergência, as pessoas com capacidades particulares – as enfermeiras, os chefes de equipes, os que receberam formação de socorristas etc. – têm muito mais tendência que os outros para se envolverem em socorros. Cramer, R. E.; McMaster, M. R.; Bartell, P. A. e Dragna, M. (1988). "Subject competence and minimization of the bystander effect." *Journal of Applied Social Psychology*, 18(13), 1133-1148. Os que se consideram muito incompetentes para intervir diretamente costumam tomar a iniciativa de chamar socorro: Shotland, R. L. e Heinold, W. D. (1985). "Bystander response to arterial bleeding: Helping skills, the decision-making process, and differentiating the helping response." *Journal of Personality and Social Psychology*, 49(2), 347.

9. Korte, C. e Kerr, N. (1975). "Response to altruistic opportunities in urban and nonurban settings." *The Journal of Social Psychology*, 95(2), 183-184.

10. Takooshian, H.; Haber, S. e Lucido, D. (1977). "Who wouldn't help a lost child? You, maybe." *Psychology Today*, 10, 67.

11. US Census Bureau, *Statistical Abstracts of the United States* (Washington DC: Author, 2002), citado em Barber, N. (2004), *Op. cit.*, p. 148.

12. Cameron, C. D. e Payne, B. K. (2012). "The cost of callousness regulating compassion influences the moral self-concept." *Psychological Science*.

13. Whiting, B. B. e Whiting, J. W. (1975). "Children of six cultures: A psychocultural analysis." Harvard University Press. Por outro lado, os trabalhos de D. Rosenhan demonstraram em particular que a influência dos pais tem um papel determinante na disposição de ajudar os outros. Ver Rosenhan, D. (1970). "The natural socialization of altruistic autonomy." *Altruism and Helping Behavior*, 251-268.

14. Nadler, A. e Jeffrey, D. (1986). "The role of threat to self-esteem and perceived control in recipient reaction to help: Theory development and empirical validation." *Advances in Experimental Social Psychology*, 19, 81-122.

15. Feldman, R. E. (1968). "Response to compatriot and foreigner who seek assistance." *Journal of Personality and Social Psychology*, 10(3), 202.

16. Triandis, H. C.; Vassiliou, V. e Nassiakou, M. (1968). "Three cross-cultural studies of subjective culture." *Journal of Personality and Social Psychology*, 8(4p2), 1.

17. Eagly, A. H. e Crowley, M. (1986). "Gender and helping behavior: A meta-analytic review of the social psychological literature." *Psychological Bulletin*, 100(3), 283.

18. Piliavin, I. M.; Rodin, J. e Piliavin, J. A. (1969). "Good samaritanism: An underground phenomenon?" *Journal of Personality and Social Psychology*, 13(4), 289. Uma síntese realizada a partir de 99 estudos confirma que os homens ajudam mais nas situações de emergência. Ver Eagly, A. H. e Crowley, M. (1986). *Op. cit.*, assim como, para as situações da vida cotidiana, Bierhoff, H. W.; Klein, R. e Kramp, P. (1991). "Evidence for the altruistic personality from data on accident research." *Journal of Personality*, 59(2), 263-280.

19. Eagly, A. H. (2009). "The his and hers of prosocial behavior: An examination of the social psychology of gender." *American Psychologist*, 64(8), 644. Citado por Lecomte, J. (2012). *Op. cit.*, p. 157-158.

20. Eisenberg, N. e Lennon, R. (1983). "Sex differences in empathy and related capacities." *Psychological Bulletin*, 94(1), 100, realizaram uma meta-análise de 16 trabalhos diferentes cujas conclusões são muito consistentes.

21. Gaskin, K.; Smith, J. D. e Paulwitz, I. (1996). "Ein neues bürgerschaftliches Europa: Eine Untersuchung zur Verbreitung und Rolle von Volunteering in zehn europäischen Ländern." Lambertus.

22. Rosenhan, D. (1970). "The natural socialization of altruistic autonomy." *Altruism and Helping Behavior*, 251-268. Isen, A. M. e Levin, P. F. (1972). "Effect of feeling good on helping: Cookies and kindness." *Journal of Personality and Social Psychology*, 21(3), 384.

23. Watson, D.; Clark, L. A.; McIntyre, C. W. e Hamaker, S. (1992). "Affect, personality, and social activity." *Journal of Personality and Social Psychology*, 63(6), 1011.

24. Strenta, A. e DeJong, W. (1981). "The effect of a prosocial label on helping behavior." *Social Psychology Quarterly*, 142-147.

25. Schwartz, S. H. (1994). "Are there universal aspects in the structure and contents of human values?" *Journal of social issues*, 50(4), 19-45.

26. Deschamps, J. F. e Finkelstein, R. (2012). « Existe-t-il un véritable altruisme basé sur les valeurs personnelles? » *Les Cahiers Internationaux de Psychologie Sociale* (1), 37-62.
27. Hellhammer, K.; Holz, N. e Lessing, J. (2007). "Die Determinanten zivilcouragierten Verhaltens." *Zeitschrift Psychologischer Forschung* (Revue de Recherche en Psychologie), 13.
28. Jeffries, V. (1998). "Virtue and the altruistic personality." *Sociological Perspectives*, 151-166.
29. Paluck, E. L. (2009). "Reducing intergroup prejudice and conflict using the media: A field experiment in Rwanda." *Journal of Personality and Social Psychology*, 96(3), 574-587. Citado por Batson, C. D. (2011). *Op. cit.*, p. 179.
30. Galinsky, A. D.; Maddux, W. W.; Gilin, D. e White, J. B. (2008). "Why it pays to get inside the head of your opponent the differential effects of perspective taking and empathy in negotiations." *Psychological Science*, 19(4), 378-384. Para mais detalhes e todas as referências, ver Batson, C. D. (2011). *Op. cit.*, p. 171-172.
31. Diener, E. e Seligman, M. E. P. (2002). "Very happy people." *Psychological Science*, 13(1), 81-84.
32. Luks A. e Payne, P. (1991). *The Healing Power of Doing Good: The Health and Spiritual Benefits of Helping Others.* Ballantine. Para uma visão completa dos benefícios das atividades altruístas e do voluntariado ver Post, S. G. (2011). *The Hidden Gifts of Helping: How the Power of Giving, Compassion, and Hope Can Get Us Through Hard Times.* John Wiley & Sons.
33. Nicholson, H. J.; Collins, C. e Holmer, H. (2004). "Youth as people: The protective aspects of youth development in after-school settings." *The Annals of the American Academy of Political and Social Science*, 591(1), 55-71.
34. Brown, S. L.; Brown, R. M.; House, J. S. e Smith, D. M. (2008). "Coping with spousal loss: Potential buffering effects of self-reported helping behavior." *Personality and Social Psychology Bulletin*, 34(6), 849-861.
35. Batson, C. D. (2011). *Op. cit.*, p. 186, assim como Dovidio, J. F.; Piliavin, J. A.; Schroeder, D. A. e Penner, L. (2006). *The Social Psychology of Prosocial Behavior.* Lawrence Erlbaum Associates Publishers.
36. Oman, D. (2007). "Does volunteering foster physical health and longevity?", em S. G. Post (ed.), *Altruism and Health: Perspectives from Empirical Research.* Oxford University Press, p. 15-32.
37. Seligman, M. E. P. (2002). *Authentic Happiness: Using the New Positive Psychology to Realize your Potential for Lasting Fulfillment.* Free Press. [*Felicidade autêntica.* Rio de Janeiro: Objetiva, 2004.]
38. Allen, K. (2003). "Are pets a healthy pleasure? The influence of pets on blood pressure." *Current Directions in Psychological Science*, 12(6), 236-239. Dizon, M.; Butler, L. D. e Koopman, C. (2007). "Befriending man's best friends: Does altruism towards animals promote psychological and physical health?", em S. G. Post (ed.), *Altruism and health: Perspectives from empirical research;* Oxford University Press, p. 277-291. Netting, F. E.; Wilson, C. C. e New, J. C. (1987). "The human-animal bond: Implications for practice." *Social Work*, 32(1), 60-64.
39. Halter, M. (1995). *La Force du bien.* Robert Laffont, p. 199.

Parte IV. Cultivar o altruísmo

20. Podemos mudar?

1. Begley, S. (2008). *Entraîner votre esprit, transformer votre cerveau: Comment la science de pointe révèle le potentiel extraordinaire de la neuroplasticité.* Ariane Éditions, p. 8.
2. Fenômenos foram evidenciados nos furões surdos desde o nascimento, em que o córtex auditivo abarcava a percepção dos raios luminosos, e nos camundongos cegos de nascimento, em que o córtex visual abarcava a percepção dos sons. De uma certa maneira, pode-se dizer que os furões ouviam a luz e que os camundongos viam os sons. Begley, S. (2008). *Op. cit.*, p. 51-53, assim como, em M., Leamey, C. A. e outros (2001). "Development and plasticity of cortical areas and networks." *Nature Reviews Neuroscience*, 2(4), p. 251-262. Sur, M. e Rubenstein, J. L. R. (2005). "Patterning and plasticity of the cerebral cortex." *Science's STKE*, 310(5749), p. 805.
3. Altman, J. (1962). "Are new neurons formed in the brains of adult mammals?" *Science*, 135(3509), p. 1127-1128.
4. Nottebohm, F. (1981). "A brain for all seasons: cyclical anatomical changes in song control nuclei of the canary brain." *Science*, 214(4527), p. 1368.

5. Kempermann, G.; Kuhn, H. G. e Gage, F. H. (1997). "More hippocampal neurons in adult mice living in an enriched environment." Nature, 386(6624), p. 493-495.

6. Eriksson, P. S.; Perfilieva, E.; Björk-Eriksson, T.; Alborn, A. M.; Nordborg, C.; Peterson, D. A. e Gage, F. H. (1998). "Neurogenesis in the adult human hippocampus." Nature Medicine, 4(11), p. 1313-1317.

7. Fred Gage durante o encontro Mind and Life XII, em 2004 (Neuroplasticity: The neuronal substrates of learning and transformation), em Dharamsala, na Índia, que contou com a presença do Dalai Lama. Ver Begley, S. (2008). Op. cit., p. 73.

8. Elbert, T.; Pantev, C.; Wienbruch, C.; Rockstroh, B. e Taub, E. (1995). "Increased cortical representation of the fingers of the left hand in string players." Science, 270(5234), p. 305-307.

9. Maguire, E. A.; Spiers, H. J.; Good, C. D.; Hartley, T.; Frackowiak, R. S. J. e Burgess, N. (2003). "Navigation expertise and the human hippocampus: a structural brain imaging analysis." Hippocampus, 13(2), 250-259. Maguire, E. A.; Woollett, K. e Spiers, H. J. (2006). "London taxi drivers and bus drivers: a structural MRI and neuropsychological analysis." Hippocampus, 16(12), p. 1091-1101.

10. Carey, N. (2011). The Epigenetics Revolution. Icon Books.

11. As modificações epigenéticas podem se produzir sob a ação de vários mecanismos. Um deles é a "metilação" dos genes. Um grupo metil se fixa em uma das bases que constituem o DNA e bloqueia o acesso do gene correspondente. Esse gene não pode mais ser transcrito em proteína e permanece inativo. Diz-se que a expressão desse gene foi "reprimida". Os pesquisadores pensam que a metilação age modificando a estrutura tridimensional do DNA, provocando uma espécie de "dobra" no nível do gene, a qual impede o acesso do RNA que efetua a transcrição do gene em proteínas, que em seguida serão ativas na célula. Agradeço a Michael Meaney por essas explicações.

Fora da metilação, que é estável, a acetilação das histonas, um grupo de proteínas que se associam ao DNA, pode gerar efeitos epigenéticos de curtíssima duração, enquanto certos tipos de RNA, que não se codificam para nenhuma proteína, podem interagir com genes e torná-los silenciosos. Ver Francis, D.; Diorio, J.; Liu, D. e Meaney, M. J. (1999). "Nongenomic transmission across generations of maternal behavior and stress responses in the rat." Science, 286(5442), p. 1155-1158. Champagne, F. A.; Weaver, I. C. G.; Diorio, J.; Dymov, S.; Szyf, M. e Meaney, M. J. (2006). "Maternal care associated with methylation of the estrogen receptor-alpha1b promoter and estrogen receptor-alpha expression in the medial preoptic area of female offspring." Endocrinology, 147(6), p. 2909-2915. Ver também Carey, N. (2011). The Epigenetics Revolution. Op. cit.

12. Heim, C.; Shugart, M.; Craighead, W. E. e Nemeroff, C. B. (2010). "Neurobiological and psychiatric consequences of child abuse and neglect." Developmental Psychobiology, 52(7), p. 671-690.

13. No caso de pessoas que cometeram suicídio, a análise post mortem revela altos níveis de metilação dos genes dos neurônios cerebrais quando os indivíduos sofreram violências em sua infância, mas níveis de metilação relativamente baixos naqueles que não sofreram tais abusos. Isto significa que o fato de ter sofrido abusos desencadeia modificações duradouras da expressão de genes. Heim, C.; Newport, D. J.; Heit, S.; Graham, Y. P.; Wilcox, M.; Bonsall, R. [...], e Nemeroff, C. B. (2000). "Pituitary-adrenal and autonomic responses to stress in women after sexual and physical abuse in childhood." JAMA, 284(5), p. 592-597. Yehuda, R.; Halligan, S. L. e Grossman, R. (2001). "Childhood trauma and risk for PTSD: relationship to intergenerational effects of trauma, parental PTSD, and cortisol excretion." Development and Psychopathology, 13(03), p. 733-753. McGowan, P. O.; Sasaki, A.; D'Alessio, A. C.; Dymov, S.; Labonté, B.; Szyf, M. e Meaney, M. J. (2009). "Epigenetic regulation of the glucocorticoid receptor in human brain associates with childhood abuse." Nature Neuroscience, 12(3), p. 342-348. Citado em Carey, N. (2011). Op. cit.

14. Richerson, P. J. e Boyd, R. (2004). Not by Genes Alone. Op. cit., p. 247.

21. O treinamento da mente: o que dizem as ciências cognitivas

1. O relato desses encontros resultou no livro: Goleman, D. e Dalai Lama (2003). *Surmonter les émotions destructrices: Un dialogue avec le Dalaï-lama*. Robert Laffont. [*Como lidar com emoções destrutivas*. São Paulo: Editora Campus, 2003.]

2. Kaufman, M. "Meditation gives brain a charge, study finds", *Washington Post*, 3 de janeiro de 2005, p. A05.

3. Ver Ricard, M. (2010), *L'Art de la méditation*. NiL. [*A arte de meditar*. São Paulo: Editora Globo, 2010.]

4. Davidson, R. J. e Begley, S. (2012). *The Emotional Life of Your Brain: How Its Unique Patterns Affect the Way You Think, Feel, and Live – and How You Can Change Them*. Hudson Street Press, p. XII.

5. Lutz, A.; Dunne, J. D. e Davidson, R. J. (2007). "Meditation and the neuroscience of consciousness: An introduction." *The Cambridge Handbook of Consciousness*, p. 499-551.

6. Entre aqueles numerosos pesquisadores comprometidos com esses estudos, citamos a título de exemplo Julie Brefczynski-Lewis, Linda Carlson, Richard Davidson, Brooke Dodson-Lavelle, Paul Ekman, Brent Field, Barbara Fredrickson, Hugh Grant, Brita Hölzel, Amishi Jha, Jon Kabat-Zinn, Olga Klimecki, Sara Lazar, Antoine Lutz, Brendan Ozawa-de Silva, David Perlman, Chuck Raison, Cliff Saron, Heleen Slagter, John Teasdale, Fadel Zeidan, Tania Singer, Mark Williams, junto a muitos outros.

7. Estudos realizados por Brent Field, no laboratório de Jonathan Cohen, na Universidade de Princeton, cujos resultados ainda não foram publicados.

8. Brefczynski-Lewis, J. A.; Lutz, A.; Schaefer, H. S.; Levinson, D. B. e Davidson, R. J. (2007). "Neural correlates of attentional expertise in long-term meditation practitioners." *Proceedings of the National Academy of Sciences*, 104(27), p. 11483-11488.

9. Lutz, A.; Slagter, H. A.; Rawlings, N. B.; Francis, A. D.; Greischar, L. L. e Davidson, R. J. (2009). "Mental training enhances attentional stability: Neural and behavioral evidence." *Journal of Neuroscience*, 29(42), p. 13418-13427.

10. Gyatso, Tenzin (o XIV Dalai Lama) e Jinpa, G. T. (1995). *The World of Tibetan Buddhism: An Overview of its Philosophy and Practice*. Wisdom Publications. Wallace, B. A. (2006). *The Attention Revolution: Unlocking the Power of the Focused Mind*. Wisdom Publications. Ricard, M. (2010). *L'Art de la méditation*. Éditions NiL. [*A arte de meditar*. São Paulo: Editora Globo, 2010.]

11. Isto deve-se ao fato de que o cérebro sempre está implicado no processamento do estímulo conscientemente percebido e não dispõe de recursos atencionais suficientes para tratar dos estímulos seguintes. Chama-se "período refratário" (*attentional blink* em inglês, ou "piscar atencional") a incapacidade de processar as imagens subsequentes. A descoberta mais surpreendente foi que os meditantes experientes, mesmo os idosos (o período refratário aumenta com a idade, porque os mecanismos da atenção tornam-se mais lentos), tinham intervalos notavelmente curtos. Um meditante de sessenta e cinco anos, em particular, não tinha intervalo nenhum e percebia todos os estímulos, que desfilavam no entanto a uma velocidade muito alta (resultados não publicados de pesquisas efetuadas nos laboratórios de Anne Treisman e Jonathan Cohen na Universidade de Princeton). Heleen Slagter e Antoine Lutz também mostraram que após três meses de treinamento intensivo em prática de mindfulness, o período refratário da atenção era consideravelmente reduzido. A interpretação subjetiva do meditante é que via de regra a atenção atraída por um objeto se volta para este objeto, liga-se a ele por um momento e depois deve se desligar. Este processo leva um certo tempo, e uma pessoa não treinada pula a segunda e depois a terceira imagem, porque sua mente ainda está ocupada em processar a primeira. Quando um meditante experiente coloca-se em um estado de "presença aberta", plenamente consciente do momento presente, ele está integralmente receptivo e acolhe o que vem a ele sem fixá-lo, o que reduz de modo significativo, até mesmo elimina, o período refratário. Slagter, H. A.; Lutz, A.; Greischar, L. L.; Francis, A. D.; Nieuwenhuis, S.; Davis, J. M. e Davidson, R. J. (2007). "Mental training affects distribution of limited brain resources." *PLoS Biology*, 5(6), p. 138.

12. O primeiro desses artigos, Lutz, A.; Greischar, L. L.; Rawlings, N. B.; Ricard, M. e Davidson, R. J. (2004). "Long-term meditators self-induce high-amplitude gamma synchrony during mental practice." *Proceedings of the National Academy of Sciences of the United States of America*, 101(46), p. 16369.

13. Lutz, A.; Greischar, L. L.; Perlman, D. M. e Davidson, R. J. (2009). "BOLD signal in insula is differentially related to cardiac function during compassion meditation in experts vs. novices." *Neuroimage*, 47(3), p. 1038-1046.

14. Outros estudos sugerem que lesões na amídala perturbam o aspecto afetivo da empatia, sem afetar seu aspecto cognitivo. Ver Hurlemann, R.; Walter, H.; Rehme, A. K. *et al.* (2010). "Human amygdala reactivity is diminished by the b-noradrenergic antagonist propanolol." *Psychol. Med*, 40, p. 1839-1848.

15. Lutz, A.; Brefczynski-Lewis, J.; Johnstone, T. e Davidson, R. J. (2008). "Regulation of the neural circuitry of emotion by compassion meditation: effects of meditative expertise." *PLoS One*, 3(3), e1897. Klimecki, O. M.; Leiberg, S.; Ricard, M. e Singer, T. (2013). "Differential Pattern of Functional Brain Plasticity after Compassion and Empathy Training." *Social Cognitive and Affective Neuroscience*. doi:10.1093/scan/nst060.

16. Fredrickson, B. L.; Cohn, M. A.; Coffey, K. A.; Pek, J. e Finkel, S. M. (2008). "Open hearts build lives: Positive emotions, induced through loving-kindness meditation, build consequential personal resources." *Journal of Personality and Social Psychology*, 95(5), p. 1045.

17. Pace, T. W. W.; Negi, L. T.; Adame, D. D.; Cole, S. P.; Sivilli, T. I.; Brown, T. D.; Issa, M. J. et al. (2009). "Effect of compassion meditation on neuroendocrine, innate immune and behavioral responses to psychosocial stress." *Psychoneuroendocrinology*, *34*(1), 87-98.

18. Hofmann, S. G.; Grossman, P. e Hinton, D. E. (2011). "Loving-kindness and compassion meditation. Potential for psychological interventions." *Clinical Psychology Review*, *31*(7), 1126-1132.

19. Quer dizer, na fase do sono mais profundo e não durante a fase de "sono paradoxal" (REM), que corresponde aos sonhos.

20. Lutz, A.; Slagter, H. A.; Rawlings, N. B.; Francis, A. D.; Greischar, L. L. e Davidson, R. J. (2009). "Mental training enhances attentional stability: neural and behavioral evidence." *The Journal of Neuroscience*, *29*(42), 13418-13427.

21. Lazar, S. W.; Kerr, C. E.; Wasserman, R. H.; Gray, J. R.; Greve, D. N.; Treadway, M. T.; Fischl, B. et al.(2005). "Meditation experience is associated with increased cortical thickness." *Neuroreport*, *16*(17), 1893.

Essas ampliações são provocadas por um aumento das faixas de substância cinzenta que contêm as conexões interneuronais e estão relacionadas ao processo de aprendizagem. O número e o tamanho das sinapses e das ramificações dendríticas aumentam, fenômenos que são observados também em outras formas de treinamento e de aprendizagem. São chamadas neurópilos as faixas de substância cinzenta situadas entre os corpos celulares neuronais, os corpos celulares gliais e os capilares sanguíneos. O neurópilo é constituído pelo entrelaçamento de uma multiplicidade de prolongamentos citoplasmáticos neuronais (axônios e dendritos) e gliais, de calibre variável.

22. Em especial nas regiões associadas à percepção sensorial, à regulação emocional e cognitiva, e à produção de neurotransmissores que afetam os humores, o córtex cingulado posterior, a ínsula, a junção temporal parietal, o cerebelo e o tronco cerebral (que produz a noradrenalina). Ver Hölzel, B. et al. (2011). Hölzel, B. K.; Carmody, J.; Evans, K. C.; Hoge, E. A.; Dusek, J. A.; Morgan, L.; Pitman, R. K. et al. (2010). "Stress reduction correlates with structural changes in the amygdala." *Social Cognitive and Affective Neuroscience*, *5*(1), 11-17. Hölzel, B. K.; Carmody, J.; Vangel, M.; Congleton, C.; Yerramsetti, S. M.; Gard, T. e Lazar, S. W. (2011). "Mindfulness practice leads to increases in regional brain gray matter density." *Psychiatry Research: Neuroimaging*, *191*(1), 36-43.

23. Luders, E.; Clark, K.; Narr, K. L. e Toga, A. W. (2011). "Enhanced brain connectivity in long-term meditation practitioners." *NeuroImage*, *57*(4), 1308-1316.

24. Xue, S.; Tang, Y.-Y. e Posner, M. I. (2011). "Short-term meditation increases network efficiency of the anterior cingulate cortex." *Neuroreport*, *22*(12), 570-574.

25. Goleman, D. e Dalai Lama (2003). *Surmonter les émotions destructrices: Un dialogue avec le Dalaï-lama*, Robert Laffont. [*Como lidar com emoções destrutivas*. São Paulo: Editora Campus, 2003.]

26. Nancy Eisenberg, «Empathy-related emotional responses, altruism and their socialization», em Davidson, R. J. e Harrington, A. (2002). *Visions of Compassion: Western Scientists and Tibetan Buddhists Examine Human Nature*. Oxford University Press, p. 139.

27. Weng, H. Y.; Fox, A. S.; Shackman, A. J.; Stodola, D. E.; Caldwell, J. Z. K.; Olson, M. C.; Rogers, G. e Davidson R. J. (no prelo). "Compassion training alters altruism and neural responses to suffering." *Psychological Science*. NIHMSID: 440274. Pode-se prever o grau de comportamento pró-social simplesmente examinando as diferenças de atividades cerebrais na amídala.

28. Leiberg, S.; Klimecki, O. e Singer, T. (2011). "Short-Term Compassion Training Increases Prosocial Behavior in a Newly Developed Prosocial Game." *PloS One*, *6*(3), e17798.

29. Johnson, D. P.; Penn, D. L.; Fredrickson, B. L.; Kring, A. M.; Meyer, P. S.; Catalino, L. I. e Brantley, M. (2011). "A pilot study of loving-kindness meditation for the negative symptoms of schizophrenia." *Schizophrenia Research*.

30. Baer, R. A. (2003). "Mindfulness training as a clinical intervention: A conceptual and empirical review." *Clinical Psychology: Science and Practice*, *10*(2), 125-143. Carlson, L. E. e Garland, S. N. (2005). "Impact of mindfulness-based stress reduction (MBSR) on sleep, mood, stress and fatigue symptoms in cancer outpatients." *International Journal of Behavioral Medicine*, *12*(4), 278-285. Jha, A. P.; Krompinger, J. e Baime, M. J. (2007). "Mindfulness training modifies subsystems of attention." *Cognitive, Affective, & Behavioral Neuroscience*, *7*(2), 109-119.

31. Teasdale, J. D.; Segal, Z. V.; Williams, J. M.; Ridgeway, V. A.; Soulsby, J. M. e Lau, M. A. (2000). "Prevention of relapse/recurrence in major depression by mindfulness-based cognitive therapy." *Journal*

of Consulting and Clinical Psychology, 68(4), 615. Kuyken, W.; Byford, S.; Taylor, R. S.; Watkins, E.; Holden, E.; White, K. e Mullan, E. (2008). "Mindfulness-based cognitive therapy to prevent relapse in recurrent depression." *Journal of Consulting and Clinical Psychology, 76*(6), 966-978.

32. Rudman, L. A.; Ashmore, R. D. e Gary, M. L. (2001). "'Unlearning' automatic biases: The malleability of implicit prejudice and stereotypes." *Journal of Personality and Social Psychology, 81*(5), 856-868.

33. Dasgupta, N. e Greenwald, A. G. (2001). "On the malleability of automatic attitudes: Combating automatic prejudice with images of admired and disliked individuals." *Journal of Personality and Social Psychology, 81*(5), 800-814.

34. Hutcherson, C. A.; Seppala, E. M. e Gross, J. J. (2008). "Loving-kindness meditation increases social connectedness." *Emotion, 8*(5), 720-724.

35. Kang, Y.; Gray, J. R. e Dovidio, J. F. "The nondiscriminating heart: Loving-kindness meditation training decreases implicit bias against stigmatized outgroups." *Manuscrito submetido à publicação.*

36. A atividade da amídala e do córtex insular anterior é nitidamente mais baixa entre os meditantes do que entre os principiantes.

37. Lutz, A.; McFarlin, D. R.; Perlman, D. M.; Salomons, T. V. e Davidson, R. J. (2012). "Altered anterior insula activation during anticipation and experience of painful stimuli in expert meditators." *NeuroImage.* Perlman, D. M.; Salomons, T. V.; Davidson, R. J. e Lutz, A. (2010). "Differential effects on pain intensity and unpleasantness of two meditation practices." *Emotion, 10*(1), 65.

38. Zeidan, F.; Martucci, K. T.; Kraft, R. A.; Gordon, N. S.; McHaffie, J. G. e Coghill, R. C. (2011). "Brain mechanisms supporting the modulation of pain by mindfulness meditation." *The Journal of Neuroscience, 31*(14), 5540-5548. A redução da intensidade subjetiva da dor estava acompanhada de um aumento da atividade em áreas do cérebro associadas à regulação cognitiva das sensações dolorosas (córtex cingulado anterior e ínsula anterior), enquanto a redução do aspecto desagradável da dor estava associada a uma ativação do córtex pré-frontal orbital que é implicado na perspectiva e na reavaliação das sensações. Para um estudo recente, ver Zeidan, F.; Grant, J. A.; Brown, C. A.; McHaffie, J. G. e Coghill, R. C. (2012). "Mindfulness meditation-related pain relief: Evidence for unique brain mechanisms in the regulation of pain." *Neuroscience Letters.*

39. Fossel, M. (2000). "Role of cell senescence in human aging." *Journal of Anti-Aging Medicine, 3*(1), 91-98. Chan, S. R. e Blackburn, E. H. (2004). "Telomeres and telomerase. Philosophical transactions of the Royal Society of London." *Series B: Biological Sciences, 359*(1441), 109-122.

40. Blackburn, E. H. (1991). "Structure and function of telomeres." *Nature, 350*(6319), 569-573.

41. Cawthon, R. M.; Smith, K. R.; O'Brien, E.; Sivatchenko, A. e Kerber, R. A. (2003). "Association between telomere length in blood and mortality in people aged 60 years or older." *The Lancet, 361*(9355), 393-395. Epel, E. S. (2009). "Telomeres in a Life-Span Perspective A New 'Psychobiomarker'?" *Current Directions in Psychological Science, 18*(1), 6-10.

42. Ver especialmente Njajou, O. T.; Hsueh, W.-C.; Blackburn, E. H.; Newman, A. B.; Wu, S.-H.; Li, R.; Cawthon, R. M. *et al.* (2009). "Association between telomere length, specific causes of death, and years of healthy life in health, aging, and body composition, a population-based cohort study." *The Journals of Gerontology Series A: Biological Sciences and Medical Sciences, 64*(8), 860-864.

43. Ornish, D.; Lin, J.; Daubenmier, J.; Weidner, G.; Epel, E.; Kemp, C.; Carroll, P. R. *et al.* (2008). "Increased telomerase activity and comprehensive lifestyle changes: a pilot study." *The Lancet Oncology, 9*(11), 1048-1057.

44. Jacobs, T. L.; Epel, E. S.; Lin, J.; Blackburn, E. H.; Wolkowitz, O. M.; Bridwell, D. A.; Zanesco, A. P. *et al.* (2010). "Intensive meditation training, immune cell telomerase activity, and psychological mediators." *Psychoneuroendocrinology.* Ver também Hoge MD, E. A.; Chen BS, M. M.; Metcalf BA, C. A.; Fischer BA, L. E.; Pollack MD, M. H. e DeVivo, I. (2013). "Loving-kindness meditation practice associated with longer telomeres in women." *Brain, Behavior, and Immunity.*

22. Como cultivar o altruísmo: meditações sobre o amor altruísta, a compaixão, o regozijo e a imparcialidade

1. Davidson, R. J. e Lutz, A. (2008). "Buddha's brain: Neuroplasticity and meditation [in the spotlight]". *Signal Processing Magazine, IEEE, 25*(1), p. 176-174.

2. Greg Norris da Universidade de Harvard. Comunicação pessoal. Ver site: www.beneficience.org.

3. Hume, D. (2010). *Enquête sur les principes de la morale.* Flammarion. [*Uma investigação sobre os princípios da moral.* Campinas: Unicamp, 2013.]

4. Leibniz, G. (1693), *Codex juris gentium diplomaticus, Principes au droit naturel.*

5. McCullough, M. E.; Emmons, R. A. e Tsang, J.-A. (2002). "The grateful disposition: A conceptual and empirical topography." *Journal of Personality and Social Psychology, 82*(1), p. 112-127. Mikulincer, M. e Shaver, P. R. (2005). "Attachment security, compassion, and altruism." *Current Directions* em *Psychological Science, 14*(1), p. 34-38. Lambert, N. M. e Fincham, F. D. (2011). "Expressing gratitude to a partner leads to more relationship maintenance behavior." *Emotion-APA, 11*(1), p. 52. Grant, A. M. e Gino, F. (2010). "A little thanks goes a long way: Explaining why gratitude expressions motivate prosocial behavior." *Journal of Personality and Social Psychology, 98*(6), p. 946-955.

6. Shantideva (2008), *Bodhicaryâvatâra: La Marche vers l'Éveil,* Padmakara, capítulo 3, versos 18-22.

7. Dalai Lama, durante uma conferência no Porto, Portugal, novembro de 2001.

Parte V. As forças contrárias

23. O egocentrismo e a cristalização do ego

1. Os sociólogos chamam de *endogrupo* e de *exogrupo.*

2. Para desenvolvimentos mais aprofundados, ver Galin, D. (2003), "The concepts of 'self', 'person', and 'I' in western psychology and in buddhism," em Wallace, B. A. *Buddhism and Science: Breaking New Ground.* Columbia University Press, p. 107-142. Wallace, B. A. (1998). *Science et Bouddhisme: à chacun sa réalité.* Calmann-Lévy; Damasio, A. R. (2002). *Le Sentiment même de soi: Corps, émotions, conscience.* Odile Jacob.

3. Galin, D. (2003). *Op. cit.*

4. Descartes, R. (1982), *Méditations touchant la première philosophie,* VI, em Adam, C. e Tannery, P.; *Œuvres de Descartes,* Vrin, vol. IX.

5. Iremos nos referir às teorias freudianas no capítulo 25, "Os campeões do egoísmo". Não as incluímos neste capítulo devido à falta de validade (dificilmente podemos afirmar uma tal coisa sem justificá-la; desse modo, parece mais prudente não tocar nesse assunto) tanto do ponto de vista introspectivo do budismo quanto do ponto de vista científico.

6. Os atores usavam a boca da máscara como megafone, para elevar a voz.

7. Paul Ekman, comunicação pessoal. Ver também Goleman, D. e Dalai Lama (2003). *Surmonter les émotions destructrices: Un dialogue avec le Dalaï-lama.* Robert Laffont. [*Como lidar com emoções destrutivas.* Rio de Janeiro:Campus, 2003.]

8. Dambrun, M. e Ricard, M. (2011). "Self-centeredness and selflessness: A theory of self based psychological functioning and its consequences for happiness." *Review of General Psychology, 15*(2), 138.

9. Documentário apresentado em "Science in action", uma emissão científica da BBC World Service, em 2001.

10. LeVine, R. A. e Campbell, D. T. (1972). *Ethnocentrism: Theories of conflict, ethnic attitudes, and group behavior.* Wiley New York.

11. Tajfel, H. (1981). *Human Groups and Social Categories: Studies in Social Psychology.* Reino Unido: Cambridge University Press.

12. Os experimentadores propuseram uma sessão de reconciliação, cujo objetivo secreto era, na verdade, acentuar as discórdias. Dispuseram sobre uma mesa frutas e bebidas, uma metade estava intacta e com boa aparência, a outra em má condição (frutas estragadas etc.). Deixaram entrar um grupo e depois o outro. Os membros do primeiro grupo serviram-se, sem hesitar, da porção boa e deixaram as frutas amassadas para o segundo grupo. Os membros deste último protestaram veementemente e injuriaram os membros do primeiro grupo. Na manhã seguinte, o grupo lesado vingou-se sujando as mesas do refeitório, jogando alimentos sobre os rapazes do outro grupo e colando cartazes com declarações ameaçadoras.

13. Pettigrew, T. F. (1998). "Intergroup contact theory." *Annual Review of Psychology, 49*(1), 65-85.

14. Sherif, M.; Harvey, O. J.; White, B. J.; Hood, W. E. e Sherif, C. W. (1961). *Intergroup Conflict and Cooperation: The Robber's Cave Experiment.* Norman. University of Oklahoma Book Exchange. Sherif, M. (1961). *The Robbers Cave Experiment: Intergroup Conflict and Cooperation.* Wesleyan.

24. A expansão do individualismo e do narcisismo

1. Hutcherson, C. A.; Seppala, E. M. e Gross, J. J. (2008). "Loving-kindness meditation increases social connectedness." *Emotion*, *8*(5), p. 720-724.
2. Cialdini, R. B.; Brown, S. L.; Lewis, B. P.; Luce, C. e Neuberg, S. L. (1997). "Reinterpreting the empathy-altruism relationship: When one into one equals oneness." *Journal of Personality and Social Psychology*, *73*, p. 481-494. Glaeser, E. L.; Laibson, D. I.; Scheinkman, J. A. e Soutter, C. L. (2000). "Measuring trust." *The Quarterly Journal of Economics*, *115*(3), p. 811-846.
3. Fehr, E. e Rockenbach, B. (2003). "Detrimental effects of sanctions on human altruism." *Nature*, *422*(6928), p. 137-140.
4. Putnam, R. D. (2001). *Bowling Alone: The Collapse and Revival of American Community* (1ª. edição). Touchstone Books by Simon & Schuster. McPherson, M.; Smith-Lovin, L. e Brashears, M. E. (2006). "Social isolation in America: Changes in core discussion networks over two decades." *American Sociological Review*, *71*(3), p. 353-375.
5. Rahn, W. M. e Transue, J. E. (1998). "Social trust and value change: The decline of social capital in American youth", 1976-1995. *Political Psychology*, *19*(3), p. 545-565.
6. David Brooks, comunicação pessoal, julho de 2011.
7. Layard, R. e Dunn, J. (2009). *A Good Childhood: Searching for Values in a Competitive Age*. Penguin, p. 6.
8. Twenge, J. M. (2006). *Generation Me: Why Today's Young Americans Are More Confident, Assertive, Entitled–and More Miserable Than Ever Before* (1ª. edição). Free Press, p. 20.
9. Bruckner, P. (1996). *La Tentation de l'innocence*. Le Livre de Poche.
10. Ver a análise de Lipovetsky, G. (1989). *L'Ère du vide: Essais sur l'individualisme contemporain*. Gallimard. [*A era do vazio*: ensaios sobre o individualismo contemporâneo. São Paulo: Manole, 2009.]
11. Rousseau não pretende descrever o que realmente aconteceu na pré-história, mas propõe uma ficção teórica.
12. Ver Waal, F. B. M. de (2010). *L'Âge de l'empathie. Op. cit.* [*A era da empatia*. São Paulo: Companhia das Letras, 2010.]
13. Barrès, M. (1907). *Mes cahiers*, tome 6, p. 46.
14. Gasset, J. O. (2008). *L'Homme et les gens*. Rue d'Ulm. [*O homem e a gente*. Rio de Janeiro: Livro Ibero Americano, 1973.]
15. Dumont, L. (1991). *Essais sur l'individualisme*. Seuil.
16. Alicke, M. D. e Govorun, O. (2005). "The better-than-average effect", em M. D. Alicke; D. A. Dunning e J. I. Krueger (eds.), *The Self in Social Judgment*. New York, Psychology Press, p. 85-106.
17. Preston, C. E. e Harris, S. (1965). "Psychology of drivers in traffic accidents." *Journal of Applied Psychology*, *49*(4), p. 284.
18. Pronin, E.; Gilovich, T. e Ross, L. (2004). "Objectivity in the eye of the beholder: divergent perceptions of bias in self versus others." *Psychological Review*, *111*(3), p. 781.
19. Pesquisa realizada pela US News, publicada em março/1997. Citada por Christophe André (2009). *Imparfaits, libres et heureux: Pratiques de l'estime de soi*. Odile Jacob, p. 13. [*Imperfeitos, livres e felizes*. Rio de Janeiro: Bestseller, 2009.]
20. Segundo Diagnostic and Statistical Manual of Mental Disorders (DSM-IV-TR, 2000), da Associação Americana de Psiquiatria.
21. Campbell, W. K.; Rudich, E. A. e Sedikides, C. (2002). "Narcissism, self-esteem, and the positivity of self-views: Two portraits of self-love." *Personality and Social Psychology Bulletin*, *28*(3), 358-368; Gabriel, M. T.; Critelli, J. W. e Ee, J. S. (1994). "Narcissistic illusions in self-evaluations of intelligence and attractiveness." *Journal of Personality*, *62*(1), p. 143-155.
22. Twenge, J. M. e Campbell, W. K. (2010). *The Narcissism Epidemic: Living in the Age of Entitlement*. Free Press, p. 25. Bosson, J. K.; Lakey, C. E.; Campbell, W. K.; Zeigler-Hill, V.; Jordan, C. H. e Kernis, M. H. (2008). "Untangling the links between narcissism and self-esteem: A theoretical and empirical review." *Social and Personality Psychology Compass*, *2*(3), 1415-1439. Gabriel, M. T.; Critelli, J. W. e Ee, J. S. (1994). "Narcissistic illusions in self-evaluations of intelligence and attractiveness." *Journal of Personality*, *62*(1), p. 143-155.
23. Campbell, W. K.; Bosson, J. K.; Goheen, T. W.; Lakey, C. E. e Kernis, M. H. (2007). "Do narcissists dislike themselves 'deep down inside'?" *Psychological Science*, *18*(3), p. 227-229.

24. Neff, K. (2011). *Self-Compassion: Stop Beating Yourself Up and Leave Insecurity Behind.* William Morrow. Tradução francesa: *Comment se réconcilier avec soi-même.* Belfond.

25. Jordan, C. H.; Spencer, S. J.; Zanna, M. P.; Hoshino-Browne, E. e Correll, J. (2003). "Secure and defensive high self-esteem." *Journal of Personality and Social Psychology*, 85(5), p. 969-978.

26. Heatherton, T. F. e Vohs, K. D. (2000). "Interpersonal evaluations following threats to self: role of self-esteem." *Journal of Personality and Social Psychology*, 78(4), p. 725.

27. Twenge, J. M. e Campbell, W. K. (2010). *Op. cit.*, p. 199.

28. Ver http://fr.wikipedia.org/wiki/Kim_Jong-il que apresenta também inúmeras referências.

29. Twenge, Jean M. e W. Keith Campbell (2010). *The Narcissism Epidemic: Living in the Age of Entitlement.* Free Press. Segundo estes estudos, os países mais egotistas, Sérvia, Chile, Israel e Estados Unidos; e os países menos egotistas, Coréia do Sul, Suíça, Japão, Taiwan e Marrocos.

30. Newsom, C. R.; Archer, R. P.; Trumbetta, S. e Gottesman, I. I. (2003). "Changes in adolescent response patterns on the MMPI/MMPI-A across four decades." *Journal of Personality Assessment*, 81(1), p. 74-84. Citado por Twenge, J. M. e Campbell, W. K. (2001). *Op. cit.*, p. 35.

31. Twenge, J. M. e Campbell, W. K. (2001). "Age and birth cohort differences in self-esteem: A cross-temporal meta-analysis." *Personality and Social Psychology Review*, 5, p. 321, p. 344. Gentile, B. e Twenge, J. M. "Birth cohort changes in self-esteem", 1988-2007. Manuscrito não publicado. Baseado em: Gentile, B. (2008). Tese de Mestrado, San Diego State University.

32. Grant, B. F.; Chou, S. P.; Goldstein, R. B.; Huang, B.; Stinson, F. S.; Saha, T. D.; [...], e Pickering, R. P. (2008). "Prevalence, correlates, disability, and comorbidity of DSM-IV borderline personality disorder: results from the Wave 2 National Epidemiologic Survey on Alcohol and Related Conditions." *The Journal of Clinical Psychiatry*, 69(4), p. 533.

33. Twenge, J. M.; Konrath, S.; Foster, J. D.; Keith Campbell, W. e Bushman, B. J. (2008). "Egos Inflating Over Time: A Cross-Temporal Meta-Analysis of the Narcissistic Personality Inventory." *Journal of Personality*, 76(4), p. 875-902.

34. Twenge, J. M. e Campbell, W. K. (2010). *Op. cit.*, p. 34.

35. *Ibid.*, p. 36.

36. *Ibid.*, p. 32.

37. *Ibid.*, p. 41.

38. Robins, R. W. e Beer, J. S. (2001). "Positive illusions about the self: Short-term benefits and long-term costs." *Journal of Personality and Social Psychology*, 80(2), p. 340-352.

39. Paulhus, D. L.; Harms, P. D.; Bruce, M. N. e Lysy, D. C. (2003). "The over-claiming technique: Measuring self-enhancement independent of ability." *Leadership Institute Faculty Publications*, 12. Citado por Twenge, J. M. e Campbell, W. K. (2010). *Op. cit.*, p. 43.

40. Twenge, J. M. e Campbell, W. K. (2010). *Op. cit.*, p. 94.

41. *Ibid.*, p. 14.

42. Mastromarino, D. (editor). (2003). *The Girl's Guide To Loving Yourself: A book about Falling in Love with the One Person who Matters Most... YOU!,* Blue Mountain Arts.

43. Segundo a expressão empregada por Gilles Lipovetsky (1989). *L'Ère du vide: Essais sur l'individualisme contemporain.* Gallimard, p. 72. [*A era do vazio*: ensaios sobre o individualismo contemporâneo. São Paulo: Manole, 2009.]

44. Twenge, J. M. e Campbell, W. K. (2010). *Op. cit.*, p. 4.

45. Baumeister, R. (2005), The Lowdown on high self-esteem. Thinking you're hot stuff isn't the promised cure-all. *Los Angeles Time*, 25 de janeiro de 2005. Citado por Twenge, J. M. (2006). *Op. cit.*, p. 66.

46. Twenge, J. M. (2006). *Op. cit.*, p. 67.

47. André, C. e Lelord, F. (2008). *L'Estime de soi: S'aimer pour mieux vivre avec les autres.* Odile Jacob; [*Autoestima.* Osasco: Viva Livros, 2014.] André, C. (2009). *Imparfaits, libres et heureux: Pratiques de l'estime de soi.* Odile Jacob. [*Imperfeitos, livres e felizes.* Rio de Janeiro: Bestseller, 2009.]

48. André, C. (2009). *Op. cit.*, p. 40.

49. James, W.; *Précis de psychologie* (2003). "Les Empêcheurs de penser en rond." Citado por André, C. (2009). *Op. cit.*, p. 88. [*Princípios de Psicologia*: coleção Os Pensadores. São Paulo: Abril Cultural, 1974.]

50. *Ibid.*, p. 416. Citando Tangney J. P., "Humility", em Snyder, C. R. e Lopez, S. J. (2002). *Handbook of Positive Psychology.* Oxford University Press Inc., p. 411-419.

51. "Any teenager that claims he is on MySpace to talk to his friends is a liar. It's only about showing off", Kelsey, C. M. (2007). *Generation MySpace: Helping Your Teen Survive Online Adolescence*. Da Capo Press, p. 47. Citado por Twenge, J. M. e Campbell, W. K. (2010), p. 109.

52. Twenge, J. M. e Campbell, W. K. (2010). *Op. cit.*, p. 108-109.

53. Gentile, B.; Twenge, J. M.; Freeman, E. C. e Campbell, W. K. (2012). "The effect of social networking websites on positive self-views: An experimental investigation." *Computers in Human Behavior, 28*(5), 1929-1933. Esses resultados podem depender do estilo das diversas redes sociais. O mesmo estudo, realizado com usuários de Facebook, mostrou que após trinta e cinco minutos de utilização, manifestam um aumento da autoestima, mas não de seu narcisismo.

54. Christophe André, quando de uma intervenção no programa *Voix bouddhistes*, France 2, 10 de fevereiro de 2013.

55. Segundo a psicóloga Bonne Zucker, entrevistada pela revista *People*. Field-Meyer, T. "Kids out of control." *People*, 20 de dezembro de 2004. Citado por Twenge, J. M. (2006). *Op. cit.*, p. 75.

56. Twenge, J. M. (2006). *Op. cit.*, p. 55.

57. Segundo estatísticas governamentais do National Assessment of Eductional Progress, citado por Twenge, J. M. e Campbell, W. K. (2010). *Op. cit.*, p. 49.

58. Twenge, J. M. (2006). *Op. cit.*, p. 28.

59. Twenge, J. M. e Campbell, W. K. (2010). *Op. cit.*, p. 147.

60. *Ibid.*, p. 81.

61. Turkle, S. (2011). *Alone Together: Why We Expect More from Technology and Less from Each Other*. Basic Books. Turkle, S., "The flight from conversation", *New York Times*, 24 de abril de 2012.

62. Chris Meyers, Agência Reuters, Tóquio, 20 de dezembro de 2009.

63. BBC News, Asia Pacific. http://www.bbc.co.uk/news/world-asia-pacific-11722248.

64. *Bhagavad-Gita*, capítulo 13, versos 8-12.

65. Segundo Nobutaka Inoue, professor de estudos de Shintô na Universidade Kokugakuin de Tóquio. Ver Norrie, J. (2 de novembro de 2007), "Explosion of cults in Japan fails to heed deadly past", *The Age*.

66. Bellah, R. N. *et al.* (1996). *Habits of the Heart: Individualism and Commitment in American Life* (2ª. ed.). University of California Press. Citado por Twenge, J. M. *et al.* (2010), p. 246.

67. Trungpa, C. (1976). *Pratique de la voie tibétaine* (nouv. éd. rev.). Seuil.

68. Rand, A. (2006). *La Révolte d'Atlas*, Éditions du Travailleurs, 2009, p. 1636.

69. Rochefoucauld Francois de (2010). *Réflexions: Ou sentences et maximes morales de Monsieur de La Rochefoucauld*, nova edição, revista e corrigida. Gale Ecco, Print Editions. [*Reflexões ou sentenças e máximas morais*. São Paulo: Penguin Companhia, 2014.]

70. Bushman, B. J. e Baumeister, R. F. (1998). "Threatened egotism, narcissism, self-esteem, and direct and displaced aggression: Does self-love or self-hate lead to violence?" *Journal of Personality and Social Psychology, 75*, p. 219-229.

71. Exline J. J. e Baumeister, R. F. (2000). Case Western Reserve University. Dados não publicados e que foram citados por J. P. Tangney, "Humility", em *Handbook of Positive Psychology* (2002). *Op. cit.*, p. 411-419.

25. Os campeões do egoísmo

1. Maquiavel, N. (1921/2007). *Le Prince*. Folio.

2. Stirner, M. (1899). *L'Unique et sa propriété* (tradução do alemão por Robert L. Reclaire). Stock, p. 208.

3. Nietzsche, F. (2011). *Le Gai Savoir*. Kindle, p. 1718-1730.

4. Nietzsche, F. (2011). *Ainsi parlait Zarathoustra, De l'amour du prochain*. Kindle, p. 957-960.

5. Nietzsche, F. (1997). *Ecce Homo: Comment on devient ce que l'on est*. Mille et une nuits.

6. Alguns artigos e obras sobre Ayn Rand foram publicados recentemente. Ver por exemplo "Votez égoïste", por Juliette Cerf, *Télérama*, n° 3276, de 24 de outubro de 2012, e "Haines américaines" de Guillaume Atgé, em *L'Express* de 4 de outubro de 2012; assim como o livro da professora universitária canadense Nicole Morgan, Morgan, N. (2012). *Haine froide: À quoi pense la droite américaine?*, Seuil.

7. Nos Estados Unidos, por exemplo, só se fala de Freud quando se estuda a história das ideias. Segundo Steven Kosslyn, ex-catedrático de psicologia de Harvard: "Em nossos dias, nos Estados Unidos,

não há provavelmente uma única tese de doutorado de psicologia em curso que tenha por objeto a psicanálise". (Steven Kosslyn, em comunicação pessoal.)

8. Ayn Rand (1905-1982), é um pseudônimo. Nascida Alissa Zinovievna Rosenbaum, emigrou da Rússia para os Estados Unidos após a revolução bolchevique, e se naturalizou americana.

9. Segundo uma pesquisa do Instituto Gallup realizada em 2009, cerca de 25% dos norte-americanos são ultraliberais. Este movimento é particularmente financiado pelo Cato Institute e pela revista *Reason* ("Razão"), cujos titulares recentes são, por exemplo: "Ela está de volta! Ayn Rand é maior do que nunca" (*She is back! Ayn Rand bigger than ever*), dezembro de 2009, e "Como sangrar o governo antes que ele sangre você" (*How to slash the government before it slashes you*), novembro de 2010.

10. Biblioteca Nacional Americana.

11. Greenspan, A. (2007). *The Age of Turbulence*. Penguin Press, p. 51. [*A era da turbulência*. Portugal, Barcarena: Elsevier Editora, 2007]

12. Ver a crônica do Prêmio Nobel de Economia Paul Krugman, *Galt, gold and God*, editorial do *New York Times*, 23 de agosto de 2012.

13. Para nossas citações, utilizamos a tradução digital publicada por Monique di Pieirro, *La grève*, Éditions du Travailleur, 2009. A tradutora apresentou seu trabalho como "uma iniciativa desinteressada, unicamente motivada pela lassidão e exasperação do público francófono de se ver à espera da promessa anual, desde 1957, da publicação completa em língua francesa de uma obra, no entanto, conhecida como um clássico da literatura norte-americana". Uma nova tradução, publicada recentemente, Rand, A. (2011), *La Grève* [A revolta de Atlas], Belles Lettres, foi financiada pelo empresário norte-americano Andrew Lessman, membro ativo da Fundação Ayn Rand.

14. O objetivismo afirma que a realidade existe *objetivamente* independente da observação, na forma de *identidades* dotadas de atributos específicos, e que também a consciência é dotada de existência real. O objetivismo considera válidos os conceitos que são produto da razão. Portanto, não há nada de original quanto a isso, Rand retoma as posições do realismo metafísico, o qual é agora negado pela mecânica quântica.

15. Rand, A. (2008). *La Vertu d'égoïsme*. Belles Lettres.

16. A entrevista de Donahue pode ser consultada no YouTube: http://www.you-tube.com/watch?v=bx-Lp SbbeA&feature=related.

17. Rand, A. (2006). *Anthem*. Rive Droite.

18. Rand, A. (2009). *Op. cit.*, p. 1626.

19. Ayn Rand foi entrevistada pelo famoso jornalista Mike Wallace. Ver http://www.youtube.com/watch?v=looKsv_SX4Y.

20. Rand, A. (1999). *La Source vive*. Omnibus, p. 407.

21. Rand, A. (1964). *The Virtue of Selfishness*. Signet, p. 49-52. Tradução francesa: Rand, A. (2008). *La Vertu d'égoïsme*.

22. Entretanto, os especialistas em Aristóteles, como Douglas B. Rasmussen, qualificam a abordagem de Ayn Rand da filosofia de Aristóteles de "extremamente imprecisa", e o conhecimento de seu sistema ético como "insuficiente". Den-Uyl, D. J. e Rasmussen, D. B. (1984). *Philosophic Thought of Ayn Rand*. University of Illinois Press, p. 10. Citado por Wikipedia.fr, artigo "Ayn Rand".

23. Ver em particular a análise da direita americana por Nicole Morgan em sua obra *Haine froide*. *Op. cit.*

24. Ayn Rand em 1976, citada por *The Economist*, 20 de outubro de 2012, p. 54.

25. Ver Ayn Rand, *The Nature of Government, in Virtue of Selfishness*. As ideias de Ayn Rand sobre a política do "*laisser-faire*" são inspiradas no economista austríaco Ludwig von Mises, que era considerado por ela o maior economista dos tempos modernos.

26. Stiglitz, J. (2012). *Le Prix de l'inégalité*. Les liens qui libèrent, p. 148. [*O preço da desigualdade*. Lisboa: Bertrand, 2013.]

27. *Ibid.*, p. 251.

28. *Ibid.*, assim como Wilkinson, R. e Pickett, K. (2010). *The Spirit Level: Why Equality is Better for Everyone*. Penguin.

29. Cohen, D. (2009). *La Prospérité du Vice - une Introduction (Inquiète) à l'economie*. Albin Michel.

30. Rand, A. (1964). *Op. cit.*, p. 26.

31. Michael Prescott (2005) http://michaelprescott.freeservers.com.

32. Cavalli-Sforza, F. (1998/2011). *La Science du bonheur*. Odile Jacob.

33. Ver capítulo 19 desta obra, assim como Diener, E. e Seligman, M.E.P. (2002), "Very happy people", *Psychological Science*, *13*, p. 81-84. E ainda Seligman, M. E. P. (2002). *Authentic happiness: Using the New Positive Psychology to Realize Your Potential for Lasting Fulfillment*. Free Press. [*Felicidade autêntica*. Rio de Janeiro: Objetiva, 2004.]

34. Rachels, J., "Ethical Egoism" (2008). Em *Reason & Responsibility: Readings in Some Basic Problems of Philosophy*. Joel Feinberg & Russ Shafer-Landau (eds), p. 532-540. Califórnia: Thomson Wadsworth, 2008.

35. Freud, S. (1900/2003). *L'interprétation du rêve. Œuvres complètes. Psychanalyse*, vol. 4. PUF, p. 290. *Gesammelte Werke*, II/III, p. 256. [Traduzido para o português sob o título de *A interpretação dos sonhos*.]

36. Freud, S. (1991). *Correspondance avec le pasteur Pfister*, 1909-1939. Gallimard, p. 103. Essas fontes foram-me fornecidas gentilmente por Jacques Van Rillaer.

37. Freud, S. (1900/2003). *Op. cit.*, p. 233. *Gesammelte Werke*, II/III, p. 274.

38. Freud, S. (1981). *Malaise dans la civilisation*. Kindle, p. 1567-1569.

39. Freud, S. (1915). *Sur la guerre et la mort*, em *Œuvres complètes. Psychanalyse*, vol. 13, PUF, p. 1914-1915.

40. Darwin, C. (1881). *La Descendance de l'homme et la sélection sexuelle*. C. Reinwald. p. 120. [*Origem do homem e a seleção sexual*. Belo Horizonte: Itatiaia Editora, 2004.]

41. *Ibid.*, p. 98.

42. Hochmann, J. (2012). *Une histoire de l'empathie: Connaissance d'autrui, souci du prochain*. Odile Jacob, p. 53-59.

43. Freud, S. (1905/1971). *Standard Edition*, vol. VIII, *Jokes and their Relation to the Unconscious*. Hogarth Press. Trecho traduzido do inglês por Hochmann, J. (2012). *Op. cit.*, p. 54. Este riso seria também desencadeado pela constatação de que a pessoa conseguiu poupar a energia dispendida habitualmente para inibir suas pulsões e adequar-se aos bons costumes.

44. *Ibid.*, vol. XV, p. 112.

45. Jung, C. G. (1978). *Présent et avenir*. Denoël, p. 137 e 140.

46. Freud S. (1981). *Malaise dans la civilisation*. PUF, p. 68.

47. Freud, S. (1915), *Gesammelte Werke*, X, p. 231. Tradução francesa. Freud, S. (1968). *Pulsions et destins des pulsions*, Gallimard, Idées, p. 42.

48. Waal, F. B. M. de (2013). *The Bonobo and the Atheist: In Search of Humanism Among the Primates*. WW Norton & Co., p. 39.

49. Haidt, J. (2012). *The Righteous Mind: Why Good People are Divided by Politics and Religion*. Allen Lane. Isto não exclui o fato de que as normas sociais representam por conseguinte um papel importante, modelando de diversos modos a moralidade pessoal dos indivíduos.

50. Turiel, E.; Killen, M. e Helwig, C. C. (1987). "Morality: Its structure, functions, and vagaries." *The Emergence of Morality in Young Children*. University of Chicago Press, p. 155-243. Hamlin, J. K.; Wynn, K. e Bloom, P. (2007). "Social evaluation by preverbal infants." *Nature*, *450*(7169), p. 557-559.

51. Freud, S. (1908/1959), *"Civilized" Sexual Morality and Modern Nervous Illness*, em J. Strachey (ed.), The standard edition, Hogarth Press, vol. 9, p. 191.

52. Freud, A. (1936). *Das ich und die abwehrmechanismen*. Tradução francesa: Freud, A. *Le Moi et les mécanismes de défense* (15ª. edição). PUF.

53. Bernard Golse, artigo "Altruisme dans Mijolla", A. de, Golse, B.; Mijolla-Mellor, S. de e Perron, R. (2005). *Dictionnaire international de la psychanalyse* em 2 volumes (edição revista e ampliada). Hachette. Ionescu, S.; Jacquet, M.-M. e Lhote, C. (2012). *Les Mécanismes de défense: Théorie et clinique* (2ª. edição). Armand Colin.

54. Freud, S. (1921) *Psychologie collective et analyse du moi*. Tradução S. Jankélevitch, revista pelo autor, p. 51. Reedição em *Essais de psychanalyse* (1968). Petite Bibliothèque Payot.

55. Jacques Van Rillaer, comunicação pessoal, e Van Rillaer, J. (1980). *Les Illusions de la psychanalyse*. Mardaga.

56. Comunicação de Jacques Lacan, *Lettres de L'École freudienne*, fevereiro-março de 1967, p. 34 e seguintes.

57. Canceil, O.; Cottraux, J.; Falissard, B.; Flament, M.; Miermont, J.; Swendsen, J.; [...], e Thurin, J.-M. (2004). *Psychothérapie: trois approches évaluées*. Inserm.

58. Moscovici, S. (1967/1976). *La Psychanalyse, son image et son public.* PUF, p. 143. Citado por Van Rillaer, J. (1980). *Op. cit.*, p. 374.
59. Baruk, H. (1967). "De Freud au néo-paganisme moderne." *La Nef*, 3, p. 143. Baruk, H. (1968), em: *La Psychiatrie française de Pinel à nos jours.* PUF, p. 29. Quando de uma pesquisa efetuada pela socióloga Dominique Frischer junto a trinta analisados parisienses, um deles "já egoísta no passado, reconhece que a análise desenvolveu essa tendência, fazendo dele um perfeito egocêntrico". Frischer, D. (1976). *Les Analysés parlent.* Stock, p. 312. Citado por Van Rillaer, J. (1980). *Op. cit.*, p. 373.
60. Citado por Van Rillaer, J. (1981). *Op. cit.*, p. 33.
61. Lacan, J. (1999). *Encore: Le séminaire,* livre XX. Seuil, p. 64.
62. Citado por Van Rillaer, J. (2005). "Les bénéfices de la psychanalyse", em *Le Livre noir de la psychanalyse.* Les Arènes, p. 200.
63. Rey, P. (1999). *Une saison chez Lacan.* Laffont, p. 74.
64. *Ibid.*, p. 146. No mesmo registro, a resposta dada pelo telefone a uma mulher que havia ligado diversas vezes pedindo para devolver um livro emprestado, também é muito edificante: "Escute aqui, sua velha porca. Tua porcaria de livro eu joguei na privada. Agora, vou avisando: se me ligar mais uma vez, quebro tua cara! Não quero nunca mais ouvir tua voz!" (p.170).
65. *Ibid.*, p. 156.
66. Freud, S. (1923). *Psychanalyse et théorie de la libido. Œuvres complètes.* PUF, vol. XVI; edição de 1991, p. 183. Citado por Van Rillaer, J. (2012). "La psychanalyse freudienne: science ou pseudoscience?" *Pratique Neurologique-FMC,* 3(4), p. 348-353.
67. De Falco, R. (junho de 2009). *Raison,* publicação da Libre Pensée.
68. Popper observa, por exemplo, que é impossível demonstrar ou refutar a existência do inconsciente freudiano, visto que para demonstrá-lo, seria preciso poder reconhecê-lo, e, sendo assim, ele deixaria de ser inconsciente. O raciocínio psicanalítico é portanto circular. O inconsciente cognitivo da psicologia contemporânea e das neurociências não tem nada a ver com o precedente, e pode, quanto a ele, ser verificado pelo estudo do comportamento e dos mecanismos cerebrais.
69. Meyer, C.; Borch-Jacobsen, M.; Cottraux, J.; Pleux, D. e Van Rillaer, J. (2010). *Le Livre noir de la psychanalyse: Vivre, penser et aller mieux sans Freud.* Les Arènes, p. 279. [*O livro negro da psicanálise.* Rio de Janeiro: Civilização Brasileira, 2011.]
70. Wittgenstein, L. (1978). *Culture and Value.* Blackwell Publishers, p. 55. Citado por Bouveresse, J. (1991). *Philosophie, mythologie et pseudoscience: Wittgenstein lecteur de Freud.* Éditions de l'éclat, p. 13.
71. Klein, M. (1948). *Essais de psychanalyse.* Payot, p. 263. Citado em Meyer, C. *et al.* (2010). *Op. cit.*, p. 228.
72. Grünbaum, A. (2000). *La Psychanalyse à l'épreuve.* Éditions de l'éclat.
73. Freud, S. (1908). "La morale sexuelle civilisée et la maladie nerveuse des temps modernes." *La Vie sexuelle.* PUF, p. 42.
74. Van Rillaer, J. (2010), "Les mécanismes de défense freudiens" em Meyer, C.; Borch-Jacobsen, M.; Cottraux, J.; Pleux, D. e Van Rillaer, J. (2010). *Op. cit.*, p. 364.
75. Ellenberger, H. F. (1972). "The story of 'Anna O': A critical review with new data." *Journal of the History of the Behavioral Sciences,* 8(3), p. 267-279. Citado por Van Rillaer, J. (2012). "La psychanalyse freudienne: science ou pseudoscience?" *Pratique neurologique-FMC,* 3(4), p. 348-353.
76. Borch-Jacobsen, M. (2011). *Les Patients de Freud: Destins.* Éditions Sciences Humaines.
77. Bettelheim, B. (1967). *La Forteresse vide.* Gallimard, p. 171.
78. BBC, *Horizon,* 8 de junho de 2006, produzido e realizado por Emma Sutton.
79. Temple Grandin, BBC Radio. *The Interview,* 12 de abril de 2012, ver também as memórias de sua mãe: Cutler, E. (2004). *Thorn in My Pocket: Temple Grandin's Mother Tells the Family Story* (1ª. edição). Future Horizons.
80. "Autisme: un scandale français." *Sciences et Avenir,* 782, abril de 2012.
81. *Ibid.*
82. Franck Ramus, palavras compiladas por Hervé Ratel, *Sciences et Avenir* 29 de março de 2012. Alguns autistas possuem um cérebro mais volumoso e um estudo recente, publicado na revista *PNAS,* destacou uma superprodução de neurônios de 67% no córtex pré-frontal, relacionado à linguagem e ao pensamento.

83. Herbert, M. R. e Weintraub, K. (2012). *The Autism Revolution: Whole-Body Strategies for Making Life All It Can Be*. Ballantine Books Inc.

84. Ver em especial o dossiê de Franck Ramus, diretor de Pesquisas no CNRS, "Autisme: un scandale français", *Sciences et Avenir. Op. cit.*

85. Paul Ekman, comunicação pessoal.

86. Este exemplo foi dado por Robert Holt, em (1965). "A review of some of Freud's biological assumptions and their influence on his theories." In Greenfield, N. S. e Lewis, W. C. (1965). *Psychoanalysis and Current Biological Thought*. University of Wisconsin Press, *6*, p. 93-124.

87. Wallach, M. A. e Wallach, L. (1983). *Psychology's Sanction for Selfishness: The Error of Egoism in Theory and Therapy*. W. H. Freeman & Co. Ltd.

88. Horney, K. (1951). *Neurosis and Human Growth – The Struggle Toward Self-Realization*. Routledge and Kegan Paul.

89. Wallach, M. A. e Wallach, L. (1983). *Op. cit.*, p. 116-120.

90. *Ibid.*, p. 162.

26. Ter por si próprio ódio ou compaixão

1. Para uma excelente revisão do conjunto das pesquisas, ver Gilbert, P. e Irons, C. (2005). "Focused therapies and compassionate mind training for shame and self-attacking." *Compassion: Conceptualisations, Research and Use in Psychotherapy*, p. 263-325.

2. *Ibid.*

3. Park, R. J.; Goodyer, I. M. e Teasdale, J. D. (2005). "Self-devaluative dysphoric experience and the prediction of persistent first-episode major depressive disorder in adolescents." *Psychological Medicine, 35*(4), p. 539-548.

4. Gilbert, P. e Irons, C. (2005). *Op. cit.*, p. 271.

5. Neff, K. (2011). *Self-Compassion: Stop Beating Yourself Up and Leave Insecurity Behind*. William Morrow, p. 34 (traduzido do inglês). Tradução francesa: Neff, K. (2013). *S'aimer: Comment se réconcilier avec soi-même*. Belfond.

6. *Ibid.*

7. Santa Mina, E. E. e Gallop, R. M. (1998). "Childhood sexual and physical abuse and adult self-harm and suicidal behaviour: a literature review." *Canadian Journal of Psychiatry, 43*, p. 793-800. Glassman, L. H.; Weierich, M. R.; Hooley, J. M.; Deliberto, T. L. e Nock, M. K. (2007). "Child maltreatment, non-suicidal self-injury, and the mediating role of self-criticism." *Behaviour Research and Therapy, 45*(10), p. 2483-2490.

8. Bohus, M.; Limberger, M.; Ebner, U.; Glocker, F. X.; Schwarz, B.; Wernz, M. e Lieb, K. (2000). "Pain perception during self-reported distress and calmness in patients with borderline personality disorder and self-mutilating behavior." *Psychiatry Research, 95*(3), p. 251-260.

9. André, C. (2009), *Les États d'âme*. Odile Jacob, p. 356.

10. Para tendências a suicídios, ver Stanley, B.; Gameroff, M. J.; Michalsen, V. e Mann, J. J. (2001). "Are suicide attempters who self-mutilate a unique population?" *American Journal of Psychiatry, 158*(3), p. 427-432.

11. Gilbert, P. e Irons, C. (2005). *Op. Cit.*

12. *Ibid.*, p. 291.

13. *Ibid.*, p. 303 e 312.

14. *Ibid.*, p. 287.

15. Neff, K. D. (2011). *Op. cit.*, p. 41. Neff, K. D. (2003). *Op. cit.*, p. 22.

16. Neff, K. D. (2011). *Op. cit.*, p. 43.

17. Kohut, H. (1971). *The Analysis of the Self.* New York University Press. Neff, K. D. (2011). *Op. cit.*, p. 64. Ver também Baumeister, R. F. e Leary, M. R. (1995). "The need to belong: desire for interpersonal attachments as a fundamental human motivation." *Psychological bulletin, 117*(3), p. 497.

18. Neff, K. D. (2011). *Op. cit.*, p. 69.

19. Gilbert, P. e Irons, C. (2005). *Op. cit.*, p. 312.

20. MBSR, "Mindfulness Based Stress Reduction" é um treinamento secular, baseado em uma meditação budista, que foi desenvolvido no sistema hospitalar dos Estados Unidos há mais de vinte anos por Jon Kabat-Zinn, e que no momento é utilizado com sucesso em mais de 200 hospitais para diminuir as

dores pós-operatórias e outras associadas ao câncer e doenças graves. Ver Kabat-Zinn, J.; Lipworth, L. e Burney, R. (1985). "The clinical use of mindfulness meditation for the self-regulation of chronic pain." *Journal of Behavioral Medicine*, 8(2), p. 163-190.

21. Davidson, R. J.; Kabat-Zinn, J.; Schumacher, J.; Rosenkranz, M.; Muller, D.; Santorelli, S. F.; Sheridan, J. F. *et. al.* (2003). "Alterations in brain and immune function produced by mindfulness meditation." *Psychosomatic Medicine*, 65(4), p. 564-570. Sobre os efeitos da meditação a longo prazo, ver capítulo 21, "O treinamento da mente: o que dizem as ciências cognitivas".

22. Shapiro, S. L.; Astin, J. A.; Bishop, S. R. e Cordova, M. (2005). "Mindfulness-based stress reduction for health care professionals: Results from a randomized trial." *International Journal of Stress Management*, 12(2), p. 164-176.

23. Neff, K. D. (2003*a*). "Self-compassion: An alternative conceptualization of a healthy attitude toward oneself." *Self and Identity*, 2(2), p. 85-101. Neff, K. D. (2003*b*). "The development and validation of a scale to measure self-compassion." *Self and Identity*, 2(3), p. 223-250.

24. Crocker, J.; Moeller, S. e Burson, A. (2010). "The costly pursuit of self-esteem." *Handbook of Personality and Self-Regulation*, p. 403-429.

25. Neff, K. D. (2003*b*). *Op. cit.*

26. Gilbert, P. (1989). *Human Nature and Suffering.* Lawrence Erlbaum; Gilbert, P. e Irons, C. (2005). *Op. cit.*

27. Neff, K. D.; Kirkpatrick, K. L. e Rude, S. S. (2007). "Self-compassion and adaptive psychological functioning." *Journal of Research in Personality*, 41(1), p. 139-154. Ver também Swann, W. B. (1996). *Self-Traps: The Elusive Quest for Higher Self-Esteem.* W. H. Freeman, New York.

28. Leary, M. R.; Tate, E. B.; Adams, C. E.; Allen, A. B. e Hancock, J. (2007). "Self-compassion and reactions to unpleasant self-relevant events: The implications of treating oneself kindly." *Journal of Personality and Social Psychology*, 92(5), p. 887.

29. Ver em particular as conclusões de Richard Tremblay fundamentadas no estudo longitudinal de Montreal, que durou três décadas. Tremblay, R. E. (2008). *Prévenir la violence dès la petite enfance.* Odile Jacob.

30. Olds, D. L.; Robinson, J.; O'Brien, R.; Luckey, D. W.; Pettitt, L. M.; Henderson, C. R.; Hiatt, S. *et. al.* (2002). "Home visiting by paraprofessionals and by nurses: a randomized, controlled trial." *Pediatrics*, 110(3), p. 486-496.

31. André, C. (2009), *Les États d'âme.* Odile Jacob, p. 353.

27. As carências de empatia

1. Singer, T. e Lamm, C. (2009). "The social neuroscience of empathy." *Annals of the New York Academy of Sciences*, 1156(1), p. 81-96.

2. Krasner, M. S.; Epstein, R. M.; Beckman, H.; Suchman, A. L.; Chapman, B.; Mooney, C. J. e Quill, T. E. (2009). "Association of an educational program in mindful communication with burnout, empathy, and attitudes among primary care physicians." *JAMA*, 302(12), pg. 1284-1293.

3. David Shlim e Chökyi Nyima Rinpoche (2006). *Medicine and Compassion*, prefácio.

4. *Ibid.*

5. *Ibid.*

6. Maslach, C. (1982). *Burnout: The Cost of Caring.* Prentice Hall Trade, p. 3.

7. *Ibid*, p. 4.

8. Prefácio do Prof. Patrick Légeron em Maslach, C. e Leiter, M. P. (2011). *Burnout: Le syndrome d'épuisement professionnel.* Les Arènes, p. 16.

9. Maslach, C. (1982). *Op. cit.*, p. 10 e seguintes.

10. Maslach, C. e Leiter, M. P. (2011). *Op. cit.*, p. 32-40.

11. Maslach, C. (1982). *Op. cit.*, p. 58.

12. *Ibid.*, p. 59.

13. *Ibid.*, p. 70.

14. McGrath, M. e Oakley, B. (2011). "Codependency and pathological altruism", em Oakley, B.; Knafo, A.; Madhavan, G. e Wilson, D. (2012). *Pathological Altruism.* Oxford University Press, Estados Unidos, capítulo 4, p. 59.

15. Zanarini, M. C. (2000). "Childhood experiences associated with the development of borderline personality disorder." *Psychiatric Clinics of North America*, 23(1), p. 89-101.
16. Richard Davidson, comunicação pessoal.
17. O conceito de "psicopata" foi introduzido por Cleckley, H. (1941). *The Mask of Sanity; An Attempt to Reinterpret the So-Called Psychopathic Personality*. Edição revisada, 1982. Mosby Medical Library.
18. American Psychiatric Association (1994), *DSM-IV: Diagnostic and Statistical Manual of Mental Disorders* (4ª. edição). American Psychiatric Association, Washington, DC.
19. Blair, R. J. R.; Jones, L.; Clark, F. e Smith, M. (1997). "The psychopathic individual: A lack of responsiveness to distress cues?" *Psychophysiology*, 34(2), p. 192-198.
20. Hare, R. D. (1999). *Without Conscience: The Disturbing World of the Psychopaths Among Us* (1ª. edição). Guilford Press.
21. Newman, J. P.; Patterson, C. M. e Kosson, D. S. (1987). "Response perseveration in psychopaths." *Journal of Abnormal Psychology*, 96(2), p. 145.
22. Miller, G. (2008). "Investigating the psychopathic mind." *Science*, 321(5894), p. 1284-1286.
23. Hare, R. D.; McPherson, L. M. e Forth, A. E. (1988). "Male psychopaths and their criminal careers." *Journal of Consulting and Clinical Psychology*, 56(5), p. 710.
24. Hare, R. D. (1993). *Without Conscience. Op. cit.*
25. A lista de 20 pontos de Hare inclui: o charme superficial; o sentimento de grandiosidade; a necessidade de estímulos e uma predisposição ao tédio; a mentira patológica; a arte de manipular os outros e de enganá-los; a ausência de arrependimento e de sentimento de culpa; a frieza interpessoal; a falta de empatia; um estilo de vida parasita; pouco controle emocional; a promiscuidade sexual; problemas de comportamento desde a infância (mentira, roubo, fraude, vandalismo, crueldade com os animais); a ausência de objetivos realistas a longo prazo; a impulsividade; a irresponsabilidade; a incapacidade de assumir responsabilidade por suas próprias ações; um grande número de relações sentimentais a curto prazo; a delinquência juvenil; a recidiva, e a multiplicidade e a diversidade de atividades criminais. Para recente versão desta lista, ver Hare, R. D. (2003). *Manual for the Revised Psychopathy Checklist* (2ª. edição). Toronto, ON, Canadá, Multi-Health Systems.
26. Hare, R. D. (1993). *Without Conscience. Op. cit.*
27. Raine, A.; Lencz, T.; Bihrle, S.; LaCasse, L. e Colletti, P. (2000). "Reduced pre-frontal gray matter volume and reduced autonomic activity in antisocial personality disorder." *Archives of general psychiatry*, 57(2), p. 119.
28. Citado por Pinker, S. (2011). *The Better Angels of Our Nature: Why Violence Has Declined*. Viking Adult, p. 495. [*Os anjos bons da nossa natureza*: por que a violência diminuiu. São Paulo: Companhia das Letras, 2013.]
29. http://en.wikipedia.org/wiki/Jose Antonio Rodriguez Vega
30. Norris, J. (1992). *Walking Time Bombs*. Bantam, p. 63.
31. McCormick, J. e Annin, P. (1994). "Alienated, marginal and deadly." *Newsweek*, setembro de 1994. Citado por Pinker, S. (2011). *Op. cit.*, p. 495.
32. Fazel, S. e Danesh, J. (2002). "Serious mental disorder in 23000 prisoners: a systematic review of 62 surveys." *Lancet*, 359(9306), p. 545-550. Hart, S. D. e Hare, R. D. (1996). "Psychopathy and antisocial personality disorder." *Current Opinion in Psychiatry*, 9(2), p. 129-132.
33. Hemphill, J. F.; Hare, R. D. e Wong, S. (1998). "Psychopathy and recidivism: A review." *Legal and Criminological Psychology*, 3(1), p. 139-170.
34. Blair, R. J. R.; Peschardt, K. S.; Budhani, S.; Mitchell, D. G. V. e Pine, D. S. (2006). "The development of psychopathy." *Journal of Child Psychology and Psychiatry*, 47(3-4), p. 262-276. Blonigen, D. M.; Hicks, B. M.; Krueger, R. F.; Patrick, C. J. e Iacono, W. G. (2005). "Psychopathic personality traits: Heritability and genetic overlap with internalizing and externalizing psychopathology." *Psychological Medicine*, 35(05), p. 637-648.
35. Muhammad, M. (2009). *Scared Silent* (1ª. edição). Strebor Books.
36. Babiak, P. e Hare, R. D. (2007). *Snakes in suits: When Psychopaths Go to Work*. HarperBusiness.
37. Board, B. J. e Fritzon, K. (2005), e Board, B. "The Tipping Point." *The New York Times*, 11 de maio de 2005, seção. Opinion. http://www.nytimes.com/2005/05/11/opinion/11board.html.
38. Kiehl, K. e Buckholtz, J. Dans la tête d'un psychopathe (novembro-dezembro 2011). *Cerveau et Psycho*, 48.

39. Miller, G. (2008). "Investigating the psychopathic mind." *Science*, *321*(5894), p. 1284-1286.

40. Harenski, C. L.; Harenski, K. A.; Shane, M. S. e Kiehl, K. A. (2010). "Aberrant neural processing of moral violations in criminal psychopaths." *Journal of Abnormal Psychology*, *119*(4), p. 863; para uma revista de síntese sugerimos ver Blair, R. J. R. (2010). "Neuroimaging of psychopathy and antisocial behavior: A targeted review." *Current Psychiatry Reports*, *12*(1), p. 76-82.

41. Ermer, E.; Cope, L. M.; Nyalakanti, P. K.; Calhoun, V. D. e Kiehl, K. A. (2012). "Aberrant paralimbic gray matter in criminal psychopathy." *Journal of Abnormal Psychology*, *121*(3), p. 649.

42. Anderson, N. E. e Kiehl, K. A. (2012). "The psychopath magnetized: insights from brain imaging." *Trends in Cognitive Sciences*, *16*(1), p. 52-60.

43. Além do córtex orbitofrontal e da amídala, o sistema paralímbico compreende o córtex cingular anterior – que regula os estados emocionais e ajuda os indivíduos a controlar suas pulsões e a ocorrência de erros em seu comportamento – assim como a ínsula, que representa um papel essencial no reconhecimento da violação das normas sociais, como também no sentimento da raiva, do medo, da empatia e da repulsa. Ora, sabe-se que os psicopatas são indiferentes às normas sociais, e possuem um limiar de repulsa particularmente elevado, tolerando os odores e as imagens repugnantes com serenidade.

44. Raine, A.; Lencz, T.; Bihrle, S.; LaCasse, L. e Colletti, P. (2000). "Reduced pre-frontal gray matter volume and reduced autonomic activity in antisocial personality disorder." *Archives of General Psychiatry*, *57*(2), p. 119.

45. Miller, G. (2008). *Op. cit.*

46. Cleckley, H. (1941). *Op. cit..* Salekin, R. T. (2002). "Psychopathy and therapeutic pessimism: Clinical lore or clinical reality?" *Clinical Psychology Review*, *22*(1), p. 79-112.

47. Caldwell, M.; Skeem, J.; Salekin, R. e Van Rybroek, G. (2006). "Treatment response of adolescent offenders with psychopathy features a 2-year follow-up." *Criminal Justice and Behavior*, *33*(5), p. 571-596. Caldwell, M. F.; McCormick, D. J.; Umstead, D. e Van Rybroek, G. J. (2007). "Evidence of treatment progress and therapeutic outcomes among adolescents with psychopathic features." *Criminal Justice and Behavior*, *34*(5), p. 573-587.

48. Michael Caldwell, comunicação pessoal, Madison, outubro de 2012.

49. Caldwell, M. F. *et al.* (2006). *Op. cit.* e Kiehl, K. e Buckholtz, J., "Dans la tête d'un psychopathe" (novembro-dezembro de 2011). *Cerveau et Psycho*, *48*.

50. Testemunho extraído do livro de Andrew Solomon (2002). *Le Diable intérieur: Anatomie de la dépression*. Albin Michel.

51. Milner, J. S.; Halsey, L. B. e Fultz, J. (1995). "Empathic responsiveness and affective reactivity to infant stimuli in high-and low-risk for physical child abuse mothers." *Child Abuse & Neglect*, *19*(6), p. 767-780. Para resultados paralelos obtidos utilizando medidas fisiológicas, ver Frodi, A. M. e Lamb, M. E. (1980). "Child abusers' responses to infant smiles and cries." *Child Development*, *51*(1), p. 238. Citados por Batson, C. D. (2011). *Altruism in Humans*. Oxford University Press.

52. Ver, em particular, Schewe, P. A. (2002). *Preventing Violence in Relationships: Interventions across the Life Span.* (vol. VIII). Washington, DC, US: American Psychological Association.

53. Ver principalmente McCullough, M. E.; Worthington Jr, E. L. e Rachal, K. C. (1997). "Interpersonal forgiving in close relationships." *Journal of Personality and Social Psychology*, *73*(2), p. 321. McCullough, M. E.; Rachal, K. C.; Sandage, S. J.; Worthington Jr, E. L.; Brown, S. W. e Hight, T. L. (1998). "Interpersonal forgiving in close relationships, II. Theoretical elaboration and measurement." *Journal of Personality and Social Psychology*, *75*(6), p. 1586. Witvliet, C. V. O.; Ludwig, T. E. e Vander Laan, K. L. (2001). "Granting forgiveness or harboring grudges: Implications for emotion, physiology, and health." *Psychological Science*, *12*(2), p. 117-123. Citado por Batson, C. D. (2011). *Op. cit.*

54. Harmon-Jones e seus colaboradores avaliaram o efeito da empatia sobre a raiva medindo, com um eletroencefalograma (EEG), a atividade do córtex frontal esquerdo, que se sabe estar correlacionada à intensidade da raiva. Na fase inicial da experiência, os pesquisadores influenciaram o nível de empatia dos membros de dois grupos de estudantes voluntários (que participavam da experiência individualmente), pedindo a alguns para imaginar os sentimentos de uma estudante que sofria de esclerose múltipla, induzindo assim a uma empatia elevada para com ela (na verdade, tratava-se de uma colaboradora dos pesquisadores), e a outros para considerar a situação da doente de maneira desvinculada e objetiva, o que induzia a uma fraca empatia. Pouco depois, a estudante voluntária sofrendo supostamente de esclerose múltipla entregava aos voluntários ou uma avaliação rude e ofensiva dos relatórios que esses voluntários

haviam escrito, feita para suscitar uma reação agressiva, ou uma avaliação neutra. A atividade EEG dos voluntários foi registrada logo após terem recebido essas avaliações. Constatou-se que a atividade do córtex frontal que aumenta normalmente quando alguém é ofendido e acompanha a agressividade, teve um forte aumento nos indivíduos do grupo a quem foi solicitado adotar uma atitude desvinculada, mas foi inibida naqueles em que foi induzida a empatia. Esta experiência é uma das que mostram mais claramente que a empatia pode inibir diretamente o desejo de agredir. Harmon-Jones, E.; Vaughn-Scott, K.; Mohr, S.; Sigelman, J. e Harmon-Jones, C. (2004). "The effect of manipulated sympathy and anger on left and right frontal cortical activity." *Emotion*, *4*(1), p. 95. Citado por Batson, C. D. (2011). *Op. cit.*, p. 167.

28. Na origem da violência: a desvalorização do outro

1. Hare, R. D. (1993). *Without Conscience: The Disturbing World of the Psychopaths among Us*. Pocket Books, p. 33. Citado por Baumeister, R. F. (2001). *Evil: Inside Human Cruelty and Violence*. Barnes & Noble, p. 221.

2. Citado por Pinker, S. (2011). *Op. cit.*, p. 509.

3. Palavras de Aaron Beck por ocasião de um encontro com o Dalai Lama na Suécia, em 2005. Esse dado indica a importância das sobreimposições mentais que afetam nossas percepções sob a influência da ira, mas não corresponde a uma avaliação precisa e mensurada das distorções cognitivas.

4. Para uma exposição detalhada desse mecanismo, ver Beck, A. (2004). *Prisonniers de la haine: Les racines de la violence*. Masson, p. 211-214.

5. Dalai Lama. (2001). *Conseils du cœur*. Presses de la Renaissance. [*Conselhos do coração*. Alfragide: Edições ASA, 2004]

6. Pinker, S. (2011). *Op. cit.*, p. 164, e Baumeister, R. F. (2001). *Op. cit.*, p. 157.

7. Pinker, S. (2011). *Op. cit.*, p. 529 e seguintes.

8. Baumeister, R. F. (2001). *Op. cit.*, p. 167.

9. Brezina, T.; Agnew, R.; Cullen, F. T. e Wright, J. P. (2004). "The code of the street A quantitative assessment of Elijah Anderson's subculture of violence thesis and its contribution to youth violence research." *Youth Violence and Juvenile Justice*, *2*(4), 303-328.

10. Courtwright, D. T. (1998). *Violent Land: Single Men and Social Disorder from the Frontier to the Inner City* (nova edição). Harvard University Press. Citado por Pinker, S. (2011). *Op. cit.*, p. 103.

11. Bíblia: http://www.info-bible.org/lsg/05.Deuteronome.html. Na tradução em português seguimos a *Bíblia de Jerusalém*, Edições Paulinas, São Paulo - SP, 1987.

12. Dalai Lama, discurso na Sorbone, por ocasião do encontro dos laureados com o Prêmio da Memória, em 1993. Tradução pessoal.

13. Hillesum, E. (1995). *Une vie bouleversée, Journal, 1941-1943*, Points.

14. Dui Hua Foundation, *Reducing Death Penalty Crimes in China More Symbol Than Substance*, *Dialogue*, Issue 40, 2010.

15. Reportagem difundida pela rádio BBC World Service, 6 de outubro de 2006.

16. Vergely, B. (1998). *Souffrance*. Flammarion.

17. Baumeister, R. F. (2001). *Op. cit.*, p. 132-134.

18. Goodwin, F. K. e Jamison, K. R. (2007). *Manic-depressive illness: bipolar disorders and recurrent depression* (vol. 1). Oxford University Press, Estados Unidos.

19. Scully, D. (1990). *Understanding Sexual Violence: A Study of Convicted Rapists*. Routledge. Citado por Baumeister, R. F. (2001). *Op. cit.*, p. 138.

20. Baumeister, R. F. (2001). *Op. cit.*, p. 141-144.

21. Kernis, M. H. (1993). "The roles of stability and level of self-esteem in psychological functioning." Em *Self-Esteem: The Puzzle of Low Self-Regard* (p. 167-182). New York, NY, Plenum Press. Ver também André, C. e Lelord, F. (2008). *L'Estime de soi: S'aimer pour mieux vivre avec les autres*. Odile Jacob, capítulo 4. [*Autoestima*. Osasco: Viva Livros, 2014.]

22. Baumeister, R. F. (2001). *Op. cit.*, p. 149.

23. Berkowitz, L. (1978). "Is criminal violence normative behavior? Hostile and instrumental aggression in violent incidents." *Journal of Research in Crime and Delinquency*, *15*(2), 148-161.

24. Ford, F. L. (1987). *Political Murder: From Tyrannicide to Terrorism*. Harvard University. Press, p. 80. Citado por Baumeister, R. F. (2001). *Op. cit.*, p. 152.

25. Johnson, D. D.; McDermott, R.; Barrett, E. S.; Cowden, J.; Wrangham, R.; McIntyre, M. H. e Rosen, S. P. (2006). "Overconfidence in wargames: experimental evidence on expectations, aggression, gender and testosterone." *Proceedings of the Royal Society B: Biological Sciences, 273*(1600), 2513-2520.
26. Beck, A. (2004). *Op. cit.*, p. 34.
27. Baumeister, R. F. (2001). *Op. cit.*, p. 39-48.
28. Straus, M. (1980). "Victims and aggressors in marital violence." *American Behavioral Scientist, 23*(5), 681. Citado por Baumeister, R. F. (2001). *Op. cit.*, p. 53.
29. Black, D. (1983). "Crime as social control." *American Sociological Review*, 34-45. Citado por Pinker, S. (2011). *Op. cit.*, p. 83.
30. Luckenbill, D. F. (1977). "Criminal homicide as a situated transaction." *Social Problems*, 176-186. Gottfredson e Hirschi 1991, *A General Theory of Crime*. Citado por Baumeister, R. F. (2001) *Op. cit.*, p. 53.
31. Baumeister, R. F. (2001), *Op. cit.*, p. 117.
32. *Ibid.*, p. 62.
33. Twitchell, J. B. (1985). *Dreadful Pleasures: An Anatomy of Modern Horror*. Oxford University Press Inc. Citado por Baumeister, R. F. (2001). *Op. cit.*, p. 64, 66.
34. Baumeister, R. F. (2001). *Op. cit.*, p. 77.
35. Norris, J. (1992). *Walking Time Bombs*. Bantam, p. 53.
36. *Ibid.*, p. 18-19.
37. Luc Ferry, "La haine, propre de l'homme", *Le Point*, 22 de março de 2012, n° 2062.
38. Jankowski, M. S. (1991). *Islands in the Street: Gangs and American Urban Society*. University of California Press, p. 177.
39. Finkelhor, D. e Yllö, K. (1987). *License to Rape: Sexual Abuse of Wives*. Free Press.
40. Toch, H. (1993). *Violent Men: An Inquiry into the Psychology of Violence* (2ª. edição revisada). American Psychological Association.
41. Baumeister, R. F. (2001). *Op. cit.*, p. 232-236.
42. Gottfredson, M. e Hirschi, T. (1990). *A general theory of crime*. Stanford University Press, p. 105.
43. Baumeister, R. F. (2001). *Op. cit.*, p. 106.
44. Gelles, R. J. (1988). *Intimate Violence*. Simon & Schuster.
45. Katz, J. (1990). *Seductions of Crime: Moral and Sensual Attractions in Doing Evil*. Basic Books, assim como Baumeister, R. F. (2001). *Op. cit.*, p. 111.
46. Milgram, S. (1963). "Behavioral study of obedience." *The Journal of Abnormal and Social Psychology, 67*(4), 371.
47. "O jogo da morte", difundido por France 2, 17 de março 2010.
48. Zimbardo, P. (2007). *The Lucifer Effect: Understanding How Good People Turn Evil*. Random House. [*O efeito Lúcifer*. Rio de Janeiro: Record, 2012.]
49. Consideramos até a possibilidade de repetir a experiência da "prisão" de Stanford exclusivamente com praticantes budistas de longa data, e considerar diversas variantes: ou com todos os guardas, ou com todos os prisioneiros que poderiam ser meditantes budistas, ou ainda ambos. Poderíamos também considerar uma população mista de estudantes e de meditantes. Mas, segundo Philip Zimbardo, seria quase impossível hoje obter a permissão dos comitês de ética que esmiúçam as propostas de pesquisas, devido aos efeitos potencialmente perturbadores para os voluntários.
50. Zimbardo, P. (2007). *Op. cit.*
51. Citado por Pinker, S. (2011). *Op. cit.*, p. 509.
52. Ver quadro da revista *New Scientist*, http://www.newscientist.com/ embedded/20worst, baseado em White, M. (2012). *The Great Big Book of Horrible Things: The Definitive Chronicle of History's 100 Worst Atrocities*. W.W. Norton & Co. Assim como McEvedy, C.; Jones, R. e others. (1978). *Atlas of World Population History*. Penguin Books Ltd., para os números referentes à população mundial em diversos momentos da história.
53. Pinker, S. (2011). *Op. cit.*, p. 196.
54. Fanon, F. (2002). *Les Damnés de la terre*. La Découverte.
55. Baumeister, R. F. (2001). *Evil: Inside Human Cruelty and Violence*. Barnes & Noble, p. 120.
56. Maalouf, A. (1999). *Les Croisades vues par les Arabes* (1a. edição). Editora J'ai Lu (1999).
57. Rummel, R. J. (1994). *Death by Government*. Transaction Publishers.

58. Freud S. (1915) "Considérations actuelles sur la guerre et sur la mort." Tradução em *Essais de psychanalyse*, Petite Bibliothèque Payot, 1963, p. 262.
59. Freud, S. (2002). *Œuvres complètes*. Vol. XVIII, 1926-1930, *Le Malaise dans la culture*, PUF, p. 308.
60. Além disso, como explica Jacques Van Rillaer, ex-psicanalista que explorou esta questão em detalhes em sua obra, *Les Illusions de la psychanalyse*, os psicólogos recusam hoje o princípio segundo o qual os seres vivos fundamentalmente procurar um estado desprovido de tensão, e reduzir toda tensão nova que ocorra neles. Ao contrário, um animal ou um homem instalado em um local confortável mas isolado de qualquer estímulo próprio para gerar tensões, sente rapidamente essa situação como muito desagradável. Van Rillaer, J. (1995). *Les Illusions de la psychanalyse. Op. cit.*, p. 289, e nota 94.
61. *Ibid.*, p. 296.
62. Lorenz, K. (1969). *L'Agression, une histoire naturelle du mal*. Flammarion, p. 5.
63. *Ibid.*, p. 265.
64. *Ibid.*, p. 232-233.
65. *Ibid.*, p. 48.
66. Waal, F. B. M. de (1997). *Le Bon Singe: Les bases naturelles de la morale*. Bayard, p. 205-208.
67. Eibl-Eibesfeldt I. (1972). *Contre l'agression*. Stock.
68. *Ibid.*, p. 91.
69. Kohn, A. (1992). *The Brighter Side of Human Nature. Op. cit.*, p. 51.
70. Davidson, R. J.; Putnam, K. M. e Larson, C. L. (2000). "Dysfunction in the neural circuitry of emotion regulation–a possible prelude to violence." *Science, 289*(5479), 591-594. Friedman, H. S. (1992). *Hostility, Coping, & Health* vol. XVI. Washington, DC, US: American Psychological Association.
71. Williams, R. B.; Barefoot, J. C. e Shekelle, R. B. (1985). "The health consequences of hostility." Em Chesney, M. A. e Rosenman, R. H. (1985). *Anger and Hostility in Cardiovascular and Behavioral Disorders*. Hemisphere Publishing Corporation.
72. Douglas, J. E. (1995). "Mindhunter: inside the FBI's elite serial crime unit." New York: Scribner. Citado por Baumeister, R. F. (2001). *Op. cit.*, p. 273.
73. Prunier, G. (1998). *Rwanda: le génocide*. Dagorno.
74. Adams, D. B. (2006). "Brain mechanisms of aggressive behavior: an updated review." *Neuroscience & Biobehavioral Reviews, 30*(3), 304-318. Citado por Pinker, S. (2011). *Op. cit.*, p. 495-496.
75. Panksepp, J. (2004). *Affective Neuroscience: The Foundations of Human and Animal Emotions*, vol. 4. Oxford University Press, Estados Unidos.
76. Davidson, R. J.; Putnam, K. M. e Larson, C. L. (2000). "Dysfunction in the neural circuitry of emotion regulation – a possible prelude to violence." *Science, 289*(5479), 591-594.
77. Conclusão de um relatório de seis das principais associações médicas americanas, American Academy of Pediatrics, Policy statement. Média violence, em *Pediatrics*, vol. 124, p. 1495-1503, 2009.
78. Em contraste com os milhares de estudos demonstrando que os vídeos e videogames aumentam os comportamentos violentos, nenhum estudo identificou o efeito de descarga que reduziria esses comportamentos (efeito catártico) Para artigos de síntese sobre o impacto da violência nas mídias, ver Christensen P. N. e Wood W. (2007). "Effects of media violence on viewers' aggression in unconstrained social inte- raction", em Preiss, R. W.; Gayle, B. M.; Burrell, N.; Allen, M. e Bryant, J. (2007). *Mass Media Effects Research: Advances through Meta-Analysis*. Lawrence Erlbaum, p. 145-168. Citado por Lecomte, J. (2012). *La Bonté humaine. Op. cit.*, p. 316.
79. Desmurget, M. (2012). "La télévision creuset de la violence", *Cerveau et Psycho, 8*, novembro-janeiro 2012. Desmurget, M. (2012). *TV Lobotomie: La vérité scientifique sur les effets de la télévision*. Max Milo Éditions.
80. Gerbner, G.; Gross, L.; Morgan, M. e Signorielli, N. (1986). "Living with television: The dynamics of the cultivation process." *Perspectives on media effects*, 17-40. Gerbner, G.; Gross, L.; Morgan, M.; Signorielli, N. e Shanahan, J. (2002). "Growing up with television: Cultivation processes." *Media effects: Advances in theory and research, 2*, 43-67.
81. Citado em Kohn, A. (1992). *Op. cit.*, p. 37.
82. Mares, M. L. e Woodard, E. (2005). "Positive effects of television on children's social interactions: A meta-analysis." *Media Psychology, 7*(3), 301-322.
83. Christakis, D. A. e Zimmerman, F. J. (2007). "Violent television viewing during preschool is associated with antisocial behavior during school age." *Pediatrics, 120*(5), 993-999.

84. Desmurget, M. (2012). "La télévision creuset de la violence", *Cerveau et Psycho*, 8, novembro-janeiro 2012. Estes efeitos são independentes do temperamento habitual, mais ou menos agressivo, da pessoa.

85. Sestir, M. A. e Bartholow, B. D. (2010). "Violent and nonviolent video games produce opposing effects on aggressive and prosocial outcomes." *Journal of Experimental Social Psychology*, 46(6), 934-942. Bartholow, B. D.; Bushman, B. J. e Sestir, M. A. (2006). "Chronic violent video game exposure and desensitization to violence: Behavioral and event-related brain potential data." *Journal of Experimental Social Psychology*, 42(4), 532-539. Engelhardt, C. R.; Bartholow, B. D.; Kerr, G. T. e Bushman, B. J. (2011). "This is your brain on violent video games: Neural desensitization to violence predicts increased aggression following violent video game exposure." *Journal of Experimental Social Psychology*, 47(5), 1033-1036. Entretanto, para os autores de atos de violência graves, de homicídios em particular, a influência das mídias os afeta sobretudo quando já são predispostos à violência. Comparados com o restante da população, as pessoas agressivas assistem mais filmes violentos e a influência exercida por esses filmes em sua tendência em sentir raiva e em cometer atos de violência é mais forte que em outras pessoas. Ver Bushman, B. J. (1995). "Moderating role of trait aggressiveness in the effects of violent media on aggression." *Journal of Personality and Social Psychology*, 69(5), 950.

86. Desmurget, M. (2012), "L'empreinte de la violence", *Cerveau et Psycho*, 8, novembro-janeiro 2012.

87. Diener, E. e DeFour, D. (1978). "Does television violence enhance program popularity?" *Journal of Personality and Social Psychology*, 36(3), 333. Citado por Lecomte, J. (2012). *Op. cit.*, p. 314.

88. Lenhart, A.; Kahne, J.; Middaugh, E.; Macgill, A. R.; Evans, C. e Vitak, J. (2008). "Teens, Video Games, and Civics: Teens." *Pew Internet & American Life Project*, 76. Escobar-Chaves, S. L. e Anderson, C. A. (2008). "Media and risky behaviors." *The Future of Children*, 18(1), 147-180.

89. Anderson, C. A.; Shibuya, A.; Ihori, N.; Swing, E. L.; Bushman, B. J.; Sakamoto, A.; Saleem, M. *et al.* (2010). "Violent video game effects on aggression, empathy, and prosocial behavior in eastern and western countries: a meta-analytic review." *Psychological Bulletin*, 136(2), 151.

90. Gentile, D. A.; Lynch, P. J.; Linder, J. R. e Walsh, D. A. (2004). "The effects of violent video game habits on adolescent hostility, aggressive behaviors, and school performance." *Journal of Adolescence*, 27(1), 5-22.

91. Irwin, A. R. e Gross, A. M. (1995). "Cognitive tempo, violent video games, and aggressive behavior in young boys." *Journal of Family Violence*, 10(3), 337-350.

92. Anderson, C. A.; Sakamoto, A.; Gentile, D. A.; Ihori, N.; Shibuya, A.; Yukawa, S.; Kobayashi, K. *et al.* (2008). "Longitudinal effects of violent video games on aggression in Japan and the United States." *Pediatrics*, 122(5), 1067-1072.

93. Glaubke, C. R.; Miller, P.; Parker, M. A. e Espejo, E. (2001). *Fair Play? Violence, Gender and Race in Video Games*. Children NOW.

94. Barlett, C. P.; Harris, R. J. e Bruey, C. (2008). "The effect of the amount of blood in a violent video game on aggression, hostility, and arousal." *Journal of Experimental Social Psychology*, 44(3), 539-546.

95. Bègue, L. (2012). "Jeux video, l'école de la violence", *Cerveau et Psycho*, 8, novembro-janeiro 2012.

96. Konijn, E. A.; Nije Bijvank, M. e Bushman, B. J. (2007). "I wish I were a warrior: the role of wishful identification in the effects of violent video games on aggression in adolescent boys." *Developmental Psychology*, 43(4), 1038.

97. Kutner, L. e Olson, C. (2008). *Grand Theft Childhood: The Surprising Truth About Violent Video Games and What Parents Can Do*. Simon & Schuster.

98. Grossman, D. (2009). *On Killing: The Psychological Cost of Learning to Kill in War and Society* (edição revisada). Back Bay Books, p. 306, 329.

99. *Ibid.*, p. 325.

100. Bègue, L. (2012), "Devient-on tueur grâce aux jeux vidéo?" *Cerveau et Psycho*, 8, novembro-janeiro 2012, 10-11.

101. Anderson, C. A.; Gentile, D. A. e Buckley, K. E. (2007). "Violent Video Game Effects on Children and Adolescents: Theory, Research, and Public Policy", Oxford University Press, Estados Unidos.

102. Green, C. S. e Bavelier, D. (2003). "Action video game modifies visual selective attention." *Nature*, 423(6939), 534-537.

103. Bavelier, D. e Davidson, R. J. (2013). "Brain training: Games to do you good." *Nature*, *494*(7438), 425-426.

104. Os jogos pró-sociais incluem *Chibi Robo,* no qual o jogador controla um robô que ajuda todo mundo em casa e fora dela. Quanto mais o jogador ajuda, mais ele ganha pontos, assim como em *Super Mario Sunshine*, os jogadores ajudam a despoluir uma ilha. O objetivo das equipes de pesquisadores que desenvolvem atualmente novos jogos pró-sociais é que eles sejam atrativos e mantenham o interesse do jogador.

105. Saleem, M.; Anderson, C. A. e Gentile, D. A. (2012). "Effects of prosocial, neutral, and violent video games on college students' affect." *Aggressive Behavior*, *38*(4), 263-271. Greitemeyer, T.; Osswald, S. e Beauer, M. (2010). "Playing prosocial video games increases empathy and decreases schadenfreude." *Emotion*, *10*(6), 796-802.

106. Nathan DeWall, C. e Bushman, B. J. (2009). "Hot under the collar in a lukewarm environment: Words associated with hot temperature increase aggressive thoughts and hostile perceptions." *Journal of Experimental Social Psychology*, *45*(4), 1045-1047. Wilkowski, B. M.; Meier, B. P.; Robinson, M. D.; Carter, M. S. e Feltman, R. (2009). "'Hot-headed' is more than an expression: The embodied representation of anger in terms of heat." *Emotion*, *9*(4), 464.

107. Bingenheimer, J. B.; Brennan, R. T. e Earls, F. J. (2005). "Firearm violence exposure and serious violent behavior." *Science*, *308*(5726), 1323-1326.

108. As violências perpetuadas contra as mulheres são objeto de dois relatórios da Anistia Internacional publicados em 6 de março de 2001 em Paris e nos Estados Unidos. O relatório em inglês intitula-se *Broken Bodies, Shattered Minds.Torture and Ill-treatment of Women*. [Corpos quebrados e mentes destruídas. Tortura e maus-tratos em mulheres].

109. BBC World Service, 5 de novembro de 2012. http://www.bbc.co.uk/news/world-asia-20202686.

110. Para um relatório completo sobre a assédio e suas causas, ver Di Martino, V.; Hoel, H. e Cooper, C. L. (2003). *Prévention du harcèlement et de la violence sur le lieu de travail*. Serviço de Publicações Oficiais das Comunidades Europeias. As vítimas de assédio apresentam em geral algumas características tais como timidez, baixa autoestima, sentimento de fraca autoeficácia ("Não vou conseguir sair dessa"), instabilidade emocional ou ainda caráter linfático, marcado pela passividade. Enfim, o assédio é facilitado por algumas características ditas situacionais da vítima, tais como vulnerabilidade ligada a uma condição econômica precária, dificuldades sociofamiliares, ao nível de formação superior ou inferior aos dos outros membros do grupo. Tais característica são conhecidas e favorecem o surgimento de fenômenos, tais como o de bode expiatório dentro dos grupos.

111. Keinan, G. (1987). "Decision making under stress: Scanning of alternatives under controllable and uncontrollable threats." *Journal of Personality and Social Psychology*, *52*(3), 639.

112. Zillmann, D. "Mental control of angry aggression", em D. Wegner e P. Pennebaker (1993). *Handbook of Mental Control*, Englewood Cliffs, Pentrice Hal.

113. Hokanson, J. E. e Edelman, R. (1966). "Effects of three social responses on vascular processes." *Journal of Personality and Social Psychology*, *3*(4), 442.

114. Alain (1985). *Propos sur le bonheur*. Folio.

115. Baumeister, R. F. (2001). *Op. cit.*, p. 313.

116. *Ibid.*, p. 304–342.

117. King, M. L. e Jackson, J. (2000). *Why we can't wait*, Signet Classics.

29. A repugnância natural em matar

1. Marshall, S. (1947/2000). *Men Against Fire: The Problem of Battle Command*. Norman. University of Oklahoma Press.

2. Ver em particular os estudos de Picq, C. A. du. (1978). *Études sur le combat*. Ivrea, sobre as guerras antigas. Griffith, P. (1989). *Battle Tactics of the Civil War.* Yale University Press, sobre as guerras napoleônicas e a guerra de secessão americana. Holmes, R. (1985). *Acts of War: The Behavior of Men in Battle*. The Free Press, sobre o comportamento dos soldados argentinos durante a guerra das Malvinas. Citados por Grossman, D. (2009). *On Killing: The Psychological Cost of Learning to Kill in War and Society*. Back Bay Books.

3. McIntyre, B. F. (1862/1963). *Federals on the Frontier: The Diary of Benjamin F. McIntyre*. Nannie M. Tilley, University of Texas Press. Citado por Grossman, D. (2009). *Op. cit.*, p. 11.

4. Citado por Grossman, D. (2009). *Op. cit,* p. 27. 5.

5. *Ibid.*, p. 28.
6. Keegan, J. (1976). Citado por Grossman, D. (2009). *Op. cit.*, p. 122.
7. Giraudoux, J. (2009). *La Guerre de Troie n'aura pas lieu,* ato I, cena 3.
8. Gray, J. G. (1998). *The Warriors: Reflections on Men in Battle.* Bison Books. Citado por Grossman, D. (2009). *Op. cit.*, p. 39.
9. Grossman, D. (2009). *Op. cit.*, p. 160.
10. Stouffer, S. A.; Suchman, E. A.; Devinney, L. C.; Star, S. A. e Williams Jr, R. M. (1949). *The American Soldier: Adjustment During Army Life.* Princeton University Press.
11. Grossman, D. (2009). *Op. cit.*, p. 212.
12. Strozzi-Heckler, R. (2007). *In Search of the Warrior Spirit.* Blue Snake Books.
13. Hatzfeld, J. (2005). *Une saison de machettes.* Seuil.
14. Abé, N. (14 de dezembro de 2012), "Dreams in Infrared: The Woes of an American Drone Operator." *Spiegel Online International.* Versão francesa, *Courrier international,* 3 de janeiro de 2012.
15. Marsh, P. e Campbell, A. (1982). *Aggression and Violence.* Blackwell Publishers.
16. Gabriel, R. A. (1988). *No more heroes: Madness and Psychiatry in War.* Hill and Wang.
17. Dyer, G. (2006). *War: The Lethal Custom.* Basic Books. Citado por Grossman, D. (2009). *Op. cit.*, p. 180.
18. Swank, R. L. e Marchand, W. E. (1946). "Combat neuroses: Development of combat exhaustion." *Archives of Neurology & Psychiatry, 55*(3), 236.
19. Citado por Grossman, D. (2009). *Op. cit.*, p. 237-238.
20. Dyer, G. (2006). *Op. cit.,* citando um sargento da marinha americana, veterano da guerra do Vietnã. Em Grossman, D. (2009). *Op. cit.*, p. 253.
21. *Ibid.* Citado por Grossman, D. (2009). *Op. cit.*, p.19.
22. Grossman, D. (2009). *Op. cit.*, p. 267.
23. Giedd, J. N.; Blumenthal, J.; Jeffries, N. O.; Castellanos, F. X.; Liu, H.; Zijdenbos, A.; Rapoport, J. L. et al. (1999). "Brain development during childhood and adolescence: a longitudinal MRI study." *Nature Neuroscience, 2*(10), 861-863.
24. Manchester, W. (1981). *Goodbye, Darkness: A Memoir of the Pacific War.* Michael Joseph. Citado por Grossman, D. (2009). *Op. cit.*, p. 116.
25. Williams, T. (2012). "Suicides Outpacing War Deaths for Troops." *New York Times,* 8 de junho de 2012.
26. Snow, B. R.; Stellman, J. M.; Stellman, S. D.; Sommer, J. F. e others. (1988). "Post-traumatic stress disorder among American Legionnaires in relation to combat experience in Vietnam: Associated and contributing factors1." *Environmental Research, 47*(2), 175-192.
27. Entrevista BBC World Service. 2003.
28. Pronunciamento do XIV Dalai Lama por ocasião da 25ª. edição do encontro do Instituto Mind and Life, 21 de janeiro de 2003. Sul da Índia.
29. Swofford, A. (2004). *Jarhead: A Soldier's Story of Modern War.* Scribner.
30. Grossman, D. (2009). *Op. cit.*
31. Sobre a guerra "justa", ver: Bíblia, *Samuel,* XXIII, 8, *Êxodo,* XX, 13; XXXIV, 10-14, *Deuteronômio,* VII, 7-26.
32. Torá, *Livro dos números,* XXXV, 16-23; *Levítico,* XX, 10, *Êxodo,* XXII, 20 e 32.
33. Corão, XVII, 33 e 186.
34. Boismorant, P. (2007). *Magda et André Trocmé, Figures de résistance.* Textos selecionados. Éditions du Cerf, extraídos de *Souvenirs,* p. 11.
35. São Paulo, *Epístola aos Romanos,* XIII, 8-10.
36. Essas palavras foram pronunciadas por Desmond Tutu durante um encontro com um grupo de pensadores e de representantes de diversas religiões no Fórum Econômico Mundial de Davos, em 26 de janeiro de 2012.

30. A desumanização do outro: massacres e genocídios

1. Beck, A. (2004). *Op. cit.*, p. 25.
2. Citado por Waal, F. D. (2013). *The Bonobo and the Atheist: In Search of Humanism Among the Primates.* WW Norton & Co, p. 212.

3. Miller, S. C. (1982). *Benevolent Assimilation: American Conquest of the Philippines, 1899-1903*. Yale University Press, p. 188-189, citado por Patterson, C. (2008), em *Un éternel Treblinka*. Calmann-Lévy, p. 69-70.

4. Hatzfeld, J. (2005). *Une saison de machettes*. Seuil, p. 54.

5. Suarez-Orozco, M. e Nordstrom, C. (1992). "A Grammar of terror: Psychocultural responses to state terrorism in dirty war and post-dirty war Argentina." *The Paths to Domination, Resistance, and Terror*, 219-259. Citado por Baumeister, R. F. (2001). *Op. cit.*, p. 226.

6. Binding, K. e Hoche, A. (2006). *Die Freigabe der Vernichtung lebensunwerten Lebens*. Bwv Berliner-Wissenschaft (edição original, 1920). Schank, K. e Schooyans, M. (2002). *Euthanasie, le dossier Binding & Hoche*. Le Sarment.

7. Citado por Staub, E. (1992). *The Roots of Evil: The Origins of Genocide and Other Group Violence* (reimpressão). Cambridge University Press, nota 21.

8. Chalk, F. e Jonassohn, K. (1990). *The History and Sociology of Genocide: Analysis and Case Studies*. Yale University Press, p. 58, citado por Pinker, S. (2011). *Op cit.*, p. 332.

9. Hatzfeld, J. (2005). *Op. cit.*, p.53.

10. Pinker, S. (2011). *Op. cit.*, p.326.

11. Chang, I. (1997). *The Rape of Nanking: The Forgotten Holocaust of World War II* (1ª. edição). Basic Books, p. 56. Citado por Patterson, C. (2008). *Op. cit.*, p. 75.

12. Menninger, K. A. (1951). "Totemic aspects of contemporary attitudes toward animals." *Psychoanalysis and Culture: Essays in Honor of Géza Róheim*, 42-74. New York, International Universities Press, p. 50. Citado por Patterson, C. (2008). *Op. cit.*, p. 70.

13. Sémelin, J. (2005). *Purifier et détruire: Usages politiques des massacres et génocides*. Seuil, p. 290.

14. Citado em Hodgen, M. (2011). *Early Anthropology in the sixteenth and Seventeenth Centuries* (vol. 1014). University of Pennsylvania Press, p. 22.

15. Stannard, D. E. (1992). *American Holocaust: The Conquest of the New World*. Oxford University Press, p. 243. Citado por Patterson, C. (2008). *Op. cit.*, p. 64.

16. Trechos extraídos de um discurso de janeiro de 1886, em Dakota do Sul. Hagedorn, H. (1921). *Roosevelt in the Bad Lands*. Houghton Mifflin Company, p. 354-356, edição 2010, Bilbio Bazar.

17. Patterson, C. (2008). *Op. cit.*, p. 54.

18. Gould, S. J. (1996). *La Mal-mesure de l'homme*. Odile Jacob, p. 135. Citado em Patterson, C. (2008). *Op. cit.*, p. 58.

19. Patterson, C. (2008). *Op. cit.*, p. 54.

20. Levi, P. (1988). *Si c'est un homme*. Pocket, Anexo, p. 210. [*Isto é um homem*. Rio de Janeiro: Rocco, 2013.]

21. Staub, E. (1992). *Op. cit.*, p. 101.

22. Shirer, W. L. (William L. (1990). *Le IIIe Reich*. Stock, William Shirer nota, p. 236: "O grande fundador do protestantismo era, ao mesmo tempo, um antissemita ardente e um partidário absoluto da autoridade política. Ele queria uma Alemanha desimpedida de judeus. O conselho de Lutero foi literalmente seguido quatro séculos depois por Hitler, Goering e Himmler". Os nazistas comemoravam seu *Luthertag* (dia de Lutero), e Fahrenhorst, membro do comitê de organização do *Luthertag*, fazia de Lutero "o primeiro Führer espiritual alemão".

23. Sémelin, J. (2005). *Purifier et détruire. Op. cit.*

24. Staub, E. (1992). *Op. cit.*, nota 2.

25. Convenção sobre a Prevenção e a Repressão do Crime de Genocídio. Resolução 230 da ONU, de 9 de dezembro de 1948, artigo 2.

26. Sémelin, J. (2005). *Op. cit.*, p. 391 e 384-385.

27. Staub, E. (1992). *Op. cit.*

28. Glass, J. M. (1997). "Against the indifference hypothesis: the Holocaust and the enthusiasts for murder." *Political Psychology*, *18*(1), 129-145.

29. Sémelin, J. (2005). *Op. cit.*, p. 64.

30. *Ibid.*, p. 64, e Nahoum-Grappe, V. (2003). *Du rêve de vengeance à la haine politique*. Buchet-Chastel, p. 106.

31. Drinnon, R. (1997). *Facing the West the Metaphysics of Indian-Hating and Empire-Building* (reimpressão). University of Oklahoma Press, p. 449. Citado por Patterson, C. (2008). *Op. cit.*, p. 76.

32. Sémelin, J. (2005). *Op. cit.*, p. 320.
33. *Ibid.*, p. 41.
34. Hatzfeld, J. (2005). *Op. cit.*, p. 58.
35. Carta de Walter Mattner de 5 de outubro de 1941, em Ingrao, C. (2002). "Violence de guerre, violence de génocide." Les pratiques d'agression des Einsatzgruppen, p. 219-241. Em Audoin-Rouzeau, S. e Asséo, H. (2002). *La Violence de guerre, 1914-1945: Approches comparées des deux conflits mondiaux*. Complexe. Citado por Sémelin, J. (2005). *Op. cit.*, p. 299.
36. Hoess, R. (1959). *Commandant at Auschwitz: Autobiography*. Weidenfeld & Nicholson.
37. Bandura, A.; Barbaranelli, C.; Caprara, G. V. e Pastorelli, C. (1996). "Mechanisms of moral disengagement in the exercise of moral agency." *Journal of Personality and Social Psychology*, *71*(2), 364.
38. Todorov, T. (1991). *Face à l'extrême*. Seuil.
39. Tillon, G. (1997). *Ravensbrück*. Seuil, 2ª. edição, p. 109.
40. Langbein, H. (2011). *Hommes et femmes à Auschwitz*. Tallandier, p. 307. Citado por Todorov, T. (1991). *Op. cit.*, p. 157.
41. Lifton, R. J. (1988). *The Nazi Doctors: Medical Killing and the Psychology of Genocide* (nova edição). Basic Books, p. 418-422.
42. Arendt, H. (1966). *Eichmann à Jérusalem: Rapport sur la banalité du mal* (edição revista e aumentada). Gallimard, p. 143-144. Citada por Todorov, T. (1991). *Op. cit.*, p. 163. [*Eichmann em Jerusalém:* um relato sobre a banalidade do mal. São Paulo: Companhia das Letras, 1999.]
43. Expressão proposta pelo psicólogo norte-americano Leon Festinger, Festinger, L. (1957). *A Theory of Cognitive Dissonance*. Stanford University Press. Ver também Gustave-Nico, F. (1997). *La Psychologie sociale*. Seuil, p. 160. Citado por Sémelin, J. (2005). *Op. cit.*, p. 301.
44. Segundo Sémelin, J. (2005). *Op. cit.*, p. 304.
45. Sereny, G. (1975). *Au fond des ténèbres* (edição original). Denoël, p. 145. Citado par Todorov, T. (1991). *Op. cit.*
46. *Ibid.*, p. 214.
47. Sereny, G. (1995). *Op. cit.*, p. 412.
48. Mark, F. "No hard feelings. Villagers Defend Motives for Massacres", *Associated Press*, 13 de maio de 1994.
49. Grmek, M. D.; Mirko D.; Gjidara, M. e Simac, N. (1993). *Le Nettoyage ethnique*. Fayard, p. 320. Citado por Sémelin, J. (2005). *Op. cit.*, p. 302.
50. Conversa telefônica interceptada, entre o coronel Ljubisa Beara (ex-chefe da Segurança Militar da *Republika Srpska*, de 1992 a 1996) e o general Krstic. Ver "Srebrenica: quand les bourreaux parlent", *Le Nouvel Observateur*, 18-24 março de 2004. Citado por Sémelin, J. (2005). *Op. cit.*, p. 304.
51. Sémelin, J. (2005). *Op. cit.*, p. 299.
52. Segundo Sémelin, J. (2005). *Op. cit.*, p. 312.
53. *Ibid.*, p. 313.
54. Coletânea. (1999). *Aucun témoin ne doit survivre: Le génocide au Rwanda*. Alison Des Forges (ed.), Karthala, p. 376. Citado por Sémelin, J. (2005). *Op. cit.*, p. 313.
55. Tillion, G. (1973). *Ravensbruck*. Seuil, p. 214. Citada por Todorov, T. (1991). *Op. cit.*, p. 140.
56. Zimbardo, P. (2011). *The Lucifer Effect*. Ebury Digital, p. 5001-5002. [*O efeito Lúcifer*. Rio de Janeiro: Record, 2012.]
57. *Ibid.*, p. 5013-5015
58. Browning, C. (2007). *Op. cit.*, p. 223.
59. Staub, E. (1992). *Op. cit.*
60. Miller, A. G. (2005). *The Social Psychology of Good and Evil*. The Guilford Press.
61. Segundo o jornalista Ron Rosenbaum, a expressão "solução final da questão judaica" foi utilizada a partir de 1931 nos documentos do partido nazista. Ela aparece em uma carta de Goering enviada a Reinhard Heydrich, o principal assistente de Heinrich Himmler, em julho de 1941, e é oficialmente retomada na Conferência de Wannsee (20 de janeiro de 1942), convocada por Heydrich, em que estavam reunidos os secretários de Estado dos principais ministérios. Segundo a ata da Conferência, redigida por Eichmann, os 11 milhões de judeus da Europa inteira devem ser detidos e evacuados em direção ao Leste onde encontrarão a morte. O termo foi igualmente utilizado também pelo próprio Hitler. Rosenbaum, R. e Bonnet, P. (1998). *Pourquoi Hitler?* Le Grand Livre du mois. Browning, C. R. (2004). *The Origins of the*

Final Solution: The Evolution of Nazi Jewish Policy September 1939-March 1942. William Heinemann Ltd.

Furet, F. (1992). *Unanswered Questions: Nazi Germany and the Genocide of the Jews.* Schocken Books.

62. Browning, C. (2007). *Op. cit.*
63. *Ibid.*, p. 106.
64. Sémelin, J. (2005). *Op. cit.*, p. 294.
65. Malkki, L. H. (1995). *Purity and exile: Violence, Memory, and National Cosmology among Hutu Refugees in Tanzania.* University of Chicago Press.
66. Straus, S. (2004). "How many perpetrators were there in the Rwandan genocide? An estimate." *Journal of Genocide Research*, 6(1), 85-98. Citado por Sémelin, J. (2005). *Op. cit.*, p. 254.
67. Mueller, J. (2000). "The banality of 'ethnic war'." *International Security*, 25(1), 42-70.
68. Langbein, H. (2011). *Op. cit.*, p. 274.
69. Hatzfeld, J. (2005). *Op. cit.*, p. 13.
70. Borowski, T. (1976). *This Way for the Gas, Ladies and Gentlemen.* Penguin Books Ltd., p. 168. Citado por Todorov, T. (1991). *Op. cit.*, p. 38.
71. Levi, P. (1988). *Op. cit.*, p. 115-120.
72. Chalamov, V. (1980). *Kolyma.* François Maspero, p. 11, 31. In Todorov, T. (1991). *Op. cit.*, p. 38.
73. Guinzbourg, E. S. (1980). *Le Ciel de la Kolyma.* Le Seuil, p. 21, 179. In Todorov, T. (1991). *Op. cit.*, p. 38-39.
74. Martchenko, A. (1970). *Mon témoignage. Les camps en URSS après Staline.* Seuil, p. 108-109. Em Todorov, T. (1991). *Op. cit.*, p. 45.
75. *Ibid.*, p. 45-66, 164.
76. Levi, P. (1988). *Op. cit.*, p. 143.
77. Laks, S. e Coudy, R. (1948). *Musiques d'un autre monde*, Mercure de France. Reeditado com o título: *Mélodies d'Auschwitz* (2004), Cerf. Citado por Todorov, T. (1991). *Op. cit.*, p. 41.
78. Todorov, T. (1991). *Op. cit.*, p. 41.
79. Frankl, V. E. (1967). *Viktor Frankl. Un psychiatre déporté témoigne.* Éditions du Chalet, p. 114. Citado por Todorov, T. (1991). *Op. cit.*, p. 69.
80. Borowski, T. (1964). *Op. cit.*, p. 135. Citado por Todorov, T. (1991), *Op. cit.*, p. 40.
81. Baumeister, R. F. (2001). *Evil: Inside Human Cruelty and Violence.* Barnes & Noble, p. 304.
82. Terestchenko, M. (2007). *Un si fragile vernis d'humanité: Banalité du mal, banalité du bien.* La Découverte.
83. Sereny, G. (2013). *Au fond des ténèbres.* Tallandier.
84. Sereny, G. (1995). *Into That Darkness.* Pimlico (edição original, 1974), p. 39. Estes trechos e os seguintes foram traduzidos do inglês por Terestchenko, M. (2007). *Op. cit.*
85. Sereny, G. (1995). *Op. cit.*, p. 37.
86. *Ibid.*, p. 51.
87. *Ibid.*, p. 111.
88. *Ibid.*, p. 136.
89. *Ibid.*, p. 157.
90. *Ibid.*, p. 160.
91. Terestchenko, M. (2007). *Op. cit.*, p. 94.
92. *Ibid.*, p. 96.
93. Chalamov, V. e Mandelstam, N. (1998). *Correspondance avec Alexandre Soljenitsyne et Nadejda Mandelstam.* Verdier.
94. Ver capítulo 11, "O altruísmo incondicional".
95. Exposição de Xavier Bougarel no grupo de pesquisa do CERI: «Faire la paix. Du crime de masse au *peacebuilding*», 20 de junho de 2001.
96. Tendo-se apresentado voluntariamente ao Tribunal Penal Internacional de Haia, seu caso foi o primeiro a ser julgado. Ver resumo de seu julgamento no site: http://www.un.org/icty.
97. A ONG African Rights publicou em 2002 um livro apresentando o perfil de dezenove "Justos" ruandeses que salvaram tutsis de maneira desinteressada durante o genocídio: *Tribute to Courage*, Londres, African Rights, agosto de 2002. Citado por Sémelin, J. (2005). *Op. cit.*, p. 266.
98. Sémelin, J. (2005). *Op. cit.*, p. 286.
99. Alexander, E. (1991). *A Crime of Vengeance: An Armenian Struggle for Justice.* Free Press.

100. Baumeister, R. F. (2001). *Op. cit.*, p. 292.

101. Sémelin, J. (2005). *Op. cit.*, p. 110. Após a Noite dos Cristais "nenhuma voz oficial da hierarquia religiosa ergueu-se para protestar contra o que acabara de ocorrer, tanto do lado protestante quanto do católico". Este silêncio, em 1938, "atesta um colapso do religioso que não sabe mais lembrar a todos a proibição de matar". O mesmo ocorreu com a Igreja Ortodoxa na Sérvia e com a Igreja Católica ruandesa.

102. Sémelin, J. (2005). *Op. cit.*, p. 243.

103. *Ibid.*, p. 180 e 184.

104. Harff, B.; Marshall, M. G. e Gurr, T. R. (2005). "Assessing Risks of Genocide and Politicide." *Peace and Conflict*, p. 57-61.

105. Harff, B. (2003). "No lessons learned from the Holocaust? Assessing risks of genocide and political mass murder since 1955." *American Political Science Review*, 97(1), p. 57-73.

106. Levi, P. (1989). *Les Naufragés et les Rescapés: Quarante ans après Auschwitz*. Gallimard, p. 43. [*Os afogados e os sobreviventes*. Rio de Janeiro: Rocco, 1990.]

107. Li, Zhuisi e Thurston, A. F. (1994). *La Vie privée du président Mao*. Omnibus.

108. Chang, J. e Halliday, J. (2007). *Mao: The Unknown Story* (nova edição). Vintage, p. 457. [*Mao: A história desconhecida*. São Paulo: Companhia das Letras, 2012.]

109. Todorov, T. (1991). *Op. cit.*, p. 138.

110. Um conceito inicialmente proposto por Jean-François Revel.

31. A guerra sempre existiu?

1. Hobbes, T. (2002). *Leviathan*. Public Domain Books. Tradução francesa original de Philippe Folliot. [*Leviatã*. São Paulo: Martins Editora, 2014.]

2. Buss, D. (1999). *Evolutionary Psychology: The New Science of the Mind*. Allyn & Bacon.

3. Wilson, E. O. (2001). "On human nature", em D. Barash (ed.), *Understanding Violence*. Allyn and Bacon, p. 13-20.

4. Fry, D. P. (2007). *Beyond War: The Human Potential for Peace*. Oxford University Press, Estados Unidos.

5. Wrangham, R. e Peterson, D. (1996). *Demonic Males: Apes and the Origins of Human Violence, 1996*. Nova Yorque: Houghton Mifflin.

6. Ardrey, R. (1977). *Les Enfants de Caïn*. Stock, p. 299.

7. *Ibid.*, p. 299.

8. 0,009 a 0,016 ocorrências por hora segundo os estudos. Ver Goodall, J. (1986). *Chimpanzees of Gombe*. Harvard University Press. No caso dos gorilas, a frequência é de 0,20 ocorrências conflituosas por hora. Ver Schaller, G. B. (1963). *The Mountain Gorilla*. University of Chicago Press.

9. Sussman, R. W. e Garber, P. A. (2005), *Cooperation and Competition in Primate Social Interactions*, p. 640.

10. *Ibid.*, p. 645.

11. Strum, S. C. (2001). *Almost Human: A Journey into the World of Baboons*. University of Chicago Press, p. 158.

12. Waal, F. B. M. de e Lanting, F. (2006). *Bonobos: Le bonheur d'être singe*. Fayard.

13. Para um exame detalhado, ver Fry, D. (2007). *Op. cit.*, p. 34-39.

14. Dart, R. A. (1953). "The predatory transition from ape to man." *International Anthropological and Linguistic Review*, 1(4), p. 201-218. Dart, R. A. (1949). "The predatory implemental technique of Australopithecus." *American Journal of Physical Anthropology*, 7(1), p. 1-38.

15. Trabalhos de Sherry Washburn e Carlton Coon, revisados em Roper, M. K. (1969). "A survey of the evidence for intrahuman killing in the Pleistocene." *Current Anthropology*, vol. 10, 4: p. 427-459.

16. Brain, C. K. (1970). "New Finds at the Swartkrans Australopithecine Site." *Nature*, 225(5238), p. 1112-1119.

17. Fry, D. (2007). *Op. cit.*, p. 38.

18. Waal, F. B. M. de e Lanting, F. (2006). *Bonobos: Le bonheur d'être singe. Op. cit.*

19. Berger, L. R. e Clarke, R. J. (1995). "Eagle involvement in accumulation of the Taung child fauna." *Journal of Human Evolution*, 29(3), p. 275-299. Berger, L. R. e McGraw, W. S. (2007). "Further evidence for eagle predation of, and feeding damage on, the Taung child." *South African Journal of Science*, 103(11-12), p. 496-498. Um cenário semelhante ocorreu em 1939, após a descoberta, em uma

gruta no sul de Roma, em Monte Circeo, no meio de um círculo de pedras, do crânio de um homem de Neandertal cujo lado direito estava quebrado e a cavidade occipital (o buraco na base do crânio através do qual a medula espinhal se conecta ao cérebro) artificialmente aumentado. O diretor de escavação, Carlo Alberto Blanc, interpretou esses sinais como prova inegável de sacrifício humano e de canibalismo. Essa interpretação foi depois retomada em vários trabalhos sobre a Pré-história. Neste caso também, análises recentes demonstraram que a disposição circular das pedras podia ser explicada pelos deslizamentos do terreno e que nada indicava que se tratava de um arranjo humano. Além disso, outros paleontólogos notaram a presença de centenas de ossos, muitas vezes roídos, assim como excrementos fossilizados de hienas. A câmara do sacrifício ritual do homem de Neandertal provou ser uma toca de hienas pintadas. Os danos infligidos ao crânio são análogos aos causados pelas mandíbulas de um carnívoro e não se observa nenhuma marca de um instrumento na beirada da cavidade occipital alargada. Em suma, não foi identificado o menor indício de assassinato ou de canibalismo. Stiner, M. C. (1991). "The faunal remains from Grotta Guattari: a taphonomic perspective." *Current Anthropology*, *32*(2), p. 103-117. White, T. D.; Toth, N.; Chase, P. G.; Clark, G. A.; Conrad, N. J.; Cook, J.; Giacobini, G. *et al.* (1991). "The question of ritual cannibalism at Grotta guattari [comentários e respostas]." *Current Anthropology*, *32*(2), p. 118-138.

20. Ver, por exemplo, Prosterman, R. L. (1972). *Surviving to 3000: An Introduction to the Study of Lethal Conflict*. Duxbury Press Belmont, Califórnia, p. 140.

21. Sponsel, L. E. (1996). "The natural history of peace: a positive view of human nature and its potential." *A Natural History of Peace*, p. 908-12.

22. Segundo o United States Census Bureau (Agência de Recenseamento dos EUA), a população mundial há dez mil anos, compreendia de 1 a 10 milhões de habitantes. http://www.census.gov/population/international/data/worldpop/table_history.php.

23. Haas, J. (1996). "War", em Levinson, D. e Ember, M. (1996). *Encyclopedia of Cultural Anthropology* (vol. 4). Henry Holt, p. 1360.

24. Waal, F. B. M. de (2009). *The Age of Empathy: Nature's Lessons for a Kinder Society* (1ª. edição). Potter Style, p. 22. Traduzido do inglês (este trecho não consta da tradução francesa publicada). Aliás, a raça humana por pouco não sobreviveu, visto que se sabe, pelo estudo do DNA mitocondrial, que nossa espécie foi reduzida, em um determinado momento de sua existência, a cerca de 2 mil indivíduos, dos quais hoje somos todos descendentes.

25. Ver em especial Flannery, K. V. e Marcus, J. (2012). *The Creation of Inequality: How Our Prehistoric Ancestors Set the Stage for Monarchy, Slavery, and Empire*. Harvard University Press. Price, T. D. e Brown, J. A. (eds) (1985). *Prehistoric Hunter Gatherers: The Emergence of Cultural Complexity*. Academic Press. Kelly, R. L. (1995). *The Foraging Spectrum: Diversity in Hunter-Gatherer Lifeways*. Smithsonian Institution Press Washington.

26. Knauft, B. M.; Abler, T. S.; Betzig, L.; Boehm, C.; Dentan, R. K.; Kiefer, T. M. e Rodseth, L. (1991). "Violence and sociality in human evolution [comentários e respostas]." *Current Anthropology*, *32*(4), p. 391-428. Citado por Fry, D. (2007). *Op. cit.*

27. Boehm, C.; Barclay, H. B.; Dentan, R. K.; Dupre, M.-C.; Hill, J. D.; Kent, S.; Rayner, S. *et al.* (1993). "Egalitarian behavior and reverse dominance hierarchy [comentários e respostas]." *Current Anthropology*, *34*(3), p. 227-254. Citado por Sober, E. e Wilsonv, D. S. (1999). *Unto Others: The Evolution and Psychology of Unselfish Behavior*. Harvard University Press, p. 185.

28. Gardner, P. (1999). "The Paliyan", em R. Lee e R. Daly (eds.). *The Cambridge Encyclopedia of Hunters and Gatherers*, p. 261-264.

29. Flannery, K. V. e Marcus, J. (2012). *The Creation of Inequality: How Our Prehistoric Ancestors Set the Stage for Monarchy, Slavery, and Empire*. Harvard University Press.

30. Boehm, C. *et. al.* (1993). *Op. cit..* Boehm, C.; Antweiler, C.; Eibl-Eibesfeldt, I.; Kent, S.; Knauft, B. M.; Mithen, S.; Wilson, D. S. *et al.* (1996). "Emergency decisions, cultural-selection mechanics, and group selection [comentários e respostas]." *Current Anthropology*, *37*(5), p. 763-793. Citado por Sober, E. e Wilson, D. S. (1999). *Op. cit.*, p. 180.

31. Reyna, S. P. e Downs, R. E. (1994). *Studying War: Anthropological Perspectives* (vol. 2). Routledge. Boehm, C. e Boehm, C. (2009). *Hierarchy in the forest: The Evolution of Egalitarian Behavior*. Harvard University Press.

32. Haas, J. (1999). *The Origins of War and Ethnic Violence. Ancient Warfare: Archaeological Perspectives*. Gloucestershire, Reino Unido: Sutton Publishing.

33. Roper, M. (1975). "Evidence of warfare in the Near East from 10,000-4,300 B.C." Em M. Nettleship (eds.), *War, Its Causes and Correlates*. Moutton, p. 299-344.

34. *Ibid.*

35. Bar-Yosef, O. (1986). "The walls of Jericho: An alternative interpretation." *Current Anthropology*, 27(2), p. 157-162.

36. Maschner, H. D. (1997). *The Evolution of Northwest Coast Warfare* (vol. 3). Em D. Martin & D. Frayer (eds.), *Troubles Times: Violence and Warfare in the Past*. Gordon and Breach, p. 267-302.

37. Wrangham, R. e Peterson, D. (1996). *Demonic Males: Apes and the Origins of Human Violence, 1996*. New York: Houghton Mifflin.

38. Fry, D. P. e Söderberg, P. (2013). "Lethal Aggression in Mobile Forager Bands and Implications for the Origins of War." *Science*, 341 (6143), 270-273.

39. Keeley, L. H. (1997). *War Before Civilization*. Oxford University Press, États-Unis.

40. Fry, D. (2007). *Op. cit.*, p. 16.

41. Ghiglieri, M. P. (2000). *The Dark Side of Man: Tracing the Origins of Male Violence*. Da Capo Press, p. 246.

42. Chagnon, N. A. (1988). "Life histories, blood revenge, and warfare in a tribal population." *Science*, 239(4843), p. 985-992.

43. Chagnon, N. A. (1968). *Yanomamo, the fierce people*. Holt McDougal.

44. Moore, J. H. (1990). "The reproductive success of Cheyenne war chiefs: A contrary case to Chagnon's Yanomamo." *Current Anthropology*, 31(3), p. 322-330. Beckerman S.; Erickson P. I.; Yost J.; Regalado J.; Jaramillo L.; Sparks C.; Ironmenga M. e Long K. (2009). "Life histories, blood revenge, and reproductive success among the Waorani of Ecuador." *Proceedings of the National Academy of Sciences*, 106 (20), p. 8134-8139.

45. Lecomte, J. (2012). *La bonté humaine. Op. cit.*, p. 199-204.

46. Good, K. e Chanoff, D. (1992). *Yarima, mon enfant, ma sœur*. Seuil. Citado por Lecomte, J. (2012).

47. *Ibid.*, p. 15.

48. *Ibid.*, p. 90-93.

49. Quatro antropólogos veteranos fizeram, em 2001, a seguinte declaração: "Em seu livro *Le Peuple féroce* [*O povo feroz*], Chagnon fabricou uma imagem sensacionalista e racista dos ianomâmis, qualificando-os de trapaceiros, agressivos e temíveis, afirmando de modo falso que viviam em estado de guerra crônica. [...] Entre todos nós, passamos mais de oitenta anos com os ianomâmis. A maioria de nós falava um ou mais dialetos ianomâmis. Nenhum de nós reconhece a sociedade descrita nos livros de Chagnon". Albert, B.; Ramos, A.; Taylor, K. I. e Watson, F. (2001). *Yanomami: The Fierce People?* Londres, Survival International.

50. Lee, R. B. e Daly, R. H. (1999). *The Cambridge Encyclopedia of Hunters and Gatherers*. Cambridge University Press, "Introduction".

51. Endicott, K. (1988). "Property, power and conflict among the Batek of Malaysia." *Hunters and Gatherers*, 2, p. 110-127. Citado por Fry, D. (2007). *Op. cit.*

52. Citado por Fry D. (2005). *The Human Potential for Peace: An Anthropological Challenge to Assumptions about War and Violence*, Oxford, Oxford University Press, p. 73. Ver também Robarchek, C. A. (1977). "Frustration, aggression, and the nonviolent Semai." *American Ethnologist*, 4(4), p. 762-77; Robarchek, C. A. (1980). "The image of nonviolence: World view of the Semai Senoi." *Federated Museums Journal*, 25, p. 103-117. Robarchek, C. A. e Robarchek, C. J. (1998). "Reciprocities and Realities: World Views." *Aggressive Behavior*, 24, p. 123-133.

53. Carol Ember, sobretudo, afirma que as sociedades de caçadores-coletores não eram em absoluto pacíficas como se acreditava, e que 90% entre elas praticavam com frequência a guerra; e inclui sob a denominação de "guerra" comportamentos hostis de todos os gêneros (assim como se qualificaria de modo metafórico de "guerra" uma longa série de hostilidades perpetradas entre duas famílias em certas culturas), inclusive homicídios por vingança de um único indivíduo, o que não faz qualquer sentido. Por outro lado, a metade das sociedades analisadas por Ember não são de fato de caçadores-coletores itinerantes, mas sociedades mais sofisticadas, incluindo caçadores a cavalo etc. Não deixa de ter importância mencionar este exemplo, uma vez que o artigo de Carol Ember foi citado de maneira

ampla posteriormente. Ember, C. R. (1978). "Myths about hunters-gatherers." *Ethnology*, *17*(4), p. 439-448. Citado por Fry, D. (2007). *Op. cit.*, p. 195-196.

54. Ember, C. R. e Ember, M. (1992). "Warfare, aggression, and resource problems: Cross-cultural codes." *Cross-Cultural Research*, *26*(1-4), p. 169-226. Citado por Fry, D. (2007). *Op. cit.*, p. 13.

55. Tacon, P. e Chippindale, C. (1994). "Australia's ancient warriors: Changing depictions of fighting in the rock art of Arnhem Land, NT." *Cambridge Archaeological Journal*, *4*(2), p. 211-248. Citado por Fry, D. (2007). *Op. cit.*, p. 133-135.

56. Wheeler, G. C. (1910). *The Tribe, and Intertribal Relations in Australia*. Berndt, R. M. e Berndt, C. H. (1988). *The World of the First Australians: Aboriginal Traditional Life: Past and present*. Aboriginal Studies Press.

57. Warner, W. L. (1937/1969). *A black civilization: a social study of an Australian tribe*. Gloucester publications.

58. Fry, D. (2007). *Op. cit.*, p. 102.

59. Para uma série de quadros reunindo os diversos dados sobre o assunto, ver Pinker, S. (2011). *The Better Angels of our Nature: Why Violence has declined*. Viking Adult, p. 49, 53. [*Os anjos bons da nossa natureza*: por que a violência diminuiu. São Paulo: Companhia das Letras, 2013.]

60. *Ibid.*

32. O declínio da violência

1. Gurr, T. R. (1981). "Historical trends in violent crime: A critical review of the evidence." *Crime and Justice*, p. 295-353. Ver também Eisner, M. (2003). "Long-term historical trends in violent crime." *Crime and Justice*, *30*, p. 83.

2. Tremblay, R. E. (2008). *Prévenir la violence dès la petite enfance*. Odile Jacob, p. 31.

3. OMS: Escritório das Nações Unidas sobre a Droga e o Crime/WHO, United Nations Office on Drug and Crime (UNDOC), 2009.

4. Pinker, S. (2011). *Op. cit.*, p. 89.

5. Durant, W. e Durant, A. (1965). *The Story of Civilization IX: The Age of Voltaire*. Simon & Schuster. Citado por Tremblay, R. E. (2008), p. 33.

6. Harris, J. R. (1998). *The Nurture Assumption: Why Children Turn out the Way They*. Free Press. Citado por Pinker, S. (2011). *Op. cit.*, p. 437.

7. Finkelhor, D.; Jones, L. e Shattuck, A. (2008). "Updated trends in child mal-treatment, 2010." *Crimes Against Children Research Center*. (http://www.unh.edu/ccrc/Trends/index.html).

8. *Washington Post* de 19 junho de 2006, que faz referência aos dados do Ministério da Justiça Norte-Americana, assim como Pinker, S. (2011). *Op. cit.*, p. 408.

9. Números ainda não confirmados oficialmente por Matthew White, citados por Pinker, S. (2011). *Op. cit.*, p. 135. No site http://necrometrics.com, Matthew White apresenta inúmeras estatísticas de mortalidade no decorrer de séculos.

10. Ver também as gravuras reunidas por Norbert Elias nas quais se vê, ao lado de cenas da vida no campo, forcas, mercenários incendiando choupanas, e todo tipo de suplícios e outros atos de violência, em meio às atividades da vida cotidiana. Elias, N. (1973). *La civilisation des mœurs*. Calmann-Lévy.

11. Held, R. (1985). *Inquisition*. Qua d'Arno. Citado por Pinker, S. (2011). *Op. cit.*, p. 132.

12. Badinter, É. (1999). *Les Passions intellectuelles*, tome II, *Désirs de gloire (1735-1751)*. Fayard.

13. "The Diary of Samuel Pepys", 13 de outubro de 1660. http://www.pepysdiary.com/archive/1660/10/13/.

14. Roth, C. (1964). *Spanish Inquisition* (reimpressão). WW Norton & Co.

15. Tuchman, B. W. (1978). *A Distant Mirror: The Calamitous 14th Century*. Knopf.

16. Tuchman, B. W. (1991). *Distant Mirror: The Calamitous Fourteenth Century* (nova edição). Ballantine Books Inc., p. 135. Citado em Pinker, S. (2011). *Op. cit.*, p. 67.

17. Beccaria, C. (1764/1991), *Traité des Délits et des Peines*. Flammarion.

18. Rummel, R. J. (1994). *Death by Government*. Transaction Publishers. A isto acrescenta-se as vítimas da escravidão no Oriente, que não foram estimadas.

19. As Nações Unidas adotaram uma moratória para a pena de morte em 2007, por 105 votos contra 54 (entre os quais os Estados Unidos).

20. Payne, J. L. (2003). *A History of Force: Exploring the Worldwide Movement against Habits of Coercion, Bloodshed, and Mayhem*. Lytton Publishing Co., p. 182.

21. Brecke, P. (2001). "The Long-Term Patterns of Violent Conflict in Different Regions of the World." Texto preparado para a Conferência de Uppsala, em 8 e 9 de junho de 2005; Uppsala, Suécia; Brecke, P. (1999). "Violent conflicts 1400 AD to the present in different regions of the world", «1999 Meeting of the Peace Science Society», manuscrito não publicado.

22. Brecke, P. (1999 et 2001). *Op. cit.* Ver seu *Conflict Catalogue*.

23. Pinker, S. (2011). *Op. cit.* Ver em particular os capítulos 5 e 6.

24. White, M. (2010). "Selected death tolls for wars, massacres and atrocities before the 20th century" (http://necrometrics.com/pre1700a.htm). Citado por Pinker. S. (2011). *Op. cit.*, p. 194.

25. Ver quadro da revista *New Scientist* (http://www.newscientist.com/embedded/20worst) baseado em White, M. (2012) para os números referentes à mortalidade. Ver também McEvedy, C.; Jones, R. *et al.* (1978), para as cifras referentes à população mundial em diversos momentos da história. Para dar um exemplo, os invasores mongóis massacraram 1,3 milhões de habitantes da cidade de Merv e 800 mil habitantes de Bagdá, explorando as ruínas para assegurar-se de que não haveria sobreviventes. Ver Pinker, S. (2011), p. 196.

26. White, M. (2012). *The Great Big Book of Horrible Things: The Definitive Chronicle of History's 100 Worst Atrocities*. WW Norton & Co., assim como o site http://www.atrocitology.com/, que contém centenas de referências.

27. Gleditsch, N. P. (2008). "The Liberal Moment Fifteen Years and One Day." *International Studies Quarterly, 52*(4), p. 691-712, e diagrama em Pinker, S. (2011). *Op. cit.*, p. 366.

28. Human Security Report Project, H. S. R. (2011). Ver também o Instituto Internacional de Pesquisa sobre a Paz (Peace Research Institute of Oslo ou PRIO) que também constituiu uma considerável base de dados sobre os conflitos (http://www.prio.no/CSCW/Datasets/Armed-Conflict/Battle-Deaths/). Ver também Lacina, B. e Gleditsch, N. P. (2005). "Monitoring trends in global combat: A new dataset of battle deaths." *European Journal of Population/Revue européenne de Démographie, 21*(2), p. 145-166. Lacina, B.; Gleditsch, N. P. e Russett, B. (2006). "The declining risk of death in battle." *International Studies Quarterly, 50*(3), p. 673-680.

29. Mueller, J. (2007). *The Remnants of War*. Cornell University Press.

30. Global Terrorism Database da Universidade de Maryland, ver http://www.start.umd.edu/gtd/.

31. Ver http://www.niemanwatchdog.org/index.cfm?fuseaction=ask_this.view&askthisid=00512.

32. Gigerenzer, G. (2006). "Out of the frying pan into the fire: behavioral reactions to terrorist attacks." *Risk Analysis, 26*(2), p. 347-351. Esta avaliação é baseada no aumento repentino do tráfego rodoviário e do número de mortes nas estradas nos meses que se seguiram ao atentado de 11 de setembro.

33. Johnson, E. J.; Hershey, J.; Meszaros, J. e Kunreuther, H. (1993). "Framing, probability distortions, and insurance decisions." *Journal of Risk and Uncertainty, 7*(1), p. 35-51.

34. De acordo com o relatório do National Counterterrorism Center, disponível no site http://www.nctc.gov/.

35. Esposito, J. L. e Mogahed, D. (2008). *Who Speaks for Islam?: What a Billion Muslims Really Think*. Gallup Press.

36. Elias, N. e Kamnitzer, P. (1975). *La Dynamique de l'Occident*. Calmann-Lévy. Elias, N. (1973). *Op. cit.*

37. Pinker, S. (2011). *Op. cit.*, p. 64.

38. Putnam, R. D.; Leonardi, R. e Nanetti, R. (1994). *Making Democracy Work: Civic Traditions in Modern Italy*. Princeton Universtiy Press. Citado por Tremblay, R. E. (2008). *Op. cit.*, p. 27. Ver também Gatti, U.; Tremblay, R. E. e Schadee, H. (2007). "Civic community and violent behavior in Italy." *Aggressive Behavior, 33*(1), p. 56-62.

39. Pinker, S. (2011). *Op. cit.*, p. 52.

40. Wright, Q. (1942/1983) e Wikipédia, no artigo "Número de países na Europa após 1789".

41. CNN, Piers Morgan Tonight, 18 de dezembro de 2012.

42. Thomas, E. M. (1990). *The Harmless People* (2ª. edição revisada). Vintage Books. Assim como Gat, A. (2006). *War in Human Civilization* (edição anotada). Oxford University Press. Citados por Pinker, S. (2011). *Op. cit.*, p. 55.

43. Pinker, S. (2011). *Op. cit.*, p. 278-87.

44. Pinker, S. (2011). *Op. cit.*, p. 287.
45. Russett, B.; Eichengreen, B.; Kurlantzick, J.; Peterson, E. R.; Posner, R. A.; Severino, J. M.; Ray, O. *et al.* (2010). "Peace in the Twenty-First Century?" *Current History*.
46. Pinker, S. (2011). *Op. cit.*, p. 76.
47. Stiglitz, J. (2012). *Le Prix de l'inégalité*. Les liens qui libèrent, p. 205. [*O preço da desigualdade*. Lisboa: Bertrand, 2013.]
48. Fortna, V. P. (2008). *Does Peacekeeping Work?: Shaping Belligerents' Choices after Civil War*. Princeton University Press. Citado em Pinker, S. (2011). *Op. cit.*, p. 314-315.
49. Human Security Report Project (2009).
50. Bertens, Jan-Willem. "The European movement: Dreams and realities", artigo apresentado no seminário "The EC After 1992: The United States of Europe?", Maastricht, 2 de janeiro de 1994.
51. Mueller, J. (1989). *Retreat from Doomsday; The Obsolence of Major War*. Basic Book. Citado em Pinker, S. (2011). *Op. cit.*, p. 242.
52. Émile Zola, artigo publicado em *La Patrie*, jornal da Ligue des patriotes.
53. Lembranças de Ephraïm Grenadou, reunidas por Alain Prévost, difundido por France Culture em 1967 e em 2011-2012. Ver também Grenadou, E. (1966), *Vie d'un paysan français*. Seuil.
54. Mueller, J. (1989). *Retreat from Doomsday; The Obsolence of Major War*. *Op. cit.*
55. Ver Michel, J. B.; Shen, Y. K.; Aiden, A. P.; Veres, A.; Gray, M. K.; Pickett, J. P. *et al.* (2011). "Quantitative analysis of culture using millions of digitized books." *Science*, *331*(6014), p. 176.
56. Heise, L. e Garcia-Moreno, C. (2002). "Violence by intimate partners." *World Report on Violence and Health*, p. 87-121.
57. Pinker, S. (2011). *Op. cit.*, p. 413.
58. Straus, M. A. e Gelles, R. J. (1986). "Societal change and change in family violence from 1975 to 1985 as revealed by two national surveys." *Journal of Marriage and the Family*, p. 465-479. E para as pesquisas de 1999, PR Newswire, http://www.nospank.net/n-e62/htm. Citados por Pinker, S. (2011). *Op. cit.*, p. 439.
59. Singer, P. (1993). *La Libération animale*. Grasset. [*Libertação animal*. Porto Alegre: Lugano, 2004].
60. V-Frog 2.0 proposto por Tractus Technology. Para um relatório científico sobre a introdução desta técnica, ver Lalley, J. P.; Piotrowski, P. S.; Battaglia, B.; Brophy, K. e Chugh, K. (2008). "A comparison of V-Frog and copyright to physical frog dissection." *Honorary Editor*, *3*(3), p. 189. Assim como Virtual dissection. *Science* 22 de fevereiro de 2008, p. 1019.
61. Caplow, T.; Hicks, L. e Wattenberg, B. J. (2001). *The First Measured Century: An Illustrated Guide to trends in America, 1900-2000*. American Enterprise Institute Press. Citado por Pinker, S. (2011). *Op. cit.*, p. 392.
62. Cooney, M. (1997). "The decline of elite homicide." *Criminology*, *35*(3), p. 381-407.
63. Pinker, S. (2011). *Op. cit.*, p. 85.
64. http://en.wikipedia.org/wiki/File:1477-1799_ESTC_titles_per_decade_statistics.png.
65. Stowe, H. B. e Bessière, J. (1986). *La Case de l'oncle Tom*. Le Livre de Poche. [*A Cabana do Pai Tomás*. São Paulo: Madras, 2004.]
66. Relato de Swanee Hunt durante o encontro para a paz organizado pelo Dalai Lama Center for Peace and Education em Vancouver, em 2009 (Vancouver Peace Summit).
67. Goldstein, J. S. (2003). *War and Gender: How Gender shapes the War System and Vice Versa*. Cambridge University Press, p. 329-330 e p. 396-399. Citado por Pinker, S. (2011). *Op. cit.*, p. 527.
68. Pinker, S. (2011). *Op. cit.*, p. 528.
69. Dwigth Garner, "After the bomb's shock, the real horror began unfolding." *The New York Times*, 20 de janeiro de 2010.
70. Ver Pinker, S. (2011). *Op. cit.*, p. 686.
71. Potts, M. e Hayden, T. (2010). *Sex and War: How Biology Explains Warfare and Terrorism and Offers a Path to a Safer World*. BenBella Books.
72. Hudson, V. M. e Boer, A. D. (2002). "A surplus of men, a deficit of peace: security and sex ratios in Asia's largest states." *International Security*, *26*(4), p. 5-38.
73. Ver site http://girlsnotbrides.org/, assim como http://theelders.org/article/pour-en-finir-avec-le-mariage-des-filles-que-rien-ne-justifie.

74. Apenas alguns altos responsáveis governamentais como o ex-presidente Pieter Botha não manifestaram qualquer remorso e não forneceram explicações. O relatório final criticou também o comportamento de alguns chefes do movimento de libertação, o ANC (African National Congress).

75. Para a guerra do Iraque, ver a estimativa de Joseph E. Stiglitz e Linda J. Bilmes em artigo no *The Washington Post*, 8 de março de 2008. Para o custo da guerra no Afeganistão ver www.costofwar.org, assim como Congressional Research Service, Brookings Institution, e o Pentágono, de acordo com um dossiê apresentado pela *Newsweek* de 10 de outubro de 2011, compilado por Rob Verger e Meredith Bennett-Smith.

76. Além disso, com frequência estes recursos caem nas mãos de déspotas corrompidos ou de potências estrangeiras pouco escrupulosas. O filme de ficção, *Blood Diamond*, baseado numa situação real, mostra bem a complexidade trágica da condição dos países pobres, porém ricos em recursos minerais preciosos.

77. Human Security Report (2005).

78. Deary, I. J.; Batty, G. D. e Gale, C. R. (2008). "Bright children become enlightened adults." *Psychological Science*, 19(1), p. 1-6.

79. Pinker, S. (2011). *Op. cit.*, p. 668 e seguintes.

33. A instrumentalização dos animais: uma aberração moral

1. Jussiau, R.; Montméas, L. e Parot, J.-C. (1999). *L'élevage en France: 10.000 ans d'histoire*. Educagri Editions. Citado por Nicolino, F. (2009). *Bidoche. L'industrie de la viande menace le monde*. Les liens qui libèrent.

2. Émissão televisiva *Eurêka* de 2 de dezembro de 1970, intitulada "Salvar o boi...", com comentários de Guy Seligman e Paul Ceuzin. Ver arquivos do INA (Institut National de l'Audiovisuel), http://www.ina.fr/video/CPF06020231/sauver-le-bœuf.fr.html. Citado por Nicolino, F. (2009). *Op. cit.*

3. *National Hog Farmer*, março de 1978, p. 27. Citado por Singer, P. (1993). *Op. cit.*, p. 199.

4. *Poultry Tribune*, novembro de 1986, citado por Singer, P. (1993). *Op. cit.*, p. 174.

5. A expectativa de vida de um bezerro, de uma vaca e de um porco é de vinte anos. Os bezerros são abatidos aos três, as vacas leiteiras são "aposentadas" (abatidas) por volta dos seis anos, e os porcos aos seis meses. A expectativa de vida de um frango é de sete anos em condições de vida normais, porém é abatido com seis semanas. Dados referentes a 1 bilhão de animais na França.

6. Barrett, J. R. (1990). *Work and Community in the Jungle: Chicago's Packing-House Workers, 1894-1922*. University of Illinois Press, p. 57. Citado em Patterson, C. (2008). *Un éternel Treblinka*. Calmann-Lévy, p. 59.

7. Sinclair, U. (1964). *The Jungle*. Signet Classic, p. 35-45. Tradução francesa: Sinclair, U. (2011). *La Jungle*. Le Livre de Poche. Upton Sinclair, jovem jornalista, tinha vinte e seis anos quando, em 1904, seu patrão o enviou para investigar sobre as condições de trabalho nos abatedouros de Chicago. Com a cumplicidade de alguns trabalhadores, ele entrou de forma clandestina nesses locais e nas fábricas, e descobriu que, segurando um balde na mão, e nunca ficando parado, ele poderia circular nas fábricas sem chamar a atenção. Percorreu tudo. Viu tudo. *La Jungle* [*A selva*] conferiu a seu autor aos vinte e sete anos uma glória instantânea, e um comitê de eminentes intelectuais, liderado por Albert Einstein, o indicou ao Prêmio Nobel de Literatura. *La Jungle* desencadeou um escândalo. Best-seller do ano, a obra foi traduzida para dezessete idiomas. Assediado pelos jornalistas, perseguido pelas ameaças ou "promessas" dos grandes grupos econômicos, levado pela onda do descontentamento popular, Upton Sinclair foi recebido na Casa Branca pelo presidente dos Estados Unidos, Theodore Roosevelt. Uma investigação foi ordenada e a exatidão das críticas de Sinclair reconhecida. (Segundo o prefácio de Jacques Cabau à edição francesa da obra).

8. *Ibid.*, p. 12.

9. Rifkin, J. (1992). *Beyond Beef: The Rise and Fall of the Cattle Culture*. Penguin, p. 120. Citado em Patterson, C. (2008). *Op. cit.*, p. 115.

10. Sinclair, U. (1964). *Op. cit.*, p. 62-63.

11. David Cantor, "Responsible Policies for Animals" http://www.rpaforall.org. Citado em Patterson, C. (2008). *Op. cit.*, p. 114.

12. Foer, J. S. (2012). *Faut-il manger les animaux?* Éd. de l'Olivier, 2011, para a tradução francesa, Points.

13. *Ibid.*, p. 68

14. *Ibid.*, p. 82.
15. Patterson, C. (2008). *Op. cit.*, p. 166.
16. Eisnitz, G. A. (1997). *Slaughterhouse: The Shocking Story of Greed. Neglect, and Inhumane Treatment inside the US Meat Industry.* Prometheus, p. 181, citado por Patterson, C. (2008). *Op. cit.*, p. 166.
17. *Ibid.*, p. 174.
18. Resumo segundo Singer, P. (1993). *Op. cit.*, p. 163.
19. Foer, J. S. (2012). *Op. cit.*, p. 240.
20. Fontenay, É. de. (2008). *Sans offenser le genre humain: Réflexions sur la cause animale.* Albin Michel, p. 206. Assim como Burgat, F. (1998). *L'Animal dans les pratiques de consommation.* PUF, Que sais-je?
21. Coe, S. (1996). *Dead Meat.* Four Walls Eight Windows. As citações que se seguem são resumos da versão original inglesa, p. 111-133, traduzidas sob nossos cuidados, com trechos da versão dada por Patterson, C. (2008). *Op. cit.*, p. 106-108.
22. Eisnitz, G. A. (1997). *Slaughterhouse. Op. cit.*, p. 182.
23. Coe, S. (1996). *Op. cit.*, p. 120.
24. Carpenter. G. *et al.* (1986). "Effect of internal air filtration on the performance of broilers and the aerial concentrations of dust and bacteria." *British Poultry Journal, 27,* 471-480. Citado por Singer, P. (1993). *Op. cit.*, p. 172.
25. Bedichek, R. (1961). *Adventures with a Texas naturalist.* University of Texas Press. Citado por Harrison, R. (2013). *Animal Machines: The New Factory Farming Industry* (Rei Upd.). CABI Publishing. Edição original (1964), p. 154.
26. Breward, J. e Gentle, M. (1985). "Neuroma formation and abnormal afferent nerve discharges after partial beak amputation (beak trimming) in poultry." *Experienta, 41*(9), p. 1132-1134.
27. *National Geographic Magazine,* fevereiro de 1970. Citado por Singer, P. (1993). *Op. cit.*, p. 177.
28. Foer, J. S. (2012). *Op. cit.*, p. 176.
29. *Ibid.*, p. 65.
30. "Dehorming, castrating, branding, vaccinating cattle", publicação n° 384 do Mississippi State University Extension Service, em colaboração com o USDA; ver também "Beef cattle: dehoming, castrating, branding and marking", USDA, *Farmers' Bulletin, 2141,* setembro de 1972, em Singer, P. (1993). *Op. cit.*, p. 225.
31. Foer, J. S. (2012). *Op. cit.*, p. 239.
32. *Stall Street Journal,* novembro de 1973.
33. *Ibid.,* abril de 1973.
34. Foer, J. S. (2012). *Op. cit.*, p. 284-289.
35. Ver "A shocking look inside Chinese fur farms", documentário filmado por Mark Rissi sob responsabilidade de Swiss Animals Protection/EAST International, que pode ser assistido no site da associação PETA: http://www.peta.org/issues/animals-used-for-clothing/chinese-fur-industry.aspx.
36. Segundo os números publicados por *Agreste* (organismo subordinado ao Ministério da Agricultura), pode-se estimar de modo razoável que, incluindo os peixes e animais marinhos, no mínimo 3 bilhões de animais são mortos de maneira direta e indireta a cada ano na França para o consumo humano. Acrescenta-se a este número cerca de 30 milhões de animais mortos devido a caças (sem contar os feridos que agonizam nas florestas), e algo próximo a 3 milhões utilizados em pesquisas (os animais invertebrados não são registrados).
37. Mood, A. e Brooke, P. (julho de 2010). *Estimating the Number of Fish Caught in Global Fishing Each Year* (amood@fishcount.org.uk). Esses autores utilizaram as estatísticas publicadas pela FAO referentes à tonelagem das capturas anuais para cada espécie, e calculou-se o número de peixes estimando o peso médio daqueles das espécies estudadas.
38. Foer, J. S. (2012). *Op. cit.*, p. 245.
39. Chauvet, D. (2008), "La volonté des animaux?" *Cahiers antispécistes, 30-31,* dezembro de 2008.
40. Vergely, B. (1997). *La Souffrance: Recherche du sens perdu.* Gallimard, Folio, p. 75
41. Lévi-Strauss, C. e Pouillon, J. (1987). *Race et histoire.* Gallimard, p. 22.
42. *Terriens* [Terráqueos, versão em português], versão francesa do documentário *Earthlings,* realizado por Shaun Monson, disponível na Internet, com legendas em francês no site www.earthlings.com.
43. Wells, H. G. (1907). *Une utopie moderne,* Mercure de France.

34. Um efeito rebote: consequências da criação de animais e da alimentação com carne sobre a pobreza, o meio ambiente e a saúde

1. M. E. Ensminger (1991), *Animal Science*. Danville, IL, Interstate.
2. Rifkin, J. (2012). *La Troisième Révolution industrielle. Les liens qui libèrent*. [*A terceira Revolução Industrial*. Rio de Janeiro: Bertrand Brasil, 2014.]
3. Doyle, J. (1985). *Altered Harvest: Agriculture, Genetics and the Fate of the World's Food Supply* (2ª. edição). Viking Press.
4. O Worldwatch Institute é uma organização de pesquisa fundamental sediada nos Estados Unidos. Um de seus atuais projetos é uma análise comparativa das inovações agrícolas ecologicamente sustentáveis para reduzir a pobreza e a fome.
5. Segundo o United States Department of Agriculture-Foreign Agricultural Service (USDA-FAS), 1991.
6. De acordo com o Worldwatch Institute.
7. Foer, J. S. (2012). *Faut-il manger les animaux?* Points, p. 265 e nota 105. Cálculo baseado em fontes governamentais e de universidades americanas.
8. Moore-Lappé, F. (1971). *Diet for a Small Planet*. New York: Ballantine, p. 4-11. Tradução francesa: Moore-Lappe, F. (1976). *Sans viande et sans regrets*. Montréal: L'Étincelle.
9. McMichael, A. J.; Powles, J. W.; Butler, C. D. e Uauy, R. (2007). "Food, livestock production, energy, climate change, and health." *The Lancet*, *370*(9594), p. 1253-1263.
10. FAO (2006). *L'ombre portée de l'élevage. Impacts environnementaux et options pour atténuation*, Rome; FAO (2009). *Comment nourrir le monde en 2050*.
11. FAO (2006). *Op. cit.*, e (2003), "World Agriculture Towards 2015/2030".
12. Lambin, É. (2009). *Une écologie du bonheur*. Le Pommier, p. 70.
13. Moore-Lappé, F. (1976). *Op. cit.*, p. 11-12 e 21.
14. FAO (2006). *Op. cit.*
15. http://www.delaplanete.org/article.php3?id_article=148&var_recherche=viande.
16. Boyan, S. (7 de fevereiro de 2005). "How Our Food Choices Can Help Save the Environment." Mccffa.com.
17. Pimentel, D.; Williamson, S.; Alexander, C. E.; Gonzalez-Pagan, O.; Kontak, C. e Mulkey, S. E. (2008). "Reducing energy inputs in the US food system." *Human Ecology*, *36*(4), p. 459-471.
18. "Compassion in world farming." Citado por Marjolaine Jolicœur – AHIMSA, 2004.
19. Kaimowitz, D. (1996). *Livestock and Deforestation in Central America in the 1980s and 1990s: a Policy Perspective*. Cifor. Kaimowitz, D.; Mertens, B.; Wunder, S. e Pacheco, P. (2004). "Hamburger connection fuels Amazon destruction." *Center for International Forest Research*, Bogor, Indonésia.
20. *Amazon Cattle Footprint*, Greenpeace, 2009.
21. Dompka, M.V.; Krchnak, K. M. e Thorne, N. (2002). "Summary of experts' meeting on human population and freshwater resources." Em Karen Krchnak (ed.), *Human Population and Freshwater Resources: U.S. Cases and International Perspective*. Yale University.
22. Segundo o Banco Mundial e McKinsey Global Institute (2011). *Natural Resources*. http://www.mckinsey.com/insights/mgi/research/natural_resources.
23. International Food Policy Research Institute e Comitê das Nações Unidas para o Meio Ambiente.
24. Borgstrom, G. (1973). *Harvesting the Earth*. Abelard-Schuman, p. 64-65.
25. The Browning of America, *Newsweek*, 22 de fevereiro de 1981, p. 26. Citado por Robbins, J. (1991). *Se nourrir sans faire souffrir*. Alain Stanke, p. 420.
26. Rosegrant, M. W. e Meijer, S. (2002). "Appropriate food policies and investments could reduce child malnutrition by 43% in 2020." *The Journal of Nutrition*, *132*(11), 3437S-3440S.
27. Jancovici, J.-M. (2005). *L'Avenir climatique: Quel temps ferons-nous?* Seuil.
28. O índice de 18% fornecido em 2006 pela FAO foi posto em dúvida porque a cifra referente ao gado é calculada com base em uma análise que abrange o ciclo de vida completo do processo, ou seja, que ele inclui o desmatamento etc. No entanto, o mesmo método não foi aplicado ao transporte. Portanto, isto significa comparar maçãs com laranjas. Contudo, posteriormente, um outro estudo foi conduzido por três respeitados pesquisadores da Universidade de Cambridge, da Universidade Nacional da Austrália e de outras, que publicaram os resultados na *Lancet*. Esse estudo afirma que a cifra se situaria em torno de

17% (McMichael, A. J. *et al.* [2007]). *Op. cit.* Os que refutam essa cifra propõem a taxa de 4% do IPCC [Painel Intergovernamental de Mudanças Climáticas]; porém trata-se de emissões diretas e não do ciclo de vida completo. É importante considerar a integralidade do ciclo de vida, porque as emissões indiretas provenientes do gado constituem uma proporção significativa das emissões.

29. http://www.conservation-nature.fr/article2.php?id=105.
30. Desjardins, R.; Worth, D.; Vergé, X.; Maxime, D.; Dyer, J. e Cerkowniak, D. (2012). "Carbon Footprint of Beef Cattle." *Sustainability*, 4(12), p. 3279-3301.
31. FAO (2006). *Op. cit.*, p. 125.
32. Segundo o Worldwatch Institute.
33. Ministério do Meio Ambiente Americano e General Accounting Office (GAO). Citado por Foer, J. S. (2012). *Faut-il manger les animaux?* Seuil, Points.
34. Steinfeld, H.; De Haan, C. e Blackburn, H. (1997). "Livestock-environment interactions." *Issues and options. Report of the Commission Directorate General for Development*. Fressingfield, UK, WREN Media.
35. Narrod, C. A.; Reynnells, R. D. e Wells, H. (1993). "Potential options for poultry waste utilization: A focus on the Delmarva Peninsula." United States Environmental Protection Agency (EPA).
36. Pauly, D.; Belhabib, D.; Blomeyer, R.; Cheung, W. W. W. L.; Cisneros-Monte-mayor, A. M.; Copeland, D. e Zeller, D. (2013). "China's distant-water fisheries in the 21st century." *Fish and Fisheries*.
37. Foer, J. S. (2012). *Op. cit.*, p. 66. "Environmental Justice Foundation Charitable Trust, Squandering the Seas: How Shrimp Trawling Is Threatening Ecological Integrity and Food Security around the World" (London: Environmental Justice Foundation, 2003), p. 12.
38. EPIC (European Prospective Investigation into Cancer and Nutrition). Relatório elaborado sob a direção de Elio Riboli (2005).
39. Sinha, R.; Cross, A. J.; Graubard, B. I.; Leitzmann, M. F. e Schatzkin, A. (2009). "Meat intake and mortality: a prospective study of over half a million people." *Archives of Internal Medicine*, 169(6), p. 562. Citado em Nicolino, F. (2009). *Bidoche. L'industrie de la viande menace le monde*. Les liens qui libèrent, p. 318.
40. Lambin, E. (2009). *Op. cit.*, p. 78.
41. Pan, A.; Sun, Q.; Bernstein, A. M.; Schulze, M. B.; Manson, J. E.; Stampfer, M. J.; Hu, F. B. *et al.* (2012). "Red meat consumption and mortality: results from 2 prospective cohort studies." *Archives of Internal Medicine*, 172(7), p. 555. Estas análises levaram em conta os fatores de risco de doenças crônicas, assim como a idade, o índice de massa corporal, a atividade física, os antecedentes familiares de doença cardíaca ou dos principais cânceres.
42. Haque, R.; Kearney, P. C. e Freed, V. H. (1977). "Dynamics of pesticides in aquatic environments", em *Pesticides in aquatic environments*. Springer, p. 39-52. Ellgehausen, H.; Guth, J. A. e Esser, H. O. (1980). "Factors determining the bioaccumulation potential of pesticides in the individual compartments of aquatic food chains." *Ecotoxicology and Environmental Safety*, 4(2), p. 134-157.
43. Lambin, E. (2009). *Op. cit.*, p. 80.
44. Entrevista no *Telegraph*, 7 de setembro de 2008.

35. O egoísmo institucionalizado

1. Stiglitz, J. (2012). *Le Prix de l'inégalité*. Les liens qui libèrent, p. 17. [*O preço da desigualdade*. Lisboa: Bertrand, 2013.]
2. Oreskes, N. e Conway, E. M. M. (2011). *Merchants of Doubt: How a Handful of Scientists Obscured the Truth on Issues from Tobacco Smoke to Global Warming* (reimpressão). Bloomsbury Press. Consultar também Hoggan, J. (2009). *Climate Cover-up: The Crusade to deny Global Warming*. Greystone Books. Assim como Pooley, E. (2010). *The Climate War: True Believers, Power Brokers, and the Fight to save the Earth*. Hyperion.
3. Fred Steitz dirigiu em particular, por conta da R. J. Reynold Tobacco Company, um programa que, de 1979 a 1985, distribuiu US$ 45 milhões (equivalentes a US$ 98 milhões atuais) a pesquisadores complacentes para efetuar pesquisas suscetíveis de serem utilizadas nos tribunais para defender a inocuidade do tabaco. Oreskes, N. e Conway, E. M. M. (2011). *Op. cit.*, p. 6.

4. Lahsen, M. (2008). "Experiences of modernity in the greenhouse: A cultural analysis of a physicist 'trio' supporting the backlash against global warming." *Global Environmental Change, 18*(1), 204-219. Citado por Oreskes, N. e Conway, E. M. M. (2011). *Op. cit.*, p. 6.

5. Singer, S. F. (1989). "My adventures in the ozone layer." *National Review, 30.* Citado por Oreskes, N. e Conway, E. M. M. (2011). *Op. cit.*, p. 249.

6. Wynder, E. L.; Graham, E. A. e Croninger, A. B. (1953). "Experimental production of carcinoma with cigarette tar." *Cancer Research, 13*(12), 855-864. Citado por Oreskes, N. e Conway, E. M. M. (2011). *Op. cit.*, p. 15.

7. American Tobacco, Benson and Hedges, Philip Morris e U.S. Tobacco.

8. United States of America vs Philips Morris, R. J. Reynolds *et. al.* (1999), p. 3. Citado por Oreskes, N. e Conway, E. M. M. (2011). *Op. cit.*, p. 15 e nota 24, p. 282.

9. Em 1957, por exemplo, um desses folhetos, intitulado "Tabaco e Saúde" (*Smoking and Health*), foi distribuído a 350 mil médicos. Tobacco Industry Research Committee: BN2012002363. Legacy Tobacco Document Library. Um outro opúsculo, editado em 1993 para circulação interna da indústria de tabaco e intitulado *Bad Science: A Resource Book,* continha um leque de informações sobre os meios mais eficazes de combater e de desacreditar as pesquisas científicas que demonstravam os efeitos nocivos do tabaco, assim como uma agenda de endereços dos pesquisadores e jornalistas simpatizantes à causa e suscetíveis de serem mobilizados. *Bad science: A Resource Book*. Citado por Oreskes, N. e Conway, E. M. M. (2011). *Op. cit.*, p. 6 e 20.

10. Oreskes, N. e Conway, E. M. M. (2011). *Op. cit.*, p. 34.

11. Michaels, D. (2008). *Doubt is Their Product: How Industry's assault on Science Threatens Your Health.* Oxford University Press, Estados Unidos.

12. Schuman, L. M. (1981). "The origins of the Report of the Advisory Committee on Smoking and Health to the Surgeon General." *Journal of Public Health Policy, 2*(1), 19–27. Citado por Oreskes, N. e Conway, E. M. M. (2011). *Op. cit.*, p. 21-22.

13. Segundo dados e referências reunidos na Wikipedia (http://fr.wikipedia.org/wiki/Tabagisme_passif).

14. Hirayama, T. (1981). "Passive smoking and lung cancer." *British Medical Journal* (Clinical Research ed.), *282*(6273), 1393-1394. Antes disso, o primeiro estudo importante remonta a 1980, envolvendo 2.100 pessoas. Publicado na Inglaterra, demonstrou que os não fumantes que trabalhavam em escritórios onde seus colegas fumavam manifestaram as mesmas alterações nos pulmões que os fumantes leves. Este estudo foi muito criticado por todos os cientistas que tinham ligações com a indústria de tabaco. Para um estudo recente, ver Öberg, M.; Jaakkola, M. S.; Woodward, A.; Peruga, A. e Prüss-Ustün, A. (2011). "Worldwide burden of disease from exposure to second-hand smoke: a retrospective analysis of data from 192 countries." *The Lancet, 377*(9760), 139-146.

15. Glanz, S. A. (2004). *The Cigarette Papers online Wall of History.* San Francisco (CA): UCSF.

16. Non-Smokers' Rights Association. The Fraser Institute: Economic Thinktank or Front for the Tobacco Industry? Abril de 1999. Citado por Oreskes, N. e Conway, E. M. M. (2011). *Op. cit.*, p. 140.

17. Citado por Oreskes, N. e Conway, E. M. M. (2011). *Op. cit.*, p. 242; nota 6, p. 335.

18. Foram criados assim os jornais *Tobacco and Health* e *Science Fortnightly*, para citar apenas estes dois, no caso do tabaco. Os mesmos métodos foram utilizados para os estudos climáticos. Outros artigos foram formatados exatamente como os do PNAS (Anais da Academia Nacional de Ciências Americanas) e distribuídos a todas as mídias, embora não tenham sido publicados e nem mesmo submetidos a uma revista científica. Oreskes, N. e Conway, E. M. M. (2011). *Op. cit.*, p. 244.

19. Associated Press, 27 de novembro de 2012.

20. OMS. Memorando nº 339, maio de 2012 (http://www.who.int/mediacentre/factsheets/fs339/fr/index.html).

21. Sem contar os casos de bronquite e pneumonia em crianças pequenas, assim como um agravamento dos problemas asmáticos em milhões de crianças. Britton, J. e Godfrey, F. (2006). "Lifting the smokescreen." *European Respiratory Journal, 27*(5), 871-873. O relatório apresentado ao Parlamento Europeu está disponível no site www.ersnet.org. Na França, este número seria de 3 mil anualmente. Tubiana, M.; Tredaniel, J.; Thomas, D. e Kaminsky, M. (1997). "Rapport sur le tabagisme passif." *Bull. Acad. Nati. Med., 181*, 727-766.

22. Glantz, S. A. e Parmley, W. W. (2001). "Even a little secondhand smoke is dangerous." *JAMA*, *286*(4), 462-463.
23. L'Asie fume à pleins poumouns. *GEO*, outubro de 2011, *292*, p. 102.
24. OMS. Memorando n° 339, maio de 2012.
25. *Ibid.*
26. Oreskes, N. e Conway, E. M. M. (2011). *Op. cit.*, p. 241.
27. Jacques Attali, "Bien pire que le Médiator: le Tabac." *Social*, 6 de fevereiro de 2011.
28. Pérez, M. (2012). *Interdire le tabac, l'urgence*. Odile Jacob.
29. West, R. (2006). "Tobacco control: present and future." *British Medical Bulletin*, *77-78*(1), 123-136.
30. Oreskes, N. e Conway, E. M. M. (2011). *Op. cit.*, p. 171 e nota 9, p. 320.
31. *Ibid.*, p. 174, nota 20 e p. 321.
32. Uma nova comissão dirigida, desta vez, por cientistas favoráveis ao *status quo*, entre os quais Thomas Schelling e William Nierenberg, ligados às grandes empresas industriais que exercem pressão considerável para evitar qualquer regulamentação, concluiu que bastaria cuidar dos sintomas em tempo hábil. A comunidade científica escolheu, indevidamente, não reagir a este relatório: "Sabíamos que não valia estritamente nada e simplesmente o ignoramos", relata a Oreskes o geofísico e especialista em física planetária Edward Frieman. A Casa Branca apostou na adaptação num futuro ainda distante. Oreskes, N. e Conway, E. M. M. (2011). *Op. cit.*, p.182.
33. O relatório em PDF com os números e atribuições detalhados está disponível para download no site do Greenpeace: http://www.greenpeace.org/usa/en/campaigns/global-warming-and-nergy/polluterwatch/koch-industries/.
34. Mooney, C. (2006). *The Republican War on Science*. Basic Books, na revista investigativa *Mother Jones*, maio-junho de 2005. http://www.motherjones.com/environment/2005/05/some-it-hot.
35. Wijkman, A. e Rockström, J. (2013). *Bankrupting Nature: Denying Our Planetary Boundaries*. Routledge, p. 96.
36. As empresas francesas ficaram na 4ª. posição entre as empresas estrangeiras que financiaram a campanha eleitoral dos Estados Unidos. Os detalhes precisos das contribuições de cada empresa a cada candidato podem ser consultados no site http://www.opensecrets.org/pacs/foreign.php.
37. Citado por Wijkman, A. e Rockström, J. (2013). *Op. cit.*
38. Santer, B. D.; Taylor, K. E.; Wigley, T. M. L.; Johns, T. C.; Jones, P. D.; Karoly, D. J. e Ramaswamy, V. (1996). "A search for human influences on the thermal structure of the atmosphere." *Nature*, *382*(6586), 39-46.
39. Steitz, F. "A Major Deception on Global warming." *Wall Street Journal*, 26 de junho de 1996. Citado por Oreskes, N. e Conway, E. M. M. (2011). *Op. cit.*, p. 3.
40. Declaração de 14 de março de 2002. http://www.msnbc.msn.com/id/26315908/.
41. Declaração de 4 de janeiro de 2005. http://inhofe.senate.gov/pressreleases/climateupdate.htm.
42. Declaração de 28 de julho de 2003. http://inhofe.senate.gov/pressreleases/climate.htm.
43. Michelle Bachmann garante que as emissões de CO_2 são inofensivas. Hermann Cain, um dos últimos beneficiários, fala do "mito" do aquecimento e Dick Perry, governador do Texas, denuncia-o também como uma "farsa" montada por cientistas à busca de subvenções. São os mesmos candidatos que querem também proibir o ensino da teoria da evolução nas escolas e ensinar em seu lugar o "criacionismo". Mitt Romney acabou apoiando-os sob pressão dos republicanos de extrema direita.
44. Pesquisa realizada pela ABC News.
45. Allègre, C. (2012). *L'Imposture climatique ou la fausse écologie*. Pocket.
46. *Ibid.*, p. 8.
47. Claude Allègre: "O gelo da Antártida não derrete? Não, ele não derrete. Por enquanto, em todo caso". *Op. cit.*, p. 68. Resposta dos cientistas do CNRS: "A perda de gelo na Antártida está ocorrendo principalmente por fluxo acelerado. Observa-se uma perda nítida de gelo há vários anos. [...] A contribuição atual da Antártida na elevação do nível dos oceanos é da ordem de 0,55 mm/ano, com um forte aumento já há alguns anos. Vários tipos de dados obtidos em campo e por satélites demonstram uma perda de massa ao menos equivalente às perdas da Groelândia". Ver Velicogna, I. e Wahr, J. (2006). "Measurements of time-variable gravity show mass loss in Antarctica." *Science*, *311*(5768), 1754-1756; Rignot, E.; Koppes, M. e Velicogna, I. (2010). "Rapid submarine melting of the calving faces of West Greenland glaciers." *Nature Geoscience*, *3*(3), 187-191.

48. Claude Allègre: "Há três invernos, patina-se no gelo. [...] Deliberou-se em Copenhague sobre um eventual aquecimento do planeta em 2° C, enquanto uma tempestade de neve caía sobre a Europa, os Estados Unidos e em muitas outras regiões repentinamente fazia um frio polar". *Op. cit.*, p. 8 e 16. Resposta do CNRS: "O efeito das atividades humanas no clima refere-se aos últimos cinquenta anos e aos séculos futuros. Uma variabilidade em alguns anos ou em algumas estações tem muito pouco impacto nas tendências nessas escalas de tempo".

49. Relatório do GIEC (2007). Capítulo 9. Disponível na Internet.

50. Sylvestre Huet. "Claude Allègre: L'appel des 604 et leurs arguments." *Libération*, 8 de abril de 2010.

51. Goldacre, B. (2012). *Bad Pharma: How Drug Companies mislead Doctors and harm Patients*. Fourth Estate.

52. Para citar um outro exemplo, em 2006, Robert Kelly e os pesquisadores em Psiquiatria do Beth Israel Medical Center de Nova York examinaram todos os estudos sobre medicamentos utilizados em psiquiatria, publicados em quatro revistas acadêmicas, ou seja, um total de 542 trabalhos. Constatou-se que os estudos encomendados pela indústria concluíram sobre os efeitos benéficos de seus medicamentos em 78% dos casos, e que esta porcentagem caía para 48% quando se tratava de laboratórios independentes. Kelly, R. E.; Cohen, L. J.; Semple, R. J.; Bialer, P.; Lau, A.; Bodenheimer, A.; Neustadter, E.; Barenboim, A. e Galynker, I. I. (2006). "Relationship between drug company funding and outcomes of clinical psychiatric research." *Psychological medicine*, *36*(11), 1647.

53. Messica, L. (2011). *Effet placebo: mécanismes neurobiologiques et intérêts thérapeutiques, données actuelles à partir d'une revue de la littérature*. Éditions universitaires européennes.

54. Gøtzsche, P. C.; Hróbjartsson, A.; Johansen, H. K.; Haahr, M. T.; Altman, D. G. e Chan, A. W. (2006). "Constraints on publication rights in industry-initiated clinical trials." *JAMA*, *295*(14), 1645-1646. Citado por Goldacre, B. (2012). *Op. cit.*, p. 38. Uma pesquisa mostra, por outro lado, que 90% dos indivíduos e pacientes que se submetem a esses testes médicos acreditam que sua participação é uma contribuição importante à sociedade, ao passo que as companhias farmacêuticas recusam tornar público seus dados de pesquisa: Wendler, D.; Krohmal, B.; Emanuel, E. J. e Grady, C. (2008). "Why patients continue to participate in clinical research." *Archives of Internal Medicine*, *168*(12), 1294. Citado por Goldacre, B. (2012). *Op. cit.*, p. 43.

55. Doshi, P. (2009). "Neuraminidase inhibitors – the story behind the Cochrane review." *BMJ, 339*. Citado por Goldacre, B. (2012). *Op. cit.*, p. 365.

56. Godlee, F. (2012). "Open letter to Roche about oseltamivir trial data." *BMJ, 345*.

57. Medicines and Healthcare products Regulatory Agency (MHRA). www.mhra.gov.u. GSK investigation concludes. http://www.mhra.gov.uk/Howweregulate/Medicines/Medicinesregulatorynews/. Entre 1994 e 2002, a GSK realizou nove séries de testes sobre os efeitos da paroxetina em crianças, e esses não só mostraram que o medicamento era eficaz para tratar a depressão nas crianças, mas também revelaram efeitos secundários nocivos. A GSK, hábil e deliberadamente, utilizou uma brecha legal. Os fabricantes somente são obrigados a declarar os efeitos adversos, mesmo graves, de um medicamento, para aqueles que são de usos específicos ("uso para adultos", por exemplo), para os quais ele recebe uma autorização para lançamento no mercado. A GSK sabia que o medicamento era receitado para crianças, e sabia também que havia problemas de segurança para essas crianças, mas escolheu não revelar essa informação. Goldacre, B. (2012). *Op. cit.*, p. 58.

58. Juni, P.; Nartey, L.; Reichenbach, S.; Sterchi, R.; Dieppe, P. e Egger, M. (2004). "Risk of cardiovascular events and rofecoxib: cumulative meta-analysis." *The Lancet*, *364*(9450), 2021-2029. Ver também *Rédaction* (2005). "Comment éviter les prochaines affaires Vioxx." *Prescrire* (2005), *25*(259), 222-225.

59. Psaty, B. M. e Kronmal, R. A. (2008). "Reporting mortality findings in trials of rofecoxib for Alzheimer disease or cognitive impairment." *JAMA*, *299*(15), 1813-1817. "Le célécoxib encore sur le marché: au profit de qui?" *Prescrire* (2005), *25*(263), 512-513.

60. *Prescrire* (2009), *29*(303), 57.

61. Em 2004, por exemplo, o Comitê Internacional dos Redatores de Revistas Médicas (ICMJE em inglês) anunciou que, a partir de 2005, nenhuma delas publicaria testes clínicos, exceto quando corretamente registrados antes de sua execução (a fim de poder acompanhar os resultados desses testes). O problema parecia resolvido, mas tudo continuou como antes. Os editores não cumpriram suas ameaças, sem dúvida devido às receitas financeiras, da ordem de milhões de dólares, obtidas por esses mesmos editores

ao publicar dezenas de milhares de separatas provenientes das publicações das indústrias farmacêuticas. De Angelis, C.; Drazen, J. M.; Frizelle, P. F. A.; Haug, C.; Hoey, J.; Horton, R. [...], e Overbeke, A. J. P. M. (2004). "Clinical trial registration: a statement from the International Committee of Medical Journal Editors." *New England Journal of Medicine*, *351*(12), 1250-1251. Goldacre, B. (2012). *Op. cit.*, p. 51.

62. Goldacre, B. (2012). *Op. cit.*, p. 71.
63. *Ibid.*, p. 72.
64. *Ibid.*, p. 51-52.
65. Gagnon, M. A. e Lexchin, J. (2008). "The cost of pushing pills: a new estimate of pharmaceutical promotion expenditures in the United States." *PLoS Medicine*, *5*(1). Para os valores dos PIBs nacionais, ver http://www.indexmundi.com/map/?v=65&l=fr.
66. Heimans, L.; Van Hylckama Vlieg, A. e Dekker, F. W. (2010). "Are claims of advertisements in medical journals supported by RCTs." *Neth. J. Med*, *68*, 46-9.
67. Fugh-Berman, A.; Alladin, K. e Chow, J. (2006). "Advertising in medical journals: should current practices change?" *PLoS Medicine*, *3*(6), e130. Goldacre, B. (2012). *Op. cit.*, p. 305. Um estudo recente nos Estados Unidos revelou que 60% dos chefes de departamentos hospitalares recebiam dinheiro da indústria para trabalhar em seu favor como consultores, conferencistas, membros de conselhos consultivos etc. Campbell, E. G.; Weissman, J. S.; Ehringhaus, S.; Rao, S. R.; Moy, B.; Feibelmann, S. e Goold, S. D. (2007). "Institutional Academic-Industry Relationships." *JAMA*, *298*(15), 1779-1786. Ao todo, 17.700 médicos receberam dinheiro, num total de US$ 750 milhões provenientes da AstraZeneca, Pfizer, GSK, Merck, e muitas outras. 384 médicos receberam mais de US$ 100 mil por pessoa. Ver Goldacre, B. (2012). *Op. cit.*, p. 331. Essas informações estão disponíveis no site de ProPublica, http://www.propublica.org/series/dollars-for-docs.
68. *Prescrire* (2008), *28*(299), 705.
69. Fugh-Berman, A. e Ahari, S. (2007). "Following the script: how drug reps make friends and influence doctors." *PLoS Medicine*, *4*(4), e150.
70. Ver dossiê de Jérémie Pottier para Réflexiences, www.reflexiences.com/dossier/143/les-medecins-sont-ils-manipules-par-les-laboratoires-pharmaceutiques.
71. Segundo o Diretório Compartilhado de Profissionais de Saúde (Répertoire partagé des professionnels de santé - RPPS).
72. Orlowski, J. P. e Wateska, L. (1992). "The effects of pharmaceutical firm enticements on physician prescribing patterns. There's no such thing as a free lunch." *Chest*, *102*(1), 270-273.
73. Verispan, Wolters-Kluwer e IMS Health. Esta última empresa detém os dados sobre os dois terços de todas as receitas arquivadas nas farmácias.
74. Stell, L. K. (2009). "Drug reps off campus! Promoting professional purity by suppressing commercial speech." *The Journal of Law, Medicine & Ethics*, *37*(3), 431-443. Ver também a entrevista de Goldacre no site da prestigiada revista científica *Nature*, 28 de setembro de 2012: http://www.nature.com/nature/podcast/index-goldacre-2012-09-28.html.
75. As propostas de Martin Hirsh são as seguintes: 1) Recriar laboratórios públicos de pesquisa médica, sem parcerias com a indústria farmacêutica, para que ali exista um conjunto de pesquisadores totalmente independentes da indústria farmacêutica, podendo participar nas comissões de especialistas, sem conflitos de interesses. 2) Proibir o financiamento pela indústria farmacêutica das "sociedades científicas", para que sejam de fato científicas e independentes, o que não deveria constituir duas qualidades incompatíveis entre si. 3) Financiar a formação médica contínua e os congressos de Medicina com recursos públicos, e não pela participação da indústria farmacêutica, já que esta torna os médicos e pesquisadores devedores da própria indústria farmacêutica. 4) "Renacionalizar" a farmacovigilância e fazer com que os estudos de risco sejam diretamente patrocinados pelas autoridades sanitárias, e não confiados ao laboratório cujo medicamento esteja sob vigilância, o qual "pilote" os estudos que poderiam questionar os medicamentos que ele mesmo produz. 5) Ter uma concepção muito mais estrita da prevenção dos conflitos de interesses. 6) Assegurar a informação dos médicos sobre os medicamentos de modo diferente do que se chama "promoção", ou seja, por propagandistas farmacêuticos. http://martinhirsch.blogs.nouvelobs.com/archive/2011/01/23/post-mediator-a-propos-des-visiteurs-medicaux.html.
76. Hollis, A. (2004). "Me-too drugs: Is there a problem?" *WHO report*. Extraído de http://cdrwww.who.int/entity/intellectualproperty/topics/ip/Me-tooDrugs_Hollis1.pdf.

77. Ver as indicações do National Institute for Clinical Excellence (NICE), "CG17 Dyspepsia: full guideline", Guidance/Clinical Guidelines, http://guidance. nice.org.uk/CG17/Guidance/pdf/.
78. Goldacre, B. (2012). *Op. cit.*, p. 148.
79. ALLHAT, Antihypertensive and Lipid-Lowering Treatment to Prevent Heart Attack Trial (Estudo sobre tratamento anti-hipertensivo e redutor de lipídios para prevenir ataques cardíacos) que durou oito anos, e foi conduzido pelo Serviço Público de Saúde dos Estados Unidos.
80. Goldacre, B. (2012). *Op. cit.*, p. 149.
81. Moon, J.; Flett, A. S.; Godman, B. B.; Grosso, A. M. e Wierzbicki, A. S. (2011). "Getting better value from the NHS drugs budget." *BMJ, 342*(7787), 30-32.
82. Helms, R. (2006). *Guinea Pig Zero: An Anthology of the Journal for Human Research Subjects* (1ª. edição). Garrett County Press. Ver também o site http://www.guineapigzero.com/. Citado por Goldacre, B. (2012). *Op. cit.*, p. 107.
83. Goldacre, B. (2012). *Op. cit.*, p. 342.
84. Robin, M.-M. (2010). *Le Monde selon Monsanto*. La Découverte. Kindle, p. 616-618.
85. *Ibid.*, p. 623.
86. Uma exposição regular a esses produtos pode provocar câncer, doenças cardiovasculares, diabete, redução das defesas imunológicas, disfunções da tireoide e dos hormônios sexuais, distúrbios da reprodução, assim como problemas neurológicos graves. Robin, M.-M. (2010). *Op. cit.*, p. 726.
87. Jensen, S. (1966). "Report of a new chemical hazard." *New Scientist, 32*(612), p. 247-250.
88. A respeito da poluição pelos PCB no conjunto dos rios e terras na França, ver o relatório "Atlas des sites pollués au PCB", 7ª. edição, publicado em abril de 2013, pela Associação Robin des Bois. http://www.robindesbois.org/PCB/ PCB_hors_serie/ATLAS_PCB.html.
89. Robin, M.-M. (2010). *Op. cit.*, p. 572-579.
90. Ver site: www.chemicalindustryarchives.org/dirtysecrets/annistonindepth/toxicity.asp. Citado por Robin, M.-M. (2010). *Op. cit.*, p. 7962-7964.
91. Robin, M.-M. (2010). *Op. cit.*, p. 706.
92. *Ibid.*, p. 720.
93. *Ibid.*, p. 685-686.
94. *Ibid.*, p. 823.
95. Palavras confiadas a Robin, M.-M. (2010). *Op. cit.*, p. 806-807.
96. A carta da Monsanto pode ser consultada no site: http://www.monsanto.com/global/fr/qui-sommes-nous/ Pages/notre-charte.aspx.
97. O agente laranja também foi produzido por outras empresas, como Dow Química, da qual uma filial, Union Carbide, será responsável em 1984 pela catástrofe de Bhopal na Índia, que matou oficialmente 3.500 pessoas, mas causou, sem dúvida, de 20 a 25 mil mortes, segundo as associações das vítimas. Estima-se que 80 milhões de litros de desfolhantes foram despejados sobre 3,3 milhões de hectares de florestas e de terras. 90% das árvores e arbustos foram destruídos em dois anos. Mais de 3 mil vilarejos foram contaminados, e 60% dos desfolhantes utilizados eram do agente laranja, que continha o equivalente a 400 quilos de dioxinas. As dioxinas são subprodutos de alta toxicidade compostos como os PCB e o 2,4,5-triclorofenol (2,4,5,-T), substância principal do agente laranja. A toxidade varia segundo as espécies. Dois microgramas (0,000002 gramas) por quilo são suficientes para matar a metade de algumas cobaias contaminadas, mas é preciso trinta e cinco vezes mais para matar macacos rhesus. Essa toxidade não pode ser medida com precisão nos seres humanos. Entretanto, segundo a OMS: "As dioxinas são muito tóxicas e podem provocar problemas relacionados à procriação e ao desenvolvimento, lesar o sistema imunológico, interferir no sistema hormonal e causar vários tipos de câncer". Stellman, J. M.; Stellman, S. D.; Christian, R.; Weber, T. e Tomasallo, C. (2003). "The extent and patterns of usage of agent orange and other herbicides in Vietnam." *Nature, 422*(6933), p. 681-687. Citado por Robin, M.-M. (2010). *Op. cit.*, p. 8038-8040. Jane Mager Stellman, "The extent and patterns of usage of agent orange and other herbicides in Vietnam", *Nature*, 17 de abril de 2003.
98. "Monsanto's agent orange: The persistent ghost from the Vietnam war." Organic Consumers Association, 2002. http://www.organicconsumers.org/monsanto/agentorange032102.cfm; Le Cao DAI *et al.* "A comparison of infant mortality rates between two Vietnamese villages sprayed by defoliants in wartime and one unsprayed village." *Chemosphere*, vol. 20, agosto de 1990, p. 1005-1012. Robin, M.-M. (2010). *Op. cit.*, p. 8186.

99. Sete empresas produzem o agente laranja: Dow Chemicals, Monsanto, Diamond Shamrock, Hercules, T-H Agricultural & Nutrition, Thompson Chemicals e Uniroyal. Robin, M.-M. (2010). *Op. cit.*, p. 1280-1281.

100. Suskind, R. R. (1983). "Long-term health effects of exposure to 2, 4, 5-T and/or its contaminants." *Chemosphere*, *12*(4), p. 769.

101. Robin, M.-M. (2010). *Op. cit.*, p. 1319.

102. A Monsanto foi advertida, não se sabe como, e seu vice-presidente escreveu ao presidente do Conselho Científico da EPA para protestar contra "informações altamente provocadoras e errôneas a propósito de estudos epidemiológicos referentes à fábrica da Monsanto em Nitro. [...] Ficamos muito perturbados pelas acusações infundadas contra a Monsanto e o doutor Suskind". Frustrada, Cate Jenkins enviou o relatório à imprensa, que se chocou. A Monsanto não parou de intervir junto à EPA para que a pesquisa não tivesse êxito, e para que Cate Jenkins fosse punida e até demitida. Ela afinal foi transferida e sofreu perseguições durante anos.

103. Esta lista incluía cânceres (aparelho respiratório, próstata), dos quais alguns muito raros como o sarcoma dos tecidos moles ou o linfoma não-Hodgkin, mas também a leucemia, o diabete (tipo 2), a neuropatia periférica (da qual sofre Alan Gibson, o veterano que conheci) e a cloracne.

104. Robin, M.-M. (2010). *Op. cit.*, p. 1585.

105. "Problems plague the Environmental Protection Agency's pesticide registration activities", US Congress, House of Representatives, House Report, 98-1147, 1984. Citado por Robin, M.-M. (2010). *Op. cit.*, p. 820. Ver também o artigo do *New York Times*, 2 de março de 1991.

106. Canadá: McDuffie, H. H.; Pahwa, P.; McLaughlin, J. R.; Spinelli, J. J.; Fincham, S.; Dosman, J. A.; Choi, N. W. *et al.* (2001). "Non-Hodgkin's lymphoma and specific pesticide exposures in men cross-Canada study of pesticides and health." *Cancer Epiology Biomarkers & Prevention*, *10*(11), p. 1155-1163. Suécia: Hardell, L.; Eriksson, M. e Nordström, M. (2002). "Exposure to pesticides as risk factor for non-Hodgkin's lymphoma and hairy cell leukemia: pooled analysis of two Swedish case-control studies." *Leukemia & Lymphoma*, *43*(5), p. 1043-1049. Estados Unidos: De Roos, A. J.; Blair, A.; Rusiecki, J. A.; Hoppin, J. A.; Svec, M.; Dosemeci, M.; Alavanja, M. C. *et al.* (2005). "Cancer incidence among glyphosate-exposed pesticide applicators in the Agricultural Health Study." *Environmental Health Perspectives*, *113*(1), p. 49.

107. Quando Paul Berg anunciou em seguida sua intenção de inserir um vírus cancerígeno oriundo de um macaco em uma célula de *Escherichia coli*, uma bactéria que coloniza o estômago e os intestinos humanos, a comunidade científica alarmou-se: "O que acontecerá se, por azar, o organismo manipulado escapar do laboratório?", perguntou o geneticista Robert Pollack. Uma moratória provisória sobre as manipulações genéticas foi decretada. Mas não perdurou e as experiências em engenharia genética se multiplicam.

108. Robin, M.-M. (2010). *Op. cit.*, p. 4822.

109. Outros concorrentes disputam para protocolar primeiro patentes sobre a maioria das grandes culturas do mundo: Calgene, uma *start-up* californiana que acaba de conseguir tornar o tabaco resistente ao glifosato (componente do Roundup), Rhône-Poulenc, Hoechst, Dupont e Ciba-Geigy, e outros gigantes da química.

110. "CropChoice News", 16 de novembro de 2003. Robin, M.-M. (2010). *Op. cit.*, p. 8424-8425.

111. Food and Drug Administration, "Statement of policy: foods derived from new plant varieties", Federal Register, vol. 57, n° 104, 29 de maio de 1992, p. 22983. Citado por Robin, M.-M. (2010). *Op. cit.*, p. 8449-8451.

112. O princípio de equivalência em substância é um álibi sem qualquer fundamento científico e que foi criado *ex nihilo* para evitar que os OGM fossem considerados pelo menos como aditivos alimentícios, o que permite às empresas de biotecnologia de escaparem dos testes toxicológicos previstos pela Food Drug and Cosmetic Act, e também à rotulagem de seus produtos. Robin, M.-M. (2010). *Op. cit.*, p. 3521-3524.

113. Segundo o relatório 2007 do Center for Food Safety, a Monsanto dispõe de um orçamento de US$ 10 milhões e de uma equipe de 75 pessoas encarregadas, em tempo integral, da fiscalização e dos processos judiciais contra fazendeiros que utilizam seus produtos. Até junho de 2006, a Monsanto tinha de 2.391 a 4.531 processos referentes a "pirataria de grãos", movidos contra agricultores em 19 países, obtendo deles entre US$ 85 e US$ 160 milhões.

114. Detœuf, A. (1962). *Propos de O. L. Barenton, confiseur*. Éditions du Tambourinaire, p. 111.

115. http://www.centerforfoodsafety.org/2012/01/25/genetically-engineered-foods-will-not-feed-the-world-the-center-for-food-safety-pushes-back-against-gates-foundation-feed-the-world-propaganda/.
116. Robin, M.-M. (2010). *Op. cit.*, p. 6082.
117. *Ibid.*, p. 6135.
118. *Ibid.*, p. 6777.
119. Vendana Shiva, "From Seeds of Suicide, to Seed of Hope." *Huffington Post*, 28 de abril de 2009.
120. Shiva, V. e Kunwar, J. (2006). *Seeds of Suicide: the Ecological and Human Costs of Seed Monopolies and Globalisation of Agriculture*. Navdanya.
121. Sophie Chapelle, *Le Journal des Alternatives*, 5 de novembro de 2012.
122. Oriunda do GIC (Grupo de Interesse do Cidadão), esta associação é constituída em especial pelo Greenpeace, ATTAC e os Amigos da Terra.

Parte VI. Construir uma sociedade mais altruísta

36. As virtudes da cooperação

1. Extraído de um discurso na Assembleia Geral da ONU, em 24 de setembro de 2001.
2. Candau, J. (2012). Pourquoi coopérer. *Terrain*, *1*, 4-25.
3. Ver também Axelrod R. (1992). *Donnant Donnant. Théorie du comportement coopératif*. Odile Jacob [*A evolução da cooperação*. São Paulo: Leopardo Editora, 2010.]; Kappeler, P. M. e Van Schaik, C. (2006). *Cooperation in Primates and humans: Mechanisms and Evolution*. Springer Verlag. Henrich, J. e Henrich, N. (2007). *Why Humans Cooperate: A Cultural and Evolutionary Explanation*. Oxford University Press.
4. Candau, J. (2012). *Op. cit.*
5. O conteúdo deste encontro foi publicado no livro: Goleman, D. e Dalai Lama (2003). *Surmonter les émotions destructrices: Un dialogue avec le Dalaï-lama*, Robert Laffont. [*Como lidar com emoções destrutivas*. Rio de Janeiro:Campus, 2003.] Ver igualmente Ekman, P.; Davidson, R. J.; Ricard, M. e Wallace, B. A. (2005). "Buddhist and psychological perspectives on emotions and well-being." *Current Directions in Psychological Science*, *14*, 59-63.
6. Lembranças de Ephraïm Grenadou, recolhidas por Alain Prévost, difundidas por France Culture em 1967 e em 2011-2012. Ver também Grenadou, E. (1966). *Vie d'un paysan français*. Seuil.
7. Wilkinson, R. e Pickett, K. (2009). *The Spirit Level: Why Equality is Better for Everyone*. Bloomsbury Publishing PLC, p. 209.
8. Candau, J. (2012). *Op. cit.*, p. 40.
9. Carpenter, J.; Matthews, P. e Schirm, J. (2007). *Tournaments and Office Politics: Evidence from a Real Effort Experiment* (SSRN Scholarly Paper nº. ID 1011134). Rochester, New York, Social Science Research Network.
10. DeMatteo, J. S.; Eby, L. T. e Sundstrom, E. (1998). *Team-Based Rewards: Current Empirical Evidence and Research in Organizational Behavior*, *20*, 141-183. www.tamu.edu.
11. Richard Layard, quando de uma conversa com o autor.
12. Mokyr, J. (2009). *The Enlightened Economy: An Economic History of Britain 1700-1850*. Yale University Press, p. 384-385.
13. Wilkinson, R. e Pickett, K. (2009). *Op. cit.*
14. Draperi, J.-F. (2012). *La république coopérative*. Larcier.
15. Segundo Virginie Poujol, "De la coopération pour la survie à la coopération comme facteur d'émancipation?" Em Loncle, P.; Corond, M. e outros (2012). *Coopération et Éducation populaire*. L'Harmattan, p. 135.
16. Na França, os setores principais das cooperativas são: indústria (41%), agricultura (33%), habitação (17%), banco (5%), consumo (3%) e farmácias (1%). Ver http://www.coopdefrance.coop/fr/96/entreprises-cooperatives-en-europe/.
17. Hardin, G. (1968). "The tragedy of the commons." *Science*, *162*(3859), 1243-1248.
18. Cox S. J. (1985). "No tragedy on the commons." *Environmental ethics*, *7*, 49-61 (p. 60).
19. Angus, I. (2008). "The Myth of the Tragedy of the Commons." *Monthly Review Magazine*, *25*(08).
20. Engels, F. (1902). *The Mark*. New York Labor News Co.

21. Ostrom E. (2010). *Gouvernance des biens communs: Pour une nouvelle approche des ressources naturelles*, De Boeck.
22. *Ibid.*, p. 90-104. Lecomte, J. (2012). *La Bonté humaine*. Odile Jacob.
23. Elinor Ostrom, citada por Lecomte, J. (2012). *Op. cit.*
24. Rustagi, D.; Engel, S. e Kosfeld, M. (2010). "Conditional cooperation and costly monitoring explain success in forest commons management." *Science, 330*(6006), 961-965.
25. Hervé Le Crosnier, *Le Monde diplomatique*, 15 de junho de 2012.
26. Fehr, E. e Gächter, S. (2000). "Cooperation and punishment in public goods experiments." *The American Economic Review, 90*(4), 980-994. Fehr, E.; Fischbacher, U. e Gächter, S. (2002). "Strong reciprocity, human cooperation, and the enforcement of social norms." *Human Nature, 13*(1), 1-25.
27. Fehr, E. e Gächter, S. (2002). "Altruistic punishment in humans." *Nature, 415*(6868), 137-140.
28. Boyd, R.; Gintis, H.; Bowles, S. e Richerson, P. J. (2003). "The evolution of altruistic punishment." *Proceedings of the National Academy of Sciences, 100*(6), 3531-3535. Flack, J. C.; Girvan, M.; Waal, F. B. M. de e Krakauer, D. C. (2006). "Policing stabilizes construction of social niches in primates." *Nature, 439*(7075), 426-429. Mathew, S. e Boyd, R. (2011). "Punishment sustains large-scale cooperation in prestate warfare." *Proceedings of the National Academy of Sciences, 108*(28), 11375-11380.
29. Herrmann, B.; Thöni, C. e Gächter, S. (2008). "Antisocial punishment across societies." *Science, 319*(5868), 1362-1367.
30. Desde 1995, a ONG Transparency International publica anualmente um Índice de Percepção da Corrupção (Corruption Perception Index, CPI), que classifica os países segundo o nível de corrupção percebido pelos cidadãos de um país. Esse índice é elaborado por meio de pesquisas realizadas junto a empresários e sociólogos.
31. Nowak, M. A.; Sasaki, A.; Taylor, C. e Fudenberg, D. 2004. "Emergence of cooperation and evolutionary stability in finite populations." *Nature, 428*, 646-50. Imhof, L. A.; Fudenberg, D. e Nowak, M. A. (2005). "Evolutionary cycles of cooperation and defection." *Proceedings of the National Academy of Sciences of the United States of America, 102*(31), 10797-10800. Dreber, A.; Rand, D. G.; Fudenberg, D. e Nowak, M. A. (2008). "Winners don't punish." *Nature, 452*(7185), 348-351.
32. Hamlin, J. K. e Wynn, K. (2011). "Young infants prefer prosocial to antisocial others." *Cognitive Development, 26*(1), 30-39. Hamlin, J. K.; Wynn, K.; Bloom, P. e Mahajan, N. (2011). "How infants and toddlers react to antisocial others." *Proceedings of the National Academy of Sciences, 108*(50), 19931-19936.
33. Singer, T.; Seymour, B.; O'Doherty, J. P.; Stephan, K. E.; Dolan, R. J. e Frith, C. D. (2006). "Empathic neural responses are modulated by the perceived fairness of others." *Nature, 439*(7075), 466-469.
34. Rand, D. G.; Dreber, A.; Ellingsen, T.; Fudenberg, D. e Nowak, M. A. (2009). "Positive interactions promote public cooperation." *Science, 325*(5945), 1272-1275.
35. Ozouf, M. (1997). "Liberté, égalité, fraternité, peuplements de pays paix et la guerre", em *Lieux de mémoire* (dir. Pierre Nora), Quarto Gallimard, tomo III, p. 4353- 4389.
36. Attali, J. (1999). *Fraternités*. Fayard, p. 172.
37. *Ibid.*, p. 173.
38. *Ibid.*, p. 174.
39. *Ibid.*, p. 170-171.
40. Martin Luther King, discurso pronunciado em 31 de março de 1968.
41. Tomasello, M. (2009). *Why We Cooperate*. MIT Press.
42. Sober, E. e Wilson, D. S. (1999). *Unto Others: The Evolution and Psychology of Unselfish Behavior*. Harvard University Press, p. 166. Boyd, R. e Richerson, P. J. (1992). "Punishment allows the evolution of cooperation (or anything else) in sizable groups." *Ethology and Sociobiology, 13*(3), 171-195. Segundo Colin Turnbull, entre os pigmeus do grupo mbuti da África, "mesmo os atos mais insignificantes e rotineiros da vida cotidiana da família são uma fonte potencial de grande preocupação para toda a tribo. [...] É essencial que haja na tribo um esquema de comportamento geral aceito por todos e que se aplique a todas as atividades concebíveis". Turnbull, C. M. (1965). *The Mbuti Pygmies: an Ethnographic Survey*. American Museum of Natural History, New York, vol. 50, p. 118.

37. Uma educação iluminada

1. Seligman, M. (2013). *S'épanouir pour un nouvel art du bonheur et du bien-être*. Belfond. Traduzido por Brigitte Vadé. Belfond, um departamento de Place des Éditeurs. [*Florescer*. Rio de Janeiro: Objetiva, 2011.]

2. Dalaï-lama, G. T. (1999). *Sagesse ancienne, monde moderne*. Fayard.

3. Para uma crítica da "neutralidade" na educação e no ensino de valores universalmente aceitos e desejáveis, ver também White, J. (1991). *Education and the Good Life: Autonomy, Altruism, and the National Curriculum*. Advances in Contemporary Educational Thought, vol. 7. ERIC.

4. Greenberg, M. T. (2010). "School-based prevention: current status and future challenges." *Effective Education*, 2(1), 27-52.

5. Favre, D. (2006). *Transformer la violence des élèves: Cerveau, motivations et apprentissage*. Dunod; Favre, D. (2010). *Cessons de démotiver les élèves: 18 clés pour favoriser l'apprentissage*. Dunod.

6. Hawkes, N. (2010). *Does Teaching Values Improve the Quality of Education in Primary Shools? A Study about the Impact of Values Education in a Primary School*. VDM Verlag Dr. Müller. Ver também o site www.values-education.com.

7. Farrer, F. (2005). *A Quiet Revolution: Encouraging Positive Values in Our Children*. Rider & Co.

8. Lovat, T.; Toomey, R. e Clement, N. (2010). *International Research Handbook on Values Education and Student Wellbeing*. Springer. Lovat, T. e Toomey, R. (2009). *Values Education and Quality Teaching: The Double Helix Effect*. Springer-Verlag New York Inc.

9. Diferentes formas de meditação que associam a análise intelectual ao desenvolvimento da atenção, da consciência plena e da benevolência são ensinadas em alguns estabelecimentos de ensino da América do Norte e em alguns países da Europa. Greenland, S. K. (2010). *The Mindful Child: How to Help Your Kid Manage Stress and Become Happier, Kinder, and More Compassionate*. The Free Press. Com referência à prática da atenção plena na educação parental, ver também: Kabat-Zinn, J. e Kabat-Zinn, M. (2012). *À chaque jour ses prodiges*. Les Arènes.

10. Ozawa-de Silva, B. e Dodson-Lavelle, B. (2011). "An education of heart and mind: Practical and theoretical issues in teaching cognitive-based compassion training to children." *Practical Matters*, 1(4), 1-28.

11. Pléty, R. (1998). *L'Apprentissage coopérant*. Presses universitaires de Lyon (PUL), p. 7.

12. Johnson, D. W.; Johnson, R. T. e Stanne, M. B. (2000). *Cooperative Learning Methods: A Meta-Analysis*. Minneapolis, University of Minnesota. Ver também a obra básica dos dois primeiros especialistas: Johnson, D. H. e Johnson, R. T. (1998). *Learning Together and Alone: Cooperative, Competitive, and Individualistic Learning* (5ª. edição). Pearson.

13. Slavin, R. E.; Hurley, E. A. e Chamberlain, A. (2003). *Cooperative Learning and Achievement: Theory and Research*. Wiley Online Library. Um estudo mais recente confirmou que a educação cooperativa melhora os resultados escolares: Tsay, M. e Brady, M. (2010). "A case study of cooperative learning and communication pedagogy: Does working in teams make a difference." *Journal of the Scholarship of Teaching and Learning*, 10(2), 78-89.

14. Johnson, D. W.; Johnson, R. T. e Holubec, E. J. (1991). *Cooperation in the Classroom* (edição revisada). Interaction Book Company.

15. Cohen, P. A.; Kulik, J. A. e Kulik, C. L. C. (1982). "Educational outcomes of tutoring: A meta-analysis of findings." *American Educational Research Journal*, 19(2), 237-248. Ver também a seção: "Enseignement" no site http://www.psychologie-positive.net, fundado por Jacques Lecomte.

16. Barley, Z.; Lauer, P. A.; Arens, S. A.; Apthorp, H. S.; Englert, K. S.; Snow, D. e Akiba, M. (2002). *Helping At-Risk Students Meet Standards*. Aurora, CO: "Mid-continent Research for Education and Learning"; Finkelsztein. (1997). *Le Monitorat: s'entraider pour réussir*. Hachette Littérature.

17. Ver http://erdcanada.com/.

18. Topping, K. J. e Trickey, S. (2007). "Collaborative philosophical enquiry for school children: cognitive effects at 10-12 years." *British Journal of Educational Psychology*, 77(2), 271-288. Trickey, S. e Topping, K. J. (2004). "Philosophy for children: a systematic review." *Research Papers in Education*, 19(3), 365-380.

19. Aronson, E. e Patnoe, S. (2011). *Cooperation in the Classroom: The Jigsaw Method* (3ª. edição revisada). Pinter & Martin Ltd.

20. Lucker, G. W.; Rosenfield, D.; Sikes, J. e Aronson, E. (1976). "Performance in the interdependent classroom: A field study." *American Educational Research Journal*, 13(2), 115-123. Fini, A. A. S.;

Zainalipour, H. e Jamri, M. (2011). "An investigation into the effect of cooperative learning with focus on jigsaw technique on the academic achievement of 2nd-grade middle school students." *J. Life Sci. Biomed.* 2(2), 21-24.

21. Jennings, P. A. e Greenberg, M. T. (2009). "The prosocial classroom: Teacher social and emotional competence in relation to student and classroom outcomes." *Review of Educational Research*, 79(1), 491-525. Aspy, D. N. e Roebuck, F. N. (1977). *Kids don't Learn from People they don't Like*. Human Resource Development Press Amherst, MA. Para a versão francesa: Aspy D. N. e Roebuck F. N. (1990). *On n'apprend pas d'un prof qu'on n'aime pas*. Éd. Actualisation.

22. Lecomte, J. (abril de 2009). "Les résultats de l'éducation humaniste." *Sciences humaines, 203*.

23. Aspy, D. N. e Roebuck, F. N. (1977). *Op. cit.*

24. Gordon, M. (2005). *Roots of Empathy: Changing the World Child by Child*. Markham, ON, Thomas Allen & Son.

25. Schonert-Reichl, K. A. (2005). "Effectiveness of the roots of empathy program in promoting children's emotional and social competence: A summary of research out come findings." Axexo B, em Gordon, M. (2005). *Op. cit.*

26. Santos R. G.; Chartier M. J.; Whalen, J. C.; Chateau D. e Boyd L. "Effectiveness of the roots of empathy (ROE) program in preventing aggression and promoting pro-social behavior: Results from a cluster randomized controlled trial in Manitoba." Apresentados na Conferência das Ciências do Comportamento. Banff, março de 2008.

27. Rivkin, M. S. (1995). *The Great Outdoors: Restoring Children's Right To Play Outside*. ERIC; Karsten, L. (2005). It all used to be better? "Different generations on continuity and change in urban children's daily use of space." *Children's Geographies*, 3(3), 275-290.

28. George, D. S. "Getting lost in the great indoors." *Washington Post*. 19 de junho de 2007. Citado por Rifkin, J. (2012). *La Troisième Révolution industrielle*. Les liens qui libèrent, p. 352. [*A terceira Revolução Industrial*. Rio de Janeiro: Bertrand Brasil, 2014.]

29. Louv, R. (2008). *Last Child in the Woods: Saving Our Children from Nature-Deficit Disorder*. Algonquin Books, p. 10. Citado por Rifkin, J. (2012). *Op. cit.*, p. 353.

30. Kellert S. R., "The biological basis for human values of nature", em Kellert, S. R. e Wilson, E. O. (1995). *The Biophilia Hypothesis*. Island Press.

31. Citado por Rifkin, J. (2012). *Op. cit.*, p. 360.

32. Lewinsohn, P. M.; Rohde, P.; Seeley, J. R. e Fischer, S. A. (1993). "Age-cohort changes in the lifetime occurrence of depression and other mental disorders." *Journal of Abnormal Psychology, 102*(1), 110.

38. Combater as desigualdades

1. Morin, E. (2011). *La Voie: Pour l'avenir de l'humanité*. Fayard. [*A via:* para o futuro da humanidade. Rio de Janeiro: Bertrand Brasil, 2011.]

2. Para os detalhes do cálculo e as fontes, ver Stiglitz, J. (2011), Stiglitz, J. (2012). *Le Prix de l'inégalité*. Les liens qui libèrent, p. 385, nota 4. [*O preço da desigualdade.*Lisboa: Bertrand, 2013.]

3. Stiglitz, J. (2012). *Op. cit.*, p. 9. Ver também Stiglitz, J. (2011). "Of the 1%, by the 1%, for the 1%." *Vanity Fair*, maio de 2011.

4. Kuroda, H. e Bank, A. D. (2012). "Asian Development Outlook 2012: Confronting Rising Inequality in Asia." Asian Development Bank.

5. Citado por Bourguinat, H. e Briys, E. (2009). *L'Arrogance de la finance: Comment la théorie financière a produit le krach*. La Découverte.

6. Piketty, T. e Saez, E. (2001). *Income Inequality in the United States, 1913-1998*. National Bureau of Economic Research.

7. Dados de 2011, publicados em 11 de dezembro de 2012 pela Proxinvest (um parceiro do European Corporate Governance Service, ECGS), em seu 14º relatório "A remuneração dos dirigentes das empresas constantes no índice SBF 120 da Bolsa de Valores de Paris". O nível recorde do dono da Publicis é devido em parte ao pagamento antecipado de suas bonificações diferidas, representando um prêmio excepcional de € 16 milhões.

8. Morin, E. (2011). *La Voie: Pour l'avenir de l'Humanité*. Fayard. [*A via:* para o futuro da humanidade. Rio de Janeiro: Bertrand Brasil, 2011.]

9. Declaração de Andrew Sheng no documentário *Inside Job,* de Charles Ferguson, que esclarece notoriamente as consequências da desregulação e a psicologia e o comportamento dos indivíduos que estavam na raiz da crise de 2009. Ele recebeu o Oscar de melhor documentário de 2011. Ferguson, C. (2011). *Inside Job.* Sony Pictures Entertainment.

10. Feller, A.; Stone, C. e Saez, E. (2009). "Top 1 percent of Americans reaped two-thirds of income gains in last economic expansion." *Center on Budget and Policy Priorities.*

11. http://www.statistiques-mondiales.com/part_du_revenu.htm.

12. Pesquisa do INSEE, «Patrimoines des ménages».

13. Kuroda, H. e Bank, A. D. (2012). *Asian Development Outlook 2012: Confronting Rising Inequality in Asia.* Asian Development Bank.

14. Christopher, C.; Daly, M. e Hale, G. (2009). "Beyond Kutznets: Persistent Regional Inequality in China." FRBSF Working Paper 09-07; Wan, G.; Lu, M. e Chen, Z. (2007). Globalization and regional income inequality: empirical evidence from within China. *Review of Income and Wealth, 53*(1), 35-59.

15. Nos Estados Unidos, os economistas Emmanuel Saez e Thomas Piketty constataram que 93% dos ganhos durante a recuperação pós 2009 foram para os 1% mais ricos. Shaw, H.; Stone, C.; Piketty, T. e Saez, E. (2010). "Tax data show richest 1 percent took a hit in 2008, but income remained highly concentrated at the top." *Center on Budget and Policy Priorities.*

16. "Relatório sobre o trabalho no mundo 2008: 'Desigualdade de renda na era das finanças globais'." Relatório da OIT, outubro de 2008.

17. Attali, J. (1999). *Fraternités.* Fayard, p. 57.

18. http://www.weforum.org/issues/global-risks.

19. Lustig, N.; Lopez-Calva, L. e Ortiz-Juarez, E. (2012). "The decline in inequality in Latin America: How much, since when and why." *Since When and Why* (24 de abril de 2011).

20. Breceda, K.; Rigolini, J. e Saavedra, J. (2009). "Latin America and the social contract: Patterns of social spending and taxation." *Population and Development Review, 35*(4), 721-748.

21. Wilkinson, R. e Pickett, K. (2009). *Op. cit.*

22. Ou seja, se o coeficiente de desigualdade *Gini* passasse de 0,36 para 0,29. Esse índice é igual a zero se todos tivessem recursos iguais, e igual a 1 se uma única pessoa possuísse toda a fortuna. Kondo, N.; Sembajwe, G.; Kawachi, I.; Van Dam, R. M.; Subramanian, S. V. e Yamagata, Z. (2009). "Income inequality, mortality, and self rated health: meta-analysis of multilevel studies." *BMJ, 339.*

23. National Opinion Research Center. *General Social Survey.* Chicago NORC, p. 1999-2004.

24. Wilkinson, R. (2009). *Op. cit.,* p. 64.

25. Tocqueville, A. de (2010). *De la démocratie en Amérique.* Flammarion, p. 35.

26. Berg, A.; Ostry, J. D. e Zettelmeyer, J. (2012). "What makes growth sustained?" *Journal of Development Economics, 98*(2), 149-166.

27. Molina, E.; Narayan, A. e Saveedra, J; (2013). "Outcomes, Opportunity and Development: Why Unequal Opportunities and not Outcomes Hinder Economic Development." Relatório do Banco Mundial. Citado por *The Economist,* reportagem especial, 13 de outubro de 2012.

28. *Ibid.*

29. Morin, E. (2011). *Op. cit.,* p. 114-115.

30. Morin, E. e Hessel, S. (2011). *Le Chemin de l'espérance.* Fayard, p. 44. [*O caminho da esperança.* Rio de Janeiro: Bertrand Brasil, 2012.]

31. Berg, A. e Ostry, J. D. (2011). *Inequality and Unsustainable Growth: Two Sides of the Same Coin?* IMF. Berg, A.; Ostry, J. D. e Zettelmeyer, J. (2012). "What makes growth sustained?" *Journal of Development Economics, 98*(2), 149-166.

32. Morin, E. (2011). *Op. cit.*

33. "The next PB Blow up: A 9.9 Billion Tax Credit." *The Wall Street Journal,* 3 de fevereiro de 2003.

34. Stiglitz, J. (2012), *Op. cit.,* p. 92.

39. Rumo a uma economia altruísta

1. Pennac, D. (1997). *La Fée carabine.* Gallimard.

2. Persky, J. (1995). "Retrospectives: the ethology of *Homo economicus.*" *The Journal of Economic Perspectives, 9*(2), 221-231.

3. Com base em suas preferências, devem supostamente maximizar sua satisfação utilizando os recursos disponíveis, calculando custos e benefícios. Livro de Gary Becker (1976). *The Economic Approach to Human Behavior*. Chicago: University of Chicago Press. Esse livro é um dos mais representativos dessa corrente de pensamento.

4. Samuelson, P. A. e Nordhaus, W. D. (2009). *Economics* (19ª. edição, revista e corrigida). McGraw Hill Higher Education. A citação foi extraída da 12ª. edição (1983), p. 903.

5. Kourilsky, P. (2009). *Le Temps de l'altruisme*. Odile Jacob, p. 142.

6. Edgeworth F. Y. (1967). *Mathematical Psychics: An Essay on the Application of Mathematics to the Moral Sciences*. A. M. Kelley, p. 16.

7. Landes, W. M. e Posner, R. (1977). *Altruism in Law and Economics*. National Bureau of Economic Research Cambridge, Mass., Estados Unidos.

8. Blau, P. (1964). *Exchange and Power in Social Life*, New York: John Wiley and Sons, p. 17.

9. Walster, E. H.; Hatfield, E.; Walster, G. W. e Berscheid, E. (1978). *Equity: Theory and Research*. Allyn and Bacon.

10. Sen, A. (1993). Éthique et économie. PUF, p. 18. [*Sobre Ética e Economia*. São Paulo: Companhia das Letras, 1999.] Citado por Lecomte, J. (2012). *La Bonté Humaine*.

11. Kourilsky, P. (2009). *Op. cit.*, p. 145.

12. "Cada indivíduo procura apenas seu próprio ganho. Porém, é como se fosse levado por uma mão invisível para produzir um resultado que não fazia parte de sua intenção: [...] Perseguindo seus próprios interesses, frequentemente promove os interesses da própria sociedade, com mais eficiência do que se realmente tivesse a intenção de fazê-lo". Em Adam Smith. *Recherche sur la nature et les causes de la richesse des nations* [A riqueza das Nações], livro IV, capítulo 2, 1776; reedição, Flammarion, 1991, tomo 2, p. 42-43.

13. Smith, A. (1881/2012). *Recherche sur la nature et les causes de la richesses des nations*. Ink book. Trad. G. Garnier. Edição inglesa original: 1776, tomo 1, capítulo 10, p. 10. [*A riqueza das nações*. São Paulo: WMF Martins Fontes, 2010.]

14. Waal, F. B. M. de (2010). *L'Âge de l'empathie. Op. cit.*, p. 62. [*A era da empatia*. São Paulo: Companhia das Letras, 2010.]

15. Kolm, S.-C. (1984). *Op. cit.*, p. 34.

16. Smith, A. (2011). *Théorie des sentiments moraux* (2ª. edição). PUF, I:I:5. [*A teoria dos sentimentos morais*. São Paulo: WMF Martins Fontes, 1999.]

17. Kahneman, D.; Slovic, P. e Tversky, A. (1982). *Judgment under Uncertainty: Heuristics and Biases*. Cambridge University Press. Kahneman, D. e Tversky, A. (1979). "Prospect theory: An analysis of decision under risk." *Econometrica*, 47(2), 263-291.

18. Kuhnen, C. M. e Knutson, B. (2005). "The neural basis of financial risk taking." *Neuron*, 47(5), 763-770. Knutson, B. e Bossaerts, P. (2007). "Neural antecedents of financial decisions." *The Journal of Neuroscience*, 27(31), 8174-8177.

19. Ariely, D. (2013). *The Irrational Bundle: Predictably Irrational, The Upside of Irrationality, and The Honest Truth About Dishonesty*. Harper.

20. Kahneman, D. (2012). *Système 1 / Système 2: Les deux vitesses de la pensée*. Flammarion.

21. Soros, G. (1997). "The capitalist threat." *The Atlantic Monthly*, 279(2), 45–58. Citado em Oreskes, N. e Conway, E. M. M. (2011). *Op. cit.*, nota 36, p. 338.

22. *Ibid.*

23. Sandel, M. (2012). *What Money Can't Buy: The Moral Limits of Markets* (Open Market edition). Allen Lane. [*O que o dinheiro não pode comprar*: os limites morais do mercado. São Paulo: Civilização Brasileira, 2012.]

24. Entrevista de Michael Sandel por Edward Luce para o *Financial Times*, 5 de abril de 2013.

25. *Le Monde*, 9 de junho de 2009.

26. Stiglitz, J. (2012). *Op. cit.*, p. 254.

27. Sen, A. (2012). L'Idée de justice. Flammarion [*A ideia de Justiça*. São Paulo: Companhia das Letras, 2011.]; Sen, A. (2012). Repenser l'inégalité. Points. [*Desigualdade reexaminada*. Rio de Janeiro: Record, 2001.]

28. Stiglitz, J. (2012). *Op. cit.*, p. 9-10.

29. *Ibid.*, p.11.

30. Pech, T. (2011). *Le Temps des riches: Anatomie d'une sécession.* Seuil.
31. Stiglitz, J. (2012). *Op. cit.*, p. 12-13.
32. *Ibid.*, p. 16.
33. Ferguson, C. (2011). *Op. cit.*
34. Kallas, S. (3 de março de 2005). *The Need for an European Transparency.* Discurso em Nottingham. Citado por Kempf, H. (2013). *Op. cit.*, p. 78.
35. Galbraith, J. K. (2009). *L'État prédateur: Comment la droite a renoncé au marché libre et pourquoi la gauche devrait en faire autant.* Seuil, p. 185. Citado por Kempf, H. (2013). *L'oligarchie ça suffit, vive la démocratie.* Points, p. 69.
36. Citado por Irène Inchauspé, «L'État redéfinit son rôle». *Challenges, 179,* 10 de setembro de 2009, p. 53.
37. Attali, J. (2012). *Demain, qui gouvernera le monde?* Fayard/Pluriel.
38. Porter, M. e Kramer, M. (janeiro-fevereiro de 2011), "How to fix capitalism." *Harvard Business Review,* p. 74.
39. Filippi, C.-H. (2009). *L'Argent sans maître.* Descartes & Cie.
40. Stiglitz, J. (2012). *Le Prix de l'inégalité.* Les liens qui libèrent, p. 222. [*O preço da desigualdade.* Lisboa: Bertrand, 2013.]
41. Segundo um comunicado da AFP de 10 de abril de 2013.
42. Frank, R. H. (1988). *Passions Within Reason: The Strategic Role of the Emotions.*W. W. Norton & Company, p. 236.
43. Kolm, S.-C. (1984). *La Bonne économie. La réciprocité génerale.* PUF, p. 109.
44. *Ibid.*, p. 56.
45. Ver também Kolm, S.-C. (2009). *Reciprocity: An Economics of Social Relations* (Reissue). Cambridge University Press. Kolm, S.-C. e Ythier, J. M. (2006). *Handbook of the Economics of Giving, Altruism and Reciprocity: Foundations.* North Holland.
46. Detœuf, A. (1962), *Propos de O. L. Barenton, confiseur.* Éditions du Tambourinaire.
47. Kolm, S.-C. (1984). *Op. cit.*, p. 227.
48. Para mais detalhes, ver «Mondragon» no site http://fr.wikipedia.org/wiki/Mondragon, assim como o artigo de Prades, J. (2005). "L'énigme de Mondragon. Comprendre le sens de l'expérience." *Revue internationale de l'économie sociale, 296,* 1-12.
49. Wolff, R. (24 de junho de 2012). "Yes, there is an alternative to capitalism: Mondragon shows the way." *The Guardian.*
50. Morin, E. (2011). *La Voie: Pour l'avenir de l'humanité.* Fayard. [*A via:* para o futuro da humanidade. Rio de Janeiro: Bertrand Brasil, 2011.]
51. Transcrito pelo autor segundo suas notas.
52. Muhammad Yunus, comunicação pessoal.
53. Palavras de Muhammad Yunus pronunciadas na Universidade da Terra, UNESCO, Paris, 27 de abril de 2013.
54. Lecomte, T. (2004). *Le Commerce équitable.* Éditions d'Organisation, p.12, 17.
55. *Ibid.*, p. 20.
56. *Ibid.*, p. 25.
57. *Ibid.*, p. 48-49.
58. Darnil, S. e Roux, M. L. (2006). *80 Hommes pour changer le monde: Entreprendre pour la planète.* Le Livre de Poche.
59. *Ibid.*
60. Segundo números do Eurosif (European Sustainable Investment Forum): European SRI Study, 2012. www.eurosif.org.
61. http://www.triodos.com/en/about-triodos-bank/, assim como http://www.calvert.com/.
62. Mao, B. (23 de fevereiro de 2009). "Banques durable: une alternative d'avenir?" *GEO,* www.geo.fr.
63. Download do documento no site http://www.amisdelaterre.org/Environnement-mieux-choisir-ma.html.
64. OCDE, *Développement: l'aide aux pays en développement fléchit sous l'effet de la récession mondiale,* comunicado de 4 de abril de 2012.

65. Sem negar as realizações maiores da Fundação Gates, inúmeros especialistas em saúde pública destacam que, ao investir intensamente no combate a certas doenças como a malária e a AIDS, outros aspectos foram negligenciados pela Fundação e, em consequência, negligenciados igualmente pelas autoridades de saúde local, mobilizadas para colocar em prática programas da Fundação Gates. É o caso, em especial, da luta contra a tuberculose, assim como da saúde da mãe e da criança, e outros problemas que afetam os mais pobres. Ver também: *The Lancet* (2009). "What has the Gates Foundation done for global health?" *The Lancet, 373*(9675), 1577.

66. O'Clery, C. (2013). *The Billionaire Who Wasn't: How Chuck Feeney Secretly Made and Gave Away a Fortune*. PublicAffairs, Estados Unidos.

67. Segundo *Forbes Magazine*, 19 de fevereiro de 2013.

68. *France Inter*, jornal das 13h, 16 de agosto de 2011. Ver também www.trader-finance.fr. "Les Américains donnent leur fortune, pourquoi?" 7 de maio de 2013.

69. Ver http://www.recherches-solidarites.org/.

70. Sob a égide da Fundação Ditchley. http://www.ditchley.co.uk/page/394/philanthropy.htm. Citado por Vaccaro, A. (2012). "Encourager le renouveau de la philanthropie", conferência realizada em 15 de março de 2012 na École de Paris du management.

71. Vaccaro, A. (2012). "Le renouveau de la philanthropie." *Le Journal de l'École de Paris du Management, 96*(4), 31-37. Ver também Sandrine L'Herminier, *L'Espoir philanthropique* (2012). Lignes de Repères.

72. Steven Bertoni, Chuck Feeney: "The billionaire who is trying to go broke." *Forbes Magazine*, 8 de outubro de 2012.

73. *Ibid.*

74. Ver www.kiva.org.

75. Morin, E. e Hessel, S. (2011). *Le Chemin de l'espérance*. Fayard, p. 29. [*O caminho da esperança*. Rio de Janeiro: Bertrand Brasil, 2012.]

76. Giles, J. (13 de abril de 2013). "Wiki-opoly", *New Scientist, 2912*, 38-41.

77. Babinet, G. (fevereiro de 2013), *Pour un new deal numérique*. Institut Montaigne, p. 26.

78. Porter, M. e Kramer, M. (janeiro-fevereiro de 2011). "How to fix capitalism." *Harvard Business Review*, p. 68.

79. *Ibid.*, p. 71.

80. "Greenest companies in America." *Newsweek*, 22 de outubro de 2012.

40. A simplicidade voluntária e feliz

1. Gandhi, citado por Varinda Tarzie Vittachi, *Newsweek*, 26 de janeiro de 1976.

2. Stiglitz, J. (2012). *Op. cit.*, p. 318.

3. Elgin, D. (2010). *Voluntary Simplicity: Toward a Way of Life That Is Outwardly Simple, Inwardly Rich*. William Morrow Paperbacks.

4. Elgin, D. e Mitchell, A. (1977). "Voluntary simplicity." *The Co-Evolution Quarterly, 3*, 4-19.

5. Rabhi, P. (2010). *Vers la sobriété heureuse*. Actes Sud.

6. Citado por Scott Russell Sanders, "To fix the economy, we first have to change our definition of wealth". *Orion magazine*, julho/agosto de 2011.

7. Dalai Lama, G. T. (1999). *Sagesse ancienne, monde moderne*. Fayard.

8. Sheldon, K. M. e Kasser, T. (1995). "Coherence and congruence: Two aspects of personality integration." *Journal of Personality and Social Psychology, 68*(3), 531.

9. Kasser, T. (2003). *The High Price of Materialism*. MIT Press; Kasser, T. (2008). "Can buddhism and consumerism harmonize? A review of the psychological evidence." Em *International Conference on Buddhism in the Age of Consumerism*, Mahidol University, Bangkok, p. 1-3.

10. Kasser, T. (2003). *Op. cit*. Kindle, p. 813.

11. Schwartz, S. H. (1994). "Are there universal aspects in the structure and contents of human values?" *Journal of Social Issues, 50*(4), 19-45.

12. Schultz, P. W.; Gouveia, V. V.; Cameron, L. D.; Tankha, G.; Schmuck, P. e Franvek, M. (2005). "Values and their relationship to environmental concern and conservation behavior." *Journal of Cross-Cultural Psychology, 36*(4), 457-475. Estudos transculturais mostram que quanto mais as pessoas conferem importância a objetivos como a riqueza e o status, menor é a tendência de preocupar-se com a

proteção do meio ambiente, com a importância de ter "um mundo belo". Em seu comportamento, manifestam menos benevolência e sentimento de ligação para com todos os seres vivos: Schwartz, S. H. (1992), "Universals in the content and structure of values: Theoretical advances and empirical tests in 20 countries." *Advances in Experimental Social Psychology*, 25(1), 1-65. Saunders, S. e Munro, D. (2000). "The construction and validation of a consumer orientation questionnaire designed to measure Fromms (1955) marketing character in Australia." *Social Behavior and Personality: An International Journal*, 28(3), 219-240.

13. Sheldon, K. M. e Kasser, T. (1998). "Pursuing personal goals: Skills enable progress, but not all progress is beneficial." *Personality and Social Psychology Bulletin*, 24(12), 1319-1331.

14. Paul Mazur num artigo de 1927 da *Harvard Business Review,* citado por Häring, N. e Douglas, N. (2012). *Economists and the powerful: Convenient theories, distorted facts, ample rewards.* Anthem Press, p. 17.

15. Ruskin, G. (1999). "Why they whine: How corporations prey on our children." *Mothering*, novembro-dezembro de 1999. Citado por Kasser, T. (2003). *Op. cit., 1127.*

16. Relatado por Ruskin, G. (1999). *Op. cit.*

17. Rabhi, P. (2010). *Op. cit.*, p. 18.

18. Ellen McArthur Foundation (2012). *Towards a Circular Economy* [Rumo a uma economia circular].

19. Stahel, W. R. (2010). *The Performance Economy.* Palgrave Macmillan Hampshire, Reino Unido.

20. AFP, 23 de abril de 2013.

21. Para maiores informações sobre livros e artigos de síntese, ver, principalmente Layard, R. (2006). *Happiness: Lessons from a new science.* Penguin. Tradução francesa: Layard, R. (2007). *Le Prix du bonheur: Leçons d'une science nouvelle.* Armand Colin; Kahneman, D.; Diener, E. e Schwarz, N. (2003). *Well-being: The Foundations of Hedonic Psychology.* Russell Sage Foundation Publications.

22. Myers, D. G. (2000). "The funds, friends, and faith of happy people." *American Psychologist*, 55(1), 56.

23. Graham, C. (2012). *Happiness around the World: The Paradox of Happy Peasants and Miserable Millionaires.* Oxford University Press.

24. Layard, R. (2007). *Op. cit.*

25. Dunn, E. W.; Aknin, L. B. e Norton, M. I. (2008). "Spending money on others promotes happiness." *Science, 319*(5870), 1687.

26. Aknin, L. B.; Barrington-Leigh, C. P.; Dunn, E. W.; Helliwell, J. F.; Biswas-Diener, R.; Kemeza, I.; Norton, M. I. *et al.* (2010). *Prosocial Spending and Well-Being: Cross-Cultural Evidence for a Psychological Universal.* National Bureau of Economic Research.

27. Dunn, E. W.; Gilbert, D. T. e Wilson, T. D. (2011). "If money doesn't make you happy, then you probably aren't spending it right." *Journal of Consumer Psychology*, 21(2), 115.

28. Brown, K. W. e Kasser, T. (2005). "Are psychological and ecological well-being compatible? The role of values, mindfulness, and lifestyle." *Social Indicators Research*, 74(2), 349-368.

29. BBC World Service, 15 de novembro de 2012, reportagem, Vladimir Hernandez, Montevidéu.

41. O altruísmo em relação às gerações futuras

1. Rockström, J. e Klum, M. (2012). *The Human Quest: Prospering Within Planetary Boundaries.* Bokförlaget Langenskiöld, p. 112.

2. *Population Bottlenecks and Pleistocene Human Evolution.* Segundo uma outra teoria, a população humana teria sido reduzida, há aproximadamente 70 mil anos, a uma dezena de milhares de pessoas, após uma erupção vulcânica catastrófica que modificou profundamente o clima. Ver Dawkins, Richard (2004). *The Grasshopper's Tale. The Ancestor's Tale, A Pilgrimage to the Dawn of Life.* Boston, Houghton Mifflin Company, p. 416.

3. McEvedy, C. e Jones, R. (1978). *Atlas of World Population History.* Penguin Books Ltd.; Thomlinson, R. (1975). *Demographic Problems: Controversy over Population Control.* Dickenson Publishing Company.

4. Richardson, K.; Steffen, W. e Liverman, D. (2011). *Climate Change: Global Risks, Challenges and Decisions.* Cambridge University Press, capítulo 1, p. 4.

5. Steffen, W.; Persson, Deutsch, L.; Zalasiewicz, J.; Williams, M.; Richardson, K.; Gordon, L. et al. (2011). "The Anthropocene: From global change to planetary stewardship." *Ambio*, *40*(7), 739-761.

6. Ellis, E. C.; Klein Goldewijk, K.; Siebert, S.; Lightman, D. e Ramankutty, N. (2010). "Anthropogenic transformation of the biomes, 1700 to 2000." *Global Ecology and Biogeography*, *19*(5), 589-606. Taylor, L. (2004). *The Healing Power of Rainforest Herbs: A Guide to Understanding and Using Herbal Medicinals*. Square One Publishers. Até 90% das florestas costeiras tropicais da África ocidental desapareceram após 1900. Na Ásia do Sul, cerca de 88% das florestas tropicais foram extintas. Uma grande parte do que resta das florestas tropicais do mundo encontra-se na bacia amazônica, onde a floresta do Amazonas cobre cerca de 4 milhões de km^2. Na América Central, dois terços das florestas tropicais de baixa altitude foram transformadas em pastos após 1950, e 40% de todas as florestas foram extintas durante os últimos quarenta anos. Em Madagascar, foram extintas 90% de suas florestas do leste. Para o conjunto das referências científicas, ver o artigo "Deforestation" [Desmatamento] no site anglófono de Wikipedia.

7. Thompson, L. G.; Mosley-Thompson, E. e Henderson, K. A. (2000). "Ice-core palaeoclimate records in tropical South America since the Last Glacial Maximum." *Journal of Quaternary Science*, *15*(4), 377-394.

8. Wijkman, A. e Rockström, J. (2013). *Op. cit.*; Lenton, T. M.; Held, H.; Kriegler, E.; Hall, J. W.; Lucht, W.; Rahmstorf, S. e Schellnhuber, H. J. (2008). "Tipping elements in the Earth's climate system." *Proceedings of the National Academy of Sciences*, *105*(6), 1786-1793.

9. Wijkman, A. e Rockström, J. (2013). *Op. cit.*, p. 117.

10. Rockström, J.; Steffen, W.; Noone, K.; Persson, Å.; Chapin, F. S.; Lambin, E. F.; Schellnhuber, H. J. et al. (2009). "A safe operating space for humanity." *Nature*, *461*(7263), 472-475.

11. *Ibid.*

12. Mace, G. et al. (2005). *Biodiversity in Ecosystems and Human Wellbeing: Current State and Trends* (Hassan, H.; Scholes, R. e Ash, N. [editores]). Island Press, capítulo 4, p. 79-115.

13. Guinotte, F. (2008), "Ocean acidification and its potential effects." *Annals of New York Academy of Sciences*, *1134*, 320-342.

14. Díaz, S. et al. (2005). *Biodiversity Regulation of Ecosystem Services in Ecosystems and Human Well-Being: Current State and Trends* (Hassan, H.; Scholes, R. e Ash, N. [editores]). Island Press, p. 297-329.

15. WWF. (outubro de 2004). "Bad blood? A Survey of chemicals in the blood of European ministers." www.worldwildlife.org/toxics/pubs/badblood.pdf. Citado em Rockström, J. e Klum, M. (2012). *Op. cit.*, p. 209.

16. Rockström, J.; Steffen, W.; Noone, K.; Persson, A.; Chapin, F. S.; Lambin, E. F.; Schellnhuber, H. J. et al. (2009). "A safe operating space for humanity." *Nature*, *461*(7263), 472-475.

17. Diana Liverman, comunicação pessoal durante encontro no Institut Mind and Life, "Écologie, éthique et interdépendance", Dharamsala, outubro de 2011.

18. Segundo uma avaliação do Millenium Ecosystem Assesment (MEA), sob a égide das Nações Unidas.

19. Pavan Sukhdev, prefácio do livro de Wijkman, A. e Rockström, J. (2013). *Op. cit.* Sukhev é também fundador da *Corporation 2020*, uma organização dedicada à economia ambiental responsável.

20. Battisti, D. S. e Naylor, R. L. (2009). "Historical warnings of future food insecurity with unprecedented seasonal heat." *Science*, *323*(5911), 240-244.

21. Shakhova, N.; Semiletov, I.; Salyuk, A.; Yusupov, V.; Kosmach, D. e Gustafsson, Ö. (2010). "Extensive methane venting to the atmosphere from sediments of the East Siberian Arctic Shelf." *Science*, *327*(5970), 1246-1250.

22. Cazenave, A. e Llovel, W. (2010). "Contemporary sea level rise." *Annual Review of Marine Science*, *2*, 145-173. Nicholls, R. e Leatherman, S. (1995), "Global Sea - Level Rise." Em K. Strzepek e J. Smith (eds.), *As Climate Changes: International Impacts and Implications*, Cambridge University Press, p. 92-123. Pfeffer, W. T.; Harper, J. T. e O'Neel, S. (2008). "Kinematic constraints on glacier contributions to 21st-century sea level rise." *Science*, *321*(5894), 1340-1343.

23. Care, N. S. (2008). "Future generations, public policy, and the motivation problem." *Environmental Ethics*, *4*(3), 195-213.

24. Parfit, D. (1984). *Reasons and Persons*. Clarendon Press.

25. Agradeço à professora Clare Palmer, da Universidade do Texas, por esses esclarecimentos e referências.

26. Degeorge, R. T. (1981). "The environment, rights, and future generations." *Responsibilities to future generations*, 157-165.

27. Partridge, E. (1990). "On the rights of future generations." Em Donald Scherer, editor (1990), *Issues in Environmental Ethics*, Temple University Press.

28. Weiss, E. (1989). *In Fairness to Future Generations: International Law, Common Patrimony, and Intergenerational Equity*. Transnational Publication e United Nations University.

29. Kurzban, R. e Houser, D. (2005). "Experiments investigating cooperative types in humans: A complement to evolutionary theory and simulations." *Proceedings of the National Academy of Sciences of the United States of America*, *102*(5), 1803-1807.

30. Stephen Forbes, declaração durante um debate na Fox News, 18 de outubro de 2009.

31. Pacala, S. Citado por Lambin, É. (2009). *Une écologie du bonheur*. Le Pommier, p. 13.

32. Wijkman, A. e Rockström, J. (2013). *Op. cit.*, p. 145. Wackernagel, M. e Rees, W. E. (1996). *Our Ecological Footprint: Reducing Human Impact on Earth* (Vol. 9). New Society Publications.

33. *Ibid.*, p. 154-155.

34. *Ibid.*, p. 156.

35. *Ibid.*, p. 22.

36. *Ibid.*, p. 19.

37. Diamond, J. (2009). *Effondrement: Comment les sociétés décident de leur disparition ou de leur survie*. Folio. [*Colapso*. Rio de Janeiro: Record, 2005.]

38. Wijkman, A. e Rockström, J. (2013). *Op. cit.*, p. 4.

39. Diamond, J. (2009). *Op. cit.*, em relação à civilização maia. Por outro lado, os arqueólogos pensam hoje que o declínio da civilização khmer deveu-se à superpopulação, a qual teria provocado uma erosão catastrófica dos solos, ligada à cultura intensiva e ao abandono do planejamento agrícola e da gestão das reservas de água.

40. *Ibid.*, p. 54

41. Robin, M. M. (2012). *Les moissons du futur: Comment l'agroécologie peut nourrir le monde*. Editions La Découverte.

42. Sophie Caillat, Le grand entretien, Rue 89, *Le Nouvel Observateur*, 15 de outubro de 2012.

43. Schneider, S. H. e Lane, J. (2006). "Dangers and thresholds in climate change and the implications for justice." *Fairness in adaptation to climate change*, 23-51. Em Adger, N. (2006). *Fairness in Adaptation to Climate Change*. W. Neil Adger et al. MIT Press. Thomas, D. S. e Twyman, C. (2005). "Equity and justice in climate change adaptation amongst natural-resource-dependent societies." *Global Environmental Change*, *15*(2), 115-124.

44. Patz, J. A.; Gibbs, H. K.; Foley, J. A.; Rogers, J. V. e Smith, K. R. (2007). "Climate change and global health: quantifying a growing ethical crisis." *EcoHealth*, *4*(4), 397-405. Myers, S. S. e Patz, J. A. (2009). "Emerging threats to human health from global environmental change." *Annual Review of Environment and Resources*, *34*, 223-252. Assim como o relatório do GIEC, 2009, capítulo 10, Jonathan Patz: *Changement climatique*.

45. McMichael, A. J. (2003). *Climate Change and Human Health: Risks and Responses*. WHO.

46. Patz, J. A.; Olson, S. H.; Uejio, C. K. e Gibbs, H. K. (2008). "Disease emergence from global climate and land use change." *Medical Clinics of North America*, *92*(6), 1473-1491.

47. Checkley, W.; Epstein, L. D.; Gilman, R. H.; Figueroa, D.; Cama, R. I.; Patz, J. A. e Black, R. E. (2000). "Effects of El Niño and ambient temperature on hospital admissions for diarrhoeal diseases in Peruvian children." *The Lancet*, *355*(9202), 442-450.

48. Vittor, A. Y.; Gilman, R. H.; Tielsch, J.; Glass, G.; Shields, T. I. M.; Lozano, W. S.; Patz, J. A. *et al.* (2006). "The effect of deforestation on the human-biting rate of Anopheles darlingi, the primary vector of falciparum malaria in the Peruvian Amazon." *American Journal of Tropical Medicine and Hygiene*, *74*(1), 3-1.

49. Guerra, C. A.; Snow, R. W. e Hay, S. I. (2006). "A global assessment of closed forests, deforestation and malaria risk." *Annals of Tropical Medicine and Parasitology*, *100*(3), 189. Cohuet, A.; Simard, F.; Wondji, C. S.; Antonio-Nkondjio, C.; Awono-Ambene, P. e Fontenille, D. (2004). "High malaria transmission intensity due to *Anopheles funestus* (Diptera: Culicidae) in a village of savannah-forest transition

area in Cameroon." *Journal of Medical Entomology*, *41*(5), 901-905. Coluzzi, M. (1994). "Malaria and the Afrotropical ecosystems: impact of man-made environmental changes." *Parassitologia, 36*(1-2), 223.

50. Sachs, J. e Malaney, P. (2002). "The economic and social burden of malaria." *Nature*, *415*(6872), 680-685.

51. WBGU (2011), "A vision for a renewable energy future by 2050."

52. Segundo um relatório da Agência Internacional de Energia, em 2010, 37 governos gastaram US$ 409 bilhões em subsídios para manter o preço das energias fósseis abaixo do preço de custo. IEA (International Energy Agency), *Energy Technology Perspectives*, relatório anual. Citado por Wijkman, A. e Rockström, J. (2013). *Op. cit.*, p. 78.

53. McKinsey, ver principalmente os relatórios CO_2 *abatement: Exploring options for oil and natural gas companies*; *Carbon & Energy Economics*; *Roads toward a Low-Carbon Future*. www.mckinsey.com.

54. Associação Europeia de Energia Eólica (European Wind Energy Association ou EWEA), EWEA: Factsheets, 2010. Citado por Rifkin, J. (2012), *Op. cit.*, p. 63.

55. Segundo estimativa de Joseph Stiglitz e Linda Bilmes. "The true cost of the Iraq war." *Washington Post*, 5 de setembro de 2010.

56. TEEB, Sukhdev, P., 2008. Citado por Wijkman, A. e Rockström, J. (2013). *Op. cit.*, p. 290.

57. Wijkman, A. e Rockström, J. (2013). *Op. cit.*, p. 60.

58. Rockström, J. e Klum, M. (2012). *The Human Quest. Op. cit.*, p. 281.

59. WBGU (2012), *World in Transition – a Social Contract for Sustainability*, Flagship Report 2011. German Advisory Council on Climate Change.

60. Kurokawa, K.; Komoto, K.; Van Der Vleuten, P. e Faiman, D. (2007). *Energy From the Desert: Practical Proposals for Very Large Scale Photovoltaic Systems*. Earthscan London.

61. Wijkman, A. e Rockström, J. (2013). *Op. cit.*, p. 74.

62. *Ibid.*, p. 65.

63. Rockström, J. e Klum, M. (2012). *Op. cit.*, p. 286-287.

64. Incluindo os relatórios do IAASD, o UN World Water Developpment Report, *Water in a Changing World* (2010); the GGIAR Comprehensive Assessment (CA 2007), citado por Wijkman, A. e Rockström, J. (2013). *Op. cit.*, p. 55. WWAP, United Nations (2009). *Water in a Changing World* (vol. 3). United Nations Educational. Jackson, R. B.; Carpenter, S. R.; Dahm, C. N.; McKnight, D. M.; Naiman, R. J.; Postel, S. L. e Running, S. W. (2001). "Water in a changing world." *Ecological applications*, *11*(4), 1027-1045.

65. Rockström, J. e Falkenmark, M. (2000). "Semiarid crop production from a hydrological perspective." FAO 2011. Save and Grow: "A policymaker's guide to the sustainable intensification of smallholder crop production." Rome. (7369), 337-342.

66. Carson, R. (1963). *Printemps silencieux*. Plon.

67. Foley, J. A.; Ramankutty, N.; Brauman, K. A.; Cassidy, E. S.; Gerber, J. S.; Johnston, M.; *et al.* West, P. C. (2011). "Solutions for a cultivated planet." *Nature*, *478*(7369), 337-342.

68. Ver o relatório de J. Peigné e de seus colegas de diversos órgãos, dentre os quais Isara-Lyon e INRA: *Techniques sans labour en agriculture biologique et fertilité du sol*.

69. Rabhi, P. (2002). *Du Sahara aux Cévennes: Itinéraire d'un homme au service de la Terre-Mère*. Albin Michel.

70. Ver Dubesset-Chatelain, L. (fevereiro de 2003). "L'homme qui a réussi à faire reculer le désert." *GEO*, *408*, p. 20.

71. Carson, R. (1963). *Op. cit.*

72. Darnil, S. e Le Roux, M. (2006). *80 Hommes pour changer le monde: Entreprendre pour la planète*. Le Livre de poche.

73. Boys, A. (2000). *Food and Energy in Japan*. Entrevista com Takao Furuno.

74. Furuno, T. (2001). *The Power of Duck: Integrated Rice and Duck Farming*. Tagari Publications. Citado em Darnil, S. e Le Roux, M. (2006). *Op. cit.*

75. PNUE (2011). Relatório sobre a *Taxa de reciclagem de metais*.

76. Avaliação da Agência de Proteção do Meio Ambiente dos Estados Unidos (EPA). Citada por Wijkman, A. e Rockström, J. (2013). *Op. cit.*, p. 164.

77. "How long it will last?" (2007). *New Scientist*. Citado por Rockström, J. e Klum, M. (2012). *The Human Quest. Op. cit.*, p. 221.

78. Rifkin, J. (2012). *La Troisième Révolution industrielle. Op. cit.* [*A terceira Revolução Industrial*. Rio de Janeiro: Bertrand Brasil, 2014.]

79. *Ibid.*, p. 79, 105.

80. Meyfroidt, P. e Lambin, É. (2008). "The causes of the reforestation in Vietnam." *Land Use Policy*, 25(2), 182-197.

81. "Ethical Markets 2012." *The Green Transition Scorecard*. Ethical Markets Media.

82. "Portland, a capital ecológica da América." *GEO*, 392, outubro de 2011.

83. Morin, E. (2011). *Op. cit.*, p. 256.

84. http://www.energy-cities.eu/Convention-des-maires.

85. Sou grato a Luc Watelle por suas informações.

86. Ver http://www.bbc.co.uk/learningzone/clips/the-beddington-zero-energy-development-a-sustainable-design-solution/6338.html.

87. Sunita Narain. Citado em Wijkman, A. e Rockström, J. (2013). *Op. cit.*

88. Lomborg, B. (2001). *The Skeptical Environmentalist: Measuring the Real State of the World*. Cambridge University Press, p. 165-172. Tradução francesa: Lomborg, B. (2004). *L'Écologiste sceptique*. Le Cherche Midi.

89. Relatório *Harmonia com a natureza*, apresentado pelo Secretário Geral das Nações Unidas na Assembleia Geral de 19 de agosto de 2010. Essa abordagem do relatório baseia-se na contribuição de Éric Chivian (dir.), *Biodiversity: Its importance to Human Health – Interim Executive Summary* (Center for Health and the Global Environment, Harvard Medical School, 2002).

42. Uma harmonia sustentável

1. Partha Das Gupta, citado por Wijkman, A. e Rockström, J. (2013), *Op. cit.*

2. Wijkman, A. e Rockström, J. (2013), *Op. cit.*, p. 37.

3. *Ibid.*

4. Stern, N. (2007). *The Economics of Climate Change: The Stern Review*. Cambridge University Press.

5. Daly, H. E. (1997). *Beyond Growth: The Economics of Sustainable Development* (nova edição). Beacon Press.

6. Jackson, T. (2010). *Prospérité sans croissance: La transition vers une économie durable*. De Boeck. [*Prosperidade sem crescimento: vida boa em um planeta finito*, Planeta Sustentável, Abril, São Paulo, 2013].

7. *Ibid.*

8. Speth, J. G. (2009). *The Bridge at the Edge of the World: Capitalism, the Environment, and Crossing from Crisis to Sustainability*. Yale University Press.

9. *Le Monde*, 9 de junho de 2009.

10. Kuznets, S., "National Income, 1929-1932", 73º. Congresso, 2ª. sessão, documento do Senado nº 124, 1934, p. 7.

11. Kuznets, S. "How to Judge Quality." *New Republic*, 20 de outubro de 1962, p. 29-32.

12. Seligman, M. (2013). *S'épanouir*. Belfond. Kindle, p. 4829-4854. [*Florescer*. Rio de Janeiro: Objetiva, 2011.] Diener, E. e Seligman, M. E. (2004). "Beyond money toward an economy of well-being." *Psychological Science in the Public Interest*, 5(1), 1-31.

13. Kennedy, R. Discurso de 18 de março de 1968 na Universidade do Kansas. Em *The Gospel According to RFK*. Westview Press, p. 41. Citado por Jacques Lecomte (http://www.psychologie-positive.net).

14. Seus trabalhos estão resumidos em Miringoff, M. L. e Miringoff, M.-L. (1999). *The Social Health of the Nation: How America is Really Doing*. Oxford University Press, Estados Unidos.

15. Daly, H. E.; Cobb, Jr; J. B. e Cobb, C. W. (1994). *For the Common Good: Redirecting the Economy toward Community, the Environment, and a Sustainable Future*. Beacon Press.

16. H. E. Lyonchen Jigme Thinley, comunicação pessoal.

17. Citado em Jyoti Thottam. "The Pursuit of Happiness." *Time Magazine*, 22 de outubro de 2012, p. 49.

18. Os debates podem ser vistos no site http://www.gnhc.gov.bt/2012/04/un-webcast-on-happiness-and-wellbeing-high-level-panel-discussion/. Minha modesta contribuição encontra-se a 1h58min30s da parte I.

19. Incluindo os Prêmios Nobel Daniel Kahneman, Joseph Stiglitz e George Akerlof, os economistas Jeffrey Sachs e Richard Layard, como também eminentes cientistas entre os quais Richard Davidson, Daniel Gilbert, Martin Seligman, Robert Putnam, John Helliwell e muitos outros ainda.
20. Wijkman, A. e Rockström, J. (2013). *Op. cit.*, p. 3.
21. H. E. Lyonchen Jigme Thinley, "O Butão será o primeiro país com contas nacionais ampliadas" ("Bhutan will be first country with expanded capital accounts"). Conferência de imprensa por ocasião da publicação das primeiras contas nacionais com inclusão de capital natural, social e humano, 10 de fevereiro de 2012.
22. Méda, D. (2008). *Au-delà du PIB: Pour une autre mesure de la richesse.* Flammarion, p. 98.
23. Say, J. B. (2001). *Traité d'économie politique, ou simple exposition de la manière dont se forment, se distribuent, et se consomment les richesses.* Adamant Media Corporation (edição original, 1803).
24. Wijkman, A. e Rockström, J. (2013). *Op. cit.*, p. 132-133.
25. *Ibid.*, p. 3.
26. Lambin, É. (2009). *Une écologie du bonheur.* Le Pommier. Éric Lambin divide seu tempo entre o Centro de Pesquisa sobre a Terra e o Clima George Lemaître, na Universidade Católica de Louvain, e a School for Earth Science na Universidade de Stanford, Califórnia.
27. Zidansek, A. (2007). "Sustainable development and happiness in nations." *Energy, 32*(6), 891-897. Citado por Lambin, É. (2009). *Op. cit.*, p. 38.
28. Kellert, S. R. e Wilson, E. O. (1995). *The Biophilia Hypothesis.* Island Press.
29. Lambin, É. (2009). *Op. cit.*, p. 51.
30. Ulrich, R. (1984). "View through a window may influence recovery." *Science, 224,* 224-225. Citado por Lambin, É. (2009). *Op. cit.*, p. 52.
31. Rifkin, J. (2012). *La Troisième Révolution industrielle. Op. cit.*, p. 380. [*A terceira Revolução Industrial.* Rio de Janeiro: Bertrand Brasil, 2014.]

43. Engajamento local, responsabilidade global

1. Comte-Sponville, A. (10 de setembro de 2009). *Challenges, 179,* p. 51.
2. Lamy, P. (2005). "*Gouvernance globale: Leçons d'Europe*". Conferência Gunnar Myrdal, ONU, Genebra.
3. Tubiana, L. e Severino, J.-M. (2002). *Biens publics globaux, gouvernance mondiale et aide publique au développement,* relatório do CAE (Conselho de Análise Econômica) sobre a governança mundial.
4. Deneault, A. (2013). *Gouvernance: Le management totalitaire.* Lux.
5. "*Forum pour une nouvelle gouvernance mondiale*": http://www.world-governance.org/spip.php?article 144.
6. Jacquet, P.; Pisani-Ferry, J. e Tubiana, L. (2003). "À la recheche de la gouvernance mondiale." *Revue d'économie Financière, 70,* janeiro de 2003.
7. Attali, J. (2012). *Demain, qui gouvernera le monde ?* Fayard/Pluriel.
8. Stiglitz, J. E. (2006). "Global public goods and global finance: does global governance ensure that the global public interest is served?", em Touffut, J.-P. (2006). *Advancing Public Goods.* Edward Elgar Publications.
9. *Ibid.*
10. Jacques Attali, Entrevista no site *20minutes.fr,* em 19 de novembro de 2006, durante o lançamento do livro *Brève Histoire de l'avenir.* Fayard.
11. Ver o manifesto "Rebalancing Society", no site http://www.mintzberg.org.
12. Reverchon, A. (21 de maio de 2012). Henry Mintzberg contre l'entreprise arrogante, *Le Monde/Economie. LeMonde.fr*
13. Rifkin, J. (2012). *La Troisième Révolution industrielle.* Les liens qui libèrent, p. 374. [*A terceira Revolução Industrial.* Rio de Janeiro: Bertrand Brasil, 2014.]
14. Salamon, L. M. (2010). "Putting the civil society sector on the economic map of the world." *Annals of Public and Cooperative Economics, 81*(2), 167-210. Em Rifkin, J. (2012). *Op. cit.*, p. 374 e seguintes. Os oito países que foram amplamente estudados são: Estados Unidos, Canadá, França, Japão, Austrália, República Tcheca, Bélgica e Nova Zelândia
15. Kurzweil, R. (2007). *Humanité 2.0: La bible du changement.* M21 Editions, p. 30.
16. *Ibid.*

17. Rifkin, J. (2012). *Op. cit.*, p. 377.
18. Dalaï-lama, G. T. (1999). *Sagesse ancienne, monde moderne*. Fayard.
19. Morin, E. e Hessel, S. (2011). *Le Chemin de l'espérance*. Fayard, p. 11. [*O caminho da esperança.* Rio de Janeiro: Bertrand Brasil, 2012.]
20. Stiglitz, J. (2012). *Le Prix de l'inégalité*. Les liens qui libèrent, p. 11-12. [*O preço da desigualdade.* Lisboa: Bertrand, 2013.]
21. Fukuyama, F. "Acemoglu and Robinson on *Why Nations Fail*". *The American Interest*, 26 de março de 2012.
22. Stiglitz, J. (2012). *Op. cit.*, p. 212.
23. Rodrik, D. (2011). *The Globalization Paradox: Democracy and the Future of the World Economy.* W. W. Norton & Co.
24. Morin, E. e Hessel, S. (2011). *Le Chemin de l'espérance*. Fayard, p. 12. [*O caminho da esperança.* Rio de Janeiro: Bertrand Brasil, 2012.]
25. Pascal Lamy, "Vers une gouvernance mondiale?" Conferência no Instituto de Estudos Políticos de Paris, 21 de outubro de 2005. Lamy, P. (2004). *La Démocratie-monde: Pour une autre gouvernance globale*. Seuil.
26. Dalai Lama e Hessel, S. (2012). *Déclarons la paix! Pour un progrès de l'esprit*. Indigène Éditions.
27. Winston Churchill, num discurso em 11 de novembro de 1947 em Londres, na Câmara dos Comuns. *The Official Report, House of Commons* (5ª. série), 11 de novembro de 1947, vol. 444, p. 206-207.
28. Apresentação de oficina da Fundação Ciências Cidadãs no Fórum Social Mundial. http://sciences-citoyennes.org/.
29. Berggruen, N. e Gardels, N. (2013). *Gouverner au XXIe siècle: La voie du milieu entre l'Est et l'Ouest*. Fayard.
30. *Ibid.*, p. 172-3.
31. *Ibid.*, p. 181.
32. *Ibid.*, p. 183.
33. Attali, J. (2012). *Demain, qui gouvernera le monde ?* Fayard/Pluriel, p. 305-306.

Conclusão – Ousar o altruísmo

1. Nowak, M. e Highfield, R. (2011), *SuperCooperators. Op. cit.,* p. 271-272 e 280.
2. A origem desta famosa citação, atribuída a Bertrand Russell, não pôde ser identificada.
3. Albert Schweitzer, extraído de um discurso pronunciado na escola Silcoates na Grã-Bretanha em dezembro de 1935.

Fontes das Figuras

Capítulo 12, p. 133.
Conforme a apresentação de Daniel Batson na conferência "Altruism and Compassion in Economic Systems: A Dialogue at the Interface of Economics, Neuroscience and Contemplative Sciences" [Altruismo e Compaixão nos Sistemas Econômicos: Um Diálogo na Interface da Economia, Neurociência e Ciências Contemplativas] organizada em Zurique pelo Mind and Life Institute, em abril de 2009. Baseado em Batson, C. D.; Duncan, B. D.; Ackerman, P.; Buckley, T. e Birch, K. (1981). "Is empatic emotion a source of altruistic motivation?" *Journal of Personality and Social Psychology, 40* (2), 290-302. Batson, C.D.; O'Quint, K.; Fultz, J.; Vanderplas, M. e Isen, A. M. (1983). "Influence of self-reported distress and empathy on egoistic versus altruistic motivation to help." *Journal of Personality and Social Psychology, 45* (3), 706.

Capítulo 24, p. 269.
Segundo Twenge, J. M. e Campbell, W. K. (2010). *The Narcissism Epidemic: Living in the Age of Entitlement*, Free Press, p. 32.

Capítulo 32, p. 394.
Segundo Pinker, S. (2011). *The Better Angels of our Nature: Why Violence Has Declined*. Viking Adult, p. 63. [*Os anjos bons da nossa natureza*: Por que a violência diminuiu. São Paulo: Companhia das Letras, 2013.] Segundo os dados de Eisner, M. (2003). "Long-term historical trends in violent crime." *Crime & Justice, 30*, 83. Gráfico 1, p. 99.

Capítulo 32, p. 395.
Segundo Finkelhor, D.; Jones, L. e Shattuck, A. (2008). "Updated trends in child maltreatment, 2006." *Crimes Against Children Research Center*.

Capítulo 32, p. 398.
Segundo Pinker, S. (2011). *Op. cit.*, p. 149. Baseado em Hunt, L. (2008). *Inventing Human Rights: A History*. W. W. Norton & Company, pp. 76, 179. Mannix, D. P. (1964). *The History of Torture*. Dell Paperback p. 137-138.

Capítulo 32, p. 399.
Segundo Brecke, P. (1999). "Violent conflicts 1400 AD to the present in different regions of the world", em *1999 Meeting of the Peace Science Society*. (Manuscrito não publicado).

Capítulo 32, p. 402.
Segundo Lacina, B. e Gleditsch, N. P. (2005). "Monitoring trends in global combat: A new dataset of battle deaths." *European Journal of Population/Revue Européenne de Démographie, 21*(2), 145-166.

Capítulo 32, p. 402.
Segundo UCDP/PRIO Armed Conflict Dataset, Lacina, B. e Gleditsch, N. P. (2005). "Monitoring trends in global combat: A new dataset of battle deaths." *European Journal of Population/Revue Européenne de Démographie, 21*(2), 145-166. Adaptado pelo *Human Security Report Project*; Human Security Centre, 2006. Citado por Pinker, S. (2011). *Op. cit.*, p. 304.

Capítulo 32, p. 403.
Segundo Pinker, S. (2011). *Op. cit.*, p. 338 (modificado). Os dados até 1987 provêm de Rummel (1997), e os dados após 1987 de fontes diversas.

Capítulo 32, p. 407.
Segundo Pinker, S. (2011). *Op. cit.*, p. 294, baseado nos dados de Cederman, L.-E. e Rao, M. P. (2001). "Exploring the dynamics of the democratic peace." *Journal of Conflict Resolution*, 45(6), 818-833.

Capítulo 32, p. 409.
Segundo Gleditsch, N. P. (2008). "The Liberal Moment Fifteen Years On." *International Studies Quarterly*, 52(4), 691-712. Baseado nas pesquisas de Siri Rustad. Citado por Pinker, S. (2011). *Op. cit.*, p. 314.

Capítulo 34, p. 430.
Segundo a FAO (2006). *L'ombre portée de l'élevage. Impacts environnementaux et options pour atténuation*, Roma; FAO (2009). *Comment nourrir le monde en 2050.*

Capítulo 36, p. 479.
Segundo Fehr, E. e Gächter, S. (2000). "Cooperation and Punishment in Public Good Experiments." *The American Economic Review*, vol. 90, n°. 4, p. 989.

Capítulo 38, p. 504.
Segundo Gasparini, L. e Lustig, N. (2011). "The Rise and Fall of Income Inequality in Latin America." CEDLAS, Working Papers 0118, Universidad Nacional de La Plata.

Capítulo 40, p. 547.
Segundo Myers, D. G. (2000). "The funds, friends, and faith of happy people." *American Psychologist*, 55(1), 56.

Capítulo 41, p. 552.
Stockholm Resilience Center, baseado nos dados do GRIP (European Greenland Ice Core Project), e em Oppenheimer, S. (2004). *Out of Eden: The Peopling of the World* (New Ed.). Constable & Robinson Publishing.

Capítulo 41, p. 554-557.
Fonte comum ao conjunto dos 12 gráficos
Segundo Steffen, W.; Sanderson, A.; Tyson, P. D.; Jäger, J.; Matson, P. A.; Moore III, B.; Oldfield, F.; Richardson, K.; Schellnhuber, H.-J.; Turner, II, BL e Wasson, R. J. (2004). "Global Change and the Earth System: A Planet Under Pressure." *The IGBP Book Series, Springer-Verlag, Berlim, Heidelberg, New York*. Este artigo contém também as referências científicas sobre as quais cada uma dessas figuras está fundamentada. Adaptado e cedido gentilmente por Diana Liverman.

Capítulo 41, p. 560 e 561.
Stockholm Resilience Center, Segundo Rockström, J.; Steffen, W.; Noone, K.; Persson, Å.; Chapin, F. S.; Lambin, E. F. e Schellnhuber, H. J. (2009). "A safe operating space for humanity." *Nature*, 461(7263), 472-475.

Capítulo 41, p. 564.
Segundo a NASA Goddard Institute for Space Studies. NASA Earth Observatory / Robert Simmon.

Capítulo 41, p. 565.
Segundo Guinehut, S. e G. Larnicol (2008). CLS/Cnes/Legos. NASA Global Change Master Directory. http://gcmd.nasa.gov/records/GCMD_CLS-LEGOS-CNES_MeanSeaLevel1992-2008.html

Capítulo 41, p. 572.
Segundo Patz, J. A.; Gibbs, H. K.; Foley, J. A.; Rogers, J. V. e Smith, K. R. (2007). "Climate change and global health: quantifying a growing ethical crisis." *EcoHealth*, *4*(4), 397-405.

Capítulo 41, p. 573.
Figura cedida gentilmente por Jonathan Patz.

BIBLIOGRAFIA

O QUE SEGUE É UMA SELEÇÃO DE OBRAS QUE PERMITEM APROFUNDAR OS ASSUNTOS abordados neste livro. Todas as referências bibliográficas, em particular as dos artigos científicos nos quais os argumentos deste livro estão baseados, encontram-se nas notas no final do livro. Um arquivo contendo a totalidade dessas referências organizadas em ordem alfabética, *Altruisme-bibliographie.pdf*, encontra-se disponível no site http://www.matthieuricard.org/articles/categories/scientifique.

André, C. (2009). *Imparfaits, libres et heureux: Pratiques de l'estime de soi.* Odile Jacob. [*Imperfeitos, livres e felizes*. Rio de Janeiro: Bestseller, 2009.]
André, C. (2009). *Les états d'âme.* Éditions Odile Jacob.
André, C. e Lelord, F. (2008). *L'Estime de soi: S'aimer pour mieux vivre avec les autres.* Odile Jacob. [*Autoestima*. Osasco: Viva Livros, 2014.]
Arendt, H. (1966). *Eichmann à Jérusalem: Rapport sur la banalité du mal* (edição revisada e ampliada.). Gallimard. [*Eichmann em Jerusalém: Um relato sobre a banalidade do mal*. São Paulo: Companhia das Letras, 1999.]
Aron, S. e Passera, L. (2000), *Les Sociétés animals*: Evolution de la cooperation et organisation sociale. De Boeck.
Aronson, E. e Patnoe, S. (2011). *Cooperation in the Classroom: The Jigsaw Method*. Pinter & Martin Ltd.
Attali, J. (1999). *Fraternités*. Fayard.
Attali, J. (2012). *Demain, qui gouvernera le monde?* Fayard/Pluriel.
Attali, J. (2013). *Manifeste pour une économie positive*, Fayard.
Axelrod R. (1992). *Donnant Donnant. Théorie du comportement coopératif.* Odile Jacob. [*A evolução da cooperação*. São Paulo: Leopardo Editora, 2010.]
Babiak, P. e Hare, R. D. (2007). *Snakes in Suits: When Psychopaths Go to Work*. HarperBusiness.
Barber, N. (2000). *Why Parents Matter: Parental Investment and Child Out-comes*. Praeger Publications.
Batson, C. D. (1991). *The Altruism Question: Toward a Social Psychological Answer.* Lawrence Erlbaum.
Batson, C. D. (2011). *Altruism in Humans*. Oxford University Press.
Baumeister, R. F. (2001). *Evil: Inside Human Cruelty and Violence*. Barnes & Noble.
Baumeister, R. F. (2005). *The Cultural Animal: Human Nature, Meaning, and Social Life*. Oxford University Press. Estados Unidos.
Beck, A. (2004). *Prisonniers de la haine: Les racinies de la violence*. Masson.

Beck, A. T. et al. (2010). *La Thérapie cognitive et les troubles émotionnels*. De Boeck.

Begley, S. (2008). *Entraîner votre esprit, transformer votre cerveau: Comment la science de pointe révèle le potentiel extraordinaire de la neuroplasticité*. Ariane.

Bekoff, M. (2013). *Les émotions des animaux*. Rivages.

Berggruen, N. e Gardels, N. (2013). *Gouverner au XXI e siècle: La voie du milieu entre l'Est et l'Ouest*. Fayard.

Berthoz, A.; Jorland, G. et al. (2004). *L'empathie*. Odile Jacob.

Bierhoff, H. W. (2002). *Prosocial Behaviour*. Psychology Press.

Borgstrom, G. (1973). *Harvesting the Earth*. Abelard-Schuman.

Bourke, A. F. G. (2011). *Principles of Social Evolution*. Oxford University Press.

Bowles, S. e Gintis, H. (2011). *A Cooperative Species: Human Reciprocity and its Evolution*. Princeton University Press.

Burgat, F. (1998). *L'Animal dans les pratiques de consommation*. PUF.

Carey, N. (2011). *The Epigenetics Revolution*. Icon Books.

Carson, R. (1963). *Printemps silencieux*. Plon.

Cavalli-Sforza, F. (2011). *La Science du bonheur*. Odile Jacob.

Chalamov, V. (1980). *Kolyma*. François Maspero.

Chang, J. e Halliday, J. (2007). *Mao: The Unknown Story*. Vintage. [*Mao: A história desconhecida*. São Paulo: Companhia das Letras, 2012.]

Coe, S. (1996). *Dead Meat*. Four Walls Eight Windows.

Comte-Sponville, A. (2006). *Petit traité des grandes vertus*. Seuil. [*Pequeno tratado das grandes virtudes*. São Paulo: WMF Martins Fontes, 2009.]

Comte, A. (1830). *Œuvres d'Auguste Comte*, vol. 7-10. «Système de politique positive ou Traité de sociologie». Anthropos.

Crocker, J.; Moeller, S. e Burson, A. (2010). *The Costly Pursuit of Self-Esteem. Handbook of Personality and Self-Regulation*, 403-429.

Cyrulnik, B.; Jorland, G. et al. (2012). *Résilience: Connaissances de base*. Odile Jacob.

Dalaï-lama e Cutler, H. (1999). *L'Art du bonheur*. Robert Laffont. Le grand livre du mois. [*A arte da felicidade*. São Paulo: Martins Editora, 2003.]

Dalaï-lama e Vreeland, N. (2004). *L'Art de la compassion*. Editions 84.

Dalaï-lama e Hessel, S. (2012). *Déclarons la paix! Pour un progrès de l'esprit*. Indigène.

Dalaï-lama (1999). *Sagesse ancienne, monde moderne*. Fayard.

Dalaï-lama (2001). *Conseils du cœur*. Presses de la Renaissance. [*Conselhos do coração*. Alfragide: Edições ASA, 2004.]

Dalaï-lama e Ekman, P. (2008). *La Voie des émotions*. City Editions.

Daly, H. E. (1997). *Beyond Growth: The Economics of Sustainable Development*. Beacon Press.

Daly, H. E.; Cobb, Jr.; J. B. e Cobb, C. W. (1994). *For the Common Good: Redirecting the Economy toward Community, the Environment, and a Sustainable Future*. Beacon Press.

Darnil, S. e Le Roux, M. (2006). *80 Hommes pour changer le monde: Entreprendre pour la planète*. Le Livre de poche.

Darwin, C. (1877). *L'Expression des émotions chez l'homme et les animaux.* C. Reinwald. [*Expressão das emoções no homem e nos animais.* São Paulo: Companhia de Bolso, 2009.]

Darwin, C. (1881). *La Descendance de l'homme et la sélection sexuelle.* C. Reinwald. [*Origem do homem e a seleção sexual.* Belo Horizonte: Itatiaia Editora, 2004.]

Davidson, R. J. e Begley, S. (2012). *The Emotional Life of Your Brain: How Its Unique Patterns Affect the Way You Think, Feel, and Live and How You Can Change Them.* Hudson Street Press.

Davidson, R. J. e Harrington, A. (2002). *Visions of Compassion: Western scientists and Tibetan Buddhists Examine Human Nature.* Oxford University Press, Estados Unidos.

Dawkins, R. (2003). *Le Gène égoïste.* Odile Jacob. [*O gene egoísta.* São Paulo: Companhia das Letras, 2007.]

Decety, J. (2009). *The Social Neuroscience of Empathy.* MIT Press.

Desmurget, M. (2012). *Tv Lobotomie: La vérité scientifique sur les effets de la télévision.* Max Milo Éditions.

Diamond, J. (2009). *Effondrement: Comment les sociétés décident de leur disparition ou de leur survie.* Galimard. Folio [*Colapso.* Rio de Janeiro: Record, 2005.]

Dovidio, J. F.; Piliavin, J. A.; Schroeder, D. A. e Penner, L. A. (2006). *The Social Psychology of Prosocial Behavior.* Psychology Press.

Doyle, J. (1985). *Altered Harvest: Agriculture, Genetics and the Fate of the World's Food Supply.* Viking Press.

Draperi, J.-F. (2012). *La République coopérative.* Larcier.

Dugatkin, L. A. (1997). *Cooperation among Animals.* Oxford University Press.

Eibl-Eibesfeldt, I. (1972). *Contre l'agression.* Paris, Stock.

Eisenberg, N. (1992). *The Caring Child.* Harvard University Press.

Eisenberg, N. e Damon, W. (1998). *Handbook of Child Psychology.* John Wiley & Sons.

Eisnitz, G. A. (1997). *Slaughterhouse: The Shocking Story of Greed. Neglect, and Inhumane Treatment inside the US Meat Industry.* Prometheus.

Ekman, P. (2007). *Emotions Revealed: Recognizing Faces and Feelings to Improve Communication and Emotional Life.* Holt Paperbacks.

Ekman, P. E. e Davidson, R. J. (1994). *The Nature of Emotion: Fundamental Questions.* Oxford University Press.

Elgin, D. (2010). *Voluntary Simplicity: Toward a Way of Life That Is Outwardly Simple, Inwardly Rich.* William Morrow Paperbacks.

Fanon, F. (2002). *Les Damnés de la terre.* La Découverte.

Farrer, F. (2005). *A Quiet Revolution: Encouraging Positive Values in Our Children.* Rider & Co.

Favre, D. (2006). *Transformer la violence des élèves: Cerveau, motivations et apprentissage.* Dunod.

Favre, D. (2010). *Cessons de démotiver les élèves: 18 clés pour favoriser l'appren- tissage.* Dunod.

Fehr, B. A.; Sprecher, S.; Underwood, L. G. e Gordon, L. U. (2008). *The Science of Compassionate Love: Theory, Research, and Applications.* Blackwell Pub.

Filippi, C.-H. (2009). *L'Argent sans maître*. Descartes & Cie.

Foer, J. S. (2012). *Faut-il manger les animaux?* Seuil. Points.

Fontenay, É. de. (2008). *Sans offenser le genre humain: Réflexions sur la cause animale*. Albin Michel.

Fredrickson, B. (2001). *Positivity: Groundbreaking Research Reveals How to Embrace the Hidden Strength of Positive Emotions, Overcome Negativity, and Thrive*. Crown Archetype.

Fredrickson, B. (2013). *Love 2.0: How Our Supreme Emotion Affects Everything We Feel, Think, Do, and Become*. Hudson Street Press.

Fromm, E. (1967). *L'Homme pour lui-même*. Les Éditions sociales françaises. [*Análise do homem*. Rio de Janeiro: Zahar, 1978.]

Fry, D. P. (2007). *Beyond War: The Human Potential for Peace*. Oxford University Press, Estados Unidos.

Galbraith, J. K. (2009). *L'État prédateur: Comment la droite a renoncé au marché libre et pourquoi la gauche devrait en faire autant*. Seuil.

Gandhi (1990). *Tous les hommes sont frères*. Gallimard. Folio.

Gandhi (2005). *La Voie de la non-violence*. Gallimard. Folio.

Gilbert, P. (1989). *Human Nature and Suffering*. Lawrence Erlbaum.

Gilbert, P. (2005). *Compassion: Conceptualisations, Research and Use in Psychotherapy*. Psychology Press.

Gilbert, P. (2009). *Violence et compassion: Essai sur l'authenticité d'être*. Cerf.

Gilbert, P. (2010). *The Compassionate Mind: A New Approach to Life's Challenges*. New Harbinger Publications.

Goldacre, B. (2012). *Bad Pharma: How Drug Companies Mislead Doctors and Harm Patients*. Fourth Estate.

Goleman, D. (2003). *L'Intelligence émotionnelle*. [*Inteligência emocional*. Rio de Janeiro: Objetiva, 1996.]

Goleman, D. (2009). *Ecological Intelligence: How Knowing the Hidden Impacts of What We Buy Can Change Everything*. Crown Business.

Goleman, D. (2011). *Cultiver l'intelligence relationnelle: Comprendre et maîtriser notre relation aux autres pour vivre mieux*. Pocket.

Goleman, D. e Dalaï-lama. (2003). *Surmonter les émotions destructrices: Un dialogue avec le Dalaï-lama*. Robert Laffont. [*Como lidar com emoções destrutivas*. Rio de Janeiro: Campus, 2003.]

Good, K. e Chanoff, D. (1992). *Yarima, mon enfant, ma sœur*. Seuil.

Goodall, J. (2011). *Through A Window: Thirty Years with the Chimpanzees of Gombe*. Phoenix.

Goodall, J. (2012). *Ma vie avec les chimpanzés*. L'Ecole des Loisirs.

Goodall, J. e Berman, P. L. (1999). *Reason for hope: A Spiritual Journey*. Grand Central Publishing.

Gordon, M. (2005). *Roots of Empathy: Changing the World Child by Child*. Thomas Allen & Son.

Graham, C. (2012). *Happiness around the World: The Paradox of Happy Peasants and Miserable Millionaires*. Oxford University Press.

Greenland, S. K. (2010). *The Mindful Child: How to Help Your Kid Manage Stress and Become Happier, Kinder, and More Compassionate*. Free Press.

Grossman, D. (2009). *On Killing: The Psychological Cost of Learning to Kill in War and Society*. Back Bay Books.

Guinzbourg, E. S. (1980). *Le Ciel de la Kolyma*. Seuil.

Gunaratana, H. (2013). *Les Huit Marches vers le bonheur*. Marabout.

Gunaratana, H. (2013). *Méditer au quotidien*. Marabout.

Haidt, J. (2012). *The Righteous Mind: Why Good People are Divided by Politics and Religion*. Allen Lane.

Hallie, P. P. e Berger, M. (1980). *Le Sang des innocents: Le Chambon-sur-Lignon, village sauveur*. Stock.

Halter, M. (1995). *La Force du bien*. Robert Laffont.

Hare, R. D. (1999). *Without Conscience: The Disturbing World of the Psychopaths among Us*. Guilford Press.

Harman, O. S. (2010). *The Price of Altruism*. Norton.

Hatzfeld, J. (2005). *Dans le nu de la vie*. Seuil.

Hatzfeld, J. (2005). *Une saison de machettes*. Seuil.

Henrich, J. e Henrich, N. (2007). *Why Humans Cooperate: A Cultural and Evolutionary Explanation*. Oxford University Press.

Herbert, M. e Weintraub, K. (2013). *The Autism Revolution: Whole-Body Strategies for Making Life All It Can Be*. Ballantine Books.

Hessel, S. (2011). *Indignez-vous!* (edição revista e ampliada.) Indigène Éditions.

Hillesum, E. (1995). *Une vie bouleversée*. Contemporary French Fiction.

Hobbes T. (1651/1999). *Le Léviathan*. Dalloz. [*Leviatã*. São Paulo: Martins Editora, 2014.]

Hochmann, J. (2012). *Une histoire de l'empathie: Connaissance d'autrui, souci du prochain*. Odile Jacob.

Hoffman, M. (2008). *Empathie et développement moral: Les émotions morales et la justice*. PUG.

Hoggan, J. (2009). *Climate Cover-Up: The Crusade to Deny Global Warming*. Greystone Books.

Hrdy, S. B. (2009). *Mothers and others: The Evolutionary Origins of Mutual Understanding*. Belknap Press.

Hume, D. (1991). *Enquête sur les principes de la morale*. Garnier-Flammarion. [*Uma investigação sobre os princípios da moral*. Campinas: Unicamp, 2013.]

Hutcheson, F. (2003). *Essai sur la nature et la conduite des passions et affections avec illustrations sur le sens moral*. L'Harmattan.

Jablonka, E. e Lamb, M. J. (2005). *Evolution in Four Dimensions: Genetic, Epigenetic, Behavioral, and Symbolic Variation in the History of Life*. MIT Press.

Jackson, T. (2010). *Prospérité sans croissance: La transition vers une économie durable*. De Boeck.

James, W. (2003). *Précis de psychologie*. Les Empêcheurs de penser en rond. [*Princípios de Psicologia*: coleção Os Pensadores. São Paulo: Abril Cultural, 1974.]

Jancovici, J.-M. (2005). *L'Avenir climatique: Quel temps ferons-nous?* Seuil.

Johnson, D. H. e Johnson, R. T. (1998). *Learning Together and Alone: Cooperative, Competitive, and Individualistic Learning*. Pearson.

Johnson, D. W.; Johnson, R. T. e Holubec, E. J. (1991). *Cooperation in the Classroom*. Interaction Book Company.

Kahneman, D. (2012). *Système 1 / Système 2: Les deux vitesses de la pensée*. Flammarion.

Kappeler, P. M. e Van Schaik, C. (2006). *Cooperation in Primates and Humans: Mechanisms and evolution*. Springer Verlag.

Kasser, T. (2003). *The High Price of Materialism*. The MIT Press.

Kellert, S. R. e Wilson, E. O. (1995). *The Biophilia Hypothesis*. Island Press.

Keltner, D. (2009). *Born to Be Good: The Science of a Meaningful Life*. W. W. Norton & Co.

Kempf, H. (2013). *L'oligarchie ça suffit, vive la démocratie*. Seuil. Points.

Khyentsé, D. (1997). *Audace et compassion*. Padmakara.

Khyentsé, D. (2008). *Au cœur de la compassion: Commentaire des Trente-Sept Stances sur la pratique des bodhisattvas*. Padmakara.

Kiehl, K. e Buckholtz, J. Dans la tête d'un psychopathe (novembro-dezembro de 2011). *Cerveau et Psycho*, nº 48.

King, M. L. (2006). *Révolution non violente*. Payot.

Kohn, A. (1992). *The Brighter Side of Human Nature: Altruism and Empathy in Everyday Life*. Basic Books.

Kolm, S.-C. (1984). *La Bonne Économie*. PUF.

Kolm, S.-C. (2009). *Reciprocity: An Economics of Social Relations* (reimpressão). Cambridge University Press.

Kolm, S.-C. e Ythier, J. M. (2006). *Handbook of the Economics of Giving, Altruism and Reciprocity: Foundations*. North Holland.

Kourilsky, P. (2009). *Le Temps de l'altruisme*. Odile Jacob.

Kourilsky, P. (2011). *Le Manifeste de l'altruisme*. Odile Jacob.

Kropotkine, P. (2010). *L'Entraide, un facteur de l'évolution*. Sextant.

Lambin, É. (2009). *Une écologie du bonheur*. Le Pommier.

La Rochefoucauld, F. de (2010). *Réflexions ou sentences et maximes morales de Monsieur de La Rochefoucauld*. Gale Ecco, Print Editions. [*Reflexões ou sentenças e máximas morais*. São Paulo: Penguin Companhia, 2014.]

Laville, J.-L. (2010). *Politique de l'association*. Seuil.

Layard, R. (2007). *Le Prix du bonheur: Leçons d'une science nouvelle*. Armand Colin.

Layard, R. e Dunn, J. (2009). *A Good Childhood: Searching for Values in a Competitive Age*. Penguin.

Lecomte, J. (2007). *Donner un sens à sa vie*. Odile Jacob.

Lecomte, J. (2010). *Guérir de son enfance*. Odile Jacob.

Lecomte, J. (2012). *La Bonté humaine*. Odile Jacob.

Lecomte, T. (2004). *Le Commerce équitable*. Éditions d'Organisation

Levi, P. (1988). *Si c'est un homme*. Pocket. [*Isto é um homem*. Rio de Janeiro: Rocco, 2013.]

Levi, P. (1989). *Les Naufragés et les Rescapés: Quarante ans après Auschwitz*. Gallimard. [*Os afogados e os sobreviventes*. Rio de Janeiro: Rocco, 1990.]

Li, Zhuisi e Thurston, A. F. (1994). *La vie privée du président Mao*. Omnibus.

Lilly, J. C. (1962). *Man and Dolphin*. Gollancz.

Lipovetsky, G. (1989). *L'Ère du vide: Essais sur l'individualisme contemporain*. Gallimard. [*A era do vazio*: ensaios sobre o individualismo contemporâneo. São Paulo: Manole, 2009.]

Loncle, P.; Corond, M. et al. (2012). *Cooperation et education populaire*. L'Harmattan.

Louv, R. (2008). *Last Child in the Woods: Saving our Children from Nature-Deficit Disorder*. Algonquin Books.

Mandela, N. (1996). *Un long chemin vers la liberté*. Le Livre de poche. [*Longa caminhada até a liberdade*. Curitiba: Nossa Cultura, 2012.]

Maslach, C. e Leiter, M. P. (2011). *Burn-out: Le syndrome d'épuisement professionnel*. Les Arènes.

Masson, J. M. e McCarthy, S. (1997). *Quand les éléphants pleurent*. Albin Michel.

Mauss, M. (2007). *Essai sur le don: Forme et raison de l'échange dans les sociétés archaïques*. PUF. [*Ensaio sobre a dádiva*. São Paulo: Cosac Naify, 2013.]

McDougall, W. (1908). *An Introduction to Social Psychology*. Methuen.

Meda, D. (2008). *Au-delà du PIB: Pour une autre mesure de la richesse*. Flammarion.

Meyer, C.; Borch-Jacobsen, M.; Cottraux, J.; Pleux, D. e Van Rillaer, J. (2010). *Le Livre noir de la psychanalyse: Vivre, penser et aller mieux sans Freud*. Les Arènes. [*O livro negro da psicanálise*. Rio de Janeiro: Civilização Brasileira, 2011.]

Miller, A. G. (2005). *The Social Psychology of Good and Evil*. Guilford Press.

Milo, R. D. (1973). *Egoism and Altruism*. Wadsworth Publications.

Monroe, K. R. (1996). *The Heart of Altruism: Perceptions of a Common Humanity*. Cambridge University Press.

Monroe, K. R. (2006). *The Hand of Compassion: Portraits of Moral Choice during the Holocaust*. Princeton University Press.

Mooney, C. (2006). *The Republican War on Science*. Basic Books.

Moore-Lappe, F. (1976). *Sans viande et sans regrets*. L'Étincelle.

Morin, E. (2011). *La Voie: Pour l'avenir de l'humanité*. Fayard. [*A via:* para o futuro da humanidade. Rio de Janeiro: Bertrand Brasil, 2011.]

Morin, E. e Hessel, S. (2011). *Le Chemin de l'espérance*. Fayard. [*O caminho da esperança*. Rio de Janeiro: Bertrand Brasil, 2012.]

Moss, C. (1988). *Elephant Memories: Thirteen Years in the Life of an Elephant Family*. William Morrow & Co.

Nagel, T. (1970/1979). *Possibility of Altruism*. Princeton University Press.

Neff, K. (2011). *Self-Compassion: Stop Beating Yourself up and Leave Insecurity behind*. William Morrow.

Neff, K. (2011/2013). *S'aimer: Comment se réconcilier avec soi-même*. Belfond.

Nicolino, F. (2009). *Bidoche. L'industrie de la viande menace le monde*. Les liens qui libèrent.

Nowak, M. A. e Highfield, R. (2011). *SuperCooperators: Altruism, Evolution, and Why We Need Each Other to Succeed*. Simon & Shuster.

O'Clery, C. (2013). *The Billionaire Who Wasn't: How Chuck Feeney Secretly Made and Gave Away a Fortune*. PublicAffairs.

Oliner, S. P. (2003). *Do unto Others: Extraordinary Acts of Ordinary People* (edição ilustrada). Basic Books.

Oliner, S. P. e Oliner, P. M. (1988). *The Altruistic Personality: Rescuers of Jews in Nazi Europe*. Macmillan.

Opdyke, I. G. (1999). *In My Hands: Memories of a Holocaust Rescuer*. Anchor.

Oreskes, N. e Conway, E. M. M. (2011). *Merchants of Doubt: How a Handful of Scientists Obscured the Truth on Issues from Tobacco Smoke to Global Warming*. Bloomsbury Press.

Ostrom E. (2010). *Gouvernance des biens communs: Pour une nouvelle approche des ressources naturelles*. De Boeck.

Patterson, C. (2008). *Un éternel Treblinka*. Calmann-Lévy.

Pech, T. (2011). *Le Temps des riches: Anatomie d'une sécession*. Seuil.

Pérez, M. (2012). *Interdire le tabac, l'urgence*. Odile Jacob.

Piliavin, J. A.; Dovidio, J. F.; Gaertner, S. L. e Clark III, R. D. (1981). *Emergency Intervention*. Academic Press New York.

Pinker, S. (2011). *The Better Angels of Our nature: Why Violence Has Declined*. Viking Adult. [*Os anjos bons da nossa natureza*: por que a violência diminuiu. São Paulo: Companhia das Letras, 2013.]

Pléty, R. (1998). *L'Apprentissage coopérant*. Presses Universitaires de Lyon (PUL).

Pooley, E. (2010). *The Climate War: True Believers, Power Brokers, and the Fight to Save the Earth*. Hyperion.

Post, S. G. (2003). *Unlimited Love: Altruism, Compassion, and Service*. Templeton Foundation Press.

Post, S. G. (2011). *The Hidden Gifts of Helping: How the Power of Giving, Compassion, and Hope Can Get Us through Hard Times*. John Wiley & Sons Ltd.

Post, S. e Neimark, J. (2007). *Why Good Things Happen to Good People: The Exciting New Research That Proves the Link between Doing Good and Living a Longer, Healthier, Happier Life*. Broadway Books.

Rabhi, P. (2002). *Du Sahara aux Cévennes: Itinéraire d'un homme au service de la Terre-Mère*. Albin Michel.

Rabhi, P. (2010). *Vers la sobriété heureuse*. Actes Sud.

Rand, A. (2008). *La Vertu d'égoïsme*. Les Belles Lettres.

Ricard, È. (2012). *La Dame des mots*. NiL Éditions.

Ricard, M. (2003). *Plaidoyer pour le bonheur*. NiL Éditions. [*Felicidade*: a prática do bem-estar. São Paulo: Palas Athena, 2012.]

Ricard, M. (2010), *L'Art de la méditation*. NiL Éditions. [*A arte de meditar*. São Paulo: Editora Globo, 2010.]

Richardson, K.; Steffen, W. e Liverman, D. (2011). *Climate Change: Global Risks, Challenges and Decisions.* Cambridge University Press.

Richerson, P. J. e Boyd, R. (2004). *Not by Genes Alone: How Culture Transformed Human Evolution.* University of Chicago Press.

Rifkin, J. (1992). *Beyond Beef: The Rise and Fall of the Cattle Culture.* Penguin.

Rifkin, J. (2012). *La Troisième Révolution industrielle.* Les liens qui libèrent. [*A terceira Revolução Industrial.* Rio de Janeiro: Bertrand Brasil, 2014.]

Rifkin, J. (2012). *Une nouvelle conscience pour un monde en crise: Vers une civilization de l'empathie.* Actes Sud.

Robin, M.M. (2010). *Le Monde selon Monsanto.* La Découverte.

Robin, M. M. (2012). *Les Moissons du future: Comment l'agroécologie peut nourrir le monde*, La Découverte.

Rockström, J. e Klum, M. (2012). *The Human Quest: Prospering Within Planetary Boundaries.* Bokförlaget Langenskiöld.

Rodrik, D. (2011). *The Globalization Paradox: Democracy and the Future of the World Economy.* W. W. Norton & Co.

Rollin, B. E. (1989). *The Unheeded Cry: Animal Consciousness, Animal Pain and Science.* Oxford University Press.

Salzberg. (1998). *Cœur vaste comme le monde.* Courrier du Livre.

Sandel, M. (2012). *What Money Can't Buy: The Moral Limits of Markets* (Open Market). Allen Lane. [*O que o dinheiro não pode comprar*: os limites morais do mercado. São Paulo: Civilização Brasileira, 2012.]

Scheler, M. (1954/2008). *The Nature of Sympathy.* Transaction Publishers.

Schumacher, E. F. (1979). *Small Is beautiful.* Seuil. [*O negócio é ser pequeno.* Rio de Janeiro: Zahar, 1979.]

Seligman, M. (2013). *S'épanouir pour un nouvel art du Bonheur et du bien-être.* Belfond. [*Florescer.* Rio de Janeiro: Objetiva, 2011.]

Seligman, M. E. P. (2002). *Authentic Happiness: Using the New Positive Psychology to Realize Your Potential for Lasting Fulfillment.* Free Press. [*Felicidade autêntica.* Rio de Janeiro: Objetiva, 2004.]

Sémelin, J. (2005). *Purifier et détruire: Usages politiques des massacres et génocides.* Seuil, collection "La couleur des idées".

Sen, A. (1993). *Éthique et économie.* PUF. [*Sobre Ética e Economia.* São Paulo: Companhia das Letras, 1999.]

Sen, A. (2012). *L'idée de justice.* Flammarion. [*A ideia de Justiça.* São Paulo: Companhia das Letras, 2011.]

Sen, A. (2012). *Repenser l'inégalité.* Seuil. Points. [*Desigualdade reexaminada.* Rio de Janeiro: Record, 2001.]

Sereny, G. (1975). *Au fond des ténèbres (edição original).* Denoël.

Shantideva (2008), *L'Entrée dans la pratique des bodhisattvas.* Padmakara.

Sherif, M. (1961). *The Robbers Cave experiment: Intergroup conflict and cooperation.* Wesleyan.

Shirer, W. L. (1990). *Le IIIe Reich*. Stock.

Shiva, V. e Kunwar, J. (2006). *Seeds of Suicide: The Ecological and Human Costs of Seed Monopolies and Globalisation of Agriculture*. Navdanya.

Sinclair, U. (2011). *La Jungle*. Le Livre de Poche.

Singer, P. (1993). *La Libération animale*. Grasset. [*Libertação animal*. Porto Alegre: Lugano, 2004.]

Singer, T. e Bolz, M. (eds.) (2013). *Compassion: Bridging Practice and Science. A multimedia book* [E-book].

Slavin, R. E.; Hurley, E. A. e Chamberlain, A. (2003). *Cooperative Learning and Achievement: Theory and Research*. Wiley Online Library.

Smith, A. (1881/2012). *Recherche sur la nature et les causes de la richesse des nations*. Ink Book. [*A riqueza das nações*. São Paulo: WMF Martins Fontes, 2010.]

Smith, A. (2011). *Théorie des sentiments moraux*. PUF. [*A teoria dos sentimentos morais*. São Paulo: WMF Martins Fontes, 1999.]

Snel, E. (2012). *Calme et attentive comme une grenouille. La méditation pour les enfants de 5 à 12 ans*. Prefácio de Christophe André. Les Arènes.

Snyder, C. R. e Lopez, S. J. (2002). *Handbook of Positive Psychology*. Oxford University Press.

Sober, E. e Wilson, D. S. (1999). *Unto Others: The Evolution and Psychology of Unselfish Behavior*. Harvard University Press.

Speth, J. G. (2009). *The Bridge at the Edge of the World: Capitalism, the Environment, and Crossing from Crisis to Sustainability*. Yale University Press.

Staub, E. (1992). *The Roots of Evil: The Origins of Genocide and Other Group Violence* (reimpressão). Cambridge University Press.

Stein, E. (1917/1989). *On the Problem of Empathy*. ICS Publications.

Stern, N. (2007). *The Economics of Climate Change: The Stern Review*. Cambridge University Press.

Stiglitz, J. (2012). *Le Prix de l'inégalité*. Les liens qui libèrent. [*O preço da desigualdade*. Lisboa: Bertrand, 2013.]

Stiglitz, J. E. (2005). *Quand le capitalisme perd la tête*. Le Livre de Poche. [*O mundo em queda livre*. São Paulo: Companhia das Letras, 2010.]

Swofford, A. (2004). *Jarhead: A Soldier's Story of Modern War*. Scribner.

Tajfel, H. (1981). *Human Groups and Social Categories: Studies in Social Psychology*. Cambridge University Press.

Taylor, C. (1989). *Sources of the Self: The Making of the Modern Identity*. Harvard University Press.

Terestchenko, M. (2007). *Un si fragile vernis d'humanité: Banalité du mal, banalité du bien*. La Découverte.

Thomas, E. M. (1990). *The Harmless People*. Vintage Books.

Tillion, G. (1997). *Ravensbrück*. Seuil, 2ª. edição.

Todorov, T. (1991). *Face à l'extrême*. Seuil. [*Em face do extremo*. Campinas: Papirus, 1995.]

Tomasello, M. (2009). *Why We Cooperate*. MIT Press.

Tremblay, R. E. (2008). *Prévenir la violence dès la petite enfance*. Odile Jacob.

Trivers, R. L. (1985). *Social Evolution*. Benjamin-Cummings.
Turkle, S. (2011). *Alone Together: Why We Expect more from Technology and Less from Each Other*. Basic Books.
Turnbull, C. M. (1972). *The Mountain People*. Simon & Schuster.
Twenge, J. M. (2006). *Generation Me: Why Today's Young Americans Are more Confident, Assertive, Entitled–and more Miserable than ever before*. Free Press.
Twenge, J. M. e Campbell, W. K. (2010). *The Narcissism Epidemic: Living in the Age of Entitlement*. Free Press.
Van Rillaer, J. (1980). *Les Illusions de la psychanalyse*. Mardaga.
Varela, F. J. (1999). *Ethical Know-How: Action, Wisdom, and Cognition*. Stanford University Press.
Vilmer, J.-B. J. (2011). *L'Éthique animale*. PUF.
Waal, F. B. M. de (2002). *De la réconciliation chez les primates*. Flammarion.
Waal, F. B. M. de (1997). *Le Bon Singe: Les bases naturelles de la morale*. Bayard.
Waal, F. B. M. de (2010). *L'Âge de l'empathie: Leçons de nature pour une société plus apaisée*. Les liens qui libèrent. [*A era da empatia*. São Paulo: Companhia das Letras, 2010.]
Waal, F. B. M. de (2013). *The Bonobo and the Atheist: In Search of Humanism Among the Primates*. W. W. Norton & Co.
Waal, F. B. M. de e Lanting, F. (2006). *Bonobos: Le bonheur d'être singe*. Fayard.
Wallach, M. A. e Wallach, L. (1983). *Psychology's Sanction for Selfishness: The Error of Egoism in Theory and Therapy*. W. H. Freeman San Francisco.
White, J. (1991). *Education and the Good Life: Autonomy, Altruism, and the National Curriculum*. Advances in Contemporary Educational Thought (vol. 7). ERIC.
White, M. (2010). Selected death tolls for wars, massacres and atrocities before the 20th century. http://necrometrics.com/pre1700a.htm.
White, M. (2012). *The Great Big Book of Horrible Things: The Definitive Chronicle of History's 100 Worst Atrocities*. W. W. Norton & Co.
Wijkman, A. e Rockström, J. (2013). *Bankrupting Nature: Denying Our Planetary Boundaries*. Routledge.
Wilkinson, R. e Pickett, K. (2009). *The Spirit Level: Why Equality Is better for Everyone*. Bloomsbury Publishing PLC.
Wilson, E. O. (2012). *The Social Conquest of Earth*. Liveright. [*A conquista social da terra*. São Paulo: Companhia das Letras, 2013.]
Zimbardo, P. (2011). *The Lucifer Effect*. Ebury Digital. [*O efeito Lúcifer*. Rio de Janeiro: Record, 2012.]

Agradecimentos

Minha gratidão sem limites vai em primeiro lugar para meus mestres espirituais que deram uma direção, um sentido e uma alegria a cada instante da minha existência: Sua Santidade o Dalai Lama, Kangyur Rinpoche, Dilgo Khyentse Rinpoche, Dudjom Rinpoche, Trulshik Rinpoche, Pema Wangyal Rinpoche, Jigme Khyentse Rinpoche e Shechen Rabjam Rinpoche.

Encontrá-los foi de longe o que de melhor me aconteceu nesta vida, e devo apenas à minha confusão mental e preguiça não haver progredido mais no caminho espiritual.

Uma imensa dívida de gratidão tenho por meus queridos pais, a quem devo a vida, e por minha irmã Ève, que nos deu uma lição de humanidade.

Minha gratidão a meus mentores e amigos cientistas, Daniel Batson, Richard Davidson, Paul Ekman, Tania e Wolf Singer, Antoine Lutz e Richard Layard, bem como a François Jacob, graças a quem pude iniciar-me no pensamento científico.

Agradeço de todo o coração a Christian Bruyat, Marie Haeling, Carisse Busquet e Françoise Delivet por suas pacientes e criteriosas revisões das diversas versões do manuscrito. Igualmente por assinalar com clareza os pontos fracos de certos argumentos, me ajudar a organizar as ideias e a melhorar de forma considerável o estilo e a apresentação do texto; elas contribuíram significativamente para tornar este trabalho o que ele é hoje. Os erros e imperfeições que subsistem apenas se devem aos meus próprios limites.

Agradeço com entusiasmo aos peritos que tiveram a boa vontade de rever atentamente os capítulos que abrangem suas especialidades, em francês ou em tradução inglesa: Daniel Batson pelos capítulos da primeira parte; Tania Singer, Antoine Lutz e Olga Klimecki pelos capítulos sobre neurociências; Anaïs Rességuier e Patrick Carré pelo capítulo sobre filosofia; Frans de Waal pelos capítulos sobre evolução e vida dos animais; Jacques Van Rillaer pelo capítulo sobre psicanálise, Gérard Tardy, Tarek Toubale, Cornelius Pietzner e meus primos Nicolas e David Baverez pelos capítulos sobre economia; bem como àqueles que me forneceram preciosas sugestões sobre as maiores seções do texto: Christophe André, Michael Dambrun, Raphaële Demandre, Jean-François Deschamps, Jacques Lecomte, Caroline Lesire, Ilios Kotsou, Yahne Le Toumelin, Michel Terestchenko, assim como Barbara Maibach que me auxiliou na organização da bibliografia e na transcrição das conversas gravadas com meus amigos cientistas.

Sou muito grato ao Mind and Life Institute, do qual faço parte desde 2000, e a seu fundador, o saudoso Francisco Varela. É graças a este Instituto que pude participar de dezenas de encontros apaixonantes com cientistas, filósofos, economistas e contemplativos reunidos com Sua Santidade o Dalai Lama para dialogar sobre assuntos tão variados quanto as emoções destrutivas, a matéria e a vida, a física quântica, a neuroplasticidade, a natureza da consciência, a educação, o altruísmo nos sistemas econômicos, a ecologia e a ética. Esses encontros originaram outros, em particular aqueles das *Émergences* [Emergências] em Bruxelas; do Fórum *Happiness and its Causes* [Felicidade e suas Causas] na Austrália; do World Economic Forum – WEF [Fórum Econômico Mundial] e dos *Global Economic Symposiums* – GES [Simpósios de Economia Global], dos quais participei com regularidade.

Foi assim que pude encontrar, e depois prosseguir em diálogo, com numerosos especialistas, pensadores e empreendedores sociais citados neste livro: Christophe André, Jacques Attali, Aaron Beck, Daniel Batson, Michel Bitbol, Michael Caldwell, Ray Chambers, Richard Davidson, John Dunne, Nancy Eisenberg, Paul Ekman, Abel Fazle, Ernst Fehr, Barbara Fredrickson, Fred Gage, Jane Goodall, Paul Gilbert, Daniel Goleman, Mark Greenberg, Alexandre Jollien, Jon Kabat-Zinn, Serge-Christophe Kolm, Daniel Kahneman, Stephen Kosslyn, Éric Lambin, Richard Layard, Jacques Lecomte, Diana Liverman, Antoine Lutz, Michael Meaney, Kristin Neff, Greg Norris, Clare Palmer, Jonathan Patz, Pierre Rabhi, Charles Raison, Bunker Roy, Jacques Van Rillaer, Bruno Roche, Johan Rockström, Cliff Saron, Phil Shaver, Tania Singer e sua equipe, Wolf Singer, Martin Seligman, Dennis Snower, o arcebispo Desmond Tutu, Richard Tremblay, Frans de Waal, B. Alan Wallace, Stewart Wallis, Philip Zimbardo e muitos outros ainda.

Sou também muito agradecido aos meus parceiros em altruísmo, Christophe e Pauline André, que tiveram a bondade de abrir sua residência e oferecer seu acolhimento, organizando noites de diálogos com pensadores que eu desejava encontrar e ouvi-los falar sobre altruísmo; assim como aos participantes convidados a esses jantares por seus conhecimentos e os seus pontos de vista, que com boa vontade partilharam comigo: André Comte-Sponville, Alexandre Jollien, David Servan-Schreiber, Tzvetan Todorov e Michel Terestchenko.

Expresso de igual modo minha gratidão a S.E. Lyonchen Jigme Thinley, primeiro-ministro do Butão, e Dasho Karma Ura, que lidera a Gross National Happiness Commission [Comissão Nacional de Felicidade Interna Bruta] do Butão, por me incluir em seu grupo de reflexão e me permitir participar de seus debates no Butão e nas Nações Unidas, o que mais uma vez me levou a dialogar com outros pensadores mencionados neste livro, entre os quais Jeffrey Sachs e Joseph Stiglitz.

Agradeço de todo coração a Jacques Lecomte pela amizade ao me enviar o manuscrito de seu notável livro, *La Bonté humaine* [A bondade humana], antes de sua publicação, enquanto eu trabalhava na finalização da presente obra iniciada há mais de quatro anos. Fiquei ao mesmo tempo admirado e reconfortado por descobrir que os nossos livros eram inspirados pelas mesmas reflexões e, com frequência, pelas mesmas fontes. Nos congratulamos, pois certamente ainda não há muitas vozes para oferecer uma visão mais positiva sobre a natureza humana.

Agradeço da mesma maneira a toda a equipe da Karuna-Shechen, organização humanitária que fundei há doze anos e que tem realizado mais de cento e quarenta projetos no Tibete, no Nepal e na Índia, nas áreas da educação, saúde e serviços sociais; aos amigos, colaboradores e benfeitores que vivem a compaixão em ação. Obrigado igualmente às minhas amigas e colaboradoras que me oferecem imensa ajuda nas diversas atividades em que estou envolvido: Patricia Christin, Raphaële Demandre e Vivian Kurz.

Enfim, não saberia expressar suficiente gratidão a Nicole Lattès, amiga e editora de sempre, que de forma constante me encorajou ao longo destes quatro anos de trabalho, bem como a toda a equipe das edições NiL e Robert Laffont, Françoise Delivet, Catherine Bourgey, Christine Morin e Benita Edzard em particular.

Karuna-Shechen
Compaixão em Ação

Os direitos autorais deste livro são inteiramente dedicados aos projetos humanitários conduzidos no Tibete, no Nepal e na Índia pela Karuna--Shechen, uma associação sem fins lucrativos que já concretizou mais de 140 projetos humanitários na Índia, no Nepal e no Tibete, com a convicção de que ninguém deveria ver-se privado de serviços educativos e médicos essenciais por falta de recursos.

Fundada em 2000, Karuna-Shechen desenvolve programas em resposta às necessidades e aspirações de comunidades locais, servindo-as com o respeito à sua herança cultural única, concedendo uma atenção particular à educação e à melhoria da condição das mulheres.

Hoje, Karuna-Shechen oferece assistência a mais de 100 mil pacientes por ano em 22 clínicas, e proporciona educação a 15 mil crianças em 21 escolas. Karuna-Shechen também construiu casas para pessoas idosas, pontes, equipou vários vilarejos com eletricidade solar e sistemas de coleta de água de chuva. Outrossim, Karuna-Shechen viabilizou o renascimento de uma dezena de artesanatos tradicionais no Tibete; reconstruiu centros de retiros para os contemplativos, reproduziu mais de 400 volumes de textos antigos e arquivou mais de 15 mil fotografias sobre a arte desenvolvida na região dos Himalaias.

Aqueles que desejam apoiar nossos esforços podem entrar em contato com a Associação Karuna-Shechen, no endereço 20 *bis*, rue Louis-Philippe, 92200 Neuilly--sur-Seine, França.

www.karuna-shechen.org
europe@karuna-shechen.org

Texto composto em Times New Roman.
Impresso em papel Polen Solft 80g na gráfica Cromosete